Vom Schutzgebiet bis Namibia 2000

Vom Schutzgebiet bis Namibia 2000

Herausgegeben von
Klaus A. Hess und Klaus J. Becker

Klaus Hess Verlag/Publishers
Edition Namibia 7

Die in den Beiträgen veröffentlichten Ansichten
und Meinungen stellen nicht unbedingt die der
Herausgeber oder des Verlages dar.

© 2002 Klaus Hess Verlag/Publishers
      Göttingen/Windhoek

www.k-hess-verlag.de

Zusammenstellung:
Klaus A. Hess und Klaus Becker

Umschlagentwurf:
Atelier Wentenschuh, D–73550 Waldstetten

Herstellung:
Primedia Th. Schäfer GmbH, D–30539 Hannover

ISBN Deutschland 3-933117-23-2
ISBN Namibia   99916-57-02-9

Inhaltsverzeichnis

Vorwort
Klaus A. Hess
Seite 8

Erträumt, bewegt und erlebt
Auch ein Vorwort
Eberhard Hofmann
Seite 10

Die IG
Ein denkwürdiger politischer Beitrag
Deutschstämmiger
Klaus A. Hess
Seite 13

**Entwicklungsprioritäten der namibischen
Regierung seit der Unabhängigkeit**
Hanno Rumpf
Seite 26

**Schmalspureisenbahnen erschließen Afrikas
letzte Wildnis**
Namibias Schienenverkehr zwischen Aufbau
und Rückgang
Klaus Dierks
Seite 31

Die Missionare
Europa kommt nach Afrika
Joseph Baumann
Seite 50

Deutsches Theater in Namibia
*Friedrich Wilhelm Becker und Jürgen Hecker /
Irmela Erlank-Rethemeyer*
Seite 58

Radio hör'n
Der deutsche Dienst der NBC
Benita Herma-Herrle
Seite 63

Kunstvereinigung und Nationalgalerie
Kunst im Wandel
Adelheid Lilienthal
Seite 66

Die verborgenen Schätze
Der Bergbau
Gabi Schneider
Seite 79

Der Anfang war schwer ...
Die ersten Jahre der deutschen diplomatischen
Präsenz in Namibia
Harald Ganns
Seite 85

DDR-Solidarität mit dem Befreiungskampf
Ein besonderes Kapitel deutsch-namibischer
Beziehungen
Hans-Georg Schleicher
Seite 93

Zwischen zwei Welten
Irmgard Schreiber
Seite 100

»Rettet Lüderitzbucht!«
Eine Stadt kämpft(e) ums Überleben
Eberhard Hofmann / Crispin Clay
Seite 105

Museum, Bibliothek und mehr
Die Gesellschaft für Wissenschaftliche
Entwicklung Swakopmund
Gisela Friede
Seite 109

10 Jahre Unabhängigkeit 21. März 2000
Ein Bilderbogen
Seite 112

Die Swapo als Regierungspartei
Zur politischen Kultur einer Befreiungsbewegung
an der Macht
Henning Melber
Seite 113

Laien, Forscher, Wissenschaftler
Ursula Massmann
Seite 117

Kurs Südwest
Die Geschichte der Handelsschifffahrt zwischen
Deutschland und Südwestafrika
Kai Ortel
Seite 122

Im Schatten des Nachbarn
Perspektiven wirtschaftlicher Entwicklung
Henning Melber
Seite 126

Affirmative Action
Ziele und Zukunft
Johann W. Friedrich van Rooyen
Seite 130

Das Lied vom »Land der Braven«
Über die Entstehungsgeschichte der namibischen Nationalhymne
Irmgard Schreiber
Seite 134

Die Landwirtschaft in Namibia
Möglichkeiten und Grenzen
Herbert Schneider
Seite 136

Deutsch-namibische Kulturbeziehungen
Klaus Dieter Düxmann
Seite 143

Von der Mission zur Ortskirche
Die Katholische Kirche in Namibia
Bernhard Wolf
Seite 149

»Denn was du schwarz auf weiß besitzt ...«
Ein Blick auf die Medien
Eberhard Hofmann
Seite 154

Für alle wird gesorgt
Die Entwicklung des Gesundheitswesens
Norbert Forster
Seite 166

ǁKhauxa!nas und der zehnjährige Krieg mit den Nama
Klaus Dierks
Seite 180

Namibia im Kartenbild
Uwe U. Jäschke
Seite 187

Die Evangelisch-Lutherische Kirche in Namibia (DELK)
Ihre Entwicklung – Probleme – Hoffnungen
Lisa Kuntze
Eine Wegbeschreibung von 10 Jahren 1990–2000
Reinhard Keding
Seite 192

Die deutsche Privatschule
Garant der Muttersprache
*Wilhelm Weitzel und Herbert C. Nöckler /
Rolf Crüsemann-Brockmann*
Seite 202

Die Graue Eminenz der Deutschen
Dr. Wilhelm Weitzel
Klaus A. Hess
Seite 211

Landreform und Landrechte in Namibia
Wolfgang Werner
Seite 216

Salve Gambrinus!
Der Kampf wider den tierischen Ernst
Sigrid Kube
Der Bierkrieg
Klaus J. Becker
Seite 226

»Allzu viele haben sie hier begraben«
Die Schutztruppe in Deutsch-Südwestafrika
Eberhard von Alten
Seite 233

Das Verandenhaus
Beispiel einer klimatisch wohltemperierten Bauweise
Walter Peters
Seite 240

Die Namibia Wissenschaftliche Gesellschaft
Barbara Gühring
Seite 248

Denk mal, ein Denkmal
Von der Historischen Denkmalskommission zum National Monuments Council of Namibia
Andreas Vogt
Seite 251

Chronik
Zusammenstellung: *Sigrid Kube / Carol Kotze*
Seite 257

Deutsch in Namibia hat viele Facetten
Deutsch als Fremdsprache
Marianne Zappen-Thomson
Seite 321

Die Arbeitsgemeinschaft der Deutschen Schulvereine
Margarete Kreutzberger / Dieter Springer
Seite 327

Otjitambi
Die Farm der Familie Schlettwein
Sigrid Kube
Seite 335

Deutsch-Südwestafrika in der Kolonialliteratur
Janina Wozniak
Seite 343

Die weiße Dame der Hai-ǁom
Ilse Schatz, ihre Buschleute und das
Museum Tsumeb
Sigrid Kube / Klaus A. Hess
Seite 346

Pfade, Pads und Autobahnen
Verkehrswege erschließen ein
menschenleeres Land
Klaus Dierks
Seite 359

»Gute Pad!«
Über den Tourismus im Sonnenland
Udo H. Weck und Dieter Glaue
Seite 374

Vom IG-Kind zum Goethe-Zentrum
Die Namibisch-deutsche Stiftung für kulturelle
Zusammenarbeit (NaDS)
*Imke Weitzel / Erika von Wietersheim /
Stephan Mühr*
Seite 384

Im Jagdrevier zwischen Kalahari und Namib
Anton von Wietersheim / Volker Grellmann
Seite 397

Aus Namibia in die Mode
Swakara für die Welt
Raimar von Hase
Seite 407

Frisch, fromm, fröhlich, frei
Der Turnverein als gesellschaftlicher Faktor
Günter F. Kesselmann
Seite 413

Ein Leben im Zeichen des Aufbaus
Karl Werner List und die Firmengruppe
Ohlthaver & List
Sven-Erik Kanzler
Seite 419

Grenzen des Wachstums?
Die Wasserversorgung eines Wüstenlandes
Otto Wipplinger / Helge Habenicht
Seite 423

Die große Zeit der Diamantenfunde
Lisa Kuntze
Seite 429

Die Fischerei
Eine schmerzliche Entwicklungsgeschichte
Sigrid Kube / Jan Jurgens
Seite 440

Von der Dampfmaschine zur Solarenergie
Die Entwicklung der Stromversorgung
Hermann Weitzel und Ralf Tobich
Seite 448

Von Angra Pequeña bis Kasikili Island
Ein Gang durch die Entstehungsgeschichte
der namibischen Grenzen
Imre Josef Demhardt
Seite 458

Der Anschluss an die Welt
Die Geschichte der Post und Telekommunikation
– und Philatelistisches
Sigrid Kube / Gunter G. von Schumann
Seite 468

Der »Schießbefehl«
Hans-Joachim Rust
Seite 480

Eine Frau steht ihren Mann
Die Zeit der Internierung und danach
Marga Vaatz
Seite 484

Anpassung und Bewahrung
Deutsche Regierungsschulen in Namibia
Dieter Esslinger
Seite 490

Kommunalverwaltung in Namibia
Von der deutschen Kolonialzeit bis zur Gegenwart
Gerhard Tötemeyer
Seite 505

Und wie geht es weiter?
Jugendliche über Heute und Morgen
Seite 515

Literaturangaben
Seite 519

Bildnachweise
Seite 522

Autorenprofile
Seite 523

Vorwort

Als das »Vorgängerbuch« 1985 erschien, war es ein regelrechtes Jahrhundertbuch:
»1884–1984 Vom Schutzgebiet bis Namibia« lautete der genaue Titel. Ein Jahrhundert Geschichte und Entwicklung des Gebietes im Südwesten Afrikas wurde facettenreich in einer Vielzahl von Artikeln über die verschiedensten Themen beschrieben. Ein deutlicher Schwerpunkt lag dabei auf dem Beitrag und der damals aktuellen Stellung der Deutschen in diesem Land. Denn es war als deutsches Schutzgebiet auf die Landkarten der Politik gelangt, und wie in keiner anderen früheren deutschen Kolonie oder überhaupt in einem Land außerhalb Europas war dort eine deutschstämmige Siedlergemeinschaft sesshaft geworden, die durch besondere Umstände begünstigt ihre deutsche Sprache und Kultur öffentlich lebendig halten konnte und dies nach wie vor kann.

Herausgeber des damaligen Buches war die »Interessengemeinschaft deutschsprachiger Südwester«, kurz IG genannt. Ideenträger und »Macher« waren Jürgen Hecker und Klaus Becker. Sie konnten rund 50 freiwillige Autorinnen und Autoren – zumeist anerkannte Fachleute zur jeweiligen Thematik – gewinnen, Beiträge zu schreiben. Sigrid Kube, viel zu jung verstorben, leistete den Hauptteil der Redaktionsarbeit und schrieb selbst einige Texte.

Entsprechend wurde das oft auch als »IG-Buch« bezeichnete Werk zu einem bislang einmaligen Sammelband über viele Bereiche der Entwicklung und der damaligen Gegenwart Namibias. Die Frankfurter Allgemeine Zeitung bezeichnete es zu Recht als »...ein Standardwerk für lange Zeit.«

Bei der Buchvorstellung seinerzeit sagte Oberrichter Hans J. Berker, es sei ein »Kaleidoskop der Geschichte und Gegenwart Namibias«, und empfahl es auf das Wärmste. Praktisch sei auch, dass man es gut jeden Abend zur Hand nehmen und einen Beitrag lesen könne, dann gehe man jeweils mit einer abgeschlossenen Geschichte zu Bett. (Fernsehen war 1985 in Namibia noch wenig verbreitet.)

Der damalige IG-Altpräsident Dr. Wilhelm Weitzel stellte in den Raum, dass das Buch mit zu den wichtigsten Leistungen der IG gehöre.

Die IG – ein Beitrag im jetzigen Buch ist auch ihr gewidmet – wurde 1992 aufgelöst. Die letzten verfügbaren Exemplare des Buches fanden bis 1994 ihre Käufer. Danach wurde immer wieder nach diesem Werk gefragt, weil es zu vielen Einzelthemen grundlegende Informationen enthielt, die auch weit über das Erscheinungsjahr 1985 hinaus Gültigkeit hatten.

Weil mir das Buch aus verschiedenen Gründen gut vertraut war und ich wegen meiner verlegerischen Hauptaktivität ab 1995 zunehmend darauf angesprochen wurde, reifte bald der Gedanke, das alte Buch neu herauszubringen, aber nicht als Nachdruck mit teils total veralteten Inhalten, sondern in einer aktualisierten, neu bearbeiteten Form. Die »Erben« der IG waren damit einverstanden. Dabei galt es, nicht nur die Artikel über die Entwicklungen in den verschiedenen Bereichen auf den aktuellen Stand fort zu schreiben, sondern auch dem Umstand Rechnung zu tragen, dass Namibia inzwischen seine Unabhängigkeit erlangt hat und in mancher Hinsicht grundlegende Änderungen eingetreten sind. Klaus Becker war dankenswerter Weise sofort bereit, an der neuen Zusammenstellung mit zu arbeiten. Das war auch für eine gewisse Kontinuität des Inhalts sehr hilfreich.

Im Ergebnis wurde mancher »alte« Artikel ersatzlos gestrichen, den heutige und künftige Leser nicht mehr ohne weiteres verstehen würden oder der nicht mehr zutrifft. Die Artikel über die Entwicklungen in den verschiedensten Bereichen wurden auf das Jahr 2000 oder 2001 fort geschrieben, und in sehr vielen Fällen konnten die damaligen Autorinnen und Autoren wieder dafür gewonnen werden. Wo ein neuer Autor einen früheren Artikel fortgesetzt hat, wird entsprechend darauf hingewiesen. Einzelne Themen, die schon im alten Buch behandelt waren, mussten wegen grundlegender Änderungen völlig neu geschrieben werden. Eine Anzahl Artikel ist ganz neu hinzu gekommen, die zumeist Entwicklungen und Sachverhalte behandeln, die sich seit 1985 und insbesondere seit der Unabhängigkeit 1990 neu ergeben haben. So reflektiert dieses Buch z.B. auch wesentliche Elemente der zwischenstaatlichen namibisch-deutschen Beziehungen, die es 1985 noch gar nicht gab.

Ich stelle das deshalb so ausführlich dar, weil mancher Leser vielleicht auf Grund von Quellenangaben, die sich auf das »alte« Buch bezogen, jetzt etwas sucht, das neu geschrieben oder nicht mehr zu finden ist. In solchen Fällen kann über den Verlag der alte Originaltext bezogen werden, falls das notwendig sein sollte.

An dieser Stelle gilt mein ganz besonderer Dank, auch im Namen von Klaus Becker, allen Autorinnen und Autoren, die zu diesem neuen Sammelband beigetragen haben. Sie haben Namibia – für die meisten ihre Heimat – damit einen großen Dienst erwiesen.

Denn zum einen spannt das Buch nun den Bogen von der bis vor kurzem noch weitgehend kolonialen Geschichte Namibias zum heute unabhängigen Staat, der viele Traditionen weiter leben lässt, aber auch grundlegende Änderungen in Politik, Kultur, Wirtschaft und Gesellschaft bewirkt. So ist es gerade Klaus Becker als Namibianer wichtig, dass mit diesem Buch auch ein Beitrag zur Politik der Nationalen Versöhnung von Staatspräsident Sam Nujoma, zum Ausgleich in der früher geteilten Gesellschaft geleistet werden soll.

Zum anderen leistet das Buch einen gewichtigen Beitrag zum besseren Kennen und Verstehen des Landes und seiner Bewohner durch »Auswärtige« und wird gewiss auch geeignet sein, Interesse zu wecken und bei Vielen die Zuneigung zum Land zu fördern. Namibia hat für Deutsche nach wie vor einen besonderen Stellenwert durch die gemeinsame Geschichte, den nach wie vor erlebbaren und sichtbaren deutschen Einfluss auf die Entwicklung sowie die heutige Präsenz der deutschen Sprache und der deutschstämmigen Namibianer – es ist das Land, das wie kein zweites in Afrika durch Geschichte und Gegenwart mit Deutschland verknüpft ist. Für Besucher und Freunde des Landes, für Wissenschaftler, eigentlich für jeden, der sich mit Namibia befasst, ist das Buch eine unvergleichliche, gediegene Informationsquelle. Jede Leserin und jeder Leser soll sich aus der Summe und Vielfalt der Artikel ein eigenes Bild machen – gerne differenziert und kritisch, aber mit detaillierterem Verständnis als Ergebnis.

Ein letztes: Viele Beiträge beruhen auf den Artikeln des früheren Buches und wurden daraus direkt übernommen. Damals galt noch die alte Rechtschreibung. Die neue deutsche Rechtschreibung hat noch immer einige Probleme und Unklarheiten. Wir haben daher die früheren Artikel oder Artikelteile nicht auf die neuen Regeln umgestellt, so dass sich innerhalb des Buches, teils innerhalb der Artikel alte und neue Schreibweisen finden. Das ist insoweit gewollt und entspricht auch den offiziellen Bestimmungen zum Zeitpunkt der Drucklegung, dass nämlich in einer Übergangsphase alte und neue Regeln angewendet werden dürfen.

Unbeschadet dessen hoffe ich, dass viele Leser innerhalb und außerhalb Namibias dieses Buch mit Gewinn zur Hand nehmen, noch viel Neues über Namibia erfahren und darin manchen Schlüssel für ein tieferes Verständnis von Land und Leuten finden.

Im September 2002 *Klaus A. Hess*

Erträumt, bewegt und erlebt
Auch ein Vorwort

Eberhard Hofmann

Manche Dinge sind hier verhext, geradezu vertrackt. Oder nicht? Das Gegenteil trifft zu, folgt sofort der Widerspruch. Der Feenstab habe sie angerührt und daher verzaubert.

Genauso verhält es sich mit der Existenz in Namibia, mit dem Erlebnis Namibia. Fast nichts ist so, wie man meint, es hätte sein müssen. Immer wieder wollen die Dinge von Neuem betrachtet werden. Der erste Anlauf genügt nie. Nach 17 Jahren trifft die erste Auflage dieses Buches einfach nicht mehr zu. Namibia hat inzwischen ein neues Gefüge, einen selbst gewirkten Rahmen, der sich noch ändert. Aber Altes wirkt im Neuen nach und bietet eine Verständnishilfe für die Zukunft. Auch deshalb ist eine zweite Auflage notwendig geworden.

Im Grasmeer am Marienfluss im Kaokoveld haben sie getanzt – die Hexen. Tausende kreisrunder, kahler Flecken haben sie dort hinterlassen – Hexenringe also. Ebenso liest man bei Wolwedans am Rande der südlichen Namib ihre magischen Spuren im Sand.

Fast nichts ist so, wie man meint, es erfahren zu haben, denn an der Blutkuppe in der mittleren Namib sind die Ringe nicht kahl. Auf völlig öder Kiesfläche finden sich diesmal ausgeprägte Grasringe als Positiv zum Negativ des Hechsenrings des Kaokovelds und von Wolwedans. Aus kahler Kiesfläche sprießt fleckenweise runder Graswuchs – Feenkreise. Es muss mit Zauber zu tun haben, weil diese Grastupfen Leben darstellen, wo die Wüste ansonsten kein Leben duldet.

Man weiß nicht mehr, was man glauben soll. Einmal bemühen Theoretiker nicht nachgewiesene Meteoriten und sonstige Außerirdische, die solche Kreise hinterlassen hätten. Die Landeskenner rufen wiederum Termiten, Wolfsmilchbüsche und Zebras an, das Phänomen der kahlen Ringe zu deuten, derweil die vollen Grastupfen gleichen Maßes jegliche Auslegung wieder auf den Kopf stellen. Die Theoretiker kommen nicht voran, schauen in die untergehende Sonne und stammeln am Ende achselzuckend etwas von »Natur«.

Am kalten Wintermorgen erscheinen am weitläufigen Horizont der vertrauten Ebene und neben und über bekannten Bergen plötzlich unbekannte Gebirge und Flächen. Kalte und aufwärmende Luftschichten zaubern in der Frühdämmerung gegenseitig Trugbilder herbei. Wir nennen sie manchmal Fata Morgana. Das fesselnde Schauspiel bleibt selbst dem Einheimischen lange verborgen, bis er am rechten Tag zur rechten Stunde am rechten Fleck steht. Unverhofft und völlig überraschend tritt ein Panorama auf, um sich kurz darauf wieder aufzulösen.

Um sechs Uhr morgens ist die Tränke gefroren, vier Stunden später perlt dem Farmer der Schweiß von

der Stirn. Erst frösteln die Menschen in klammen Ecken an der Küste, dann überfällt sie vor Tagesanbruch der heiße Sandsturm – Ostwind aus der Wüste! Er zieht den grauen Schleier über die Küstenstadt und lässt die Luft selbst im Zimmer mit Staubpartikeln glitzern.

In die uralte Existenz Namibias brechen immer wieder Trugbilder ein. Sie florieren am Himmel oder im Hirn des Menschen. Gegensätze genauso wie Unwägbarkeiten begleiten die erlebte Wirklichkeit. Im Alltag kursieren ständig »Stories«, die sich entweder als Unsinn herausstellen oder einer ernst zu nehmenden Entwicklung als Vorboten vorauseilen.

Namibia wurde 1990 in das Spannungsfeld zwischen Globalisierung und nationaler Selbstfindung hineingeboren. Zur gleichen Stunde, da der uniformierte Namibier zum ersten Mal die nationale Sonnenflagge im Windhoeker Unabhängigkeitsstadion hisste, machte der Begriff *Globalisierung* über die *Super Information Highways* die Runde. Sogleich klopften regionale, kontinentale und internationale Vereinsbrüder an den Zaun der Souveränität.

Die internationale Gemeinschaft – Namibia war zu seiner Geburt als Nation trotz Schönheitsfehler ihr verhätscheltes Vorzeigekind – duldet keine nationalen Selbstversorger. Auch deshalb tut sich der reine Nationalismus in Namibia so schwer; und deshalb haben die Verfassungsväter gleich mehrere Nationalfeiertage neben den fünf herkömmlichen christlichen Feiertagen in den Jahreskalender geschrieben. Mindestens fünf der sechs weltlichen arbeitsfreien Tage gelten der Pflege des neuen, des reinen namibischen Nationalismus, aus Furcht, dass dieser ansonsten allzu schnell wieder verwelken könnte. Die Feiern sollen in einer vergänglichen Welt wenigstens den Gedanken an die Euphorie der Stunde der Unabhängigkeit wach halten. Die Unabhängigkeit hat die schlimmsten Befürchtungen der Zaghaften nicht bewahrheitet. Ebenso hat sie die höchsten Erwartungen feuriger Patrioten nicht erfüllt. Jegliche Existenz will in Namibia mühsam erarbeitet werden.

Diamanten funkeln nicht mehr im Mondenschein, um über Nacht ein paar Menschen reich oder unglücklich zu machen. Entdecker und Schürfer haben es heute schwerer. Die Landschaften sind ergründet und vermessen, aber dafür sind die Menschen im Zusammenspiel launisch geblieben. Das Zusammenspiel ist zugleich auch Trennspiel und nennt sich Politik. Ständig beschert es Unwägbarkeiten, die enträtselt werden wollen.

In dieser Gestalt hat Namibia seit jeher Menschen angezogen, in seinem Bann festgehalten. Aber ebenso hat das Land Glückssucher genauso wie nüchterne Technokraten wieder abgestoßen, weil Einöde, Unberechenbarkeit und – vordergründig betrachtet – eine begrenzte Berufswahl so manchem zu dürftig erscheinen, der urbanes Vorankommen sucht.

Namibia ist seit jeher ein Land der Täuschung, der Gerüchte und der Fata Morganas gewesen. Übereilte Besucher, die mit vorgefassten Klischees im Kopf das Land besuchen, um solche Schablonen bestätigt zu sehen, fallen hernach durch banalen Unsinn auf. Sie reisen in der Regel befriedigt wieder ab, weil sie meinen, sie hätten gefunden, was sie gesucht haben. Wie leicht erliegen sie dabei der Illusion, mit der Namibia sie wieder entlassen hat.

Namibia – das ist stets ein Wechselbad zwischen Extremen. Die Spannung wechselt unter den Gegensätzen und gehört zum Alltag – zwischen Luxus und bitterer Armut, zwischen Aufklärung und Rückstand, zwischen Pietismus und Atheismus, Zuneigung und Abscheu sowie zwischen reicher Vielfalt und ödem Einerlei. Menschen treffen sich mit entwaffnender Unbefangenheit unter Einzelnen und sind dann wieder der Einschüchterung aus dem Kollektiv ausgesetzt. Im Umgang pendeln sie vom beklemmenden Vorurteil bis zur saloppen Gelassenheit, zur souveränen Akzeptanz, die auf gegenseitiger Aussöhnung beruht.

Die Polarisierung besteht auch im Gegensatz der Kontinentalklischees, die aufeinander prallen, die das »schwarze« Afrika dem »imperialistischen« Europa gegenüberstellen. Das Zebra muss hier einspringen und mit seiner schwarzweißen Musterung weiterhelfen. Man kann dem Tier weder die schwarzen noch die weißen Streifen nehmen, es sei denn man wollte sein Wesen verhunzen. Es müsste daran eingehen.

Namibia ist die Suche nach beständiger Symbiose zwischen vitalem afrikanischen Urwuchs und europäischem, auch globalem Kulturgut samt der Kniffe unentbehrlicher Technik. Es ist das angestrebte Zusammenspiel zwischen dem Chaos des hiesigen Jetzt-Moments und dem zeitlich gestaffelten Leistungsprinzip.

Wo kommen wir her? Wo wollen wir hin? Das können wir nur schwer beantworten. Das legt jeder für sich aus oder überlässt es der Gruppe, aber wir sind immer unterwegs, zwischen Afropessimismus und Schwärmerei, vom Hexenring zum Feenkreis, von der Dürre bis zum Regen.

Karikaturen: Adelheid Lilienthal

Die IG

Ein denkwürdiger politischer Beitrag Deutschstämmiger

Klaus A. Hess

Was sind 15 Jahre als Lebenszeit einer Organisation? Lang, kurz? Lassen wir die Antwort dahingestellt. Entscheidend ist sicherlich, was in 15 Lebensjahren geschehen ist und was bewirkt wurde.

Fast 15 Jahre hat sie existiert, die »IG«, wie sie gemeinhin genannt wurde. »Interessengemeinschaft deutschsprachiger Südwester« war der volle Name, später dann modifiziert zu »Interessengemeinschaft Deutschsprechender für Namibia«.

Die IG war in vieler Munde. Nicht nur in Namibia war sie bekannt wie der berühmte bunte Hund. Politiker, Akademiker, Journalisten, Beobachter und Vertreter von zahlreichen Interessenverbänden aus vielen Ländern ebenso wie aus Namibia selbst suchten den Kontakt und das Gespräch mit der IG. Eine kleine Gruppe deutschsprachiger Bürger hatte es fertiggebracht, einen erheblichen Teil der Deutschsprachigen zu mobilisieren und eine Position und ein Gewicht aufzubauen, an dem so schnell niemand vorbeiging. Das hatte es in 50 Jahren davor nicht gegeben und auch danach nicht wieder – gelegentlich ist heute zu hören, ob man nicht die IG neu ins Leben rufen sollte.

Jedenfalls hatte die IG zu ihrer Zeit nicht nur ein beachtliches Leben entwickelt und eine unüberhörbare Stimme der liberalen deutschen Bewohner Namibias erklingen lassen, sondern auch erheblich über den damaligen Tellerrand der heimischen Politik hinaus geblickt. Sie hatte zukunftsweisende Schritte unternommen, die damals oft heftigst kritisiert wurden, sich später aber als richtig erwiesen und deren Spuren auch heute noch nachwirken, durchaus zum Wohle des Landes und nicht zuletzt der Deutschstämmigen in Namibia.

Aber der Reihe nach. »Südwestafrika« oder »SWA/Namibia«, wie das Land vor der Unabhängigkeit intern genannt wurde, war in Bewegung geraten. Die Mandatsmacht Republik Südafrika hatte 1971/72 erstmals zu erkennen gegeben, dass sie von dem Anspruch abrückte, Südwestafrika weiter als fünfte Provinz und quasi integralen Bestandteil der Republik bis in alle Ewigkeit behalten zu wollen. Zuvor hatte der internationale Druck zugenommen, dass nun auch dieses Territorium seine Unabhängigkeit erhalten solle, und gemäß Urteil des Weltgerichtshofes im Jahr 1971 war die fortdauernde Präsenz und Herrschaft Südafrikas völkerrechtlich illegal. Dazu kam die weltweite Ablehnung der Apartheid-Politik, die Südafrika auch in »Südwest« praktizierte.

Es begann der Streit um das Wie und das Wann einer Unabhängigkeit für Namibia. Südafrika hatte seine eigenen Vorstellungen, die vor allem eine Beteiligung der Unabhängigkeitsbewegung Swapo ausschließen sollte, denn diese war in ihren Augen und ihrer Propaganda eine »kommunistische Terrororganisation«, die mithelfen sollte, Moskaus Faust in Afrika bis ans Kap zu tragen. Damals herrschte noch der weltweite Ost-West-Konflikt mit vielen Stellvertreterkriegen und dem Bemühen Chinas und der Sowjetunion, Einfluss in Afrika zu gewinnen und die vorhandenen Einflüsse der westlichen Staaten – neben den früheren Kolonialmächten vor allem der USA – zurückzudrängen. Das Gespenst des Weltkommunismus wurde von Südafrika oft bemüht, gegen das das südliche Afrika ein Bollwerk sein müsse. Die sehr plötzliche Unabhängigkeit Angolas 1974 veränderte die Situation zusätzlich, denn jetzt war Schwarzafrika sozusagen direkt bis vor die Tür an der Nordgrenze Namibias vorgerückt.

Auf der anderen Seite bemühte sich die UNO, die völkerrechtlich noch der »Eigentümer« des Territoriums mit dem Namen Namibia war, um einen Weg zur Unabhängigkeit, der internationale Anerkennung finden würde und die Swapo mit einschloss, die inzwischen von der UNO als »einzige und authentische« Vertretung des Landes anerkannt war. Die südafrikanische Verwaltung war illegal und daher keine anerkannte Vertretung: zwar faktisch präsent, aber nicht akzeptiert.

Die Situation war natürlich viel verzwickter, als sie hier in wenigen Sätzen und in groben Zügen rekapituliert werden kann. In Südwestafrika hatte sich 1975 eine von Südafrika initiierte Konferenz von Vertretern aller ethnischen Bevölkerungsgruppen zusammengesetzt, wo erstmals mit einer gewissen Gleichrangigkeit Weiß, Braun und Schwarz bzw. Vertreter der damals offiziell definierten 11 Ethnien zusammenkamen und sich Gedanken über eine eigene Zukunft machen durften. Da der Tagungsort die alte deutsche Turnhalle in der Windhoeker Bahnhofstraße war, entstand der offizielle Name »Turnhalle Conference«. Vorsitzender war der weiße, afrikaanssprachige Farmer und Politiker Dirk Mudge. Man erarbeitete sogar eine Art Verfassung, die jedoch international völlig abgelehnt wurde und Makulatur war. Aber immerhin brachte es die Bevölkerungsgruppen im Lande doch etwas näher und beeinflusste das innere Klima. Nur durfte dort nichts in Kraft treten, was die strikte Apartheid in Südafrika selbst hätte in Bewegung bringen können, höchstens ganz vorsichtig. (Vor der Turnhallen-Konferenz gab es schon einen »Multinationalen beratenden Ausschuss für SWA«, der aber keinerlei Bedeutung erlangte, während aus den in der Turnhallen-Konferenz zusammenarbeitenden politischen Gruppen und Parteien später die »Democratic Turnhalle Alliance«, die heutige DTA entstand.)

Bei der UNO war die Situation, dass Mitte der 70er Jahre zufällig fünf westliche Staaten im Sicherheitsrat vertreten waren, neben den USA, Großbritannien und Frankreich als ständigen Mitgliedern auch Kanada und die damalige Bundesrepublik Deutschland. Um die Sowjetunion bei den Lösungsbemühungen etwas »außen vor« zu halten und einen für den Westen günstigeren Weg zu finden (dieser hatte ja einige wirtschaftliche Interessen am Kap), wurde beschlossen, dass diese fünf Westmächte (später auch als »Kontaktgruppe« bezeichnet) ein Verhandlungsmandat bekommen für einen Lösungsplan, um die international anerkannte Unabhängigkeit Namibias herbeizuführen. Es war also ein Neubeginn von Verhandlungen, nachdem frühere internationale Bemühungen 1973 gescheitert waren. Daraus entstand dann die legendäre UN-Sicherheitsrats-Resolution (SR) 435 aus dem Jahr 1978, die fortan als das einzige realistische Lösungsmodell galt (und am Ende, nach diversen Veränderungen, dann 1989/90 auch erfolgreich umgesetzt werden konnte).

Es gab also einerseits eine interne politische Entwicklung in »SWA/Namibia«, gesteuert von Südafrika mit dem Ziel des Ausschlusses der Swapo, und andererseits eine externe Entwicklung seitens der UNO mit der klaren Erkenntnis, dass ohne die Swapo eine möglichst friedliche Unabhängigkeit nicht realisierbar sei und diese daher aktiv eingebunden werden müsse wie jede andere politische Bewegung im Lande auch. Ziel war eine freie, gleiche und geheime Wahl auf der Basis »ein Mensch – eine Stimme« unter Beteiligung der Swapo und nach Abzug der illegalen südafrikanischen Militär- und Verwaltungspräsenz.

Dieses hier grob skizzierte Bild ist also der Hintergrund, vor dem sich 1973 und 1975 lockere Zirkel Deutschstämmiger in Südwest trafen, um Gedanken auszutauschen und Aktivitäten zu diskutieren über die Frage, wie es politisch weiter gehen könne in Richtung Unabhängigkeit und ob und wie sich die deutschsprachigen Südwester daran beteiligen sollten. Dieser Gesprächskreis wurde bereits von der Kontaktgruppe akzeptiert und informiert (Beziehungen zum Auswärtigen Amt in Bonn spielten eine Rolle). Aus der schließlich gewonnen Erkenntnis, dass es einer regelrechten Organisation bedurfte für eine weitere wirkungsvolle Arbeit, wurde am 11. August 1977 unter großer Beteiligung der Deutschen in »Südwest« die IG gegründet. Die Gründungsvorstandsmitglieder waren: Dr. Herbert Halenke, Konrad Lilienthal, Hans-Erik Staby, Dr. Wilhelm Weitzel, Dr. Herbert Schneider, A.R. Bartsch, E. von Alten, Volker Rodenwoldt und Johann A. Brückner.

Dr. Halenke, von 1977–1982 Präsident der IG, rekapitulierte den Vorlauf und die Gründung in seinem Bericht zum 10. Jahreskongress 1987 (aus dem auch im Folgenden – erkennbar an der Schrift – weiter zitiert wird) so:

»Wenn ich Ihnen heute einen geschichtlichen Überblick über Entstehung und Wirken der IG geben soll, muss ich über vierzig Jahre zurückgreifen auf die Ereignisse nach Beendigung des Zweiten Weltkrieges, als über uns Deutschen eine Welt zusammenbrach.

Der daraus resultierende Verzicht der Deutschen Südwestafrikas auf politische Eigeninitiative war zeitlich bedingt verständlich und für uns auch durch die Anerkennung unserer sprachlichen und kulturellen Identität erfolgreich. Die Zukunft in einem größeren Südafrika schien gesichert.

Auch als Ende der fünfziger Jahre ein fernes Grollen mit ›Uhuru‹, dem Ruf nach Freiheit über Afrika laut wurde, wähnten wir uns noch weit entfernt und unberührt. Erst UNO- und SWAPO-Aktivitäten in den sechziger Jahren alarmierten die weiße Bevölkerung und brachten ihr zum Bewusstsein, dass ein neuer Weg gesucht werden MUSS.

Mit großen Erwartungen wurde die Initiative der Turnhallenkonferenz begrüßt. Sie scheiterte aber schließlich an ihren eigenen Schwächen. Wir Deutschen, die nicht in der Turnhalle vertreten waren,

Der Vorstand in den Anfangsjahren: Vorne v.l. Barbara Serrer (Geschäftsführung), Dr. Herbert Halenke, Konrad Lilienthal. Hinten v.l. Volker Rodenwoldt, Klaus Dierks, Dr. Wilhelm Weitzel, Klaus Becker, Dr. Herbert Schneider, Hans-Alfred Breiting, Hans-Erik Staby, J. Albert Brückner, Walter Boettger

standen dieser, sich im Lauf der Zeit abzeichnenden negativen Entwicklung machtlos gegenüber. [Halenke war hier insoweit nicht ganz exakt, als dass zwei Deutschstämmige in der Turnhallenkonferenz mitgearbeitet hatten: Adolf Brinkman und Werner Neef, allerdings beide für die NP, die hier klar Positionen Südafrikas und damit vor allem der burischen Bevölkerung vertrat. D. Verf.]

Zwei kleine Gruppen, die ursprünglich nicht mehr waren als politische Diskussionsklubs, erkannten die Notwendigkeit, die Deutschsprachigen in SWA politisch zu aktivieren, um nicht eines Tages von den Ereignissen überrollt zu werden. Nach intensiver und systematischer Vorarbeit kam es am 11. August 1977 zur Gründung der Interessengemeinschaft Deutschsprachiger Südwester – bekannt als IG – mit dem Ziel, die Deutschsprachigen politisch zu aktivieren und sie zur konstruktiven Mitarbeit an der Zukunft des Landes zu motivieren.«

Unter anderem waren es auch bundesdeutsche Politiker gewesen, die diesem Gesprächskreis den Rat zur Gründung der IG gaben – salopp gesagt, dass die Deutschen in Südwest endlich selbst etwas tun müssten, um ihr Schicksal mit zu gestalten. Konrad Lilienthal, lange Zeit der führende Kopf der IG und des öfteren auch als »Chefideologe« bezeichnet, hatte wesentlichen Anteil daran, dass aus den »Diskussionsklubs« das Konzept einer eigenen Interessenvertretung geformt wurde, eben die IG.

»Die IG hat sich bewusst nicht als politische Partei etabliert, um damit nicht eine Sonderrolle der Deutschsprachigen zu beanspruchen, sondern sie identifiziert sich mit den demokratischen politischen Parteien SWA/Namibias in ihrem Streben nach Unabhängigkeit in Freiheit. Sie stellt Landesinteressen vor Gruppeninteressen, da nur im Rahmen eines Rechtsstaates die Freiheit der Person und somit auch einer Gruppe gewährleistet ist.

Die IG betrachtet es als eine ihrer wesentlichsten Aufgaben, eine politische Einheit der gesamten Bevölkerung des Landes wirksam mit zu schaffen, eine demokratisch-politische Einheit, die alle Bevölkerungsgruppen des Landes umfaßt. Eine Einheit, die in der Lage ist, allen extremistischen Strömungen von außen und innen wirksam entgegenzutreten.

Nicht zuletzt aber war es auch Ziel der IG, stärkere Brücken zum deutschsprachigen Raum Westeuropas, besonders der Bundesrepublik Deutschland zu schlagen, um ein größeres Verständnis und Engagement für SWA/Namibia auf breiter Basis zu erreichen.

In Artikel 2 der IG-Satzung wird dieses Bestreben deutlich artikuliert.

1. Zweck der IG ist die Förderung und Vertretung gemeinsamer politischer, kultureller, sprachlicher, publizistischer und wirtschaftlicher Interessen.

2. Die IG strebt an:
(a) ein Mitspracherecht bei der Lösung politischer Probleme nach demokratischen Grundsätzen westlicher Prägung,
(b) die Zusammenarbeit aller Bevölkerungsgruppen für einen friedlichen Weg in die Unabhängigkeit und darüber hinaus,
(c) eine für die Bevölkerung des Landes annehmbare, international anerkannte Lösung des staatsrechtlichen Status des internationalen Gebietes von Namibia,
(d) die Abschaffung jeglicher Diskriminierung,
(e) das Leistungsprinzip als ordnenden Faktor der Wirtschaft unter Berücksichtigung der sozialen Verantwortung und Gerechtigkeit,
(f) die Verwirklichung des Prinzips des Rechtsstaates.«

Hierbei war »Landesinteressen vor Gruppeninteressen« eine sehr wichtige Aussage. Ein Bestandteil der Apartheidpolitik war die Gruppeneinteilung der Bevölkerung nach rassischen Merkmalen mit ungleicher Verteilung politischer und anderer Rechte. Entsprechend war bei den privilegierten Weißen das »Gruppendenken« besonders ausgeprägt, Landesinteressen äußerten sich allenfalls in einem Zugehörigkeitsgefühl zu Südafrika; viele Deutsche empfanden eine tief verwurzelte Dankbarkeit gegenüber Südafrika dafür, dass sie nach dem verlorenen Zweiten Weltkrieg nicht des Landes verwiesen wurden, nach der Internierung ab 1946 wieder nach »Südwest« auf ihre Farmen oder in ihre Geschäfte zurückkehren konnten und kurze Zeit später sogar Sonderrechte zum Erhalt ihrer Sprache bekamen. Für die herrschende konservative Nationale Partei (NP) der afrikaanssprachigen Buren zu stimmen, war daher für die meisten Deutschen in den späteren Jahren eine große Selbstverständlichkeit. Kritik an der politischen Obrigkeit galt als ungehörig und war verpönt, und mit der NP waren sie auf der Seite der Privilegierten. Wegen der gemachten Erfahrungen hielten sich die Deutschen aus der Politik heraus, das überließen sie den Politikern und kümmerten sich um ihre Geschäfte und mehr oder weniger intensiv um den Erhalt ihrer Sprache und Kultur. Politik und Kultur waren für viele zwei ganz verschiedene Sachen. Daher förderten die »Politiker«, zumeist im afrikaanssprachigen Lager angesiedelt, diese Einstellung und machten eben auch die Politik für die Deutschen gleich mit, die sie für die Wahlstimmen brauchten. (Beispielsweise erklärte 1975 Dirk Mudge, Afrikaanssprachiger in SWA und Delegierter bei der Turnhallen-Konferenz, dass er sich von den Deutschsprachigen in Südwestafrika akzeptiert glaube und ihr Anliegen in der staatsrechtlichen Zukunft des Landes voll berücksichtigen werde; zu Grunde lag eine schriftliche Forderung von Deutschsprachigen auf Teilnahme an der Konferenz.)
Deshalb war »Landesinteressen vor Gruppeninteressen« nun ein völlig neuer Akzent.

»Dieses Programm« der IG stieß bei manchen politischen Parteien auf Ablehnung. So kamen die Organisation und ihre führenden Persönlichkeiten immer wieder ins Kreuzfeuer derjenigen Parteien, die glaubten, einen Alleinanspruch auf die Vertretung der Deutschsprachigen stellen zu können.«

Aktivisten und Beobachter der Anfangsjahre erinnern sich noch deutlich an die ungeheure Aufbruchsstimmung, die damals unter den Deutschen herrschte und in den Aktivitäten der IG Ausdruck fand. Endlich hatte man das Gefühl, selbst an den weiteren Verlauf der Dinge Hand anlegen zu können, mitzuwirken und mitzusteuern.

Binnen zwei Jahren war die IG in 18 Orten im Lande durch Regionalgruppen vertreten und führte fast 3000 Namen in ihrer Mitgliederliste. »Ein langgehegtes Bedürfnis der Deutschen in Südwestafrika war offensichtlich erfüllt worden«, hieß es in einem Bericht 1985.

Zu den weiteren Entwicklungen sowie Aktivitäten und Leistungen der IG sagte Dr. Halenke:

»In einer geschichtlichen Betrachtung wird leicht der Fehler gemacht, dass vergangene Ereignisse durch die Lupe der gegenwärtigen Gegebenheiten und politischen Tendenzen betrachtet werden. Dies ist in gewissem Sinne auch für das Wirken der IG und mehr noch für die Entwicklung in SWA/Namibia zutreffend.

Im Verlauf der Jahre 1977-78 schien eine Lösung des SWA-Problems mit der Initiative der fünf Westmächte in greifbare Nähe zu rücken. Auch innenpolitisch kam es zu Umschichtungen.

Sechs Wochen nach dem Gründungskongress der IG marschierte Mudge mit seinen Anhängern aus dem Kongress der Nationalen Partei von SWA aus, gründete anschließend die Republikanische Partei [RP], und kurz darauf kam es zur Gründung der Demokratischen Turnhallenallianz [DTA].

Hier war unter den gegebenen Voraussetzungen die politische Organisation entstanden, die ein demokratisch fundiertes Gegengewicht zum Alleinvertretungsanspruch der SWAPO darstellen konnte.

Auf einer Welle der Euphorie, die das ganze Land erfasste, glaubte man den Westvorschlägen und Sicherheitsrat-Resolution (SR) 435 der Vereinten Nationen zustimmen zu können. Auch Südafrikas Premierminister Vorster hatte erklärt, dass Südwestafrika in die Eigenstaatlichkeit entlassen werden sollte und über seine Zukunft selbst zu bestimmen hätte. Zur ersten Wahl ›ein Mensch, eine Stimme‹ vom 4. bis 8. Dezember 1978, die die DTA mit überwältigender Mehrheit gewann, wurde die DTA moralisch, propagandistisch und finanziell von der IG unterstützt. Parallel dazu gingen Verhandlungen und Vorbereitungen für die geplante Durchführung von SR 435 weiter. Der Wahlausgang in Rhodesien und die Bekanntgabe der Durchführungsbestimmungen von SR 435, die als einseitige Bevorteilung der SWAPO erschien, veranlasste Südafrika und die Nationalversammlung von SWA/Namibia, den für März 1979 geplanten Beginn der Aktion abzusagen.«

In den Jahren 1977 (teils schon vor der formellen Gründung der IG) und 1978 hatten Gespräche zwischen Vertretern der westlichen Kontaktgruppe und den Gründern der IG bzw. dessen Vorstand über die vorgesehene Resolution des UN-Sicherheitsrates stattgefunden, diese Vertretung der Deutschsprachigen wurde als Gesprächspartner im internationalen Kontext ernst genommen. Eine ganz entscheidende Grundlage dafür war natürlich der außerordentlich gute Kontakt zum Auswärtigen Amt in Bonn, das intensiv und maßgeblich an der Erarbeitung der Resolution 435 beteiligt war. Diese engen Beziehungen zu Bonn waren von wesentlicher Bedeutung für die ganze Geschichte und die Wirkung der IG und waren nicht zuletzt ein Verdienst von Dr. Wilhelm Weitzel, der »sowieso gute Kontakte aus seiner Schulvereinsaktivität hatte und geschliffen, klug und berechnend im Umgang mit diesen Kontakten war, was man aus so einer kleinen Gemeinschaft im südlichen Afrika nicht ohne weiteres erwarten würde«, wie es ein damaliger Mitstreiter heute formulierte. Auf diesen Kontakten, dieser Akzeptanz bauten dann auch andere Vorstandsmitglieder auf und vertieften im Laufe der Jahre die politische Bedeutung der IG.

In diesen damaligen Gesprächen, in schriftlichen Stellungnahmen zu den Entwürfen und Überlegungen der Westmächte sowie in den Folgejahren bei Verhandlungen über weitere Details der Durchführung von SR 435 konnte die IG eine Anzahl von Bedenken und Überlegungen einbringen, die sich in der endgültigen Formulierung und weiteren Vereinbarungen und Verhandlungen niederschlagen. Im Grundsatz wurde z.B. akzeptiert, dass es keine politische Lösung ohne die Swapo geben könne; es müsse aber eine Gleichberechtigung aller politischen Parteien im Lande sichergestellt werden. Dies war zu der Zeit, als die UNO die Swapo als alleinigen Vertreter Namibias anerkannte, ein sehr wichtiger Punkt, der gerade auch aus heutiger Sicht vieles zum Positiven wandelte. Auch einige Grundsätze für die Verfassung nach der Unabhängigkeit waren Thema, denn wegen der massiven Unterstützung der Swapo aus dem Ostblock sah man in ihr auch eine kommunistische Bewegung, die auf einen Einparteienstaat ziele.

»Die Bedenken der IG waren vor allem darauf gerichtet, dass in SR 435 und den Durchführungsbestimmungen keine Garantien für Entwicklungen nach der Wahl gesichert waren. Selbst die erneute Initiative der Westmächte, die einen Teil dieser von der IG dargelegten Bedenken aus dem Weg räumte, konnte in den folgenden Jahren nicht die Durchführung von SR 435 zur Entlassung SWA/Namibias in die Unabhängigkeit bewerkstelligen.

Waren aber auch die DTA und der sie unterstützende Generaladministrator [GA] Steyn für südafrikanische Begriffe zu weit vorgeprescht? Drohte eine Revolte von der äußeren Rechten? Die Annahme ist nicht ganz unberechtigt, wenn man sich erinnert, dass GA Steyn innerhalb von 24 Stunden abberufen und durch einen der hochkarätigsten und brillantesten Vertreter des Afrikaanertums, Prof. Dr. Viljoen, ersetzt wurde. Unmittelbar darauf wurden durch Erlass des Premierministers von Südafrika gewisse legislative Befugnisse der Nationalversammlung übergeben, die nun nicht mehr der Unterschrift des südafrikanischen Staatspräsidenten bedurften.

Mit AG 8 [AG war die Abkürzung für Erlasse des Generaladministrators. D. Verf.] vom 29. September 1980 erhielt SWA/Namibia eine ›Ersatzverfassung‹, die das ursprünglich von der Turnhallenkonferenz vorgeschlagene ›Drei Ebenen-System‹ – Zentralregierung, Ethnische Regierung, Gemeindeverwaltung – mit einigen Abänderungen einführte.

So fanden im November 1980 ethnische Wahlen bei den Weißen und einigen anderen Gruppen statt. Trotz tatkräftiger Unterstützung der RP durch die IG konnte die RP mit 7 aus 18 Sitzen nicht die Majorität im Landesrat der Weißen erhalten.«

Hier kam nur am Rande ein wichtiger Vorgang zur Sprache: Bereits 1978 hatte die IG eine feste Kooperation mit der RP vereinbart, also einer politischen Partei, und damit auch indirekt mit der DTA als Parteienallianz. Man hatte diese Verbindung nach einiger Diskussion über Für und Wider als den zweckmäßigsten Weg erachtet, tatsächliche Einflussmöglichkeiten auf politische Entscheidungen im Lande zu gewinnen. Diese Kooperation erwies sich später jedoch als zunehmend problematisch und einseitig festlegend. Die Abmachung wurde daher 1983 wieder aufgekündigt mit dem Hinweis, dass man eine sinnvolle Zusammenarbeit auch in der Zukunft für möglich halte.

»Mit AG 8 wurde auch jeder Volksgruppe der Gebrauch ihrer Muttersprache neben Englisch und Afrikaans zugestanden. Nur für die Weißen war für diesen besonderen Fall AG 8 nicht zuständig. Eine ›aparte‹ Proklamation, AG 12, sah den alleinigen Gebrauch von Englisch und Afrikaans vor.

Hieraus entwickelte sich in den folgenden Monaten und Jahren der fast ausschließlich von der IG geführte und finanzierte Kampf für die Anerkennung der deutschen Sprachrechte. Unterstützung erhielt die IG im Februar 1981 durch den Antrag des RP-Abgeordneten Staby im Landesrat, der jedoch mit 10 Stimmen der NP gegenüber den 7 Stimmen der RP abgelehnt wurde.

Die IG beauftragte im April 1981 die Professoren Dr. Bertelsmann und Dr. van Wyk mit der Erstellung eines Gutachtens in Sachen deutscher Sprachrechte. Dieses Gutachten wurde 1982 von der IG veröffentlicht und diente als Unterlage zu weiteren Verhandlungen, die schließlich im Juni 1984 zur Anerkennung von Deutsch auf zweiter Ebene führte. Somit wurde Deutsch den einheimischen Muttersprachen wie Herero, Nama usw. gleichgestellt.«

Hier ist anzumerken, dass dieser Beschluss des weißen Landesrates nur durch die Zustimmung der NP-Mehrheit möglich wurde – zu diesem Zeitpunkt befand sich die IG, die im Prinzip noch immer der oppositionellen RP näher stand, bereits in internen Turbulenzen wegen der teilweise angefeindeten Gespräche mit der Swapo, so dass die NP damit auch wieder mehr Deutsche aus dem Lager der RP als Wähler an sich ziehen wollte.

»Ausgehend von der Überlegung, dass jede Sonderstellung einer Sprach- und Kulturgruppe, selbst wenn sie verfassungsmäßig garantiert ist, früher oder später im politischen Auf und Ab in Gefahr gerät, wieder abgeschafft zu werden, betrachtet die IG die Gleichstellung von Deutsch mit den einheimischen Muttersprachen als besten Garant für die Zukunft. Die im Erziehungsbericht und im Verfassungsentwurf vorgeschlagene Regelung für mindestens drei Jahre Muttersprachenunterricht schließt keinesfalls weiteren Muttersprachenunterricht aus, und sei es als Schulfach bis zum Matrik.

Bei dem Gründungskongress wurde betont, dass die IG wohl deutsche Kultur- und Sprachinteressen vertritt, die politischen Probleme des Landes jedoch als vorrangig betrachtet. Nur wenn politische und staatsrechtliche Lösungen im Sinne westlicher Demokratiebegriffe mit der Unabhängigwerdung des Landes sich durchsetzen, ist erst die Voraussetzung für unsere spezifisch deutschen Wunschvorstellungen geschaffen.

So hat Herr Lilienthal für die IG bereits im Oktober 1977 Gedanken über Staatsform, Verfassung und Wirtschaftsform ausgearbeitet. Herr Professor Dr. Klein, MdB, hat 1978 diese Arbeit mit den Vorschlägen der RP kommentiert und ergänzt. Sie wurden auch Richter Hiemstra überreicht. [Richter Hiemstra aus Südafrika hatte Mitte der 80er Jahre die Aufgabe, eine – weitere – neue Verfassung für Namibia zu erarbeiten. Dazu konsultierte er die verschiedenen Parteien und Gruppen im Land. D. Verf.]

Da die Lösung wirtschaftlicher Probleme und die wirtschaftliche Entwicklung des Landes vor und nach der Unabhängigkeit von kardinaler Bedeutung für das Wohlergehen der Bevölkerung ist, wurden zahlreiche Denkschriften und Vorschläge den zuständigen Stellen und Behörden vorgelegt. Die IG vertrat von Anfang an, besonders gegenüber der Bundesrepublik, die Auffassung, dass Wirtschaftshilfe und Bildungsbeihilfen bereits vor der Unabhängigkeit wünschenswert wären.

Die Aktion ›Rettet Lüderitzbucht‹ entstand auf Initiative der IG und führte schließlich zur Gründung der ›Lüderitzbucht Stiftung‹, mit deren Federführung die Geschäftsstelle der IG etwa zwei Jahre betraut war. Die Lüderitzbucht Stiftung diente nicht nur der Vorbereitung der Jahrhundertfeier [1983], sondern hat sich auch belebend auf die Entwicklung des Fremdenverkehrs und der Wirtschaft dort ausgewirkt.«

Beinahe etwas verschämt, recht knapp und erst gegen Ende des Berichtes von Dr. Halenke damals im Jahre 1987 wurde eine ganz besonders wichtige Leistung der IG angesprochen, deren Tragweite wohl mit am weitesten über das Bestehen der IG bis heute hinaus reicht. Es war nämlich durch die Positionen, die die IG vertrat, nach innen und außen erkennbar geworden, dass zumindest *diese* Deutschen eine neue Offenheit hatten. Sie waren bereit, über die engen Schranken der Apartheid im Lande und auch über den – in erster Linie von Südafrika gezogenen – politischen Graben zur Swapo hinweg Kontakte zu knüpfen und nichts unversucht zu lassen, was für eine friedliche Unabhängigkeit und gemeinsame Zukunft aller Bewohner des Landes dienlich sein könne:

»Weil die IG keine Partei ist, sondern eine unabhängige überparteiliche Organisation, hat sie es sich unter anderem auch zur Aufgabe gemacht, als Vermittler aufzutreten, Konfrontationen abzubauen und eine Zusammenarbeit aller politischen Kräfte zu fördern, um die erstrebte nationale Einheit zu erreichen. In diesem Sinne sind auch die vom Auswärtigen Amt der Bundesrepublik Deutschland angeregten Gespräche von IG-Vertretern mit der SWAPO in Genf, Paris, Harare und Lusaka zu verstehen. Diese Gespräche haben hier im Lande viel böses Blut verursacht, der IG Austritte gebracht und Fronten verhärtet. Wir müssen auch leider feststellen, dass wir dem Ziel eines gemeinsamen Gespräches aller Parteien mit SWAPO kaum näher gekommen sind.«

Ja, 1987 konnte man noch nicht absehen, dass diese bereits Anfang der 80er Jahre geführten, so umstrittenen Gespräche mit der Swapo, die zu Zerreißproben innerhalb der IG geführt hatten und hier im Ergebnis eher etwas negativ dargestellt wurden, dennoch so wichtig waren.

Diese Swapo-Gespräche sind eine längere Geschichte. Es begann damit, dass man bei den fünf Westmächten und insbesondere im Bonner Auswärtigen Amt in der Führung der IG Leute erkannte, die die politische Konstellation nicht mehr allein aus der internen südwestafrikanischen Perspektive und einseitig durch die Brille Südafrikas sahen. Eine direkte Einbeziehung der IG in die internationalen Gespräche und Verhandlungen war aber nicht möglich. So hielt man zunächst einen engen Kontakt in Konsultationen.

Auf der anderen Seite begann die Swapo etwa 1980, sich mit dem Gedanken zu beschäftigen, wie man denn konkret die politische Zukunft Namibias gestalten wolle, wenn denn eines noch nicht näher bestimmbaren Tages, aber vielleicht auf einmal doch sehr schnell, die Unabhängigkeit und damit selbstverständlich eine Herrschaft der Swapo über das Land eintritt. Man wurde sich bewusst, dass nicht erst dann, sondern schon viel früher konkrete Konzepte für eine realistische Politik entwickelt werden müssten. Und man war sich schnell darüber im Klaren, dass eine erfolgversprechende Zukunft und Entwicklung des Landes, wofür man schließlich die ganzen Jahre kämpfte, nur zusammen mit den dortigen Einwohnern einschließlich der Weißen möglich sein werde, nicht gegen oder ohne sie. Eine Politik des Ausgleichs mit den aufgeschlossenen Weißen werde notwendig sein. Dies müsse man frühzeitig diesen Weißen auch signalisieren und deutlich machen, dass man sich von bisherigen politisch geprägten Propagandasprüchen wie »Wir treiben die Weißen ins Meer« und dergleichen entferne. Auch wenn nach außen neben dem Buschkrieg der Propagandakrieg noch weiterging, wurde intern realpolitisch geplant.

Über diesen Hintergrund hatte 1990 kurz nach der Unabhängigkeit der damalige Swapo-Vizepräsident Daniel Tjongarero, Chef der »Inlands-Swapo«, bei einer Konferenz in Konstanz am Bodensee ausführlich berichtet. Die Swapo war ja zu keinem Zeitpunkt als Partei innerhalb Namibias verboten, so dass die Führung des Inlands-Flügels immer recht genau über die aktuellen Situationen innen und außen informiert war, es gab laufend Treffen mit der »Auslands-Swapo« in anderen Ländern. Die Führung der externen Swapo, die letztlich die Politik bestimmte und die Swapo insgesamt repräsentierte, hatte also erkannt, dass es erforderlich sei, mit Vertretern der einheimischen weißen Bevölkerung ins Gespräch zu kommen. Das war aber ein außerordentlich heikles und sensibles Unterfangen. Denn zu dieser Zeit nahm der Buschkrieg in Angola und teilweise Nordnamibia zu, die militärischen und propagandistischen Fronten verhärteten sich wegen der Beteiligung Kubas im angolanischen Bürgerkrieg und im Kampf gegen die südafrikanische Armee, und die internationalen Verhandlungen liefen, wo man keine Positionen unnötig preisgeben wollte. Die Swapo lehnte zu der Zeit jeden Kontakt mit Inlands-Parteien ab, da sie selbst von der UNO als »einzige und authentische Vertretung des namibischen Volkes« anerkannt und mit diesem Status internationaler Verhandlungspartner war; die Inlands-Parteien waren somit international politisch »nicht existent« und durften nicht durch irgendwelche offiziös erscheinenden Kontakte anerkannt oder aufgewertet werden.

In der Beurteilung dieser Situation war damals die IG in den Augen der Swapo die einzige Gruppe von Weißen in Namibia, der man zutraute, dass ein vernünftiges und einigermaßen offenes Gespräch möglich sein könnte ohne die Gefahr einer politisch-propagandistischen Ausschlachtung zu Gunsten Südafrikas.

So kam es, dass die Swapo an das Bonner Auswärtige Amt in der westlichen Kontaktgruppe den Wunsch richtete, mit Vertretern der IG zusammentreffen zu können. Dies musste mit der notwendigen Sensibilität und in einem Rahmen geschehen, der politisch »unverfänglich« war.

Die erste, bahnbrechende Möglichkeit ergab sich im Januar 1981, als in Genf eine Namibia-Konferenz der UNO mit Beteiligung der fünf Westmächte, Südafrikas und der Swapo stattfand. Durch das Bonner Auswärtige Amt hatte eine IG-Delegation (Lilienthal, Dr. Schneider, Staby und Dr. Weitzel) die Möglichkeit, ebenfalls in Genf anwesend zu sein. Zuvor war eine Einbeziehung von IG-Vertretern in die Delegation des südwestafrikanischen General-Administrators, die mit Vertretern diverser interner Gruppierungen besetzt war, gescheitert. So kam es, vermittelt durch deutsche Diplomaten, zu ersten »lockeren Gesprächen« mit Swapo-Vertretern und

Beim ersten Gespräch mit der SWAPO in Genf 1981: v.l. Staby, Lilienthal, Nujoma, Staatssekretär van Well, Dr. Weitzel, Dr. Amathila.

In Bonn mit Bundesaußenminister Hans-Dietrich Genscher (2. v.r.): v.l. J.A. Brückner, Konrad Lilienthal, Klaus Becker.

einem Abendessen auf Einladung des Staatssekretärs van Well mit einer zehnköpfigen Swapo-Delegation unter Führung ihres Präsident Nujoma. Diese Gespräche dienten vor allem dem Kennenlernen und einer gewissen ersten Vertrauensbildung. Ein Teilnehmer berichtete später, man habe allgemeine Vorstellungen und Wünsche über ein gemeinsames Leben in einem unabhängigen Namibia ausgetauscht, Positionen definiert und verdeutlicht, was man will und wofür man steht. (Man fand jetzt und bei späteren Gesprächen zunehmend bestätigt, was schon 1977 der amerikanische Vertreter McHenry in Windhoek gesagt hatte, nämlich dass die Swapo keine kommunistische Kadergruppe sei, wie es die südafrikanische Propaganda systematisch darstellte, sondern in erster Linie eine nationalistische Bewegung und im Grunde dasselbe wollte wie die IG und manche andere im Lande auch: Die Befreiung von Fremdherrschaft und Abhängigkeit, was den Abzug Südafrikas bedeutete.)

Dieser erste Kontakt zwischen der IG und der Swapo wurde in der namibischen Presse durchaus positiv bewertet, die IG wurde sogar ermuntert, »die neugewonnenen Kontakte voll im Interesse SWA/Namibias zu nutzen ... Dazu muss sie politisch mobil und agil sein und bleiben«, so die Windhoeker Allgemeine Zeitung (AZ) damals.

Das änderte sich allerdings, nachdem – jeweils durch Bonner Vermittlung – ein zweites Gespräch in der deutschen Botschaft in Paris stattfand (von dem, weil erst ganz kurzfristig angesetzt, vorher kein öffentliches Aufhebens gemacht wurde) mit Dr. Weitzel und Lilienthal für die IG, und 1983 ein drittes, diesmal in Harare anlässlich einer vorher angekündigten mehrtägigen Informationsreise nach Zimbabwe. Jetzt wurde die IG aus den verschiedensten Richtungen angegriffen, es wurden »Geheimverhandlungen« unterstellt, die IG wurde zu »Verrätern« abgestempelt, es lief eine landesinterne Propagandawelle unter den Weißen und auch aus der bisher verbündeten RP. Selbst der Häuptlingsrat der Herero, durch die DTA mit der RP liiert, gab eine kritische Stellungnahme heraus, deren Diktion jedoch stark auffallende Ähnlichkeiten mit der südafrikanischen Propaganda gegen die Swapo hatte. Insgesamt hatte sich die Stimmung unter den Deutschen gewandelt, viele glaubten nicht mehr an eine Unabhängigkeit und sichere Zukunft, weil nach der Aufbruchsstimmung in den letzten Jahren bisher keine greifbaren Ergebnisse sichtbar waren. Die politische Polarisierung und antikommunistische Propaganda durch Südafrika zeigte Wirkung, man wähnte sich nur noch unter Südafrikas Fittichen auf der sicheren Seite und fiel sozusagen auf die früheren Positionen zurück.

Es kam hinzu, dass zu dieser Zeit die internen Parteien der Weißen – im Wesentlichen die konservative NP und die etwas liberalere, zur DTA gehörende RP – intensiv um die deutschen Wähler warben und ebenfalls kräftig mit halfen, Ressentiments gegen die IG wegen der Swapo-Kontakte zu schüren, denn es standen wieder Landeswahlen der Weißen an (die die NP dann auch gewann, Dirk Mudge gab hinterher der IG Mitschuld an der Niederlage der RP).

Im Mai 1984 kam es zu einem weiteren Treffen mit der Swapo-Spitze, diesmal in Lusaka bei einer neuerlichen Namibia-Konferenz. Der sambische Präsident Kaunda hatte auch die IG eingeladen, gleichzeitig bot der Swapo-Inlandsvertreter Nico Bessinger im Namen von Nujoma an, eine IG-Gruppe mitzunehmen. Aus Neutralitätsgründen wurde die Reise eigenständig arrangiert. Bei dieser Konferenz saßen erstmals auch die Inlands-Parteien offiziell als Verhandlungspartner mit am Tisch, es konnte jedoch keine Einigung über eine Unabhängigkeit erzielt werden.

Beim IG-Jahreskongress 1984 etwas später im Jahr gab es dann erste kritische Diskussionen und Auseinandersetzungen über Inhalt und Aufgaben der IG, die Swapo-Gespräche spielten natürlich eine wesentliche Rolle. Ein Misstrauensantrag gegen den Vorstand wurde abgelehnt, aber einige Vorstandsmitglieder traten zurück, Mitglieder traten aus, einige der Regionalgruppen befanden sich in Auflösung. Im Ergebnis scharte sich doch eine gute Mehrheit der Mitglieder hinter den Vorstand und bestärkte ihn, wie bisher weiter zu machen. Durch die militanten Aktivitäten der Swapo, die von den Menschen in Namibia total unterschiedlich bewertet wurden – war es Terror oder waren es Kriegshandlungen einer Befreiungsbewegung? – standen sich viele Menschen damals polarisiert und sehr unversöhnlich gegenüber. Für offene Argumente war wenig Raum.

In der Folgezeit nahmen die Diskussionen um und Angriffe gegen die IG an Heftigkeit zu. Die »Allgemeine Zeitung« spielte dabei eine erhebliche Rolle.

Hauptvorstände der IG 1977–1987

HAUPTVORSTAND 1977
DR. H. HALENKE
K. LILIENTHAL
H.E. STABY
DR. W. WEITZEL
DR. H. SCHNEIDER
A.R. BARTSCH
E. VON ALTEN
V. RODENWOLDT
J.A. BRUECKNER

HAUPTVORSTAND 1978/1979
DR. H. HALENKE
K. LILIENTHAL
DR. W. WEITZEL
H.A. BREITING
H.E. STABY
DR. J. GOEBEL
J.A. BRUECKNER
V. RODENWOLDT
W. NEEF
K. DIERKS
DR. H. SCHNEIDER
DR. R. MERIAN

HAUPTVORSTAND 1979/1980
DR. H. HALENKE
K. LILIENTHAL
DR. R. MERIAN
DR. W. WEITZEL
DR. H. SCHNEIDER
H.E. STABY
J.A. BRUECKNER
H.A. BREITING
V. RODENWOLDT
W. GRASER
DR. J. GOEBEL
K. DIERKS

HAUPTVORSTAND 1980/1981
DR. H. HALENKE
K. LILIENTHAL
V. RODENWOLDT
S. REDECKER
K.J. BECKER
J.A. BRUECKNER
H.A. BREITING
DR. W. WEITZEL
DR. H. SCHNEIDER
H.E. STABY
H.D. OTTO

HAUPTVORSTAND 1981/1982
DR. H. HALENKE
K. LILIENTHAL
V. RODENWOLDT
S. REDECKER
K.J. BECKER
J.A. BRUECKNER
H.A. BREITING
DR. W. WEITZEL
DR. H. SCHNEIDER
H.E. STABY
H.D. OTTO

HAUPTVORSTAND 1982/1983
DR. W. WEITZEL
K. LILIENTHAL
J.A. BRUECKNER
H.A. BREITING
H.E. STABY
DR. C.D. LIETSCH
U.D. VOIGTS
A. VAATZ
S. REDECKER
H.D. OTTO
K.J. BECKER

HAUPTVORSTAND 1983/1984
DR. W. WEITZEL
K. LILIENTHAL
K.J. BECKER
DR. C.D. LIETSCH
J.A. BRUECKNER
D. OTTO
J. v. SCHUETZ
H.A. BREITING
U.D. VOIGTS
H. HERRLE Sen.
DR. H. HALENKE

HAUPTVORSTAND 1984/1985
DR. WEITZEL
K. LILIENTHAL
J.A. BRUECKNER
A. VAATZ
U.D. VOIGTS
H. HERRLE Sen.
J. v. SCHUETZ
K.J. BECKER
E.G. KASCHIK
D. OTTO

HAUPTVORSTAND 1985/1986
K.W. v. MAREÉS
U. EINS
J. KUEHHIRT
H.P. LUEHL
I. LEHNERT
I. WEITZEL
M. HOTH
G. ROESSLER
U.D. VOIGTS
D. OTTO

HAUPTVORSTAND 1986/1987
K.W. v. MAREÉS
U. EINS
A. HERRLE
I. LEHNERT
U.D. VOIGTS
I. WEITZEL
G. ROESSLER
M. HOTH
H.P. LUEHL
D. OTTO

Denn ihr damaliger aus Deutschland zugezogener Verleger Dr. Lauenstein stand Franz-Josef Strauß und der CSU-Politik sehr nahe, entsprechend war ihm die gute Verbindung der IG zum FDP-Außenminister Genscher ein Dorn im Auge, so dass sich hier die innerdeutsche Rivalität zwischen Genscher und Strauß in der Außenpolitik und dabei natürlich insbesondere zum südlichen Afrika intensiv, aber einseitig widerspiegelte. Die IG bekam das heftig zu spüren, z.B. musste sie zeitweilig ihre Presseerklärungen als bezahlte Anzeigen schalten, damit sie abgedruckt wurden, und auch das wurde schon mal abgelehnt, weil man keine »politischen Anzeigen« akzeptieren wollte. Die AZ war für viele Deutsche ein wesentliches Informationsmedium mit hoher, teils unkritischer Akzeptanz.

(Um dem etwas entgegen zu setzen, brachte Konrad Lilienthal mit finanzieller Unterstützung über die FDP-nahe Friedrich-Naumann-Stiftung ab September 1984 eine liberale Wochenzeitung heraus, die »Namibia Nachrichten«. Damit gab es ein Organ, das den Aufgeschlosseneren und auch der IG eine Stimme verlieh und das Informationsdefizit in der Öffentlichkeit ausgleichen konnte.)

Zusätzlich entstanden zunehmend interne Reibungen und persönliche Auseinandersetzungen in der IG, sowohl innerhalb des Vorstandes als auch zwischen diesem und verbliebenen RP-Mitgliedern, so dass zum Jahreskongress 1985 fast alle Hauptvorstandsmitglieder zurücktraten, vor allem die Gründer und langjährigen Träger der IG. Das war eine Zäsur in der Geschichte der IG. Denn nun musste ein weitgehend neuer, zum Teil jüngerer Vorstand, der in der Sache mit dem vorherigen Vorstand vollständig konform ging, ein schweres Erbe übernehmen und versuchen, die zerzauste IG wieder auf einen tragfähigen Kurs zu bringen. Neuer Präsident wurde Konrad Wilfried von Mareés.

Man hielt den Kontakt nach Bonn (AA) und zu den im Bundestag vertretenen Parteien, konzentrierte sich auf Gespräche mit der Inlands-Swapo, begann mit der Förderung von Deutsch als Fremdsprache (DaF) und mit dem DaF-Sprachwettbewerb in den Schulen und setzte sich dafür ein, den inzwischen ins Stocken geratenen Verhandlungsprozess zur Durchführung der Resolution 435 und damit für die Unabhängigkeit Namibias wieder in Gang zu bringen – schließlich war dieses Ziel der eigentliche Zweck bei Gründung der IG gewesen. Der neue Vorstand ging mit viel Schwung an die Arbeit und brachte im Ergebnis Bemerkenswertes und Beständiges auf die Beine. So fällt in die nächsten Jahre z.B. die richtungsweisende Gründung der Namibisch-Deutschen Stiftung für kulturelle Zusammenarbeit (NaDS), über die an anderer Stelle in diesem Buch berichtet wird und die heute Träger des Goethe-Zentrums ist; und der landesweite DaF-Sprachwettbewerb in den Schulen erfreut sich (inzwischen von der NaDS fortgeführt) ungebrochener Beliebtheit.

Am Unabhängigkeitstag (21. März 1990): Bundesaußenminister Hans-Dietrich Genscher trifft in Windhoek Deutschsprachige auf der Terrasse der Botschaftsresidenz. V.l. Dr. Ralf Schindler, Konrad Lilienthal, K. Werner List, Dr. Wilhelm Weitzel, Dr. Sulimma (Afrika-Beauftragter des AA), Genscher, Harald Ganns (erster deutscher Botschafter). Mit dem Rücken zur Kamera vorne v.r.: Dieter Voigts, J.A. Brückner, K.W. von Marées.

Zu dieser Zeit stand noch weitgehend in den Sternen, wann es zu der angestrebten Unabhängigkeit kommen würde. Anfang 1987 fuhren nochmals IG-Vertreter und viele Mitglieder – es war eine offene Reise für alle Interessierten – zu Informationszwecken nach Zimbabwe und weiter nach Lusaka, wo man am Namibia-Institut der UN auch Swapo-Vertreter traf, u.a. die später führenden Politiker Hage Geingob, Hidipo Hamutenya, Mose Tjitendero. Hinterher gab es in Windhoek wieder das inzwischen übliche Bild: Die AZ und andere IG-Gegner machten Front, die Mitglieder standen zur IG.

1988 lud Swapo-Präsident Sam Nujoma persönlich die IG zur Teilnahme an der Konferenz in Stockholm ein, die das schwedische Außenministerium organisiert hatte. Leider musste man absagen (denn alle Vorstandsmitglieder der IG waren immer ehrenamtlich tätig und konnten nicht »von Konferenz zu Konferenz jetten«). Zu dieser Zeit war der Verhandlungsprozess für die Implementierung von SR 435 relativ kurzfristig wieder intensiv in Gang gekommen und auf einmal schon so weit gediehen, dass es ganz reale Aussichten auf eine absehbare Unabhängigkeit gab. Ermöglicht wurde das u.a. durch die neue Verständigung zwischen den USA (Reagan) und der Sowjetunion (Gorbatschow) über eine Lösung der internationalen Konflikte, in denen die Großmächte durch Stellvertreter involviert waren, und dazu zählten auch Namibia und Angola. Südafrika hatte zunehmende militärische, materielle und psychologische Probleme, seinen Krieg in Angola weiter zu führen, und daher nun auch ein Interesse an einer Lösung, die es vorher immer wieder zu verzögern wusste. Ein wesentlicher »Verzögerungspunkt« war die von den USA Anfang der 80er Jahre eingeführte Koppelung des Abzugs der kubanischen Soldaten aus Angola (»cuban linkage«) an die Durchführung der SR 435, die einen Abzug der südafrikanischen Truppen aus Namibia vorsah. Diese Koppelung war für die südafrikanische Politik sehr wichtig, und erst durch den Umschwung in der Sowjetunion unter Gorbatschow wurde es möglich, dass auch Kuba und Angola dem Rückzug der Kubaner zustimmen mußten. Mancher Deutsche in Namibia wollte es zwar zu diesem Zeitpunkt, etwa Mitte 1988, noch nicht wahrhaben, dass nun wirklich der Durchbruch passierte, aber es war so.

Gegen Ende 1988 stand praktisch fest, dass die Umsetzung von SR 435 zum 1. April 1989 beginnen werde. Der IG-Vorstand schrieb im Oktober 88 an den deutschen Außenminister und machte Vorschläge, sich aktiv in den Übergangsprozess einzubringen. Schon vorher, aber jetzt noch intensiver, führten Vorstand und Mitglieder der IG intensive Gespräche in öffentlicher und privater Sphäre mit Vertretern der verschiedenen Parteien und Bevölkerungsgruppen, vor allem mit der Inlands-Swapo. Nicht zuletzt durch den Jahre zuvor erlangten internationalen Bekanntheitsgrad auf Grund ihres weitsichtigen Bemühens war die IG dann während der Übergangsphase und vor und nach der Wahl im November 1989 Ansprechpartner »für Gott und die Welt«, denn Namibia – bis dahin ein Außenseiter auf dem Globus – war plötzlich von Interesse für das internationale Publikum.

Die Swapo erklärte 1989 bereits vor Rückkehr ihrer Führung aus dem Exil, dass sie eine Politik der Nationalen Versöhnung betreiben wolle, dass z.B. alle Staatsdiener in ihren Ämtern bleiben können, wenn sie sich zum neuen Staat bekennen, dass alle Eigentumsverhältnisse so bleiben wie zum Zeitpunkt der Unabhängigkeit, dass keine Aufrechnung von Vergehen aus gegenseitigen Kriegshandlungen erfolge usw. Das Leben solle kontinuierlich weitergehen, und auch die Weißen seien willkommene Staatsbürger wie alle anderen. Das war eine Bestätigung der IG-Tätigkeit über all die Jahre, wurde aber von den IG-Kritikern im Land auch jetzt nicht so wahrgenommen.

Am 21. März 1990 wurde Namibia unabhängig. Swapo hatte mit 58 % der Stimmen die absolute Mehrheit im Parlament erreicht und bestimmte die Regierung und die Politik. Sie setzte die Nationale Versöhnung um, wie angekündigt. Man muss in der Rückschau auf die IG festhalten, dass für diese Politik der nationalen Versöhnung, die für die Weißen und darunter die Deutschstämmigen das Beste war, was ihnen passieren konnte, die IG mit ihren mutigen, weitsichtigen und umstrittenen frühen Kontakten zur Swapo wichtige Grundlagen geschaffen hatte. Das ist ein bleibendes Verdienst vor allem derer, die die Richtigkeit dieser Schritte erkannt und sie unternommen haben. Die konsequente Fortsetzung der Linie, eine Unabhängigkeit auf Basis der SR 435 zu fordern und die Kontakte zur Swapo im In- und Ausland zu pflegen, hatte zur Glaubwürdigkeit und Akzeptanz entscheidend beigetragen.

Nach der Unabhängigkeit, die zu erlangen und im Sinne der Deutschstämmigen mit zu gestalten ja das wesentliche Ziel der IG war, trat in der IG eine gewisse »Ermüdung« ein. Das Hauptziel war erfolgreich erreicht, die Politik wurde nun durch die Parteien in einem demokratisch frei gewählten Parlament gestaltet. Für kulturelle Aufgaben bestand inzwischen die Namibisch-Deutsche Stiftung für kulturelle Zusammenarbeit (NaDS) als Kind der IG und war zu einer wichtigen, separaten Organisation geworden. So erlahmten das Interesse und die Bereitschaft vieler IG-Mitglieder, sich weiter in der IG zu engagieren. Die bisherigen Aktivisten waren zum Teil in den neuen Strukturen an unterschiedlichsten Stellen wirkungsvoll aktiv, z.B. in der Regierung als Minister oder auf den Oppositionsbänken im Parlament, oder sie wandten sich anderen Aufgaben wie z.B. der NaDS zu. Die Finanzmittel wurden spärlicher. Aus Deutschland – der wesentliche Finanzquelle – kam nichts mehr, denn die deutsche Politik sah ebenso wie viele der IG-Mitglieder die politische Aufgabe der IG als erfüllt an.

Trotzdem wurde auf dem 13. Kongress Anfang September 1990 noch mit großer Mehrheit eine Fortführung unter neuen Namen (Interessengemeinschaft Deutschsprechender für Namibia) beschlossen mit diesen Zielsetzungen: Einsatz für Sprache, Kultur und Schule; Zusammenarbeit mit anderen deutschen Organisationen; die Demokratie zu erhalten und zu fördern; Kontakte zur Bundesregierung zu pflegen; und sich für Entwicklungshilfemaßnahmen in Namibia einzusetzen.

1991 wurde es dann noch schwieriger: Auf einem Sonderkongress im Juni gelang es zunächst nicht, einen neuen Vorstand zu wählen. Darauf hin wurde durch eine Satzungsänderung eine »amtierende Geschäftsführung« eingesetzt. Man wolle auf jeden Fall weitermachen, hieß es, wenngleich einstweilen auf »Sparflamme«, und in den folgenden Monaten neue Ziele formulieren.

Das gelang jedoch nicht mehr überzeugend, denn am 9. Mai 1992 löste sich die IG nach einiger Diskussion unter den Anwesenden mit Mehrheitsbeschluss auf (eine Anzahl Mitglieder war weiterhin für eine Fortführung, auch der erste deutsche Botschafter in Namibia, Harald Ganns, hatte sich dafür stark gemacht). Ihre satzungsmäßigen politischen Ziele habe die IG im wesentlichen erreicht, hieß es als Begründung. Klaus Becker hatte die traurige Aufgabe, diese letzte Versammlung der IG zu leiten und schließlich die Auflösung, das Ende festzustellen. Dr. Halenke wurde »Nachlassverwalter« und besorgte später die Lagerung der Akten in der Sam-Cohen-Bibliothek in Swakopmund.

»Erben« der IG waren die NaDS und die Arbeitsgemeinschaft der Deutschen Schulvereine (AGDS), auf beide wurden die geringen verbliebenen Besitztümer verteilt.

Damit ging nun auch offiziell eine 15 Jahre dauernde, bewegte und bewegende Geschichte zu Ende, die markante Spuren gezeichnet und hinterlassen hat. Ihr gehört ein angemessener Platz in der Geschichte Namibias.

Was hier erstmals als eine Gesamtschau der IG-Geschichte in Erzählform dargestellt ist, verdient auch noch eine dokumentarische Aufarbeitung.

Eine besondere Leistung der IG sei an den Schluss gestellt. 1985 war sie Herausgeberin des Buches »1884–1984 Vom Schutzgebiet bis Namibia«, das als Sammelband zu einem bedeutenden Standardwerk wurde. Die aktualisierte Neuausgabe dieses »Jahrhundertwerkes«, fortgeschrieben über die wichtige Unabhängigkeit und die Jahrhundertwende 2000 hinaus, halten Sie in Händen.

Somit lebt die IG in gewisser Weise auch in diesem Werk noch weiter fort.

Ein Rückblick

Klaus Becker, IG-Geschäftsführer und Vorsitzender, erinnert sich an die Zeit Anfang bis Mitte der 80er Jahre

Es waren damals hektische Tage im IG-Büro, in dem ich zwei Jahre als Geschäftsführer fungierte. Als überparteiliche Organisation, die zwar zu Beginn die Republikanische Partei aktiv unterstützte, sich aber später von jeglicher Parteibindung löste, war die IG ein gefragter Ansprechpartner für den Polittourismus, der Anfang der 80er Jahre in Namibia blühte. Regierungsvertreter, Bundestagsabgeordnete, Stiftungs- und Institutsvertreter aus Deutschland baten um Gespräche, in denen meist eine Lagebeurteilung zu den Verwicklungen um die UNO-Resolution 435, Südafrikas Position und die relative Bedeutung der unter der DTA-Fahne vereinigten ethnisch ausgerichteten Parteien gefragt war.

Zu solchen Gesprächen mussten meist Vorstandsmitglieder geladen werden, die alle ehrenamtlich dienten und nicht immer verfügbar waren. Darum wurde der Löwenanteil dieser Gespräche von Dr. Weitzel und Dr. Halenke wahrgenommen, die beide schon im Ruhestand waren und darum leichter verfügbar. Die Termine häuften sich.

Dazwischen traf sich die Exekutive der IG unter Vorsitz von Konrad Lilienthal mehrmals im Monat, um wichtige Entwicklungen zu besprechen und die Standortbestimmung der IG festzulegen, in einem wahren Minenfeld von Meinungen und Ansichten und ständig neuen Ent- und Verwicklungen. Dann traf sich einmal im Monat der volle Vorstand. Alle Sitzungen mussten sorgfältig vorbereitet und protokolliert werden, um gegenüber den Mitgliedern und Gönnern der IG eine angemessene Transparenz zu zeigen. Das war auch nicht immer so einfach, wenn streng vertrauliche, weil heikle, Themen aufkamen.

Aber nicht nur die ausländischen Besucher bestürmten das IG-Büro. Interne Partei- und Interessenvertreter klopften bei der IG an, meist mit Bitten um logistische und finanzielle Hilfe, witterte man doch hinter der engen Verbindung der IG zur deutschen Regierung Zugang zu unbegrenzten Mitteln.

Mitglieder mussten betreut und ständig informiert werden. Ich schuf damals den IG-Kurier als eines der Informationsmittel der IG. Die deutsche Tageszeitung unter ihrem damaligen Verleger war der IG nicht gut gesinnt und versäumte keine Gelegenheit, diese einmalige Organisation deutschsprachiger Südwester in ein fragwürdiges Licht zu stellen.

Das Büro war nicht nur die Nervenzentrale der IG, sondern fungierte auch als Verwaltungsstelle für die Lüderitzbucht-Stiftung, deren Vorstand ich ebenfalls angehörte. Die Stiftung wurde hauptsächlich von Deutschsprachigen angetrieben und entwickelte eine besondere Dynamik, die zunächst in der Hundertjahrfeier gipfelte, die 1983 in Lüderitzbucht vom Stapel lief.

Außerdem war die IG maßgeblich am Auf- und Ausbau des deutschen Senders der staatlichen Hörfunkanstalt beteiligt, damals unter der Redaktion von Jürgen Hecker.

Die Spannungen innerhalb der etwa 2000 Mitglieder starken Organisation mussten ebenfalls angesprochen worden. Es gab viele Mitglieder, die die Idee einer Interessengemeinschaft stark unterstützten, aber meinten, die IG sollte sich auf Kulturerhalt und -förderung beschränken und nicht in der Politik mitmischen. Dass Kulturerhalt nicht ohne Politik zu bewirken war, leuchtete diesen Mitgliedern nicht ein.

Es gab Beiratssitzungen, zu denen alle Regionalvertreter geladen wurden, und dann natürlich den jährlichen Mitgliederkongress, auf dem zwei Tage lang beraten, berichtet und diskutiert wurde. Zu den jeweiligen Regionalversammlungen, die von Tsumeb bis Lüderitzbucht einmal jährlich einberufen wurden, mussten auch Vorstandsmitglieder und Geschäftsführung anreisen.

Die Spannungen, die sich zwischen der Republikanischen Partei und der IG durch das selbständige, von Bonn unterstützte politische Auftreten der IG entwickelten, schafften viel Unruhe in den Reihen der Mitglieder, unter denen viele auch aktiv in der Republikanischen Partei mitwirkten. Vor allem, als IG-Vorstandsmitglieder mit der SWAPO-Spitze Gespräche führten, in Harare und dann auch in Lusaka, schlugen die Empörungswellen hoch. Selbst der südafrikanische Geheimdienst meldete sich im IG-Büro zum Informationsaustausch.

Damals war auch gerade der Vorgänger dieses Buches im Werden. Was zunächst als ein kurzes Informationsheft konzipiert war, um den Beginn der deutschen Kolonialzeit im damaligen Südwestafrika vor 100 Jahren zu markieren, entwickelte sich unter dem Ideenreichtum und der Initiative der Redaktion, der ich zusammen mit Jürgen Hecker vorstand, in ein heute gefragtes und bekanntes Nachschlagewerk von 530 Seiten.

Kurz, es ging hoch her im IG-Büro in der damaligen Kaiserstraße. Alle möglichen und manchmal auch unmöglichen Anliegen wurden der Organisation angetragen. Der Kalender wimmelte von Terminen mit lokalen Regierungsvertretern, Politikern aller Couleur aus dem In- und Ausland, Presse- und Stiftungsvertretern, Bittstellern und Mitgliedern. Geld war immer knapp und musste sparsam und umsichtig verwaltet werden. Die von der IG gestalteten Südwester Tage Ende 1982 in Swakopmund waren ein voller Erfolg und frischten die Kasse der IG beträchtlich auf. Der persönliche Einsatz vieler IG-Mitglieder, insbesondere des Vorstandes und der Exekutive, darf nicht unerwähnt bleiben. Wie viele Abende, Nächte, Wochenenden waren mit Sitzungen und Beratungen ausgefüllt, abgesehen von lokalen und internationalen Reiseprogrammen!

Rückblickend muss ich feststellen, dass es eine hoch interessante, wenn auch sehr fordernde Zeit war, im Vorlauf zur Unabhängigkeit Namibias.

Erstaunlich bleibt, was die Handvoll deutschsprachiger Südwester damals zu Wege brachten, wie sie sich gegen formidable Opposition aus Politik und Kultur durchsetzten und damit verhinderten, dass die deutsche Sprachgruppe in dem sehr ethnisch geprägten Staatsgefüge marginalisiert wurde, und welche Beachtung sie in internationalen Kreisen fanden, die sich um die Unabhängigkeit Namibias bemühten.

Entwicklungsprioritäten der namibischen Regierung seit der Unabhängigkeit

Mit besonderer Berücksichtigung des Beitrages der Bundesrepublik Deutschland

Hanno Rumpf

Mit der Unabhängigkeit 1990 hat die namibische Regierung ein Land übernommen, das von extremen Gegensätzen im Stand der Entwicklung gekennzeichnet war. Das ehemalige südafrikanische Apartheidregime hatte ein sehr ungleich entwickeltes Land in allen Bereichen des sozio-ökonomischen Umfeldes hinterlassen.

Die Wirtschaft des Landes war (und ist es immer noch) dualistisch geprägt. Es besteht eine Abhängigkeit von der Rohstoff-Produktion, der verarbeitende Sektor ist unbedeutend.

Die Ungleichheiten in der namibischen Gesellschaft werden am deutlichsten in einem Vergleich des Pro-Kopf-Einkommens. Zur Unabhängigkeit lag das jährliche Pro-Kopf-Einkommen für die weiße Bevölkerung bei ca. US$ 16.500, wobei es für die in die formelle Wirtschaft eingebundene schwarze Bevölkerung nur US$ 750 betrug. Die Mehrheit der Bevölkerung, die in Kommunalgebieten von Subsistenzlandwirtschaft lebt, verdiente etwa US$ 85 pro Kopf.

Die extremen Ungleichheiten werden auch in der Entwicklung des Bildungs- und Gesundheitssektors deutlich.

Das namibische Bildungswesen war eine Erweiterung des »Bantu-Bildungssystems«, das unter dem Apartheidsystem eingeführt worden war. Dies führte zu weniger und ärmeren Schulen und ungenügend ausgebildeten Lehrkräften, die ihre eigene Ausbildung oftmals nicht abgeschlossen hatten, z.B. Lehrkräfte ohne Mittlere Reife oder Hochschulreife. Qualifizierte Lehrkräfte in den naturwissenschaftlichen Fächern und Mathematik gab es sehr selten. Dazu kam, dass die meisten Lehrkräfte in Afrikaans unterrichteten und nur elementare Englischkenntnisse hatten. Schwarze Schulen waren schwach ausgestattet, mit Schülern überfüllt, in schlechtem Zustand und es gab viel zu wenig Bildungseinrichtungen. Viele dieser kurz angesprochenen Bedingungen bezogen sich auch auf das Gesundheitssystem, das schwache Einrichtungen und Dienstleistungen hatte, vor allem in den Kommunalgebieten, wo die Mehrheit der Bevölkerung wohnt.

Andererseits hatte das Land eine sehr gut entwickelte Infrastruktur und gute Dienstleistungen vor allem in Gebieten mit formellem Wirtschaftsgefüge, das vorwiegend von Weißen genutzt wurde.

Namibia war also zur Unabhängigkeit von großen Gegensätzen in allen Bereichen des sozio-ökonomischen Umfeldes geprägt.

Die SWAPO-Regierung, die mit der Unabhängigkeit an die Macht kam, hatte von ihren Wählern das Mandat erhalten, die großen Ungleichheiten im Entwicklungsstand zu verringern. Diese Herausforderung zur Entwicklung wurde als wichtigste Aufgabe der Regierung bezeichnet.

Während der ersten zehn Jahre nach der Unabhängigkeit war die namibische Gesamtentwicklungspolitik auf folgende mittel- und langfristigen Ziele ausgerichtet:
- das Wirtschaftswachstum zu beleben und nachhaltig zu fördern,
- Arbeitsplätze zu schaffen,
- die bestehende ungleiche Verteilung der Einkommens zu reduzieren und
- die Armut zu lindern.

Der Staatliche Übergangs-Entwicklungsplan von 1991–1994 und der Erste Staatliche Entwicklungsplan *(First National Development Plan, NDP 1)* von 1995–2000 unterstrichen diese vier Ziele. Zur Unterstützung der Entwicklungsstrategie des Landes wurde in NDP 1 ein durchschnittliches jährliches Wirtschaftswachstum von 5% als Ziel gesetzt. In

Anbetracht der widrigen Umstände in diesem Zeitraum wurde das tatsächlich erreichte Wachstum von 3,8% dennoch als positive Leistung gewertet. Das geringere Wirtschaftswachstum während des genannten Zeitraumes war auf ungünstige klimatische Bedingungen zurückzuführen, die vor allem die Fischerei und Landwirtschaft betrafen, und auf sinkende Rohstoffpreise mit folglich reduzierter Bergbauproduktion.

Der Zweite Staatliche Entwicklungsplan (NDP 2) ist Teil einer langfristigen Entwicklungsperspektive (Vision 2030) für Namibia. Das Gesamtziel dieses Entwicklungsplans ist der Aufbau der namibischen Wirtschaft von einem Entwicklungsland mit niedrigem mittlerem Einkommen hin zu einem entwickelten Land mit hohem Einkommen bis zum Jahr 2030. Der Zweite Nationale Entwicklungsplan ist deshalb die erste mittelfristige Strategie zur Umsetzung der langfristigen Ziele im Plan »Vision 2030«.

Zusätzlich zu den vier mittel- und langfristigen Zielen des Übergangsentwicklungsplans und des Ersten Nationalen Entwicklungsplans wurden im Zweiten Nationalen Entwicklungsplan drei weitere Ziele genannt:
- die ungleiche Entwicklung in den Regionen zu reduzieren,
- die Gleichheit und Gleichberechtigung der Geschlechter zu fördern und
- die Beteiligung der wirtschaftlich Schwächeren an der Wirtschaft zu fördern.

Während der ersten elf Jahre nach der Unabhängigkeit hat die Regierung in stetiger Weise folgende Prioritätsbereiche gefördert:
- Bildung und Ausbildung,
- Gesundheit und soziale Dienste,
- Wohnungsbau,
- Wasserversorgung,
- Landwirtschaft,
- Produzierendes Gewerbe und
- Fischerei.

Alle diese Bereiche sowie andere haben weiterhin Vorrang und werden erhebliche staatliche Mittel erhalten. Die Regierung hat seit der Unabhängigkeit beträchtliche Summen in den Bau infrastruktureller Einrichtungen für den Wirtschafts- und sozialen Sektor investiert. Aus dem Kapitalhaushalt der Regierung wurde der Bau von Straßen, Krankenhäusern, Kliniken, Schulen, Telekommunikationseinrichtungen usw. finanziert.

Der Straßenbau veranschaulicht als Beispiel nicht nur den Beitrag der Regierung zur Finanzierung von Straßenbauprojekten, sondern er gibt auch ein Bild des Beitrags der deutschen Regierung auf diesem Sektor und der Unterstützung durch andere Geber. Die Tabelle in diesem Beitrag gibt eine regional gegliederte Übersicht über die gebauten Straßen und welche Städte, Orte und Dörfer durch sie verbunden sind. Weiter sind die Finanzierungsquellen, der Beginn und die Fertigstellung der Projekte, die Baukosten und die Art des Straßenbelages angegeben.

Die Strategien für den Zweiten Nationalen Entwicklungsplan (NDP 2) sind folgende:
- die nachhaltige Förderung und Stärkung geeigneter Rahmenbedingungen für Wirtschaftswachstum und -entwicklung,
- die Förderung umweltbezogener und ökologischer Nachhaltigkeit,
- die Förderung, Erweiterung und Stärkung von Entwicklung in und Ausgleich zwischen den Regionen,
- die Förderung, Stärkung und Nachhaltigkeit guter Regierungsführung und Demokratie und
- der Ausbau und die Stärkung der internationalen Rolle Namibias.

Für den Zweiten Nationalen Entwicklungsplan und darüber hinaus bestehen unter anderem folgende Herausforderungen:
- Reduktion der Armut,
- Landreform,
- Schaffung von Arbeitsplätzen,
- Diversifizierung wirtschaftlicher Aktivitäten und vor allem Förderung industrieller Produktion sowie Unterstützung der Klein- und Mittelbetriebe,
- gleichmäßige Verteilung der Ressourcen,
- Kampf gegen HIV/AIDS,
- Ausbildungsförderung.

Im Gegensatz zu früheren Plänen ist der Zweite Nationale Entwicklungsplan unter intensiver Mitwirkung aller Betroffenen bei den verschiedenen Stufen der Vorbereitung erstellt worden. Die Beteiligung kam vom Regierungs- und Privatsektor, von Wirtschaftskreisen und Nichtregierungsorganisationen. Die Beteiligung und Unterstützung durch die Gebergemeinschaft und diplomatischen Vertretungen war sehr wichtig für den Prozeß.

Eine erfolgreiche Umsetzung des Zweiten Nationalen Entwicklungsplans hängt von der Verfügbarkeit besonderer finanzieller Mittel und geeigneter Arbeitskapazitäten sowie deren effizientem Einsatz ab. Die Mobilisierung dieser Ressourcen ist deshalb von strategischer Bedeutung für den Nationalen Entwicklungsplan. Die Mittel der Regierung sind von maßgeblicher Bedeutung für die Umsetzung des Plans, aber auch die Investitionen des Privatsektors spielen eine ebenso wichtige Rolle. Deshalb hat sich die Regierung entschlossen, die Investitionsmöglichkeiten für den Privatsektor zu verbessern. Dies geschieht durch ein Privatisierungsprogramm in bestimmten Wirtschaftszweigen, in denen bisher staatliche Betriebe aktiv sind. Damit sollen nicht nur zusätzliche Investitionsmöglichkeiten für den Privatsektor geschaffen werden, sondern die Erlöse sollen auch wieder in die Entwicklung des Landes fließen.

Road Number	Section	Funding Source	Start of Project	Completion of Project	Project Costs N$	Remarks
PROJECTS IN OMUSATI, OHANGWENA, OSHIKOTO, OSHANA & OTJOZONDJUPA REGIONS (NORTHERN CENTRAL NAMIBIA)						
DR 3609	Oshakati – Ongenga (36 km)	GRN	1992	1993	5.400.000	Gravel road construction
DR 3620	Oshakati – Endola	GRN	1990	1992	3.000.000	Gravel road construction
DR 3608	Omafo – Okalongo (54 km)	SIDA	March 92	Nov 93	18.320.000	Gravel road construction
MR 111	Oshakati – Okahao	GRN	March 92	Jan 94	52.580.000	New Bitumen Road
DR 3616	Epalela – Onesi	GRN	1993	1994	3.000.000	Gravel road construction
DR 3620	Oshakati – Okatana	SIDA / GRN	June 95	Sept 96	15.537.000	Upgrade to Bitumen road
DR 3611	Oshikuku – Okalongo	SIDA / GRN	June 95	1994		Upgrade to Bitumen road
DR 3619	MR 111 – Onaanda	SIDA	1992	1997	3.780.000	Gravel road construction
DR 3608	Ombalantu – Okalongo	SIDA / GRN	1994	1998	5.500.000	Gravel road construction
DR 3605	Oluno – Uukwiyu	KFW	1995	1998		Gravel road construction
DR 3629	Onethindi – Olukonda	KFW	1995	1998	13.200.000	Gravel road construction
DR 3607	Oshakati – Ompundja	KFW	1995	1998		Gravel road construction
DR 3622	Onethindi – Oshigambo	KFW	1995	1998	15.950.000	Upgrade to Bitumen road
	Onyati – Onyuulaye – Elumbo	GRN	May 97	March 99	7.500.000	Gravel road construction
DR 3616	Tsandi – Onesi	SIDA / GRN	1996	2000	8.800.000	Gravel road construction
	Okahao - Etilyasa	SIDA / GRN	1997	1999	4.710.000	Gravel road construction
	Oshigambo – Ondobe	SIDA / GRN	1997	2000	12.810.000	Gravel road construction
TR 1/11	Oshivelo – Ondangwa – Oshakati	KFW	1995	2000	109.000.000	Rehabilitation
MR 110	Ohangwena – Eenhana – Elundu	GRN	1996	2000	72.000.000	Upgrade to Bitumen road
MR 92	Oshikuku – Ombalantu	GRN	March 98	March 99	6.000.000	Concrete Edge Beams
MR 92	Oshakati - Oshikuku	GRN	Jan 96	Jul 96	2.450.000	Concrete Edge Beams
	Otjiwarongo – Otavi				114.000.000	Rehabilitation
	Oshivelo - Oshakati					Rehabilitation
	TOTAL				473.637.000	
	PROJECTS IN CAPRIVI					
TR 8/4	Takwasa – Nyangana	GRN	Jul 91	May 93	31.840.000	Upgrade to Bitumen road
	Nyangana – Divundu	GRN	Jan 92	Dec 93	62.446.000	Upgrade to Bitumen road
TR 8/5	Divundu – 98 km east	KFW	Oct 94	Dec 96	63.370.000	Upgrade to Bitumen road
	98 km east – Kongola	EU	April 96	Jun 98	80.500.000	Upgrade to Bitumen road
TR 1/7	Katima Mulilo – 14 km towards Ngoma	GRN	1990	1993	7.000.000	Upgrade to Bitumen road
TR 8/7 + DR 3513	Wenela – Katima Mulilo – Ngoma	KFW	Jan 98	April 00	95.000.000	Upgrade to Bitumen road
	TOTAL				340.156.000	
	PROJECTS IN CENTRAL NAMIBIA					
TR 1/8	Otjiwarongo – Otavi	GRN	Nov 96	Jul 98	68.000.000	Rehabilitation
TR 1/7	Okahandja – Otjiwarongo Bridges	GRN	April 98	April 99	6.000.000	Widening of Bridges
	Omaruru River Bridge	GRN	April 93	Nov 93	3.000.000	Rehabilitation
TR 2/1	Walvis Bay – Swakopmund	GRN	Oct 95	March 96	3.700.000	Realignment of road
TR 6/1	Windhoek – Whk. Int. Airport	GRN	Dec 91	Oct 92	9.500.000	Passing Lanes
MR 59	Hochfeld road	GRN	Jan 96	March 97	8.220.000	Gravel & Bitumen road
TR 6/2	Gobabis – Buitepos	GRN	Jan 92	April 96	74.000.000	New Bitumen Road
	TOTAL				172.420.000	
	PROJECTS IN SOUTHERN NAMIBIA					
TR 1/3	Igawisis – Wasser (18 km)	GRN	April 90	April 91	8.300.000	18 km Rehabilitation
TR 4/1	Goageb – Aus	GRN	Dec 91	Dec 94	65.160.000	
TR 1/2	Reconstr. of Bridges 80239.80240.80241	GRN	June 95	Feb 96	4.800.000	
	TOTAL				78.260.000	
	GRAND TOTAL:				1.064.473.000	

	% of Grand Total
Northern Central Namibia	37,84
Caprivi	35,79
Central Namibia	18,14
Southern Namibia	8,23

GRN: Government of the Republic of Namibia
KfW: Kreditanstalt für Wiederaufbau
SIDA: Swedish International Development Agency

Von besonderer Bedeutung bei der Mittelbeschaffung ist die Zusammenarbeit mit Namibias Entwicklungspartnern, um die ausländischen Mittelzuflüsse zu optimieren und möglichst effizient einzusetzen.

Die wichtige Rolle der Gebergemeinschaft als Beitrag zur Entwicklung des Landes wird am deutschen Beispiel besonders deutlich. Deutschland ist Namibias wichtigster bilateraler Entwicklungspartner. Die deutsche Entwicklungszusammenarbeit mit Namibia baut auf der 1989 vom Deutschen Bundestag verabschiedeten Resolution auf, in der Namibia einen besonderen Status in der Entwicklungszusammenarbeit erhielt.

Deutschland praktiziert in der Entwicklungszusammenarbeit ein pluralistisches System, das verschiedene Institutionen in die Zusammenarbeit einbindet. Das Bundesministerium für Wirtschaftliche Zusammenarbeit und Entwicklung (BMZ) ist das Schlüsselministerium für die Politik und die Ausgestaltung der Entwicklungszusammenarbeit. Das Auswärtige Amt spielt eine wichtige Rolle in der Formulierung der Außenpolitik einschließlich der wirtschaftlichen Zusammenarbeit. Das BMZ arbeitet eng mit dem Auswärtigen Amt in der Ausarbeitung und Umsetzung der Entwicklungspolitik und -programme zusammen.

Die deutsche Regierung hat ihre Entwicklungszusammenarbeit mit Namibia unmittelbar nach der Unabhängigkeit begonnen. Das deutsche Engagement für Namibia richtet sich auf die Unterstützung der namibischen Regierung im Abbau der Ungleichheiten im sozio-ökonomischen Bereich. Die deutsche Regierung unterstützt Namibia außerdem in seiner Politik der nationalen Versöhnung.

Die deutsche Entwicklungshilfe konzentrierte sich im Zeitraum von 1990 bis 2001 auf folgende Schwerpunkte in der finanziellen und technischen Zusammenarbeit:
* Erschließung und Entwicklung der Wasserversorgung – DM 120,7 Mio.
* Verkehrssektor - DM 134,7 Mio.
* Wohnungsbau und Telekommunikation - DM 48,1 Mio.
* Ländliche Entwicklung und natürliche Rohstoffe - DM 42,6 Mio.
* Entwicklung des Privatsektors - DM 41,5 Mio.
* Bildung - DM 32,5 Mio.
* Gesundheit - DM 15,8 Mio.

1990 stellte Deutschland einen Betrag von DM 75 Mio. an Finanzhilfe und DM 25 Mio. für technische Unterstützung zur Verfügung. Im Vergleich dazu wurde die namibische Regierung 2000 in den bilateralen Verhandlungen informiert, dass DM 6,6 Mio. an Finanzhilfe und DM 12 Mio. für technische Unterstützung über zwei Jahre zur Verfügung gestellt werden.

Die namibische Regierung hat dabei einen immer offensichtlicheren Widerspruch zwischen der politischen Linie des Auswärtigen Amtes und der Reaktion des BMZ in der tatsächlichen Umsetzung der Entscheidungen wahrgenommen. Es wird weniger Entwicklungshilfe für Namibia bereit gestellt, obwohl die deutsche Regierung in den Regierungsverhandlungen von 1992 und wiederholt im Jahr 2000 betonte, Namibia sei »ein bevorzugter Partner in der Entwicklungshilfe hinsichtlich des Volumens und der Qualität der Hilfe«.

Die namibische Regierung nahm mit Betroffenheit zur Kenntnis, dass das BMZ zu den Regierungsverhandlungen Vertreter auf niedriger Ebene entsandt hatten. Dies brachte nicht zum Ausdruck, dass Namibia ein vorrangiger Entwicklungspartner für Deutschland sei.

Die Zusammenarbeit mit den örtlichen Vertretern des BMZ, der GTZ und KfW ist sehr gut.

Die deutsche Entwicklungshilfe ist projektorientiert ausgerichtet und nicht auf programm- oder sektorbezogene Kooperation. Die deutsche Entwicklungspolitik verfolgt das Ziel, die wirtschaftliche und soziale Lage der Menschen in Entwicklungsländern zu verbessern und ihre Produktionsfähigkeiten zu steigern. Dieses Ziel wurde in den »Grundlegenden Prinzipien der Entwicklungspolitik der Deutschen Bundesregierung« formuliert, die 1986 verabschiedet wurden. Diese Grundsätze können wie folgt zusammengefaßt werden:
* Entwicklung muß sich auf die Menschen richten,
* Pluralismus ist sowohl Ziel als auch Instrument der Zusammenarbeit,
* Subsidiarität und Effizienz,
* Zusammenarbeit auf partnerschaftlicher Grundlage.

Dieser Ansatz soll dafür sorgen, dass sich die Zusammenarbeit am wesentlichen Bedarf, an den Gegebenheiten, Grundsätzen und Vorstellungen der Empfängerländer ausrichtet. Aus namibischer Sicht wird empfunden, dass das Konzept der Partnerschaft engere Konsultationen auf der Ebene der Entscheidungsträger im BMZ beinhalten sollte, oder anders ausgedrückt: es sollte die Bereitschaft bestehen, mit dem Partner Namibia alle relevanten Themen der Partnerschaft zu diskutieren, anstatt die namibische Seite nur über Entscheidungen zu informieren, die bereits getroffen wurden.

Die neue deutsche Entwicklungspolitik sieht eine Konzentration der Programme und Projekte auf drei Sektoren vor. Diese Kooperationssektoren müssen noch zwischen den beiden Regierungen festgelegt werden.

Deutschland unterstützt alle Entwicklungsprioritäten der namibischen Regierung und hat ein starkes

Interesse an der Unterstützung des Landes in der Umsetzung der Landreform und damit verbundener Entwicklungsprogramme. Die Notwendigkeit einer umfassenden Landreform könnte ein wichtiger Bereich in der zukünftigen Zusammenarbeit mit Deutschland sein, obgleich die Zusammenarbeit in den Bereichen Wasserversorgung, Verkehr, Ressourcenverwaltung weiterhin wichtige Themen der Entwicklung Namibias bleiben.

Abschließend sei erwähnt, dass Namibia und Deutschland eine seit langem bestehende und umfassend gestaltete Beziehung in der Entwicklungszusammenarbeit haben. Die gemeinsame Geschichte beider Länder, die starke Brücke der gemeinsamen Sprache, Kultur und Familienbande sollte weiterhin einen wichtigen Teil des Fundamentes bilden, auf dem eine partnerschaftliche Entwicklung aufbaut.

Der deutsche Außenminister sagte in seiner Rede vom 31. März 2000: »Afrika muß seinen eigenen Weg in die Demokratie, in eine regionale Zusammenarbeit und sozial verankerte Entwicklung finden, der auf der Geschichte und den Traditionen des Kontinents aufbaut. Dennoch hat Afrika – so wie Europa – gültige universelle und anerkannte Werte, welche die Grundlage der Zusammenarbeit bilden. Auf diesem Fundament universeller Werte und eigener Annäherungen müssen wir einen neuen Ausgleich für unsere Partnerschaft finden, der von Solidarität und Eigenverantwortung getragen wird.«

In Anbetracht sich wandelnder Rahmenbedingungen und neuer Herausforderungen sollte Deutschland mehr Unterstützung für Namibia bereitstellen, um das Land bei der Einbindung in die globalisierte Weltwirtschaft auf realistische und tragfähige Art und Weise zu unterstützen. Dies kann durch die Unterstützung des Privatsektors, der Zivilgesellschaft und in Regierungsprogrammen geschehen.

Die deutsch-namibischen Beziehungen werden sich ganz zwangsläufig weiterentwickeln. Der Grundsatz der Partnerschaft sollte auch in Zukunft die bestehenden Beziehungen sowie die Zusammenarbeit prägen.

Schmalspureisenbahnen erschließen Afrikas letzte Wildnis

Namibias Schienenverkehr zwischen Aufbau und Rückgang

Klaus Dierks

Vor fast 120 Jahren, am 7. August 1884, wurde die Fahne des Deutschen Reiches in Lüderitzbucht gehisst. Damit begann ein neuer Zeitabschnitt für das Land zwischen Oranje und Zambezi. Ob diese historische Tatsache den Bewohnern des »Alten Südwestafrika« zum Segen gereichte, darüber ist man heute durchaus geteilter Meinung. Aber es ist wohl unumstritten, dass dieses Datum den Beginn der modernen Zeit mit all ihren positiven und negativen Folgen einläutete. Zu den positiven Seiten gehört zweifellos die Verkehrserschließung des Landes.

Das neue Maschinenzeitalter brach in Namibia an, als um die Jahreswende 1895/96 die erste kleine Dampflokomotive, eine Bt-Lokomotive von Kerr, Stuart und Co. mit zwei Fuß Spurweite, über die zwanzig Kilometer langen Schmalspurgleise der Guano-Eisenbahn vom Kreuzkap dahinkeuchte.

Als im Auftrage von Adolf Lüderitz der 21jährige Bremer Kaufmann Heinrich Vogelsang am 12. April 1883 in Angra Pequeña, dem späteren Lüderitzbucht, namibischen Boden betrat, gab es in der bisher noch von keiner neuzeitlichen staatlichen Ordnung berührten Dornbuschsteppe keine modernen, mechanisch angetriebenen Verkehrsmittel. Am 26. April legte Heinrich Vogelsang, begleitet von De Jongh und von Pestalozzi sowie zwei landeskundigen Naman, auf Pferderücken die lange Pad nach Bethanien zurück. Er traf dort Joseph Frederiks II, den Nama-Führer von Bethanien, mit dem er zunächst über privaten Landerwerb für Adolf Lüderitz unterhandeln wollte. Die kleine, kühne Vogelsangsche Expedition brauchte für die etwa 200 km lange Wegstrecke durch unbekannte afrikanische Einöde, durch baum-, wege- und wasserlose Wüste fünfeinhalb Tage. Knapp dreißig Jahre später hätte Heinrich Vogelsang dieselbe Strecke in relativer Bequemlichkeit mit einem Schnellzug der L.E., der Lüderitzbucht-Eisenbahn, in wenigen Stunden sicher und problemlos zurücklegen können.

In der heutigen Zeit, im Jahre 1999/2000, transportierten *TransNamib-Rail,* die namibische Eisenbahngesellschaft, auf dem 2.340 km langen Netz der namibischen Eisenbahnen jährlich 206.912 Passagiere und 1.469.092 Mio. t Frachtgüter. Mit 11,7 km Streckenlänge pro 10.000 Einwohner steht Namibia an der Spitze der Eisenbahnstatistik des afrikanischen Kontinents. Zum Vergleich dazu verfügt die Republik Südafrika über 9,3 km und Nigeria sogar nur über 0,6 km Bahnlinien pro 10.000 Einwohner. Trotz der relativ großen Streckenlänge gibt es bei der Bedienung vieler namibischer Gebiete mit Eisenbahnen große territoriale Ungleichheiten, die überwunden werden sollten, statt Bahnstrecken stillzulegen.

Eine wichtige langfristige Aufgabe wäre es auch, das namibische Eisenbahnnetz mit denen unserer nördlichen und östlichen Nachbarländer Angola, Zambia und Botswana zu verbinden. Die seit der deutschen Zeit bis zum heutigen Tage im Gespräch befindliche Trans-Kalahari-Bahnlinie von Botswana an die namibische Atlantikküste würde Botswana, Zimbabwe und Zambia einen direkten Zugang zum Atlantik öffnen und die verkehrspolitische Abhängigkeit dieser Länder und auch die Namibias von der Republik Südafrika verringern. Das namibische Eisenbahnsystem wurde seit 1922 als integraler Bestandteil der südafrikanischen Eisenbahn betrieben, die de facto Besitzer, wenn auch nicht gesetzmäßiger Eigentümer aller Eisenbahnanlagen in Namibia war. Dieser Zustand hat sich erst mit der Unabhängigkeit und dem Entstehen der Republik Namibia am 21. März 1990 geändert.

Die südafrikanischen Verkehrsdienste, die nach dem ersten Weltkrieg – abgesehen von unvermeidlichen Kriegsschäden auf beiden Seiten, die bald überwunden waren – ein völlig intaktes, bestens funktionierendes und profitables Eisenbahnsystem als »Kriegsbeute« übernahmen, mussten in den nächsten Jahrzehnten beträchtliche Verluste, die im Finanzjahr 1983/84 rd. 95 Mio. Rand betragen haben sollen, verkraften. Zu diesen gewaltigen und fast unverständlich großen Defiziten trugen neben den großen Entfernungen, der geringen Bevölkerungsdichte sowie Mangel an Wasser und eigenen Energiequellen vor allem eine unübersichtliche, überbürokratisierte, ungünstige Organisationsstruktur, eine verfehlte Tarifpolitik sowie unmoderne und schlechte Dienstleistungen bei. Dieser Trend änderte sich erst mit dem Zustandekommen von TransNamib im Jahre 1988 und der Unabhängigkeit Namibias zwei Jahre später.

Von 1962 bis 1972 verdoppelte sich der Güterverkehr, während er seitdem, bedingt durch den kostengünstigeren und effizienteren Straßenverkehr, ständig abnimmt. Auch der Personenverkehr hat seit 1962 kontinuierlich abgenommen. Die wichtigsten Frachtgüter, die aus Südafrika kommen, sind in erster Linie Industrieprodukte, Massengüter wie Kohle usw., während in der Gegenrichtung hauptsächlich Vieh – und das in immer geringerem Maße – und Container transportiert werden. Alle diese Tatsachen und die Konkurrenz der immer besser gewordenen Straßen mit steigenden Verkehrsdichten trugen zu den Verlusten in der Vergangenheit bei. Aber mit diesen Problemen haben sich auch andere, ähnlich strukturierte Länder auseinanderzusetzen und besitzen doch Eisenbahnen, die ohne solche exorbitanten Defizite oder sogar mit Gewinn fahren. Auch in Namibia verbesserte sich die Situation 1990, als namibische Verkehrsinteressen Vorrang vor den südafrikanischen Ansprüchen bekamen. Seit Mitte der neunziger Jahre gerieten die, für einige Jahre, mit Gewinn fahrenden namibischen Eisenbahnen wieder unter den verstärkten Druck der Straße, besonders durch die Fertigstellung der wichtigen Ost-West-Achsen, der Trans-Kalahari-Fernstraße und der Trans-Caprivi-Fernstraße. Die Situation kann sich nur verbessern, wenn das namibische Eisenbahnnetz an die angolanischen Eisenbahnen im Norden und an die Netze der botswanischen und zimbabwischen Eisenbahnen angeschlossen wird. Außerdem muss nach dem vollen Kostendeckungsprinzip der Benützer der namibischen Straßen alle Infrastrukturkosten tragen, um die Kostenungleichheit zwischen Straße und Schiene auszugleichen und die Eisenbahn wieder konkurrenzfähig zu machen. Gegenwart und Zukunft der namibischen Eisenbahnen sehen im Augenblick, wenn obige Bedingungen nicht erfüllt werden, nicht sehr vielversprechend aus. Dabei hatte vor gut 100 Jahren die Geschichte der namibischen Eisenbahn recht hoffnungsvoll begonnen, wenn auch aus einem ungewöhnlichen Grunde.

Die alte Staatsbahn von Swakopmund nach Windhoek 1897–1910

Bis zum Jahre 1897 wurde der Landverkehr in Südwestafrika ausschließlich auf holprigen Naturpfaden abgewickelt. Verkehrsträger waren die von langen Reihen von Zugochsen gezogenen, auf miserablen Wegen unbeholfen dahinknarrenden Wagengespanne.

Reisezugwagen der Staatsbahn, ca. 1905

Im Juli 1897 brach die Rinderpest aus und legte diesen Ochsenwagen-Verkehr fast gänzlich lahm. Dadurch stiegen Frachtkosten und Versorgungsschwierigkeiten ins Unermessliche. Die Interesselosigkeit des deutschen Reichstages gegenüber der wirtschaftlichen Entwicklung des Schutzgebietes Südwestafrika hätte es ganz sicher bei diesem archaisch anmutenden Verkehrsmittel belassen, wenn nicht die Rinderpest neue verkehrspolitische Maßnahmen gefordert hätte.

Die ursprüngliche Idee, die Wüste Namib mit Hilfe einer von Maultieren gezogenen Feldbahn zu durchqueren und dann weiter östlich auf dem »Alten Baywege« wieder den Ochsenwagenverkehr in das Landesinnere aufzunehmen, mußte wegen der Rinderpest und aus anderen praktischen Erwägungen heraus bald zu den Akten gelegt werden.

Es gab damals auch noch andere Ideen. So wurde bereits im Jahre 1892 der *South West Africa Company* von der deutschen Regierung die Auflage erteilt, eine Eisenbahnlinie von Sandwichhafen, südlich der britischen Enklave Walfischbucht, bis zur Mündung des Kunene in den Atlantik zu projektieren. Das sollte Namibias erstes, wenn auch nicht zu Ende geführtes Eisenbahnprojekt sein. Gute hundert Jahre später gibt es auf dieser Strecke noch nicht einmal eine durchgehend befahrbare Erdstraße, geschweige denn eine Eisenbahnlinie.

Die Landeshauptmannschaft des Schutzgebietes beschloss, nachdem die Genehmigung der deutschen Reichsregierung vorlag, eine leichte Feldbahn mit 600 mm Spurweite längs des alten Bayweges am Nordufer des Swakop-Riviers anzulegen. Eine Eisenbahnbrigade unter der Leitung von Major Pophal mit drei Offizieren, 290 Mann und 800 einheimischen Arbeitskräften sollte die Strecke so trassieren, dass sie sich weitgehend dem Gelände anpasste.

Damals war das Land noch eine weitgehend unvermessene Wildnis, über deren geologische Beschaffenheit so gut wie nichts bekannt war. Da es keinerlei Möglichkeiten für lange Vorplanungen, für günstige Linienführung und nötigste Bodenuntersuchungen gab, war es dem militärischen Bauleiter freigestellt, die ihm am besten scheinende Trasse an Ort und Stelle festzulegen und zu hoffen, dass man den Zielort schon irgendwie erreichen würde.

Besonders große Schwierigkeiten bereitete die Wasserversorgung, zumal das Wasser für die Kesselspeisung der Lokomotiven oft ungeeignet war. Ständig laufende Wasserzüge und lange Wasserrohrleitungen waren hier die einzige Lösung.

Man verwendete leichtes Oberbaumaterial, das in Deutschland schnell lieferbar war (5 m Schienenlänge mit einer Masse von 9,5 kg/m für eine Achslast von 30 kN).

Im September 1897 begannen die Arbeiten an der »Alten Staatsbahn« von Swakopmund nach Windhoek mit sehr geringen Ausbauparametern, die schon wenige Jahre später verbessert werden mußten, da die Bahn bald den steigenden Verkehrsansprüchen nicht mehr gerecht werden konnte. Die Trassenführung verlief durch die Namib über die Station Nonidas (9,85 km), Richthofen (19,96 km) und Rössing (40,21 km) bis zum wildzerrissenen, engen Tal des Khan-Riviers (Station Khan bei 57,63 km). Da man glaubte, das Geld für eine Brücke sparen zu können, überquerte man den Trockenfluss mit einem hohen Bahndamm, der dann prompt in der Regenzeit durch die braunlehmigen Wassermassen des »abkommenden« Riviers weggerissen wurde. Das östliche, 200 m hohe Ufer des Khans wurde mit einer 4 km langen Steilrampe mit 45 ‰ Steigung bewältigt. Hier mußte der Zug mehrfach geteilt werden, da nur zwei Wagen mit 50 t Nutzlast gleichzeitig befördert werden konnten. Ab Welwitsch (km 63) ging es dann mit mäßiger Steigung bis zu einem Nebenarm des Swakops bei der Station Pforte (km 83,9), die Ende 1898 erreicht wurde. Von Jakkalswater (km 98,6) wendete sich die Bahnstrecke weg vom »Alten Bayweg« nach Nordosten in Richtung Karibib (km 194,26), wo in dem gesunden Inlandklima des namibischen Hochlandes die Hauptwerkstätte der Staatsbahn angelegt wurde.

Bis Windhoek fehlten im wesentlich leichteren Gelände noch 188 km, die in der Folgezeit relativ schnell gebaut wurden. Die Streckenführung ging über Friedrichsfelde, Johann-Albrechtshöhe, Kamunbonde (später Wilhelmstal), Okasise, Kovatuerassane (später François, benannt nach dem Landeshauptmann und Stadtgründer des »weißen« Windhoeks, Curt von François – das erste Windhoek war bereits von dem Nama-Führer Jonker Afrikaner vor 1840 gegründet worden) und Kapenousséu (später Waldau), bis am 1. Oktober 1901 die 1496 m hohe Wasserscheide und im Dezember 1901 Okahandja (km 311,63) erreicht wurden.

Von hier wendet sich die Strecke nach Süden. Sie überquert das Swakop-Rivier bei Osona und steigt dann mit mäßigem Gefälle über Teufelsbach, Otjihavera und Brakwater nach Windhoek (km 381,75: 1.654 m).

Am 19. Juni 1902 wurde die Staatsbahn zur Eröffnung der Landwirtschaftlichen Ausstellung in Windhoek in Betrieb genommen. Der Kilometer Bahnstrecke hatte 40.000 Mark gekostet. Die »Alte Staatsbahn« vollbrachte trotz der geringen Ausbaunormen recht beachtliche Verkehrsleistungen und machte in ihrem letzten, am 31. März 1910 endenden Betriebsjahr einen Profit von 14,3 Prozent. Das immer steigende Verkehrsvolumen wurde mit 15 vierachsigen, 5 dreiachsigen und 7 dreiachsig paarweise gekoppelten »Zwillings«-Tenderlokomotiven (die, einzeln betrieben, »Illinge« genannt wurden) bewältigt. Dazu kamen weitere 11 Reservelokomotiven. Personen- und Güterwagen waren vierachsig, und der Bestand setzte sich aus 14 Reisezugwagen, 358 Güterwaggons mit 5 t Ladegewicht und 83 Wasserwagen zusammen.

Bis zum Ausbruch des Hererokrieges (der von den betroffenen Namibiern bis zum heutigen Tage vielleicht verziehen, bestimmt aber nicht vergessen wurde) war das Reisen auf der ersten durchgehenden namibischen Bahnlinie geruhsam und friedlich. Ein Leserbrief in der »Südwestafrikanischen Zeitung« aus dem Jahre 1903 legt davon Zeugnis ab:

»Es ist immer derselbe, nachgerade genügend gekannte Weg, den ich einschlagen muß, wenn ich einmal von Swakopmund fortkomme: Nach Windhuk und zurück. Montags früh von Swakopmund abfahren, dienstags abends in Windhuk; dann Mittwoch Termine; am Donnerstag früh wieder auf der Eisenbahn, um freitags abends in Swakopmund zurück zu sein. Eine Erholung ist das gerade nicht, und das Vergnügen läßt sich auch ertragen. Aber immerhin ist es eine große Errungenschaft, dass man überhaupt daran denken kann, auf einen Tag nach Windhuk zu fahren. Wie überall, so steigert denn auch hier die größere Leichtigkeit des Verkehrs den Verkehr selbst immer mehr. Als ich das letzte Mal, vor etwa 4 Wochen, die Reise machte, glaubte ich, da die von Swakopmund aus Mitreisenden in Karibib geblieben waren, dass ich wohl allein nach Windhuk hinauffahren würde, und hatte mich schon darauf gefasst gemacht, den ganzen Tag zu schlafen. Aber es kam anders: Schon von Karibib ging es mit ganz gut besetzten Wagen ab, auf verschiedenen Zwischenstationen, in Okasise, Kovatuerassane – das ist übrigens nach Kapenousséu der schwierigste Stationsname –, Okahandja, zuletzt sogar noch in Brakwater stiegen neue Reisende ein, so dass der armen Maschine, als man bereits die Lichter von Windhuk winken sah, am Ende einer anhaltenden Steigung bei Pokkiesdraai der Atem ausging, und sie stillehalten mußte, um sich zu erholen.

Das war ihr gewiss um so peinlicher, als der stellvertretende Gouverneur, dessen Wagen in Okahandja angehängt worden war, sich im Zuge befand, aber – es ging nicht. Nach einem tüchtigen Anlauf kam sie beim zweiten Mal glücklich über den Berg, und stolz liefen wir in den hell erleuchteten Windhuker Bahnhof ein. Zwar können sich die sechs Petroleum- oder Ligroinlampen dort nicht mit den beiden elektrischen Lampen in Karibib messen, aber ansehnlich genug machen sie sich doch. Auch ein Hotelwagen erwartet jetzt den Zug, so dass, wer in der »Stadt Windhuk« wohnen will, nicht mehr zu Fuß den Weg zurücklegen braucht, der nicht kürzer sein wird als der Weg vom Bahnhof Friedrichstraße zum Belle-Allianz-Platz, und der ebenso gerade gestreckt ist wie jener, sonst aber wenig Ähnlichkeit mit ihm hat. Ob auch andere Hotelwagen am Bahnhof bereitstehen, will ich ungesagt sein lassen. Wenn der Zug einläuft, entwickelt sich ein derartiger Betrieb, man hat so zahlreiche Bekannte zu begrüßen, dass man nicht alles mit einem Male übersehen kann.«

Nach Beginn der Feindseligkeiten zwischen Deutschen und Ovaherero am 12. Januar 1904 wurde der Zivilverkehr sofort auf der ganzen Strecke, die in der Folgezeit immer wieder von Ovaherero-Soldaten zerstört wurde, eingestellt. Erst im August 1904 konnte wieder ein geregelter Verkehr aufgenommen werden. Jetzt wurde er allerdings für die nächsten zweieinhalb Jahre hauptsächlich durch militärische Erfordernisse geprägt.

Bis zum Ende des Hererokrieges wurde die alte Staatsbahn vom Kaiserlichen Eisenbahnkommando betrieben. Nach Einstellung der Kriegshandlungen wurde sie am 1. April 1907 der Kaiserlich Deutschen Eisenbahnverwaltung (KDEV) unterstellt. Zu einem reinen Personenzugbetrieb, wie in der Zeit vor dem Kriege, kam es jetzt auch noch nicht. Die Reisezeit mit den gemischten Zügen betrug wie in der Vorkriegszeit immer noch, die Übernachtung in Karibib mit eingerechnet, zwei Tage. Das war allerdings schon ein gewaltiger Fortschritt gegenüber der Mindestreisezeit von zehn Tagen im Ochsenwagen des Voreisenbahnzeitalters.

Die Otavibahn von Swakopmund nach Tsumeb/Grootfontein 1903–1914

Der britisch-dänische Forscher C. J. Andersson bereiste Anfang der 40er Jahre des vorvorigen Jahrhunderts die damals noch völlig unerforschten und unbekannten nördlichen Gebiete des Damara- und Ambolandes. Andersson stieß 1841 beim Otjikotosee, in der Nähe des später gegründeten Tsumeb, auf Oshiwambo sprechende Namibier, die bei den Ovaherero und Daman Salz und *Mahango* (Getreideart) gegen Kupfer eintauschten. In der frühen Geschichte des »Alten Südwestafrika« hört man immer wieder von Berichten über reiche Erzvorkommen im Norden des Landes. Diese Erzlagerstätten wurden tatsächlich gefunden und führten in der Folgezeit zum Bau einer Bahnlinie von Tsumeb nach Swakopmund an der Küste des Atlantischen Ozeans, nachdem im Jahre 1900 in Berlin die »Otavi Minen und Eisenbahngesellschaft OMEG« gegründet worden war. Ein früherer Plan, der eine Trasse der Kupfererzbahn von Tsumeb nach Port Alexandre in Angola vorsah, gelangte wegen der Proteste der deutschen Kolonialverwaltung niemals zur Ausführung.

Die Voruntersuchung für die Streckenführung einer Bahnlinie vom Kupfergebiet in einer nordwestlichen Richtung zur Küste des Kaokolandes oder weiter

Transportzug am Zementlager in Windhoek, ca. 1911

nördlich zu einem portugiesischen Hafen in Angola wurde von Georg Hartmann auf drei Expeditionen in den Jahren 1895/96, 1900 und 1901 durchgeführt. Diese Expeditionen wiesen unter ungeheuren Schwierigkeiten den Weg in eine unbekannte, von keines Forschers Fuß betretene Wildnis, die auch heute noch zu den unzugänglichsten Gebieten Afrikas zählt.

Die Expedition von 1895/96 hatte die Aufgabe, die Küste zwischen der Kunenemündung und dem Kreuzkap auf Hafenmöglichkeiten zu untersuchen. Teilnehmer an dieser Expedition waren neben Hartmann der spätere Major von Estorff sowie Oberleutnant Richard Volkmann und Leutnant Helm. Der Auftraggeber dieses waghalsigen Unternehmens war die *South West Africa Company*, die Minenkonzessionen im nördlichen Teil Namibias besaß und bereits 1892 eine Trasse für eine spätere Bahnlinie von Swakopmund nach Otavi festlegte.

Im Jahre 1900 bekam Hartmann von der OMEG den Auftrag, unter Mitwirkung des Eisenbahningenieurs Tönnesen eine neue Eisenbahntrasse von den Otaviminen nach der im Jahre 1896 entdeckten Landungsstelle an der Khumibmündung, südlich der späteren Sarusas Mine, im Kaokoveld zu finden. Diese beabsichtigte Bahnlinie führte von Outjo über Otjitambi nach Kamanjab und weiterhin am Hoanib Rivier entlang zur Wasserstelle Sanitatas im westlichen Kaokoveld. Von Sanitatas zum Khumib-Mund wie auch nach Angra Fria und sogar zur Kunenemündung gab es keine großen eisenbahntechnischen Schwierigkeiten. Leider konnte an der wilden, völlig unbewohnten Küste des Kaokoveldes kein geeigneter Hafen gefunden werden, so dass das Projekt bis zum heutigen Tag zwar im Gespräch blieb, aber nie verwirklicht wurde. Eine weitere Eisenbahntrasse von Otavi in nordwestlicher Richtung durch das ganze Owamboland, über Omkonda zum 2. Kunenekatarakt, der auf einer 120 m weit gespannten Eisenbahnbrücke überschritten werden sollte, und nach Port Alexandre in Angola wurde auf der Expedition von 1901 untersucht und als durchführbar eingestuft.

Die geringen Ausbaunormen der Staatsbahn von Swakopmund nach Karibib führten zu dem Entschluss der OMEG, die neue Bahnlinie in den Norden auf einer von der Staatsbahn getrennten Trasse, zu bauen. Die Baufirma Arthur Koppel begann mit den Bauarbeiten an der Otavi-Eisenbahn (O. E.) von Swakopmund ausgehend im Oktober 1903.

Ein Vierteljahr später brach der Hereroaufstand los, der den Bahnbau fast zum Erliegen brachte. Es bedurfte wegen des durch den Krieg bedingten Mangels an einheimischen Arbeitskräften größter Anstrengungen, die 177 km lange Teilstrecke nach Onguati zusammen mit der Stichbahn nach Karibib, die den Anschluss an die Staatsbahn herstellte, am 18. Mai 1905 dem Verkehr übergeben zu können. Mit der Eröffnung der neuen Bahnlinie wurde die mit Militärtransporten bis zur Kapazitätsgrenze ausgelastete Staatsbahn wirksam entlastet.

Die OMEG hatte in weiser Voraussicht bereits im Planungsstadium beschlossen, wesentlich höhere Baunormen als bei der Staatsbahn zuzulassen. Man behielt zwar die Feldspurbreite von 600 mm bei, plante aber einen tragfähigeren Oberbau für 65 kN Achslast auf 9 m langen 15 kg/m Schienen.

Das höchstzulässige Gefälle betrug 15 ‰ (22 ‰ bei der Staatsbahn) bei 150 m Mindestkrümmungsradien (60 m), 15 kg/m Schienenmasse (9 kg/m), 120 PS pro Lokomotive (40 PS), 90 t Nutzlast pro Zug (45 t). Diese verbesserten geometrischen Bauparameter bewirkten, dass die als Privatbahn konzipierte O.E. von Anfang an der Staatsbahn den Vorrang streitig machte und den Hauptverkehr durch die Namib an sich zog.

Die Bahntrasse beginnt in Swakopmund und verläuft nördlich der Staatsbahn in einer nordöstlichen Richtung nach Usakos. Zwischen den Stationen Karup und Ebony, bei km 100, hat die Bahnlinie bereits eine Höhe von 1.000 m erreicht. Bei Usakos (km 151: 853 m) wird das Kahn-Rivier auf einer 100 m langen Stahlbrücke überschritten. Hier befand sich auch die Betriebsleitung und Hauptwerkstatt der Otavi-Eisenbahn. Von Usakos steigt die Bahn auf über 1.000 m an und erreicht Onguati bei km 177.

Ab hier führt die O.E. östlich am Erongogebirge entlang über Etiro – die Brücke über das Etiro-Rivier wurde zu Weihnachten 1905 fertiggestellt – nach Omaruru (km 236), das im August 1905 erreicht wurde. Hier wird das Omaruru-Rivier auf einer weiteren großen Eisenbahnbrücke gekreuzt. Da die vielen Brückenbauwerke auf der fast 600 km langen Strecke nach Tsumeb zum Teil erst lange nach dem eigentlichen Bahnbau fertiggestellt werden konnten, wurden die Rivierübergänge auf zeitweiligen Umleitungsgleisen umfahren. Ende des Jahres 1905 wurde Kilometer 333 erreicht.

Über den weiteren Bahnbau von Omaruru nach Otavi schreibt Carl Pesch, der erste Bahnhofvorsteher von Omaruru:
»Nordwärts bei Epako und weiterhin bis hinter Kalkfeld, das früher Okuwakuatjiwi hieß, wurden die Bauarbeiten recht schwierig. Berge und Riviere mußten gekreuzt werden; aber hinter Otjiwarongo bis fast nach Otavi, km 500, war die Gegend flach und fast ohne Kurven.«

Der Scheitelpunkt der Otavi-Bahn ist mit fast 1.589 m bei Otue erreicht. Von Kalkfeld fällt die Bahn auf 1.432 m bei Erundu, um dann bis Otjiwarongo (km 379) leicht anzusteigen.

Der Bahnhof der Staatsbahn in Swakopmund, 1972. Heute ist das Gebäude Teil eines Hotels.

Der Bahnbau machte jetzt schnell Fortschritte. Ende 1905 wurden bis zu 27 km im Monat fertiggestellt – eine beachtliche Leistung im Vor-Baumaschinen-Zeitalter. Die Hauptschwierigkeiten traten auch hier wieder bei der Wasserversorgung auf. Der weit vor der Bauspitze vorausarbeitende Vermessungstrupp war durch den dramatischen Wassermangel immer wieder vom Dursttod bedroht. Das lebenserhaltende Wasser mußte oft bis über 50 km weit mit Ochsenwagen herbeigeschafft werden. Auch bei der Lebensmittelversorgung der Ovaherero gab es immer wieder Engpässe, da jeder Omuherero seine gesamte Sippe mit sich zu bringen pflegte, die auch noch mitverpflegt werden mußte.

Die Allgemeine Zeitung in Windhoek ließ am 13. Dezember 1960 noch einmal Carl Pesch zu Wort kommen, der über die Pionierjahre im alten Südwestafrika berichtet:
»Die alte Otavibahn, die nach 54 Jahren jetzt ihren Dienst eingestellt hat, wurde schon zur deutschen Zeit von fremden Fachleuten gelobt, weil sie in dem trockenen und so schwierigen Steppenland ganz Vorzügliches leistete. Noch während des Eingeborenenaufstandes im Süden des Landes wurde von der Station Onguati aus ein 14 km langer Schienenstrang nach Karibib verlegt. Damit sollte die Versorgung der im Süden kämpfenden Schutztruppe erleichtert werden.
Eine große Rolle spielte dabei die Versorgung der Truppe mit Hafer für die Pferde. Tagtäglich fuhren die ›Haferzüge‹ *(Es war sicherlich eine Fehlentscheidung des deutschen Gouvernements, die Pferde im Schutzgebiet, statt mit dem im südlichen Afrika üblichen Mais mit importiertem Hafer zu füttern. Als dann im Ersten Weltkrieg der Hafer ausblieb, konnten die Pferde nicht mehr auf Mais umgestellt werden. Das hat maßgeblich zu der schnellen deutschen Niederlage beigetragen. K.D.)*. Es war noch Baubetrieb, Personenwagen gab's noch nicht, und ein offener Wagen mit Ha-

fersäcken wurde so hoch eingeschätzt wie ein ›Coupe 1. Classe‹. Vornehme Leute reisten in geschlossenen Güterwagen bei offener Schiebetür mit Tisch, Stühlen und Bett. Unvergesslich war eine solche Fahrt. Von Karibib aus wurden die Güter mit der kleinen Feldbahn (Staatsbahn genannt) weiter nach Windhoek und von dort aus mit Ochsenwagen hinunter zum Süden befördert.

Im Jahre 1905 traf ein Eisenbahn-Fachmann der Deutschen Reichsbahn *(die Deutsche Reichsbahn wurde erst 1920 gegründet, vorher gab es verschiedene deutsche Ländereisenbahnen, K.D.)*, Herr Langohr aus Köln, in Usakos ein, um den Betrieb der Otavibahn (noch Baubetrieb) zu organisieren. Zu dieser Zeit fuhren vor Sonnenuntergang regelmäßig die Güterzüge von Swakopmund ab. Acht Waggons, Tender und Wasserwagen mit einer Lokomotive. Da Langohr eine solche Beförderung zu unwirtschaftlich erschien, fuhr er einmal zur Untersuchung der Angelegenheit auf der Lokomotive mit. Er mußte feststellen, dass die Maschine viel zu schwach und zu leicht für die 110 km lange Steigung von der Küste bis Ebony auf den nebelnassen Schienen war. Im Laufe der Jahre kamen immer größere Lokomotiven zur Verwendung, auch die schweren Henschellocks.

Um die gleiche Zeit, als die Bauspitze den alten bekannten Platz Omaruru erreichte, wurde weiter nordwärts neben der entstehenden Bahnstrecke eine Eisenstange in den Boden geschlagen. Dort sollte ein Stationshaus – das übliche aus Wellblech – errichtet werden. Die Ovaherero nannten die Gegend ›Otjiwarongo‹. Es wurde geflüstert, diese Ecke würde ein wichtiger Kreuzpunkt werden: Von der Küste zum Norden nach Otavi, Tsumeb und Grootfontein und quer von Outjo zum Waterberg. Ein wunderlicher Gedanke damals. Kein Wasser! Das Gras stand so hoch, dass ein Mann zu Pferde gerade noch zu sehen war. Als das Stationsgebäude fertig dastand, bezog Zugführer Kroll seinen Posten als erster Stationsvorsteher. Ein großer Kohlenhaufen und eine lange Kette von Plattformwagen mit Wassertanks waren die Einleitung für den kommenden Großbetrieb. Darum herum war Wildnis. Kroll ernährte sich von Perlhühnern, Reis und selbstgebackenem Brot. Der Backofen war ein Termitenhügel mit viereckigem Loch, Backofentür war ein Stück Blech, zugeklebt mit Termitenlehm. So war es damals üblich. Kroll war also der erste Bürger von Otjiwarongo, und die Otjiwarongoer sollten ihm ein Denkmal setzen.

Kleine, alte Erinnerungen zeigen so gut den Geist von damals. Zwei Streckenwärter aus der Namib wurden nach Übernahme der Bahn durch die OMEG 1907 in den Norden versetzt. Sie reisten im Gepäckwagen mit zwei Bierkisten vollgepackt bis obenhin mit lecker gebratenen, fetten Wachteln aus der Namib. In Omaruru erbaten sie sich eine große Schüssel und überreichten sie, gefüllt mit den Wachteln, meiner siebenjährigen Tochter. Stelle sich einer vor: Zwei große, je 48 Flaschen fassende Kisten vollgepresst mit Wachteln. Das Schweineschmalz zum Braten kam in großen Blechdosen aus Deutschland. Einige hundert Wachteln zurechtmachen, braten, verpacken und liebevoll verschenken, das war der Geist im alten Südwestafrika.«

Der kleine Ort Otavi liegt bei km 497. Hier zweigt eine 91,3 km lange Nebenlinie nach Grootfontein ab, die die *South West Africa Co.* aufgrund einer alten Konzession der deutschen Kolonialverwaltung im Jahre 1907/08 baute.

Der höchste Punkt der Grootfontein-Bahn liegt auf 1.636 m bei Guchab, um von dort in nordöstlicher Richtung nach Grootfontein abzufallen. Der Kilometer kostete 25.740 Mark.

Die eigentliche Otavi-Eisenbahn erreichte, nachdem der Übergang über das schwierige Bobosgebirge erfolgreich gemeistert war, bei km 567 im März 1906 Tsumeb. Die ganze Strecke wurde durchgehend am 12. November 1906 eröffnet. Die Kilometerkosten lagen einschließlich der 110 Brückenbauwerke bei 39.000 Mark.

Für die vielen Brückenbauwerke wurden Stahlbrückenelemente in Spannweiten von 3, 4, 5, 6, 8, 10, 15 und 20 m in Deutschland vorgefertigt und dann an Ort und Stelle zusammengesetzt. Außer diesen Brücken wurden hier eine große Anzahl von korrugierten Stahldurchlassrohren eingebaut. Allerdings mussten später viele dieser Stahldurchlässe durch 5 m weit gespannte Zwillingsträgerbrücken ersetzt werden, da sie in der ersten größeren Regenzeit nicht den gewaltigen abfließenden Wassermengen gewachsen waren und auch leicht durch angeschwemmtes Treibgut verstopften. Man wusste damals noch zu wenig von Abflussbedingungen in ariden Trockenflusssystemen und musste teures Lehrgeld bezahlen.

Die Otavi-Eisenbahn arbeitete von Anfang an mit beträchtlichen Überschüssen. Sie beförderte bereits im ersten Betriebsjahr 100.000 t Fracht statt der geplanten 30.000 t. Auch wurde nach Trennung des Personenverkehrs vom Güterverkehr für die bescheidene Feldspurweite von 600 mm beachtliche Reisezuggeschwindigkeiten erreicht.

Am 1. April 1910 konnte der durch die Diamantenfunde bei Lüderitzbucht plötzlich reich gewordene Schutzgebietsfiskus die Otavi-Eisenbahn käuflich erwerben. Diese wurde von der OMEG unter dem Namen DSWAE/OE weiterhin betrieben. Seitdem ging der von Windhoek kommende Bahnverkehr ausschließlich nur noch über die Otavi-Eisenbahn, während die Staatsbahnstrecke bis zum Anfang des ersten Weltkrieges, als sie aus militärischen Gründen noch einmal kurzfristig zum Leben erwachte, in einen Dornröschenschlaf versank.

Bei Ausbruch des Ersten Weltkrieges verfügte die O.E. über 1.040 Angestellte und einen stattlichen Betriebsmittelpark von 31 Lokomotiven, 2 Dampftriebwagen, 9 Reisezugwagen, 370 Güter- und 20 Wasserwagen. Die Personenzüge wurden bereits mit den damals modernen Schleiferbremsen druckluftgebremst und besaßen, genau wie alle Güterwagen, Drehgestelle neuester Bauart.

H.W. von Teichman und Logischen, Farmer auf der Farm Salzbrunnen bei Uchab, erzählt über Eisenbahnfahrten auf der Otavi-Schmalspurbahn in der Mitte des letzten Jahrhunderts:

»Als ich 1928 nach Südwest kam, lief noch das ›eisenbahntechnische Wunder‹, unsere Schmalspurbahn. Das heutige Landstädtchen Otavi, welches auf jeder Landkarte als Eisenbahnknotenpunkt verzeichnet war, bestand damals noch aus 10 bis 15 Häusern einschließlich dem vom Ehepaar Ritzdorf betriebenen Otavi-Hotel. Für seine spaßig enge Breite bewältigte das Bähnchen einen bedeutenden Frachtverkehr. Von Bequemlichkeit in der Personenbeförderung konnte man nicht reden, denn von Usakos nach Otavi-Tsumeb oder Grootfontein liefen Waggons, deren Ausstattung der der Bummelzüge im Deutschland vor 1914 am ehesten entsprachen. Dort gab es damals die Abteile für Reisende mit Traglasten, in denen es hoch interessant war, zu reisen und das Landvolk zu beobachten, die zum Markt nach den großen Städten fahrenden Leute mit Kiepen voller Pilze, Blaubeeren, Eiern etc. Auch Sonderabteile gab es IV. Klasse für Reisende mit Hunden. Dagegen gab es auf der alten Schmalspurbahn lange, grauschwarze Polsterbänke, auf denen man bei bescheidenen Ansprüchen auch gut schlafen konnte. Nötig war es nur, genügend alte, warme Schlaf- oder Pferdedecken für die kalten Nächte mitzunehmen und den nötigen Proviant dabei zu haben, denn das Reisen dauerte lange. Gute, saubere Schlafdecken taten einem für die Reisen leid, denn die Türen und Fenster der Waggons schlossen nicht dicht, so dass der Staub in ewigem Wirbel blieb. Indessen, gerade nach dem noch recht unterentwickelten Norden war man fast ganz auf die liebe Schmalspurbahn angewiesen, denn die Wege ließen sehr zu wünschen übrig und waren während der Regenzeit besonders schlecht, und Autos fuhren erst wenige.

Ich muss aber erwähnen, dass mit der Zeit erstklassige Waggons dazukamen, und dass dort Betten bequem und mit sauberer Wäsche hergerichtet werden konnten. Unsere Kinder liebten aber die lange Eisenbahnfahrt als letzten Schultag, und es herrschte ein frohes Treiben bei der mitgenommenen reichlichen Padkost. Mit diesen Neuerungen versehen, war es dann ein wehmütiger Abschied, als 1961 die Verbreiterung auf die südafrikanische Kapspur durchgeführt wurde, auf welcher heute sogar Speisewagen laufen.

An die Schmalspurbahn der Pionierjahre knüpfen sich im Lande so mancherlei kleine Erinnerungen. Davon ein klein Weniges. Zwischen Otjiwarongo und Otavi guckt der Führer einer qualmenden Kohlenlok neben seinem Stand heraus und bekommt einen schweren Hustenanfall. Dabei geht im Bogen sein künstliches Gebiss hinaus. Der Mann merkt sich die Stelle gut. Auf dem Rückweg von Grootfontein hält er einen Augenblick den Zug an, findet sein Gebiss, und weiter ging die Reise.

In einem Weidenotjahr treckten wir mit 80 Kühen und 30 Kälbern von Grootfontein zurück nach der Farm auf einer Pad neben der Bahnlinie. Arved hatte die Kälberzahl in Grootfontein noch stimmend kontrolliert, auf der Farm aber fehlte ein kleines Kälbchen. Er kam auf den Gedanken, unseren Eisenbahn- Stationsmeister in Uchab an zu telephonieren und ihn zu bitten, den Zugführer auf das Kälbchen aufmerksam zu machen. Dieser sah dann auch wirklich das einsame Tierchen und gab Bescheid. So fuhr Arved mit seinem VW los und brachte das Kalb in Kürze zu seiner Mutter zurück. ...

Zwischen Uchab und Grootfontein windet sich die Bahnlinie zwischen den Bergen durch ein wunderschönes Tal. Der Lok-Führer, von Grootfontein kommend, sieht da eines Tages links vor sich einen einzelnen Elefanten. Spaß muss sein – er tutet, und der Elefant läuft Galopp. Vor ihm auf der Straße fährt aber ein Eingeborener sein Fahrrad. Dieser sieht hinter sich den galoppierenden Elefanten und tritt um sein Leben. Dann löst sich alles wohlgefällig auf. Die Eisenbahn war vorüber, und Elefantin und Radfahrer konnten verschnaufen. Die einsame Elefantin drehte nach Süden ab – uralte Wechsel, die durch Salzbrunnen liefen. Der Lokführer erzählte diese Geschichte dann freudestrahlend in Uchab, denn Elefanten in unserem Raume gibt es schon lange nicht mehr.

Eines Tages fuhr ich mit Mutti und der damals noch sehr kleinen Gudrun von Swakopmund kommend mit der Bahn nach Hause. In Otavi gab es langen Aufenthalt. Ich benutzte ihn dazu, bei den Viehverladekrälen die dort auf Verladung wartenden Ochsen zu sehen, denn man ist als Farmer stets daran interessiert, anderer Leute Vieh zu sehen. Als ich zurück wollte zum Abteil, in welchem Mutti und Gudrun fast aufgelöst in Tränen sassen, fuhr der Zug ohne Pfiff vorzeitig los. Ich bat im nahen Ort einen guten Bekannten aus dem Otavital, mich etwa in der Höhe seiner Farm auf einer Seitenhaltestelle abzusetzen. Mein Freund meinte, dass trotz des Zeitverlustes der Zug noch nicht vorbei sein könnte. Er hatte natürlich Recht! Aber ich wartete lange, und im Osten in Richtung Uchab sah ich Qualmwolken und dachte, das müsse der Zug sein, der doch schon durchgefahren wäre. Es stellte sich nachher heraus, dass es ein kleiner Grasbrand an der Bahnlinie war. – Hilf dir selbst, so dachte ich, ging zur Pad in der Nähe der Gleise und wollte so lange zu Fuß nach Hause gehen, bis sich mir eine Fahrgelegenheit bot. Nach einem Weilchen hörte ich den Zug hinter mir, ging zur Spur hinüber und machte mich bemerkbar. Der Zug hielt, und ich war wieder bei den Meinigen, Gudrun in Freudentränen. Bei solchen Gelegenheiten ist dann ein Stück Kudu-Rauchfleisch fällig.

Zu dem jeweiligen Eisenbahn-Stationsvorsteher hatten wir stets ein freund-nachbarschaftliches Verhältnis. So war z.B. Oom Dup (du Plessis) fast 15 Jahre unser guter Freund geworden, bis er altershalber in Pension ging. Kam dann eine wichtige Fracht für uns, so half er uns bei der Benachrichtigung, kam ein unangemeldeter Besuch in Uchab an, so konnte er damit rechnen, dass Oom Dup ihn nach Dienstschluss zu uns brachte. Seine Frau hat den Garten um das Stationsgebäude herum mit Blütensträuchern, Blumen und Sukkulenten so geschmackvoll angelegt und gepflegt, dass die Station als schönste in Südwest Afrika galt und den Jahrespreis der Eisenbahn-Verwaltung erhielt.«

Der Umbau der Staatsbahn Windhoek-Karibib auf Kapspur 1910–1911

Ein glücklicher Zufall verhalf dem bis dahin nicht sehr ernst genommenen und zuschussbedürftigen deutschen Schutzgebiet zu Status und Anerkennung. Am 20. Juni 1908 meldete der Bahnmeister August Stauch der deutschen Bergbaubehörde den Fund des ersten Diamanten bei Kolmannskuppe, östlich von Lüderitzbucht. Dadurch bekam die Regierung in Windhoek die dringend benötigten Mittel, um die Infrastruktur Südwestafrikas weiter auszubauen und zu verbessern.

Im besonderen Maße konnte die Staatsbahnlinie Windhoek–Karibib davon profitieren, da sie schon lange nicht mehr das steigende Verkehrsaufkommen bewältigen konnte und dringend erneuerungsbedürftig war.

Da in der Zwischenzeit die Lüderitzbucht-Eisenbahn in der Spurweite der benachbarten südafrikanischen Eisenbahn (3,5 Fuß = 1.067 mm, Kapspur genannt) vollendet worden war und deren Anschluss an das südafrikanische Bahnnetz bereits damals ins Auge gefasst wurde, war es logisch, den Umbau der Staatsbahn auf Kapspur einzuleiten. Die Bauarbeiten begannen im April 1910 und waren der ARGE (Arbeitsgemeinschaft) Bachstein-Koppel zuerkannt worden. Sie wurden im August 1911 fristgerecht beendet.

Am 22. August 1911 verkehrte der letzte Schmalspurzug von Karibib nach Windhoek, gefolgt vom ersten durchgehenden Schnellzug auf der neuen Kapspur. Da der Bahnbetrieb auf dem 600-mm-Gleis während der Umbauarbeiten im vollen Umfang aufrecht erhalten werden mußte, lief dieser auf einer dritten Schiene weiter. Die neue Strecke wurde allerdings 3 km länger, da die geometrischen Ausbauwerte (Mindestradius 200 m, Höchststeigung 15‰) viel günstiger waren als die der alten Staatsbahn.

Mit 57.500 Mark je km überstiegen die Umbaukosten die ursprünglichen Bauausgaben. Das Bau-Budget schloss allerdings das neue Empfangsgebäude des Bahnhofes Windhoek ein, das heute noch ein besonderes Schmuckstück der Landeshauptstadt ist.

Die Tatsache des Zweitbaus der Staatsbahn in knapp zehn Jahren brachte eine beträchtliche Verkürzung der Reisezeit von Windhoek zur Küste. Man konnte jetzt durch die kombinierte Benutzung des Schnellzuges der »Neuen Staatsbahn« sowie des Eilzuges der O.E. zum ersten Mal an einem Tag auf dieser Strecke durchfahren. Erforderlich war dabei das Umsteigen in Karibib, da die Bahn hier von der Kapspur auf die 600-mm-Spur der Otavi-Eisenbahn wechselte. Die 382 km lange Gesamtstrecke wurde landesaufwärts in 14 Stunden 20 Minuten und zur Küste in 12 Stunden 25 Minuten, einschließlich des Zugwechsels in Karibib, zurückgelegt. Der Schnellzug Windhoek–Karibib erreichte damals eine Spitzengeschwindigkeit von 42,9 km/h auf der Strecke von Friedrichsfelde nach Karibib.

Der Lokomotiven- und Fahrzeugpark des 600-mm Spurbetriebes war bei Bauende schrottreif und wurde in der alten Bahnwerkstatt in Karibib bis zum Ausbruch des ersten Weltkrieges abgestellt, als er noch einmal, und diesmal zum letzten Mal, kurzfristig zum Einsatz kam.

Der Bau der Lüderitzbucht-Eisenbahn 1905–1908

Bis zum 28. Februar 1994 befand sich Namibia in der benachteiligten Lage, dass der einzige gute, natürliche Hafen, die strategisch günstig zur Landesmitte gelegene Walfischbucht, zur Republik Südafrika gehörte. Um die aus dieser Tatsache resultierende Abhängigkeit und Erpressbarkeit des Landes zu verringern, wurden schon in deutscher Zeit Überlegungen angestellt, den weniger guten Hafen Lüderitzbucht durch eine Bahnlinie mit dem Landesinneren zu verbinden.

1907 entstanden die ersten farbfotografischen Aufnahmen in der Kolonie durch Dr. R. Lohmeyer – vorher erzeugte man »Farbbilder« durch das Kolorieren von Schwarzweiß-Bildern.

Hier sind einige der für damalige Verhältnisse bemerkenswert guten Druckwiedergaben reproduziert, die noch vor dem Ersten Weltkrieg in den sog. Prachtbänden „Die Deutschen Kolonien" veröffentlicht wurden.

Bahnstation Ababis.

Eisenbahnbrücke über den Swakop bei Okahandja.

Karibib. Bahnhof und Werkstätten.

1883 hatte Adolph Lüderitz hier seine erste Handelsniederlassung gegründet. Kurz vor der Jahrhundertwende war mit Lüderitzbucht noch nicht viel Staat zu machen. Es bestand damals aus einigen Warenschuppen und seiner – seit 1898 – 30 m langen hölzernen Landungsbrücke.

Während des Krieges mit Ovaherero und Naman war der Süden des Landes von Swakopmund abgeschnitten und mußte von Lüderitzbucht aus versorgt werden. Diese Versorgung mit Ochsenwagen durch die wasserlose Namib gestaltete sich auf dem südlichen Baywege von Lüderitzbucht nach Keetmanshoop noch schwieriger als auf der nördlichen Parallelstrecke von Walvis Bay nach Windhoek.

Für den Transportverkehr waren 11.000 Ochsen, 4.000 Maultiere und 200 Dromedare vonnöten, für die monatlich 2 Mio. Mark aufzuwenden waren. Der sechzehnspännige Ochsenwagen hatte einen außerordentlich geringen Wirkungsgrad, da 75% des Nutzgewichtes unterwegs – weil aufgefressen – auf der Strecke blieb. Als die jährlichen Transportkosten auf dem südlichen Baywege auf 40 Mio. Mark stiegen, war es nicht mehr schwierig, eine Mehrheit im Deutschen Reichstag zu finden, der dann für eine im Dezember 1905 eingebrachte Bahnvorlage, zunächst nur für die Strecke Lüderitzbucht–Aus, stimmte. (Der Frachtsatz für einen Zentner von Lüderitzbucht nach Keetmanshoop im Ochsenwagen betrug 30 Mark. Die Bahnfracht von Lüderitzbucht nach Keetmanshoop wurde auf 9 Mark veranschlagt.) Die Gesamtkosten der Lüderitzbucht-Eisenbahn betrugen dann nur 27,6 Mio. Mark, was auch den größten Eisenbahngegner überzeugte.

Die Deutsche Koloniale Eisenbahn- und Betriebsgesellschaft (DKEBBG) stellte die Baufirma Lenz und Co. an, die noch vor Jahresende 1905/06 mit den Bauarbeiten begann. Die ersten 140 km nach Aus wurde in der Kapspurbreite von 1.067 mm gebaut und bereits am 1. November 1906 fertiggestellt, nachdem Schienenlieferungen, die ursprünglich für die deutsche Kolonie Togo bestimmt waren, in aller Eile nach Lüderitzbucht umgeleitet worden waren.

Danach ging es kurzfristig nicht weiter, da der Reichstag den Weiterbau nach Keetmanshoop nicht bewilligen wollte. Als sich der Reichstag nach Auflösung wieder neu konstituierte, konnte ab April 1907 der Bahnbau weitergehen. Am 26. Juli 1908 wurde die 226 km lange Strecke zwischen Aus und Keetmanshoop, fünf Monate vor der vertraglich vereinbarten Fertigstellung, dem Verkehr übergeben. An der Eröffnungsfahrt, für deren reibungslosen Ablauf Lokführer Herling, Zugführer Pohl und Heizer Gerbich sorgten, nahm der deutsche Staatssekretär Bernhard Dernburg teil.

Die Lüderitzbucht-Eisenbahn durchquert zunächst die 140 km breite Wüste. Wasser gab es weder am Anfangspunkt in Lüderitzbucht noch am Ende in Aus. Bis Anfang des 20. Jahrhunderts bezog Lüderitzbucht sein Trinkwasser per Schiff aus dem 1.000 km weiter im Süden gelegenen Kapstadt. Der Kubikmeter Wasser kostete damals astronomische 40 Mark. Ein 1907 aufgestellter Kondensator senkte den Preis auf 5 Mark, was immer noch teuer genug war. Statt Wasser gab es dafür im Überfluss Sanddünen, die besonders die 7 km lange, berüchtigte Dünenstrecke östlich der Station Kolmannskuppe (km 19) zu einem Alptraum der Bahnbeamten machte. Der tückische Treibsand schafft bis auf den heutigen Tag für Bahn und auch für die neue Fernstraße 4/2 kostenintensive Probleme. Man versuchte im Lauf der Zeit, viele »intelligente Pläne zu machen«, wie etwa das stromlinienförmige Gestalten des Bahnkörperquerschnittes, um den Sand darüber hinwegfliegen zu lassen, oder künstliche Sandhindernisse, die aber alle keine vollen Erfolge zeitigten.

Von der Station Grasplatz (km 24: 215 m) steigt die Bahnlinie allmählich durch die Namib nach Garub (km 96: 767 m), wo die 38 km lange Steilrampe mit einer Steigung von 25‰ nach Aus (km 140: 1.495 m) beginnt.

Das Wasserproblem wurde gelöst, als der wünschelrutengehende Landrat von Uslar bei Garub eine ergiebige Quelle entdeckte. Damit wurde nicht nur die Wasserversorgung mit Kesselspeisewasser, sondern auch die mit Trinkwasser für die Stationen zwischen Aus und Lüderitzbucht sichergestellt.

Vom Bahnhof Garub verläuft eine etwa 2,5 km lange Stichbahn in Feldspurweite nach Nordosten, die das Wasser von der Pumpstation nach Garub brachte. Die Gleise dieser Wasserbahn, nebst einer im Wüstensand steckengebliebenen Trolley, waren 1980, als der Verfasser die neue Fernstraße 4/2 nach Lüderitzbucht baute, noch vorhanden.

Die Strecke von Aus nach Keetmanshoop erklimmt zunächst bei der Station Schakalskuppe (km 172) ihre größte Höhe (1.498 m) und fällt von dort stetig bis ins Fischflusstal nach Seeheim (km 319: 701 m) ab. Der Fischfluss bei Seeheim wird auf einer Stahlbrücke mit zwei Spannweiten von je 50 m überschritten. Der Endpunkt Keetmanshoop (1.002 m Höhe) ist bei km 366 erreicht. Hier wurde die Hauptwerkstatt der Lüderitzbucht-Eisenbahn errichtet. Der Kilometerpreis der Bahn (Schienen 20 kg/m, 80 kN Achslast) betrug 85.000 Mark, war also wesentlich höher als der der Norden-Bahnen, was durch die breitere Spur und das schwierigere Gelände bedingt war.

Am 18. Mai 1908 wurde per Reichsgesetz die Bahnvorlage des Reichskolonialamtes zum Bau einer Zweigbahn von Seeheim nach Kalkfontein-Süd, dem späteren Karasburg, genehmigt. Die 180 km lange Strecke zwischen den schroffen Kleinen Karasbergen und dem weltberühmten Fischfluss-Canyon, der an wildromantischer, dramatischer Schönheit dem Grand Canyon in den USA nicht nachsteht, wurde am 2. Juni 1908 begonnen und bereits am 6. Juli 1909 amtlich eröffnet. Die Bahnlinie führt von Seeheim in südlicher Richtung über Holoog (km 64: 800 m), wendet sich dann bei Klein-Karas (km 93) nach Südosten und läuft an den Großen Karasbergen vorbei über Grünau (km 129) zur vorläufigen Endstation Kalkfontein-Süd. Die Kilometerbaukosten lagen bei 83.000 Mark. Ein Weiterbau von hier bis an das südafrikanische Eisenbahnnetz bei Prieska in der Kap-Provinz war bereits vor dem Ersten Weltkrieg im Gespräch. Die Bahnverbindung mit Südafrika, die dann durch die in Südwestafrika eindringenden Uniontruppen mit unfriedlichen Mitteln herbeigeführt wurde, kann ohne Übertreibung als nicht ganz freiwilliger »Anschluss« bezeichnet werden. Der Bau dieser Verbindungsbahn begann am 3. August 1914 in Prieska, erreichte die Grenze bei Nakop am 20. November 1914 und schloss am 25. Juni 1915 in Kalkfontein-Süd an das südwestafrikanische System an.

Der Bahnbetrieb auf der Südbahn nach Kalkfontein-Süd wurde, zusammen mit der L.E., von der DKEBBG durchgeführt. Bei Kriegsausbruch verfügte die L.E. über rollendes Material von 22 Lokomotiven, einschließlich der sechs Fünfkuppler für die Steilrampe bei Aus, sowie 15 Reisezugwagen und 277 Güterwaggons. Die L.E. wurde von 615 Angestellten betrieben. Die Fahrzeiten, die vor dem Ersten Weltkrieg auf der Lüderitzbucht- und der Südbahn erreicht wurden, konnten sich sehen lassen und sind bis in die heutige Zeit – trotz moderner Diesellokomotiven – nicht verbessert worden. So dauerte 1913 eine Fahrt mit dem Schnellzug von Lüderitzbucht nach Keetmanshoop 11 Stunden und 31 Minuten. Im Jahre 1984 dauerte die Fahrt auf die Minute genau so lange. Erwähnenswert ist auch die Tatsache, dass auf der L.E. das Oberbaumaterial seit der deutschen Zeit nicht erneuert wurde. Erst im Jahre 2000 wurden Vorbereitungen getroffen, die Strecke von Aus nach Lüderitzbucht auf einen modernen Ausbaustandard zu bringen (für mehr als 200 Mio. Namibia Dollar).

Die Nord-Süd-Bahn: Windhoek–Keetmanshoop 1910–1915

Nachdem im Norden und im Süden des Landes zwei getrennte Bahnsysteme bestanden, war es logisch, diese durch eine Nord-Süd-Bahn von Windhoek nach Keetmanshoop zu verbinden. Der Bau dieser wichtigen Bahnlinie wurde Ende 1910, gleichzeitig an den beiden Endpunkten, von der DKEBBG begonnen. Die geometrischen Ausbaukriterien waren die gleichen wie für die Kapspurlinien im Norden und Süden. Nur der fast hochalpin zu nennende Übergang über die Auasberge südlich von Windhoek zwang zur Abweichung von diesen Trassierungsgrundsätzen. Der 1.923 m hohe Auas-Pass, der bei der Station Kruin seinen höchsten Punkt erreicht, wird mit einer 8 km langen Steilrampe von 29‰ und 150 m Mindestradien bewältigt. Hier befindet sich der einzige, wenn auch nur wenige Meter lange, Tunnel des namibischen Bahnnetzes. Von Kruin fällt die Strecke um 15‰ nach Aris. Bei Kilometer 98 ist der Bahnhof Rehoboth (1.386 m) erreicht. Der 12 km entfernt liegende Ort Rehoboth wurde mit einer Schmalspur in 600 mm Feldspurweite an die Nord-Süd-Bahn angeschlossen.

Der Initiator dieser Verbindungsbahn war der Schutztruppler Georg Bräuer aus Rehoboth, nachdem das Reichskolonialamt dem Bahnbau zugestimmt hatte. Der Staatssekretär des Reichskolonialamtes, Dr. Solf, schrieb nach einem Besuch in Rehoboth am 1. Juli 1912:

»... Danach Empfang der Weißen im Bezirksamt (...). Wollten ferner eine Kleinbahn vom Dorf Rehoboth zum Bahnhof Rehoboth. Habe nach Anhörung des Gouverneurs zugestimmt. Dass diese Bahn nötig ist, sahen wir am anderen Morgen, als wir mit unseren beiden Automobilen wiederholt im tiefen Sande steckenblieben ...«

Die »Rehobother Stadtbahn« verfügte über 2 Dt-Tenderlokomotiven, einen Reisezugwagen 1. und 2. Klasse, 3 Güterwagen mit Drehgestellen und 2 zweiachsigen »Trollies«, die Herr Bräuer aus dem Nachlass der »Alten Staatsbahn« erworben hatte. Der Bahnbetrieb wurde am 15. Januar 1913 aufgenommen. Zu jedem Zug der Hauptbahn Windhoek–Keetmanshoop gab es einen Anschlusszug nach Rehoboth. Die Strecke wurde leider durch die vorrückenden südafrikanischen Truppen zerstört, die Lokomotiven beschlagnahmt. Die sich zurückziehende deutsche Schutztruppe hatte die Bräuer-Lokomotiven als Privateigentum respektiert und nicht wie alles andere bewegliche Eisenbahnmaterial vor den schnell vorstoßenden Uniontruppen sichergestellt. Den Südafrikanern kamen die beiden Feldspurloks jetzt sehr gelegen, denn es waren die ersten Schmalspurlokomotiven, die ihnen auf ihrem Vormarsch in die Hände fielen.

Nach dem ersten Weltkrieg wurde die Bahn mit »Maultiertraktion« noch einmal in Betrieb genommen, bis sie dann 1933 endgültig durch die südafrikanische Eisenbahnverwaltung abgebrochen wurde. Das rollende Material lag noch jahrelang im Sand. Nach und nach wurde der Wagenpark, in viele Einzelteile zerlegt, von Farmern des Gebietes abmontiert und so noch einem nützlichen Zwecke zugeführt. Der Personenwagen, der als Öllager diente, erreichte sein Dienstalter, als er 1945 explodierte. Für die Bahnanlagen und das rollende Material, die Privatbesitz der Familie Bräuer waren, wurde keine Entschädigung gezahlt.

Nord-Süd-Eisenbahn südlich von Windhoek, um 1910

Von der Hauptstadt des Basterlandes verläuft die Nord-Süd-Bahn fast geradlinig und ständig fallend nach Tsumis, wo die westlichen Dünenausläufer der Kalahari erreicht werden. Von Kalkrand geht es dann über Mariental, wo sich um die zwei Hotels und die Betriebswerkstatt der Eisenbahn eine größere Ortschaft bildete, nach Gibeon im Namaland (km 336). Die Strecke fällt weiter nach Asab, dann östlich an dem erloschenen Vulkan Brukkaros vorbei nach Tses, wo der Tiefpunkt von 940 m erreicht wird.

Keetmanshoop (km 506) liegt wiederum 1.182 m hoch und wird auf einer 9 km langen, 16,7‰-igen Steigung erreicht. Die Nord-Süd-Bahn wurde am 3. März 1912 eröffnet und zunächst unter Einschluss des Südensystems von der DKEBBG betrieben. Spurweite und Oberbau-Ausbauwerte waren bei beiden Bahnsystemen dieselben. Der Bau der Nord-Süd-Bahn wurde durch das Reichsgesetz vom 8. Februar 1910 und den Reichstagsbeschluss vom 17. März 1910 bewilligt. Am 1. April 1913 übernahm die Regierung in Windhoek den Betrieb der Bahnen zwischen Karibib, Lüderitzbucht und Kalkfontein- Süd. Das zusammengelegte Bahnsystem erhielt jetzt den Namen »Deutsch Südwestafrikanische Eisenbahnen, DSWAE«. Es erzielte im Finanzjahr 1913/14 einen Gewinn von 40% gegenüber den Gesamtausgaben.

Weitere Bahnprojekte vor dem Ersten Weltkrieg

Es war geplant, diese bisher so erfreulich verlaufende Entwicklung des südwester Eisenbahnsystems vor dem Ersten Weltkrieg weiter voranzutreiben. So war bereits 1914 der Bau einer Bahnlinie von Otjiwarongo (nachdem es zwischen den Bewohnern von Otjiwarongo, Kalkfeld und Outjo einen langen, mit Erbitterung geführten Streit über die Streckenführung gegeben hatte) über Outjo (km 77) nach Okahakana (km 265) im dicht besiedelten Ovamboland genehmigt und im Detail geplant. Die Kosten waren auf 13 Mio. Mark, das sind 49.000 Mark pro Kilometer, veranschlagt. 1914 sollten die 90 km bis Aimab-Pforte und 1915 die übrigbleibenden 155 km bis Okahakana gebaut werden.

Man hätte mit dieser Bahn nicht nur die reichen Rinderzuchtgebiete um Outjo herum, sondern auch die Bergbaugebiete des Kaokolandes und die Salzpfanne bei Nakuronde erschließen können. Für den Bahnbau war zunächst die Feldspur vorgesehen. Das Reichskolonialamt in Berlin stellte allerdings die Bedingung, dass Unterbau, Kunstbauten und Bahnhofsanlagen bereits für die später vorgesehene Kapspur bemessen werden mußten.

Eine Weiterführung nach Ondangwa war genauso wie die Erschließung des Ovambolandes durch eine weitere Eisenbahnlinie von der Otavi-Eisenbahn aus über Namutoni in der Etoschapfanne vorgesehen. Die Pläne für einen Bahnhof Namutoni kann der verblüffte Beobachter im Staatsarchiv in Windhoek studieren.

Dass sich Geschichte wiederholt, beweist ein Brief der Firma Woermann & Brock vom 11. August 1913, der auch heute noch gültig ist.
»Ich höre wiederholt aus der Outjoer Gegend, dass die Vergebung des Baus der Owambolandbahn an Bachstein-Koppel bereits Tatsache sei und dass ferner die Vorarbeiten und Wassererschließungsarbeiten an Filippo Manetti vergeben worden seien. Ich glaube nun nicht, dass die Entscheidung der Regierung schon so weit gediehen ist und gestatte mir deshalb die höfliche Anfrage, ob sie nicht daran denken, möglichst viel von den Arbeiten an dieser Bahn im Lande auszuschreiben. Bei den schlechten Zeiten sollte man doch den vielfach unter Beschäftigungsmangel leidenden Unternehmern Gelegenheit geben, sich zu betätigen, wenn sie überhaupt die Gewähr bieten, das leisten zu können bzw. pekuniär zu garantieren, was die Regierung verlangen muß.«

Die Kriegshandlungen des im August 1914 ausgebrochenen Ersten Weltkrieges beendeten im Februar 1915 bei km 46 – der Oberbau war bereits bis km 26 betriebsfertig – die Bauarbeiten an dieser wichtigen Bahnlinie. Wie so viele andere Projekte aus der deutschen Zeit wurde auch diese vom südafrikanischen Mandatar nicht realisiert. Die südafrikanische Eisenbahn begnügte sich mit der Fertigstellung der Owambo-Eisenbahn bis Outjo.

Zu erwähnen sind auch die als Privatbahnen betriebenen Diamanteisenbahnen von Kolmannskuppe über Pomona nach Bogenfels und in das nördlich der Hauptbahn nach Haalenberg gelegene Charlottenthal. Diese Bahnlinien wurden, teilweise schon vor dem ersten Weltkrieg, elektrifiziert. Damals, 1911, befand sich in Lüderitzbucht das – wie man sagt – größte elektrische Kraftwerk (1,5 MW) auf dem afrikanischen Kontinent. Es scheint heute unvorstellbar, dass in dieser so weit zurückliegenden Zeit schon einmal schwere E-Loks auf einer namibischen Bahnlinie fuhren. Leider wurde die Strecke nach Bogenfels 1915 von den südafrikanischen Unionstruppen zerstört, »damit auf keinen Fall die Bahn in absehbarer Zeit wieder in Betrieb genommen werden könne « (W. W. O'Shaugnessy).

Dieser Abbruch einer namibischen Bahnlinie war nur der Anfang. Weitere sollten folgen. Sogar noch im Jahr 1984 (!) hing ein Damoklesschwert über dem Kopf der namibischen Eisenbahnen, dass Bahnstrecken nicht nur stillgelegt, sondern auch abgebrochen werden sollten. Dass ausgerechnet die Lüderitzbucht-Eisenbahn von Seeheim bzw. Aus nach Lüderitzbucht mit auf der Liste stand, scheint – abgesehen von den vorgeschobenen wirtschaftlichen

Südafrikanische Soldaten mit einer Schienenfahrräder-Konstruktion auf Patrouille bei Trekkopje in der Namib, 1915

Erwägungen – eine Ironie der Geschichte zu sein. Vielleicht soll das eine verspätete Rache für einen historischen Treppenwitz sein, der nach dem 19. September 1914 passierte, als die südafrikanischen Truppen in Lüderitzbucht landeten. Die weit unterlegene Schutztruppe zog sich, nachdem das Kraftwerk und andere Anlagen unbrauchbar gemacht worden waren, in die Wüste zurück. Die Unionstruppen folgten zunächst nicht, sondern setzten erst das Kraftwerk wieder in Gang. Das erwies sich als außerordentlich nützlich für die Deutschen, denn die Südafrikaner wussten nicht, dass Kolmannskuppe an das elektrische Netz von Lüderitzbucht angeschlossen war. So schickten sie die nötige Energie, um wichtige Vorräte mit den elektrischen Bahnen ins Land abzutransportieren. Erst der Verrat eines Namas machte diesen ungewollten Stromlieferungen an den »Feind« ein Ende.

Es gab vor dem ersten Weltkrieg eine ganze Reihe von Stadt-, Verbindungs- und Industriebahnen, die zum großen Teil den Krieg nicht überlebt haben. Einige dieser Bahnen, wie die Kreuzkap-Guanobahn, die Rehobother Stadtbahn, die Garuber Wasserbahn und die Lüderitzbuchter Diamantenbahnen, wurden bereits erwähnt. Andere werden vollständigkeitshalber nur aufgezählt:
- Die Kupferminenbahn von Guchab.
- Die Stadtbahn von Swakopmund: Sie wurde 1906 gebaut und war 1929 noch nachweislich in Betrieb.
- Die Lüderitzbuchter Hafenbahn: Sie wurde bereits 1905/1906 wieder eingestellt.
- Die Walfischbuchter-Plum-Eisenbahn: 20 km: Spurbreite von 750 mm (2 Fuß und 6 Zoll): Sie wurde mit der Dampflokomotive »Hope« von *Kerr, Stuart & Co*, London, betrieben, die am 25. August 1899 in Dienst gestellt wurde. Das Hauptproblem mit der Walfischbuchter Eisenbahnstrecke in die Namib Wüste war die ständige Versandung durch Wanderdünen, die oft einen geregelten Betrieb unmöglich machte. Die Bauarbeiten

an der Strecke dauerten bis 1903 und bis 1905 wurde die Lokomotive nur in begrenztem Umfang eingesetzt. Der Verkehr konnte niemals kostendeckend betrieben werden, so wurde die Bahnstrecke bald stillgelegt.
- Die Swakoptalbahn von Richthofen nach Husab: 35 km: Sie wurde von der Regierung 1915 genehmigt, gelangte wegen des Ersten Weltkrieges jedoch nicht zur Ausführung.
- Die Marmorbruchbahn von Karibib, elektrifiziert, wurde 1925 eingestellt.
- Die Stichbahn Arandis–Khankupfergruben (1,1 km) wurde 1911 in Betrieb genommen. Eine neu gebaute Erzbahn besteht heute noch vom Bahnhof Arandis zur größten Uranmine der Welt, der Rössing-Uranmine.
- Anschlussbahn Kalkfeld–Kalkgruben 16 km.
- Schlackenbahn Tsumeb: Sie war elektrifiziert mit 500 V Gleichstrom, sie war 1922 noch in Betrieb.
- Die Windhoeker Stadtbahn: Mit der Fertigstellung der Staatsbahn bis Windhoek im Jahr 1902 wurden gleichzeitig Anschlussgleise durch die Kaiserstraße bis zum Militärproviantdepot und zu verschiedenen Privatfirmen gelegt. Der Betrieb wurde zunächst mit Lokomotiven und Wagen der Staatsbahn durchgeführt, ging aber 1908 auf den Privatunternehmer Tobias Ahrens über, der von »Dampf- auf Donkie-Traktion« umschaltete. Pläne des Südwester Landes- und Windhoeker Stadtrates zur Elektrifizierung der Stadtbahn gelangten wegen Ausbruches des Ersten Weltkrieges nicht mehr zur Ausführung. Die Gleise wurden 1917 von der südafrikanischen Militärverwaltung entfernt. Das war leider ein sehr kurzsichtiger Entschluss, da ein elektrisches Schnellbahnsystem im Bereich Groß-Windhoek heute mehr zur Lösung der vielen Verkehrsprobleme beitragen würde als teure »Weiße Elefanten« in Gestalt von Stadtautobahnen, die doch nur einem kleinen Bevölkerungsteil zugute kommen.

Die Zeit nach dem Ersten Weltkrieg bis zur Klärung der Eisenbahn-Eigentumsverhältnisse 1930

Die stürmischen Jahre des namibischen Eisenbahnzeitalters haben nicht einmal 20 Jahre gedauert und wurden durch den Ausbruch des Ersten Weltkrieges beendet. Die schnelle Eroberung Südwestafrikas ab August 1914 durch die südafrikanischen Unionstruppen erfolgte nicht nur durch eine gewaltige Überlegenheit an Menschen und Material, sondern auch durch den massiven Einsatz der südwestafrikanischen Eisenbahnen und den schnellen Bau einiger Anschlusslinien. Von der britischen Exklave Walvis Bay wurde entlang der Atlantikküste ab Dezember 1914 bis Februar 1915 eine Bahnlinie in Kapspurbreite in das von der deutschen Schutztruppe bereits geräumte Swakopmund (23 Meilen) gelegt und so, genau wie im Juni 1915 mit der Fertigstellung der Bahnstrecke Prieska–Kalkfontein-Süd, der unfreiwillige »Anschluss« an das südafrikanische Bahnnetz vollzogen. Dadurch wurde die bisherige Zweigstrecke Seeheim–Kalkfontein-Süd auf einmal zur Hauptstrecke, und die frühere Hauptstrecke Lüderitzbucht–Seeheim wurde zur zweitrangigen Nebenstrecke. Die bisherige Ost-West-Verkehrstendenz kehrte sich nach dem Ersten Weltkrieg in eine nach Südafrika ausgerichtete Nord-Süd-Tendenz um, was wirtschaftlich durchaus nicht im Interesse der Bewohner Namibias lag und liegt.

Die rückzugsbedingte Zerstörung eines Teiles der Otavibahn von Swakopmund nach Rössing sowie der »Alten Staatsbahn« von Swakopmund nach Jakkalswater verhinderte den Vormarsch der Südafrikaner, konnte das Ende jedoch nicht lange aufhalten. Die beiden Strecken wurden von den Unionstruppen schnell wieder aufgebaut und im Falle der Otavi-Eisenbahn gleich in Kapspurbreite erstellt. Am 23. April 1915 war das Kapspurgleis bis km 81, einem Punkt östlich von Trekkopje, gelegt.

Inzwischen war auch Windhoek gefallen und die Instandsetzungsarbeiten wurden beschleunigt weitergeführt, um den Nachschub sicherzustellen. Am 18. Mai 1915 fuhr der erste Zug unter südafrikanischer Flagge von Karibib nach Windhoek. Am 25. August 1915 war auch die Otavibahn bis Tsumeb und Grootfontein wieder voll im Betrieb. Vorher war, am 9. Juli 1915, der Krieg in Südwestafrika durch den Vertrag von Khorab, einer Bahnstation zwischen Otavi und Tsumeb, beendet worden.

Die Umspurung auf Kapspur wurde auf der Strecke von Ebony nach Karibib zunächst nicht fortgeführt, was ein unbequemes, zweimaliges Umsteigen und Umladen in Trekkopje bzw. Karibib zur Folge hatte. Die durchgehende Kapspur nach Karibib wurde erst Jahre nach dem Waffenstillstand fertiggestellt. Von Usakos, dem neuen Endpunkt der Otavi-Eisenbahn, ließ man das neue Kapspurgleis dreischienig bis zur Station Kranzberg laufen. Hier gabelten sich die Strecken. Das 600-mm-Gleis nahm seinen Kurs nach Nordosten und das Kapspurgleis nach Ost, direkt nach Karibib. Dieser Zustand sollte bis 1960 dauern, als die südafrikanische Eisenbahnverwaltung, SAR, auf die alten deutschen Umspurungspläne zurückgriff, die bereits 1920 zur Ausführung vorgesehen waren. Der Rest der »Alten Staatsbahn« Jakkalswater–Karibib wurde 1916 stillgelegt und abgerissen. Das gleiche Schicksal ereilte 1925 die Anschlussstrecke Onguati–Karibib.

Nach dem Friedensvertrag von Versailles, bei dem Südwestafrika der Union von Südafrika als C-Mandat übergeben worden war, wurden die südwester Eisenbahnen von der SAR entschädigungslos übernommen und zunächst nach Abschnitt 5 (b) des Finanzgesetzes 42 (1916) der Union von Südafrika betrieben.

Ein neues Gesetz, das Gesetz Nr. 20 von 1922 (Abschnitt 1,1), schuf die Grundlagen, dass alle südwestafrikanischen Eisenbahnanlagen, wie sie am 10. Januar 1920 bestanden, in den Besitz der südafrikanischen Eisenbahnen übergingen und als integraler Bestandteil der SAR betrieben werden sollten. Dies hatte sogleich einen Protest des Völkerbundes zur Folge, der als oberste Kontrollinstanz über das Wohl und Wehe von Südwestafrika wachte und Rechenschaft über seine Handlungsweise gegenüber dem Mandat Südwestafrika vom Mandatar Südafrika verlangte.

In den ersten Jahren der Mandatsregierung in Südwestafrika kam es zu keiner Einigung über die Frage, wem die südwestafrikanischen Eisenbahnen nun eigentlich gehörten. Erst ein Machtwort des Völkerbundes hat in der Frage der Eigentumsverhältnisse Klarheit gebracht. Es wurde damals eindeutig festgestellt, dass das südwestafrikanische Eisenbahnsystem laut Aussage des Völkerbundes und mit Zustimmung der südafrikanischen Unionsregierung rechtlich dem Land Südwestafrika gehört.

Diese Ansicht wird unzweideutig in einem Brief vom 6. März 1925 des damaligen Administrators von Südwestafrika, Gysbert Reitz Hofmeyr, an den Ministerpräsidenten der Union von Südafrika, General Hertzog, geäußert:
»... Meine *(G. R. Hofmeyrs)* Ansicht wird unterstützt durch ... die Ansicht der Britischen Regierung ...: In Hinblick auf Absatz A. V. der Resolution stimmt die Regierung Seiner Majestät mit der Ansicht überein, die in der von der Mandats-Kornmission geäußerten Resolution zum Ausdruck kommt, dass die Mandatsmacht *(Südafrika)* nach Abschnitt 120 und 257 von Paragraph 2 des Friedensvertrages von Versailles keinerlei Recht über irgendeinen Teil des Gebietes *(Südwestafrika)* besitzt, außer dem, der in der Verwaltung des Landes begründet, ihr anvertraut wurde.«

Der Administrator von Südwestafrika, A. J. Werth, Nachfolger Hofmeyrs, gab 1928 vor der Mandatskommission des Völkerbundes in Genf eine Erklärung ab, dass:
»... wenn zu irgendeinem Zeitpunkt die Verknüpfung der südafrikanischen und der südwestafrikanischen Eisenbahnen beendet oder das Mandat aufgehoben werden sollte, das Besitz- oder Eigentumsrecht über die Eisenbahnen *(Südwestafrikas)* sofort aufgegeben werden würde.«

Auf Grund dieser eindeutigen Rechtslage wurde das umstrittene Gesetz 20 von 1922 mit einem Zusatzgesetz Nr. 9 von 1930 versehen, das obige Eigentumsverhältnisse zugunsten des Mandatsgebietes Südwestafrika berücksichtigt.

Diese Verlautbarungen hatten kurz vor der Unabhängigkeit Namibias eine brisante Bedeutung. Waren sie dem südafrikanischen Mandatar nicht mehr bekannt, oder erkannte er sie nicht mehr an? Die südafrikanischen Transportdienste zogen 1984 nicht nur die Stilllegung, sondern sogar den Abbruch von namibischen Bahnlinien in Erwägung. Nach der Meinung vieler Bürger Namibias und praktisch aller politischer Parteien wäre das unter Berücksichtigung der oben beschriebenen Rechtslage ein rechtswidriger Akt des Mandatars gegenüber dem Land und der Nation, die er verwaltete. In Mitleidenschaft gezogen werden sollten nach diesen Plänen nicht nur die in deutscher Zeit gebaute Lüderitzbucht-Eisenbahn von Seeheim bzw. Aus nach Lüderitzbucht, sondern auch zwei Bahnlinien, die erst nach dem Ersten Weltkrieg, wenn auch zum allergrößten Teil mit südwestafrikanischen Mitteln, gebaut bzw. fertiggestellt wurden.

Als eine der Folgen des Ersten Weltkrieges begann die Union von Südafrika die sog. Angola-Buren, Nachfolger der Dorslandtrekker, die in den 70er Jahren des vorvorigen Jahrhunderts aus dem Transvaal nach Angola gewandert waren und denen die Zustände in der portugiesischen Kolonie nicht mehr passten, in Südwestafrika anzusiedeln. Um diesen Angola-Buren eine wirtschaftliche Grundlage zu geben, waren die Fertigstellung der Ambobahnlinie bis Outjo und der Neubau einer Ostbahn von Windhoek nach Gobabis erforderlich. Die Gobabislinie ist bereits in deutscher Zeit vorgesehen gewesen, allerdings von Okahandja über Omitara nach Gobabis, um das schwierige Bergland östlich von Windhoek zu umgehen. Die neue, in Planung befindliche Trans-Kalahari-Eisenbahn (1.420 km) von Kgaswe in Botswana zum Delphinstrand am Atlantik (zwischen Swakopmund und Walfischbucht) beabsichtigt mit einer Direktverbindung Omitara–Okahandja wieder dieser alten deutschen Linie zu folgen.

Proklamation 47 der südafrikanischen Eisenbahnverwaltung genehmigte die Fertigstellung der Bahn nach Outjo, die bereits 1915 bis km 26 betriebsbereit war (Gesamtlänge 77 km). Die Administration von Südwestafrika kam für die Kosten auf. Die Fertigstellung erfolgte im Dezember 1921.

Proklamation Nr. 30 von 1921 der Administration von Südwestafrika genehmigte den Bau der Gobabiseisenbahn. Im September 1926 wurde Ondekaremba erreicht, wo sich heute der internationale Flughafen von Windhoek, der Hosea-Kutako-Flughafen, befindet. Die Kosten für den Bahnbau wurden auch in diesem Fall teilweise von der SWA Administration und teilweise von der SAR getragen. Im letzteren Fall mußte sich die Administration von Südwestafrika, ohne am Entscheidungsprozess beteiligt gewesen zu sein, verpflichten, alle Defizite auf der Strecke von Kapps Farm bis nach Gobabis zu tragen. Die Überschüsse der Otavi-Eisenbahn mußten immer wieder herangezogen werden, um die Defizite anderer, mit Verlust fahrender, Strecken zu decken.

Bereits einige Zeit nach ihrer Fertigstellung wurde die Gobabisbahn als »weißer Elefant«, als eine nutzlose Bahnlinie, die »ins Nichts führt«, bezeichnet. H.B.K. Hirsekorn, Leiter des Deutschen Bundes, der in den 30er Jahren die Opposition im südwestafrikanischen Landesrat anführte, nahm bereits damals gegen die Ostbahn Stellung, da diese ein persönlicher Traum des Administrators Hofmeyr gewesen sei, der Südwestafrika mit dem damaligen Rhodesien verbinden wollte. Dieser persönliche Traum, der bis heute nicht verwirklicht werden konnte, legte Südwestafrika hohe finanzielle Verpflichtungen auf, ohne dass das Land beim Entscheidungsprozess über den Bahnbau beteiligt gewesen wäre. Bereits 1935 forderte Hirsekorn, dass die widersprüchlichen finanziellen Lasten nicht die Verantwortlichkeit Südwestafrikas seien und von Südafrika zurückgezahlt werden müßten. Er schlug vor, dass die umstrittene Angelegenheit vom Völkerbund oder vom Internationalen Gerichtshof in Den Haag entschieden werden sollte.

Die Streckenführung der Gobabisbahn geht von Gammams bei Windhoek über Kapps Farm, Ondekaremba, Seeis, Omitara, Witvley nach Gobabis, das Ende 1930 erreicht wurde. Der Scheitelpunkt der Bahn befindet sich bei der Station Hoffnung auf 1918 m.

Diese beiden Linien sollten bis auf den hauptsächlich militärisch motivierten Bau 1914/15 der Bahnstrecken von Walvisbucht nach Swakopmund (1978/80 hinter die Dünen verlegt) und von Nakop nach Karasburg die einzigen südafrikanischen Beiträge zum namibischen Eisenbahnnetz bleiben.

Die weitere Entwicklung, Konsolidierung und der Rückgang des namibischen Eisenbahnsystems von 1930 bis zur Unabhängigkeit 1990 und danach

Die 2160 km Hauptbahnbauten, die die Verbindungs-, Stadt- und Privatbahnen unberücksichtigt lassen, wurden in 17 Jahren »deutscher Zeit« in Namibia (1897–1915) fertiggestellt. In den nächsten 70 Jahren wurden weitere 418 km durch die südafrikanischen Transportdienste hinzugefügt. Dazu kamen unterhaltsbedingte Reparaturarbeiten und die teilweise Auswechslung des Oberbaumaterials. Die gegen Ende der 50er Jahre auf Kapspur verbreiterte Kranzberg–Tsumeb/Grootfontein/Outjo-Bahnlinie wurde am 24. November 1960 eröffnet, nachdem die OMEG 1947 als deutsches Feindeigentum enteignet worden war. Damit verschwanden die letzten Feldspureisenbahnen aus dem namibischen Verkehrsleben.

Seit 1977 wurden abschnittsweise Verbesserungs- und Verstärkungsarbeiten am Unter- und Oberbau für insgesamt 45,8 Mio. Rand auf den Strecken von Nakop nach Swakopmund sowie Tsumeb in Angriff genommen. Zum ersten Mal können auf den modernen, neu überholten Gleisen mit 48 kg/m-Schienen höhere Geschwindigkeiten (bis 100 km/h) und Achslasten (185 kN) zugelassen werden. Ein gleiches Hochleistungsgleis wurde auf der neuen Bahnlinie Swakopmund–Walvis Bay gelegt, die von Januar 1978 bis Mai 1980 östlich des Dünengürtels für eine Gesamtsumme von 8,5 Mio. Rand gebaut wurde.

Das rollende Material, wie Lokomotiven und Wagen, wurde nach dem Ersten Weltkrieg systematisch mit dem der südafrikanischen Eisenbahnen ausgewechselt. Besonders die Reisezugwagen der SAR waren an Bequemlichkeit und Ausstattung denen der deutschen Zeit überlegen. Bis auf 38 Wagen, die nur noch als Dienstwagen gebraucht wurden, sind bis 1926 alle Kapspur-Personenwagen durch südafrikanische ersetzt worden. Das rollende Material auf der Feldspur der ehemaligen Otavi-Eisenbahn wurde größtenteils nicht ausgewechselt und verschwand erst mit der Verbreiterung auf die Kapspur 1960. Ab 1959 wurden auch alle Dampflokomotiven durch dieselelektrische Lokomotiven ersetzt. Die Betriebswerkstatt für die Diesel-Lokomotiven befindet sich in Windhoek, eine der modernsten Lokomotiven-Überholungsanlagen auf dem afrikanischen Kontinent.

Die Verbesserungen, die in knapp 70 Jahren von den südafrikanischen Verkehrsdiensten durchgeführt wurden, brachten keine wesentlich höheren Zugdichten, besseren Dienstleistungen oder höheren Reisegeschwindigkeiten als in der deutschen Zeit. Eine Zugsicherung durch Signale gibt es seit der Übernahme des Eisenbahnsystems durch die RSA auch nicht mehr. Man muß heute feststellen, dass der Anschluss an das südafrikanische Verkehrsnetz und die Währungs- und Zolleinheit mit der Republik Südafrika Namibia in eine verkehrsmäßig ungünstige Position gebracht haben. So schreibt H. Blumhagen in »Südwestafrika – einst und jetzt« in den frühen 30er Jahren:

» Es ist doch wirklich ein unhaltbarer Zustand, wenn aus der Union auf 2.000 km Entfernung unter Vorzugstarif der Eisenbahn (...) Waren, wie Zucker, Mais, Zement usw., nach Südwestafrika verfrachtet werden, die zu einem Bruchteil des Preises aus anderen Ländern über die Häfen Südwestafrikas importiert werden könnten, aber durch die hohen Einfuhrzölle und der für sie geltenden hohen Bahntarife, nur der Wirtschaft der Union zuliebe, in Südwestafrika konkurrenzunfähig gemacht werden ... Auch der Verlust, den die Eisenbahn durch die niedrigen Bahntarife der südafrikanischen Dumpinggüter erleidet, wird der Bevölkerung Südwestafrikas aufgebürdet. So handelt die Union von Südafrika als Treuhänder und Vormund für Südwestafrika (...). Die Union von Südafrika steht auf dem Standpunkt, dass sie das fiskalische Vermögen als Mandatar schuldenfrei übernommen habe. Wenn die Mandatsverwaltung trotz dieser Schuldenfreiheit und sofortiger glänzender Ausstattung mit deutschem Eigentum heute vor dem finanziellen Zusammenbruch steht, so gibt es zwei Möglichkeiten. Entweder war die Verwaltung schlecht, oder das Land war wirtschaftlich so schlecht fundiert, dass es trotz guter Verwaltung der Verelendung anheimfallen mußte.«

Die Frage nach der Rentabilität der Bahnen zieht sich wie ein roter Faden durch die namibische Eisenbahngeschichte seit dem Ersten Weltkrieg. Die südafrikanische Eisenbahnverwaltung hat zwar nie die Gelegenheit ausgelassen zu betonen, welche großen Vorteile Namibia aus dem Anschluss an das südafrikanische Eisenbahnsystem gezogen hat. Wenn aber die Frage nach dem Wert der namibischen Bahnen gestellt oder auf eine Verzinsung der Kapitalausgaben hingewiesen wurde, die Südafrika kaum etwas gekostet haben, dann waren nur ausweichende oder gar keine Antworten zu bekommen. Oder man hörte plötzlich von himmelhohen Defiziten, von denen man vorher in dieser Größenordnung noch nie etwas gehört hat. Grundsätzlich hat sich seit den zwanziger Jahren bis zur Unabhängigkeit der Republik Namibia im Jahre 1990 in dieser Hinsicht wenig geändert. Nur die nicht zu kontrollierenden Defizite sind gewachsen. Ein Artikel der Windhoeker Allgemeinen Zeitung vom 24. Januar 1931 beleuchtet obige Aussage:

»... In den letzten Jahren haben einige neugierige Landesratmitglieder versucht, die Administration *(Südafrikas)* einmal darüber auszufragen, ob überhaupt über die Südwester Bahnen Buch geführt werde (...). Die Antworten auf solche Fragen sind stets ausweichend gewesen; im letzten Jahr ist von seiten des jetzigen *(von Südafrika eingesetzten)* Administrators sogar davor gewarnt worden, sich zu viel mit dieser Frage zu befassen, denn das könnte sonst vielleicht die Bahnverwaltung der Union ärgern (...).

In einem Bericht der Kommission für öffentliches Rechnungswesen im Südwester Landesrat hatte der Sprecher der Kommission, Lardner-Burke, am 15. Mai 1930 ausgeführt, dass es angesichts der erfolgten Feststellung, dass die Bahnen dem Lande selbst gehören, nun auch notwendig sei, dem Hause einmal eine Bilanz vorzulegen, aus der klar zu ersehen sei, welche Aktiva und Passiva vorhanden seien (...).

Administrator Werth hatte damals in seiner Antwort zugegeben, dass er es wohl verstehen könne, wenn das Haus wissen wolle, wie es mit den Bahnen und Häfen stehe – nachdem es nun einmal festgestellt sei, dass sie der Besitz Südwestafrikas seien! Er meine aber, es sei nicht weise, nach besonderen Einzelheiten zu fragen, denn er sei überzeugt, dass das Land recht unangenehm erstaunt sein werde, wenn es erst klar sehen könne (...). Südwest darf also keine Abrechnung über sein Eigentum erhalten, ja, es wird ihm geraten, lieber nicht zu fragen (...). Und die einzige Hoffnung, die schließlich bleibt, ist die, dass die Administration durch wiederholte Hinweise auf derartige Fälle doch einmal zu der Einsicht kommt, dass das Land befugt ist, einen Einblick in das zu bekommen, was die Bevölkerung Südwests dringender berührt als irgend jemanden – vielleicht mit Ausnahme des Völkerbundes, der aber allem Anschein nach auch nicht besser informiert wird als wir hier.«

Solche Fragen waren bei den südafrikanischen Machthabern kurz vor der Unabhängigkeit auch 1984 nicht beliebt. Die Antworten waren immer ausweichend. Damals gab es nicht einmal mehr einen Völkerbund, dem gegenüber die Republik Südafrika, wenn auch mit allerhand Ausflüchten und Verschleierungsmanövern, rechenschaftspflichtig ge-

Die heute von TransNamib eingesetzte Diesellok

wesen wäre. Was blieb, war die schockierende Aussage, dass das namibische Bahnsystem 90 oder sogar 95 Mio. Rand Defizit gehabt haben soll. Deshalb, so wurde gesagt, müssen die Bahnlinien Seeheim-Nord–Lüderitzbucht, Otjiwarongo–Outjo und Windhoek–Gobabis stillgelegt und eventuell sogar abgerissen werden. Aus dem Gleisgewirr von Behauptungen und Gegenbehauptungen fand damals auch der Fachmann nicht mehr heraus. Das Eisenbahnpuzzle passte einfach nicht zusammen. Das Schienenlabyrinth von Widersprüchen wurde erst durch die Unabhängigkeit am 21. März 1990 entwirrt.

Es scheint so, dass die südafrikanische Strategie vor der Unabhängigkeit Namibias nur ein weiterer Schritt war, um das Vertrauen in die Zukunft des Landes zu untergraben. Warum sollte gerade die Bahnlinie, die damals, vor der Wiedereingliederung von Walvis Bay in die Republik Namibia am 1. März 1994, zu Namibias einzigem natürlichen Hafen Lüderitzbucht führte, abgebrochen werden? Sollte damals Namibia aller Alternativen beraubt und für immer von Südafrika abhängig gemacht werden?

Warum ist der Privatsektor in der Lage, Güter über die Straße zu einem Bruchteil der Tarifkosten des Eisenbahn-Straßentransportdienstes zu befördern, dabei noch Steuern zu zahlen und Profite zu machen?

Sollten die namibischen Eisenbahnen vielleicht besser weltweit ausgeschrieben werden? Oder sollte man die »Indian Railways« um Rat fragen, wie es ein armes Land wie Indien fertigbringt, mit seinen Eisenbahnen jährlich 13% Gewinn herauszufahren, obwohl es die billigsten Bahntarife der Welt hat?

Auf jeden Fall kann man den Schienentransport nicht einfach auf die Straße verlagern, weil die den Bahnlinien parallel laufenden Straßen nicht für solche Verkehrslasten konzipiert wurden. Für beide Verkehrssysteme ist Platz und besteht ein dringender Bedarf in unserem Lande.

Viele dieser Fragen und Probleme konnten erst nach der Unabhängigkeit angepackt werden. Für die Riesendefizite der namibischen Eisenbahnen vor der Unabhängigkeit gab es sicher viele Gründe, die jedoch die südafrikanische Eisenbahnverwaltung zu vertreten hatte. Sicherlich waren die Transportdienste des südafrikanischen Mandatars nicht effizient genug. Fragen, die damals gestellt wurden, waren, warum es zwischen der Landesmitte und dem Owamboland immer noch keine direkte, moderne Eisenbahnverbindung gibt, die mit billiger, elektrischer Energie des Ruacanakraftwerkes betrieben werden könnte? Sollte es statt einer kaum benötigten Stadtautobahn, die als Pufferzone zwischen dem »schwarzen« und dem »weißen« Windhoek konzipiert war, nicht besser ein Windhoeker Stadtbahnsystem geben? Die Trans-Kalahari-Eisenbahnlinie oder ein Windhoeker Stadtbahnsystem gibt es, trotz der diesbezüglichen Bemühungen des Autors als stellv. namibischer Verkehrsminister, immer noch nicht. Eine Eisenbahnlinie von Tsumeb in das Ovamboland mit einem späteren Anschluss an das angolanische Eisenbahnnetz ist im Bau (nach Ondangwa, Oshakati und Oshikango an der Grenze mit Angola: für etwa 713 Mio. Namibia Dollar, voraussichtliche Fertigstellung: frühestens 2005).

Eine der größten Leistungen nach der Unabhängigkeit war jedoch die konsequent durchgeführte Straßensektorreform durch das Ministerium für Öffentliche Arbeiten, Verkehr und Kommunikation der Republik Namibia, entworfen und initiiert durch den Autor. Sie bietet nicht nur die Gewähr, dass Namibias Straßensystem, einer der wichtigsten Schätze des Landes und wahrscheinlich das beste auf dem afrikanischen Kontinent, bewahrt bleibt, sondern dass Namibias Eisenbahnen zum ersten Mal mit dem Verkehr auf der Straße konkurrieren können. Die Reform basiert auf dem Grundsatz, dass der Straßenbenützer für den ingenieursmäßig berechneten Verschleiß von Straßeninfrastruktur, je nach Fahrzeugklasse und Masse, die vollen Kosten zu tragen hat, genauso, wie es bei der Eisenbahn der Fall ist. Dies geschieht durch die Erhebung von Fahrzeugsteuern, die für den weiteren, volkswirtschaftlich gerechtfertigten Ausbau gebraucht werden. Der Straßenerhalt wird durch Kraftstoffsteuern und, für Schwerkraftfahrzeuge, eine Massen-Entfernungssteuer finanziert. Alle diese Einnahmen fließen in einen vom Staatshaushalt abgekoppelten Straßenbaufond, der von einer privatisierten Straßenfinanzierungsbehörde kontrolliert wird. Die Planung, die Überwachung und die Ausführung von Straßenbau und -unterhaltungsmaßnamen obliegt der privatisierten Straßenbaubehörde (*Road Authority*) und dem Straßenbau-Unternehmer (*Road Contractor Company*). Dieses System dürfte einmalig in der Welt sein und schafft die Gewähr, dass die namibische Eisenbahn nicht mehr indirekt den Straßenverkehr subventioniert.

Im Interesse der über hundert Jahre alten namibischen Eisenbahnen wurden nach der Unabhängigkeit Namibias viele der offenen Fragen angesprochen und teilweise angepackt. Im nunmehr alleinigen Interesse Namibias wurden die notwendigen Prioritäten gesetzt, die den Verkehr zwischen Schiene und Straße aufteilen und den infrastrukturellen Schatz, den das Land in seinen Eisenbahnen und Straßen hat, bewahren und vermehren.

Die Missionare

Europa kommt nach Afrika

Joseph Baumann (1984)

Die Landesgeschichte von Südwestafrika ist eine überaus bewegte. Im 19. Jahrhundert herrschte dort eine Atmosphäre der zügellosen Freiheit, der Gewaltherrschaft und der Furcht. Fünfzehn Namastämme bewohnten das Gebiet zwischen dem Oranjefluß und der Walfischbucht. Sieben Hererostämme und ein Mbanderu-Stamm hatten das nördliche Hereroland inne. Inmitten dieser Völkerschaften fristeten die Bergdamastämme ein kümmerliches Dasein. Hinzu kamen die Hai-‖om- und Kalahari-Buschmänner, die im Nordosten und Osten von Südwestafrika ihre Jagdfelder hatten.

Insgesamt waren es ohne die Owambostämme im äußeren Norden etwa 140.000 Menschen, die fern jeglicher Zivilisation ihr freies Eigenleben führten. Eben diesen Menschen sollte die christliche Botschaft gebracht werden. Dies geschah auch; aber von den vielen Jahren des Missionsdienstes der Rheinischen Mission an den Völkerschaften Südwestafrikas müssen über 50 Jahre als Kriegszeit bezeichnet werden. Wo aber ein Gebiet durch Unfrieden gekennzeichnet ist, wird die Missionsarbeit erheblich beeinträchtigt. Dennoch trug das Vorhandensein der Missionare wesentlich zur Sicherheit im Lande bei, wie der einflußreiche Herero-Häuptling Maharero sich äußerte, obwohl er der christlichen Gemeinde nie beitrat. Den eigentlichen Sinn aller Missionsarbeit, die Sammlung von Gemeinden bis zur Bildung der eigenständigen Kirche, haben die Missionare aber wohl beachtet, und es ist von großer Wichtigkeit, die geschichtlichen Zusammenhänge zu bedenken, die uns zur Bewältigung der Gegenwartsfragen entscheidend hilfreich sein können.

Die Bedeutung der Sprache

Der erste Faktor, der uns in der Missionsarbeit entgegentritt, ist dieser: Zur Verständigung und Gewinnung der Menschen gehören Erforschung und Fixierung der Sprache. Als die englischen und deutschen Missionare vor 160 Jahren und später nach Südwestafrika kamen, waren die Landessprachen weder erforscht noch fixiert. Wie will der Missionar die Menschen belehren, wenn er ihre Sprache nicht versteht? Die Kenntnis der Sprache ist die Brücke zum anderen Menschen. Der Dolmetscher ist nur notvoller Ersatz. Die Übersetzung birgt Mißverständnisse in sich und läuft Gefahr, die Menschen nicht anzusprechen.

Hier war für die Missionare ein unbearbeitetes und notvolles Gebiet. Die Bewältigung der Nama-Sprache (mit ihren berüchtigten Schnalzlauten, die Herodot schon mit dem Zirpen der Fledermäuse vergleicht) und auch der Herero-Sprache ist eine qualvolle Geduldsprobe gewesen. Pater Kolbe, der sich um die Erforschung des Nama verdient gemacht hat, berichtet von seinem braunen Sprachlehrer, daß er ihn verlassen habe und fügt hinzu: »Auch mich verdroß es wegen meiner krummen Zunge, und ich ließ ihn laufen, nachdem ich ihm seine Mühe bezahlt hatte.«

Hugo Hahn schreibt 1846 ähnlich nach Deutschland: »Die Sprache ist mir ein unüberwindlicher Fels und nun schon 1 ½ Jahre im Lande, bin ich noch nicht imstande, die einfachste biblische Wahrheit den armen Heiden zu sagen. Warum mußte unsere erste Dolmetscherin eine Hure sein? Warum mußten wir das lieblich begonnene Werk wieder aufgeben? Sähen Sie den Franz, unsern Sprachlehrer, hörten Sie seine unbeschreibliche, ganz unvorstellbare Dummheit, seine falsche Aussprache, dann würden Sie selbst sagen: nein, von solch einem können sie die Sprache nicht lernen. Fürchtete ich nicht die Hand des Herrn, ich liefe weg und überließe es andern Brüdern, die mehr Gaben und Energie besitzen, diese Sprache zu lernen.« Johannes Georg Kroenlein schrieb im Januar 1852 an die Missionsleitung in Barmen:
»Ob ich die Sprache je lernen werde? Ich weiß es nicht. Ich gebe mir Mühe, beginne auch schon ziemlich zu verstehen, wenn die Leute untereinander sprechen. Die vier Schnalzlaute habe ich gelernt, kann sie aber noch nicht schnell mit dem betr. Wort verbinden. Die Nama sprechen ihre Sprache ungemein schnell, schneller als die Franzosen.«

Die Leistungen der Missionare

Fleiß und Beharrlichkeit der Missionare führten weiter. Am 24. Januar 1847 hielt Hugo Hahn seine erste Predigt in der Herero-Sprache und schreibt darüber: »Ich weiß nicht, ob es in einem Anfall von Heldenmut, Verzweiflung oder Glauben oder ob es eine Mixtur von allen dreien war.« Die Missionare aber erarbeiteten die Sprachen zugleich für die ihnen anbefohlenen Volksstämme, und darin liegt die große Bedeutung, die hier zu nennen ist. Heinrich Schmelen in Bethanien hatte bereits 1825 die vier Evangelien in die Nama-Sprache übersetzt. Hans Knudsen, der Norweger, gab 1846 das Lukas-Evangelium in Nama mit neuen Schriftzeichen heraus. Zugleich ließ er ein Lesebuch nebst Lesetafeln in Nama in Kapstadt drucken. Er verfaßte eine große Materialsammlung zur Grammatik in der Nama-Sprache. Gleichzeitig erarbeiteten die Missionare Kleinschmidt und Vollmer in Rehoboth ein Holländisch-Nama-Wörterbuch. Johannes Olpp sen., der zwei Jahrzehnte in Gibeon unter den Naman wirkte, gab ein Deutsch-Nama-Wörterbuch heraus. Dies war ein Vorbote des bedeutenden Nama-Wörterbuches von Georg Kroenleins »Wortschatz der Khoi-Khoi«. Dies heute vergriffene Wörterbuch ist mehr als ein bloßes Lexikon. Die den Vokabeln beigefügten Beispielsätze sind fast alle wörtlich aus dem Munde der Nama aufgenommen. Hier klingt ein unverfälschtes, altes Nama; ungeschminkt wird es wiedergegeben, so wie die Gefühle der Naman darin schwingen. Eine Fundgrube ist besonders die Vokabel Tsui-||goab, der Gottesname der Naman. Aber nur ein armseliger Gottesglaube ist in diesem Namen eingeschlossen. Es ist gerechtfertigt, daß die Missionare diesen Namen, der zu sehr mit Haß und Willkür belastet ist, nicht in die Bibel für Gott aufgenommen haben. Dafür ist der aus dem Hebräischen genommene Name Elob getreten, eine Nama-Bildung aus dem hebräischen Elohim.

Keiner der Nama-Missionare hat so Umfangreiches und Grundlegendes für das Namaqua wie Kroenlein geleistet. Durch ihn ist eine allgemeingültige Schreibung der Nama-Sprache geschaffen. Die Übersetzung des Neuen Testamentes erschien 1866 im Druck. Es folgten darauf Übersetzungen der Calwer Biblischen Geschichten, Luthers Kleinen Katechismus', eines Gesangbuches und einer Gottesdienst-Agende. Das Manuskript der Kroenleinschen Übersetzung des Alten Testamentes hat lange bei der britischen und ausländischen Bibelgesellschaft gelegen. Vor etwa 20 Jahren hat die Rheinische Missionsgesellschaft dieses Manuskript zurückerhalten. Durch Missionar Pönninghaus ist es für den Druck vorbereitet worden und wird nunmehr herausgegeben, so daß wir jetzt die ganze Bibel in der Nama-Sprache besitzen.

Evangelische Mission in Grootfontein

Heinrich Vedder legte 1909 eine Grammatik der Nama-Sprache vor. Im folgenden Jahr, 1910, schrieb Vedder eine Grammatik der !Khu-Buschmänner, die Professor Meinhof in der »Zeitschrift für Kolonialsprachen« veröffentlichte.

Hugo Hahns sprachliche Bemühungen führten zur ersten Grammatik des Herero, die 1857 erschien. Es folgten 1861 Übersetzungen biblischer Geschichten, Luthers Kleiner Katechismus und ein Gesangbuch mit 32 Liedern; 1862 erschien das Herero-Lesebuch.

Das Neue Testament in Herero erschien 1879, bearbeitet von den Missionaren Büttner, Brinckner und Viehe. Heinrich Brinckner hat sein bedeutendes Herero-Wörterbuch geschrieben, das bis heute das Standardwerk geblieben ist. Dies Buch enthält auch eine kurze Grammatik in Ndonga. Das Material dazu hat Brinckner mit Hilfe von zwei jungen Owambos gesammelt, die das Augustineum besuchten. Brinckner übersetzte die Psalmen und »Bunyan's Pilgerreise« ins Herero.

Hermann Toenjes schrieb das Kwanyama-Wörterbuch, das 1910 erschien. Pioniermissionar im Owambolande war der Finne Martin Rautanen, der von 1870–1926 im Owambolande wirkte. Er übersetzte das Neue Testament in die Ndonga-Sprache und hatte hervorragenden Anteil an der christlichen Sitte und Ordnung in dem einst kulturlosen Lande. Im Okavango-Gebiet ist der Grundriß der Kwangari-Sprache des katholischen Paters Noll zu erwähnen; außerdem sind religiöse Texte und Schulliteratur vorhanden. Professor Ernst Dammanns Kwangali-Grammatik erschien 1957 und wird durch Texte mit Übersetzungen und ein Glossar ergänzt.

Neben diesen sprachwissenschaftlichen Arbeiten schufen die Missionare Lesestoff für Schulen und Gemeinden. Es ermangelte den Eingeborenen in Südwest die bescheidenste Literatur. Von 1908 an erschienen die Monatsblätter »∥Gao-sari-aab« in Nama und »Omahungi« in Herero. Lesebücher für Schulen und kleine Broschüren kamen heraus. Davon seien hier genannt: »Christliches Familienleben«; »Über Kindererziehung«; »Christliche Lebensbilder aus dem Hererovolk«; »Die Gefahr des Zuckerbiertrinkens«; »Vom Segen der Arbeit«; »Über das Gebet«. Durch Schaffung dieser Literatur für die nichtweißen Völker Südwestafrikas wurde der geistigen Sphäre Rechnung getragen und dem Analphabetentum entgegengesteuert. Das bedeutete für die Stämme dieses Landes eine Hilfe von unschätzbarem Wert.

Die Erhaltung des Volkstums

Hand in Hand mit diesen Forschungen und Arbeiten ging es der Mission um Erhaltung des Volkstums der einzelnen Stämme. Die Missionare erkannten, daß die Völkerschaften Südwestafrikas ein Anrecht auf Erhaltung ihres eigenen geistigen Gutes haben, auch wenn sie selber diesen Wert nicht schätzen. Ein Beispiel sei hier für manche andere genannt: Hans Knudsen, der sich im Süden unseres Landes sehr um Sprache und Volksgut der Naman verdient gemacht hatte, der die Naman in ihrer eigenen Sprache zu verstehen und zu lehren suchte, mußte die Erfahrung machen, daß der Häuptling und die Ratsleute von Bethanien den Unterricht der Schulkinder in der Nama-Sprache abwiesen. In einer Elternversammlung, die über die Sprachenfrage entscheiden sollte, stand der Häuptling David Christian auf und rief: »Nur Holländisch, nichts als Holländisch! Ich verachte mich selbst, und ich möchte mich in den Büschen verkriechen, wenn ich meine Hottentotten-Sprache spreche.«

Nichtsdestoweniger sammelten die Missionare das geistige Volksgut der Völkerschaften Südwestafrikas und taten den Nichtweißen damit einen großen Dienst. Johannes Olpp sen. sammelte in Gibeon Märchen, Fabeln und Lieder der Naman. Carl Wandres in Lüderitzbucht erläuterte etymologisch die Tiernamen in der Nama-Sprache. Carl Gotthilf Büttner in Otjimbingwe schrieb die Märchen der Hereros auf. Jakob Irle sen. auf Otjosazu gab Herero-Sprichwörter und Herero-Texte heraus. August Kuhlmann in Omaruru schrieb die Wort- und Sachinterpretation zu den Gleichnissen der Bibel. Im Owambolande war es vor allem A. Pettinen, der von 1885 an in Ondangua wirkte, der Märchen und Sagen, Sprichwörter und Lieder in der Ndonga-Sprache festhielt, die ein wertvoller Beitrag zur Volkskunde sind.

Heinrich Vedder hatte 1910 in Gaub Gelegenheit, die geistigen Güter der !Khu-Buschmänner kennenzulernen. Er sammelte ihre Sagen, Fabeln und Märchen. In besonderer Weise bemühte sich Heinrich Vedder um die Bergdama-Literatur. Von dem alten Sprachgut wollte er retten und erhalten, was sich irgendwie noch aufspüren ließ. Er legte die Texte im Original vor. In den Klageliedern um die Toten eröffnete sich nach Vedder der tiefste Einblick in das Denken und Geistesleben der alten Bergdaman. Außer dem Liedgut achtete Vedder auf die Spruchweisheit der Bergdaman, der Buschleute und Hereros, er nennt sie die Ethik der Völkerschaften. Diese Sammlungen der Volksgüter sind für die einzelnen Stämme von Bedeutung, sie kommen aber auch der Missionsarbeit zugute. Vedder sagt mit Recht: »Wie will der Missionar in der Schule und Kirche, bei Werft- und Krankenbesuch mit geschickter Hand hier beseitigen, dort aufbauen und das Geistesleben in neue Bahnen lenken, wenn er mit dem Denken und Fühlen seiner Leute nicht vertraut ist? Wie will er ihr Vertrauen gewinnen, wenn er unablässig von ihnen fordert, auf seine Gedanken einzugehen, sie aber deutlich merken, daß ihm ihre Gedanken unbekannt und wertlos sind? Man muß nur einmal selbst gesehen haben, wie die Augen aufleuchten und wie

Heinrich Vedder, um 1955

das Interesse erwacht, wenn als Beweis für seine Darlegung eines ihrer Sprichwörter zitiert wird oder einem der zahlreichen Märchen eine sie überraschende Lehre und Ermahnung entnommen wird. Wer zu lehren hat, wird nie ungestraft die feststehenden Gesetze der Assoziation übertreten oder außer acht lassen. Wo es gilt, durch Beeinflussung Volks- und Geistesleben eines Stammes in neue Bahnen zu lenken, ist die Kenntnis der alten Bahnen unerläßlich.«

Die Missionare und die Erziehung

Der zweite Faktor, den es zu bedenken gilt, ist der: Geordnetes Gemeindeleben wird durch Erziehung und bürgerliche Ordnung ermöglicht. Die Beeinflussung der Völkerschaften Südwestafrikas durch christliche Missionen sollte zur Gemeindebildung führen. Das ist das eigentliche und tiefe Anliegen aller Missionsarbeit. Als Hugo Hahn im Jahre 1866 die Lehrerausbildungsstätte in Otjimbingwe gründete, war das der erste Schritt zur Selbständigwerdung der kleinen Herero-Gemeinden. Wie aber sollten nun Beeinflussung und Erziehung in rechter Weise geschehen? Die Missionare hatten den lebendigen schwarzen und braunen Menschen vor sich, der nach allen Seiten hin verflochten war in seinen Sitten und Gebräuchen, seinen Rechtsanschauungen und seinem Volkstum. Bei Sammlung und Aufbau der Gemeinden galt es für die Mission, ganz im Zentrum der Heiligen Schrift und zugleich in unmittelbarer Nähe der Denkrichtungen der ihnen anvertrauten Völkerschaften zu bleiben.

Schule und Erziehung waren darum notwendig und wurden zuerst in Angriff genommen. Denn die Menschen, die sich um die Taufe bewarben, mußten Lesen lernen, um die Wahrheit der Heiligen Schrift besser zu verstehen. Missionar Carl Wandres hatte 1888 nicht allein 60 Taufbewerber in seinem Unterricht, er hatte noch einen besonderen Abendkursus, wo 20 Erwachsene Lesen und Schreiben lernten. In der Kirche im Owamboland wird bis heute von den Taufbewerbern erwartet, daß sie verständig die Bibel lesen können.

Neben den Missionsschulen, die auf jeder Station eingerichtet wurden, mußte für die Heranbildung einheimischer Lehrer Sorge getragen werden; so kam es zur Eröffnung von Lehrer-Bildungsanstalten. Das Augustineum, 1866 von Hugo Hahn gegründet, war die erste dieser Einrichtungen. Hahn hatte den weitblickenden Plan, durch Ausbildung von Häuptlingssöhnen einen Generalangriff auf das heidnische Hererovolk zu unternehmen. Die einflußreichsten Personen wollte er mit dem Evangelium bekannt machen, um dann später durch diese das ganze Volk für das Christentum zu gewinnen. Hahn wollte im Rahmen einer Missionskolonie die Seminaristen eng mit der westlichen Zivilisation in Berührung bringen. Dazu gehörte für ihn im Seminar auch der Unterricht in einer europäischen Sprache und das Eindringen der Schüler in europäische Literatur. Diese Gedanken konnte er nicht zur vollen Ausführung bringen.

Heinrich Vedder ging 45 Jahre später von anderen Voraussetzungen aus. Er nahm nicht allein Hereros und Owambos, sondern auch Naman und Bergdaman in die Gehilfenschule in Gaub auf. Die Unterrichtssprachen waren Herero und Nama; beide Sprachen mußten alle Schüler beherrschen. Die Stämme, die sonst gegeneinander gestanden hatten, wurden so in ihren Vertretern im Gehilfen-Seminar geeint. Dieses Faktum war bei aller Differenzierung ein Zeichen der Einheit der Christengemeinde. Vedder wollte auch nicht so sehr wie Hahn die Seminaristen an europäische Literatur binden, es ging ihm um Schaffung von Schrifttum in Herero und Nama. Auf der Missionarskonferenz 1911 in Karibib wies er in einem Referat mit Nachdruck auf die Notwendigkeit einheimischer Literatur hin, und sein Ruf wurde aufgenommen.

Es ist bekannt, daß Vedder von 1923 bis 1943 im Augustineum in Okahandja den Lehrern und Evangelisten das Gepräge gab. Im Lehrplan vollzog sich allerdings insofern eine Akzentverschiebung, als das Augustineum zum staatlichen Lehrerseminar wurde und dadurch den ursprünglichen Charakter einer Prediger-Ausbildungsstätte verlor. In großem Wohlwollen waltete die Regierung über diese Schule, ihre Weisungen aber waren fortan verbindlich. Nicht mehr Herero und Nama waren dominant, zuerst wurde das Holländische und dann das Afrikaanse zum

Medium erhoben. Besondere Sorgfalt sollte dem Handfertigkeitsunterricht gewidmet werden. Vedder sah in großer Klarheit die Entwicklung der Dinge und schrieb:
»O, daß wir uns auf unsere eigentliche missionarische Arbeit beschränken könnten! Wir stehen in der Gefahr, Nebensächlichkeiten mit einem solchen Nachdruck betreiben zu müssen, daß die verwirrten Köpfe und Gemüter unserer Leute nicht mehr zwischen Groß und Klein unterscheiden können. Um so mehr gilt es, die innere Sammlung nicht zu verlieren, sondern täglich aufs neue beim Hobel und Bohrer und Meißel und Lötkolben in der Hand zu vergegenwärtigen, daß alle irdischen Tätigkeiten, so notwendig sie sind, zum irdischen Beruf gehören, der nur einige Jahrzehnte währt, daß aber unser eigentlicher Beruf der ist und bleibt: Schaffet, daß ihr selig werdet mit Furcht und Zittern.«

Von diesem Aspekt her stand Vedder vor seinen Schülern. Auch den Handfertigkeitsunterricht wußte er lebendig zu gestalten, und er wurde von den Einheimischen lebhaft begehrt; denn hier gab es ein großes Gebiet der Entfaltung. Die Schüler errichteten 15 Wohnhäuser für die Augustineumsfamilien. Jeder Schüler besaß ein eigenes Stück Gartenland, dessen Ertrag sein Eigentum war. Vedder ging es um die äußere und innere Formung seiner Schüler, »damit sie später wohl ausgerüstet dastehen für das herrliche und größte Werk, das je Menschen anvertraut wurde: Menschen zu bilden und auszurüsten für den Dienst unseres Gottes«. Es gingen 166 geprüfte Lehrer in die Schulen und etwa die gleiche Anzahl Evangelisten in die Gemeinden. Vedders Einfluß an diesen Menschen wirkt sich bis zur Gegenwart aus, sowohl im Owamboland als auch hier im Lande. Der erste einheimische Bischof in Südwestafrika, Bischof Leonhard Auala im Owambolande, war einst Vedders Schüler im Augustineum in Okahandja.

Von großer Bedeutung für die Einheimischen wurden die Lehrer- und Lehrerinnenausbildungsstätten im Owambolande. Es befinden sich 800 Jungen und Mädchen auf gehobenen Schulen, um sich für den Lehrerberuf vorbereiten zu lassen. Die Rheinische Mission unterhält in Karibib eine eigene Mittelschule mit rund 60 Schülern. Zu erwähnen sind auch die 26 katholischen Missionsschulen im Vikariat Windhoek und vor allem das Lehrer-Seminar in Döbra.

Um mündige, verantwortliche Gemeindeleiter aus den Einheimischen zu gewinnen, haben die Finnische und Rheinische Mission Predigerseminare geschaffen, einst in Elim im Ovamboland und im Paulinum in Karibib. Die inzwischen selbständig gewordenen beiden Lutherischen Kirchen haben nunmehr im neuerbauten Paulinum in Otjimbingwe eine gemeinsame Prediger-Ausbildungsstätte gefunden.

Es war ein langer und mühevoller Weg, bis es zur Bildung von geordneten Gemeinden kam. Nicht nur im Nama- und Hereroland, auch im Owamboland herrschte einst eine Atmosphäre der Gewalt der Bosheit und der Furcht. Die Stämme führten untereinander grausame und blutige Kriege. Die Mission hat in weitem Maße zum Frieden und zur Eintracht beigetragen. Bis ins Familienleben hat sich dies ausgewirkt. An die Stelle der Polygamie ist weithin die Einehe getreten, und selbst Nichtchristen tragen mehr und mehr der Tatsache Rechnung, daß die Einehe den häuslichen Frieden stärker gewährleistet. Durch die Mission ist die Stellung der Frau eine andere geworden. Die heidnische Tradition sah in der Frau nicht die Ebenbürtige mit dem Manne, ihr Lebenskreis war stark bemessen. Das Christentum brachte der Frau die Gleichberechtigung. In den Schulen empfangen die Mädchen die gleiche Ausbildung wie die Jungen und werden später in selbständige Berufe, wie Lehrerinnen und Schwestern, eingeführt.

Die Missionare und die soziale Ordnung

Zur bürgerlichen Ordnung haben die Missionare Wesentliches beigetragen. Sie mußten Richter und Schlichter in Händelssachen sein. Bekannt ist, daß Hugo Hahn der ungekrönte Häuptling war, der allseitig respektiert wurde. Er mußte Gesetze entwerfen, mußte als Richter auftreten und Mord und Blutschande sühnen. Als er versuchte, einheimische Richter einzusetzen, wurde er hintergangen und arg enttäuscht.

Missionar Hans Knudsen wurde von dem Bethanierstamm der Naman gebeten, das »Buch der Grundgesetze und Rechte« anzulegen. Dies geschah, und es datiert vom 1. Januar 1847.

Einige Proben aus dem Gesetzbuch sollen hier gegeben werden:

§ 1
»Gottes Wort ist unser Gesetz, das richtet das Volk und dessen Richter mit Gerechtigkeit.«

§ 6
»Der Kapitän hat das Recht, alles zu verordnen, was nicht gegen Gottes Wort oder das Gesetz ist, und zu fordern, was recht und billig ist; und das Volk soll ihm gehorsam sein oder die gesetzlichen Strafen erleiden.«

§ 9
»In kirchlichen Angelegenheiten haben der Kapitän, die Richter oder der Rat nichts zu befehlen; diese Dinge liegen in den Händen des Missionars und seiner Ältesten. Aber die Kirche hat nichts mit äußeren Strafen zu tun. Ist jemand vor dem Gesetz schuldig, so kann er nicht durch die Kirche von seiner Strafe loskommen, und der Rat übt sein Strafrecht gegen

alle aus, die schuldig sind, ohne daß er von der kirchlichen Obrigkeit abhängig wäre.«

§ 10

»Ein Mann darf seine Frau, und eine Frau ihren Mann nicht schlagen oder beißen oder auf ähnliche Art behandeln. Wenn aber die Frau ihrem Mann ungehorsam ist und er sie vor dem Rat verklagt, so empfängt sie sieben Schläge und muß einen Tag am Schandpfahl angebunden stehen. Kinder, die ihre Eltern schlagen oder beschimpfen, werden vom Rat bestraft.«

§ 12

»Des Todes schuldig ist, wer Menschenblut mutwillig und absichtlich vergießt (Gen. 9:6), und sein oder ihr Blut soll auf Befehl des Kapitäns und der Richter auch vergossen werden.«

§ 18

»Honigbier, Branntwein und Dagga *(Rauschgift)* sind verboten.«

§ 19

»Ein Mann, der mehr als eine Frau hat, soll die älteste heiraten und die anderen verlassen. Ein Mann darf nur eine Frau haben und soll diese nicht verlassen, solange er oder sie lebt, und dies gilt auch für die Frau. Hurerei wird mit 40 Schlägen bestraft.«

Hier tritt ein Einfluß seitens der Mission zutage, wie er von den Naman und Hereros selber gewünscht wurde. Aus solchen bürgerlichen Ordnungen konnten dann christliche Gemeinden resultieren; wenngleich die Missionare auch große Mühe hatten, daß solche wirklich beachtet wurden.

Die Bedeutung der Seßhaftigkeit

Der dritte Faktor ist dieser: Seßhaftwerdung der Stämme dient dem Bau der Gemeinde und schafft Gegebenheiten für redlichen Erwerb. Unter wandernden Nomadenstämmen kann keine fruchtbringende Aufbauarbeit getrieben werden. Geordnete Gemeinden benötigen einen Lebensraum, wo christliches Leben gelebt werden kann. Missionar Schmelen missionierte sieben Jahre unter den wandernden Stämmen Südwestafrikas. Missionar Heidmann zog mit dem Stamm der Bastards drei Jahre lang von de Tuin unterhalb des Oranje bis Rehoboth. Das war nicht die gegebene Lösung für zivilisatorische Hebung und Wachstum der Gemeinden. Wo die Häuptlinge darum um einen Missionar baten, wurde ihnen die Seßhaftigkeit seitens der Mission zur Bedingung gemacht. Missionar Samuel Hahn erklärte 1851 dem Bersebanerstamm, wenn er dort nicht bleiben und nach dem Worte Gottes leben würden, würde er sogleich scheiden. Die Wirkung blieb nicht aus, der Stamm blieb wohnen. Missionar Kroenlein trug Wesentliches zur Seßhaftwerdung der Nama-Stämme Kido Witbooi in Gibeon, Kornelius/Oasib in Hoachanas und Tseib in Keetmanshoop bei. Auch im Hererolande waren die Werften der Häuptlinge in unmittelbarer Nähe der Missionare. Die wirtschaftliche Frage erhob sich, und die Missionare führten den Ackerbau ein. In Güldenbrandsdalen am Fuße des Brukkaros setzte Missionar Samuel Hahn die ersten beiden Pflüge in Südwest in den Boden. Er wollte wogende Kornfelder sehen. Neun Monate später jedoch berichtete er: »Das ökonomische Unternehmen ist nicht zu unsern Gunsten ausgefallen. Am Brukkaros ist es durch die Kälte vernichtet, und was hernach wieder aufkam, wurde durch die Trägheit der Leute so vernachlässigt, daß sie nur fünf Mud Korn geerntet haben.«

Im Hereroland wurde 1851 der erste Pflug in Otjimbingwe eingeführt. Die Rheinische Mission schickte dazu 1855 den Landwirt Hörnemann heraus, der die verarmten Hereros zum Ackerbau anleiten sollte. Das Bett des Swakop wurde in Gärten und Ackerfelder verwandelt. Weizen, Roggen und Gerste wurden gesät, und die Erträge mehrten sich. Am Flußufer gediehen die Melonen, daran die Hereros besonderen Gefallen hatten. In Hoachanas leitete der Missionar Vollmer das Volk der »Roten Nation« in Gartenarbeit und Ackerbau an. Häuptling Amraals Volk begann in Gobabis mit dem Ackerbau. Dazu wurde unter großer Mühe im Nossob ein Damm gebaut; er war 130 Schritt lang und 12 Fuß hoch. Als aber 1859 der Nossob reißend abkam, brach die Westseite des Dammes.

Nicht unerwähnt bleiben darf auch die Missionskolonie, die einem weitschauendem Plane Hugo Hahns zugrunde lag. Unter Führung der Mission sollten Handwerksbetriebe und Handelsgeschäfte angelegt werden. Hereros und Naman sollten durch das Zusammenleben mit den weißen Handwerkern den Wert der Zivilisationsgüter kennen- und schätzen lernen. Redlicher Erwerb und Verdienst, vor allem auch der Nichtweißen, sollte dadurch gewährleistet werden. Hahn selber brachte 1864 die ersten Kolonisten aus Deutschland mit. In Otjimbingwe entstanden eine Schmiede, eine Wagenmacherei, ein Warenhaus und ein Schlachthaus. So edel und vortrefflich dieser Plan war, die Durchführung war schwer. Die Hereros brachten dem Handwerk kein starkes Interesse entgegen. Das Unternehmen erfüllte nicht die Erwartung, die Hahn darauf gesetzt hatte, und ging später ein.

Dennoch erbrachte es einen Beitrag zur zivilisatorischeu Entwicklung der Hereros und Naman. Missionar Jakob Irle schreibt davon: »Die bis zum Jahre 1863 fast nackten Heiden lernten sich kleiden, kauften sich Pflüge, Wagen, Schippen, Eimer, überhaupt allerlei Hausgeräte, und lernten Frachtfahren für die Weißen und die Kupferminen. Sie lernten Lehmsteine formen und bauten sich Lehmsteinhäuser und wohnten darin. Sie kauften sich Tische, Stühle, Türen und Fenster. Im Jahre 1867 bauten sie mit eigenen Händen und Mitteln eine Kirche und ein Schulhaus in Otjimbingwe. Von Otjimbingwe aus verbreitete sich der Einfluß der Mission und Zivilisation auf alle Missionsstationen im Lande, so daß, wo auch nur ein Stückchen Korn- oder Gartenland sich fand, es von den Eingeborenen bebaut wurde.«

Die Missionare führten auch im Owambolande den Pflug ein, was dort eine gewaltige Veränderung in der Landwirtschaft mit sich brachte. Im Nama- und Hereroland wurde manches gute Beginnen durch die Stammeskriege unterbrochen. Aber auch hier muß die unermüdliche Vermittlertätigkeit der Missionare hervorgehoben werden. Das Jahr 1870 ist von Bedeutung. Da gelang es dem gemeinsamen Bemühen der Nama- und Hereromissionare, vor allem aber Hugo Hahn, einen zehnjährigen Frieden herzustellen. Davon berichtete Hahn:

»Dieser Okahandjaer Friedensschluß ist, wenn mich nicht alles täuscht, epochemachend für das Herero- und vielleicht auch für Groß-Namaqualand. Zum ersten Male sind die Hereros als ein freies, selbständiges Volk anerkannt, und sie sind zum Bewußtsein gekommen, daß sie ein freies Volk sind. Das Volk als solches hat tiefe Eindrücke von der Nichtigkeit ihrer Heiden-Religion und der Realität des Christentums als einer unsichtbaren, aber großen Macht empfangen. Es kann noch eine neue, schöne Zeit für diese Länder kommen.«

Zum erstenmal konnte das Land wirklich aufatmen. Eine Zeit guten Aufstiegs begann; nun töteten sie sich nicht mehr gegenseitig, sondern duldeten einander. In den Kämpfen, die nach der zehnjährigen Friedenszeit das Land beunruhigten, wurden weithin Frauen und Kinder geschont. Samuel Maharero hatte auch in seinem Befehl zum Aufstand am 12. Januar 1904 ausdrücklich angeordnet, das Leben und Eigentum der Missionare nicht anzutasten.

Man muß es als Einfluß der Mission ansehen, daß die Rehobother Bastards sich 1904 am Aufstand nicht beteiligten. Obgleich die Bersebaner durch verwandtschaftliche Beziehungen mit den Witboois verbunden waren und es auch an direkten Aufreizungen und Drohungen seitens der Aufständischen nicht fehlte, erklärte Häuptling Johannes Christian Goliath am 31. Oktober 1904 dem Bezirksamtmann Schmidt in Keetmanshoop, seine Neutralität sei ein Zeichen der Dankbarkeit gegen die Rheinische Mission; durch deutsche Missionare habe er das Evangelium erhalten, nun wolle er nicht gegen die Deutschen die Waffen erheben.

Es gehört mit zu dem Bewegendsten der bewegten Geschichte Südwestafrikas, daß die Missionare sich nach dem Aufstand auf die neue Lage einzustellen wußten. Dr. Friedrich von Lindequist nahm das Vermittlungsangebot der Missionare an und ließ drei große Gefangenensammellager in Otjihaenena, Omburo und Otjozongombe unter Leitung der evangelischen Mission einrichten. Daraufhin stellten sich 12.000 Herero. Die Missionsarbeit wurde von neuem aufgenommen. Sechs neue Missionsstationen wurden errichtet: Lüderitzbucht, Gabobis, Usakos, Swakopmund, Tsumeb und Grootfontein. Das Bewußtsein, daß sie nicht zur Herrschaft, sondern zum Dienst an den Völkerschaften Südwestafrikas gerufen sei, hatte die Mission nicht vergessen. Schul- und Gemeindearbeit setzten wiederum ein.

Um die Nichtweißen auch mehr in praktischen Dingen zu fördern, wurden in Otjimbingwe und Kranzplatz bei Gibeon je eine Handwerksschule eingerichtet, wo von schulentlassenen Jungen unter Leitung der Lehrer Stritter und Gerdes Schulbänke und Wandtafeln, Schränke und Tische, Stühle und Hocker hergestellt wurden. In Ongwediva im Owambolande entstand die große Missions-Handwerkerschule, wo die Owambos die verschiedenen praktischen Berufe erlernen. Die bekannte Korbflechterei der Owambos hat durch die zahlreichen Mädchenschulen eine bedeutende Renaissance erfahren und ist jetzt ein wichtiger ökonomischer Faktor.

Die Zeit nach dem Ersten Weltkrieg ließ schwerwiegende Probleme aufkommen. Die entstehenden Reservate gaben den Hereros das Recht zurück, in unbeschränktem Maße Großvieh zu halten. Mit der Rinderzucht lebten auch die alten religiösen Vorstellungen wieder auf. Die Hereros waren nicht alle in der christlichen Lehre so gefestigt, daß die früheren Bindungen keine Kraft mehr besaßen. Das heilige Feuer wurde wieder angezündet und der Ahnenkult damit aufs neue aufgenommen. Dazu erschienen Agitatoren der Monrovia-Bewegung und forderten die Hereros zum Abfall von der Mission auf.

Im Namalande faßte die »African Methodist Episcopal Church« Fuß, und es kam 1946 zur Bildung einer eigenen, der AME-Kirche. Man kann in dieser Bewegung das bestimmte Sehnen nach eigener Führung sehen, wie es seitens der leitenden Personen auch ausgesprochen wurde. Deutlicher wurde das noch 1955, als ein Teil des Hererovolkes sich von der Mission lossagte und ebenfalls eine eigenständige Kirche, die »Oruuano« oder »The Protestant Unity Church« bildete.

Ähnliche Erscheinungen machten der Owambokavango-Kirche zu schaffen, als Glieder der »Owambo People's Organisation« gewisse Forderungen auch in der Kirche erhoben.

Die Rheinische als auch die Finnische Mission konnten nur darlegen und zeigen, daß sie letztlich auch in kritischen Zeiten sich zum Dienst an den Nichtweißen gerufen wußten.

Die Missionare und das Gesundheitswesen

Der letzte Faktor, Krankenpflege und Frauenberufe, kann nur noch andeutungsweise erwähnt werden. Das Gesundheitswesen und die medizinische Betreuung der Eingeborenen bilden einen wesentlichen Faktor in der Missionsarbeit. An Stelle der heidnischen Zauberpriester sind die Missionshospitäler getreten. Im Owamboland werden täglich über 1000 Patienten behandelt; für 500 Personen ist Aufnahme in den Hospitälern vorgesehen. Fast nur einheimische Krankenschwestern sind in der Owambokavango-Kirche tätig. Die katholische Mission hat in vier Krankenhäusern für Nichtweiße annähernd 500 Betten zur Verfügung und versieht vor allem auch am Okavango den Krankendienst. In der Evangelisch-Lutherischen Kirche (Rheinische Missionskirche) arbeiten etwa 25 Missionsschwestern. Die Kirche unterhält 24 Schülerheime, darinnen immer mehr einheimischen Helferinnen die Verantwortung übergeben wird. 16 Kindergärten der Kirche werden lediglich von einheimischen Kindergärtnerinnen geleitet, die in Karibib im Kindergarten-Seminar ausgebildet wurden. Die Ausbildung in der Bibelschule in Otjimbingwe ist bisher von 165 nichtweißen Mädchen absolviert worden. Diejenigen von ihnen, die sich besonders bewährt haben, werden neuerdings in ein Gemeindehelferinnen-Seminar in Otjimbingwe aufgenommen, wo sie noch eine erweiterte Ausbildung in der Gemeinde und Frauenarbeit empfangen.

Die jüngere Vergangenheit

Das Jahr 1957 muß als ein bedeutender Zeitpunkt der Missionsarbeit der Rheinischen Mission in Südwestafrika bezeichnet werden. Die Missionskirche umfaßte nunmehr 95.187 Mitglieder. Es wurden 71 Schulen betrieben mit 197 Lehrkräften und 6071 Schülern. Die ärztliche Betreuung erfolgte durch neun Kliniken mit 15 Krankenschwestern der Rheinischen Mission.

Diese Missionskirche hatte vom 1. bis 4. Oktober 1957 die erste Gebietssynode in Okahandja. Mitglieder der Synode waren 22 Missionare, 15 nichtweiße Pastoren und 50 nichtweiße Delegierte aus den Gemeinden. Die Heimatleitung war vertreten durch Missionsinspektor Gustav Menzel und die Leiterin der Schwesternarbeit, Anni Viering. Eines der Hauptreferate der Synode hielt der Hereropastor Andreas Kukuri: »Das Wunder der Kirche in der Welt.« Einfach und treffend klangen seine Sätze: »Die Kirche bleibt ewig. Selbst die Pforten der Hölle werden sie nicht überwältigen. Die wahre Kirche hat das Wort Jesu Christi und die Sakramente, Ihre Aufgabe ist es, Zucht zu halten und Fürbitte zu üben und vor allen Dingen das Evangelium zu verkündigen. Die Ordnung der Kirche muß ein Fundament haben: Allein das Wort Gottes, wie es uns im Alten und Neuen Testament gegeben ist.«

Die Vertreter der fünf Völkerschaften des Landes konstituierten sich dann zur »Evangelisch Lutherischen Kirche in Südwestafrika (Rheinische Missionskirche)«. In diesem Ereignis kam sichtbar zum Ausdruck, daß die Verschiedenheit der Stämme in der christlichen Kirche zur Einheit weist. In die Kirchenleitung wurden fünf nichtweiße und vier weiße Geistliche gewählt. Die Heimatleitung in Wuppertal-Barmen schrieb: »Damit wird eine Arbeit sichtbar gekrönt, die in weit über 100 Jahren von vielen Brüdern und Schwestern unter dem Segen Gottes in großer Treue und Hingabe getan werden durfte.«

Zur vollen Selbständigkeit der Kirche half die Rheinische Mission auch dann noch mit. Die Zahl der Mitarbeiter erreichte gerade nach der Konstituierung der einheimischen Kirche ihren Höchststand. Als aber Pastor Hans Karl Diehl im Jahre 1972 das Präsesamt in afrikanische Hände legte, setzte der Abbau von europäischen Mitarbeitern rapide ein. Lediglich einige Missionsschwestern stehen zur Zeit noch im Dienst der Kirche. Pastor Diehl hat mit einigen Hererolehrern in den letzten Jahren das Alte Testament in die Hererosprache übersetzt, und er hofft, sehr bald die ganze gedruckte Bibel dem Hererovolk überreichen zu können.

Zwischen der Evangelisch-Lutherischen Kirche in Südwestafrika und der Rheinischen Mission in Deutschland besteht eine Partnerschaft, in der es in der Vereinbarung heißt: »Die Evangelisch-Lutherische Kirche in Südwestafrika hat die Aufgabe, das Evangelium in Südwestafrika zu bezeugen. An dieser Aufgabe nimmt die Rheinische Mission teil. Zweck der Vereinbarung ist die geistliche, theologische, personelle und materielle Förderung der Arbeit der Kirche in Südwestafrika. Die Rheinische Mission ist bereit, weiterhin die ihr geschichtlich gewordene Mitverantwortung für diese Arbeit zu tragen.« Dies geschieht in hohem Maße, und es geschieht darum, daß das Dasein der Kirche weiterhin zum Frieden des Landes beitragen möge.

(Dieser Beitrag wurde 1984 geschrieben und ist unverändert übernommen.)

Deutsches Theater in Namibia

Friedrich Wilhelm (Willy) Becker und Jürgen Hecker (1984)

Aktualisierung: Irmela Erlank-Rethemeyer

Wer während der Anfangszeit in Südwestafrika Interesse am Theater hatte, musste selbst dafür sorgen, dass sich eine Schar Begeisterter fand, die ein Schauspiel auf die Bühne brachte. Daran hat sich auch im Jahr 2000 nicht viel geändert.

Das deutsche Amateurtheater hat sich im heutigen Namibia zu einem festen Bestandteil der Sprachförderung und Spracherhaltung entwickelt, wobei die Schüleraufführungen an Privat- und Regierungsschulen mit ihrem oft hohen Niveau lobend erwähnt werden müssen. Friedrich Dürrenmatt und Max Frisch sind die meist gespielten Autoren, auch Thornton Wilder und Michael Ende werden von den Jugendlichen gern gewählt.

Erste Erwähnung einer Aufführung findet man in einer Ausgabe des »Windhoeker Anzeiger« aus dem Jahre 1899. Es wird von einem »Bunten Abend« berichtet, in dessen Verlauf man mit Zentnergewichten jonglierte und Stühle nebst Besetzung mit den Zähnen anhob, danach eine Eisenbahn pantomimisch darstellte, um sodann mit zwei rührenden Liedern das Programm ausklingen zu lassen. Noch erstaunlicher liest sich eine Anzeige des Swakopmunder »Hotel Faber« aus dem Jahre 1905: »Tägliche Vorstellung im Spezialitäten-Theater. Kräfte ersten Ranges. Jeden Sonnabend neues Programm.«

Das nächste auffindbare Dokument stammt dann schon aus dem Jahre 1922. Frau Lene Birkenmayer,

Festspiel zur 400jährigen Jubelfeier der Deutschen Reformation (Windhuk, 31. Oktober 1917) LUTHERS LETZTE WEIHNACHT (Wittenberg 1545).

E. Lichtenthäler, Photogr.

Gesangslehrerin, bietet unter »gütiger Mitwirkung ihrer Schüler« ein »Großes Vokalkonzert« im Fabersaal an. Auch inszenierte sie einen Akt der Oper »Martha« (Friedrich von Flotow). Mitwirkende waren damals u.a. *Tilly Wardesky, Erna Schurig* und *Inge van Doorn.*

Aus den 30er Jahren ist zu berichten, dass im Saal des Hotels Großherzog in Windhoek die Operette »Die goldene Gans« präsentiert wurde. Regie führte Kirchenmusikdirektor *Hans Müller,* die Pfadfindergruppen spielten Hans-Sachs-Einakter, und auch das Märchenspiel vom »Gestiefelten Kater« wurde auf die Bühne gebracht.

Es ist bedauerlich, dass nur so wenig aus dem Theaterschaffen der Zeit zwischen den beiden Weltkriegen aufgezeichnet wurde. Erst ab 1947, dem Gründungsjahr der *SWA Kunstvereinigung,* wird in der Presse über die zahlreichen Inszenierungen in Windhoek und Swakopmund berichtet.

Es war Hans *Joachim Berker,* kurz *Hajob* genannt, der 1950 mit einem Curt-Goetz-Einakter »Der Hund im Hirn« als Schauspieler und Regisseur debütierte. Außerdem traten auf: *Irmgard Koch-Petersen, W. Becker, S. Halwyl,* und als Helfer und Hund Hektor wird im Programm *H. A. (Piet) Böttger* genannt.

Es war ein erster und ein gelungener Versuch, dem das dankbare Publikum viel Beifall spendete und wonach der nun folgenden Entwicklung mit großer Erwartung entgegen geblickt wurde.

Es folgte dann im gleichen Jahr der Einakter »Lottchens Geburtstag« von Ludwig Thoma unter der Regie von *Hajob* und der Mitwirkung von Ehepaar *Kellner* und *Hildegard Becker.*

Ulli Orth, einer der Einwanderer der frühen 50er Jahre, wagte sich dann an die Einstudierung des Krimis »Parkstraße 13«, der im neuen Hotel Continental in Windhoek an drei ausverkauften Abenden in Windhoek gespielt wurde.

Der nächste Stern am Windhoeker Theaterhimmel war *Hannes Heuner,* Bühnenbildner und Dekorateur aus Hannover. Im Mai 1952 brachte er die reizende Komödie »Aimee« zur Aufführung. Es spielten: *Cooky Black, Hans-Eric von Marées, Erich Berker* und *Willy Becker,* die unter der professionellen Regie von *Heuner* einen Hauch mehr als Amateurtheater auf die Bühne brachten. Die Gruppe gastierte mit dieser erfolgreichen Komödie von Coubier auch im Swakopmunder Atlanta Kino.

Unter Leitung von Regisseur *Hans-H. Heinrich* ging 1953 der Krimi »Auf Anruf Mord« über die Bretter, in dem *Hajob* das letzte Mal in seinem Leben seinen vielen Freunden beste Unterhaltung brachte. Er spielte die Hauptrolle des Inspektors.

Es ist hier wichtig, den Namen *Joseph* oder besser *»Pep« Reiter* in Erinnerung zu bringen, der maßgeblich mit der Geschichte der Kunstvereinigung verbunden war und über viele Jahre mit der Theaterbewegung der Landeshauptstadt enge Kontakte pflegte.

Im Jahre 1954 brachte *Heuner* – wieder im Continental – mit einem größeren Ensemble die Erfolgskomödie »Die Kinder Eduards« mit *Hildegard Becker, Günther Kaschik, Erich Berker, Detlef Keibel* und *Willy Becker* in der Besetzung der wichtigsten Rollen. Bühnenbild und Dekor waren für die damaligen Möglichkeiten sehr beeindruckend und sorgten zusätzlich für drei volle Häuser.

Am 3. Oktober 1955 spielte die *Heuner-Gruppe* das Stück »Ninotschka« mit *Hildegard Becker* in der Hauptrolle. Im März 1960 wurden nach Fertigstellung des Theaters in der Leutweinstraße drei Einakter gegeben, und zwar »Glückliche Reise« von Thornton Wilder sowie »Die Rache« und »Herbst«, beide von Curt Goetz. Mitwirkende waren u.a. *Cooky Black, Hildegard Becker, Günther Kaschik* und *Willy Becker.*

Als letztes Stück dieser Laienspielgruppe kam die Komödie von Albert Husson »Der Weg zum Himmel« am 17. und 18. November 1961 in Windhoek und am 20. Januar 1962 in Swakopmund auf die Bühne und erzielte einen nachhaltigen Erfolg.

1961 wurde die *Deutsche Theatergruppe* unter Vorsitz von *Lore Berger (Tappenbeck)* ins Leben gerufen. Nach den anfänglichen typischen Geburtswehen brachte man in der Zeit von 1961–1964 eine erstaunlich hohe Anzahl von Inszenierungen. Es wurden gespielt: »Ein Glas Wasser« von E. A. Scribe, »Der Prozess Mary Dugan«, »Patsy«, »Die Glasmenagerie« von Tennessee Williams, »Boeing – Boeing« und »Kalamitäten«.

Im Januar und Februar 1961 wurde auch in Swakopmund eifrig geprobt. Unter der Leitung von *Wilhelm Kellner* wurde »Der Kreidekreis« von Klabund einstudiert und mit großem Erfolg auch in Windhoek aufgeführt. Die Hauptrolle in dem großen Ensemble spielte *Sigrid Kellner.*

In Otjiwarongo machte sich zu dieser Zeit *Lisa Kuntze* um das Theatergeschehen dort verdient. Mit ihren *Klingelbeutelratten* (die Gewinne ihrer Gruppe flossen der Kirche zu) inszenierte sie anspruchsvolle Komödien: »Der eingebildete Kranke« und »Der Geizige« von Molière und »Der Revisor« von Gogol standen auf ihrem Spielplan. Auch ein von ihr verfasstes Drama »Das Rivier kommt ab« wurde aufgeführt. Frau Kuntze zur Seite standen so begabte Laienspieler wie *Fortunat von Oertzen, Hans Maelger, Günther Ruppel, Manfred May* und die Damen *Edda Schröder* und *Elisabeth Küstner* u.v.a.

Als im Jahre 1961 die Scherer-Gruppe zur kulturellen Bereicherung der Swakopmunder Saison von der dortigen Kunstvereinigung engagiert wurde, ahnte man nicht, dass der hochbegabte Leiter nach Erfüllung seines Vertrages weiterhin im Lande verbleiben würde. Damit begann die Ära *Scherer/von Oertzen*, deren beispielhafter Zusammenarbeit die Windhoeker viele herrliche Opern- und Operetten-Aufführungen verdanken. »Orpheus in der Unterwelt« und »Das weiße Rössl« wurden zum großen Theatererlebnis für das Südwester Publikum. Besonderen Spaß machten den Theaterfreunden die geist- und humorvollen Libretti *von Oertzens,* die er reichlich mit Lokalkolorit versehen hatte.
Albert Lortzings komische Oper »Zar und Zimmermann« kam als weitere Gemeinschaftsleistung im April 1965 auf die Bühne und erntete wiederum großen Beifall.

Auch die beiden Berufsschauspieler *Freddy Frewer* und *Claus Ungelenk* bereicherten mit ihrem großen Können die Windhoeker Theaterbühne nachhaltig. Hatte man sich bisher an die Aufführung von Lustspielen und Krimis gehalten, so bot *Freddy Frewer* dem Publikum 1963 »Die Glasmenagerie« von Tennessee Williams an, ein Psychodrama, das Ansprüche an den Zuschauer stellt. Der Erfolg gab ihm recht. *Claus Ungelenk* begeisterte die Windhoeker dann im nächsten Jahr mit seiner Inszenierung von »Diener zweier Herren« von Goldoni, worin er neben der Regie auch die Rolle des Truffaldino übernommen hatte. Die Komödie »Mandragola« – Regie und Hauptrolle *Claus Ungelenk* – sowie der Krimi »Die Falle« (Regie *L. Behrens*) kamen 1965 zur Aufführung. Mitwirkende wie *Ursula Ischner, U. Ball, R. Ebhardt, Klaus Schnack, G. Tappenbeck, Werner Talkenberg, Bernd Meyer* und *Alfred Kerz* machten sich bald einen guten Namen.

Nach der Gründung von *SWARAK (Südwestafrikanischer Rat für die ausübenden Künste)* im Jahre 1966, einer staatlich unterstützten Instanz, konnten deutsche Darbietungen auch öfters in anderen Ortschaften angeboten werden, da größere Finanzmittel zur Verfügung standen.

Nach Agatha Christies »Fuchsjagd« im März 1970 (drei Aufführungen) mit *Frewer, Ungelenk, Schnack, Talkenberg* und *Gabriele Kratochwila* folgte regelmäßig deutsches Theater. – Man zeigte:
1971 »Seelenwanderung« von K. Wittlinger (vier Aufführungen)
1972 »Vierzig Karat«, Komödie von Barillet (drei Aufführungen)
1973 »Die 12 Geschworenen« von R. Rose (drei Aufführungen)
sowie zum zweiten Mal »Die Glasmenagerie« (vier Aufführungen)
1974 »Biedermann und die Brandstifter« von Max Frisch (drei Aufführungen) und
»Was ihr wollt« von W. Shakespeare

1975 »Die Möwe« von A. Tschechow
1976 »Schönes Weekend, Mr. Bennett« von Wathyn

In den Jahren 1972/73 wurde das Windhoeker Theater umgebaut, um den wachsenden Ansprüchen der dort stattfindenden Darbietungen (Theater, Oper, Operette, Ballett) gerecht werden zu können.

1982 ging ein weiteres deutsches Theaterstück »Sechs Personen suchen einen Autor« von L. Pirandello über die Bühne. Mitwirkende waren unter der Regie von *Claus Ungelenk:* die Damen *Ischner, Koep, Borgwaldt* und die Herren *Gretschel, Noeckel* und *Schnack.*

Danach ist es um das deutsche Amateurtheater in Windhoek still geworden, und nur noch Gastspiele aus Deutschland oder Swakopmund gaben den Interessierten Gelegenheit, sich eine Aufführung anzusehen.

Eine große Gemeinschaftsproduktion fand zum Jubiläumsjahr 1984 statt. SWARAK engagierte den jungen Regisseur *Axel Buschbeck,* der das von *Irmela Erlank* geschriebene Musical »My Fair Lüderitz« mit zahlreichen Sängern, Schauspielern und Tänzern inszenierte. Auch *Olga Levinson* trug mit dem von ihr verfassten Song »Let a German in your life« zum großen Erfolg der Aufführungen in Lüderitzbucht, Swakopmund und Windhoek bei.

Aber auch in Swakopmund wurde Theater gespielt. Fünf Jahre lang bemühte sich die Swakopmunder Kunstvereinigung unter Leitung von *Irmela Erlank,* den Bau eines Theaters anzuregen. Erst nach etlichen Vor- und Fehlschlägen gelang es dem Komitee, das damalige Kulturdepartement zu überreden, der deutschen Grundschule, die dringend eine neue Aula brauchte, eine größere Bühne, ein schönes Foyer und vor allem einen Saal mit ansteigendem Auditorium zu genehmigen und zu bauen.. Nun hatte die seit 1970 bestehende Theatergruppe der Kunstvereinigung ein Heim für ihre Aufführungen. Der Auftakt darin wurde im Jahr 1991 mit »Der Unbestechliche« von Hugo von Hofmannsthal gemacht. Regie führte *Irmela Erlank,* und Mitwirkende waren: *Edda Schröder, Irene Schier, Ruth Salomon, Heidemarie Rapmund, Birgit Roxin, Dorothea Kazmaier, Renate Heuschneider, Hans Rohlwink, Jörg Henrichsen, Theo Schulte, Herbert Schier* und *Hans Maelger*

Während der Zeit von 1971, dem Gründungsjahr der Kunstvereinsgruppe, bis 1991 wurde im Haus der Jugend gespielt. Es kamen zur Aufführung:
»Ein Inspektor kommt« (John B. Priestley), in der Titelrolle *Paul Bahlsen,*
»Der Biberpelz« (Gerhart Hauptmann), Hauptrollen: *Erika Huhn* und *Ernst Grosche,*
»Rund um den Damaraturm«, ein Musical mit rd. 40 Mitwirkenden, zu dem *Irmela Erlank* das Libretto schrieb, die Choreographie von *Lynn Morfis* gestal-

Szenenbild »Ein Glas Wasser«, 1961

tet wurde und die musikalische Leitung *Carl Hatterscheidt* unterstand,
»Amphitryon«, Text nach Molière von *Irmela Erlank,* Choreographie *Lynn Morris,* Komposition und Musikalische Leitung *Carl Hatterscheidt,*
»Königinnen von Frankreich« (Jean Anouil) und »Die geliebte Stimme« (Jean Cocteau), zwei Einakter als Workshoptheater unter der Regie des kanadischen Regisseurs und Edinburgh-Festival-Richters *Tom Kerr,*
»Der Menschenfeind« (Molière) in einer Übersetzung von H. M. Enzensberger,
»Bei geschlossenen Türen« (Jean Paul Sartre), Darsteller waren *Erika Huhn, Ruth Salomon, Jörg Henrichsen* und *Adolf Brock,*
»Wie man sich bettet, so liegt man« (Irmela Erlank), ein politisches Kabarett,
»Das Opfer Helena« (Wolfgang Hildesheimer), *Erika Huhn* und *Ruth Salomon* in den Titelrollen,
»Das Neuste von gestern«, Kabarett seit der Jahrhundertwende (1900–1980),
»Der Troll« (Joan Mansfield), ein Schauspiel mit Ballett, das zwei komplette Besetzungen erforderte, weil es abendlich abwechselnd in deutsch und englisch gespielt wurde,
»Die Seelenwanderung« (Carl Wittlinger), Hauptdarsteller waren *Bernd Bierberg, Jörg Henrichsen, Wolfgang Henckert* und *Adolf Brock* und die Damen *Edda Schröder* und *Margret Hoffmann* sowie *Boris Erlank* und *Mike McDonald* (für diese Aufführung wurde eine naturgetreue Bronzebüste des Hauptdarstellers benötigt; sie wurde von *Colin White* aus Pappmaché erstellt und kann noch heute im Fundus der Kunstvereinigung bewundert werden),
»Die Moral« (Ludwig Thoma), noch nicht erwähnte Mitwirkende des Swakopmunder Ensembles waren *Karin Erbslöh, Ingrid Kriner, Gaby Haller, Stefanie Heuschneider, Eckart Müller, Werner Kühlwetter* und *Heinz Heuschneider;* zur Windhoeker Aufführung schrieb die Kritik: »Begeisternde Vorführung von Thoma's ›Moral‹«,
»Der Kammersänger« *(*Frank Wedekind), Titelrolle *Wolfgang Henckert,* wurde im Saal des Hotels »Zum Grünen Kranz« gespielt.

Die nächsten Aufführungen fanden dann, wie bereits erwähnt, in der Aula der Namib Grundschule statt.

Inzwischen hatte sich *Hanne Schier,* die langjährige Inspizientin der Gruppe, aus dem Ensemble verabschiedet, und das Amt des Beleuchters, das *Günther von Kraus* jahrzehntelang innehatte, wurde von *Wolfgang Wilke* übernommen. *Dorothea Kazmaier* versah weiterhin in großer Treue die anstrengende Arbeit der Souffleuse. Alle bisher erwähnten Swakopmunder Aufführungen wurden von *Irmela Erlank* (seit 1991 *Erlank-Rethemeyer*) inszeniert.

Ihre weiteren Produktionen bis zum Jahr 2000 waren:
1993 »Ein Inspektor kommt«, nach 22 Jahren zum zweiten Mal auf die Bühne gebracht, mit *Theo Schulte* in der Hauptrolle. Vom Gastspiel in Windhoek sei hier folgendes Zitat aus der AZ vom 9. Juli

1993 wiedergegeben: »›Ein Inspektor kommt‹ war ein Theaterstück, das die Zuschauer, die am Samstagabend im National Theater Namibias (NTN) der Aufführung beiwohnten, betroffen und nachdenklich machte. Ein Spiegel war es, der ihnen vorgehalten wurde, und der Theatergruppe der Kunstvereinigung Swakopmund ist es durch ihr Spiel gelungen, dieses auch in überzeugender Weise zu vermitteln. Mehr kann man durch ein Schauspiel nicht erreichen.«

1994 wurde eine große Quiz-Show veranstaltet unter Mitwirkung von so musikalischen Talenten wie *Susanne Kinghorn*, *Werner Kühlwetter* und *Andy Bauer*. Als Quizmaster fungierte *Erhard Roxin*.

1995 »Die acht Frauen« wurden gespielt von *Edda Schröder*, *Birgit Roxin*, *Sabine Neumann*, *Heidemarie Rapmund*, *Margret Pistorius*, *Almuth Pack-Styles*, *Karin Otto* und *Irene Schier*.

1998 »Der Regenmacher« (Richard Nash) wurde mit seinem Bühnenbild, das drei Schauplätze ohne Kulissenschieben ermöglichte, ein großer Erfolg. *Eric Henrichsen* spielte die Titelrolle, hervorragend unterstützt von *Walter Schmid Irene Grässer*, *Anton von Wietersheim*, *Siegfried Müller*, *Arnold Köllmann* und *Marco Golz*.

1999 »Liebender, geliebter Goethe«, ein Kammertheater-Abend bei Wein und Kerzenschein anlässlich des 250. Geburtstags des Dichters. Laut Zeitungsbericht nach dem Gastspiel im Windhoeker Warehouse »...brillierte *Birgit Roxin* als Christiane Vulpius«. Musikalisch wurde der Abend von *Werner Kühlwetter* gestaltet. Auch die beiden Nachwuchsspieler *Oliver Böhmker* und *Marco Golz* fanden neben *Irene Schier* und *Anton von Wietersheim* mit dem Vortrag lyrischer Gedichte großen Beifall.

2000 »Ein Abend mit Siegfried Lenz« wurde zwei Mal in Swakopmund und zu einer Deutschlehrer-Tagung in Arandis dargeboten. Diesmal besorgten *Pia* und *Michael Schlage* die musikalische Untermalung mit Liedern aus Masuren. *Irene Schier* und *Anton von Wietersheim*, *Heidemarie Rapmund*, *Susan Kinghorn*, *Marco Golz* und *Philip Schier* waren die Schauspieler und Sprecher, die zum Erfolg der Aufführungen beitrugen.

Im Jahr 1996 schloss sich *Heidemarie Rapmund* als jüngere Regisseurin dem Komitee der Kunstvereinigung Swakopmund an und erspielte auf Anhieb mit pantomimischen Märchendarstellungen im Zelt den ersten Preis für den besten Stand auf dem Weihnachtsmarkt.

1997 brachte sie dann die anspruchsvolle Komödie »Minna von Barnhelm« (Lessing) auf die Bühne. Die Hauptdarsteller waren *Birgit Roxin* in der Titelrolle und *Eckhard Müller*, *Almut Pack-Stykes*, *Werner Kühlwetter*.

Mit einer interessanten Zusammenstellung von zwei Einaktern ging die Truppe dann auf Tournee. Gespielt wurden »Galgentoni« (Kisch) und »Der Ozeanflug« (Brecht).

In Windhoek, Gobabis, Rietfontein, Tsumeb, Otavi und Omaruru konnten Aufführungen mit finanzieller Hilfe des Deutschen Kulturrats stattfinden.

Während der Saison 1999 kam es dann zu der bisher größten Produktion unter *Heidemarie Rapmunds* Regie. »Der Urfaust« (Goethe) wurde im Innenhof des Woermannhauses mit fogenden Darstellern gespielt: *Eckhard Müller*, *Heidemarie Rapmund*, *Edda Schröder*, *Karin Otto*, *Kai Kutzner* und *Arnold Köllmann*.

Zum Abschluss dieses Artikels soll des großen Theaterliebhabers *Jörg Henrichsen* gedacht werden, der neben seiner Tätigkeit als Geschäftsmann und Bürgermeister Swakopmunds stets die Zeit fand, sich als Schauspieler in mehreren Gruppen und als Regisseur der Lions Club-Theatergilde einzusetzen. Dies sind seine Produktionen in den 70er und 80er Jahren des vorigen Jahrhunderts:

Die beiden größten Erfoge waren »Der Babutz« (Marceau) und »Jedermann« (von Hofmannsthal), ein Schauspiel, das anlässlich der 90-Jahr-Feier von Swakopmund als Freilichtaufführung im Woermannhaus präsentiert wurde. Über 50 Mitwirkende waren an der Aufführung beteiligt.

Außerdem wurden »Die Reise nach Brasilien« (Guy Foissy), »Keine Leiche ohne Lilly« (Jack Poppelwell), »Das Geld liegt auf der Bank« (Curth Flotow), »Gaslicht« (Patrick Hamilton) und »Es war nicht die fünfte, es war die neunte« (Otto Nicolai) aufgeführt. Leider kann hier nur ein Teil der Spieler und Helfer genannt werden: *Hajo Schuhmacher*, *Hans Meurer*, *Rolf Schirmer*, *Theo Schulte*, *Eckhard Müller*, *Wolfgang Henckert*, *Björn Lorck*, *Adolf Brock*, *Helen Gellert*, *Edda Schröder*, *Lore Keibel*, *Ruth Salomon*, *Hiltrud Horsthemke*, *Gaby Haller (Tironnen)* mit Söhnen *Michael* und *Ludwig*, und die unvergessene *Erika Huhn*.

Das Make-up wurde für alle Gruppen von *Yvonne Louw* und dann bis zum heutigen Tage von *Brigitte Woxholt* kreiert. Souffleusen waren *Erika Röder (Schlusche)*, *Anni Technau* und *Johanna Falk*. Nach Windhoek verzogen so talentierte Spieler wie *Hildegund Böhlke*, *Karin Biesemann*, *Eberhard Hofmann* und *Adelheid Lilienthal*.

Die Existenz von zeitweise zwei deutschsprachigen Theatergruppen war stets Garant dafür, dass in Swakopmund ein Ensemble bestand, mit dem man Aufführungen erarbeiten konnte – eine Gegebenheit, derer sich die Landeshauptstadt nicht mehr rühmen kann. Bleibt zu hoffen, dass sich auch dort und in weiteren Orten wieder Enthusiasten finden werden, die bereit sind, sich in ihrer Freizeit dem Theaterspiel zu widmen.

Radio hör'n

Der deutsche Dienst der NBC

Benita Herma-Herrle

Schon vor Namibias Unabhängigkeit gab es im Funkhaus in der Windhoeker Pettenkoferstraße eine Deutsche Abteilung. Seit dem 1. Oktober 1979 werden dort deutschsprachige Sendungen produziert und gesendet. Was bis 1990, stark von der südafrikanischen Tagespolitik beeinflusst, der Südwestafrikanische Rundfunk war, wurde nach der Unabhängigkeit die Namibian Broadcasting Corporation (NBC). Sie sendet noch immer in neun verschiedenen Sprachen, wobei die Sendezeiten der einzelnen Sprachprogramme in den ersten Jahren nach 1990 zunächst reduziert wurden, um die Amtssprache Englisch zu fördern. Dennoch sendet das deutsche Hörfunkprogramm (DHFP) wöchentlich 90 Stunden, und es sollen unter Umständen sogar wieder mehr werden. Bei der inhaltlichen Gestaltung wird versucht, den verschiedensten Geschmäckern gerecht zu werden: Politik und Aktuelles, Kultur und Unterhaltung, Musik aus den verschiedensten Sparten: die Mischung bleibt, will sie es den meisten Hörern Recht machen, ein Drahtseilakt. So gibt es auch eine immerwährende Diskussion über die Auswahl namibischer und deutscher Themen: das DHFP versteht sich als ein Puzzlestein in dem Gesamtbild der sprachlichen und kulturellen Vielfalt, die Namibia, bedingt durch seine Geschichte, in die Wiege gelegt wurde. Gleichzeitig bemüht es sich, die Brücke zum deutschsprachigen Raum innerhalb Europas aufrecht zu erhalten, wo zumindest ein Teil der Hörer seine kulturelle Heimat sieht.

Bei der Produktion seiner Sendungen ist das Deutsche Hörfunkprogramm zu über 90 % auf die Arbeit und den Einfallsreichtum seiner Mitarbeiter angewiesen. Nur ein ganz geringer Teil des Sendematerials kommt sendefertig aus Deutschland, vorwiegend von der Deutschen Welle, aber auch vom Bayerischen Rundfunk, dem Norddeutschen- und Südwestrundfunk sowie von Radio Schweiz International. Ein schwieriges Unterfangen, bei nur acht festen und 15 freien Mitarbeitern!

Nachrichtensendungen gibt es um 8, 13 und 19 Uhr in deutscher Sprache. Die Redaktion liegt in der Hand eines zentralen Nachrichtenbüros der NBC, und das Deutsche Hörfunkprogramm ist nur für die Übersetzungen zuständig. Mitarbeiter und Korrespondenten der NBC liefern die Berichte für namibische Themen, die zumeist den Schwerpunkt bilden. Von der namibischen Presseagentur NAMPA werden Regierungsverlautbarungen ebenso übernommen wie Meldungen internationaler Agenturen. Dennoch ergibt sich auch für das deutsche Hörfunkprogramm die Möglichkeit, journalistisch tätig zu werden. Vergleichbar mit deutschen Sendeanstalten ist diese Arbeit aber nicht, da fehlt es deutlich an Mitarbeitern und Geld. Mit der namibischen Unabhängigkeit kam ein größeres Maß an Presse- und Meinungs-, auch an redaktioneller Freiheit, die die Aufgaben der Mitarbeiter im Deutschen Hörfunkprogramm vielschichtiger werden ließ. Fast zeitgleich entwickelte sich aber auch eine vorsichtige Selbstzensur, die jedoch das Fernsehen und einige andere Sprachprogramme deutlicher tangiert als das Deutsche Hörfunkprogramm. Da gibt es durchaus gelegentlich von Regierungsmitgliedern eine direkte Einmischung in die Programmgestaltung, und regierungsnahe Mitarbeiter haben – zumindest im Management – bei Beförderungen die Nase vorn. Davon bleibt das DHFP weitgehend verschont, aber auch Geldmangel kann Zensur bedeuten: gäbe es mehr Mitarbeiter, die selbst genügend Zeit hätten, kritische Magazine, Features oder Hörbilder zu gestalten, wären sie in den aktuellen Sendungen wohl deutlich seltener gezwungen, auf aus dem Nachrichtenbüro übernommene Berichte zurück zu greifen.

Die NBC untersteht dem Ministerium für Auswärtige Angelegenheiten, Information und Rundfunk; ihre Gelder entstammen dem Staatshaushalt sowie Einnahmen aus der Werbung. Letztere spielen allerdings eine eher untergeordnete Rolle: nach wie vor ist die Wirtschaft Namibias ohne den starken Nachbarn im Süden nicht funktionsfähig, und es gibt nur wenig eigene Industrie. Sogar der Handel liegt fest in südafrikanischer Hand.

Es gibt keine Rundfunk-, dafür aber Fernsehgebühren. Vom Jahresetat der NBC erhält der Hörfunk nur ungefähr die Hälfte (und das DHFP davon wiederum nur einen Bruchteil), obwohl 90 % der Einwohner Namibias über UKW Radio hören können und damit potenzielle Hörer, nicht aber Fernsehzuschauer sind. Dieses Ungleichgewicht beeinträchtigt die Wirkung des Hörfunks – und das gilt sicherlich nicht nur für Namibia.

Als nach der Unabhängigkeit erkennbar wurde, dass das DHFP – auch finanziell – einen schwereren Stand haben würde, gründeten ehemalige Mitarbeiter und kulturell Interessierte die »Hörerinitiative«, die Monat für Monat für einen (kleineren) Teil der Kosten des DHFP aufkommt. Sie finanziert sich durch Mitgliedsbeiträge und namibische Spender und hat den Vorteil, dass sich ihre Mitglieder dem DHFP sowohl verpflichtet als auch verbunden fühlen. Nicht selten werden über Mitglieder und Vorstand direkte Prgrammvorschläge gemacht oder auch Kritik angebracht. Zahlenmäßig kann sich die Hörerinitiative ebenfalls sehen lassen; über eintausend Mitglieder sind eingetragen.

Auch in Namibia machen die privaten dem öffentlich-rechtlichen Sender Konkurrenz: während es zu Zeiten der Unabhängigkeit einen einzigen NBC-Fernsehkanal gab und außer den diversen NBC-Hörfunkabteilungen nur einen privaten von der afrikaansen Nederduits-Gereformeerde Kerk finanzierten Privatsender, können Hörer und Zuschauer nun aus einer Vielzahl von privaten Rundfunk- und Fernsehanbietern wählen. Besonders die über Satellit empfangenen deutschen Fernsehprogramme haben dem DHFP geschadet, zumindest in den Städten, wo sie empfangen werden können. Die Vielfalt hat jedoch ihren Preis: das deutsche Fernsehen kommt als Pay-TV in namibische Haushalte. Dennoch verkommt das DHFP nicht zu einem Sender für finanziell Schwächere: zumindest tagsüber ist es nach wie vor Treffpunkt, Informationsbörse, Unterhalter.

Eine bedeutende Problematik kommt mit dem Wechsel der Generationen: dem DHFP fällt es schwer, auch junge Hörer anzusprechen – vornehmlich wegen seines hohen Anteils am gesprochenen Wort, aber auch gerade auf Grund der eingangs angesprochenen inhaltlichen Mixtur, die es möglichst Vielen Recht machen will. Dieser Aspekt ebenso wie die erfolgreiche Umsetzung von deutschen gedanklichen Zusammenhängen, die in namibischen Bezug zu bringen sind: das ist die große Herausforderung, die das Deutsche Hörfunkprogramm an sich selbst und seine Hörer stellt.

Die Mitarbeiter des Deutschen Hörfunkprogramms der NBC im Juni 2001: V.l.n.r. Irene Eysselein (Sekretärin), Gabriele Moldzio, Freddy Frewer, Imke Stoldt, Annemarie Brell, Wilfried Hähner, Nangula Hishoono, Michaela Jaeger und Almute Oehl (Abteilungsleiterin).

nbc FM Coverage - German Service

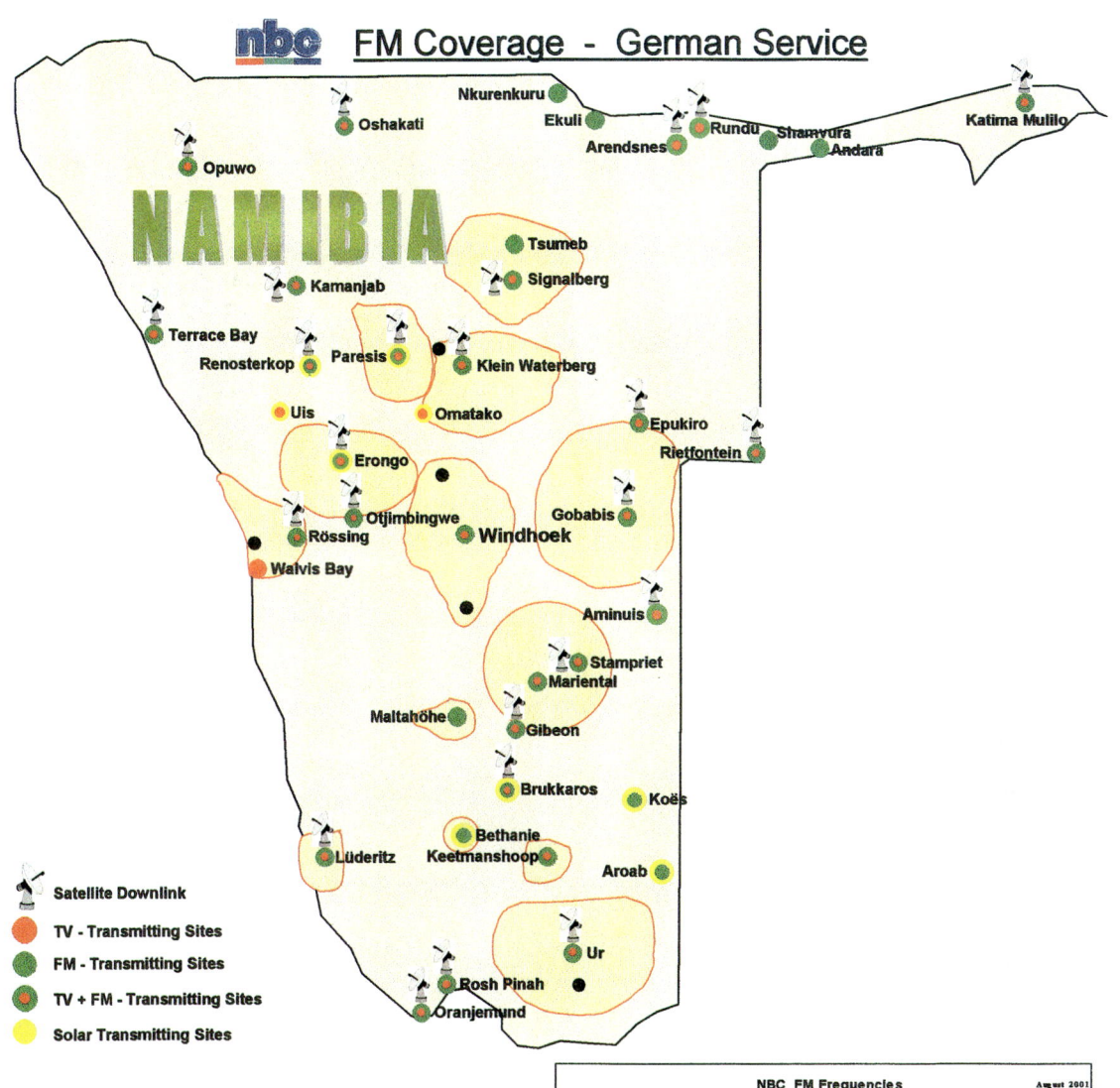

Legend:
- Satellite Downlink
- TV - Transmitting Sites
- FM - Transmitting Sites
- TV + FM - Transmitting Sites
- Solar Transmitting Sites

TV	=	Television
Afr.	=	Afrikaans
Nat.	=	National Radio
Ger.	=	German
Ovam.	=	Oshiwambo
Her.	=	Otjiherero
D/N.	=	Damara / Nama
Kav.	=	Rukavango
Lozi.	=	Lozi
Tsw.	=	Tirelo ya Setswana

Stand: Anfang 2001

NBC FM Frequencies (August 2001)

Station	Afr.	Nat.	Ger.	Ovam.	Her.	D/N	Kav.	Lozi	Tsw.	Ant.Pol.
Aminuis	88.9	92.0			95.2				98.5	V
Andara							106.1			V
Arendsnes		90.1				93.2				V
Aroab	87.9	94.2				104.6				H
Bethanie	88.6	91.7	98.2			101.7				V
Brukkaros	90.2	96.4				106.9				V
Ekuli							94.7			V
Epukiro	91.6	98.1			101.6				105.2	V
Erongo	90.6	93.7	96.9	100.2	103.7	107.3				V
Gibeon						100.7				V
Gobabis	87.6	90.7	93.9		100.7	104.3			95.6	V
Gross Herzog	88.6	91.7	94.9	98.2	101.7	105.3				V
Kamanjab	89.7					106.4				V
Katima Mulilo		92.6						95.8		V
Keetmanshoop	87.6	90.7	93.9	97.2	89.3	104.3				H
Klein Waterberg	89.6	92.7	95.9	99.2	102.7	106.3				V
Koës	88.8	95.1				105.5				H
Lüderitz	89.7	92.8	96.0	99.3						V
Maltahöhe		88.5			94.8	105.2				V
Mariental	87.7	90.8	94.0			104.4				V
Nkurenkuru							105.1			V
Opuwo		91.1		97.6	101.1					V
Oranjemund	90.0	93.1		99.6		106.7				V
Oshakati		87.8		97.4						V
Otjimbingwe					102.3	105.9				V
Paresis	88.7	91.8	95.0	98.3	101.8	105.4				V
Renosterkop	87.9	91.0			101.0	104.6				V
Rietfontein	89.1	92.2			95.4				98.7	V
Rosh Pinah	90.3	93.4		96.6		99.9				V
Rössing	89.7	92.8	96.0	99.3	98.4	106.4				V
Rundu		89.6					95.9			V
Sham vura							94.5			V
Signalberg	87.7	90.8	94.0		97.3	100.8	104.3			V
Stampriet	89.7	92.8	96.0			106.4				V
Terrace Bay		104.3								V
Tsumeb	88.6	91.7	94.9		98.2	105.3				H
Ur	89.8	92.9	96.1			106.5				V
Windhoek Höhe	89.5	92.6	95.8				107.1	93.5	90.4	V

Kunstvereinigung und Nationalgalerie

Adelheid Lilienthal

Für die kunstorientierten Europäer war es ein historisches Ereignis, als 1947 die »SWA Arts Association, Branch of the South African Arts Association« in Windhoek gegründet wurde. Zu diesem Anlass eröffnete Frau Emma Hoogenout, die Gattin des damaligen südafrikanischen Administrators, gleichzeitig im sog. »Zoo-Café« Gebäude eine Gruppenausstellung südwestafrikanischer Maler. In ihrer Ansprache wies Frau Hoogenout darauf hin, dass die Vereinigung der Förderung aller Künste dienen würde, welche auch die Buschmann- und andere Eingeborenenkunst einschlösse.

Diesem Grundsatz ist die Windhoeker Kunstvereinigung auch in den Zeiten des Apartheidsregimes treu geblieben, obwohl das Kunstgeschehen in den folgenden Jahrzehnten ganz durch europäische Kulturvorstellungen geprägt wurde.

Ein vielseitiges Angebot

Bis 1970 war die Kunstvereinigung auch für Musik und Theater verantwortlich. In dieser Zeit gelang es dem sehr aktiven Vorstand, zahlreiche bedeutende Musiker, Tänzer und Theaterleute in das damalige Südwestafrika zu ziehen. Zu den klangvollsten Namen zählten Weltgrößen wie Yehudi Menuhin, Hans Richter-Haaser und Jean Pierre Rampal, oder zum Beispiel das Stuttgarter Kammerorchester, das Ungarische Streichquartett, die Wiener Sängerknaben und die Virtuosi di Roma. Hinzu kamen verschiedene Ballettaufführungen, Theaterstücke, Gesangsabende und Opern.

»Man fühlt sich wie in Europa«, äußerten damals die Besucher aus dem Ausland staunend. Viele der Künstler gastierten auf dem Wege nach Südafrika in den Städten Windhoek und Swakopmund und waren angetan von dem kleinen, aber begeisterten Publikum und der besonderen Gastfreundschaft im damaligen Südwestafrika. Einige, wie der Sänger Heinrich Schlusnus und die Geigerin Edith Peinemann, sind mehrfach im Lande aufgetreten. Auf eine Initiative der Kunstvereinigung hin boten Ende der vierziger Jahre zwei namhafte Künstler in Windhoek Kurse an: der englische Ballett-Tänzer John Cranston und der holländische Geiger Jaap Emner.

Die Kunstvereinigung förderte gleichzeitig anspruchsvolle lokale Produktionen, wie die Auftritte des Amateurtheaters und die Konzerte des Windhoeker Sinfonieorchesters unter der Leitung ihres Dirigenten Willi Frewer. In diesen Jahren waren es enthusiastische Laienspieler und -Musiker, die ohne jegliche Vergütung ihre Freizeit benutzten, um an so unvergesslichen Aufführungen wie »Orpheus in der Unterwelt«, »Zar und Zimmermann« oder der Eigenproduktion »Die Perlenmaske« mitzuwirken. Olga Levinson, langjährige Vorsitzende im Vorstand der Kunstvereinigung, äußerte zu den zahllosen Aktivitäten: »Manchmal wunderte man sich, wie so viel von so Wenigen mit so geringen Mitteln erreicht wurde!« Dazu ist zu erwähnen, dass die Kunstvereinigung finanziell durch Mitgliedsbeiträge, Ausstellungsmieten- und Verkäufe, Spenden und einen kleinen Zuschuss der Regierung getragen wurde. Erst 1988 wurden zur Unterstützung die »Friends of the Arts Association« etabliert.

Seit Anfang des Bestehens der Kunstvereinigung war die Förderung der visuellen Künste eine der wichtigsten und seit den siebziger Jahren ihr einziges Anliegen. Regelmäßige Einzel- und Gruppenausstellungen von Bildern, Skulpturen und Kunstgewerbe machen seither die Besucher der Galerieräume mit lokalen, aber auch ausländischen Künstlern und Kunststilen bekannt.

Es ist weitgehend den Kunstvereinigungen in Windhoek und Swakopmund zu verdanken, dass man in Namibia Einblick in internationale Trends gewinnen kann. Neben dem jährlich sehr reichhaltigen Ausstellungsprogramm gehört zum Angebot auch folgendes:

Safaris: In den Anfangsjahren konnten Mitglieder unter sachkundiger Führung an Touren zu den prähistorischen Felsmalereien, zu den Diamantenfeldern und zu den Naturschönheiten des Landes teilnehmen, lange bevor Tourismusfirmen diese Ziele aufgegriffen hatten.

Ein **Filmclub** der Kunstvereinigung ergänzte in den ersten Jahrzehnten die Auswahl in den Windhoeker Kinos mit europäischen Produktionen und Kulturfilmen.

Die **Ständige Sammlung** *(Permanent Collection)* ist die größte Sammlung namibischer Kunst im Lande. Schon bald nach der Gründung der Kunstvereinigung konnte mittels Schenkungen, Leihgaben und Ankäufen der Grundstein für die Sammlung gelegt werden. Es handelt sich um Werke einheimischer Künstler und von Ausländern, die namibische Themen bearbeiteten. Das älteste Gemälde stammt von 1864. Neben bedeutenden Werken aus den Jahren von 1910 bis 1980 enthält die Ständige Sammlung eine reiche Auswahl an Kunst, die unmittelbar vor und nach der Unabhängigkeit entstanden ist. Besonders im letzten Jahrzehnt des 20. Jahrhunderts konnte außerdem die Sammlung traditionellen Kunstgewerbes entscheidend vergrößert werden. Die Ständige Sammlung wird laufend durch Ankäufe erweitert, wozu ein bestimmter Fonds zur Verfügung steht. Für die Auswahl der Werke ist die Direktion der Nationalen Kunstgalerie und das Sub-Komitee für Kunst zuständig.

Die **Musik- und Kunstbibliothek** entstand 1963 durch die besondere Initiative von Vorstandsmitglied Ruthilde Hillig. Diese im Land einzigartige Musikbibliothek war im sog. Musikzimmer der Kunstvereinigung dem Publikum zugänglich. Der größte Teil der Schallplatten, Notenblätter und Musikliteratur wurde in den neunziger Jahren als »ruthilde Hillig Stiftung« dem Windhoeker Konservatorium übereignet. Die kostbare Beethoven-Sammlung blieb bei der Kunstvereinigung und bildet heute einen Teil der Sammlung von Büchern über Kunst und Architektur in der Nationalgalerie.

Die **Erstellung von Expertisen** ist ein unentgeltlicher Dienst für das Publikum, wobei es um die Wertbestimmung für Verkaufs- und Versicherungszwecke geht.

Der **Weihnachtsmarkt** zog seit 1978 zehn Jahre lang viele Interessenten an, gab es doch im Foyer und in der Hauptgalerie der Erich Lübbert Stiftung ein beeindruckendes Angebot an Christbaumschmuck, qualitativ hochwertigem Kunstgewerbe und deutschem Weihnachtsgebäck. Für die Idee und die alljährliche Organisation war das langjährige Komiteemitglied Ruthilde Hillig verantwortlich.

Die Räumlichkeiten

Zunächst fanden die Aktivitäten der Kunstvereinigung im Zoo-Café Gebäude an der Kaiserstraße, Windhoeks Hauptstraße statt. Da Windhoek in den ersten zwölf Jahren des Bestehens der Kunstvereinigung kein eigenes Theater besaß, wurden Schauspiel, Tanzvorstellungen und Konzerte in Kinosälen und Speiseräumen der Restaurants angeboten. Archivfotos zeigen, wie bedeutende ausländische Künstler beim Schein einer einfachen Stehlampe musizierten.

1960 wurde ein Traum der Vorstandsmitglieder wahr: die glanzvolle Eröffnung des ersten Windhoeker Theaters!

Ein weiteres Ziel konnte 1965 verwirklicht werden: Durch die großzügige finanzielle Unterstützung von Sir Ernest Oppenheimer, Dr. Erich Lübbert und der Administration wurde neben dem Theater, nach Bauhaus-Prinzipien, ein eigenes Kunstzentrum erstellt, die Dr.-Erich-Lübbert-Stiftung. Bis 1990 waren die Namibia Wissenschaftliche Gesellschaft und die Kunstvereinigung gemeinsam in dem Gebäude untergebracht. Nachdem Erstere in eigene Häuser umgezogen war, wurde die Dr.-Erich-Lübbert-Stiftung für reine Galeriezwecke erweitert und umgebaut.

Im heutigen Zustand können das über zwei Stockwerke reichende Foyer, die große Hauptgalerie und die Obere Galerie für wechselnde Ausstellungen genutzt werden. Hinzu kommen zwei Büroräume und die Kunst-Bibliothek. Vom Foyer geht man die Treppe hinunter in die Ausstellungsräume der *Permanent Collection* namibischer Kunst.

Eine neue Attraktion ist der Galerieladen, in dem gutes afrikanisches Kunstgewerbe, Kunstpostkarten, Bücher und Bilder erstanden werden können. Zusätzliche Erweiterungen des Gebäudes sind geplant, um eine größere Werkstatt, mehr Lagerraum und weitere Ausstellungsfläche für die Ständige Sammlung zu gewinnen.

Der Status der Nationalgalerie

Inzwischen ist die Kunstvereinigung wie auch die Dr.-Erich-Lübbert-Stiftung Teil der *National Art Gallery of Namibia* geworden. Im Zuge der Unabhängigkeit Namibias kam der Wunsch nach einer Nationalgalerie auf. Ein entsprechender Antrag ging 1990 an ein hierzu gegründetes Komitee des Ministeriums für Erziehung, Kultur, Jugend und Sport. Das Komitee setzte sich aus Vertretern aller Bevölkerungsgruppen zusammen. Es kam zu dem gleichen Ergebnis wie eine gleichzeitig durchgeführte landesweite Befragung in der Bevölkerung, dass die Kunstvereinigung in Windhoek am ehesten für den Status einer Nationalgalerie geeignet ist, da sie große, professionell ausgestattete Räumlichkeiten für ständige und wechselnde Ausstellungen in der Dr.-Erich-Lübbert-Stiftung besitzt und bereits eine umfassende Sammlung älterer und neuerer Kunst beherbergt. Auch die Lage des Gebäudes in der Mitte der Stadt, an der Ecke der John Meinert Straße und Robert Mugabe Avenue, trug mit zu dieser Entscheidung bei.

Dem Status einer Nationalgalerie Namibias entsprechend ist das Aufgabengebiet erweitert worden.

Die Förderung begabter Namibier

In diesem Bereich ist die Kunstvereinigung schon in den Anfängen ihres Bestehens aktiv geworden. Da an vielen Schulen des Landes aus Mangel an Fachlehrern begabte Schüler kaum gefördert wurden, übernahm die Kunstvereinigung diese Aufgabe: Vorstandsmitglieder hielten Vorträge über Malerei, Schauspiel und Musik an diversen Schulen Windhoeks und im Zoo-Café Gebäude. Schülerkonzerte wurden finanziell unterstützt.

Als die Kunstvereinigung 1955 Mitglied der Internationalen Liga für Jugendkunst wurde, organisierte sie einen Austausch von Kinderkunst zwischen Namibia, den USA und West-Deutschland. Etwas Besonderes waren auch die Fahrten der Kunstvereinigung mit Schülergruppen nach Südafrika, wobei den Jugendlichen ein vielseitiges Kunstprogramm geboten wurde. Sehr aufregend für Schüler der Unterstufe war der einmal jährlich stattfindende »pavement art«-Wettbewerb in den achtziger Jahren. Talentierte Kinder vieler Schulen Windhoeks durften bei Saft und fröhlicher Musik einen Samstagvormittag lang die Bürgersteige vor dem Kunstgebäude bemalen. Das »happening« endete mit der Prämierung der schönsten Bilder.

Den ersten Kunstunterricht für Jugendliche aller Bevölkerungsgruppen erteilten das Vorstandsmitglied und Maler Otto Schröder und der Künstler Joshua Hoabeb bereits ab 1948. Aus gleichen Erwägungen heraus entsendet die Nationalgalerie heute junge Künstler, die an den Schulen Kurse über künstlerische Techniken abhalten. Zusätzlich ist ein Kunsterziehungsprogramm für Schulen initiiert worden, für das ein Fachpädagoge eingestellt wurde.

Um den bestehenden Kunstunterricht an den Schulen zu bereichern, vermittelten Seminare in der Dr.-Erich-Lübbert-Stiftung über viele Jahre Kunstpädagogen neue Ideen für den Umgang mit Themen und Materialien.

Bereits seit den sechziger Jahren werden aus dem sog. »Behnsen Study Fund« der Kunstvereinigung Stipendien an künstlerisch Begabte vergeben. Die Nationalgalerie vermittelt auch die Teilnahme junger Künstler an workshops und Kurse im In- und Ausland.

Regelmäßig finden außerdem allwöchentlich Führungen für Schüler durch die Ausstellungen der Nationalgalerie statt.

Das wohl ambitionierteste Projekt zur Förderung talentierter Namibier ist das *John Muafangejo Art Centre* (JAMAC). Es begann mit einer kleinen Töpferwerkstatt in Katutura. Unter der Schirmherrschaft der Nationalgalerie entstand im Laufe der neunziger Jahre im Zentrum Windhoeks eine gut eingerichtete Kunstschule, in der mittlerweile eine Reihe namhafter lokaler Künstler unterrichtet, darunter bereits ehemalige Schüler des JAMAC.

Eine der Auflagen, die die Regierung der neu gegründeten Nationalgalerie machte, ist die Förderung der Kunst und Kultur in den ländlichen Gebieten. Im vergangenen Jahrzehnt ist die Direktorin der Nationalgalerie, Annaleen Eins, teilweise begleitet von Mitarbeitern oder Vorstandsmitgliedern regelmäßig besonders in die nördlichen Teile des Landes gefahren, um beim Aufbau ländlicher Kunstzentren, bei der Ausrichtung von workshops und bei der Vermarktung der künstlerischen Artikel behilflich zu sein.

Ein Höhepunkt im lokalen Kunstgeschehen ist die seit 1985 stattfindende »Standard Bank Biennale«. Dieser von der Standard Bank finanzierte und von der Nationalgalerie organisierte Kunstwettbewerb beinhaltet zunächst ein Auswahlverfahren in allen Regionen Namibias, bevor dann in Windhoek über die Teilnahme an der großen Standard Bank Biennale Ausstellung und die Wettbewerbssieger entschieden wird. Der Jury gehört immer mindestens ein Vertreter aus den afrikanischen Nachbarstaaten an. Diese Person wird auch zu einem Vortrag oder workshop verpflichtet, um auf diese Weise Austausch und Diskussion über Fragen der Kunst anzuregen.

Die Standard Bank Biennale, die mit großem Aufwand in allen Räumen der Nationalgalerie ausgerichtet wird, gibt immer einen interessanten Überblick über das ganze Spektrum namibischer Kunst, wobei Gemälde, Grafiken, Skulpturen und Fotografie ebenso vertreten sind wie Kunstgewerbe aus ländlichen Gebieten.

Die Nationalgalerie als das wichtigste Kunstzentrum des Landes initiiert und fördert Austauschprogramme mit ausländischen Partnern, Botschaften und Stiftungen.

Für die wertvollen Sammlungen namibischer Kunst – die *Permanent Collection* und die Staatliche Sammlung – wurde ein *Collection Management Programme* initiiert. Mit finanzieller Unterstützung der UNESCO und des namibischen Ministeriums für Erziehung und Kultur konnten die Sammlungen im Computer katalogisiert und archiviert werden.

Mittlerweile ist die Nationalgalerie in Windhoek auch zu einer Touristenattraktion geworden. Das äußerst aktive Zentrum vermittelt mit seinen Ausstellungen und dem Galerieladen einen Eindruck von der multikulturellen Vielgestaltigkeit der Kunst in Namibia.

Kunst im Wandel

Mit Beispielen aus der *Permanent Collection*, Nationale Kunstgalerie Namibias

In Namibia läßt sich die geschichtliche Entwicklung durch die Kunst erfahren. Eine Auswahl hier vorgestellter Werke wird die völlige Neuorientierung in der Kunst in Folge der Unabhängigkeit verdeutlichen.

In den ersten Jahrzehnten des 20. Jahrhunderts etablierte sich in Namibia die realistische Landschaftsmalerei. Pioniere dieser spezifisch südwestafrikanischen Kunstgattung sind Axel Eriksson, Hans-Anton Aschenborn, Carl Ossmann und andere. Diese europäischen Künstler, die in der alten Heimat künstlerisch ausgebildet worden waren, faszinierte das Licht, die daraus entstehenden ungewöhnlichen Farbklänge, die Weite und Einsamkeit der afrikanischen Wildnis. Kein Mensch und keine Siedlung stört die Unberührtheit dieser sonnendurchfluteten Naturdarstellungen. Gelegentlich vorkommende Tiere sind in das Grasland integriert und unterstreichen den Eindruck kontemplativer Ruhe. Eine Ausnahme bildete der Tiermaler Fritz Krampe. Bei ihm rückte afrikanisches Wild, wie Büffel, Elefanten, Löwen oder Geier, formatfüllend in den Mittelpunkt. Statt den paradiesischen Frieden um äsende Gazellen darzustellen, vergegenwärtigte er Kampf, spannungsgeladenes Lauern, Angriff oder das Zerfleischen der Beute in kraftvoll gemalten, dramatisch bewegten Szenen.

Noch bis 1975 wurde jede Kunstausstellung in Namibia durch Naturdarstellungen in Öl-, Aquarell- und Pastellmalerei bestimmt. Fast alle Künstler arbeiteten in der Landschaft, unmittelbar vor dem Motiv. Adolph Jentsch wurde mit seinem meditativen Ansatz der berühmteste Darsteller dieses Genres. Wüstenszenen wie die von Otto Schröder, Joachim Voigts und Arnfried Blatt kamen hinzu.
Diese Bilder wurden begeistert aufgenommen, vergegenwärtigten sie doch objektiv eine noch urzeitliche Landschaft und außerdem das Lebensgefühl der Weißen, die Südwestafrika als geliebte Heimat empfanden.

John Muafangejo aus dem Ovamboland betrat Anfang der siebziger Jahre gewissermaßen durch die Hintertür die eurozentrische Kunstszene Namibias. Seine schwarz-weißen Linolschnitte, die zunächst durch eine private Sammlerin und im Büro der Kunstvereinigung in Windhoek hauptsächlich an Touristen verkauft wurden, enthielten erstmalig eine andere Thematik in einem ungewöhnlichen Stil. Flächig, ornamental, doch gleichzeitig stark erzählerisch handeln seine Bilder vom alltäglichen Leben im Ovamboland, von traditionellen Bräuchen, aber auch von den Folgen des Krieges an der nördlichen Grenze, von Auslegungen der Bibel und von dem Wunsch nach Versöhnung aller Bevölkerungsgruppen Namibias.

Als sich in den achtziger Jahren die politische Loslösung von Südafrika am Horizont abzeichnete, geriet die Bevölkerung Namibias in Unruhe. Die Landschaftsmalerei trat in den Hintergrund zugunsten der Darstellung vom Menschen, seinen Zweifeln oder Träumen angesichts einer sich verändernden Situation. Die Künstlerin Trudi Dicks bringt in ihrer Grafik »Namibia Nite« die latenten Ängste der Europäer vor der Unabhängigkeit zum Ausdruck, während der schwarze Künstler Joseph Madisia in seinen Bildern hoffnungsvoll das »Zurück zu den afrikanischen Wurzeln« beschwört. Der dritte nichtweiße Künstler, der nach Muafangejo und Madisia ab 1987 in den Kunstausstellungen zu sehen war, ist Andrew van Wyk. Auf Grund seines malerischen Talents erfasste er die Atmosphäre in einer Zeit des Aufbruchs afrikanischer Wertvorstellungen.

Die Unabhängigkeit Namibias führte zu einem neuen Selbstwertgefühl der farbigen Bevölkerung. Mit der Gründung von Schulen wie der Kunstabteilung in der Universität, des College of the Arts, des John Muafangejo Art Centres und etlicher Kunstzentren und Heimwerkstätten in den ländlichen Gebieten wurden junge talentierte Schwarze ermutigt und in den Stand gesetzt, sich künstlerisch zu betätigen. Besonders mit dem Medium der Druckgrafik, aber auch in Gemälden und Skulpturen nehmen Künstler – wie Ndasuunje Shikongeni in seiner farbigen Grafik »Africa stop the War« – Stellung zu politischen und allgemein menschlichen Problemen.

Durch internationale Workshops und Kurse, Auslandsstipendien und gemeinsame Ausstellungen findet heute ein Kulturaustausch zwischen den Künstlern aller Bevölkerungsgruppen statt. Europäische Künstler, wie Helena Brandt und Herkules Viljoen, übernehmen afrikanische formale Elemente in ihre Kunst oder arbeiten nach afrikanischen Themen wie die Bildhauerin Dörte Berner. Die schwarzen Künstler Namibias erlernen gängige europäische und internationale Techniken. Die Kunstszene Namibias ist im besten Sinne multikulturell geworden. Hinzu kommen die kunstvoll gestalteten traditionellen Gebrauchsartikel wie Körbe aus Palmblättern, die Wambo- und Caprivi-Keramik, geschnitzte Spazierstöcke und Schüsseln, aber auch bestickte Textilien und als eigene Kunstgattung die kostbaren Karakulbehänge.

Noch immer hat die Natur Namibias ihre herbe Schönheit nicht eingebüßt. Inzwischen haben sich etliche begabte Fotografen der zeitlosen Schönheit der Landschaft angenommen.

Lüderitzbucht, Ernst Vollbehr, 1910, Öl, 60 x 99 cm

Angreifende Büffel, Fritz Krampe, undatiert, Öl, 138 x 180 cm

Ernst Vollbehr (1876–1960)

Künstlerisch in Schwerin, Dresden und München ausgebildet, kam der »Kolonialmaler« 1908 nach Deutsch-Südwestafrika. Er schuf Gemälde und Zeichnungen von den Diamantenfeldern, den Eingeborenenstämmen und der Lüderitzbucht. Vor seiner Abreise nach Europa fand eine Eintagesausstellung seiner Werke in Swakopmund statt, die erste Kunstausstellung im Lande! Seine realistischen, stimmungsvollen Schilderungen sind interessante Zeitdokumente.

Fritz Krampe (1913–1966)

Der gebürtige Berliner studierte Kunst in München und Berlin. Von seinem Wohnsitz in Windhoek aus reiste er in viele Teile Afrikas. Seine Liebe galt seit der Kindheit den Tieren der Wildnis. Die Ölbilder und Lithos von afrikanischen Tieren in Aktion sind das Unmittelbarste und Kraftvollste, das je in dieser Art im Lande geschaffen wurde. Statt anmutig grasender Gazellen bevorzugte er dramatische Szenen mit Elefanten, Löwen, Büffeln, Hyänen und Geiern. Ebenso spontan und lebendig sind die Darstellungen von Menschen.

Adolph Jentsch (1888–1976)

Er studierte Kunst in Dresden, Paris, London und Italien. Die Geburtsstadt Dresden war das Zentrum seines künstlerischen Wirkens, bis er 1938 auf eine Einladung hin nach Namibia reiste und das Land nie wieder verließ. Im Kulturleben Windhoeks spielte er eine bedeutende Rolle. Künstlerisch tätig war er auf der Farm Brak, wo er, in der Stille und Weite der afrikanischen Landschaft, meditierend und malend, zu seinem persönlichen kalligrafischen Aquarellstil fand, der ihn über die Grenzen des Landes hinaus berühmt machte.

Landschaft, Adolph Jentsch, 1956, Aquarell, 23 x 37,5 cm

*Swakop Landschaft
Joachim Voigts,
1969
Aquarell, 47 x 62 cm*

Joachim Voigts (1907–1994)

In Windhoek geboren, verbrachte er Schul- und Studienzeit in Deutschland. In dem Atelier auf seiner Farm entstand ein reiches grafisches Werk an realistisch konzipierten Holzschnitten und Buchillustrationen. Bei seinen Ausflügen in die Namib malte er großflächige Wüstenaquarelle, die in den letzten Schaffensjahren seine Ausstellungen bestimmten.

Dörte Berner (1942)

Die in Posen geborene Steinbildhauerin studierte Kunst in den USA, in der Schweiz und Deutschland. 1966 emigrierte sie mit ihrem Mann, dem Textildesigner Volker Berner, nach Namibia. Außer Tieren gestaltete sie vor allen Dingen ihre kraftvollen, expressiven menschlichen Figuren. Durch ausdrucksstarke Hände und Füße entsteht ein Gegengewicht zu großen gewölbten Flächen, und zusammen mit der Körperhaltung werden Emotionen und menschliche Situationen vermittelt.

*Pietà Afrika
Dörte Berner
Steatit, 76 x 54 x 40 cm*

Joseph Madisia (1954)

Der gebürtige Namibier studierte Kunst an der Universität von Namibia und unternahm Studienreisen nach Indien und Europa. Für seine Grafiken entwickelte er die Cardboard-Drucktechnik, die er als einflußreicher Kunstlehrer weiter vermittelte. In seinen Themen setzt er sich mit tradierten afrikanischen Werten und der Situation im modernen, unabhängigen Namibia auseinander. Die meist bis an den Rand mit symbolhaften Formen gefüllten Grafiken wurden inzwischen durch Reliefs aus Materialien wie Leder, Knochen, Textil und Stein abgelöst.

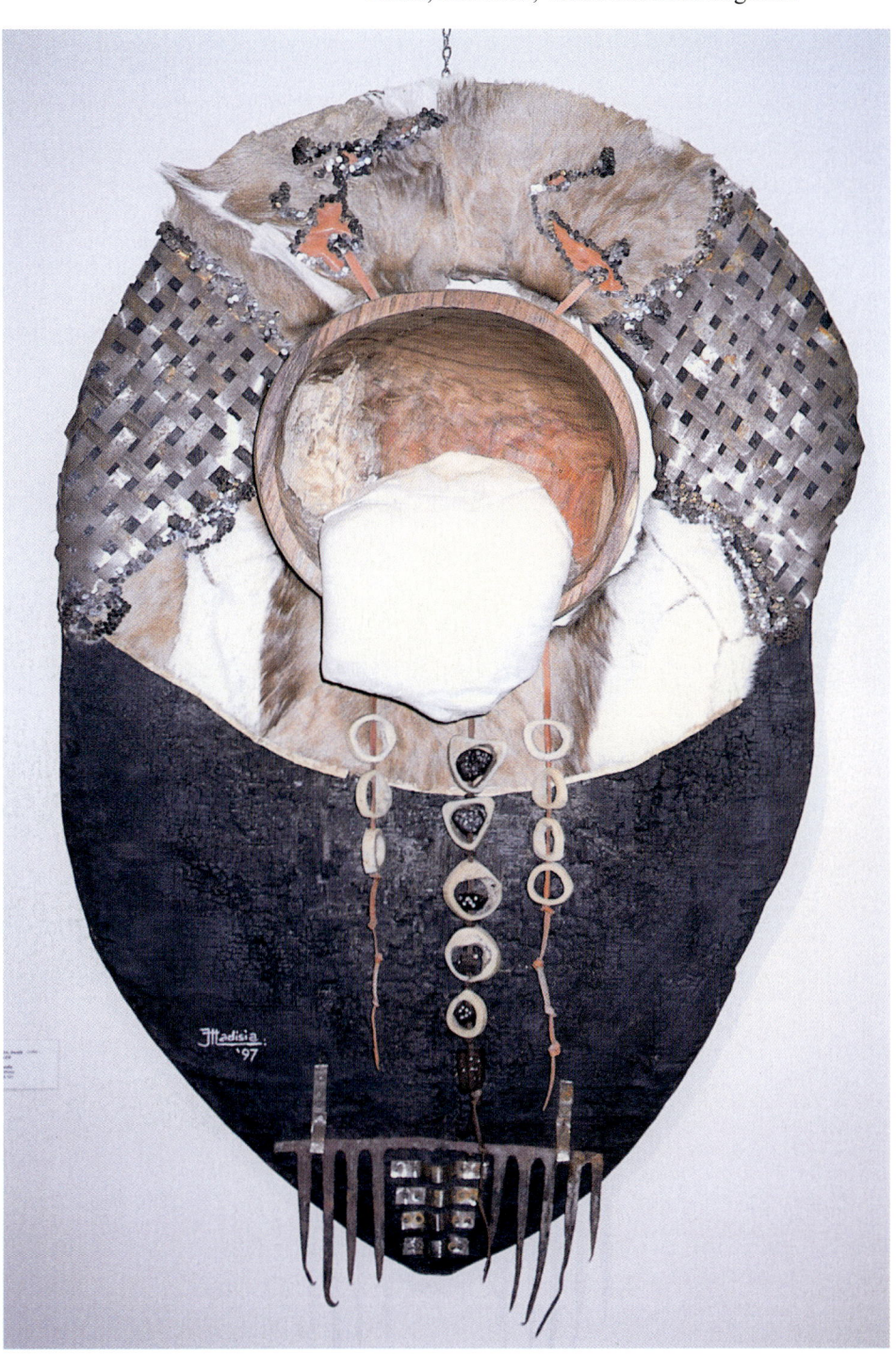

Untitled
Joseph Madisia, 1997
Mixed Media,
123 x 80 cm

John Muafangejo (1943–1987)

Kuanjama Wedding
John Muafangejo, 1972
Linolschnitt, 50 x 35 cm

Der international bekannteste Künstler Namibias erhielt eine künstlerische Ausbildung in Rorke's Drift, Natal. In den schwarzweißen Linolschnitten künden rhythmisch gegliederte, ornamental stilisierte Menschen- und Tiersilhouetten vom Leben und Schicksal des Wambo-Volkes. Seine Kunst atmet den Geist Afrikas, ob es sich um religiöse oder politische Themen, Szenen der Jagd oder Alltagsverrichtungen handelt. Zusammen mit der in die Bildkonzepte integrierten Schrift erreichte er expressive erzählerische Intensität.

Africa stop the War, Ndasuunje Shikongeni, 1993, Cardboardschnitt, 42 x 55 cm

Ndasuunje Shikongeni (1971)

Der gebürtige Namibier studierte Kunst im Franco Namibian Cultural Centre. Er übernahm Joseph Madisias grafische Technik, entwickelte daraus einen eigenen dekorativen, doch erzählerischen Stil. In fast zweidimensionalem Bildraum agieren Menschen und symbolhafte Objekte in unterschiedlichen Größenverhältnissen. Mit seinem Werk, das afrikanische Szenen, aber auch rein ornamentale Kompositionen umfasst, vermittelt er seine Weltanschauung als Rastafaria ebenso wie als Lehrer an der John Muafangejo Art School.

The Life of Africa, Andrew van Wyk, 1991, Öl, 78 x 122 cm

*Gelbes Tier
Hercules Viljoen
1987, Öl, 150 x 151 cm*

Themba Masala (1963)

Der Namibier wurde in Lüderitzbucht bei der Rössing Foundation zum Maler und Grafiker ausgebildet. Unbeeinflußt durch Andere kreierte er einen eigenen malerischen Stil, wobei er die großen gemalten Flächen mit einem Netz feiner Linien und Texturen überzieht. Für seine visionären Bildideen ist häufig das Format in eine untere irdische und obere übersinnliche Sphäre unterteilt. Realistische Formen werden ins Symbolhafte stilisiert. Die Themen sind der Bibel entnommen oder ethischen und mythologischen Ursprungs.

Father and Son
Themba Masala, 1992
Acryl, 131 x 89 cm

Andrew van Wyk (1963)

Der Namibier studierte Kunst an der Universität von Namibia. Er leitet eine eigene Kunstschule in Rehoboth. Die Themen seiner Kunst sind überwiegend dem afrikanischen traditionellen Leben entnommen. Außer Linol- und Cardboardschnitten mit dichten, formenreichen Kompositionen schuf er Gemälde, die neben erzählerischen Elementen durch den Farbklang auch mystische oder lyrische Stimmungen enthalten.

Hercules Viljoen (1957)

Der gebürtige Namibier studierte Kunst in Südafrika. Er leitet die Kunstabteilung der Universität von Namibia. Der vielseitige Künstler schuf Gemälde, Skulpturen und Reliefs. Seine Werke enthalten einen intellektuellen Ansatz in der Auseinandersetzung mit afrikanischen und europäischen Kulturen. Soziale und politische Situationen vermittelt er in seiner Kunst als persönliche Metaphern.

Namibisches Kunstgewerbe aus Holz, Ton, Palmblättern und Makalanipalmen-Nüssen

Die verborgenen Schätze
Der Bergbau

Gabi Schneider

Bergbau ist einer der wichtigsten Wirtschaftsfaktoren in Namibia und hat über die Jahre enorm zur Entwicklung des Landes beigetragen. Die ältesten Reiseberichte von 1761/62 legen bereits Zeugnis davon ab, wie Kupfererz im Süden Namibias abgebaut und verhüttet wurde. Heute liefert der Abbau verschiedener Minerale 12,6% des Bruttosozialproduktes, 50% aller Exporte und damit wichtige Deviseneinnahmen, sowie mehr als die Hälfte aller Steuereinnahmen des namibischen Staates. Der Bergbausektor ist darüber hinaus ein wichtiger Arbeitgeber.

Gegenwärtige Situation

Der mit Abstand wichtigste namibische Rohstoff ist der Diamant. Die bekannten Vorkommen im Südwesten des Landes sind ausschließlich alluvialer Natur, das heißt aus der Verwitterung primärer Kimberlit-Lagerstätten entstanden. Die Diamanten wurden dabei über enorme Strecken von ihrem Ursprung im zentralen südlichen Afrika bis an die Westküste des Subkontinents transportiert. Diesen Transport konnten nur die besten, makellosen Steine überstehen, und daher haben heute 95% aller Diamanten, die in Namibia produziert werden, Schmucksteinqualität. Diese exzellente Qualität der namibischen Diamanten macht sie zu einem äußerst begehrten Objekt, und sie spielen eine unersetzbare Rolle im internationalen Diamantenhandel.

Seit 1928 werden Diamanten in den Strandterrassen bei Oranjemund abgebaut. Dieser Lagerstätte entstammen die meisten der über 70 Millionen Karat Diamanten, die bisher in Namibia produziert wurden, und sie gilt als das reichste Schmuckdiamanten-Vorkommen der Welt. In bis zu vier Aufbereitungsanlagen wurden über die Jahre Milliarden Tonnen von Sedimenten ihrer wertvollen Fracht erleichtert. Beim Abbau werden zunächst die überliegenden Sande entfernt und zum Bau von Kofferdämmen gegen das Meer benutzt. Die darunter befindlichen Sedimente, die die Diamanten enthalten, werden dann bis auf das anstehende Gestein abgebaut und den Aufbereitungsanlagen zugeführt. Durch das Anlegen der Kofferdämme kann der Abbau bis zu 60 m westlich der eigentlichen Küstenlinie und bis zu 20 m unter dem normalen Meeresspiegel stattfinden.

Seit 1990 ist auch die Elisabethbucht-Mine wieder in Betrieb. Sie wurde bereits zwischen 1926 und 1931 ausgebeutet und gewinnt relativ kleine Diamanten aus grobkörnigen Sanden südlich von Lüderitz. Ebenfalls 1990 nahm die Auchas-Mine ihren Betrieb auf, hier werden Diamanten aus den Sedimenten eines Altarmes des Orange Rivers gewonnen.

Trotz dieser regen Bergbautätigkeit an Land ist abzusehen, dass die Diamant-Reserven in einiger Zeit zu Ende gehen werden. Bereits in den 60er Jahren hat man daher damit begonnen, den Abbau von Diamanten vom Meeresboden, wo sie im Zuge ihrer Entstehungsgeschichte ebenso abgelagert wurden wie an Land, zu untersuchen. Heutzutage operiert eine Flotte von 10 Schiffen, die mit hochmodernem technischen Gerät ausgerüstet sind, in namibischen Gewässern. Mit Hilfe von Unterwasserfahrzeugen und riesigen Bohrkronen wird das Sediment vom Meeresboden aufgesaugt, und an Bord dieser Schiffe in Aufbereitungsanlagen sortiert. Das dabei entstehende Diamanten-Konzentrat wird per Hubschrauber an Land transportiert, während das restliche Material wieder dem Meeresboden zugeführt wird. Dieser marine Bergbau stellt eine absolute Pionierarbeit dar und wird nirgendwo in der Welt mit einer solchen Intensität wie in Namibia durchgeführt. Heutzutage ist die gesamte namibische Küste mit Abbau- und Explorationslizenzen belegt. Namibia kann daher zu Recht beanspruchen, weltweit führend im marinen Bergbau zu sein und maßgeblich zu dessen Entwicklung beigetragen zu haben.

Äußerst interessant ist auch die Diversifizierung, die sich auf diesem Sektor abgespielt hat. Während in der Vergangenheit nur eine Firma, die DeBeers-Tochter *Consolidated Diamond Mines Ltd* (CDM), den Abbau der namibischen Diamanten betrieb, finden sich nun im marinen Bereich vier große Firmen und mehrere kleinere Unternehmen. Zahlenmäßig gewinnt der marine Diamantenbergbau ebenfalls immer mehr an Bedeutung: Entstammten 1996 noch 30% der Gesamtproduktion dem Meer, so waren es 1999 bereits 50%.

Uran ist ebenfalls ein wichtiger Rohstoff. Seit 1976 wird er in der Rössing Mine bei Swakopmund abgebaut. Der Erzkörper, der aus einem Granit mit niedriggradiger Uranvererzung besteht, ist in einem der größten Tagebaue der Welt aufgeschlossen. Die Aufbereitungsanlage gewinnt Uranoxyd, das über Walvis Bay verschifft wird. Die anhaltend schlechte Lage auf dem Uranmarkt hat zu Beginn der 90er Jahre dazu geführt, dass die Mine zeitweise nur mit 50% ihrer Kapazität ausgelastet war. Wenngleich die Produktion danach wieder etwas gestiegen ist, konnte die Mine jedoch nur durch strikte Rationalisierungsmaßnahmen wettbewerbsfähig bleiben.

Blick in den Tagebau der Rössing-Uranmine

Der Buntmetallsektor hat eine lange Tradition in Namibia. Wie bereits eingangs erwähnt, wurde Kupfer schon lange vor der Kolonialzeit in Namibia gewonnen. Zahlreiche Kupfer-, Blei- und Zinkvorkommen wurden im Laufe der Zeit erschlossen, von denen die Tsumeb Mine wohl die Bekannteste ist. Diese Mine war einst Grundlage für eines der profitabelsten Unternehmen in der Geschichte Namibias, der Otavi Minen- und Eisenbahngesellschaft (OMEG). Die Mine schloss 1996, nachdem die Erzreserven nach 90-jährigem Abbau aufgebraucht waren. Die Tsumeb Corporation, die seit 2000 der namibischen Ongopolo Mining gehört, betreibt heute jedoch die Kupferminen von Kombat, Khusib Springs und Otjihase, die als Nebenprodukte Blei, Silber, Gold und Pyrit gewinnen. Im Süden des Landes befindet sich die Rosh Pinah Zink-Blei-Silber-Mine, einer der wichtigsten Zink-Produzenten im südlichen Afrika. Eine zweite Zink-Mine westlich von Rosh Pinah wird derzeit entwickelt, und das Explorationspotential für Zink in diesem Landesteil wird allgemein als sehr gut erachtet. Zusammen mit den Zink-Minen im nördlichen Südafrika stellt die Gegend im südwestlichen Namibia somit eine der derzeit wichtigsten Zink-Provinzen der Welt dar.

Obwohl Goldexploration für viele Jahre in Namibia durchgeführt wurde, gelang der Durchbruch erst Mitte der 80er Jahre, als die Gold-Lagerstätte von Navachab westlich von Karibib gefunden wurde. Mit einer ungewöhnlich kurzen Entwicklungsphase von vier Jahren konnte die Mine 1989 in Betrieb genommen werden. Die Vererzung ist zwar niedriggradig, jedoch trotzdem wirtschaftlich, da sie sich für

Eines der Schiffe, mit denen heute vor der Küste Namibias die Diamanten vom Meeresgrund gewonnen werden (Offshore Mining)

Tabelle 1: Produktionsmengen ausgewählter Bergbauprodukte 1990–2000

	1990	1991	1992	1993	1994	1995	1996	1997	1998	1999	2000
Diamanten [ct]	672.837	1.186.874	1.549.260	1.141.352	1.312.348	1.381.757	1.402.129	1.416.334	1.465.959	1.632.860	1.541.747
Uran [st]	3.787	3.185	2.190	1.968	1.896	2.007	2.892	3.425	3.278	3.171	3.201
Kupfer [t]	25.596	31.327	31.285	29.308	27.373	22.530	14.904	17.879	6.500	0	5.070
Blei [t]	18.527	15.176	14.942	10.907	13.142	16.084	15.349	13.577	13.303	9.879	12.115
Zink [t]	37.690	35.420	35.657	17.970	33.575	30.209	34.377	39.658	42.142	37.429	40.266
Pyrit [t]	138.925	126.119	164.190	113.703	121.634	103.140	90.735	94.585	28.174	0	11.967
Gold [kg]	1.605	1.805	2.025	1.953	2.430	2.099	2.145	2.417	1.882	2.008	2.400
Silber [t]	92	91	89	72	62	66	42	41	16	0	17
Salz [t]	157.224	141.368	120.835	132.585	356.865	429.779	355.868	492.780	536.180	503.479	542.948
Flussspat [t]	27.107	27.816	37.680	43.466	52.266	33.559	31.457	23.160	40.685	57.599	66.129
Wollastonit [t]	0	305	416	824	1.309	967	248	194	267	347	441
Lithium-Minerale [t]	1.268	1.192	1.162	793	1.362	2.611	1.971	632	247	0	0
Marmor [t]	12.881	10.031	0	13.359	12.061	16.935	12.673	13.743	9.807	11.221	24.426
Granit [t]	5.437	7.890	7.313	2.952	11.585	4.518	5.218	6.675	6.676	7.222	5.866

ct = Karat, st = short tons, t = tons, kg = Kilogramm
Quelle: *Directorate Mining, Ministry of Mines and Energy*

einen Abbau im Tagebau eignet. Heute produziert die Navachab Mine fast zwei Tonnen Gold jährlich, eine nicht außergewöhnlich große Menge, aber für Namibia von wichtiger Bedeutung.

Industrieminerale spielen eine relativ neue Rolle auf dem namibischen Bergbau-Sektor. Salz wird seit fast 100 Jahren aus Verdunstungspfannen entlang der Küste produziert, die Produktionszahlen erreichten allerdings ihren Höhepunkt erst nach der Eingliederung von Walvis Bay und der Salzfelder im Bereich der Kuisebmündung in namibisches Hoheitsgebiet. Die Okorusu Flussspat-Mine ist ein großer Tagebau nördlich von Otjiwarongo, der diesen wichtigen Rohstoff für die chemische Industrie produziert. Die Mine wurde in den letzten Jahren stark vergrößert und liefert heute 75% des Gesamtbedarfs eines großen europäischen Konzerns. Das Flussspat-Konzentrat wird über Walvis Bay ausgeführt. Wollastonit wird in zwei kleineren Brüchen bei Usakos gewonnen, und bis 1998 wurden Lithium-Minerale in Rubicon bei Karibib produziert.

Der Natursteinsektor hat in den letzten 10 Jahren guten Aufschwung erhalten. Marmor und Granit werden besonders im zentralen Landesteil abgebaut. Die Marmorwerke Karibib haben in eine große Anlage zur Herstellung von Naturstein-Kacheln investiert, und der Absatz ist sowohl lokal als auch nach Übersee gut.

Halbedelsteine spielen eine bedeutende Rolle im Kleinbergbau-Sektor und im informellen Subsistenz-Bergbau. Die Palette namibischer Halbedelsteine umfasst Achat, Amethyst, Aquamarin, Chalcedon, Chrysocoll, Dioptas, Granat, Heliodor, Landschaftsachat, Morganit, Pietersit, Rauchquarz, Rosenquarz, Topas und Turmalin.

Die Produktion der namibischen Minen für den Zeitraum 1990–1999 ist in Tabelle 1 dargestellt.

Die Geschichte des Bergbaus

Namibias älteste Minen wurden um etwa 1850 eröffnet, wenn man von dem oberflächennahen, jahrhundertealten Schürfen der einheimischen Bevölkerung einmal absieht. Es handelt sich um die *Matchless* Kupfer-Mine, die von der *Walvisch Bay Mining Company* ausgebeutet wurde, und die *Natas Gold Mine*, die von Jonker Afrikaner betrieben wurde. Die ersten Entdeckungsreisen nach Namibia waren vornehmlich mit dem Ziel unternommen worden, mineralische Rohstoffe zu finden. So erwartete schließlich auch Adolf Lüderitz, als er 1884 Land bei Angra Pequena, dem späteren Lüderitzbucht erwarb, Diamanten zu finden, eine Hoffnung, die allerdings erst nach seinem Tode in Erfüllung gehen sollte.

Nachdem das heutige Namibia zum Deutschen Schutzgebiet erklärt worden war, begannen die beiden deutschen Geologen Schenck und Gürich im Norden und in den zentralen Landesteilen nach mineralischen Rohstoffen zu suchen. Die Deutsche Kolonialgesellschaft für Südwestafrika (DKG) wurde gegründet und erhielt 1888 alle Bergrechte für das Schutzgebiet. Bereits 1889 veränderte die Deutsche Regierung jedoch diese Regelung und verabschiedete ein Bergrecht, welches dem Staat alle Explorations- und Abbaurechte sicherte. Bis auf den heutigen Tag ist das namibische Bergrecht auf diesem Prinzip aufgebaut. Die Kolonialverwaltung konnte nun Konzessionen vergeben, und ein Bergamt wurde in Otjimbingwe eingerichtet. Zusammen mit der Kolonialverwaltung zog das Bergamt allerdings 1892 nach Windhoek. Da die DKG nicht sonderlich aktiv war, wurden bald verschiedene andere Kolonialgesellschaft gegründet, die zwar gute Intentionen hatten, aber alle unter chronischem Geldmangel litten. So kam es, dass bis in die 90er Jahre des 19. Jahrhunderts praktisch keine spektakulären Funde gemacht wurden. Dies änderte sich, als man zur Finanzierung Mittel aus England in Erwägung zog, wo Kapital für Bergbau im allgemeinen leichter zu erhalten war. 1892 wurde daher in London die *South West Africa Company* gegründet. Mit dem Kapital der South West Africa Company konnten nun verschiedene Expeditionen ausgerüstet werden. Nachdem die South West Africa Company die sogenannte Damaraland-Konzession erhalten hatte, teufte Mathew Rogers die ersten beiden Schächte in Tsumeb ab. Zur gleichen Zeit explorierte Dr. Theophilus Hahn mit seinem *Kharaskhoma Syndikat* im Süden, und Ludwig von Lilienthal gründete die *Hanseatische Land-, Minen- und Handelsgesellschaft*, um Gold in der Gegend von Rehoboth zu suchen. Dr. Georg Hartmann von der *Kaoko Land- und Minengesellschaft* leitete die ersten Expeditionen in den entlegenen Nordwesten des Landes zwischen 1894 und 1897.

In der Zwischenzeit waren die Untersuchungen am Erzkörper von Tsumeb fortgeschritten. Da die South West Africa Company jedoch nicht direkt am Kupferbergbau interessiert war, wurde 1900 in Berlin die *Otavi Minen- und Eisenbahngesellschaft* (OMEG) gegründet. Schließlich wurde 1903 noch die *Gibeon Schürf- und Handelsgesellschaft* ins Leben gerufen, um die Kimberlit-Vorkommen der Gibeon-Gegend auf Diamanten zu untersuchen.

Die OMEG widmete sich zunächst dem Bau einer Eisenbahn von Tsumeb nach Swakopmund, die 1906 fertiggestellt war. Nun konnte mit dem Erzabbau begonnen und das Erz zur Verschiffung zur Küste transportiert werden. Als Arbeitskräfte wurden auch Bergleute aus den Siegerländer Eisengruben in Deutschland angeworben, die in großer Anzahl mit ihren Familien nach Tsumeb übersiedelten. Der erste Leiter der Mine war Gustav Gathmann, ihm folgte später Gustav Bernhard Duft. Bis 1909 betrieb die OMEG in Tsumeb einen Tagebau, danach wurde unter Tage weitergearbeitet. Andere Vorkommen im Otavi-Tal wurden ebenfalls erschlossen. Eine Hütte wurde 1907 in Tsumeb in Betrieb genommen, ihre Unterhaltung war allerdings sehr teuer, da der Brennstoff Holzkohle aus Deutschland eingeführt wurde! Nichtsdestotrotz entwickelte sich die OMEG zu einer der profitabelsten Unternehmungen der namibischen Geschichte und zahlte zwischen 1907 und 1914 alleine 6 Millionen Reichsmark an Dividenden aus.

Die Kahn Kupfer-Mine bei Swakopmund wurde ebenfalls 1906 eröffnet, nachdem ein Anschluss an die Otavibahn gelegt worden war. Der berühmte deutsche Lagerstättenkundler Dr. Paul Ramdohr hatte den Erzkörper untersucht und nach ihm den neuen Lagerstättentyp »Kupfer-Pegmatite vom Typus Khan« benannt. Kupfer wurde weiterhin um 1907 vom Berliner Gorob-Syndikat in der westlichen Namib abgebaut.

Das erste Zinn wurde 1908 bei Omaruru gefunden, daraus entwickelte sich bald ein reger Zinnabbau in der gesamten Gegend um Karibib und Omaruru. Der bekannte deutsche Geologe Dr. Hans Cloos war hier zeitweise beschäftigt. Halbedelsteine, wie Turmalin, Topas, Aquamarin, Heliodor und Dumortierit, wurden ebenfalls in derselben Gegend gewonnen, und insbesondere die Stiepelmann-Mine bei der Spitzkoppe hat es zu großem Ruhm wegen ihrer feinen Halbedelsteine gebracht. Die *Afrika-Marmorgesellschaft* wurde 1909 in Hamburg gegründet und legte die Steinbrüche von Karibib, Dernburg und Etusis an.

In der Zwischenzeit hatte man beim Bergamt in Windhoek auch erkannt, dass eine systematische geologische Landesaufnahme verbunden mit Lagerstättensuche von Nöten war. Die ersten beiden Regierungsgeologen, Dr. Friedrich W. Voit und Dr. Heinrich Lotz, nahmen ihren Dienst 1903 und 1904 in Windhoek auf. Lotz wurde 1906 von Dr. Paul Range abgelöst. In der Zwischenzeit setzten die Geologen J. Kuntz und C. Krause die Pionierarbeit von Hartmann im Kaokoveld fort. Ernst Reuning untersuchte Teile der Namib Wüste im Auftrag der Kaoko Land- und Minengesellschaft, während Ernst Rimann im Auftrag der Hanseatischen Land-, Minen- und Handelsgesellschaft in der Gegend von Rehoboth und Gobabis prospektierte.

Das größte Ereignis im Bergbausektor des kolonialen Namibia war zweifellos der Fund der ersten Diamanten im Jahre 1908 durch den Eisenbahnangestellten Zacharias Lewala bei Kolmanskop neben der Eisenbahnstrecke nach Lüderitz. Er gab die Steine seinem Vormann August Stauch, der sofort große Gebiete absteckte, ohne dabei großes Aufsehen zu erregen. Erst als Range Lewalas Fund bestätigte, brach ein Diamanten-Fieber aus, und im Handumdrehen war das gesamte Gebiet zwischen Marmora und Lüderitz abgesteckt. Stauch und Scheibe fanden dann 1909 die sagenhaft reichen Vorkommen von Pomona, wo man die Diamanten einfach vom Boden auflas. Schnell bildeten sich eine ganze Anzahl von Diamanten-Firmen und chaotische Zustände entwickelten sich, da die Bergrechte teilweise überlappten. Die deutsche Regierung sah sich daher bereits im September 1908 gezwungen, das sogenannte Sperrgebiet zu proklamieren, und gab das alleinige Bergrecht für das gesamte Gebiet der DKG. Diese wiederum vergab Rechte an andere Firmen, und ein blühender Diamanten-Bergbau entwickelte sich. Zwischen 1908 und 1913 wurden mehr als 4,7 Millionen Karat Diamanten im Wert von 150 Millionen Reichsmark produziert. 20% der damaligen Diamanten-Weltproduktion kam aus dem südwestlichen Namibia. Die anfänglich primitiven Abbaumethoden wurden später durch mechanisierte Techniken ersetzt, wobei die Frankfurter Metallgesellschaft AG mit dem Schiechel-Separator einen äußerst wirksamen Apparat zur Trennung der Diamanten von Sediment entwickelte. Eine 70 km lange Schmalspurbahn wurde von Lüderitzbucht nach Süden gebaut, und eine große Aufbereitungsanlage wurde bei Kolmanskop errichtet. In der Zwischenzeit hatten sich Prospektoren, denen das Sperrgebiet nicht mehr zugänglich war, nach Norden orientiert und dort die Vorkommen von Meob und Conception Bay gefunden, die von 1910 an von der *Diamantenfelder Verwertungsgesellschaft* abgebaut wurden. Trotz der Abgeschiedenheit des Gebietes inmitten der Dünen-Namib wurden hier Diamantenfelder mit einem immensen Aufwand an Einsatz und Technik entwickelt.

Geologische Forschung im Diamanten-Gebiet führte zur Entdeckung einer fossilen Fauna durch J. Böhm. Lotz, der zuvor im Regierungsdienst gestanden hatte, trat der neu gegründeten *Deutschen Diamantengesellschaft* bei und wurde schließlich ihr Direktor. Er stellte daraufhin Reuning und Beetz ein, beides Assistenten seines früheren Berliner Kollegen Prof. Ernst Kaiser, um das Sperrgebiet geologisch genauer zu untersuchen. Kaiser kam schließlich 1914 selbst nach Namibia, etwa zur gleichen Zeit, als der bekannte Lagerstättenforscher Hans Schneiderhöhn im Land ankam, um seine Studien des Otavi-Berglandes durchzuführen.

All diese Aktivitäten kamen zu einem abrupten Stillstand, als 1914 der Erste Weltkrieg ausbrach. Es ist jedoch erwähnenswert, dass die Mehrzahl der bis heute in Betrieb genommenen Erzkörper bereits in der Zeit vor dem Ersten Weltkrieg aufgefunden worden ist, wenn auch nicht immer die Mittel zur sofortigen Entwicklung zur Verfügung standen. Die damals durchgeführte Pionier-Arbeit bildet nicht selten noch heute die Grundlage für neue Untersuchungen.

Der Bergbau auf den Diamantenfeldern wurde bereits 1915 fortgesetzt, nachdem die südafrikanischen Unionstruppen in Namibia einmarschiert waren. 1920 vereinigte Sir Ernest Oppenheimer die einzelnen Firmen zur *Consolidated Diamond Mines of South West Africa Ltd* (CDM), lediglich die *Kolmanskop Diamond Mines* blieb unabhängig. 1926 nahm CDM die Elisabethbucht-Mine in Betrieb und baute eine hochmoderne Aufbereitungsanlage. 1927 fand Merensky die Diamant-Vorkommen von Alexander Bay am Südufer des Orange River, und CDM konnte ein Jahr später entsprechende Vorkommen am Nordufer nachweisen. Aus diesem Fund sollte sich später die reichste alluviale Diamanten-Lagerstätte der Welt entwickeln. Oranjemund wurde 1936 gegründet, und CDM zog schließlich 1943 von Lüderitzbucht nach Oranjemund um. In der Zwischenzeit eröffnete F. Knacke die Diamantenfelder zwischen Meob und Conception Bay wieder. Der Abbau dort dauerte bis 1930.

Kaiser und Beetz konnten ihre Studien in der südlichen Namib ebenfalls ab 1915 weiter durchführen und publizierten 1926 das zweibändige Werk »Die Diamantenwüste«. Diese Monographie stellt das umfassendste Werk dar, welches jemals über die Namib geschrieben wurde, und ist bis auf den heutigen Tag ein wichtiges Nachschlagewerk. Leider mussten nach dem Ende des Ersten Weltkrieges 1918 fast alle deutschen Wissenschaftler das Land verlassen, und die geologische Forschung kam fast zum Erliegen.

Die Mine konnte 1921 wieder ihre volle Produktion aufnehmen, nachdem die OMEG ihre Bergrechte behalten hatte. Bei Klein Aub wurde 1927 der erste Schacht unter der Leitung des Deutschen Geologen Dr. Hans Merensky abgeteuft. 1924 baute die OMEG eine Ferrovanadium-Hütte in Deutschland, so dass die Vanadium-Erze von Abenab, Baltika und Berg Aukas ebenfalls abgebaut werden konnten. Die Zeit zwischen den beiden Weltkriegen sah außerdem die Entwicklung der Uis Zinn-Mine, der Krantzberg Wolfram-Mine durch O. Ortner, der Ondundu Gold-Mine und mehrerer kleiner Goldminen im Rehoboth Gebiet.

Angeregt durch die Forschungen von Prof. Cloos kamen 1935 zwei junge deutsche Geologen, Henno Martin und Hermann Korn, ins Land. Während sie zunächst mit der geologischen Aufnahme des Naukluft Gebirges und des Messum-Kraters begannen, versteckten sie sich nach Ausbruch des Zweiten Weltkrieges am Rande der Namib, um nicht Teil des Kriegsgeschehens zu werden. Dort lebten sie unentdeckt über zwei Jahre und führten in dieser Zeit zahlreiche geologische Studien durch.

Nach dem Zweiten Weltkrieg wurde das Eigentum der OMEG verkauft. Während der Diamantenbergbau an Land immer größere Dimensionen erlangte, wurde 1961 der erste Versuch unternommen, Diamanten vom Meeresboden zu gewinnen. Aus diesem Versuch sollte sich der heute so erfolgreiche marine Diamantenabbau entwickeln. Minen wie Kombat, Matchless, Otjihase, Klein Aub, Oamites, Rosh Pinah, Okorusu, Otjosondu, Rubicon, Rössing und Navachab wurden entwickelt. Dr. Henno Martin wurde nach dem Krieg im Regierungsdienst angestellt und setzte seine Studien fort. Als späterer Direktor der Precambrian Research Unit der Universität von Kapstadt und Geologie-Professor an der Universität Göttingen hat er in einmaliger Weise zum Verständnis der Geologie Namibias und damit auch der Entstehung der namibischen Lagerstätten beigetragen.

Namibia hat sich zum fünftwichtigsten Bergbauland auf dem afrikanischen Kontinent entwickelt, und große Summen werden jährlich in die Exploration investiert. Während mineralische Rohstoffe und deren Gewinnung von Anfang an das Leitmotiv für die Entwicklung Namibias waren, kann die herausragende Rolle, die der Bergbau auch heute noch für die Wirtschaft des Landes hat, nicht genug betont werden.

Ausblick

Seit der Unabhängigkeit Namibias 1990 zeigen die Investitionen im Bergbausektor eine steigende Tendenz. Ein modernes Bergrecht, das 1994 verabschiedet wurde, hat mit Sicherheit seinen Beitrag dazu geleistet. Zwar waren die namibischen Kupferminen zwischenzeitlich für zwei Jahre geschlossen, doch die vor kurzem erfolgte Wiedereröffnungen der Bergwerke von Kombat, Khusib Springs und Otjihase sowie der Hütte in Tsumeb verweisen deutlich auf einen positiven Trend. Die Eröffnung einer großen Zinkmine wird derzeit im Süden bei Rosh Pinah vorbereitet. Die hohen Investitionen im marinen Diamantbergbau kurbeln die namibische Wirtschaft an, und 1999 wurden insgesamt 243,7 Millionen N$ in den Bergbau investiert. Das hohe Explorationspotential des Landes zieht nach wie vor internationale Investoren an. Die Ausgaben für Exploration der letzten sechs Jahre gibt Tabelle 2 wieder.

Tabelle 2:
Ausgaben für Exploration 1995–2000

1995	N$	94,8 Mio.
1996	N$	118,4 Mio.
1997	N$	97,1 Mio.
1998	N$	124,0 Mio.
1999	N$	175,0 Mio.
2000	N$	166,8 Mio.

Das Ministerium für Bergbau und Energie leistet dazu mit seinen verschiedenen Abteilungen einen großen Beitrag. Das Geologische Landesamt von Namibia *(Geological Survey of Namibia)* hat eine außergewöhnlich umfangreiche Datenbank, die die Explorations-Ergebnisse von fast einem Jahrhundert enthält, sowie hervorragendes Kartenmaterial. Seit 1994 erforscht diese Behörde das Land mittels hochauflösender Aero-Geophysik und hat seit dieser Zeit eine der umfangreichsten geophysikalischen Befliegungen weltweit durchgeführt. Der Verfügbarkeit dieser Daten ist es unter anderem zu verdanken, dass trotz weltweit gekürzter Explorationsbudgets alle großen international bekannten Explorationsfirmen in Namibia vertreten sind.

Das Bergbau-Direktorat, zuständig für die Vergabe von Lizenzen, hat eine moderne, computergesteuerte Datenverarbeitung zur Verwaltung der Lizenzen. Der Zugriff auf Informationen ist einfach, und Antragsteller erhalten eine Lizenz in der Regel innerhalb von drei Monaten. Namibia profitiert vom Sysmin-Programm der Europäischen Union, und das Ministerium unterstützt den Bergbau mit Mitteln aus dieser Einrichtung. Des weiteren wurde der *Minerals Development Fund* ins Leben gerufen, aus dem der Bergbau einschließlich des Kleinbergbausektors und Fortbildungsmaßnahmen gefördert werden. Ein *Small Miners Assistance Centre* wurde eingerichtet, und die Beteiligung von namibischen Staatsbürgern am Bergbau wird aktiv gefördert.

Mit diesen Maßnahmen und der guten Voraussetzung eines exzellenten Explorationspotentials geht der Bergbau Namibias gestärkt ins neue Jahrtausend. Zwar ist es zweifelhaft, ob der Sektor jemals wieder so hohe Beiträge zum Bruttosozialprodukt liefern kann wie in den 70er Jahren, als der Anteil fast 30% betrug. Dies ist aber nur ein Zeichen dafür, dass die namibische Wirtschaft eine gesunde Diversifizierung durchgemacht hat. Der Rückgang im Anteil des Bergbaues ist relativ, nicht absolut. Die schlechte Preislage auf den internationalen Rohstoffmärkten hat dazu geführt, dass namibische Bergbau-Unternehmen rigorose Programme zur Rationalisierung durchgeführt haben, so dass sie heute gut ausgerüstet sind, um in einem schwierigen Markt bestehen zu können.

Der Anfang war schwer ...

Die ersten Jahre der deutschen diplomatischen Präsenz in Namibia

Harald Ganns

(Aus einem Vortrag am 26.9.1993)

Es trifft sich gut, dass der erste als solcher wirklich zu bezeichnende öffentliche Vortrag nach meiner Rückkehr aus Namibia bei der Deutsch-Namibischen Gesellschaft stattfindet, denn Sie werden sicherlich verstehen, dass ich mich Namibia und damit auch der Deutsch-Namibischen Gesellschaft besonders verbunden fühle.

Das Thema, das mir vorgegeben wurde, lautet: »Deutschland und Namibia, Perspektiven der Zusammenarbeit«. Das heißt also, wenn man es so liest, ein Blick in die Zukunft. Aber das Kleingedruckte ist manchmal auch recht wichtig, und da heißt es: »... koloniale Vergangenheit; deutsche Involvierung in VN-Resolution 435; innenpolitische Diskussionen dazu; Erklärung des Deutschen Bundestages, Namibia zu einem Modellfall deutscher Entwicklungspolitik machen zu wollen; Erwartungen der Bundesregierung, Erwartungen der namibischen Regierung, Erwartungen der Deutschsprachigen in Namibia ...«, also das Kleingedruckte ist relativ reichhaltig. Und deswegen werde ich versuchen, den gefährlichen eingesprungenen Rittberger zu wagen, sozusagen einen Blick zurück in die Zukunft zu tun. Ich werde mich dabei bemühen, objektiv zu sein in meiner Darstellung; aber ein Rückblick auf meine Zeit in Namibia kann natürlich nicht ganz frei sein von Persönlichem, manchmal sehr Persönlichem.

Als am 21. März 1990 – und ich war dabei – im Independence Stadion von Windhuk die südafrikanische Fahne, übrigens mit einigen Minuten Verspätung, eingeholt wurde und die namibische unter großem Beifall am Mast emporstieg, in Anwesenheit von Vertretern aller Herren Länder und unter Beteiligung – ich glaube, das sollte man auch einmal unterstreichen – der namibischen Bevölkerung in all ihren Schattierungen und Facetten, da herrschte in Deutschland unter den Namibia-Freunden eine allgemeine Euphorie. Und diese Euphorie ging quer durch das politische Spektrum, wenn auch sicherlich aus sehr unterschiedlichen Motiven. Die Unabhängigkeit Namibias war erreicht, und diese Unabhängigkeit – ich glaube, das kann man sagen – wurde von der überwältigenden Mehrheit all derer gewünscht, die sich mit Namibia beschäftigt hatten, wenn auch der richtige Weg zu dieser Unabhängigkeit hierzulande sehr umstritten war, je nachdem, welche politischen Verbindungen oder Querverbindungen man zum alten deutschen Südwest hatte oder pflegte.

Die Erwartungen waren unter diesen Vorzeichen der allgemeinen Euphorie sehr hoch, um nicht zu sagen überspannt. Zunächst auf der deutschen Seite: Da gab es die Überzeugung, dass die im Vorfeld der Unabhängigkeit oft zitierte besondere Rolle der Bundesrepublik Deutschland bedeute, dass man eine Art *primus inter pares* sein werde. Die Rahmenbedingungen für eine solche Rolle des Primus schienen aus hiesiger Sicht besonders günstig. Einige dieser Rahmenbedingungen möchte ich Ihnen nennen: Da war einmal ein gewisser Stolz auf Leistungen der Vergangenheit, womit ich verschiedene Leistungen in verschiedenen Epochen der Vergangenheit meine, und deshalb waren sehr unterschiedliche Gruppen auf diese Leistungen stolz. Da gab es die Leistungen im Bereich Infrastruktur und Landwirtschaft, die zweifellos von deutscher Seite mitbestimmt worden waren, zum Teil schon in der fernen Kolonialzeit. Aber es gab auch eine Zusammenarbeit in der Zeit unmittelbar vor der Unabhängigkeit von unterschiedlichen Seiten und unterschiedlichen Gruppen auf unterschiedlichen Flügeln unseres politischen Spektrums. Um zwei Beispiele zu nennen: Denken Sie an die Tätigkeit der Universität Bremen, die sich in erster Linie an eine ganz bestimmte politische Richtung in Namibia wandte, oder denken Sie an die Tätigkeit deutscher Stiftungen, die vor der Unabhängigkeit schon in Namibia tätig waren. Und schließlich gab es die Überzeugung, dass es auch Leistungen der Bundesregierung vor der Unabhängigkeit gegeben habe; ich denke da besonders an unser Engagement bei der Konzipierung, Durchführung, letztlich auch Durchsetzung der bekannten Resolution 435 der Vereinten Nationen und die besondere Rolle, die dabei der frühere Außenminister Genscher spielte.

Ein weiteres Moment, warum man die Voraussetzungen für eine Rolle als *primus inter pares* für besonders günstig hielt, war die Bedeutung der deutschen Wirtschaft in Namibia, verglichen mit dem Riesen nebenan – mit Südafrika – sicherlich eine kleinere quantité fast négligeable, aber doch im namibischen Kontext wichtig; jeder, der einmal in Namibia war, sieht das ja auch ganz offenkundig ad oculos vorgeführt, beispielsweise im Angebot deutscher Waren. Es ist mir kaum ein Land in Afrika südlich der Sahara mit Ausnahme von Südafrika bekannt, wo es noch so viele deutsche Automarken auf den Straßen zu sehen gibt. Und wenn Sie in die Geschäfte gehen, finden Sie dort ein reichhaltiges Angebot deutscher Waren. Die gesamte Geschäftswelt, vor allem im kleineren Handel, ist nach wie vor sehr deutsch bestimmt. Also auch hier die Vorstellung, dass dieses bei unseren künftigen Beziehungen, bei der Zusammenarbeit eine wichtige und positive Rolle spielen werde.

Ein weiteres war die Rolle der deutschen Sprache. Auch hiervon versprach man sich durchaus positive Einflüsse, wobei ich in Klammern hinzufügen möchte, dass die Bedeutung, welche die deutsche Sprache vor der Unabhängigkeit hatte, hier verschiedentlich auch überschätzt wird. Es ist keineswegs so, wenn Sie sich einmal die einschlägigen Gesetzestexte aus der südafrikanischen Zeit anschauen, dass die drei Sprachen Deutsch, Afrikaans und Englisch alle völlig gleichberechtigt gewesen wären. Aber dennoch war Deutsch eine wichtige Umgangssprache, sicherlich eine der wichtigen. Und dann gab es die Gruppe der deutschsprachigen Namibier, von der man natürlich die Erwartung hegte, dass ihre Anwesenheit und ihre Mitarbeit nach der Unabhängigkeit sich hilfreich und positiv auf das künftige deutschnamibische Verhältnis auswirken würde.

Es gab große Pläne. Und für diese großen Pläne gab es politischen Rückenwind aus unserem Parlament, aus den politischen Gruppierungen, aus allen Parteien – und wieder muß ich sagen: wenn auch aus sehr unterschiedlichen Motiven –, es gab diesen Rückenwind querbeet. Vor dem Hintergrund dieser positiven Einstellung gegenüber dem neuen Namibia ist natürlich der berühmte Beschluss des Deutschen Bundestages von Anfang 1989 zu sehen. Eine Debatte über Namibia, ein Land, das es damals noch gar nicht gab, sicherlich ein Sonderereignis im deutschen Parlament. Wo hat es das schon einmal gegeben, dass man sich mit einem einzelnen Lande in Afrika südlich der Sahara im Bundestag so ausführlich beschäftigt? Und es lohnt sich, heute einmal nachzulesen, was damals in der Debatte von den verschiedenen Seiten gesagt worden ist und es zu vergleichen mit dem, was wir heute haben.

Wichtig war die Vorstellung, dass Namibia ein Modellfall für die deutsche entwicklungspolitische Zusammenarbeit werden sollte. Entsprechend hoch war der vom Bundestag geforderte Mittelansatz im Budget des Bundesministeriums für wirtschaftliche Zusammenarbeit in Höhe von 100 Mio. DM für das Jahr der Unabhängigkeit 1990.

Auch die deutsche Wirtschaft wartete auf Namibias Unabhängigkeit. Ich erinnere daran, dass der Bundesverband der Deutschen Industrie (BDI) schon im Jahre 1989 eine für namibische Verhältnisse durchaus größere Delegation nach Namibia schickte in der Annahme, dass man dort eine ganze Reihe von Feldern künftiger Zusammenarbeit, Aktivitäten, Investitionen abstecken könne, und es wurde im Gefolge dieser Delegation auch eine Arbeitsgruppe Namibia gegründet. Von kleineren, aber doch auch wichtigen Dingen am Rande will ich gar nicht einmal reden, z.B. der Vorstellung – auch das gehört zur Wirtschaft –, dass unsere nationale Airline, die Lufthansa, sozusagen am Tage nach der Unabhängigkeit ihren Kranich in Windhuk zeigen würde.

Es bestand bei einigen skeptischeren Gemütern, zu denen ich mich zähle, der Verdacht, dass die Rolle, die man der Bundesrepublik Deutschland in Namibia zugedacht hatte, ein wenig der entsprechen sollte, wie sie Frankreich in seinen Exkolonien innehat, oder anders ausgedrückt: der Botschafter (beinahe hätte ich gesagt der arme Botschafter) als Generalgouverneur, jedenfalls herausgehoben aus der Masse – und in Namibia, in Windhuk, kann man durchaus von Masse sprechen – der übrigen Botschafter.

Aber auch auf der namibischen Seite gab es hohe Erwartungen, vor allem die, dass ein wirtschaftlich so potentes Land in Europa wie die Bundesrepublik Deutschland, das in der Geschichte so stark mit Namibia verbunden war, eine ganz besondere Stellung – und zwar durchaus im quantitativen Sinne – bei der künftigen internationalen Solidarität für den neuen Staat einnehmen werde, dass man also mit aus namibischer Sicht normalen und gerechtfertigten – aus unserer Sicht gewaltigen – DM-Summen dort einsteigen werde. Es gab sogar – dies ist mir verschiedentlich gesagt worden, auch von hoher Stelle – ein wenig die Vorstellung, dass die Bundesrepublik Deutschland vielleicht die Rolle einnehmen und spielen könnte, welche die Republik Südafrika vor der Unabhängigkeit gespielt hatte, d.h. als Zuschussgeber, als Helfer beim Stopfen von Budgetlöchern und ähnlichem. Daraus resultierte dann die Vorstellung, dass die deutsche Hilfe, die ja angekündigt war, möglichst in der Form von verlorenen Zuschüssen und Budgethilfen zur Konsolidierung des künftigen namibischen Haushalts eingesetzt werden könnte. Und es gab – ganz wichtig – natürlich Erwartungen an die damals noch existierende DDR. Denn die DDR, dies war kein Geheimnis, hatte vor, Namibia zu einem absoluten Schwerpunkt ihrer Tätigkeit in Afrika zu machen. Wer sich in Windhuk den Haus- und Grundbesitz der Bundesrepublik Deutschland im Jahre 1993 anschaute und sich die Mühe machte festzustellen, wie viel davon im Jahre 1990 der DDR gehörte, der konnte unschwer erkennen, welches der beiden Länder sich besonders stark engagieren wollte.

Soweit zu den Voraussetzungen, den Gedanken, den Vorstellungen, wie sie im März 1990 herrschten. Wie sah nun die Realität aus?

Die euphorischen Erwartungen an die künftigen deutsch-namibischen Beziehungen nach der Unabhängigkeit erwiesen sich recht schnell als Irrtum oder auch – auf einen spezifischen Sektor reduziert – als ein »Hundert-Millionen-DM-Missverständnis«, wie das viele unserer Gazetten nannten. Ich möchte einmal die Situation, wie ich sie vorfand, in den Monaten nach März 1990 aus der sicherlich sehr persönlich gefärbten Sicht des ersten deutschen Botschafters darstellen, die tatsächliche Ausgangslage im Gegensatz zu der Perzeption, wie sie in Deutschland vorherrschte. Diese Ausgangslage führte dazu, dass ich selbst mir vorkam wie der berühmte Mann zwischen allen Stühlen, auf keinem richtig sitzend oder wie jemand, der mühsam von einem Fettnäpfchen zum anderen hüpfte bzw. versuchte, die größeren Fettnäpfchen zu vermeiden und nur in die kleineren zu treten. In der deutschsprachigen Gemeinschaft gab es damals das Wort von der neuen Maßeinheit »ein Ganns = Distanz zwischen zwei Fettnäpfchen«.

Ich will das etwas konkreter darstellen. Zunächst zum Verhältnis zur Regierung, oder wenn Sie es so wollen: zur Hauptregierungspartei SWAPO. Die SWAPO hatte vor der Unabhängigkeit ein korrektes, zum Teil auch gutes, selten freundschaftliches Verhältnis zu Einzelnen oder einzelnen Gruppen in der Bundesrepublik Deutschland; zu den wenigen, die man als Freund betrachtete, gehörte vor allem Hans-Dietrich Genscher, damals Bundesaußenminister. Dies bedeutete aber keineswegs – und ich glaube, das war einer der Fehler, die bei der Planung der künftigen Zusammenarbeit gemacht wurden –, dass nun die neue Regierung Namibias die gesamte Bundesrepublik Deutschland in ihre Arme schließen, dass es über das gute Verhältnis zu Einzelpersonen und Einzelgruppen hinaus ein besonders freundschaftliches oder von Wärme geprägtes Verhältnis geben würde. Zitat eines hochrangigen namibischen Regierungspolitikers: »Wenn es nur die Westdeutschen gegeben hätte, wären wir heute noch im Exil.« Ich möchte gleich in Klammern hinzufügen, dass ich dem energisch widersprochen habe und diese Äußerung für äußerst unfair hielt, denn schließlich waren wir an der Entstehung der VN-Sicherheitsrats-Resolution 435 ganz entscheidend mit beteiligt. Ich zitiere dies hier auch nicht, weil ich mich mit diesem Satz identifizieren würde, sondern nur um Ihnen zu zeigen, wie die Stimmung war. Der Grund dafür liegt auf der Hand. Trotz der guten Beziehungen zu Einzelnen war der SWAPO natürlich nicht verborgen geblieben, dass ein Großteil des deutschen politischen Spektrums und wahrscheinlich auch der deutschen Bevölkerung gegenüber der SWAPO der 70er und 80er Jahre eine abwehrende Haltung einnahm. Die SWAPO war bei uns als kommunistische Terroristenbande verschrien. Ich bin ziemlich sicher, hätten wir damals ein Referendum über die deutsche Namibiapolitik gehabt, dann hätte Herr Genscher eine schmerzliche Niederlage einstecken müssen.

Ich weiß das deswegen so genau, weil ich in jener Zeit, als 435 erfunden wurde, zum Teil dabei war, in New York und an anderen Orten, bei den Gesprächen mit Pik Botha, mit Sam Nujoma u.a., und weil ich dann in meiner Eigenschaft als stellvertretender Pressesprecher auf dem Schleudersitz in der Bundespressekonferenz saß und die deutsche Namibiapolitik hin und wieder auch zu verteidigen hatte. Die wahren Freunde der SWAPO – machen wir uns nichts vor – saßen aus Sicht der SWAPO in der DDR. Mit der DDR hätte man eine Liebesheirat geschlossen, mit uns war man durchaus bereit, in richtiger Definition eigener Interessen eine Vernunftehe zu schließen, mehr nicht. Bekannt geworden und signifikant für die Diskussion und für diese Haltung ist die Debatte um den Zeitpunkt der Eröffnung einer namibischen Botschaft in der Bundesrepublik Deutschland. Selbstverständlich ging man davon aus, dass wir unter den Allerersten wären. Und wir waren dann – je nachdem, wie Sie es sehen und mit Paris staffeln – die Nr. 11 oder 12. Es gab damals eine Menge Anekdoten und kleine Ereignisse, die z.T. auch schmerzlich waren. Ein Beispiel: Ein Vertreter des Landes Bremen fragte den deutschen Botschafter im April 1990 (!), ob er behilflich sein solle, dem Botschafter einen Zugang zur SWAPO zu verschaffen. Ich bin auf dieses sicher gut gemeinte Angebot nicht eingegangen.

Wie sah es mit der Opposition aus? Auch die Beziehungen zu ihr waren durchaus getrübt. Das bezieht sich sowohl auf die »offizielle Opposition«, wie sie in Namibia in britischer Tradition heisst, die Demokratische Turnhallenallianz DTA, aber darüber hinaus auch auf alle, die der SWAPO gegenüber Vorbehalte hatten. Die DTA war verschnupft. Aus ihrer Sicht hatte sie in Bonn, insbesondere im Auswärtigen Amt und durch Bundesaußenminister Genscher, keine adäquate Behandlung erfahren. Was konnte da schon von einem Botschafter zu erwarten sein, der aus dem Hause Genscher kam? Die anderen mit Vorbehalten gegenüber SWAPO waren ohnehin überzeugt, dass unsere gesamte Namibiapolitik der 70er und 80er Jahre von Grund auf falsch war und dass man da wohl kaum erwarten konnte, dass man nun nach 1990 etwas Besseres vertreten werde.

Die Haltung der deutschsprachigen Gruppe war mit der Rolle der Opposition über weite Strecken identisch. Auch hier gab es wohl eine Fehleinschätzung aus der Bundesrepublik Deutschland über die künftige Rolle dieser Gruppe im Sinne einer potentiellen Hilfe für die Gestaltung des bilateralen Verhältnisses. Dabei spielte natürlich eine Rolle, dass die große Mehrheit der deutschsprachigen Minderheit in Namibia mit unserer Namibiapolitik vor 1990 nicht einverstanden war. Es gab Reserven uns gegenüber, und die Stimmung war kühl. Es gab auch falsche Erwartungen an die Bundesrepublik Deutschland und insbesondere auch an ihren Botschafter. Man stellte sich wohl vor, dass die deutsche Botschaft und der Botschafter nunmehr in Namibia in erster Linie die Interessen der deutschsprachigen Minderheit gegenüber der namibischen Regierung zu vertreten hätten, also wie ich das immer etwas spöttisch genannt habe, eine Art *tribal chief*. Die Rückwirkungen sind auch nicht zu unterschätzen, die die reservierte Haltung, manchmal sogar die Ablehnung eines Großteils – ob es die Mehrheit ist, weiß ich nicht – der deutschsprachigen Gruppe gegenüber dem neuen Namibia auf das bilaterale Verhältnis gehabt hat. Denn diese Zurückhaltung oder gar Ablehnung wurde sehr häufig uns zugerechnet. Ich werde nie vergessen, wie ein namibischer Minister eines Tages auf mich zukam und mir sagte: »Was haben Ihre Deutschen da wieder gemacht?«, worauf ich ihm relativ kühl geantwortet habe, dass dies nicht *meine* Deutschen seien, sondern *seine* Deutschen. Es gab auch aus der deutschsprachigen Gruppe heraus – und dies bis heute – eine Unzahl sowohl persönlicher als auch politischer Querverbindungen in die Bundesrepublik Deutschland in einem Ausmaß, das man sich gar nicht so recht vorstellen kann, wenn man es nicht selbst erlebt hat. Diese Querverbindungen waren sehr selten hilfreich, manchmal haben sie meine Arbeit erschwert, sehr häufig gestalteten sie sich störend und ärgerlich. Da gab es Briefe der Herren X, Y und Z aus Namibia an den Bundeskanzler und den Bundesaußenminister über Ereignisse in Namibia, die Darstellung der dortigen Politik aus deren Sicht, und jedesmal war natürlich der Erfolg: Bitte um Stellungnahme an die Botschaft. Ich hätte allein dafür wahrscheinlich eine halbe Referentenstelle gut gebrauchen können. Der Gipfel – um Ihnen zu zeigen, wie eng diese Querverbindungen sind – war allerdings, als ich eines morgens das Hauptorgan der Opposition aufschlug, den »Republikein«, und dort in englischer Übersetzung eine Abteilungsleitervorlage aus dem BMZ an den Minister fand, in der dargestellt wurde, welche Pläne es für die Quantität unserer entwicklungspolitischen Leistungen für das darauffolgende Jahr gab. Sie können sich vorstellen, dass so etwas dem Botschafter vor Ort die Arbeit nicht gerade einfacher macht, insbesondere dann, wenn er vorher öffentlich etwas anderes erklärt hat als das, was in dieser Vorlage stand. Allerdings lacht immer der am besten, der zuletzt lacht, und das war in diesem Fall sicherlich ich.

Auch im Vergleich zu Togo und Kamerun gibt es einen wichtigen Gesichtspunkt, den ich hier anführen möchte bei der Darstellung der tatsächlichen Lage und der möglichen falschen Perzeption dieser Lage in Namibia. Das ist die Bedeutung und der Stellenwert der Kolonialgeschichte – sicherlich für die Gestaltung der aktuellen Beziehungen nicht der allerwichtigste Gesichtspunkt, dennoch wäre man sehr schlecht beraten, wenn man ihn völlig außer Acht ließe. Die Vergleichsmöglichkeit gerade zu Togo und Kamerun hatte ich ja, in beiden Ländern war ich tätig jeweils über mehrere Jahre, in Kamerun als Botschafter. Es gab in beiden Ländern trotz der sicherlich auch dort nicht nur erfreulichen Ereignisse in der Kolonialgeschichte – ich denke insbesondere an Kamerun – doch einen Bonus für Deutschland quer durch die Bevölkerung, vom Präsidenten bis zum Taxifahrer oder vom Ministerpräsidenten bis zum Bauern im Busch. Hier hat sich wohl die normale menschliche Haltung durchgesetzt, dass in der Rückschau manches verklärt wird, Negatives verblasst. In Namibia ist das anders. Die Tatsache, dass die Kolonialherren geblieben waren nach dem Ersten Weltkrieg, hat natürlich die gesamte dortige Atmosphäre beeinflusst und hat das, was in der Kolonialzeit geschehen war, sehr viel lebendiger erhalten, als das in den beiden anderen von mir zitierten Ländern der Fall ist. Gerade Schmerzhaftes und Tragisches hat man in Namibia nicht in dem Maße vergessen oder verdrängt, wie das in den anderen Ländern der Fall ist. Vor diesem Hintergrund war von uns besonderes Fingerspitzengefühl gefragt und Einfühlungsvermögen. Ich scheue mich nicht zu sagen, dass ich dieses sehr häufig vermisst habe.

Diese in Wirklichkeit also sehr schwierige und zunächst in Deutschland – zum Teil übrigens heute noch – falsch eingeschätzte Ausgangslage war ein hervorragender Nährboden für das überproportionale Wachstum einer Reihe von konkreten Problemen, mit denen man einfach rechnen mußte. Diese konkreten Probleme möchte ich Ihnen wenigstens auszugsweise vor Augen führen.

Da war einmal der gesamte Sektor der entwicklungspolitischen Zusammenarbeit. Diese entwicklungspolitische Zusammenarbeit war – zumindest im ersten Jahr, z.T. noch darüber hinaus – eine Geschichte der Informationsdefizite und Missverständnisse. Zunächst ging es um die Instrumente unserer entwicklungspolitischen Zusammenarbeit. Auf der Seite der namibischen Regierung, die ja auch bisher keine Erfahrung hatte mit einer solchen Zusammenarbeit, war Entwicklungshilfe natürlich etwas, das man als Geschenk bekam. Ich möchte in Klammern hinzufügen, dass ich sicher bin, dass auch heute noch ein Großteil unserer eigenen Bevölkerung dieser Überzeugung ist. Warum wollte man Namibia Kredite geben? Wo man sich doch gerade vorgenommen hatte, das Schuldenmachen zu vermeiden? Einer meiner schwierigsten Momente in den insgesamt schweren ersten Monaten meiner Tätigkeit in Namibia war sicher, als ich – eigentlich in der Absicht, einen schönen Sonntag zu verleben – auf der Farm des damaligen Finanzministers Herrigel im Gespräch mit diesem das ganze Ausmaß dieses Missverständnisses sah, und wir dann, anstatt über seine schöne Farm zu fahren, den ganzen Rest des Tages diskutiert haben, wie wir aus diesem Missverständnis wieder herauskommen könnten. Ich muß Ihnen ehrlich sagen, dass ich damals die gesamte entwicklungspolitische Zusammenarbeit mit der Bundesrepublik Deutschland in Gefahr gesehen habe, denn es bestand ein wenig die Tendenz auf der namibischen Seite: ja wenn das so ist, dann müssen wir uns ernsthaft überlegen, ob wir darauf nicht lieber verzichten.

In einem späteren Stadium kam dann hinzu das Erstaunen, anfangs sogar die Ungehaltenheit, über unsere zugegebenermaßen besonderen schwierigen, umständlichen und langwierigen Verfahren. Es begann die bekannte Diskussion über die Abflussgeschwindigkeit, die sicherlich erklärbar ist zum Neubeginn. Denn es macht natürlich einen Unterschied, ob Sie entwicklungspolitische Zusammenarbeit praktizieren mit einem Land – ich nehme eines, wo ich war – wie Niger, wo eine solche Zusammenarbeit seit 20 oder 25 Jahren besteht. Dort nehmen Sie gar nicht mehr wahr, ob im Jahre 1990 eine Straße gebaut wird aus Mitteln, die bereits 1985 zugesagt wurden. Wenn Sie aber die entwicklungspolitische Zusammenarbeit neu beginnen, gibt es zu Anfang notgedrungenermaßen zunächst einmal einen time-lag, den Sie überwinden müssen. In dieser Zeit ist natürlich insbesondere eine demokratisch gewählte Regierung, die ihren Wählern spätestens bei der nächsten Wahl etwas vorweisen muß, daran interessiert, dass schnell etwas passiert und nicht erst nach fünf, sechs oder acht Jahren. Dies war ein weiterer sehr schmerzlicher Diskussionspunkt. Beides hat in der entwicklungspolitischen Zusammenarbeit zunächst einmal dazu geführt, dass Enttäuschung sowohl auf deutscher als auch auf namibischer Seite vorherrschend war. Diese Verstimmung wurde, das muß man auch sehen, zusätzlich geschürt durch eine Anzahl von Presseberichten, die ich einmal vorsichtig zumindest als nicht besonders gut informiert bezeichnen möchte, und auch durch die Überakzentuierung einer Reihe von Problemen von anderer interessierter Seite.

Wie sah es in der Wirtschaft aus? Auf einen einfachen Nenner gebracht: Ausbleibendes deutsches Engagement führte auch hier zu großer Enttäuschung. Dies war im übrigen und ist weiterhin für die namibische Regierung deshalb so wichtig und schwerwiegend, weil die Regierung ja – was uns sehr aus dem Herzen gesprochen ist – erklärt hatte, dass sie auf private Investitionen besonders setzen wolle und eben nicht darauf, dass sie bis zum Sankt-Nimmerleins-Tag am Tropf der Geber hänge. Dafür braucht man aber nicht nur inländische, sondern aus ausländische private Investitionen, auf die man zu Anfang zumindest vergebens hoffte.

Im Bereich Kultur und Sprache gab es auch Defizite. Schon früh hatte es Gespräche gegeben mit der namibischen Regierung über die Möglichkeit von Förderung des Deutschunterrichts für nichtdeutschsprachige Namibier, vor allem vor dem Hintergrund, dass man nach diversen Erklärungen der SWAPO in der Vorunabhängigkeitszeit befürchtete, dass man auf das Erlernen von Fremdsprachen, darunter auch Deutsch, möglicherweise überhaupt keinen Wert lege und daher gerade Deutsch sehr stark ins Hintertreffen geraten köne. Zu unserer Überraschung und zu unserer Freude war dem keineswegs so. Die Regierung erklärte uns sehr früh, dass sie sehr großes Interesse habe an der Förderung von Deutsch als Fremdsprache. Wenn Sie sich ansehen, was geschehen ist in den ersten Jahren, so ist dies, fürchte ich, enttäuschend. Das gilt auch, unter ganz anderen Vorzeichen, für den Bereich Deutsch als Muttersprache, auf den sich ja vor allem die Erwartungen der deutschsprachigen Bevölkerung richten, d.h. Hilfe für Schulen, für deutschsprachige Medien etc. Hier gab es in früheren Jahren durchaus Aktivitäten von seiten der Bundesrepublik Deutschland, die aber Anfang der siebziger Jahre aus politischen Gründen – wie ich glaube zu recht – eingestellt wurden. Seither herrschte in diesem Bereich Funkstille. Heute sind wir in einer ganz anderen Situation im unabhängigen Namibia: der Kuchen, der zur Verfügung steht, etwa für die Erziehung, muß heute in sehr viel kleinere Stücke geschnitten werden, und das bedeutet natürlich, dass die Kultur und Sprache bisher privilegierter Gruppen, auch der Deutschen, unter Druck geraten. Hier finden mich die deutschsprachigen Namibier – das habe ich auch immer wieder betont – durchaus auf ihrer Seite, wenn ich sage, dass die Bundesrepublik Deutschland hier dringend umdenken und wieder mehr tun muß. Das Problem der Erhaltung des Leistungsniveaus in den Schulen ist sicherlich konkret. Es liegt ja auf der Hand – das ist bei uns genauso –, dass sich die Erhöhung der Schülerzahlen pro Klasse von ca. 20 auf 50, 60 oder mehr auf die Leistungen mit Sicherheit nicht positiv auswirkt. Hier gibt es also eine neue Aufgabe, und wenn wir hier etwas tun, davon bin ich überzeugt, wird das auch den Hang zur verstärkten Mitarbeit bei der deutschsprachigen Gruppe fördern und ihr letztlich auch das Bleiben im Lande, was ich für so wichtig halte, erleichtern.

Im Bereich der Politik gab es in den ersten Monaten und Jahren – und eigentlich noch immer – eine unausgewogene Besuchsdiplomatie, die es uns erschwert hat, überzeugend zu vertreten, was wir immer propagiert haben: dass wir besondere Beziehungen wollen. Es gab und gibt unzählige Besucher in Richtung Namibia. Wir mußten einmal für den Inspektor des Auswärtigen Amtes, der uns im Mai 1992 ins Haus stand, zusammenstellen, wie viele offizielle Delegationen wir im davor liegenden Jahr betreut hatten, und es stellte sich zu unserer eigenen Überraschung heraus, dass in der Zeit vom 1. Mai 1991 bis 30. April 1992 120 offizielle Delegationen mit etwa 250 Mitgliedern aus der Bundesrepublik Deutschland nach Namibia gereist waren. Um Missverständnissen vorzubeugen: Offizielle Delegation heißt natürlich nicht nur Politiker, sondern zu offiziellen Delegationen gehören auch solche der GTZ, der KfW etc., alle die Delegationen, für die die Botschaft verantwortlich war, für die sie das Programm zu betreuen hatte, von der Abholung am Flughafen bis zum Einstieg ins Flugzeug beim Abflug. Viele dieser Delegationen, das möchte ich auch sagen, haben uns natürlich weitergebracht in unserer Zusammenarbeit, viele haben Probleme gelöst, viele haben auch die Atmosphäre verbessert, vor allem wenn es Delegationen hochrangiger Vertreter der Bundesregierung waren. Aber ich sage genauso deutlich, dass manche Delegationen eigentlich nur den Ruf der Botschaft als Reisebüro verbessert haben.

In der Gegenrichtung gibt es dagegen weitgehend Fehlanzeige. Und das liegt nicht etwa am mangelnden namibischen Interesse. Es ist sehr schwer, hochrangige Besucher im Kabinettsrang oder darüber – das wissen Sie alle – nach Deutschland einzuladen und ihnen ein ihrem Rang entsprechendes Programm zu bieten. Hier retten uns in gewisser Weise Zufälle, wie beispielsweise die Einladung des Internationalen Leichtathletik-Verbandes an Ministerpräsident Hage Geingob zu den Weltmeisterschaften in Stuttgart, was sicherlich für unsere politischen Beziehungen von großem Nutzen war. Unsere Probleme der Prioritäten und des Terminkalenders sind mir natürlich bekannt. Jedoch erinnere ich mich, wenn auch dunkel, dass einmal von einem Sonderverhältnis zu Namibia die Rede war.

Es gab auch Sonderprobleme. Eines war der Aufbau der Botschaft selbst, sicherlich keine leichte Aufgabe für eine Vertretung, die nicht so ganz klein war und ist und die fast ein Jahr lang in einem Provisorium an vier verschiedenen Stellen der Hauptstadt Windhuk leben mußte.

Einige Worte zur Situation heute. Der Ministerpräsident sagte mir beim Abschied: »We have come a long way.« Nach schwierigen Jahren von Lernprozessen auf allen Seiten sind wir heute in einer ganz anderen Situation. Die Ausgangspositionen wurden auf beiden Seiten revidiert, zu hohe unrealistische Ansprüche zurückgeschraubt. Es scheint, als sei Normalität eingekehrt. Vor allem aber – und ich glaube, das ist gerade in Afrika besonders wichtig – hat sich die Atmosphäre grundlegend verändert. Die Beziehungen zur Regierung sind heute gut und verständnisvoll. Unsere Beiträge finden Anerkennung. Das war auch die von ihm vielleicht nicht erwartete Erfahrung von Minister Spranger bei seinem Besuch im Jahr 1993, der – auch das mag nach wie vor für die schwierige Perzeption des bilateralen Verhältnisses charakteristisch sein – nach Namibia fuhr unter dem Eindruck, dass es dort weiterhin Probleme im bilateralen Bereich zu klären gebe. In gewisser Weise ist es eine verkehrte Welt, wenn bei meinem Abschied öffentlich vor mehreren hundert Zuhörern der namibische Außenminister in seiner Rede bedauerte, dass das Verhältnis zwischen Deutschland und Namibia noch kein Sonderverhältnis sei.

Auch die Beziehungen zur Opposition sind heute gut und verständnisvoll. Sie ist für uns ein wichtiger Gesprächspartner, ist in alle wichtigen Besuche in Namibia einbezogen. Man nimmt uns heute gerne ab, dass wir den Stellenwert einer demokratischen Opposition im modernen Namibia sehr hoch einschätzen. Die Beziehungen zur deutschsprachigen Minderheit – ich wage das zu sagen – haben sich entkrampft. Natürlich gibt es nach wie vor einen harten Kern, von dem ich spöttisch behauptet habe, er habe den Dankgottesdienst in der Christuskirche organisiert, als sich das Flugzeug mit dem das Land verlassenden ersten deutschen Botschafter endgültig in die Luft erhob. Die Mehrheit – und ich glaube, es ist eine Mehrheit – der kritischen, skeptischen aber konstruktiven Deutschsprachigen ist uns gegenüber heute viel aufgeschlossener, zum Teil nachdenklicher geworden. Es gehörte zu meinen wirklich bewegendsten Erlebnissen, einige – das sage ich jetzt einmal bewusst – Deutsch-Südwester der älteren Generation vor meiner Abreise zu sprechen, die mir sagten: »Wir waren ja mit Ihnen überhaupt nicht einverstanden am Anfang, aber wir haben doch begonnen nachzudenken und sehen heute, dass Sie nicht mit allem Unrecht hatten.«

Ich erwähnte bei der Ausgangslage auch die Kolonialzeit oder, wenn Sie so wollen, die Vergangenheitsbewältigung, die ja sowohl wir hier in der Bundesrepublik Deutschland als auch die deutschsprachigen Namibier durchmachen müssen. Hier wage ich kein Urteil über die derzeitige Situation. Im Grunde wird dieses Thema eigentlich nach wie vor mehr in esoterischen und häufig belächelten oder auch angefeindeten Zirkeln behandelt. Aber es gibt eine ganze Reihe von Beiträgen, zum Teil, das will ich nicht verhehlen, auch angestoßen durch die Botschaft und den Botschafter, mit denen versucht wird, zur *National Reconciliation* in Namibia beizutragen.

In den bilateralen Sachfragen hat sich vieles bewegt, zum Teil bereinigt, teilweise positiv verändert. Im Bereich der Entwicklungszusammenarbeit haben wir wirklich eine ganz besondere Anstrengung unternommen, sind über unseren eigenen Schatten gesprungen in der Konditionenfrage. Auch das Problem des Mittelabflusses ist eigentlich durch Zeitablauf obsolet geworden. Eine einschränkende kritische Bemerkung kann ich mir zum Kapitel entwicklungspolitische Zusammenarbeit dennoch nicht ersparen: Es war die Absicht vieler hier in diesem Lande vor 1990 und vor allem die Absicht vieler Bundestagsabgeordneter, durchaus aus sehr unterschiedlichen Fraktionen, dass wir in Namibia einmal einen Neuanfang unserer entwicklungspolitischen Zusammenarbeit versuchen sollten mit ganz neuen Mitteln und mit neuen Instrumentarien. Daraus ist nichts geworden. Nie ist dies auch nur ansatzweise versucht worden. Schade.

Im Bereich der Wirtschaft gibt es Bewegung, wenn auch geringfügige, oft im Wege einer Echternacher Springprozession, aber immerhin. Vor allem möchte ich hier den Sektor Tourismus nennen, auch im Bereich der Fischerei könnte sich in Zukunft noch einiges tun, von kleineren sogenannten Nischen, in denen Aktivitäten möglich sind, einmal ganz abgesehen.

Im Bereich der Kultur, paradox, paradox, gibt es nach meinem Verständnis – vielleicht liegt das daran, dass ich von Haus aus Germanist bin – die größten Defizite und nicht etwa bei der anfänglich so viel kritisierten entwicklungspolitischen Zusammenarbeit. Erstaunlich ist dies insbesondere vor dem Hintergrund der Anliegen, der Erwartungen, der Bedürfnisse der deutschsprachigen Gruppe in Namibia und auch des Wortlauts des Bundestagsbeschlusses, den man sich daraufhin noch einmal genau ansehen sollte. Man denke zum Beispiel nur an das Stichwort Goethe-Institut, dessen Planung im Moment aufgeschoben ist *ad calendas graecas*.

Das Erfreulichste ist sicher der gute Zustand der politischen Beziehungen, ja ich würde sogar sagen des politischen Einvernehmens. Ich will nicht in die Gefahr des Jahres 1990 oder 1989 geraten und euphorisch werden. Aber das politische Verhältnis ist heute solide und vertrauensvoll. Ich scheue mich – aus Erfahrung klug –, schon von freundschaftlich zu sprechen, wovon Diplomaten immer gern und viel reden. Aber wir sind sicher auf dem besten Wege dorthin.

Zu den Perspektiven möchte ich Ihnen zunächst einige Fakten nennen. Diese Fakten brauchen wir als Grundlage für die Formulierung unserer Interessen und damit auch für die Definition unserer künftigen Politik.

1. Auch bei kritischer Betrachtung: Namibia gilt derzeit als ein Modellfall für den Versuch eines modernen demokratischen Staatswesens in Afrika. Auch wenn man Namibia vergleicht mit anderen Ländern, mit Neuanfängen, mit Demokratisierung in anderen afrikanischen Staaten, ist Namibia mit diesen nicht ohne weiteres vergleichbar. Ich weiß, es gibt dazu auch andere Stimmen. Aber unter den ausländischen Beobachtern in Windhuk, wozu ich in erster Linie meine ja nun auch mit etwas Afrika-Erfahrung gesegneten Botschafterkollegen rechne, gibt es insofern Einigkeit in der Beurteilung.

2. Namibia ist durch sein funktionierendes demokratisches System ein wichtiger Modellfall für andere. Jeder denkt dabei zuerst an Südafrika. Dies tue ich nur bedingt, und zwar, wenn Sie so wollen, bedingt im Negativbereich. Denn ich sage: wenn Namibia scheitert, wird dies in Südafrika sicherlich erhebliche negative Auswirkungen haben. Die Extremisten auf allen Flügeln werden namibische Negativa gern benutzen für ihre Argumentation. Auf der anderen Seite: zu glauben, dass eine Erfolgsstory Namibia schon eine Erleichterung für Südafrika bedeutet, das ist sehr viel verlangt. Die südafrikanischen Probleme sind wesentlich umfangreicher, gewaltiger als die namibischen. Aber wichtig ist die namibische Modellfunktion für andere vergleichbare afrikanische Staaten, vor allem für die jungen Demokratien. Für sie ist Namibia durchaus ein Vorbild und eine Ermunterung. Ein Scheitern Namibias wäre vor allem für sie eine Katastrophe.

Zu diesen beiden Fakten kommt aus unserer Sicht
3. unsere – und ich sage es trotz einiger einschränkender Bemerkungen, die ich gemacht habe – besondere geschichtliche Verantwortung. Ich glaube, das wird mehrheitlich sowohl bei uns, aber auch in Namibia so gesehen und anerkannt. Ich habe es einmal genannt: eine besondere Form verspäteter Versöhnung.

4. Es gibt Erwartungen an uns, Erwartungen nicht nur von namibischer Seite, sondern auch von Dritten, von afrikanischen Staaten, die möchten, dass Namibia eine Erfolgsstory wird, aber auch von unseren Partnern, vor allem unseren Partnern in der Europäischen Gemeinschaft und darüber hinaus. Dort wird erwartet, dass wir für die weitere Entwicklung Namibias eine Mitverantwortung übernehmen.

Vor diesem Hintergrund ist unsere Aufgabe also klar vorgegeben. Es ist unsere Bereitschaft gefordert, dem Experiment Namibia zum Erfolg zu verhelfen. Wie könnten wir dies erreichen? Was müßte geschehen?

1. Konsequente Fortsetzung unserer entwicklungspolitischen Zusammenarbeit. Und hier ist Gefahr im Verzug wegen der Diskussion um unsere finanziellen Möglichkeiten. Es ist auch Gefahr im Verzug insofern, als wir uns nicht dem Risiko aussetzen dürfen, uns unglaubwürdig zu machen, indem wir unsere mit großer Geste verkündeten Kriterien in Namibia – und übrigens nicht nur da – vergessen.

2. Erforderlich ist ein stärkeres Engagement im Kulturbereich, nicht zuletzt mit der Absicht, den

deutschsprachigen Bereich zu stabilisieren und damit indirekt einen Beitrag zur nationalen Versöhnung und damit zur Stabilität und Entwicklung des Landes zu leisten.

3. Wir müssen zielgerichtet, d.h. nicht querbeet und alles, deutsche Wirtschaftsaktivitäten fördern dort, wo erfolgversprechende Aussichten überhaupt vorhanden sind, so bescheiden diese auch bleiben mögen. Auch kleinere Beiträge können bei einer Bevölkerung von 1,4 Mio. von Bedeutung sein und vor allem Arbeitsplätze schaffen.

4. Wir müssen mehr tun zur noch besseren Pflege der politischen Beziehungen beim Anbahnen, Organisieren, Durchführen politischer Kontakte auf hoher Ebene. Ich weiß, dies ist schwierig, die Forderung sollte man vor dem Hintergrund der besonderen Bedeutung des deutsch-namibischen Verhältnisses dennoch stellen. Ich bin bekannt für offene, kritische, auch selbstkritische Worte, daher sage ich Ihnen, wir sind noch weit entfernt von dem, was sein könnte. Die von mir zitierten Worte des Außenministers Theo-Ben Gurirab sind dafür bezeichnend. Manchmal besteht bei mir der Verdacht, dass wir – das ist auch bequemer – besondere Verantwortung, sofern es überhaupt noch ein Thema ist, heute definieren als eine Art Aufsichtsfunktion über das Wohlverhalten einer immerhin demokratisch legitimierten Regierung. Natürlich, das Verhältnis zu Namibia ist etwas Besonderes, es ist sicherlich intensiver als zu einem Lande X oder Y in Afrika, aber es ist nicht so oder noch nicht so, wie Namibiafreunde sich das vor 1990 vorgestellt hatten. Heute, nach drei Jahren der Klärung und des Lernens, wäre die Entwicklung eines besonderen Verhältnisses mit Namibia meines Erachtens nüchterner und rationaler und damit mit mehr Aussicht auf Erfolg möglich als in der reichlich realitätsfernen Euphorie vor 1990. Offenbar ist das aber nicht attraktiv genug, Normalität hat keinen Reiz. Zynisch ausgedrückt: Sollte das Experiment Namibia scheitern, dürfte unser Interesse wieder steigen – die Kosten auch.

Lassen Sie mich zum Schluss wenigstens in einigen wenigen Sätzen die Brücke schlagen von meiner Vision deutsch-namibischer besonderer Verbindung und Zusammenarbeit zu meiner neuen Tätigkeit als Afrika-Beauftragter. In den zehn Leitlinien von Accra, dem greifbaren Ergebnis unserer Botschafterkonferenz im Mai 1993, heißt es: »Ein Ergebnis der Konferenz war, dass wir stärker als bisher unsere Politik nach Leistungen und Erfolgen der Partner differenzieren sollten.« Und weiter: »Staaten, die deutliche politische, menschenrechtliche und wirtschaftliche Erfolge aufzuweisen haben, verdienen unsere besondere Förderung. Wir brauchen afrikanische Vorbilder, die Anreiz für die gesamte Region sind. Wir müssen Erfolg stärker honorieren.«

Namibia ist sicherlich, ob wir das wollen oder nicht, ein Prüfstein dafür, wie ernst solche Aussagen zu nehmen sind. Ich hoffe, dass man in einigen Jahren sagen können wird: am Beispiel Namibia zeigt sich, dass es der Bundesregierung ernst ist mit ihrer Afrika-Politik. Ich werde meinerseits versuchen, dazu einen kleinen bescheidenen Beitrag zu leisten.

Wir alle, die wir uns für die deutsch-namibischen und darüber hinaus für die deutsch-afrikanischen Beziehungen engagieren, brauchen aber auch politische und moralische Unterstützung. Diese erhoffe ich mir auch von Organisationen wie der Deutsch-Namibischen Gesellschaft. Wenn ich Ihnen und Ihrer Arbeit alles Gute wünsche, so verbindet sich damit durchaus auch ein wenig eigenes egoistisches Interesse. Daher sage ich Ihnen mit Nachdruck und mit voller Überzeugung: Auf weitere gute Zusammenarbeit.

DDR-Solidarität mit dem Befreiungskampf

Ein besonderes Kapitel deutsch-namibischer Beziehungen

Hans-Georg Schleicher

Der steinerne Bär vor der Deutschen Höheren Privatschule in Windhoek gibt die Entfernung nach Berlin mit 11.000 km an. Bis 1989/90 schien diese Entfernung für Ost-Berlin viel weiter. Namibia unter südafrikanischer Administration war für die DDR *off limits*. Und dennoch gab es im Osten Deutschlands viele, die sich Namibia und seinen Menschen eng verbunden fühlten. Und so kommt es, dass heute Namibias Außenminister Theo-Ben Gurirab die engen Beziehungen zwischen der SWAPO und der DDR als eine Grundlage für die besonderen Beziehungen seines Landes zum vereinigten Deutschland bezeichnet. Ein anderer SWAPO-Vertreter meint unter Hinweis auf die in der DDR aufgewachsenen namibischen Kinder: Jemand, dem Du Deine Kinder anvertraust, muß ja wohl ein wirklicher Freund sein. Da stellt sich schon die Frage: Was waren das für besondere Beziehungen zwischen der DDR und der SWAPO?

Wurzeln »besonderer Beziehungen«

Bücher können prägend sein. Maximilian Scheers »Schwarz und Weiß am Waterberg« über den Aufstand der Herero und Nama 1904–1907 erschien 1952 in Ost-Berlin. Mitte der 1960er Jahre wurde Horst Drechslers »Südwestafrika unter deutscher Kolonialherrschaft«, später auch ins Englische übersetzt, zu einem wissenschaftlichen Standardwerk. Beide Bücher – das eine populär, das andere als akademische Untersuchung – setzten sich mit der wilhelminischen Kolonialpolitik auseinander und standen für die Tradition, in der sich die DDR sah. Diese Traditionslinie wurde vom Auftreten August Bebels im Deutschen Reichstag Anfang des 20. Jahrhunderts hergeleitet, wo der sozialdemokratische Führer die Politik von Gewalt und Unterdrückung gegen die afrikanische Bevölkerung in Deutsch-Südwestafrika verurteilte. Ganz in diesem Sinne wurde die Solidarität der DDR mit den antikolonialen Befreiungsbewegungen Afrikas als Fortsetzung einer Tradition der deutschen Arbeiterbewegung verstanden.

Neben traditioneller Solidarität spielten in der DDR-Afrikapolitik natürlich auch politisches und ideologisches Kalkül eine Rolle, der Ost-West-Konflikt war unübersehbar. Die afrikanische Unabhängigkeitsbewegung wurde als wichtiger Verbündeter im »weltrevolutionären Prozeß« betrachtet und unterstützt. Zudem glaubte man in Afrika die internationale Isolierung der DDR durch die Hallstein-Doktrin der Bundesrepublik durchbrechen zu können. In beiden deutscher Staaten war die Afrikapolitik deutschlandpolitisch bestimmt, ganz besonders im Falle Namibia.

Im Mai 1960 informierte die DDR-Vertretung im westafrikanischen Conakry, dass Jariretundu Kozonguizi, Führer der SWANU, Ost-Berlin besuchen wolle. Eine Einladung Kozonguizis sei zu empfehlen, weil viele Deutsche in Südwestafrika »beeinflusst von der Adenauer-Regierung glauben, eines schönen Tages werde Südwestafrika ... wieder deutsche Kolonie«. Es bedurfte dieser Argumentationshilfe nicht. Kozonguizi wurde empfangen, ebenso wie später der Führer der SWAPO, Sam Nujoma. Frühzeitig hatte die DDR Kontakt zu beiden Befreiungsbewegungen aufgenommen. Junge Namibier, unter ihnen spätere Politiker wie Moses Katjiuongua und Emil Appolus, weilten zur journalistischen Ausbildung in der DDR, Gewerkschafter und Jugendliche erhielten Ausbildungsplätze. Damals war nicht abzusehen, dass sich ein solches Engagement in absehbarer Zeit politisch auszahlen würde. Gerade deshalb wurde das in Afrika mit Aufmerksamkeit registriert. Damit begann eine drei Jahrzehnte währende Unterstützung des Befreiungskampfes Namibias durch die DDR, die sich bald ausschließlich auf die SWAPO konzentrierte. Andreas Shipanga, einst SWAPO-Funktionär, später als Führer der oppositionellen SWAPO-Demokraten wahrlich keiner Sympathien für die sozialistischen Länder verdächtig, erinnert sich gut, dass SWAPO-Vertreter, die damals bei westlichen Botschaften abgewiesen wurden, in den Auslandsvertretungen der DDR immer willkommen waren. Er erwähnt die Herzlichkeit und

Wärme, die ihn in der DDR, damals seiner »zweiten Heimat«, empfing. Hier sind wohl Wurzeln für das »Besondere« in den Beziehungen der DDR zur SWAPO zu suchen.

Drei Jahrzehnte wachsender Zusammenarbeit

Hatte die DDR auch frühzeitig Beziehungen zur namibischen Befreiungsbewegung hergestellt, so bedurfte es doch eines Prozesses, bis diese voll entwickelt waren. Dabei sind drei Phasen erkennbar:
- 1960–77 mit politischer Zusammenarbeit, Ausbildungsplätzen, propagandistischer Unterstützung und begrenzten paramilitärischen und militärischen Hilfslieferungen;
- 1977/78–1981/82 mit hochrangigen Kontakten, offiziellen Parteibeziehungen SED–SWAPO, massiv verstärkter materieller Hilfe, neuen Formen humanitärer Zusammenarbeit, dem Einsatz von Ärzten und Lehrern in SWAPO-Camps und mit Militär- und Sicherheitskooperation;
- 1982–89/90 mit anhaltend großen Hilfslieferungen, politischer Beratung zu strategischen und konzeptionellen Fragen, dem Einsatz von DDR-Beratern und zielgerichteter Unterstützung bei der Vorbereitung auf Wahlen und Unabhängigkeit.

Bis 1973 war die materielle Hilfe für die SWAPO bescheiden. 1974, als Tausende neuer namibischer Flüchtlinge untergebracht und versorgt werden mußten, Ausbildungsplätze benötigt wurden, reagierte die DDR schnell, erhöhte ihre Unterstützung auf 500.000 Mark und verdoppelte sie noch einmal. Ein Besuch Nujomas in der DDR 1977 leitete eine neue Phase ein – die SWAPO stand damals bereits unter dem Druck der westlichen Verhandlungsinitiative. Die neue Qualität der Kooperation wurde sichtbar, als eine SWAPO-Vertretung mit semi-diplomatischem Status in Ost-Berlin eröffnet wurde. Hinzu kamen 200 neue Ausbildungsplätze, der Einsatz deutscher Lehrer und Mediziner in SWAPO-Camps, die Ausstattung zweier Krankenhäuser, Lebensmittel und Bekleidung, die Zusage von Waffen und Munition sowie Propagandamaterial. Hier zeigten sich auch die Schwerpunkte der Hilfe für die SWAPO. Im Mittelpunkt standen die Flüchtlingscamps in Angola und Zambia. Zelte, Nahrungsmittel, Kleidung, Uniformen der PLAN-Kämpfer, Lastwagen, die Einrichtung der Kindergärten, Schulmaterial und die Ausstattung der Gesundheitszentren im angolani-

SWAPO-Präsident Sam Nujoma bei einem Besuch der DDR mit Vertretern des DDR-Solidaritätskomitees, in der Mitte dessen Präsident Kurt Seibt.

schen Kwanza Sul-Settlement mit ca. 35.000 Flüchtlingen waren zum guten Teil ostdeutscher Herkunft. Dort arbeiteten Lehrer, Ärzte und Krankenschwestern aus der DDR. Ein Kindergarten für 500 Kinder entstand in finnisch-ostdeutscher Kooperation. Die Hilfslieferungen der DDR im humanitären Bereich wurden damals nur von denen der nordischen Länder übertroffen.

Beeindruckt waren die Namibier von der schnellen, unbürokratischen Hilfe in besonders kritischen Situationen. Dr. Shipoh, heute Chef von TransNamib, erinnert sich immer noch an die Namen der DDR-Schiffe, die 1974 Zelte, Decken, Medikamente und Lebensmittel brachten: »Die Lieferungen haben uns buchstäblich vor dem Verhungern gerettet. Die DDR ist damals als erstes Land zur Hilfe gekommen.« Auch Sonderflugzeuge wurden eingesetzt. Solche Hilfsleistungen waren für die Mangelwirtschaft der DDR nicht immer einfach. 1981 mußte bei einem dringenden Hilfsersuchen Nujomas Mehl für die Lager in Angola sogar aus der Staatsreserve genommen werden. Zusätzlich entsandte die DDR ein Schiff zum Transport weiterer Nahrungsmittel.

Ausbildung mit Berufsausbildung, Hoch- und Fachschulstudium, auch Parteischulbesuch sowie die Betreuung und schulische Ausbildung von Kindern und Jugendlichen war der umfangreichste Bereich der Zusammenarbeit. Hier war die DDR wichtigster Partner der SWAPO, sagt Nahas Angula, damals Sekretär für Bildung und Erziehung. Obed Emvula, ehemals SWAPO-Vertreter in Ost-Berlin, schätzt, dass allein 1979–86 mehr als 2.000 Namibier zur Ausbildung in die DDR kamen. Unter 1.400 ausgebildeten Facharbeitern waren Handwerker, Hafenarbeiter, Landwirte, Gastronomen, sogar Flugbegleiter. Zum Wert dieser Ausbildung, vor allem ihrem praktischen Nutzen, differieren die Einschätzungen.

»DDR-Kinder« und die Behandlung Verwundeter

Man trifft sie heute in Windhoek in der Buchhandlung, im Reisebüro, im Café. Die Rede ist von den sogenannten »DDR-Kindern«. Nach dem Überfall südafrikanischer Truppen 1978 auf das Flüchtlingslager Cassinga in Angola mit Hunderten von Toten bat die SWAPO die DDR, 200 namibische Kinder aufzunehmen. Im mecklenburgischen Bellin wurde dazu ein Kinderheim eingerichtet. Später kamen die Kinder in eine Schule in Staßfurt. Über 400 Kinder – etwa 220 von ihnen sehr lange, bis zu 11 Jahren – sind in der DDR aufgewachsen. Einige waren Waisenkinder, andere die Kinder von SWAPO-Funktionären, die im Befreiungskampf standen. Die Befreiungsbewegung verband mit der Ausbildung der Kinder in der DDR auch Vorstellungen von einer künftigen Elite für das unabhängige Namibia; statt dessen wurden aus ihnen »schwarze Deutsche«.

Namibische Kinder auf der Treppe ihres Kinderheimes Schloss Bellin in Mecklenburg-Vorpommern.

Diese Kinder und Jugendlichen gerieten in die Schlagzeilen, als sie 1989 im Wahlkampf in Namibia instrumentalisiert wurden. Nachrichten über ein »erzwungenes Exil« der Kinder erwiesen sich als haltlos, ebenso wie Behauptungen, es handle sich um verschleppte Kinder von Gefangenen der SWAPO. Diese Kampagne führte jedoch – auch infolge der Umbruchsituation in der DDR – zur überstürzten Rückführung der Kinder und Jugendlichen 1990 nach Namibia, wo die notwendigen Voraussetzungen für ihre Integration fehlten.

Da standen sie 1990 auf dem Flughafen bei Windhoek in einer völlig fremden Welt. Die Integration in eine unbekannte Heimat ist ein spezielles Kapitel, das Mühe und Engagement in Namibia sowie Unterstützung aus Deutschland brauchte. »DDR-Kinder« wurden zu einem Begriff in Namibia, teilweise sogar zur Berühmtheit. Die jungen Leute sprechen nicht nur deutsch, ihr Denken, ihr kultureller Hintergrund ist durch die Kindheit in der DDR geprägt. Vielleicht können sie, die faktisch als »schwarze Deutsche« auch von den deutschsprachigen Namibiern akzeptiert werden, auf diese Weise sogar eine Brücke der Verständigung zwischen Schwarz und Weiß in Namibia bilden.

Ein weiteres Kapitel ostdeutscher Hilfe hat sich tief bei vielen Namibiern eingeprägt. Insgesamt 14 ostdeutsche Ärzte sowie eine Reihe von Krankenschwestern arbeiteten in SWAPO-Camps in Angola. Doch die medizinische Versorgung vor Ort reichte nicht aus. Im Juli 1978 brachte eine Interflug-Maschine 40 Opfer des Überfalls auf Cassinga nach Berlin. Oberarzt Dr. Christian Zippel erinnert sich an Schwerverletzte, die mit entsetzlichen Verstümmelungen direkt vom Flugzeug ins Klinikum Berlin-Buch gebracht wurden, unter ihnen eine junge schwangere Frau. Die Kugel hatte das Baby in ihrem Körper knapp verfehlt, es wurde mit Kaiserschnitt zur Welt gebracht. Das durch die Verwundung der Mutter behinderte Kind wurde auf deren Wunsch in einer deutschen Familie betreut und hat später eine Ausbildung in Deutschland erhalten.

Den 40 Verwundeten folgten Hunderte zur medizinischen Behandlung vor allem in Berlin-Buch. Es waren zumeist Schwerverletzte mit notwendigen Amputationen. Diese schnelle und effiziente Hilfe hatte auch eine große psychologische Wirkung – auf die Betroffenen, aber auch für die Organisation. Flüchtlinge erfuhren nach dem Schrecken der Luftangriffe, dass es auch für Schwerverletzte Hoffnung gab, zumal sich an die Genesung eine Rehabilitation durch berufliche Ausbildung anschloss.

Besondere Beziehungen der DDR zur SWAPO – das hat nicht nur mit dem Umfang, sondern auch mit dem Wie der Hilfe zu tun. Das waren Beziehungen zwischen Menschen: in Flüchtlingslagern in Angola und Sambia, an Ausbildungsstätten in Rostock, Leipzig oder Magdeburg, in Krankenhäusern und Rehabilitationsstätten, in Schulen und Kindergärten. Solidarität war in der DDR zwar zentralistisch gesteuert und politisch instrumentalisiert, aber sie war vielen Menschen auch Herzenssache. Als Medien über verwundete Namibier in Berlin-Buch berichteten, gab es spontane Reaktionen. Einzelne Familien, aber auch Organisationen luden Afrikaner zu sich ein, organisierten für sie Ausfahrten, nahmen sie mit in die Kirche, es entstanden persönliche Freundschaften. Ein Aufruf der Zeitschrift »Wochenpost« 1988 zur Spendenaktion für die Solidaritätsstation im Klinikum Berlin-Buch erbrachte auf Anhieb

Einem SWAPO-Kämpfer, der beide Unterschenkel verloren hat, werden Prothesen angepasst.

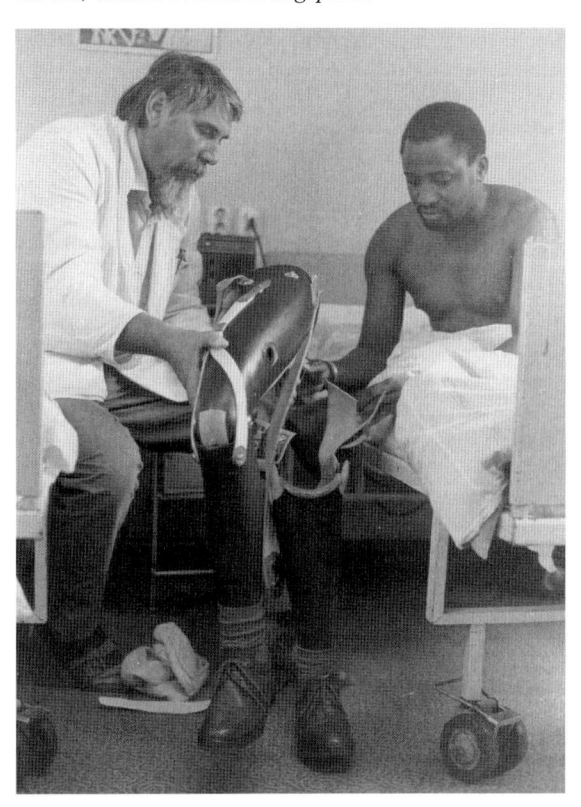

140.000 Mark. Ärzte und Schwestern selbst haben mit persönlichem Engagement Unzulänglichkeiten der ostdeutschen Mangelwirtschaft ausgeglichen und sich über ihre »normale« Arbeit hinaus um optimale Bedingungen für ihre namibischen Patienten bemüht. Der Stationsarzt in Berlin-Buch, Dr. Erich Kwiatkowski, ist bei seinen ehemaligen Patienten in Namibia als Dr. Jesus bekannt. Als 1983 die Kinderzeitschrift »Bummi« DDR-Kinder unter dem Motto »Mein Lieblingsspielzeug« zu Spenden für namibische Flüchtlingskinder aufrief, kamen mehr als 950.000 Spielzeuge zusammen.

Politische Beratung und Militärhilfe

Landete SWAPO-Präsident Nujoma auf dem Flughafen Berlin-Schönefeld – das war seit Anfang der 1970er Jahre mehr als ein Dutzend Mal der Fall –, so konnte er sicher sein, von Erich Honecker empfangen zu werden. Die DDR war für die SWAPO ein wichtiges Land und übertraf in Ausbildungs- und humanitärer Hilfe sogar die Sowjetunion. SWAPO-Vertreter und neutrale Beobachter bezeichnen die Beziehungen zur DDR als besonders eng und herzlich. Theo-Ben Gurirab zufolge sah man die Rolle der DDR und anderer Ostblock-Staaten auch in der Stärkung der Verhandlungsposition der SWAPO mit der westlichen Kontaktgruppe und Südafrika. Ihr Auftreten in der UNO stärkte die Legitimität der SWAPO, die Freunde hinter sich wusste, die als »watchdog« die diplomatischen Bemühungen des Westens kritisch verfolgten. Für den Fall des Scheiterns der Verhandlungen war man sich zudem einer Rückfallposition zur Fortsetzung des Kampfes sicher. Es gab Konsultationen zu strategischen und taktischen Fragen.

Etwas »Besonderes« war wohl auch die Art und Weise des Umgangs, den man miteinander pflegte. Professor Johannes Pilz, als Berater der SWAPO-Führung an der DDR-Botschaft Luanda stationiert, ist in seiner umgänglichen Art ohnehin nicht der Typ des Dogmatikers, wie man ihn sich vorstellt. Dem entsprach auch seine Aufgabe. Er war angehalten, die SWAPO nicht zu bevormunden, er sollte sich auf freimütige Diskussionen, auf Denkanstöße konzentrieren, nicht auf die Vermittlung fertiger Konzepte. Pilz legte seinen Partnern nahe, eigene Vorstellungen zu entwickeln und die DDR nicht zu kopieren. Die Bedingungen in Namibia erforderten stabile demokratische Verhältnisse nach der Unabhängigkeit, nicht irgendeine sozialistische Entwicklung, so Pilz. Er orientierte darauf, sich »keinesfalls nur an die DDR zu hängen, sondern für die Entwicklung der Wirtschaft eines unabhängigen Namibia auch Partner in der Bundesrepublik Deutschland zu suchen«. Es war Mitte der 80er Jahre, und da wurden Beziehungen zu Namibia nicht mehr unter dem Gesichtspunkt deutsch-deutscher Rivalität konzipiert. Prof. Pilz konnte sogar in Richtung einer sinnvollen ost-westdeutschen Kooperation im unabhängigen Namibia nachdenken und entsprechend auftreten. Auch bei Konsultationen in Ost-Berlin wurde der SWAPO in den 1980er Jahren zur Zurückhaltung hinsichtlich sozioökonomischer Veränderungen geraten und auf negative Erfahrungen anderer Länder Afrikas verwiesen. Diese Art der Beratung, frei von Bevormundung und Paternalismus, hat die namibischen Partner beeindruckt und ihr Bild von der DDR mit geprägt. Ausdruck des Vertrauensverhältnisses war auch, dass damals DDR-Vertreter im Auftrag der SWAPO incognito – mit westdeutschen Pässen – Namibia bereisten, um die politische Stimmung zu sondieren und Kontakte zu knüpfen.

Das Engagement der DDR für die SWAPO wurde immer dann verstärkt, wenn sich die Organisation in einer kritischen Phase befand oder mit neuen komplizierten Bedingungen konfrontiert wurde. Mit ihrer Hilfe und der engen politischen Zusammenarbeit hat die DDR – nicht vordergründig, aber doch wirksam – Einfluß ausgeübt, nicht zuletzt durch die Teilnahme hoher und mittlerer SWAPO-Funktionäre an Ausbildungskursen, durch Konsultationen und Kooperation in Schlüsselbereichen. SWAPO-Führer bestätigen das. Minister Hidipo Hamutenya spricht von »policy making« in den Führungskonsultationen. Die Einflussnahme der DDR ging jedoch nicht so weit, in den Gesprächen innere Probleme oder »heiße Eisen« in der SWAPO zu thematisieren. Solche kritischen Diskussionen fanden auf Führungsebene nicht statt, es gab sie jedoch auf Arbeitsebene. Grundsätzlich aber galt das Prinzip der Nichteinmischung in die Angelegenheiten des Partners. Diese Zurückhaltung auf hoher Ebene hat der DDR mögliche Belastungen in den Beziehungen erspart. Ob sie sich allerdings angesichts des bestehenden Vertrauensverhältnisses rechtfertigen läßt, ist mehr als fraglich.

Vereinzelt sieht man sie heute noch in Namibia: olivbraune IFA-LKW vom Typ W 50 und Tarnuniformen »Made in GDR« – Überbleibsel eines anderen Kapitels ostdeutschen Engagements. Weniger im Lichte der Öffentlichkeit, aber nicht ohne Einfluß war die Zusammenarbeit im Militär- und Sicherheitsbereich. Es begann mit der Lieferung paramilitärischer Güter wie Feldflaschen, Luftmatratzen, Campingliegen, Decken, Lebensmittel, Medikamente und medizinische Ausrüstungen. 1974 nahmen Versorgungsleistungen für die SWAPO-Armee PLAN existentielle Bedeutung an, als Tausende junger Namibier ihr Land verließen und viele eine militärische Ausbildung erhielten. Nach dem DDR-Besuch Nujomas 1977 wurden Waffen und Munition für ca. 1,15 Mio. Mark bereitgestellt. Später sagte Honecker Uniformen für 10.000 PLAN-Kämpfer sowie 50 LKW zu.

Um schwere Waffen, um die Ausbildung von 20 Kommandeuren, von Abwehroffizieren und um den Aufbau von Abwehr, Aufklärung und Personenschutz ging es 1979, als eine neue Phase dieser Kooperation begann. Diese Lieferungen waren wichtig für eine neue Militärstrategie der SWAPO. Frühere PLAN-Kommandeure bezeichnen die DDR als einen Hauptlieferanten von Waffen, Ausrüstungen und Versorgungsgütern. Hamutenya ordnet sie hier nach der UdSSR auf dem zweiten Platz ein. General George Meiring, einst Südafrikas ranghöchster Militär, gesteht ein, dass man die Unterstützung der SWAPO durch die DDR sorgfältig beobachtete und deren Ausbildungshilfe vergleichsweise effizient war. Anfang der 1980er Jahre erhielt die SWAPO jährlich Militärhilfe für 1–3 Millionen Mark. Kampfverbände der DDR – wie oft in westlichen Medien kolportiert – waren jedoch zu keiner Zeit in Afrika. 1989, kurz vor der Unabhängigkeit, wurden noch einmal eine größere Zahl von SWAPO-Personenschutzkräften ausgebildet – Vorbereitung auf die Rückkehr der Führung nach Namibia.

Rückkehr nach Namibia, Unabhängigkeit und Übernahme von Regierungsverantwortung spielten schon lange eine Rolle in der Zusammenarbeit. 1981 hatte Nujoma um Hilfe bei der Erarbeitung von Wirtschaftskonzeptionen für die Unabhängigkeit sowie um die Aus- und Weiterbildung namibischer Führungskräfte für Staat und Wirtschaft gebeten. Die DDR entsandte zwei Ökonomen und bildete 15 Wirtschaftskader aus. Künftige SWAPO-Regierungskader, darunter Finanzfachleute, wurden in der DDR in speziellen Kursen geschult. Gemeinsam mit der SWAPO erarbeiteten DDR-Ökonomen eine Wirtschaftskonzeption. Sie empfahlen die Reduzierung der wirtschaftlichen Abhängigkeit von Südafrika, Förderung der Landwirtschaft, eine Umverteilung der Mittel zugunsten des ländlichen Raumes und eine ausgewogene Entwicklung aller Regionen. Es war keine Rede von einer sozialistischen Entwicklung des unabhängigen Namibia. Hier konnten DDR-Experten Flexibilität demonstrieren, die im eigenen Lande selbst nicht mehr gefragt war.

Namibia in den Vereinten Nationen und der UN-Unabhängigkeitsprozess

Es waren nicht die in Südwestafrika lebenden Deutschen, die die DDR veranlassten, sich auch diplomatisch in der Namibia-Frage zu engagieren. Halbherzige Kontaktversuche in diese Richtung waren 1960 wenig erfolgreich gewesen, und Vertreter von SWAPO und SWANU hatten ihrerseits das Bild von der »reaktionären« Haltung und von »faschistischen« Einflüssen unter den Namibia-Deutschen bestätigt. Gründe für das diplomatische Engagement der DDR waren die Unterstützung antikolonialer Befreiungsbewegungen, das Interesse am Mitwirken in der UNO und die Konfrontation mit der Bundesrepublik mit deren besonderem Interesse an Namibia. Ost-Berlin sah eine Lösung des Namibia-Problems in einer international durchzusetzenden politischen Regelung mit Übergabe der Macht an die SWAPO und forderte deshalb die Beendigung der südafrikanischen Okkupation und die Wahrnehmung der völkerrechtlichen Verantwortlichkeit für Namibia durch die UNO.

Als 1974/75 das portugiesischen Kolonialreich zusammenbrach, in Angola und Moçambique »sozialistisch orientierte« Staaten entstanden und der Befreiungskampf in Namibia, Zimbabwe und Südafrika auflebte, wuchs in der DDR die Euphorie über ein »Voranschreiten des revolutionären Weltprozesses« im südlichen Afrika Damals sind erstmals auch ostdeutsche ökonomische Interessen an Namibia thematisiert worden. Die deutsche Minderheit wurde weiterhin primär als Konfliktpotential mit der Bundesrepublik gesehen. Das änderte sich erst in den 1980er Jahren.

Die DDR, die wie die Sowjetunion ursprünglich die von den westlichen Sicherheitsratsmitgliedern vorgelegte Resolution 435 abgelehnt hatte, weil damit der Sieg des Befreiungskampfes der SWAPO verhindert werden sollte, sah sich später in der Situation, die ungeliebte Resolution verteidigen zu müssen, nachdem Südafrika ihre Implementierung mit immer neuen Forderungen belastete und auch die USA eine Hinhaltetaktik verfolgten. Neues Denken in ihrer Afrikapolitik ließ die DDR zudem verstärkt auf politische Lösungen regionaler Konflikte setzen. Bei fortgesetzter Unterstützung für die Befreiungsbewegungen wurden politische Kompromisse befürwortet und durch eigene Aktivitäten unterstützt. Dazu gehörte das Engagement der DDR Ende der 1980er Jahre im UN-Unabhängigkeitsprozess für Namibia.

Mit der Verwirklichung der Resolution 435 hatten Staaten, die sich besonders für den UN-Namibiaplan engagierten, beschlossen, diplomatische Beobachtermissionen nach Windhoek zu entsenden. Dazu gehörte auch die DDR, die nach Überwindung südafrikanischen Widerstandes Ende April 1989 ihre Mission eröffnete. Widerstand kam überraschend auch von sowjetischen Vertretern, die bei Konsultationen in Berlin Beobachtermissionen als de facto-Anerkennung der südafrikanischen Verwaltung Namibias ablehnten. Die DDR ließ sich dadurch nicht beirren, zumal OAU und SWAPO solche Beobachtermissionen geradezu erbeten hatten. Die Sowjets änderten rasch ihre Meinung, auch sie entsandten Beobachter.

Angesichts der Gefahren für den UNO-Plan besonders nach dem Wiederaufflammen der Kämpfe im Norden Namibias in den ersten Apriltagen 1989 waren die internationalen Beobachter in Windhoek fast ohne Ausnahme bemüht, alles zu tun, um den Plan durchzusetzen und die Wahlen nicht zu gefährden. Aufgabe der DDR-Mission war auch die Entwicklung von Kontakten zum gesamten politischen Spektrum Namibias. Als Leiter der Mission wurde ich nach meiner Ankunft in Windhoek von deutschsprachigen Namibiern zur SWAPO befragt und spürte die große Verunsicherung angesichts einer ungewissen Zukunft unter einer möglicherweise von der »marxistischen« SWAPO dominierten Regierung. Als dann die SWAPO-Führung Mitte des Jahres nach Namibia zurückkehrte, hatten auch sie viele Fragen – unter anderem zur Rolle und zur Haltung der Deutschen im Lande. Hier sah ich die Gelegenheit Brücken zu bauen. Angesichts der Bedeutung dieser Bevölkerungsgruppe und unter Berücksichtigung der Interessenlage beider Seiten versuchte ich, Verständnis füreinander zu schaffen, Kontakte zu vermitteln und Vertrauen zu fördern. Unnötige Konfrontationen sollten vermieden werden. Es ging auch um ganz konkrete Fragen, beispielsweise um das von der Otto-Benecke-Stiftung trotz internationaler Sanktionen und gegen den Widerstand der SWAPO erbaute Berufsausbildungszentrum. An einem langen Abend in meiner Residenz in Klein-Windhoek haben SWAPO-Verantwortliche mit dem Vertreter der Benecke-Stiftung zusammengesessen und über die Zukunft des Zentrums beraten. Später wurden in diesem Berufsausbildungszentrum Anpassungskurse für im Ausland ausgebildete namibische Facharbeiter durchgeführt, darunter auch solche, die aus der DDR kamen. In einem anderen Fall habe ich – in diesem Fall als Historiker und Diplomat – ungeachtet eines notwendigen neuen, von kolonialen Verfälschungen freien Geschichtsbildes für das unabhängige Namibia vor überstürzter Bilderstürmerei gewarnt und Sensibilität im Umgang mit dem bisherigen Geschichtsverständnis angemahnt.

1989 hat die DDR das Rückführungsprogramm des UN-Flüchtlingswerkes für namibische Exilanten unterstützt und u.a. mehrere hundert Flüchtlinge per Flugzeug zurückgebracht. Darüber hinaus wurden Zelte für die Auffanglager geliefert und Hilfe bei der Eingliederung der Flüchtlinge geleistet. Der Unterstützung der Verwirklichung der Resolution 435 diente auch der Einsatz eines Kontingents von 30 DDR-Polizeibeobachtern im Rahmen von CIVPOL, der zivilen Komponente der UNTAG Namibia. Zu den Wahlen selbst im November 1989 wurden weitere 25 zivile Wahlbeobachter entsandt, die in Kavango zum Einsatz kamen. Hinzu kamen Vertreter der Evangelischen Kirche der DDR als Wahlbeobachter.

Neben den Aufgaben bei der Beobachtung und Unterstützung des Unabhängigkeitsprozesses bereitete die DDR-Mission Beziehungen zum unabhängigen Namibia vor. Dazu gehörten politische Kontakte, aber auch die Vorbereitung von Wirtschaftsbeziehungen. Solche Ansätze einer neuen Phase in den Beziehungen, nunmehr auf staatlicher Ebene, fanden aufgrund der rasanten Entwicklungen in der DDR 1990 keine Fortsetzung. Die DDR nahm am Unabhängigkeitstag Namibias, dem 21. März 1990, diplomatische Beziehungen auf, sowohl Präsident Nujoma als auch Außenminister Gurirab würdigten diese nachdrücklich und drückten ihre Hoffnung auf eine Fortsetzung der langjährigen Zusammenarbeit aus. Die Botschaft nahe der Schwerinsburg war die letzte DDR-Botschaft, die in der Welt eröffnet wurde. Das Agrément für einen neuen DDR-Botschafter wurde umgehend erteilt, doch angesichts der Entwicklungen in Deutschland reiste ein neuer Vertreter nicht mehr an.

Epilog: Treffen im Wasserturm

Im Mai 2001 besuchte eine deutsche Journalistengruppe in Namibia auch die Farmkooperative »Green Dishes« am Rande von Katutura. Auf 10 ha ehemals kargen Graslandes wird hier mit Bewässerung ganzjährig Gemüseanbau betrieben. Dieses Projekt produziert nicht nur für den Markt in Katutura, sondern vermittelt auch Erfahrungen für andere Projekte im Lande. »Green Dishes« selbst ist ein Beispiel der Kontinuität ostdeutscher Unterstützung für Namibia. Die größte ostdeutsche entwicklungspolitische Nichtregierungsorganisation Solidaritätsdienst International (SODI) hat dieses Projekt aus der Taufe gehoben und mit Technik, Gerät, Baumaterial und Saatgut unterstützt. Nach dreijähriger Förderung durch SODI steht die Kooperative schon lange auf eigenen Füßen. Auch Behinderte und HIV-infizierte Menschen haben hier Einkommensmöglichkeiten gefunden. »Green Dishes« hat inzwischen Töchter in Ovamboland, so in der Siedlung Omboto und in Onakaheke bei Oshakati. SODI unterstützt diese Projekte, in denen vor allem allein erziehende Mütter und Ex-Kämpfer engagiert sind.

SODI als Nachfolger des DDR-Solidaritätskomitees hatte zunächst 1990 ein Stipendienprogramm für 48 Namibier, die noch in Ostdeutschland ausgebildet wurden, zu Ende geführt. Namibia wurde einer der Schwerpunkte der Aktivitäten in Afrika. Dabei lagen den Mitgliedern und Förderern von SODI Kinderprojekte besonders am Herzen. Dazu gehört Halley's Kindergarten für 150 Kinder in Gibeon, der 1992 fertiggestellt und bis 1995 mit Lehr- und Lernmaterialien sowie Lohnkosten unterstützt wurde. In Mariental entstand eine Sozialstation der Methodistischen Kirche mit Kindereinrichtung, Armenküche und Möglichkeiten für Erwachsenenbildung; in Rehoboth ein Mehrzweckzentrum der Methodistischen Kirche für Vorschulkinder, Jugendliche und bildungshungrige Erwachsene; in Windhoek/Khomasdal der Kindergarten »Happy little Toddlers«. Auch hier wird die Einrichtung für Erwachsenenbildung genutzt. SODI finanzierte Trainingskurse in Pädagogik, Gesundheitsfürsorge und Hygiene, gesunder Ernährung und Haushaltsführung für 90 Teilnehmerinnen aus Khorixas, Keetmanshoop und Gobabis.

Durch Anschubfinanzierung für Maschinen und Geräte, Baustoffe und Saatgut wurden neben Landwirtschaftsprojekten eine Kfz-Werkstatt in Gibeon, Nähwerkstätten in Tsumeb und in Windhoek unterstützt sowie bei Oshivelo eine Nähwerkstatt, eine Bäckerei und Wohnhäuser sowie ein Imbiss-Raum und drei Gästehäuser errichtet. Diese Projekte sollen durch konkrete Hilfe zur Selbsthilfe Menschen beim Aufbau einer neue Existenz helfen. Die Verteilung der Projektorte über das ganze Land unterstreicht die Absicht von SODI, der kulturellen und ethnischen Vielfalt Namibias gerecht zu werden. Armut kennt keine ethnischen Grenzen. Ein Schwerpunkt der Arbeit, Projekte zur Re-Integration ehemaliger Flüchtlinge und Kämpfer durch die Schaffung von Arbeitsplätzen in Handwerk und Landwirtschaft, konzentrierte sich jedoch besonders auf den Norden des Landes.

Anregungen zur Zusammenarbeit kommen auch immer wieder aus den zahlreichen persönlichen Bindungen zwischen Ostdeutschen und Namibiern, die im Rahmen der Kooperation der DDR mit der SWAPO entstanden waren und die auch nach den Veränderungen in Namibia und den Wendewirren in Ostdeutschland Bestand haben. Hier gibt es vor allem ein großes Vertrauenspotential. Aus solchen Kontakten sind Projekte und andere Kooperationsformen hervorgegangen, die z.T. über Nichtregierungsorganisationen mit entwicklungspolitischen Aufgaben verwirklicht werden – SODI ist hier das herausragende, aber nicht das einzige Beispiel.

Es war kein Zufall, dass im Juni 1996 beim Deutschlandbesuch Präsident Nujomas ein Abend der Begegnung mit alten Freunden aus der DDR vorbehalten war, um die der Präsident gebeten hatte. Das Treffen im Wasserturm in Berlin-Neukölln, das gemeinsam mit der Deutsch-Namibischen Gesellschaft organisiert wurde, brachte ein Wiedersehen mit Freunden und Partnern aus der langen Geschichte der besonderen Beziehungen DDR–SWAPO. Präsident Nujoma bezeichnete diesen Abend später als einen der Höhepunkte seines Besuches.

Von SODI gefördertes Landwirtschaftsprojekt »Green Dishes« bei Katutura

Zwischen zwei Welten

Irmgard Schreiber

Sie sprechen Deutsch, haben deutsche Vorfahren, zum Teil auch deutsche Staatsangehörigkeit und sind doch auf den ersten Blick nicht als Deutsche zu erkennen: Namibias Kinder und Enkel aus Gemischtehen. In Apartheidszeiten nicht als vollwertige Bürger anerkannt, leben viele der Nachkommen deutscher Schutztruppler oder Pioniere und der Ureinwohner Namibias auch heute noch zwischen zwei Welten. Wohin sie eigentlich gehören, wissen sie nicht: nur dass sie eben Namibier sind – und irgendwie auch ein bisschen deutsch. Vier Porträts der »etwas anderen« deutschen Namibier.

Ruprecht von François

Er ist ein Urenkel von Landeshauptmann Kurt von François (1892–1931), einem der ersten kaiserlich beauftragten Schutztruppler der deutschen Kolonie Südwestafrika. Geboren am 13. März 1949 auf der alten Werft *(old location)* in Windhoek, trägt Ruprecht von François heute nur noch deshalb den Namen des deutschen Majors, weil dessen Tochter Josephine nie geheiratet hat. Josephine, Tochter aus der ehelichen Verbindung von Kurt von François mit der Damarafrau Amalia Gawaxas, hatte fünf Kinder. Eines davon war Gideon von François, der wiederum die Ehe eingehen sollte mit Eva Gaes, selbst Kind einer Mischlingsehe zwischen einem Deutschen und einer Damara. Ruprecht ist eines der neun Kinder aus dieser Ehe, doch im Gegensatz zu seinen Geschwistern ist er heute der einzige, der akzentfrei deutsch spricht.

Seine Kindheit hat er auf der alten Werft in Windhoek verbracht. Damara/Nama und Afrikaans sind seine Muttersprachen, Deutsch lernte er erst durch den evangelischen Missionsbeauftragten Fritz Schneider. Bei ihm nahm von François Posaunenunterricht und hatte dann 1969 die Gelegenheit, mit 14 anderen jungen Blechbläserschülern auf eine einjährige Tournee durch die Bundesrepublik zu reisen.

Ein Jahr, das ihn stark prägen sollte, denn in Deutschland erkannte der damals 20-Jährige erstmals, dass es Länder gibt, in denen nicht aufgrund seiner Hautfarbe gegen ihn diskriminiert wird.

Die Verbindung zu Fritz Schneider sollte auch für sein zukünftiges Leben eine entscheidende Rolle spielen, denn durch ihn lernte Ruprecht von François während seines Deutschlandaufenthaltes seine zukünftige Frau kennen: Petra Engels, Nichte von Fritz Schneider. Fünf Jahre pflegte das junge Paar sporadischen Briefkontakt. Als von François auf der Martin Luther High School in Okombahe bei Omaruru sein Matrik abgelegt und eine Lehre als Bauzeichner begonnen hatte, kam Petra Engels 1974 mit ihrer Mutter nach Südwestafrika. »Ein paar Monate lang gab es ein Versteckspiel«, erzählt das heute in Suiderhof/Windhoek lebende Ehepaar. »Nichtweiße durften sich ja nach Sonnenuntergang nicht mehr in den ›weißen‹ Stadtteilen aufhalten. Es war eine einzige Heimlichtuerei.«

Zwei Tage nach Petra Engels 21. Geburtstag wanderte das junge Paar »mit wenig Geld und viel Hoffnung« in die Bundesrepublik aus. In Südwestafrika

Ruprecht von François

gab es keine Zukunft für die gemischtrassige Verbindung. Ein Jahr später wurde geheiratet – nicht ohne anfängliche Schwierigkeiten von Seiten der deutschen Behörden, denn Ruprecht von François besaß keine Geburtsurkunde und keine Bescheinigung dafür, dass er ledig war. Erst eine eidesstattliche Erklärung eines südwester Pastors in Wuppertal brachte dem Paar den Freischein für die Eheschließung.

Für Ruprecht von François sollte Deutschland zur zweiten Heimat werden. In Wuppertal schloss er eine Tischlerlehre ab, 1985 machte er seinen Meisterbrief für Möbeltischlerei. Ohne die Möglichkeit sich selbstständig zu machen, arbeitete er jahrelang als Meister für einen Gesellenlohn. Dass er jemals nach Namibia zurückkehren sollte, hätte von François nicht für möglich gehalten. Erst auf Drängen seiner Frau unternahm das Ehepaar 1991 eine Reise in das inzwischen unabhängige Namibia. 18 Jahre lang hatte von François keinen Fuß mehr in sein Heimatland gesetzt. Der Kontakt zu seiner Familie war fast abgebrochen, nichts verband in mehr mit dem Land, in dem er zu Apartheidszeiten nicht als vollwertiger Bürger galt.

Doch die Familie von François legte für den Besuch des Heimkehrers einen roten Teppich aus. »Damals lebte meine Großmutter mütterlicherseits noch«, erzählt der heute selbstständige Tischlermeister. Seine Großmutter väterlicherseits, Kurt von François' Tochter, war drei Monate zuvor im Alter von etwa 102 Jahren verstorben. Begegnet war Ruprecht ihr das letzte Mal in Deutschand auf völlig unerwartete Weise: In einer Reportage des »ZEITmagazin« vom November 1989 über das unabhängig werdende Namibia blickte ihm von der Titelseite das Antlitz seiner Großmutter Josephine entgegen. Die ZEIT-Reporter hatten die damals etwa 100-Jährige in ihrer Hütte in Katutura über ihren Vater Kurt von François interviewt. Der deutsche Major hatte sich 1895 von Südwestafrika verabschiedet und seine braune Tochter im Alter von sieben Jahren bei ihrer Mutter in der Kolonie zurückgelassen.

Ruprecht und Petra von François begannen nach ihrem Namibiabesuch mit gemischten Gefühlen eine Rückkehr in sein Heimatland in Erwägung zu ziehen. Den Anlass dazu gaben unter anderem der herzliche Empfang der Familie sowie zahlreiche Jobangebote. Noch von Deutschland aus bewarb der Tischlermeister sich für eine Ausbildungsstelle bei der Friedrich-Ebert-Stiftung für das Vocational Training Centre. Die Enttäuschung war jedoch groß, als die Stiftung die Stelle statt an den gebürtigen Namibier an einen bundesdeutschen Tischler mit gleichen Qualifikationen vergab. Für François ein schlechtes Vorzeichen für seine Heimkehr in das Land, in dem er früher aufgrund seiner Abstammung keine Chancengleichheit genießen durfte. Nichtsdestotrotz stand sein Entschluss fest.

Heute lebt Ruprecht von François mit zwei Söhnen und Ehefrau in Suiderhof als selbstständiger Tischlermeister. 1993 wurde er Vizepräsident der ersten namibischen Handwerkskammer, 1992 Vorstandsmitglied der Windhoeker Tischlerinnung. »Ich habe mich spezialisiert, ich mache eigentlich lauter Sonderanfertigungen«, sagt er nicht ohne Stolz. Er zeigt auf ein Foto in seiner kleinen Werkstatt: ein Oldtimer-Chevrolet von 1928. Von Francois hat die komplette Holzkarosserie für den Wagen gefertigt, der heute in einem Museum in Deutschland steht und nur für Oldtimermessen hervorgeholt wird. »Ich brauche keine Werbung zu machen«, sagt der Restaurationsexperte. »Das läuft inzwischen alles über Mundpropaganda.«

Seine Kunden sind vorwiegend Deutsche und weiße Südafrikaner. Farbige und Schwarze gehen ihm zufolge lieber zu Firmen mit großen Namen. »Da zählt halt das Prestige, auch wenn mein Mann mindestens genauso gute Küchen bauen kann«, meint Petra von François achselzuckend. Auch der Freundeskreis des Paares ist vorwiegend weiß: Deutsch- und Afrikaanssprachige. Außer zu seiner Familie besteht kaum noch Kontakt zu anderen Damaras. »Ich werde hier gesehen wie ein Damara mit falscher Mentalität oder wie ein Deutscher mit falscher Hautfarbe«, meint von François.

Die Enttäuschung über die unterschwellig immer noch vorhandene Diskriminierung in Namibia ist ihm anzusehen. In Deutschland habe er sich besser aufgehoben gefühlt, meint der 52-Jährige. Ob er sich denn eher als Deutscher, als Damara oder einfach als Namibier versteht? Seine Frau beantwortet die Frage: »Er sitzt eigentlich zwischen zwei Stühlen. In Namibia ist er im Prinzip Ausländer mit deutschem Pass und musste erst mal um seine Arbeitserlaubnis kämpfen.«

Von François selbst will sich nicht festlegen. »Vom Aussehen her werde ich in Sparten gesteckt, mit denen ich nichts anfangen kann«, so der gebürtige Namibier. Mit seiner Herkunft hat er sich jedoch seit seiner Rückkehr intensiv beschäftigt. Die Schubladen in seiner Schreinerwerkstatt sind gefüllt mit Zeugnissen, die an seinen Urgroßvater Kurt von François erinnern: Kopien aus Zeitungsartikeln, Fotos, Druckplatten mit dem Porträt des deutschen Majors. »Die meisten dieser Erinnerungsstücke haben mir Bekannte oder auch Fremde zugetragen, die von meiner Abstammung wissen. All dies Zeug von meinem Urgroßvater findet so langsam seinen Weg zu mir zurück.«

Nora Schimming-Chase

Zu Apartheidszeiten wurde ihr der Stempel »farbig« aufgedrückt. Seitdem ist die ehemalige SWAPO- und SWANU-Aktivistin und heutige CoD-Politikerin Nora Schimming-Chase allergisch gegen jede Art von Klassifizierung nach Hautfarbe oder Herkunft. »Ich bin Namibierin«, bekräftigt sie mehrmals, und nur widerstrebend gibt sie Einblick in ihre Familiengeschichte. Dann aber: »Zu einem Viertel bin ich Damara, ein Viertel Herero und zu 50 Prozent deutscher Abstammung.«

Nora Schimming-Chase

Nora Schimming-Chase wurde am 1. Dezember 1940 auf der alten Werft in Windhoek geboren. Beide Elternteile stammen aus Mischlingsbeziehungen und haben deutsche Väter. Ihr Vater Otto Ferdinand Schimming war einer von zwei Söhnen aus der Ehe der Hererofrau Meta Ngatjikare aus dem Häuptlingshause Kutako und des Schutztrupplers Ferdinand Otto Schimming. Die Ehe mußte jedoch geschieden werden, als der Deutsche Reichstag nach dem Hereroaufstand von 1904 zu erkennen glaubte, dass die vorher ermutigte Rassenmischung in der Kolonie nur die jeweils schlechtesten Eigenschaften an die Nachkommen vererbe. Schimming senior kümmerte sich im Gegensatz zu vielen weniger rühmlichen Zeitgenossen dennoch weiterhin um seine Kinder – bis die besorgte Hererofamilie die Söhne im Alter von 13 und 14 Jahren in das Haus der Mutter zurückholte, um nach alter Tradition die längst fällige Beschneidung vorzunehmen.

Otto Ferdinand, Schimming-Chases Vater, wuchs somit mit Deutsch und Herero als Muttersprache auf. Er heiratete Charlotte Freise, halb Damara, halb Deutsche, Tochter von Christophine ǁamamus und dem Schutztruppler Hermann Freise. Nora Schimming-Chase ist das vierte von acht Kindern aus dieser Ehe. Ihre deutschen Großväter sollte sie nie kennenlernen. Zu Hause sprach man Oshiherero, Nama/Damara und Afrikaans, und nur wenn die Kinder nichts von dem Gespräch der Eltern mitkriegen sollten, fielen in dem Haus auf der alten Werft auch mal deutsche Worte.

Heute spricht Nora Schimming-Chase die Sprache ihrer Großväter fließend. Bis dato knapp ein Drittel ihres Lebens hat sie in der Bundesrepublik Deutschland verbracht: 13 Jahre als junge Studentin, SWANU-Aktivistin und Teilzeit-Fernsehmoderatorin, später nochmals vier Jahre als Botschafterin des inzwischen unabhängigen Namibia. Ins Ausland führte sie der Befreiungskampf. Als die knapp 20-Jährige nach einer höheren Schulausbildung in Kapstadt Ende der 50er Jahre die zum Teil gewaltsame Evakuierung der Bewohner der alten Werft in Windhoek hautnah miterlebte, floh sie mit Hilfe der SWANU und einem gefälschten südafrikanischen Pass über Botswana nach Tanganjika (heute Tansania). In Daressalaam bewarb sie sich für Stipendien – und bekam Angebote für ein Studium in den USA und in Deutschland. »Ich konnte mich damals nicht gleich entscheiden«, meint Schimming-Chase rückblickend. »Aber dann habe ich mir gedacht: Irgendwie bist du ja auch deutsch, also geh mal nach Deutschland.«

Die Bundesrepublik sollte ihr zur zweiten Heimat werden. 1959 beginnt Nora Schimming ihr Studium der Politik, Anglistik und der afrikanischen Literatur an der Freien Universität in West-Berlin. »Es waren die wichtigsten Jahres meines Lebens – eine Sturm- und Drangzeit«, sagt sie. »Aber als Flüchtling kann man im Exil trotzdem nicht wirklich glücklich sein.« Schimming vergisst nie, weshalb sie in Deutschland ist: In Südwestafrika kämpfen ihre Leute für die Abschaffung der Apartheid und die Unabhängigkeit Namibias, während sie sich mit der Geschichte des Dritten Reiches auseinandersetzt, Bertold Brecht studiert und »immer vor Augen hatte, dass Deutschland auch irgendwie ein Apartheidsystem mit Ost und West hat.«

1966 heiratet Nora Schimming den westindischen Mediziner William Chase und nimmt dadurch britische Staatsangehörigkeit an. Der südafrikanische Pass mit dem Vermerk »farbig« war schon bei ihrer Ankunft in Deutschland von den südafrikanischen Behörden als ungültig erklärt worden.

Als William Chase 1974 seine Arbeitsgenehmigung in Deutschland nicht verlängern kann, zieht das Ehepaar mit seinen zwei Töchtern Essi und Afra nach Tansania. Das Zentralbüro der SWANU in Daressalaam hatte Schimming-Chase schon 1973 zurückgerufen: Sie sollte dem Parteibüro vorstehen. Es folgen einige Jahre als Lehrerin und Schulleiterin in der tansanischen Hauptstadt, bevor die UN-Resolution 435 ihre Rückkehr nach Namibia erlaubt. Auf Betreiben der Vereinten Nationen wird Freiheitskämpfern eine Amnestie zuteil unter der Bedingung, dass sie nicht den bewaffneten Kampf wiederaufnehmen.

1979 setzt Schimming-Chase ihre Karriere bei der SWANU in Südwestafrika fort: Erst als Vize-Generalsekretärin, später als gewählte Generalsekretärin nimmt sie an den Gesprächen über den Unabhängigkeitsprozess Namibias in Genf teil. Sie wird Außenministerin, dann Vizepräsidentin der sozialistisch eingestellten Befreiungsbewegung, engagiert sich nebenher beim *Council of Churches in Namibia* (CCN) und ist in mehreren Missionen für beide Institutionen immer wieder im Ausland unterwegs. 1989 kommt die lang ersehnte Unabhängigkeit Namibias in Sicht. Schimming-Chase steht auf der Parteiliste der Namibia National Front, doch die Partei schafft es nicht ins erste namibische Parlament. Nora findet jedoch eine Anstellung im Außenministerium und kaum zwei Jahre später zieht es sie wieder nach Europa: Als Charge d'Affaires soll sie in Frankreich die namibische Botschaft gründen, ein Jahr später wird sie namibische Botschafterin in der Bundesrepublik Deutschland.

In Namibia verhärten sich in der Zwischenzeit die Fronten innerhalb der SWAPO. Nach einem Jahr jeweils als Vize- und dann als Staatssekretärin des Außenministeriums nach ihrer Rückkehr nach Namibia 1996 wechselt Nora Schimming-Chase im März 1999 zur neu gegründeten CoD über, dem »Kongress der Demokraten«. Seit März 2000 ist sie CoD-Parlamentarierin – und als eine der kritisch denkendsten Politikerinnen Namibias bekannt.

Nora Schimming-Chase lebt heute geschieden und mit drei erwachsenen Kindern in Klein-Windhoek. Zu Hause wird neben Deutsch auch Englisch, Afrikaans und Französisch gesprochen. Ihre beiden Töchter lernen Herero und Nama – die Sprachen ihrer Großmütter. »Meine Kinder sind stolz auf ihre gemischte Abstammung und fügen immer noch das Westindische ihres Vaters dazu«, erzählt die 60-jährige Politikerin. »Überhaupt finden wir in der Familie, dass solche Mischungen eigentlich sehr schöne Kinder ergeben«, so Schimming-Chase. »Da sind so viele unterschiedliche Gene, die miteinander kämpfen und dann irgendwann merken, dass sie auch sehr gut nebeneinander existieren können.«

Für sie selbst war die Herero-Herkunft in ihrer Kindheit dominanter, sagt Nora Schimming-Chase. Als sie als junges Mädchen nach Deutschland gehen sollte, brachte ihr Vater sie zum Hererohäuptling. »Heirate niemals einen Deutschen«, soll der gesagt haben: »Dein Vater musste bezahlen, um eine Farm zu bekommen, die ihm eigentlich gehört.« Heute besitzt Otto Ferdinand Schimming mehrere Tausend Hektar Land – der tüchtige Geschäftsmann hat unter anderem auch die Farm Okapanje aufgekauft, auf der er als Kind aufgewachsen ist. Sie ist heute noch Refugium für seine Tochter Nora. »Ich hätte den Freiheitskampf nicht überstanden, wenn ich nicht zwischendurch immer wieder auf die Farm hätte gehen können«, meint sie rückblickend.

Ihre Liebe zum Land hat sie von ihren Herero-Vorfahren geerbt, glaubt Schimming-Chase. Was ihr von ihrer deutschen Abstammung bleibt, ist die Pünktlichkeit. »Darunter leide ich heute noch«, meint sie lachend. Auch wenn einige Ressentiments gegenüber der ehemaligen Kolonialmacht noch bleiben – »Mein Urgroßvater väterlicherseits, einer der ersten christianisierten Herero, wurde von den Deutschen hingerichtet!« –, so tritt Schimming-Chase heute vehement für eine Versöhnungspolitik in Namibia ein. »Ich habe im Gegensatz zu anderen nie irgendeinem Teil meiner Herkunft abgeschworen«, sagt sie. »Aber ich will mich nicht als Herero oder Deutsche sehen: Ich bin Namibierin.«

1997 verleiht die Bundesrepublik Deutschland der Politikerin das Große Bundesverdienstkreuz für ihren Beitrag zur Festigung der guten Beziehungen zwischen Namibia und Deutschland.

Die roten Diekmänner

Unter den Herero wird er als »Roter« bezeichnet, als »Kind eines Weißen«. Dabei ist Gustav Dikman in Okakarara kein Einzelfall: In der Hauptstadt des Hererolandes leben viele Nachkommen deutscher Pioniere. Die wenigsten von ihnen haben jedoch die deutschen Namen ihrer Vorväter geerbt, nur Vereinzelte sprechen noch deren Sprache, und auf die Idee, sich als Deutsche zu bezeichnen, würde wohl kaum einer von ihnen kommen.

Auch Gustav Dikman kann kein Deutsch. Seinen Vater, sagt der 87-Jährige, hat er nie gekannt, denn Karl Diekmann, Mitglied einer der ersten und erfolgreichsten Farmerfamilien Südwestafrikas, ist

Gustav Dikman

früh verstorben.[1] Dass der traditionsreiche Name der friesischen Deichbauerfamilie an den unehelichen Sohn in Afrika vererbt wurde, ist eher Zufall. Als Gustav sein erstes südwestafrikanisches Identitätsdokument beantragte, wurde er nach dem Namen seines Vaters gefragt. Seitdem heißt er offiziell »Dikman«. Ob da ein pflichtbewusster Beamter absichtlich auf ein E und ein M verzichtet hat oder ob ihm die Schreibweise des deutschen Namens einfach unbekannt war, darüber lässt sich heute nur spekulieren. Kein Zufall jedenfalls scheint Dikmans Vorname zu sein: Seine Mutter, die Hererofrau Julia Kasupe, hat ihren Sohn nach seinem Großvater, dem Begründer des Diekmannschen Farmimperiums, benannt.

Gustav Diekmann kam 1908 mit seinem ältesten Sohn Wilhelm nach Südwestafrika. 1909 erwarb er Hamakari, die Farm in der Nähe des Waterberges, auf der einige Jahre zuvor die Entscheidungsschlacht den Hereroaufstand von 1904 beendet hatte. Noch heute prangt an der Eingangstür des Farmhauses das Diekmannsche Familienwappen: »De nich will dieken, mutt wieken« – Wer sein Land nicht durch Deiche vor den Fluten schützen will, der muss weichen – steht da in geschwungener Schrift über den bäuerlichen Symbolen von Wellen, Eichbaum und Spaten. Die Familie ist ihrer mittelalterlichen Tradition des Deichebauens in gewisser Weise auch in Südwestafrika treu geblieben. Zahlreiche Dämme auf Hamakari und den später dazugekauften Farmen zeugen heute noch davon, aber auch die Geschäftstüchtigkeit, mit der Wilhelm Diekmann, ältester Sohn des Gründervaters der Familie in Südwestafrika, seinen Landbesitz stetig vergrößerte.

Wilhelm Diekmann, erfolgreichster unter seinen 13 Geschistern, hatte nur ein eheliches Kind mit seiner Frau Gertrud. Doch bevor er die Hamburgerin Gertrud Schäfer zwecks Heirat nach Südwestafrika holte, verbrachten er und seine Brüder einsame Jahre beim Aufbauen der Farmen im Busch. Jahre, in denen nicht nur Karl Diekmann mit einer Hererofrau seinen Sohn Gustav zeugte. Immer noch auf Hamakari wohnhaft ist auch eine von drei unehelichen Nachkommen von Wilhelm Diekmann: Katuwe Kasupe. Im Jahre 1915 geboren, hat die Tochter der Haushaltsgehilfin Elisabeth Kasupe ihr Leben mit dem Großziehen ihres weißen Halbbruders Gerd und seiner Kinder verbracht. Auf die Idee, dass ihr als Tochter des Farmers eventuell eine andere Rolle zustehen könnte, kam Katuwe anscheinend nie. Die heute 86-jährige versteht sich als Herero, ist sich aber ihrer Herkunft sehr wohl bewußt.

So genießt Katuwe Kasupe heute noch eine »Sonderstellung« unter den Farmangestellten auf Hamakari. Seit fünf Jahren ist sie in Rente, erhält aber weiterhin ihr Gehalt und ihre wöchentlichen Essensrationen. Ihr Vater hatte ihr und ihren beiden Geschwistern in den vierziger Jahren ein Vierzimmerhaus auf Hamakari bauen lassen. Katuwe zeigt sich dankbar. »Gertrud war immer ganz, ganz lieb«, sagt die zarte Rentnerin über die spätere Ehefrau ihres Vaters. Bei Gertrud Diekmann hat Katuwe das Kochen und Backen gelernt und sich als tüchtige Hausangestellte und Kindermädchen bewiesen. Ihr Halbbruder Gerd hat lange Zeit nicht gewusst, dass seine dunkelhäutige Kinderfrau eigentlich seine Halbschwester ist.

Katuwe Kasupe

Heute machen die Nachkommen von Wilhelm Diekmann kein Geheimnis aus der Liebschaft ihres Gründervaters, der in seiner Familienchronik[2] kein Wort über seine drei unehelichen Kinder oder den Sohn seines Bruders verliert. Trotzdem sind die gesellschaftlichen Rollen ganz klar verteilt. Gustav Dikman lebt in der Hererohauptstadt Okakarara und hat mit den Diekmännern nicht mehr viel zu tun. Einige Jahre hat er auf den Farmen seiner Onkel Hans und Wilhelm Diekmann gearbeitet, dann ist er nach Grootfontein gezogen. Zur Hälfte deutscher Abstammung, versteht Dikman sich wie seine Cousine Katuwe vor allem als Herero. »Die Deutschen haben damals doch nur (Frauen) geklaut«, ist sein einziger Kommentar zu seiner Herkunft. Katuwe Kasupe dagegen hat nur positive Worte über ihre deutsche Familie. Sicherlich auch ein Grund dafür, dass die Diekmänner heute einstimmig sagen: »Katuwe gehört zu Hamakari.«

---

1 Laut Identitätsdokument ist Gustav Dikman am 15.12.1914 geboren. Sein Vater Karl Diekmann ist der Autobiographie seines Bruders Wilhelm zufolge 1923 zur Ausbildung als Mechaniker nach Deutschland verzogen und dort eineinhalb Jahre später an einer Blutvergiftung gestorben (»Die Familie Diekmann in Südwestafrika«, S. 105, in: Namibiana Vol. III [1] 1981: SWA Wissenschaftliche Gesellschaft, Windhoek 1981). Dikman glaubt sich allerdings zu erinnern, dass sein Vater verstorben ist, als er ein Jahr alt war – woraus sich einige Unstimmigkeiten ergeben, die entweder auf sein Zahlenverständnis oder aber auch auf die Willkür der Beamten beim Erstellen seines Passes zurückzuführen sein könnten.

2 »Die Familie Diekmann in Südwestafrika«, a.a.O.

»Rettet Lüderitzbucht!«

Die Lüderitzbucht-Stiftung:
Eine Stadt kämpft(e) ums Überleben

Eberhard Hofmann (1984)

Fortsetzung: Crispin Clay

»Das Fühlen und Denken der Politiker in künstlerischer Hinsicht ist meist ungeschult.«

Diese anklagenden Worte, mit denen auch Bürokraten gemeint waren, fielen am 8. Februar 1980 bei einer Großkundgebung der Stiftung Lüderitzbuchter Bürgerinitiative, Vorläufer der Lüderitzbucht-Stiftung, im Kapps Konzert- und Ballsaal. Einwohner und Freunde der historischen Hafenstadt hatten sich an jenem Tag versammelt, um in aller Öffentlichkeit ihren Protest gegen den unaufhaltsamen Niedergang Lüderitzbuchts zu bekunden. Aus Windhoek waren auch Vertreter der Landesverwaltung angereist. Sie wollten sich an Ort und Stelle orientieren.

Später gab es weitere Versammlungen mit gleichen Anliegen, denn eine Wende, die Hoffnung auf eine Wiederbelebung Lüderitzbuchts hätte erwecken können, zeichnete sich auch in den folgenden Jahren noch nicht ab. Im Gegenteil. Als jüngste Hiobsbotschaft gilt die von der südafrikanischen Eisenbahndirektion in Aussicht gestellte Beendigung des Zugverkehrs zwischen Lüderitzbucht und Keetmanshoop. Zu Beginn des Ersten Weltkrieges geriet besagter Bahnkörper in betriebsfähigem Zustand in südafrikanische Hände und wurde somit Teil der Treuhandschaft, die Südafrika laut C-Mandat des Völkerbundes im Interesse der Landesbevölkerung bis zur Erlangung der Souveränität Namibias zu übernehmen hatte und willig übernahm.

Der drohende Verlust der Eisenbahnverbindung des derzeit einzigen Hafens Namibias zum Hinterland ist lediglich einer der Rückschläge, die Lüderitzbucht während der vergangenen zwölf Jahre getroffen haben.

Die Einbuße eigenständiger Gemeindeverwaltung 1978, der Entzug von Fischlizenzen zugunsten der südafrikanischen Hafenenklave Walvis Bay und die damit einhergehende Entvölkerung der Stadt sowie die Gefährdung des historischen Stadtbildes in Lüderitzbucht verdichten sich zu einem Notruf, den die Lüderitzbucht-Stiftung seit ihrer Gründung Mitte 1980 wiederholt an amtliche Stellen herangetragen hat.

Bürger und Freunde der schmucken Stadt sahen sich nach den Rückschlägen der siebziger Jahre – die bundesdeutsche Unterstützung für die deutsche Privatschule war schon seit 1972 entfallen – gezwungen, zur Selbsthilfe zu schreiten, wollten sie Lüde-

Kapps Konzert- und Ballsaal, das Vergnügungszentrum früherer Zeiten, dahinter das Goerke-Haus

ritzbucht nicht gänzlich »wohlgemeinter Vernachlässigung« – »benign neglect«, wie der Engländer sagt – preisgeben.

In der »Bürgerinitiative Lüderitzbucht« und dem »Aktionsausschuß Rettet Lüderitzbucht«, letzterer entstand in Windhoek, sammelten sich Ende 1979 zunächst Kräfte mit wirtschaftlichem, kulturellem und breitem südwester Heimatinteresse. Aktionsausschuß und Bürgerinitiative vereinigten sich dann in der Lüderitzbucht-Stiftung.

Die Erfahrung hat gelehrt, daß Steuerzahlervereinigungen, Bürgerinitiativen und ähnliche von vorübergehender Protestwallung getragene Verbände kurzlebiger Art sind. Gefragt war eine ernstzunehmende Organisation, die den Staat und seine für entmündigte Kommunen zuständigen Instanzen zu verbindlichen Aussagen, zur Auseinandersetzung mit Entwicklungs- und Sanierungsplänen sowie zu Taten bewegen konnte. Ferner wurde es dringend notwendig, das Bewußtsein der Öffentlichkeit und der Ämter für die strategische, wirtschaftliche und kulturelle Bedeutung von Lüderitzbucht zu wecken oder wenigstens bilden zu helfen.

Mangel an Kulturverständnis und ein gebrochenes bzw. nicht vorhandenes Verhältnis zu südwester architektonischem Erbe auf seiten der früheren Exekutive von Südwestafrika hatten schon einmal fast zum Abbruch des historischen Woermann-Hauses in Swakopmund geführt, hätten Bürger in privater Eigenschaft nicht in letzter Minute eingegriffen.

Im Falle von Lüderitzbucht geht es um eine ganze Stadt. Wo innerer Bezug zur Aussage kultureller und architektonischer Werte sowie Einsicht in nationale Prioritäten nicht vorauszusetzen sind, wird größeres Verständnis nicht durch Provokation und Kollision erzielt, sondern durch gezielte Aufklärung und Interessenvertretung. Von der Bürgerversammlung des 8. Februar 1980 gingen wesentliche Impulse zur Gründung der Stiftung aus, die sich als nichtpolitische, nicht auf Gewinn bedachte und freiwillige Organisation versteht. In Windhoek und Johannesburg bildeten sich Regionalgruppen, während die Stiftung neuerdings auch aus der Kapprovinz Unterstützung erhält.

Zielsetzungen sind bei den Gründungen von Vereinigungen schnell zu Papier gebracht: »Die Stadt ist durch nichtpolitische und wirksame Maßnahmen, wie Kontakte zu neuer Zusammenarbeit, vor dem derzeitigen wirtschaftlichen, sozialen, kulturellen und physischen Ruin zu retten«, formulierte die Bürgerinitiative Lüderitzbucht.
Die Stiftung Lüderitzbucht schließlich stellte neben ihrer Satzung einen umfangreichen Arbeits- und Aktionsplan auf, der 1983 vorerst in der Hundertjahrfeier Lüderitzbuchts und der ersten Verleihung des Lüderitzpreises gipfelte. Den Lüderitzpreis für Völkerverständigung in Afrika erhielt der französische Außenminister Claude Cheysson für seine Leistungen als maßgeblicher Autor des Lomé-Abkommens. Im Rahmen der Hundertjahrfeier gelang es der Stiftung, alle Bevölkerungsteile und Sprachgruppen einzubeziehen und Lüderitzbucht zumindest eine Zeitlang in den Mittelpunkt des nationalen Interesses zu rücken.

Andere Länder haben ihr Stellenbosch oder Heidelberg. Namibia hat sein Lüderitzbucht. In diesem Bewußtsein bemüht sich die Stiftung um die Erhaltung des kulturellen Erbes und die Sanierung Lüderitzbuchts, einer Stadt, die in einzigartigem Widerspruch zu ihrer schroffen und verlassenen Umwelt steht.

Lüderitzbucht mit seiner noch weitgehend erhaltenen deutschen Architektur der Jahrhundertwende ist ebenso ein kulturelles Merkmal Namibias wie die Felszeichnungen im Erongo und die Trommelrhythmen am Okavango. Unbeirrt durch falsch informierte Kritik, daß die Stiftung im »Kolonialismus« befangen sei – was man anderswo als Heimatpflege gelten läßt – geht sie ihren Aufgaben nach. Mit der Verleihung des Lüderitzpreises für Völkerverständigung in Afrika hat die Stiftung zugleich ein Bekenntnis zu dem Kontinent abgelegt, auf dessen Felsen die Fundamente Lüderitzbuchter Bauten stehen.

Die Tätigkeit der Stiftung umfaßt folgende Bereiche:
- Die Wiederherstellung bzw. Förderung besserer Verständigung zwischen Regierungsinstanzen, Handel und Industrie sowie der Stadtbevölkerung in dringenden, gegenwärtigen Angelegenheiten und bei der Planung für die Zukunft. – Die Stiftung hat seit ihrer Gründung zahlreiche Eingaben gemacht, Gespräche geführt und beteiligte sich aktiv an der Windhoeker Entwicklungskonferenz 1984.
- Zur Koordinierung von kurz-, mittel- und langfristigen Planungsvorhaben ist die Stiftung mit allen Körperschaften in Verbindung, die an derartigen Projekten beteiligt sind.
- Die konzertierte Unterstützung der Zielvorstellungen soll durch kulturelle und akademische Institutionen, die Geschäftswelt und durch Persönlichkeiten erreicht werden. – Für die Gestaltung der Hundertjahrfeier erhielt die Stiftung großzügige Unterstützung von solchen Institutionen.
- Das Bewußtsein um den strategischen, wirtschaftlichen und historisch-kulturellen Wert von Lüderitzbucht als erster Stadtgründung in Südwestafrika und den derzeitig einzigen Hafen ist zu stärken. Die Stiftung ist fortwährend bemüht, dieser Aufgabe durch geeignete Werbung und öffentliches Engagement zu entsprechen.
- Durch Mobilisierung von Finanzmitteln und durch Großzügigkeit von Spendern hat die Stif-

tung ihre gestellten Aufgaben und Ziele bisher in beschränktem Umfang verwirklichen können.

- Mitgliederwerbung ging über die Lüderitzbuchter Bevölkerung hinaus bis ins Ausland und wird weiter betrieben.
- Die Stiftung ist an der Vorbereitung bzw. Verbreitung von Sanierungs- und Entwicklungsstudien beteiligt, die auf die soziale, technische, wirtschaftliche und kulturelle Förderung von Lüderitzbucht abzielen, z. B. die Wirtschaftsstudie der Universität Witwatersrand und die »Conservation Study of Lüderitz and Environs« der Universität von Natal.
- Der aktive Einsatz der Stiftung gilt darüber hinaus der Förderung des Erwerbs von Grundbesitz und der Renovierung von historischen Gebäuden zu dem Zweck, dem weiteren Verfall der Stadt und ihrer Umgebung Einhalt zu gebieten und das ökologische Gleichgewicht zu gewährleisten. Die erste öffentliche Versteigerung historischer, ungenutzter und zum Teil vernachlässigter Wohngebäude fand während der Hundertjahrfeier 1983 statt. Die Lüderitzbucht Stiftung hat sich ferner direkt bei der Erhaltung der alten Polizeiwache und der Renovierung der Lesehalle eingeschaltet.

Dennoch: Viele Aufgaben müssen noch für Lüderitzbucht erfüllt werden.

Fortsetzung 2001

Vor 21 Jahren war der unaufhaltsam scheinende Verfall der Stadt Lüderitzbucht (oder Lüderitz, wie sie verkürzt offiziell genannt wird) Anlass zur Gründung der Lüderitzbucht-Stiftung. Es war eine andere Stadt damals, in einem anderen Land, in einer anderen Zeit. »Wohlwollende Vernachlässigung« der städtischen Angelegenheiten von seiten der Obrigkeit in Windhoek wurde von manchen schon als eine Art Verschwörung gegen das Überleben der Hafenstadt gesehen. Man sah Lüderitzbucht bereits als Zwilling von Kolmanskuppe, der Geisterstadt aus einer ganz anderen Zeit.

Intensive und eingehende Versammlungen, Projekte, Motivierungen, angeregt durch die aktiven Mitglieder der Lüderitzbucht-Stiftung in Windhoek, Johannesburg, George und Lüderitzbucht selbst mobilisierten viele Leute auf vielerlei Ebenen, um Verbesserungen zu erreichen, die schließlich zu der Sanierung der Stadt führten. Feste, Altschülertreffen, Sonderzüge, Bus-, Flug- und Schiffsreisen, groß angelegte Werbekampagnen, die 100-Jahr-Feier 1983, Renovierung von Gebäuden und Infrastruktur, Bürgerinitiativen gegen geplante Abbaumaßnahmen wie die Stilllegung des Eisenbahnverkehrs, Abbruch von Gebäuden, der Abzug von Prospektoren der Diamantengesellschaft CDM, gegen städtische Schulden, amtliche Arroganz und Nachlässigkeit – all das waren Aktivitäten, die die Stiftung in Gang setzte oder unterstützte.

Die Erfolge mussten hart erkämpft werden. Eine Reihe von unfähigen, misstrauischen und oft ablehnend eingestellten Beamten schafften Frustrationen und Verzögerungen, bis die Zukunft des Landes mit der Unabhängigkeit 1990 endgültig feststand. Unfähigkeit und Frustration gibt es zwar noch immer, wenn auch in veränderter Form. Aber das Potential von Lüderitz, die Vision der Lüderitzbucht-Stiftung wird inzwischen amtlich wahrgenommen und Wirtschaftsunternehmen haben den Mut zu lange ersehnten Initiativen.

Ursprünglich angeregt durch Arbeiten von Architekten der Universität Natal über die unvergleichliche Architektur und das Gesamtensemble des Ortes, waren die ersten zehn Jahre der Stiftung Grundlagenarbeit. Tourismusförderung war die Sofortmaßnahme, um den Niedergang aufzuhalten. Die Unabhängigkeit ließ dann große Investitionen von Diamant-Unternehmen und Fischfabriken zu – schon immer die wichtigsten Arbeitgeber –, so dass ein wirtschaftlicher Aufschwung begann. Die lang ersehnte Fertigstellung der letzten 110 km Teerstraße als Verbindung ins Hinterland, der Bau eines neuen 500 m langen Kai und des Waterfront-Komplexes im Hafengebiet, neue Hotels, Pensionen, Restaurants, Handelsfirmen, die Zuwächse im Schiffsverkehr, bei der Diamantgewinnung, Fischerei und im Tourismus haben im zweiten Jahrzehnt der Stiftung den Slogan bestätigt: »Lüderitzbucht lebt – und ist näher als Du denkst!«

Man war sich stets bewusst, dass die Rettung von Lüderitzbucht größere Veränderungen mit sich bringen würde – nicht immer nur erwünschte. Überentwicklung kann aus einer optimistischen Erwartung einen Albtraum werden lassen. Erwartungen, genährt von Wachstumschancen, wirken auf viele Menschen wie ein Sog. So wurden durch Lüderitz' neuen Glanz Offshore-Diamantsucher und Fischfänger und größere Scharen ungelernter Arbeitskräfte angezogen wie Motten vom Licht. Die ganze Infrastruktur mit Wohnraum, Wasser- und Stromversorgung, Kanalisation und Straßennetz wird weit über die vorhandenen Kapazitäten belastet, ein weiterer Ausbau ist derzeit nur begrenzt möglich. Gleichzeitig regen technologische und globale Herausforderungen und damit verbundene neue Erkenntnisse Entwicklungen für die nächste Generation an, so dass der Aufschwung für Lüderitz anhalten wird.

Die Minen bei Rosh Pinah und Skorpion, Obstbau am Oranje, Windenergieanlagen, das Kudu-Gasfeld vor der Küste, Kreuzfahrtschiffe, Wüstenexkursionen, die führende Stellung in Namibias Offshore-

Im Morgenlicht: Die Felsenkirche und Häuser, die unverkennbar aus deutschen Kolonialjahren stammen

Diamantgewinnung und Fischverarbeitung – all das gibt Lüderitzbucht die Chance, sein Überleben zu sichern und einen immer größeren Beitrag zur wirtschaftlichen Entwicklung in der Region zu leisten. So wie in den 70er Jahren ein ganzer Katalog von Negativ-Faktoren den Weggang der Bevölkerung und Abzug von Wirtschaftsunternehmen bewirkte, tritt nun mit dem neuen Jahrhundert der umgekehrte Effekt ein – jeder neue positive Faktor bringt zusätzliche Belebungen und noch mehr Bedarf und eröffnet weitere Chancen. Der betrübliche, aber unausweichlich gewesene Wechsel zwischen kurzen Boomzeiten und langen Perioden des Niederganges in Lüderitz im 20. Jahrhundert dürfte jetzt durchbrochen sein zugunsten einer stetigen und nachhaltigen Aufwärts-Entwicklung, wobei die Vielfalt der Faktoren eine Ausgewogenheit sichern kann.

Mit der Wiedereinsetzung eines Ortsrates (wenngleich noch ohne eigene Stadtrechte), mit der Bildung einer Industrie- und Handelskammer und nicht zuletzt durch all die Einflüsse, die Lüderitz wiederbelebt haben, scheint die Zukunft für die Region vielversprechender als je zuvor.

Ist damit die Arbeit für die Lüderitzbucht-Stiftung getan? Sie war geboren aus Verzweiflung, könnte allerdings durch Selbstzufriedenheit sterben. Es war eine notwendige, demokratische Bürgerbewegung, an deren Stelle nun andere demokratische Institutionen getreten sind. »Rettet Lüderitzbucht« war der Gründungsaufruf, nun ist Lüderitzbucht gerettet. Wird es eines Tages wieder gerettet werden müssen – vor sich selbst, vor Überentwicklung, vor einem regionalen oder globalen Niedergang? Oder vor Katastrophen der Umwelt oder Architektursünden? Das muss dann die nächste Generation entscheiden. Unsere hat es zu ihrer Zeit getan.

Und Lüderitzbucht lebt.

Lüderitz-Gedenkplakette auf der Haifischinsel

Museum, Bibliothek und mehr

Die Gesellschaft für Wissenschaftliche Entwicklung Swakopmund

Gisela Friede

Die Geschichte und das Porträt der Gesellschaft für Wissenschaftliche Entwicklung ist eng verknüpft mit der des Swakopmunder Museums und seines Initiators Dr. Alfons Weber.

Wenn Menschen über etwas, zum Beispiel die Geschichte und die Gegebenheiten des Landes, in dem sie leben, nachdenken – und ihnen das Vorhandene ungenügend Antwort gibt auf ihre Fragen –, so beginnen sie zu sammeln: Informationen, Dokumente, Funde, Bilder, Gegenstände. Daraus kann schließlich eine geordnete Kollektion der Anschaulichkeit, ja, eventuell: ein Museum werden. Es beantwortet Fragen, es dient aber auch, indem es wächst und sich differenziert, der Forschung, der Erkenntnis von Zusammenhängen und der Nostalgie, die ja keinem von uns etwa fremd wäre.

Dr. Alfons Weber, der als junger Zahnarzt im Jahre 1931 nach Swakopmund kam, war ein solcher Sammler. Daß er viel unterwegs war, kam seiner Leidenschaft entgegen. Es gab nämlich damals nur wenige Zahnärzte im Lande, und so übte Dr. Weber als Reisender seinen Beruf aus und lernte das Land und seine Einwohner kennen. Vieles – oftmals als Bezahlung für seine Dienste, denn es war die Zeit der Depression – kam ihm unter die Augen und in die Hand, was sein Sammlerherz entzückte. Man mußte es aufbewahren und zwar so, daß man es anderen zur Freude und zur Erweiterung ihrer Kenntnisse zeigen konnte.

Swakopmund war zu jener Zeit hauptsächlich Schulstadt, daneben Erholungs- und Badeort für viele Inländer. Dort gründete der Doktor im Jahre 1951 in einem alten, im Kolonialstil erbauten Haus, das im ersten Stockwerk die typische Rundumveranda hatte, das Museum. Zunächst stellte er hier alle Sammlerstücke der letzten 20 Jahre aus, darunter die mineralogische Sammlung der Höheren Schule des Ortes, aber auch ethnologische Gegenstände, kultur-

Das Museum Swakopmund an der Mole

Blick in einen Teil des Museums, im Vordergund ein alter Ochsenwagen

historische Belege aus der Pionierzeit und Naturwissenschaftliches. All dies befand sich im Erdgeschoß, im ersten Stock entstand eine Büchersammlung.

Das ursprüngliche Museum wurde bald zu klein. Da bot sich ein passendes anderes »Gebäude« an. Es war der alte, riesige Zollschuppen, das Kaiserliche Hauptzollamt aus der deutschen Zeit, das während des Bombardements durch die Engländer 1915 sein Dach eingebüßt hatte und nahe am Strand bei der Mole stand. Die Stadtverwaltung begann 1959 mit dem Wiederaufbau dieser Ruine. Inzwischen war, 1951, die Swakopmunder Ortsgruppe der SWA Wissenschaftlichen Gesellschaft entstanden. Sie beteiligte sich an den Renovierungskosten mit 5.500 Pfund, die Einrichtungskosten trug sie allein. 1960 verpachtete die Stadt das schöne, neue Gebäude an die Ortsgruppe. Nun zog das Museum um, es gab Platz für die Sammlungen, für die stetig wachsende Bibliothek und für einen Lesesaal. Im März dieses Jahres wurde das neue Museum feierlich eröffnet. Unermüdlich, mit Temperament und Humor sammelte und initiierte Dr. Weber, nahm Kontakt auf mit Personen im In- und Ausland und gewann viele Spender, Freunde und Interessierte. So kam es auch, daß Wissenschaftler, die er angesprochen hatte, bei der Gestaltung der einzelnen Abteilungen mithalfen. Mehrmals wurde das Museum erweitert.

Der erste Vorsitzende der oben erwähnten Ortsgruppe, die sich im Jahre 1968 von der Wissenschaftlichen Gesellschaft in Windhoek trennte, war Dr. Weber. Er gründete mit neun anderen Personen nun die Gesellschaft für Wissenschaftliche Entwicklung und wurde ihr Präsident. Sie wurde als gemeinnütziger Verein registriert und ist seitdem die Trägerorganisation des Museums, das jährlich von rund 25.000 Besuchern besichtigt wird.

Weitere Pläne nahmen Gestalt an. Ab 1968 wurden die »Nachrichten« herausgegeben, auch »Namib und Meer«, »Swakopmund – eine kleine Chronik« und »Südwestafrika auf alten Postkarten«. Da die Gesellschaft sich auch zum Ziel gesetzt hatte, der Forschung zu dienen, plante man ein Gastlaboratorium. Unter Mithilfe der Stadt wurde ihr von der südafrikanischen Eisenbahn das Grundstück, auf dem das Omeg-Haus steht, übereignet. Dieses Gebäude war der ehemalige Güterschuppen des Otavi-Bahnhofes und es stand schon lange leer. Die Gesellschaft übernahm die Renovierung, und nun entstand hier eine kleine Wohnung mit einem Laboratorium, gedacht für Wissenschaftler, die im Lande Studien betreiben wollten. Das Omeg-Haus wurde am 27. September 1969 seiner Bestimmung übergeben.

Der Windhoeker Geschäftsmann Sam Cohen war über Jahre ein interessierter Wohltäter der Gesellschaft, außerdem ein persönlicher Freund von Dr. Weber. Schon bei der Verwandlung der Zollschuppenruine in das Museum hatte er sich als Mäzen erwiesen. Jetzt ermöglichte seine großzügige Spende den Bau einer Bibliothek neben dem Omeg-Haus. Am 3.12.1977 wurde sie als Sam-Cohen-Bibliothek eröffnet. Alle schriftlichen Kostbarkeiten, bis dahin im Museum untergebracht, zogen ein in dieses zweckmäßige Gebäude, unter anderem die wertvolle 2200 Bücher umfassende Africana-Sammlung von Ferdinand Stich, einem ehemaligen Buchhändler der Küstenstadt.

Doch nun noch einmal zurück zum Museum, wie es sich heute präsentiert. Dem Besucher werden gleich am Eingang namibische Tiere in Vollmontur dargeboten, dahinter prächtige Panoramen, Meer und Strand betreffend. Auch die Wüste kommt nicht zu kurz. Eine reiche mineralogische Sammlung ist kunstvoll beleuchtet. Den Etymologen und Vogelliebhaber mag die »Bachran Kollektion« interessieren. Gut erhaltene Vehikel und Maschinen bringen die Vergangenheit nahe – so auch die vollständig hier ausgestellte »Adler-Apotheke« von 1925. Münzen und Orden, Geldscheine und Uniformen, Zinnfigurendarstellungen historischer Begebenheiten – all diese Zeugnisse der Geschichte erzählen von prägenden Ereignissen. Die Exponate sind in mindestens drei Sprachen bezeichnet. Die Rössing Uranmine finanzierte einen Erweiterungsbau, zu dem ein Vortragssaal gehört, der regelmäßig für Vorträge und Filmvorführungen benutzt wird. Im jüngsten Erweiterungsbau befindet sich die unter der Leitung des niedersächsischen Landesmuseums Hannover zusammengestellte ethnographische Abteilung »Menschen in Namibia«, die sich mit den vom Fortschritt

Das Ensemble Sam-Cohen-Bibliothek, Otavi-Bahnhof und Omeg-Haus an der Sam Nujoma Avenue

bedrohten Volksgruppen des Landes beschäftigt und deren Kulturwandel wiedergibt.

Hat man nun alles betrachtet und bedacht, so sind wohl Fragen beantwortet, aber gewiß auch neue entstanden.
Da bietet sich eine großartige Gelegenheit, diesen Fragen auf den Grund zu kommen, ja, eben echt: zu forschen! Dazu begeben wir uns in die Sam-Cohen-Präsenzbibliothek mit dem Archiv. Sie muß, mit ihren über 10.000 Büchern, Bildern, Briefen, Zeitungen und Tagebüchern aus der Vergangenheit, jeden Besucher begeistern. Die hier vorhandene Fachliteratur über Namibia reicht von der Kolonialzeit bis heute.

Urkunden in Schönschrift aus der Frühzeit deutscher amtlicher Anwesenheit in Südwestafrika, Nachschlagewerke, wissenschaftliche Expertisen, Landkarten, Videokassetten und Tonbänder – das alles wird dem Interessierten geboten. Von unschätzbarem Wert ist die fast vollständige Zeitungssammlung. Sie reicht von der ersten Ausgabe der 1898 gegründeten Deutsch-Südwestafrikanischen-Zeitung bis hin zu den heutigen Nachrichtenblättern. Ein großes, über Jahre hinweg gut aufgearbeitetes Fotoarchiv beherbergt unter anderem eine Sammlung von Foto-Glasplatten und ist ein einmaliges Anschauungsmaterial zu Geschichte, Personen und Kultur des Landes.

Im Jahre 1993 wurde der alte Otavi-Bahnhof neben der Bibliothek von zwei deutschen Studenten zu neuem Leben erweckt, indem sie nämlich im Rahmen einer Diplomarbeit der Bausubstanz auf den Grund gingen. Dabei kamen Schablonenmalereien, Dachschalungen und Fensterverzierungen im schönsten Jugendstil zum Vorschein. Die Gesellschaft wandte sich an die Deutsche Botschaft, und Finanzhilfe für die Renovierung wurde gewährt. Der Bahnhof zeigt sich nun in neuer Pracht. Hier befindet sich auch der Schlangenpark mit einheimischen Reptilien und der Gartenbaubetrieb Namib Flora. Hinter dem Bahnhof entstand ein Sukkulentengarten, dazu ein kleines Freilichtmuseum.

Die Gesellschaft für Wissenschaftliche Entwicklung hat also ein weitverzweigtes Interessengebiet. Das Museum mit seinem Motto: sammeln – präparieren – ordnen – präsentieren regt an, die Sam-Cohen-Bibliothek vertieft das Wissen. Lebende Flora und Fauna befinden sich auf ihrem Gelände. Dabei ist sie unabhängig von staatlicher Finanzhilfe und kann die laufenden Kosten mit den Einnahmen durch Eintrittsgelder, Verkäufe aus dem Museumsshop, Mieten und den Beiträgen der über 550 Mitglieder decken. Bei allen Neuerungen ist sie jedoch auf Spenden angewiesen.

Gute Beziehungen bestehen zur Namibia Wissenschaftlichen Gesellschaft und den anderen Museen des Landes, zur Wüstenforschungsstation Gobabeb und zum Fischerei-Institut in der Stadt. Intensive Verbindung mit Universitäten und wissenschaftlichen Einrichtungen im Ausland bereichern die Arbeit der Gesellschaft. Mit ihren Einrichtungen trägt sie zur interkulturellen Begegnung bei. Sie bietet allen Teilen der Bevölkerung Anschauungsmaterial und Information.

Alle interessierten Besucher und Wohltäter, der ehrenamtliche Vorstand mit seinem derzeitigen Präsidenten Michael Weber (dem Sohn des Gründers), die Mitarbeiter, die Mitglieder der Gesellschaft und ihre Freunde in aller Welt folgen dem Wahlspruch und

bauen am Erbe.

Swakopmund ca. 1907 – eine der ersten Farbfotografien des Ortes. Die Häuserfront in der Bildmitte ist die heutige Sam Nujoma Ave.

Swakopmund nach Süden.
Im Hintergrunde jenseits des Flusses die Dünen des englischen Walfischbaigebiets.

10 Jahre Unabhängigkeit am 21. März 2000

*Präsident Nujoma nimmt die
Meldung der Ehrengarde ab*

*Repräsentanten der Regionen ziehen ins Stadion
und demonstrieren die Multikulturalität*

Ehrengarde der Armee

Öffentliche Vereidigung der Vizeminister

Unter den zahlreichen internationalen Ehrengästen

*Martti Ahtisaari, Leiter des erfolgreichen
Unabhängigkeitsprozesses 1989/90 und
später finnischer Staatspräsident*

*Nelson Mandela, schon 1990 umjubelt,
als noch der damalige Staatspräsident
de Klerk Südafrika repräsentierte*

Die Swapo als Regierungspartei

Zur politischen Kultur einer Befreiungsbewegung an der Macht

Henning Melber

Die formale Dekolonisierung Afrikas war mit den dramatischen Veränderungen in dessen südlichem Teil während der letzten 25 Jahre des 20. Jahrhunderts mehr oder weniger abgeschlossen. Mitte der siebziger Jahre – nach der Nelkenrevolution in Portugal – übernahmen in Angola und Mosambik die Befreiungsbewegungen MPLA und Frelimo die Macht. In Simbabwe kam nach den ersten allgemeinen Wahlen 1980 die Zanu-PF an die Regierung. 1990 erlangte die Swapo nach international überwachten Wahlen die politische Macht in Namibia. Schließlich konnte als ein letzter Schritt zu kontrolliertem Wandel im Südlichen Afrika 1994 unter Führung des ANC ein demokratisches System in Südafrika installiert werden.

Ungeachtet der Unterschiede haben wir es in allen fünf Fällen mit antikolonialen Befreiungsbewegungen zu tun, die sich zu politischen Parteien umgeformt haben, um in einem formal unabhängigen und souveränen Staat die Macht zu übernehmen. Diese Parteien haben es geschafft, ihre vorherrschende Position zu konsolidieren und bis heute die Kontrolle über den Staatsapparat zu behalten. Sie besitzen die Definitionsmacht über die politische Sphäre und ihre Diskurse; dabei bedienen sie sich eines eher strengen Konzepts von Einbeziehung und Ausschluss und begründen dies mit der Notwendigkeit des *nation building*.

In allen Fällen gründet sich die Legitimität darauf, die – mehr oder weniger demokratisch gewählte – Repräsentanz der Mehrheit des Volkes zu sein. Gleichzeitig ist jedoch der Demokratiebegriff umstritten. Die post-koloniale Politik in diesen Ländern lässt eine Verpflichtung zu demokratischen Prinzipien und/oder Praktiken vermissen. Stattdessen kann man einen Trend zu autokratischer Herrschaft, Nepotismus und Klientelwirtschaft erkennen. Im politischen Alltagsgeschäft und bei den Bemühungen um Herrschaftssicherung sind »Gute Regierungsführung« und »Zivilgesellschaft« – was diese Begriffe auch genau beinhalten mögen (und es gibt viele Auslegungen) – weder als Paradigma noch als Leitprinzip vorhanden. Als instrumentelles Konzept, das von den Herrschenden nach Belieben interpretiert werden kann, dient dagegen das »nationale Interesse«.

Der Wissenschaftler John Saul, der die Kräfte der Befreiung im Südlichen Afrika jahrzehntelang aktiv unterstützt hat, umschrieb diese ernüchternde Realität im Rückblick mit »Befreiung ohne Demokratie«. Der innere Zustand der Befreiungsbewegungen während des Widerstands wie auch der Mangel an demokratischen Tugenden und der Achtung der Menschenrechte nach der Regierungsübernahme sind weit davon entfernt, positive Beispiele zu sein. Die Befreier waren nicht nur Opfer, sondern auch Täter. Während sie gegen Systeme kämpften, in denen die Missachtung der Menschenrechte institutionalisiert war – und darin von einer moralisch und ethisch argumentierenden internationalen Solidaritätsbewegung unterstützt wurden –, zeigten sie oft in ihren eigenen Reihen wenig Respekt vor Menschenrechten.

Der Kampf gegen ungerechte Unterdrückungsregime der totalitären kolonialen Herrschaft einer Minderheit bewahrte sie nicht davor, gegen Andersdenkende auch innerhalb der eigenen Organisation undemokratische Praktiken anzuwenden. Oftmals gründete die Unterstützung des Volkes für den Befreiungskampf eher auf Zwang oder interne Widersprüche der Kolonisierten als auf echten Widerstand gegen den kolonialen Staat, wie Norma J. Kriger am Fall Simbabwe zeigt. In ihrer Studie über die namibische Befreiungsbewegung Swapo stellt Lauren Dobell – ähnlich wie schon zuvor Colin Leys und John Saul – fest, dass es in den Reihen der organisierten sozialen Kräfte, die die politische Macht errungen haben, einen Mangel an demokratischer Überzeugung gab.

Befreiung und ihre Grenzen

Angesichts diesen Sachverhalts tut es Not, die Beziehung zwischen Befreiung und Demokratie eingehender zu untersuchen und analytisch zu reflektieren. Das sollte tiefere Einsichten über die Auswirkungen eröffnen, dass der Befreiungsprozess die Tätigkeit im Untergrund, konspirative Aktivitäten und den militärischen Kampf miteinbezogen hat. Eine dabei noch weiter zu untersuchende Hypothese lautet, dass bestimmte Formen von Widerstand zwar zur Abschaffung des Kolonialismus notwendig waren, der antikoloniale Krieg jedoch kaum der Internalisierung und Umsetzung demokratischer Werte diente. Die Organisierung eines ernst zu nehmenden Befreiungskampfes hatte deshalb viel gemein mit den autoritären und hierarchischen Strukturen des Kolonialsystems, das bekämpft wurde. Insofern haben sich Merkmale des kolonialen Charakters in den Machterhaltungsstrategien der nachkolonialen Wiederaufbauphase reproduziert.

Resultat solcher Sachzwänge ist eine bestenfalls eingeschränkte Freizügigkeit und wenig Offenheit gegenüber Kritik – vor allem, wenn sie in einem öffentlichen Diskurs geäußert wird. Mangelnde Zustimmung wird mit Illoyalität, wenn nicht gar Verrat gleichgesetzt. Die Marginalisierung oder sogar Eliminierung abweichender Ansichten beschränkt die Fähigkeit des politischen Systems zur beständigen korrektiven Erneuerung durch Modifikationen, die dem öffentlichen Interesse und damit der eigenen Glaubwürdigkeit und Legitimität zugute kommen. Der Kreis der politischen Amtsträger bleibt im Wesentlichen beschränkt auf die *Comrades*, die sich Reputation und Respekt durch ihre Einordung in ein System von Befehl und Gehorsam erwerben konnten, aber nicht durch demokratische Überzeugungen, intellektuelle Unabhängigkeit oder autonome Persönlichkeitsstrukturen aufgefallen sind. Überall auf der Welt existieren ähnliche Mechanismen bei der Rekrutierung von politischen Eliten. Die spezifische Konstellation des Befreiungskampfs im Südlichen Afrika allerdings könnte sich in dieser Hinsicht als besonders hinderlich für die Entwicklung wirklich demokratischer Strukturen, Institutionen und vor allem Individuen ausgewirkt haben.

Der Fall Namibia

Als Namibia am 21. März 1990 seine Unabhängigkeit feierte, galt es in der internationalen Staatengemeinschaft als Erfolgsgeschichte. Mehr als ein Jahrhundert Unterdrückung und Kolonialherrschaft, gekennzeichnet durch organisierte Rassendiskriminierung, fanden ein Ende. Die Abschaffung dieser systematischen Verletzung der Menschenrechte, die am Ende des 20. Jahrhunderts einen nicht hinzunehmenden Anachronismus darstellte, war eine lange überfällige Korrektur moralischen Unrechts und an sich schon eine historische Errungenschaft.

Dieser Fortschritt wurde erkämpft durch entschlossenen, organisierten Widerstand wesentlicher Teile des Volkes selbst, dem seit Generationen seine Grundrechte vorenthalten worden waren. Seit den 70er Jahren waren dessen Ziele in Gestalt der nationalen Befreiungsbewegung Swapo auch international anerkannt. Auch wenn der bewaffnete Befreiungskampf, den sie Mitte der 60er Jahre begann, nicht der entscheidende Faktor war, so hatte er doch einen wichtigen Einfluss auf den weiteren Verlauf der Dekolonisierung.

Die namibische Unabhängigkeit war außerdem eine Errungenschaft der internationalen Gemeinschaft, der es nach dem Ende des Kalten Krieges endlich gelang, schwierige und langwierige diplomatische Verhandlungen, die von den strategischen Interessen der beiden Machtblöcke dominiert wurden, zu einem erfolgreichen Abschluss zu führen. Nach zu vielen Verzögerungen und Opfern führte die international ausgehandelte Dekolonisierung zu einem im Großen und Ganzen friedlichen, von den Vereinten Nationen überwachten Übergang zur Unabhängigkeit. Sie machte den Weg frei für eine legitime Regierung der ehemaligen Befreiungsbewegung, die bei den ersten freien Wahlen im November 1989 eine deutliche absolute Mehrheit gewinnen konnte.

Kontrollierter Wandel

Dieser Unabhängigkeitsprozess hatte jedoch – über den längst überfälligen Anspruch des namibischen Volkes auf Selbstbestimmung hinaus – eine weitreichendere Bedeutung. Namibia sollte im Kontext einer Befriedungsstrategie für das gesamte Südliche Afrika ein Testfall für kontrollierten Wandel auch in Südafrika sein. Nicht zuletzt deshalb entschied sich die neue Regierung und ehemalige Befreiungsbewegung für eine pragmatische und nicht frei von eigenen Interessen verfolgte Politik der nationalen Versöhnung. Im Namen dieser Versöhnungspolitik blockierten die Befreier jede offene Diskussion über die Menschenrechtsverletzungen in ihren eigenen Reihen. Damit gaben sie – im Gegensatz zu der später vom ANC in Südafrika verfolgten Politik – den moralischen Vorteil preis, den sie bis dahin wegen der zweifellos viel größeren Verbrechen des Apartheidregimes beanspruchen konnten.

Die Verfassung, die sich das unabhängige Namibia gab, wurde weithin als leuchtendes Beispiel demokratischer Kultur und ziviler Tugenden gelobt. Zugleich trug sie aber dazu bei, den Status quo der sozio-ökonomischen Realität zu konservieren. Die Verfassungsprinzipien garantierten zwar – zumindest der Form nach – ein breites Spektrum individueller Bürgerrechte. Einer Umverteilung des Reichtums wurden jedoch enge Grenzen gesetzt. So schuf die Verfassung eine Demokratie, die hauptsächlich die Interessen einer materiell privilegierten Minderheit schützte.

Trotz der grundsätzlich beschränkten Möglichkeit für sozialen Wandel erlaubte es der Übergangsprozess den Mitgliedern der neuen politischen Elite, durch ihre Schlüsselpositionen in Staat und Bürokratie sich selbst solche Privilegien zu verschaffen. Hohe politische Amtsträger und die Spitzen von Bürokratie und Staatsbetrieben schufen ein post-koloniales System, das von modifizierter, aber nicht weniger krasser Ungleichheit gekennzeichnet ist. Die Klassenstruktur wurde durchlässiger und weniger rassistisch, blieb aber im Wesentlichen die gleiche.

Für die Mehrheit der Bevölkerung bedeutete die Unabhängigkeit deshalb zuvorderst die Wiederherstellung der persönlichen Würde in Form von Bürger- und grundlegenden Menschenrechten. Eine ins Gewicht fallende Umverteilung von Wohlstand fand nicht statt. Namibia gehört nach wie vor zu den Ländern mit der größten materiellen Ungleichheit der Welt. Diese Situation, in der Selbstwertgefühl eher auf idealistischen Werten und Normen in der politischen Sphäre gründet als auf materiellem Wohlergehen, schafft eine latente Spannung. Bei denen, die von der Befreiung auch eine Veränderung der ökonomischen Verhältnisse erwartet hatten, macht sich Enttäuschung über die nüchterne post-koloniale Realität breit, die den sozialen Frieden gefährdet. Wie Simbabwe gezeigt hat, kann ein solches stabilitätsgefährdendes Potential – sogar von denen, die ursprünglich für die Nichterfüllung von Versprechen verantwortlich waren – leicht auf populistische Weise zur Manipulation der öffentlichen Meinung im Sinne der Machthaber ausgebeutet werden.

Gewandelte Kontrolle

Natürlich muss man die Zwänge berücksichtigen, unter denen die Unabhängigkeit zu Stande kam, wenn man die Errungenschaften der vergangenen Dekade beurteilt. Aber man würde es sich zu leicht machen, wenn man jedes Versäumnis der letzten Dekade auf die externen oder strukturellen Faktoren zurückführen wollte, die den Freiraum für Veränderung beschränkten. Trotz der begrenzten Möglichkeiten für soziale Transformation bleibt noch Raum für innenpolitische Optionen. Wie z.B. das Fehlen einer entschlossenen Landreformpolitik im Sinne der landlosen Bevölkerungsmehrheit nicht nur in Simbabwe deutlich macht, trägt Nachlässigkeit oder Eigeninteresse der neuen Machthaber ursächlich dazu bei, die soziale Stabilität und den Rechtsstaat zu unterminieren. Daran können auch beeindruckende Erfolge bei der Verbesserung der sozialen und materiellen Infrastruktur (wie Straßen, Elektrizitäts- und Wasserversorgung, Schulen und Krankenhäuser), die zumindest in einigen dichter besiedelten Gegenden des weitläufigen Landes erreicht wurden, nichts ändern.

Seit der Unabhängigkeit entwickelte sich ein politisches System mit Tendenzen zum Einparteienstaat unter autoritärer Herrschaft. Dank ihrer Reputation als Kraft der Befreiung und wegen mangelnder Alternativen gelang es der Swapo in den zweiten Wahlen vom Dezember 1994, eine klare Zweidrittelmehrheit der Stimmen zu erringen. Diese politische Dominanz wurde mit dem Wahlergebnis von 1999 noch weiter gefestigt, als mehr als drei Viertel der Wählerinnen und Wähler für die Regierungspartei stimmten. Swapos politische Vorherrschaft wurde damit weiter zementiert; im Gegensatz dazu deutet die zunehmend repressive Atmosphäre während des Wahlkampfes auf eine »mangelnde Festigung der namibischen Demokratie« hin, wie die Analyse der Beobachterin Susan Glover schlussfolgert.

Das durch das Wahlergebnis entstandene weitreichende Mandat förderte die fehlgeleitete Wahrnehmung, dass die Regierung da sei, um der Partei zu dienen, und dass der Staat Eigentum der Regierung sei. In den Tagen des Befreiungskampfes behauptete ein Slogan, dass Swapo das Volk sei. Heute könnte er lauten: Swapo ist die Regierung und die Regierung ist der Staat. Diese Tendenz zum Missbrauch staatlicher Macht ignoriert, dass es einen fundamentalen Unterschied zwischen formaler demokratischer Legitimität (entstanden durch die Anzahl von Stimmen in einer freien und allgemeinen Wahl) und deren moralischer und ethischer Dimension gibt.

So hatte denn auch die erste Änderung der Verfassung im Jahr 1998 den alleinigen Zweck, dem Präsidenten eine dritte Amtszeit zu ermöglichen. Dass dies trotz aller Warnungen, es könnte als falsches Signal interpretiert werden, durchgesetzt wurde, legt nahe, dass in Namibia die Demokratie noch nicht nachhaltig verankert ist. Dazu würde es der Konsolidierung institutioneller, sozialer und legaler Netzwerke bedürfen, die den Prozess offener politischer Kommunikation unabhängig von denen machen, die gerade an der Macht sind.

Im gleichen Jahr griff Namibia in den Krieg im Kongo ein. Seit Ende 1999 ist das Land in einen weiteren militärischen Konflikt mit der Unita verwickelt, der Teile seines Territoriums in ein Kriegsgebiet niedriger Intensität verwandelt hat. Kritiker dieser und anderer Entwicklungen werden als unpatriotische Elemente diffamiert. Loyalität zu Namibia wird gleichgesetzt mit Loyalität zur Politik der Swapo. Abweichende Meinungen werden an den Rand gedrängt, wie der im Dezember 2000 vom Kabinett verhängte Anzeigenboykott gegen die unabhängige Tageszeitung *The Namibian* und die Anordnung zu dessen Umsetzung im März 2001 belegt. Der Präsident verfügte im Mai 2001 darüber hinaus, dass der Bezug der Zeitung durch alle öffentlichen Einrichtungen eingestellt wird.

Nation building wird auf Kosten von Minderheiten und auf Grundlage eines verordneten Konsenses verfolgt. Zum Repertoire von Spitzenpolitikern gehören homosexuellen- und fremdenfeindliche Parolen sowie Polemik gegen Weiße. Hohe Politiker und Beamte benutzen ungeniert den Staatsapparat zur persönlichen Bereicherung, was – zum Schaden der öffentlichen Moral – toleriert wird. Wenn die Justiz unpopuläre Entscheidungen fällt, die nicht im Sinne der Regierung sind, wird ihre Unabhängigkeit offen in Frage gestellt. Die Zeitung der Swapo verbreitet Hassparolen und Parteioffizielle äußern verfassungsfeindliche Forderungen, ohne dass sie von der Führung abgemahnt werden.

Demokratie auf dem Prüfstand

Die politische Kultur im unabhängigen Namibia lässt einige erschreckende Anzeichen des Niedergangs erkennen. An Stelle einer Diskussion über die Probleme, die eine ernst gemeinte sozio-ökonomische Transformation als Prozess der Dekolonisierung aufwirft, tritt populistische Rhetorik. Leider trägt diese Erosion der demokratischen politischen Kultur dazu bei, die Anfangserfolge zu diskreditieren. Schließlich hätten nur wenige Optimisten damit gerechnet, dass die erste Dekade des unabhängigen Namibia hauptsächlich von relativem Frieden, Stabilität und Rechtsstaatlichkeit gekennzeichnet sein würden. Zu Beginn herrschte im politischen Raum in der Tat beeindruckende Freizügigkeit und Toleranz. Die im Werden begriffene namibische Identität bezog alle Namibier ungeachtet ihrer sozialen und kulturellen Herkunft und politischen Orientierung mit ein.

Es gibt beunruhigende Anzeichen, dass sich dies selbst in der Wahrnehmung der Menschen auf der Straße bereits geändert hat. Eine Untersuchung, die zur Jahrhundertwende vom *Southern African Democracy Barometer* in sechs afrikanischen Ländern durchgeführt wurde, setzt Namibia an die letzte Stelle, was das demokratische Bewusstsein der Öffentlichkeit betrifft. In der Zusammenfassung der Studie wird mit Bezug auf Namibia und Nigeria von den Autoren Bratton und Mattes festgestellt, dass »in beiden Ländern die Konsolidierung der Demokratie nur eine ferne Aussicht ist«. Eine andere, von der *Helen Suzman Foundation* in sechs Staaten des südlichen Afrika durchgeführte Studie, ergab laut Johnson Ende der neunziger Jahre ein weiteres ernüchterndes Ergebnis: Namibia sei das einzige Land, in dem eine Niederlage der eigenen Partei von einer großen Mehrheit nicht akzeptiert werden würde. Weiterhin diagnostizierte die Analyse »einen kompletten Zusammenbruch des Vertrauens in die Zukunft«, da nicht viel mehr als ein Drittel der Befragten der Demokratie eine Zukunft gäben.

Die politische Kultur Namibias gibt Anlass zur Sorge, dass die namibische Führung nicht aus Fehlern andernorts zu lernen bereit ist. Einige der zentralen Errungenschaften der Unabhängigkeit sind bereits für kurzfristige und von engstirniger Interessenpolitik bestimmte Vorteile geopfert worden. Die demokratische Kultur wird unterminiert, noch bevor sie nachhaltig verinnerlicht werden kann. Bei der abschließenden Pressekonferenz des SADC-Gipfels in Windhoek im August 2000 wagte es ein Journalist der südafrikanischen Presseagentur Sapa, die Entscheidung des Gipfels, die simbabwischen Wahlen als frei und fair zu erklären, in Frage zu stellen. Präsident Nujoma entgegnete dem weißen Südafrikaner, es habe keinen Zweck, ihn überzeugen zu wollen, da er unter einem Apartheidsystem aufgewachsen sei und Demokratie sowieso nicht verstehe. Eine solche Abwehrreaktion erinnert daran, dass natürlich jeder aus der heutigen politischen Elite unter der Apartheid sozialisiert wurde. Das führt zu der Schlussfolgerung, dass organisierte Rassentrennung unter totalitärer Herrschaft für kein Mitglied einer solchen Gesellschaft eine angemessene Vorbereitung auf Ausübung und Internalisierung demokratischer Tugenden darstellen mag. Die wirkliche Herausforderung bleibt daher, das strukturelle Erbe der Vergangenheit auf sozio-ökonomischem, politischem und kulturellem Gebiet zu überwinden.

Laien, Forscher, Wissenschaftler

Ursula Massmann (1984)

Die wissenschaftliche Forschung in Südwestafrika kann in diesem Rahmen nicht gebührend behandelt, sondern nur gestreift werden. Dennoch möchte ich anhand von einigen Beispielen versuchen aufzuzeigen, welchen Persönlichkeiten wir seit etwa Beginn des 19. Jahrhunderts eine wissenschaftliche Erforschung unseres Landes zu verdanken haben. Außerdem möchte ich noch besonders darauf hinweisen, unter welchen heute unvorstellbar erschwerenden, strapaziösen und sogar gefahrvollen Umständen diese Forschung, im Gegensatz zu heute, durchgeführt wurde. Wir können daher diesen Pionieren unsere uneingeschränkte Bewunderung und Achtung nicht versagen.

An erster Stelle sei hier auf die Berichte der Missionare verschiedener Konfessionen hingewiesen, die seit etwa 1810 außer ihrer Missionstätigkeit uns als Sprachforscher *(Krönlein, Schmelen, Olpp, Brincker, Tönjes* u.a.) und als Völkerkundler und Historiker *(Hugo und Theophilus Hahn, Büttner, Knudsen* usw.) überaus wertvolle und grundlegende Informationen hinterließen. Diese Tätigkeit der Missionare reicht bis in die Neuzeit hinein (an der Spitze *Dr. Heinrich Vedder),* denn sie standen seit jeher in engem Kontakt mit der einheimischen Bevölkerung, der es ihnen ermöglichte, einen tiefen Einblick in deren Traditionen und Kultur zu gewinnen.

Selbst in den Erlebnisberichten der vielen Jäger, die ihre Jagdzüge zunächst nur etwas über den Oranje hinaus und später bis in das Owamboland ausdehnten, findet der Zoologe manche aufschlußreiche Hinweise.

Als der erste wissenschaftliche Forschungsreisende gilt der englische Offizier *James Eduard Alexander* (1803–85), der das Land 1836/37 von Kapstadt aus über den Oranje in westlicher Richtung bis zur Walfischbucht und zurück über das heutige Windhoek und Rehoboth bereiste. *»An Expedition of Discovery into the Interior of Africa through the hitherto undescribed Countries of the Great Namaquas, Bushmen, and Hill Damaras«* (1838 London). Diese Reise brachte ihm den Titel »Sir« ein[1].

Ein anderer englischer Wissenschaftler, der 1850/51, ebenfalls von Süden her, als Erster bis zum Owamboland vorstieß und im Osten bis Rietfontein kam, war *Francis Galton* (1822–1911). Die Ergebnisse seiner Reise publizierte er in dem Buch *» The Narrative of an Explorer in Tropical South Africa«* (London, 1853). Es wurde 1854 auch ins Deutsche übersetzt und 1980 von der Gesellschaft für Wissenschaftliche Entwicklung [Swakopmund] in einem Faksimiledruck neu herausgegeben.

Der Expedition von Galton hatte sich der Schwede *Charles John Andersson* (1827–67) angeschlossen, der nach der Rückkehr Galtons nach England, jedoch mit einigen Unterbrechungen, bis zu seinem Lebensende im Lande blieb und es in zahlreichen Expeditionen und Jagdzügen, die ihn bis zum Ngamisee führten, kreuz und quer durchforschte. Auch wenn er hier wohl vorwiegend als Jäger und Händler tätig war, hat er dennoch die Wissenschaft in Form seiner vielen Publikationen (10) in hohem Maße bereichert. Er gilt als der bekannteste Forschungsreisende Südwests und spielte auch auf anderen Gebieten eine führende Rolle. Der Name Andersson ist aus der Geschichte unseres Landes nicht wegzudenken.

Hierzu sei eine interessante Geschichte jenseits der »grauen Wissenschaft« eingeflochten. Andersson darf wohl als der erste Ornithologe in Südwest gelten, denn er hatte ein Manuskript »*The Avifauna of South West Africa*« verfaßt, in dem 428 Vogelarten beschrieben wurden. Er starb, bevor er seine Aufzeichnungen in Buchform herausbringen konnte. Sie wurden 1872 von dem englischen Ornithologen *Dr. J. H. Curney*[2] bearbeitet und unter dem Titel *»Notes on the Birds of Damaraland and the adjacent Countries of South West Africa«* veröffentlicht, jedoch ohne Illustrationen. Mit diesen hatte Andersson den Maler *Thomas Baines* (1820–75) beauftragt, der das Land 1861 von Walvis Bay bis zum Ngamisee bereist hatte und sich bis 1864 bei ihm in Otjimbingwe aufhielt. Der erste Teil der Baines'schen Zeichnungen ging auf der Fahrt von Otjimbingwe nach Kapstadt, von wo aus er nach London weitergesandt werden sollte, verloren. Der zweite Teil erreichte sein Ziel, doch konnten die Zeichnungen, die meisten davon in Wasserfarben angefertigt, wegen zu hoher Herstellungskosten nicht in dem Buch aufgenommen werden. Nach Anderssons Tod blieben diese 90 Zeichnungen verschollen. Sie tauchten erst 1929 in einem

Der Farmer und Schriftsteller Ludwig Conrad 1903 bei einer Rast in der Nähe von Windhoek

Londoner Antiquariat auf, wo sie *Dr. J. G. Gubbins* 1934 zum Preis von 80 £ für das Africana-Museum in Johannesburg erwarb. Dieses gab sie 1975, also nach über 100 Jahren, zur Veröffentlichung frei.

Der Baines'schen Expedition gehörte auch *James Chapman* (1831–72) an, ja, er war sogar der eigentliche Führer von Baines, denn er hatte als erster das Land von Osten, vom Ngamisee her, durchquert. Er war auch der erste Forschungsreisende, der von einer Kamera Gebrauch machte. Von seinen historischen Fotos sind nur 16 erhalten geblieben, unter denen sich auch die Aufnahme einer Welwitschia[3] befindet. Aus der Tatsache, daß das Steppenzebra nach ihm benannt wurde, geht hervor, daß er auch auf naturwissenschaftlichem Gebiet tätig war.

Auch Nichtwissenschaftler haben zur Kenntnis unseres Landes beigetragen, wie z. B. *Frederick Green* (1829–76) und *Axel Erikson* (1846–1901). Neben seiner Tätigkeit als Kommissar der Kapregierung betätigte sich auch *Dr. William Coates Palgrave* (1833–97) als Naturwissenschaftler. Seine Sammlungen werden heute in südafrikanischen Museen ausgestellt.

Nachdem 1884 die von *Adolf Lüderitz* erworbenen Gebiete unter den Schutz des Deutschen Reiches gestellt worden waren, machte sich Lüderitz auch daran, diese Regionen systematisch hinsichtlich ihrer Nutzbarkeit zu erforschen und das Land dementsprechend zu erschließen. Zu diesem Zweck rüstete er einige Expeditionen mit allem Drum und Dran aus, was ihn ein Vermögen kostete. Leider haben auch die Ergebnisse seine Erwartungen in bezug auf abbauwürdige Bodenschätze, die einen wichtigen Bestandteil der Ökonomie eines jeden Landes stellen, nicht erfüllt. Die erste Expedition (1883/84) stand unter der Leitung des Geologen *C. Höpfner* und die zweite, der auch u. a. *Dr. Schenck* als Mineraloge/Geologe angehörte sowie der Schweizer Botaniker *Dr. Hans Schinz,* unter Leitung von *F. H. Pohle.* Zum Studium der Wasserverhältnisse hatte Lüderitz auch *Ludwig Conradt* engagiert. Seine kostspielige Ausrüstung ging im Februar 1885 bei der Katastrophe des Segelschiffes »Tilly« vor Angra Pequena mit unter. Nach Auflösung der zweiten Expedition Anfang 1885 blieben einige ihrer Teilnehmer im Land und setzten ihre Forschungstätigkeit fort, wie *Dr. Hans Schinz* (1859–1941).

Dieser Wissenschaftler von Fleisch und Blut hinterließ uns »das erste deutsche grundlegende Werk über Südwestafrika«, das man auch heute nicht ignorieren kann, obwohl einige Erkenntnisse als überholt zu betrachten sind und sich Pflanzennamen geändert haben: Es wurde 1891 vom Oldenburg Verlag unter dem Titel »Deutsch-Südwestafrika. Forschungsreisen durch die deutschen Schutzgebiete Groß-Nama- und Hereroland nach dem Kunene, dem Ngamisee und der Kalahari 1884–87« veröffentlicht.

Sein Werk behandelt nicht nur allein sein Fachgebiet, die Botanik, sondern schließt auch alle anderen Wissensgebiete, vor allem das der Anthropologie, mit ein. Im April 1885 brach Schinz »auf eigene Faust und eigene Kosten« zu dieser ausgedehnten Reise durch das ganze Land auf. Er kehrte 1887 in seine Heimat zurück.[4]

Auch *Adolf Schenck* (1857–1936) setzte seine Studien im Lande fort, deren Ergebnisse er meist in Fachzeitschriften veröffentlichte. (Logan zitiert zwölf davon.) Seine Forschungen dehnten sich auch auf das Gebiet der Botanik aus, wie die »Vegetationsbilder« zeigen.

Bei der Durchsicht der Loganschen Bibliographie stieß ich übrigens auf eine alte Publikation des Geologen *A. Knop* aus dem Jahre 1861: »Über die Kupfererzlagerstätten von Kl. Namaqualand und Damaraland, ein Beitrag zur Entwicklungsgeschichte der Erze«, erschienen in einer Fachzeitschrift. Logan bezeichnet sie als »exzellent«.

Ungefähr seit 1890 bis zum Ausbruch des Ersten Weltkrieges, also während der Ära der deutschen Kolonialzeit, wurden in allen Bereichen der Wissenschaft unendlich viele, intensive Forschungen durchgeführt, die auch dazu beitrugen, daß die letzten Flecken einer terra incognita von unserer Landkarte verschwanden. Eine akkurate Auflistung der Forschungen würde mehrere Seiten beanspruchen. Aus diesem Grund sind im Nachfolgenden nur einige Wissenschaftler herausgegriffen, die meiner Ansicht nach nicht übergangen werden können. Natürlich stehen dem interessierten Leser dazu ausführliche Literaturverzeichnisse und Bibliographien zur Verfügung.

Bei diesen Forschungsarbeiten waren die Geologen und Geographen besonders zahlreich vertreten. Einer der hervorragendsten Geologen war *Paul Range* (1879–?), der aufgrund seiner langjährigen Tätigkeit im Land (1906–14) fundamentale Kenntnisse besaß, die sich auch auf die Gebiete der Meteorologie, Hydrologie und Geobotanik ausdehnten. Bei Logan sind allein 50 Titel aufgeführt, von denen viele mit dem Prädikat »exzellent« versehen sind.

Um dem Leser einen Einblick in die Mannigfaltigkeit der wissenschaftlichen Arbeiten der einzelnen Forscher zu geben, sind in Klammern die Anzahl der Titel angeführt, die der Loganschen Bibliographie entnommen sind.

Der Geologe *Georg Gürich* (1859–1938) legte uns in seinem oft zitierten Werk »Deutsch-Südwestafrika. Reisebilder und Skizzen aus den Jahren 1888–89« (1891 Hamburg)[5] eine weitgefächerte Studie seiner Forschungsergebnisse vor (6).

Georg Hartmann (1865–?) erforschte 1896 und 1900 das bisher noch wenig bekannte Kaokoveld (8). Außerdem fertigte er als Topograph anhand seiner Messungen und Beobachtungen ganz ausgezeichnete Karten an.

Siegfried Passarge (1867–1958) erforschte 1896 und 1900 auf wissenschaftlicher Basis vor allem die Kalahari-Region sowie die des Okavango (13).

Karl Dove (1863–1922)[6] bereiste 1892/93 das Land und betrieb geographische und meteorologische Studien, die er zum Teil erst in späteren Jahren auswertete (13). Hierbei müssen auch die intensiven Forschungen von *Fritz Jäger* (26) – allgemeine Landeskunde – und *Erich Kaiser* (26) – Namib und Diamantgebiete – genannt werden, die beide Wissenschaftler während des Krieges betrieben haben. Ferner *Eduard Moritz* (4), *Ernst Reuning* (10) sowie *H. Lotz* (8) und *J. Kuntz* (12), von dem auch eine recht gute Karte des Kaokofeldes (1912) existiert. Weiterhin *Hans Schneiderhöhn* (10), *Eberhard Rimann* (6), *Franz Seiner* (10), *R. Scheibe* (7) – Diamantvorkommen – und der deutsch-südafrikanische Mineraloge *Percy A. Wagner* (11).

Zu den hervorragendsten Forschungsreisenden jener Zeit gehört *Leonard Schultze* (1872–1955)[7], der 1907 seine umfangreichen Forschungsergebnisse in dem Werk »Aus Namaland und Kalahari« veröffentlichte. Es behandelt neben zoologischen, botanischen und geographischen Studien vor allem bis ins kleinste gehende anthropologische Forschungen der Naman (Hottentotten), denen der Hauptteil des Buches, nämlich 380 Seiten, gewidmet ist. Er hatte sogar deren komplizierte Sprache mit den Schnalzlauten erlernt.

In den Jahren 1896/97 bereiste der Hydrologe *Theodor Rehbock* (1864–?) von Swakopmund bis zum Oranje-Fluß das Land, um die Nutzbarmachung der Wasserressourcen zu untersuchen. Sein Bildband mit den Fotos seiner Reise (1898 Berlin) dürfte nicht nur den Africana-Sammler, sondern auch den Historiker begeistern.

Unter den Botanikern ragt *Kurt Dinter* (1868–1945) besonders hervor, der von 1897 bis 1914 die Flora des Landes gründlich erforschte. Er legte mehrere tausend Herbarbogen an, und viele Pflanzen sind nach ihm benannt worden. Nach dem Krieg, der ihn während einer Urlaubsreise nach Deutschland dort festgehalten hatte, kehrte er nach Südwest zurück, um seine Studien fortzusetzen.

Der Anthropologe *Eugen Fischer* (1864–?) erforschte 1908 eingehend die Rehobother Basters.

Die Ergebnisse finden in dem Standardwerk »*Die Rehobother Bastards und das Bastardierungsproblem beim Menschen*« (1913 Jena) ihren Niederschlag.

Auch den Führer der ersten Schutztruppe, *Major Curt von François* (1852–1931)[8], kann man zweifelsohne in die Reihe der Forscher einbeziehen. Er hatte zuvor in Togo (1883/89) intensive wissenschaftliche Forschungen betrieben. Er setzte sie in seinem neuen Tätigkeitsfeld in Südwestafrika in den Jahren 1889–94 »um Landeskenntnisse zu gewinnen« fort und reiste zu diesem Zweck bis zum Ngamisee. Seine akkurat aufgezeichneten Reiseberichte (7) geben darüber Auskunft. Sie decken ein weites Feld, von denen außer meteorologischen und astronomischen Messungen, den geologischen sowie den ethnologischen Beobachtungen die ausgezeichneten topographischen Aufzeichnungen bemerkenswert sind. In seinem Buch »*Deutsch-Südwest-Afrika*« (1899 Berlin) stellt er sich uns auch als Historiker vor.

Im Bereich der Historie seien hier nur einige frühe Autoren genannt, die aus eigenem Erleben, Erfahrungen und Beobachtungen heraus ein anschauliches Bild über Land und Leute der Frühzeit vermittelten: *F. J. von Bülow:* »*Drei Jahre im Lande Hendrik Witboois*« (1896 Berlin), *Hugo von François:* »*Nama und Damara*« (1896 Magdeburg), *Kurd Schwabe:* »*Mit Schwert und Pflug in DSWA*« (1904 Berlin), *Theodor Leutwein:* »*Elf Jahre Gouverneur in DSWA*« (1908 Berlin).

Auch Offiziere der Schutztruppe beteiligten sich an der Erforschung des Landes. Auf ihren Patrouillenritten erkundeten sie bisher wenig oder unbekannte Gebiete. Sie betrieben völkerkundliche Studien und nahmen zahllose Vermessungen vor. Zu ihnen gehörten *Adolf Fischer, Lothar Geibel, Gentz, E. von Gersdorff, J. Jochmann, P. Jodtka, Hans Kaufmann, Kurt Streitwolf, Walter Trenk, F. Trommsdorff.*

Hierbei verdienen auch einige Kartographen besondere Erwähnung, deren Karten auch heute noch gerne zu Rate gezogen werden, wie, außer den oben genannten, *Paul Langhans, P. Sprigade, M. Moisel, R. Kiepert.*

Auf dem Gebiet der medizinischen Wissenschaft, vor allem der des Veterinärwesens, dem in einem Viehzuchtland wie Südwest eine besondere Bedeutung zukommt, wurden entsprechende Forschungen und Untersuchungen schon recht früh durchgeführt. So schickte der berühmte *Robert Koch,* der sich 1896 zur Bekämpfung der Rinderpest in Südafrika aufgehalten hatte, 1897 seinen Assistenten, den Oberstabsarzt *Dr. Kohlstock,* nach Südwest, um auch dort entsprechende Untersuchungen und Impfungen vorzunehmen. Kohlstock sorgte auch für die Erweiterung der wissenschaftlichen Versuchsstation Gammams. In diesem Zusammenhang seien auch die grundlegenden Untersuchungen des Tierarztes *W. Rickmann* erwähnt, der sich während seiner Tätigkeit in Südwest von 1894–1908 besonders verdient gemacht hat. Auch die Stabsärzte *Ph. Kuhn* und *Lübbert* beschäftigten sich intensiv mit der Bekämpfung der Rinderpest. Die damals gewonnenen Erkenntnisse bildeten die Grundlage, auf die die Veterinärmedizin in späteren Jahren weiter aufbauen konnte. Sie führten schließlich dazu, daß die so gefürchteten Tierkrankheiten wie Rinderpest, Lungenseuche, Pferdesterbe und Rotz heute als ausgerottet zu betrachten sind.

Interessant ist auch noch zu erwähnen, daß vor dem Krieg zeitweise bis zu 300 meteorologische Stationen über das ganze Land verteilt waren, die von Beamten, Farmern, Polizisten, der Truppe und Missionaren bedient wurden.[9]

Der dritte Abschnitt dieser Übersicht umfaßt den Zeitraum nach dem Ersten Weltkrieg bis etwa 1950/60. Neuere Forschungen dürften wohlbekannt sein und sind daher hier nicht mit einbezogen. Auch hier können nur einige der bekanntesten Forscher genannt werden, denn die Zahl der Wissenschaftler, die in diesem Zeitraum in Südwest entsprechende Studien betrieben haben, ist sehr groß.

Nach wie vor haben die geologischen, mineralogischen und morphologischen Forschungen einen breiten Raum eingenommen, so z. B. die von *Herbert Abel* (7), *Werner Beets* (10), *Hans Cloos* (13), *W. P. de Kock* (6), *T. W. Gevers* (25), *Georg Knetsch* (8), *Richard F. Logan* (8) sowie die der wohlbekannten Geologen *Henno Martin* und *Hermann Korn*. *Reinhard Maack* erforschte bereits 1916 u.a. die Brandberg-Region, und es kam zur Erstbesteigung des höchsten Gipfels sowie zur Entdeckung der Grotte mit der Felszeichnung der »Weißen Dame«.

Die Erforschung unserer Völkerschaften, vor allem die der Buschmänner, übte schon immer eine starke Anziehungskraft auf Ethnologen und Anthropologen aus: *Martin Gusinde* (5), *Ph. Tobias* (6), *I. Schapera* (9), der Sprachforscher *Oswin Köhler* (10). Ferner sind hier auch *Viktor Lebzelter* (8), *Rud. Lehmann* (Owambos), *J. P. Bruwer* (8) zu erwähnen. Auf dem Gebiet der Botanik und Geobotanik wirkten *H. Walter* (10), der sich mehrere Male in Südwest aufhielt, wie auch *O. H. Volk. Georg Boss* gab ein ausgezeichnetes Schulbuch heraus, und *H. Merxmüller* und seine Mitarbeiter stellten in jahrelanger Arbeit *den* »*Prodromus einer Flora von SWA*« (1966–72)[10] zusammen. Auch Wissenschaftler von ausländischen Instituten forschten und sammelten hier.

Der Zoologe *G. C. Shortridge* bereiste auf sechs Studienreisen das Land. Ihm haben wir das zweibändige Standardwerk »*The Mammals of SWA*« (1934 London) zu verdanken. *Robert Mertens* wandte sich 1952 den Reptilien und Amphibien zu, desgleichen auch *R. F. Lawrence*. Naturwissenschaftler des britischen und des Transvaal-Museums unternahmen Forschungsreisen in Südwestafrika. Von den bekannten Ornithologen seien hier nur *Franz Sauer* (6), *G. Niethammer* (8), *E. H. Wolters* und *J. M. Winterbottom* genannt.

Die Erforschung der Namib erweckte seit eh und je starkes Interesse, das dazu führte, daß in den sechziger Jahren der Grundstein für die heute weltweit bekannte Namib-Wüstenforschungsstation Gobabeb am Kuiseb gelegt wurde, deren Gründer und Initiator der Entomologe *Charles Koch* war. Er widmete sich besonders der Erforschung der Tenebrioniden (Schwarzkäfer). Die Durchführung seiner genialen Ideen war anfangs nicht ganz einfach (*Eberhard von Koenen* leistete wichtige Vorarbeit). Er wurde jedoch seitens wissenschaftlich interessierter südwester Kreise weitestgehend unterstützt und gefördert. Viele Forscher folgten in der Neuzeit den Spuren von Charles Koch und dehnten sie auf andere Bereiche der Wissenschaft aus. Übrigens steht inmitten einer ausgesprochenen Männerwelt eine Frau dieser berühmten Forschungsstätte vor – *Mary Seely*.

Die Zahl der südwester Laienwissenschaftler, also Personen, die keine akademische Vorbildung besaßen, sondern erst neben ihrem Beruf als eine Art Hobby wissenschaftliche Studien betreiben, ist hierzulande, gemessen an der geringen Bevölkerungszahl, recht stattlich. Sie fanden als tragende Mitglieder in der *S.W.A. Wissenschaftlichen Gesellschaft* ein Forum, in dem sie wertvolle Kontakte zu renommierten Gastwissenschaftlern fanden, für die auf der anderen Seite die intensiven Feldstudien dieser Laien von großem Wert waren. Dies wurde auch seitens der Wissenschaft gewürdigt und anerkannt. Hier können ebenfalls nur einige wenige genannt werden.

Unter den Ornithologen ragt *Walter Hoesch* (24) besonders hervor. Ferner seien *H. von Maltzahn* und *H. von Schwind* genannt. Die Brüder *Jan und Fritz Gaerdes* betätigen sich auf dem Gebiet der Zoologie und eigneten sich ein überdurchschnittliches Wissen unserer Tierwelt an. *W. Giess, H. J. Wiss, Emil Jensen, W. Triebner, E. Rusch* betreiben botanische Studien. *E. Scherz* wurde durch seine Felsmalereiforschung bekannt, *A. Viereck-Kowas* durch seine archäologischen Forschungen. *Erich Zelle* wurde der südwester »Wetterfrosch« (Meteorologie) genannt. Er verfügte auch über reichhaltige Kenntnisse anderer Wissensgebiete. *H. W. Stengel* und die Wasserwirtschaft des Landes sind ein Begriff.

Einen ganz hervorragenden Anteil an der Erforschung unseres Landes hatte die 1925 in Windhoek gegründete *S.W.A. Wissenschaftliche Gesellschaft*. Sie bildete mit der Zeit ein Zentrum, in dem sich nicht nur alle naturwissenschaftlich, sondern auch geisteswissenschaftlich, historisch sowie kulturell interessierten Personen zusammenfanden. Sie entwickelte eine rege Tätigkeit, die sie in Form von Vorträgen, Exkursionen und Veröffentlichungen lebendig hielt. Diese Gesellschaft hat in schweren Zeiten oft um ihre Existenz ringen müssen, sich jedoch dank des Einsatzes von Idealisten erhalten können. So baute sie auch eine ausgezeichnete wissenschaftliche Bibliothek und ein nennenswertes Archiv auf. Sie stellte, wie bereits erwähnt, wertvolle Kontakte zwischen den hiesigen Laienwissenschaftlern und den Koryphäen der internationalen Wissenschaft her. Beide wurden von ihr nach Kräften gefördert und betreut. Die Gesellschaft übernahm auch die Betreuung des 1907 von Gouverneur *von Schuckmann* gegründeten Landesmuseums, aus dem 1957 das heutige Staatsmuseum hervorging. Sie förderte und unterstützte auch andere Museen im Lande, wie das 1951 von *Dr. Alfons Weber* gegründete Swakopmunder Museum, das Lüderitzbuchter und eines in Tsumeb. Im Gegensatz zu dem Staatsmuseum, das ein Forschungsinstitut wurde, sahen diese Museen ihre Aufgabe mehr in der Sammlung und Erhaltung historischer und naturwissenschaftlicher Objekte, die durch eine effektvolle Zurschaustellung der Bevölkerung und den zahllosen ausländischen Gästen einen informativen Einblick in die Erforschung und die Geschichte unseres Landes vermitteln.

Aus der sehr aktiven Ortsgruppe Swakopmund der Gesellschaft ging 1968 die *Gesellschaft für Wissenschaftliche Entwicklung* hervor, die die Trägerorganisation des Swakopmunder Museums wurde. Sie errichtete ebenfalls eine wissenschaftliche Bibliothek, in der eine fast lückenlose Zeitungssammlung von 1898–1915 besonders zu erwähnen ist. Außerdem gelang es ihr, die wertvolle Ferdinand-Stich-Africana-Sammlung dem Lande zu erhalten. Sie stellte auch Gastwissenschaftlern eine Bleibe in Form einer kompletten Wohnung zur Verfügung.

Aus dieser Übersicht geht hervor, daß in Südwest seit über 100 Jahren grundlegende und umfassende wissenschaftliche Forschung betrieben wurde, die den Forschern zur Ehre gereicht.

Anmerkungen:

1 Vergl. dazu F. W. Lang: »Vom Oranje bis zur Walfischbucht 1836« in: AHK 1963, S. 95–103
2 Das Originalmanuskript dieser Bearbeitung befindet sich im Besitz eines südwester Africana-Sammlers
3 Siehe Annual 1964, S. 77
4 Vergl. dazu W. Tabel in AHK 1976, S. 85–89
5 desgl., S. 89–92
6 desgl., S. 93–97
7 Es sei hier nebenbei erwähnt, daß der Jenaer Zoologie-Professor nicht identisch mit dem Bezirkshauptmann Hans Schultze ist, der 1914 in Naulila ermordet wurde. Beide wurden »Schultze-Jena« genannt. Sie waren Brüder.
8 Vergl. dazu W. Tabel in: AHK 1983, S. 37–50, und Lisa Gebhardt in: »Mitteilungen« Oktober 1983
9 Vergl. P. Heidke »Die Niederschlagsverhältnisse von DSWA«. 1919
10 Vergl. dazu W. Giess in: Dinteria No. 2, S. 29–36

Kurs Südwest

Die Geschichte der Handelsschifffahrt zwischen Deutschland und Südwestafrika

Kai Ortel

Die Sonne hat sich wieder einmal hinter den Wolken zurückgezogen uns sorgt dafür, dass sich am Strand von Swakopmund kaum mehr als eine Handvoll Menschen aufhalten. Es ist nicht allzu warm, ein Freitagabend im Oktober 1999; die Sommersaison steht in Swakopmund erst noch bevor. Vor der Mole tummelt sich eine Robbe in den Wellen, und es ist nicht unwahrscheinlich, dass es sich um dasselbe Exemplar handelt, das ein paar Tage später inmitten von Algen tot am Strand liegt. Der grobe Sand vor der Seebrücke Swakopmunds trägt zum herben Charme dieser Stadt bei, sorgt aber auch dafür, dass das Barfußlaufen bereits nach ein paar Minuten zur Qual wird. Der Leuchtturm ragt imposant in den Himmel, hinter der Mole verbreiten ein paar Segel- und Fischerboote maritimes Flair, nur ein richtiges Schiff sucht man weit und breit vergeblich.

Swakopmund hat sich immer dagegen gewehrt, mit aller Gewalt zur Hafenstadt gemacht zu werden. Nachdem Südwestafrika 1884 zum deutschen Schutzgebiet erklärt worden war, erhielt die Kaiserliche Marine den Auftrag, die Küste Südwestafrikas nach einem Ort zu erkunden, der sich als Überseehafen eignete. Das optimal gelegene Walvis Bay war fest in britischer Hand, die Gewässer vor Lüderitz voller unberechenbarer Untiefen und Sandwich Harbour bzw. Kap Frio weitab von Süßwasservorkommen inmitten unwirtlichster Landschaften. Als am 4. August 1892 das Kanonenboot »Hyäne« mit Curt von François und 40 deutschen Siedlern an Bord vor Swakopmund ankerte, hatte man nahe der Mündung des Swakop Riviers eher das kleinste Übel als den perfekten Ort für einen Überseehafen ausgewählt. Der Südatlantik war an dieser Stelle relativ flach, nichtsdestotrotz aber stürmisch genug, die Anlandung von Personen und Fracht jedes Mal aufs Neue zu einem Abenteuer werden zu lassen. Die ersten Dampfer mussten bis auf weiteres einen Kilometer oder mehr vor der Küste auf Reede liegen und Menschen wie Fracht mit Landungs- und Rettungsbooten durch die hohe Brandung an Land gerudert werden. Ein Jahr nach der »Hyäne«, am 23. August 1893, lief mit der »Marie Woermann« erstmals ein deutsches Fracht- und Passagierschiff Swakopmund an und brachte 120 Schutztruppler und 40 Siedler nach Deutsch-Südwest.

Bereits auf das Jahr 1849 ging die Verbindung des deutschen Handels- und Schifffahrtshauses Woermann mit Westafrika zurück. In der zweiten Hälfte des 19. Jahrhunderts errichtete Woermann zahlreiche Handelsniederlassungen entlang der westafrikanischen Küste, die 1878 zu einem eigenen Geschäftszweig des aufstrebenden Unternehmens wurden. Erst Carl Woermanns Nachfolger Adolph Woermann (1847–1911) war es jedoch, der den Schiffsverkehr nach Afrika mit modernen Dampfschiffen belebte. 1882 eröffnete Woermann einen sechswöchigen Liniendienst zwischen Hamburg und Kamerun, im selben Jahr gewährte ein Vertrag zur Postbeförderung der Reederei bevorzugte Behandlung und niedrige Liegegebühren in den Anlaufhäfen. Mit seinem Gutachten zur Handelssituation an der westafrikanischen Küste trug Adolph Woermann wesentlich dazu bei, dass das Deutsche Reich seine Kolonialpolitik verstärkte und in der Folge Kamerun, Togo und Südwestafrika unter deutsche Schutzhoheit stellte.

Diese Entwicklung machte es jedoch erforderlich, dass Woermann seine Reederei- und Flottenpolitik der neuen Lage anpasste. Dazu wurde am 15. Juni 1885 die »Afrikanische Dampfschiffs-Actiengesellschaft, Woermann-Linie« gegründet, an der die Woermann-Reederei zur Hälfte und verschiedene andere Hamburger Reedereien (darunter die Häuser Bolten und Laeisz) ebenfalls beteiligt waren. Immerhin hatte im selben Jahr der Deutsche Reichstag die von der Regierung Bismarck vorgeschlagene Subventionierung einer Postdampfer-Verbindung nach West- und Ostafrika abgelehnt. Dieser subventionierte Dienst sollte von Deutschland über Togo und Kamerun nach Deutsch-Südwestafrika und von dort über Kapstadt weiter nach Sansibar und

Deutsch-Ostafrika gehen, auf diese Weise alle deutschen Kolonialgebiete in Afrika miteinander verbindend. Statt dessen musste die Woermann-Linie nun ihr Liniennetz neu überdenken und vor allem den zeitraubenden Verkehr entlang der Küste Kameruns straffen.

Der Woermann-Dienst nach Deutsch-Südwestafrika war in den 1890er Jahren kaum profitabel, doch ein Handelsvertrag mit der deutschen Kolonialgesellschaft immerhin notwendig, um die Schifffahrt nach Westafrika nicht der Konkurrenz zu überlassen. Vor allem in den ersten Jahren fuhren die Woermann-Dampfer regelmäßig fast leer von Swakopmund zurück nach Hamburg, da es in der neuen deutschen Kolonie kaum Güter gab, die in Deutschland stärker nachgefragt waren. Da sich die Schiffe in den Häfen Kameruns und Togos auf die Suche nach weiterer Fracht machen mussten, stieg die Rundreisedauer der Schiffe auf mehr als 100 Tage. Passagierbeförderung fand anfangs kaum statt, weshalb sich die sechs Frachtdampfer als ideal erwiesen, die die Woermann-Linie bis 1898 von der Reederei Hamburg-Süd (tätig im Südamerika-Geschäft) erwarb und für eigene Zwecke umbaute.

Diese Situation änderte sich erst, als 1895 die Deutsche Siedlungsgesellschaft für Südwestafrika gegründet wurde, die im Auftrag des Reiches handelte und mit der Woermann-Linie einen Vertrag für einen regelmäßigen zweimonatlichen Dampferdienst zwischen Hamburg und Swakopmund abschloss. Zu diesem Zeitpunkt war dasselbe Haus Woermann mit seinen schon in den Jahren zuvor errichteten Handelsniederlassungen bereits vor Ort vertreten. (Das Erbe dieser Woermann-Agenten lebt in den zahlreichen Filialen der Firma Woermann & Brock überall in Namibia weiter.) Durch einen weiteren Vertrag aus dem Jahr 1900 wurde Woermann auch offiziell zum einzigen Anbieter von Schiffsverkehr zwischen Deutschland und Deutsch-Südwest und zu einem monatlichen Postdampfer-Dienst zwischen Swakopmund und Hamburg verpflichtet, der eine Dauer von 30 Tagen pro Fahrt nicht übersteigen durfte.

Aufgrund dieser Monopol-Garantie und der zu erwartenden rasanten wirtschaftlichen Entwicklung in Deutsch-Südwestafrika bestellte die Woermann-Linie 1900 in Glasgow zwei große Passagierdampfer, die 1901 als »Ernst Woermann« (102 Passagiere) und »Hans Woermann« (126 Passagiere) in Dienst gestellt wurden. Im Folgejahr kamen mit den Schiffen »Alexandra Woermann« (65 Passagiere), »Eleonore Woermann« und »Lucie Woermann« (je 201 Passagiere) drei weitere große Afrika-Dampfer dazu, die regelmäßig Swakopmund anliefen. Dort unternahm man zwischen 1899 und 1903 den ersten Versuch, einen Hafen anzulegen, der Schutz vor der mächtigen Brandung des Südatlantiks bieten sollte. Es wurde eine Mole in die Brandung hinein gebaut, doch der so entstandene künstliche Hafen dahinter war bereits nach zwei Jahren wieder hoffnungslos versandet.

Ab 1903 machten auch die Dampfer der Deutschen (DOAL) Halt in Swakopmund. Dies geschah auf

Die Landungsbrücke in Swakopmund ca. 1905

Drängen der deutschen Reichsregierung, die ihre Kolonie »Südwest« noch besser in das internationale Schifffahrtsliniennetz eingebunden wissen wollte. Bei der DOAL hielt sich die Freude über diese Idee in Grenzen, da der Stopp in Swakopmund einen wertvollen Tag auf der Fahrt von/nach Südafrika bzw. Deutsch-Ostafrika kostete, wo man sich in starker Konkurrenz mit britischen Reedereien befand. Außerdem gingen die DOAL-Liner noch einen Meter tiefer als die Woermann-Flaggschiffe, was das Ankern und das Löschen der Ladung vor Swakopmund auch nicht gerade einfacher machte. Auch die freundschaftlichen Verbindungen zwischen Woermann-Linie und DOAL waren in Gefahr, als die beiden Reedereien per Dekret zu Konkurrenten um Fracht und Passagiere wurden. Man versuchte allerdings zumindest vor Ort in Südwestafrika, den Reedereien entgegenzukommen, indem man 1903/04 in Swakopmund nach dem fehlgeschlagenen Versuch mit der Mole nun eine hölzerne Seebrücke errichtete. Diese sollte den deutschen Überseeschiffen an ihrem Ende eine feste Anlegestelle bieten und Personen und Waren einen trockenen Weg von und an Bord der Dampfer ermöglichen. Doch auch dieser Versuch, dem trotzigen Südatlantik ein paar Meter abzuringen, schlug fehl – die Seebrücke (325 Meter) war der starken Brandung und der Arbeit der Holzwürmer nicht gewachsen und wurde 1911 wieder abgerissen.

Schon kurz nach der Fertigstellung der Seebrücke 1904 machte der sog. Herero-Aufstand die schnelle Beförderung größerer Truppen- und Waffenkontingente von Deutschland nach Südwest erforderlich. Die Woermann-Linie musste nun kurzfristig Schiffe chartern, die die zusätzlichen Transportaufgaben bewältigen konnten, darunter auch die Beförderung großer Mengen Armee-Pferde. Im Zuge der Aufstände hatten außerdem Dutzende treuer schwarzer Arbeitskräfte ihren Dienst für Woermann quittiert, so dass die Reederei praktisch über Nacht für Ersatz aus den westafrikanischen Küstenländern sorgen musste.

Wenn auch die Woermann-Linie 1904/05 einen reibungslosen Ablauf der Transporte zwischen Deutschland, Westafrika und Südwest gewährleisten konnte, war sie nach der Niederschlagung der Aufstände mit einer Reihe unerwarteter Probleme konfrontiert. U.a. war die gewachsene Flotte (darunter die beiden neuen Liner »Gertrud Woermann« und »Adolph Woermann« für je 240 Passagiere) nun auf einmal viel zu groß für das Alltagsgeschäft der Reederei und die Konkurrenz wenig begeistert, als die Woermann-Linie versuchte, überzählige Schiffe auf neuen Linien und in anderen Fahrtgebieten einzusetzen. Einen Vorteil hatten die Veränderungen jedoch zumindest für Swakopmund – die Fahrtdauer zwischen Südwest und Hamburg war auf nur noch 22 Tage geschrumpft. Außerdem konnte nun ein Küstendampfer aus der Kamerun-Fahrt zwischen Swakopmund und Kapstadt eingesetzt werden.

Doch über Swakopmund zogen sich erneut dunkle Wolken zusammen: Hamburger Kaufleute, die während des Herero-Aufstandes ihre eigenen Schiffe an die Woermann-Linie verchartert hatten, sahen sich mit den in den letzten Monaten gesammelten Erfahrungen nun plötzlich in der Lage, selbst einen Schiffsverkehr zwischen Deutschland und Deutsch-Südwestafrika aufzunehmen. Sie gründeten die »Hamburg-Bremer Afrika-Linie« (HBAL) und nahmen 1907 einen dritten Dienst (neben Woermann und DOAL) nach Swakopmund auf. Dies geschah mit finanzieller Unterstützung der Bremer Großreederei Norddeutscher Lloyd, weshalb sich ihrerseits die Woermann-Linie zu Aktivismus gezwungen sah. Die veränderte Wettbewerbssituation im Schiffsverkehr nach Südwest führte dazu, dass sich die drei Reedereien Woermann, DOAL und HAPAG (Hamburg-Amerika Packet Actiengesellschaft) 1907 ebenfalls per Vertrag zu einer »Betriebsgemeinschaft« zusammenschlossen. Diese sah vor, dass die Woermann- und HAPAG-Dampfer in Regie der DOAL fuhren und den Frachtverkehr abwickelten, während der DOAL allein die Passagierbeförderung unterstand. Und diese »Betriebsgemeinschaft« hatte am Ende auch den längeren Atem – die HAPAG übernahm einige der überzähligen Woermann-Dampfer und sorgte mit ihrer Beteiligung an dem Gemeinschaftsdienst dafür, dass sich die Aktivitäten des unliebsamen Konkurrenten aus Bremen in Swakopmund in Grenzen hielten. Die Zeiten des Monopols für die Woermann-Linie waren nun jedoch vorbei.

Unterdessen hatte sich Swakopmund 1907 zu einem regelrechten Zankapfel entwickelt: die deutsche Reichsregierung wollte Subventionen für die DOAL nur dann bewilligen, wenn sich die Reederei zum regelmäßigen Anlaufen des ungeliebten Südwester Hafens bereit erklärte, und zwar auch nach der Beendigung der Unruhen im Innern des Landes. Die DOAL musste notgedrungen einwilligen und war dadurch auch weiterhin in Swakopmund präsent. Die Schiffe liefen Swakopmund und Lüderitzbucht abwechselnd an, so dass die DOAL Abfahrten alle sechs Wochen ab jedem der Häfen in beide Richtungen (Deutschland und Ostafrika) anbieten konnte. Bis zum Sommer 1914 waren Flotte und Liniennetz von Woermann-Linie und DOAL kontinuierlich dem gestiegenen Bedarf angepasst worden und sorgten für einen reibungslosen Ablauf des Schiffsverkehrs zwischen Deutschland und Deutsch-Südwestafrika. Und nachdem man 1911 mit dem Abriss der von Holzwürmern durchlöcherten ersten Seebrücke begonnen hatte, begann man 1912 an der selben Stelle mit dem Bau einer Eisenbrücke, die bei ihrer Fertigstellung mit einem Bahngleis und Kränen ausgestattet und 640 Meter lang sein sollte. Der Ausbruch des Ersten Weltkrieges unterbrach jedoch die Arbeiten an diesem ehrgeizigen Bauprojekt, von dem zu diesem Zeitpunkt 262 Meter fertiggestellt waren.

Der Erste Weltkrieg sorgte für eine tiefe Zäsur in der deutschen Afrika-Schifffahrt. Als 1916 angesichts hoher Schiffsverluste und des für Deutschland ungünstigen Kriegsverlaufs abzusehen war, dass ein Frieden nur zum Preis der Aufgabe der deutschen Kolonien in Afrika zu erreichen war, beschloss die Woermann-Familie, ihre Beteiligung an den Reedereien DOAL und Woermann-Linie an ein Konsortium aus HAPAG, Norddeutschem Lloyd und der Reederei Hugo Stinnes zu verkaufen. (Die Stinnes-Anteile wurden 1921 von HAPAG und Lloyd übernommen.) Die »Woermann«-Schiffsnamen wurden durch afrikanische Ausdrücke ersetzt, die eingeführten Bezeichnungen »Deutsche Ostafrika-Linien« und »Woermann-Linie« wurden jedoch beibehalten. Nach dem Krieg war »Deutsch-Südwest« Vergangenheit und nun auch kein Bedarf mehr nach einem zweiten Seehafen neben dem südafrikanischen Walvis Bay. Die halbfertige eiserne Seebrücke beließ man in ihrem Zustand, so dass sie in der Folge zumindest Ausflüglern und Anglern gute Dienste leistete.

Nach dem Krieg ging erstmals 1921 mit der »Usambara« der DOAL wieder ein deutscher Passagierdampfer auf Kurs Südwestafrika. Die immer noch in Gemeinschaft betriebenen Linien von Deutschland nach Südwest- und Ostafrika firmierten nun unter der Bezeichnung »Deutscher Afrika-Dienst«. Ein Abkommen mit holländischen und britischen Reedereien, die Dienste nach Südafrika unterhielten, erlaubte den deutschen Afrika-Reedereien 1927, ihren Schiffspark aufzustocken. Als Folge davon stellte die HAPAG 1927 mit der »Toledo« (310 Passagiere) ein neues Flaggschiff in den Afrika-Dienst der Reederei; 1928 antwortete die Woermann-Linie darauf mit dem Neubau »Watussi« und die DOAL mit der »Ubena« (je 324 Passagiere). Die Schiffe liefen nun entweder Walvis Bay oder Lüderitzbucht an, auf Swakopmund konnte man angesichts der optimalen Hafenanlagen im nahegelegenen Walvis Bay verzichten – die politischen Prämissen für den Stopp in Swakopmund existierten nicht mehr.

Statt dessen entwickelte sich die Kleinstadt in den folgenden Jahrzehnten zu dem beliebten Seebad, das es noch heute ist. Swakopmund erinnert wie kaum ein zweiter Ort in Namibia an das deutsche Kolonialerbe, das dieses ungewöhnliche Land in sich trägt. Die Architektur der Häuser gehört dazu genauso wie die Straßen im »XXL-Format«, die deshalb so breit angelegt worden sind, damit die Ochsenwagen der Schutztruppler problemlos wenden konnten. Mein Reiseführer schreibt, dass Swakopmund dadurch etwas an Gemütlichkeit verloren geht, und eigentlich hat er damit nicht ganz unrecht. »Gemütlich« ist kaum ein passender Ausdruck für diesen skurrilen Ort, der trotz oder gerade wegen seiner bemerkenswerten Geschichte ein ganz besonderes Flair ausstrahlt. Dies spürt man vor allem am Strand – dort, wo die alte, halbfertige Seebrücke in die tosende Brandung des Südatlantiks ragt. Ihre marode Bausubstanz wurde Mitte der 80er Jahre durch Betonpfeiler verstärkt. Die Stadt Swakopmund hatte daran jedoch kaum Interesse; finanziert wurde die Renovierung allein durch Spenden. Zehn Wochen vor dem Jahrtausendwechsel war die alte Seebrücke schon wieder wegen Baufälligkeit gesperrt und anstelle von Spaziergängern und Anglern vollständig von Möwen besetzt. Die nahegelegene Mole, der zweite vergebliche Versuch, den deutschen Überseedampfern einen geschützten Anlegeplatz zu bieten, gewährt heute zumindest dem einzigen badetauglichen Sandstrand Swakopmunds Schutz. Und für Segelyachten und Ruderboote reicht der kleine künstliche Hafen allemal. Nur ein richtiges Schiff wird man in Swakopmund wohl niemals wieder sehen.

Die »Watussi« der Woermann-Linie, der erste deutsche Zweischornsteiner im Afrika-Dienst, war zwischen 1928 und 1939 ein regelmäßiger Gast in Walvis Bay und Lüderitzbucht. Um der Versenkung durch einen britischen Kreuzer zu entgehen, wurde das Schiff am 2.12.1939 vor Kapstadt von der Schiffsführung in Brand gesetzt, bis es wenig später kenterte und unterging.

Die »Windhuk« der Woermann-Linie war zusammen mit ihrem Schwesterschiff »Pretoria« der DOAL das größte deutsche Passagierschiff in der Fahrt nach Südwest- und Südafrika. Das 1937 in Dienst gestellte Schiff flüchtete im Krieg nach Brasilien und wurde nach dem Kriegseintritt der USA zum Truppentransporter umgebaut.

Im Schatten des Nachbarn
Perspektiven wirtschaftlicher Entwicklung

Henning Melber

Die Schlagzeile einer Meldung auf der Wirtschaftsseite der Windhoeker Tageszeitung *The Namibian* vom 12. Juni 2001 fasst prägnant ein unverändertes Strukturmerkmal der namibischen Volkswirtschaft auch nach elf Jahren völkerrechtlicher Souveränität zusammen: »*SA still dominates Namibian trade*«. 83% aller Importe kommen von dort bzw. stammen aus der Zollunion des südlichen Afrika, die mit der südafrikanischen Volkswirtschaft nahezu identisch ist. Tatsächlich ist eine wirtschaftliche Entwicklung Namibias – insbesondere in Fragen des Außenhandels und der Währungspolitik (der nach der Unabhängigkeit eingeführte namibische Dollar ist paritätisch an den südafrikanischen Rand geknüpft und nirgendwo anders konvertierbar) – ohne direkte Einwirkungen seitens des Giganten am Kap kaum denkbar. Noch immer spiegelt der Wirtschaftsalltag bis in Details die Dominanz des südlichen Nachbarstaates wider, für den Namibia über Jahrzehnte hinweg als fünfte Provinz galt. Die Entwicklungsperspektiven für eine wirtschaftliche Unabhängigkeit und eine Emanzipation von den überkommenen, unter dem Kolonialismus geschaffenen und verfestigten internen wie externen Abhängigkeitsverhältnissen ist so denn auch keine leichte Aufgabe und stellt kaum zu bewältigende Herausforderungen an die neue Elite und deren wirtschafts- und sozialpolitischen Kurs.

Ernüchternde Zwischenbilanz

Als sozial-ökonomische Bilanz anlässlich des ersten Jahrzehnts des unabhängigen Staates gelangt Axel Halbach vom Münchner ifo-Institut für Wirtschaftsforschung so auch zu dem Ergebnis, dass sich »die grundsätzlichen Probleme der namibischen Wirtschaft seit der Unabhängigkeit eher noch verschärft haben«. Die von ihm angeführten Aspekte zur Begründung dieser ernüchternden Diagnose regen keinen Widerspruch. So ist Namibias Wirtschaftsstruktur weiterhin durch das Übergewicht eines Primärsektors charakterisiert, der von extern bestimmten Faktoren wesentlich beeinflusst wird (insbesondere den klimatischen Bedingungen, den Weltmarktpreisen und der Nachfrage nach den Exportgütern aus Bergbau, Landwirtschaft und Fischerei). Erschwerend kommt ein relativ hohes Lohnniveau angesichts niedriger Produktivität und ein schwacher Binnenmarkt mit tendenziell rückläufiger Nachfrage hinzu, die als Hemmfaktoren kaum Investitionen zur Diversifizierung der Grundstruktur zu stimulieren vermochten.

Die vom Ministerium für Handel und Industrie in einem Sammelband zum zehnjährigen Unabhängigkeitstag der Republik Namibia geäußerte Zielvorstellung, bis zum Jahre 2030 die namibische Wirtschaft entscheidend zu diversifizieren und den Beitrag des verarbeitenden Sektors zum Bruttosozialprodukt (im Jahre 2000 bei etwa 12,5%) auf 45% zu steigern, muss so bestenfalls als »*wishful thinking*« gelten, bei dem der Wunsch als Vater des Gedankens Pate stand. Fischerei, Tourismus und der öffentliche Sektor sind die Wachstumsträger einer nachkolonialen Wirtschaftsentwicklung gewesen, wobei allerdings die Dominanz der staatlichen Bürokratie längerfristig Grund zur Sorge ist und keinesfalls erfolgversprechendes Patentrezept, wie aus kurzsichtiger Perspektive mitunter fälschlicherweise angenommen. Das daraus folgende Fazit bietet kaum Grund zu Euphorie. Der nachkoloniale (Wirtschafts-)Alltag des ersten Jahrzehnts führte zwar nicht in die Katastrophe, vermochte aber auch die ererbten sozial-ökonomischen und volkswirtschaftlichen Erblasten der kolonialen Disparitäten nicht prinzipiell zu verändern. Namibia ist weiterhin mit den engen Grenzen einer gesellschaftlichen Umgestaltung im Rahmen der vorgegebenen strukturellen Rahmenbedingungen eines sogenannten Entwicklungslandes konfrontiert. Wie Dirk Hansohm, seit 2000 Leiter der *Namibian Economic Policy Research Unit* (NEPRU) hinsichtlich der makro-ökonomischen Grundstruktur schlussfolgert, vermochte das erste Jahrzehnt der Unabhängigkeit keine nennenswerte Zäsur bezüglich der größten Herausforderungen zu bewirken, die das Erbe der Apartheid hinterließ: Armut und Ungleichheit.

Merkmale von Unterentwicklung

Aufgrund dieser kolonialen Hypotheken wurde Namibia seit der Unabhängigkeit de facto die Behandlung als *Least Developed Country* (LDC) zugebilligt. Die politisch motivierte Entscheidung stellte eine Vorzugsbehandlung dar, die dem Land eigentlich aufgrund der (zugegebenermaßen recht irreführenden) statistischen Durchschnittswerte hinsichtlich der sozialökonomischen Verhältnisse gar nicht zustünde. Diese »als ob«-Version wurde im Oktober 1996 per Beschluss der Vollversammlung der Vereinten Nationen für weitere drei Jahre verlängert und gilt seither auch informell weiter. Namibias Politiker hingegen hätten gerne die Ausnahmeregelung zum Normalfall erhoben. Staatspräsident Sam Nujoma erneuerte dieses Anliegen seiner Regierung Mitte November 1996 in einer Rede auf dem Welternährungsgipfel in Rom.

Tatsächlich hält Namibia den traurigen Rekord, auf Grundlage der verfügbaren Daten die weltweit größten Unterschiede zwischen arm und reich zu haben. Das durchschnittliche jährliche Pro-Kopf-Einkommen der Bevölkerung, das als eines der drei wesentlichen Kriterien für die Einstufung als LDC gilt, ist so besonders irreführend. Der 1997 für Namibia zum zweiten Mal vorgelegte *Human Development Report* (Bericht über die menschliche Entwicklung) des örtlichen Büros der UNDP (Entwicklungsprogramms der Vereinten Nationen) stuft das Land als eine der Gesellschaften mit den größten Ungleichheiten in der Welt ein: Ein Zehntel der Bevölkerung verteilt unter sich zwei Drittel des nationalen Gesamteinkommens, während sich die übrigen 90% der Bevölkerung das restliche Drittel teilen. Das durchschnittliche Pro-Kopf-Einkommen rangierte seit der Unabhängigkeit auf Grundlage des jährlichen Bruttoinlandsproduktes stets im Bereich der unteren Rangskala eines Landes mittleren Einkommens (ca. 1.500 bis 2.000 US$). Aber 40% aller Haushalte müssen mit einem Einkommen unterhalb der festgelegten absoluten Armutsgrenze auskommen. Ein Viertel aller Kinder zeigt Erscheinungen von Mangelernährung. Unter den Ländern der Erde, die über ein durchschnittliches Pro-Kopf-Einkommen von mehr als 1.000 US$ jährlich verfügen, besitzt Namibia den höchsten Grad an Unterernährung seiner Bevölkerung.

Das Bevölkerungswachstum gehörte während der 1990er Jahre mit jährlich über drei Prozent zu den höchsten der Welt. Nur das dramatisch um sich greifende Ausmaß von HIV/Aids und dessen verheerende demographische Auswirkungen, die bereits zu einer deutlichen Verringerung der durchschnittlichen Lebenserwartung führten und katastrophale Folgen auch für die Volkswirtschaft zeigen, relativiert dies auf erschreckend negative Weise, die dem Land sowohl unter dem Gesichtspunkt menschlicher wie auch wirtschaftlicher Entwicklung keinesfalls Gutes verheißt. Schätzungen des Gesundheitsministeriums zu Ende der 1990er Jahre gehen davon aus, dass in der Altersgruppe der 15- bis 45-Jährigen bei über 40% der Verstorbenen die Immunschwächekrankheit als eigentliche Todesursache gelten muss.

Trotz dieser ernüchternden Symptome von Armut und Unterentwicklung würde die Klassifizierung als LDC lediglich eine statistische Pro-Kopf-Verteilung des Bruttoinlandsproduktes von höchstens 355 US$ zulassen. Auch der Alphabetisierungsgrad liegt in Namibia nach Erkenntnissen des Zensus von 1992 mit 58% in den ländlichen und 83% in den städtischen Gebieten weit über dem, was andere Länder zu LDCs macht. So ist auch die Position auf der Rangskala des *Human Development Index* (dem von der UNDP eingeführten jährlichen Index menschlicher Entwicklung anhand ausgewählter sozialökonomischer Indikatoren) an der Untergrenze des mittleren Bereichs und lässt mehr als ein Drittel aller Staaten dieser Erde hinter sich.

Entwicklung mit Risiken

Die extreme Ungleichheit in der Verteilung des vorhandenen (wenn auch bescheidenen) Wohlstands hingegen veranlasste sogar die ansonsten eher zurückhaltende Weltbank schon 1992 in einem Bericht zu der Feststellung, dass es mindestens zwei Namibias gebe. Der erste, 1996 von der lokalen Vertretung des UNDP in Zusammenarbeit mit zwei heimischen Institutionen erstellte *Human Development Report* für Namibia, wurde vom örtlichen Vertreter der UNO-Behörde als eine Studie qualifiziert, die ein schockierendes Bild von Armut inmitten von Überfluss zeichnet. Die 1996 vorgelegten Ergebnisse eines 1994 von der statistischen Zentralbehörde Namibias durchgeführten *National Household Income and Expenditure Survey* vermögen diese Ungleichheiten empirisch konkret zu illustrieren. So konsumiert ein deutschsprachiger Haushalt im Lande durchschnittlich das zwanzigfache dessen eines Khoisan-sprachigen Haushaltes. Solche Diskrepanzen machen deutlich, dass der Alltag Namibias jede Menge sozialen Zündstoff in sich birgt.

Die eklatanten Disparitäten in der Sozialstruktur wurden von der unabhängigen Republik im März 1990 ebenso geerbt wie die anfällige Wirtschaftsstruktur. Namibia gehört zu den 54 Ländern der Erde, die der Internationale Währungsfond in einer Übersicht seiner Mitgliedsstaaten als Exporteure von Primärprodukten führt. Es fällt weiter in die Kategorie der 14 als Mineralexporteure klassifizierten Staaten. Dies unterstreicht die besondere Rolle, die bislang dem Bergbau (insbesondere Diamanten, Uranoxid und Buntmetallen) zugefallen ist. Nach wie vor ist der Bergbau wichtigster produktiver Wirtschaftssektor, gefolgt von Fischerei, Tourismus und der eher an Bedeutung verlierenden Landwirtschaft. Dabei handelt es sich in allen Fällen um sensible Bereiche, die wesentlichen (häufig extern oder klimatisch bedingten) Konjunkturschwankungen unterworfen sind.

Namibias Wirtschaft erweist sich als besonders anfällig und verwundbar hinsichtlich äußerer Faktoren (wie z.B. Weltmarktpreise für Rohstoffe) und klimatischer Rahmenbedingungen. Für die einst prosperierende Landwirtschaft sind existenzgefährdende Dürrejahre (neben dem Damoklesschwert einer unkontrollierten Landreform, das spätestens seit den Ereignissen in Simbabwe über den Köpfen der kommerziellen, zumeist weißen Farmer schwebt und wenig Vertrauen in die Zukunft fördert) mittlerweile nicht mehr die Ausnahme, sondern drohen zur Regel zu werden. Eine labile Existenz führen unter diesen prekären Bedingungen nicht nur die überwiegend auf extensiver Viehzucht basierenden kommerziellen Farmbetriebe. Die (semi-)ariden Klimaverhältnisse stellen auch eine ständige Gefährdung für die kommunale Landwirtschaft dar, die eine (wenn auch bescheidene) Existenzgrundlage für die Mehrheit der Bevölkerung bietet. Wie der bei NEPRU beschäftigte Landwirtschaftsexperte Wolfgang Werner immer wieder hervorhebt, steckt die begrenzte Nutzungsmöglichkeit des Bodens auch einer Landumverteilung enge Grenzen hinsichtlich der Entwicklungspotentiale für die vom Land abhängige Bevölkerung.

Aufgrund der skizzierten Anfälligkeit verlief die Wirtschaftsentwicklung seit der Unabhängigkeit entsprechend wechselhaft. Sie kulminierte 1991 und 1992 in Wachstumsraten von über 7 und 8 Prozent, die auch von der Ausweitung der Fischereizone vor der Küste und der damit einhergehenden Produktionsausweitung profitierten. Die dadurch genährten optimistischen Prognosen erhielten jedoch einen Dämpfer als 1993 ein sogenanntes Minuswachstum von fast 2 Prozent verzeichnet werden musste. Seither hat sich die Volkswirtschaft zumeist mit eher mäßigen Zuwachsraten zu bescheiden. Der erste nationale Entwicklungsplan für 1995/96 bis 1999/2000 ging für die zweite Hälfte der 1990er Jahre von der allzu optimistischen Grundannahme einer jährlichen Wachstumsrate von 5% aus. Demgegenüber darf bei nüchterner Betrachtung schon als Erfolg gelten, wenn das Wirtschaftswachstum nicht hinter dem der Bevölkerung bleibt, also reale Zuwachsraten verbucht werden können. Arbeitslosigkeit und Unterbeschäftigung jedenfalls haben mit zusammen fast 60% der Bevölkerung im arbeitsfähigen Alter (je nachdem welche Kriterien verwendet werden) ein chronisches Ausmaß erreicht. Die jährliche Zunahme der arbeitssuchenden Schulabsolventen übersteigt die Zahl der neu geschaffenen Arbeitsplätze bei weitem, so dass sich der Trend fortsetzt.

Für die Nationalökonomie mausert sich so der ohnehin bereits aufgeblähte Apparat staatlicher Bürokratie zum wichtigsten einzelnen Wirtschaftsfaktor. Fast die Hälfte des Staatshaushaltes entfällt auf Löhne und Gehälter im öffentlichen Dienst. Seit der Unabhängigkeit trug der tertiäre Sektor durchschnittlich fast 50% zum Bruttoinlandsprodukt bei. Über 25% entfielen alleine auf den staatlichen Dienstleistungsbereich. Die Zentralität des aufgeblähten Staatsapparates vermochte zwar als sozialpolitische Befriedungsstrategie durch Beschäftigungsmaßnahmen während des ersten Jahrzehnts die Brisanz mildern, die durch Arbeitslosigkeit und wachsende Enttäuschung über ausbleibende materielle Verbesserungen geschürt wurden, führt aber zu keiner dauerhaften und tragfähigen Entwicklung. Nach einem Jahrzehnt Unabhängigkeit beschäftigt der Staat mit etwa 80.000 Menschen die doppelte Zahl von Beamten und ist bei weitem größter Arbeitgeber. Die Gesamtzahl von Steuerzahlenden beläuft sich derzeit auf etwa 200.000 Menschen. Dies schafft zwar Abhängigkeiten von und Loyalitäten gegenüber der Regierungspartei, lässt sich aber nicht grenzenlos als Pufferzone nutzen. Bereits jetzt wird der Staat mit gravierenden Einschränkungen der fiskalischen Steuerungsmöglichkeiten angesichts solcher Verbindlichkeiten konfrontiert. Die Misere wird verwaltet, aber nicht behoben.

Ungewisse Aussichten

Mit mildernden Sozialmaßnahmen ist angesichts begrenzter staatlicher Ressourcen wenig zu machen. Es ist für afrikanische Verhältnisse schon bemerkenswert, dass mit Erreichen der Altersgrenze von 60 Jahren alle im Lande ansässigen Menschen Anspruch auf eine staatliche Standard-Grundrente von derzeit 200 N$ haben. In vielen Familien besonders der ländlichen Regionen ist dies die Haupteinnahmequelle (und trägt so dazu bei, dass die ältere Generation nicht weiter marginalisiert wird sondern relativ respektiert bleibt). Mehr gibt der relativ bescheidene Staatshaushalt nicht her. Dessen veranschlagtes Volumen belief sich für das Haushaltsjahr 2001/2002 auf 9,8 Milliarden namibische Dollar. Angesichts der territorialen und demographischen Gegebenheiten, die besondere Maßnahmen in puncto Infrastruktur erfordern, verlangt dies eine erhebliche fiskalische Disziplin. Bislang hat es die Regierung geschafft, das Land trotz steigender Inlandsverschuldung fast frei von ausländischer Schuldenlast zu halten. Allerdings wird der Handlungsspielraum in jüngerer Zeit (auch durch militärische Eskapaden wie die Beteiligung am Krieg in der Demokratischen Republik Kongo und die Scharmützel mit der Unita im benachbarten Angola sowie der heimischen Kavango-Region) zunehmend enger.

Ein Haushaltsdefizit von deutlich über 3% des Bruttoinlandsproduktes (das von der Regierung als angestrebte oberste Marge erklärt wurden, ohne bisher verwirklicht worden zu sein) ist seit Jahren die Quittung, ohne dass die Gelder in produktiven Investitionen zu Buche schlagen. Damit bleibt das jährliche Defizit Namibias immerhin noch deutlich unter den 5%, die international als Schmerzgrenze gelten. Es werden aber im Gegenzug zur Herstellung weiterer finanzieller Verbindlichkeiten – die nicht nur irgendwann wieder abgetragen, sondern bis dahin auch mit Zinsleistungen zu honorieren sind – keine Werte geschaffen, die ein Dasein auf Pump als Zukunftsinvestition rechtfertigen ließen. Die Gesamtverschuldung hauptsächlich auf dem heimischen Kapitalmarkt beläuft sich auf etwa ein Viertel des Bruttoinlandsproduktes und führt zu jährlichen Zinsleistungen, die den Gesamthaushalt mit derzeit etwa acht Prozent belasten.

Größte staatliche Einzeleinnahmequelle ist derzeit noch die Steuer aus der Zollunion mit Südafrika und anderen Nachbarstaaten (Botswana, Lesotho, Swaziland), die unter dem Kürzel SACU *(Southern African Customs Union)* firmiert. Deren jährliche Beträge machen etwa 30% der Einkünfte aus und müssen angesichts des Volumens als wesentliche Stütze staatlicher Haushaltsführung gelten. Die Folgen des zwischen der Europäischen Union und Südafrika vereinbarten Freihandelsabkommens, dessen Handelsliberalisierung auch zur Senkung von Importzöllen führt, werden so entsprechend misstrauisch erwartet. Ähnliche Befürchtungen hinsichtlich einer drastische Senkung der Steuereinnahmen durch niedrigere Importzölle sind angesichts der absehbaren Auswirkungen der WTO-Auflagen für den internationalen Handel berechtigt. Für die Regierung Namibias wird es dann umso schwerer, die Prioritäten bei der Verteilung des Staatshaushaltes auf den sozialen Bereichen Erziehung und Gesundheit zu belassen. Bisher wurden jährlich über 40% der staatlichen Gelder darauf verwendet. Namibia hat dafür zurecht immer wieder Anerkennung und Lob erfahren. Investitionen in dem Bereich, der technokratisch mit »Humankapital« umschrieben wird, zeichnen sich allerdings durch ihre nur langfristige Rendite aus. Sie zeigen keine schnellen Resultate und erfordern Geduld. An der könnte es aber schon bald im Lande mangeln, denn materielle Verbesserungen haben sich für die Mehrheit der Bevölkerung seit der Unabhängigkeit nicht in dem Umfang ergeben, wie er von ihr erwartet wurde. So wächst die Unzufriedenheit und steigt der Druck auf die Regierenden.

Der Status als LDC dürfte hier wohl kaum einen Ausweg bieten. Auch wenn Politiker meinen, von den damit verknüpften Sonderkonditionen in volkswirtschaftlicher Hinsicht profitieren zu können. Statt dessen könnte eine solche Einstellung eher das Abhängigkeitssyndrom fördern und damit die Bereitschaft zu Veränderungen aus eigener Kraft schwächen. Dass zur offiziellen Politik, wie sie sowohl im ersten als auch dem zweiten nationalen Entwicklungsplan formuliert wurde, sowie in der vom Präsidenten dekretierten Vision 2030 und der Strategie zur Armutsverringerung *(Poverty Reduction Strategy)* enthalten ist, auch die vordringliche Aufgabe einer Reduzierung sozialer Ungleichheiten gehört, sollte nicht nur als folgenlose Rhetorik verstanden werden. Vielmehr müsste ein solches Ziel Ansporn sein, zu sozialpolitischen Umverteilungsmaßnahmen innerhalb des vorgegebenen gesellschaftlichen Rahmens beizutragen, damit auch die Ärmsten von der Unabhängigkeit materiell profitieren – nicht nur die neue politische Elite und deren staatliche Bürokratie.

Maßnahmen wie die Versuche zur Namibianisierung der Fischereiindustrie lassen hingegen erkennen (wie eine Studie des Experten Peter Manning detailliert nachweist), dass die Instrumente zur Umverteilung von Besitzverhältnissen und erwirtschafteter Profite eines relativ prosperierenden Sektors zuvorderst darauf ausgerichtet sind, dem Interesse privilegierter Einzelner und nicht dem Gemeinwohl zu dienen. Ein Rentenkapitalismus solcher Art bietet jedoch angesichts der Herausforderungen für die Sicherung langfristiger Entwicklungsperspektiven leider kein aussichtsreiches Erfolgsrezept. Trotz aller objektiven Schwierigkeiten, ein solches in seinen realitätsbezogenen Einzelheiten zu entwerfen, wäre ein dementsprechender politischer Wille unter den Verantwortlichen eine Voraussetzung, die erst noch erfüllt werden muss.

Affirmative Action

Ziele und Zukunft

Johann W. Friedrich van Rooyen

Die politische Unabhängigkeit Namibias 1990 war der Auftakt zu vielen radikalen Brüchen mit der Vergangenheit, wobei Rechte und Vorrechte am Arbeitsplatz unmittelbar in den Vordergrund traten. Der Wechsel der Machthaber ließ sich unter anderem schnell in der Stellenbesetzung in der Staatsbürokratie spüren. Es wurden fast nur noch Angehörige der schwarzen Bevölkerungsgruppen, und dabei zum ersten Mal auch vermehrt Frauen, in hohe Posten eingestellt. Innerhalb weniger Jahre boten die öffentlichen Dienstleistungsorgane ein total verändertes Bild, mit nur noch vereinzelten weißen Gesichtern in den Reihen der Beamtenschaft. Die Begründung hierfür beruhte keineswegs ausschließlich auf der parteipolitischen Zugehörigkeit. Nein, zum großen Teil galt zusätzlich die neue »ausgleichende Personalpolitik«, die von nun an auch hierzulande im schlagwortähnlichen Ausdruck »*Affirmative Action*« bezeichnet wurde.

Der Ausdruck Affirmative Action, der sich nur unzureichend ins Deutsche als »Korrekturmaßnahmen« übersetzen lässt, stammt aus den USA und der *Civil Rights Movement* der 60er Jahre. Es dauerte dann auch nicht lange, und schon wurde dieses Modell für soziale Gerechtigkeit von sämtlichen Ländern, in denen sich teilweise rückständige gesellschaftliche Schichten befanden, nachgeahmt.

In den reichen Industrieländern gilt Affirmative Action hauptsächlich zur Begünstigung und Förderung demografischer Minderheitsgruppen, die übrige Bevölkerung wird nur wenig durch diese Maßnahmen berührt. In einigen Entwicklungsländern dagegen ist es gewissermaßen umgekehrt: Die überwiegende Mehrheit genießt berufliche Bevorzugung, wobei die Minderheit (in Namibia hauptsächlich weiße Männer) direkt benachteiligt wird. Diese Situation ruft eine gewisse Besorgnis hervor, nicht nur bei den Namibianern, die nicht den bevorzugten Bevölkerungsgruppen angehören, sondern auch bei den Industrie- und Wirtschaftsunternehmen, die auf qualifizierte Fachkräfte angewiesen sind.

Gesetzliche Grundlagen und Intentionen

In Namibia nahm die Öffentlichkeit den Begriff »Affirmative Action« zum erstenmal 1989 bewusst zur Kenntnis. Dies geschah unmittelbar nach der von der UNO beaufsichtigten Wahl, als die gewählten Abgeordneten im damaligen »Tintenpalast« zum Entwurf eines Grundgesetzes zusammentrafen. Der auf den Menschenrechten basierende Verfassungsentwurf entfachte rege Debatten über den Abbau der Strukturen und der Folgen der Apartheid. Neben Fragen zur Verwaltungs-, Erziehungs- und Landreform wurden auch die großen Ungleichheiten am Arbeitsplatz unter die Lupe genommen. Ein besonders geeigneter Mechanismus zur Bereinigung dieser Diskrepanzen bot sich in den Prinzipien der Affirmative Action an.

Das darauffolgend einstimmig verabschiedete namibianische Grundgesetz behandelt an verschiedenen Stellen diesen Aspekt. Rassendiskriminierung und ähnliche Ideologien sind ausdrücklich verboten. Doch ermächtigt Artikel 23 (2) der Verfassung das Parlament, Gesetze zu verabschieden, durch die Personen gefördert werden, die gesellschaftlich und wirtschaftlich oder im Bereiche der Erziehung wegen früherer diskriminierender Gesetze und »Üblichkeiten« benachteiligt wurden. Die unterschiedliche Behandlung, die jetzt hierdurch hervorgerufen wird, ist daher rechtlich verankert. Die Verfassung erlaubt auch eine Politik und Verwaltungsprogramme, die dazu dienen, gewisse soziale, ökonomische und pädagogische Unhgleichheiten in der namibianischen Gesellschaft auszugleichen.

Die erste konkrete Anwendung dieser verfassungsmäßigen Befugnis des Parlaments kam bereits 1992 im neuen Arbeitsgesetz zum Ausdruck. Paragraph 106 des *Labour Act* (1992) bestimmt, dass keine Bestimmung in Verträgen so ausgelegt werden darf, dass der Arbeitgeber dadurch Richtlinien und Praktiken ablehnen könnte, die ehemals benachteiligte

Personen im Arbeitsbereich fördern sollen. Solche Förderungen und Bevorzugungen werden vom Arbeitsgesetz her also ausdrücklich als nicht diskriminierend betrachtet, auch wenn sie die Grundrechte einiger Kollegen zum Teil einschränken.

Die Bestimmungen des Paragraphen 106 des Arbeitsgesetzes wurden zunehmend, wenn auch meist möglichst unauffällig, von einigen fortschrittlichen Unternehmen umgesetzt. Im öffentlichen und halbstaatlichen Bereich geschah dies, wie bereits erwähnt, auf viel entschlossenere Art und Weise. Doch aus Sicht der Regierung nahm sich insbesondere der Privatsektor dieser Sache viel zu zögerlich und unsystematisch an. Deshalb sollte diese Lücke endgültig mit einer umfassenden Gesetzgebung, die sich ausschließlich mit Korrekturmaßnahmen am Arbeitsplatz befasst, behoben werden. So entstand dann, nach mehreren Jahren von Debatten, Forschung und Formulierungen, der *Affirmative Action (Employment) Act, 1998.*

Kurz zusammengefasst beinhaltet das Affirmative Action Gesetz folgende Hauptforderungen:

1. Von jedem Arbeitgeber mit 50 oder mehr Angestellten wird ohne Ausnahme verlangt, eine statistische Aufgliederung seiner Belegschaft zu erarbeiten und seine Personalpolitik zu formulieren. An Hand dieser Analyse wird festgestellt, wo zahlenmäßige Ungleichheiten bestehen und auch eventuelle Einstellungsbarrieren für Behinderte, Schwarze und Frauen (dies sind die drei sogenannten »designierten« – *designated* – bisher benachteiligten Bevölkerungsgruppen).

2. Anschließend muß in Beratungen mit Vertretern der designierten Gruppen und auch der nicht-designierten Gruppe eine Affirmative Action Vorlage erstellt werden. Die Vorlage muß, unter anderem, einen Maßnahmenplan beinhalten, um eventuelle Einstellungshürden für behinderte, nicht-weiße und weibliche Personen zu beseitigen, deren Einstellung, Fortbildung und Beförderung zu beschleunigen und allgemeine Konzepte in Aussicht zu stellen, die eine zahlenmäßig repräsentative Zusammensetzung der Arbeiterschaft bewirken könnten. Hierbei sind numerische und zeitliche Zielsetzungen unerlässlich.

Der Affirmative Action (AA) Bericht wird der fünfzehnköpfigen *Employment Equity Commission* (EEC) vorgelegt. Mit Hilfe eines Revisionsbeamten beurteilt die EEC den Bericht, und falls dieser akzeptiert wird, wird eine Bescheinigung ausgestellt mit der Bestätigung, dass den Anforderungen des Gesetzes entsprochen wurde. Ohne solch eine Bescheinigung hat ein Unternehmen kein Recht auf staatliche Aufträge, Konzessionen, jegliche Lizenzen usw. Sollten in dem Bericht Mängel vorhanden sein, wird dem Arbeitgeber zunächst Gelegenheit gegeben diese zu korrigieren. Nur bei einer diesbezüglichen Weigerung bekommt der Arbeitgeber eine Vorladung vor einen Revisionsrat zur endgültigen Beurteilung des Disputs.

Nach Annahme des AA Berichts wird vom relevanten Arbeitgeber erwartet, den AA Plan gewissenhaft in die Tat umzusetzen und alle zwölf Monate an die EEC über den Fortschritt Bericht zu erstatten. Wird der Plan ohne ausreichende Begründung nicht umgesetzt, kann die Zustimmungsbescheinigung entzogen werden und können auch weitere unangenehme Konsequenzen, einschließlich Gerichtsverfahren, folgen.

Gesellschaftliche und wirtschaftliche Merkmale und Ziele

Die Thematik der Affirmative Action, insbesondere wie sie hierzulande gesetzlich eingeführt wird, ist verständlicherweise eine sensible und in gewissen Kreisen noch durchaus kontroverse Angelegenheit. Sie ruft zum Teil emotionale Reaktionen hervor, die oft in tiefer Subjektivität verwurzelt sind, die aber gelegentlich leider auch in Begebenheiten im Alltag mit kläglichen Fehlanwendungen dieser Verfahren anscheinende Bestätigung finden. Und doch entsprechen die eigentlichen Methoden und endgültigen Ziele der Affirmative Action durchaus den reellen Bedürfnissen eines Entwicklungslandes, das größere wirtschaftliche Selbständigkeit und angemessene soziale Gerechtigkeit anstrebt.

Eine bei Skeptikern noch weitverbreitete Ansicht und Anlass zu intensiven Auseinandersetzungen ist die Behauptung, dass es sich bei der Affirmative Action effektiv um eine umgekehrte Apartheid *(reverse Apartheid)* handele. Solche allgemeinen Slogans sind meist fehlbegründet, wirken emotionalisierend und führen zu Nichts. Was die Affirmative Action anbetrifft ist festzuhalten, dass sie nicht auf Rassentrennung beruht und auch nicht auf Rassenvorurteilen oder auf der Ausbeutung und Stigmatisierung einer bestimmten Bevölkerungsgruppe: alles dies sind die Hauptmerkmale der früheren Apartheid. Affirmative Action beruht dagegen auf zeitweiligen Korrekturmaßnahmen, um bestimmte historische Ungleichheiten im Arbeitsbereich systematisch zu beheben. Die Maßnahmen beinhalten bevorzugte Behandlung für Angehörige der benachteiligten Gruppen, um eine zukünftige, ausgewogene Chancengleichheit zu bewirken. Nachdem dies erreicht ist, werden voraussichtlich nur noch persönliches Können, Initiative und eine gute Arbeitsmoral ausschlaggebend sein.

Eine ähnliche Behauptung, die bisweilen in Gesprächen zum Thema auftaucht, lautet, dass es sich bei der Affirmative Action um eine besonders tückische Art des »*Social Engineering*« handelt. Der Begriff

Social Engineering, der verschiedenen fragwürdigen politischen Ideologien enstammt, hat eine gewisse negative Bedeutung und steht für die bewusste Manipulierung von Menschen und der Gesellschaft. Man muss zugeben, dass alle Regierungen der Welt versuchen, auf die eine oder andere Weise angemessene soziale Steuerungen zu bewirken. Ausschlaggebend dabei ist, was die Ziele solcher Versuche sind, wie sie praktiziert werden und auf welchen ethischen, religiösen, wissenschaftlichen oder anderen gerechtfertigten Standpunkten sie beruhen.

Affirmative Action beinhaltet eine Form der Regulierung des Arbeitsmarktes. Namibia verfügt bekannterweise über eine gemischte Marktwirtschaft, in der unter anderem Arbeitsverhältnisse und Arbeitsbedingungen – und zum Teil auch indirekt der Arbeitsmarkt selbst – durch das Arbeitsgesetz von 1992 reguliert werden. Die Affirmative Action Gesetzgebung hat in dieser Hinsicht zweifelsohne eine weitere Wirkung auf Angebot und Nachfrage auf dem Arbeitsmarkt. Aber was die Affirmative Action anbetrifft, ist diese Form von Regulierung zeitweilig und vorübergehend und beruht auf gesellschaftlich, wirtschaftlich und ethisch gerechtfertigten Grundsätzen. Wichtig dabei ist auch, dass keine Quoten als solche vorgeschrieben werden, dass die Vorschriften flexibel sind und dass sich die gesetzlichen Vorschriften lediglich auf mittlere und größere Firmen und Staatsorgane beziehen. Kleinunternehmen sind davon ausgenommen.

Was also sind die wirklich tiefgreifenden Ziele der Affirmative Action, die die gesetzlichen Bestimmungen erreichen möchten?

Zunächst steht an erster Stelle die Verwirklichung von sozialer Gerechtigkeit im hiesigen Rahmen, also das faktische Aufholen des beruflichen Rückstandes der Mehrheitsgruppe. Hiermit kommt eine der fundamentalen Richtlinien der namibianischen Verfassung zum Ausdruck. Soziale Gerechtigkeit fördert außerdem bei den diversen Bevölkerungsgruppen die Legitimität der gesellschaftlichen Strukturen und Prozesse, die unentbehrlich ist für andauernde politische Stabilität im Lande.

Auf menschlicher und wirtschaftlicher Ebene fördert die Affirmative Action durch ihre Betonung der Vorteile der Verschiedenheit am Arbeitsplatz (vielfältige Eigenschaften bzw. Fähigkeiten des Personals) Verständnis, Toleranz, und gegenseitigen Respekt. Hinzu kommt die zweckmäßige Entwicklung und bessere Nutzung der bestehenden menschlichen Ressourcen für den Betrieb, was ein Kernelement der Affirmative Action Maßnahmen ausmacht. Auf lange Sicht gesehen sollten diese Elemente – es sei denn, andere unerwartete Faktoren treten ein – zweifelsohne zu positivem Wirtschaftswachstum und verbesserten Lebensverhältnissen der ganzen Bevölkerung führen.

Von weißen Männern, insbesondere den jüngeren in dieser von Gesetz her nicht bevorzugten Gruppe, kann die Affirmative Action sehr traumatisch erfahren werden – sie muss es aber nicht. Dieser Personenkreis sollte die Affirmative Action eher als eine Herausforderung betrachten, sich im Berufsleben trotz der Bevorzugung einiger Kollegen zu behaupten. Positives Verhalten (auch im täglichen Umgang mit allen Mitmenschen), gute Ausbildung und tatkräftige Initiative sind dabei ausschlaggebend. Kleinere Firmen und selbständiges Unternehmertum bieten zudem in dieser Hinsicht attraktive Möglichkeiten für ausgebildete, motivierte Personen jeglicher Herkunft.

Wichtig ist auch, dass laut Gesetz keinem namibianischen Staatsbürger und keinem Ausländer mit gültiger Dauer-Aufenthaltsgenehmigung *(Permanent Residence Permit)* auf Grund der Affirmative Action der Arbeitsplatz weggenommen werden darf. Das Gesetz sieht zwar vor, dass der jeweilige Arbeitgeber für jeden nicht namibianischen Angestellten eine potentielle Ersatzperson *(Understudy)* namentlich bezeichnen muss, es besteht aber keine Verpflichtung, diese Stelle speziell für die Ersatzperson zu räumen, falls der Inhaber des Postens über eine gültige Arbeitsgenehmigung oder Aufenthaltsgenehmigung verfügt. In dieser Beziehung bieten das Arbeitsgesetz (1992) und das Immigrationsgesetz (1993) klaren Schutz vor unfairer Entlassung.

Trotzdem haben die Bestimmungen für Arbeitnehmer mit Dauer-Aufenthaltsgenehmigungen in einigen Betrieben – besonders solchen, die auf Fachkräfte aus dem Ausland angewiesen sind – eingehende und nicht unkritische Diskussionen ausgelöst. »Welche Zukunft gibt es für uns hier unter diesen Bedingungen?« fragen sich vor allem die jüngeren aus dem Ausland stammenden Fachkräfte. Und darauf gibt es noch keine eindeutige Antwort.

Bisher gemachte Erfahrungen in Namibia

Der Einführung der formellen Affirmative Action in Namibia sind, wie bereits erwähnt, eingehende Beratungen zwischen Regierung, Arbeitgebern und Gewerkschaften vorausgegangen. Diese dreigliedrige Konferenz begann bereits 1991 kurz nach der Unabhängigkeit, als das Arbeitsministerium, unterstützt von der internationalen Arbeitsorganisation (ILO), ein Seminar in Windhoek veranstaltete, zu dem verschiedene Sachverständige und auch die Öffentlichkeit geladen wurden.

Von diesem Zeitpunkt an wurden in den folgenden sieben Jahren zahlreiche Veranstaltungen zum Gedankenaustausch über das heikle Thema organisiert. Vor allen Dingen der Arbeitgeberdachverband *Namibian Employers' Federation* (NEF) und die größte Gewerkschaftsgruppe *National Union of Namibian Workers* (NUNW) hatten regen Anteil an diesem Vorgang. Der langwierige Diskussionsprozess hat dazu beigetragen, dass ein hohes Maß an Übereinstimmung über die Methoden zur Erzielung der Affirmative Action zwischen den verschieden Parteien entstand. Viele Unternehmen waren infolgedessen zweifelsohne geistig und moralisch gut vorbereitet, als die neue Betriebspolitik dann 1998 ihren formellen Anfang nahm. Die öffentlich-rechtliche EEC, unter dem Vorsitz von Vilbard Usiku, hat sich von Anfang an auch eher flexibel und beratend als dogmatisch erwiesen. Hierdurch entwickelte sich eine gute Zusammenarbeit zwischen einem Großteil der Arbeitgeber und den Behörden.

Aus dem zweiten Jahresbericht der EEC (2000–2001) ist zu entnehmen, dass dennoch nur 224 Affirmative Action Berichte termingerecht eingereicht wurden. Einige Unternehmen hatten um Aufschub gebeten. In dem Jahresbericht wird aber geschätzt, dass mehr als 50% der betroffenen Arbeitgeber in Namibia am festgesetzten Datum (6. Februar 2001) noch mit der Abgabe des Affirmative Action Berichts säumig waren. Die Gründe für diese offensichtlich unbefriedigende Situation sind noch unklar – vermutlich handelte es sich hier um verschiedene Faktoren, unter denen ein absichtlicher Widerstand gegen die Gesetzgebung aber nicht vorrangig sein dürfte. Wahrscheinlich sind es eher mangelndes Bewusstsein für die gesetzlichen Vorschriften, Nachlässigkeit, unvollendete und deshalb verspätete Berichterstattung, die verständliche aber falsche Meinung, dass überwiegend oder ausschließlich »schwarze« Firmen von den Vorschriften ausgenommen seien, und auch die Möglichkeit, dass die Schätzungen der Kommission zu hoch gegriffen sind.

Eine vorläufige Analyse der vorhandenen Berichte deutet an, dass in vielen Organisationen, auch außerhalb des öffentlichen Bereiches, bislang im allgemeinen relativ gute Fortschritte mit der Umstrukturierung des Personals erreicht worden sind. In bestimmten Branchen jedoch, wie z.B. im Finanzsektor, ist die Aufteilung in den führenden Positionen zwischen Schwarz und Weiß und zwischen Männern und Frauen nach wie vor noch fast ausschließlich zugunsten weißer Männer. Aus den Affirmative Action Berichten geht indessen hervor, dass sich dies innerhalb von drei Jahren deutlich ändern soll und dass bis dahin etwa 35% der oberen Geschäftsetagen zu den designierten Gruppen gehören sollen.

Die Auswirkung der bisherigen Umgestaltung des Personals bei den verschiedenen Organisationen und Wirtschaftszweigen zur Förderung der Affirmative Action kann durchaus als positiv, wenn auch nicht immer als ganz befriedigend, bezeichnet werden. In dieser Beziehung sind es nicht nur die Arbeitgeber, die des öfteren mit den unzureichenden Leistungen ungenügend erfahrener Angestellten zu schaffen haben, sondern auch die Gewerkschaften haben ihre Bedenken hierzu zum Ausdruck gebracht. So hat z.B. der Generalsekretär der NUNW bei einer Pressekonferenz anlässlich der Entlassung verschiedener Geschäftsführer bei der Air Namibia den Anwesenden mitgeteilt, dass Personal in führenden Positionen nur auf Grund von Leistungsfähigkeit und Qualifikationen eingestellt werden soll und nicht nach Affirmative Action Kriterien. Andererseits wiederum können zahlreiche Beispiele genannt werden, wo die Umgestaltung des Personals verschiedener Unternehmen durch die systematische Einführung von Korrekturmaßnahmen größtenteils erfolgreich verlief und erkennbar zu besseren Betriebsergebnissen beitrug.

Wie sieht die Zukunft aus?

Wie sich die Affirmative Action in Zukunft in Namibia auf Firmen und deren Belegschaft – weiße Männer und Frauen, Personen mit Aufenthaltsgenehmigung und zukünftige Immigranten eingeschlossen – auswirken wird, hängt sehr davon ab, wie diese verschiedenen Gruppen sich zur Situation verhalten, aber auch wie sich die Regierung weiterhin zur Implementierung der Affirmative Action Politik stellt, mit welchem Erfolg sich die Ziele der Affirmative Action verwirklichen lassen und – besonders wichtig in diesem Zusammenhang – wie sich die wirtschaftliche Lage des Landes in den kommenden Jahren entwickeln wird.

Die Affirmative Action ist letzen Endes nicht nur eine gesetzliche Auflage, der alle Bürger eines Rechtsstaates von sich aus Folge leisten sollten, sondern sie bietet auch eine ideale Gelegenheit zur Ausbildung und besseren Nutzung der vorhandenen menschlichen Ressourcen. Davon können wir alle nur profitieren. Ein pragmatisch gesinntes Entwicklungsland wie Namibia, das sich mit der Weltgemeinschaft und dem wirtschaftlichem Fortschritt verbunden fühlt, wird in gewissem Maßen auch immer eine einwandererfreundliche Politik betreiben, die Investitionen und Fachkompetenzen mit sich bringt.

Die Affirmative Action sollte indessen gewissenhaft und folgerichtig, aber gleichzeitig vorsichtig und nicht übereilt durchgeführt werden – das heißt, ohne nennenswerte Einbußen von Leistungsniveau und Qualität. Wenn Staat und Arbeitgeber sich konsequent an diese wichtigen, einfachen Richtlinien halten, könnte die Zukunft im Bereiche der Affirmative Action für alle Beteiligten, einschließlich der Fachkräfte aus dem Ausland, trotz einiger anfänglicher Anpassungsschwierigkeiten doch recht vielversprechend aussehen!

Das Lied vom »Land der Braven«

Über die Entstehung der namibischen Nationalhymne

Irmgard Schreiber

Als Namibia am 21. März 1990 seine Unabhängigkeit feierte, da hatte das neu getaufte Land noch keine Nationalhymne. Zuvor wurde bei Staatsfeierlichkeiten immer die südafrikanische Hymne gesungen. Dabei gab es – speziell für die deutschsprachigen Südwester – eigentlich schon lange eine heimliche Nationalhymne: das Südwesterlied. »So hart wie Kameldornholz«, im Jahre 1937 von Heinz Anton Klein-Werner gedichtet, hatte sich im Laufe der Jahre zu dem Lied entwickelt, das am besten die Liebe zumindest einiger der Bewohner Südwestafrikas zu ihrem Land widerspiegelte.

Eigentlich hatte sein Dichter mit dem Südwesterlied nicht mehr im Sinn gehabt, als die Pfadfinderjungs in Tsumeb mit einem Lied, bei dessen Worten »sie sich etwas vorstellen konnten«, für das Singen zu begeistern.[1] Als H.A. Klein-Werner eines Samstagnachmittags im Jahre 1937 ein paar Verse zu Papier brachte, mit »einem Griff zur stets bereiten Gitarre« eine Melodie dazu fand und den Refrain auf die Schnelle – der nächste Pfadfinderdienst sollte in Kürze stattfinden, also war Eile angesagt – einem deutschen Wanderlied entlehnte, da hätte er nicht im Traume daran gedacht, welcher Beliebtheit sich dieses Lied einmal erfreuen sollte.[2]

Doch für das unabhängige Namibia kam ein Lied, das Südwest – und dazu noch auf Deutsch – besang, als Nationalhymne natürlich ebensowenig in Frage wie die Hymne der südafrikanischen Besatzungsmacht. So stimmte man zu den Unabhängigkeitsfeierlichkeiten am 21. März 1990 das Afrikalied »Nkosi sikelel i Africa« (Gott schütze Afrika) an.

Erst 365 Tage später, als sich die Unabhängigkeit Namibias zum ersten Mal jährte, stand die Nation stramm, um gemeinsam das »Land der Tapferen« (Land of the Brave) zu besingen. Die namibische Nationalhymne wurde aus der Taufe gehoben. Komponiert worden war sie eigentlich schon eineinhalb Jahre früher – anlässlich einer Beerdigung. Doch da ahnte noch niemand, wie diese Melodie einmal Karriere machen sollte.

Ihr Schöpfer Axali Doëseb hatte das Lied bei der Beisetzung des ermordeten Swapo-Aktivisten Anton Lubowski auf der Orgel improvisiert. Damals, im September 1989, »waren die Leute so angetan von der Melodie, dass sie unbedingt die Noten haben wollten«, erinnert sich Doëseb. Zum Glück hatte jemand bei der Beerdigung eine Aufnahme gemacht, denn, so der Musiker, »ich hätte mich später nicht mehr exakt an die Melodie erinnern können«.

Als etwa ein halbes Jahr später, nach der Unabhängigkeitsfeier, die Öffentlichkeit aufgerufen wurde, Vorschläge für eine Nationalhymne für das neue Namibia einzureichen, da war für Axali Doëseb klar, dass er die richtige Melodie schon parat hatte. Fehlte nur noch der passende Text. Kurz sollte er sein, leicht zu lernen, und natürlich sollte er die Geschichte der neu geborenen Nation widerspiegeln. Das waren die Auflagen, und Axali Doëseb wählte die denkbar pragmatischste Art ihn zusammenzustellen: Er reiste wochenlang durch das Land, um die Meinung des namibischen Volkes einzuholen. »Ich habe die Leute gefragt, welche Botschaft ihrer Ansicht nach die Nationalhymne enthalten sollte«, erzählt er. Dann führte er akribisch Strichlisten. » ›Brave‹ (tapfer) war zum Beispiel eines der Schlagworte, das ganz oft fiel. Also wusste ich: Das gehört da hinein.«

Dass er mit seinem Vorschlag tatsächlich den Wettbewerb um die Nationalhymne gewinnen sollte, hätte Doëseb kaum für möglich gehalten. Die Entscheidung für den Gewinner hatte damals, erinnert sich Musikerkollege Ernst van Biljon, die Hörerschaft des nationalen Radiosenders der Namibian Broadcasting Corporation (NBC) getroffen.

Axali Doëseb war zu der Zeit schon seit sechs Jahren Angestellter beim Radio – vormals SWABC, heute NBC. So konnte er auch problemlos die Aufnahme mit Blechblasinstrumenten produzieren, die seitdem täglich Radiohörer in Namibia für die landesweit ausgestrahlten Sendungen der NBC begrüßt und abends wieder verabschiedet. Doëseb will alle Instrumente für diese Tonkonserve selbst gespielt haben.

Neben dieser, von vielen als blechern klingend kritisierten Aufnahme existieren bis dato noch zwei gesungene Fassungen von dem Lied über das »Land der Braven«, wie Namibier ihr Land in Anspielung auf die Nationalhymne oft spöttisch betiteln. Eine davon wurde vom Nationalen Symphonieorchester und dem Mascato Coastal Youth Choir[3] aufgenommen, seit kurzem gibt es aber auch eine Version des Nationalen Jugendchors[4] unter Leitung von Ernst van Biljon. Doësebs Blechbläser-Aufnahme kann man derweil bei der NBC für 10 Namibia-Dollar auf Kassette erwerben.

Axali Doëseb

Der Komponist und Dichter hat unter anderem vier Jahre in Deutschland Kirchenmusik studiert (1980–84 in Herford) und spricht daher ebenso wie seine Frau gut Deutsch. Einige seiner Kinder besuchen die Deutsche Höhere Privatschule (DHPS) in Windhoek. 1987 unternahm er auf Einladung der Deutsch-Namibischen Gesellschaft eine Deutschland-Tournee mit einer eigens dafür gebildeten folkloristischen Sing- und Tanzgruppe »Kalaharia« – das Publikum in meist vollen Sälen war begeistert. Seit 1996 ist Doëseb Leiter der Musikabteilung der NBC.

Als Anerkennung dafür, Namibia mit einer Nationalhymne versehen zu haben, hat die Regierung ihn mit einem diplomatischen Pass beschenkt – und ihm im »Musikerviertel« von Windhoek ein Denkmal gesetzt: So ist Axali Doëseb heute in Windhoek-West neben Beethoven, Brahms, Puccini, Mozart und anderen Komponisten auf einem Straßennamen verewigt.

Die namibische Nationalhymne

Namibia, Land of the Brave,
freedom fight we have won,
Glory to their bravery
whose blood waters our freedom.
We give our love and loyalty
together in unity.
Contrasting, beautiful Namibia,
Namibia, our country
Beloved land of savannahs,
hold high the banner of liberty
Namibia, our country,
Namibia, Motherland, we love thee!

Anmerkungen:

1 Klein-Werner meinte in einem 1962 auf Betreiben von Wolfgang Sydow, seinerzeitigem Sekretär der SWA Wissenschaftlichen Gesellschaft, verfassten Lebensbericht, dass »einem Südwester Jungen unsere alten deutschen Pfadfinder- und Landsknechtslieder eigentlich doch sehr wenig sagten« und dass er daraufhin das Südwesterlied verfasst habe. Zitiert nach einer umfassenden Studie von dem Musikwissenschaftler Gerhard Gellrich: »Das Südwesterlied – ›Hart wie Kameldornholz‹ – Ursprung und Varianten«, in: Afrikanischer Heimatkalender 1986, Windhoek, S. 105–114.

2 »Hätte ich geahnt, dass dieses Lied nach 25 Jahren so bekannt würde, so hätte ich mir für den Refrain auch eine eigene Melodie einfallen lassen. Jetzt ist es dafür zu spät«, zitiert Gerhard Gellrich (a.a.O.) Heinz Klein-Werner. Gellrich zufolge geht der Refrain des Südwesterliedes auf das sogenannte Luiska-Lied zurück.

3 »Namibia 2000 – 10 Years of Independence, A Tribute by the Youth of Namibia«, Swakopmund 2000.

4 »Namibia National Youth Choir: Joy of Living«, Windhoek 2001.

Die Landwirtschaft in Namibia

Möglichkeiten und Grenzen

Herbert Schneider

Das landwirtschaftliche Umfeld

Das landwirtschaftliche Potential Namibias, oft beschrieben als »Land zwischen zwei Wüsten«, wird beherrschend beeinflusst durch die geringe Menge, Unregelmäßigkeit und ungleiche Verteilung des jährlichen Niederschlags. Dürreperioden, oft von einer Dauer von 4 bis 9 Jahren, sind die Regel und keine Ausnahme. Die landwirtschaftliche Nutzung des Bodens ist deshalb direkt gekoppelt an die Verteilung der Regenmenge und das Vorhandensein von Wasser. Intensiver Ackerbau und Bewässerung sind aus diesen Gründen nur sehr begrenzt möglich, deshalb stellt die extensive Tierhaltung das Rückgrat der namibischen Landwirtschaft dar.

Die durchschnittliche jährliche Regenmenge verteilt sich, in Prozent ausgedrückt, wie folgt auf die Landfläche:

>500 mm (subtropisch)	8 %
300–500 mm (semiarid)	37 %
100–300 mm (arid)	33 %
<100 mm (extrem trocken)	22 %

Trotz dieser klimatischen Nachteile ist Namibia ein ausgesprochenes Agrarland. Von der Gesamtfläche des Landes sind nur rund 15% entweder nicht zur landwirtschaftlichen Nutzung geeignet (Wüstengebiete) oder als Naturschutzgebiete von der Nutzung ausgeschlossen. Der entwickelte Farmsektor, auch kommerzieller Sektor genannt und in Privatbesitz, umfasst 44%, der traditionelle Sektor in kommunalen Gebieten mit Gemeinschaftsbesitz und traditioneller Landnutzung 41% der Landoberfläche. Einige Daten zu diesen Sektoren sind:

Kommerzieller Sektor, Land in Privatbesitz:

Dieser Farmsektor umfasste 1991 rund 6154 Farmeinheiten im Besitz von etwa 4100 Eigentümern. Zahlen, die im Dezember 2000 vom Kabinett bekannt gegeben wurden, zeichneten folgende Besitzverhältnisse auf:

Weiße Eigentümer	30,5 Mio. ha
Schwarze Eigentümer	2,2 Mio. ha
Eigentum von Ausländern	2,9 Mio. ha
Staatseigentum	2,3 Mio. ha

Im März 1965 wurde ein neues Gesetz verabschiedet, das den Besitz von Farmland durch Ausländer nur mit ministerieller Genehmigung erlaubt. Farmland, das vor Inkrafttreten des Gesetzes erworben wurde, bleibt von dieser Neuregelung unberührt. Eine 1987 durchgeführte Erhebung ergab, dass sich 352 Farmen in ausländischem Eigentum (eingeschlossen Südafrikaner) befanden, das sind 5,5% aller Betriebe. Diese Zahl erhöhte sich auf 413 Farmen im Jahre 1992. Die Nationalität der Eigentümer wurde wie folgt angegeben:

Deutsche	207 Farmen
Südafrikaner	169 Farmen
Österreicher	14 Farmen
Italiener	6 Farmen
Andere	17 Farmen

Die Betriebsgrößen der 6154 Farmen im kommerziellen Farmgebiet lassen sich wie folgt unterteilen:

Mehr als 10.000 ha	4,0 %
10.000 – 12.000 ha	11,0 %
8.000 – 10.000 ha	25,0%
6.000 – 8.000 ha	51,0 %
bis 6.000 ha	9,0 %

Bodenreform und Landumverteilung sind auf Grund der ungleichen Besitzverteilung ein sehr starkes Anliegen der Mehrheit der namibischen Bevölkerung. Die Verfassung schützt das Eigentum von Grund und Boden. Die Regierung ist bemüht, durch Farmkäufe auf der Basis »freiwilliger Verkäufer und freiwilliger Käufer« *(willing seller – willing buyer)* Land zu erwerben und darauf landlose Namibier anzusiedeln. Seit März 1995 hat die Regierung das Vorkaufsrecht bei allen Farmverkäufen.

Nach amtlichen Informationen der Regierung im Dezember 2000 hat sie seit der Unabhängigkeit rund 500.000 ha (92 Farmen) kommerzielles Farmland angekauft und darauf 22.784 Personen angesiedelt. Weitere 7.241 Landlose wurden im kommunalen Farmgebiet angesiedelt. Die Regierung gab ferner bekannt, dass es das Ziel sei, in den nächsten fünf Jahren 9,5 Mio. ha für Umsiedlungszwecke zu kaufen, wofür rund N$ 1 Milliarde nötig seien.

In diesem Zusammenhang sei darauf hingewiesen, dass im Rahmen des »Odendaal-Plans« in den sechziger Jahren rund 3,4 Mio. ha Farmland im Besitz von Weißen gegen Bezahlung enteignet worden waren, um die sogenannten »homelands« für Schwarze zu schaffen.

Bedingt durch die langen Dürreperioden in den achtziger und neunziger Jahren wie auch durch den realen Rückgang der Preise für Agrarprodukte ist eine sehr hohe Verschuldung des kommerziellen Farmsektors zu verzeichnen. Die Gesamtverschuldung betrug zu Ende März 2000 über N$ 1 Milliarde. Diese besorgniserregende Situation spiegelt sich im folgenden Beispiel wider, das die statistische Situation des durchschnittlichen kommerziellen Farmers im März 2000 zeigt:

   Durchschnittliche Farmgröße: 6 337 ha
   Schulden bei Handelsbanken: N$ 105.100
   Hypothek bei der Landbank in Höhe von N$ 133.559,
      mit N$ 1.900 im Verzug
   Schulden bei der AGRA Genossenschaft: N$ 7.100

Kommunale Gebiete, Gemeinschaftsbesitz

Das Eigentumsrecht dieser Gebiete liegt beim Staat und wird nach traditionellen Land- und Nutzungsrechten von den jeweiligen Stammesstrukturen verwaltet. Es ist vorgesehen, dass in Zukunft mehr Entscheidungsbefugnisse, nach Absprache mit dem Rat für Traditionelle Führer, den Regionalräten übertragen werden.

Obwohl die Landwirtschaft in den letzten Jahren nur knapp 10% zum Bruttoinlandsprodukt und 11% zum Außenhandel beigetragen hat, bleibt sie der wichtigste Wirtschaftssektor des Landes, garantiert sie doch den Lebensunterhalt für über 70% der Bevölkerung von knapp 1,7 Millionen Menschen. Hinzu kommt, dass nahezu 50% aller Arbeitplätze vom Agrarsektor gestellt werden und damit die Landwirtschaft der wichtigste Beschäftigungsfaktor in der Volkswirtschaft ist.

Tierische Produktion

Da die Tierhaltung das Rückgrat der namibischen Landwirtschaft darstellt, ist außer den genannten klimatischen Zwängen das Auftreten von Tierkrankheiten und -seuchen eine Dauerbedrohung der Tierhaltung. Die Ausfuhr von Tieren und tierischen Erzeugnissen ist nur durch die rigorose Einhaltung einer Vielzahl von Veterinärkontrollmaßnahmen möglich. Dank einer effizienten und international hoch anerkannten tiermedizinischen Versorgung konnte Namibia vom Internationalen Tierseuchenamt (Paris, Frankreich) als »Maul- und Klauenseuche frei« eingestuft werden. Dieser »MKS-freie« Status ist die Voraussetzung für den uneingeschränkten weltweiten Handel mit Klauentieren und den von ihnen stammenden Produkten. Länder, in denen MKS nur sporadisch und in abgrenzbaren Landesteilen auftritt, können diesen handelspolitisch wichtigen MKS-freien Status auch für genau umschriebene Bezirke zuerkannt bekommen. Solch ein Land ist Namibia, mit einer MKS-freien Zone südlich und einer MKS-Risikozone nördlich des Tierseuchenkontrollzaunes, der sich von Palgrave Point im Westen bis an die Botswana-Grenze im Osten erstreckt.

In dem MKS-freien Farmgebiet ist die vorbeugende MKS-Impfung untersagt, da geimpfte Tiere nicht exportiert werden dürfen, während in den nördlichen MKS-Risikogebieten jährlich MKS-Schutzimpfungen durchgeführt werden.

Der Tierseuchenkontrollzaun und dessen Instandhaltung ist ferner integraler Bestandteil des Vermarktungsübereinkommens zwischen Namibia und der Europäischen Union (EU), demzufolge Namibia Rindfleisch in die EU exportieren darf.

Auch die strenge Durchführung von Maßnahmen zur Verhinderung der Einschleppung von BSE (Rinderwahn) haben dazu geführt, dass Namibia eines der weltweit wenigen Länder ist, die von der BSE-Expertenkommission der Europäischen Union in die Kategorie jener Länder (wie z.B. auch Neuseeland) eingeteilt wurde, wo das Vorkommen von BSE »sehr unwahrscheinlich« ist. Dank dieser verschiedenen tierärztlichen Maßnahmen gehört Namibia zu den wenigen sog. »Drittländern« – Staaten, die weiterhin uneingeschränkt den europäischen Markt mit Rindfleisch beliefern können.

Mehr als 90% der 690.000 km^2 landwirtschaftlichen Nutzfläche Namibias wird für extensive Tierhaltung genutzt. Davon entfallen auf Rinderhaltung 48%, auf gemischte Rinder- und Kleinviehhaltung (Schafe und Ziegen) 15% und auf Kleinviehhaltung 37%.

Tabelle 1:
Tierbestand 1990–2000
(jeweils zum Dezember)

	1990	1997	1998	1999	2000
Rinder, insgesamt	2.086.551	2.055.416	2.192.359	2.279.404	2.504.930
Kommunalgebiete		1.264.717	1.376.271	1.442.473	1.653.129 (= 66%)
Kommerzielles Farmgebiet		790.669	816.088	836.088	841.801 (= 34%)
Schafe, insgesamt	3.328.316	2.429.349	2.086.434	2.159.461	2.446.146
davon Karakul	1.074.413 (= 32%)	206.596	185.170	193.748	204.712 (= 8,4%)
Ziegen	1.859.742	1.821.009	1.710.191	1.626.095	1.849.569
Schweine		16.884	14.706	15.984	23.146
Strauße (domestiziert)		46.725	52.393	33.116	47.823

1. Rinderhaltung

Die Rinderhaltung steht mit über 2,5 Mio. Tieren und einem jährlichen Rindfleischexportwert von über N$ 750 Mio. (1999) an führender Stelle aller Landwirtschaftszweige und erwirtschaftet 73,5% des Gesamtagrarprodukts. Der bedeutendste Absatzmarkt für Schlachtrinder und Rindfleisch ist nach wie vor Südafrika.

Ein wichtiger Schritt Namibias nach Erlangung der Unabhängigkeit war der Beitritt zur Lomé-IV Konvention der EU. Die Zusage einer Rindfleischimportquote von jährlich 13.000 Tonnen in den letzten Jahren ist eine große Hilfe zur der Diversifikation der Absatzmärkte.

Namibia ist Vertragspartner in der neuen Cotonou-Vereinbarung, die Namibia bis Ende 2007 EU-Marktzugang mit der bestehenden Rindfleischquote zusichert. Außer Schlachtrindern verfügt Namibia über hochwertige Zuchtbetriebe und liefert Rinderzuchtmaterial in das gesamte südliche Afrika.

Namibia verfügt momentan über drei Rinderschlachtbetriebe, deren Produkte zum Export in die EU zugelassen sind. Die Schlacht- und Verarbeitungsbetriebe in Windhoek und Okahandja werden voll genutzt, während Otavi aus Mangel an Schlachttieren stillgelegt ist. Die Schlachtanlage in Windhoek verfügt außerdem über eine Fertigungsanlage für Konservenfleisch. Weitere zwei Rinderschlachthöfe, in Oshakati und Katima Mulilo, sind auf Grund bestehender Tierseuchen-Kontrollmaßnahmen nur für den Export von Gefrierfleisch nach Südafrika zugelassen. Ein neuer Rinderschlachthof befindet sich im Bau in Witvlei.

Die Kapazität der bestehenden Schlachthöfe beträgt mehr als 350.000 Rinder jährlich und übersteigt damit das durchschnittliche Schlachtaufkommen von 250–300.000 Tieren. Das heißt, die gesamte jährliche Rinderproduktion könnte im Land geschlachtet werden, so dass Exporte von lebendem Schlachtvieh nicht nötig wären.

Alle obengenannten fünf Exportschlachthöfe gehören der »Meat Corporation of Namibia – MeatCo«. Diese privatrechtliche Firma ging 1985 aus einer Fusion aller Export-Schlachthofbetreiber hervor und befindet sich im nominellen Besitz aller beim Fleischkontrollrat von Namibia eingetragenen Fleischproduzenten. Die Rechtsform entspricht der einer Genossenschaft, aber es gibt keine Anteile oder Dividende und auch keine finanzielle Verpflichtung der Fleischproduzenten gegenüber MeatCo. Durch eine Gesetzesänderung nahm die Regierung Ende 2000 u.a. direkten Einfluss auf die Ernennung des Aufsichtsrates, dessen Mitglieder jetzt vom Landwirtschaftsminister ernannt und nicht mehr wie in der Vergangenheit von den Mitgliedern gewählt werden. Es ist zu hoffen, dass diese direkte staatliche Einflussnahme nur eine Übergangsmaßnahme von kurzer Dauer ist.

Die Gesamtrinderproduktion im Jahr 2000 betrug 258.740 Tiere, von denen 181.262 Rinder (70%) in Namibia geschlachtet wurden und 77.478 Rinder (30%) nach Südafrika exportiert wurden zur Schlachtung, zur Einstellung in Mastbetriebe oder zur Zucht.

In dem Zeitraum von Februar 2000 bis Januar 2001 verkaufte MeatCo Rindfleisch auf den folgenden Hauptmärkten (in Prozent des Gesamtverkaufsvolumens):

Südafrika	47 %
Europa (inkl. Norwegen)	37 %
Namibia	13 %
Afrika (inkl. Reunion)	3 %

Verkäufe auf dem EU-Markt, wo 34% aller Verkäufe getätigt wurden, trugen zu 58% zu MetaCo's Gesamteinkommen bei. Die wichtigsten EU-Länder (nach dem Gesamtverkaufsvolumen) waren:

Großbritannien	80,5 %
Holland	6,0 %
Dänemark/Schweden	6,0 %
Deutschland	3,0 %
Belgien	3,0 %
Griechenland	1,5 %

Ferner hat Namibia zwei Großgerbereien (Windhoek und Ondangwa), die die meisten der in Namibia anfallenden Rinderhäute verarbeiten. Weitere kleinere Gerbereien, hauptsächlich für Wildfelle, gibt es in Swakopmund und Windhoek

Tabelle 2: Gesamt-Rinderproduktion 1996–2000

Abnehmer	1996 Anzahl	%	1997 Anzahl	%	1998 Anzahl	%	1999 Anzahl	%	2000 Anzahl	%
Exportschlachthöfe - im kommerziellen Farmgebiet	170.700		88.879		126.824		159.522		140.589	
- nördlich des Tierseuchen-Kontrollzauns	19.724		13.522		18.488		19.995		18.604	
Summe		38		45		46		51		62
Metzger in Namibia	28.405	6	31.713	14	26.424	8	19.752	6	22.069	8
Südafrika	279.127	56	92.661	41	149.007	47	152.050	43	77.478	30
Gesamt	**497.956**		**226.775**		**320.743**		**351.319**		**258.740**	

Die Milchproduktion beschränkt sich auf die regenreicheren Farmgebiete. Namibia ist selbstversorgend, sofern es Frischmilch anbetrifft, muss aber Molkereiprodukte wie z.B. Butter und Käse importieren. Beschränkte Möglichkeiten zum Ausbau der Milchproduktion sind in den nördlichen Gebieten durch den Anbau von Futter möglich und wären wichtige Impulse zur Wirtschaftsförderung in diesen bevölkerungsstarken Regionen.

2. Schaf- und Ziegenhaltung

Die Schafhaltung in Namibia konzentriert sich hauptsächlich auf die südlichen und westlichen semi-ariden Gebiete mit einer Gesamtzahl von 2.446.146 Schafen im Jahr 2000. Von dieser Zahl sind 204.712 (8,4%) fellproduzierende Karakul-Schafe. Die Zahl der Ziegen beläuft sich auf 1,85 Mio. Tiere, sie spielen eine wichtige Rolle in der Fleischversorgung des Inlandmarktes.

Das Karakulschaf ist durch seine Genügsamkeit hervorragend für die trockenen Landstriche Namibias geeignet und liefert außer den weltweit bekannten Karakulfellen (SWAKARA®) auch Wolle und Fleisch. Leider ist durch den starken Preisverfall von Karakulfellen auf den internationalen Märkten in den vergangenen 15 Jahren die Karakulschafhaltung stark zurückgegangen. Während 1971 noch 5 Millionen Felle produziert und verkauft wurden, waren es 2000 nur noch knapp 95.000 Felle. Erneutes Interesse an SWAKARA steigerte die Nachfrage auf internationalen Pelzmessen in den letzten Jahren und es sind erfreuliche Preissteigerungen zu verzeichnen. Dies ist von großer Bedeutung, da damit die

Tabelle 4:
Produktion und Wert von Karakulwolle

Jahr	Gewicht (kg)	Wert (N$)	Ø Preis/kg
1980	4.282.858	3.257.111	0,82
1989	1.587.154	3.004.967	1,91
1996	211.490	535.154	2,53
1997	184.930	390.332	2,11
1998	218.006	473.548	2,17

Wirtschaftlichkeit der Karakulhaltung wieder gewährleistet wird. Die Karakulhaltung stellt nach wie vor eine wichtige Erwerbsquelle – in vielen Fällen die einzige – für eine Vielzahl von Farmern dar. Auf Grund des umweltschonenden Weideverhaltens des Karakulschafes, im Gegensatz zu dem des Dorperschafes, ist nach heutigen Erkenntnissen die Karakulhaltung in den ariden und semi-ariden Gebieten des Landes die ökologisch am besten vertretbare Tierhaltung. Seit 1995 wird die namibische Karakulfellproduktion auf Auktionen in Kopenhagen verkauft.

Mehrere Webereien, z.B. im Bezirk Windhoek (Dorka, Ibenstein), in Karibib und Swakopmund, verarbeiten Karakulwolle zu Teppichen. Kürschnereien in Windhoek schneidern aus Karakulfellen modische Mäntel, Jacken usw.

Das Produktionsvolumen von Sondertypen der Karakulwolle erreichte in jüngsten Jahren zwischen 10–20.000 kg/Jahr. Bei der ersten Versteigerung in Windhoek im Jahre 2001 wurde ein Durchschnittspreis von N$ 14,61/kg erzielt.

Seit der starken Einkommenseinbuße bei der Ausfuhr von Karakulfellen verlegten sich mehr und mehr Kleinviehfarmer auf die Produktion von Schaffleisch. Es erfolgte eine Herden-Umstellung von Karakul- zu Dorperschafen. Letztere sind nur zur Fleischproduktion geeignet und erfreuen sich einer starken Absatznachfrage auf dem südafrikanischen Markt. Nach Rindfleisch steht die Ausfuhr von Schafen und Ziegen, mit einem Wert von rund N$ 250 Mio., an zweiter Stelle des Gesamtagrarproduktes. Da es in Namibia nur zwei für

Tabelle 3:
Umfang und Wert des SWAKARA-Fellexports, 1971–2001

SWAKARA	1971	Dez. 1997	Dez. 1999	Dez. 2000	Juni 2001
Gesamtzahl der Felle	5.000.000	50.381	66.937	94.854	35.937
Ø Preis pro Fell (alle Farben)	Rand/N$ 8,00	N$ 117,81	N$ 164,03	N$ 186,32	N$ 183,33
Ø Preis Schwarz		N$ 122,37	N$ 169,00		
Ø Preis Grau		N$ 105,99	N$ 207,98		
Ø Preis Braun		N$ 49,69			
Ø Preis Weiß		N$ 123,69	N$ 186,74		N$ 216,69

Tabelle 5: Kleinviehproduktion, 1996–2000

	1996		1997		1998		1999		2000	
Abnehmer	Anzahl	%	Anzahl	%	Anzahl	%	Anzahl	%	Anzahl	%
Exportschlachthöfe	2.348	0,3	0		2.552	0,3	236.919	19,8	214.754	22
Metzger in Namibia	128.522	12,1	87.714	9,2	104.595	8,8	61.060	5,1	26.542	2
Südafrika	928.714	87,6	865.951	90,8	1.071.831	90,9	895.773	75,1	739.707	76
Gesamt	**1.059.584**		**1.183.398**		**1.178.978**		**1.193.752**		**974.637**	

Exporte zugelassene Kleinvieh-Schlachtbetriebe gibt (Mariental und Windhoek), wird der Großteil der Gesamtproduktion lebend zu südafrikanischen Schlachthöfen ausgeführt. Im Jahr 2000 wurde eine Gesamtzahl von 974.637 Kleintieren produziert, von denen 739.707 Tiere (76%) lebend zu südafrikanischen Märkten exportiert wurden. Eine Neuentwicklung war 2001 die Ausfuhr von lebendem Kleinvieh per Schiff nach Saudi-Arabien. Eine Gesamtzahl von 9500 Ziegen und 29.646 Schafen wurde aus den Häfen Lüderitz und Walfischbai verschifft.

Mohair, das Haar der Angora-Ziegen, wird auf einigen Farmen im Süden des Landes produziert. Bedingt durch den Preisverfall für Mohair auf dem Weltmarkt, nahm die Gesamtzahl von 26.572 Angoraziegen in 1990 auf rund 6000 im Jahr 2000 ab

3. Wildfarmerei

Die Haltung von Wildtieren gewinnt zunehmend an Bedeutung, nicht nur als wichtiger Erwerbszweig der Landwirtschaft, sondern auch im Rahmen der Touristikbranche.

Neben der Wildbretproduktion spielen die Einnahmen aus der Jagd nach Trophäen und aus dem Jagdsport, aus den Verkäufen von lebendem Wild und aus dem Tourismus selbst eine zunehmend größere Rolle bei der Diversifizierung der kommerziellen Landwirtschaft. Gerade beim Tourismus liegen ohne Zweifel die größten Möglichkeiten der Erwerbssteigerung und der Entwicklung eines Konzeptes des sanften, ökologisch verträglichen Tourismus.

Außer dem seit Anfang der achtziger Jahre erfolgten Export von Wildbret, hauptsächlich Springbock, sind die Einkünfte aus der Trophäenjagd, dem Verkauf von Lebendwild und besonders der Farmtourismus immer wichtiger werdende Komponenten der kommerziellen Landwirtschaft.

Der in den siebziger und achtziger Jahren lukrative Export von Wildbret nach Europa ist seit 1990 völlig zum Erliegen gekommen. Dies war eine direkte Folge des Zusammenbruchs staatlich gesteuerter Marktregelungen für Wildbret in Osteuropa und eine daraus resultierende Markt-Sättigung des westeuropäischen, besonders des deutschen Marktes. Erschwerend war ferner das Versäumnis, einen für Verbraucher bekannten Markennamen für namibisches Wildbret zu etablieren. Die hiesige Veredelung von Wildbret in gebrauchsfertige Einzelverpackungen und auch die Herstellung von Spezialitäten wie Wildsalami, Rauchfleisch, Trockenfleisch usw. hat jedoch einen stabilen Inlandsmarkt.

Der Handel mit Lebendwild zeigt durch den zunehmenden Inlandbedarf zur Aufstockung der Wildbestände auf Jagd-, Safari- und Touristenfarmen eine stark steigende Tendenz. Es werden regelmäßig Versteigerungen für Lebendwild abgehalten.

Tabelle 6:
Verkaufspreise für Wild: März und August 2001 (Preisspanne in N$)

	März 2001 Katalogauktion	August 2001 Otjiwarongo
Springbock	1 000 – 1 500	950 – 1 300
Strauß	1 500 – 1 700	
Blessbock	1 200 – 1 700	1 200 – 1 350
Impala	1 200	1 400 – 1 700
Impala (Schwarznasen)	6 500 – 7 000	8 750
Kudu	1 200 – 1 800	
Oryx	1 800 – 1 900	2 000 – 2 100
Hartebeest	1 800 – 2 300	2 100 – 2 600
Eland		4 500 – 5 000
Gnu	1 800 – 3 000	2 750 – 3 250
Weißschwanzgnu	3 200 – 4 000	4 500 – 5 000
Zebra-Burchell	2 600 – 2 700	3 000 – 3 750
Zebra-Hartmann	3 000 – 3 200	4 000 – 4 250
Giraffe	8 000 – 10 000	11 000 – 12 000
Pferdeantilope	70 000 – 115 000	
Nashorn (Breitmaul)	70 000 – 180 000	

Einen bedeutenden Aufschwung verzeichnet das Farmen mit Straußen zur Produktion von Fleisch, Leder und Federn. Als Touristenattraktion bietet dies eine zusätzliche Einnahmequelle. Rund 48.000 domestizierte Vögel bilden heute den Grundstock dieses für den ariden Süden und als Erwerbszweig für Kleinfarmer vielversprechenden Landwirtschaftszweiges. Die Mehrzahl dieser Strauße, 29.957 (62,6%), befanden sich 2000 im Gebiet von Mariental und Maltahöhe, gefolgt von 7938 Straußen (16,6%) im Raum Keetmanshoop und Namaland, 6280 (13,1%) im Bezirk Omaruru, 1569 im Raum Gobabis (3,3%) und 1395 Strauße (2,9%) im Bereich Windhoek–Rehoboth.

Ein Schlachthof speziell für Strauße mit angegliederter Gerberei wurde im September 1998 in Keetmanshoop eröffnet. Er hat eine Exportzulassung für Südafrika und die EU. Die Absatzmöglichkeiten für Straußenfleisch, das wenig Cholesterin enthält, sind in Europa – besonders nach dem Auftreten von Rinderwahn und Maul- und Klauenseuche – geradezu unbegrenzt. Trotzdem darf man die Labilität solch eines Spezialmarktes nicht aus den Augen verlieren, und die Straußenproduktion sollte erfahrungsgemäß nicht zum einzigen Existenzzweig eines Farmers werden.

Pflanzliche Produktion

Es ist das erklärte Ziel der Regierung, die Eigenversorgung mit pflanzlichen Grundnahrungsmitteln, wie z.B. Mais und Weizen, anzustreben. Dem ariden Charakter Namibias sollte jedoch in dieser Zielvorstellung immer Rechnung getragen werden. Der beinahe totale Verlust der gesamten pflanzlichen Produktion 1992 durch langanhaltende Dürre ist ein sprechendes Beispiel für das außergewöhnlich hohe

Finanzrisiko des Ackerbaus. Zum Trockenfeldbau (»dry-farming«) eignen sich nur bestimmte Gebiete Namibias, während die Möglichkeiten des Bewässerungsfeldbaus auf Grund der allgemeinen Wasserknappheit sehr stark eingeschränkt sind. Aber gerade in dem kommunalen Sektor befinden sich noch erhebliche Landreserven, die zum Trockenfeldbau genutzt werden können. Voraussetzung ist jedoch die Schaffung einer Infrastruktur von Versorgungs- und Absatzeinrichtungen und die Einführung umweltangepasster Anbaumethoden.

Die bedeutendsten Produktionsbereiche für großbetrieblichen Ackerbau, insgesamt nur rund 30.000 ha, sind das Otavi-Tsumeb-Dreieck, der Summerdown-Gobabis-Bereich im Osten und die Hardap-Stampriet- und Aussenkehr-Bewässerungsanlagen im Süden. In den nördlichen und östlichen Bezirken wird in der Hauptsache nur Trockenfeldanbau (Mais und Sonnenblumen) betrieben. Im Süden und in bescheidenerem Umfang im Norden erfolgt der Anbau nur mit Hilfe von Bewässerungsanlagen.

Weißer Mais ist das Hauptgrundnahrungsmittel der Bevölkerung Namibias; gelber Mais ist ein wichtiges Futtermittel. Die Anbauflächen für Weizen sind nicht groß, deshalb muss jährlich Weizen in größeren Mengen importiert werden. Der Anbau von Sonnenblumen dient zur Herstellung von Speiseöl und harten Fetten z.B. für Margarine. Im kommerziellen Sektor wurden in den letzten Jahren beeindruckende Ertragssteigerungen erzielt und es gelang in Jahren mit guten Niederschlägen, den gesamten Inlandsbedarf an weißem Mais zu decken (z.B. 1991). Voraussetzung hierfür war und bleibt jedoch eine ausreichende und gut verteilte Regenmenge.

In den Kleinanbaugebieten der nördlichen Regionen (Subsistenzwirtschaft) werden ca. 120.000 ha für Trockenfeldanbau, vor allem zum Anbau von Mahangu (Hirse – *Pennisetum americanum*) genutzt. Über Jahrhunderte hat die in diesen Gebieten ansässige Landbevölkerung der Ovambo und Kavango eine einfache, aber dem Boden und Klima angepaßte Anbaumethode für einen bescheidenen Ackerbau entwickelt, insbesondere um die knappen Mineralien und Nährstoffe im Boden besser auszunutzen und um das kostbare Regenwasser in einfachen Tümpeln und Wasserreservoiren zu sammeln. Doch naturbedingte Hindernisse, wie Dürreperioden, ungeeigneter Boden, aber auch unzureichende Fachberatung und der Mangel an mechanischen Hilfsmitteln sind oft existenzbedrohend für den Kleinanbau. Auch demographische Umstände, insbesondere das hohe Bevölkerungswachstum und das ungünstige Geschlechterverhältnis bei den Arbeitskräften in der

Ein typisches Farmtor

Landwirtschaft (in der Mehrzahl Frauen und Kinder), spielen eine nicht unerhebliche Rolle.

Eine Diversifikation des Pflanzenanbaus ist zunehmend zu verzeichnen, wobei besonders Baumwolle, aber auch Erdnüsse und Bohnen eine wichtige Rolle spielen. Ob im Caprivi ein lebens- und konkurrenzfähiger Anbau von Zuckerrohr möglich ist, bedarf noch sehr gründlicher Studien.

Die Anbaufläche für weißen Mais hat von 1992 bis 1998 um rund 70% abgenommen und erwirtschaftet einen durchschnittlichen Ertrag von nur einer Tonne/ha. Der Anbau von Baumwolle hat seit Mitte der neunziger Jahre zugenommen. In der Saison 1998/1999 wurde eine Rekordernte von 6000 Tonnen im Wert von N$ 16,5 Mio. erwirtschaftet. Die namibische Baumwolle ist von ausgezeichneter Qualität und kann deshalb Spitzenpreise erzielen.

Das Anpflanzen von Dattelpalmen hat in Namibia schon während der Kolonialzeit begonnen, kam aber Mitte der zwanziger Jahre zum völligen Stillstand. Erst seit Mitte der achtziger Jahre wurden wieder Pflanzungen angelegt, zunächst am Huabfluss, später auch am Naute- und am Hardapstausee. Im Jahr 2000 konnten 50 Tonnen Datteln bester Qualität exportiert werden. Es ist geplant, die Anpflanzungen in den nächsten Jahren auszudehnen, um das Langzeitziel von 1000 Tonnen/Jahr zu erreichen.

Nach der Unabhängigkeit wurde der Anbau von Tafeltrauben am Oranjefluss bei Aussenkehr gezielt gefördert. Man hofft, dass bis 2003 Namibia der viertgrößte Tafeltraubenproduzent der südlichen Halbkugel sein wird. In der Saison 1998/99 wurden 2000 Tonnen nach Europa exportiert im Wert von rund N$ 20 Mio.

Auch Heilpflanzen finden zunehmende Beachtung. In den zentralwestlichen und südlichen Landesteilen werden die Wurzelknollen der Teufelskralle – *Harpagophytum procumbens* – für die Herstellung von homöopathischen Arzneimitteln geerntet. Da es sich hier um Wildpflanzen handelt, ist eine nachhaltige Nutzung nur dann möglich, wenn strikte Erntekontrollen eingeführt und die Vernichtung der natürlichen Bestände verhindert werden.

Die »Kalahari-Trüffel«, die von Mai bis Juni geerntet werden, sind eine Besonderheit unter Namibias Wildpflanzen. Diese kartoffelartigen Knollen des Schlauchpilzes der Art *Terfizie* findet man überall dort, wo die roten Kalahari-Sande vorkommen. Diese Erdknollen, auch »nabba« genannt, sind eine Delikatesse und werden gleichwertig zu den echten europäischen Trüffeln angesehen.

Die Entwicklung der einheimischen Forstwirtschaft mit ihrem nahezu unerschlossenen Potential in den nördlichen Kommunalgebieten ist ein weiterer wichtiger Teilbereich des Agrarsektors. Dies gilt nicht nur in Bezug auf die Nutzung einheimischer Hölzer, sondern auch für den Anbau von Brennholzplantagen zur Sicherung der Energieversorgung in den ländlichen Gebieten.

Holzkohle wird vorwiegend aus dem Holz von Akazienbüschen hergestellt, und zwar besonders in den Gebieten mit starker Verbuschung als Folge von Übernutzung und Trockenheit. Ihre Produktion hat in den letzten Jahren stetig zugenommen. Kleinbetriebe produzieren ca. 5 Tonnen Holzkohle/Monat und erzielen ein Monatseinkommen von rund N$ 1500. Die Erschließung von einträglichen Exportmärkten stellt ein weiteres Wachstumspotential dar.

Zusammenfassend ist festzustellen, dass die Landwirtschaft in Namibia nur im Einklang mit der äußerst empfindlichen ökologischen Bedingungen betrieben werden kann und darf. Nachhaltiges und umweltschonendes Management der natürlichen Ressourcen ist eine Voraussetzung für die Entwicklung des landwirtschaftlichen Potentials Namibias.

Überschätzung der natürlichen Tragkraft unserer Böden und Weideflächen in der Vergangenheit, verschlimmert durch die in regelmäßigen Abständen auftretenden Dürreperioden, waren die Ursache von schweren, teils irreparablen Vegetationsschäden. Der hohe Druck von Mensch und Tier auf marginale Böden ohne begleitende Maßnahmen zur Bodenerhaltung und Erosionsbekämpfung haben in den letzten Jahren verstärkt in vielen Teilen Namibias zu Versteppung, Desertifikation und Verbuschung geführt. Größte Sorge bereitet hier das unkontrollierte Bevölkerungswachstum Namibias.

Der Erhalt und Schutz Namibias fragiler, aber auch faszinierender und oft einzigartiger Umwelt bedarf des Verständnisses und der Anstrengungen aller Beteiligten zum Wohle heutiger und aller nachfolgenden Generationen.

Deutsch-namibische Kulturbeziehungen

Klaus Dieter Düxmann

Bedingt durch die gemeinsame Geschichte sind die deutsch-namibischen Kulturbeziehungen durch eine außergewöhnliche Dichte geprägt. Bereits im Februar 1989 hatte der Deutsche Bundestag im Hinblick auf die sich abzeichnende Unabhängigkeit Namibias folgende Resolution verabschiedet:
»Der Deutsche Bundestag fordert die Bundesregierung auf, wegen ihrer besonderen Verantwortung für Namibia in Absprache mit den wichtigsten politischen Kräften Namibias die Aufnahme einer umfassenden Zusammenarbeit umgehend vorzubereiten, damit die Voraussetzungen dafür geschaffen werden, daß nach Konstituierung einer frei gewählten Regierung in Namibia die wirtschaftliche, entwicklungspolitische und kulturpolitische Zusammenarbeit aufgenommen werden kann. Namibia sollte – unter Nutzung bisheriger Erfahrungen – ein besonderer Schwerpunkt deutschen Entwicklungszusammenarbeit werden. ... Der Deutsche Bundestag fordert die Deutschsprachigen in Namibia auf, den Unabhängigkeitsprozess konstruktiv mitzugestalten und mitzutragen. Der Deutsche Bundestag wird sich im Rahmen kulturpolitischer Zusammenarbeit mit dem unabhängigen Namibia für die berechtigten Interessen der deutschsprachigen Minderheit in Namibia einsetzen.«

Die beiden Schwerpunkte der künftigen bilateralen Zusammenarbeit waren damit vorgezeichnet, wobei entwicklungs- und kulturpolitische Zusammenarbeit trotz Verschiedenheit der jeweils beteiligten Akteure nicht als unabhängig voneinander bestehende Politikbereiche zu betrachten sind, sondern diese sich vielmehr gegenseitig bedingen und ergänzen. So ist Hilfe für das Bildungswesen Namibias, die einen Schwerpunkt deutscher Kulturarbeit in Namibia bildet, auch wesentlicher Inhalt unserer entwicklungspolitischen Zusammenarbeit, wie sie z.B. in einem groß angelegten Programm zum Bau von Klassenräumen und der Beratung des zuständigen Ministeriums bei der Entwicklung bildungspolitischer Strukturen zum Ausdruck kommt.

Die Ausgangslage bei Eintritt in die Unabhängigkeit 1990 war durch eine strikte Trennung des Schulwesens nach ethnischen Gruppen gekennzeichnet. Die schulische Situation der weißen Kinder war hierbei durchweg großzügig und in weiten Teilen vorbildlich, die der nichtweißen Kinder rudimentär und lückenhaft. Die namibische Regierung hat seither enorme Anstrengungen unternommen, um die Folgen der Apartheidspolitik zu überwinden und allen Kindern und Jugendlichen eine angemessene Schulausbildung zukommen zu lassen. Die Erfolge können sich – bei allen nach wie vor bestehenden Unzulänglichkeiten – durchaus sehen lassen:

Entsprechend dem in der namibischen Verfassung verankerten Recht auf Erziehung und der hiermit einhergehenden allgemeinen Schulpflicht besuchen heute rd. 500.000 Kinder und Jugendliche die namibischen Schulen. Bei insgesamt rd. 1,8 Mio. Einwohnern entspricht dies einem Bevölkerungsanteil von fast 30%! Rund 3.500 Klassenräume wurden neu gebaut, die Qualifikation der Lehrer verbessert und die Zahl der Schulabbrecher reduziert. Für den Bereich Bildung und Erziehung wendet die namibische Regierung rd. 26 % ihres gesamten Staatshaushaltes auf. Der Nachholbedarf ist jedoch nach wie vor enorm. Bestehende Lücken zu schließen, ist wesentliches Ziel deutscher Kulturzusammenarbeit mit Namibia.

Die rechtliche Grundlage hierfür bildet das bereits am 5. Juni 1991 unterzeichnete und am 28. Januar 1994 in Kraft getretene Abkommen der beiden Regierungen über die kulturelle Zusammenarbeit. Deutschland wurde damit das erste Land, mit dem Namibia ein solches Abkommen geschlossen hat. Die dort vereinbarten Bereiche der Kooperation bilden eine solide Grundlage für den Ausbau der kulturellen Beziehungen auf der Basis von gleichberechtigter Partnerschaft und freundschaftlicher Zusammenarbeit. Durch das Abkommen verpflichten sich die beiden Regierungen u.a.
- die Gründung und Tätigkeit kultureller Einrichtungen der jeweils anderen Seite im eigenen Land zu erleichtern und zu fördern. Hierzu zählen insbesondere Kulturinstitute, schulische und nichtschulische Bildungseinrichtungen, Bibliotheken

und ähnliche wissenschaftliche und kulturelle Institutionen. Von besonderer praktischer Relevanz sind hierbei die vereinbarten Erleichterungen bei Ein- und Ausreise, bei der Erteilung der notwendigen Arbeitserlaubnis sowie die steuerliche Befreiung für die entsandten Fachkräfte;
- den Austausch von Wissenschaftlern, Lehrkräften, Studenten und Schülern zu unterstützen und die Beziehungen zwischen den Hochschulen und anderen kulturellen und wissenschaftlichen Einrichtungen beider Länder zu fördern;
- Fortbildungs- und Forschungsstipendien zur Verfügung zu stellen.
- das Studium der Sprache, der Kultur und der Literatur des jeweils anderen Landes zu fördern;
- bei der Durchführung von Gastspielen, Konzerten und Theateraufführungen Unterstützung zu leisten;
- Austauschmaßnahmen in den Bereichen Jugend und Sport zu fördern.

Zur Evaluierung der erzielten Fortschritte wurde eine gemischte Kulturkommission eingesetzt, die seither zweimal getagt hat. Hierbei wurde der hohe Stand des bilateralen Austauschs, der sich auf der Grundlage des Kulturabkommens entwickelt hat, ausdrücklich gewürdigt.

In der Tat läßt sich feststellen, dass das Abkommen die bestehenden hohen Erwartungen weitgehend erfüllt hat. Die Unterstützung im Unterrichtswesen, eine großzügige Stipendienvergabe, zahlreiche Maßnahmen des Kulturerhalts, Zusammenarbeit im Bereich des Sports (der deutsche Fußballlehrer Peter Ueberjahn hat jahrelang die namibische Fußballnationalmannschaft trainiert) und andere gemeinsame Projekte haben zur Herausbildung eines Vertrauensverhältnisses geführt, das auch die Behandlung manchmal schwieriger Themen ermöglicht. Aktueller Handlungsbedarf wird z.B. auf deutscher Seite nach wie vor im Bereich der Förderung der deutschen Sprache, auf namibischer Seite beim weiteren Ausbau eines Kulturinstituts (Namibisch-Deutsche Stiftung für kulturelle Zusammenarbeit – Goethe-Zentrum) in Windhuk gesehen.

Deutsche Sprache in Namibia

Namibia wurde als letzte Kolonie in Afrika 1990 unabhängig. Während der deutschen (1884 bis 1915) und der anschließenden südafrikanischen Kolonialherrschaft (bis 1990) war Namibia Einwanderungsland für Europäer, hier vor allem für Deutsche, und weiße afrikaanssprachige Südafrikaner. Die weißen Einwanderer bzw. ihre Nachfahren bilden, gemeinsam mit einer vergleichsweise kleinen Gruppe schwarzer Namibier, einen relativ wohlhabenden formellen Wirtschaftssektor. Zu dieser Gruppe zählt auch die deutschsprachige Minderheit von rd. 25.0000 Menschen. Diese hält wie wohl keine andere deutsche Auswanderergruppe an deutscher Sprache und Kultur fest. Dies hat vielfältige Gründe: Im Jahre 1915, dem Ende der deutschen und dem Beginn der südafrikanischen Herrschaft, lebten im heutigen Namibia über 10.000 Deutsche. Ein Teil der deutschen Bevölkerung wurde in der Folgezeit vertrieben, zunehmende Liberalisierungstendenzen ermöglichten jedoch den verbliebenen und den später neu zuwandernden Deutschen die Pflege der eigenen Kultur.

Ein Abkommen zwischen Deutschland und Großbritannien im Jahre 1923 gewährleistete den Gebrauch der deutschen Sprache, insbesondere den deutschsprachigen Schulunterricht. Diese Vereinbarung wurde allerdings erst möglich, nachdem eine Anordnung der südafrikanischen Administration, die Deutsch ab der 5. Klasse nur als Fremdsprache zulassen wollte, auf erbitterten Widerstand gestoßen war. Auch konnte erreicht werden, dass die beiden höheren Privatschulen in Windhuk und Karibib weitgehende Autonomie erhielten, solange gewisse Mindestanforderungen, die sich aus dem allgemeinen Prüfungsvorschriften ergaben, eingehalten wurden. Eine Assimilation durch die zunehmend zahlreicher werdenden südafrikanischen Einwanderer – heute sind 55.000 weiße Namibier afrikaanssprachig, Afrikaans ist immer noch lingua franca in Namibia – fand nicht statt. Zudem förderte die südafrikanische Verwaltung den Erhalt der Deutschsprachigkeit der deutschen Minderheit in den letzten drei Jahrzehnten vor 1990 durch eine großzügige, unentgeltliche Beschulung der ca. 2.400 deutschsprachigen Kinder. Im Jahr 1984 wurde Deutsch sogar als dritte Amtssprache (neben Englisch und Afrikaans) zugelassen.

Das unabhängige Namibia hat Englisch als offizielle Landessprache und als Unterrichtssprache ab Klasse 4 (in staatlichen Schulen) eingeführt, gewährt den einzelnen Sprachgruppen, wo organisatorisch und finanziell möglich, aber muttersprachlichen Unterricht in den ersten drei Schuljahren. Die aus der Apartheidszeit herrührenden, gut ausgestatteten, ehemals deutschsprachigen Schulen bestehen zwar noch und werden überwiegend von deutschsprachigen Kindern besucht; ab Klasse 4 muß der Unterricht aber auch hier auf Englisch gehalten werden. Diese Regelung wird sich mittel- und langfristig nachteilig auf die Stellung der deutschen Sprache in Namibia auswirken, da eine sichere Beherrschung der deutschen Sprache bis zum Abschluss der dritten Klasse nicht zu erreichen ist. In einem zunehmend stärker werdenden englischsprachigen Umfeld steht damit zu befürchten, dass die deutsche Sprache an Bedeutung verlieren wird.

Die Frage der Förderung der deutschen Sprache nimmt in den Beziehungen zu Namibia daher einen bedeutenden Platz ein. Der damalige Bundeskanzler Helmut Kohl wie auch Alt-Bundespräsident Roman

Herzog haben sich bei ihren Besuchen in Namibia in den Jahren 1995 bzw. 1998 nachdrücklich hierfür eingesetzt. Regierungsgespräche, die im November 1998 in Windhuk stattfanden, brachten wichtige Fortschritte. So sagte die namibische Seite zu, auch deutschsprachige Privatschulen im Rahmen der bestehenden Vorschriften weiter zu fördern. Angestrebt werde ferner die Einführung des Unterrichtsfaches Deutsch als Zweitsprache (d.h. intensiver Deutschunterricht bereits in der Primarstufe, nicht erst ab Klasse 8). Auch solle der Ausbildung von Deutschlehrern künftig größeres Gewicht beigemessen werden.

Die Ergebnisse der Gespräche wurden anlässlich der 2. Tagung der Gemischten Kulturkommission im August 1999 in Windhuk formalisiert. Hierbei wurde ausdrücklich festgestellt:
»Die deutsche und die namibische Seite messen der deutschen Sprache in Namibia als Landes- wie als Fremdsprache eine gleichermaßen hohe Bedeutung bei. Deutsche Sprache und Kultur machen einen wichtigen Teil des vielfältigen namibischen Kulturerbes aus und tragen zur Erweiterung der Zusammenarbeit beider Länder bei. ... Vor diesem Hintergrund verständigen sich beide Seiten darauf, die Vermittlung von Deutsch als Erst-, Zweit- und Fremdsprache in Einklang mit den allgemeinen Grundsätzen der Sprachenpolitik der Republik Namibia auszubauen.«

Bei Eintritt in die Unabhängigkeit sah sich die namibische Regierung mit der Notwendigkeit konfrontiert, eine einheitliche Landessprache verbindlich festzulegen, gleichzeitig jedoch lokal und regional verbreiteten Muttersprachen zu ihrem angestammten Recht zu verhelfen und diese nach Kräften zu fördern. Die geltende Regelung ist letztlich als Kompromiss zu sehen zwischen der mit Zielrichtung »nation building« erfolgten Einführung des Englischen als einheitlicher Amtssprache und den Mindesterfordernissen einer auf zusätzliche Förderung der 11 einheimischen Sprachen ausgerichteten Politik. In diesem Spannungsfeld beruft sich die namibische Regierung darauf, keine einseitige Bevorzugung einer einzelnen Sprache zulassen zu können, ohne das Gesamtgefüge namibischer Sprachenpolitik zum Einsturz zu bringen.

In ihrem Mitte 2001 veröffentlichen Bericht nimmt die *Presidential Commission on Education, Culture and Training* eine kritische Bewertung der aktuellen Situation vor, insbesondere vor dem Hintergrund bestehender Unzulänglichkeiten beim Übergang auf Englisch als allgemeine Unterrichtssprache ab Klasse 4; der Grundsatz als solcher wird jedoch nicht in Frage gestellt.

Das Angebot der Bundesregierung, bei der Einrichtung eines englisch-deutschen bilingualen Unterrichtes an ausgewählten Schulen behilflich zu sein, wird vor diesem Hintergrund behutsam und mit Fingerspitzengefühl weiter mit der namibischen Regierung aufzunehmen sein. Im übrigen leistet die Bundesregierung Unterstützung durch Entsendung von sog. Programmlehrkräften überwiegend an staatliche Schulen zur Unterrichtung von Deutsch als Muttersprache wie auch Deutsch als Fremdsprache. Zudem erhalten verschiedene deutsche Privatschulen Sprachbeihilfen zur Förderung des Deutschunterrichts.

Deutsche Höhere Privatschule Windhoek (DHPS)

Gegründet durch Erlass des Gouverneurs des damaligen Deutschen Schutzgebietes, öffnete die DHPS am 19. Januar 1909 als »Kaiserliche Realschule« für 12 Schüler ihre Pforten. Bis hin zur heutigen DHPS mit rund 1.000 Schülern war es ein weiter und wechselvoller Weg, auf dem es zahlreiche Hindernisse zu überwinden und Rückschläge zu verkraften galt. Politische Umwälzungen im Gefolge der Übernahme des Völkerbund-Mandats über Deutsch-Südwestafrika durch die Südafrikanische Union; Internierung fast aller Lehrer nach Ausbruch des Zweiten Weltkrieges; Unabhängigkeit Namibias im Jahr 1990: Dies alles waren einschneidende Ereignisse, die das Überleben der DHPS bis in die heutige Zeit fast wie ein kleines Wunder erscheinen lassen. Dem bewundernswerten Engagement der jeweiligen Entscheidungsträger in Schulvorstand und Schulleitung ist es zu verdanken, dass sich die DHPS nicht nur über die Zeiten hat retten können, sondern konsequent die Strukturen angenommen hat, die sie in die Lage versetzen, die Herausforderungen des 21. Jahrhunderts erfolgreich zu bestehen.

Bereits im Jahr 1929, d.h. vor den schon wesentlich früher gegründeten anderen Deutschen Schulen der Region in Hermannsburg, Kapstadt, Johannesburg und Pretoria, wurde an der nunmehr privaten Deutschen Realschule Windhuk die erste Abiturprüfung abgelegt; 1962, nach Unterbrechung im Gefolge des Zweiten Weltkrieges, Wiedereinführung des Abiturs; 1977 beschließt die Jahreshauptversammlung, dass die DHPS künftig für Kinder aller Bevölkerungsgruppen offensteht; 1988 dann Einrichtung des Fremdsprachenzweiges, aus dem später die »Neue Sekundarstufe« hervorgeht.

Heute ist die DHPS eine moderne, integrierte Begegnungsschule mit bi-kulturellem Schulziel, die Schülern sowohl die Gelegenheit zum landesüblichen Sekundarschulabschluß, dem *Higher International General Certificate of Secondary Education* (HIGCSE) nach Klasse 12 bietet wie auch zum Abitur nach Klasse 13. Die DHPS wird von ca. 800 Namibiern mit deutscher Muttersprache bzw. deutschen Expertenkindern sowie 200 Kindern der Neuen Sekundarstufe besucht. Dieser mit Klassenstufe 5 beginnende Schulzweig steht schwarzen und farbigen Kindern, vornehmlich aus ärmeren Wohnvierteln, offen. Sie werden schrittweise an die deutsche Sprache und den gemeinsamen Unterricht mit den deutschsprachigen Kindern herangeführt.

Dieses integrative Konzept hat sich politisch und pädagogisch in hohem Maße bewährt. Dies hat die namibische Regierung anerkannt und sich im Rahmen des Kulturabkommens verpflichtet, »die Arbeit der DHPS nach Kräften zu unterstützen und ihren besonderen Charakter als deutschsprachige Privatschule zu erhalten«. Die Schule leistet einen wichtigen Beitrag zur Verwirklichung des politischen Ziels einer Schulausbildung für alle und damit auch zur politischen, wirtschaftlichen und sozialen Entwicklung des Landes.

Die Bundesregierung unterstützt die DHPS seit langem über den Auslandsschulfonds des Auswärtigen Amts in großzügiger Weise. 19 entsandte Lehrer, eine jährliche Schulbeihilfe sowie die Bezuschussung umfangreicher Erweiterungs- und Modernisierungsmaßnahmen, die im Jahr 1999 ihren Abschluss fanden, tragen wesentlich mit dazu bei, dass die DHPS im namibischen Bildungssystem eine zentrale Stellung einnimmt, die auch in der Qualität der schulischen Leistungen und Abschlüsse ihren Ausdruck findet.

Namibisch-Deutsche Stiftung für kulturelle Zusammenarbeit – Goethe-Zentrum

»Die Namibisch-Deutsche Stiftung für kulturelle Zusammenarbeit (NaDS) wurde von der Interessengemeinschaft Deutschsprachiger Südwester (IG) im August 1988 mit dem Ziel ins Leben gerufen, für die Pflege und Förderung des Kulturaustausches zwischen Namibia und Deutschland ein Fundament zu schaffen. Die Satzung der NaDS trägt den seither stattgefundenen Veränderungen, vor allem nach der Unabhängigkeit Namibias im Jahre 1990, sowie dem Wandel in den gesellschaftlichen, politischen und kulturellen Bereichen Namibias, Rechnung. Kultur im Sinne der Zielsetzung der NaDS beschränkt sich nicht auf die klassischen Bereiche der Schönen Künste und Wissenschaften, sondern schließt die Behandlung und aktive Verfolgung gesellschaftspolitisch relevanter Themen ein, sowie die Auseinandersetzung mit Werten und Normen.« (Auszug aus der Präambel der Satzung der NaDS)

Neben der DHPS nimmt auch die NaDS heute eine hervorgehobene Stellung im Gesamtgefüge deutsch-namibischer Kulturbeziehungen ein. Anders als die Interessengemeinschaft, die sich als Sprachrohr der Deutschen in Namibia verstand, sieht die NaDS ihre »raison d'être« in dem Bemühen, im Rahmen namibisch-deutscher Identität zu einer gesellschaftspolitischen Ordnung beizutragen, die allen Menschen in Namibia dient. Neben den klassischen Feldern kultureller Aktivitäten wie der Jugend,- Sprach- und Filmarbeit sowie der Durchführung von Veranstaltungen in den Bereichen Musik und Theater steht daher die Förderung eines freiheitlichen Demokratieverständnisses im Vordergrund. Die NaDS scheut hierbei auch nicht vor der Behandlung von »heißen Eisen« zurück, wie dies in Veranstaltungen zu Themen wie Ausländerintegration und Zivilcourage zum Ausdruck kommt. Gerade letzteres Thema, aufgehängt an den Ereignissen im Vorfeld von Mauerfall und deutscher Wiedervereinigung, barg mancherlei Zündstoff angesichts der Frage, welche Lehren aus der damaligen Bürgerrechtsbewegung möglicherweise für Länder wie Namibia zu ziehen sind.

Der prominente Platz, den die NaDS im Rahmen der deutsch-namibischen Kulturbeziehungen heute einnimmt, ist ihr hierbei eher unerwartet zugefallen. Noch bei Abschluss des Kulturabkommens im Jahre 1991 hatte die Bundesregierung erklärt, dass sie bestrebt sei, möglichst bald in Windhuk eine Zweigstelle des Goethe-Instituts zu eröffnen, dessen Hauptaufgabe die Förderung der kulturellen Zusammenarbeit und die Pflege der deutschen Sprache sein werde. Bis zu diesem Zeitpunkt sollte die NaDS gewissermaßen als Statthalter fungieren. Die Entwicklung der Bundesfinanzen, die eine Kürzung des Kulturhaushaltes des Auswärtigen Amts unausweichlich machte und damit auch das Goethe-Institut unter erheblichen Druck brachte, führte in der Folgezeit zur Schließung einer Reihe von Auslandsinstituten. Die Neueröffnung eines Goethe-Instituts in Windhuk wurde damit illusorisch.

Als Kompromiss zeichnete sich der Abschluss einer Kooperationsvereinbarung der NaDS mit dem Goethe-Institut ab, auf deren Grundlage erstere künftig als sog. Goethe-Zentrum fungieren würde. Ein solches Abkommen ist seit Anfang 2000 in Kraft. Erfreulicherweise hat die namibische Regierung, die auf Errichtung eines Goethe-Instituts – in Ergänzung der bereits vorhandenen amerikanischen, britischen und französischen Kulturinstitute – schon immer großen Wert gelegt hatte, diese Entwicklung zum Anlass genommen, der NaDS ein attraktives, historisch wertvolles Gebäude als neuen Geschäftssitz praktisch kostenlos zur Verfügung zu stellen. Das »Estorff-Gebäude«, ehemals Residenz des Befehlshabers der deutschen Schutztruppen, von Estorff, beherbergt nunmehr seit Anfang 2001 das »NaDS-Goethe-Zentrum«. An den Renovierungskosten hat sich die Bundesregierung maßgeblich beteiligt. Ein Novum (weltweit) ist die gemeinsame Präsenz mit dem British Council. Gemeinsamer Empfangsbereich, Internet-Café usw. bilden wesentliche Teile eines Pilotprojekts, dem in anderen Teilen der Welt weitere Vorhaben dieser Art folgen sollen.

An neuer Stätte soll es gelingen, das NaDS-Goethe-Zentrum noch stärker in den Blickpunkt einer breiteren Öffentlichkeit zu rücken.

Kulturerhalt in Namibia

Ein weiterer Schwerpunkt deutsch-namibischer Kulturzusammenarbeit liegt in Maßnahmen des sog. Kulturerhalts. Traditionelle Stammesgegensätze, ab 1884 deutsche Herrschaft über »Südwest«, ab 1915 Übernahme des Mandats durch Südafrika und Aufbau von Apartheidsstrukturen bildeten in der Vergangenheit unüberwindbare Hindernisse auf dem Weg zur nationalen Selbstfindung. Nationale politische und wirtschaftliche Entwicklung sind ohne kulturelle Identität jedoch nicht vorstellbar.

Erhalt und Verdeutlichung der gemeinsamen kulturellen Wurzeln stehen daher im Mittelpunkt der Bemühungen der namibischen Regierung, das *nation building* voranzutreiben und das nationale Zusammengehörigkeitsgefühl zu stärken.

Die Bundesregierung leistet durch zahlreiche Maßnahmen zum Kulturerhalt einen wichtigen Beitrag. Neben der Unterstützung für Museen in Swakopmund, Rehoboth und Tsumeb sowie zahlreichen weiteren Einzelprojekten wie der Restaurierung der Fenster der Windhuker Christuskirche steht hierbei die Erhaltung der weltweit einmaligen Felsmalereien Namibias im Vordergrund.

Deutsche Forschung in diesem Bereich geht auf das Jahr 1963 zurück, als die Universität Köln im Auftrag der Deutschen Forschungsgemeinschaft mehrere Wissenschaftler nach Namibia entsandte. Ziel war die erstmalige systematische Erfassung der namibischen Felskunst. Im Jahr 1977 begann der deutsche Forscher Harald Pager im Auftrag des Heinrich-Barth-Instituts der Universität Köln seine Arbeit am 2.556 m hohen, in der zentralen Namib-Wüste gelegenen Brandberg. Dort war bereits im Jahr 1918 die inzwischen weltberühmte »White Lady« (die in Wahrheit ein männlicher Krieger ist) entdeckt worden. Pager wurde an 700 Stellen fündig und registrierte insgesamt 43.000 Felszeichnungen. Als er nach 8-jähriger Forschungsarbeit im Jahr 1985 starb, hinterließ er die umfassendste wissenschaftliche Dokumentation, die jemals über Felszeichnungen erstellt wurde. Das Durchschnittsalter der Zeichnungen wird mit 2.700 Jahren angegeben. Wiedergegeben sind menschliche Gestalten, Tiere, Jagdszenen aber auch mythische Abbildungen. Vier Monografien, versehen mit erläuternden Texten von Tilman Lenssen-Erz, wurden inzwischen veröffentlicht. Der erste Band war anlässlich der Unabhängigkeitsfeierlichkeiten in Namibia vom damaligen Außenminister Genscher als Geschenk der Bundesrepublik Deutschland dem namibischen Staatspräsidenten Nujoma übergeben worden.

An anderer Stelle fand der Archäologe Dr. Wendt, ebenfalls von der Universität Köln, noch weitaus ältere Felsgravuren. Im Rahmen eines Forschungsprojekts, das insbesondere der Lebensweise der damaligen Bewohner sowie dem Alter der namibischen Zeichnungen galt, kam er mit eher geringen Erwartungen auch in den Süden des Landes. Am 24. Juli 1969 nahm er die Arbeiten in einer Grotte in der Nähe des Oranje-Flusses auf, in der er kurze Zeit später die bisher ältesten Felsbilder entdeckte. Da just an diesem Tage das Apollo 11-Raumschiff sicher von seiner Mondmission zur Erde zurückgekommen war, nannte er den Fundort »Apollo 11-Grotte«.

Im Unterschied zu den Felszeichnungen an anderen Stellen in Namibia, haben die damaligen Künstler etwa handtellergroße Steinplatten und Bruchstücke benutzt, die sie in die Höhle schafften und dort mit ihren Abbildungen versahen. Die etwa 25.000–28.000 Jahre alten Zeichnungen sind nicht nur die ältesten Afrikas (die Felsmalereien der Sahara sind nur 11.000 Jahre alt), sondern vielleicht auch die ältesten Beispiele »mobiler Kunst« überhaupt.

Um das Ergebnis dieser Forschungsarbeiten einer breiten Öffentlichkeit zugänglich zu machen, hat die Bundesregierung mit umfangreicher finanzieller Unterstützung zum Gelingen einer Ausstellung beigetragen, die seit dem 23. Juli 1998 im Nationalmuseum in der Alten Feste in Windhuk zu besichtigen ist. Der Festredner bei Eröffnung der Ausstellung, Premierminister Hage Geingob, hob das deutsche Engagement bei diesem für die kulturelle Identität Namibias so wichtigen Projekt ausdrücklich hervor. In Fortführung der bisherigen Arbeiten konzentrieren sich aktuelle Projekte der bilateralen Zusammenarbeit auf die digitale Erfassung des Bestandes mit dem Ziel einer besseren Erhaltung des vorhandenen Materials sowie einer verbesserten Aufbereitung für die weitere wissenschaftliche Forschung.

Wissenschaft und Hochschulen

Von der Öffentlichkeit eher unbemerkt, hat sich eine intensive Zusammenarbeit zwischen wissenschaftlichen Einrichtungen in beiden Ländern entwickelt. Im Vordergrund steht hierbei die Kooperation mit der *University of Namibia* (UNAM) und dem *Polytechnic of Namibia*.

Die UNAM ist über partnerschaftliche Beziehungen mit den Universitäten Bochum und Bremen besonders verbunden. Auch bestehen regelmäßige Arbeitsbeziehungen mit der Universität Köln (Afrika-Kunde) und dem Geowissenschaftlichen Fachbereich der Universität Würzburg. Außerdem werden recht intensive Beziehungen zu anderen deutschen Universitäten bei der Implementierung von Einzelprojekten gepflegt. Der DAAD, der jährlich 20–25 sur-place Stipendien für Studienanfänger aus Mit-

Felsbilder – wichtiger Bestandteil der namibischen Geschichte und Zeugnis früherer Kulturen

teln des BMZ (Bundesministerium für wirtschaftliche Zusammenarbeit und Entwicklung) zur Durchführung von Studien im südlichen Afrika bereitstellt, unterstützt die UNAM überdies durch Entsendung wissenschaftlicher Lehrkräfte. An der Polytechnic sind ein Dozent für Informationstechnologie sowie ein Jurist aus Deutschland tätig.

Zwischen Nordrhein-Westfalen und dem für berufliche Bildung zuständigen namibischen Ministerium wurde 1999 eine Projektvereinbarung getroffen, die den verbesserten Informationsaustausch zwischen allen am Arbeitsmarkt beteiligten Stellen – Regierung, Unternehmen, Arbeitsuchenden und Berufsbildungseinrichtungen – zum Ziel hat. Die Entwicklung eines »Integrierten Kommunikationssystems« wird dabei helfen, Aufschluss über bestehenden Qualifizierungsbedarf zu geben und somit Regierung und Berufsbildungsanbietern die Steuerung des entsprechenden Angebotes zu ermöglichen.

Das »Prunkstück« deutsch-namibischer Zusammenarbeit im Wissenschaftsbereich befindet sich z.Zt. im Aufbau. Hierbei geht es um die Errichtung einer Teleskopanlage zur Erforschung energiereicher Strahlung im Weltall.

Nach längeren Vorarbeiten konnte im August 2000 eine Regierungsvereinbarung unter Dach und Fach gebracht werden, die es dem Max-Planck-Institut für Kernphysik in Heidelberg ermöglicht, ein Forschungsprojekt durchzuführen, in dessen Mittelpunkt der Betrieb von zunächst vier, in einer späteren Phase bis zu 16 miteinander verbundenen Spiegelteleskopen steht. Jedes einzelne Teleskop mit einem Durchmesser von 13 m besteht aus 382 computergesteuerten Einzelspiegeln. Hochempfindliche Kameras mit Verschlusszeiten von 10 Nanosekunden (100.000 mal schneller als normale Kameras) suchen systematisch den südlichen Sternhimmel nach Gammastrahlung ab, an deren Ursprung kosmische Prozesse und Erscheinungen stehen, wie Supernovae und sog. schwarze Löcher, von deren Erforschung sich die Wissenschaft weitere Aufschlüsse über die Entstehung des Weltalls erhofft.

Für dieses Projekt – genannt H·E·S·S (High Energy Stereoscopic System), das zugleich auch an den Physiker und Nobelpreisträger Victor Franz Hess erinnern soll, der 1938 Österreich verlassen mußte und in die USA auswanderte – wurde als Standort eine Farm am Gamsberg, südwestlich von Windhoek, ausgesucht. Mit seinen sternklaren Nächten ohne störenden Lichteinfluss bietet diese Gegend, nicht weit entfernt von der Namib-Wüste, optimale Bedingungen für Forschung dieser Art. Die Zusammenarbeit mit der University of Namibia gewährleistet den Transfer von Know-how auch in verbundenen Bereichen wie Computerwissenschaft und Optik. Nach Fertigstellung wird das Teleskop eine Attraktion sein, die über den wissenschaftlichen Bereich hinaus auch zahlreiche Touristen anziehen wird, die dieses Wunderwerk der Technik bestaunen können.

Von der Mission zur Ortskirche

Die Katholische Kirche in Namibia

Bernhard Wolf

»Von der Mission zur Ortskirche« *(From Mission to Local Church)*, so lautet der Titel des Buches über die Geschichte der katholischen Kirche in Namibia, das zur Jahrhundertfeier im Jahre 1996 veröffentlicht wurde. Aus bescheidenen und schweren Anfängen der ersten Missionare ist der kleine »Setzling Mission« zum großen »Baum der Ortskirche« herangewachsen (ca. 300.000 Katholiken bei einer Gesamtbevölkerung von ca. 1,8 Mio.). Im Jahre 1994 wurde die Kirchenprovinz der Katholischen Kirche in Namibia errichtet mit Erzbischof Bonifatius Haushiku, ICP, Metropolit und Erzbischof der Erzdiözese Windhoek, Bischof Antonio Chiminello, OSFS, Bischof der Diözese Keetmanshoop, und Bischof Josef Shikongo, ONH, Bischof des Apostolischen Vikariates Rundu. Die Errichtung einer vierten Diözese Oshakati im Norden des Landes ist vorgesehen mit Bischof Ndumbukuti Liborius Nashendu, der augenblicklich Weihbischof und Generalvikar der Erzdiözese Windhoek ist.

Rückblick

Die Anfänge der katholischen Kirche in Namibia gehen bis in das Jahr 1865 zurück. Damals gehörte das Gebiet des heutigen Namibia kirchlich zur Apostolischen Präfektur des Kongo, welches der Missionskongregation der Spiritaner übertragen war und sich von Mauretanien bis zum Kap der Guten Hoffnung erstreckte.

Die Mission begann mit einer Expedition. Wie hätte es im Jahrhundert der Entdecker und Forscher anders sein können! Mit dem schwedischen Forscher und Jäger Axel Erikson zog der Apostolische Präfekt Carlos Duparquet im Juni 1879 auf Expedition ins Owamboland. Alle Stämme nahmen ihn freundlich auf. Die Häuptlinge baten ihn dringend um Lehrer, heißt es in einem Bericht. Doch die erste Mission schlug fehl. Die Spiritaner gaben ihre einzige Missionsstation in Omaruru 1882 auf und »treckten« ins

Die St.-Marien-Kathedrale in Windhoek

portugiesische Gebiet nach Humbi in Angola. Im selben Jahr wurde den Oblatenmissionaren des Heiligen Franz von Sales (OSFS) das Missionsgebiet Namaqualand und Buschmannland übertragen. Erst 1896 kamen sie über den Oranjefluss nach Groß-Namaqualand in den Süden von Namibia und kauften die Farm Heirachabis. Damit begann die Entwicklung bis zur heutigen Diözese Keetmanshoop. Zur gleichen Zeit (4. Dezember 1896) erreichten die ersten Missionare der Kongregation der Oblaten Marias (OMI) Windhoek und schlugen auf dem Platz, auf dem heute das Bischofshaus und die Marienkathedrale stehen, ihre Zelte auf.

Wie missionierten die ersten Brüder und Priester?

Bei ihren intensiven Evangelisationsbemühungen, die Heiden zu Christen zu machen, wählten sie den direkten Weg. Sie lernten die Sprache der Einheimischen, während sie versuchten, ihnen ihre Sprache beizubringen. Sobald ein entsprechender Stand der Kommunikation erreicht war, begannen sie, die

149

Menschen in den Grundlehren des katholischen Glaubens zu unterrichten, erzählten ihnen biblische Geschichten und brachten ihnen handwerkliche Fähigkeiten bei. Kurzum, sie machten die ersten Christen zu ihren Mitarbeitern und Wegbereitern, sie bildeten sie zu Missionaren aus und stellten sie an als Interpreten, Übersetzer, Katechisten, Lehrer und Handwerker. Als im Jahre 1901 die Missionare eine sog. »Basterschule für Jungen« (Mischlingskinder von deutschen Soldaten und Siedlern mit einheimischen Müttern) eröffnen konnten, war der Anfang der Evangelisierung durch die Schulen gemacht. Nach der Ausbildung in der Grundschule wurden diese Schüler in die Handwerkerschule oder in die Katechistenschule nach Windhoek gesandt. Als im Jahre 1904 unter General von Trotha der grausame Vernichtungskrieg gegen die Hereros begann, wurde die Farm und Schule in Döbra zum Zufluchtsort für Witwen und Waisen. Auch im Süden des Landes entbrannte ein zäher Guerillakrieg der Bondelswarts gegen die Schutztruppe, der sich zwei Jahre hinzog. Pater Johannes Malinowski, OSFS, konnte, obwohl er Feldgeistlicher der Schutztruppe war, kurz vor Weihnachten 1906 die feindlichen Parteien zum Frieden bewegen. Bis heute heißt darum die Telefonzentrale an dem Ort, wo der Friedensschluss stattfand, Namavrede (= Namafriede).

Außer im Süden des Landes durfte die katholische Kirche zunächst nicht unter Einheimischen missionieren. Erst als die Gruppe der Tswanas, die gegen Ende des 19. Jahrhunderts aus Südafrika eingewandert war, um Missionare bat, wurde der katholischen Kirche die Mission unter den Tswanas in und um Epukiro und Aminuis erlaubt.

Die Gründung der katholischen Missionen im Norden und Nordosten, im Owamboland und am Okavango, gestaltete sich äußerst schwierig. Nach mehreren Expeditionen mit Ochsenwagen zum Kavango, die unter gewaltigen Anstrengungen und großen Opfern durchgeführt wurden – fünf Missionare erlagen der Malaria –, konnten 1910 und 1913 die ersten Missionsstationen Nyangana und Andara gegründet werden. Erzbischof Gotthardt, der diese Expeditionen als junger Missionar mitgemacht hatte, schildert die harte Pionierszeit in seinem Buch »Auf zum Okawango«. In dieser schweren Zeit waren die Missionare zudem noch von aller Hilfe aus der Heimat durch den Ausbruch des Ersten Weltkrieges abgeschnitten. Erst als 1926 der erste Lastwagen eingesetzt werden konnte, begann eine neue Zeit für die Mission im Owamboland und am Kavango. Ab 1927 wurde durch die Verkehrsgesellschaft MIVA des »Fliegenden Paters« Paul Schulte, OMI, ein regelmäßigen Lastwagen-Transportdienst eingerichtet.

Durch den Ankauf von Farmen und den Aufbau von Hospitälern wurden die Missionen nach und nach materiell und finanziell auf eigene Füße gestellt, so dass im Zweiten Weltkrieg die katholische Kirche auch ohne Hilfe aus der Heimat auskommen konnte. Neben der Aufbauarbeit der Missionsbrüder, welche die vielen Schulen, Hospitäler, Kirchen und Missionsstationen gebaut und die Handwerksbetriebe geführt haben, kann der Dienst der Schwesternkongregationen in Schulen, Krankenhäusern und auf den Missionsstationen nicht hoch genug eingeschätzt werden. Die folgenden Kongregationen von Ordensschwestern wirkten bzw. wirken noch in Namibia: die Oblaten-Schwestern des Hl. Franz von Sales (seit 1896), die Franziskanerinnen von Nonnenwerth (1904–1921), die Benediktinerinnen von Tutzing (seit 1921), die Heilig-Kreuz-Schwestern (seit 1922), die Benediktinerinnen von Oshikuku (seit 1932), die Herz Jesu Schwestern von Hiltrup (seit 1927), die Würzburger Missionsschwestern (1956–1997), die Missionsschwestern der Jungfrau Maria, Mutter Gottes (seit 1962), die Schwestern der Kongregation des Heiligen Namens Jesu (seit 1987), die Mary Knoll Schwestern (seit 1994). Ohne diese Schwesternkongregationen und ohne die Kongregation der Schulbrüder Fraters von Tilburg (seit 1959) hätte die katholische Kirche im Erziehungs- und Gesundheitswesen nicht das erreicht, worauf sie heute stolz sein kann: 6 Sekundarschulen, 21 Primarschulen, 6 Hospitäler und 8 Kliniken und Gesundheitszentren.

Besonders zu erwähnen sind hier die beiden Sekundarschulen St. Paul's College in Windhoek und St. Joseph's High School in Döbra, beide bis vor kurzem von den Fraters von Tilburg geleitet, und die Konventschule der Heilig-Kreuz-Schwestern in Windhoek.

Innerhalb von 50 Jahren wuchs die katholische Kirche in Namibia langsam aber stetig auf 22.000 Katholiken an. Dann vervierfachte sich die Zahl in nur 20 Jahren und wuchs in den letzten 30 Jahren auf ein Sechstel der Bevölkerung, wie oben erwähnt.

Dieses ansteigende Wachstum hatte seine Gründe. Zum großen Teil kam in dieser Zeit die lange und harte missionarische Aufbauarbeit zur vollen Wirkung. Dank der personellen und materiellen Unterstützung aus Deutschland, besonders seitens der deutschen Oblatenprovinzzentrale in Mainz sowie der Hilfswerke Missio und Misereor, konnte dieser starke Zustrom zur katholischen Kirche aufgefangen werden. Kirchen, Schulen, Hospitäler und Missionsstationen konnten gebaut werden.

Ein Grund für das Wachstum der katholischen Kirche in Namibia war und ist die Ausbildung von Einheimischen für Gemeindedienste und die Anstellung von ausgebildeten Laien und verheirateten Diakonen als Gemeindeleiter. Heute kann man sich die kirchliche und pastoral-soziale Arbeit ohne die Gemeindedienste der Laien nicht mehr vorstellen. Verschiedene Pastoralzentren, z.B. in Gobabis/Dornfeld, Klein-Windhoek, Keetmanshoop, Döbra und

Otjiwarongo, wurden eingerichtet, wo nicht nur Priesterversammlungen, Tagungen und Exerzitien gehalten werden, sondern auf Pastoralkonferenzen das Jahresprogramm geplant und die verschiedenen Kurse für Gemeindedienste (u.a. Diakone, Gemeindeleiter Katecheten, Animatoren, Lektoren, Gesangsleiter, Sakristane) angeboten werden.

Ein anderer Grund war die intensive Jugendarbeit, besonders seit 1956. In der Holy Cross Convent Schule wurde »Bloukring« (nach dem Schweizer Modell »Blauer Ring«) für Mädchen gegründet. Als dann in der Waldfrieden-Schule für Mädchen eine weitere Gruppe einheimischer Mädchen sich anschloss, nahm die Jugendbewegung über die katholischen Schulen und Internate ihren Lauf und wurde durch die Bloukring-Leiterinnen nach ihrem Schulabschluss in die Gemeinden getragen. Die Heilig-Kreuz-Schwester Leonie wurde die erste Landesleiterin des Bloukring. Im Jahre 1961 gründeten Pater Zaby und Pater Überall nach dem Vorbild der Schweizer »Jungwacht« die Jugendgruppe »Jongvag« für Jungen. Von der St. Joseph's Schule in Döbra wurde Jongwag ähnlich wie Bloukring über die katholischen Schulen in die Gemeinden getragen. So wurden Bloukring und Jongwag zur katholischen Jugendbewegung in Namibia, die sich später zur Namibia Catholic Youth League NACAYUL zusammenschloss.

In der kircheneigenen Druckerei Angelus Printing erscheinen monatlich: das »Katholische Familienblatt« in deutsch (bis 1989), »Angelus« in Afrikaans und in Englisch und »Omukuni« in Oshiwambo. Mit diesen Publikationen hat die katholische Kirche ihre eigenen Presseorgane, durch die sie informieren und meinungsbildend wirken kam. Eine Liste von Katechismen, Gebet- und Gesangbüchern, Übersetzungen von Teilen der Bibel in den einheimischen Landessprachen gibt Aufschluss über die intensive Evangelisierung durch das gedruckte Wort.

Ein anderer, tieferer Grund für dieses außerordentliche Wachstum muss in der Tatsache gesehen werden, dass in den siebziger und achtziger Jahren während der Auseinandersetzungen des Volkes mit der Staatsgewalt der südafrikanischen Mandatsmacht, die im Jahre 1978 zur illegalen Besatzungsmacht wurde, die katholische Kirche sich mit den Kirchen des Rates der Kirchen in Namibia (CCN) für die Sache des Volkes entschied und sich kompromisslos für die Rechte des entrechteten namibischen Volkes einsetzte. Als Beispiel sei hier der Kampf von Heinz Hunke, dem damaligen Provinzial der Oblaten (OMI, von 1974–1978) gegen Folterungen genannt. Heinz Hunke wurde am 14. Juli 1978 des Landes verwiesen, im November des gleichen Jahres auch Pater Hermann Klein Hitpass, OMI.

Die katholische Kirche lebte und arbeitete zuerst im Schutze und Schatten des deutschen Kaiserreiches und dann der Mandats- und Besatzungsmacht Südafrikas, bis die ersten Freiheitskämpfer als politische Gefangene verurteilt oder ohne Gerichtsverfahren festgehalten wurden oder sich ins Ausland absetzten und SWAPO den Guerillakrieg gegen die in die *operational area* einrückende südafrikanische Armee begann. Die neuen Tatsachen zwangen zu einer grundsätzlichen Neuorientierung, zu einer klaren Stellungnahme gegen das Unrechtssystem der Apartheid. Eine Zeit der harten Auseinandersetzungen, der inneren Entkolonialisierung ihrer Missionspraktiken und des Abbaus der kolonialen Einstellung des Missionspersonals begann. Die Mehrheit der weißen Katholiken, die nicht einmal 2% der Katholiken des Landes ausmachen, wehrte diesen Umstellungsprozess »erfolgreich« ab, wie die Reaktion auf das »Versöhnungsmanifest der Neun« bei der Feier für Frieden und Versöhnung zum Abschluss des Heiligen Jahres der Versöhnung am 30. November 1975 vor der Marienkathedrale zeigte. Offensichtlich hatte die katholische Kirche ihre weißen Gemeinden über den rechtmäßigen, immer stärker werdenden Nationalismus der schwarzafrikanischen Namibier nicht informiert, angeblich um die weißen Katholiken nicht zu beunruhigen und sie »bei der Stange zu halten«.

Obwohl die Forderungen des Versöhnungsmanifests der Neun und alle »politisierenden« Geistlichen in den anderen Kirchen des Landes auf der Priesterkonferenz zu Grootfontein/Mariabronn (1976) von der Mehrheit der Teilnehmer abgelehnt wurden, gab es kein Zurück mehr für die katholische Kirche, im Sinne des Evangeliums mit den anderen Kirchen für die Rechte des Volkes auf dem Weg der Befreiung vom Unrechtssystem der Apartheid bis zur Unabhängigkeit Namibias zu kämpfen. Es muss festgehalten werden: Obwohl dieser Kampf in der Öffentlichkeit stark in den Vordergrund trat, hat die katholische Kirche in dieser Zeit ihren pastoralen und sozialen Heilsdienst an den Menschen nicht vernachlässigt, sondern eher, wie oben geschildert, intensiviert.

Befreiungskampf

Einige der wichtigsten Schritte der katholischen Kirche im Befreiungskampf Namibias von 1976 bis zur Unabhängigkeit 1990 sollen hier festgehalten werden.

Mit Beginn des Jahres 1977 erfolgte durch Bischof Rudolf Koppmann, OMT, die Öffnung der Schulen und Krankenhäuser für Alle. Das war nicht nur eine klare Ablehnung des Bantu-Erziehungssystems, sondern damit wurden vor allem alle katholischen Institutionen, besonders die Hospitäler, zu sog. »befreiten Zonen« erklärt. Kein Bewaffneter durfte sich auf den Missionsstationen aufhalten bzw. musste sich bis zu einem Abstand von 5 km fernhalten. Damit wurden die Missionsstationen im Norden gerettet und jeder verwundete Freiheitskämpfer konnte sich behandeln lassen, ohne befürchten zu müssen, dass er dem »Feind«, der südafrikanischen Besatzungsmacht, ausgeliefert würde.

Auf der Diözesansynode des damaligen Apostolischen Vikariates Windhoek trafen sich im Jahre 1977 in Mariabronn offiziell zum ersten Male Vertreter der schwarzen und weißen Gemeinden zur Beratung, wo die repressiven Antiterroristengesetze und die schreiende Unrechtssituation des Volkes zur Sprache kamen. Eine Resolution wurde angenommen, dass in allen Gemeinden gemischtrassige Gruppen eingeführt und eine bischöfliche Kommission »Gerechtigkeit und Versöhnung« eingesetzt werden sollten. Diese Resolution wurde leider nicht durchgeführt, wie auf der Vikariatssynode im folgenden Jahr festgestellt wurde. Die Kommission für Gerechtigkeit und Versöhnung wurde erst 1980 gegründet und wirkte von da an aktiv durch Proteste und Briefe bis zur Unabhängigkeit. Als 1983 Südafrika die ohne SWAPO gewählte Nationalversammlung auflöste und Namibia wieder durch einen Generaladministrator verwalten ließ sowie eine »Vielparteienkonferenz« aufstellte und 1985 durch eine Übergangsregierung, *Transitional Government of National Unity* (TGNU), ersetzte, begann die letzte und schwierigste Phase des Freiheitskampfes vor der Unabhängigkeit, mit getragen und entschieden beeinflusst vom Rat der Kirchen in Namibia (CCN), in welchem die katholische Kirche seit 1982 Vollmitglied ist. SWAPO im Exil befürchtete mit Recht, dass Südafrika das Land Namibia in »seine« Unabhängigkeit führen würde. Ein *township war*, wie er vergleichsweise 1984 in den schwarzen Vorstädten von Südafrika tobte, drohte auszubrechen. Da berief der Generalsekretär des CCN, Dr. Abisai Shejavali, im April 1986 die »Ai-Gams-Konferenz« ein – zusammen mit der Inland-SWAPO waren alle Kirchen eingeladen –, doch nur die Kirchen, die den Freiheitskampf des Volkes unterstützten, kamen. Im Gefolge dieser Konferenz wurde die Fronleichnamsprozession der katholischen Kirche am 1. Juni 1986, zu der Christen aller Kirchen eingeladen waren, zur Glaubensdemonstration für die Rechte des Volkes und zum Durchbruch für die Versammlungsfreiheit. Das von der Besatzungsmacht geplante Blutbad wurde verhindert (siehe Anmerkung 49 in *Church and State* von Heinz Hunke), der *township war* in Katutura fand nicht statt und die CCN-Kirchen konnten, weil sie das Volk hinter sich hatten und als Vermittler für Gewaltlosigkeit eintraten, einen Inlandkrieg verhindern und dadurch viel zum friedlichen Übergang in die Unabhängigkeit Namibias beitragen. Das beweist u.a. im Schülerboykott Juni 1988 die Vermittlung mit SWAPO auf der Elternversammlung in der vollbesetzten Erlöserkirche in Katutura. Die Besatzungsmacht indes verübte weiter Terrorakte, um die Kirchen und das Volk einzuschüchtern, wie z.B. die Zerstörung der katholischen Kirche in Omulukila (1987), die heute neu erbaute Friedenskirche. Jedoch die Macht gegen das Volk war gebrochen. Die internationale Konsultation der Kirchen in Hannover (1986), durchgeführt von der anglikanischen, katholischen und lutherischen Kirche, brachte das Völkerunrecht in Namibia auch von seiten der Kirchen an die Weltöffentlichkeit.

Als im Jahre 1989 die UN-Resolution 435 durchgeführt werden konnte, obwohl Südafrika den Prozess zur Unabhängigkeit zu torpedieren versuchte, wurden die Auffanglager der Kirchen (Döbra wurde das Auffanglager der katholischen Kirche) für die aus dem Exil zurückkehrenden *Returnees* zu sicheren Häfen. Den Jubel nach den ersten freien Wahlen (November 1989) und bei den Feierlichkeiten zur Unabhängigkeit (21. März 1990) kann nur beschreiben, wer die Geburt des Landes Namibia miterlebt hat.

Gegenwart

Wie hat die katholische Kirche ihr prophetisches Wächteramt nach der Unabhängigkeit wahrgenommen?

Nur langsam und zögernd stellte sich die Kirche auf die neue Situation um. Nachdem die Euphorie der Unabhängigkeit verflogen war, kam für die Menschen das ernüchternde Erwachen zur harten Wirklichkeit. Die Erwartungen, dass mit der Unabhängigkeit ihr Leben sich zum Besseren wenden würde, wurden bitter enttäuscht. Abgesehen von den Privilegierten der neuen Oberschicht gingen sie leer aus. Die Arbeitslosigkeit nahm nicht ab, sondern stieg ständig. Freiheit wurde verstanden: du kannst machen, was du willst. Dass die Grenze der persönlichen Freiheit da beginnt, wo die Rechte anderer verletzt werden, mußte erst neu gelernt werden. Weithin wurden die Menschen mit ihren Problemen allein gelassen. Ungefähr so: Ihr habt jetzt eine vom Volk frei gewählte Regierung; jeder muss selbst um seine Rechte kämpfen. Zudem nahm der Pastoral- und Sozialdienst der Kirche seinen gewohnten Lauf. Außerdem war die Kirche zu sehr mit sich selbst beschäftigt. Diese Nabelschau hatte Licht- und Schattenseiten. Nachdem die Kirchenprovinz in Namibia errichtet war (1994), galt es die Katholische Bischofskonferenz in Namibia zu gründen (1996). Ein erster Schritt wurde mit der *Namibian Catholic Development Commission* (NACADEC) und deren verschiedenen Abteilungen schon 1990 gemacht. Auf der ersten Synode der neuen Kirchenprovinz im September 1997 in Döbra wurde der Versuch der Neuorientierung durch ein Zugehen auf die Probleme der Menschen nach der Unabhängigkeit in einem freien säkularen Staat unternommen. Im Juni 1998 konnte das Interdiözesane Priesterseminar St. Charles Lwanga in Namibia errichtet werden. Im selben Jahr lancierte die Namibische Bischofskonferenz die

Catholic Aids Action (CAA). Die katholische Aids Aktion arbeitet bereits in 91 Pfarreien, in 31 Schulen und 15 Gesundheitszentren. Ein eigener Radiosender *Radio Ecclesia Namibia* (REN) wurde im Jahre 1999 gestartet. Die Feiern des Jubiläumsjahres 2000 förderten schließlich das Bewusstsein der Zugehörigkeit zu einer Glaubens- und Lebensgemeinschaft in den Ortsgemeinden und in der gesamten katholischen Ortskirche Namibias.

Obwohl sich die katholische Kirche nach der Unabhängigkeit bemühte, die Christen auf ihre Rechte und Pflichten als Bürger in einem demokratischen Staat hinzuweisen, blieb dieses Bemühen praktisch erfolglos. Das *Catholic Forum* (bis 1998), angeregt und geleitet von P. Heinz Stens, OMI, als eine Plattform der demokratischen Bewusstseinsbildung zu aktuellen Problemen im Kontext eines säkularen Staates in Namibia, war nur für eine kurze Zeit ein Sprachrohr der Kirche für die Öffentlichkeit, erreichte nicht das Volk an der Basis. Überhaupt hatten und haben es die Kirchen schwer, ihren Rollenwechsel vom Partner der Freiheitsbewegung SWAPO zum Gegenüber der demokratischen Staatsmacht SWAPO-Regierung (mit Zweidrittel-Mehrheit im Parlament) zu finden.

Zwar klärte Erzbischof B. Haushiku ein Jahr nach der Unabhängigkeit in einer Konsultation mit Regierungsvertretern den christlichen Begriff von Versöhnung, der von der politischen *National Reconciliation* grundverschieden sei und unter den Gläubigen Verwirrung stiftete. Aber dabei blieb es denn auch. Die Regierung verfolgte ihre Versöhnungspolitik (= keine Schuldzuweisung und Schuldabrechnung, keine vergleichbare *Truth Commission* wie in Südafrika), und die Kirchen hatten Not, die christliche Versöhnung, das aufeinander Zugehen der Menschen nach Schuldbekenntnis, Sinnesänderung und Vergebung zum Tragen zu bringen.

So wurde die Frage nach den Dissidenten und Vermissten in den SWAPO-Lagern, obwohl vom CCN verschiedene Anläufe gemacht wurden, nicht geklärt oder gelöst, sondern unter den Teppich gekehrt. Auch der wachsenden Korruption, der Selbstbereicherung der neuen Oberschicht sowie der zunehmenden Tribalisierung, die sich besonders auf dem Arbeitsmarkt und bei Beförderungen als ethnischer Nepotismus zeigt, bieten die Kirchen nicht die Stirn. Machtlos, scheint es, stehen die Kirchen der Kriminalisierung der Gesellschaft gegenüber. Haben die Kirchen ihren moralischen Einfluss verloren? Ein Anfang ist gemacht gemeinsam mit Staatsorganen, den Medien und über Gemeinden und Nachbarschaftsgruppen, Verbrechen und Gewalt, besonders gegen Frauen und Kinder, aufzudecken.

Es wird für die Kirchen eine ständige Herausforderung sein, ihre Rolle dem Staat gegenüber für die Rechte der Menschen in Namibia zu finden. Im Sozialdienst und auf dem Entwicklungssektor ist ein Miteinander eher möglich, wie die Vereinbarung vom 28. Mai 2001 zwischen Regierung und Kirchen beweist, die von der Direktorin der Nationalen Planungskommission, Saara Kuugongelwa, und dem Generalsekretär des CCN, Rev. Nangula Kathindi, unterzeichnet wurde. Diese Vereinbarung garantiert den Kirchen den Bestand ihrer Einrichtungen: Schulen, Hospitäler, Heime, Seminarien, karitative Einrichtungen sowie die unbehinderte Durchführung ihrer verschiedenen Projekte.

»Denn was du schwarz auf weiß besitzt ...«

Ein Blick auf die Medien

Eberhard Hofmann

Sic transit gloria mundi – So vergeht der Ruhm der Welt. Oder: Nichts ist langweiliger als eine Zeitung von gestern.

Vielfältig und individualistisch ist die über 100 Jahre alte Geschichte der Presse in Namibia. Derart ausgeprägt ist der Pluralismus der Nachrichten- und Unterhaltungsmedien im Zeitungsdruck, dass eine gemeinsame Aktion zu den Ausnahmen zählt. So ist ein Anlauf kurz nach der Unabhängigkeit des Landes 1990, einen gemeinsamen Medienrat als unabhängige Berufskammer zu gründen, die über einen Medienkodex und gegenüber dem Staat über die Pressefreiheit wachen sollte, wieder im Sande verlaufen. Die Gleichgültigkeit gegenüber einer gemeinsamen Interessenvertretung ist jedoch genauso ein Zeichen dafür, dass den Zeitungen seit Ausrufung der namibischen Souveränität von Seiten der neuen Regierung keine ernstliche Einmischung gedroht hat. Gegenseitige Irritation kommt dagegen häufig vor. Zur Abwehr gegen lästige Medien benutzen einige politische Amtsträger und höhere Beamte die einfache Taktik, kritische Berichte und Kommentare zu ignorieren. Nach zehn Jahren hatte sich das Verhältnis zwischen Staat und den Medien jedoch so weit zugespitzt, dass die Regierung zu ihrer bisher schärfsten Maßnahme griff. Sie verhängte eine staatliche Anzeigensperre gegen Medien, die ihr nach ihrer Einschätzung nicht genug Jubel und Patriotismus entgegenbrachten.

Beispiel: das Anzeigenverbot gegen die Tageszeitung *The Namibian* im April 2001. Ähnliches hatte sieben Jahre zuvor schon die Wochenzeitung Windhoek Observer erfahren. Vor diesem Hintergrund drängten im gleichen Monat sowohl das Medieninstitut des Südlichen Afrika, MISA, als auch die Regierung erneut, dass die Medien nunmehr ihren eigenen namibischen Pressekodex aufstellen und eine eigenverantwortliche Instanz zur Wahrung der Wertordnung einsetzen sollten.

Am 12. Oktober 1998 zeigten die namibischen Zeitungen samt der einzigen Presseagentur *Namibia Press Agency*, Nampa, indessen seltene Einmütigkeit. Die Redakteure nahmen das hundertjährige Bestehen der Zeitungspresse in Namibia gemeinsam zum Anlass, eine in mehreren Zeitungen verbreitete Sonderbeilage über eben die Rolle ihrer eigenen Blätter und der Presse im allgemeinen zu gestalten. Damit dokumentierten sie auf Englisch, Afrikaans und Deutsch – den eingefahrenen wichtigsten Mediensprachen – zugleich das gegenwärtige Printmedienangebot durch kritische und reflexive Selbstdarstellung.

Beim Blättern durch die Epochen früherer Zeitungen fällt auf, dass die Redakteure überwiegend um Unabhängigkeit bemüht waren, ihre eigene Rolle hinterfragt und die Gesellschaft nach deutlichen Maßstäben der Kritik unterworfen haben. Bei den Presseorganen politischer Parteien trifft das allerdings nicht zu.

Wie fing es alles an? Eine kurze Leseprobe aus den Windhuker Nachrichten zum Jahreswechsel am 1. Januar 1910 dient als Einstieg in das Thema der Freiheit und Abhängigkeit, das auch die neuere Landes- und Pressegeschichte auf vielfältige Weise geprägt hat: » ›Am Fenster hängt im Käfig ein Vogel. Der Knabe, welchem er gehört, versieht ihn mit allem zum Leben Notwendigen so reichlich, wie der Gefangene es draußen in der Freiheit niemals gehabt hat, und dennoch, eines Tages ist er entflohen.‹ In welch unzähligen Variationen lässt sich dieses Beispiel aber erst auf den Menschen anwenden, vom einzelnen Individuum bis zu ganzen Völkern! Der von einem allzu patriarchalisch gesinnten Vater bevormundete erwachsene Sohn empfindet diese Abhängigkeit trotz ihrer materiellen Vorzüge ebensosehr als Kette wie ein Volksstamm die ihm aufgenötigte Anlehnung an ein größeres, in der Kultur höher stehendes Staatswesen, obwohl jenem dadurch nur

Vorteile erwachsen. Ketten sind eben Ketten, selbst wenn sie goldene sind ...«

Dieser Auszug aus dem Leitartikel der Windhuker Nachrichten vom 1. Januar 1910 soll auf ein Grundthema hinweisen, das die Presse – und bis 1990 auch die elektronischen Medien – unter wechselnden Vorzeichen bewegt hat und noch weiter beschäftigt. Die tatsächliche, erwünschte oder unerwünschte Unterordnung des damaligen Südwestafrika zunächst gegenüber dem kaiserlichen Deutschen Reich, dann der Union, bzw. Republik Südafrika und spätestens seit 1966 die politische und seit 1971 die juristisch politische Betreuung durch die Vereinten Nationen war für die gesamte Zeitspanne bis 1990 Gegenstand unaufhörlicher Polemik und Erörterung. Die Schicksalsgemeinschaft menschlicher Vielfalt innerhalb willkürlich gezogener Grenzen, seit 1990 unter der souveränen Regierung Namibias, verlangt, dass die Staatsführung und die Gesellschaft ständig überprüft werden. Zur Neugestaltung der Gesellschaft, zur Anhebung der Lebensqualität und zur Abwehr gegen Machtmissbrauch gehören die Stimmen der Presse und ihrer Leser.

Spätestens mit der gewaltsamen Auflehnung eingeborener Völker gegen die junge deutsche Schutz- und Verwaltungsmacht 1904, wurden sich lokale Zeitungsschreiber der Problematik bewusst, die ein fernverwaltetes Staatsgebilde mit sich bringt. Der Interessenkonflikt zwischen Mutterland und Kolonie kam besonders in einer Kritik der Windhuker Nachrichten am 1. Januar 1905 unter dem Titel »Hohe Politik« zum Ausdruck. Der Redakteur lenkt hier die Gedanken auf ein für alle Bevölkerungsteile schweres, verflossenes Leidensjahr: »Die große Firma ›Deutsches Reich‹ etablierte sich hier in der Erwartung, mit geringer Einlage gleich Millionen einzuheimsen. Ein schwieriger Auftrag für die durch Vertragsklauseln, Verpflichtungen und Instruktionen gebundenen, in ihrer Operationsfreiheit behinderten Geschäftsführer. Die unter Zugrundelegung angenommener Werte zu Hause gemachte Rechnung stimmte nicht ...«

Auch Mut zum Bekenntnis zu den Fehlern des Hereroaufstandes verlangt die damalige Zeitung von ihren Lesern und stellt den scheidenden Gouverneur Leutwein voran: »Geständnisse sind wertvoll, sie klären und erleichtern. So auch das von den Lippen des scheidenden Gouverneurs gelegentlich seines Abschieds in Windhuk gefallene: ›Wir sind alle schuld!‹ Zu diesem Bekenntnis zwang die Einsicht, zwang das Bewusstwerden fehlerhafter Handlungen, zwang das Gewissen ...« Der zweite Abschnitt der Aufstände hatte mit der Kriegserklärung Hendrik Witboois bereits begonnen.

Unabhängige Pressestimmen, das zeigen diese Beispiele, haben in Namibia eine lange, zuweilen schwer geprüfte Tradition, die vorübergehend während der zwei Weltkriege dieses Jahrhunderts unterbrochen wurde, als südafrikanische Zensur die Pressearbeit erschwerte und Auslandsnachrichten nur in der Form von Übersetzungen aus dem britischen Kabeldienst zuließ. In den Jahren, da sich die Gesellschaft anschickte, das Südwestafrika der Mandatszeit abzustreifen und das unabhängige Namibia herbeizuführen, war die Pressefreiheit ebenfalls stellenweise limitiert. Nach 1990 ist die Unabhängigkeit der Medien keineswegs selbstverständlich, wie allein schon der sporadische, aber dann direkte Zugriff des Präsidenten und einiger seiner Minister in den Inhalt der Nachrichten des elektronischen Mediums demonstriert – die laut Statuten öffentlich-rechtliche Rundfunk- und Fernsehanstalt NBC *Namibian Broadcasting Corporation*.

Die Diskussion und Auseinandersetzung um den Anschluss an eine Schutzmacht oder Forderung nach staatsrechtlichem Alleingang beherrschte jahrzehntelang die Zeitungsspalten. Die Behandlung der Status-Frage des Territoriums vor 1990 und der Gestaltung staatlicher Souveränität seither hat unzählige Zeitungsspalten gefüllt. Bedeutung und Aktualität der über dreißig Zeitungen, die man der Pressegeschichte Namibias zurechnen kann, sind jedoch auch am unmittelbaren Dienst am Leser zu bestimmen. So wechselt die Rolle der Zeitung denn zwischen bloßer Nachrichtenvermittlung, Reklametätigkeit sowie Interessenvertretung von Berufsständen einerseits und Meinungsbildung, Wegbereitung gesellschaftlicher Veränderung und parteipolitischem Meldedienst andererseits. Die Frage, wieviele Zeitungen der jungen Pressegeschichte Namibias angehören, ist eine akademische, ähnlich wie die Ermittlung, nach welcher Definition etwa im Jahre 1984 die Anzahl politischer Parteien Namibias zu bestimmen war oder nach welcher Formel im Jahre 2000 die Arbeitslosigkeit zu errechnen sei.

Medienspiegel 2001

Im Jahr 2001 gab es drei **Tageszeitungen** (montags bis freitags):
- *Die Republikein 2000*, von 1977 bis 1990 hauptsächlich afrikaanses Organ der Republikanischen Partei und ihrer verbündeten Partner in der Demokratischen Turnhallenallianz, DTA, danach politisch unabhängig,
- die deutschsprachige *Allgemeine Zeitung*, das älteste Nachrichtenblatt des Landes seit 1916, und
- das englische Tageblatt *The Namibian*, beide ebenfalls unabhängig.

Hinzu kommen **Wochenzeitungen**:
- der unabhängige *Windhoek Observer* (seit 1978),
- der *Namibia Economist – Custodian of Business Intelligence*, ursprünglich ein Organ der afrikaansen Handelskammer in Windhoek, zum ersten Mal am 1. Dezember 1986 als *Die Ekonoom* er-

schienen. Ab Anfang August 1987 erschien die Zeitung wöchentlich. Nach einer Unterbrechung von drei Monaten Ende 1990 kam die Publikation am 5. Februar 1991 unter dem englischen Namen heraus.
- Als wöchentlich gratis verteiltes Anzeigen- und Nachrichtenblatt in deutscher und englischer Sprache erscheint seit 1995 die Publikation *Plus*.

Aus Walvis Bay erreicht den Leser an der Küste zweimal wöchentlich die *Namib Times* mit Lokal- und Hafennachrichten sowie Reportagen aus der Fischindustrie.

Der Staat gründete im Juli 1991 das mehrsprachige Organ *New Era*, um dem gesamten Land eine Zeitung mit nationalen, regionalen und lokalen Nachrichten zu bieten, wobei Entwicklung und Aufbau als Schwerpunkte gelten. Die Mehrsprachigkeit der Zeitung schwankt mit verfügbaren oder fehlenden Übersetzern. Zuerst erschien die stark subventionierte Zeitung wöchentlich einmal, später zweimal die Woche.

Während des Wahlkampfes 1989 um die Unabhängigkeit gab die Swapo ein reines Parteiorgan heraus: *Namibia Today*. Das Blatt erschien dann erneut im Wahlkampf 1999 und über den Jahreswechsel 2000 hinaus.

Nach der Unabhängigkeit 1990 erlebten die Zeitungsleser ein Zeitungssterben. Während des Wahlkampfes 1989 waren von ausländischen Gönnern sehr viele Gelder in die Parteien oder direkt in die Medien geflossen. Es entstanden Zeitungen wie Namibia Today, deren Herausgeber niemals behaupten konnten, dass sie von Lesern und Anzeigenkunden unterhalten würden, auch wenn einige Inserate in beschränktem Umfang den »Kostenschmerz« der Gönner lindern konnten. Die Blätter dienten den Interessen ihrer Sponsoren, die in der Regel ungenannt bleiben wollten.

In diese Sparte gehörten um 1989/1990 vor allem die deutschsprachigen *Namibia Nachrichten* und die englische *Times of Namibia*. Letztere sollte zur *The Namibian*, seinerzeit der Swapo nahestehend, eine effektive Alternative bieten.

Der *Windhoek Advertiser*, gegründet 1918, einst die älteste englische Tageszeitung Namibias, war wegen der Amtssprache Englisch ursprünglich als führende Tageszeitung für das unabhängige Namibia prädestiniert. Seine Herausgeber vermochten diese Rolle jedoch nicht zu erfüllen. Diese Zeitung ist am 19. Januar 1998 im Verlagshaus Democratic Media Holdings, DMH, sang- und klanglos eingegangen. Somit war eine Tradition von knapp 80 Jahren beendet.

Dem *Advertiser* war am 31. August 1997 schon die dreisprachige Wochenzeitung und 250 Ausgaben alte *Tempo* (Afrikaans, Englisch und Deutsch) vorausgegangen.

Die *Namibia Nachrichten* war als wöchentliche und liberalere Alternative zur Allgemeinen Zeitung gedacht. Ab dem 29. September 1984 erschien sie zunächst als acht- bis zwölfseitige Beilage des *Windhoek Observer*, nach kurzer Zeit dann aber eigenständig. Ironischerweise gingen die *Namibia Nachrichten* 1991 in der *Allgemeinen Zeitung* auf, als ihren Gönnern in Deutschland nach der Unabhängigkeit des Landes die Motivation zu weiteren Spenden ausgegangen war.

Das Parteiorgan *Die Suidwester*, am 20. April 1945 gegründet, beanspruchte als Tageszeitung und Stimme der weißen Nationalen Partei Jahrzehnte lang die Aufmerksamkeit afrikaanssprachige Leser. Der oppositionelle *Suidwes-Afrikaner* konnte diese Stellung kaum beeinträchtigen. Im Dezember 1977, nach der Spaltung der Nationalen Partei, trat *Die Republikein* als Organ der gegnerischen Republikanischen Partei als Rivalin auf den Plan. Damit begann simultan der Niedergang der *Suidwester*. Sie wurde zur Wochenzeitung und erschien später nur noch als Untertitel des politischen, monatlichen Nachfolgeblatts *Die Monitor*, das Anfang 2000 endgültig den Geist aufgab. Mit unterschiedlichem Erfolg hat *Die Republikein* immer wieder den Versuch gemacht, Leser verschiedener Kultur- und Bevölkerungsgruppen zu erreichen, daher vor allem auch die regelmäßigen deutschen, die weniger häufigen englischen

Zeitungsverkäufer auf Windhoeks Hauptstraße

NEW ERA

FRIDAY EDITION

NEWSPAPER FOR A NEW NAMIBIA — N$1.50 (inc. VAT)

Friday, 10—12 August 2001

Vol. 7 No. 9

* TODAY: RENEWED FIGHTING FEARED IN DRC * SADC LEADERS MEET * KENYA ANTI-GRAFT BILL FLOPS *

the namibian

15 YEARS OF INDEPENDENT REPORTING

Still Telling It Like It Is! Vol.15 No. 150

NSHR — The Weekender

N$ 2   Friday August 10 2001

NamHarvest suspended from NSX

Allgemeine Zeitung

Älteste Tageszeitung Namibias

Prominent Paints Tel.: 254667 / 257765

85. Jahrgang, Nr. 151
Freitag, 10. August 2001

N$ 2,00 (inkl. MwSt.)
ISSN 1560-9421
Postfach 86695, Omuramabweg 11, Windhoek, Telefon: +264-61-225822, Fax: +264-61-220025, www.az-namibia.de · E-Mail: aznews@iway.na

NamHarvest gesperrt

Heute — Müllkontrolle in Katutura eingeführt

Landfrage — Obwohl Windhoek zu den...

REPUBLIKEIN 2000

N$2

Namibië se grootste nuus- en advertensiemedium

Tel: 2972000 • Faks: 223721/248759 • Posbus 3436, Windhoek • e-mail: republkn@iafrica.com.na

VRYDAG 17 AUGUSTUS 2001

• Jaargang 24 No. 172

namib times

NO 5115 - FRIDAY 10TH AUGUST 2001

50c

Windhoek Observer

Saturday August 11, 2001
Registered at the Post Office as a newspaper Number 986 Price N$5-00 (Incl.)

YOUR WEEKEND MIRROR AT 06H00

10. August 2001   7. Jahr   28. Ausgabe   **GRATIS**
Windhoek   Telefon 233 635   Fax 230 478
Postfach 21 506   E-Mail feplus@mweb.com.na

NAMIBIA PLUS

STEUERZAHLER: 16. AUGUST!!

Wochenblatt

UNABHÄNGIG · ÜBERPARTEILICH · JUNG · DYNAMISCH · KESS · POSITIV

Namibia ECONOMIST

Custodian of Business Intelligence

ISSN: 1028-9413

Friday 10 August - Thursday 16 August 2001

Kudu gas finds new

und mitunter selbst Otjiherero- und Oshivambo-Beiträge, Kommentare und Rubriken während der ersten paar Jahre nach ihrer Gründung im Dezember 1977. Obwohl *Die Republikein* ihre Rivalin *Die Suidwester* bis Ende 1981 in der Auflage überflügelt hatte, musste diese Zeitung im März 1983 zurückstecken, vom aufwendigen Großformat auf das Tabloid-Format.

Drei- oder mehrsprachigen Namibiern mit Afrikaans-, Deutsch- und Englischkenntnissen hat die Presse deutlich mehr zu bieten als solchen, die durch Einsprachigkeit von vorn herein in ihrer Auswahl eingeengt sind. Es gehört zur Eigenart der namibischen Medienlandschaft, dass die Sprachenvielfalt gleichzeitig Vielseitigkeit stiftet, aber auch Leser-Enklaven bildet.

Die Anfänge

In den ersten Jahren der kaiserlich-deutschen Verwaltung kamen Mitteilungen und Nachrichten in zwangloser Folge durch hand- und maschinengeschriebene Rundbriefe in Umlauf – Schreibmaschinen gab es seinerzeit schon in Windhoek. Die Mitteilungen wurden durch den Vorläufer späterer Kopiergeräte, den Hektographen, vervielfältigt. Ab dem 12. Oktober 1898 wurde das mit der Veröffentlichung der allerersten Zeitung Namibias, dem *Windhoeker Anzeiger*, anders. Für den Rechtsanwalt Georg Wasserfall war am 24. April 1898 in Swakopmund eine kleine Handpresse eingetroffen. Per Ochsenwagen gelangte sie quer durch die Namib nach Windhoek, wo der Aufbau noch 14 Tage dauerte. Bezeichnenderweise sind die »Aufmacher« der ersten Ausgaben des Windhoeker Anzeigers Verord-

---

Rudolf Kindt und die *Buschlaus*

Die letzte Zeitung, die in Südwestafrika unter deutscher Hoheit existierte, verdient wegen der besonderen Umstände ihrer kurzen Existenz besondere Erwähnung. Erst die Kapitulation der Deutschen Schutztruppe vor den Kräften des südafrikanischen Generals Louis Botha bei Khorab außerhalb von Otavi am 9. Juli 1915 ließ diese Stimme verstummen, deren letzte Ausgabe knapp vor der Übergabe erschienen war.

General Bothas zügiger Vormarsch drängte von Swakopmund aus die deutschen Truppen im April 1915 weit ins Inland hinein. Buchstäblich in letzter Minute konnte ein Zug aus Windhoek noch den Eisenbahnanschluss bei Karibib und Usakos nach Norden in Richtung Grootfontein passieren, bevor die Bahnlinie von General Myburgh bis Wilhelmstal besetzt wurde. Auf dem letzten Zug reisten der Gouverneur Dr. Theodor Seitz und seine leitenden Beamten. Sie führten die wichtigsten Verwaltungsdokumente und – das ist aber nicht schlüssig belegt – die Goldreserven des Kaiserlichen Gouvernements bei sich. Mit ihnen fuhr Rudolf Kindt, ursprünglich aus Omaruru, später in der Redaktion der *Deutsch-Südwestafrikanischen Zeitung* in Windhoek und danach Gründer einer weiteren Zeitung, *Südwest*, die am 1. Dezember 1912 in Swakopmund erschienen war. Das »mobile« Gouvernement machte in Grootfontein Halt, zog sich aber schließlich für die letzten zwei Monate seiner Existenz nach Tsumeb zurück.

Mit der technischen Unterstützung des Kommandos der deutschen Schutztruppe gab Rudolf Kindt 15 Ausgaben einer erstaunlichen kleinen Zeitung heraus. Die Kriegsnachrichten erschienen vom 15. Mai bis zum 3. Juli 1915, sechs Tage vor der Kapitulation. Die Zeitung wurde auf Verpackungspapier gedruckt und berichtete in großem Detail über die letzten Kämpfe der Deutschen bei ihrem Rückzug in den Norden. Ferner versuchte Kindt aus fragmentarischen Nachrichten zusammenhängende Berichte über den europäischen Kriegsschauplatz zu vermitteln. Dazu benutzte er südafrikanische Zeitungen, die bis in den Norden gedrungen waren, sowie in Tsumeb aufgelesene »verstümmelte Telegramme«, wie er sie selbst bezeichnete, und ungenannte Quellen. Mit seinen Lesern teilte er seine Not, den Wahrheitsgehalt seiner Berichte unter Kriegsverhältnissen und in der Isolation einer vom Feind abgeriegelten Sackgasse nicht überprüfen zu können. »Mit größter Zurückhaltung« bot er einen Bericht an, dass der britische Kommandeur von Windhoek die Verbrennung aller *Cape Times*-Ausgaben angeordnet habe, die er in der Hauptstadt vorfand. Andere Berichte hinterfragt er von vornherein selbst und mahnt den Leser zu »äußerster Vorsicht«, um seine Verzweiflung über mangelhafte Belege und die wilde Gerüchteküche zum Ausdruck zu bringen, die bei unzulänglichem Quellennachweis und in einem Klima der Spekulation gedeiht.

Allein die sonderbare Wiederentdeckung dieses Fragments fast vergessener namibischer Zeitungsgeschichte ganz am Rande des Ersten Weltkriegs ist ein abenteuerliches Kapitel der Zeitungsforschung der siebziger Jahre. Der begrenzte Leserkreis der Kriegsnachrichten verlieh der Packpapierzeitung den schlichten Spitznamen *Buschlaus*.

nungen der Baupolizei und Weisungen zur Wegeordnung, z. B.: »Die Straßenfronten müssen in der durch die Bebauungspläne festgelegten Baufluchtlinie oder parallel mit ihr errichtet werden, jedoch können bei Eckgrundstücken Abrundungen und Abstumpfungen zugelassen werden.«
Die ordnende Hand der kaiserlichen Verwaltung etablierte sich, wildes Siedeln und Bauen waren von nun an untersagt. Die Nachrichten der ersten Nummern befassten sich auch eingehend mit der in Deutschland herrschenden Trauer um den verstorbenen Alt-Reichskanzler Fürst Otto von Bismarck, der im jungen Deutsch-Südwestafrika vor allem als Vater der deutschen Kolonien gefeiert wurde, obwohl er nicht zu den lautstarken Verfechtern des Kolonialgedankens zu zählen war.

Im Anzeigenteil warben bereits Restaurants, Kegelbahn, Damensalon (Haarwäsche mit destilliertem Wasser) und Firmen (Wecke & Voigts: »Junge Strauße zu kaufen gesucht«) um Gäste und Kundschaft. Regelmäßig wurde entlaufenes Vieh gemeldet, während die bis heute in der *Allgemeinen Zeitung* üblichen Familienanzeigen ebenfalls schon zu finden waren. Nachlassaufgebote erschienen noch im redaktionellen Teil. Die experimentierende Landwirtschaft der jungen Siedlerkolonie erhielt breiten Raum. In den »Lokalnachrichten« berichtete der *Windhoeker Anzeiger* am 30. März 1899 von Herrn Roßarzt Käsewurm, der über den »Schimmelpilz bei Heuschrecken« referiert hatte.

Der *Windhoeker Anzeiger* erschien bis September 1901 in Windhoek. Im Oktober selbigen Jahres zog die Zeitung mit Georg Wasserfall nach Swakopmund, wo sie erst wöchentlich, dann zweimal wöchentlich als *Deutsch-Südwestafrikanische Zeitung* herausgegeben wurde. Dieses Blatt widmete dem Justizrat Wasserfall am 25. April 1908 nach seinem Tode einen ausführlichen Nachruf. Den Umzug Wasserfalls nach Swakopmund begründete der Autor des Nachrufs unter anderem mit der Erklärung: »Das Gefühl, dort in Windhuk in nächster Nähe des Gouverneurs nicht ganz unbeeinflußt, nicht ganz mit dem nötigen Nachdruck schreiben zu können, hatte ihn vertrieben. ... Daß er manchmal oft anderer Ansicht war als die Regierung und dies in stets sachlicher Form zum Ausdruck brachte, weiß jeder, der die D.S.W.A. Ztg. während der Jahre 1902 bis 1907 gelesen hat.«

Am 2. Dezember 1911 war in der ehemaligen Hafenstadt noch ein Organ, die *Swakopmunder Zeitung*, zur Verbreitung von »Nachrichten aus und für Deutsch-Südwestafrika« erschienen. Im Oktober 1912 vereinigte sich dieses Blatt mit der *Deutsch Südwestafrikanischen Zeitung*. Die Zeitungen stellten zu Beginn des Ersten Weltkrieges infolge eines Bombardements durch englische Kriegsschiffe und der vorübergehenden Evakuierung der Stadt ihr Erscheinen ein. Die *Swakopmunder Zeitung* etablierte sich jedoch am Ende des Ersten Weltkrieges wieder

und existierte bis Dezember 1938, um im Januar 1939 im Zuge der politischen Radikalisierung, die aus dem nationalsozialistischen Deutschland in das Mandatsgebiet hineinwehte, in neuem politischem Gewand als *Deutscher Beobachter* in Erscheinung zu treten. *Die Allgemeine Zeitung* folgte im Juni 1939 dem Ruf nach Gleichschaltung und ging ebenfalls im *Deutschen Beobachter* auf, der nun in Windhoek herausgegeben wurde. Der *Deutsche Beobachter* trat für die Interessen des »geschlossenen Südwester Deutschtums« ein, das im Deutschen Südwestbund unter Führung von Ernst Dressel vereint worden war. »Die Zusammenlegung«, so schrieb der Zeitungspraktikant Edgar Sievers kurz nach der Fusion, »ist ohne Zweifel von größtem Vorteil, da so nicht nur ein Konkurrenzkampf vermieden, sondern die Führung des Südwester Deutschtums nach einheitlicher Richtlinie gewährleistet (wird).« Die Polarisierung zwischen Einwohnern deutscher Ausrichtung und Südafrikanern (Unionsanhängern) verschärfte sich zusehends.

Die nunmehr »geschlossene deutsche südwester Presse« hatte aber auch den Auftrag, »für die Verständigung und den Frieden unter den Kulturvölkern in Südwest zu arbeiten«. Solche Vorsätze wurden jedoch durch den Kriegsausbruch in Europa, durch Südafrikas Rolle an der Seite der Alliierten und die Internierung des größten Teils deutscher Männer in südafrikanischen Lagern überrundet. Noch vor Ende des Jahres 1939 schickte die Polizei hintereinander zwei Redakteure des *Deutschen Beobachters* in die südafrikanische Internierung (Gütcher und Dr. Hanisch). Am 10. Juni 1943 legte die Zeitung auf Verlangen der Südwester Administration ihren deutschpolitischen Namen wieder ab und setzte ihre Arbeit als *Allgemeine Zeitung* (AZ) ohne weitere Unterbrechung fort – von der Zensur abgesehen. Vor Erscheinen musste die AZ dem südafrikanischen Zensor täglich in der Hauptpost vorgelegt werden. Die Radio-Empfangsstation der Zeitung für Transocean-Telegramme hatte die Polizei schon am 25. August 1939 beschlagnahmt.

Die *Deutsch-Südwestafrikanische Zeitung* und die *Swakopmunder Zeitung*, aber auch das Blatt *Der*

Weltkrieg beziehungsweise die *Landeszeitung für Südwestafrika* gehören somit zu den »Ahnen« der heutigen *Allgemeinen Zeitung* (AZ).

Ein weiterer Vorfahre der AZ ist der *Südwestbote*, im Juli 1903 als *Windhuker Nachrichten* gegründet, um den hauptsächlich landwirtschaftlichen Interessen des Windhuker Bezirksvereins zu dienen. Ab 1907 war die Beilage *Der Farmer* regelmäßig Teil der Zeitung. Sie wurde 1911 mit dem Hauptblatt vereinigt.

Zu den deutschen Vorkriegszeitungen in Deutsch-Südwestafrika gehört noch *Südwest*, im Dezember 1910 als »Unabhängige Zeitung des gesamten Schutzgebietes« gegründet. Das Blatt erschien zuerst in Swakopmund und später in Windhoek. Der Schriftleiter Rudolf Kindt rechtfertigte die Gründung der »gänzlich unabhängigen« Publikation damit, dass sich »einzelne Wirtschaftsgruppen ein erdrückendes Übergewicht zu verschaffen drohen«. Diese Aussage zur Rivalität zwischen Berufsständen und Wirtschaftsinteressen genauso wie der Untertitel der AZ nach dem Ersten Weltkrieg lassen immer wiederkehrende Zeichen der Pressetradition erkennen, die sich im sozialpolitischen Wandel an den Werten der Objektivität und der Überparteilichkeit zu orientieren sucht.

Im Süden des Schutzgebietes regte sich ab Februar 1909 die *Lüderitzbuchter Zeitung*, die ihr Erscheinen während des Ersten Weltkrieges nur ein Jahr lang einzustellen hatte. Sie war ab September 1915 bis zu ihrem Ende im Dezember 1937 schon eine Tageszeitung – die *Allgemeine Zeitung* erscheint seit dem 1. Januar 1933 täglich –, während andere Blätter des Mandatsgebietes in dieser Zeit nur auf zwei bis drei wöchentliche Ausgaben kamen. Zur Gründung der *Lüderitzbuchter Zeitung* hieß es, sie wolle das Band sein, das die Kolonisten untereinander verbinde. »Die gesunde Entwicklung unserer Kolonie ist für unsere Stellungnahme in allen Fragen maßgebend ...« Die Zeitung sollte sich vor allem für »unsere Diamanten« einsetzen.

Ein weiteres Blatt mit lebendiger Lokalwirkung war die 1911 gegründete *Keetmanshooper Zeitung*, zunächst zwanglos auf der Schreibmaschine hergestellt und vervielfältigt. Die Lebensdauer erstreckte sich von März 1912 bis Dezember 1914. Auch als kleine Zeitung ließ sie ihre Leser am großen Zeitgeschehen teilnehmen. Sie benachrichtigte Keetmanshoop im Mai 1912 gleich in zwei Folgen über den Untergang des Luxusdampfers Titanic.

Nach vorübergehender Einstellung aller Pressetätigkeit unter südafrikanischer Militärbesatzung erschienen in den Jahren des Ersten Weltkrieges in Windhoek *Der Kriegsbote* (ab 22. Juli 1916) und *Der Weltkrieg* (ab 28. August 1916), die sich nach dem Krieg wieder in Friedensblätter, d.h. in die *Allgemeine Zeitung für die Interessen aller Berufsstände in Südwestafrika* (1. August 1919) und in die *Landeszeitung für Südwestafrika* (29. Juli 1919) verwandelten. Letztere vereinte sich 1924 mit der AZ. In Swakopmund kam von April bis August 1916 das *Swakopmunder Echo* auf die Straße, zuerst einmal, später zweimal wöchentlich.

Die lokale Zeitungsvielfalt auch in kleineren Ortschaften vor dem Ersten Weltkrieg erklärt sich gewiss aus den großen, schwer zu bewältigenden Entfernungen zwischen den jungen Siedlungszentren, aus der Abwesenheit modernerer elektronischer Nachrichtenmedien und nicht zuletzt aus einem von hoher Zukunftserwartung getragenem Pioniergeist.

Afrikaanse und englische Stimmen

Die Tradition der holländischen, später afrikaansen Zeitungen im ehemaligen Südwestafrika begann mit *Het Nieuwe Weekblad* »voor Namaqua- en Damaraland«, vom kaiserlichen Gouvernement während der ersten Kriegsmonate 1914 herausgegeben. Es sollte zur objektiven Berichterstattung und zur Förderung freundschaftlicher Beziehungen zwischen Deutschen und Buren dienen. Mit dem Vormarsch der Unionstruppen und dem Zusammenbruch der Burenrebellion in Südafrika fand das Blatt im Februar 1915 ein rasches Ende.

Nach dem Ersten Weltkrieg entstand 1919 in Windhoek *Die Voortrekker*, woraus die zeitweilig zweisprachige *Südwest-Zuid West*, *Die Suidwes-Nuus* und endlich *Suidwes Nuusblad* wurde. Dieses Blatt existierte bis Januar 1925. Ab September 1925 versuchte es eine weitere afrikaanse Zeitung, *Ons Vriend*. Sie stellte schon nach zwölf Monaten ihre Tätigkeit wieder ein.

1925 setzte sich Afrikaans neben dem Englischen in Südafrika und somit auch in dem Treuhandgebiet des Völkerbunds, Südwestafrika, als amtliche Schriftsprache durch und verdrängte das Holländische, das im südlichen Afrika nicht mehr gesprochen und immer weniger geschrieben wurde. Mit der Gründung der Verenigde Nasionale Suidwes Party (VNSWP) am 2. April 1927 erreichte das Burentum dann eine vereinigte Basis, die stark genug war, eine Zeitung zu tragen. Diese nannte sich *Die Suidwes-Afrikaner*. Sie wurde mit 50jähriger Existenz zur ältesten afrikaansen Zeitung des Landes. Mit dem allmählichen Niedergang der Vereinigten Partei (VP), Nachfolgerin der VNSWP, fand sie 1976/77 ein klägliches Ende, das auch nicht durch das kurzlebige Nachfolgeblatt *Die Pionier* hinausgezögert werden konnte. Die weiße afrikaans- und teils deutschsprachige Opposition, die sich nach Auflösung der Vereinigten Partei noch einmal in der Föderalen Partei zusammengefunden hatte, war nicht stark genug, eine eigene Zeitung zu unterhalten. Die letzte Ausgabe der *Pionier* erschien am 11. März 1977.

Auffallend an den ersten afrikaans-holländischen Zeitungen nach dem Ersten Weltkrieg ist u.a. die versöhnliche Note, die sie gegenüber den deutschsprachigen Landsleuten im Mandatsgebiet anschlugen. Mit einem Maß an Einfühlungsvermögen und gewiss mit dem Ausgang des Burenkrieges im Sinn erörterte man, wie schwer es den Deutschen fallen müsse, die Konsequenzen für ihre Staatsangehörigkeit und sonstige neue Verhältnisse zu bewältigen. Lobend wurde erwähnt, dass der erste zivile Administrator der Mandatsmacht, Gysbert Reitz Hofmeyr, zwecks besserer Verständigung Deutsch gelernt habe, ein Beispiel, das nur wenige seiner Nachfolger nachzuahmen versuchten.

Es konnte aber nicht ausbleiben, dass die afrikaansen Zeitungen und die einzige englische Zeitung, *The Windhoek Advertiser*, bis in die siebziger Jahre hinein vor allem südafrikanische Interessen propagierten, während die deutschen Zeitungen – seit dem Zusammenschluss zum *Deutschen Beobachter* im Juni 1939 gab es nur noch eine – eher deutsche südwester und allgemeine Landesinteressen vertraten. Die englische Zeitungstradition in Namibia ist nicht vom *Windhoek Advertiser* zu trennen, der ab Juli 1919 zunächst zweimal wöchentlich erschien und später bis zur Gründung des *Namibian* 1985 die einzige englische Tageszeitung Namibias war. Seit dem 6. April 1978 zählt die Wochenzeitung *Windhoek Observer* zur englischen Presse der Landeshauptstadt. Die Gründung war eine direkte Folge des Verkaufs der Verlags- und Druckgesellschaft John Meinert an einen neuen Verleger. Der *Windhoek Observer* hat vor und nach der Unabhängigkeit öffentlich Kritik geübt . Unter beiden Regierungen ist die Zeitung mit Sanktionen belegt worden, zuletzt, seit 1994, mit einem staatlichen Anzeigenverbot.

Kleine Blätter

Mit zunehmender politischer Mobilisierung der gesamten namibischen Bevölkerung während der sechziger und siebziger Jahre entstand das Bedürfnis neuer Parteien, Interessen- und politischer Randgruppen, eigene Organe herauszugeben. Ein Vorläufer solch kurzlebiger Blätter war *Suidwes Bulletin*, ein dreisprachiges Monatsblatt, der oppositionellen Suidwes Party. Das Blatt hielt sich etwa sechs Monate lang über die Jahreswende 1960/61 hinweg. Führer der Partei war der neuerliche Verwoerd-Gegner und Dissident der Nationalen Partei, Japie Basson. Der südafrikanische Premier Dr. Hendrik Verwoerd brachte das Apartheidssystem unter dem Begriff »getrennte Entwicklung« während seiner Amtszeit zu seinem vorläufigen Höhepunkt und nahm dafür auch den Ausschluss Südafrikas aus dem Commonwealth und zunehmende internationale Anfeindung in Kauf.

Ein Kuriosum der Pressegeschichte ist *Die Kokerboom* von Keetmanshoop, ein Blatt, dessen einmaliges Erscheinen von Bürgern der Stadt zwar bestätigt wird, die sich aber nur noch so weit entsinnen können, dass es »im Jahre 1966 gewesen sein muss«. Geblieben sind lediglich Gerüchte, warum es zu einer zweiten Ausgabe nicht mehr langte.

Der *Deutsch-Südafrikaner* war ein kleines, ultrakonservatives Blatt, das ab 1977 in Swakopmund in sporadischen Ausgaben die Rassenpolitik der Verwoerd-Ära befürwortete und im Sinne der Herstigte Nasionale Party (HNP) für den Anschluss Südwestafrikas an Südafrika eintrat.

1979 versuchte die *NNF NEWS*, Organ der liberalen Parteiengruppierung Namibia National Front, als Beilage des Windhoek Observer ein paar Monate lang ihre Leserschaft anzusprechen. Die Partei und ihr Blatt sind seither dahin.

Die Südafrikanische Wehrmacht in Südwestafrika/Namibia gab mit teils freiwilliger Unterstützung von Setzern und Druckern der Firma John Meinert zwischen November 1974 und November 1976 alle drei Monate das Blatt *Swaland* heraus. Es diente sowohl als Hausblatt der Verteidigungskräfte als auch der Imagepflege des Militärs.

Bis 1980 erschien in fünf Jahrgängen *Der Südwester* als monatliche Beilage des Suidwester, um Sentimenten deutsch-nationaler Nostalgie Rechnung zu tragen. Um ähnliches Publikum warb 1980/81 *Der Südwester Bote* (nicht zu verwechseln mit dem *Südwestboten*, Deutsch-Südwestafrika 1903-1915) und wollte seine Leser gegen die Demokratische Turnhallenallianz, DTA, beeinflussen, der die deutschsprachigen Namibier zu der Zeit mehrheitlich zugetan waren.

In die gleiche Sparte gehört das wöchentliche afrikaanse *Joernaal*, das von 1978 bis 1980 erschien und aus gleicher Redaktion und dem gleichen Verlag stammte wie das Organ der Nationalen Partei, Die Suidwester. *Joernaal* sollte das Programm der AKTUR (Aktionsfront zur Erhaltung der Turnhallengrundsätze, eine kurzlebige multirassische Wahlfront der Nationalen Partei) unter schwarzen und braunen Lesern verbreiten und den Einfluss der DTA neutralisieren. *Joernaal* wurde trotz politischer Zielsetzung zum Erfolgsblatt in eigenem Recht und überrundete am Ende sogar die Auflage ihrer »Mutter«, Die Suidwester, die bis dahin als größte Zeitung gegolten hatte! In diesem Stadium schafften die Herausgeber *Joernaal* wieder ab.

Das Blatt war unter der schwarzen und braunen Leserschaft in eine Marktlücke vorgestoßen, die 1974 schon einmal die Publikation *Tamarisk* erkannt hatte. Als Wochenblatt und unabhängige Stimme im Tabloid-Format versuchte Tamarisk quasi als Ein-Mann-Unternehmen von der Schreibmaschine bis zum Vertrieb braune und schwarze Leser zwischen Windhoek und Rehoboth zu erreichen. Kapital- und Personalmangel sowie das vorherrschende politische Klima, das einer unabhängigen Zeitung für Schwarze und Braune noch kein Existenzrecht billigte, bereiteten ihr nach wenigen Monaten das Ende.

Als Hausblatt der Rehobother Baster unter dem damaligen Kaptein Hans Diergaardt erschien 1982/83 wöchentlich *Die Stem van Namibia*.

Als Blatt von Schwarzen für Schwarze im Gegensatz z.B. zu *Joernaal*, das ein Blatt »von Weißen für Schwarze« war, ist *South West News* zu nennen, das 1960 eine Zeitlang die SWANU (South West Africa Union) und SWAPO (South West African People's

Organisation) unterstützte. SWANU veröffentlichte im Exil *Freedom*, während SWAPO im Ausland *Namibia Today*, *SWAPO Information Bulletin* und *The Combatant* (Erscheinungsorte Luanda und Lubango in Angola) in Umlauf brachte. Schriften dieser Art haben häufig eher die Eigenschaft des »Newsletter« oder des periodischen politischen Pamphlets. *Namibia Today* ist im Wahlkampf zur Unabhängigkeit 1989/90 und über die allgemeinen Wahlen im November/Dezember 1999 hinaus wieder als reines Parteiorgan erstanden.

Als Artgenosse und Vorläufer des *Joernaal* ist auch *Suidwes Son/South West Sun*, Januar 1966 bis Dezember 1967, zu erwähnen. Im politischen Jargon der Apartheidsära war dies eine Zeitung für »Nie-Blankes«. Obwohl sie wie ein unabhängiges Nachrichtenblatt vertrieben wurde – es erschienen auch Anzeigen darin –, war es eine Publikation der südafrikanischen Informationsabteilung und daher völlig regierungstreu.

Ab Ende der sechziger bis in die siebziger Jahre erschienen *Die Taak*, *Ozombue*, *Eume* u.a. als verschiedensprachige Blätter jeweils einer Informationsausgabe – gratis und erkennbar als Publikationen staatlichen Ursprungs.

1977/78 finanzierten südafrikanische industrielle Geldgeber das aufwendige Nachrichtenmagazin *Times of Namibia*, das unter Regie ehemaliger Exilpolitiker (Mburumba Kerina und Emil Appolus) stand. Das Unternehmen verlief sich, als Kerina, Heimkehrer aus dem Exil, das Land wieder verlassen hatte. Abgesehen von dem anspruchsvollen politischen Journal *The Namibian Review*, das alle paar Monate erschien, existierte keine Zeitung oder Zeitschrift, die ausschließlich von Schwarzen oder Farbigen herausgegeben wurde.

Drucker und Herausgeber sind in dieser Betrachtung weitgehend übergangen worden. Eine Ausnahme soll gelten. Die Firma John Meinert ist aus dem Pressewesen Namibias von über 100 Jahren nicht wegzudenken. Von den zwanziger bis Ende der siebziger Jahre rollte die Mehrzahl aller Zeitungen aller Sprachen mit einmütiger und mit gegensätzlicher Redaktionspolitik aus ihrer Druckerpresse. Wenn die äußeren politischen Zustände mitunter für die Redaktion unhaltbar wurden, wie zur Zeit des Zweiten Weltkrieges, zeichnete der Druckerkönig von Windhoek, John Meinert, gar persönlich für den Inhalt des *Deutschen Beobachters* oder der *Allgemeinen Zeitung* verantwortlich. Im April 1978 wechselte die Firma John Meinert den Besitzer. Der seit 1968 leitende Firmenchef Jürgen Meinert verkaufte den gesamten Familienkonzern inklusive Zeitungen an den deutschen Verleger Dr. Diether Lauenstein, der 1991 verstarb.

1978 sollte die *Allgemeine Zeitung* mit dem Untertitel »Für das südliche Afrika« auch die Sympathie der Südafrika-Deutschen gewinnen oder wenigstens den Weg für ein anspruchsvolles Projekt, nämlich für den *Wochenspiegel* ebnen, ebenfalls mit Untertitel »Für das südliche Afrika«, der in Windhoek neben der AZ redigiert, aber bis Juli 1980 in Johannesburg unter dem Filialtitel John Meinert SA (Pty) Ltd. und schließlich in Windhoek herausgegeben wurde. Das hoffnungsvolle Unternehmen scheiterte wohl an dem Problem, dass sich sowohl die Weitläufigkeit deutscher Sprachinseln zwischen Kap und Kunene, Durban und Swakopmund als auch ihre unterschiedlichen Interessen schwerlich überbrücken lassen. Ab 9. März 1979 erschien der *Wochenspiegel* zwei Jahre lang im Großformat, existierte ein Jahr lang im Kleinformat, wurde dann fester Bestandteil der Freitagsausgabe der *Allgemeinen Zeitung* und löste sich schließlich ganz darin auf, d.h. seine Existenz war verloschen wie die einer Reihe von Vorgängern, die ebenfalls in der AZ aufgegangen sind.

Indessen erscheint eine *Allgemeine Zeitung*, die vor allem der »Großfamilie« deutschsprachiger Namibier dient, unverwüstlich. »Sie dürfte nicht einmal an einem schlechten redaktionellen Teil eingehen, solange die Familienseite mit Geburts-, Heirats- und Todesanzeigen funktioniert«, hieß es früher. Die Umstellung aller Zeitungsbetriebe auf die dynamische Computertechnik, der Einstieg in das elektronische Medium der Website (www.az-namibia.de) als zweites Standbein sowie die Neugestaltung des Layouts und kritische Überprüfung redaktioneller Inhalte widerlegen Klischees, dass es für eine Zeitung ein einziges Patentrezept gäbe. Die Zeitungen des Landes sind in der Regel keine lukrativen Unternehmen und müssen in der Konkurrenz um den begrenzten Anzeigenkuchen und im Wettbewerb mit den schnelleren elektronischen Medien ein ein zähes Dasein fristen, es sei denn sie werden aus staatlichen Kassen getragen.

Seit 1927 erscheint als unabhängige geistliche Beilage zur Allgemeinen Zeitung vierteljährlich das Deutsche Evangelische Kirchenblatt *Heimat*. Es berichtet aus dem Leben der Evangelisch-Lutherischen Kirche, ELKIN (DELK), und den lutherischen Schwesterkirchen Namibias, die größere Einheit anstreben. Finanzierungsnöten, denen jede Zeitung einmal oder ständig ausgesetzt ist, hat die *Heimat* bisher standgehalten.

Die älteste im Jahr 2001 noch existente Zeitung überhaupt war das Kirchenblatt *Omukwetu*, das in Oniipa, Region Oshikoto, von der Evangelisch-Lutherischen Kirche in Namibia, ELKIN, von Oniipa aus herausgegeben wird. Die erste Ausgabe erschien am 15. Oktober 1901 unter dem Namen *Onsondaha* (Der Sonntag). Die Publikation spielte unter den stark militarisierten Verhältnissen während des Unabhängigkeitskampfes zwischen der Swapo und der südafrikanischen Wehrmacht bei der oshivambosprechenden Lokalbevölkerung eine besondere Rolle.

Über den Äther

Die Ausbreitung elektronischer Nachrichten- und Unterhaltungsmedien kann hier nur am Rande gestreift werden.

Am 1. Mai 1979 etablierte sich der *Südwestafrikanische Rundfunk* (SWAUK) als autonome halbstaatliche Institution. Vorher war jegliche Rundfunktätigkeit in Südwestafrika/Namibia lediglich eine Verlängerung des Südafrikanischen Rundfunks (SAUK/SABC). Der Südwestafrikanische Rundfunk wurde 1990 von der *Namibian Broadcasting Corporation*, NBC, abgelöst und setzte die Tradition der Mehrsprachigkeit fort.

Im Oktober 1981 führte der Südwestafrikanische Rundfunk auch das Fernsehen ein, das die NBC landesweit noch ständig ausbaut. Es dehnt sich von Windhoek auf alle Ortschaften mit relativ großer Bevölkerungsdichte in Nord und Süd aus.

Überhaupt hat die rasante Entwicklung elektronischer Nachrichtenmedien über das Internet die Presse nicht bedroht, sondern ihr entscheidende neue Impulse gegeben.

Schließlich ist noch die Frage nach der Lebensfähigkeit der deutschen Sprache als Medium einer Minderheit in den Nachrichtenmedien zu stellen und in größerem Rahmen zu beantworten. In dem gleichen Maß, in dem sich die Besiedlung Namibias von Südafrika aus vor und nach dem Zweiten Weltkrieg planmäßig ausbreitete und die deutschsprachige Präsenz durch europäische Kriegseinwirkungen Rückschläge erlitten hat, hat sich auch der Einfluss der Deutschsprachigen und ihrer Presse seit 1915 verringert, bis diese Tendenz ab Mitte der siebziger Jahre aufgehalten wurde. Mit der Gründung der Interessengemeinschaft deutschsprachiger Südwester (IG) und größerer parteipolitischer Mobilisierung deutschsprachiger Namibier – dazu gehörte auch die vorübergehende und limitierte Anerkennung von Deutsch als dritte Amtssprache während der achtziger Jahre im Bereich der »Administration für Weiße« – sowie der seit 1979 vielseitigen Ausgestaltung eines vollwertigen deutschen Rundfunkprogramms in der Sprachpalette des Südwestafrikanischen Rundfunks und im Anschluss im deutschen Hörfunkprogramm der NBC hat die deutsche Sprach- und Medienpräsenz bis über die unabhängige Staatsgründung hinaus eine Stabilisierung erfahren.

Die Aussichten auf Ausbreitung und nennenswertes Wachstum erscheinen allerdings gering, solange sich das ansprechbare Publikum auf die zahlenmäßig konstant bleibende deutsche Sprachgruppe beschränkt und Deutsch als Fremdsprache nicht die Förderung erfährt, die der Bedarf verlangt.

Dr. Zedekwe Ngavirue, zuletzt namibischer Botschafter bei der Europäischen Kommission in Brüssel, stellte 1981 in einer historischen Betrachtung und aktuellen Übersicht der Presse Namibias die Frage nach der Zeitungswahl, die eine künftige schwarze Regierung des Landes treffen würde. Sie werde sich vornehmlich um die bestehende englische Presse kümmern. Als geeigneter Kandidat zur Verstaatlichung eines Sprachrohrs biete sich der »politisch disziplinierte« *Windhoek Advertiser* an, spekulierte Dr. Ngavirue: »Die Frage, ob Zeitungen ›verstaatlicht‹ oder verboten werden, dürfte in der Tat der Prüfstein wahrer Demokratie in einem unabhängigen Namibia sein.« Diese Prüfung hat die souveräne namibische Regierung bisher einmal willig, dann unwillig bestanden. Presse- und Meinungsfreiheit sind trotz häufiger Irritation auf Seiten der Regierenden mit den unabhängigen Medien hoch angeschrieben. Zensur und Verbote haben nicht eingesetzt. Die Regierung zeigt ihren Zorn jedoch mit Anzeigenverboten gegenüber »politisch nicht korrekten« Medien. Sie verbietet ihren höheren Amtsträgern zwar nicht die Lektüre solch unerwünschter Medien, aber untersagt ihren Ankauf aus der Staatskasse. Darüber hinaus müssen die Medien mit der altbewährten Abwehr der Bürokraten fertig werden, dass die Sprecher der Behörden häufig entweder nicht verfügbar sind oder unliebsame Reportagen und Kommentare einfach ignorieren.

Nach der Windhoeker Deklaration

Als Namibia nach der Unabhängigkeit wieder »hoffähig« geworden war, kam es zu einem Ansturm auf Windhoek und später auch auf Swakopmund, um die Ortschaften als internationale Tagungsstätten zu nutzen. Ohne südafrikanische Hegemonie gab es mit Namibiern auf namibischem Boden nun keine Berührungsangst mehr. Panafrikanische und andere internationale Delegierte gaben sich in Windhoek die Klinken in die Hand. Eine Konferenz, die wegen ihrer tonangebenden Resolution für die Presse- und Meinungsfreiheit nicht gleich wieder in Vergessenheit geraten ist, war die Windhoeker Konferenz der afrikanischen Presse vom 3. Mai 1991. Ihre Schlussakte (Deklaration) mag sich zwar wie ein abgedroschener Gemeinplatz lesen, aber im Kontext von Ländern, die zwischen Chaos und Diktatur den schwierigen Weg demokratischer Selbstfindung beschreiten, hat der Grundsatz sofort Schule gemacht: »Die Gründung, Erhaltung, Förderung einer unabhängigen, pluralistischen und freien Presse ist die Voraussetzung für den Aufbau und den Erhalt der Demokratie einer Nation.«

Die Vereinten Nationen waren fortan aufgerufen, die Medienzensur als ernste Verletzung der Menschenrechte zu deklarieren. Seither ist vom »Geist von Windhoek« die Rede, weil nachfolgende Konferenzen, die ebenfalls von der Unesco einberufen wurden, den Grundsatz der Windhoeker Deklaration in weiteren Ländern auf anderen Kontinenten verbreiten und vertiefen wollten: 1992 in Kasachstan, 1994 in Chile, 1996 in Jemen und 1997 in Bulgarien. Inzwischen hatten die Vereinten Nationen bereits ab 1993 den Stichtag der Deklaration, den 3. Mai, zum Internationalen Tag der Pressefreiheit ausgerufen – World Press Freedom Day. Erschien der Grundsatz einer pluralistischen Presse in der euphorischen Aufbruchsstimmung der jungen Republik Namibia und angesichts ihrer progressiven Verfassung als überflüssige Aufforderung, hatte sich das Klima ein Jahrzehnt später doch so weit gewandelt, dass die Windhoeker Deklaration mittlerweile in der Stadt ihres Ursprungs weitaus häufiger zitiert und beschworen wurde als zuvor. Das zeigte vor allem die Konferenz zum zehnjährigen Gedenken der Windhoeker Deklaration, die folgerichtig am 3. Mai 2001 wieder in der namibischen Hauptstadt einberufen worden war. Eingedenk der ursprünglichen Presse-Deklaration gingen die unabhängigen Redakteure Afrikas einen Schritt weiter, um sich die elektronischen Medien des Kontinents vorzunehmen. Sie drängten darauf, dass nicht nur die Printmedien unabhängig sein sollen. Es galt nun als dringende Aufgabe, auch die Rundfunk- und Fernsehanstalten aus dem Griff der Staaten und ihrer Regierungen zu befreien und in wahre öffentlich-rechtliche Anstalten zu verwandeln. Die Delegierten gingen nach drei Tagen mit der Erwartung auseinander, dass die Windhoeker Rundfunkcharta 2001 dieselbe internationale Ausstrahlung haben werde wie die ursprüngliche Windhoeker Deklaration.

Beide Treffen – 1991 und 2001 – dokumentierten die Tatsache, dass unabhängige Medien und die Meinungsfreiheit auch auf dem afrikanischen Kontinent ohne Einsatz und Pflege keinen Bestand haben können.

Der Umzug in den Omurambaweg

Über 90 Jahre haben in der Stübelstraße Windhoeks Druckmaschinen und Zeitungspressen gerattert und geschnauft, einmütig oder in Konkurrenz miteinander. Man sprach von der »Fleet Street Windhoeks«. Hatten Ende der siebziger Jahre des 20. Jahrhunderts neue Reproduktionstechniken ihren Einzug gehalten, wobei der Computer auch die alten Typographen mit ihrem flüssigen Blei verdrängte, verlangte die digitale Nachrichtenvermittlung und das überwältigende Angebot neuer Gestaltungsmöglichkeiten auf dem Bildschirm bald eine neue Rotationspresse. Die alten Zeitungsdruckmaschinen wurden dem Layout, den Bildern und dem steigenden Anspruch der Kunden einfach nicht mehr gerecht. In der historischen Enge der Stübelstraße konnte die neue Maschine keinen Platz finden, es sei denn, man hätte mit horrenden Kosten alte Gebäude geschleift und neue Fabrikräume geschaffen.

So zogen die *Allgemeine Zeitung* und *Die Republikein 2000* im Mai 2001 ihrer neuen Druckerpresse hinterher in den Omurambaweg im Windhoeker Stadtteil Eros. Sie hinterließen ein kleines Ladenzentrum, wobei lediglich der Name Gutenbergplatz noch an die schwarze Kunst erinnert, die hier seit kurz nach 1900 mit heißem Blei bis zu den Anfängen des Digitalzeitalters ein knappes Jahrhundert lang gepflegt wurde. Ehemalige Lagerhallen eines Großhandels verwandelten sich am Omurambaweg zum Druckersaal und zu großzügigen Redaktionsräumen, die für das 21. Jahrhundert eine ständige Bleibe verheißen.

Namibische Printmedien gehören zum festen Bestandteil der Gesellschaft, deren Wandel sie reflektieren und auch künftig gestalten mögen. Die Auseinandersetzung um gerechte Staatsführung – good governance – und eine redliche Zivilordnung geht indessen im Jahr der Niederschrift dieses Artikels in der Presse weiter, wie seit einem Jahrhundert. Die »Einsamkeit der letzten Kolonie Afrikas« ist längst vorüber. Namibia beschreitet den Weg der Selbstfindung forsch weiter.

»... wenn wir ... wenigstens erreichen, dass die Kolonie aufhört, ein Spielball für Bureaukratie und fremdes Ausbeutertum zu sein, so wollen wir mit diesem Erfolg schon völlig zufrieden sein«, war schon am 1. Januar 1910 zum Jahreswechsel in den *Windhuker Nachrichten* zu lesen.

Für alle wird gesorgt
Die Entwicklung des Gesundheitswesens

Norbert Forster

Einleitung

Im September 2000 veröffentlichte die Weltgesundheitsorganisation (WHO) ihren Weltgesundheitsbericht mit dem Titel »Gesundheitssysteme: Verbesserung ihrer Performance«. Dieser Bericht hat in weiten Bereichen der Öffentlichkeit große Beachtung gefunden. Dem Bericht liegt ein Konzept zu Grunde, demzufolge die Hauptziele eines jeden nationalen Gesundheitswesens sind:
- die Erreichung eines guten Gesundheitszustandes der Bevölkerung;
- die Bereitschaft, auf die Erwartungen der Bevölkerung einzugehen;
- Fairness in der finanziellen Beteiligung jeden Bürgers an den Kosten der Gesundheitsleistungen.

Weiter heißt es in dem Bericht, dass vier wichtige Funktionen auszuführen seien um die oben genannten Zielsetzungen zu erfüllen, nämlich:
- Bereitstellung der notwendigen Dienstleistungen,
- Schaffung von Ressourcen,
- Finanzierung des Systems und
- Stewardship.

Stewardship wird als Aufgabe der Regierung definiert, für die Gesundheit der Gesamtbevölkerung eines Landes Sorge zu tragen. Dementsprechend ist jede Regierung dafür verantwortlich, dass das Gesundheitswesen sowohl in der Gegenwart als auch in mittel- bis langfristiger Zukunft optimal geplant, entwickelt, verwaltet und finanziert wird. Ferner zielt Stewardship darauf ab, dass Regierungen sich

Feldlazarett der Schutztruppe

adäquat um alle Aspekte des nationalen Gesundheitssystems bemühen, d.h. sowohl um das öffentliche Gesundheitswesen als auch um den Privatsektor, die traditionelle Medizin und die alternativen Heilpraktiken.

Die Absicht dieses Beitrages ist es, die Entwicklung des Gesundheitswesens in Namibia über eine Zeitspanne von circa 150 Jahren an Hand von oben genannten Aspekten und Zielsetzungen zu schildern. Dabei werden jeweils die von der staatsrechtlichen Entwicklung des Landes vorgezeichneten Zeitabschnitte berücksichtigt.

Der vorkoloniale Zeitraum

Eine interessante Perspektive zur elementaren Gesundheitsversorgung der Bewohner Namibias während der entfernteren vorkolonialen Zeit wird durch gut erhaltene Felsmalereien vermittelt. So befinden sich in der Schlangenfels-Grotte der Hungorobschlucht im Brandbergmassiv verschiedene Zeichnungen, die Archäologen als Szenen ritueller Heilung durch gemeinschaftlichen Trancetanz deuten. Das Alter dieser Malereien wird auf 1500 bis 4500 Jahre vor unserer Zeit geschätzt. Die typischen Merkmale dieser Zeichnungen, klatschende Frauen, in Reihen stehende Männer, Personen mit vorgebeugtem auf Stäben gestütztem Oberkörper, werden von Anthropologen in Verbindung mit noch heute praktizierten Heiltänzen der San/Buschleute gebracht.

Information zur gesundheitlichen Lage und zur Gesundheitsversorgung der namibischen Bevölkerung während des Zeitraumes unmittelbar vor der Kolonialzeit ist relativ limitiert. Jedoch bestehen einige ausführliche Aufzeichnungen von Forschungsreisenden, Händlern und Missionaren. Nachteil dieser Berichterstattung ist der oftmals anekdotenhafte Charakter und die Tatsache, dass die Verfasser längerfristig nur an einigen wenigen Orten des Landes – hauptsächlich in südlichen und zentralen Regionen – mit der einheimischen Bevölkerung in Kontakt kamen.

Um die Mitte des 19. Jahrhunderts basierte die gesundheitliche Versorgung in Namibia weitgehend auf traditionellen Heilpraktiken. So beschreibt Campbell zum Beispiel die Tätigkeiten eines traditionellen Heilers im Namaland. Diese schlossen Hauteinschneidung und Wundreinigung durch Aussaugen ein. Der schwedische Händler Andersson beschreibt das Ausbildungssystem der traditionellen Heiler, die nach einem bestimmten Selektionsverfahren bei einem Meister in Lehre gingen und später oftmals als Spezialisten für bestimmte Heilmethoden bekannt wurden. Missionar Kleinschmidt, der vor seiner Tätigkeit als Missionar selbst für längere Zeit als Assistent in einem Militärlazarett gearbeitet hatte, berichtet, wie der Bruder des Häuptlings der Swartbooi Nama in Rehoboth ihn innerhalb von Tagen durch das Auftragen und Einmassieren einer Salbe, die unter anderem aus Zebraknochenmark bestand, von einem extremen Rheumaleiden befreite, von dem er erwartet hatte, dass es ihn für mindestens ein Jahr lang behindern würde.

Allerdings war die traditionelle Medizin in einem Umfeld steigender Inzidenz von Infektionskrankheiten nur sehr beschränkt effektiv. Malaria und anderen Fieberkrankheiten nahmen zu. Geschlechtskrankheiten wie Syphilis griffen stark um sich und kamen besonders an Orten größerer europäischer Siedlungen vor, wo Kontakt der eingeborenen Bevölkerung mit Händlern und Seeleuten häufig war, z.B. Angra Pequeña (heute Lüderitzbucht), Walvis Bay und Otjimbingwe. Besonders verheerend wirkte eine Pockenepidemie anfang der 1860er Jahre, die sich von Süden her kommend stetig von Warmbad über Bethanien und Berseba nach Rehoboth, Windhoek, Gobabis und noch weiter nördlich ausbreitete. Die Vehemenz der Epidemie veranlasste 1863 die Missionare der evangelischen Mission, Pockenimpfstoff aus Kapstadt zu importieren und ein Impfprogramm durchzuführen. Dies war die erste größer organisierte Impfkampagne in Namibia. Der Erfolg war allerdings relativ beschränkt. So mußten schon 1864 in Gibeon 110 und in Gobabis 140 Pockentodesfälle beklagt werden.

Die Frauen der Missionare waren oftmals in der Gesundheitsförderung tätig, was Hygiene-Erziehung und allgemeine Beratung einschloss. Sie leisteten auch begrenzte Krankenpflegedienste. So errichtete Missionar Kleinschmidt 1850 eine Krankenstation in Rehoboth, die hauptsächlich von seiner Frau betrieben wurde. Auch Andersson beschrieb in seinem Tagebuch, wie er nach einer komplizierten Schussverletzung am linken Unterschenkel anfangs von der Frau von Missionar Hahn gepflegt wurde: Während er sich im Laufe des Jahres 1864 über Monate zu heilen versucht, macht er unter anderem von einem Unterschenkelgips Gebrauch, der ihm vom Künstler Thomas Baines aus solidem Zement angefertigt wird. Außerdem nimmt er schmerzlindernde Mittel wie Chloroform, Laudanum und Opium, die als Teil größerer Warensendungen auf dem Seeweg von Kapstadt über Walvis Bay in seinem Handelsstandort in Otjimbingwe eintreffen. Der zunehmend schwache Zustand Anderssons lässt ihn schlussendlich verzweifelt in seinem Tagebuch notieren, dass er sich in der namibischen Abgeschiedenheit nichts mehr ersehnt, als von einem Arzt behandelt zu werden.

Diese Betrachtung der Gesundheitsversorgung während der vorkolonialen Zeit macht klar, dass in der Abwesenheit westlicher Medizin und Technologie durchaus Ansätze eines informellen Gesundheitssystems in Namibia bestanden und dass traditionelle Behandlungsmethoden weitgehenden Gebrauch fanden. Die Einwanderung der Europäer brachte einerseits neue Behandlungsmöglichkeiten mit sich, andererseits war sie für die Einschleppung von Infektionskrankheiten und Seuchen verantwortlich, die der eingeborenen Bevölkerung großen Schaden zufügten.

1884 bis 1915

Mit dem Hissen der deutschen Flagge in Lüderitzbucht im Jahre 1884 änderten sich zwar die politischen Rahmenbedingungen, die Gesundheitsversorgung in Namibia blieb anfangs jedoch unverändert. So traf der erste Arzt der Schutztruppe, Dr. Richter, erst im März 1893 als Teil einer Verstärkung für den Witbooi-Feldzug der Deutschen im damaligen Südwestafrika ein. Ab diesem Jahr sind Jahresberichte über die gesundheitliche Lage und Versorgung im Schutzgebiet vorhanden. Allerdings sind diese Berichte weitgehend auf die Mitglieder der Schutztruppe beschränkt, obwohl die Behandlungen von weißen Zivilisten und der schwarzen Bevölkerung über die Jahre zunahm.

Die Gesundheitslage in Namibia unter deutscher Kolonialherrschaft war von zwei wichtigen Faktoren beeinflusst. Zum einen trugen zunehmender Handel und Truppenbewegungen zu einer größeren Konzentration der Bevölkerung in den Hauptorten bei und bewirkten somit günstige Ausbreitungsbedingungen für verschiedene Krankheiten. Andererseits waren sowohl der von 1893/94 als auch der Hererokrieg von 1904 bis 1907 und die damit zusammenhängende Entwurzelung großer Teile der schwarzen Bevölkerung für einen extremen Anstieg der Krankheits- und Sterblichkeitsrate verantwortlich. Wichtige Faktoren waren außerdem Tro- thas Vernichtungsbefehl, die Gefangenhaltung einer großen Anzahl von Herero und Nama unter miserabelsten Bedingungen, die drakonische Gesetzgebung nach 1904 und die schlechten Arbeits- und Lebensbedingungen auf vielen Farmen. Schließlich kam es zusätzlich noch zu Naturkatastrophen, wie den Dürreperioden der Jahre 1897 und 1908 und der Rinderpest im Jahre 1897, wodurch die Ernährung der Bevölkerung extrem eingeschränkt wurde.

Wichtigste und häufigste tropische Krankheit war die Malaria. Die meisten Fälle kamen parallel zur Regenzeit während der Monate März bis Mai vor. Der wichtigste Erreger war das Plasmodium Falciparum, verantwortlich für die maligne Malaria Tropica. Zöllner berichtet, dass bei einer Untersuchung im Hereroland bis zu 20 Prozent der Lokalbevölkerung Malaria infiziert war, wobei bis zu 30 Prozent der Fälle auch von anderen Malaria-Erregern verursacht waren. 1898/99 kam es zu einer extremen Malaria-Epidemie, wobei in mehreren Orten weniger als 10% der Bevölkerung unversehrt blieben. Missionar Irle schreibt, dass ganze Werften ausstarben und oft niemand mehr übrig war, um die Toten zu beerdigen. Er schätzt, dass bis zu 10.000 Menschen der Epidemie erlagen. Die hohe Sterblichkeit wird auf mögliche Mischinfektionen, d.h. zusätzliche Erkrankungen durch Typhus, Skorbut und Milzbrand, zurückgeführt.

Während der Jahre 1897 und 1898 brach zum zweiten Mal nach 1862/63 eine Pockenepidemie in Namibia aus. Die Sterblichkeit war vor allem unter der Bevölkerung der nördlichen Gebiete, einschließlich des Kaokofeldes, besonders hoch. 1906 und 1910 kam es nochmals zu mehreren Fällen. Die Tuberkulose (TB) war weit verbreitet und kam vor allem unter der Bevölkerung Rehoboths und des Namalandes besonders häufig vor. So meldet der Sanitätsbericht der Schutztruppe, dass um 1906 bei einer Gesamtbevölkerung von 800 Rehobother Baster sieben von 17 Todesfällen auf TB zurückzuführen waren. Andererseits war die TB-Erkrankungsrate bei der Schutztruppe niedriger als beim Militär in Deutschland.

1897 brach in Swakopmund die erste Typhusepidemie Namibias aus. Wiederholte Ausbrüche kamen in den Jahren bis 1902 vor. Die Sterblichkeit in allen Bevölkerungsschichten war hoch. Richter postuliert, dass der Erreger wahrscheinlich durch Eisenbahnarbeiter aus Kapstadt eingeführt wurde und die epidemische Verbreitung durch die schlechten Wasserverhältnisse Swakopmunds und die Anhäufung von Menschen während des Eisenbahnbaus begünstigt wurde. Während des Hererokrieges entwickelte sich der Typhus zur häufigsten Todesursache unter der Schutztruppe. So kam es von 1904 bis 1907 zu 4709 Erkrankungen und 564 Sterbefällen. Die schlechten Wasser- und Hygieneverhältnisse während des Feldzuges der Deutschen bewirkten zusätzlich, dass durchschnittlich bis zu 20 Prozent des Gesamtbestandes der Schutztruppe von Ruhrerkrankung befallen war. Obwohl über die Inzidenz von Typhus und Ruhr unter der namibischen Bevölkerung nur wenig bekannt ist, war die hohe Sterblichkeit in den Gefangenenlagern nach 1904 zweifellos auch durch diese Krankheiten verursacht.

Im August 1892 kam es zu einer sehr weitläufigen Influenza-Epidemie in verschiedenen Teilen des Landes. Auch 1907 wurde eine Epidemie in den mittleren und nördlichen Teilen Namibias verzeichnet. Dabei kam es in den Ansiedlungen um Swakopmund, Otjimbingwe, Okahandja und Windhoek zu Erkrankungsraten von bis zu 75% der Gesamtbevölkerung.

Geschlechtskrankheiten waren in allen Gebieten der Kolonie sehr verbreitet. Die zunehmende Inzidenz in der Schutztruppe führte zeitweise dazu, dass die Bettenkapazität der Lazarette überfordert war. Die wichtigsten Ursachen waren die Gonorrhoe (Tripper) und Syphilis. Unter der eingeborenen Bevölkerung in größeren Ortschaften war die Prävalenz von Gonorrhoe ebenfalls sehr hoch.

Als Ausdruck der Mangelernährung war der Skorbut (Vitamin-C-Mangelerkrankung) weit verbreitet. Hohe Erkrankungsraten kamen unter schwarzen Arbeitern in Swakopmund vor, die dort als Wanderarbeiter ihre normalen Ernährungsgewohnheiten zwangsweise ändern mussten. Zu extremen Situationen der Mangelernährung und sehr hoher Sterblichkeit kam es unter der einheimischen Bevölkerung während der zwei großen Dürren 1896 und 1908, sowie nach der Rinderpest von 1897 und in den Gefangenenlagern zwischen 1904 und 1908, wo über 50% aller Todesfälle auf Skorbut zurückzuführen waren.

Die Gesundheitsversorgung während der deutschen Kolonialzeit wurde von vier Hauptträgern durchgeführt. Zum einen machte die einheimische Bevölkerung nach wie vor weitgehend von traditioneller Medizin Gebrauch. Auch wurde das Engagement der Missionen im Gesundheitssektor zunehmend stärker und stieg die Inanspruchnahme der kirchlichen Gesundheitsleistungen sowohl durch die weißen Zivilisten, als auch durch die schwarze Bevölkerung. So wurden bereits vor 1900 von sechs der finnischen Missionsstationen im Ovamboland Gesundheitsdienste geleistet. Die ersten Franziskaner Nonnen kamen 1903 ins Land und arbeiteten anfangs als ausgebildete Krankenschwestern am Windhoeker Lazarett. 1906 wurde dann das Katholische Krankenhaus in Windhoek eröffnet. 1907 folgte das katholische Antonius-Hospital in Swakopmund. Die erste Ärztin in Namibia, Dr. Selma Rainio, nahm im Dezember 1908 in Oniipa, Ovamboland, an der dortigen finnischen Mission ihre Tätigkeit auf. Das erste finnische Krankenhaus wurde 1911 in Onandjokwe, im Stammesgebiet der Ondonga, eröffnet.

Im Oktober 1907 kam es zur Grundsteinlegung des Windhoeker Elisabeth-Hauses, das ab 1908 für mehrere Dekaden lang als Entbindungsstation diente und im Lande unter der weißen Bevölkerung sehr beliebt war. Dieses Wöchnerinnenheim wurde vom Deutschen Roten Kreuz betrieben und war nach der Vorsitzenden des Frauenvereins für Krankenpflege in den Kolonien, Gräfin Elisabeth von Mecklenburg, benannt worden. Der während der Grundsteinlegung geäußerte Segensspruch ließ keinen Zweifel daran, wem das Haus als Zielgruppe gewidmet war. Er lautete: »Der Not der Frauen wehre; den Stamm in Südwest mehre; mach' Arbeit uns und Ehre!« Das Elisabeth-Haus, von Deutsch-Namibiern auch gerne »Storchennest« genannt, blieb bis 1981 in Betrieb.

Während sich die Versorgung durch die Kirchen und andere Nichtregierungsorganisationen um diese Zeit stetig ausbreitete, entwickelte sich der unabhängige Privatsektor nur sehr langsam. Dr. G. Gadow eröffnete als erster Allgemeinmediziner 1893 eine Privatpraxis in Namibia, und zwar in Ludwigsdorf, Klein Windhoek. Allerdings war die Praxis wegen der geringen Anzahl weißer Patienten nicht rentabel. Daher ließ er sich zeitweilig in Omaruru und Okahandja unter den Herero nieder, bevor er 1904 das Land verließ und nach Kapstadt zog. Im Jahre 1907 gab es zwei Privatärzte im Land.

Die staatliche Gesundheitsversorgung hatte die deutsche Schutztruppe und die Beamtenschaft als Hauptzielgruppe, obwohl auch weiße Zivilisten und in geringem Maße eingeborene Namibier behandelt wurden. So waren bis zum Jahre 1898 vier Militärlazaretts in Swakopmund, Windhoek, Keetmanshoop (Hairachabis) und Outjo erbaut worden. Zusätzlich gab es das Marinelazarett in Okahandja. Um 1905 wurden außerdem die ersten deutschen Regierungskrankenhäuser in Lüderitzbucht und Swakopmund errichtet, letzteres mit getrennt 40 Betten für Weiße und 33 Betten für Schwarze. 1910 kam ein Regierungshospital mit 14 Betten in Windhoek dazu. Die Leitung dieser Krankenhäuser unterstand jeweils dem ansässigen Regierungsarzt. Im August 1905 wurde schließlich in Windhoek auch das erste chemisch-bakteriologische Labor eröffnet. Dieses führte Untersuchungen von Nahrungsmitteln sowie toxikologische und Wasseranalysen durch. Ähnliche Laboratorien wurden anschließend auch in Keet- manshoop, Lüderitzbucht und Swakopmund eingerichtet.

Während des Herero- und Nama-Krieges der Jahre 1904 bis 1907 kam mit den Truppentransporten zunehmend mehr Sanitätspersonal ins Land. So waren 1904 mehr als 100 Sanitätsoffiziere in der Kolonie. Zusätzlich gab es drei Feldunterärzte, einen Zahnarzt, acht Apotheker, 60 Krankenschwestern und 321 Sanitäter. Die militärische Gesundheitsversorgung war hierarchisch organisiert. Zusätzlich zu den oben genannten fest etablierten Lazaretten gab es während dieser Zeit die Feldlazarette Waterberg, Otjosondu, Otavi, Grootfontein, Karibib, Warmbad, Hasuur (Aroab) und Lüderitzbucht (auf der Haifischinsel). Diese erhielten Krankenüberweisungen von den Etappenlazaretts, die sich gemeinsam mit der Truppe bewegten. Seine Erlebnisse als Sanitätsoffizier an einem dieser Etappenlazaretts hat Friedrich Zöllner in seinem Buch »Als Arzt in Deutsch-Südwest« ausführlich geschildert.

Oberste Instanz in Sachen Gesundheit in Deutsch-Südwestafrika war das Sanitätsamt, das 1904 von Okahandja nach Windhoek verlegt wurde und dem Korpsarzt im Rang eines Generaloberarztes unterstand. Das Amt erstattete jährliche Medizinalberichte an das Reichskolonialamt in Berlin. Zusätzlich zur medizinischen Behandlung waren dem Amt Programme der Gesundheitsförderung und des Gesundheitsschutzes unterstellt. Diese schlossen unter anderem die Malariabekämpfung, die Typhuskontrolle, die Behandlung von Geschlechtskrankheiten und Hygienemaßnahmen wie Abfuhr- und Trinkwasserkontrolle ein.

Zur Malariakontrolle wurde eine umfangreiche Palette von Interventionen durchgeführt. Diese schlossen ab 1904 während der Regenzeit in gefährdeten Gebieten die Beaufsichtigung der wöchentlichen Einnahme von Malariaprophylaxe ein (1 g Chinin in Pulver- oder Tablettenform verabfolgt durch 0,5- oder einprozentige Salzsäure oder Kaffee zum Nachspülen). Außerdem gab es eingehende Belehrungs-Sessionen für die Schutztruppenangehörigen und alle Angestellten einschließlich der Schwarzen. Zusätzlich wurden ausgiebige Sanierungen durchgeführt. So fanden die intensiven Entwässerungsarbeiten und die Umzäunung der Grootfonteiner Quelle durch Stabsarzt Kuhn im Jahre 1906 weitgehende Beachtung, bewirkten sie doch einen merkbaren Rückgang in der Anzahl der Moskitos und der neuen Malariafälle.

Die Kontrolle von Geschlechtskrankheiten schien eine besondere Passion der Kolonialverwaltung zu sein. So führte man unter der Schutztruppe nicht angekündigte Überraschungs-Gesundheitsbesichtigungen ein. Präsenz von verdächtigen Symptomen führte zu unmittelbarer Isolierung durch Hospitalisierung. Alle Geschlechtskranken, deren Wiederherstellung länger als acht Wochen in Anspruch nehmen würde, wurden bei nächster Gelegenheit repatriiert. Gesundheitsbelehrung zum Thema war Routine und die Ausgabe von Kondomen, sogenannten Selbstschützern, die Norm. Regelmäßige Untersuchung und Behandlung der weißen Prostituierten war schon zu Ende der 1890er Jahre eingeführt worden. Ferner führten die Behörden nach Ende des Herero-Krieges vor allem in den Gefangenenlagern, aber auch unter der restlichen schwarzen Bevölkerung verschärfte Kontrollmaßnahmen ein. Diese ließen die Menschenwürde weitestgehend außer Acht und lassen sich zum Teil nur als Ausartung bezeichnen. So wurden alle Gefangenen in 14-tägigen Abständen auf Geschlechtskrankheiten zwangsuntersucht. Dies schloss innere Untersuchung bei Frauen ein. Selbst nach Entlassung aller Gefangenen im Jahre 1908 wurden diese Maßnahmen, möglicherweise in abgeschwächter Form, unter der eingeborenen Bevölkerung fortgesetzt. So berichtete Missionar Elger noch 1911 von periodischen Geschlechtsuntersuchungen der gesamten Bevölkerung seines Gemeindekreises.

Was die Ernährung anbetraf, war der allgemeine Zustand der eingeborenen namibischen Bevölkerung schon vor dem Herero-Krieg sehr schlecht, danach jedoch verheerend. Als eine Fortführung der Politik des General von Trotha, die 1904 Ausdruck im Vernichtungsbefehl gefunden hatte, wurde den Herero 1905 gesetzlich das Recht abgesprochen, Vieh zu halten. Somit entfielen als wichtigste Nahrungsmittel dieses Hirtenvolkes die Milch und das Fleisch. Von der Kolonialverwaltung wurde auch trotz der deutlichen Mangelernährung der meisten Herero nichts unternommen, um diese Situation zu beheben. Die Krankenversorgung in den Gefangenenlagern wurde den Missionaren überlassen, die unzureichend für diese Aufgabe gerüstet waren und sich auf Grund der hohen Sterberate in der Hauptsache um die Seelsorge und die Familienverständigung der Herero bemühten. Auch gaben die Missionen auf dem Land entlang den Ufern der Trockenflüsse Anleitung zu Gemüseanbau. Erst einige Jahre nach dem Hererokrieg kam es das erste Mal zu einer größer angelegten staatlichen Intervention zur Behebung einer Hungersnot. Missionar Tönjes berichtet dazu, dass die schwache Regensaison 1907/1908 und wiederum 1908/1909 im Ovamboland zu schrecklichen Folgen während der ersten Monate des Jahres 1909 führte. Überall entlang der Hauptverkehrswege lagen Menschen im Sterben. Leichen häuften sich an. Die Kolonialverwaltung reagierte seit Oktober 1908 mit der Lieferung von Reis und Maismehl. Ebenfalls wurden Medikamente an die finnische Missionsärztin Selma Rainio geliefert. Der Grund für das Einschreiten wird vom Historiker Bley so erklärt: Einerseits nahm die wirtschaftliche Entwicklung des Landes ab 1907 einen Aufschwung und die Nachfrage nach Arbeitskraft stieg an. Andererseits war das Arbeitsangebot durch die Dezimierung der Herero im zentralen Teil des Landes unzureichend. Somit musste das Ovamboland als potentielle Quelle von Arbeitskraft unterstützt werden, obwohl man bis dato nördlich der Roten Linie kaum agiert hatte. Im mittleren Teil des Landes verbesserte sich die Ernährungslage der schwarzen Bevölkerung auch nach 1910 nicht sonderlich. Dies, obwohl die sozialere Politik des damaligen Staatssekretärs im Reichskolonialamt, Dernburg, 1908 dazu geführt hatte, dass die medizinische Versorgung der Herero verbessert wurde, Nahrungsmittel zur Verfügung gestellt wurden und das Viehhaltungsverbot aufgehoben wurde. So wurde dem Nachfolger Dernburgs, Solf, während seines Besuches in der Kolonie im Jahr 1912 durch den Chefarzt des Windhoeker Krankenhauses berichtet, dass die Eingeborenen vor allem auf den Farmen nach wie vor schlecht behandelt würden. Es gäbe Fälle von Mangelernährung, wo die Patienten bei Einlieferung ins Krankenhaus so geschwächt seien, dass sie bis zu zwei Wochen gefüttert werden müssten.

Die zunehmende Wanderarbeit, die weitgehende soziale und gesundheitliche Folgen mit sich brachte, erteilte allerdings gleichzeitig eine kleine Lektion in der Ernährungslehre. So erkannte man sehr bald an der Küste, dass die Wanderarbeiter nach ihrem »Heimat«-Urlaub im Inland oftmals vollkommen vom Skorbut genesen zurückkehrten. Obwohl zu diesem Zeitpunkt bekannt war, dass der Skorbut durch falsche Ernährung verursacht wurde, hatte man noch nicht entdeckt, in welchen einheimischen Nahrungsmitteln das wichtige Vitamin C vorhanden war. So war das Vorkommen von Skorbut auch unter den Schutztrupplern während des Herero-Krieges sehr hoch, ohne dass geeignete Präventiv-Maßnahmen erfolgten. Heute weiß man, dass die regelmäßige Einnahme einer kleinen Feldzwiebel, oontjies genannt, den gesamten Vitamin C-Bedarf des Körpers abdecken kann.

Ein wichtiger Beitrag zur allgemeinen Hygiene im Bereich der Gemeindegesundheitsverwaltung wurde während der Jahre um 1910 geleistet. So wurden in Orten wie Swakopmund, Okahandja und Windhoek die ersten Sanitätskommissionen gebildet. Diese waren für die allgemeine Sauberkeit der Ansiedlungen und Unterkünfte zuständig. Das schloss die Müllabfuhr und die Fäkalienbeseitigung durch das sogenannte Tonnensystem, beides per Ochsenwagen, ein. Allerdings kam es an einigen Orten gegen Ende der deutschen Kolonialzeit durch die starke Bevölkerungszunahme zu erneuten Problemen. Durch die Etablierung der chemisch-bakteriologischen Labors wurde die Wasserversorgung erheblich verbessert. Im Swakopmunder Wasser wurden so zum Beispiel schwefelsaure Salze nachgewiesen, die jahrelang der Grund für die sogenannte Swakopmunder Krankheit gewesen waren, einer vor Ort weitverbreiteten Magen- und Darmstörung. Nach 1906 kam es auch durch Privatinitiative zu verbesserter Wasserversorgung. So wurden in Windhoek und Keetmanshoop Selterswasserfabriken errichtet, die bald das gesamte Land mit Selterswasser von guter Qualität belieferten.

Im Fazit darf konstatiert werden, dass die deutsche Kolonialzeit in Südwestafrika eine höchst gemischte Bilanz in der Entwicklung des Gesundheitswesen hinterließ. Die offizielle Gesundheitspolitik kam nur zögerlich zum Ausdruck. Die Ausrichtung war primär auf das Wohlbefinden der Schutztruppenangehörigen und der weißen Siedler bezogen und hielt in ihren Maßnahmen nicht davor zurück, die Menschenwürde der schwarzen Bevölkerung oftmals ernsthaft zu verletzen. Den akuten Gesundheitsnotständen unter der namibischen Lokalbevölkerung, hervorgerufen durch Epidemien und Hungersnöte, war man nicht gewachsen. Andererseits bewirkte die Politik zur Zeit des Vernichtungsbefehls, dass man von offizieller Seite diesen Notständen ungenügende Beachtung schenkte. Die Rolle der Kirchen war damit gefordert, aber konnte nur limitiert effektiv sein. Ein Politikwechsel kam um 1908, als der wirtschaftliche Aufschwung durch den Arbeitermangel gefährdet wurde. In der Verwaltung des Gesundheitssystems, in der Errichtung von Gesundheitsinfrastruktur wie z.B. Krankenhäusern und in der Entwicklung der kommunalen öffentlichen Gesundheitsdienste kam es dadurch hauptsächlich während der letzten Dekade der Kolonialzeit zu einigen positiven Ansätzen, auf denen die weitere Entwicklung würde bauen können.

1915 bis 1920

Der 9. Juli 1915 brachte das Ende des Ersten Weltkrieges im damaligen Namibia. Gouverneur Seitz unterzeichnete die Kapitulationsurkunde am 500-Meilen-Stein der Otavibahn bei Khorab etwas nördlich von Otavi. Damit ging der etwa neunmonatige Feldzug der britischen Truppen gegen Deutsch-Südwestafrika zu Ende. Das Kriegsrecht wurde ausgerufen und das Land wurde zu einem britischen Protektorat erklärt. Die deutsche Schutztruppe hatte sich vorher auf die Orte Grootfontein und Tsumeb zurückgezogen und dort ihre Feldlazaretts und militärischen Depots eingerichtet. Schutztruppen-Sanitätspersonal ging in die Gefangenschaft und wurde später im Zuge von Gefangenen-Austauschprogrammen repatriiert. Freiwillige, die sich der Schutztruppe angeschlossen hatten, wurden nach kurzer Zeit entlassen.

Der südafrikanische General Beves wurde erster Militärgouverneur und im Oktober des gleichen Jahres von Sir Howard Gorges als Administrator abgelöst. Leutnant Haydon wurde zum *Assistant Director of Medical Serives* benannt und übernahm die Leitung der militärischen Verwaltung des Gesundheitswesens. Das *South African Medical Corps* (SAMC) war für die öffentliche Gesundheitsversorgung verantwortlich und stationierte *Medical Officers* in allen Bezirken. Diese Medizinalbeamten erfüllten eine dreifache Funktion, nämlich als Truppen-, Regierungs- und Zivilärzte. Alle ehemaligen deutschen Lazaretts und Regierungskrankenhäuser wurden ebenfalls mit Personal des SAMC versehen.

Die Versorgung der deutschen Zivilbevölkerung, die durch Repatriierung mehr oder weniger um die Hälfte reduziert war, oblag nach wie vor den wenigen privat niedergelassenen Ärzten und den kirchlichen Krankenhäusern. Zusätzlich ließen sich zunehmend südafrikanische Ärzte im Land nieder. Durch einen Mangel an Krankenschwestern kam es zeitweilig zur Schließung von einigen Krankenhäusern. Auch gab es anfangs Schwierigkeiten einige der deutschen Krankenpflegerinnen dazu zu bewegen sowohl englische als auch schwarze Patienten zu pflegen.

Auf dem Gebiet der Gesundheitsförderung machten sich die Südafrikaner sehr bald an die weitere Verbesserung auf Gemeindeebene. So wurden die Gemeindeverwaltungen dazu angehalten, weitgehende Maßnahmen durchzuführen. Allerdings war der Erfolg dieser Leistungen gemischt. Noch 1917 kam es in Windhoek zu mehreren Fällen von Typhus. Die Situation besserte sich erst in den frühen 1930er Jahren nach Einführung von Wasserspülung. Auch wurde die Immunisierung der Lokalbevölkerung gegen Pocken stärker betrieben. Die Bekämpfung der Geschlechtskrankheiten blieb allerdings weitgehend an den Maßnahmen der deutschen Verwaltung angelehnt und behielt die Zwangsuntersuchung der schwarzen Bevölkerung bei. So mussten sich alle Schwarzen, die in städtischen Gebieten lebten, vierteljährlich diesen Untersuchungen unterziehen.

Im Jahre 1918 kam es wiederum zu mehreren Epidemien im Land. Im August brachen die Masern aus. In Windhoek wurden 459 Kinder behandelt. Es gab sieben Todesfälle. Dazu kamen Halsentzündungen, Diphtherie und Scharlach. Am 7. Oktober 1918 brach die Spanische Influenza in Windhoek und in anderen Orten des Landes aus. Zur gleichen Zeit mit dem Ausbruch der Grippe-Epidemie kam der südafrikanische Zirkus Boswell das erste Mal nach Namibia. Es wird berichtet, dass der Besuch des gleichen Zirkus viele Jahre später von der Bevölkerung immer noch mit der verheerenden Epidemie von 1918 in Verbindung gebracht wurde und für besondere Unruhe sorgte. Das Grippe-Virus war Mitte September 1918 per Schiff in Kapstadt eingeschleppt worden und breitete sich entlang des Eisenbahnnetzes innerhalb eines Monats in der gesamten Südafrikanischen Union aus. Margarethe von Eckenbrecher schildert in ihrem Buch ausführlich, wie die Epidemie in wenigen Tagen in Windhoek ein Chaos verursachte. Kein Haushalt blieb verschont. Schulen, Büros und Geschäfte blieben geschlossen. Die Versorgung der Bevölkerung mit Nahrungsmitteln kam zum Erliegen. Alle Krankenhäuser waren überbelegt. Die Leichenhallen waren überfüllt. Mehrere Leichen mussten in der deutschen Realschule aufbewahrt werden, bis Särge bereit waren. Die Bevölkerung wurde soweit möglich zu Hause oder in Sammelstellen krankengepflegt. Von den zwei deutschen Privatärzten in Windhoek erkrankte einer selber sehr früh. Eckenbrecher schildert, dass der andere »Übermenschliches« leistete. »Tag und Nacht war er auf den Beinen; straßauf und straßab, in Groß- und Klein-Windhuk sah man ihn im wehenden weißen Doktorkittel und Tropenhelm auf seinem fetten Gaule, überall helfend, ratend, tröstend.« Ähnliche Schilderungen gibt es aus anderen Orten, so zum Beispiel aus Tsumeb, wo die schwarze Bevölkerung besonders stark heimgesucht wurde und die Bestattung der Toten in einem Massengrab acht Kilometer außerhalb des Ortes durchgeführt werden musste.

Die Grippe-Epidemie zeigte in vieler Hinsicht Schwachstellen in der Gesundheitsversorgung des Landes auf. Bei einer Sterberate von 86 von Tausend Krankheitsfällen attestiert die Historikerin Marion Wallace der Windhoeker Bevölkerung eine der höchsten Sterberaten weltweit. Dies kann einerseits auf die hohe Ansteckbarkeit und die Virulenz des Erregertyps zurückgeführt werden. Außerdem war Windhoek zu dem Zeitpunkt relativ überbevölkert und Quartiere und Behausungen unzureichend. Andererseits zeigte diese Epidemie auch, dass die Koordinierung des Gesundheitssystems inadäquat war. Die Gesundheitsbehörden waren ungenügend vorbereitet, obwohl es bis zu drei Wochen vorher Zeitungsberichte über die Situation in der Südafrikanischen Union gegeben hatte. Ferner verhinderte die Aufteilung des Gesundheitssystems nach ethnischen Gesichtspunkten ein einheitliches und effektives Vorgehen.

Diese Schlussfolgerungen sind allerdings nicht nur auf das damalige Protektorat Südwestafrika zutreffend. Das Parlament der Südafrikanischen Union verabschiedete als direkte Folge der Verheerung, die die Grippe in Südafrika verursacht hatte, den *Public Health Act of 1919*. Dieses Gesetz bewirkte in Südafrika die Etablierung eines einheitliches Gesundheitsministeriums. Nach 1920 kam es auch in Namibia zum Tragen.

1921 bis 1946

Nach Beendigung des Ersten Weltkrieges und der Unterzeichnung des Friedensvertrags von Versailles wurde das Gebiet der ehemaligen Kolonie Deutsch-Südwestafrika durch Entscheidung des Völkerbundes ab dem 17. Dezember 1920 als C-Mandat der Britischen Krone unterstellt. Ausführer des Mandats wurde die Regierung der Südafrikanischen Union. Als Konsequenz wurde die Militärregierung und das Kriegsrecht zum Jahreswechsel 1920/1921 durch eine Zivilregierung abgelöst. Die bestehende südafrikanische Gesetzgebung wurde per Proklamation durch den Administrator in Namibia eingeführt. Für den Gesundheitssektor des Landes bedeutete dies Ende 1920 die Ausrufung des südafrikanischen Public Health Act und die Einführung der *Hospital Ordinance*. Außerdem wurden 1924 Teile des südafrikanischen *Mental Disorders Act* und 1929 der *Medical, Dental and Pharmacy Act* im Gebiet proklamiert.

Durch diese Gesetzgebung wurde das Gesundheitssystem in Namibia großenteils dem der vier südafrikanischen Provinzen angeglichen. Erster *Medical Officer to the Administration* und damit höchster Gesundheitsbeamter im Land wurde Dr. Louis Fourie, der 1914 als Teil des South African Medical Corps nach Namibia gekommen und zuletzt Chefarzt am Windhoeker Staatskrankenhaus war. Ferner wurde durch den Public Health Act das System der Gesundheitsbezirke weiter gefestigt, und ein sogenannter *District Surgeon* oder Amtsarzt wurde jeweils pro Bezirk angestellt. Zum Teil waren dies Privatärzte in Teilbeschäftigung.

Die Hospital Ordinanz sah die Etablierung sogenannter *Hospital Boards* oder Krankenhaus-Aufsichtsräte vor. Noch während des Jahres 1920 wurden diese Boards in Grootfontein, Outjo, Windhoek und Lüderitz gebildet und übernahmen die Verwaltung der ehemaligen Militärlazaretts. Letztere fungierten ab dann als staatsunterstützte Krankenhäuser ausschließlich für die weiße Bevölkerung. Zusätzlich gab es im Land zu diesem Zeitpunkt die privaten oder kirchlichen Krankenhäuser in Swakopmund, Windhoek, Gobabis und Keetmanshoop, letzteres vom Johanniter-Orden unterhalten. Außerdem gab es Minenkrankenhäuser in Tsumeb, Kolmannskuppe und Pomona. Onandjokwe war nach wie vor das einzige Krankenhaus im Norden, während die schwarze Bevölkerung zusätzlich in Omaruru, Windhoek,

Keetmanshoop und Karibib Zugang zu staatlichen Hospitälern hatte.

Nach 1920 blieb die Zuwanderung von Ärzten vorläufig sehr beschränkt. Freigewordene Stellen, die vorher von deutschen Ärzten besetzt waren, konnten jedoch wiederum durch Ärzte aus Deutschland gefüllt werden. Die Genehmigung zur Niederlassung wurde vom *Secretary for South West Africa* erteilt. Nach der Proklamation des südafrikanischen Medical, Dental and Pharmacy Act in Namibia 1929 wurde dem *South African Medical and Dental Council* diese Funktion zugewiesen. Die Registrierung von Krankenschwestern und Hebammen wurde gleichfalls durch dieses Gesetz geregelt.

Der Gesundheitszustand der Bevölkerung Namibias war nach wie vor von verschiedenen Infektionskrankheiten bedroht. Malaria war im Norden des Landes endemisch. Außerdem kamen vermehrte Fälle von Lepra (Aussatz) sowohl in Ovamboland als auch im Kavango vor. Malta-Fieber wurde zunehmend diagnostiziert. Zusätzlich waren Masern, Geschlechtskrankheiten, Pest und Tuberkulose nach wie vor prävalent. Auch kam es in den Jahren 1920, 1929 bis 1931 und erneut 1940 zu extremen Dürreperioden mit einhergehenden Hungersnöten. Vor allem im Ovamboland kam es allerdings durch die Einführung eines Arbeitsprogrammes nur zu wenigen Todesfällen.

Während der 1930er Jahre breitete sich vor allem der Gesundheitsdienst der Finnischen Mission im Norden stark aus. Es kam zur Gründung von Kliniken im Kavango und einem neuen Hospital in Engela, im Stammesgebiet der Kwanjama. Außerdem wurde 1934 die Ausbildung von Hilfskrankenschwestern am Onandjokwe Krankenhaus aufgenommen. Dies war das erste Ausbildungsprogramm für Gesundheitspersonal in Namibia überhaupt. Staatlicherseits wurde bis in die frühen 1950er Jahre zur Ausbildung von Schwarzen als Pflegepersonal nichts unternommen, während die Ausbildung von Weißen ausschließlich in Südafrika stattfand.

Auch die Gesundheitsversorgung durch die Katholische Mission wurde in den 1930er Jahren bedeutend ausgebaut. So wurden sowohl das Windhoeker Maria-Hilf-Hospital und das Swakopmunder Antonius-Krankenhaus um Isolierstationen und zusätzliche Krankenzimmer erweitert. Neue katholische Krankenhäuser wurden auch in Usakos und Otjiwarongo errichtet. 1934 nahm Schwester Berlindis Bittl ihre Tätigkeit am Windhoeker Katholischen Krankenhaus auf. Sie erwarb sich bald landesweit einen hervorragenden Ruf als fürsorgliche Krankenpflegerin und resolute Matrone. Als solche war sie bis in die frühen 1980er Jahre aktiv.

Die medizinische Versorgung der Bevölkerung kleinerer Orte und der Farmen durch Privatärzte wurde während dieser Zeit auch bedeutend verbessert. So erfreuten sich die »fliegenden Ärzte«, Dr. Hans Peter Schröder und Dr. Francois Marais, die eigene Flugzeuge besaßen und dadurch relativ entlegene Gebiete in kurzer Zeit erreichen konnten, großer Beliebtheit. Die Versorgung der Kranken über den Luftweg wurde bald auch durch die Missions-Verkehrs-Arbeitsgemeinschaft (MIVA) der katholischen Kirche in Deutschland unter Leitung von Pater Paul Schulte wesentlich ausgebaut. So stellte die MIVA in Windhoek ein Ambulanzflugzeug mit Pilot für alle Ärzte bereit. Interessante Schilderungen über diese Zeit sind in den Büchern »Der fliegende Doktor« von Lisa Gebhardt, »Fragments of a Desert Land« von Dr. Con Weinberg und »Der fliegende Pater« von Paul Schulte festgehalten.

Im zentralen Teil des Landes entwickelte sich der staatliche Gesundheitsdienst nur langsam. Zwar wurde 1929 die erste Klinik für Schwarze auf der Windhoeker Werft gegründet, aber das Staatskrankenhaus in Windhoek hatte 1935 noch kein qualifiziertes Krankenpflegepersonal. Außerdem gab es einen sog. »Geschlechtskranken-Compound« (separates Wohnquartier), wo Patienten isoliert wurden und ihre tägliche Behandlung über mehrere Wochen verabreicht bekamen. Zusätzlich wurden in einigen Orten des Landes, inklusive Windhoek, halbjährliche Zwangsuntersuchungen von allen weiblichen Einwohnern der schwarzen Wohnviertel eingeführt. In Windhoek und anderen Orten kam es zu Protesten. Die Untersuchungen wurden unter Polizeiaufsicht weitergeführt. Allerdings wurde das Vorhaben nach der ersten Untersuchung fallen gelassen, nachdem das Ergebnis bekannt wurde. Nur eine extrem geringe Zahl der Frauen hatte Symptome gezeigt.

Insgesamt öffnete sich die Schere in der Gesundheitsversorgung zwischen Schwarzen und Weißen während dieser Zeit immer mehr. 1936 zum Beispiel wurden 8 Cents pro Kopf der schwarzen Bevölkerung im Lande ausgegeben, für Weiße waren es fast 10 mal mehr. Zusätzlich kam es in den 1940er Jahren in Windhoek zu der Frage, in welchem der beiden staatlichen Krankenhäuser die zunehmende Mischlingsbevölkerung versorgt werden sollte. Der Aufsichtsrat des weißen Krankenhauses stimmte schließlich der Aufnahme von Mischlingen zu. Begründung war, dass die Zustände im Staatskrankenhaus für Schwarze den Mischlingen nicht zuzumuten seien. Allerdings wurde der Administration gleichzeitig empfohlen, so schnell wie möglich eine zusätzliche Krankenstation für Mischlinge im Staatskrankenhaus anzubauen.

Die problematische Situation des Windhoeker Staatskrankenhauses und die Folgen der Knappheit finanzieller Mittel während der Zeit des Zweiten Weltkrieges führten dazu, dass Administrator Hoogenhout im August 1945 eine Untersuchungskommission berief. Die Kommission hatte die Aufgabe,

Vorschläge zur Verbesserung der Gesundheitsdienste im Land zu erarbeiten. Der Bericht der Gesundheitskommission, auch Marais-Kommission genannt, wurde 1946 vorgelegt. Schwerpunkt des Berichtes war die Verbesserung der Krankenhausleistungen durch Personalverstärkung, Ausbildung von Pflegepersonal im Land, Erhöhung der finanziellen Mittel für die staatlich unterstützten Krankenhäuser und die Errichtung eines neuen 180-Betten-Krankenhauses in Windhoek, welches als Überweisungskrankenhaus mit verschiedenen Fachärzten versehen sein sollte.

1946 bis 1989

Die Auswirkung des Berichtes der Gesundheitskommission und die gute wirtschaftliche Lage während der Nachkriegs- und 1950er Jahre machten eine relativ rasante Entwicklung des Gesundheitswesens während der Zeit von 1950 bis 1970 möglich. Mitte der 1960er Jahre gab es 27 Krankenhäuser und sechs Kliniken für Weiße und 39 Krankenhäuser und 58 Kliniken für Schwarze in Namibia. Insgesamt gab es 4300 Betten für eine Gesamtbevölkerung von weniger als 600.000, d.h. mehr als acht Betten pro 1000. Die relativ gute Finanzlage ließ außerdem zu, dass die Zuwendungen an die staatlich unterstützten Krankenhäuser auf 60% der Gesamtausgaben erhöht wurden. Ebenfalls wurden alle Missionskrankenhäuser für die schwarze Bevölkerung ab 1966 zu 100% ihrer laufenden Ausgaben bezuschusst.

Die staatliche Ausbildung von Krankenpflegepersonal wurde Anfang der 1960er Jahre begonnen. So gab es Mitte der 1970er Jahre bereits 2174 Krankenschwestern verschiedener Kategorien im Land. Außerdem gab es 130 Ärzte, darunter 16 Spezialisten. Diese Ärzte waren allerdings mehrheitlich privat niedergelassen, und die Verteilung landesweit war sehr ungleich. So gab es im gesamten Ovamboland lediglich zehn Ärzte, in Windhoek allein hingegen bereits an die 50. Es ist klar zu erkennen, dass diese Entwicklungen vor allem während der 1960er Jahre starken Einfluss auf die Verbesserung der kurativen Leistungen hatten. Die Leistungen in der Gesundheitsförderung und im Gesundheitsschutz wurden zur gleichen Zeit jedoch deutlich weniger stark vorangebracht. Die Folgen dieser einseitigen Ausrichtung waren zum Zeitpunkt der Unabhängigkeit Namibias besonders markant an der unterentwickelten Basisgesundheitsversorgung (*Primary Health Care*) zu erkennen.

Wichtig in der Entwicklung des namibischen Gesundheitssystems während dieser Zeit waren auch die Politik und die Empfehlungen des sogenannten *Odendaal Report*. Nachdem die Nationale Partei in Südafrika 1948 an die Macht gekommen war, war der Einfluss der Philosophie von Dr. H. F. Verwoerd, dem Architekten der Apartheid, auch in Namibia nicht weiter aufzuhalten. Zusätzlich kam Südafrika ab 1945 zunehmend unter politischen Druck bei den Vereinten Nationen, die die Nachfolge des Völkerbundes angetreten und einen südafrikanischen Antrag auf Anschluss Südwestafrikas an die Südafrikanische Union abgelehnt hatten. Auf Grund dieser Ablehnung entschied sich die südafrikanische Regierung dafür, Südwestafrika weiterhin als C-Mandat zu verwalten. 1962 berief der südafrikanische Staatspräsident die Odendaal-Kommission. Ausdrückliches Ziel der Kommission war festzustellen, wie die Entwicklung der schwarzen Bevölkerung des Landes verbessert werden könnte. Der Gesundheitssektor war ein Schwerpunkt der Arbeit der Kommission.

Der Bericht der Kommission wurde 1964 vorgelegt. Wichtigste Empfehlung der Kommission war die Errichtung sogenannter *Homelands* für jede der ethnischen Bevölkerungsgruppen im Land. Jedes Homeland sollte zusätzlich seinen eigenständigen Gesundheitsdienst etablieren. So kam es während der frühen 1970er Jahre zur Gründung der ersten *Homeland Gesundheitsdienste*, und zwar im Ovamboland, Kavangoland und im Caprivi. Diese Dienste unterstanden indirekt dem südafrikanischen *Department of Bantu Administration*, mussten aber nach wie vor direkt an den *Director of Health Services* der *SWA Administration* berichten.

Zu einer weiteren Komplikation in dem immer schwieriger überschaubaren Gesundheitswesen des Landes kam es durch die Proklamation AG 8 von 1980, die der südafrikanische Generaladministrator Hough ausrief. Hierdurch wurde den 13 verschiedenen ethnischen Verwaltungen das Recht zugesprochen, irgendwo in Namibia Gesundheitsleistungen für die eigene Ethnie anzubieten. Die potentiellen Folgen dieser Proklamation – zum Beispiel wäre es theoretisch möglich gewesen, dass am gleichen Ort 13 verschiedene ethnische Krankenhäuser errichtet würden – führten zu heftigen Debatten und Auseinandersetzungen zwischen denen, die den Apartheidsgedanken bis ins letzte Detail umsetzen wollten, und denen, die eine Abschaffung der Apartheid im Gesundheitssektor befürworteten.

Schließlich wurde einmal mehr eine Kommission eingesetzt, um die Situation zu beurteilen und Lösungsvorschläge zu erarbeiten. Der Bericht dieser *Broeksma-Kommission* wurde 1984 veröffentlicht und empfahl, die Umsetzung der Proklamation AG 8 im Gesundheitssektor auszusetzen. So konnte die Abschaffung der sogenannten kleinen Apartheid vorangetrieben werden. Dies bedeutete unter anderem, dass ab Anfang der 1980er Jahre die Apartheid in den Krankensälen der Hospitäler abgeschafft und die Gleichstellung der Gehälter eingeführt wurde.

Die 1970er und 1980er Jahre brachten eine Verschärfung im Befreiungskrieg der SWAPO mit sich.

Die erhöhte südafrikanische Militärpräsenz vor allem im Ovamboland und am Kavango führte zu erheblichen Belastungen der Lokalbevölkerung. Die allnächtliche Sperrstunde verminderte die Erreichbarkeit der Gesundheitsdienste. Wegen der Kriegswirren war die Stärkung von Gesundheitsförderung und Basisgesundheitsdiensten im Norden des Landes nur sehr begrenzt möglich. Andererseits wuchs der Bedarf an Laien, die vor Ort Erste Hilfe leisten und die Gesundheitsbelehrung vornehmen konnten. Die kriegerischen Auseinandersetzungen führten dazu, dass einige Kliniken und Krankenhäuser geschlossen werden mussten. Schließlich blieb das Gesundheitspersonal selbst von den Kriegseinflüssen nicht unbehelligt. So kam es Anfang 1988 zu einer Bombenexplosion in einer Bank in Oshakati, bei der die Hauptmatrone des Ovambolandes und 14 weitere Krankenschwestern getötet wurden.

Am 1. April 1989 begann die Übergangszeit zur Unabhängigkeit unter Aufsicht der Vereinten Nationen in Namibia. Damit ging eine mehr als 100 Jahre dauernde Kolonialperiode zu Ende. Die Entwicklung des Gesundheitssektors über den Zeitraum 1946 bis 1989 war hauptsächlich von zwei Einwirkungen geprägt. Obwohl es bereits unter deutscher Kolonialverwaltung zu einer getrennten Gesundheitsversorgung der schwarzen und weißen Bevölkerung des Landes gekommen war, wurde diese Entwicklung ab 1948 verschärft vorangetrieben. Schließlich führte sich diese Politik zwar Anfang der 1980er Jahre selbst ad absurdum, die nötigen größeren Strukturanpassungen wurden aber dennoch nicht durchgeführt. Schließlich bewirkte der wirtschaftliche Aufschwung in den 1950er und 1960er Jahren eine klinikzentrierte und kurativ orientierte Entwicklung im Gesundheitswesen, bei der die Basisgesundheitsversorgung deutlich zu kurz kam und die Verteilung der Mittel zunehmend ungleich war.

1990 bis 2001

Mit der Unabhängigkeit 1990 bekam Namibia zum ersten Mal ein einheitliches Gesundheitswesen. Der erste Gesundheitsminister, Dr. Nickey Iyambo, veröffentlichte schon im April 1990 die neue Gesundheitspolitik der Regierung. Diese Politik – nach wie vor richtungsweisend – besagt, dass das namibische Gesundheitssystem auf der Basis von *Primary Health Care* aufgebaut werden soll. Gesundheitsdienste sollen für jeden erreichbar, akzeptabel und erschwinglich sein. Die Orientierung soll weg von der bisher meist kurativen Ausrichtung zu einem Gesundheitswesen führen, das die Gesundheitserziehung und -förderung stärker in den Vordergrund stellt. Die Koexistenz von öffentlichem Gesundheitswesen, traditioneller Medizin, privatem Gesundheitssektor und der Gesundheitsversorgung durch Nichtregierungsorganisationen wie z.B. den Kirchen soll beibehalten werden. Die Kooperation zwischen diesen verschiedenen Trägern soll weiter ausgebaut werden. Innerhalb des öffentlichen Gesundheitswesen soll ein hierarchisches System von Dienstleistungen angeboten werden. Das heißt, dass jede Klinik im Land Patienten an ein nahegelegenes Kreiskrankenhaus (*district hospital*) überweisen kann, wenn und wann immer es notwendig ist. Ebenso soll jedem Kreiskrankenhaus ein zuständiges überregionales Überweisungskrankenhaus zur Verfügung stehen. Parallel zu dieser Versorgungshierarchie soll ein Verwaltungssystem entwickelt werden, das die Verantwortlichkeit von Managern gegenüber der Bevölkerung ihres Zuständigkeitsgebietes verstärkt.

Die Zielsetzungen der oben genannten ersten Gesundheitspolitik sind seither weitgehend umgesetzt worden. Im öffentlichen Gesundheitswesen gibt es nun 34 Gesundheitsbezirke, die jeweils unter eine der 13 Verwaltungsregionen fallen. In jedem der 34 Bezirke gibt es mobile Kliniken (*outreach clinics*), die die Bevölkerung regelmäßig an bestimmten Orten im Bezirk aufsuchen und dort Immunisierungs- und andere Basisgesundheitsprogramme anbieten. Zusätzlich gibt es mehrere stationäre Kliniken in jedem Bezirk. Das Ziel ist, mindestens für 80 Prozent der Bevölkerung eines Bezirks innerhalb einer Stunde erreichbar zu sein. Ferner gibt es Gesundheitszentren, die Patienten für kürzere Zeiträume stationär aufnehmen können, und schließlich mindestens ein Kreiskrankenhaus pro Bezirk. Alle Kreiskrankenhäuser haben Allgemeinärzte und Pflege- und paramedizinisches Personal, das eine gute Behandlung der allgemein vorkommenden Krankheiten direkt vor Ort ermöglicht. Fälle, die fachärztliche Behandlung benötigen, werden in eines der vier Referenzhospitäler überwiesen. Überregionale Referenzkrankenhäuser gibt es nun in Rundu, zuständig für die Regionen Caprivi und Kavango; in Oshakati, zuständig für Ohangwena, Omusati, Oshikoto und Oshana; und in Windhoek mit dem Katutura Hospital für die restlichen Regionen des Landes. Patienten, die höher spezialisierte Eingriffe oder Behandlungen benötigen, werden an das Windhoeker Zentralkrankenhaus überwiesen. Dieses steht somit an der Spitze der Versorgungspyramide.

In der Gesundheitsverwaltung gibt es ein ähnlich gegliedertes System. Die Gesundheitsbezirke unterstehen jeweils einem *Regional Office*. In jeder der 13 Regionen gibt es einen *Regional Health and Welfare Officer* und einen *Regional Chief Medical Officer*. Diese berichten bis dato einem überregionalen Direktor in vier Zonen im Nordwesten, Nordosten, Zentrum und Süden des Landes. Das Ministerium in Windhoek steht an der Spitze dieser Verwaltungshierarchie und ist für Politikformulierung, Gesetzgebung, Regulierung, Entwicklungskooperation mit Gebern, Finanzierung, Ausarbeitung von Leitbüchern, Training und Koordinierung verantwortlich.

Im Bereich der Gesetzgebung hat es seit der Unabhängigkeit mehrere neue Ansätze gegeben. So wurden neue Gesetze über die Aufgaben der verschiedenen berufsständischen Organisationen des Gesundheitswesens verabschiedet. Dies schließt auch ein Gesetz über die Traditionelle Medizin ein. Ebenso wurde ein Gesetz zur verbesserten Registrierung von privaten Krankenhäusern und anderen Gesundheitsinstanzen, wie Arztpraxen und Apotheken, verkündet. Das Ministerium ist außerdem dabei, verschiedene Gesetzesentwürfe vorzubereiten, die einen vollkommen überarbeiteten Public Health Act einschließen.

Namibia ist ein Land der Kontraste. Dies fällt auch im Gesundheitssektor und am allgemeinen Gesundheitszustand der Bevölkerung auf. So sind auch jetzt nach wie vor 90 Prozent der Menschen von den typischen armuts-assoziierten Krankheiten betroffen. Im Jahr 1999 waren die folgenden Krankheiten für die meisten Todesfälle verantwortlich: AIDS (26%), Tuberkulose (10%), Erkrankungen der Atemwege und Lungenentzündungen (11%), Gastroenteritis (8%), Malaria (6%), Karzinome (5%) und Mangelernährung (4%). Die typischen Kinderkrankheiten, Verletzungen (meist durch Verkehrsunfälle verursacht), obstetrische Komplikationen bei Schwangeren und eine kleine Anzahl von verschiedenen anderen Krankheiten waren die restlichen Todesursachen. Die wohlhabenden 10% der Gesellschaft sind zunehmend von sog. Wohlstandskrankheiten betroffen, wie Bluthochdruck und Gefäßerkrankungen, Diabetes, Allergien und Gelenkkrankheiten.

Vor allem die rasante Zunahme von HIV/AIDS in Namibia muss jedoch alarmieren. So gab es 1999 schon rund 2800 AIDS-Todesfälle, 1996 waren es noch knapp 1000 und 1994 um die 250. Auch die Durchseuchung der Bevölkerung mit dem AIDS-Virus nimmt nach wie vor stetig zu. Eine vom Ministerium zweijährlich durchgeführte Sentinelstudie fand 1996, dass etwa 15% aller schwangeren Frauen HIV-positiv getestet wurden. Im Jahr 2000 waren es bereits 22%. Dabei gab es Orte wie Katima Mulilo, wo die Prävalenz bei 33% lag. Windhoek, Oshakati und Walvis Bay lagen bei einer Durchseuchung von um die 30%. Die Implikation: Es muss damit gerechnet werden, dass an diesen Orten in etwa 10 Jahren jede dritte Person in der Altersgruppe zwischen 24 bis 55 Jahren an AIDS erkrankt oder bereits gestorben ist. Parallel zu dem erhöhten Vorkommen von AIDS steigt auch die Infektionsrate der Tuberkulose an. Die Tatsache, dass auch die Resistenz der Tuberkulosebazillen gegen herkömmliche Arzneimittel zunimmt, ist zusätzlich Besorgnis erregend.

Im Sinne der oben genannten Gesundheitspolitik hat sich das öffentliche Gesundheitswesen während der 11 Jahre nach der Unabhängigkeit vornehmlich auf die großen Volkskrankheiten Namibias konzentriert. Hauptprogramm im Gesundheitssektor ist das AIDS-Kontrollprogramm. Nach Vollendung des zweiten multisektoralen Fünfjahresplans, bei dem die 13 Regionalgouverneure, der Privatsektor, alle Ministerien und eine große Anzahl Nichtregierungsorganisationen in der Konzipierung maßgeblich beteiligt waren, hat sich in den letzten zwei Jahren sehr vieles bewegt und sind sehr viele gute Ansätze zu erkennen. Allerdings scheint nach wie vor nicht genügend akzeptiert zu werden, dass die AIDS-Bekämpfung Sache eines Jeden in Namibia ist. Das Gesundheitsministerium hat zwar eine wichtige Koordinierungsrolle, die Umsetzung von Plänen muss jedoch in jedem einzelnen Sektor von den jeweils Verantwortlichen vorangetrieben werden.

Weitere Programme, in denen sich das Gesundheitsministerium seit der Unabhängigkeit stark betätigt hat, sind das Nationale Immunisierungsprogramm, das Tuberkulose-Kontrollprogramm, das Programm für Mütter- und Frauengesundheit, das Malaria-Kontrollprogramm und das Ernährungsprogramm, um nur einige zu nennen. Alle diese Programme haben inzwischen eine spezifische Politik entwickelt. Strategische Pläne und Leitbücher wurden konzipiert und eine große Anzahl an Trainingskursen wurde durchgeführt. Eine Verbesserung in der Effektivität dieser Programme und der Qualität der Leistungen ist dadurch zu verzeichnen, obwohl sicherlich noch viel mehr geschehen muss.

Als weiterer wichtiger Ansatzpunkt des Ministeriums seit der Unabhängigkeit ist die Verbesserung der verschiedenen Ressourcen zu nennen. So gibt es ein umfangreiches Trainingsprogramm, das in den neuen Trainingszentren in Windhoek, Rundu, Keetmanshoop, Otjiwarongo und Oshakati durchgeführt wird. Hier werden kürzere und mittelfristige Lehrgänge für das Gesundheitspersonal angeboten. Die Universität von Namibia bildet außerdem in Windhoek und Oshakati etwa 40 Krankenschwestern pro Jahr aus. Neue Studiengänge in Medizin und Pharmazie sind zur Zeit in Vorbereitung. Außerdem ist das Ministerium aktiv daran beteiligt geeignete Kandidaten für das Studium von Medizin, Zahnmedizin und Pharmazie an verschiedenen ausländischen Universitäten zu finden und Mittel zur Ausbildungsförderung von Studenten zu beschaffen. Zur Zeit werden zum Beispiel 54 Medizinstudenten staatlich unterstützt. Auch im Bereich der physischen Ressourcen hat es in den letzten zehn Jahren gewaltige Fortschritte gegeben. So gibt es inzwischen 248 Kliniken, wovon rund 150 nach der Unabhängigkeit neu erbaut oder renoviert wurden. Außerdem sind mehr als 25 der 35 Krankenhäuser ausgiebig renoviert worden. Dies schließt auch die staatliche Unterstützung der Renovierung von Missionshospitälern ein. Zusätzlich gibt es 37 Gesundheitszentren, von denen mehr als die Hälfte nach der Unabhängigkeit errichtet wurden.

Allerdings gibt es nach wie vor auch einige Engpässe. So ist die regelmäßige Wartung und Instandhal-

Oben:
Staatskrankenhaus in Katutura
National Health Training Centre
Eine Studentin erlernt den Umgang mit Prothesen

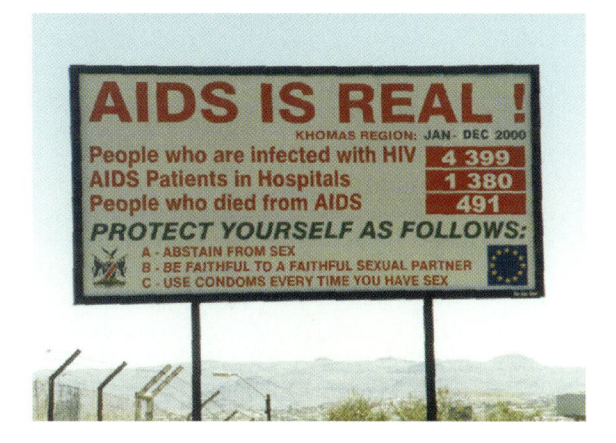

Rechts v.o.:
Informationskampagnen gegen TBC und Aids
Krankenhaus in Rundu
Krankenhaus im Norden

tung sowohl von Gebäuden als auch von medizinischen Geräten ein Aspekt, an dem derzeit verstärkt gearbeitet wird. Was die Finanzierung des öffentlichen Gesundheitswesen anbetrifft, ist Namibia im Vergleich zu anderen Afrikaländern hervorragend und vor allem im Vergleich zu südöstlichen Nachbarländern gut versorgt. Der Anteil des Gesundheitsministeriums am Staatshaushalt lag während der vergangenen fünf Jahre bei rund 15 Prozent. Im Haushaltsjahr 2000/2001 wurde dem Ministerium ein Budget von rund 1 Milliarde Namibia Dollar zugeteilt. Als Anteil des Bruttoinlandproduktes ausgedrückt waren dies in etwa 4,5%. Allerdings muss hierbei beachtet werden, dass durch die Kostenstruktur des Ministeriums etwa 70% aller Ausgaben für Personalgehälter aufgewendet werden. In einigen Krankenhäusern liegt der Personalkostenanteil sogar bei mehr als 80%, was bedenklich stimmen muss, da Gefahr droht, dass andere wichtige Haushaltsposten nicht mehr zureichend finanziert werden können.

Zusätzlich zu der Finanzierung des öffentlichen Gesundheitswesens durch den Staat haben Regierungs- und Missionskrankenhäuser eine – allerdings relativ geringe – Finanzierung durch die Patienten selber. Abhängig davon, ob der Patient eine private Krankenkasse hat oder ein sog. Staatspatient ist, muss pro Besuch oder stationärer Aufnahme ein bestimmter Betrag entrichtet werden. Seit Mai 2001 liegt der Satz pro Ambulanzbesuch einer Klinik bei N$ 4 für einen Staatspatienten und N$ 35 für einen Privatpatienten. Die Aufnahme eines Staatspatienten zur stationären Behandlung in einem Distriktkrankenhaus kostet N$ 20, während ein Privatpatient einen Tagessatz von N$ 150 zu entrichten hat. Die unterschiedliche Kostenbeteiligung von Privat- und Staatspatienten für die gleiche Leistung ist ein wichtiges Element der ausgleichenden Fairness im öffentlichen Gesundheitswesen Namibias.

Was die Finanzierung von Entwicklungsprojekten anbetrifft, wurden seit 1990 rund ein Drittel aller Projektkosten im öffentlichen Gesundheitswesen von Geberländern getragen. Dabei waren multinationale Geber wie die Europäische Gemeinschaft, UNICEF und die WHO wichtige Partner. In der bilateralen Entwicklungshilfe ist Finnland der wichtigste Geber. Die Bundesrepublik Deutschland ist im AIDS-Bereich durch ein Projekt der Kreditanstalt für Wiederaufbau und Entwicklung (KfW) und durch die Gesellschaft fuer Technische Zusammenarbeit (GTZ) in der Unterstützung von Programmen für Frauen und Säuglinge vertreten. Zusätzlich sind der Deutsche Entwicklungsdienst (DED) mit einer Anzahl von Ärzten und Apothekern und verschiedene deutsche Nichtregierungsorganisationen, wie die Johanniter-Unfallhilfe (JUH), die Arbeitsgemeinschaft für Entwicklungshilfe (AGEH), Misereor, Aktion Medeor und die Deutsch-Namibische Entwicklungsgesellschaft, mit verschiedenen Projekten im öffentlichen oder kirchlichen Gesundheitswesen sehr engagiert.

Der private Gesundheitssektor hat sich seit der Unabhängigkeit ebenfalls sehr stark entwickelt. Im Mittelpunkt standen dabei die Ballungsräume. So gibt es inzwischen in Windhoek drei private Krankenhäuser mit einer Gesamtbettenzahl von 350, während 1990 zwei Hospitäler insgesamt lediglich 150 Betten zur Verfügung hatten. Auch im Küstenbereich (Walvis Bay, Swakopmund) hat eine starke Ausweitung des Privatsektors stattgefunden. Außerdem ist die Planung für ein modernes Privatkrankenhaus im Raum Oshakati–Ondangwa im Norden des Landes ebenfalls weit fortgeschritten.

Nach der Aufzählung oben genannter Ressourcen stellt sich die Frage nach der Effektivität des namibischen Gesundheitswesens. Wie weit wurden seit der Unabhängigkeit Fortschritte gemacht und in wie fern sind diese Fortschritte objektiv messbar? Um dieser Frage nachzugehen, wurde vom Ministerium im Jahr 2000 gemeinsam mit der Universität von Namibia und anderen Forschungsinstituten eine demographische Studie erstellt. Der vorläufige Bericht des *2000 Namibia Demographic and Health Survey* wurde kürzlich vom Ministerium veröffentlicht. Hiernach gibt es einerseits Gründe für Zufriedenheit, andererseits wird klar, dass noch sehr viel geleistet werden muss um dem Ziel »health-for-all« näher zu kommen.

Erfreulich ist, dass zum Beispiel 90% aller Kinder gegen Tuberkulose und 80% gegen Masern geimpft sind. Bis zu 85% aller Mütter haben Impfschutz gegen Tetanus und mehr als 90% erhalten Schwangeren-Vorsorgeuntersuchungen. Außerdem erhalten vier von fünf Schwangeren ausreichende Geburtshilfe, 1992 waren es nur zwei von drei Frauen. Der Gebrauch von Empfängnisverhütungsmitteln unter Frauen ist seit 1992 von 23% auf 38% im Jahr 2000 angestiegen. Der Ernährungszustand der Bevölkerung hat sich leicht verbessert. So wogen jetzt nach der Geburt 12% aller Säuglinge weniger als 2,5 kg, 1992 waren es noch 16%. Weniger erfreulich ist, dass auch im Jahr 2000 noch 5% der Kinder extrem untergewichtig waren, 1992 waren es 6%. Andere erfreuliche Ergebnisse der Studie schließen ein, dass rund 77% aller Haushalte Zugang zu sicherem Trinkwasser hatten, 1992 waren es lediglich 41%.

Nach den oben genannten Ergebnissen ist es nicht verwunderlich, dass die Säuglings- und Kindersterblichkeitsraten weiter abgesenkt werden konnten. So lag die Säuglingssterblichkeit bei 38 Kindern von 1000 (1992: 57/1000) und die Kindersterblichkeit bei 62 von 1000 (1992: 83/1000). Weniger erfreulich jedoch ist die Tatsache, dass die Müttersterblichkeit von 225 auf 271 pro 100.000 Schwangerschaften angestiegen ist. Insgesamt gesehen macht diese Studie jedoch deutlich, dass seit der Unabhängigkeit gute

Fortschritte im Gesundheitssektor gemacht wurden. Zusätzlich muss leider aber auch zu Bedenken gegeben werden, dass die größten Auswirkungen der AIDS-Seuche, bedingt durch die lange Inkubationszeit der Infektion, erst noch auf das Land zukommen. Das heißt, dass bei einer Wiederholung der oben genannten Studie im Jahre 2005 weniger gute Ergebnisse zu erwarten sind.

Im Fazit ist festzustellen, dass das namibische Gesundheitswesen seit der Unabhängigkeit im Jahre 1990 enorme Entwicklungen durchlaufen hat. Die Regierung ist sich ihrer Stewardship-Funktion im Gesundheitswesen wohl bewusst und hat in den letzten zehn Jahren wichtige und deutliche Akzente gesetzt. Die Formulierung einer einheitlichen Gesundheitspolitik und der Aufbau eines rationalen Versorgungs- und Verwaltungssystems haben die Flächendeckung und Effektivität der Leistungen vor allem im Primary Health Care Bereich deutlich verbessert. So zeigen eine Vielzahl von Gesundheitsindikatoren generell positive Tendenzen. Für die nächsten Jahre gilt es nun auf dieser guten Basis weiter aufzubauen. Wichtige Prioritäten sind dabei die weitere Gewährleistung einer guten Mindestgesundheitsversorgung für jeden einzelnen Bürger des Landes, die ausreichende Finanzierung des Systems, die Verbesserung in der Qualität und Effizienz der Leistungen, die weitere Dezentralisierung und Verminderung bürokratischer Hürden, die Stärkung der Humanressourcen und die Instandhaltung der Infrastruktur. Es muss allerdings auch damit gerechnet werden, dass die Inanspruchnahme der Leistungen im Gesundheitssektor hauptsächlich als Folge der AIDS-Seuche enorm ansteigen wird. Zur gleichen Zeit muss das Ministerium Sorge tragen, dass die zu erwartenden negativen Auswirkungen von AIDS auf das eigene Personal und andere Mittel weitestmöglich begrenzt werden. Man kommt somit nicht umhin: Namibias Gesundheitswesen steht vor großen Herausforderungen!

ǁKhauxa!nas
und der zehnjährige Krieg
mit den Nama

Klaus Dierks

Im Jahr 2003 gedenken wir der hundertjährigen Wiederkehr des zehnjährigen Krieges zwischen den Nama und der deutschen Schutzmacht. Wenn man an den tragischen Widerstand der namibischen Eingeborenen gegen die deutsche Kolonialmacht denkt, kommt den meisten der Krieg gegen die Ovaherero und die »Schlacht am Waterberg« 1904 in den Sinn. Erstaunlich unbekannt ist die Tatsache, dass es insgesamt 26 Widerstandskriege und Aufstände zwischen 1889 und 1913 gegen die deutsche Verwaltung gab und dass zwischen 1903 und 1913 die meisten der Namagemeinschaften einen aussichtslosen Krieg gegen die Deutschen kämpften. Es ist auch nicht allgemein bekannt, dass die alte Namafestung ǁKhauxa!nas (ǁ, ≠, ! etc. stehen für die Klicklaute in der Namasprache) in diesem zehnjährigen Krieg eine wichtige Rolle spielte. Ehe auf diese Ereignisse Anfang des 20. Jahrhunderts eingegangen wird, sollte die einzige große vorkoloniale Siedlungsstruktur in Namibia beschrieben werden.

Zur Entdeckung

Erste Beschreibungen über Namibia setzen etwa um 1750 ein und stammen von europäischen Abenteurern, Jägern, Missionaren und Händlern. Gewiss auch unter dem Eindruck dieses späten Eingangs Namibias in die Weltgeschichte war sich die historische Forschung darin einig, dass hier im Gegensatz zum Nachbarland Zimbabwe die Grundvoraussetzung für die vorkoloniale Entstehung großer in Stein ausgeführter Stadtanlagen nicht gegeben war. So galt bis zur Entdeckung von ǁKhauxa!nas das der *London Mission Society* zugeschriebene »Schmelenhaus« in Bethanien als erste Steinkonstruktion in Namibia. Die Vorstellung, dass es in Namibia Ruinen wie in Zimbabwe geben könnte, bewegte mich bei vielen Forschungsunternehmen im wegelosen und unzugänglichen Gelände der Großen Karasberge im Südosten Namibias für viele Jahre.

Tatsächlich gab es nach einer langen Suche eine solche Stadtanlage, eine von einem namibischen Namavolke erbaute Gebirgsfestung, die nicht nur das erste bekannte systematische Bauwerk in der Geschichte Namibias, sondern auch ein Symbol für die Freiheitsliebe dieses Volkes ist. Aufsehenerregend ist nicht nur die Tatsache, dass es entgegen allen bisherigen geschichtlichen Annahmen eine vorkoloniale namibische Bauanlage gibt, sondern auch, dass diese erst in den vergangenen Jahrzehnten wiederentdeckt und identifiziert werden konnte. Auf die Spuren der Namasiedlung ǁKhauxa!nas stieß ich während meiner Forschungen über die alten Ochsenwagen-Straßensysteme aus der vorkolonialen Zeit Namibias.

Blick von dem höchsten, südwestlichen Punkt von ǁKhauxa!nas auf die gewaltige, einsame Landschaft, die die Bergesfestung umgibt.

Es sollten allerdings noch längere Zeiträume vergehen, ehe ich in der Lage war, die Frage nach den Erbauern, dem Alter und den Gründen für die Anlage der Siedlung zu beantworten. Im Gegensatz zu der Geschichte der Zimbabwe-Ruinen, über die wir keine direkte historische Primärquelle haben, sondern nur die Aussagen der Archäologen (die wiederum zu vielen geschichtlichen Spekulationen Anlass gegeben haben), besitzen wir zur Deutung der Siedlung ǁKhauxa!nas einige direkte historische Zeugnisse in der Gestalt der Tagebücher und Akten der Wesleyanischen Missionare (Methodistenkirche). Die Wesleyaner missionierten, von Warmbad und Blydeverwacht ausgehend, zwischen 1805 und 1866 hauptsächlich im Süden Namibias. Es war besonders ein Missionar, Benjamin Ridsdale, der eine genaue Beschreibung der Namafestung gab, die er auf kapholländisch, dem Vorläufer des späteren burischen Afrikaans, *Schans Vlakte* (Schanzenfläche) nannte. Ridsdale muss von Schans Vlakte sehr beeindruckt gewesen sein, um so mehr, als es sich um ein für lange Zeit bestens gehütetes Geheimnis jenes Volkes gehandelt hat, dass hier vor mehr als zweihundert Jahren gelebt hat. Leider gab es in der Ridsdale'schen Quelle keinerlei genaue Ortsangaben über ǁKhauxa!nas, sondern nur den dürftigen Fingerzeig, dass der Ort neun Tagesreisen mit dem Ochsenwagen nordöstlich von Warmbad lag. Das Auffinden einer solchen archäologischen Stätte in diesem wild zerrissenen, wüstenhaften Hochgebirgsgelände entsprach der berühmten Suche nach der Nadel im Heuhaufen. Es bedurfte langwieriger Suchaktionen mit Hilfe von Luftfotos, Flug- und Bodenaufklärung, wobei mir meine gute Ortskenntnis nach jahrzehntelanger Erfahrung als namibischer Straßenbauingenieur zu Hilfe kam, ehe ich ǁKhauxa!nas (Schans Vlakte) auf den Farmen Schanzen 281 und Gugunas 301 in der Karas-Region, in einer auch heute noch sehr unzugänglichen Gegend östlich der Großen Karasberge, fand. Die örtlichen Farmer wussten natürlich von den Ruinen auf ihren Farmen, ohne zu wissen, dass es sich hierbei um das Wesleyanische Schans Vlakte und die älteste, systematische namibische Bauanlage handelte. Die vorherrschende Meinung war, wenn man sich überhaupt Gedanken um die Ruinen auf dem ǁKhauxa!nas-Berg über dem Bak Rivier (afrikaans ›Rivier‹ = Trockenfluss) gemacht hat, dass es sich um Befestigungsreste der deutschen Schutztruppe aus dem nationalen Widerstandskrieg der Nama gegen die deutsche Kolonialmacht aus den Jahren 1903 bis 1913 handelte.

Die Bergfestung, die ich dann vorfand, entsprach genau den Ridsdale'schen Beschreibungen. Ich fand einen flachen Bergesrücken mit senkrechten Felswänden, die mehr als hundert Meter steil zu dem, hier immer Wasser führenden, Bak Rivier abfallen. Der Bak läuft hier in einer Schleife um den ǁKhauxa!nas-Berg herum und schuf so, auch ohne die Stadtmauern am Rande des Abgrundes, eine fast uneinnehmbare, natürliche Festung. Diese Tatsache und das ständige Vorhandensein von Wasser, auch in den größten Trockenjahren, bewirkten für die Erbauer die idealen Voraussetzungen, hier ein kaum aufzu-

Blick vom Festungsberg auf das Bak Rivier

findendes und leicht zu verteidigendes Versteck zu entwickeln.

Weiterhin fand ich eine mehr als einen Kilometer lange Schutzmauer, die, mehrere Meter hoch, in einem unregelmäßigen Bogen um das ganze Bergesplateau herumläuft. Dieses aus zum Teil tonnenschweren Felsplatten meisterhaft zusammengefügte Trockenmauerwerk umschließt ein mit Trümmern übersätes Areal von mehreren Quadratkilometern Fläche. Wir finden hier Mauerreste und Fundamente von Häusern, einen vermutlichen Versammlungsraum, Viehkräle und merkwürdig geformte Grabdenkmäler zum Gedenken an gefallene Krieger. Die Baufragmente sind aus Hunderttausenden von Sandsteinplatten aufgerichtet. Viele Mauern sind unter dem Einfluß von Erosion und menschlichen sowie tierischen Aktionen zusammengestürzt. Besonders die hier zahlreich vorkommenden Paviane sind große Zerstörer, da sie bei der Suche nach den von ihnen als Delikatesse geschätzten Skorpionen viele Felsplatten herunterwerfen. Offensichtlich haben die Erbauer von ǁKhauxa!nas keinerlei Dächer für die Bauwerke im Sinne gehabt, was bei den normalen klimatischen Verhältnissen im Süden Namibias auch kaum vonnöten wäre. Viele Fragen bleiben vorläufig noch offen und sind im Grunde erst durch archäologische Forschungen zu beantworten.

Mit der Entdeckung dieser einzigartigen Anlage begannen natürlich erst die Fragen nach den Erbauern, den Daten und dem Grund für eine solche Festungsanlage in einer so abgeschiedenen Gegend. Weitere Forschungen brachten geradezu aufregende historische Tatsachen ans Licht. Interessant ist nicht nur, dass ǁKhauxa!nas mit einem historisch gesicherten Errichtungsdatum, das vor 1800 liegt, die älteste systematische Bauanlage Namibias ist, sondern

Grabstelen auf der Ostseite des ∥Khauxa!nas-Berges

Teile der Umfassungsmauer um ∥Khauxa!nas

Felszeichnung auf der Farm Warmfontein (Gurusfluss) nahe ∥Khauxa!nas

auch aus dem Motiv heraus entstand, dass ein Namavolk sich im 18. Jahrhundert der kolonialen Unterdrückung durch die europäischen Siedler des südafrikanischen Kaps der Guten Hoffnung entziehen wollte, um in einem Gebiet, das später Namibia werden sollte, Freiheit und Unabhängigkeit zu finden. Später, in der Zeit von Deutsch-Südwestafrika, spielte ∥Khauxa!nas eine wichtige historische Rolle in dem Widerstandskrieg des namibischen Volkes gegen die deutsche Kolonialmacht, als die Bergfestung als geheimes Hauptquartier für den großen namibischen Guerillaführer Jakob Marengo diente.

Zur Geschichte von ∥Khauxa!nas

Die Geschichte von ∥Khauxa!nas ist möglicherweise so alt wie die Geschichte Namibias. Das ständige Vorhandensein von Wasser im Bak Rivier schuf die idealen Voraussetzungen für menschliche Besiedlung. Frühe Reste von Töpfereikunst und Ablagerungen von Eisenpulver, die auf alte Schmiedewerkstätten hinweisen, lassen den Schluß zu, dass San (Buschleute) und Nama die Gegend um ∥Khauxa!nas als Handelsstation brauchten. Überlieferungen der Nama sprechen davon, dass die San der Kalahari sich hier mit denen der Namib-Wüste trafen, um Gold und Diamanten zu tauschen. Es gibt sogar Hinweise darauf, dass es sich bei ∥Khauxa!nas um Farinis »Verlorene Stadt der Kalahari« handeln könnte. Vielleicht finden Archäologen oder Touristen, die hier herum klettern, eines Tages noch den sagenhaften Schatz der San, der irgendwo hier versteckt sein soll.

Die geschriebene Geschichte von ∥Khauxa!nas beginnt mit der Ankunft von europäischen Siedlern an der Südspitze Afrikas und deren Expansion in das Innere des schwarzen Kontinentes. Die Folge von diesen frühen kolonialen Ausbreitungen war die Unterwerfung, Entrechtung und Enteignung sowie die Ausrottung von vielen afrikanischen Völkern, auch der im südlichen Afrika um 1750 siedelnden Namagemeinschaften. Die Stadtgründer von ∥Khauxa!nas waren die sogenannten Orlam-Afrikaner, eines der vielen Namavölker, die auf beiden Seiten des Oranjeflusses in der südafrikanischen Kapkolonie, aber auch im heutigen Namibia lebten. Die Orlams beantworteten die Unterdrückungspolitik der Kap-Europäer mit steigendem Widerstand und dem Ausweichen in das damals noch weitgehend unbekannte Innere der Kapkolonie.

Die Geschichte der Orlam-Afrikaner vor 1760 ist weitgehend spekulativ. Aber bereits im Jahre 1761 wurde der mögliche Begründer von ∥Khauxa!nas in einem offiziellen Dokument erwähnt. Ein Beamter der »Holländischen Ost Indien Kompanie«, Adriaan van Schoor, beklagte sich in einem Brief an den südafrikanischen Gouverneur in Kapstadt über das aufrührische Benehmen der »Bosjeman Hottentotten Capitaein Claas en Afrikaner«. Der genannte Claas

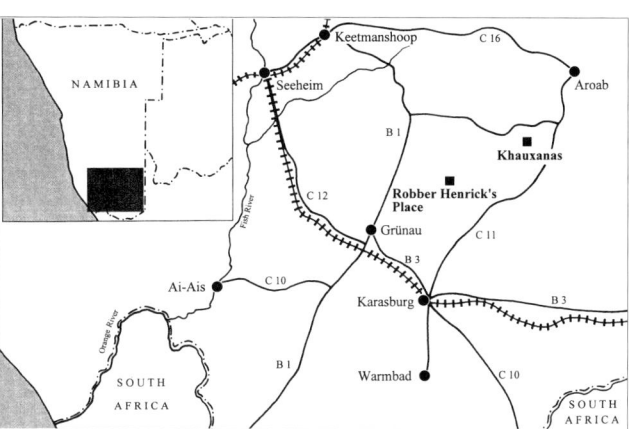

Übersichtsplan Südnamibia mit Lage von ‖Khauxa!nas

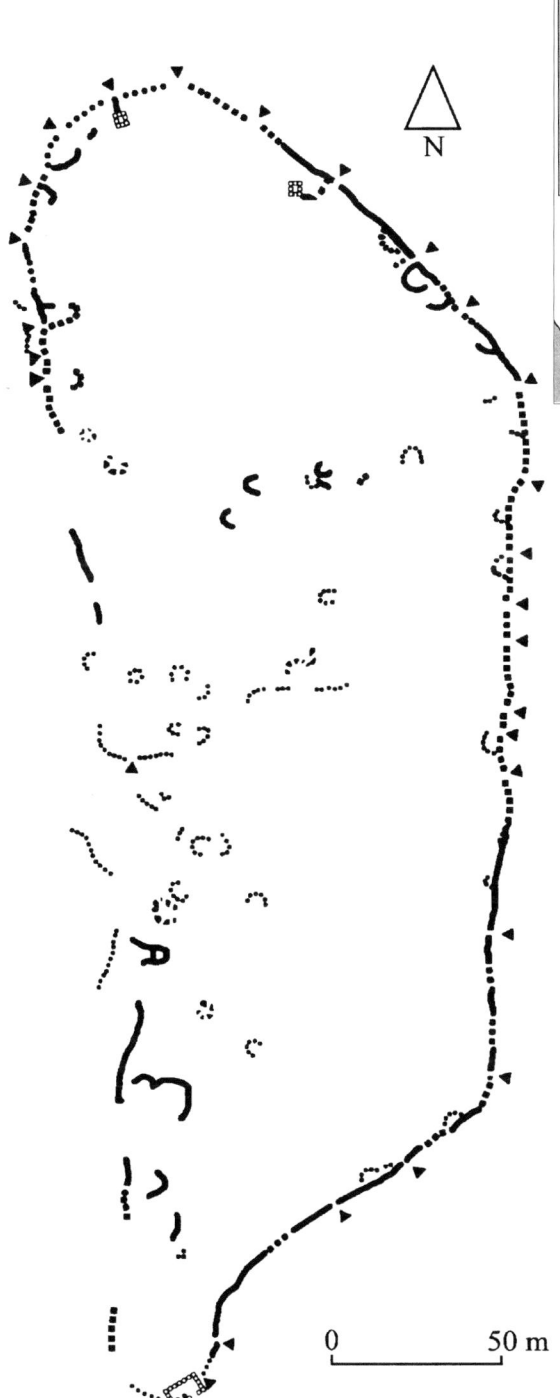

*Detaillierter Plan der Bergesfestung.
Er zeigt die Ausmaße von ‖Khauxa!nas
und die inneren Gebäudereste,
Hütten und Viehkrale.
Schans Vlakte ist im Osten
und der Bakfluss im Südwesten.*
(Anne Westoby, Longman Namibia)

- ⚌ Zweischalenmauerwerk
- ▬ Mauern
- ▶ Eingang
- ···· eingestürzte Mauern
- ▬▬ teilweise eingestürzte Mauern

ist vermutlich identisch mit Klaas Afrikaner, Vater von Jager Afrikaner und Großvater von Jonker Afrikaner, der um 1835 Windhoek begründete. Van Schoors Brief resultierte in der Verurteilung des »Alten Afrikaner«, Bruder von Klaas, zu lebenslanger Haft auf der berüchtigten Häftlingsinsel »Robben Island« vor Kapstadt, wo Afrikaner als politischer Gefangener am 15. Juni 1777 starb.

Die Orlam Afrikaner kamen in der zweiten Hälfte des 18. Jahrhunderts mit den weiteren europäischen Expansionsbestrebungen in Konflikt. Sie versuchten nach Norden zum Oranjefluss hin auszuweichen und zu überleben. Sie folgten dabei einem Verhaltensmuster, das im Nachhinein in vielen kolonialen Gesellschaftsformen in Afrika, bis hin zum namibischen Unabhängigkeitstage am 21 März 1990, zu beobachten war. Sie schwankten zwischen Kollaboration mit und Widerstand gegen die Kolonialisten. Um 1770 herum wurden sie die Leibeigenen eines burischen Siedlers, Pieter Pienaar, für den sie sogar Raubzüge gegen andere Namagemeinschaften im nördlichen Kap und im südlichen Namibia unternahmen. 1793 überfielen die Orlam Afrikaner die Siedlung ≠Nu≠gaes (Swartmodder), das spätere Keetmanshoop in Süd-Namibia.

Ob sie zu dieser Zeit bereits planten, sich abzusetzen, um so ihre Freiheit von Pienaar und den südafrikanischen Kapbehörden zu gewinnen und die geheime Bergfestung ‖Khauxa!nas zur Verteidigung ihres

Unabhängigkeitswillens bauten, konnte bis jetzt nicht festgestellt werden. Fest steht, dass es zu dieser Zeit zu steigenden Widerstandsaktionen der Orlams gegen Pienaar und die europäischen Siedler kam, die in der Ermordung Pienaars durch Jager und Titus Afrikaner im Jahre 1796 kulminierte, um so der Unterdrückung durch die Buren ein Ende zu machen. Der unmittelbare Grund für die Bluttat war die ständige Belästigung der Orlamfrauen durch Pienaar während der Abwesenheit der Orlam Afrikanermänner.

Danach setzte sich das Afrikanervolk nach Norden über den Oranje ab. Irgendwann in dieser Zeit, in den letzten Jahrzehnten des 18. Jahrhunderts, ist ǁKhauxa!nas als geheimes Versteck gegen befürchtete Polizeiaktionen der Kapbehörden gegründet worden. Ridsdale beschreibt die historischen Umstände, die er ja um 1840 herum noch aus direktem Zeugnis der Nama konstruieren konnte. Danach ist die Bergfestung nie durch »Burenkommandos vom Kap« angegriffen worden, da diese niemals weiter als bis Warmbad gekommen sind. Es ist jedoch anzunehmen, dass die Orlam Afrikaner ǁKhauxa!nas als Basis für ihre Überfälle auf europäische Farmer im Kap und auch auf die Missionsstation der *London Mission Society* in Warmbad im Jahre 1811 gebrauchten, um sich so für die Zerstörung ihrer Lebensgrundlage in der Kapkolonie zu rächen.

Im Jahre 1819 kam es durch Vermittlung des britischen Missionars Robert Moffat zu einer Art Friedensvertrag zwischen Jager Afrikaner und der Kapregierung unter ihrem Gouverneur Lord Charles Somerset. Zu diesem Zeitpunkt hatte ǁKhauxa!nas wahrscheinlich bereits aufgehört, eine Schutzrolle zur Verteidigung der Unabhängigkeit der Orlams zu spielen. Jager Afrikaner starb 1823, und ein Teil der Orlam Afrikaner verließen unter Führung von Jonker Afrikaner den namibischen Süden und damit auch ǁKhauxa!nas, um im Norden Namibias eine neue historische Rolle zu spielen. Nach einigen Zwischenstationen gründete Jonker um 1840 herum Windhoek, die spätere Hauptstadt Namibias, die als Nachfolgerin von ǁKhauxa!nas anzusehen ist. Für ǁKhauxa!nas begann in den 30er Jahren des 19. Jahrhunderts ein neues Kapitel, als ein anderes namibisches Namavolk, die ǁHawoben oder *Veldskoendragers* (Feldschuhträger) dort zu siedeln begannen.

Es ist nicht genau geklärt, ob ǁKhauxa!nas nach 1820 immer noch die geheime Fluchtburg der namibischen Nama gewesen ist. Einige wenige Wesleyanische Missionare kannten die Stadt aus eigenem Augenschein und haben darüber geschrieben. Ridsdale berichtete, dass in den 1840er Jahren der ǁHawoben-Kapitän Hendrik Hendricks in ǁKhauxa!nas residierte und dass sich ein großer Teil der ǁHawoben am Fuße des Burgberges angesiedelt hätten. Ein anderer Methodisten-Missionar, A.J. Bailie, schilderte einen Aufstand der ǁHawoben gegen die Missionsbestrebungen der Wesleyaner. Ridsdale schrieb aber auch von dem Bau einer bemerkenswerten Kirche aus dieser Zeit, von Schulen und Ochsenwagenstraßen in schwierigem Gelände, die die ǁHawoben gebaut hätten.

Wir wissen ferner, dass Hendrik im Jahre 1857 ein Verbündeter der Orlam Afrikaner geworden war, und dass zu dieser Zeit ein Teil der ǁHawoben zu Jonker Afrikaner gezogen war. Dieser große Treck war sicher in erster Linie durch eine verheerende Trockenheit und den Ausbruch der Rinderpest um 1850 herum verursacht. Es ist anzunehmen, dass es um ǁKhauxa!nas nach 1850 still geworden ist. Es ist aber aktenkundig, dass der Nachfolger von Hendrik Hendricks, Karl Hendrik, den ǁHawoben-Distrikt Kora Orap zusammen mit ǁKhauxa!nas an einen europäischen Farmer, Alfred Fryer, am 8. Juni 1886 verkauft hat. Zu dieser Zeit hat die koloniale Inbesitznahme Namibias durch das Deutsche Reich bereits de jure, wenn auch noch nicht de facto, begonnen. Von dieser Zeit an gibt es keinen direkten Hinweis mehr auf irgendwelche Funktionen, die ǁKhauxa!nas noch gespielt haben könnte.

Im Jahre 1903 erschien der große militärische Führer der Namavölker, Jakob Marengo (gelegentlich auch Morenga genannt), ein Bondelswart, auf der historischen Bühne Namibias. Es gibt eine Reihe von indirekten Beweisen, dass ǁKhauxa!nas Marengos geheime Fluchtburg gewesen sein könnte, von der er seine Feldzüge gegen das deutsche Kolonialreich in den Jahren 1903 bis 1907 unternommen hat. Im »Großen Generalstabswerk« der deutschen Schutztruppe kann man immer wieder lesen, dass Marengo die wilden, unzugänglichen Gebiete östlich der Großen Karasberge als seine militärische Basis gebraucht hätte, um von hier aus seine Überraschungsangriffe auf die deutschen Kolonialtruppen zu lancieren. Es wird in den deutschen Akten oft ein geheimes, befestigtes Lager westlich vom Schambockberg erwähnt, das auf Grund vieler Hinweise und Überlieferungen ǁKhauxa!nas gewesen sein könnte.

Die Deutschen konnten überhaupt nicht begreifen, dass dieser »Nama-Räuberhauptmann Morenga«, wie sie ihn nannten, ihnen eine Niederlage nach der anderen beibrachte und immer wieder spurlos verschwand. Die vernichtende Niederlage der Schutztruppeneinheit unter der Führung von Leutnant Baron Nicolai von Stempel am 30. August 1904 auf der Farm ǁKhauxa!nas war das auslösende Moment für den Kampfeintritt des Oberführers aller Namavölker, Henrik Witbooi von Gibeon, in den Großen Namakrieg, der von 1904 bis 1909 dauern sollte. Dieser Krieg hat die Deutschen Hunderte von Millionen Goldmark gekostet, und auf seinem Höhepunkt kämpften fünfzehntausend deutsche Soldaten gegen eine paar hundert armselig ausgerüstete Namibier unter der Führung Marengos, für den die Deutschen in ihren Akten immer wieder Töne des Lobes, auch gerade für seine humane Kriegsführung, fanden. Das humane Verhalten Marengos wurde allerdings von der deutschen Kolonialverwaltung nicht honoriert. Der Krieg resultierte in der fast völligen Ausrottung des Namavolkes und ihrer totalen Enteignung.

Die deutschen militärischen Führer reagierten zunehmend gereizt auf den unüblichen, genialen Guerilla-Kriegsstil Marengos, weil es ihnen niemals gelang, ihn aufzuspüren und zu stellen. In ihrer Verzweiflung glaubten sie an Spionage des Farmers Alfred Fryer. Um auf Fryer Druck auszuüben, verurteilten sie seine drei jugendlichen Söhne, der jüngste nur 16 Jahre alt, zum Tode wegen »Spionage für Morenga« und ließen sie am 29. September 1904 hinrichten.

Jakob Marengo (Mitte), 1906

Es wurde zwar vermutet, dass es irgendwo in der Gegend der Farm von Fryer ||Khauxa!nas, das befestigte Lager von Marengo, geben müßte. Der Ort selbst aber ist offensichtlich nie gefunden worden und ist auch nirgendwo in den deutschen Kriegsakten erwähnt. Marengo nutzte seine Geheimbasis vermutlich noch bis in das Jahr 1906 hinein, ehe er seine Kampfaktivitäten weiter nach Süden und Osten hin verlagerte. Nach Mai 1905 gibt es jedoch nicht mehr den geringsten Hinweis darauf, dass ||Khauxa!nas noch irgendeine Rolle im Namakrieg, der sich noch in Einzelaktionen bis in das Jahr 1913 fortgesetzt hat, gespielt hätte.

Aber die »Geschichte von ||Khauxa!nas« hatte noch ein indirektes Nachspiel. Jakob Marengo setzte seinen aussichtslosen Krieg gegen die drückende deutsche Überlegenheit fort, aber es waren ironischerweise die südafrikanischen Verbündeten der deutschen Kolonialmacht, die Marengos Kampf für die Freiheit seines Volkes und sein Leben am 20. September 1907 in Eenzamheed in der südafrikanischen Kapkolonie beendeten.

Einer der engen Freunde Marengos, Abraham Morris, flüchtete nach Südafrika, ehe er nach dem Ersten Weltkrieg in das inzwischen südafrikanisch gewordene Namibia zurückkehrte. Morris wurde einer der Führer in einem Aufstand des Namavolkes der Bondelswarts im Jahre 1922, nunmehr gegen die südafrikanische Kolonialmacht. Der Aufstand der Bondelswarts wurde mit der technischen Überlegenheit der Südafrikaner schnell niedergeworfen und Morris getötet. Der letzte Führer der ||Hawoben, der noch eine historische Verbindung zu ||Khauxa!nas gehabt hatte, Jan Hendrik, wurde im Zusammenhang mit dem Bondelswartsaufstand verurteilt und starb 1924 im Gefängnis von Windhoek. Zu dieser Zeit war ||Khauxa!nas bereits in das große Vergessen der Geschichte eingegangen. Die Ereignisse von 1922 jedoch spielten ihre indirekte Rolle in der Geschichte der ältesten Stadt des Landes als ein weiterer Meilenstein in dem langen Kampf um die Freiheit für Namibia, der endlich am 21. März 1990 mit der Unabhängigkeit endete.

Offene Fragen

Die historischen Quellen zu ||Khauxa!nas sind wohl ausgeschöpft. Trotzdem bleiben viele Fragen offen, die im Grunde erst durch archäologische Forschungen zu beantworten sind. Zu welchem Zeitpunkt ist die mehr als einen Kilometer lange Schutzmauer, die, stellenweise mehrere Meter hoch, in einem unregelmäßigen Bogen das ganze Bergesplateau umläuft, gebaut worden? Waren die Orlam-Afrikaner die Erbauer oder waren es frühere Nama-Gemeinschaften? Die Umfassungsmauer umschließt ein mit Trümmern übersätes Areal von mehreren Quadratkilometern. Wir finden hier Mauerreste und Fundamente von Häusern, ein vermutliches zeremonielles Gebäude und Viehkräle. Viele Mauern sind durch Erosion, durch menschlichen Eingriff und durch die hier lebenden Wildtiere eingestürzt. Ungeklärt ist auch die Frage der Dachkonstruktionen in den Bauten der Ruine ||Khauxa!nas. Auch bleibt zu untersuchen, ob die Stelen am Fuße des Festungsberges Grabdenkmäler für gefallene Krieger sind oder ob es eine andere Bewandtnis mit ihnen hat. Trotz der vorhanden historischen Primärquellen sollte der Versuch unternommen werden, die Präsenz Jakob Marengos in ||Khauxa!nas auch archäologisch zu untermauern.

Das Forschungsprojekt ||Khauxa!nas sollte mehr als ein Vermessungs- und Grabungsunternehmen sein. Es sollte die große Linie von der kulturellen Entwicklung von der frühen Jäger- und Sammlergesellschaft in Namibia bis zur Sesshaftigkeit in einer planvoll angelegten Siedlung untersuchen. Es sollten auch die Handelsströme in der südwestlichen Kalahari und die infrastrukturellen Entwicklungen unter ariden Bedingungen erforscht werden. In diesem größeren Themenkreis integriert werden müssen auch bisher kaum bekannte und erforschte Felsbilder in der Umgebung von ǁKhauxa!nas. Darüber hinaus könnte der große historische Bogen von ǁKhauxa!nas zu den Zimbabwe-Ruinen geschlagen werden, und es sollte an die bisherigen Ergebnisse archäologischer Unternehmungen in Nord-Namibia angeknüpft werden, um die Querverbindungen von steinzeitlichen Stationen bis hin zu den Siedlungen der Eisenzeit zwischen Namibia und Südafrika sowie Zimbabwe zu bestimmen.

Briefmarkenserie über ǁKhauxa!nas aus dem Jahr 1997

Namibia im Kartenbild

Uwe U. Jäschke

Für die Menschen des Abendlandes muß eine Karte immer geographisch richtig, inhaltlich vollständig und zeichnerisch akkurat ausgeführt sein. Eine Karte darf nicht lügen und politische Systeme, die Karten verfälschen, sind suspekt.

Dabei sind Karten immer nur ein Abbild der jeweiligen gesellschaftlichen Realitäten, des Wissensstandes ihrer Zeit, verknüpft mit religiösen Vorstellungen und politischen Absichten ihrer Hersteller. Ihren Anspruch auf Genauigkeit und Richtigkeit erlangen Karten durch die Art ihrer Herstellung, durch die Akkuratesse des Kupferstechers, Lithographen oder Zeichners, der Kunst des Druckers sowie durch die Tatsache, dass der Kartenleser Bekanntes in der Karte wiedererkennt.

Im südwestlichen Afrika sind in vieler Hinsicht günstige Voraussetzungen für die Vermessung und topographische Landesaufnahme gegeben. Die Sicht ist oft klar, die Vegetation niedrig und spärlich und das weiträumige Relief ermöglicht lange Sichten bei der Ortsbestimmung. Probleme bereiteten in der Zeit der Ochsenwagen die geringe Bevölkerungsdichte, und auf Grund des ariden Klimas die Wasserversorgung von Mensch und Tier.

Die vorkoloniale Periode bis 1884

In dieser Zeit waren die Reisenden meist Forscher, Landmesser und Kartograph in einer Person. Ausgestattet mit Geräten zur astronomischen Ortsbestimmung, Winkel- und Höhenmessung konnten sie ca. 20 Kilometer am Tag reisen und dabei die Reiseroute aufnehmen. Nicht alle, die Reiseberichte und Landkarten über das südwestliche Afrika veröffentlichten, sind wirklich dort gewesen. Das kann man heute am fehlerhaften Gewässernetz dieser Karten leicht überprüfen. Ein Beispiel dafür ist LeVaillant, der nach einem Aufenthalt am Kap seine Reisen und Galanterien mit den einheimischen Damen im heutigen Namibia beschrieben und mit einer Karte illustriert hat.

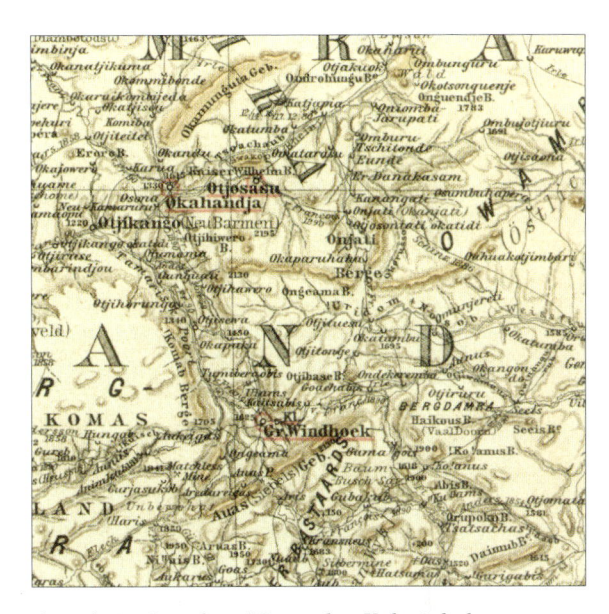

Ausschnitt: Langhans' Deutscher Kolonialatlas, Blatt No. 15. Gotha 1894.

Um 1750 begann die Zeit der schriftlichen Berichterstattung von Europäern in Namibia. Die erste bekannte Karte mit Reiserouten in das südliche Namibia (Groß-Namaqualand) veröffentlichte der Landmesser Carel Frederik Brink, der mit den Forschungsreisenden Jacobus Coetze, Hendrik Hop, Pieter de Bruyn, Willem van Wyk und anderen für das 18. Jahrhundert zu nennen ist.

Reisende des 19. Jahrhunderts waren die Missionare, die ebenfalls ihre Reiserouten und Missionsgebiete in Landkarten niederlegten. Zu nennen sind 1845 Richter mit seiner »Charte des Rheinischen Missionsgebietes in Südafrika, Great-Namaqualand und Kamacha-Daman« oder 1879 Theophilus Hahn mit der »Original Map of Great Namaqualand and Damaraland«. Auch Abenteurer, Jäger und andere Forschungsreisende illustrierten ihre Berichte und Veröffentlichungen mit selbst erstellten oder »abgekupferten« Landkarten.

Die deutsche Periode 1884 bis 1915

Mit Beginn der deutschen Kolonialzeit blieb die Kartographie Privatsache. Die wenigen Karten topographischer und thematischer Art, die erschienen, wurden von Privatpersonen oder Landgesellschaften herausgegeben. Die Kolonialverwaltung sah keinen Handlungsbedarf zur Erstellung eines amtlichen Kartenwerkes, da genügend Übersichtskarten anderer zur Verfügung standen. Die Schutztruppe erzeugte aus den Routenaufnahmen ihrer Reiter kleinräumige Kartierungen oder regionale Übersichtskarten, wie zahlreiche Beispiele im Deutschen Kolonialblatt zeigen. Eine flächendeckende Aufnahme der Wüstengebiete von Kalahari und Namib schien der Verwaltung aus wirtschaftlichen Gründen nicht sinnvoll.

Mit dem Abschluss des »Helgoland-Sansibar-Vertrages«, jenem deutsch-englischen Abkommen zur Festlegung der Grenzen Deutsch-Südwestafrikas, wurde die Grenzfestlegung zwischen dem Schutzgebiet und Britisch-Betschuanaland längs des 20°-Meridians ostwärts Greenwich notwendig. Diese Triangulation 1. Ordnung (1898–1903) mit den folgenden Aufnahmen nach 1904 durch die Kgl. Preußische Landesaufnahme bildet das Grundnetz aller Vermessungs- und Katasteraufnahmen in Namibia.

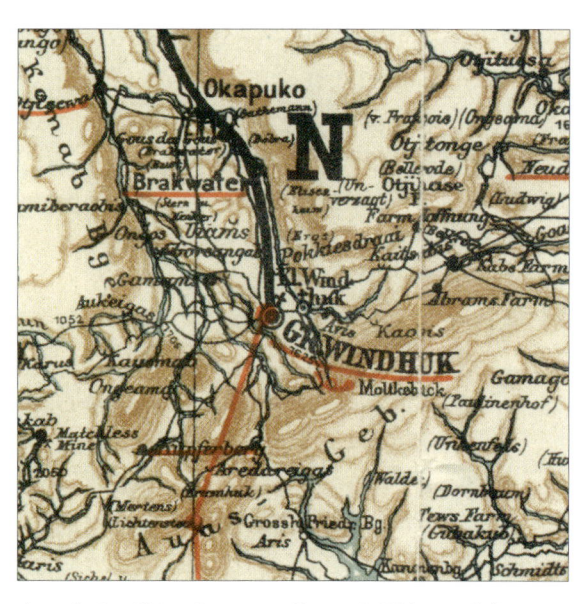

Ausschnitt: Kriegskarte von Deutsch-Südwestafrika 1:800.000, Blatt Windhuk. Berlin, April 1904.

Mit dem Beginn der Aufstände 1904 wurde der Schutztruppe erstmals der Mangel an entsprechendem Kartenmaterial bewusst. Der Große Generalstab ließ in aller Eile die sogenannte »Kriegskarte 1:800.000« herstellen, die in mehreren verbesserten Auflagen erschien und die auf von der Schutztruppe und von Privatpersonen aufgenommenen Material beruhte. Zwar wurde diese Karte von »Kolonialkartographen« als kartographische Katastrophe bezeichnet, war aber trotz aller Fehler und Mängel die erste flächendeckende amtliche Kartenserie in Namibia.

Finsterwalder bezeichnete den Anspruch der Kolonialverwaltung auf Genauigkeit hemmend für den Fortschritt der Kartenaufnahme bzw. -herstellung. So wollte man erst ein einwandfreies Festpunktnetz erstellen, auf dem man dann die Topographie aufbauen konnte. Solch ein Ansatz benötigt Zeit und die glaubte man zu haben, sollte doch in Afrika kein europäischer Krieg geführt werden.

Mit der topographischen Aufnahme wurde die »Kgl. Preußische Landesaufnahme« beauftragt, die Feldvermessungstrupps entsandte, um, ähnlich wie in Deutschland, das Schutzgebiet mittels Messtisch und Kippregel flächenhaft aufzunehmen. Der geplante Maßstab 1:50.000 konnte sich jedoch auf Grund der Weitläufigkeit des Landes nicht durchsetzen. Statt dessen erstellte man eine Kartenserie, die »Krokierblätter« (20" x 20"), im Folgemaßstab 1:100.000, z.T. auch in 1:200.000, von der etwa 15 Blätter vor dem Ersten Weltkrieg veröffentlicht wurden.

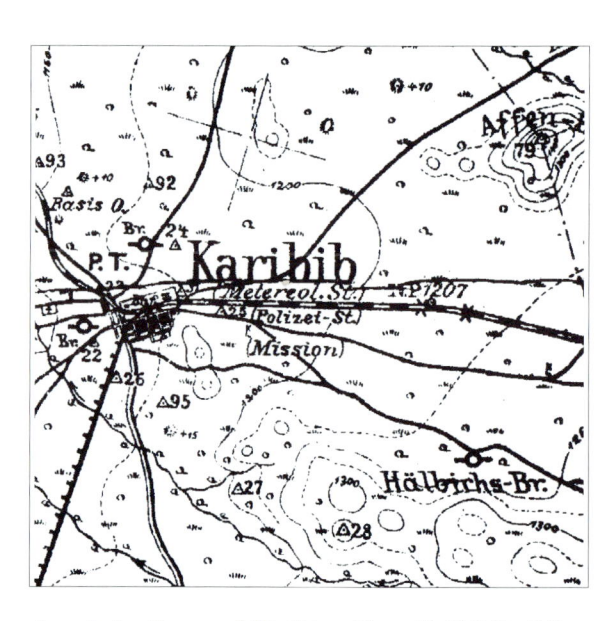

Ausschnitt: German S.W. Africa, Sheet 15, F, 3 Karibib. Topographical Section, General Staff Intelligence, Union Defence Force. Pretoria, Dec. 1914.

Die Katasterverwaltung, der die Farm- und Grundstücksvermessung unterstand, war schon früh entwickelt. Die Ergebnisse dieser Arbeit wurden in Farmübersichtskarten 1:200.000 und in der Besitzstandskarte 1:800.000, dem Vorläufer der heutigen Farmkarte, dokumentiert. Diese Karte erschien erstmals im Mai 1897 mit Folgeausgaben 1902, 1909 und 1911. 1912 wurde eine physische Ausgabe aufgelegt.

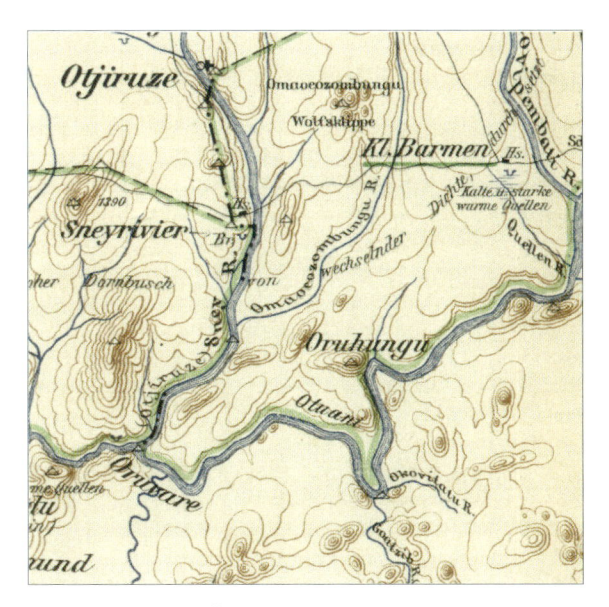

Ausschnitt: Farm-Übersichtskarte von Teilen der Bezirke Windhuk und Karibib 1:200.000. Windhuk, Okt. 1905

Die Kartenserie 1:400.000 (2° x 2°) war die einzige vollständige Kartenserie, die in 27 Kartenblättern alle wichtigen topographischen und administrativen Informationen einer modernen topographischen Karte enthielt. In einem Teil der Karten war sogar das Relief als Schummerung dargestellt.

Ausschnitt: Deutsch-Südwestafrika 1:400.000, Blatt 27 Pomona. Berlin, Sept. 1910.

Auch für das Bergamt waren verschiedene Kartenserien angefertigt worden, so die »Übersichtskarte über das Sperrgebiet 1:100.000«, die »Geologische Spezialkarte der südlichen Diamantenfelder« oder eine Kartenserie über das »Südliche Bergrechtsgebiet in 1:200.000«.

Mit dem Ersten Weltkrieg endete die Periode der deutschen amtlichen Kartographie, nicht aber die Nutzung dieser topographischen Karten.

Mandatszeit 1919 bis 1963

Schon beim Einmarsch in das deutsche Schutzgebiet hatten die südafrikanischen Truppen Kartenmaterial im Maßstab 1:100.000 und 1:400.000, das auf den »Krokierblättern« und der Kartenserie 1:400.000 der deutschen Schutzgebietsverwaltung basierte und als Druckdatum das Jahr 1914 enthielt. Lediglich die Randangaben, die Maßstabsleiste sowie der Herausgebervermerk waren verändert worden.

Diese Karten wurden bis 1924/27 benutzt. Dann erschien die fünffarbige Karte 1:500.000 (2° x 2°) des »Surveyor General's Office« in Windhoek (Neuauflage 1934) mit dem Ordinance Survey in Southampton als Verlag. Der Blattschnitt folgte der »Internationalen Weltkarte (IHK)« 1:1.000.000, so dass ein Blatt 1:1 Mio. in drei nördliche und drei südliche Teile aufgeteilt wurde. 1934 waren von den 31 geplanten Kartenblättern 17 erschienen, die die Farmzone abdeckten.

Das Kartenblatt SF 33 »Windhoek« im Maßstab 1:1 Mio. war anerkannter Teil der IHK.

Auch die Farmkarte als dreiteilige Karte der »Farm Area of South West Africa« im Maßstab 1:800.000 wurde fortgeführt.

Auf dem Weg in die Unabhängigkeit

1966 beschloss das »Directorate General of Surveys of the Republic of South Africa«, eine moderne topographische Karte im Maßstab 1:50.000 zu schaffen. Die ersten Blätter wurden 1975 veröffentlicht und 1979 wurde die Gesamtauflage mit 1218 Kartenblättern flächendeckend fertiggestellt. Die Karten im Blattschnitt 15' x 15' (ca. 27,5 x 25 km) werden noch heute im Fünffarbdruck erstellt und enthalten alle Katastergrenzen. Der kurze Herstellungszeitraum wurde durch den Einsatz photogrammetrischer Auswertungstechniken ermöglicht und durch die geringe Bevölkerungsdichte Namibias begünstigt.

Nicht alle Kartenblätter wurden gedruckt, einige waren und sind nur als Lichtpause erhältlich. Eine Besonderheit sind die Wüstenblätter, die als farbige Orthophotokarten angelegt sind.

1973 wurde das »Surveyor General's Department« in Windhoek eingerichtet, das für die Organisation der Kartenherstellung im Bereich Südwestafrika/Namibia zuständig war. Eine Kartenserie im Maßstab 1:250.000, im gleichen Blattschnitt wie die

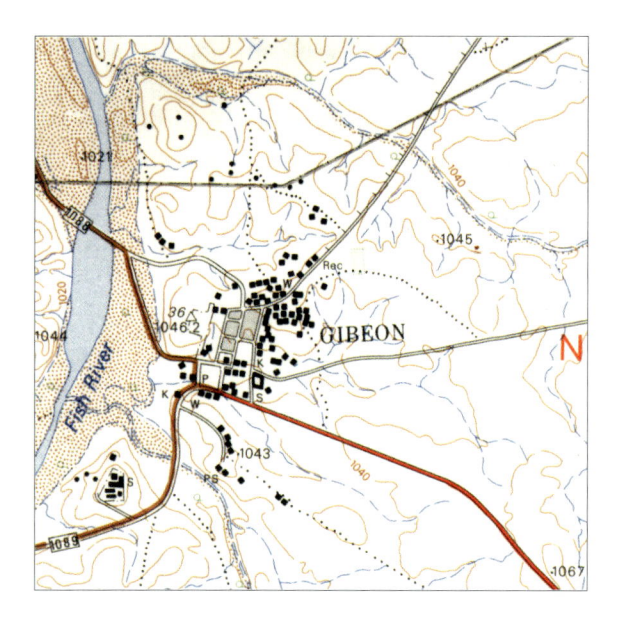

Ausschnitt: TK Suidwes-Afrika/South West Africa 1:50.000, Blatt 2517BB Gibeon. Windhoek 1979.

Karten der Republik Südafrika (2° Länge x 1° Breite), wurde seit 1975 mit 300 m-Höhenlinien und Höhenschichtenfärbung hergestellt. Von den 44 Karten dieser Serie waren 41 der Öffentlichkeit zugänglich, 3 Blätter im Grenzbereich zu Angola unterlagen der militärischen Kontrolle.

1977 wurde die südafrikanische Kartenserie 1:500.000 im Blattschnitt 4° Länge x 2° Breite auf Namibia ausgeweitet und in zwei Ausgaben, topographisch und aeronautical, mit farbigen Höhenschichten herausgegeben.

Auch die Farmkarte wurde, jetzt im Maßstab 1:1 Mio., weiterhin herausgegeben.

Die Kartenserie 1:250.000 diente als Grundlagenkarte für andere amtliche Veröffentlichungen wie zum Beispiel für die Karten des Geologischen Dienstes.

Neben den amtlichen Karten erschienen zahlreiche Straßen- und Übersichtskarten, hergestellt von Mineralölfirmen oder Tourismusorganisationen. Als Beispiel sei hier die »Touristenkarte« genannt, die in kurzen Abständen bis 1994 immer wieder aktualisiert und neu aufgelegt wurde.

Als Besonderheit sei auf den »National Atlas of South West Africa/Namibia« hingewiesen, der 1983 als National- oder Regionalatlas erschienen ist.

Namibia nach 1990

Nach der Unabhängigkeit wurde das »Surveyor General's Department« zum eigenständigen »Directorate of Survey and Mapping« mit einem neuen Amtsgebäude in der Robert Mugabe Avenue 49. Die Namibia betreffenden Karten der Serien 1:50.000 bis 1:500.000 werden weiterhin in der Republik Südafrika gedruckt, d.h. der namibische Staat ist hier noch immer von der ehemaligen Mandatsmacht abhängig.

Mit dem Projekt »Map updating and Geographical Information Systems for Okavango (Namibia)« hat Namibia in Zusammenarbeit mit einem Luxemburger Unternehmen den ersten Schritte zu einer eigenständigen Landesaufnahme begonnen.

Ausschnitt: TÜK Suidwes-Afrika/South West Africa 1:250.000, Blatt 2214 Walvisbaai. Windhoek 1983.

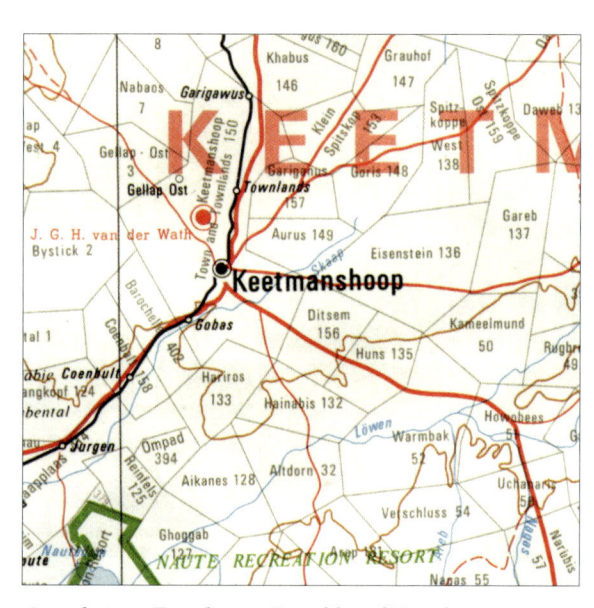

Ausschnitt: »Farmkarte« Republic of Namibia 1:1.000.000. Windhoek 1994.

Von den insgesamt 1450 Topographischen Karten 1:50.000 von Namibia wurden die 73 Karten der Okavango-Region neu erstellt. Die alte Ausgabe war, nach Angaben des Werbeplakats anlässlich der Karteneinführung, ursprünglich für militärische Zwecke in den 70er Jahren erstellt worden. Da das Kartenwerk nie fortgeführt und aktualisiert wurde, ist es für die Regionalplanung, die wirtschaftliche Entwicklung und für den Umweltschutz nutzlos geworden.

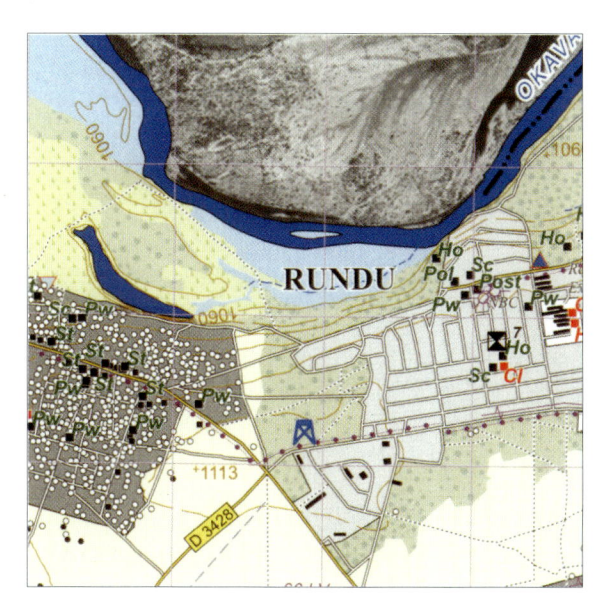

Ausschnitt: TK 1:50.000, Blatt Rundu. Windhoek 1998. – Werbeplakat.

Deshalb sind die 73 Blätter der Okavango-Region digitalisiert und mit Hilfe von aktuellen Luftbildern ergänzt worden. Seit 1998 stellt das »Directorate of Survey and Mapping« die Daten als analoges Druckerzeugnis sowie in Form von Luftbildern, Orthophotos und digitalen Daten für Geo-Informationssysteme zur Verfügung.

Die Evangelisch-Lutherische Kirche in Namibia (DELK)

Teil 1: Ihre Entwicklung – Probleme – Hoffnungen

Lisa Kuntze (1984)

Teil 2: Eine Wegbeschreibung von 10 Jahren 1990–2000

Reinhard Keding

Teil 1 (1984)

Es mag so manchen erstaunen, daß ein Laie es wagt, über die Geschichte der Deutschen Evangelisch-Lutherischen Kirche in Südwestafrika (DELK) zu schreiben. Aber vielleicht ist das doch nicht so abwegig, denn es sind auch die Laien, die eine Kirche tragen und, das erweist sich heute aufs neue, auch an ihr leiden. Jene Laien, die in diesem harten Steppenland verwurzelt sind, hier leben, hier bleiben wollen und die deshalb auch ihre Aufgabe, den Weg ihrer Kirche mitzubestimmen, ernst nehmen.

Daß unsere Deutsche Evangelisch-Lutherische Kirche, die DELK, in den letzten Jahren in eine Situation hineingedrängt wurde, die einer Zerreißprobe gleicht, die durch die Suspendierung ihrer Mitgliedschaft im Lutherischen Weltbund noch schwieriger wurde, nahmen nicht nur die hiesigen, sondern sogar die Medien in Übersee zur Kenntnis.

Aber wie kam es dazu? Läßt sich eine Erklärung dafür finden, warum man diese zahlenmäßig so unbedeutende, kirchliche Gemeinschaft nicht in Ruhe ihren Dienst tun läßt, sondern glaubt, sie von außen maßregeln zu müssen?

Der Ursachen dürften mehrere sein, die vollständig zu ergründen selbst Fachleuten schwerfallen könnte und erst recht einem Laien. Doch eine davon geht gewiß auf den Ursprung unserer Kirche zurück, denn, wie alle Quellen nachweisen, entstand sie aus der Mission. Der Missionsgedanke jedoch gelangte durch Krieg und Nachkrieg in das Kreuzfeuer der weltweiten Befreiungstheologie. Diese wiederum fand das besondere Verständnis der Nachkriegs-Theologengeneration, keineswegs nur im besiegten, zertrümmerten Deutschland, sondern auch in den heilen skandinavischen Ländern. Daß aber ein Teil

Die Christuskirche in Windhoek, ein Wahrzeichen der Stadt

der deutschen Studenten besonders davon erfaßt wurde, mußten ihre Universitätsprofessoren und ihre Leiter im Amt erfahren, die ohnehin im Sog der »unbewältigten Vergangenheit«, schweren, kritischen Auseinandersetzungen ausgesetzt waren. Kein Wunder also, daß durch die enge Verbindung mit der Heimatkirche auch die DELK die Auswirkungen des weltweiten Prozesses zu spüren bekam.

Die kleine Chronik

Gehen wir chronologisch vor, soweit dies möglich ist. Weil die DELK aus der Mission entstand, existiert keine eigene durchgehende Chronik. So müssen wir uns vorerst mit einem kurzen Überblick begnügen. Vor mir liegt ein Bericht, der sich im Besitz des jahrelang beispielgebend in der Kirchenarbeit stehenden Synodalen Otto Voigts (Farm Nomtsas) befand und den mir seine Witwe, Elsbet Voigts, gleichfalls Synodale, für unsere Zwecke überließ. Er lautet:

»Das Evangelium von Jesus Christus wurde von Missionaren seit der ersten Hälfte des vergangenen Jahrhunderts nach Südwestafrika gebracht. Die Arbeit galt zuerst dem Unterricht und der Taufe der einheimischen Bevölkerung. Aus dieser Arbeit entstanden Gemeinden und später die verschiedenen Kirchen, darunter zwei lutherische, die ELK *(Evangelisch-Lutherische Kirche,* zuvor *Rheinische Mission)* und die ELOK *(Evangelisch-Lutherische Owambo-Kavango-Kirche,* zuvor *Finnische Mission).*

Nachdem Südwestafrika zum Schutzgebiet des Deutschen Reiches erklärt worden war, kamen weiße Siedler, Soldaten und Beamte ins Land. 1894 äußerte der Landeshauptmann die Bitte, daß ein Pfarrer zur Betreuung der Weißen entsandt werden solle. Dieser Bitte wurde 1895 entsprochen. Pastor Heinrich Siebe von der Rheinischen Missionsgesellschaft kam nach Windhoek. Er sollte sowohl die weißen Einwohner geistlich betreuen als auch die Missionsarbeit wieder aufnehmen. Anfang 1896 wurde die deutsche evangelische Kirchengemeinde in Windhoek gegründet, die der Evangelischen Kirche von Preußen angeschlossen war.

Bald erwies sich, daß das Doppelamt, die Betreuung der deutschen evangelischen Gemeinde und die Missionsarbeit, die Kräfte eines Geistlichen überstieg, so daß im Jahre 1900 gemeinsam mit Missionar Carl Wandres der Pastor Anz nach Windhoek kam. Jedoch außer in einigen größeren Orten, die durchgehend oder zeitweilig einen eigenen Pfarrer für die deutschen Gemeinden hatten, wurde die geistliche und seelsorgerische Betreuung der Deutschen sogar bis in die sechziger Jahre weitgehend von Missionaren und später Pastoren der Rheinischen Mission versehen. Das schließt auch Besuche und Arbeit auf den weitabgelegenen Farmen mit ein.

1910 wurde die Christuskirche als erstes Gotteshaus der deutschen Gemeinde Windhoek eingeweiht. Auch in Swakopmund, Lüderitzbucht und Tsumeb wurden deutsche Kirchen gebaut. Dort entstanden, wie auch in anderen Orten, selbständige deutsche Gemeinden, die jedoch alle unmittelbar mit der Preußischen Landeskirche verbunden waren. 1926 fand die erste Synode aller deutschen evangelischen Gemeinden in Südwestafrika statt, die die Gemeinden zusammenschloß und einen Landespropst wählte. Im gleichen Jahr schlossen sich die drei deutschsprachigen Synoden im südlichen Afrika (die Südwest-, Kap- und Transvaal-Synode) zum Deutschen Kirchenbund Süd- und Südwestafrika zusammen. Obwohl diese Synoden sehr eng mit den Heimatkirchen in Deutschland verbunden waren, zeigte sich ihr eigener Charakter etwa in einem eigenen Monatsblatt *Die Heimat,* in einem Jahrbuch *Afrikanischer Heimatkalender,* in einem eigenen Gesangbuch und einer eigenen Liturgie.

Die geschichtlichen Ereignisse dieses Jahrhunderts trafen die Menschen in Südwestafrika, besonders die deutschsprachigen, in wechselfälliger Weise. Stets blieben Kirche und Gemeinde ein Mittelpunkt für alle, die Hilfe, Zuruf und Trost suchten. Nach dem 2. Weltkrieg wurden eine Reihe weiterer Kirchen gebaut (Walvis Bay, Omaruru, Otjiwarongo, Windhoek, Maltahöhe, Mariental, Grootfontein), die Gemeindearbeit durch die Gründung von Kindergärten, durch Jugendarbeit und andere Kreise ausgedehnt.

In all den Jahren predigten in vielen deutschen Gemeinden rheinische Missionare, die größtenteils aus unierten Kirchen kamen. 1958 wurden dann von der Synode die Satzungen für alle deutschen Gemeinden in Südwestafrika angenommen, die als Bekenntnisgrundlagen das Augsburger Bekenntnis und den Kleinen Katechismus Luthers nennen und somit den lutherischen Charakter dieser Gemeinden festlegten.

Am 30. Mai 1960 wurde von der Synode eine Kirchenverfassung angenommen und die Deutsche Evangelisch-Lutherische Kirche gegründet. Die DELK ist der VELKSA *(Vereinigte Evangelisch-Lutherische Kirche Südafrika)* und der VELKSWA *(Vereinigte Evangelisch-Lutherische Kirche Südwestafrika)* angeschlossen. Sie hat zur Zeit etwa 13.500 Glieder, die in 15 Gemeinden zusammengefaßt sind.«

Soweit diese kleine Chronik. Sie läßt kaum ahnen, welche großen Schwierigkeiten überwunden werden mußten, bis es nach Jahrzehnten zu diesem kirchlichen Zusammenschluß kam. Er entstand nicht wie verschiedene Auslandsgemeinden in den vergangenen Jahrhunderten durch gemeinsame Auswanderung aus Glaubensgründen unter Anführung ihrer Geistlichen. Vielmehr gehörten nicht nur die Gemeindemitglieder, sondern auch die Seelsorger, die Missionare wie die Pfarrer, verschiedenen Glaubensgemeinschaften an. Zu dieser Verschiedenartigkeit der Betreuer gesellten sich dann in den Jahren bis zum 1. Weltkrieg noch die Militärpfarrer. Darüber finden wir einen Bericht in dem Afrikanischen Heimatkalender, der sehr lebendig von den Problemen erzählt, die sich bei der Truppenbetreuung ergaben und die sich noch vergrößerten, als aus Ersparnisgründen die Militärgeistlichen durch in Südwestafrika bereits tätige Betreuer der weißen Gemeinden, ja selbst durch Missionare ersetzt werden sollten.

Da schreibt zum Beispiel am 11. Juli 1911 der Windhoeker Pfarrer J. Hammer an das Kommando des Nordbezirks der Schutztruppe: »... teile ich ergebenst mit, daß ich am 31. Juli d. J. eine Dienstreise zu den Stationen Kalkfontein, Gochas und Arahoab anzutreten gedenke, um dort zu amtieren. Ich werde auf dieser Reise meine Ochsenkarre benutzen und bitte höflichste mir zwölf Ochsen und ein Reittier zu stellen nebst den dazugehörigen Eingeborenen ... Ich bitte höflichst, die Stationen Kalkfontein und Gochas anzuweisen, für meine Weiterbeförderung zu sorgen per Karre resp. Kamel.«

Im gleichen Artikel, der von Pfarrer Peter Debus verfaßt wurde, finden wir eine weitere Notiz von Pfarrer Hammer: »Am 25. Oktober fuhr ich zur 3. Komp. nach Kanus, wo ich am 26. Oktober nachmittags um 7 Uhr Gottesdienst abhielt; leider beteiligte sich hier niemand am Abendmahl, was aber wohl darauf zurückzuführen ist, daß der Wachtmeister am Schluß des Gottesdienstes nicht die nötigen Befehle gab.« Dann lesen wir: »Es fanden Gottesdienst und abends ein Vortrag statt. Beteiligung und Aufmerksamkeit waren vorzüglich.« Oder: »...Gottesdienst konnte nicht abgehalten werden, da die Bedienung des Kamelgestüts alle Kräfte in Anspruch nahm.« Oft muß jedoch der geplante Besuch ausfallen. Entweder befindet sich die Truppe im Manöver, oder sie erwartet die Inspektion durch den Kommandeur. Die Absage an den Pastor lautet dann wie folgt: »Euer Hochehrwürden muß ich zu meinem Bedauern mitteilen, daß es zur Zeit unmöglich ist, die gewünschten Ochsen zur Verfügung zu stellen. Sämtliche Truppen des Nordbezirkes befinden sich im Manöver bei Maltahöhe; hierzu werden alle Zugtiere gebraucht.«

Ja, die ansonsten lobenswerte preußische Sparsamkeit, die die Schuld daran trug, daß die zwei Militärseelsorgerstellen wieder gestrichen wurden, brachte dann noch einige Auseinandersetzungen zwischen den Gemeinden der »Zivilgeistlichen«, die nunmehr den Dienst an der Truppe ausüben mußten, da der Militär-Fiskus dafür eine jährliche Vergütung von insgesamt 10.000 Mark aussetzte. Es erwies sich jedoch als schwierig, einen gerechten Verteilerschlüssel zu finden, zumal alle betroffenen Gemeinden mit finanziellen Schwierigkeiten zu kämpfen hatten. Dadurch erfährt man etwas über die damaligen finanziellen Regelungen, die gleichfalls aus Ersparnisgründen zwischen dem Oberkirchenrat (Berlin) und der Rheinischen Missionsgesellschaft getroffen worden waren. Die südwester deutschsprachigen Gemeinden, die von einem Missionar im Doppel- bzw. Nebenamt mitversorgt wurden, mußten von Anfang an nur einen geringen Anteil an den Gesamtkosten aufbringen, die von der Rheinischen Mission für die Aussendung, Dienst-, Wohn-, Lebenskosten, Krankenkasse und Alterspension aufgewandt wurden. Dies mußte sich für eine echte kirchliche Entwicklung ungünstig auswirken, denn auf diese Weise drang es den Mitgliedern der Landgemeinden nie ins Bewußtsein, daß es eine Ehre und Pflicht war, zur Erhaltung des kirchlichen Lebens insgesamt, wie auch für die Versorgung des Pfarrers und die Instandhaltung der Gebäude, ständige, echte Opfer zu bringen, wie das zum Beispiel bei den reformierten Kirchen der afrikaansprachigen Christen von jeher eine absolute Selbstverständlichkeit ist und wo man sich noch freiwillig an den »biblischen Zehnten« gebunden fühlt ...

Da also von Anfang an nie regelmäßig, höchstens sporadisch zu bestimmten Zwecken (Kirchbau) ein größerer finanzieller Einsatz verlangt wurde, wirkt dieses Sich-nicht-gefordert-Fühlen bis heute weiter. Es hat sich sogar in jenen Gemeinden, in denen es Geistlichen gelang, eine gute, vertrauensvolle Zusammenarbeit mit dem weitverstreuten Kirchenvolk herzustellen, bis zu einer strikten Ablehnung verstärkt. Darum meint heute so mancher, daß es vielleicht besser gewesen wäre, wenn der sparsame Oberkirchenrat in Berlin noch einige Pfarrer zusätzlich ausgesandt hätte, statt den Missionaren das Doppelamt zuzumuten. Vielleicht wären dann beiden Seiten Schwierigkeiten erspart geblieben, die heute im Rückblick, leider sehr zu Unrecht, so manches Mitglied der DELK vergessen lassen, welche aufopferungsvollen Dienste die in ihrem Arbeitsbereich ohnehin stets überforderten Missionare unseren Eltern und Großeltern geleistet haben. Sehr zu Unrecht, zumal es ohne ihre Lehr- und Vermittlertätigkeit, ohne ihre Sprach- und Landeskenntnisse kaum zur Abfassung jener Verträge gekommen wäre, aus denen das heutige Südwestafrika entstand. Einige von ihnen haben auch bei der Gründung der DELK eine wichtige Rolle gespielt. Man denke nur an den von allen Bevölkerungsgruppen gleich geachteten, geschätzten, ja geliebten, großen alten Mann, Dr. Heinrich Vedder, der an seinem 90. Geburtstag mit einer Gedenkbriefmarke geehrt wurde. Die Ehrung galt nicht nur dem Lehrer, dem Theologen, sondern auch dem Sprach- und Geschichtsforscher, dem Schriftsteller und dem Wissenschaftler, der zu den bedeutendsten Afrikanisten unserer Zeit gehört, vor allem aber dem gütigen Menschen, der es vermochte, in voller Übereinstimmung von Lehre und Tat zu leben. Es kann keine Geschichte unserer DELK geschrieben werden, ohne seiner zu gedenken. Doch nun zurück zur Chronik. Der kleinen soll nun die große folgen, um die Vorgänge zu erläutern.

Die große Chronik: eine Geschichte menschlichen Leidens

Wenn man bis dahin aufgrund der vorliegenden kurzen Berichte noch geglaubt hatte, die Entwicklungsgeschichte unserer DELK mit einigen Daten, Namen und Fakten ausreichend beschreiben zu können, so muß man schon nach erster Durchsicht der großen, ledergebundenen Chronik mit Erschütterung feststellen, daß der Prozeß des Kirchenaufbaus bis heute einer menschlichen Leidensgeschichte ihrer geistlichen Führer gleicht. Man staunt, daß sich trotz allem immer wieder Männer lutherischen Glaubens bereit finden, das schwere Amt des Landespropstes in dieser im Grunde recht wenig kirchlich gesinnten Auslandsgemeinde zu übernehmen. Daß sie keinen Dank dafür erhalten, lehrt die Geschichte.

Wenig kirchlich von Beginn an. Das mußte schon Heinrich Vedder erfahren. Zu seinem ersten Gottesdienst 1905 in Swakopmund, durch das Bezirksamt an sechs Litfaßsäulen angekündigt, erschien kein einziger Besucher. So ging Vedder unverrichteten Gottesdienstes betrübt nach Hause. Später wurde der Besuch der Gottesdienste für die Truppe dienstlich angeordnet, dann spielte die Militärkapelle die Choräle mit, und Zivilisten kamen dazu auf den Kasernenhof. Vedders Nachfolger, Pastor Hasenkamp (ab 1908), schreibt von gleichen Erfahrungen: »Nur etwa 15 Stühle wurden an gewöhnlichen Sonntagen benutzt, während im nachfolgenden Kindergottesdienst alle Stühle besetzt waren. So unkirchlich war damals Swakopmund. Nur an Kaisers Geburtstag, am 27. Januar, kamen Hunderte evangelische und katholische Leute am Flaggenmast zusammen zu einem halbstündigen Gottesdienst, in dem ich und der katholische Pfarrer Ziegenfuß (genannt Bockibein) kurze Ansprachen hielten. Lag das Kanonenboot Panther vor der Küste, so spielte die kleine Schiffskapelle die Choräle mit ...«

Je weniger fest ein Kirchenvolk auf dem Grund des Evangeliums steht, um so leichter wird es verunsichert und von außerkirchlichen, gar politischen Strömungen erfaßt. Auch das lehrt die Geschichte der DELK.

Derjenige, der eines Tages die große Aufgabe auf sich nahm und begann, eine Chronik unserer Kirche zu schreiben, war auch ein Mann, der als Missionar jahrzehntelang im Doppelamt seine schwarze und weiße Gemeinde geistlich betreut hatte, dann zum Leiter des Theologischen Seminars Otjimbingwe berufen wurde und den schließlich die Synodalen auf der 15. Synode der Deutschen Evangelisch-Lutherischen Kirche von Südwestafrika im November 1966 mit großer Mehrheit zum neuen Landespropst wählten: Otto Milk. Über dieser Tagung lagen schon die Schatten des Todes, denn nur wenige Tage später, am 14. November, starb in Freiburg jener bedeutende Kirchenmann, der dem Amt des Landespropstes in einer Dienstzeit von 27 Jahren seine Prägung verliehen hatte: Karl Friedrich Höflich.

Milks Vorgänger waren: Pastor Winfried Ebers (1924 bis 1933), der als erster den Titel Landespropst erhielt. Landespropst Wackwitz (1933 bis 1939), der mit etlichen Südwestern die Hoffnung teilte, daß das Land wieder an Deutschland zurückgegeben werden könnte, und Karl Friedrich Höflich, von Bischof Heckel in Berlin mit der Weisung ausgesandt, »die Kirche aus dem politischen Fahrwasser auf eine rein kirchliche Linie zurückzuführen«, eine Aufgabe, die er in seinen ersten Amtsjahren souverän zu meistern wußte, trotz der Unterbrechung durch seine Internierung. Später dazu mehr.

Zu Ehren von Dr. Adolf Wischmann

Am 17. Oktober 1968 begann Otto Milk sein Werk, die Chronik. Wie er in seiner Einleitung ausführte, hatte er das Datum nicht zufällig gewählt. Es war der 60. Geburtstag des einstigen Studentenpfarrers und Kriegsteilnehmers Dr. Adolf Wischmann, der vor wenigen Jahren zum neuen Präsidenten des Kirchlichen Außenamtes in Frankfurt gewählt worden war und dem er für sein Verständnis für die deutschsprachigen südwester Kirchengemeinden damit seinen besonderen Dank ausdrucken wollte. Er führt u. a. aus, »daß er (der Präsident) den Kirchen und ihren Mitgliedern in der weiten Welt ein verständnisvoller Freund geworden sei, der jedem das Bewußtsein gibt, daß er sich um den einzelnen kümmert und daß er für uns eintritt in einer Zeit, in der man für die deutschsprechenden Glieder der Kirche im Ausland im allgemeinen nicht viel übrig hat ...«

Ausführlich beschreibt Milk dann die Erste Synode, die vom 29. September bis 1. Oktober 1926 in der Christuskirche in Windhoek stattgefunden hatte und die von Pastor Winfried Ebers einberufen worden war, um zum erstenmal die weitverstreut lebenden Seelsorger der Gemeinden zusammenzubringen. Es war ein großes Ereignis, zu dem auch Regierungsvertreter, der Administrator, Dr. Frey, der sich um die deutschen Schulabteilungen sehr bemühte, und Abgeordnete verschiedener christlicher Konfessionen, Vertreter der Wirtschaft, der CDM, geladen waren und Grußworte sprachen. Der Kirchenchor sang unter Leitung des geschätzten Kirchenmusikdirektors Hans Müller. Es waren auch Vertreter der Bruderkirchen aus Südafrika gekommen. Bedeutungsvoll war der Beschluß, ein alle Gemeinden einigendes Gemeindeblatt, das den Namen *Heimat* erhalten sollte, zu gründen und einen jährlich erscheinenden Heimatkalender. Als Redaktions- und Druckort wurde schon damals Windhoek bestimmt, Pastor Ebers mit dem Posten des Redakteurs betraut. Zugleich erfährt man von der Entstehung des Deutschen Kirchenbundes Süd- und Südwestafrikas am 8. Januar 1926, wozu sich 50 geistliche und weltliche Abgeordnete deutscher evangelischer und lutherischer Kirchen des südlichen Afrikas in Kapstadt zusammengefunden hatten. An einer Kommissionssitzung hatte auch der Vertreter des Deutschen Reiches, Generalkonsul Dr. Hang, teilgenommen. Ein Brief des sichtlich sehr aktiven Pastors Ebers gibt kund, daß der Deutsche Kirchenbund mit Sitz in Berlin der jungen südwester Kirche viel Förderung angedeihen ließ und nicht in den Bekenntnisstand eingriff. Während viele Jahre lang die Gemeinden einfach als ein Teil der Unierten Kirche Preußens angesehen worden waren, hatte Otto Milk auf der ersten Synode im Oktober 1926 den Antrag gestellt, daß sich die Synode zur Augsburgischen Konfession bekenne. Ferner beschloß man, Luthers Katechismus zur Grundlage des gesamten Religionsunterrichts zu machen. So stand von nun an fest, daß es in Südwest zu einer Einigung unter dem Lutherischen Bekenntnis gekommen war.

Der Vorschlag, dem geistlichen Führer den Titel Landespropst zu verleihen, ging von den Gemeinden selbst aus. Die Zustimmung dazu erhielten sie offiziell vom Deutschen Evangelischen Kirchenausschuß im Juni 1929.

Von Milk finden wir in der Chronik auch einen Brief vom 28. März 1928, der bereits eine recht interessante Charakterisierung der südwester Kirchenmitglieder enthält. Darin schreibt er an einen Amtsbruder im Kapland, das Gemeindeblatt *Die Heimat* betreffend: »Warum wir es für nötig halten, das Blatt allen zukommen zu lassen? Ja, sehen Sie, lieber Bruder, da bitte ich um ein freundliches Verständnis für uns Südwester. Wir haben 7000 evangelische Deutsche im Lande, die aber sehr, sehr wenig kirchlich sind. Nun wenden wir uns auf dem Wege der öffentlichen Missionen an alle ohne Unterschied, tragen ihnen Gottes Wort in die Häuser. Wollen sie dann nicht, ist es ihre Sache. Wenn wir in Südwest das Blatt nicht hätten, müßten wir es uns eigens schafen. Und ganz verblüffende Zustimmungen haben wir schon aus ganz unkirchlichen Häusern erhalten. Aber abonnieren ... bei uns ... das gäbe ein ganz klägliches Fiasko. Ich weiß, daß bei Ihnen (am Kap – in Transvaal usw.) die Verhältnisse weit besser liegen. Aber gerade darum bitte ich Sie, tragen Sie in dieser Sache Südwest mit als den kirchlich schwächeren Bruder. Am Deutschtum dagegen wird es kein Südwester fehlen lassen ...«

Die Chronik lehrt uns auch, daß sich die finanziellen Probleme für den Herausgeber der *Heimat* (die Kirchenleitung) und für die Gemeindekirchenräte kaum geändert haben, wobei aber erwähnt werden muß, daß es dem Einsatz einiger fahrender Persönlichkeiten dennoch gelang, die großen Kirchenbauten in Windhoek und Swakopmund durchzufahren, gewiß unter bedeutenden Opfern, wenngleich auch hierzu »großherzige Spenden« aus Deutschland benötigt wurden. Die Aufzählung schöner, geschmackvoller Bauten, die in jenen Jahren entstanden, könnte beliebig fortgesetzt werden.

Erste innerpolitische Auseinandersetzungen

Nachdem die ersten Synoden ruhig und würdig verlaufen waren, wurden sie in der zweiten Hälfte der dreißiger Jahre zum Forum erster innerpolitischer Auseinandersetzungen. Die Strömungen aus dem »Dritten Reich« und aus dem Kampf zwischen der »Bekennenden Kirche« und den »Deutschen Christen« machten vor den Südwester Gemeinden nicht halt. Redegewandte Synodale versuchten, die Synode für ihre politischen Ziele zu gewinnen, während andere ihren Einfluß gebrauchten, um eine Politisierung der südwester Kirche, die es ja als erklärte Einheit noch nicht gab, zu vermeiden. Jetzt wird in der Chronik zum ersten Mal das Kirchliche Außenamt erwähnt, das vorschlägt, den Wortführer jener Gruppe, die Beschlüsse zugunsten einer kirchlichen NS-Ausrichtung erreichen will, seines Amtes zu entheben. Wie groß bereits die allgemeine, in jener Zeit übrigens begreifliche Verunsicherung war, die kaum noch zwischen christlichem und politischem Gedankengut zu unterscheiden wußte, erkennt man aus weiteren Resolutionen. So kam es dann auch, daß nach Rückkehr des Landespropstes Wackwitz nach Deutschland sein Amtsnachfolger Höflich am 5. August 1939 mit dem ausführlichen Auftrag entsandt wurde, die südwester Gemeinden aus dem politischen Sog zu befreien. Am 31. August verschickt er bereits sein erstes Rundschreiben an die Gemeinden. Er gab hierin seiner Ahnung Ausdruck, daß schwere Aufgaben auf alle zukommen würden, sie sich durch den Ernst der Stunde um so enger zusammenschließen müßten und Seelsorgerdienst jetzt doppelt wichtig sei. Wie bekannt, wurde Propst Höflich nach Ausbruch des 2. Weltkrieges mit den anderen Geistlichen schon bald interniert. Er mußte vorerst sein Amt vom Internierungslager aus leiten, bis Dr. Vedder als ältestes Mitglied des Synodenvorstandes mit seiner Stellvertretung beauftragt wurde. Das wurde die Zeit des Fraueneinsatzes auf allen Gebieten im ganzen Land, die, auf sich allein gestellt, wahrhaft Bewundernswertes leisteten. Sie verdienten es, in einer besonderen Schrift gewürdigt zu werden. Erst ab 1948 konnte Landespropst Höflich wieder voll sein Amt ausüben. Aus einem Jahresbericht erfährt man, daß er bereits im Juni 1947 seitens des Rates der Evangelischen Kirche in Deutschland eine Generalvollmacht zur Wahrnehmung der Interessen der Gemeinden der Südwestafrika-Synode – insbesondere in vermögensrechtlicher Hinsicht – erteilt bekommen hatte. Diese Vollmacht war für die Weiterentwicklung der deutschen Gemeinden bis zur Gründung der DELK (1960) von großem Wert, denn sie verlieh ihm bedeutende Autorität, die er im Verlauf seiner Tätigkeit gut zu nutzen wußte. Dies beweist auch ein Bericht über die 8. Ordentliche Tagung der Synode vom 23. bis 25. September 1950 in Swakopmund.

Die Kirche setzt sich für die deutschen Sprachrechte ein

Wir lesen: »Die wichtigste Arbeit des Synodenvorstandes in der abgelaufenen Periode galt den Vorarbeiten für die Wiederherstellung des deutschen Unterrichts in den Regierungsschulen. Nachdem beim ersten Besuch des Premiers Dr. Malan ihm Dr. Vedder die Wünsche der deutschen Bevölkerung in dieser Hinsicht vorgetragen und eine wohlwollende Zusage erhalten hatte, ging ein Fachausschuß an die Bearbeitung dieser Frage ... Dr. Frey erläuterte die Tendenz der Denkschrift. Auf dreierlei kam es dem Fachausschuß an: die gesetzliche Verankerung der Sprache als Schulsprache, die Erhaltung und finanzielle Unterstützung der deutschen Privatschulen und die Wiedereinführung des kirchlichen Religionsunterrichtes in der Muttersprache ... Die Synode stellt sich einstimmig hinter die Denkschrift.« Man erkennt daran, daß die Schockwirkung, die der verlorene Zweite Weltkrieg mit allen Folgen auf die deutschsprachige Südwester Bevölkerung ausgeübt hatte, überwunden war und daß man mit erneuter Energie unter dem Schutz der kirchlichen Autorität an die Durchsetzung der eigenen Belange ging. Landespropst Höflich war durch sein Verhandlungstalent, seine Weisheit und Intelligenz prädestiniert, die geeigneten Mitarbeiter zur Durchsetzung der gemeinsamen Ziele zu finden. In seinem Synodalbericht wird auch erklärt, daß die Lage des deutschen Bevölkerungsteiles die Synode in die Aufgabe gedrängt habe, in besonderem Maße die Vertretung der kulturellen deutschen Belange zu übernehmen.

Der Leidensweg beginnt

Wer auch zwischen den Zeilen zu lesen vermag, wird Otto Milks großer Chronik entnehmen, daß nun der Leidensweg der geistlichen Führer unserer Kirche begann. Die nach dem Zweiten Weltkrieg völlig neuen, grundlegend veränderten Strömungen in der Heimatkirche griffen abermals auch hier in das kirchliche Leben ein. Das fing damit an, daß laut Beschluß der rheinischen Missionskonferenz den deutschen Gemeinden keine Missionare mehr zugestanden wurden, die sie im Nebenamt mitversorgen konnten. Der Grund: Die schwarzen Kirchen drängten auf Selbständigkeit und wünschten, fortan durch ihre eigenen Leute geführt zu werden, so daß sich auch die weißen Missionare zurückziehen mußten. Eine dadurch erforderliche Umstrukturierung war zwar schon öfter von der Deutschen Evangelischen Kirche angestrebt worden, scheiterte aber, wie erwähnt, immer an finanziellen Problemen. Sie waren inzwischen noch größer geworden, besonders im Hinblick auf die weitverstreuten Landgemeinden. So sah sich Landespropst Höflich urplötzlich vor neue Schwierigkeiten gestellt, zumal an die Spitze des Kirchlichen Außenamtes in Frankfurt ein neuer Mann getreten war, Pfarrer Niemöller. Er beachtete die Höflich verliehene Generalvollmacht nicht und traf ohne ihn eigene Entscheidungen. Dazu begann ein in der Internierungszeit entstandenes körperliches Leiden, Höflich schwer zu schaffen zu machen. Aber die deutschsprachige Bevölkerung hatte erkannt, wie sehr sich ihr Landespropst für sie einsetzte, und dankte es ihm auf ihre Weise. Er konnte schreiben:

»Eine interessante Erscheinung ist die, daß die Deutschsprechenden sich um die Kirche zu sammeln beginnen und tatsächlich Kirchen bauen (Omaruru – Gobabis – Okahandja – Otjiwarongo – Walfischbucht – Maltahöhe usw. usw.).« Leicht resigniert setzte er hinzu: »... Was den Kirchenbesuch angeht, so hat sich offenbar noch kaum etwas geändert. In unserem noch sehr jungen Südwest fehlen noch die festen Sitten: sittenbildende Kraft hat unsere Gemeinschaft noch nicht entwickelt.« In seinem Rechenschaftsbericht vom 24. März 1955 heißt es dann: »Es ist gut, sich daran zu erinnern, daß es vor zehn Jahren keineswegs sicher war, daß unsere Jugend in ihrer deutschen Muttersprache erzogen werde. Vielen erscheint heute so selbstverständlich, was nicht selbstverständlich ist ...« Und dann schließt er mit den Worten: »Was unsere Kirche als Ganzes tut, hat seine Bedeutung für das Gesamtleben unseres Landes. Das ist bei keiner der anderen evangelischen Synoden Südafrikas oder auch Südamerikas der Fall.« Über weitere zehn Jahre lang leitete dieser bedeutende Mann – wenn auch später oft vom Krankenbett aus – die Geschicke der Kirche. Unter seiner Führung kam es dann auch zur Gründung der Deutschen Evangelisch-Lutherischen Kirche in Südwestafrika. Sein Amt wurde ihm wenigstens in einer Hinsicht erleichtert: Der den Auslandsgemeinden und ganz besonders den Südwestern wohlgesinnte Dr. Adolf Wischmann war zum neuen Präsidenten des Kirchlichen Außenamtes gewählt worden. Er verstand es auch, sich den jungen Eiferern unter den Nachkriegstheologen gegenüber prägnant auszudrücken: »Warum sollte es den Deutschen im Ausland verboten sein, sich der deutschen Sprache zu bedienen und in der geistigen und geistlichen Tradition der Heimat weiterzuleben? ... In der Sprachenfrage sei vermerkt, daß es eine weise Entscheidung ist, das Evangelium in der Sprache zu verkünden, die verstanden wird.«

Das nächste entscheidende Ereignis, auch in der Chronik ausführlich beschrieben, geschah auf der 15. Synode im November 1966, als man mit großer Mehrheit Otto Milk, den Missionar und Leiter des Theologischen Seminars Otjimbingwe, zum neuen Landespropst und Nachfolger Höflichs wählte. Man hatte geglaubt, daß er aufgrund seiner reichen Erfahrung der richtige Mann sei, um auf neutraler Ebene eine gute theologische Zusammenarbeit zwischen den zwei großen selbständig gewordenen Kirchen und der DELK zu gewährleisten. Noch unter Höflich war es 1961 zur Gründung der »Konferenz der Lutherischen Kirchen in Südwestafrika« gekommen. Dafür waren in Karibib zusammengetroffen:
- die Evangelisch-Lutherische Kirche in Südwestafrika (Rheinische Missionskirche) = ELK,
- die Evangelisch-Lutherische Owambo-Kavango-Kirche (zuvor Finnische Mission) in Südwestafrika (ELOK),
- die DELK.

Das, was damals der finnische Missionar Hukka sagte, sollte als Richtschnur für das gemeinsame Handeln gelten: »Unsere Begegnung geschieht nicht zu dem Zweck, um uns als Kirche eine mächtigere Position im öffentlichen Leben zu verschaffen oder um eine besondere Demonstration zu veranstalten, sondern darum, daß wir gemeinsam die Herrschaft Gottes und seine Gerechtigkeit suchen und im Geiste der Liebe unsere gemeinsamen Probleme erkennen und lösen.«

Heute ahnt man und entnimmt es jeder Zeile, daß die Synode mit der Wahl Otto Milks ihm eine Last zugemutet hat, die – gerade aufgrund der weltweiten, immer stärker verfochtenen »Befreiungstheologie« einfach über seine Kräfte gehen und ihn in politische Auseinandersetzungen hineinziehen mußte. So geschah es, als die schwarzen Schwesterkirchen 1971 den »Offenen Brief« an Ministerpräsident Vorster herausgaben, der großes Aufsehen erregte und von dessen politischen Folgerungen Milk glaubte, sich im Namen der DELK distanzieren zu müssen. Das brachte ihm, ihrem einstigen Lehrer, bittere Vorwürfe von schwarzen Kirchenführern ein. Als die »Konferenz« begann, weitgehende Ziele anzustreben, d.h. mit Befürwortung deutscher Stellen für alle drei lutherischen Kirchen eine Einheitskirche zu planen, wuchs die innere Zerrissenheit des Mannes, der beiden Seiten gerecht werden wollte, und verwandelte sich in ein körperliches Leiden, das seine Kräfte verzehrte. Ein früher Tod beendete das tragische Leben des Ehrenmannes und aufrechten Christen.

Die weiter schwebende Frage eines Zusammenschlusses der drei Lutherischen Kirchen zur VELKSWA *(Vereinigte Evangelisch-Lutherische Kirche von SWA)* hatte inzwischen eine neue, aus der Bundesrepublik gekommene Theologengeneration zu verstärkter Aktion aufgerufen. Es kam zu Entfremdungen zwischen Gemeinden und ihren Pfarrern. In dieser schwierigen Situation wurde der Windhoeker Pfarrer Kurt Kirschnereit zum neuen Landespropst gewählt. Er war schon zuvor bei seiner Ausreise vom Kirchlichen Außenamt beauftragt worden, zwischen dem erkrankten Otto Milk und den jüngeren Pastoren zu vermitteln. Das gelang ihm nicht mehr, aber er war entschlossen, zu der erforderlichen Entspannung zwischen den schwarzen Schwesternkirchen und der DELK beizutragen und die weißen Gemeinden zu einer Föderation zur Stärkung des gesamten Luthertums im Rahmen der VELKSWA zu gewinnen. Da er landesweit, besonders unter den Synodalen großes Vertrauen genoß, schien es, daß er das Ziel tatsächlich auf friedlichem Wege erreichen könne, das auch im Zeichen der in Aussicht stehenden Unabhängigkeit Südwestafrikas allen an eine gemeinsame Zukunft glaubenden Menschen richtig erschien.

Zuvor war jedoch etwas geschehen, was auch den Weg dieses Propstes zu einem Leidensweg werden ließ, und was ich, die ich die Zusammenhänge ergründen wollte, erst jetzt in der großen Chronik las, die Kirschnereit nach dem Tode Milks und nach seiner vom Kirchlichen Außenamt gewünschten Rückkehr nach Deutschland fortgeführt hatte. Nicht nur, daß die Pastoren, die untereinander in eine enge Verbindung getreten waren, seine Bemühungen, die ja ihren eigenen Zielen entsprachen, nicht anerkannten, ihn statt dessen für rechtsreaktionär hielten und ihre gemeinsame Rückberufung nach Deutschland durchsetzten, auch so manche Gemeindemitglieder begannen, an der Durchführbarkeit seiner Ideen zu zweifeln. Das kam so: Vor der entscheidenden Synode der DELK in Windhoek hatte bereits eine vorbereitende der VELKSWA im Februar 1975 in Engela/Owamboland stattgefunden. Propst Kirschnereit hatte die ersten Tage daran teilgenommen, konnte jedoch aus dienstlichen Gründen nicht bis zu ihrem Schluß dort bleiben. Und ausgerechnet gegen Schluß, also in seiner Abwesenheit, wurde von der ELK und ELOK der Grundsatzbeschluß gefaßt, nunmehr eine fusionierte Kirche anzustreben und dem der DELK vorliegenden Dokument noch einen dementsprechenden Zusatz beizufügen. Alle Gemeindevertreter waren zwar zu einer Föderation im ursprünglichen Sinne bereit gewesen, aber vor dem Ausdruck »Fusion« erschraken die meisten, denn damit konnte der totale Verlust der Muttersprache im Gottesdienst, der Sprache Martin Luthers, und der Verzicht auf deutschsprachige Geistliche verbunden sein. Aber obgleich sie unvorbereitet vor dieser Abänderung stand und wohl vor allem, um Kirschnereit und den Kirchenleitungen ihr Vertrauen und ihren guten Willen zu zeigen, akzeptierte die Synode den Antrag mit 31 Stimmen bei nur 3 Gegenstimmen. Doch als danach die Synodalen diese Entscheidung in ihren Gemeinden vertreten sollten, begannen leidenschaftliche Auseinandersetzungen. Kirschnereit geriet in ein wachsendes Kreuzfeuer, seltsamerweise auch von deutschen kirchlichen Stellen her, die ja betont den Zusammenschluß befürworteten. Aber die zurückgekehrten Pastoren hatten drüben gegen ihn und die Gemeinden, die ihn stützten, Stimmung gemacht und warfen ihm vor, daß er nicht klar genug gegen die SOS-Notgemeinschaft, die sich jetzt auch in Südwest bemerkbar machte, Stellung bezogen hätte, sie wollten sogar verhindern, daß, solange Kirschnereit noch Landespropst war, weitere Pastoren nach Südwest entsandt wurden.

So endete auch für ihn, angefeindet von so grundverschiedenen Seiten, der Versuch, Frieden zu stiften, mit einer bitteren Enttäuschung, und obwohl zahlreiche Freunde ihn baten, nicht aufzugeben, mußte er doch sein Amt niederlegen, was er nur schweren Herzens tat.

Von da an kam das kirchliche Leben innerhalb der DELK nicht mehr zur Ruhe. Auch dem neuen Landespropst, P. G. Kauffenstein, konnte es nicht gelingen, eine Einigung zwischen den fortschrittlich gesinnten und den in alten Traditionen verharrenden Gemeindemitgliedern zu erreichen. Im Gegenteil. Die Gefahr einer völligen Zersplitterung drohte, worunter er, die Seelsorger und die Gemeinde schwerer leiden mußten. Landespropst Kauffenstein konnte seine Amtszeit nicht in Frieden abschließen. Der Leidensweg der Kirchenführer fand kein Ende.

Die letzte und – die neue Hoffnung

Verständlich, daß unter den seit Jahren verunsicherten Gemeinden der Ruf »Los von der EKD«, der Mutterkirche in Deutschland, erklang. Die Besonnenen wußten, daß dies keine Lösung sein würde. Isolierung ist keine Rettung. Der Verzicht auf deutsche Geistliche, auf die Verbindung zur deutschen Kirche wäre der sichere Weg zum Sterben unserer deutschsprachigen Evangelisch-Lutherischen Kirche in Südwestafrika. Eine finanzielle Selbständigkeit, die bisher nie erreicht werden konnte, wäre erstrebenswert. Allerdings ist sie mit Kirchenaustritten und Beitragsverweigerungen nicht zu verwirklichen, sondern im Gegenteil mit freiwilligen, größeren Opfern.

So erschien es allen, denen Bestand und Schicksal der DELK wahrhaftig am Herzen liegen, als die Rettung, als sich der nicht nur in theologischen, sondern auch in Organisations- und Verhandlungsfragen sehr erfahrene Oberkirchenrat Blank vom Kirchlichen Außenamt selbst zur Wahl stellte und das schwierige Amt in dieser Krisensituation übernahm. Die Vorbedingungen waren gut. Seine intensiven Bemühungen um neues, gegenseitigem Verständnis schienen Erfolg zu haben. Neues Vertrauen, neuer Wille zur Zusammenarbeit zwischen entzweiten Gemeindemitgliedern, zwischen Weiß und Weiß und Weiß und Schwarz wurden sichtbar. Da brach wie ein Unwetter der Beschluß des Lutherischen Weltbundes in Budapest, die Mitgliedschaft der DELK zu suspendieren, über die gerade erst zu hoffnungsvollem, neuem Leben erwachende kleine Kirche herein. Als Grund wurde angegeben, daß sie sowie die Kapkirche sich nicht genug für die Abschaffung der Rassentrennung eingesetzt hätte. Ein politischer Entschluß. Man wollte das große, mächtige Südafrika treffen und traf statt dessen die machtlose, kleine deutschsprachige Kirche in Südwestafrika, die sich so tapfer und durch alle Wirren, durch Kriegs-, Not- und Dürrezeiten am Leben erhalten hatte, Gotteshäuser, Kindergärten, ein Altersheim gebaut und sich immer erneut um eine gute Zusammenarbeit mit den schwarzen Schwesterkirchen bemüht hatte. Deshalb äußerte sich der schaumburg-lippische Landesbischof Professor Dr. Heubach auch erschüttert über diese alles andere als christliche Maßnahme: »Hier saßen Sünder über Sünder zu Gericht und begründeten das auch noch mit dem Begriff der Liebe.«

Möge denn unsere Deutsche Evangelisch-Lutherische Kirche in Südwestafrika neue Freunde finden, die ihr in ihrem Existenzkampf zur Seite stehen.

Teil 2

Eine Wegbeschreibung von 10 Jahren 1990–2000

In der Tat empfanden Mitglieder der ELKIN (DELK) die Suspendierung der beiden deutschstämmigen lutherischen Kirchen durch die Vollversammlung des Lutherischen Weltbundes in Budapest 1986, als wenn »Unwetter hereinbrach«, wie es Lisa Kuntze in ihrem geschichtlichen Abriss formulierte.

Viele erlebten es als ein Bestrafung, wenige als eine gerechtfertigte Maßnahme. Ich selbst habe die Suspendierung theologisch nicht nachvollziehen können, obwohl ich sie kirchenpolitisch verstehen gelernt habe. Für diejenigen, die sich in den Kirchen für die Überwindung von Apartheid in den Gemeinden eingesetzt haben, war es ein schwerer Rückschlag. Auf Gemeindeebene allerdings hatte der Beschluss keine nennenswerte Folgen. Die Zusammenarbeit zwischen den Kirchengemeinden oder Gruppen lief weiter, wo sie etabliert war.

Die Gründung einer Vereinigten Evangelisch-lutherischen Kirche in Südwestafrika (VELKSWA) war beschlossene Sache. Aber sie wurde 1992 aufgelöst, bevor sie richtig zum Leben kam. Die Synode der ELKIN (DELK) hatte den Austritt aus dem *Council of Churches in Namibia* (CCN) beschlossen. Die *Evangelical Lutheran Church in the Republic of Namibia* (ELCRN) reagierte sehr rigoros, indem sie meinte, mit unserer Kirche nicht mehr zusammenarbeiten zu können. Sie verließ die VELKSWA. Damit waren alle schon weitgediehenen Einheitsgespräche zu Ende. Schuldzuweisungen helfen wenig. Ich meine, dass beide Beschlüsse Fehler waren und hoffe, dass daraus gelernt wurde, niemals wieder »Kurzschluss«-Beschlüsse zu fassen, die sich auf lange Zeit hin rächen.

Nach vielen politischen Unruhen war es durch die Unabhängigkeit Namibias 1990 glücklicherweise wieder möglich miteinander friedlich in Gemeinde und Kirche zu arbeiten.

Ebenso wie die Schwesterkirchen beschloss die Synode eine geringfügig erscheinende Namensänderung der Kirche, die den Willen ausdrückte, sich als eine namibische Kirche zu verstehen. So rückte das »Deutsche Evangelische-lutherische Kirche« in die Klammer und vorrangig wurde die »Evangelisch-lutherische Kirche in Namibia«. Obgleich die Kirche eine deutschsprachige Kirche geblieben ist, sollte deutlich gemacht werden, dass sie keine deutsche Kirche sein will. Die Möglichkeit, Namibier als Pastoren anzustellen, hat dieses Wollen verstärkt.

Leider ist es bis heute nicht gelungen, die Zahl der bodenständigen Pastoren und Pastorinnen so zu erhöhen, dass sie die Zahl der entsandten Pastoren übertrifft.

In den zehn Jahren seit der Unabhängigkeit sind zwei Schwerpunkte gesetzt worden:
Ein Gemeindeaufbauprogramm der Kirche und die erneuten Bemühungen um die Verwirklichung einer Kirchenstruktur, in der alle drei Kirchen zusammenwachsen, die sogenannten Einheitsgespräche.
Beide Schwerpunkte werden im folgenden nachgezeichnet.

I. Das Gemeindeaufbauprogramm der ELKIN (DELK)

Nach dem kircheninternen Streit, der teilweise als »Kirchenkampf« betitelt wurde, bemühte sich die Kirchenleitung darum, dass Gemeindeglieder wieder Vertrauen in die Kirche bekamen. Es gab nicht wenige, die aus der Kirche ausgetreten waren; einige aus Ärger über die Streitereien, andere weil sie die Kirche als zu politisch empfanden, und einzelne, weil die Kirche sich in den politischen Auseinandersetzungen zu wenig gegen Ungerechtigkeiten im Apartheidssystem ausgesprochen hatte.

1975 gab es noch 14.777 Mitglieder, bis 1990 sank die Mitgliederzahl auf 8.087. In Windhoek schrumpfte die Zahl auf 1.500; Otjiwarongo verlor an Mitgliedern 50%; Karibib und Keetmanshoop z.B. wurden Kleinstgemeinden. Die Gründe für die Verminderung der Zahlen sind natürlich vielfältiger als bereits erwähnt und zu einem gewissen Teil statistische Bereinigungen. Aber sie zeigen einen Trend, der beunruhigend ist.

Das Gemeindeaufbauprogramm kann mit drei Stichworten kurz umschrieben werden:
- geistig-geistliche Impulse setzen,
- religiöse Erziehung bedenken,
- pastorenorientierte Kirche umstrukturieren.

Geistig-geistliche Impulse setzen

Es ist notwendig, dass in Gemeinden immer wieder besondere Veranstaltungen geplant werden, die die Routine unterbrechen. Veranstaltungen wie »Das Stadtgespräch« mit Klaus Eickhoff (1992), die Evangelisationen mit musikalischen Schwerpunkten mit Daffy (Wilfried Dalfert 1996) und Wolfgang Tost und Lutz Scheufler (2000), die Vortragsreihe mit Konrad Eißler in Zusammenarbeit mit der Stadtmission wurden durchgeführt.

Die »Erlebnisfreizeiten«, wie Wanderungen und Fahrten, die Pastor F. Lisse organisierte, oder die Männer- und Frauensafaris in den Gemeinden Okahandja und Gobabis sowie das Landesjugendtreffen und Landesjugendcamp gehören zu den Versuchen, Gemeindegliedern die Botschaft der Bibel nahe zu bringen, und Gemeinde als lebensstärkende Gemeinschaft zu erleben.

Wichtig sind auch Eheseminare, Vorträge zu theologischen Fragen, geistig-geistliche Vertiefung durch Gesprächsangebote und das gerade begonnene Projekt »Das Sonntagsgespräch«, in dem über soziale und politische Fragen des Landes diskutiert wird. Wir wollen vermitteln, dass geistliches und weltliches, politisches und kirchliches im Glauben nicht zwei Welten sind, die nichts miteinander zu tun haben.

Religiöse Erziehung bedenken

Die ELKIN (DELK) ist darum bemüht, sich den Herausforderungen der religiösen Erziehung neu zu stellen. Was Schule und Elternhaus jahrelang gewährleistet haben, ist heute eine Ausnahme. Das Wissen um religiöse Werte und die Vermittlung christlicher Inhalte haben erschreckend abgenommen. Wissen und Information, die für die Leistungs- und Wohlfahrtsgesellschaft nötig sind, sind an ihre Stelle getreten.

Klassische religiöse Erziehungsmodelle der Kirchen sind zwar noch vorhanden, greifen aber (schon lange) nicht mehr. Umdenken ist notwendig. Die ELKIN (DELK) sucht besonders in der Konfirmandenarbeit neue Wege. Das Gespräch zwischen Kirchen, Schulen und Schülerheimen muss intensiviert werden. Eine Generation mit einer nicht einfachen Zukunftsaussicht braucht mehr als leistungsorientierte Normen.

Die Schnittpunkte im Leben, in denen Menschen das traditionelle Angebot der Kirche (noch) wahrnehmen, wie Taufe, Konfirmation, Trauung und Bestattung, sind Anlässe, in denen das Gespräch auch mit Erwachsenen genutzt werden kann.

Pastorenorientierte Kirche umstrukturieren

Die Kirche wird in Zukunft nur bestehen und weiterwachsen können, wenn viele sogenannte Laien mehr Aufgaben in der Kirche wahrnehmen. Neu ist, dass ihnen die Verantwortung in der Verkündigung übertragen wird. Ein Laienpredigerkurs hat in den Jahren 1998–2000 stattgefunden und zwölf Laienprediger und Laienpredigerinnen konnten in dieses Amt eingeführt werden.

Fortbildungsseminare für Mitarbeiter und Mitarbeiterinnen finden regelmäßig auf Gemeindeebene statt.

Für die Zukunft werden wir in der Kirche über die Pastorenrolle neu nachdenken. Wird er oder sie der Trainer, die Trainerin sein, oder Spielführer/Spielführerin?

II. Die erneuten Bemühungen um eine Struktur einer lutherischen Kirche in Namibia

Die Synoden der ELKIN (DELK) haben trotz vieler Auseinandersetzungen innerhalb der Kirche und im Miteinander der lutherischen und ökumenischen Gemeinschaft daran festgehalten, Wege zu suchen, wie die lutherischen Kirchen zu einer Kirchenstruktur finden können, die das Gemeinsame mehr als das Trennende betonen.

Die Synode 1991 beschloss die Kirchenleitung zu beauftragen, die neu begonnene Zusammenarbeit mit den lutherischen Schwesterkirchen weiterzuführen und in Verbindung mit dem Lutherischen Weltbund neue Wege zur Erreichung kirchlicher Einheit zu beschreiten.

Ich zeichne den äußeren Weg nach, den die Kirche gegangen ist und geht:

1. Die lutherischen Kirchen erhofften 1992 einen Neuanfang mit einer Konsultation in Groß Barmen, in der die Kirchenleitungen und Vertreter der EKD zusammen kamen. Die wesentlichen Ergebnisse waren:
- Die Kirchen wollen sich weiter um das Ziel bemühen, die drei bestehenden lutherischen Kirchen in Namibia zu vereinen.
- Die Gemeinden müssen in diesem Prozess intensiver als bisher mit einbezogen werden.
- Die Gründung eines Nationalkomitees des Lutherischen Weltbundes (LWF-NNC) wurde als »Vehikel« beschlossen, um diese Gespräche wieder in Gang zu bringen.

2. Die Exekutive des Lutherischen Weltbundes, die 1994 in Chicago tagte, hob den Suspendierungsbeschluss auf, so dass die ELKIN (DELK) und die Evangelisch-Lutherische Kirche (Kap) wieder vollwertige Mitglieder im Weltbund wurden und damit auch in der Regionalkonferenz des *Lutheran Communion in Southern Africa* (LUCSA).

3. In Windhoek wurde im Jahr 2000 die erste englischsprachige Lutherische Gemeinde in Namibia gegründet, die zu keiner der bestehenden Kirchen gehört, sondern als Modellgemeinde für die lutherischen Einheitsbemühungen gesehen werden kann. Das Nationalkomitee des Lutherischen Weltbundes hat die kirchenleitende Funktion übernommen, bis es eine gemeinsame Kirchenleitung gibt. Pastoren aller drei Kirchen halten dort Gottesdienste. Ähnliche »Modellgemeinden« könnten in anderen größeren Orten gegründet werden.

4. Die ELKIN (DELK) hat auf Bitte der beiden lutherischen Schwesterkirchen den Titel des Landespropstes auf Bischof umbenannt, ohne damit die verfassungsmäßige Aufgabe des Kirchenleiters zu ändern. Damit haben die Leiter der drei lutherischen Kirchen den gleichen Titel.

5. Das LWF-NNC arbeitet intensiv daran, die Einheitsgespräche so zu gestalten, dass sie konkretere Formen annehmen. Dabei gibt es viele Hürden, die »übersprungen« werden müssen, um dieses Ziel zu verwirklichen. Eine Planungskommission ist damit beauftragt, die Vorschläge des LWF-NNC für eine Verfassung und die Konsequenzen für die Verwaltung und die Finanzierung einer solchen Kirche zu erarbeiten. Diese Ergebnisse sollen möglichst im Jahre 2003 den drei Synoden zur Beratung vorgelegt werden.

Die Grundprinzipien für die Aufgabenstellung sind wie folgt:
- Die Gemeinden sollen eine starke Autonomie behalten bzw. bekommen.
- Auf der Ebene von Regionalkirchen sollen die jetzigen Grenzen aufgehoben und eine Synode gegründet werden, auf der alle Gemeinden der bestimmten Region vertreten sind.
- Die Gesamtkirche wird durch die Synode repräsentiert, deren Vorsitzender der leitende Bischof ist. Er vertritt die Kirche nach außen.

Das mag sich optimistisch anhören. Es muss aber festgehalten werden, dass auf dem Weg zu solcher Vereinigung noch einige »Stolpersteine« liegen, die zu überwinden sind.

Die Gespräche innerhalb der ELKIN (DELK) mit den Gemeinden haben begonnen. Es ist ein Wille zu spüren, Wege der Vereinigung zu gehen. Aber auf der Gemeindeebene fehlen noch die positiven Erfahrungen, die zu mehr Gemeinsamkeit ermutigen. Zur Zeit wäre aus Sicht der ELKIN (DELK) eine Zwischenstation, nämlich eine Förderation der Kirchen, wie sie für 1992 vorgesehen war, einsichtiger.

Auf dem Weg zu der Einheit der lutherischen Kirche bedarf es weiterhin viel Geduld; Kompromisse werden nötig sein. Die Gemeinden brauchen Menschen, die bereit sind, etwas zu wagen. Druck von außen würde die Gespräche erschweren. Wer nur in Entweder-Oder-Schemata denkt, wird keinen Schritt vorwärts kommen.

So gehen wir mit kleinen Schritten auf das gesetzte Ziel zu, dass lutherische Christen in Namibia unter einem Dach vereint sind und mit einer Stimme sprechen können.

Die deutsche Privatschule
Garant der Muttersprache

Wilhelm Weitzel und Herbert C. Nöckler (1984)
Ergänzung: Rolf Crüsemann-Brockmann

Die Grundbedingung für die Erhaltung der deutschen Sprache und ihre weitere Ausbreitung ist die deutschsprachige Schule.

»Habent sua fata libelli«, sagten die alten Römer, aber es sind nicht nur Bücher, die ihre Schicksale haben, die deutschen Privatschulen in Südwestafrika haben sie auch.

Die älteste, für weiße Kinder bestimmte Schule in Südwestafrika wurde nach Berichten von Dr. Heinrich Vedder bereits im Jahre 1876 von dem Missionar Bernsmann in Otjimbingwe eingerichtet. Diese Schule wurde im wesentlichen von Kindern der dortigen Missionskolonie besucht.

Die erste staatliche Schule des damaligen Schutzgebietes Deutsch-Südwestafrika bestand im Jahre 1894 in Windhoek; sie schloß aber bereits im Jahre 1899 wegen zu geringer Schülerzahl ihre Pforten. Unter dem Regierungslehrer Karl Otto wurde abermals eine Volksschule eröffnet. Im Jahre 1901 übernahm der Regierungslehrer Wilhelm Rawe die Leitung dieser Schule, die 1907 drei Klassen umfaßte.

Am 20. Oktober 1906 wurde im damaligen »Schutzgebiet« durch Verordnung des Kaiserlichen Gouverneurs die allgemeine Schulpflicht eingeführt.

Swakopmund

Nachdem die deutsche Schutzherrschaft 1884 über das Gebiet ausgesprochen worden war, sollte es noch lange dauern, bis in Swakopmund ein geregelter Schulbetrieb auflebte.

Den ersten Privatunterricht erteilte 1901 eine Frau Lehrke 18 Kindern mit täglich zwei Stunden Unterricht. Doch schon am 1. Februar 1902 endeten diese schulischen Bemühungen.
Die Regierung stellte am 1. März 1902 den Privatlehrer Krause an, aber da kein Schulzwang bestand, war der Schulbesuch sehr unregelmäßig und nachdem Krause 1904 zur Truppe eingezogen wurde, hörte der Unterricht wieder ganz auf. Der Lehrer Anton Herlyn, seit 1899 im Lande, eröffnete die Schule erneut am 3. Oktober 1905 mit 30 Kindern. Vom 20. Oktober 1906 an wurden sechs- bis zehnjährige Kinder schulpflichtig, auch wurde ein Schulvorstand eingesetzt.

Fräulein Helene Barth entlastete Anton Herlyn, und die Schule in der »Alten Kommandantur« wurde erweitert. Nun plante man ein großes Schulhaus, das 1913 als Regierungsvolksschule mit der städtischen Realschule eingeweiht werden konnte.

1909 gründete die Regierung eine Realschule in Windhoek, in der alle deutschen Kinder des Landes zusammengefaßt werden sollten. Den Swakopmundern gefiel diese Regelung nicht, und im August 1909 gründete sich ein Kuratorium zwecks Aufbaus einer Privatschule. Nach endlosen Schwierigkeiten, meist wegen der Kosten, ließ sich die Stadt auf eigene Kosten einen Lehrer aus Deutschland kommen. Dr. Edgar Wallberg übernahm die Schule am 25. Januar 1912; als zweite und dritte Lehrkräfte standen ihm die Herren Pleister und Ulrich zur Seite.

Die Freude war groß, als nach vielem Wechsel der Klassenzimmer endlich am 18. Oktober 1913 das neue Haus bezogen werden konnte. Doch schon ein Jahr später, Ende September 1914, mußte Swakopmund bei Ausbruch des Krieges geräumt und mußten die Schulen geschlossen werden. Als dann die Bevölkerung im Mai 1915 wieder zurückkehrte, wurde der Unterricht fortgesetzt, und zwar in den Medien Englisch und Holländisch. Drei Jahre später wurde die Schule zur »Primary School« mit Englisch als Unterrichtssprache umgewandelt.

Als am 30. Juli 1919 in Windhoek ein Schulverein gegründet wurde, taten verschiedene andere Gemeinden dasselbe. Am 4. Dezember 1919 beschloß die Regierung, die deutschen Schulen weiterbestehen zu lassen, und die Lehrkräfte durften bleiben. Als im Jahre 1921 die Regierung alle Schulen im Lande übernahm, auch in Swakopmund, blieben als Privatschulen nur noch Windhoek, Lüderitzbucht und Karibib übrig. Dann wurde 1923 die Swakopmunder Schule eine »Secondary School« mit sechs Lehrkräften. Doch bald dachte man an eine Trennung der deutschen und englischen Abteilungen, und am 1. Februar 1927 erfolgte die Einweihung der früheren Kaserne als neues staatliches Schulhaus für die deutschsprachigen Kinder. Am 28. Dezember 1929 wurde der Grundstein der heutigen »Primary School«, die dann am 1. April 1930 von der sogenannten »Secondary School« bezogen wurde, an der Landungsbrücke gelegt. Die deutschen Kinder konnten zu diesem Zeitpunkt in die obere Schule gegenüber der Kirche einziehen, die dann den Namen »Deutsche Höhere Schule Swakopmund« führte. Sie unterstand dem »Education Department« der südwestafrikanischen Administration, da es dem Schulverein in Swakopmund nicht mehr möglich war, sie finanziell zu halten. Damit hörte die Privatschule Ende 1929 zu bestehen auf.

Lüderitzbucht

Nach der Besitzergreifung des Landes 1884 sollte es noch über 20 Jahre dauern, ehe an dem zweiten Küstenort, Lüderitzbucht, ein geregelter Schulunterricht eingerichtet werden konnte. Während im Jahre 1904 nur einige wenige Menschen in Lüderitzbucht wohnten, zogen die Diamantenfunde ab 1907 Hunderte von Neuankömmlingen aus Deutschland und Südafrika an.

Die Kinder führten ein herrliches, freies Leben, bis besorgte Eltern beim Bezirksamtmann wegen eines Schulbaues vorstellig wurden. Doch erst am 16. April 1908 konnte die Einweihung der Schule stattfinden und der Unterricht unter Rektor Baumgart mit 27 Kindern beginnen. Die Schülerzahl wuchs bald darauf auf 46 an. Die Schulbücher reichten nicht, neue Bänke mußten angefertigt werden, und ein neues Klassenzimmer war dringend nötig. Die Unterrichtssprache bereitete Sorgen. (Viele Kinder sprachen besser englisch als deutsch. Die Umgangssprachen in den Pausen waren englisch und holländisch.) Eine zweite Lehrkraft kam im Jahre 1910 dazu, bald darauf eine dritte. Doch durch den Weltkrieg kam eine große Störung in den Unterrichtsbetrieb: Die beiden Lehrer wurden eingezogen, und die Lehrerin konnte den Unterricht nur notdürftig weiterführen.

Lüderitzbucht mußte geräumt werden, und in den Gefangenenlagern kam es nur zu einem sehr lückenhaften Unterricht. Erst nach der Rückkehr der Bewohner wurde die Schule im August 1915 wieder mit 65 Kindern eröffnet. Es waren zwei Lehrkräfte tätig, ab 1917 drei. Die Schülerzahl stieg beständig, und Anfang 1919 besuchten 146 Kinder die Lüderitzbuchter Schule. Nach der Repatriierung vieler Bürger sank die Zahl jedoch wieder auf 100. Die deutschen Lehrer sollten auch repatriiert werden, doch wurde schließlich davon abgesehen. Wenn nicht die Erlaubnis erteilt worden wäre, weitere deutsche Lehrer aus der Heimat anzufordern, wäre der Unterricht dennoch bald zusammengebrochen.

Bald darauf schlug die Administration vor, die Schule in eine Regierungsschule umzuwandeln, aber die Bevölkerung lehnte dies ab. Doch erst bei einem persönlichen Besuch des südafrikanischen Ministerpräsidenten, General Smuts, wurde nach Überreichung einer Bittschrift dem Wunsch, die Schule weiterzuführen, stattgegeben. Ihr altes Schulgebäude in der Ringstraße durfte sie jedoch nicht wieder beziehen, und ihre neue Bleibe wurde das große Woermannhaus.

Im Jahre 1927 waren dort acht Klassen untergebracht. Der Leiter war Dr. Fritz Maywald, ferner wirkten Frau von den Hagen, Fräulein von Hagen, die Herren Schneider, Praeger, Paetzold, Hagen und die Pfarrer der Gemeinde mit. 1929 wurde erwogen, entweder das Woermannhaus zu erweitern oder ein neues Gebäude zu errichten. Letzteres kam zur Ausführung, und so wurde das vierte Schulhaus – das jetzige – eingeweiht.

Der 2. Weltkrieg unterbrach wiederum den regelmäßigen Schulbetrieb. Von den sechs Lehrkräften wurden vier interniert und mußten durch Frauen ersetzt werden. Von August 1940 bis Juni 1947 leitete Frau von den Hagen unter schwierigen Umständen die Schule. Ab Juli 1947 übernahm Herbert Nöckler, der von 1930 bis Mitte 1946 in Swakopmund tätig gewesen war, die Schule, die er bis Standard 8 (10. Schuljahr) ausbaute. Ende 1949 wurde das erste Junior Certificate Examen abgelegt.

Nachdem Herbert Nöckler Lüderitzbucht verließ, um die Deutsche Privatschule in Johannesburg zu übernehmen, leitete Kurt Falk die Geschicke der Schule ab 1952 und baute noch die beiden Matrikklassen auf. Doch die Schülerzahl ging zurück, und die beiden Oberklassen waren zu klein, als daß die Schule die finanzielle Belastung hätte tragen können. Der aufwendige, beinah luxuriös zu nennende Bau des neuen Schülerheimes in den 60er Jahren kam leider nicht mehr zum Tragen. Die erwarteten Impulse blieben aus, und die Schule Lüderitzbucht mußte im Dezember 1972 ihre Pforten schließen.

Karibib

Die Geschichte der Deutschen Schule Karibib beginnt mit der Übergabe der neu errichteten Schule am 2. April 1907. Den Unterrichtsanfang machte Berichten zufolge ein Herr Berger. Unter unsagba-

Das Lehrerkollegium der Kaiserlichen Realschule in Windhoek 1908.
Vorne v.l.: Prof. Grieß, Frau von Eckenbrecher, Zedlitz, Berger; hinten v.l.: Dr. Frey, Nierth, Schultze, Kasch

ren Mühen und Opfern legten die ersten Lehrer das Fundament für das Weiterbestehen der Schule. Verschiedene Lehrkräfte starben an Typhus oder fielen im Hererokrieg.

Am 30. April 1919 wurde der Schulverein gegründet. Die weltweite Depression zwang fast alle Schulvereine, ihre Schulen an die Regierung abzugeben. Karibib führte seine privat weiter. Am 23. August 1922 beschlagnahmte die Regierung das Schulgebäude; darauf wurden die Unterstufe in einem Privathaus, die oberen Klassen in einem Lagerraum der Firma Hälbich untergebracht.

»Die folgenden Jahrzehnte bis zum Ende des 2. Weltkrieges, sind durch ständige finanzielle Sorgen und ein Mangel an geeigneten Lehrkräften gekennzeichnet«, schreibt G. Hälbich. Trotzdem baute man eine eigene Schule, die Anfang 1952 bezogen werden konnte. Im Mai 1955 erfolgte die Einweihung des Schülerheimes, und zwei Jahre später wurden Schule und Schülerheim erweitert. Dieser Bauabschnitt wurde mit der Einweihung der Turnhalle am 18. September 1962 beendet.

Die von Hälbich geschilderten Mißstände machen der Privatschule Karibib (PSK) noch heute das Leben schwer, doch besteht sie unverdrossen weiter.

Windhoek

Bereits wenige Jahre nach den Aufständen (1904 bis 1906) setzte, auch aufgrund wirtschaftlichen Wachstums, eine schnelle Besiedlung des Landes ein. Diese weckte bei den Eltern das Bedürfnis, der heranwachsenden Jugend eine über das Ziel einer Regierungsschule (Volksschule) hinausgehende, höhere Schulbildung anzubieten. Die Forderung auf Errichtung einer höheren Schule im Lande wurde immer dringlicher gestellt. Das Kaiserliche Gouvernement sah sich genötigt, dem Drängen der stärker anwachsenden Bevölkerung nachzugeben, und forderte für das Etatsjahr 1907 die Stelle eines Realschulrektors an.

Die gesetzgebenden Körperschaften genehmigten die Einrichtung einer solchen Stelle, und das Reichskolonialamt in Berlin verpflichtete für diesen Posten den Oberlehrer Alfred Zedlitz (geb. 23. Februar 1874 in Polkwitz/Schlesien – gest. 19. April 1936 in Spandau), der im Februar 1908 in Windhoek eintraf.

Die Vorbereitung für den Aufbau einer höheren Schule waren aber keineswegs abgeschlossen, und so übernahm Zedlitz zunächst die Leitung der Regierungsschulen, und es gelang ihm, in einer zusätzlichen vierten Klasse seine Schüler im Jahre 1908 so weit zu fördern, daß diesen der Übergang in die Sexta einer Realschule ermöglicht wurde.

Die »Kaiserliche Realschule Windhoek« wurde am 12. Januar 1909 durch folgende Bekanntmachung angezeigt: »Die Eröffnung der Kaiserlichen Realschule findet am Dienstag, dem 19. Januar 1909, vormittags um 7 Uhr statt. Die neu eintretenden Schüler, Knaben wie Mädchen, sind am Montag, dem 18. Januar 1909, vormittags von 8 bis 10 Uhr im Gebäude der Kaiserlichen Regierungsschule (Leutweinstraße) anzumelden. Bei der Anmeldung sind der Geburtsschein und das Abgangszeugnis der letzten Schule vorzulegen ...«

Der 19. Januar 1909 ist der Geburtstag des deutschsprachigen höheren Schulwesens in Südafrika. Das Auf und Ab der Zeitläufe, die mannigfaltigen Erschütterungen, die es durch die politischen und staatsrechtlichen Veränderungen erlitt, die tiefen Wunden, die zwei Weltkriege schlugen, konnten die Gedanken, von denen die Gründer der Realschule beseelt waren, nicht vernichten. Die Tradition der deutschsprachigen Bildungsvorstellungen hat sich – oftmals in ihrer Existenz stark gefährdet und bedroht – über die Jahre hinweg nicht nur erhalten, sondern sich entfaltet und stetig weiter entwickelt. Die lebende deutsche Sprache im Lande Südwestafrika faßte feste Wurzeln durch diese Schulgründung.

Mit dem 19. Januar 1909 beginnt die 75jährige Geschichte der *Deutschen Höheren Privatschule Windhoek (DHPS),* deren Träger jetzt der *Deutsche Schulverein Windhoek (1949)* ist. Diese Schule ist den Forderungen und Aufgaben des deutschen Bildungswillens treu geblieben und setzt unbeirrt eine Tradition fort, die heute zur Verpflichtung geworden ist und in die Zukunft weist.

Die Festwoche, die anläßlich der 75-Jahr-Feier der »höheren« deutschen Schule ablief, legte lebendiges Zeugnis ab von dem Wirken und Schaffen dieser Schule – sie ließ das gemeinsame Streben von Lehrern und Schülern nach umfassender Bildung erkennen – sie kündete von der Einmütigkeit der Eltern, Freunde und Förderer im Sinne des Auf- und Ausbaues der DHPS und aller ihrer Institutionen. Sie kennzeichnete den Mittelpunkt der deutschsprachigen Erziehung und Kultur in diesem Lande.

Die Geschichte der Deutschen Höheren Privatschule Windhoek im Zentrum des Landes verkörpert im weitesten Sinne gleichzeitig die Geschichte des deutschsprachigen Schulwesens in Südwestafrika. Sie ist wohl mit das wichtigste und auch entscheidende Kapitel des Ringens des Deutschtums um seine sprachliche und kulturelle Existenz in diesem Lande.

Die »Kaiserliche Realschule Windhuk« begann unter der Leitung von Alfred Zedlitz den Unterricht in der Sexta mit 10 Schülern (7 Jungen, 3 Mädchen – laut Schülerliste). Bis auf Erteilung der ersten Fremdsprache wurde an dieser Schule nach reichsdeutschen Lehrplänen unterrichtet. Zu Beginn und noch lange Zeit hindurch (bis zum Bau der eigenen städtischen Volksschule in der Schulstraße im Jahre 1913) waren die entstehende Realschule und die Regierungsschule noch sehr eng miteinander verbunden, insofern, als die Lehrkräfte der letzteren auch an der Realschule unterrichteten und beide Schulen unter einem Dach vereint waren. (Heute ist dies die *Emma Hoogenhoutschule* in der Leutweinstraße, die zur Zeit noch die Oberstufe der *Deutschen Schule Windhoek* – DSWO – beherbergt. Die DSW ist eine deutschsprachige Regierungsschule, die bis zum Matrik führt – eine weitere derartige Schule besteht in Swakopmund.)

Die Gründung der Realschule erwies sich als voller Erfolg. Im Jahre 1914 war mit der Einrichtung der Untersekunda (Std. VIII) das vorläufige Ziel der Realschule (Erteilung des Zeugnisses der *Mittleren Reife* – Einjährig-Freiwillig – Zeugnis oder Versetzung nach Obersekunda) erreicht worden. Im sechsten Jahr ihres Bestehens wurde die *Kaiserliche Realschule Windhuk* von 71 Schülern (48 Jungen, 23 Mädchen) besucht.

Fünf Jahre ruhiger Entwicklung und stetigen Fortschritts durfte die Realschule erleben, dann aber grollten die Donner des 1. Weltkrieges (1914–1918) über die erschreckte und aufgewühlte Welt. Zunächst schien es so, als ob Südwestafrika außerhalb der Wetterzonen gelegen wäre. Die bereits im August 1914 zum Kriegsdienst einberufenen Lehrer wurden noch einmal beurlaubt, und der Schulunterricht konnte aufrecht erhalten werden. Doch die Kriegslage spitzte sich zu, und die Wirren ergriffen immer weitere Teile der Welt. Diese Situation zwang dazu, die erste »Einjährig-Freiwilligen-Prüfung« (mittlere Reife) vorzuverlegen, und so fand vom Dienstag, dem 29. September, bis zum Sonnabend, dem 3. Oktober 1914, die erste Schlußprüfung statt. Der Weltkrieg verzögerte die endgültige Anerkennung der Anstalt als »Realschule« bis zum Jahre 1921. Die während des Krieges 1914–1918 ausgefertigten Prüfungszeugnisse wurden ebenfalls erst im Jahre 1921 amtlich anerkannt.

Der Weltkrieg 1914/18 rüttelte an den Grundfesten der jungen deutschen Realschule und der anderen deutschen Schulen im Lande. Den vereinten Anstrengungen der Bevölkerung, der Lehrkräfte und der Schülerschaft gelang es aber, über viele schroffe Schründe hinweg die deutschen Schulen zu erhalten und insbesondere die Realschule. Die Nachkriegsjahre mit allen ihren Wirren und Unsicherheiten forderten gebieterisch den weiteren Ausbau der Realschule, und alle diese Aufgaben wurden durch gemeinsamen und rücksichtslosen Einsatz gemeistert. Fast gleichlaufende Verhältnisse und Geschehnisse forderten Jahrzehnte später – in und nach dem 2. Weltkrieg 1939/45 – wiederum Einsatzbereitschaft und Opfersinn der gesamten deutschen Bevölkerung, um ihre schulischen, erzieherischen Einrichtungen zu erhalten und ungestört weiterfahren zu können. Und ein weiteres Mal werden gemeinsames Wollen und Wirken in die Schranken gefordert, wenn es gilt, einem zukünftigen, selbständigen Staate Südwestafrika/Namibia diese deutschen kulturellen und erzieherischen Rechte zu erhalten und zu bewahren, in welcher Form auch immer.

Nach der »Spanischen Grippe«, die im Jahre 1918 mit rasender Schnelligkeit das gesamte Land ergriffen hatte und viele Todesopfer forderte – und die die Schließung von Schulen und Heimen erforderlich machte –, fanden sich am 9. Januar des so schicksalhaften Jahres 1919 Lehrer und Schüler der Realschule wieder zu gemeinsamer Arbeit zusammen. Niemand ahnte zu diesem Zeitpunkt, was für ein zerrissenes und verunsichertes Schuljahr als Folge der politischen Ereignisse in Europa und in Afrika der Schulgemeinde drohte.

Das Schuljahr 1919 begann an der Realschule mit 130 Schülern (85 Jungen, 45 Mädchen), es wurde das unruhigste und verunsichertste Jahr, das die Schule, die gerade 10 Jahre alt geworden war, jemals durchzumachen hatte. Sicher, die Jahre im 2. Weltkrieg und die darauf folgenden Jahre, insbesondere 1945 und 1946, ähnelten in vielem sehr der eben erwähnten Zeitspanne, doch waren die Einbrüche nicht so gravierend und erschütternd wie die, die sich so besonders kraß im Jahre 1919 abspielten.

Die Zeitspanne von 1919 bis zum Erlaß des ersten Schulgesetzes am 17. Dezember 1921 durch die Administration von Südwestafrika wird charakterisiert durch die Bezeichnung »Schulstreit«. Mit diesem Begriff ging der Widerstand der deutschen Bevölkerungsgruppe gegen die Schulpolitik, die ihren Ursprung in der »Milner-Ära« Transvaals hat, in die Geschichte des Landes ein. In Wirklichkeit aber war es ein Kampf und ein hartnäckiges Ringen um die Erhaltung der deutschen Muttersprache als Unterrichtsmedium in den Elementarklassen der Regierungsschulen. Die Erhaltung der deutschsprachigen Schule wurde zur geistigen Verpflichtung.

Nach Beendigung des ersten Weltkrieges sollte mehr als die Hälfte der deutschsprachigen Bevölkerung zwangsweise aus Südwestafrika deportiert werden. Gleiche bedrohliche Maßnahmen verunsicherten die deutschsprachige Bevölkerung nach dem 2. Weltkrieg, obwohl dann letztlich zu dieser Zeit keine »Verschickungen« vorgenommen wurden, wie sie in den Jahren 1919 und 1920 tatsächlich rigoros in weitestem Umfange erfolgten. Wenn das Schuljahr 1919 an der Realschule noch mit 130 Schülern begonnen hatte, so weist die Schulstatistik vom 18. Oktober 1919 nur noch 67 Schüler (44 Jungen und 23 Mädchen) nach. An allen anderen deutschen Schulen ist gleicher Schwund festzustellen.

Die südwestafrikanische Administration hatte klugerweise vermieden, ihre »Verschmelzungspolitik« auch auf die konfessionellen Belange auszudehnen, sehr wohl wissend, daß jeglicher Versuch in diese Richtung die an kirchlichen Traditionen festhaltenden Buren zum Widerstand reizen und sie sogar zu Mitstreitern der Deutschen machen würde. Die unerwartete Haltung der Deutschen erschwerte die Aufgabe der südafrikanischen Union als Mandatsmacht in Südwestafrika ganz erheblich. Die *Ständige Mandatskommission des Völkerbundes* hatte aber zu Recht befunden, daß die Südwester »deutsche Staatsangehörige« seien und auch bleiben würden.

Dieser Spruch hatte zur Folge, daß am 23. Oktober 1923 das *Londoner Abkommen* abgeschlossen wurde. Dieses Abkommen sicherte in Südwestafrika jede Erleichterung für den freien Gebrauch der deutschen Sprache zu und bietet auch heute noch die Grundlage für die Verankerung von Deutsch als 3. Amtssprache (auf zweiter Ebene). Ebenso erklärte sich die Verwaltung bereit, die zur Zeit bestehenden deutschen Schulen in Windhoek und Swakopmund durch Beihilfen (Pfund für Pfund System) zu unterstützen. Sinn und wirksam gewordene Ausführungen des *Londoner Abkommens* sind eine Geschichte für sich. Aber auch heute noch, trotz vielem Für und Wider, ist dieses Abkommen die Grundlage für die Sprachenrechte.

Parallelen zu den Ereignissen dieser und der folgenden Zeit zeichnen sich ab in den Geschehnissen der Jahre nach dem Weltkriege 1939/45. Endgültige Regelungen über den Gebrauch der deutschen Sprache als muttersprachliches Medium in den Grundschulen aus dem Jahre 1948 und vor allem aus den Jahren 1957 und 1958 und über den später erfolgenden Ausbau der »Deutschen Staatsschulen« (deutschsprachige Regierungsschulen unter Leitung eines selbständigen deutschen Rektors) gaben endlich wieder Raum für eine friedliche und gedeihliche Entwicklung.

Bis zum März 1922 konnte die Realschule noch die Räume der Regierungsschule (Volksschule, dann Orbanschule, heute Akademie für Volks- und Hochschulunterricht) mit benutzen, dann aber zwang die regierungsseitig erfolgte Kündigung den Deutschen

Schulverein, für seine nunmehrige Privatschule eine neue Unterkunft zu besorgen. Diese bot sich auf dem Ausstellungsgelände und mit der im Jahre 1914 für die »Große Landesausstellung« gebauten städtischen Ausstellungshalle an. Mit erheblichem Aufwand an materiellen Mitteln erwarb der damalige Schulverein nach vorhergehender Pacht käuflich Grundstück und Gebäude, errichtete notwendige Anbauten und sorgte für eine völlige Neueinrichtung der Schule. Am Sonnabend, dem 30. Juni 1922, wurde die »Schule im neuen Gewande« eingeweiht.

Heute noch steht die *Deutsche Höhere Privatschule Windhoek* – wiederum im »neuen Gewand« – auf dem im Jahre 1922 als Notlösung erworbenen Grund und Boden inmitten der Stadt Windhoek als sichtbarer deutscher, geistiger und kultureller Mittelpunkt.

Das äußere Bild der alten Realschule, später der *Oberschule* und dann der *Höheren Privatschule* hat sich völlig verändert. Neubauten, die im März 1962 begonnen und mit einem Festakt zur Einweihung der eindrucksvollen Aula im Juni 1966 beendet wurden, gaben dieser Schule den Rahmen, der für eine moderne und ausweitende Entwicklung notwendig wurde. Über 750 Schüler hielten Einzug in die neuen Gebäude der heutigen *Deutschen Höheren Privatschule Windhoek (DHPS),* die mit voller Unterstützung durch die Bundesrepublik Deutschland errichtet wurden. Die damaligen Kosten beliefen sich auf ca. 4,5 Mio. DM, die von der Bundesrepublik Deutschland dem Deutschen Schulverein zur Verfügung gestellt wurden.

Im November 1929 wurde unter Vorsitz eines Prüfungskommissars als Reichsbeauftragtem die erste »Reifeprüfung« an der nunmehr zur Vollanstalt ausgebauten *Oberrealschule Windhoek* abgenommen. Die Anerkennung dieser deutschen Schule in Südwestafrika als Vollanstalt erfolgte durch Erlaß der deutschen Reichsregierung vom 4. März 1931. Am Ende des Jahres 1933 wurde diese Entwicklung dadurch abgeschlossen, daß dem Leiter der Schule der Titel »Oberstudiendirektor« verliehen wurde. Diese Festlegung bestimmt den Status dieser Schule. Bis zum Ausbruch des 2. Weltkrieges wurde an der *Deutschen Oberrealschule und Reformrealgymnasium zu Windhoek* die Reifeprüfung – das Abitur – abgenommen. Die damals letzte Prüfung zum Abitur erfolgte im Jahre 1940. Einschneidende Erlasse der südwestafrikanischen Administration veränderten die Situation schlagartig – das Abitur gehörte ab 1940 der Vergangenheit an, und das südafrikanische Matrik wurde die einzige und endgültige Abschluß-

Die Deutsche Höhere Privatschule (DHPS) in Windhoek

prüfung an der nunmehrigen *Höheren Privatschule Windhoek – HPS.* Sämtliche bisherigen Vorteile des deutschsprachigen Unterrichtes erfuhren harte Einschränkungen. Fast die gleichen Probleme, wie sie nach dem 1. Weltkrieg auftauchten, forderten auch jetzt wieder Lösungen. Zähe Verhandlungen, umfassende Diskussionen und anschließende Vereinbarungen, die sich über Jahre hinweg zogen, dazu aber auch ein weitgehendes Verständnis der südwestafrikanischen Administration, schufen schließlich ein Einvernehmen bei allen Parteien. Trotzdem aber wurden die Sprachrechte, die vor dem Kriege 1939/45 bestanden, nicht wieder in vollem Umfange eingeführt.

Nach langer Unterbrechung – im Dezember 1962 – wurde an der *HPS* erstmalig wieder nach einem freiwilligen 13. Schuljahr die »Erweiterte Ergänzungsprüfung« unter Mitwirkung eines Vertreters der KMK (Kultusministerkonferenz in der Bundesrepublik Deutschland) als Prüfungskommissar erfolgreich angenommen. Diese Prüfung, gemeinsam mit dem voll bestandenen Matrik (südafrikanische Hochschulreife) verleiht die gleichen Rechte wie die in der Bundesrepublik Deutschland abgelegte Reifeprüfung (Abitur). Maßgeblich beteiligt am Zustandekommen dieses sog. »Nostrifikationsexamens« war Dr. Wilhelm Weitzel.

Damit hat die heutige DHPS wiederum die Anerkennung als eine Vollanstalt – Gymnasium – erhalten und ist als solche in dem Register der »deutschen Schulen im Ausland« eingetragen. Die Schule wird, ihrer Bedeutung entsprechend, von einem Oberstudiendirektor geleitet. Der Status der *Deutschen Höheren Privatschule Windhoek* ist damit auch äußerlich dokumentiert und die Wichtigkeit ihrer allgemeinen Aufgaben im deutschen Sektor bestätigt. Dem Aufbau eines freiwilligen 13. Schuljahres auf die zwölfstufige *DHPS,* die auf das Matrik (Joint Matriculation Board) vorbereitet, war ein voller Erfolg beschieden. Eine große, bisher stets wachsende Anzahl von Kandidaten, die der *DHPS* und anderen Schulen Südwestafrikas und ebenso Schulen aus Südafrika, Zimbabwe, Angola und Moçambique entstammen, geben der Berechtigung dieses freiwilligen 13. Schuljahres den überzeugendsten Ausdruck.

Der gesamte Unterricht an der *DHPS,* besonders aber der in der Oberstufe, wird durch dieses freiwillig abzulegende Schuljahr, das besonders die selbständige Arbeit, das selbständige Denken fordert und die kritische Einstellung zum gebotenen Stoff verlangt, weitgehend beeinflußt und befruchtet. Der Zwang zu propädeutisch-wissenschaftlicher Arbeit bestimmt die Unterrichtshaltung. Arbeits- und Leistungsbereitschaft der Schüler erfahren einen feststellbaren Auftrieb. Den Wert der Muttersprache als Vermittler aller dieser Werte sieht diese deutsche Schule als unabdingbar an, und sie muß bereit sein,

diese Auffassung auch in der Zukunft zu tragen und in dieser, so ungewiß sie auch heute scheinen mag, lebendig zu erhalten.

Die geschichtlichen Rückblicke, die in diesem kurzen Aufsatz aufgezeichnet sind, mögen Richtlinien sein und Hinweise bieten auf das, was die Menschen tun und was sie geschehen lassen. Das Resultat der vorliegenden Aufzeichnungen, die ein Spiegelbild sind von den menschlichen Handlungen und den vielen Dingen, die unterlassen wurden, mögen auch lehrhaft sein für die Zukunft, deren Aspekte sicherlich anders gelagert sind, die aber im Grundsätzlichen gleiche Taten und harten Einsatz fordern.

Mögen die deutschsprachigen Privatschulen – die *Deutsche Höhere Privatschule Windhoek* und die *Privatschule Karibib* – über die heutige Zeit hinaus ihr segensreiches Wirken auch zukünftig in diesem Lande ausüben können – möge der Hort der deutschen Sprache und der deutschen Kultur erhalten bleiben zum Segen der Jugend dieses Landes, dem sie uneingeschränkt ihre Tore geöffnet haben und zum Aufbau eines neuen selbständigen Staates Südwestafrika/Namibia.

Ergänzung 2001:

Die damalige deutsche *Privatschule Karibib* musste Anfang 1985 sehr kurzfristig schließen. In ihren Räumen öffnete einige Jahre später eine neue Privatschule, die durch die Entwicklung der Goldmine Navachab bei Karibib entstand und keine spezifisch deutsche Prägung hat.

Seit der Unabhängigkeit sind in Namibia wieder einige kleine deutsche Privatschulen neu gegründet worden. Einzelheiten dazu sind im Bericht über die Arbeitsgemeinschaft Deutscher Schulvereine (AGDS) zu finden.

Seit Mitte der 80er Jahre hat sich der Charakter der *DHPS* grundlegend geändert, sie wurde allmählich und auch nicht ohne hitzige Debatten und erheblichen Widerstand vonseiten konservativer deutschsprachiger Namibier zu einer sog. Begegnungsschule. Das Ende der Apartheid war in Sicht, die Unabhängigkeit des Landes nur noch eine Frage der Zeit.

Da fanden 1985 die ersten Gespräche mit dem Auswärtigen Amt in Bonn über die Einführung eines sog. »dritten Teilzweigs« statt, es ging um die systematische jährliche Aufnahme eines ganzen Klassenverbandes von nichtdeutschsprachigen Schülern. Zwei Jahre später wurden 60 Schüler und Schülerinnen überwiegend aus den damaligen Townships Khomasdal und Katutura zum Orientierungskurs zugelassen, aus ihnen wurden 20 ausgewählt, die dann 1988 die erste Klasse 7 des »Fremdsprachenzweigs« (FSZ) bildeten. Damit begann eine Erfolgsgeschichte, die im südlichen Afrika und in Deutschland mit größtem Interesse verfolgt wurde und nach wie vor wird. Den Aufbau dieses »English Medium Branch« verdankt die DHPS zu einem großen Teil dem damaligen FSZ-Leiter Herrn Dr. Eckhard Klenkler, dem für seinen beispiellosen Einsatz 1993 das Bundesverdienstkreuz der Bundesrepublik Deutschland verliehen wurde.

Mit dem neuen Leiter des später zur »Neuen Sekundarstufe« umbenannten Teils der Schule wurde 1994 der Einstieg auf die Klasse 5 vorgezogen. Es wurden sehr enge Kontakte zu 16 Partnerschulen in Khomasdal und Katutura geknüpft, aus denen die DHPS ihre hochbegabten Schüler im wesentlichen rekrutiert. Alljährlich war sie im Gegenzug in der Lage, diesen Schulen mit Unterrichtsmaterialien, Sportgeräten, Musikinstrumenten, Schulbüchern und technischen Ausrüstungsgegenständen für die Administration unter die Arme zu greifen. Aus politischen und historischen Gründen von der Bundesrepublik Deutschland finanziell und personell unterstützt und auch vom namibischen Staat mit beachtlichen finanziellen Mitteln ausgestattet, konnten in der DHPS große Fortschritte bei dem Bemühen erzielt werden, jungen Menschen aus den ehemals durch das Apartheidsystem benachteiligten Gruppen der Gesellschaft eine hervorragende Ausbildung zu gewährleisten.

Im Jahr 1993 schlossen die ersten vier Schüler/innen die Schule mit dem Abitur ab, nachdem ein Jahr zuvor das Matrik zum ersten Mal von einer Klasse der Neuen Sekundarstufe erfolgreich durchlaufen worden war. Das Zertifikat Deutsch als Fremdsprache des Goethe-Instituts wird alljährlich von allen Schülern bestanden, und für die freiwillige Zentrale Mittelstufenprüfung, der nächst höheren Sprachprüfung, meldet sich nach absolviertem Examen in Klasse 12 die Mehrheit der Schulabgänger und besteht diese problemlos. Es ist nur noch eine Frage der Zeit, wann das Deutsche Sprachdiplom, die höchste Sprachprüfung der Bundesrepublik, die jeder aus dem Ausland kommende Student vor Antritt seines Studiums in Deutschland bestanden haben muss, in Namibia angeboten wird.

Die DHPS entwickelte sich mit der Zeit parallel zu den vier anderen deutschen Privatschulen im südlichen Afrika zu einer Begegnungsschule, die es in dieser Form auch in Ägypten, Spanien und Lateinamerika gibt.

Die Schüler der Neuen Sekundarstufe erhalten zunächst englischsprachigen Fachunterricht, wobei den Sprachen Englisch und Deutsch als Fremdsprache besonderes Gewicht zukommt, weil die Schule auf den deutschen und namibischen Lehrplänen aufbaut und sich als deutsche und namibische Schule versteht. In Klasse 6 kommt dann für alle Schüler Afrikaans oder Französisch hinzu. Schrittweise werden die Schüler/innen der Neuen Sekundarstufe in bestimmten Fächern und in bestimmten Klassenstufen nach einem fein abgestimmten Konzept integriert, ab Klasse 10 sitzen alle Schüler/innen miteinander vermischt in allen Fächern zusammen und bereiten sich auf die 1995 in Namibia eingeführte Abschlussprüfung des *HIGCSE* (Higher International General Certificate for Secondary Education) aus Cambridge vor, welche landesweit das südafrikanische Matrik ablöste.

Die Bundesrepublik stellt mit ihrer großzügigen finanziellen Unterstützung sicher, dass diese Schüler/innen täglich kostenlos zur Schule und zurück transportiert werden, dass sie eine Mittagsmahlzeit erhalten und dass sie sich nachmittags in einem Tagesheim, dem sog. Veronica Court, weitgehend unbehelligt und von Erzieherinnen intensiv betreut auf den nächsten Tag vorbereiten können. Schulgeldermäßigungen werden allen Eltern der DHPS gewährt, die zeitweise in finanzielle Schwierigkeiten geraten sind. Die Ermäßigungen für die Elternhäuser der Neuen Sekundarstufe begleicht die Bundesrepublik und ermöglicht dadurch erst den Zugang für die meist den unteren Einkommensschichten angehörenden Bevölkerungsgruppen.

Nach der erfolgreich abgeschlossenen äußeren Integration muss verstärkt am Ausbau der inneren gearbeitet werden. Diese Entwicklung einer echten Begegnung bedarf einer gewissen Zeit, da sie einem echten Bedürfnis entspringen muss und man dies an der DHPS nicht erzwingen will. Viele Vorurteile und Ressentiments, viele Kultur- und soziale Unterschiede stehen dem noch entgegen. Die nichtdeutschsprachigen Schüler/innen lernen auf der Basis eines eigenen kulturellen Selbstbewußtseins viel an deutscher bzw. europäischer Kultur kennen und werden vermehrt dazu erzogen, auch ihre Kultur in das Schulleben einzubringen. Dabei darf nicht vergessen werden, dass es für die deutschsprachigen Schüler das Ziel sein muss, sie in die namibische Realität und kulturelle Vielfalt verstärkt zu integrieren, damit sie als Teil einer nationalen Minderheit ihren entsprechenden Platz einnehmen können.

Die Neue Sekundarstufe der DHPS genießt höchste Wertschätzung in Namibia und stellt für die Bundesrepublik Deutschland ein wichtiges Element der Darstellung des hohen politischen Werts des deutschen Auslandsschulwesen dar. Diesem Teil der Schule verdankt die DHPS einen Großteil ihres Ansehens als eine der besten Schulen des Landes. Die

Neue Sekundarstufe, mittlerweile fast 20 % der Schülerschaft, trägt entscheidend dazu bei, den langfristigen Erhalt der DHPS in Namibia zu sichern.

Aber auch die Schule als Ganzes ist weiter vorangeschritten. So wurden alljährlich wichtige Politiker und Persönlichkeiten aus Kultur und Wissenschaft Namibias und Deutschlands an der Schule empfangen. Höhepunkte hier waren sicherlich 1993 der Besuch des namibischen Staatspräsidenten Dr. Sam Nujoma und 1995 der Besuch des Kanzlers der Bundesrepublik Deutschland Dr. Helmut Kohl.

Mit der Verabschiedung eines Konzepts zum Deutschsprachigen Fachunterricht wurde die Sprachenpolitik der Schule präzisiert, an vielen Veranstaltungen des neu eingerichteten regionalen Fortbildungskonzepts für das südliche Afrika nahm die Schule auch als Veranstalter aktiv teil. Die gesamte Verwaltung erhielt eine neue Führungsstruktur und wurde per Computervernetzung effizienter. Der Samstagsunterricht verschwand völlig und die Nachmittage wurden für die über 50 Arbeitsgemeinschaften vom Unterricht freigemacht.

Das Jahr 1999 war in vielerlei Hinsicht bedeutend für die DHPS. Die seit Jahren diskutierten, ab 1997 endlich begonnenen umfangreichen Neu-, An- und Umbauten an der Schule wurden offiziell abgeschlossen, der Kindergarten und die Vorschule wurden eingerichtet und konzeptionell für nichtdeutschsprachige Kinder geöffnet. Im August feierte man eine Woche lang das 90-jährige Jubiläum der DHPS und das 50-jährige Jubiläum des Deutschen Schulvereins. Ein Jahr später wurde der Schule der Gleichstellungsvermerk von der Kultusministerkonferenz in Deutschland zuerkannt, was nicht nur bedeutet, dass ab jetzt Realschul- und Hauptschulzeugnisse ausgegeben werden dürfen, sondern auch dass man ab jetzt daran gehen kann, mit einem schuleigenen Modell die Schüler/innen gemäß Leistungsbereitschaft, Begabung und Interesse individuell gerechter zu differenzieren.

Die DHPS wird sich in Zukunft mit einem präzise formulierten, auf die Bedürfnisse des Landes zugeschnittenen Profil gegen zunehmende, nicht zu unterschätzende Konkurrenz behaupten müssen. Sie wird in einer Curriculum-Revision mehr namibische und afrikanische Elemente in ihre Lehrpläne aufnehmen müssen, wenn sie das Ziel erreichen will, verantwortungsvolle Bürger heranzuziehen, die sich für ihr Land Namibia einzusetzen bereit sind. Sie wird ihr hochqualifiziertes Lehrpersonal um Lehrer und Lehrerinnen erweitern müssen, die sie auch in ihrer eigenen Neuen Sekundarstufe herangebildet hat. Und sie wird sich überlegen müssen, wie sie ihren Charakter als Begegnungsschule kontinuierlich erweitern und festigen kann.

Die Graue Eminenz der Deutschen
Dr. Wilhelm Weitzel

Klaus A. Hess

Es war zum 80. Geburtstag von Dr. Wilhelm Weitzel am 23. Juni 1987, als Robert von Lucius, damals Afrika-Korrespondent der Frankfurter Allgemeinen Zeitung in Johannesburg, in einer kleinen Personalie der FAZ ihn als die »Graue Eminenz der Deutschen in Namibia« bezeichnete. Der so Titulierte fühlte sich durch die Erwähnung in der FAZ und besonders diese Bezeichnung durchaus geehrt, wie der Autor dieser Zeilen am gleichen Tage in Ratingen bei Düsseldorf, wo eine kleine Geburtstagsfeier bei der Schwester stattfand, bemerken konnte. Der Jubilar war sich seiner Fähigkeiten und seiner Bedeutung bewusst und akzeptierte problemlos die Anerkennungen, die er zeitlebens fand, jedoch ohne sie für selbstverständlich zu nehmen.

Gustav Wilhelm Weitzel wurde am 23. Juni 1907 als Sohn des Fabrik- und Rittergutbesitzers, Stadtrats und Amtsvorstehers Gustav Adolf Weitzel in der Lutherstadt Eisleben geboren und im gleichen Taufbecken wie der Reformator dort getauft. Nach Scheidung der Eltern 1910 heiratete der Vater 1911 neu, zur Stiefmutter entwickelte der Junge kein enges Verhältnis.

Seine Kindheit verbrachte er auf dem Gut des Vaters in Bergfarnstedt. Er wurde in Eisleben eingeschult und besuchte dort vorübergehend das humanistische Luther-Gymnasium, um dann – auch wegen der Familienverhältnisse – in die neu gegründete städtische Oberrealschule St. Marienberg in Helmstedt zu wechseln. Hier erlebte er bei seiner Pensionswirtin Hedwig Ackenhausen erstmals so etwas wie Mutterliebe, die er Zeit seines Lebens schmerzlich vermisst hat (zur leiblichen Mutter bestand keine Verbindung mehr). Dort legte er auch 1926 zusammen mit seiner Klassenkameradin Heidi Schultze – seiner aus Südwestafrika stammenden späteren Ehefrau – das Abitur ab. Ein Lehrer prophezeite schon damals dem Oberprimaner, dass er die Heidi einmal heiraten werde, worauf hin Weitzel ihn zunächst für verrückt erklärte.

Überdurchschnittlich begabt interessierte er sich für Geschichte, Politik und deutsche Literatur und frönte seinem Hobby Theaterspielen. Als Jahrgangsbester schloss er 1928 die landwirtschaftliche Lehre auf Gut Kleinliebenau in der Lubbenaue ab.

Im April 1928 nahm Weitzel das Studium der Landwirtschaft an der mathematisch-naturwissenschaftlichen Fakultät der Friedrich Schiller-Universität in Jena auf. Hier wurde er im Corps Saxonia aktiv – eine für seinen ganzen weiteren Lebensweg wichtige Bindung. So resümierte er Jahrzehnte später auch, das Corps habe ihn Taten vollbringen lassen, die er selber später bewunderte (»...denn ich hatte Angst, alleine in einen Saal zu gehen, Reden zu halten, ich war verklemmt bis dort hinaus und im Corps habe

Wilhelm Weitzel 1929

ich gelernt, dass man auch anders kann, vor allem lernte ich Toleranz zu üben.«). 1930 ging er nach Bonn, wo er ein Jahr später seine Diplomprüfung für Landwirte mit »sehr gut« abschloss.

Zurückgekehrt nach Jena wurde Weitzel Assistent am Landmaschineninstitut der Universität, promovierte dort 1932 mit einer Arbeit über »Die Maschine im thüringischen Bauernbetrieb« und hielt in dieser Zeit während der Semesterferien Repetitorien in Physik, Botanik, Zoologie und Chemie auf dem Corpshaus für Medizinstudenten, Naturwissenschaftler und Studierende der Landwirtschaft. Da er wegen plötzlicher Erkrankung seines Vaters die Leitung der elterlichen Firma zu übernehmen hatte, mußte er schweren Herzens endgültig seinen Wunsch aufgeben, die Universitätslaufbahn als Professor der Landmaschinenkunde einzuschlagen. Dennoch blieb er als Assistent der Universität verbunden, war an Forschungsarbeiten beteiligt und unternahm ausgedehnte Auslandsreisen durch die baltischen Staaten, Frankreich, Portugal und die Türkei. 1933 ging er nach England zu einer großen Dampfmaschinenfabrik in Leeds, wo früher schon Vater und Großvater in freundschaftlicher Verbindung mit der Fa. John Fowler & Co tätig waren.

In den Jahren 1916–18 verkehrte der Farmer und Kaufmann Gustav Voigts aus Südwestafrika im Hause der Eltern. Er und Vater Weitzel hatten sich 1914 in Braunlage bei einer Kur kennen gelernt und u.a. in der Liebe für Essen, Trinken und Rauchen Gemeinsamkeiten gefunden. Voigts wurde mit Beginn des Ersten Weltkriegs Soldat und später Ortskommandant von Brest-Litowsk, in dieser Zeit besuchte er öfters den Freund Weitzel mit seinem wunderbaren Weinkeller und großen Zigarrenvorrat. Bei diesen Gelegenheiten erzählte er über Südwest, von Ochsenwagen mit 24 Ochsen als Gespann, von großen Farmen und der Kupfermine Otjihase. Sohn Weitzel hielt dies damals für erhebliche Übertreibungen, bis er später von einem Klassenkameraden, der auch aus Südwestafrika stammte und durch dessen Eltern Heidi Schultze und ihre Mutter nach Helmstedt gekommen waren, ähnliche Geschichten hörte.

Sein Doktorvater fragte Weitzel eines Tages im Jahre 1935, ob er nicht nach Südwestafrika gehen wolle, um sich hier mit seinem landwirtschaftlichen Sachverstand für Regenanlagen und Dammbauten einzusetzen. Natürlich hatte er Lust dazu, und sofort fiel ihm seine Klassenkameradin Heidi Schultze ein, mit der er die vielen Jahre über in losem Briefwechsel gestanden hatte. Anfang 1936 fuhr er mit dem Dampfer »Tanganjika« von Hamburg aus nach Afrika, wo in Walfischbucht seine Conabiturientin und Brieffreundin Heidi Schultze auf ihn wartete. Auf der Landungsbrücke in Swakopmund war Verlobung, die Hochzeit fand am 12. April 1936 auf der Farm Ongombo-Ost statt.

Nach vorübergehender Rückkehr nach Deutschland in den väterlichen Betrieb siedelte man dann ab 1938 fest auf Ongombo-Ost, wo die Ehefrau den Farmbetrieb organisierte und Weitzel sich in der Karakul-Schafzucht weiterbildete. Inzwischen war 1937 Tochter Hedwig-Luise geboren, die als Apothekerin in Windhoek lebt. Sohn Hermann kam 1938 zur Welt, wurde später Diplom-Ingenieur und wohnt heute mit seiner Ehefrau in Swakopmund.

Die für 1942 beabsichtigte Rückkehr nach Deutschland und Übernahme des väterlichen Betriebes wurde durch den Ausbruch des Zweiten Weltkrieges unmöglich, denn bereits im Juni 1940 wurde Weitzel zusammen mit 2000 weiteren deutschen Männern in das Lager Andalusia bei Kimberley in Südafrika interniert und zog als der spionageverdächtige »Bandit« Nr. 100 in das Lager ein. Trotz erheblicher Behinderungen durch die englischen Bewacher blühte das kulturelle Leben im Internierungslager. Weitzel frönte dort seiner Leidenschaft als Organisator von Theaterstücken, half mit eine Lagerschule aufzubauen, hielt Handwerksprüfungen ab und unterrichtete verschiedene seiner ausgewiesenen Fachrichtungen. Im Juni 1944 wurde er auf eigenen Wunsch nach Deutschland repatriiert.

Auf dem Seeweg gelangte er nach Madeira und Lissabon (erlebte hier die Geschehnisse um den 20. Juli 1944) und dann über Spanien und Frankreich nach Eisleben. Als Repatriierter durfte er keinen Wehrdienst leisten, und so übernahm er bis Kriegsende in Eggenfelden im Bayerischen Wald eine Dienststelle als Berater für das Reichskuratorium für Technik in der Landwirtschaft. Nachdem der gesamte väterliche Besitz in Eisleben von den Russen enteignet worden war, arbeitete Weitzel von 1946 bis 1949 als Leitender Angestellter und Saatzuchtleiter in Schöningen. Während der Kriegsjahre 44/45 wusste man zunächst nichts voneinander, und seine Frau hatte ihn schon für tot gehalten, ab 1946 bestand aber wieder Briefwechsel.

Nach mehreren vergeblichen Versuchen konnte er dann im Mai 1949 – inzwischen »entnazifiziert« – nach Südwestafrika zurückkehren. Nach neunjähriger Trennung von Frau und den beiden Kindern gab es ein ernüchterndes Wiedersehen auf dem alten Flughafen in Windhoek, denn man war sich nach so langer Zeit gänzlich fremd geworden. In den folgenden schwierigen Jahren des wieder Zusammenwachsens stand er seiner passioniert farmenden Ehefrau so gut er konnte mit seiner Erfahrung als Techniker und »Maschinenmann« zur Seite. In den 50er Jahren war er auch Mitbegründer und erster Sekretär des Simmentaler Zuchtvereins.

Nun aber begann auch diejenige Arbeit von Wilhelm Weitzel, die ihm die spätere Bezeichnung der »Grauen Eminenz« eingetragen hat. Weitzel war, wie es ein langjähriger Freund in einem Nachruf treffend schrieb, »im aristotelischen Sinne ein echter *zoon politicon:* Ein der Gemeinschaft verpflichteter Mensch, der kritisch-intellektuell, vielseitig gebildet, humorvoll – aber auch selbstironisch – sowie vertraut mit instinktsicherem Verhandlungsgeschick einmal gesetzte Ziele beharrlich und konsequent mit corpsstudentischer Noblesse durchzusetzen wusste. Hinzu kam sein sprichwörtliches Gedächtnis, welches geradezu die Chronik der Zeit war, die er durchlebt hat.«

Weil ihn die Mitarbeit auf der Farm neben seiner Frau innerlich nicht ausfüllte, engagierte sich Weitzel für die Gemeinschaft der Deutschen im damaligen Südwestafrika. Dabei nutzte er mit dem ihm eigenen Geschick die Vielzahl der persönlichen Kontakte, die er in Deutschland hatte, bis hin zum langjährigen bundesdeutschen Außenminister Hans-Dietrich Genscher – darauf war er immer besonders stolz.

Sein Ziel war der Erhalt und die Förderung der deutschen Sprache und Kultur in diesem Stückchen Afrika, das nun mal eine fest angesiedelte deutschsprachige Gemeinschaft hat, die dort Wurzeln geschlagen hatte und dieses Land als Heimat betrachtet. Das war nun eine Aufgabe nach Weitzels Geschmack, denn das Terrain war schwierig und herausfordernd und verlangte den Einsatz vor allem all seiner intellektuellen Fähigkeiten. Da war zuerst der Kampf um den Erhalt der deutschen Sprache gegen das Afrikaans, denn die südafrikanische Verwaltung wollte dies mit großem Nachdruck zur allgemeinen Sprache für alle machen (noch heute ist Afrikaans die lingua franca zwischen den vielen Sprachgruppen in Namibia) und besonders die Deutschen zum Afrikaans »herüberziehen«. Später kam das noch viel komplexere Bemühen um die weitere physische und politische Existenz der Deutschsprachigen in einem dereinst unabhängigen, unzweifelhaft von einer schwarzen Mehrheit regierten Namibia hinzu.

1959 wurde Weitzel in den Vorstand des Deutschen Schulverein in Windhoek, Träger der Deutschen Höheren Privatschule (DHPS), gewählt mit Verantwortung für die Finanzen, 1962 zum Vorsitzenden. Der Ausbau der DHPS zu einem Bildungs- und Kulturzentrum war das Ziel. Eine Sternstunde seines Lebens war es, als 1962 zum ersten Mal nach dem Weltkrieg an der DHPS durch den Vertreter der deutschen Kultusministerkonferenz eine »Erweiterte Ergänzungsprüfung« abgenommen wurde, die dem deutschen Abitur gleichgestellt ist und damit unmittelbar das Studium in Deutschland als kulturellem Mutterland ermöglichte. Dafür hatte sich Weitzel ganz persönlich eingesetzt – wieder waren viele gute Verbindungen zu den Verantwortlichen in der südwestafrikanischen Landesverwaltung wie auch in Deutschland zu den dortigen Verantwortlichen von entscheidender Bedeutung. Lange Jahre war die DHPS die einzige deutsche Schule im ganzen südlichen Afrika, die diesen Abitur-Abschluss bieten konnte (und daher besuchten auch deutsche Diplomatenkinder wie z.B. Robert von Lucius die Schule). Für Wilhelm Weitzel war es immer ein ganz besonderer Erfolg gewesen, dieses Ziel erreicht zu haben, sah er darin doch auch einen wichtigen Pfeiler für die Verankerung der deutschen Sprache und Kultur und für die Brücke zur deutschen Heimat. Der weitere Bestand der DHPS und vor allem der Erhalt des 13. Schuljahres mit der »Ergänzungsprüfung« waren ihm fortan Herzensanliegen. Noch wenige Tage vor seinem Tod im Alter von 93 Jahren ließ er sich über den Stand der laufenden Abiturprüfungen berichten. Es waren immer »seine« Abiturienten. Weitzel fand auch noch im hohen Alter stets einen guten Kontakt zur Jugend, und es war für den Besucher immer wieder phänomenal, wie detailliert und aktuell selbst der schon fast 90-Jährige über die Schule, über die Schülerinnen und Schüler der oberen Jahrgänge und insbesondere des Abiturjahrgangs informiert war. Vor allem während seiner Amtszeit als Vorsitzender des Schulvereins wurde er von den Schülern mit Blick auf seine Amtsführung, aber auch mit liebevollem Respekt mit dem Spitznamen »Kaiser Wilhelm« bedacht.

Für »seine« Schule mobilisierte er immer wieder finanzielle Unterstützungen aus Deutschland, wobei er all seine vielfältigen Kontakte in den Dienst der Sache stellte. In Einzelfällen waren es – wie er später offen eingestand – auch schon mal etwas riskante Kühnheit und Gottvertrauen darauf, dass es schon gut gehen werde, wenn z.B. Baumaßnahmen begonnen wurden, für die noch keine Finanzzusagen vorlagen – immer gelang es, dann doch noch zu erreichen, dass die notwendigen Gelder kamen. Solch ein Problem erst zu schaffen und anschließend zu meistern, damit man in der Sache voran kommt – auch das verstand er als eine Herausforderung an seine Fähigkeiten.

Anfang der 60er Jahren war auch ein Neubau der DHPS mit einer neuen Aula als Kernstück des Kulturzentrums erforderlich. Mit viel Geschick überzeugte Weitzel den damaligen deutschen Konsul und weitere Entscheidungsträger von der dringenden Notwendigkeit. Dafür setzte er all seine Kraft ein, um den Neubau so gut und modern wie möglich zu gestalten. Wieder wurden alle verfügbaren Hebel angesetzt, die Finanzen aufzubringen, und wieder gelang es. Sogar eine für damalige Zeiten sehr anspruchsvolle Orgel aus Deutschland für die Aula wurde gespendet und eingebaut. Die Aula der DHPS wurde wie angestrebt zu einem zentralen kulturellen Veranstaltungsort.

Nach Weitzels Ausscheiden aus dem Amt des Schulvereinsvorsitzenden 1976 ernannte man ihn zum Ehrenvorsitzenden, und ein Jahr später erhielt die Aula seinen Namen: Dr.-Wilhelm-Weitzel-Aula. Dieses auf einer Bronzetafel festgehaltene Ereignis kommentierte Weitzel stets mit der für ihn typischen treffsicheren Süffisanz: »Wenn man einem Lebenden das Maul stopfen will, gießt man ihn in Bronze.«

Ab 1977/78 wurde die DHPS schrittweise für alle Bevölkerungsgruppen geöffnet, und für Wilhelm Weitzel war es eine innere Genugtuung miterleben zu dürfen, wie anlässlich des Besuches von Bundeskanzler Helmut Kohl 1995 die schwarze Schulsprecherin in akzentfreiem Deutsch die Begrüßungsrede hielt.

Bereits 1959 hatte Weitzel schon den Vorsitz der Arbeitsgemeinschaft der Deutschen Schulvereine in Südwestafrika (AGDS) übernommen, die sich damals in einem wenig wirkungsvollen Zustand befand. Schon in kurzer Zeit wurde sie das anerkannte Sprachrohr der deutschsprachigen Gemeinschaft in erzieherischen, schulischen und kulturellen Dingen. Deutsch als dritte Landessprache auf der sog. Zweiten Ebene der Weißen, Gleichstellung von Deutsch in den Prüfungen mit Afrikaans und Englisch (beides damals die offiziellen Amtssprachen), Einführung deutscher Lehrbücher, Verträge der Erziehungsbehörde mit der Bundesrepublik Deutschland über Entsendung deutscher Lehrkräfte u.ä. waren Ergebnisse dieser neu belebten Aktivitäten – Weitzel konnte mit seinen Befähigungen und Verbindungen brillieren und gesteckte Ziele nachhaltig verfolgen und erreichen. Es war kein materieller Eigennutz damit verbunden, sondern das Ideal der Erhaltung einer wert- und wertevollen deutschen Kultur.

1968 wurde Wilhelm Weitzel vor allem in Würdigung seines politischen Engagements für die Belange zwischen Deutschland und Südwestafrika und für den jahrelangen Einsatz für die DHPS, den Schulneubau sowie die Wiedereinführung des Abiturs das Bundesverdienstkreuz Erster Klasse durch den damaligen deutschen Bundespräsidenten verliehen.

Das eingangs erwähnte komplexere Engagement in der »eigentlichen« Politik in Namibia begann Mitte der 70er Jahre und mündete 1977 in die Gründung der »Interessengemeinschaft deutschsprachiger Südwester«, die IG, über die an anderer Stelle in diesem Buch ausführlicher berichtet wird. Weitzel war von Anfang an aktiv dabei in der Überzeugung, dass man kulturelle Ziele nicht allein auf politisch neutralem Terrain durchsetzen könne. Und zu dieser Zeit war bereits deutlich, dass die faktische Herrschaft Südafrikas über das Land zu einem zwar nicht näher bestimmbaren, aber auch nicht mehr allzu fernen Zeitpunkt zu Ende gehen würde und die bis dato von der politischen Macht praktisch ausgeschlossene schwarze und farbige Bevölkerungsmehrheit die weitere Politik bestimmen werde. Schon damals war die Swapo ein politischer Faktor, von dem die Weitsichtigeren sagten, dass es keine Lösung ohne oder gegen sie geben werde – Weitzel gehörte zu diesen. Folglich engagierte er sich in der Mitarbeit an der Suche nach pragmatischen politischen Lösungen und nutzte auch hier seine besonders guten Kontakte nach Deutschland bis in die hohe Politik hinein. In seine Amtszeit als Präsident der IG fielen die damals besonders wichtigen ersten Kontakte und Gespräche mit der Swapo zwischen 1981 und 1984. Es war die Swapo selbst, die später nach der Unabhängigkeit erklärte, dass damals – in einer Zeit des politischen, militärischen und propagandistischen Kampfes – die IG die einzige Gruppe der Weißen in Namibia war, denen man zutraute, ein vernünftiges und offenes Gespräch über eine gemeinsame politische Zukunft führen zu können. Diese Gespräche mit der Swapo stießen damals auf breite Kritik unter den Weißen in Namibia, besonders unter den Deutschen. Obwohl Weitzel als Präsident der IG die »politische« Hauptverantwortung dafür trug, wagte niemand, ihn ganz frontal anzugreifen – zu groß war sein Ansehen und waren seine Verdienste für den Erhalt des Deutschtums. Statt dessen wurden andere Vorstandsmitglieder heftig gescholten und vereinzelt sogar physisch bedroht.

Die anhaltende Kritik ging nicht spurlos an der IG vorbei, und so trat 1985 fast der gesamte Vorstand zurück. Weitzel begleitete aber seine Nachfolger mit Rat und Tat, soweit ihm das möglich war.

Neben einer sehr detaillierten Kenntnis der Innenpolitik in Namibia war Wilhelm Weitzel auch stets hervorragend informiert über das, was sich politisch und kulturell in Deutschland abspielte – und das zu Zeiten, wo es in Windhoek noch keinerlei Fernsehen gab und keine Telefax-Verbindungen und Telefonieren noch mehr als umständlich und kaum zu bezahlen war. Er hatte die Möglichkeit, relativ oft und dann meist über viele Wochen in Deutschland sein zu können, besorgte sich stets die aktuelle belletristische und politische Literatur, hörte regelmäßig den deutschen Rundfunk und pflegte bis in die letzten Lebensmonate hinein einen regen Briefwechsel mit vielen Freunden und Bekannten. Seine Briefe, fast immer mit einer Schreibmaschine auf einem Blatt Luftpostpapier vor- und rückseitig engzeilig und ohne jeden Rand getippt, waren schon vom Erscheinungsbild her unverwechselbar. Immer passte der Text genau auf die gegebene Fläche, nie fand man überflüssige Phrasen als Platzfüller oder gekürzte Gedanken aus Platzmangel. Seine geistige Disziplin passte das Mitzuteilende genau ein.

Kaum ein wichtiger Besucher aus Deutschland versäumte es, Wilhelm Weitzel in Klein-Windhoek in seinem Haus an der Eadiestraße zu besuchen oder ihn anderweitig zu treffen. Den deutschen Botschaftern war er nach der Unabhängigkeit immer ein wesentlicher Gesprächspartner. Gerne hätte er nach 1990 auch mit der neuen Swapo-Führung und vor allem Präsident Nujoma Kontakt gepflegt, mit dem 1981 die ersten wichtigen und vertrauensbildenden Gespräche stattgefunden hatten, doch kam von dort nie eine Einladung.

Zu Weitzels Eigenarten zählte es, stets einen gewissen Zweckpessimismus zu pflegen. Meist sah er nichts Gutes für die Zukunft, und wenn es dann doch anders kam, gab es neue Gründe, wieder nichts Gutes von der neuen Zukunft zu erwarten. Jedenfalls befand er sich wohl nie in der Situation, sich in zu positiven Erwartungen enttäuscht sehen zu müssen.

Sein Leben als Kind seiner Zeit und als »Wanderer zwischen zwei Welten« beschrieb ein langjähriger Freund der Familie in seinem Nachruf so:
»Weitzel hat zwei große Kriege, Revolutionen, Kaiser Wilhelm II und die Weimarer Republik ebenso bewusst erlebt wie bis zu einem gewissen Grade auch das Dritte Reich. Er war an der Wand gestanden als Geisel und sah doch immer wieder irgendwo einen Lichtblick, stets das Neue wieder anzufangen. Hierbei leitete ihn sein sprichwörtlich sechster Sinn und der Mut, in seinem unerschrockenen konservativen Werthorizont stets seine Meinung bei jedermann zu äußern, auch wenn ihm dies oft geschadet hat. Im Kern seines Seins blieb er bewusst nationaldeutsch, auch wenn ihm der Verstand oft sagte, doch Südafrikaner zu werden. Obwohl ihm verschiedentlich hohe politische Posten angeboten wurden, hat ihn dies nicht dazu bewegen können, seine deutsche Staatsangehörigkeit aufzugeben. So litt er sein ganzes Leben lang unter Heimweh, ›immer mit 1 ½ Beinen und dem Herzen in Deutschland‹. Die Verantwortung für seine Heimat, der Aufbau eines von allen zu tragenden Gemeinwesens, kritische Auseinandersetzung mit Menschen verschiedener Überzeugungen, dies alles zum Wohle des größeren Ganzen waren die Triebkräfte des Handelns von Wilhelm Weitzel. Sie bewegten seine Persönlichkeit, die manchem als ›knorrige Eiche aus Südwest‹ nicht bequem erschien, der aber niemand den Respekt und großen Dank versagen konnte.«

Nach dem Tode seiner Frau 1988 blieb Wilhelm Weitzel in seinem eigenen Haus in Klein-Windhoek, umsorgt von seinen Kindern und Schwiegerkindern, umgeben von seinem Hausdiener Simon, altvertrautem Hausrat und den vielen Büchern. Er beschäftigte sich vorwiegend mit Geschichte, der preußischen, der deutschen, aber auch der Weltgeschichte, und versuchte, sich bis zuletzt ein umfassend kritisches Bild vom politischen Weltgeschehen zu machen. Fast täglich fuhr er mit seinem alten VW-Käfer in die Stadt, zeigte sich trotz zunehmender Gehbehinderung auf der Independence Avenue (der früheren Kaiserstraße), um kleine Besorgungen zu erledigen, und gehörte einfach zum Stadtbild.

Nach Öffnung der innerdeutschen Grenze besuchte er noch mehrmals seine Geburtsstadt Eisleben und sein geliebtes Jena.

Seinen 90. Geburtstag im Juni 1997 konnte Wilhelm Weitzel noch in bewundernswerter geistiger Frische und guter körperlicher Verfassung in großem Kreis

Am 90. Geburtstag 1997

begehen. Eine Laudatio hielt der damalige deutsche Botschafter, und auch Hans-Dietrich Genscher hatte eine Gratulation geschickt. Der Älteste unter den fünf Enkelkindern hatte eine liebe- und respektvolle Würdigung verfasst, die nicht verschwieg, dass den Großvater neben vielen anderen Eigenschaften auch eine solide Portion Schlitzohrigkeit auszeichne. Der Großvater nahm das mit einem gefälligen Schmunzeln gern zur Kenntnis.

Nach zunehmender Behinderung in den Folgejahren durch eine Krebskrankheit und altersbedingte körperliche Schwäche, dennoch geistig wach bis zum Schluss, verstarb Dr. Wilhelm Weitzel am 28. Oktober 2000. Eine große Trauergemeinde nahm in der Christuskirche in Windhoek Abschied von diesem Mann, der sich wie kaum ein zweiter von 1950 bis in die 90er Jahre des Jahrhunderts um den Erhalt der deutschen Sprache und Kultur und um die weitere Existenz der Deutschstämmigen in Namibia verdient gemacht hat.

Landreform und Landrechte in Namibia

Wolfgang Werner

1. Einführung

Die Landfrage ist für viele Namibier seit geraumer Zeit eine aktuelle Frage. Neueste Entwicklungen in Simbabwe haben dieses Thema wiederum verstärkt in den Mittelpunkt der öffentlichen Diskussion gebracht. Es bestehen Ängste, Namibia könnte – ähnlich wie Simbabwe – soziale und politische Unruhen erleben, sollte keine rasche und nachhaltige Lösung für diese so wichtige Frage gefunden werden. Für die Mehrheit der namibischen Bevölkerung ist eine Lösung der Landfrage unmittelbar an die Umverteilung des Agrarlandes gebunden, das vorwiegend im Privatbesitz weißer »kommerzieller« Farmer steht.

Mit der Unabhängigkeit 1990 hat die neue namibische Regierung eine sehr ungleiche Bodenverteilungsstruktur übernommen. Etwa 36,2 Millionen Hektar, die 44% des Landes darstellen oder 52% der landwirtschaftlichen Nutzfläche, befinden sich in Privateigentum. Dieses Land wird allgemein als »kommerzielles Farmland« bezeichnet. Unter der ehemaligen Apartheid-Politik war der Zugriff auf dieses Land weißen Farmern vorbehalten. Der Farmsektor mit Privateigentum wird weiterhin von weißen Landbesitzern beherrscht (RoN 1991b: 147).

Im Gegensatz dazu sind Landflächen in gebundenem Grundbesitz, die früher als Eingeborenengebiete und heute als Kommunalgebiete bezeichnet werden, etwa 33,4 Millionen Hektar groß, was 41% des Landes oder 48% der landwirtschaftlichen Nutzfläche entspricht. Diese Zahlen überbewerten jedoch die Größe der landwirtschaftlich nutzbaren Flächen in Kommunalgebieten, da sich große Abschnitte davon in Halbwüstengebieten befinden, die einen sehr geringen jährlichen Niederschlag von 50–100 mm erhalten oder aufgrund des Mangels an nutzbarem Grundwasser für landwirtschaftliche Zwecke unbrauchbar sind. Unter Berücksichtigung dieser Faktoren umfassen der kommerzielle Farmsektor (36 Millionen Hektar) in Wirklichkeit 57% des landwirtschaftlich nutzbaren Bodens und die Kommunalgebiete nur 43% oder 27 Millionen Hektar (Ibid.).

Politiker aller Richtungen sind sich darüber einig, dass die Landfrage eine potentielle Gefahr für die junge namibische Demokratie darstellt. Es wurden deshalb unmittelbar nach der Unabhängigkeit Versuche unternommen, Mechanismen für eine friedliche Lösung dieser Frage zu erarbeiten. Als erster Schritt in diese Richtung fand im Juni 1991 – also vor 10 Jahren – eine landesweite Konferenz zum Thema *Landreform und Landfrage* statt. Eine der Zielsetzungen dieser Konferenz war es, »einen möglichst umfassenden Konsens in der Landfrage zu erreichen« und eine solide Grundlage zur Formulierung einer Landreformpolitik mit einem Aktionsprogramm auszuarbeiten, um die notwendigen Maßnahmen und Veränderungen durchzuführen (RoN 1991a). Zahlreiche wissenschaftliche Studien wurden für die Konferenz vorbereitet und den Teilnehmern vorgetragen.

Die *Landkonferenz* war eine konsultative Zusammenkunft ohne Mandat für bindende Entscheidungen zur Landumverteilung oder Landreform. Um breitgefächerte Konsultationen zu ermöglichen, wurden 500 Namibier »mit *bona fide*-Interessen an der produktiven Nutzung des Bodens« (Ibid.: 3) aus dem ganzen Land zur Teilnahme an der Konferenz eingeladen. Damit wurden marginalisierte Kommunalfarmer, wohlhabende und gut organisierte kommerzielle Farmer zusammengeführt und auch Kommunalfarmer, die Kommunalland für private Nutzung abgezäunt hatten. Insgesamt wurden 24 Konsens-Resolutionen von den Konferenzteilnehmern verabschiedet, die sich mit der Frage des Bodens in freiem und gebundenem Grundbesitz befassten. Die Beiträge der Konferenz sollten als Grundlage für die Formulierung einer Bodenpolitik dienen.

2. Kurzer historischer Überblick über die Landenteignung

Die dualistische Struktur des Landbesitzes und des Zugangs zu Land ist das Ergebnis kolonialer Landenteignung und der Gründung einer Siedlerlandwirtschaft in Namibia. Boden und Arbeitskraft waren im kolonialen Südwestafrika eng miteinander verbunden. Großflächige Enteignung von afrikanischem Boden hatte sowohl den Zweck, weiße Siedler mit Agrarland zu versorgen, als auch der afrikanischen Bevölkerung den Zugang zu Land vorzuenthalten, um zahlreiche Menschen der letzteren Gruppe in die Lohnarbeit der jungen Siedlerwirtschaft zu zwingen.

Die Enteignung des Landes betraf vor allem die von der Weidewirtschaft lebenden eingeborenen Bevölkerungsgruppen Herero, Nama und Damara. Die Gemeinschaften in den nördlichen und nordöstlichen Teilen des ehemaligen Südwestafrika, die Regenfeldbau und Viehzucht betrieben, waren von der Bodenenteignung nicht direkt betroffen. Obgleich frühe Kolonialisten der Ansicht waren, diese Gebiete hätten ungenügendes Potential an Bodenschätzen und Farmland, hatte die relativ kleine deutsche Garnison ohnehin nicht die Militärmacht, die militärisch und politisch mächtigen Königreiche im Norden zu unterjochen. (Werner 1993: 139).

Aufgrund der Unfähigkeit der Deutschen diese Königreiche zu unterwerfen, proklamierte die Kolonialregierung 1907, dass sich der Polizeischutz auf jene Gebiete begrenzen sollte, die im Einflussbereich der Eisenbahnlinie oder von Hauptstraßen lagen. Dieses Gebiet wurde von jenem Zeitpunkt an als »Polizeizone« bezeichnet. Landenteignung und koloniale Besiedlung fanden ausschließlich in der Polizeizone statt.

Die formelle Kolonialherrschaft begann 1884. In den frühen 1890er Jahren erwarben acht Konzessionsfirmen das Recht auf nahezu das gesamte von der pastoralen Bevölkerung genutzte Land. Erst nach der Rinderpest von 1897 wurde der Bodenerwerb zu einem ernsten Thema. 1902 waren nur noch 38% des Landes in schwarzer Hand (Ibid.: 138). Der rasche Bodenverlust war ein wesentliches Motiv für den Widerstandskampf der Nama und Herero gegen die deutschen Kolonialtruppen 1904, was zu einer massiven Ausrottung der Herero- und Nama-Weidebauern führte. 1906 und 1907 eingeführte Regelungen ermächtigten die deutschen Kolonialbehörden, fast das gesamte Land der Herero und Nama zu enteignen. Um 1913 besaßen deutsche Siedler aus diesem Grund 1331 Farmen und etwa 90% des gesamten Viehbestandes in der Polizeizone (Ibid.: 140).

Bei Ausbruch des Ersten Weltkrieges besiegten die Truppen der Südafrikanischen Union die deutschen Kolonialtruppen in Südwestafrika. Das neue Kolonialregime gründete weiterhin weiße Farmen in der Polizeizone nach 1915. In den frühen 1950er Jahren war der Vorgang weißer Siedlungsgründung weitgehend abgeschlossen. Damals gab es 5214 Farmgründungen (Ibid.: 144).

Gleichzeitig mit dem Prozeß weißer Siedlungsgründungen begann die südafrikanische Kolonialregierung damit, Boden zur ausschließlichen Nutzung für die schwarze Bevölkerung zur Verfügung zu stellen. Diese Gebiete wurden »Eingeborenenreservate« genannt. Um 1926 gab es 16 Reservatsgründungen auf einem Gebiet von 2,4 Millionen Hektar. Die Gründung dieser Reservate bedeutete eine Umkehr des Verbotes des Landbesitzes für Schwarze, das von den Deutschen eingeführt worden war. Allerdings wurden die meisten Reservate auf Marginalgebieten eingerichtet (Ibid.).

Die südafrikanische Reservatspolitik erreichte Mitte der 1960er Jahre ihren Höhepunkt. durch die von der *Untersuchungskommission für Südwestafrika* (allgemein nach ihrem Vorsitzenden als »Odendaal-Kommission« bezeichnet) unterbreiteten Vorschläge, die bestehenden Eingeborenenreservate zu »Homelands« nach Stammesgebieten zusammenzufassen. Im Laufe der Zeit sollten diese Homelands durch die Einführung Gesetzgebender Versammlungen und Exekutivkomitees auf der Grundlage stammesrechtlicher Bestimmungen ein gewisses Maß an Autonomie erhalten. Die Empfehlungen der Odendaal-Kommission vervollständigten das System rassisch strukturierten Zuganges zu Land in Namibia.

Aus dieser kurzen historischen Analyse geht hervor, dass sich die Form der Landenteignung in Namibia in grundlegender Hinsicht von anderen ehemaligen Siedlerkolonien wie Kenia und Simbabwe unterschied, da die Siedler in Namibia ausschließlich marginales Agrarland erwarben, das nur für extensive Tierhaltung geeignet war. Obwohl Siedler in Namibia nach Möglichkeit versuchten, die besten Weideflächen zu besetzen, ändert dies die Tatsache nicht, dass es sich um Marginalland handelte. Ein kurzer Überblick über die Klimafaktoren des Landes verdeutlicht diesen Sachverhalt.

Namibia ist eines der trockensten Länder der Welt. In klimatologischer Hinsicht werden 28% des Landes als aride Gebiete eingestuft mit einem durchschnittlichen jährlichen Niederschlag von weniger als 150 mm. 69% des Landes sind semi-arid mit einem durchschnittlichen jährlichen Niederschlag zwischen 150 mm und 600 mm (siehe 1991: 2). Tabelle 1 gibt eine detaillierte Übersicht über den jährlichen Niederschlag.

Die Tabelle zeigt, dass 55% des gesamten Landes durchschnittlich weniger als 300 mm Niederschlag verzeichneten und auf nur 8% fielen 500 mm oder mehr, was im allgemeinen die Mindestmenge für den Trockenfeldbau ist. Von dem Agrarland in Privatbesitz, d.h. des kommerziellen Farmsektors, erhalten 60% weniger als 300 mm Regen pro Jahr, 500 mm oder mehr nur 5%.

Tabelle 1: Flächen und prozentuale Anteile der verschiedenen Niederschlagsgebiete für Namibia gesamt und für das kommerzielle Farmland

Niederschläge (mm p.a.)	Namibia gesamt		Kommerzielles Farmland	
	Fläche (km²)	%	Fläche (km²)	%
unter 100	181.092	22	32.967	9
100–300	271.638	33	189.282	51
300–500	304.563	37	129.275	35
über 500	65.852	8	18.521	5

(Quelle: Brown 1993:91)

Der höchste durchschnittliche Niederschlag fällt im Nordosten des Landes. Er fällt in südwestlicher Richtung ab. An diese niedrigen Regenmengen gekoppelt ist eine hohe Schwankung der Niederschlagsmenge. Dies bezieht sich auf die »Verlässlichkeit des Niederschlags in einer bestimmten Region« (Brown 1993:75). Im langfristigen Durchschnitt schwanken die jährlichen Niederschläge im Nordosten des Landes um 25% und im Süden und Westen des Landes um 60%. Praktisch dargestellt bedeutet dies, dass Farmer im Nordosten des Landes einen langfristigen Durchschnitt von 500 mm zwischen 400 und 600 mm jährlich erwarten können. Im Südwesten hingegen schwanken die durchschnittlichen jährlichen Niederschläge zwischen 80 und 320 mm mit einem langfristigen Durchschnitt von 200 mm.

Die Diskussion hat bisher zwei Aspekte deutlich gemacht, die heute und auch in Zukunft eine Annäherung an die Lösung der Landfrage prägen werden. Zunächst muß deutlich gemacht werden, dass die Mehrheit der namibischen Bevölkerung niemals von einer Bodenenteignung durch eine Kolonialmacht betroffen war. Es handelt sich um Menschen, die integrierte Landwirtschaft in den Gebieten des zentralen Nordens und im Nordosten des Landes betreiben. Es steht mit Sicherheit fest, dass die Landenteignung und das Ziehen der internationalen Grenzen die Mobilität der Menschen in Gebieten mit integrierter Landwirtschaft im zentralen Norden und Nordosten des Landes eingeschränkt haben, aber Landenteignung im Sinne einer Entwurzelung und Umsiedlung der Gemeinschaften in andere Gebiete hat hier niemals auf dieselbe Art stattgefunden wie in der ehemaligen »Polizeizone«.

Es ist allgemein bekannt, dass aus diesen Regionen des Landes die wichtigste Unterstützung der regierenden Partei SWAPO kommt. Im Hinblick auf diese historische Diskussion kann man durchaus annehmen, dass die Landfrage in den Vorstellungen und Zukunftserwartungen der Hauptwählerschaft der SWAPO zu keinem Zeitpunkt einen so wichtigen Stellenwert eingenommen hat wie in den Kreisen der Menschen, denen Land enteignet worden war. Andere Themen waren wichtiger, wie etwa der verbesserte Zugang zu Trinkwasser und sozialer Infrastruktur. Sollte diese Analyse zutreffend sein – was meiner Meinung nach der Fall ist –, könnte man daraus schließen, dass die Bodenfrage und Landreform keine so zentrale Rolle in der Befreiung des Landes gespielt hat wie uns viele Politiker gerne glauben lassen. Daraus ergibt sich eine Verschiebung der Ausgewogenheit politischer Macht zu den landlosen Gemeinschaften hin, die eine rasche Lösung der Landfrage erwarten. Zahlenmäßig bildet diese Gruppe eine kleine Minderheit und politisch stellt sie keine Macht dar, weil sie – wenn überhaupt – schwach organisiert ist. Aus diesen Gründen bewegt sich die Landumverteilung in einem Schneckentempo: der politische Druck ist nicht stark genug um diesen Prozeß zu beschleunigen.

Letzteres kann dafür verantwortlich sein, warum keine Versuche gemacht wurden, die angestammten Landrechte wiederherzustellen. Die Teilnehmer der *Landkonferenz* haben eine »Konsens-Resolution« verabschiedet, in der eine »völlige« Wiederherstellung der Landrechte ausgeschlossen wurde. Dies ist insofern interessant, als dass diese Lösung unmittelbar auf eine Resolution folgte, die Ungerechtigkeiten der Vergangenheit bestätigte und mit dem Aufruf endete, »es müsse etwas Praktisches zur Berichtigung der Situation getan werden«. Auf den ersten Blick scheint dies ein Widerspruch zu sein: Eine Umkehr der Ungerechtigkeit der Vergangenheit »Ja«, eine Wiederherstellung der Landrechte, die aufgrund der Ungerechtigkeiten der Vergangenheit, welche in der ersten Resolution angedeutet wurden, verloren gegangen waren, »Nein«. (Nach der Konferenz wurde die Gültigkeit der Resolution gegen eine Wiederherstellung in der Vergangenheit verlorener Landrechte angefochten.)

Bevor man über die politische Bedeutung dieser Resolution spekuliert, möchte ich darauf hinweisen, dass die Wiederherstellung der angestammten Landrechte für die namibische Regierung komplizierte praktische Probleme gebracht hätte: Wie lassen sich miteinander konkurrierende und überschneidende Forderungen auf angestammtes Land entwirren? Die von den Konferenzteilnehmern formulierten Forderungen zeigten, dass viele Gemeinschaften Anspruch auf ein und dasselbe Stück Land stellten, wie es von nomadisierenden Farmern zu erwarten ist.

Es wird hier darauf hingewiesen, dass die Schwierigkeiten in der Entflechtung miteinander konkurrierender Forderungen verlorenen Landes eine ideale politische Gelegenheit boten, die Kategorie der Nutznießer der Landreform zu erweitern, um jene mit einzuschließen, denen im oben angeführten historischen Sinn niemals Land enteignet worden war. Die Rückgabe des angestammten Landes hätte in erster Linie der landlosen Bevölkerung zum Vorteil gereicht zu Lasten der gesamten ehemals benachteiligten Bevölkerung, was als post-koloniale Form ethnisch strukturierten Zuganges zu Land interpretiert werden könnte. Vor allem würde ein solches Vorgehen mit sich bringen, dass die Mehrheit der SWAPO-Unterstützer nicht als primäre Nutznießer der Landreform mit dem Ziel der Umverteilung in den Vordergrund treten könnte. Die Landkonferenz hat die politische Grundlage geschaffen, ethnisch begründete Forderungen nach Land auszuschließen, wie berechtigt sie auch immer sein mögen.

Das zweite Merkmal der namibischen Situation liegt darin, dass das zur Umverteilung bestimmte Land wenig Ressourcen hat. Es wurde oben darauf hingewiesen, dass der Großteil des Bodens nur für extensive Viehzucht geeignet ist. Dies setzt schwerwiegende Begrenzungen für eine zukünftige Intensivierung der landwirtschaftlichen Produktion und begrenzt auch das Ausmaß der Diversifizierung. Man kann mit Wahrscheinlichkeit annehmen, dass die einzig wirkungsvolle Produktionsintensivierung in Gebieten mit privatem Grundbesitz in der Entwicklung des Tourismus liegt. Dies ist zum einen für die Umwelt nachhaltiger. Zum anderen ist es wahrscheinlich, dass im Tourismus mehr Menschen auf dem Land beschäftigen werden als in der Landwirtschaft und dass sich die Qualität der Beschäftigung verbessert.

3. Die Landreform seit 1990

Seit ihrer Einführung wurde die Landreform in Namibia von der Politik der nationalen Versöhnung und den Bestimmungen der Verfassung getragen. Dies bedeutete für die Regierung, die Umverteilung von privatem Grundbesitz nicht zu überstürzen, was sonst mit dem Risiko behaftet gewesen wäre, die neue Nation zu destabilisieren. Statt dessen sollte ein nationaler Konsens zur Landfrage und Landreform erreicht werden. Dies wurde mit der Durchführung der *Nationalen Konferenz zur Landreform und Landfrage* 1991 getan. Ob diese Konferenz in der Lage war einen Konsens herbei zu führen, blieb strittig und wurde hinterher von mehreren Gruppierungen verneint.

Was vielleicht wichtiger ist als die Frage, einen sinnvollen Konsens zu erreichen, war eher die Tatsache, dass die Landkonferenz eine Bewegung ausgelöst hatte, wie man mit der Landfrage umgehen sollte. Wie oben erwähnt stellte die Landkonferenz eine Möglichkeit für die gesamte namibische Bevölkerung dar, untereinander Meinungen zu diesem so wichtigen Thema auszutauschen. Bedauerlicherweise war die Teilnahme der Zielgruppen in der nachfolgenden Entwicklung einer Politik schwach. Vor allem Nichtregierungsorganisationen haben die Regierung oft wegen ungenügender Beratung kritisiert.

Die namibische Verfassung bleibt weiterhin der allgemeine rechtliche Rahmen für den Umgang mit der Boden- und Landbesitzfrage. Sehr wichtig für den Landreformprozess sind die gesetzlichen Bestimmungen über das Thema Eigentum. In Artikel 16 ist das Recht verankert, »alle Formen des unbeweglichen und beweglichen Eigentums einzeln oder gemeinschaftlich mit anderen zu erwerben, besitzen und zu veräußern sind ein grundlegendes Menschenrecht und Recht auf Freiheit«. Gleichzeitig sieht der Artikel »die Enteignung von Besitz im öffentlichen Interesse gegen die Zahlung einer gerechten Entschädigung und in Übereinstimmung mit einem parlamentarischen Gesetz« vor.

Wie nachstehend erläutert wird, ist in der Verfassung kein Schutz der Gewohnheitslandrechte vorgesehen.

Der Erwerb von Land zur Umverteilung entwickelte sich nach der Unabhängigkeit sehr langsam. Bis Mitte der 1990er Jahre waren weniger als 20 Farmen in Privatbesitz zur Umverteilung erworben worden. Gleichzeitig mit dem ersten nationalen Entwicklungsplan für den Zeitraum von 1995/96 bis 1999/2000 hat sich die Regierung für einen Finanzrahmen von N$ 20 Millionen pro Jahr für den Kauf kommerzieller Farmen engagiert (Werner 1999: 316–317). Weitere N$ 100 Millionen wurden vom Kabinett für den Landkauf in der zweiten Phase des Plans zur Verfügung gestellt (2001–2005). Daraus ergibt sich ein Betrag von N$ 20 Millionen pro Jahr (Pohamba 2001: 6). Dies hat den Landkauf wesentlich beschleunigt. Aus den Unterlagen des Ministeriums für Landfragen und Wiederansiedlung geht hervor, dass von 1990 bis Mai 2001 insgesamt 97 Farmen erworben worden waren. Es ist unklar, ob diese Zahl auch die 57 Farmen und Parzellen beinhaltet, die vom Landwirtschaftsministerium an das Ministerium für Landfragen, Wiederansiedlung und Rehabilitierung 1999 übertragen worden waren (RoN 2001: 3). Das gesamte Gebiet, das zur Umverteilung im privaten Farmsektor zur Verfügung steht, umfaßt 568.821 Hektar.

Zum Zeitpunkt der Niederschrift dieses Beitrages Mitte 2001 waren nur 66 Farmen mit 1160 Familien besiedelt worden, weitere 5501 Familien wurden auf Umsiedlungsprojekte umgesiedelt. 85% (4697) dieser Nutznießer wurden auf Projekten in gemeinschaftlichem Grundbesitz untergebracht und nur 15% (804) auf Projekten in Farmgebieten in privatem Grundbesitz. Insgesamt wurden 6661 Familien seit der Unabhängigkeit umgesiedelt. Davon wurden 4697 oder 70% auf gemeinschaftlichem Grundbesitz und nur 30% auf umverteiltem Boden in Privateigentum untergebracht. Alle Projekte in Kommunalgebieten befinden sich in den nördlichen Teilen des Landes, die am meisten Potential für kleinflächigen Regenfeldbau haben.

Zusätzlich erhielten 300 Farmer Darlehen der Agribank zum Kauf von privatem Landbesitz im Rahmen des Kreditplans für Chancengleichheit seit seiner Einführung 1992. Im Rahmen dieses Programms wurden etwa N$ 190 Millionen zur Verfügung gestellt.

Die Landreform wurde bisher in drei Bereichen gestaltet:
- Landreform mit dem Ziel der Umverteilung
- Kreditplan für Chancengleichheit
- Entwicklung von Umsiedlungsprojekten in Kommunalgebieten.

3.1 Landreform zur Umverteilung

Die Landreform zur Umverteilung wurde in Anlehnung an die Bestimmungen des *Landwirtschaftlichen (Kommerziellen) Agrarlandreformgesetzes von 1995* (nachfolgend als *Landreformgesetz* bezeichnet) eingeführt. Das Gesetz sieht folgende Bestimmungen vor:
- ein Vorkaufsrecht des Staates beim Verkauf von kommerziellem Farmland,
- Kompensation zu Marktpreisen,
- die Gründung einer Landreform-Beratungskommission bestehend aus den betroffenen Parteien zur Beratung des Ministeriums für Landfragen,
- Vorschriften über die Planung und Zuteilung von kommerziellem Farmland,
- Vorschriften zur Aufteilung und Vermessung von Grundbesitz für Kleinfarmen,
- Einschränkung des Erwerbs von kommerziellem Farmland durch Ausländer, und
- Gründung eines Land-Schiedsgerichtes zur Lösung möglicher Streitfragen über die Preise zwischen Verkäufern und Regierung.

Artikel 14(1) bezeichnet die Nutznießer der Landreform im wesentlichen als
Namibische Bürger, die landwirtschaftliche Nutzflächen weder besitzen noch anderweitig nutzen können, und dabei besonders diejenigen Namibier, die durch frühere Diskriminierungen sozial, wirtschaftlich und in der Ausbildung benachteiligt waren.

Politische Leitlinien zur Umsiedlung und zur Bodenpolitik wurden 1997 bzw. 1998 vom Parlament gebilligt. Da die meisten Aussagen zur *Nationalen Bodenpolitik* (RoN 1998) im Landreformgesetz enthalten sind, sollen hier nur einige Ausführungen über das *Weißbuch zur Umsiedlung* (RoN 1997) gemacht werden.

In der *Umsiedlungspolitik* werden die Zielsetzungen und Optionen für die Wiederansiedlung auf Land dargestellt, der unter dem Landreformgesetz erworben wurde. Unter anderem möchte die Regierung
- den Zielgruppen die Gelegenheit geben, genügend Nahrung für den Eigenbedarf und zur Deckung der Selbstversorgung zu erzeugen,
- Arbeitsplätze durch Landwirtschaft als Vollbeschäftigung schaffen,
- Kleinfarmer durch marktgerechte Produktion in die namibische Wirtschaft einbinden, und
- den Druck von Menschen und Viehbeständen auf die Kommunalgebiete verringern (RoN 1997).

Die Landreform zur Umverteilung und Umsiedlung ist also auf die Linderung der Armut ausgerichtet, indem die Produktionskapazität der armen Bevölkerung durch den »Kauf und die Zuteilung von Boden erhöht wird, um ihr dadurch eine Möglichkeit der Selbstversorgung zu geben« (Ibid.: 8). Das *Weißbuch* stellt die Ebene der Erwartungen der Siedler, sich ihren Lebensunterhalt zu verdienen, nicht genau dar. Es wird eher festgestellt, dass ein Mindesteinkommensniveau ermittelt werden muß und die erforderlichen Anpassungen vorgenommen werden sollten, um die Änderungen in der Wirtschaft zu reflektieren (RoN 1995: 6).

Zur Erreichung dieser Ziele ist die Umsiedlungspolitik in Namibia darauf ausgerichtet, kommerzielle Großfarmen durch kleine Landwirtschaften zu ersetzen. In der Annahme, der Druck auf den bestehenden Boden werde sich wegen des Bevölkerungswachstums erhöhen, unterstützt das drei Jahre nach dem Gesetz angenommene *Nationale Weißbuch über Bodenpolitik* die Unterteilung des kommerziellen Agrarlandes im Interesse einer Ausdehnung des Zugangs zu Land, aber es wird gleichzeitig vorgeschlagen, diese Unterteilung an die Bedingung zur »Erhaltung von Farmeinheiten einer wirtschaftlich tragfähigen Größe« zu knüpfen (RoN: 1998: 16). Auf diese Art und Weise wurde wiederholt, was in Abschnitt 38 des Landreformgesetzes verankert wurde, nämlich dass die Unterteilung kommerzieller Farmen »zum Zweck der Gründung von Kleinfarmen« in Anlehnung an den Unterteilungsplan (RoN 1995: 37) geschehen sollte.

Die Begriffsbestimmung einer »wirtschaftlich tragfähigen Einheit« wurde der Landreform-Beratungskommission überlassen, die im Rahmen des Landreformgesetzes gegründet worden war. Es wurde entschieden, dass Nutznießer mindestens 1.000 ha für Betriebe mit Viehzucht im zentralen und nördlichen Teil des Landes erhalten sollten und mindestens 3.000 ha in den südlichen Teilen des Landes. In der Festsetzung eines Solleinkommens für die Nutznießer hatte die Landreform-Beratungskommission eine Armutsgrenze von N$ 15.000 pro Jahr angenommen. Diese Zahl wurde vom staatlichen Statistikamt als Mindestertrag zur Sicherung eines »angemessenen Lebensstandards« für einen 5- bis 6-köpfigen Haushalt vorgeschlagen.

Die Nutznießer des Landreform- und Umsiedlungsprogramms wurden auf zwei verschiedene Arten angesiedelt:
• individueller Grundbesitz und
• kooperativer Grundbesitz.

Individueller Grundbesitz

Im Rahmen des individuellen Grundbesitzmodells »steht es den Siedlern frei, ihren Grundbesitz für den beantragten Zweck zu nutzen und zu entwickeln«. Um das zugeteilte Land behalten zu können, muß es produktiv genutzt werden. Es muß angenommen werden, dass die Solleinkommensstufen für individuellen Grundbesitz wie oben angeführt bei N$ 15.000 liegen.

Die Zuteilung individuellen Grundbesitzes erfolgt auf zwei Arten:
• als Teil eines Umsiedlungsprojektes und
• als individueller Grundbesitz.

Im Hinblick auf die erste Kategorie unterstützt das Ministerium für Landfragen eine Anzahl von Kleinfarmprojekten in nördlich-zentralen Kommunalgebieten und auf Farmen in den Grundbesitzgebieten. Mit Unterstützung des Ministeriums für Landfragen bewirtschaften Kleinfarmer individuelle Grundstücke zu ihrem eigenen Nutzen. Über die Rechte der Nutznießer auf das von ihnen bewirtschaftete Land ist wenig bekannt, ebenso wie über das für Weidezwecke benötigte Land.

Die zweite Kategorie des individuellen Grundbesitzes unterscheidet sich von der ersten in der Zuteilung von Weidegebieten: mindestens 1.000 ha im Norden und 3.000 ha im Süden werden Einzelhaushalten zugeteilt. Diese Personen nutzen den Boden außerhalb eines Projektkontexts und erhalten deshalb keine besondere Unterstützung der Regierung. Die Nutznießer zahlen eine monatliche Weidegebühr von zirka N$ 1,50 pro Großvieheinheit und N$ 0,50 pro Kleinvieheinheit.

Das Landreformgesetz bestimmt, dass neuen Siedlern das in dieser Kategorie zugeteilte Land auf 99 Jahre verpachtet wird mit der Möglichkeit, diesen Anteil innerhalb von fünf Jahren nach Abschluss des Pachtvertrages zu kaufen (RoN 1995: 44). Es ist unklar, zu welchen Bedingungen der Kauf stattfinden kann.

Obwohl die *Umsiedlungspolitik* vorsieht, dass »das Pachtsystem so gestaltet wird, dass die Siedler den genutzten Boden als Sicherheit für Darlehen nutzen können« (RoN 1997: 4), schränkt das Landreformgesetz diese Option ein. Abschnitt 46 schließt die Rechte der Siedler völlig aus, »die Farmeinheit oder einen Teil davon zu übertragen, zu verpachten, zu belehnen oder auf irgendeine Art zu belasten oder sich davon zu trennen; oder eine Partnerschaft zur Bearbeitung der Farmeinheit einzugehen« (RoN 1995: 44). Dennoch hat der *Attorney General* (Rechtsvertreter und -berater der Regierung) im August 2000 die Auffassung vertreten, dass Hypotheken auf Land eingetragen werden können, das nach dem Landreformgesetz gepachtet wurde.

Kooperativer Grundbesitz

Die *Umsiedlungspolitik* geht nicht darauf ein, wie kooperative Umsiedlungsprojekte zu gestalten sind. Etwa zehn Projekte wurden vom Ministerium für Landfragen als kooperative Projekte klassifiziert. In einer kürzlich durchgeführten Evaluierung (Werner et al 2000) wurde festgestellt, dass keines dieser Projekte als Kooperative beim Grundbuchamt eingetragen worden war. Es ist sinnvoll, diese kooperativen Umsiedlungsprojekte als Versuche einer gemeinschaftlichen Produktion von Gemüse und Getreide auf kommunal bebautem Land, bewässertem Gartenland oder Feldern für Regenfeldbau zu bezeichnen. Ihre Größe schwankt von 12 bis 120 Familien (Ibid.: 21).

Das zur Gestaltung dieser Projekte eingesetzte Modell war das Modell einer Kooperative für Arbeiter oder Produzenten. Die wichtigsten Arbeiten aller Projekte im Regenfeldbau oder unter Bewässerung stützen sich mehr oder weniger auf das Modell der Kooperative für Arbeiter. In manchen Fällen sind diese kollektiven Arbeiten Projekte unter dem Titel »Nahrung für Arbeit«. Nur in den Fällen von Bernafey, Westfalen und Excelsior kann der Ertrag von kollektiv bearbeiteten Grundstücken einen kleinen Beitrag zum Einkommen der Nutznießer leisten (wenn auch augenblicklich subventioniert).

Zusätzlich dazu gibt es in allen Projekten Elemente von Einzelfarmen wie zum Beispiel individuelle Grundstücke für den Trockenanbau (Eendombe und Onamatadiva), bewässerte Gartengrundstücke (Excelsior, Königin Sofia [geplant], Drimiopsis [manche Häuser haben Kleingärten], Skoonheid [manche Häuser haben Kleingärten]) und Viehzuchtfarmen (alle Projekte).

3.2 Der Kreditplan für Chancengleichheit

Der Kreditplan für Chancengleichheit wurde Anfang 1992 eingeführt. Im Rahmen dieses Programms stellt die Agribank Darlehen mit einer Laufzeit von 25 Jahren zu günstigen Zinssätzen zur Verfügung, die von der Regierung gestützt werden. Zusätzlich dazu stellt die Regierung Garantien bis zu 35% des Kaufpreises aus einschließlich der Übertragungskosten. Die staatliche Garantie kann zur Abdeckung des 10%-Beitrages zum Kauf des Bodens erweitert werden, was normalerweise vom Antragsteller verlangt wird, sollte er Schwierigkeiten haben, diese Voraussetzung zu erfüllen. Aus diesem System ergibt sich, dass Kommunalfarmer bis zu 100% Unterstützung für den Kauf des Bodens erhalten können. Tabelle 2 gibt eine Zusammenfassung der Zinssätze und Regierungssubventionen im Rahmen des Systems.

Jahr	1	2	3	4	5	6	7	8	9	10+
Antragsteller	0%	0%	0%	2%	2%	2%	4%	4%	8%	16%
Subvention	16%	16%	16%	14%	14%	14%	12%	12%	8%	0%

Tabelle 2: Zinssätze und Regierungssubventionen für Kommunalfarmer als Vollbeschäftigung, 1998
Quelle: Agribank 1998

Zur Finanzierung des Unterschiedes zwischen dem Kaufpreis für kommerzielles Farmland und dem angemessenen Wert des Bodens für Agrar- und Weidezwecke wurden staatliche Garantien eingeführt. Die Bewertung erfolgt nach der Produktivität des Bodens und liegt im allgemeinen deutlich unter dem Marktpreis. Man hat angenommen, dass Kommunalfarmer Schwierigkeiten haben würden, diesen Unterschied zu finanzieren.

Zur Beantragung eines Darlehens für Chancengleichheit müssen Antragsteller folgende Voraussetzungen erfüllen:
• Vollzeitbeschäftigung als Farmer im Kommunalgebiet,
• Mindestbesitz von 150 Großvieheinheiten, und
• Abzug des gesamten Viehbestandes aus dem Kommunalgebiet (Agribank 1996: 16)

Darlehen werden gegen die Eintragung einer Hypothek als Sicherheit und bei Vollzeitbeschäftigung auf dem betroffenen Betrieb gewährt.

Das Darlehenssystem ist vor kurzem auf Kommunalfarmer mit Teilzeitbeschäftigung erweitert worden. Im Unterschied zu vollzeitbeschäftigten Farmern zahlen teilzeitbeschäftigte Farmer auf ihr Einkommen bezogene Zinsen. Außerdem ist die stufenweise Rückzahlung strikter gestaltet.

3.3 Entwicklung der Kommunalgebiete

In seinem Engagement, den Zugang zu produktivem Agrarland zu erweitern, hat das Ministerium für Landfragen Umsiedlungsprogramme in Gebieten unter gebundenem Grundbesitz entwickelt. Im Jahr 2000 wurden etwa 2.000 Familieneinheiten in acht Umsiedlungsprojekten auf gebundenem Grundbesitz angesiedelt. Manche Umsiedlungsprogramme werden vom Ministerium als kooperative Systeme klassifiziert. Eine im Jahr 2000 durchgeführte Bewertung dieser kooperativen Systeme hat gezeigt, dass keine Kooperative formell gegründet oder grundbuchamtlich eingetragen worden war (Werner et al 2000).

Abgesehen von diesen Umsiedlungssystemen hat die Regierung einen Prozeß eingeleitet, die Tragfähigkeit der Entwicklung von ungenutztem Land in Gebieten unter gebundenem Grundbesitz zu prüfen. Der Minister für Landfragen sagte in seiner Haushaltsrede für das Finanzjahr 2001/02, das Ministerium für Landfragen wolle »ein Umfeld schaffen, das die landwirtschaftliche Produktivität (kommunaler Subsistenzfarmer) begünstige« (Pohamba 2000: 8). »Zur Unterstützung der Entscheidungsfindung über Themen mit direktem Bezug zur Entwicklung von Kommunalgebieten« hat das Ministerium für Landfragen mehrere Machbarkeitsstudien und Bewertungen in Kommunalgebieten durchgeführt. Sollten die Empfehlungen in diesen Studien (International Development Consultants 2000) unbeachtet bleiben, wird sich die Entwicklung von gebundenem Grundbesitz auf die Landabgrenzung für kommerzielle Kleinfarmen stützen. Die Berater haben empfohlen, zirka 2.616 km2 Boden in der Omusati-Region abzugrenzen, 180 km2 in Oshana, 6.400 km2 in Oshikoto und 570 km2 in Ohangwena. Daraus ergibt sich eine Gesamtfläche von nahezu 10.000 km2. Die empfohlene Größe jeder abgegrenzten Einheit beträgt 3.600–4.000 ha bzw. 36–40 km² (Ibid: 29-31).

Es bleibt abzuwarten, ob die Regierung diese Empfehlungen unterstützt, die einer Privatisierung des kommunalen Weidelandes entsprechen aber derzeit dennoch ungenutzt sind. Die Bestimmungen des Kommunalen Landreformgesetzes werden deshalb mit großem Interesse erwartet.

4. Reform der Besitztitel in Gebieten unter gebundenem Grundbesitz oder »Kommunalgebieten«

Die Diskussion auf der Landkonferenz und zahlreiche Konsensresolutionen zu kommunalem Land spiegeln die wichtige Rolle der Landrechte auf gebundenem Grundbesitz und den Bedarf einer Reform der Besitztitel wider. Die Resolutionen für Kommunalland enthielten folgende Aspekte:
• die Notwendigkeit, der örtlichen Bevölkerung Land zu garantieren,
• die Abschaffung der von den Häuptlingen erhobenen Landzuteilungsgebühren,
• die Vergabe von Land an Frauen als eigenständige Rechtspersonen,
• die Gründung eines Bodenverwaltungssystems,

- die Kontrolle »illegaler Einzäunung« von Weidegebieten und
- die Verlagerung der Herden reicher Farmer auf kommerzielle Farmen (RoN 1991b wie von Adams 2000:10 zusammengefasst)

Seit 1991 ist sehr wenig geschehen, die Themen der Landkonferenz aufzuarbeiten. Der »Technische Ausschuss für kommerzielles Farmland« wurde nach der Konferenz zur Untersuchung der Umverteilungsbedingungen von Agrarland in Privatbesitz eingesetzt. Es hat aber keine gleichwertige Untersuchung zur Frage der Besitztitel und Bodenverwaltung in Gebieten mit gebundenem Grundbesitz gegeben.

Trotz vieler positiver Aspekte gibt die Verfassung wenig Sicherheit für die Besitztitel von Gemeinschaften und Einzelpersonen, die auf gebundenem Grundbesitz leben. Es gibt keinen Schutz für Bodenrechte im Rahmen der gewohnheitsrechtlichen Systeme zur Regelung von Besitztiteln (Harring 2000: 8). Statt dessen wird das Eigentum an Kommunalland an den Staat übertragen. Artikel 100 sieht vor, dass »Boden, Wasser und natürliche Ressourcen unter- und oberhalb der Erdoberfläche ... dem Staat gehören, sollten sie nicht anderweitig in rechtlichem Besitz stehen.« Harring (2000: 11–12) hat die Meinung ausgedrückt, »dieser Abschnitt sei bedeutungslos, bis alle Eigentumsrechte gelöst wären: der Staat werde Eigentümer, nachdem alle anderen möglichen Formen von Eigentum geklärt seien.« Harring zieht die Schlussfolgerung, dass angesichts der Vagheit des Artikels 100 »die namibische Regierung Anspruch erhebe, sie ›besitze‹ das Kommunalland und sie könne die Bewohner des Kommunallandes nach ihrem Willen vertreiben« (Ibid.: 12). Diese Ansicht der Regierung, Eigentümer des Kommunallandes zu sein, wird in der Nationalen Landpolitik reflektiert, die in Abschnitt 5 der Verfassung vorgibt, dass der gesamte Kommunalboden der Regierung übertragen werde. Dennoch

> verpflichte sich die Regierung, das Land zum Vorteil der darauf lebenden traditionellen Gemeinschaften zu verwalten zum Zwecke der Förderung der wirtschaftlichen und sozialen Entwicklung der namibischen Bevölkerung (RoN 1998: 11).

Abgesehen davon, dass die Bewohner in Gebieten mit gebundenem Landbesitz ihren Anspruch auf Besitz verloren, haben einige Bestimmungen der Verfassung die unbeabsichtigte Wirkung, jede Form der Sicherheit für Besitztitel im Rahmen des gewohnheitsrechtlichen Besitztitelsystems zu schwächen. Als Beispiel dafür dient ein Auszug aus Artikel 21(1) und (2), der den freien Personenverkehr innerhalb Namibias vorsieht und das Recht der freien Ansiedlung im gesamten Land. Die *Nationale Landpolitik* ist in ihren Formulierungen ungenau. Während diese Grundrechte anerkannt werden, wird darauf hingewiesen, dass es sich nicht um »Landeigentum oder Eigentumsrechte« handele (RoN 1998: 13). Daraus geht hervor, dass diese grundsätzlichen Rechte nicht als eine Forderung auf Eigentumsrechte interpretiert werden können. Da es keine klaren Aussagen darüber gibt, wie bestehende Rechte tatsächlich sind oder geschützt werden können, gelingt es der Politik nicht, das Problem des Schutzes von Weideland anzusprechen und vor allem wie diese angesichts der verfassungsrechtlichen Bestimmungen auf den freien Personenverkehr und freie Ansiedlung geschützt werden können. Im Hinblick auf städtische Siedlungsgebiete weist die Politik darauf hin, dass die zuständigen Kommunalbehörden die Zuteilung von Land für Wohnzwecke genehmigen können. Wie Harring (2000: 10) anführt, stellen Artikel 21(1) und (2) eine »deutliche politische Aussage ... gegen den Tribalismus dar ... aber es gibt Implikationen, die zu einer Schwächung und Verwirrung der juristischen Grundlage kommunaler Landrechte führen, der einzigen Rechte des Großteils der schwarzen Bevölkerung«.

Artikel 66 sieht vor, dass »auch das Gewohnheits- und Konsensrecht in Namibia ... gültig bleibt, solange es nicht mit der Verfassung in Konflikt steht oder mit einem anderen festgeschriebenen Gesetz, das Gewohnheitslandrechte anerkennt und daraus resultierenden indirekten Schutz bietet« (Ibid: 11).

Die Auswirkung dieser kurzen Diskussion ist, dass die Landrechte des ärmsten Sektors der Gesellschaft keinen verfassungsrechtlichen Schutz genießen. Dies gibt vor allem deshalb Anlass zur Sorge, da es keinen geeigneten gesetzlichen Rahmen gibt, wie man gewohnheitsrechtliche Besitztitel regelt.

Wie wichtig es ist, Gewohnheitslandrechte in Namibia zu schützen, ist nicht nur eine akademische Frage. Ein bekanntes Beispiel der Anfälligkeit von Gewohnheitslandrechten ist die Einzäunung kommunaler Weideflächen, die in einigen Gebieten mit gebundenem Grundbesitz alarmierende Ausmaße erreicht hat. Das Einzäunen großer Teile kommunaler Weideflächen für den ausschließlichen Gebrauch durch Einzelpersonen oder erweiterte Familien hat vielen Kleinviehzüchtern den saisonabhängigen oder anderweitigen Zugang zu Weideland genommen. Dennoch gibt es keine rechtlichen Instrumente zur Verteidigung gewohnheitsrechtlicher Ansprüche auf kommunales Weideland gegen die Gewohnheiten weniger Einzelpersonen. In ähnlicher Weise ist es wahrscheinlich, dass Kleinfarmer weiter marginalisiert werden, indem ihnen der Zugang zu Land verweigert und der Druck auf Land durch die Verhinderung saisonbedingter Auswanderung erhöht wird.

Ende der 90er Jahre wurde ein Kommunales Landreformgesetz erstellt und beschränkten Verhandlungen mit den betroffenen Gemeinschaften unterworfen.

Das Gesetz wurde Anfang 2000 von der Nationalversammlung verabschiedet und an die zweite Kammer, den Nationalrat, weitergereicht, der Einwände gegen einige Bestimmungen erhob und diese an die Nationalversammlung zurücksandte.

Das Gesamtziel des Gesetzes ist eine verbesserte Verwaltung des Landes in Kommunalgebieten und der Schutz der Landrechte der Bevölkerung. Dies geschieht unter anderem dadurch, dass Stammesbehörden befugt sind, am Verfahren der Landzuteilung mitzuwirken. In der neuen Verwaltungsstruktur werden kommunale Landräte den Stammesbehörden als übergeordnete Instanz vorgesetzt mit dem Ziel, Stammesbodenzuteilungen zu kontrollieren und die Landrechte durch die Einführung von Bodenprotokollen zu regeln. Zusätzlich werden die Landräte eine neue Form des Grundbesitzes in Kommunalgebieten verwalten, z.B. Pachtland.

Eines der Hauptziele der Abgeordneten des Nationalrates lag darin, der Einzäunung kommunaler Weideflächen eine bessere gesetzliche Formulierung zu geben zu Gunsten von Kleinfarmern. In der Praxis kommt dies jedoch teilweise sehr wohlhabenden Geschäftsleuten und Politikern zu Gute, die Flächen in Größenordnungen von kommerziellen Farmen einzäunen, also kommerziell farmen wollen – Kleinfarmer büßen Zugang zu Land ein.

Es ist enttäuschend, dass das Gesetz nicht auf Vereinbarungen für die Landzuteilung und das Weidemanagement auf Kommunalland eingeht. Dies ist um so überraschender angesichts der Tatsache, dass die Regierung vor einigen Jahren Gesetze verabschiedet hat, die Vorkehrungen für die Übertragung von Eigentumsrechten an natürlichen Ressourcen an Gemeinschaften machten. Programme zur Verwaltung natürlicher Ressourcen auf gemeinschaftlicher Basis haben wesentliche Fortschritte in der Erweiterung der Rechte auf Fauna-Ressourcen für die Gemeinschaften erzielt.

Ein weiteres und vielleicht noch wichtigeres Beispiel betrifft die Übertragung des Eigentums an Wasserstellen auf die Gemeinschaften. In Zukunft werden von den Gemeinschaften gewählte Wasserkomitees für die Leitung und Erhaltung der von ihnen benutzten Wasserstellen verantwortlich sein. Die Nachhaltigkeit dieses Vorhabens hängt von dem Prinzip und der Fähigkeit ländlicher Gemeinschaften ab, für Wasser in Gebieten mit gebundenem Grundbesitz zu zahlen. Praktisch gesehen bedeutet dies, dass die Wasserversorgung mit Kosten verbunden ist. Zugang zu Wasser hängt von dem Willen und der Fähigkeit ab, für Wasser zu zahlen. Der Zugang zu Wasser ist für die Nutzung der Weideflächen unerläßlich. Der Besitz von Wasserstellen könnte also zu den de facto-Besitzrechten an Weideflächen und anderen natürlichen Ressourcen der Gemeinschaften führen, die eine Wasserstelle »besitzen«. Über die wahrscheinlichen Auswirkungen auf das Prinzip der Kostenrückgewinnung aus der Lieferung von Wasser mit dem Zugang zu Boden und gewohnheitsrechtlichen Grundbesitz-Systemen ist wenig nachgedacht worden.

Diese beiden Beispiele machen deutlich, dass die Regierung nicht ganz abgeneigt ist, ländliche Gemeinschaften mit bestimmten Rechten an natürlichen Ressourcen auszustatten. Es stellt sich die Frage, warum das *Kommunale Landreformgesetz* keine Vorkehrungen für gemeinschaftliche Bodenbesitzrechte trifft.

Es scheint so zu sein, dass die Antwort in der Landpolitik und den verschiedenen Rechten auf Ressourcen liegt. Die Gesetzgebung über *conservancies* (Landkontrolle; Gebiete mit bestimmten Nutzungsrechten für die Bewohner an natürlichen Ressourcen, z.B. Wild, und mit eigenen Befugnissen hierzu) beispielsweise überträgt nur sehr begrenzte Nutzungsrechte. Eine *conservancy* ist rechtlich nicht befugt, Menschen von ihrem Boden auszuschließen. Gemeinschaftliche Besitzrechte hängen von dem Prinzip der Einbeziehung und Ausschließung ab. Dies bedeutet, dass Gemeinschaften nach Übertragung von Besitzrechten für ihr Land die Befugnis haben, neue Bewohner auf ihrem Boden zuzulassen oder bestehende Verträge für die Nutzung zu annullieren.

Wenn ländliche Gemeinschaften prinzipiell die Befugnis erhalten, Landrechte zu erteilen oder zu entziehen, würde dies bedeuten, dass jemand diese Landrechte verliert. In den meisten Kommunalgebieten würden die Stammesbehörden diesen Verlust erleiden. Sollte dies passieren, wäre ein Gleichgewicht der Befugnis in Kommunalgebieten mit grundlegenden Änderungen und ungewissen Folgen verbunden. Es ist wahrscheinlich, dass Politiker auf nationaler Ebene dieser Idee nicht sehr positiv gegenüber stehen und deshalb keine Eile haben, Besitzrechte auf ländliche Gemeinschaften zu übertragen.

5. Schlussfolgerung

Eine kritische Betrachtung der ersten zehn Jahre nach der Unabhängigkeit führt zu dem Schluß, dass die Regierung das Thema der Umverteilung von Farmen in privatem Grundbesitz eher vorsichtig angeht. Zehn Jahre nach der Unabhängigkeit sieht man keine wesentlichen Änderungen des Besitzmusters in privatem Grundbesitz im Vergleich zur Zeit vor der Unabhängigkeit. 84% des Agrarlandes in Privatbesitz sind immer noch im Besitz weißer Farmer, während schwarzen Farmern etwa 6% dieses Landes gehören. An den verbleibenden Flächen hat die Regierung einen Anteil von 6%, Ausländern gehören 4% *(Die Republikein 15.9.2000)*.

Auf einer Farm

Die Regierung hat einen rechtlichen und politischen Rahmen geschaffen und beibehalten, der die Landfrage in einer vernünftigen und gerechten Art und Weise anspricht. Dabei haben Regierung und regierende Partei SWAPO wiederholt politischem Druck aus und innerhalb der Partei standgehalten, den geschaffenen rechtlichen Rahmen für die Landfrage fallenzulassen und durch Verstaatlichung den Boden schneller umzuverteilen. Angesichts der Krise in Simbabwe haben die Regierung und hochrangige Politiker ihr Engagement für diesen Rahmen bei zahlreichen Gelegenheiten bestätigt. Obwohl es keinen Grund für die Annahme gibt, Namibia bewege sich in dieselbe Richtung wie Simbabwe, müssen Anstrengungen unternommen werden, nachhaltige Optionen für die Bodenumverteilung zu finden. Ein banales Sprichwort heißt: »Sag niemals Nein in der Politik.«

Salve Gambrinus!

Der Kampf wider den Durst und den tierischen Ernst

Sigrid Kube (1984)

Der Bierkrieg

Fortsetzung: Klaus J. Becker

Eisbein mit Sauerkraut, Lederhosen und Dirndl, Schweinebraten mit Knödl, Karneval, Oktoberfest und Bier. So sieht die Welt den Deutschen. Ein Klischee. Kein Klischee sind der Deutsche und sein Bier. Was dem Engländer sein Whisky, dem Franzosen sein Pastis, dem Russen sein Wodka, ist dem Deutschen sein Bier. Egal auf welchem Fleckchen der Erde er sich befindet, ein Deutscher will sein Bier. Auch in Afrika.

Wen wundert's also, daß für die kleine Schutztruppe des Deutschen Reiches und die paar Siedler und Händler schon 1904 sage und schreibe 2.615.283 kg Bier im Wert von 1.071.028 Mark mit dem Dampfer nach Südwestafrika schaukelten, um des Deutschen Bierdurst zu stillen, wie es fein säuberlich und korrekt die Handelsstatistik für das »deutsch-südwestafrikanische Schutzgebiet« festhält. Ja richtig, in Kilogramm. Die Ziffern der Biereinfuhr sehen für 1905 noch imposanter aus: 6.935.260 kg für 2.498.332 Mark.

1982 betrug die Bierproduktion in Südwestafrika/Namibia 350.000 hl. Über 90 % davon werden von der schwarzen Bevölkerung getrunken. 1985 soll nach Fertigstellung eines neuen Sudhauses (Kosten 13,5 Mio. Rand) ein Ausstoß von 650.000 hl erreicht werden. Man erinnere sich: Südwestafrika/Namibia hat rund 1.300.000 Einwohner und vergleiche selbst. »Hopfen und Malz – Gott erhalt's« – beide Produkte werden auch heute noch aus der Bundesrepublik Deutschland importiert.

»Gar'n visuellen Rausch könnt's fei glei krieg'n«, wenn man in der Abfüllhalle des Privatunternehmens *South West Breweries Limited* steht und in rasender, elektronisch gesteuerter Geschwindigkeit das edle Hopfengesöff in kleinen und großen Flaschen, Dosen und Kartons vorbeizischen sieht. Nüchterne Zahlen drücken das so aus: Auf einem Firmengelände von 12.000 m² im Windhoeker Industriegebiet beträgt in der vollautomatisierten Abfüllhalle die Kapazität einer Achtstundenschicht 145.000 l. Das heißt, pro Stunde werden 46.000 Dumpies (340 ml Einwegflaschen) gefüllt, 27.000 große 750-ml-Flaschen und 36.000 der 500-ml-»Euro-Flaschen«, dazu 20.000 Dosen.

Füllhöhemesser werfen jede Büchse vom Fließband, sobald 1 mm unter der programmierten Füllmenge angezeigt wird.

Just 1900 eröffnet ein gewisser Herr Jauch, ein Braumeister, die Bavaria-Brauerei in Swakopmund. Zwei Jahre später machen sich zwei Deutsche unabhängig voneinander daran, in Windhoek Bier zu brauen. Friedrich Schmidt nutzt das in der Avispforte in Klein-Windhoek gut und reichlich fließende Wasser und baut hier im März, während Karl Bauer im Juni einen Keller in den steinigen Hang in der Talstraße treibt, die Felsenkeller-Brauerei entsteht.

Am 18. Juni 1908 wird der Felsenkeller-Brauerei vom Kaiserlichen Bezirksamt Windhuk die Genehmigung zum Bau eines Maschinenhauses erteilt.

Und gemäß § 2, Ziffer 4, der Verordnung des Kaiserlichen Gouvernements vom 16. August 1907 bekommt sie am 26. März 1909 die offizielle Genehmigung »zum Ausschank und Handel von im Schutzgebiet hergestellten Bieren und Weinen« erteilt. Ordnung muß sein – auch beim Schaum.

Als eines der größten Unternehmen des Landes beschreibt der *Reiseführer durch Stadt und Bezirk Windhuk* von 1916 die Brauereianlage, bevor 1912 Schmidt und Bauer ihre Firmen zu einer Aktiengesellschaft fusionieren:

»Ein großer Holzplatz mit Kreissäge befand sich an der Grabenstraße, in der Mitte des Grundstücks die große Mechanikerwerkstatt (1908), daneben das Pumphaus über dem 81 m tiefen Bohrloch und das große 1914 erbaute Maschinen- und Kesselhaus mit

Brauerei in Omaruru, Zweigbetrieb der Felsenkellerbrauerei, 1917–1920 in Betrieb

der Giebelfront zur Grabenstraße, die Kälteerzeugungsanlage und Eisfabrik mit einer Tagesproduktion von 325 großen Eisblöcken für die eigene Versorgung, die Gaststätten in Windhuk, welche Felsenkeller-Biere ausschenkten, sowie für Privatverbrauch. Ferner eine Böttcherei, eine Malzrösterei und eine Trebertrocknungsanlage, so daß der Treber im Gewicht verringert und haltbar gemacht werden konnte. Der Betrieb hatte sein eigenes elektrisches Kraftwerk. Ausgedehnte Stallungen und Schuppen für Wagen und Gerät befanden sich auf dem rückwärtigen Grundstück. Entlang der Talstraße befanden sich das neue Sudhaus, eine große Schankhalle und die Büros, unter den Gebäuden die geräumigen Kühl- und Lagerkeller.«

Im Ersten Weltkrieg versiegt auch diese Bierquelle. Der Felsenkeller muß 1915/16 für zwei Jahre schließen.

Dabei liest sich der Bericht des Vorstandes, vertreten durch Leopold Mahler und Fritz Humel, für das Geschäftsjahr 1913/14 mit einem Anlagenwert von 10.000.249 Mark gar nicht so schlecht:
Der Reingewinn beträgt M 145.716,62, und wir schlagen vor, denselben wie folgt zu verteilen:
M   10.928,75 dem Reservefonds gemäß Statut 33
M   7.285,85 dem Erneuerungsfonds gemäß
             Statut 33
M   12.000,– dem Erneuerungsfonds außerord.
             Zuwendung
M   12.846,05 dem Delkrederefonds gemäß
             Statut 33
M   72.000,– 12 % Dividende
M   6.918,75 Tantieme dem Aufsichtsrat
M   16.875,– Tantieme dem Vorstand
M   6.862,22 Gewinnvortrag auf das Jahr 1914/15
_____
M 145.716,62

Am 20. Mai 1920 wird die Aktiengesellschaft liquidiert. Die Firma *South West Breweries Limited* entsteht. Ihr Verwaltungsgebäude ist noch heute in der Talstraße.

In der Küstenstadt Swakopmund vermischt sich der frische Salzduft des Meeres mit dem Maischegaruch der Brauerei. 200 m vom Strand entfernt feiert die Hansa Brauerei hier am 19. Januar 1929 ihre Eröffnung und preist sich in der *Swakopmunder Zeitung* Nr. 7 an:

BEKANNTMACHUNG

Wir geben hiermit bekannt, daß am Sonnabend, dem 19. Januar, die Eröffnung unserer mit den modernsten Apparaten der heutigen Brautechnik eingerichteten Brauerei stattfindet.

Zum Ausstoß kommen zwei aus den edelsten Rohmaterialien hergestellte Qualitätserzeugnisse:
Ein feinstes **Export Lager Bier** sowie ein
prima Pilsener Bier

wozu wir die verehrliche Bevölkerung zu einer Kostprobe von 3–7 Uhr nachmittags freundlichst einladen.

Jedermann ist herzlich willkommen!

HANSA BRAUEREI LIMITED, SWAKOPMUND

»Ein wahres Volksfest ...«, schreibt die *Allgemeine Zeitung Windhoek* in ihrer Ausgabe vom 26. Januar 1929, »feierte Swakopmund am letzten Sonnabend mit der Eröffnung der Hansa Brauerei Ltd. Auf dem geräumigen Hof der Brauerei entwickelte sich bald ein lustiges Getriebe, denn jedermann war zum Probetrunk eingeladen und gern der Einladung gefolgt. Die Eingeborenenkapelle ließ ihre schönsten Lieder und Märsche hören, und manchmal war der Lärm so groß, daß man sein eigenes Wort nicht verstehen konnte, ein sicheres Zeichen, daß die richtige Feststimmung vorhanden war.

Herr Bürgermeister Schad überbrachte die Glückwünsehe der Stadt Swakopmund, für die ja die neue Brauerei von besonderer Bedeutung war. Er führte aus, daß dies die fünfte Brauerei sei, die Herr Heuschneider im Lande eingerichtet habe. Im Jahre 1905 brachte Herr Heuschneider in Windhuk, in der damaligen Felsenkeller-Brauerei, das erste helle Lagerbier im Lande heraus und ist somit als Bahnbrecher der Brauindustrie in Südwestafrika anzusprechen. 1912 eröffnete er in Swakopmund die Kronenbrauerei, die sich bis zum Kriegsausbruch in überraschender Weise entwickelte. 1918 erfolgte die Eröffnung der Kronen-Brauerei in Windhuk, und nach der Verschmelzung der beiden Brauereigesellschaften zur Südwest-Brauerei gründete er 1922 die Unions-Brauerei. Als er diese günstig nach Lourenço Marques verkaufen konnte, siedelte er mit seiner Familie dorthin über, um auch dort eine mustergültige Brauerei einzurichten.

Aber das heiße Klima von Mozambique konnte einem alten Swakopmunder auf die Dauer nicht zusagen, und so kehrte er Ende 1928 nach Swakopmund zurück, um, mit Unterstützung seiner inzwischen herangewachsenen Söhne, die heute vollendete Hansa Brauerei einzurichten ...«

Fünfzig Jahre später, am Dienstag, dem 16. Januar 1979, ist in der gleichen Zeitung zum Jubiläum der Hansa Brauerei zu lesen: ...

»Vor dem 2. Weltkrieg wurde die Quartflasche für sh 1/6 = 15 cts verkauft. Heute bezahlt der Verbraucher 85 cts. Das ist noch nicht das Sechsfache gegenüber anderen Verbrauchsgütern, deren Preise um das Zehnfache und mehr gestiegen sind. Beim Bier hängt die Preisstruktur eng mit der Besteuerung zusammen. Vor dem 2. Weltkrieg betrug die Biersteuer umgerechnet R 1,76 pro hl, heute schöpft der Staat R 25,22 pro hl ab, das ist mehr als das 14fache. In das Staatssäckel fließen allein von jeder 750-ml-Quartflasche 18,91 Cent, von der 500-ml-Euroflasche 12,61 Cent und von der 340-ml-Dumpy/Can (Einwegflasche und Dose) 8,57 Cent.«

1968 wird die Hansa-Brauerei als Tochtergesellschaft in die *South West Breweries Ltd.* und als Mitglied der *Ohlthaver & List* Gruppe aufgenommen. Mit qualitativem Erfolg, der 1972 auf der Weltbierausstellung in London, an der vierzig Länder teilnehmen, durch zwei Medaillen honoriert wird. Hansa Tafel wird in der Kategorie »Lagerbiere« und Hansa Bock bei den »Starkbieren« prämiert.

Wer feiert nicht gern Feste, wie sie fallen, auch die Südwester. In Bierzelten geht's auch hier zünftig zu. Vier Zelte (Eigentum dieses Brauereikonzerns) mit Sitzmöglichkeiten für bis zu tausend Personen erreichen zwar nicht Münchens Weltniveau, aber sicher die gleiche Stimmung ... »Wer's net glaubt, kimmt her!« ... Girlanden und Bierfähnchen, Holzbänke und Brettertische, Würstchen und Brathendl, die hier gegrillte Hähnchen heißen, Ochs am Spieß, Krautsalat mit Speck und Laugenbrezln ... »heut samma lustig« ... hier wie dort. Der Maßkrug, der in Windhoek oder Swakopmund, in Oshakati oder Lüderitzbucht nur einen halben Liter faßt, wird halt schneller wieder voll gezapft. Ob Oktoberfest, Karneval oder Maibockbieranstich, der Südwester läßt sich beim Bier nicht lumpen. Prost!

Fortsetzung 2001

Der Bierkrieg

Klaus J. Becker

Soweit der Überblick von Sigrid Kube. Seither hat sich viel geändert an dem ländlich-bierseligen Bild der ehemaligen South West Breweries, die ihren Namen 1990 im Sinne des politischen Aufbruchs Namibias in *Namibia Breweries Ltd.* (NBL) umänderte.

Im nördlichen Industriegebiet Windhoeks war 1981 mit dem Bau einer neuen Brauerei begonnen worden. Auf einem ausgedehnten Gelände, das mit uralten Kameldornbäumen bestückt war, entstand der neue Komplex. Zunächst wurde die Flaschenhalle mitsamt Lager errichtet, in der 1985 das Bier, das noch in den Kesseln und Gärtanks der Brauerei in der Talstrasse gebraut wurde, in Flaschen und Dosen gefüllt wurde. 1986 wurde das neue Brauhaus mitsamt Werkstatt in Betrieb genommen und 1988 zog schließlich auch die Verwaltung und Geschäftsführung in die neuen Gebäude in der Iscor Strasse. Der Umzug aus dem Zentrum Windhoeks war abgeschlossen.

Unter der Leitung des Geschäftsführenden Direktors Bernd Masche, der die Geschicke der Brauerei seit 1978 leitet, war in fast 10-jähriger Planungs- und Bauarbeit eine moderne Brauerei entstanden die sich weltweit sehen lassen kann. Auch im Vertrieb gab es Entwicklungen. 1985 erhielt die Brauerei nach zähen Verhandlungen endlich die Genehmigung der südafrikanischen Transportbehörden, mit eigenen

NO ADDITIVES   NO SECRETS   NO HURRY

Fernlastern Bier nach Südafrika verladen zu können. Im gleichen Jahr war im Brauhaus, das seit 1980 unter Leitung von Braumeister Helmut Pfaller steht, ein Leichtbier entwickelt worden, welches sehr erfolgreich an eine Kaufhauskette in Südafrika vermarktet werden konnte. Mit seinen weniger als 2% Alkohol galt das *Windhoek Light* laut südafrikanischen Verordnungen zunächst als nicht-alkoholisches Getränk, durfte damit in den Kaufhäusern in Johannesburg und Kapstadt verkauft werden und fand rasanten Absatz. Das brachte die Vereinigung der Getränkelädenhändler auf die Barrikaden, die ihr Exklusivrecht im Getränkevertrieb damit bedroht sahen (in Südafrika wie in Namibia dürfen alkoholische Getränke ab 2% nur über besondere Läden, die Bottle Stores, verkauft werden). Zusammen mit der mächtigen South African Breweries (SAB), die diese Entwicklung ebenfalls mit Unmut beobachtete, erwirkten sie, dass die südafrikanische Getränkeverordnung dahingehend abgeändert wurde, dass auch das 2%ige Bier als alkoholisches Getränk deklariert und somit aus den Supermärkten verbannt wurde.

Von 1985 bis zum Unabhängigkeitsjahr 1990 konnte die Brauerei ihren Jahresumsatz von etwa 300.000 auf beachtliche 500.000 Hektoliter steigern. Der Bürgerkrieg im Norden des Landes war beendet, in das vom Krieg am stärksten betroffene, bevölkerungsreiche Ovamboland kehrte Frieden ein und die Einwohner, die einer uralten Tradition des Bierbrauens verpflichtet waren, fanden zunehmend Geschmack an dem nach deutschem Reinheitsgebot hergestellten *Windhoek Lager*.

Doch bald zeigte sich, dass die Grenzen des Wachstums im namibischen Markt für die guten Lagerbiere erreicht waren. Im Süden lockte der lukrative Markt Südafrikas, in dem die SAB mit einem Anteil von 98% am Biermarkt ein unanfechtbares Monopol behauptet. Die wirtschaftliche Isolation Südafrikas bis zum politischen Machtwechsel 1994 ermöglichte der SAB einen geschützten Markt, in dem Konkurrenz von Importbieren keine Gefahr war und Neueinsteiger in den lukrativen Biermarkt effektiv erdrückt werden konnten. NBL wagte dennoch den Vorstoß in diesen Markt und wählte als ihr Banner das deutsche Reinheitsgebot, das 1516 in Bayern erlassen wurde und bis heute noch in der deutschen Brauindustrie befolgt wird. Man begann mit einem Werbefeldzug, der die Vorzüge des lediglich aus Hopfen, Malz und Wasser hergestellten Lagerbieres anpries. Die Werbesprüche »No additives«, »No secrets« und »No hurry« schlugen ein. Nicht nur der südafrikanische Bierkonsument, sondern auch die allmächtige SAB begann aufzuhorchen und verklagte NBL beim südafrikanischen Werbekontrollrat Advertising Association wegen unfairen Werbeverhaltens. Diese Klage war ein gefundenes Fressen für die Tagespresse Südafrikas, die Diskussion um die Vorzüge des Reinheitsgebots wurde somit in der Öffentlichkeit ausgetragen und verhalf NBL und ihren Qualitätsmarken quasi über Nacht zu einem ungeahnten Bekanntheitsgrad. Nach langwierigen Verhandlungen gab der Werbekontrollrat dem Antrag der SAB statt und NBL mußte seine Werbekampagne einstellen bzw. ändern.

SAB, der Bierriese am Kap, reagierte sehr empfindlich auf die zunehmende Beliebtheit, der sich die namibischen Biermarken im südafrikanischen Markt erfreuten. Nicht dass die Hektoliter, die NBL in Südafrika verkaufte, dem Industriegiganten irgendwie hätten schaden können. SAB war mit seinen 22 Millionen Hektolitern Jahresabsatz im südafrikanischen Markt so gut wie unverletzbar, da konnten die 20.000 Hektoliter, die NBL noch 1994 nach Südafrika verfrachtete, keine Delle in die Gewinne der SAB schlagen. Offensichtlich aber hatte die NBL-Werbekampagne den Bierriesen an der Achillesferse getroffen, indem die Qualität der SAB-Marken in der Öffentlichkeit in Frage gestellt wurde. Denn die dominanten Marken wie *Castle Lager* und *Lion Lager* werden von der SAB in hochmodernen und auf Volumen ausgerüsteten Braubetrieben im Schnellverfahren gebraut, das wiederum bedingt, dass dem Bier einige Additive beigemischt werden müssen, um die Haltbarkeit und den Geschmack zu stabilisieren. Als Folge der umstrittenen Werbekampagne für das Reinheitsgebot wurden nunmehr diese Additive im Brauprozess als Ursache für den Morgenkater nach einem bierseligen Abend betrachtet. »Windhoek Biere geben keine Kopfschmerzen«, erzählte man sich in den Gaststätten der wohlhabenden Vororte von Johannesburg, Kapstadt und Durban, in denen Windhoek Lager und Windhoek Light zu Premiumpreisen angeboten wurde, und bestellte sich statt Castle Lager ein Windhoek Lager.

Als 1994 in Südafrika Nelson Mandela aus seiner Gefängniszelle auf Robben Island in das Staatshaus des Präsidenten einzog, die internationale Gemeinschaft sich wieder für das Wirtschaftspotential des südlichen Afrika zu interessieren begann und ausländische Produkte die Regale der Geschäfte füllten, fing auch der südafrikanische Bierkonsument an, sich zunehmend für alternative Biermarken zu interessieren. Der Verkauf von Windhoek Lager und Windhoek Light in Südafrika begann anzuziehen und trug dazu bei, daß 1996 der Umsatz der namibischen Brauerei schon auf über 750.000 Hektoliter angestiegen war, von denen 100.000 Hektoliter in Südafrika Absatz fanden. Die Kapazität der Brauerei mußte dringend erweitert werden um mit diesem Wachstum Schritt zu halten.

Davor hatte allerdings die SAB den Bierkrieg wieder erneut entfacht, indem sie mit einer groß angelegten Werbekampagne die Vorzüge des SAB-Brauverfahrens anpries und gleichzeitig das Brauen nach Reinheitsgebot als veraltet und überholt anprangerte. 22 Mio. Rand steckte SAB in diese Kampagne, diese Summe entsprach damals ungefähr dem jährlichen Nettogewinn des namibischen Bierkonzerns. NBL wandte sich indessen an den Werbekontrollrat Südafrikas und klagte die SAB an, in ihrem Werbefeldzug widerlegbare und nicht den Tatsachen entsprechende Angaben gemacht zu haben, die den Verbraucher irreführen würden. Der Kontrollrat gab dem Antrag statt. SAB mußte seine teure Werbeaktion einstellen. Wiederum fand dieser Schlagabtausch in Presse und Öffentlichkeit lebhaftes Interesse. So konnte der Aufsichtsratsvorsitzender der NBL, Werner List, auf der Aktionärsversammlung 1996 ironisch sagen: »SAB ist unser bester Marketing-Manager.«

Derweilen hatte sich im Umfeld der Brauerei einiges getan. Die Hauptaktionäre der Olthaver & List-Firmengruppe, zu der die Namibia Breweries Ltd. gehörte, ließen 1995 die Brauerei an der namibischen Börse notieren und boten 50% ihrer Aktien zum Verkauf an. Die Umstrukturierung der Brauerei in eine Aktiengesellschaft löste das Unternehmen aus den finanziellen Zwängen der Firmengruppe und stellte somit das Kapital frei, das zur Finanzierung des Wachstums, nämlich der Kapazitätserweiterung und Marktentwicklung notwendig war. Die Erfolge der Windhoek Biere im südafrikanischen Markt erweckten internationales Interesse, und 1992 ging die Hamburger Holsten Brauerei einen Brau- und Vertriebsvertrag mit NBL ein. Fortan wurde das unter Lizenz in Windhoek hergestellte Holstenbier in Namibia und Südafrika neben den bekannten Windhoek Marken vertrieben.

Der Vormarsch der Windhoeker Biere im südafrikanischen Markt schien unaufhaltbar. 1998 hatte sich der Umsatz der Brauerei um weitere 150.000 hl auf knapp 900.000 hl gesteigert und überschritt im Jahr 2000 die Marke von 1 Million Hektoliter. Parallel zu dieser Marktentwicklung hatte die Brauerei groß investiert, die Produktionsanlagen im Braubereich auf eine Kapazität von rund 1,5 Mio hl erhöht, eine hochmoderne Dosenfüllanlage und eine ebenso moderne Flaschenfüllanlage installiert. Stolz verweist Bernd Masche auf die weitsichtige Planung der Brauerei Anfang der achtziger Jahre: »Wir haben nicht eine einzige Mauer abreißen müssen, um auf die heutige Kapazität aufzustocken.« Allerdings hatte er damals nicht damit gerechnet, dass er die Kapazitätssteigerung auf über 1 Mio Hektoliter noch selbst erleben würde.

In Oshakati, im Zentrum des Ovambolandes, neben Windhoek der Hauptmarkt für das Lagerbier, wurde 1999 ein 5.000 m2 großes, modern ausgestattetes Depot errichtet, und in Johannesburg wurde zunächst 1998 eine Geschäftsstelle mitsamt Lager und Vertrieb errichtet, die aber schon im Jahre 2000 durch ein hochmodernes und großzügig ausgelegtes Depot mit einem Bauwert von 24 Mio. Rand ersetzt werden mußte – der Volumenzuwachs im »alten« Depot war nicht mehr zu bewältigen.

Zurück zum Bierkrieg. Im Gegenzug zu dem Einmarsch der namibischen Biermarken in Südafrika beantragte SAB bei den namibischen Behörden die Errichtung einer eigenen Brauerei in Tsumeb, im Norden des Landes. Dieser Vorstoß war Teil einer groß angelegten Strategie von SAB, mit der sie sich die Biermärkte im südlichen Afrika absichern wollte. Botswana, Malawi, Simbabwe, Mosambik, Sambia waren alle schon dieser Expansionsstrategie zum Opfer gefallen. Nun sollte auch Namibia vereinnahmt werden. Meyer Khan, damaliger Aufsichtsratsvorsitzender des expansionsgetriebenen SAB-Imperiums, hatte Anfang der neunziger Jahre erklärt: »Africa is ours – and don't forget that« (Afrika gehört uns – vergesst das nicht) und damit die Absichten der SAB deutlich dargestellt.

NBL gelang es allerdings, die namibische Regierung davon zu überzeugen, dass sich in dem kleinen namibischen Markt mit seinen 1,5 Millionen Einwohnern drei Brauereien nicht rechnen ließen. NBL wies weiterhin auf das monopolistische Verhalten von SAB im afrikanischen Markt hin, das in mehreren Ländern Afrikas südlich der Sahara maßgebliche Konkurrenten effektiv ausgeschaltet hatte. Die Regierung lehnte den SAB-Antrag ab.

Als nächste Entwicklung im Bierkrieg ergab sich, dass SAB im südafrikanischen Markt eine Kehrtwendung machte bezüglich ihrer Ablehnung des Reinheitsgebots und mit der Münchner Hofbräu-Gesellschaft ein Lizenzabkommen schloss. Mit einem nach deutschem Reinheitsgebot gebrauten Bier stieg SAB 1996 unter dem Markennamen *Hofbräu* in den Markt ein. War es ein Zufall, daß NBL drei Monate zuvor den Bierkonsumenten ein neues *Felsenkeller Hofb*räu anbot? SAB war erbost und legte eine Zivilklage beim südafrikanischen Obergericht gegen NBL wegen Markenduplizierung ein. Das Gericht gab SAB in erster Instanz recht und verfügte die sofortige Einstellung des Vertriebs von Felsenkeller Hofbräu. NBL legte Berufung ein und gewann den Prozess schließlich. SAB musste nicht nur die Kosten übernehmen, sondern NBL auch den verlorenen Umsatz ersetzen.

Seither hat SAB noch zweimal Anträge an die namibische Regierung zur Errichtung einer Brauerei im Norden des Landes gestellt. Der zweite Antrag, mit großzügiger einheimischer Beteiligung verbrämt, wurde wiederum vom namibischen Kabinett abgelehnt. Der jüngste Antrag liegt zur Zeit noch dem Kabinett in Windhoek zur Beschlussfassung vor. Im namibischen Markt agiert SAB mit zum Teil sehr fragwürdigem Handelsgebaren. Unglücklicherweise gibt es in Namibia keine wirksamen Wettbewerbsgesetze, mit denen ein faires Marktverhalten abgesichert wäre. Die Notwendigkeit einer solchen Gesetzgebung ist allerdings erkannt worden. Die ersten Entwürfe für eine solche Gesetzgebung liegen derzeit schon vor.

So viel zum Bierkrieg, dessen letztes Kapitel noch nicht geschrieben ist. Noch kann sich David NBL gegen Goliath SAB auf den Biermärkten des südlichen Afrikas behaupten. Die Zukunft wird zeigen, wie es weitergeht.

NBL ist seit Mitte der achtziger Jahre mit heute mehr als 800 Angestellten, bedeutenden Deviseneinnahmen und einem wesentlichen Beitrag zum Bruttosozialprodukt zu einem der größten Industriebetriebe Namibias herangewachsen. Exporte in die Nachbarländer Botswana, Simbabwe, Sambia und Angola zeigen steigende Tendenzen. Schweden, Neuseeland und Großbritannien sind Dauerkunden für das Windhoek Lager, und die namibischen Biermarken sind weltweit in allen namibischen Botschaften vertreten.

Das Vertriebsnetz der Brauerei deckt das ganze Land ab. Die brauereieigenen Fernlaster fahren die begehrten Biermarken von Windhoek in die Depots, vom 1.200 Kilometer entfernten Katima Mulilo im nordöstlich gelegenen Caprivi Zipfel bis zum 1.000 Kilometer südwestlich von Windhoek entfernten Oranjemund, der Diamantenstadt an der Oranjemündung, vom kühlen Swakopmund und Walvisbay am Atlantik bis nach Gobabis am Rande der Kalahari. Von den Außenlagern werden die Getränke bis in die entlegensten Ecken des Landes vermarktet und geliefert.

Im Februar 2000 erwarb die weltbekannte Bremer Brauerei Beck & Co., mit dem Markennamen »Beck's« Deutschlands größter Bierexporteur, 24% der Aktien von NBL und unterzeichnete ein Lizenzabkommen, im Rahmen dessen die Weltmarke seither auch in Windhoek gebraut und in Namibia, Südafrika und Angola vertrieben wird. Folglich musste das 1992 abgeschlossene Übereinkommen mit Holsten beendet werden. Ein Vertrag zwischen der ebenfalls weltweit bekannten englischen Guinness Brauerei und NBL ist derzeit im Werden. Die bekannten Dunkelbiere aus Irland werden zunächst bei der Swakopmunder Hansa Brauerei unter Lizenz hergestellt und sollen noch vor Ende 2001 von Windhoek aus hauptsächlich im südafrikanischen Markt vertrieben werden.

NBL ist sich auf Grund seiner dominanten Position in dem relativ kleinen namibischen Getränkemarkt (92% Anteil am namibischen Biermarkt) seiner sozialen Verantwortung durchaus bewusst und agiert landesweit mit wirksamen Programmen und Entwicklungsprojekten und mit großzügigen Sport- und Kulturförderungen. Gleichzeitig pflegt die Geschäftsführung enge Beziehungen zu namibischen Regierungsinstanzen, engagiert sich bei nationalen, gemeinschaftlichen Projekten und liefert wertvolle Beiträge zu wichtigen Gesetzesentwürfen wie z.B. dem neuen Wettbewerbsgesetz oder dem »Liquor Law« (Alkoholgesetz), das wesentliche Änderungen für den Vertrieb von alkoholischen Getränken beinhaltet, und unterstützt nationale Programme wie den Kampf gegen Drogenmissbrauch und gegen Umweltverschmutzung (über 80% des Bierumsatzes von NBL in Namibia wird mit Mehrwegflaschen erzielt).

Anlässlich einer Podiumsdiskussion im November 2000 in Windhoek zum Thema »Bierkrieg« erklärte der namibische Landwirtschaftsminister Helmut Angula aus dem Plenum: »Namibia hat seine einzigartige Natur, Namibia hat seine Diamanten und Namibia hat sein gutes Lagerbier. Alle drei sind nationale Symbole unseres Landes, die wir pflegen und schützen müssen.«

In der Tat: Ohne die bekannten Tafel Lager und Windhoek Lager Biere, die man in Gaststätten, Hotels, Lodges, auf Festen, am Lagerplatz unter dem Kameldornbaum, auf Gästefarmen und in den entlegensten Buschkneipen Namibias ausschenkt, ist der sonnengetränkte namibische Alltag, das Besondere an Namibia, schlecht denkbar.

Der Hauptsitz von Namibia Breweries in Windhoek

»Allzu viele haben sie hier begraben...«
Die Schutztruppe in Deutsch-Südwestafrika

Eberhard von Alten (1984)

Das Reiterdenkmal in Windhoek

Pferd und Reiter passen zusammen: Kraftvoll, aufmerksam, wie beim Halt auf einem Erkundungsritt blickt der Schutztruppenreiter hoch oben auf seinem Granitsockel über Windhoek nach Westen. Er ist das bekannteste Symbol der Frühzeit dieses Landes geworden, das zu Anfang, 31 Jahre lang, unter der Oberherrschaft des Deutschen Reiches stand und Deutsch-Südwestafrika hieß. Keine lange Zeit, aber eine sehr entscheidende, die nach zögerndem Anfang eine immer schneller werdende Entwicklung in Gang setzte, auf der nachfolgende Generationen weiterbauen konnten. Südwestafrika und seine Schutztruppe, das war in der Heimat fast ein und dasselbe. Die Reiter in der einfachen, graugelben Uniform mit dem großen, an der Seite aufgeschlagenen Hut, das war – in der Zeit der prächtigen bunten Friedensuniformen – ein Hauch Wilden Westens und zugleich Zeichen einer neuen Zeit, einer Machtentfaltung des jungen deutschen Kaiserreiches jetzt auch in Übersee.

Vor hundert Jahren war die Welt noch groß und voller unbekannter, lockender Wunder und Abenteuer. Reisen und Entdeckungen, die Seefahrt, der dunkle Erdteil mit seiner wilden, ungezähmten Natur und fremden Völkern, sie waren das romantische Ziel einer abenteuerlustigen Jugend, der das alte Europa zu eng geworden war mit seinem Obrigkeitsstaat, seinem Philistertum und seinen tausenderlei gesellschaftlichen Zwängen. Noch gab es auf den Atlanten große weiße Flecken mit dem Aufdruck »Unerforscht«, während gleichzeitig England sein weltumspannendes Kolonialreich, die Quelle seines unvorstellbaren Reichtums, immer fester begründete und auch Frankreich sich anschickte, es ihm gleichzutun. Begierig las man die jetzt schnell einsetzende Kolonialliteratur. Im Schutztruppenreiter nahmen all diese Vorstellungen und Träume Gestalt an. Der Andrang zur Schutztruppe in der Heimat war zu jener Zeit besonders groß.

Die Befriedung des Landes

»Die Truppe ist nicht zu kriegerischen Unternehmungen, besonders gegen die Herero, bestimmt.« Das war Punkt Eins der Instruktion, die der von den Brüdern von François angeworbenen Heeresmacht von 21 Mann zur Wiederherstellung des deutschen Ansehens und zur Wiedereinsetzung der Beamten – nämlich des Reichskommissars Dr. Heinrich Göring, seines Kanzlers Nels und des Polizeimeisters von Goldammer – von der Kolonialabteilung des Auswärtigen Amtes in Berlin mit auf den Weg gegeben worden war. Die kleine Truppe landete 1889, fünf Jahre nach Hissung der deutschen Flagge und Aufrichtung der Schutzherrschaft des Deutschen Reiches, als »wissenschaftliche Expedition« getarnt in der englischen Walvis Bay und begab sich unverzüglich auf den Marsch ins Innere des Landes.

Irgend etwas mußte ja unternommen werden, um dieser Schutzherrschaft wenigstens andeutungsweise zur Wirklichkeit zu verhelfen. Der Reichskommissar war gescheitert und mußte flüchten, und die Zustände im Gebiet waren chaotisch: Zwischen Naman und Hereros herrschte offener Krieg; Raub, Mord und Totschlag waren an der Tagesordnung. Bismarck mußte schließlich einsehen, daß sein Konzept, die Ausübung der Hoheitsrechte einer Art von Chartered Company übertragen zu können, eine Illusion gewesen war.

Freilich waren die Befriedung des Landes und die Herstellung von Recht und Ordnung durch ein so winziges Kontingent, auch nach seiner Verstärkung auf 50 Mann, nicht durchzuführen. Immerhin sind durch diese erste François-Truppe wichtige Grundlagen geschaffen worden. Dazu zählte die geschick-

Curt von François

Hendrik Witbooi

te Wahl von Windhoek als Landeshauptstadt und Sitz der Zentralverwaltung. Dazu zählt auch der Bau der »Feste« und anderer Gebäude der militärischen und zivilen Verwaltung sowie vor allem die Sicherung des »Baiweges«, der Verbindung zur Küste. Der Kommandeur der Truppe, Curt von François, war zugleich Landeshauptmann, also Chef der gesamten Verwaltung. Diese Vereinigung der militärischen und zivilen Spitze in einer Person hat sich unter den damaligen Umständen gut bewährt und ist bis 1904 beibehalten worden.

Fünf Jahre lang, bis 1894, versuchte man, eine gewisse Autorität im Lande durch die bloße Präsenz der kleinen Truppe auszuüben. Schließlich, als man erkannte, daß man so eine wirksame Kontrolle besonders über den Süden des Landes nicht erreichen konnte, entschloß man sich zum Angriff auf Hendrik Witbooi. Die Truppe wurde auf 350 Mann verstärkt und zu den verschiedenen Unternehmungen gegen Hornkranz, den Sitz Hendriks am Gamsberg, eingesetzt, jedoch ohne durchschlagenden Erfolg. Hendriks Unternehmungsgeist und seine Streitmacht waren kaum geschwächt. Durch weitere Vermehrung der Truppe Mitte 1894 auf insgesamt 15 Offiziere und ca. 500 Mann hatte sie jetzt einen Umfang angenommen, der den Rahmen einer auf den Kommandeur verpflichteten Privattruppe zu sprengen schien. Sie wurde daher jetzt in eine Kaiserliche Schutztruppe umgewandelt und somit Teil des deutschen Heeres, obwohl sie sich nach wie vor aus Freiwilligen rekrutierte. Der Nachfolger von Curt von François wurde Major Theodor Leutwein. Er führte den Kampf mit Hendrik in der Naukluft zu einem erfolgreichen und verhältnismäßig versöhnlichen Ende.

Leutweins Amtszeit als Gouverneur dauerte fast elf Jahre. Sie endete in der Tragödie des großen Aufstandes, der ihn überrascht hatte und mit dem er zunächst mit den zur Verfügung stehenden Mitteln nicht fertig wurde. So teilte er schließlich das Schicksal seines Vorgängers, und es sollte sich zeigen, daß auch sein Nachfolger als Oberbefehlshaber, General Lothar von Trotha, seine Stellung mit einem bitteren Gefühl verließ, wenn auch auf andere Weise.

Theodor Leutwein

Die Kolonialpolitik Leutweins

Die Wahl Leutweins als Gouverneur war trotzdem eine glückliche gewesen. Bezeichnend für ihn sind seine Worte: »*Nicht mit Blut und Eisen nach der Art eines Tartarenkhan sollte die Kolonialpolitik betrieben werden, sondern mit Verständnis für die historisch gewordene Eigenart der vorgefundenen Bevölkerung.*«

Diese Auffassung teilten wohl die meisten der alten Schutztruppenoffiziere. Allerdings ist die Aufgabe des Soldaten im Kriege zunächst einmal die Ausschaltung des gegnerischen Widerstandes. Daher war nach den Mordtaten an wehrlosen Zivilisten im Herero-Aufstand die Verbitterung im Lande und in der Heimat groß, zumal die militärischen Erfolge ausblieben. Die Lage in den ersten Monaten war sogar äußerst kritisch. Die »schlappe« Haltung Leutweins sollte sich jedoch dem rein militärischen Siegesdenken gegenüber als die bessere Politik erweisen, wo es sich nicht um eine feindliche Armee handelte, die es zu schlagen galt, sondern um ein ganzes Volk, das zu erhalten Pflicht und Vernunft geboten. General v. Trotha, der den anderen Weg gegangen war, wurde 1905 durch Oberst Deimling abgelöst.

Für seine Aufgabe als Chef der gesamten Verwaltung des Landes standen Gouverneur Leutwein nur einige wenige ausgebildete Beamte zur Verfügung. Ausführungsorgan war einzig und allein die Schutztruppe. Sie wechselte etwas in ihrem Bestand, je nachdem, ob Altgediente entlassen und Ersatzleute eingestellt wurden. Bei Ausbruch des Aufstandes 1904 betrug sie 769 Mann mit 27 Offizieren. Die aktive Truppe war im Land verteilt, je eine Kompanie zu 100 Mann stand in Keetmanshoop, Windhoek, Omaruru und Outjo und eine Batterie veralteter Feldgeschütze in Okahandja. Nur etwa die Hälfte der Mannschaften stand aber in den Standorten zur Verfügung, die übrigen verteilten sich auf kleinere Stationen, meist unter dem Befehl eines Unteroffiziers, oft hundert Kilometer und mehr von ihren Einheiten entfernt. So war die Feldtruppe nur um die 500 Mann stark, der Rest tat Verwaltungs- und Polizeidienst. Die Versammlung einer so kleinen Truppe nahm unter den damaligen Nachrichten- und Transportverhältnissen natürlich eine lange Zeit in Anspruch, ein Umstand, der den älteren Offizieren auch erhebliche Sorge bereitete. Verbesserungsvorschläge stießen aber bei Leutwein auf taube Ohren.

Soldaten als Pioniere

Manchmal war aber auch die gesamte Einheit mit anderen Aufgaben beschäftigt als mit dem Militärdienst: mit umfassenden Impfaktionen des zahlreichen Hereroviehs nach Ausbruch der Rinderpest, zum Beispiel, die allerdings nur wenig erfolgreich waren, dem Straßenbau, dem Bau der Hafenanlage und der ersten Eisenbahn, aber vor allem mit der Errichtung ihrer eigenen ersten Unterkünfte.

Wie notwendig das war, macht die Schilderung Hauptmann v. Estorffs deutlich, der noch 1897 seine Kompanie »unter wenig erfreulichen Umständen« übernahm: »Als ich in Outjo eintraf, waren von der etwa 30 Mann starken Besatzung fast alle von ihr *(der Malaria)* ergriffen, außerdem waren sie fast schutzlos den Regenströmen ausgesetzt, die jede Nacht niedergingen. Es war ein kleines Haus vorhanden aus Lehmziegeln, durch dessen Dach es regnete und (das) nur einen Teil der Leute aufnahm, der Rest war in Erdhütten untergebracht, die noch weni-

Hufschmiede

ger Schutz boten und Sumpflöchern glichen... Ebenso schlimm waren die Unterstationen dran...« Es mußte also überall erst einmal eine rege Bautätigkeit entfaltet werden, um feste Unterkünfte, Magazine, Verwaltungs- und Wohngebäude zu errichten.

Bei der Zusammenstellung der Truppe war darauf geachtet worden, daß reichlich Handwerker darin vertreten waren. So entstanden zum Teil stattliche Bauten, besonders natürlich in Windhoek selbst, wo schon die erste François-Truppe viel geleistet hatte. Wo genug Wasser vorhanden war, wurden Gärten angelegt, schon um die Truppe mit Gemüse zu versorgen, aber auch, um forst- und landwirtschaftliche Versuchspflanzungen durchzuführen.

So war die Tätigkeit der Truppe eine sehr vielseitige. Zu Anfang kam noch die Erforschung des bis dahin weitgehend unbekannten Landes hinzu. Für kartographische und topographische Aufnahmen wurden oft monatelange Ritte unternommen. Die örtlichen Befehlshaber – ein Leutnant oder Hauptmann – waren gewöhnlich auch Distriktchefs, also die Spitze der Verwaltung und Polizei mit zivilen Aufgaben. Es ging dabei um Ansiedlerfragen, Jagdschutz, Rechtswesen, Eingeborenenangelegenheiten und dergleichen; eine vielseitige und verantwortungsvolle Tätigkeit, die viel selbständiges Handeln verlangte, vor allen Dingen auch auf den kleinen Unterstationen.

Hier wurde jeder Mann zur Selbständigkeit erzogen. Dies machte aber auch für viele gerade den Reiz des Landes aus, soweit sie nicht schon seiner Weite, seinem einfachen Leben, seiner Schönheit und seiner ursprünglichen Natur verfallen waren. Die Jagd bildete zuweilen eine willkommene Unterbrechung des Dienstes.

Beim Brotbacken

Nicht nur zu Pferd, sondern auch auf Ochsen ...

... und Kamelen waren die Schutztruppler unterwegs

Nach Beendigung der Aufstände nahm die Verwaltungstätigkeit durch die schnelle Besiedlung und Entwicklung derartig zu, daß man Verwaltungsbeamte hierfür einsetzte und eine berittene Landespolizei ins Leben rief, die sich hauptsächlich aus alten Unteroffizieren der Schutztruppe rekrutierte.

Im ganzen bot das Leben in den winzigen Standorten, aber auch in dem kleinen Windhoek selbst so gut wie keine Abwechslung. Viel freie Zeit hatte man freilich nicht, und die Offiziere waren oft bemüht, durch Einrichtung von Bibliotheken, durch Kurse,

Aufführungen und Sportfeste den Alltag etwas bunter zu gestalten und der dauernden Gefahr des allzu reichlich genossenen Alkohols gegenzusteuern. Auch der Frauenmangel hatte unliebsam Folgen. Es ist jedoch aus heutiger Sicht bemerkenswert, daß die Truppe an den Ursachen der Aufstände keinen Anteil hatte. Die einheimische Bevölkerung hatte keinen Anstoß an ihrer Anwesenheit genommen, im Gegenteil, sie war geachtet und beliebt, wie man noch in den 40er und 50er Jahren in Gesprächen mit älteren Leuten feststellen konnte. Manche Offiziere genossen einen fast legendären Ruf, und Gouverneur Leutwein war wegen seiner verständnisvollen Haltung sehr beliebt. Kritik erstand ihm mehr aus den Reihen der Ansiedler, die auf einen härteren Kurs drängten. – Dem soldatischen Wesen gegenüber brachte man von seiten der Eingeborenen viel Sympathie und Verständnis entgegen, Naman wie auch Hereros waren tapfere und kampferprobte Krieger, die die Disziplin und Standhaftigkeit der Deutschen bewunderten. Sie haben ja auch, bis in den großen Aufstand hinein, mitkämpfende Kontingente gestellt, die besonders im Aufklärungsdienst unschätzbare Hilfe leisteten. Daß es nicht zu der Aufstellung einer Askari-Truppe kam, wie in Ostafrika, hatte zum Teil geschichtliche Gründe, lag aber wohl auch am Wesen der betreffenden Stämme.

Der Aufbau der Schutztruppe

Organisatorisch und taktisch war die Schutztruppe eine »berittene Infanterie«. Das Gefecht wurde als reines Infanteriegefecht geübt und geführt. Bei den großen Entfernungen mit langen Durststrecken war Beweglichkeit der kleinen Truppe höchstes Gebot, man mußte sie also beritten machen, wie es auch jeder potentielle Gegner war. Im schnellen Auftauchen und Wiederverschwinden waren vor allem die Stämme im Süden Meister. Die Schutztruppe wurde hierbei oft durch ihr Nachschubproblem behindert, die Transportkolonnen waren schwerfällig und empfindlich und, da auf Ochsen angewiesen, zeitweise, bei Weidemangel und während der Rinderpest, kaum durchzubringen. Ihr Schutz band oft einen erheblichen Teil der Kampfstärke. Die Vermehrung der Kolonnen war ein Nachteil der Artillerie, deren Einsatzmöglichkeit überhaupt begrenzt war. Ihr Nutzen bestand zum Teil in der Furcht, die sie einflößte, und weniger in dem angerichteten Schaden. Der Ausbau der Verbindungslinien war daher das vorherrschende Problem.

Obwohl die Schutztruppe bis August 1904 erheblich verstärkt worden war, war die Kampftruppe am Waterberg nur 1500 Mann stark.

Die Schutztruppe rekrutierte sich aus Freiwilligen aller Waffengattungen des deutschen Heeres, nur etwa ein Drittel waren Kavalleristen, also im Reiten und in der Pferdepflege ausgebildet. Das war ein großer Nachteil bei schnell herangeschafften Verstärkungen, besonders im Patrouilleneinsatz, wo es auf geschicktes und schnelles Reiten ankam. Kavallerieoffiziere haben oft Klage darüber geführt, auch die Führung des Gefechts, daß sprungweises Vorgehen und abschließender Sturmangriff unnötig anstrengend und verlustreich für die Truppe gewesen, dagegen Möglichkeiten zu »kavalleristischem« Einsatz nicht wahrgenommen worden seien. Das scheint plausibel. Ob es freilich bei dem Zustand der Pferde in den meisten Fällen überhaupt möglich war,

Aus den Anfängen der Farbenfotografie 1907 von Dr. R. Lohmeyer

Reiter der Schutztruppe beim Gewehrreinigen in Swakopmund.

Gefechtsübung an einer Feldkanone

erscheint fraglich. Die Ausfälle waren sehr groß, Futter meist nicht vorhanden, und die Pferde machten auf den Märschen oft »schlapp«. Ein Gegenbeispiel ist der berühmte Gewaltmarsch der Kompanie Franke im Januar 1904, dessen erfolgreiche Durchführung auf die vorzügliche Pferdepflege bei dieser Einheit zurückgeführt wurde. Allerdings fand dieser Marsch in der Regenzeit statt.

Von den Schwierigkeiten, mit denen der Soldat hier zu kämpfen hatte, kann man sich heute kaum eine Vorstellung machen. Auch in Berlin konnte man nicht verstehen, warum die Siegesmeldungen während des großen Aufstandes so lange auf sich warten ließen, und in der Weltpresse beobachtete man mit neugieriger Schadenfreude, wie schwer sich das siegesgewohnte deutsche Heer mit der Unterdrückung eines reinen Kolonialaufstandes tat. Nun, wir sind heute in dieser Beziehung um einige Erfahrungen reicher und wissen, was ein Guerillakrieg bedeutet. Hier kam noch hinzu, daß der junge Soldat in ein fremdes, hartes Land kam und in einen Krieg, bei dessen Taktik ihm der Gegner in den meisten Fertigkeiten überlegen war. Das fing schon damit an, daß der Neuankömmling dauernd in der Gefahr war, sich zu verirren. Auch war er lange nicht so zäh, flink und wendig wie sein Gegner, der an Waffen und Munition keinen Mangel litt und der vor allem ortskundig war, während der Deutsche oft genug das Gespenst des Dursttodes vor Augen hatte. Dazu kamen Krankheiten (Malaria, Typhus, Ruhr), die viele Opfer forderten.

Khorab: Das Ende der Schutztruppe

Nach Beendigung der Aufstände Ende 1906 wurde die Schutztruppe schnell wieder auf unter 2000 Mann gebracht. Ihre Kommandeure waren alte erfahrene »Afrikaner«. Nach Deimling kamen 1907 Ludwig v. Estorff, 1912 Oberstleutnant v. Heydebreck und nach dessen tragischem Tod während des Ersten Weltkrieges 1914 Oberstleutnant Viktor Franke. Bei Kriegsausbruch zählte die Schutztruppe 1870 Mann, durch Einberufung von Reservisten wurde sie auf etwa 3000 Mann gebracht. Sie war jedoch nicht für einen Krieg nach außen gerüstet. Die einrückenden südafrikanischem Truppen waren ihr mehr als zehnfach überlegen, modern bewaffnet und teils motorisiert. Dadurch war die Schutztruppe immer in Gefahr, von ihren Verbindungslinien abgeschnitten zu werden. Ohne die Möglichkeit, Kriegsmaterial und Ersatz aus der Heimat zu bekommen,

Begräbnis im Felde während des Witbooi-Krieges

war das Ende vorauszusehen. Es kam am 9. Juli 1915 mit der Übergabe von Khorab.

Viele der alten Schutztruppler hatten sich im Lande angesiedelt. Sie bekamen günstige Bedingungen und hatten Gefallen an der Weite des Sonnenlandes gefunden. Ihre Familien gehören zu dem Kern der alten deutschen Bevölkerung Südwestafrikas. Das Land hat sie geprägt. Sie sind ein zäher und genügsamer Schlag, die Söhne, Enkel und Urenkel der verwitterten Gestalten unter dem großen Hut. Allzu viele haben sie hier begraben: fast 2000 Gefallene hatte die Schutztruppe zu beklagen, eine ungeheure Zahl. Junge, zwanzigjährige Burschen, die ausgezogen waren für Kaiser und Reich, um das große Abenteuer ihres Lebens zu bestehen. Auch für uns. Wir wollen das nicht vergessen.

Das Verandenhaus

Beispiel einer klimatisch wohltemperierten Bauweise

Walter Peters (1984)

Das Verandenhaus ist ein Beispiel dafür, wie Europäer, die sich im Kolonialzeitalter in anderen Erdteilen ansiedelten, die Bautraditionen ihrer Herkunftsländer den örtlichen Gegebenheiten und den wohntechnischen, funktionellen, baumateriellen und klimatischen Anforderungen anpaßten. Im südlichen Afrika, einem Subkontinent mit stark britisch geprägter Vergangenheit, sind Verandenhäuser ein so wesentlicher Bestandteil der Szene, daß es für uns heute fast unfaßbar ist, sich die Baukunst des 19. Jahrhunderts ohne sie vorzustellen.

Deutsche Missionare waren die ersten Weißen, die zu Beginn des 19. Jahrhunderts zur Ansiedlung nach Südwestafrika kamen, ab 1842 im Auftrag der Rheinischen Missionsgesellschaft [1]. Bilder von ihren Bauten und Missionsstationen vor Beginn der deutschen Schutzherrschaft (1884) sind hauptsächlich durch den Bericht [2] und das Fotoalbum [3] des Spezialkommissars William C. Palgrave überliefert. Der vom Kap-Parlament entsandte Kommissar bereiste Südwestafrika 1876 aufgrund erneuter britischer Herrschaftsansprüche. Betrachtet man dieses Fotoalbum, so fallen neben den Lehmhäusern der Schwarzen weißgetünchte Häuser der kap-holländischen Bauweise auf, also Häuser ohne Veranden. Obwohl die Holländer in ihren anderen Kolonien Veranden verwandten, scheinen sie das Klima des südwestlichen Kaplandes als nicht genügend extrem empfunden zu haben, um den Gebrauch der Veranda zu rechtfertigen [4]. So entwickelte sich eine Bauweise, die von Missionaren und Gemeinden, die nach Norden zogen, mit übertragen wurde und auch in Südwestafrika zunächst Fuß faßte. Jedoch auf einigen der von Palgrave gemachten Fotos von Otjimbingwe, dem wichtigsten Sitz der Rheinischen Missionsgesellschaft, erkennt man sehr deutlich Häuser mit Vordächern bzw. »Stoeps«, einer Art Veranda (Abb. 1). Obwohl Palgrave die Ausbildungsstätte für schwarze Lehrer erwähnt, zeigen seine Aufnahmen kein Haus, welches dem vertrauten Bild des Augustineums ähnelt (Abb. 2).

Abb. 1: Otjimbingwe (östlicher Teil) im Jahre 1876. Weißgetünchte Häuser inmitten von Herero-Pontoks und Lehmhäusern, das Haus ganz links ist mit einem Vordach versehen

Abb. 2: Das Augustineum und spätere Reichskommissariat in Otjimbingwe

1873 traf Missionar C. G. Büttner als Leiter und Hausvater des Augustineums in Otjimbingwe ein. Als das Haus der Missionarsfrau Johanna Kleinschmidt (geh. Schmelen) leer wurde, besserte er dieses größere Haus aus. Er bezog es und benutzte es als Wohnhaus für seine Familie und als Augustineum [5]. Wahrscheinlich ist die charakteristische Veranda des Hauses in dieser Zeit von ihm angebaut worden. Büttner, ein begeisterter Förderer des deutschen Kolonialgedankens, publizierte als Anleitung für Ansiedler einen Artikel über die baulichen Erfahrungen der Missionare in Südwestafrika [6]. Es ist anzunehmen, daß die Vorteile, die die Veranda des Augustineums bot, der Grund dafür sind, warum Büttner mit solchem Nachdruck das Veranda-Bauen empfahl. Neben Baustellen- und Baumaterialienwahl betont er nämlich die Veranden-Bauweise, die er bauphysikalisch und räumlich begründet. Obwohl die Verbreitung dieser Bauweise in Südwestafrika sicherlich nicht allein auf Büttners Artikel zurückzuführen ist, sollen hier die von ihm genannten Gründe ausgewertet werden.

Bauphysikalische Funktion der Veranda

Die bauphysikalische Funktion der Veranda ändert sich in verschiedenen klimatischen Zonen. Im Savannenklima des Ovambolandes dienten Veranden dazu, die Mauern vor dem vielen Regen zu schützen. So errichteten die finnischen Missionare, ihrer Umgebung angemessen, Bauten mit großen Walmdächern und breitem Überhang als umgebende Veranda (Abb. 3).

Längs der regenarmen und kühleren südwestafrikanischen Küste wären Veranden vielleicht überflüssig. Trotzdem wurden Häuser mit offenen Veranden gebaut, die allerdings sehr bald verglast wurden. Damit man die Veranden in Lüderitzbucht überhaupt nutzen konnte, brauchte man den verglasten Schutz gegen den stürmischen Wind. In Swakopmund mit seinem im Sommer und Winter gleich häufigen Nebeln, seinen fast stets wehenden südlichen Winden und seinem ewigen Wechsel zwischen Nebel und halbklarer Luft, hat eine verglaste Veranda eine Glashauswirkung, die wärmespeichernd den Benutzern einen komfortablen Raum bietet, von wo aus zur gleichen Zeit ein guter Ausblick gesichert ist (Abb. 4). Die Verandenarchitektur, auf die sich dieser Artikel beschränkt, ist die des kontinentalen, trockenen südwestafrikanischen Hochlandes, wo ein Klima mit intensiver Sonnenbestrahlung, beträchtlichen Temperaturschwankungen und geringen Regenfällen herrscht. Die Bauhülle in einem solchen Klima hat die Funktion, die Einwirkungen der erwärmten Außenluft und des Sonneneinfalls auf die Hausumfassung und seine Kernzelle zu mäßigen. Zur gleichen Zeit sollte die nächtliche Kühlungsrate nur mäßig stattfinden [7]. In einem heißen, trockenen Klima müssen Gebäude den Sommergegebenheiten angepaßt sein, denn auch die Winterbedingungen werden im großen und ganzen erfüllt von einem Gebäude, das auf den physiologischen Komfort für den Sommer ausgerichtet ist [8]. Traditionsge-

Abb. 3: Missionsstation Olukonda im Ovamboland

Abb. 4:
Wohnhaus des Baumeisters Ortloff in Swakopmund

mäß baut man in Gebieten mit solchen klimatischen Gegebenheiten Häuser mit Lehmplattdächern, dicken Lehmmauern und kleinen Öffnungen. In der Nacht, wenn es stark abkühlt und die Temperaturen sinken, öffnet man Fenster und Türen, um die Bauhülle und die Kernzelle abzukühlen. Bei Tag bleiben die Öffnungen verschlossen, wobei das dicke Baumaterial den Wärmedurchlaß zur Kernzelle reduziert.

Das war auch gemeint, als Missionar C. G. Büttner in seinem Artikel über das Erbauen von Häusern für Europäer im Inneren Afrikas darauf hinwies, »daß man doch die Häuser der Eingeborenen nicht allzusehr verachten möchte« [9]. Diese aus einem Gerüst von Stangen- und Rohrwerk bestehenden und mit Lehm beworfenen Hütten/Pontoks (Abb. 5) fungieren nämlich bauphysikalisch genau wie beschrieben: Die dicke Hülle dämpfte die Temperaturschwankungen und pendelte die Kerntemperatur auf einer Höhe

Abb. 5: Pontok, bestehend aus einem Gerüst von Stangen- und Rohrwerk, mit Lehm oder Gras bedeckt

ein, die der durchschnittlichen äußeren Oberflächentemperatur angeglichen war. Zusätzlich schrieb Büttner: »Wenn dann die Wände noch etwas mehr mit Lehm beworfen werden ..., so wird der Schutz, den die Hütte gegen Sonne und Wind gewährt, immer größer ...« [10]. Man kann sich denken, daß an der Wende vom 19. zum 20. Jahrhundert weder Pontoks noch Lehmplattdächer für den Imperialisten in Frage kamen, schon gar nicht als Dauerwohnung angesichts der konstruktionellen Leichtigkeit, die Wellblech bot. Für Dächer kam also ausschließlich dieses Material zur Verwendung. Selbstverständlich bietet ein solches Dach dem Wärmedurchlaß geringeren Widerstand. Wird jedoch eine Decke gezogen, dient der dadurch entstehende Luftraum als Isolator, wobei die Decke Wärmestrahlen dämmt und die Vermischung der erwärmten Luft im Dachraum mit der gekühlten Luft in der Kernzelte verhindert. Dachraum und Decke kommen also als unentbehrliche Bauteile hinzu.

Im Laufe des Tages werden bei einem Haus ohne Veranda die Umfassungsmauern stark besonnt. Naturgemäß strömt Wärme von einem höheren zu einem niedrigeren Wärmestand, also von der erwärmten Maueraußenseite zur kühlgehaltenen Mauerinnenseite. Nach diesem Wärmedurchgang erhöht sich dann auch die Temperatur der Kernzelle des Hauses. Außerdem fallen Sonnenstrahlen durch Glasflächen auf den Boden, die dann in den Raum absorbiert und reflektiert werden und zur Erhöhung der Kernzellentemperatur beitragen. Zur Kühlung der Kernzelle hilft es nicht, ein Fenster zu öffnen, dies würde die warme Außenluft in direkten und sofortigen Kontakt mit der Innenluft bringen. Gerade um einen solchen Ausgleich zu reduzieren, sollten Öffnungen klein sein, und tagsüber sollte nur spärlich gelüftet werden. Kühlen die Mauern bei Nacht, geben sie die gespeicherte Wärme an die Außenluft und an die Kernzelle weiter. Folglich könnte die Kernzellentemperatur am Abend noch unerträglich hoch sein, während bereits draußen eine erfrischende Kühle eingetreten ist. Ziel ist also, eine beständigere Kernzellentemperatur mit geringen Schwankungen herzustellen, damit den Bewohnern bei Tag angenehme Kühle und bei Nacht angenehme Wärme geboten wird.

Dieses Prinzip erkannte bereits Missionar Büttner, der dann hinzufügte: »Besonders in Häusern, die von Veranden umgeben sind, bleiben die Zimmer kühl und bieten erholsamen Aufenthalt in der Mittagszeit, wenn die Arbeit im Freien unmöglich ist« [11]. Bauphysikalisch dient die Veranda der Beschattung der Mauern von den Sonnenstrahlen. Die Mauern werden durch die Vorkehrung einer Veranda tagsüber weniger erwärmt und geben dadurch weniger Wärme an die Kernzelle ab. Bei Nacht kühlen die Mauern langsamer ab, da sie nicht dem freien Himmel zur Wärmeausstrahlung ausgesetzt sind. Hierdurch wird eine Erwärmung der Kernzelle tagsüber reduziert, nachts erfolgt eine gemäßigte Ab-

Abb. 6: Das Verwaltungsgebäude in Windhoek, der »Tintenpalast«, 1913. Es fällt auf, dass die Südveranda (rechts) nur in der halben Länge der Fassade vorgezogen ist

kühlung, d. h., der innere Wohnraum ermöglicht relativ stabile Temperaturverhältnisse. Um die Mauern effektiv gegen den Sonneneinfall schützen zu können, ist die richtige Anlage der Veranden entscheidend, nur so können Veranden bauphysikalisch von Nutzen sein. Ostveranden schützen erst zur fortgeschrittenen Stunde, denn frühmorgens sind die Mauern noch kühl. Eine Ostveranda braucht also weniger Breite; denn sie hat nur gegen Steilstrahlen zu schützen. Nordmauern werden das ganze Jahr hindurch stark besonnt. Wegen der Steilstrahlen im Sommer müßten an dieser Seite auch Veranden angebracht werden. Westmauern müssen am frühen Nachmittag gegen die Steilstrahlen geschützt werden. Gegen die später waagerecht einfallenden Strahlen dagegen schützt keine Veranda. Hier hat man dann am Verandaende Vorhänge zum Schutz gegen die Sonnenstrahlen und gegen die Wärme angebracht. Vor den Südmauern könnte von der Sonnenbahn her die Veranda überflüssig sein. Doch einige Landeskundige wußten es an dieser Stelle besser. Als der Vorentwurf des Tintenpalastes dem Staatssekretär, dem vorherigen juristischen Berater und Gouverneur Deutsch-Südwestafrikas, Friedrich von Lindequist, zur Begutachtung vorgelegt wurde, schlug er vor, auch an dem Südflügel eine Veranda anzubringen (Abb. 6). Diesen Vorschlag begründete der Bürokrat damit, daß während des Hochsommers auch diese Fassade in hohem Maße den Strahlen der Sonne ausgesetzt sei. Zwecks Kostenersparnis sollte die Veranda jedoch nur an der halben Länge der Fassade vorgezogen werden [12]. So könnte man im idealen Fall zur vollständigen Beschattung der Mauern vor Sonnenstrahlen den Kern durch eine sich rings ums Haus erstreckende Veranda schützen. Daß dieser vollkommene Schutz nicht unbedingt nötig ist, erklärt wohl seine Seltenheit.

Räumliche Funktion der Veranda

Definiert wird die Veranda als »halb offener, bedachter, auf leichten Stützen ruhender Anbau an Wohnräumen, in dem man, vor Regen geschützt, die freie Luft genießen kann« [13]. Büttner verstand die Veranda in Südwestafrika dazu noch als »ungemeine« Vergrößerung des bewohnbaren Raumes des Hauses.

Viele Handarbeiten ließen sich bequem unter ihrem Schutz ausführen. Außerdem empfanden die Schwarzen, »...welche man nicht immer gerne in die Zimmer hineinlassen möchte«, die Veranda als einen Teil des Hauses. Hier konnte man besonders gut reden bzw. verhandeln [14]. So kam es auch, daß in der deutschen Kolonialzeit die Veranda zum Hauptaufenthaltsraum des Hauses wurde. Doch wenn man Fotos betrachtet, die benutzte Veranden darstellen, so fällt einem auf, daß diese fast ausschließlich Südveranden sind; also solche an Außenmauern, an denen bauphysikalisch eigentlich eine Veranda unnötig wäre. Da jedoch diese Seite des Hauses am allerwenigsten besonnt wird, und wenn, dann nur im Hochsommer, so muß die besondere Kühle, die diese Himmelsrichtung bot, der maßgebende Grund für diese Anordnung gewesen sein.

Eine solche Veranda hatte das Voigts-Haus, welches sich im Hinterhof des Warenhauses der Firma Wecke und Voigts in der Windhoeker Kaiser-Wilhelm-Straße befand (Abb. 7).

Einen Eingang im europäischen Sinne hatten diese Häuser nicht. Der Eingang zum Haus war die Veranda. Bei einer das Haus umgebenden Veranda, wie im Falle des Beamtenwohnhauses am Waterberg, entfiel daher der Flur völlig (Abb. 8).

Abb. 7: Veranda des Voigts-Hauses, Kaiser-Wilhelm-Straße, Windhoek, ca. 1900

Im sonnigen Klima Südwestafrikas spielt sich das Leben hauptsächlich im Freien ab, daher ist die Veranda der Hauptaufenthaltsraum. In dem renommierten Hause der Familie von Eckenbrecher in Okombahe, westlich von Omaruru, wurde die Veranda von vorneherein als ein solcher Aufenthaltsraum geplant (Abb. 9). »Wir verbrachten in ihr den größten Teil des Tages, dort nahmen wir alle Mahlzeiten ein und saßen oft beim Lampenschein bis zum frühen Morgen«, schrieb Frau von Eckenbrecher im Jahre 1907 [15]. Gouverneur Theodor Leutwein scheint, den Fotos nach zu urteilen, die Südveranda des Gouverneurshauses intensiv genutzt zu haben (Abb. 10). Der vorbeiführende Weg mußte beseitigt werden, damit der Garten auch für Repräsentationszwecke herangezogen werden konnte [16]. Dr. Theodor Seitz, der letzte Gouverneur Deutsch-Südwestafrikas, hielt unter anderem besonders die große Veranda für das Beste am Haus (Abb. 11) [17].

Ein weiterer Eingang bei Häusern ohne umgebende Veranda führte über die gesonderte Küchenveranda, die vor allem der Küchenwirtschaft und den schwarzen Angestellten diente. Eine enge räumliche Verbindung zwischen Kernzelle und Veranda, z. B. über zweiflügelige Türen, gab es in Südwestafrika nicht. Hier dürfte der Grundgedanke, die Kernzelle kühl zu halten, überwogen haben, wobei man einen Ausgleich zwischen Innen- und Außentemperatur besonders im Sommer zu vermeiden suchte.

Die Funktion eines Empfangsraumes behielt die Veranda auch später bei, als wahrscheinlich aus Anlaß

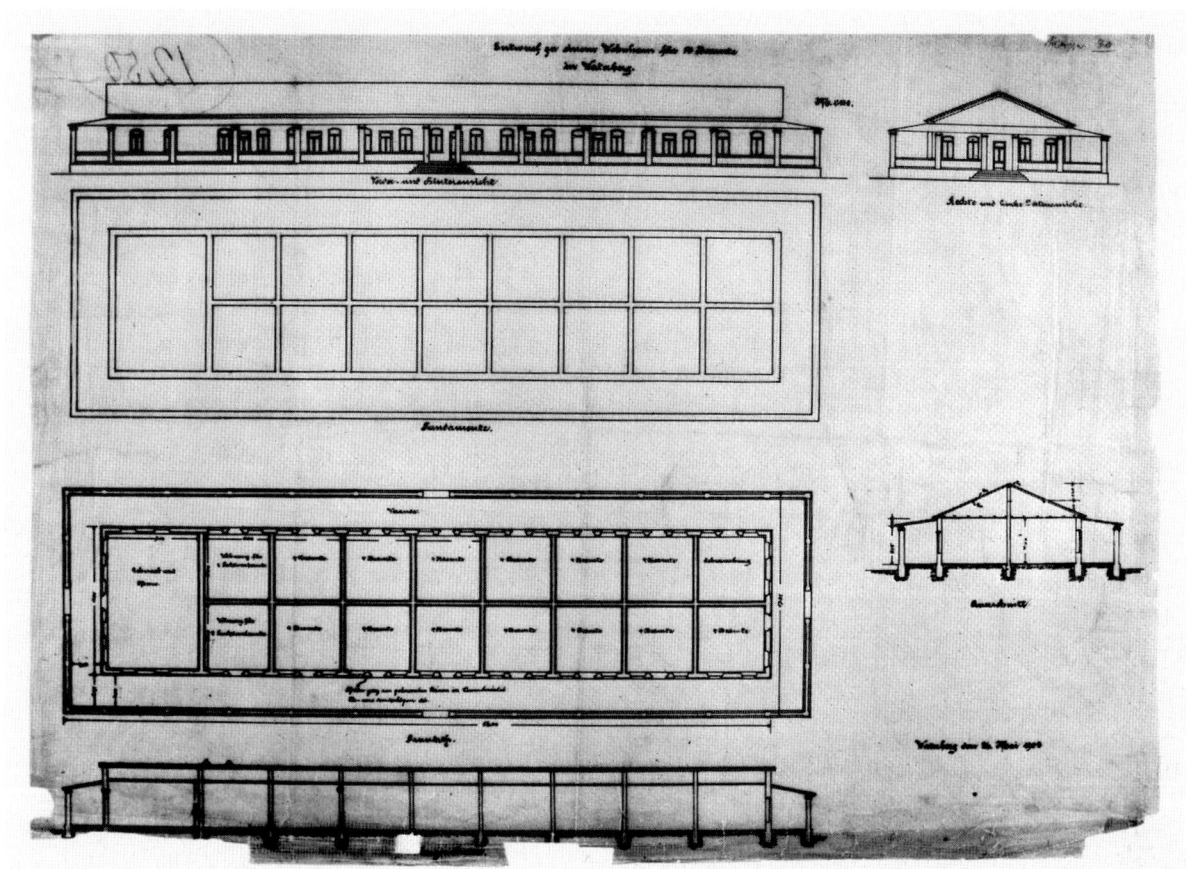

Abb. 8: Grundriß des Beamtenwohnhauses am Waterberg, 1908

Abb. 10: Leutwein auf der Südveranda des Gouverneurshauses in Windhoek, 1899

von Sparmaßnahmen die Beschattung der Mauern durch weit vorragende Dächer erfolgte (Abb. 12). Äußerlich diente die Veranda jedoch weiterhin als Empfangsraum, was in diesem Falle durch die Bogenöffnungen, die die Schwerpunkte der Fassade dieses Doppelhauses bilden, deutlich gemacht wird. Obwohl die Veranda zu den verschiedensten Gebrauchszwecken des täglichen und nächtlichen Bedarfs genutzt wurde, ist es wahrscheinlich berechtigt, die klimatische Abschirmfunktion als ihre Hauptfunktion zu betrachten.

Schlußbetrachtung

Gottlieb Redecker, angesehener Regierungsbaumeister und langjähriger Leiter der Bauverwaltung Deutsch-Südwestafrikas, schrieb bereits im ersten Jahresbericht nach Antritt seines Dienstes, daß die in Windhoek bestehenden Bauten den dortigen Verhältnissen und klimatischen »Bedingnissen« nicht angepaßt seien [18]. Als Folge dieser Kritik weisen seine ersten für die kaiserliche Regierung gebauten Häuser eine sofortige »klimatische Sensibilität« auf. Es ent-

Abb 9: Die Veranda des Von-Eckenbrecher-Hauses in Okombahe, 1902

Abb. 11: Südansicht des Gouverneurshauses zur Zeit des Gouverneurs Seitz

Abb 12:
Wohnhaus »für zwei verheiratete mittlere Beamte«, 1911

steht ein möglichst nach außen abgeschlossener massiver Kernbau mit einem rings ums Haus verlaufenden Verandaanbau. Diese Bauweise entwickelte sich konstruktiv und architektonisch so konsequent, daß in der offiziellen Architektur mit Recht von einem vollwertigen Stil geredet werden kann – dem südwestafrikanischen Verandenstil [191 (Abb. 13). So kamen Veranden an Gebäuden jeder Art zur Verwendung: an Wohnhäusern, Bahnhofs- und Empfangsgebäuden, Gerichtsgebäuden, Festungen, Verwaltungsgebäuden usw. Auffällige Ausnahmen bildeten Sakralbauten, wo die Symbolik die übergeordnete Priorität hatte, ebenso einige Geschäftshäuser, die entweder Markisen zum Schutz gegen Sonnenstrahlen und Wärme vor ihren Fenstern anbrachten (Abb. 14) oder Stäbchenläden, die zugleich gegen Einbruch schützten.

Nach der Kapitulation und der Mandatswerdung Südwestafrikas geriet die Veranda als architekturbestimmendes Bauglied langsam in Vergessenheit. Dieser Vorgang ist allerdings nicht durch politische Umstände bedingt, sondern eher dem Zuge der Zeit zuzuschreiben. Hellmuth Stauch, der einen Teil seines Architekturstudiums am Bauhaus verbrachte, besuchte 1929 zum ersten Male die ehemalige deutsche Kolonie. Grundrißmäßig und wohntechnisch sei die bisherige Bauweise unwirtschaftlich, schrieb

Abb. 13: Ein gutes Beispiel des südwestafrikanischen Verandenstils: das Haus des Stellv. Truppenkommandeurs, das sog. Von-Estorff-Haus, Aufnahme aus dem Jahr 1978

Abb. 14: Markisen an den Läden der Gathemann- und Genossenschaftshäuser, Windhoek, ca. 1914

er und begründete seine Aussage damit, daß für den gleichen Bedarf immer zwei Räume ausgebildet werden mußten: Kern und Veranda. Weitere Nachteile, meinte er, seien die nur mangelhafte Besonnung und Belichtung der Kernräume. Diese Nachteile könnten bei einer Vereinigung von Kernhaus und Veranda vermieden werden [20]. Als Beispiel für seine These baute er auf der Farm Dordabis ein Wohnhaus für ein Ehepaar. In diesem liegt die Veranda wie eine Loggia zurückgesetzt und innerhalb der Bauflucht, die Räume sind jedoch noch über diese Veranda zugänglich (Abb. 15). Doch kommt die Veranda an der Westseite bauphysikalisch ohnehin nicht zur Geltung. Außerdem bleiben alle Mauern gegen Besonnung bzw. Ausstrahlung ungeschützt, besonders die östlich gelegene, die der Bauhaus-Ästhetik entsprechend aufgelöst ist (Abb. 16). Die Beschattungsfunktion hat Stauch entweder nicht verstanden oder ganz einfach den modernen Ästhetikansprüchen geopfert.

Dieses Haus, gepriesen als das vermutlich erste moderne im südlichen Afrika überhaupt [21], und Stauchs 1935 publizierte, hochinteressante Studien und Entwürfe für Bauten in heißen Klimazonen, die als einzige, große Veranda konzipiert wurden [22], sind gewiß die Anfänge für die heutigen Gestaltungsprinzipien in Südwestafrika, welche große Glasflächen und ein Ineinandergehen der Innenräume befürworten. Daß eine solche Bauweise mit einem Minimum an massiven Außenwänden eine starke Wechselwirkung mit der Außenwelt hat, ist selbstverständlich. Der enorme nächtliche Wärmeverlust verursacht, daß selbst im Sommer der Bewohner kurz vor Sonnenaufgang von der Kälte geweckt werden kann, während an Winterabenden die Heizbarkeit nur schwer und an konzentrierten Punkten mit Heizkörpern möglich ist. Zweifelsohne bot das Verandenhaus trotz seiner Nachteile eine stabilere Innenumwelt mit geringerer täglicher Tempera-

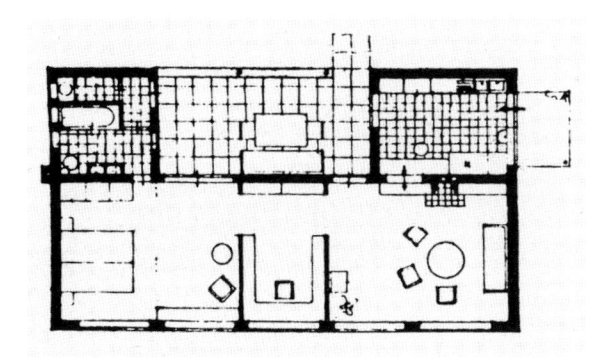

Abb. 15: Grundriß des Ehepaar-Wohnhauses, Dordabis

Abb. 16:
Wohnhaus für ein Ehepaar auf der Farm Dordabis, 1929

turschwankung. So hat mancher Bauhistoriker bereits den Verandenschwund in den verschiedenen Kolonien beklagt. Die moderne Architektur nahm sich andere Prioritäten vor, wobei die klimatische Anpassung eine weniger bedeutende Rolle spielte. So enthalten die Verandenhäuser Südwestafrikas Lehren für die zeitgenössische Architektur und könnten hier durchaus richtunggebend wirken.

Anmerkungen:

[1] Goldblatt, I. *History of South West Africa from the beginning of the nineteenth century.* Kapstadt: Juta, 1971, S. 3
[2] Cape of Good Hope. *Ministerial Department of Nature Affairs.* Report of W. Coates Palgrave Esq., special commissioner to the tribes north of the Oranje River, and of his mission to Damaraland and Great Namaqualand in 1876. Kapstadt: Saul Solomon, 1877 (G 50–77)
[3] Fotoalbum im Staatsarchiv, Windhoek
[4] Lewcock, R. B. *Early nineteenth century architecture in South Africa.* Kapstadt: Balkema, 1963, S. 111
[5] Metzkes, J. Otjimbingwe. *Aus alten Tagen einer Rheinischen Missionsstation im Hereroland, Südwestafrika 1849–1890.* Windhoek: SWA Wissenschaftliche Gesellschaft, 1962, S. 77
[6] Büttner, C. G. Über das Erbauen von Häusern für Europäer im Inneren Afrikas. In *Deutsche Kolonialzeitung,* 1. Heft 1887, S. 16–23
[7] Givoni, B. *Man, Climate and Architecture.* London: Applied Science, 1976, S. 319
[8] Ebd., S. 343
[9] DKZ, 1. Heft 1887, S. 10
[10] DKZ, 1. Heft 1887, S. 19
[11] DKZ, 1. Heft 1887, S. 23
[12] Staatsarchiv Windhoek, BAU 38, B. 46 (Bd. 2) Verwaltungsgebände 1910/1912. Von Lindequist an Gouverneur. 2. März 1911
[13] Meyers Konversations-Lexikon, 1897
[14] DKZ, 7. Heft, S. 22
[15] M. von Eckenbrecher, *Was Afrika mir gab und nahm.* Berlin: Mittler, 1907, S. 116
[16] DKZ, 11. Juni 1907
[17] Seitz, T. *Vom Aufstieg und Niederbruch deutscher Kolonialmacht,* Band 3. Karlsruhe: Müller, 1929, S. 5
[18] Staatsarchiv Windhoek, ZBU 148 A.VI.a3., Bd. 5 Jahresbericht der Kaiserlichen Bauverwaltung 1899/1900, S. 268
[19] Siehe Peters, W. *Baukunst in Südwestafrika 1884–1914.* Windhoek: SWA Wissenschaftliche Gesellschaft, 1981
[20] Stauch, H. Neues Bauen in den Kolonien. In *Bauwelt* 1935, Heft 39, S. 895
[21] Herbert, G. *Martienssen and the international Style in South Africa.* Kapstadt: Balkema, 1974, S. 150
[22] *Bauwelt* 1935, Heft 39, S. 897–898

Besonderer Dank dem Bauphysiker Dr. D. Wang und der Germanistin Prof. Dr. G. Crowhurst-Bond, beide an der Universität Natal, Durban, Südafrika

Die
Namibia Wissenschaftliche
Gesellschaft

Barbara Gühring

Namibia, das zu Beginn des 18. Jahrhunderts noch ein unbekanntes und unerforschtes Gebiet war, zog damals in erster Linie Abenteurer an. Vom Jagdfieber getrieben und der Möglichkeit Handel zu treiben, bereisten sie dieses Land. Sie waren Laien und keine Wissenschaftler und ihr Interesse an der Vielfalt dieses Landes war relativ oberflächlich.

Es waren die ersten Missionare, die durch ihre Sesshaftigkeit die wissenschaftliche Forschung in diesem Land begründeten. Von ihnen stammen die ersten Aufzeichnungen über die Lebensgewohnheiten der einzelnen Völker, über ihre Sprachen, Jagdmethoden und Riten. Einer der bekanntesten Missionare war Dr. Heinrich Vedder (1876–1972), er wurde als Sprachforscher, Ethnologe und Historiker weit über die Landesgrenzen hin bekannt.

Anfang der zwanziger Jahre des 20. Jahrhunderts erwachte bei enthusiastischen Laienforschern und einigen Fachleuten der Gedanke, die vielfältigen wissenschaftlichen Interessen in der Bevölkerung in einer privaten Vereinigung zusammenzufassen. So wurde am 26. Mai 1925 unter dem Vorsitz von Dr. L. Fourie die S.W.A. Wissenschaftliche Gesellschaft gegründet.

Der erste Paragraph der Satzung weist deutlich auf die Ziele der neu gegründeten Gesellschaft hin und hat auch heute noch seine volle Gültigkeit:
»Zweck der Gesellschaft ist: Der Zusammenschluss von Personen, die wissenschaftlich interessiert sind; die Anregung wissenschaftlicher Fragen; Richtlinien für Forschungen aufzustellen; Veranstaltungen und Vorträge zu organisieren; Veröffentlichung und Hilfestellung bei der Veröffentlichung wissenschaftlicher Schriften; Erhaltung und Sammlung von Gegenständen von wissenschaftlicher oder historischer Bedeutung; Förderung bei der Anlage von Museen und Sammlungen, die den Mitgliedern der Gesellschaft bzw. der Öffentlichkeit zugänglich sind. Fühlungnahme mit oder Anschluss an andere Körperschaften gleicher Richtung und die Einrichtung von Zweigvereinen der Gesellschaft.«

Der Vorstand 2001:
Hinten v.l:
Dr. Burkhard Dobiey,
Dieter Springer,
Helmut zur Strassen,
Helmut Finkeldey.
Vorne:
Dieter Ludwig,
Barbara Gühring,
Ruth Dresselhaus

Das Domizil der Gesellschaft, ein historisches Gebäude aus der Kolonialzeit.

Jede Person, die das achtzehnte Lebensjahr erreicht hat, kann Mitglied dieser Gesellschaft werden, unabhängig von ihrer Sprach- oder Kulturgruppe und ungeachtet des Wohnsitzes. Der Vorstand besteht aus sieben Personen, die auf der jährlich stattfindenden Jahreshauptversammlung von den anwesenden Mitgliedern gewählt werden. Ferner wird die Höhe des Mitgliedbeitrages von den Anwesenden bestimmt. Den Mitgliedern wird kostenlos das seit 1925 erscheinende *Journal* zugeschickt, das wissenschaftliche Beiträge aus den verschiedenen Fachbereichen enthält, die sich ausschließlich mit namibischen Themen befassen. Ferner erhält jedes Mitglied vierteljährlich die so genannten *Mitteilungen*, die sich in erster Linie mit Ereignissen innerhalb der Wissenschaftlichen Gesellschaft befassen, wie Buchvorstellungen, Vortragsabende, Exkursionen etc., die durch die Geschäftsführung veranstaltet wurden. Auch Beiträge von Mitgliedern, die sich mit allgemein interessanten Themen befassen, werden darin aufgenommen.

Beide Publikationen werden auch im Austauschverfahren an Universitäten und Institute weltweit verschickt.

Anlässlich des 75-jährigen Bestehens der Wissenschaftlichen Gesellschaft wurde ein Kongress veranstaltet unter dem Thema »Forschung in Namibia«. Die Vorträge, die ausschließlich von namibischen Forschern und Wissenschaftlern gehalten wurden, sind in dem Jubiläums-Journal Nr. 48 und der darauffolgenden Ausgabe Nr. 49 publiziert.

Durch den eigenen Verlag werden alle wissenschaftlichen Publikationen, wie das Journal, mit Themen der Forschung in Namibia, die botanische Dinteria-Serie und die Namibiana-Reihe unter dem Namen der Wissenschaftlichen Gesellschaft herausgegeben. Alle anderen Bücher, wie Kinderbücher und Unterhaltungsliteratur, erscheinen unter dem Namen des Kuiseb Verlages. Voraussetzung für den Druck eingesandter Manuskripte ist, dass es sich stets um namibische Themen handeln muss und das Verlagskomitee ein positives Urteil trifft. Durch diese vielfältigen Publikationen konnte die Wissenschaftliche Gesellschaft sich festigen und weit über die Landesgrenzen hinaus bekannt werden.

Ein wichtiger Bestandteil der Namibia Wissenschaftlichen Gesellschaft ist die umfangreiche Arbeitsbibliothek. Hier erhalten Wissenschaftler aus aller Welt, aber auch Hobby-Forscher, Hilfestellung bei der Erstellung und Veröffentlichung von wissenschaftlichen Arbeiten. Die Bibliothek umfasst augenblicklich weit über 10.000 Bücher, ca. 500 Sonderdrucke und rund 1.000 zum Teil sehr wertvolle Karten. Besonders erwähnenswert ist die Afrikana-Sammlung. Ein Fotoarchiv, Fachzeitungen und ein Zeitungsarchiv, das sich hauptsächlich mit Personen des öffentlichen Lebens unseres Landes befasst, stehen dem Besucher ebenfalls zur Verfügung.

Rund 9.000 Titel wurden bereits mit dem weltweit benutzten ISIS-System elektronisch gespeichert. Ferner ist es möglich, die gespeicherten Publikationen direkt per Computer auszudrucken.

Es bestehen verschiedene Arbeitsgruppen. So sind z.B. sind für botanisch Interessierte deren *Botanische Mitteilungen* in 84 Ausgaben erhältlich und auch die *Dinteria* in 26 Ausgaben. Der sehr beliebte und aktive Vogelklub bietet neben regelmäßigen Vorträgen auch Morgenwanderungen zur Vogel-

Oben: Gunter von Schumann und Annegret Enengl in der Bibliothek

Unten: Gudrun Middendorff (Buchhaltung) und Ingrid Demasius (Geschäftsführerin)

Identifikation an oder führt Zählungen auf Farmen und an der Küste durch. Dieser Klub veröffentlicht vierteljährlich den *Lanioturdus*, eine Publikation für alle Mitglieder des Klubs und Vogelliebhaber. Die astronomische Arbeitsgruppe veranstaltet Sternnächte und Sternabende auf der Cuno-Hofmeister-Gedenksternwarte und bietet Vorträge über Astronomie und Astrofotografie an.

Der Experte für Herpetologie hält in den Medien und auch in den Räumen der Gesellschaft Vorträge über einheimische Schlangen und steht Wissenschaftlern und Filmteams aus dem In- und Ausland beratend zur Seite. Innerhalb des Stadtgebietes von Windhoek fängt er hauptsächlich Giftschlangen, um so eine unnötige Tötung zu vermeiden und die Reptilien in einem sicheren Biotop wieder aussetzen zu können. Auch hier besteht eine Arbeitsgruppe, die sich mit einheimischen Reptilien befasst.

Die Wissenschaftliche Gesellschaft fungiert ferner als Schirmherr der Regionalgruppen Otavi-Bergland, Grootfontein und Lüderitz. Diese völlig selbständig arbeitenden Gruppen betreuen und unterhalten kulturhistorische Museen mit wertvollen Ausstellungsstücken und bedeutende Sammlungen und tragen durch Vortragsabende und Exkursionen wesentlich zum kulturellen Leben ihrer Gemeinschaft bei.

Die Namibia Wissenschaftliche Gesellschaft ist eine gemeinnützige Vereinigung. Sie setzt sich für den Erhalt und den Ausbau von Wissenschaft und Forschung in Namibia ein. Sie ermutigt und unterstützt die Arbeit von Hobby-Wissenschaftlern in den verschiedensten Fachgebieten und gibt ihnen die Gelegenheit, sich selbst und ihre Forschungsergebnisse durch Vortragsabende in den Räumen der Gesellschaft einem interessierten Publikum vorzustellen.

Durch Spenden, Nachlässe und Ankäufe wird das namibische Schrifttum durch die Gesellschaft erhalten. Auch werden private Aufzeichnungen und Manuskripte über alle Wissensgebiete sowie dokumentarische Filme und Bildmaterial von der Gesellschaft in Verwahrung genommen, um sie für zukünftige Auswertungen zu erhalten.

Denk mal, ein Denkmal

Von der Historischen Denkmalskommission zum National Monuments Council of Namibia

Andreas Vogt

Namibia verfügt über ein weltweit einzigartiges Natur- und Kulturerbe, für dessen Schutz und Erhaltung bereits seit der Kolonialzeit Sorge getragen wurde: schon 1914 erging ein Verbot der Ausfuhr von Meteoriten. In der südafrikanischen Mandatsperiode wurde 1916 die seltene einheimische Welwitschia-Pflanze *(welwitschia mirabilis)* unter Schutz gestellt, und 1921 wurde landesweit die prähistorische Felskunst (Felszeichnungen und -gravuren) durch die *Boesmanstekenings en -oorblyfselen Beschermings Proklamatie* unter Denkmalschutz gestellt.

Schon in den dreißiger Jahren wurde die Forderung nach einer Denkmalskommission für Südwestafrika erhoben, wie sie es in anderen Staaten unter Kolonialverwaltung bereits gab. Der Ausbruch des Zweiten Weltkriegs und die Umstände, die dies auch in Südwestafrika nach sich zog, bremste jedoch dieses Vorhaben, und erst im Jahre 1947 wurde von der SWA Wissenschaftlichen Gesellschaft ein Ersuchen an die Administration gerichtet, eine derartige Körperschaft ins Leben zu rufen. Ein Unterausschuss der Wissenschaftlichen Gesellschaft erarbeitete zusammen mit dem Generalstaatsanwalt eine Ordonnanz, die am 25. Oktober 1948 als Ordonnanz Nr. 13 unter dem Namen *Kommissie vir die Behoud van Natuurlike und Historiese Gedenkwaardighede, Oudhydsoorblyfsels en Antieke Voorwerpe* in Kraft trat und fortan die gesetzliche Grundlage für Denkmalschutz und Denkmalpflege in Südwestafrika darstellte.

Die Kommission bestand aus sieben Mitgliedern: dem Schulinspektor Dr. Cecil J.C. Lemmer, der auch deren erster Vorsitzende war, Captain George Kerby, Senator Dr. Heinrich Vedder, Dr. Ernst Rudolf Scherz, Dr. J.H. Esterhuyse (Sekretär) sowie den Herren Fritz Gaerdes und G. Krafft. Die Kommission untersuchte alle Vorschläge, die an sie gerichtet wurden, durch Forschung und Inspektionen vor Ort, bevor sie die Proklamation als Nationales Denkmal der Administration vorlegte. Durch die Unterzeichnung des Administrators und Veröffentlichung im Amtsblatt wurde die Proklamation dann rechtskräf-

Mitglieder der Historischen Denkmalskommission 1952: Von links sitzend: Capt. G. Kerby, Dr. C.J.C. Lemmer (Vorsitz), Dr. H. Vedder; stehend Dr. E.R. Scherz, Dr. J.H. Esterhuyse, Fritz Gaerdes

tig. Die ersten Nationalen Denkmäler, die auf diese Art und Weise proklamiert wurden, waren das Grab Jonker Afrikaners in Okahandja, Namutoni, der Versteinerte Wald bei Khorixas, der Brandberg und der Pulverturm in Otjimbingwe. An einigen Orten, die nicht proklamiert wurden, ließ die Kommission Bronzetafeln anbringen, um auf die historische Bedeutung hinzuweisen, z.B. bei der Matchless-Mine im Khomas Hochland, bei Hornkranz oder dem Missionshaus der Rheinischen Mission in Okahandja.

Da sich die Aktivitäten der Denkmalskommission auch auf den Naturschutz erstreckten, wurden im Laufe der fünfziger Jahre der Verbrannte Berg bei Twyfelfontein, der Hoba-Meteorit bei Grootfontein, die Dinosaurierspuren auf Farm Otjihaenamaparero bei Kalkfeld, der Mukorob-Fels bei Asab (1989 umgestürzt), der Kokerboom-Wald bei Keetmanshoop, das Waterberg-Plateau und der Fischfluß-Canyon unter Naturschutz gestellt. 1955 starb der Leiter der Kommission, Dr. Lemmer, und an seine Stelle trat Richter Dr. S. Hofmeyr. Neue Mitglieder der Kom-

Alle Meteoriten in Namibia stehen unter Denkmalschutz. Der größte unter ihnen, der Hoba-Meteorit in der Nähe Grootfonteins wiegt schätzungsweise 60 Tonnen und ist eine berühmte Attraktion.

Der portugiesische Seefahrer Bartholomeo Diaz landete 1488 an der namibischen Küste und errichtete ein padrão als Navigationshilfe. Eine Rekonstruktion des Diaz-Kreuzes bei Lüderitz erinnert an die frühneuzeitliche Expansion Europas.

mission wurden Dawid Krynauw (Sekretär), Dr. Alfons Weber und Dr. Markus Zschokke.

Obwohl nur ein Teil der von der Kommission untersuchten und befürworteten Naturdenkmäler auf die Liste kam, brachten ihre Aktivitäten dennoch auch Fortschritte für Wissenschaft und Forschung. Malerische Landschaften wie z.B. die Inseln im Okavango bei Andara oder die Palmenlandschaft bei Scheppmannsdorf/Rooibank, die inzwischen durch die Grundwasserabsenkung schwere Schäden erlitten hat, wurden inspiziert und untersucht. Dr. Scherz erforschte die Felskunst Namibias, die später in den Jahren 1970, 1975 und 1986 in drei Bänden unter dem Titel »Felsbilder in Südwestafrika« veröffentlicht wurden. Dawid Krynauw veröffentlichte eine Reihe von Broschüren in deutscher, englischer und afrikaanser Sprache für die Denkmalskommission, nämlich Namutoni (1962/4), Die Alte Feste und der Reiter von Südwest (1964), Twyfelfontein (1968), und Kaap Kruis (1969/70). Dr. Johann Bruwer veröffentlichte 1985 »Aus 1915–1919« in deutsch und afrikaans, Jill Kinahan 1988 »Die Säule im Nebel« über das Diazkreuz im Lüderitz (dreisprachig), und von Antje Otto-Reiner und Ingeborg Schomschor erschien 1991 in deutsch und englisch »Die Geschichte des alten Missionshauses in Omaruru«. Ein weiterer Beitrag von grundlegender Bedeutung war die Inventarisierung aller Gebäude aus der deutschen Kolonialzeit in Windhoek, Swakopmund, Lüderitz, Omaruru und Karibib von Edda Schoedder und Klaus Brand. Das Projekt, das sich über den Großteil der achtziger Jahre hinzog, wurde vom namibischen Institut für Architekten (NIA) betreut. Ein weiterer Meilenstein für die Erforschung des Bauerbes aus der Kolonialzeit war die Dissertation von Walter Peters »Baukunst in Südwestafrika«, die 1981 von der Wissenschaftlichen Gesellschaft veröffentlicht wurde.

Im Jahre 1968 wurde in Südafrika ein neues Gesetz, der *National Monuments Act* (*28 of 1968*) erlassen, der fortan den Denkmalschutz in Südafrika und dadurch auch in Südwestafrika regeln sollte. Die Historische Denkmalskommission wurde aufgelöst und ging in das Regionalkomitee des *National Monuments Council* auf, in dem die z.T. inzwischen hochbetagten Mitglieder der Kommission vorerst weiterhin tätig waren, bis sie allmählich durch jüngere Mitglieder ersetzt wurden. Das neue Gesetz sah einige grundlegende Neuerungen vor. So waren fortan sämtliche Felskunst sowie alle Fossilien, paläontologischen und archäologischen Funde, Schiffswracks und Meteoriten automatisch geschützt und eine Entfernung vom ursprünglichen Fundort, Beschädigung (z.B. für wissenschaftliche Zwecke) und Ausfuhr genehmigungspflichtig (*Permit*). Historische Gebäude konnten nun entweder vorläufig für fünf Jahre (um eine eingehende Untersuchung zu ermöglichen) oder permanent durch Proklamation im Amtsblatt unter Denkmalschutz gestellt werden.

Das Schmelenhaus, ehemaliges Wohnhaus des Missionars Heinrich Schmelen in Bethanien, ist das älteste noch bestehende Gebäude Namibias aus der frühen Vorkolonialzeit zwischen 1800 und 1884.

Das Regionalkomitee wurde im südafrikanischen National Monuments Council von Cornelius Coetzee, dem Direktor des Staatsmuseums, vertreten. Namhafte Mitglieder des Regionalkomitees in diesen Jahren waren Stephanus J. Schoeman, Wilhelm Dörgeloh, Paul O. Petzold, Kurt Johannesson, Hans Ernst, Edda Schoedder und Friedrich Andreas Frank-Schulz.

Da sich inzwischen eine Verschiebung hinsichtlich des Aufgabengebiets des Denkmalsrates durch die Entstehung anderer Institutionen (z.B. des Parkrates und des Departement für Naturschutz und Tourismus) ergeben hatte, wurde in den Jahren 1970-90 die Betonung mehr auf die Pflege von Baudenkmälern gelegt.

Seit dem Denkmalschutzjahr 1975 hatte man in Europa erkannt, dass der rücksichtslose Bauboom nach dem Zweiten Weltkrieg die »Moderne« zu Monotonie und zur Bedrohung der gebauten historischen Umwelt hatte mutieren lassen und dass das historische städtische Umfeld dringend der aufmerksamen Beobachtung und Pflege bedurfte.

Dies war auch in Namibia notwendig geworden. Im Dezember 1971 wurde beispielsweise das Woermann-Haus in Swakopmund unter Denkmalschutz gestellt, das als Eigentum der Regierung abgerissen und durch ein neues Schülerheim ersetzt werden sollte. Durch eine Bürgerinitiative gelang es, den Denkmalschutz für das Gebäude zu erwirken und die Stadtverwaltung zu veranlassen, das Gebäude von der Regierung zu übernehmen. Es wurde restauriert, die Stadtbibliothek, eine Kunstgalerie und städtische Büros darin untergebracht. Es ist bis heute ein bedeutendes Wahrzeichen Swakopmunds. Andere Gebäude, die ebenfalls – noch zur Zeit der Denkmalskommission – vor dem Verfall gerettet werden konnten, waren die Feste Namutoni an der Etoscha-Pfanne und die Alte Feste in Windhoek, an deren Standort ebenfalls ein Schülerheim gebaut werden sollte.

Weitere Baudenkmäler, die zwischen 1970 und 1990 unter Denkmalschutz gestellt wurden, waren u.a. Missionskirchen in Okahandja, Otjimbingwe, Walvis Bay, Keetmanshoop und Bethanien, die Christuskirche in Windhoek, die Felsenkirche in Lüderitz und die Evangelische Kirche in Swakopmund sowie Katholische Kirchen in Windhoek, Tsumeb und Omaruru, Einzelgebäude wie z.B. das Goerke-Haus in Lüderitz, das Prinzessin-Rupprecht-Heim und das Hohenzollern-Haus in Swakopmund, Bahnhofsgebäude in Kubas, Swakopmund und Lüderitz, alte Festungen wie das Alte Fort in Grootfontein, das Eros-Fort bei Windhoek und das von François-Fort im Khomas-Hochland, historische Schulgebäude in Tsumeb und Klein Windhoek.

Der Pulverturm in Otjimbingwe, errichtet 1872, diente in den stürmischen Jahren des 19. Jh. als Festung, Proviantraum, Lagerstätte und Refugium.

Ein alter Soldatenfriedhof bei Xamis/Mooifontein zwischen Bethanien und Helmeringhausen erinnert an die zähen Gefechte zwischen der deutschen Schutztruppe und den Nama während des Herero-Nama-Krieges 1904–7.

Das Woermannhaus (1905), ehemaliges Handelskontor in Swakopmund im Jugendstil, blieb aufgrund einer Bürgerinitiative und Proklamation im Jahre 1972 als Nationales Denkmal erhalten.

Um den scheinbaren Eklektizismus der bestehenden Denkmalslandschaft Namibias zu verstehen, muss hinzugefügt werden, dass es keine Bestimmung gibt, die (zeitgebunden – etwa für 50 Jahre) Umbau, Änderung oder Abbruch eines historischen Altbaus automatisch genehmigungspflichtig machen würde. Darüber hinaus schreibt das Gesetz vor, dass die Erlaubnis des Eigentümers notwendig ist, bevor ein Gebäude unter Denkmalschutz gestellt werden kann. Das hat in der Vergangenheit dazu geführt, dass manches historische Gebäude (wie z.B. der Tintenpalast) nicht unter Denkmalschutz gestellt wurde, da der Eigentümer (in diesem Fall der Staat) die Zustimmung verweigerte. Auch andere historische Gebäude wurden abgerissen und der Denkmalsrat musste machtlos zusehen, wie z.B. bei der Katholische Missionskirche in Klein-Windhoek, die Anfang 1995 abgerissen wurde.

Aus dem gleiche Grunde sind in den fünfziger, sechziger und siebziger Jahren noch eine Reihe historischer Gebäude, die durchaus erhaltenswert gewesen wären, der »Entwicklung« zum Opfer gefallen, wie etwa die Kaserne in Keetmanshoop (abgebrochen 1952), die Alte Post in Windhoek (abgebrochen 1958), oder die alte Holländisch-Reformierte Kirche in Windhoek (abgebrochen 1968). In der Independence Avenue in Windhoek hat sich nur eine einzige, aus vier Einzelgebäuden bestehende Häuserzeile erhalten (Kronprinz-, Gathemann-, Erkrath-Gebäude). Die restlichen historischen Gebäude in der Hauptstraße Windhoeks sind inzwischen allesamt verschwunden.

Zudem ergriff die Denkmalskommission und später das Regionalkomitee die Initiative – oftmals auf Anregung von engagierten Mitbürgern als letzte Möglichkeit –, um ein historisches Denkmal zu retten und es so endgültig vor dem Abriss oder dem Verfall zu schützen. Die bestehende Denkmalliste ist daher als ein Dokument der Denkmalpflegebemühungen der letzten fünfzig Jahre zu verstehen und nicht als Ausdruck eines kolonialen Geistes.

In der Vergangenheit war der Denkmalschutz nicht ausschließlich auf europäisches Kulturgut beschränkt, denn das erste Denkmal, das in Namibia unter Denkmalschutz gestellt wurde, war das Grab Jonker Afrikaners. Vor der Unabhängigkeit wurde auch der Friedhof der Hererohäuptlinge in Okahandja unter Denkmalschutz gestellt. Hinzu kommt, dass archäologisches Fundmaterial, das in Ermangelung von Resten wahrer Siedlungskulturen den größten Teil des namibischen Kulturguts ausmacht, ohnehin automatisch geschützt ist. Außerdem sind viele vorkoloniale Denkmäler eng mit der namibischen Geschichte verknüpft, z.B. die mythischen Eingeborenengräber (Heitsi-Eibibs), die Mordkuppe in Okahandja oder Missionskirche, -haus und Friedhof in Olukonda.

Ein weiterer Grund dafür, dass das schwarze Kulturgut noch nicht so weit auf der Liste vertreten ist, wie man es sich wünschen würde, ist, dass es noch nicht so gründlich erforscht und inventarisiert ist, was eine Grundvoraussetzung für die Denkmalpflege ist. Zudem darf nicht vergessen werden, dass es noch vor wenigen Jahren große Gebiete Namibias gab, die – selbst von Beamten – überhaupt nur mit einem *Permit* betreten werden durften. Trotz geringer personeller Besetzung der Kommission, deren Mitglieder ehrenamtlich tätig waren, konnte der Grundstock für den Denkmal- und Naturschutz gelegt werden und ist ein Beleg für großes idealistisches Engagement. Die Aufgabe der namibischen Denkmalpflege ist es, auf diesem Fundament aufzubauen und die Arbeit fortzuführen.

Dusche für den »Reiter« in Windhoek. Obwohl ideologisch heftig umstritten, prägt das Reiterdenkmal aus dem Jahr 1912 die Denkmalslandschaft in Windhoek bedeutend und wird trotz allerhand Kontroversen erhalten und gepflegt, wie beispielsweise nach einer Sprühdosen-Aktion am 1. Januar 2001.

In den achtziger Jahren entwickelten sich auch Ansätze des Ensembleschutzes, der vorsieht, dass ganze Stadtteile – z.B. historische Altstadtbereiche – geschützt werden. So wurde beispielsweise versucht, die gesamte Hauptstraße Karibibs unter Denkmalschutz zu stellen. Das Vorhaben scheiterte daran, dass nicht alle Eigentümer bereit waren, ihre Zustimmung zu geben. Dennoch stehen viele Einzelgebäuden in der Hauptstraße Karibibs unter Denkmalschutz, wie z.B. das ehemalige Rösemann-Hotel, das Hälbich-Haus oder das Proviantamt, um nur einige zu nennen. Ein weiteres Beispiel des Ensembleschutzes ist die Bergstraße in Lüderitz mit dem Kreplin-Haus und weiteren alten Wohnhäusern aus der deutschen Kolonialzeit.

Seit den achtziger Jahren initiierte das Regionalkomitee und in der Folge der Namibische Denkmalsrat, auch einige dringende Restaurationsprojekte. Dadurch konnte beispielsweise der Abriss des Ombudsmann-Hauses in der Robert Mugabe Avenue in Windhoek verhindert werden, das so von Grund auf renoviert wurde und nach der Unabhängigkeit das erste Büro des namibischen Ombudsmannes wurde. Weitere Projekte waren die Restauration des Joseph-Fredericks-Hauses in Bethanien, in dem 1884 der erste Schutzvertrag zwischen dem Nama-Kapitän Joseph Fredericks und der deutschen Reichsregierung abgeschlossen wurde. Es war an der Ostseite durch einen umgestürzten Baum stark beschädigt worden und drohte eine Ruine zu werden. Nach der Renovierung dient es nun als Stammesbüro des Nama-Volkes in Bethanien. Weitere Projekte waren die Renovierung der ersten deutschen Schule Klein-Windhoeks (1910), die Restaurierung des Alten Forts in Grootfontein, der Bau eines Kiosks am Hoba-Meteoriten, ein Schattendach bei Twyfelfontein, die Restaurierung der alten zweitürmigen Missionskirche in Bethanien sowie eine Reihe von kleineren Restaurationsprojekten.

National Monuments Council 1991:
Von links sitzend: K.M. Johannesson, Prof. P.H. Katjavivi (Vorsitz), Vize-Minister B. Wentworth, Dr. N. Angolo, J.U. Henrichsen (†); Stehend: Dr. J. Bruwer (Stellv. Direktor), Minister H. Plichta (†), H.D. Namuhuja (†), H.Ernst (†), Past. K.A. Lihongo

Seit 1980 oblag die Verwaltung des Regionalkomitees dem Staatsmuseum. Im Hinblick auf die nahende Unabhängigkeit Namibias wurde das Regionalkomitee 1986 selbständig mit eigenem Personal und Büro. Leiter der Abteilung wurde Dr. Johann Bruwer. Nach der Unabhängigkeit 1990 entstand das namibische *National Monuments Council,* bestehend aus Prof. Peter Katjavivi (Vorsitzender), Dr. Ndeutala Angolo, Hans D. Namuhuja, Pastor K.A. Lihongo, Hans Ernst, Kurt Johannesson, Hampie Plichta und Jörg Henrichsen. Die Verwaltungsgrundlage blieb der *National Monuments Act,* der nicht im Rahmen der namibischen Konstitution widerrufen worden war. 1993 wurde begonnen, ein neues Gesetz *(Draft National Heritage Bill)* zu formulieren, das bis heute noch nicht über das Entwurfsstadium hinaus gekommen ist.

National Monuments Council 1996:
v. l. D. Bwalya, A. Dikuua, H. Ernst (†), Minister J. Mutorwa, Prof. P.H. Katjavivi (Vorsitz), H.D. Namuhuja (†), Dr. G. Schneider, M. Weber, E. Moombolah-Goagoses, Staatssekretärin L. Katoma, Dr. B. Sandelowsky

Inzwischen wurden bereits zweimal (1996 und 2000) neue Mitglieder in den Rat berufen. Der derzeitige Vorsitzende des namibischen Denkmalsrates ist Hon. John Pandeni, Gouverneur der Khomas-Region, seine Stellvertreterin Dr. Gabi Schneider, Direktorin des Geologischen Landesamts von Namibia. Die Jahre nach der Unabhängigkeit sahen den Denkmalsrat in einer schwierigen Übergangsphase. Anfänglich sah es aus, als ob die Aufgabe des Denkmalschutzes dem Nationalmuseum unterstellt werden sollte. Allmählich setzte sich aber auch hier die Erkenntnis durch, dass Museum und Denkmalschutz zwei getrennte Aufgabenbereiche sind, und so blieb der Denkmalsrat autonom. Seit 2001 wurde der staatliche Zuschuss für den Denkmalsrat zum ersten Mal bedeutend aufgestockt und es hat den Anschein, dass im unabhängigen Namibia die Wichtigkeit des Denkmalschutzes und der Denkmalpflege erkannt worden ist.

Im Juni 2001 wurde erstmalig ein Namibier, Tjikarepo A. Andjamba, als hauptamtlicher Direktor des Nationalen Denkmalrates berufen.

»... und wenn jetzt nicht ganz allgemeine und durchgreifende Maßnahmen angewandt werden, so werden wir in kurzer Zeit unheimlich nackt und kahl wie eine neue Kolonie in einem früher nicht bewohnten Lande dastehen.«
In dem namibischen Kontext mögen diese Worte Karl Friedrich Schinkels, des großen preußischen Architekten des Klassizismus, aus dem Jahre 1815 etwas eigenartig klingen. Doch enthalten sie eine eindringliche Forderung, die nicht nur zeitgemäß, sondern hinsichtlich des einzigartigen namibischen Kulturguts auch angemessen erscheint. Namibia ist keine Kolonie mehr, und so sollten der Denkmalschutz und die Denkmalpflege nicht nur eine Aufgabe sein, in dem sich ein neues Nationalgefühl widerspiegelt, sondern ein dynamischer Begegnungsort sein für den Dialog der Kulturen, an denen Namibia wahrlich nicht arm ist.

Denkmals-Plaketten im Laufe der Zeit

Von oben:

Historische Denkmalskommission 1948–1968

Südafrikanischer Denkmalsrat (alte Fassung) 1968–1978

Südafrikanischer Denkmalsrat (neue Fassung) 1978–1990

Namibischer Denkmalsrat seit 1991

Chronik

Zusammengestellt von

Sigrid Kube
(bis 1984, gestrafft)

und Carol Kotze
(ab 1985)

Diese Chronik über 500 Jahre
Zeitgeschehens erhebt keinen Anspruch
auf Vollständigkeit.
Sie stellt vielmehr den Versuch dar,
wesentlich und interessant erscheinende
Aspekte aus der relativ kurzen Geschichte
des heute als Namibia bekannten
Landstrichs im Südwesten Afrikas
hervorzuheben,
um dem geneigten Leser die Möglichkeit
zu einem verhältnismäßig umfassenden
Gesamtbild zu bieten.

1484

Der portugiesische König Johann II. (João II) beauftragt seinen Ritter und Seefahrer, Diogo Cão, mit der weiteren Erforschung des Seeweges um Afrika und verleiht ihm ein eigenes Wappen.

1485

Johann II. schlägt den Nürnberger Martin Behaim am *18. Februar* zum Ritter. Dieser wissenschaftliche Berater und Navigator Diogo Cãos fertigt den ersten Erdglobus an. Er ist im Germanischen Museum in Nürnberg ausgestellt.

Im selben Jahr geht Diogo Cão mit zwei Karavellen auf seine zweite Seereise nach Afrika. Martin Behaim begleitet ihn.

1486

Anfang des Jahres erreicht Diogo Cão ein kleines Kap an der südwestafrikanischen Küste. Er errichtet dort ein aus Portugal mitgeführtes Steinkreuz, ein Padrão, und tauft den Ort Cabo do Padrão, Kreuzkap.

1487

Am Heiligen Abend landet der portugiesische Seefahrer Bartolomeo Dias in einer kleinen Bucht an der südwestlichen Atlantikküste Afrikas. Er nennt sie Angra des Voltas (Bucht der Wiederkehr) und errichtet dort ein Padrão.

Mitte des 18. Jahrhunderts wird der Name Angra Pequeña (Enge Bucht) geläufig, so lange, bis der natürliche Hafen 1886 von der Deutschen Kolonial-Gesellschaft nach dem Tode des Adolf Lüderitz zu seinem Gedenken Lüderitzbucht getauft wird.

1670

Das holländische Schiff »Grundel« fährt auf Entdeckungsreisen an der Küste von Südwestafrika entlang.

1733

Kapitän Bart, ein Franzose, stellt die erste Landkarte von Angra Pequena und Umgebung zusammen.

1739

Holländische Jäger erreichen zum ersten Mal vom Kap der Guten Hoffnung aus den Oranje-Fluß.

1761

Eine Expedition von sechzehn Europäern und 68 Naman (Hottentotten) erreicht mit drei Ochsenwagen, von je zehn Ochsen gezogen, unter Führung von Heinrich Hoppe (1716–1771) am *5. Oktober* das heutige Warmbad. Ein Arzt, ein Landmesser und der aus Stolberg im Harz stammende deutsche Direktor des botanischen Gartens in Kapstadt, Johann Andreas Auge (1711–1805), gehören auch der Expedition an.

1778

Der Schwede Heinrich Jakob Wikar berichtet in seinen Tagebüchern ausführlich von Hereros, Owambos und anderen Stämmen im südwestlichen Afrika.

1779

William Paterson und Robert Gordon reisen mit einer Jagd- und Forschungsgesellschaft im Süden des südwestlichen Afrika. Gordon gibt dem großen Fluß den Namen »Oranje«, zu Ehren des holländischen Prinzen.

1791

Willem van Reenen und Johann Eisenlohr erreichen mit einer Gruppe von Jägern Swartmodder (heute: Keetmanshoop), wo sie den als ersten weißen Siedler dieses Gebietes bekannten William Visagie antreffen. Ein Teil der Jagdgruppe dringt noch bis zu den Auasbergen vor.

1793

Kapitän François Duminy von der »Meermin« ergreift am *26. Februar* im Namen der holländischen Krone Besitz von Walvis Bay.

1806

Die Brüder Christian und Abraham Albrecht errichten für die Londoner Missions-Gesellschaft im »Groß-Namaqualand« die erste Missionsstation und nennen sie Blyde Uitkomst.

1811

Der Bremer Johann Heinrich Schmelen geht für die Londoner Missions-Gesellschaft nach Südafrika.

1814

Schmelen gründet eine Missionsstation in Bethanien.

1824

Missionar Heinrich Schmelen durchquert als erster Europäer die Namibwüste entlang des Kuisebs.

1828

Kapitän Benjamin Morrell, ein Amerikaner, entdeckt die Insel Itchabo und die darauf vorhandenen reichen Guanoablagerungen.

1837

James Alexander unternimmt eine Expeditionsreise durch das südwestliche Afrika bis nach Walvis Bay.

1840

Die Rheinische Mission entsendet die Missionare Kleinschmidt und Budler nach Südafrika. Im *Mai* erreicht Heinrich Kleinschmidt (1812–1864) Komaggas im Namaland.

Jonker Afrikaner, Kapitän (Häuptling) des »Afrikanerstammes«, wird von dem alteingesessenen Stamm der Naman von Hoachanas zur Hilfe gegen die von Norden eingedrungenen Hereros gerufen, die ihr Vieh in der von den Naman beanspruchten Gegend weiden lassen und deren Existenz bedrohen. Jonker, etwa 1790 in Roode Zand bei Tulbagh in der Kapprovinz geboren, ging als Kind mit seinem Vater über den Oranje. Ihm war der Gebrauch der Feuerwaffen bekannt. Jonker Afrikaner, ein Nama, gründet in einem quellenreichen Tal in der Landesmitte Südwestafrikas die Niederlassung »Klein Winterhoek«. Er benennt den Ort nach dem Stammeszentrum seiner Vorfahren, dem Winterhoekberg bei Tulbagh. »Klein-Windhoek« und später »Groß-Windhoek«, heute Windhoek, die Landeshauptstadt, erhielten somit ihre Namen.

In diesem Jahr wird in den Urkunden zum ersten Mal eine Kupfergewinnung bei der Matchless-Mine erwähnt.

1841

Missionar Carl Hugo Hahn (1818–1895), ein Baltendeutscher aus Riga, geht für die Rheinische Mission ins Damaraland, um dort mit Jonker Afrikaner zusammenzuarbeiten.

1844

Mehr als 300 Segelschiffe ankern vor der Itchabo-Insel, um Guano zu laden. Etliche von ihnen versinken in den Stürmen, die um die Insel toben. Es werden über 300.000 Tonnen Guano dort abgebaut

In Walvis Bay lassen sich als erste europäische Siedler die Familien Dixon und Morris nieder.

Missionar Hahn baut in Otjikango im Hereroland eine Station auf, die er Neu-Barmen nennt.

1845

Missionar Kleinschmidt geht nach Rehoboth zur »Roten Nation«, einem Namastamm.

Heinrich Scheppmann gründet eine Missionsstation bei Rooibank.

Das erste ABC-Schulbuch in Nama wird von Missionar Knudsen gedruckt.

1846

Die Missionare Hahn und Johannes Rath lassen das erste Grammatik-Schulbuch in Herero drucken.

1849

Die Missionsstation Otjimbingwe wird am *9. Juli* von dem Missionar Rath (1816–1903) gegründet.

1850

Bei einem Überfall von Naman werden am *23. August* Hunderte von Hereros, Männer, Frauen und Kinder, in Okahandja hingemetzelt.

1851

Die beiden Forscher Sir Francis Galton und Charles John Andersson erreichen am *1. Juni* als erste Europäer die Etoschapfanne.

1855

In Scheppmannsdorf (Rooibank) entsteht die älteste Druckerei im Lande. Ihr erstes Druckerzeugnis ist der kleine Katechismus.

1857

Hahn reist zum ersten Mal in das Owamboland, muß aber vor den Eingeborenen flüchten.

Hahn veröffentlicht das erste Herero-Wörterbuch.

1858

F. da Costa Leal erforscht den unteren Lauf des Kunene.

1859

Auf der Suche nach der Quelle des Kunene-Flusses entdeckt Andersson am *18. März* den Okavango-Fluß.

1860

Als erster europäischer Siedler läßt sich David Radford in Angra Pequena nieder.

1863

Unter Kido Witbooi mit Sohn Moses und Enkelsohn Hendrik siedeln die Witbooi (ein Namastamm) von Pella am Kap nach Gibeon um.

1864

Hochkommissar Smythe aus Kapstadt läßt durch Dekret von seinem englischen Kapitän elf Inseln vor Südwestafrikas Küste für Großbritannien annektieren. Es waren dort wertvolle Guano-Ablagerungen entdeckt worden.

1865

Häuptling Kamaherero schließt einen Friedensvertrag mit den Topnaars (einem Namastamm).

1866

Missionar Hahn erreicht als erster Europäer den Kunene von Süden kommend. Im gleichen Jahr gründet er das Augustineum in Otjimbingwe.

1868

Kamaherero verspricht den Weißen in Otjimbingwe, sie zu beschützen und den Transport der Waren von Walvis Bay bewachen zu lassen.

Die ersten Basters, etwa 300 an der Zahl, überqueren von Südafrika kommend den Oranje-Fluß, um sich in Südwestafrika niederzulassen.

1870

Kapitän Jan Jonker Afrikaner und die Häuptlinge der Hereros, vertreten durch Oberhäuptling Kamaherero, unterschreiben am *23. September* einen Friedensvertrag. Die Missionare C. H. Hahn, Ph. Diehl und der Kaufmann C. Conrath sind als Zeugen zugegen. Ferner unterzeichnen dieses Dokument: David Christina, Jacobus Izaak, Kido Witbooi und der Kapitän der Rehobother, Abraham Swartbooi.

Die Wuppertaler Missionshandelsgesellschaft wird gegründet und beginnt ihre Tätigkeit in Otjimbingwe.

J. G. Schröder wird von der Rheinischen Missionskonferenz als Missionar für Jan Jonker und die Seinen bestimmt. In Klein-Windhoek erhält er ein Grundstück, baut darauf ein steinernes Haus und legt dort einen Zitrus- und Weingarten an.

Missionar G. Viehe läßt sich in Omaruru nieder und führt einen geregelten Schulunterricht für die Kinder der über 100 europäischen Siedler ein.

1872

Kamaherero verfaßt eine Petition in Englisch an den Gouverneur der Kap-Regierung, Sir Henry Barkley. Dieser soll bei den Feindseligkeiten der Naman intervenieren.

1873

Hahn verläßt die Rheinische Mission und wird Pfarrer in der St.-Martini-Kirche in Kapstadt.

Die Missionsstation Otjozonjupa wird von Missionar Beiderbecke am Waterberg gegründet.

1874

Die Missionskolonie und die Missionshandelsstation Otjimbingwe werden aufgelöst.

1876

Der britische Sonderkommissar für Nama- und Damaraland, Dr. William Coates Palgrave, ein Arzt, landet am *25. April* in Walvis Bay. Am *29. Juli* konferiert er in Neu-Barmen mit Kamaherero, Zeraua und dem Mbanderu-Häuptling Aponda (die Mbanderus gehören zum Stamm der Hereros). Thema: Protektion durch Großbritannien. Am *4. September* teilt Kamaherero Palgrave in Okahandja mit, daß er ihn als Landeschef und seinen Ratgeber wünsche.

Missionar Eduard Dannert gründet die Missionsstation und -schule Omburo.

1878

Am *12. März* annektiert Großbritannien die Walvis Bay. Commander R. C. Dyer hißt im Namen der englischen Königin die Flagge des britischen Königreiches.

1879

Jan Jonker Afrikaner läßt am *6. Januar* von Missionar J. G. Schröder eine Petition an die britische Regierung verfassen. Er will, daß das britische Königreich »unsere Nation, unsere Position und unsere Rechte übernimmt, damit wir ein ruhiges Leben haben«. Er schließt das Schreiben mit einer ominösen Note: »Sollten wir nicht unter britisches Recht fallen, werden wir verurteilt sein, unter die ›Rooi Nasie‹ (die Rote Nation) zu fallen.«

Dr. Theophilus Hahn veröffentlicht die erste Karte von Südwestafrika: »Original Map of Great Namaqualand and Damaraland«.

Palgrave fährt am *22. Januar* nach Kapstadt. Die beiden Söhne Kamahereros, Wilhelm und Samuel Maharero, reisen mit ihm.

1880

Die britische Regierung versagt Jan Jonker Afrikaner ihre Unterstützung und schickt Palgrave nach Südwestafrika zurück.

Missionar Schröder berichtet nach Barmen in Deutschland, daß die Hereros so weit nach Süden ziehen, daß Windhoek zu einer »Insel« wird.

39 Hereroposten mit 5000 bis 6000 Rindern verwüsten den Weidegrund Jan Jonkers derart, daß viele Naman vor Hunger sterben.

Zwischen den Stämmen der Hereros und der Naman kommt es am *23. August* zum Krieg.

Reichskanzler Fürst Bismarck bittet die englische Regierung um Schutz für die deutschen Missions-Niederlassungen in Südwestafrika. London antwortet, daß der Oranje-Fluß die Nordwestgrenze der Kap-Kolonie sei. England könne nicht für die Ereignisse außerhalb des britischen Hoheitsgebietes verantwortlich gemacht werden.

1881

Fabri, Inspektor der Rheinischen Mission, schreibt an das Auswärtige Amt in Deutschland. Er erinnert an die Verantwortung der Briten, die Europäer, insbesondere die deutschen Missionare, zu beschützen und fordert, ein deutsches Kriegsschiff in Walvis Bay zu stationieren.

1882

Der Bremer Kaufmann Adolf Lüderitz möchte eine Niederlassung an der Westküste Südwestafrikas errichten und fragt am *16. November* bei Reichskanzler Fürst Bismarck an, ob dieser das Projekt nebst zu kaufendem Land beschützen könne. Er bekommt eine Zusage »vorausgesetzt, seine Rechte kommen nicht mit Rechten anderer in Konflikt«.

1883

Der Bevollmächtigte von Lüderitz, Heinrich Vogelsang (21), verläßt an Bord der »Tilly« Bremen und erreicht nach 82 Tagen Seereise am *6. Januar* Kapstadt. Dort gibt ihm Dr. Theophilus Hahn Auskunft über Land und Leute Südwestafrikas.

Am *12. April* geht Vogelsang in der Bucht »Angra Pequena« an Land.

In der Zwischenzeit hat Bismarck die Pläne von Lüderitz der englischen Regierung mitgeteilt und fragt an, ob England in der Gegend der von Lüderitz vorgesehenen Niederlassungen Souveränitätsrechte ausübe oder auszuüben beabsichtige. Wenn ja, wäre er für britischen Schutz für die Firma dankbar. London antwortet ausweichend.

Vogelsang reist am *26. April* zu Kapitän Josef Frederik nach Bethanien und schließt mit dem Besitzer der Bucht von Angra Pequena am *1. Mai* für die Firma F. A. E. Lüderitz in Bremen einen Kaufvertrag ab für die Bucht und das umliegende Land, fünf Meilen nach allen Richtungen, für den Betrag von 100 £ in Gold und 200 Gewehren mit Zubehör.

GRUNDLEGENDE URKUNDEN IN WÖRTLICHER WIEDERGABE

Vertrag des Kapitäns Josef Frederiks von Bethanien mit der Firma F. A. E. Lüderitz in Bremen vom 1. Mai 1883.

Uebersetzung.

Verkaufsvertrag
zwischen dem Kapitän Joseph Fredricks einerseits und der Firma F. A. E. Lüderitz zu Bremen in Deutschland andererseits.

Heute am ersten Mai Achtzehnhundertdreiundachtzig (1883) hat Joseph Fredricks, Kapitän von Bethanien, als gegenwärtiger Besitzer der Angra Pequena Bay und des umliegenden Landes die erwähnte Bay Angra Pequena und das angrenzende Land in einer Ausdehnung von 5 Meilen (fünf) nach allen Richtungen hin an die Firma F. A. E. Lüderitz aus Bremen in Deutschland für den Betrag von (£ 100) hundert Pfund Sterling in Gold und 200 (zweihundert) Gewehre mit Zubehör verkauft und übergeben.

Mit dem Augenblicke der Unterzeichnung dieses Kauf- und Verkaufvertrages geht die erwähnte Bay Angra Pequena und die fünf Meilen Land in jeder Richtung hin in den Besitz der Firma F. A. E. Lüderitz aus Bremen über und bekennt zugleich der Verkäufer, die obenerwähnte Summe in Gold und Waren vom Käufer erhalten zu haben.

Bethanien, den 1. Mai 1883.

Unterzeichnet in Gegenwart von:

+ Kapt. Joseph Fredricks.   + Adam Lambert.
F. A. E. Lüderitz.   Daniel Fredrek.
Heinr. Vogelsang, Bevollmächtigter. + Ruben Fredricks.
                             J. Christian Goliath.
                             + David Fredricks.
                             A. de Jongh.
                             C. A. E. v. Pestalozzi.

Vertrag zwischen denselben Parteien vom 25. August 1883.

Uebersetzung.

Kaufvertrag
zwischen Kapitän Joseph Fredricks aus Bethanien, Gross-Namaqualand einerseits und F. A. E. Lüderitz zu Bremen in Deutschland andererseits.

Am heutigen Tage, den 25. August 1883 (Fünfundzwanzigsten August Eintausendachthundertdreiundachtzig) hat Kapitän Joseph Fredricks aus

GRUNDLEGENDE URKUNDEN IN WÖRTLICHER WIEDERGABE

Bethanien einen Teil seines Landes, nämlich die ganze Küste vom Grossen- (Groot) oder Orangefluss bis zum sechsundzwanzigsten Grad südlicher Breite mit Inbegriff aller Häfen und Baien, samt dem Hinterlande bis zu zwanzig geographische Meilen landeinwärts und zwar von jedem Punkt der Küste aus gerechnet an die Firma F. A. E. Lüderitz zu Bremen in Deutschland für 60 (sechzig) Wesley-Richard Gewehre und 500 £ (fünfhundert Pfund in Gold) verkauft und zum Eigentum übergeben.

Durch Unterzeichnung des Verkäufers erklärt derselbe gleichzeitig, dass er den oben bezeichneten Landkomplex übergeben und ebenso die 60 (sechzig) Wesley-Richard Gewehre und 500 £ (fünfhundert Pfund in Gold) empfangen hat.

Bethanien, den 25. August 1883.

Als Zeugen:

+ Josef Fredricks, Kapitän.   J. A. Bam, Rh. Miss.
F. A. E. Lüderitz,   C. A. E. von Pestalozzi.
Heinr. Vogelsang, Bevollmächtigter.   + Adam Lambers.
× Ruben Fredricks.
+ Jeftha Maltyo.
Daniel Fredreks.
J. Christian Goliath.
A. de Jongh.

Heinrich Vogelsang hißt am *12. Mai* die deutsche Flagge in Angra Pequena.

Ein Mitglied der Firma de Pass, Spence & Co., Kapstadt, David Redford, beansprucht Lüderitz' Besitz als sein Eigentum, das er 1863 von David Fredericks gekauft haben will.

Die Kap-Engländer Evenson und Willmer verkaufen ihre vom Topnaarkapitän Piet Haibib in Rooibank erhaltenen Minenrechte an die deutschen Bergbauunternehmer Scheidweiler und Hasenclever.

Am *25. August* schließt Heinrich Vogelsang mit Josef Fredericks zum Preis von 500 £ in Gold und 60 englischen Gewehren einen zweiten Kaufvertrag ab über den Küstenstreifen vom Oranje-Fluß nordwärts bis zum 26. Grad südlicher Breite mit einer Ausdehnung von 20 geographischen Meilen.

Franz Adolf Eduard Lüderitz landet am *11. Oktober* zum ersten Mal in Angra Pequena.

1884

Reichskanzler Fürst Bismarck fragt wiederholt in Noten und Telegrammen bei der britischen Regierung an, ob sie Besitzansprüche auf das gekaufte Gebiet stelle.

Am *24. April* schickt Bismarck an den deutschen Konsul in Kapstadt, Graf Münster, das Telegramm: »Nach Mitteilung des Herrn Lüderitz zweifeln die Kolonialbehörden, ob seine Erwerbungen nördlich des Oranje Anspruch auf deutschen Schutz haben. Sie wollen amtlich erklären, daß er und seine Niederlassungen unter dem Schutz des Reiches stehen. Gezeichnet von Bismarck.«

Hendrik Witbooi, Sohn des Namakapitäns Moses Witbooi, zieht am *14. Juni* als »gottbegnadeter Gesandter des Herrn« gegen die Ovaherero unter Häuptling Maherero ins Feld.

In einem Telegramm vom *14. Juli* erklärt Englands Kolonialminister, Lord Derby, die Anerkennung des Schutzes des Deutschen Reiches über Angra Pequena.

Die deutsche Flagge wird am *7. August* in Angra Pequena gehißt. Kapitän Herbig von der »Leipzig« nimmt die feierliche Handlung für den erkrankten Kommandanten der deutschen Korvette »Elisabeth«, Kapitän zur See Schering, vor. Er stellt somit den Besitz Lüderitz' unter den Schutz des deutschen Reiches. 21 Salutschüsse werden morgens um acht Uhr über dem Meer nördlich des Nautilushügels abgefeuert.

Das Kanonenboot »Wolf« hißt an der Swakopmündung am *12. August* die deutsche Flagge. Auch in Sandwichhafen und am Kap Frio werden deutsche Fahnen aufgezogen.

Am *19. August* wird ein weiterer Kaufvertrag zwischen dem Vertreter Lüderitz', Ludwig Koch, und dem Topnaarkapitän Piet Haibib für Landerwerbungen im mittleren Küstengebiet unterzeichnet.

Die englische Regierung erklärt in einer Note am *22. September*, daß Großbritannien Deutschland in allen Teilen der südwestafrikanischen Küste als Nachbarn begrüße.

Am *23. November* vereinbart der erste kaiserliche Generalkonsul, Dr. med. Gustav Nachtigal (er kam einen Monat vorher von der deutschen Kolonie Togo ins Land), einen Schutzvertrag mit Josef Fredericks von Bethanien und Piet Haibib von den Topnaars. Bereits am *11. Oktober* hatte sich Hermanus van Wyk, Kapitän der Rehobother Baster, unter deutschen Schutz gestellt.

Lüderitz errichtet Faktoreien in Kuibis, Bethanien und Aus.

1885

Am *30. April* wird die Deutsche Colonial-Gesellschaft gegründet.

In Lüderitzbucht wird ein Sonnenkondensator eingerichtet, der bis zu 100 l Frischwasser pro Tag produziert.

Adolf Lüderitz verkauft einen Teil seiner Besitzungen (eingeschlossen Minenrechte) für 500.000 Mark an die neue Deutsche Colonial-Gesellschaft für Südwestafrika.

Dr. Gustav Nächtigal stirbt am *20. April* an Bord der »Möwe« an Malaria.

Am *23. April* entsendet Bismarck Dr. jur. Heinrich Ernst Göring, vorher Amtsgerichtsrat in Metz, als Reichskommissar nach Südwestafrika; mit ihm Referendar Louis Nels als Kanzler und Polizeimeister Hugo von Goldammer. Das Kommissariat wird in Otjimbingwe eingerichtete

Missionar Pastor Büttner und Dr. Göring schließen Schutzverträge ab mit dem Hererohäuptling Manasse Tjeseseta in Omaruru, mit dem Häuptling Fritz in Hoachanas, den Rehobother Basters und schließlich am *21. Oktober* mit Kamaherero selbst.

Eine Gruppe von Transvaal-Buren, bekannt als die »Dorslandtrekker«, gründet in der Gegend um Grootfontein die Republik Upingtonia.

1886

Die in Upingtonia ansässigen Buren bitten Dr. Göring um den Schutz des Kaiserreiches. Ihr Führer, Jan Jordaan, war ermordet worden.

Durch einen Grenzregulierungsvertrag zwischen den Regierungen Deutschlands und Portugals wird die Nordgrenze des Schutzgebietes zwischen der Atlantikküste und dem 21. Grad östlicher Länge festgelegt.

Adolf Lüderitz und Steuermann Steingröver reisen am *20. Oktober* mit einem Faltboot von Ariesdrift zur Oranjemündung. Bei der Ausfahrt in den offenen Atlantik am *22. Oktober* setzt ein heftiger Sturm ein. Lüderitz und Steingröver sind von diesem Datum an verschollen.

1887

In der »Pot Mine« am unteren Kuiseb wird Gold gefunden.

Gemeinsam mit australischen Goldgräbern gründet die Deutsche Colonial-Gesellschaft für Südwestafrika in Kapstadt das Australische Bergbau Syndikat.

Später wird in Berlin das eigene Südwestafrikanische Goldsyndikat unter Führung des Bergingenieurs Dr. Gürich gegründet, dazu die Deutsch-Afrikanische Minen-Gesellschaft unter Vorsitz des Bergingenieurs Dr. Bernhard Schwarz.

Hendrik Witbooi, immer noch auf dem Kriegspfad, überfällt am *24. April* in Otjimbingwe die Hereros.

Christoph Hälbich treibt von Otjimbingwe Schlachtochsen nach Kapstadt.

Die Republik Upingtonia wird im *Juni* von den Dorslandtrekkers aufgelöst.

Wegen Witboois anhaltender Raubzüge schließt die Rheinische Mission im *Oktober* ihre Station in Gibeon.

Eugen von Brön errichtet eine Konservenfabrik in Sandwich Hafen.

1888

Namakapitän Moses Witbooi wird am *22. Februar* von seinem Schwager, Paul Visser, erschossen. Sein Sohn, der kriegerische Hendrik, wird Nachfolger. Nach Gefechten mit den Hereros kämpft er jetzt gegen ihm feindlich gesonnene Naman.

Reichskommissar Dr. Göring erläßt in Otjimbingwe das erste Berggesetz für Deutsch-Südwestafrika, die »Verordnung betr. das Bergwesen«. Eine Bergbehörde wird eingerichtet.

An Bord des englischen Schiffes »Venus« trifft am *2. Mai* die erste deutsche »Schutztruppe« ein: Leutnant Ulrich von Quitzow, die Unteroffiziere Grundmann und Böhsel, der Kaufmann Arnold Schad und Karl Höpfner. Dazu kommt später Leutnant von Steinäcker. Sie werden am Amtssitz der deutschen Regierung in Otjimbingwe stationiert.

Am *7. Juni* wird in Otjimbingwe das erste deutsche Postamt mit Anschluß an den Weltpostverein errichtet, und Polizeimeister Hugo von Goldammer wird zum Postmeister ernannt.

Dr. Göring trifft sich am *30. Oktober* in Okahandja mit Kamaherero und dem Engländer Robert Lewis. Kamaherero spricht den Deutschen Schutz- und Minenrechte ab und erklärt Lewis zu seinem Bevollmächtigten.

Bismarcks Versuch, die Verwaltung von Südwestafrika der Deutschen Colonial-Gesellschaft zu überlassen, bricht zusammen. Deren Kapital ist schon von 1.548.000 Mark auf 150.000 Mark geschrumpft.

Für 4000 Beuterinder kauft Hendrik Witbooi im *Dezember* dem Händler Robert Duncan Waffen und Munition ab.

1889

Das Augustineum der Rheinischen Mission wird von Otjimbingwe nach Okahandja verlegt.

Der Abgeordnete Bamberger schlägt im Berliner Reichstag vor, Südwestafrika aufzugeben. Bismarck sieht dazu keinen Anlaß.

Am *10. März* bezieht Hendrik Witbooi sein Kriegslager in Hornkranz.

Präses Brincker von der Rheinischen Mission bittet am *13. März* Bismarck um die dringende Entsendung von einer 400 Mann starken Truppe, sonst würden England oder die Kapregierung das »goldreiche« Land übernehmen.

Bismarck befragt erneut die britische Regierung, die versichert, nicht in Südwestafrika intervenieren zu wollen.

Eine Schutztruppe von 21 Mann, acht aktive Soldaten und 13 Freiwillige, trifft am *24. Juni* unter Führung von Leutnant Hugo von François auf dem englischen Frachtschiff »Clan Gordon« in Walvis Bay ein. In Teneriffa war sein Bruder, Hauptmann Curt von François, als Befehlshaber der Truppe zugestiegen.

Er errichtet am *7. Oktober* unweit von Otjimbingwe eine befestigte Station, die nach Fertigstellung den Namen Wilhelmsfeste erhält. Er will von hier aus den Waffenhandel auf dem Hauptwege, dem sogenannten »Baiweg« von Walvis Bay aus in das Landesinnere, kontrollieren.

In der Zwischenzeit bekämpft Hendrik Witbooi weiter alle feindlichen Naman im ganzen Land. Während seiner Kriege gegen Naman und Damaran greift Hendrik Witbooi keine Weißen an.

Am *10. August* wird Jan Jonker Afrikaner getötet. Sein Afrikaner-Stamm sucht Zuflucht bei den Hereros. Damit hört seine Geschichtsschreibung auf.

1890

Die Schutztruppe wird im *Januar* auf 50 Mann verstärkt.

Dr. Göring versucht, den Schutzvertrag mit Kamaherero zu erneuern. Zusammen mit Curt von François erneuert Göring den Schutzvertrag von 1885 mit Manasse und den anderen Hererohäuptlingen. Die Hereros bitten um Hilfe gegen Hendrik Witbooi.

1000 Pferde gehen an Pferdesterbe ein. Eine Lungenseuche-Epidemie vernichtet viele Rinder.

Reichskommissar Göring schreibt am *20. Mai* aus Okahandja einen Brief an Hendrik Witbooi und bittet ihn, Frieden zu machen und von Hornkranz nach Gibeon zu ziehen. Ferner teilt er mit, daß die Hereros wieder unter deutschem Schutz stehen.

Am *29. Mai* antwortet Witbooi abweisend und besteht auf seiner Unabhängigkeit. Am nächsten Tag schreibt er auch einen Brief an Kamaherero mit spöttischem Inhalt: »... Du nennst Dich Oberster Chef des Damaralandes ... aber mein lieber Kaptein, Du hast eine andere weltliche Macht anerkannt ...«

Kamaherero konnte ihm nicht mehr antworten. Er stirbt am *7. Oktober.* Sein Sohn Samuel wird Nachfolger.

Infolge eines deutsch-englischen Abkommens wird im *Juli* das deutsche Schutzgebiet um einen Korridor, der den Zugang zum Sambesi-Flußgebiet gewährleisten soll, erweitert. Dieser Korridor wird nach dem derzeitigen deutschen Reichskanzler »Caprivizipfel« genannt.

Am *1. Oktober* richtet das deutsche Auswärtige Amt in Berlin eine Kolonialabteilung ein.

Weitere Schutzverträge werden mit den Bondelswarts unter Willem Christian, den Tsaib und den Veldskoendraers abgeschlossen. Die Khauas-Hottentotten unter Andreas Lambert, die Simon-Koper-Naman und Hendrik Witbooi verweigern die deutsche Regierungshilfe.

Eine Lizenzverordnung für Waffen- und Munitionseinfuhr wird herausgegeben.

Hauptmann von François erreicht am *18. Oktober* mit seiner Truppe von 32 Mann von Tsaobis kommend Windhoek und beginnt dort sofort mit dem Bau einer Feste. Sie wird nach zwei Jahren fertig. Windhoek war ein herrenloses Gebiet zwischen den Hereros und Witbooi mit reichlich Wasser und einem für Europäer gesunden Klima.

Die Truppe baut den Ort aus, neun steinerne Wohnhäuser, Vorratsräume und Ställe entstehen, die Quellen werden eingefaßt, neue Wasserstellen in Klein- und Groß-Windhoek erschlossen, Gemüsegärten und eine Baumschule angelegt. Die Ruinen des schon 1871 von Missionar Schröder in Klein-Windhoek erbauten Hauses werden in Verteidigungszustand versetzt, Vorräte dort untergebracht. Die Hauptstadt des heutigen Namibia entsteht.

In das erweiterte Augustineum der Rheinischen Mission in Okahandja werden eingeborene Kinder aufgenommen.

1891

Unter Führung von Leutnant von Bülow landen im *Januar* weitere Schutztruppen-Soldaten in Sandwichhafen.

Hauptmann Curt von François wird im März zum stellvertretenden Reichskommissar ernannt.

Die Deutsche Colonial-Gesellschaft begräbt ihre Hoffnung, weiter Gold, Kupfer oder andere Bodenschätze in Südwestafrika zu finden, und plant jetzt, Auswanderer in der Kolonie anzusiedeln, um ein Absatzgebiet für deutsche Industrieprodukte zu schaffen.

G. Meyburg kauft im Auftrag der Colonial-Gesellschaft in der Kap-Kolonie Schafe. Das Auswärtige Amt Berlin gewährt hierfür 50.000 Mark.

Gleichfalls im Auftrag der Colonial-Gesellschaft errichtet der Landwirt Ernst Hermann in Kubub eine »Landwirtschaftliche Station für Wollschafzucht«.

Er pachtet für 20 Jahre das Nomtsas-Tal von dem Häuptling in Bethanien.

Deutsche Familien gründen in Otjimbingwe einen »Verein zur Förderung des deutschen Schulwesens«.

Die Woermann-Linie entsendet ihren ersten Dampfer nach Deutsch-Südwestafrika, um einen regelmäßigen Fracht- und Personenverkehr einzurichten.

Auf der Strecke Windhoek–Walvis Bay werden »Botenposten zu Fuß« (Briefträger) eingesetzt. Die Route folgt dem sogenannten »alten Baiweg« Windhoek–Brakwater–Daviddraai–Groß-Barmen–Klein-Barmen–Otjimbingwe–Walvis Bay. Die im allgemeinen pünktlichen Boten erhalten täglich ein Kilogramm Fleisch, ein Pfund Reis oder Mehl, dazu Kaffee, Tabak, Zucker und Streichhölzer. Ein Briefbeutel darf nicht mehr als 16 Kilogramm wiegen. Die Briefträger sind zwölf Tage unterwegs. Pakete und Zeitungen werden mit Ochsenwagen befördert.

Die Deutschen Albert Voigts, Gustav Voigts und Hermann Brandt wandern ein.

Assessor Köhler trifft im *Juni* als erster Richter in Deutsch-Südwestafrika ein.

Curt von François erhält den Titel »Landeshauptmann«. Er erläßt das Munitionseinfuhrverbot.

Im *Dezember* werden das Reichskommissariat und die Verwaltung von Otjimbingwe nach Windhoek verlegt.

1892

Die Deutsche Colonial-Gesellschaft gründet am *25. März* das Südwestafrikanische Siedlungssyndikat. Der Kanzler bringt als Schenkung Klein-Windhoek und das angrenzende Weideland mit ein.

Von den entlassenen Soldaten der Schutztruppe bleiben 26 als Handwerker im Land.

Die ersten Einwanderer siedeln sich in Klein-Windhoek an.

Am *9. Juni* findet eine ergebnislose Unterredung zwischen von François und Witbooi statt. Letzterer weigert sich, die deutsche Schutzherrschaft anzunehmen. Seine Haltung ist aus einem Brief an seinen alten Lehrer Missionar Olpp vom *3. Januar 1890* zu verstehen: Am 23. August 1880 vernahm Witbooi auf dem Weg nach Hause in der Schlucht von Kanighuka eine Stimme, die ihn zum prophetischen Führer seines Volkes machte. Er betrachtet Gibeon als temporären Aufenthaltsort und will mit seinem Volk weiter nach Norden in das noch zu suchende Land ziehen. Er verlangt freien Durchzug durch das Hereroland, damit er einen neuen Wohnplatz finden könne, wo die Natur ergiebiger sei als im kargen Gibeon. Ferner brauche er keinen Schutz, da er keine Gefahr sehe. Das Munitionseinfuhrverbot betrachte er als ein Unrecht.

Die beiden Brüder von François bereisen in den Jahren 1890 bis 1892 ganz Deutsch-Südwestafrika und fertigen Landkarten an.

Die Deutsche Reichsregierung verleiht der Londoner South West Africa Company (Kapital 2 Mio. £) am *18. August* umfangreiche Land- und Minenrechte im Norden. Für die Zuteilung von 13.000 km² muß sich die Gesellschaft verpflichten, eine Bahn von einem Hafen an der Atlantikküste zum Owamboland zu bauen und innerhalb von vier Jahren mindestens 600.000 Mark in die deutsche Kolonie zu investieren.

1472 Wollschafe kommen auf die Versuchsstation in Kubub.

Landeshauptmann Curt von François richtet am *12. September* in der Tsoachaubmündung eine Station ein. Swakopmund entsteht.

Im *November* schließt Hendrik Witbooi nach vorangegangenen Feindseligkeiten Frieden mit Samuel Maharero.

Unter der Firmenbezeichnung Wecke & Voigts wird in Okahandja am *3. September* von den Brüdern Gustav und Albert Voigts ein Geschäft gegründet.

In Swakopmund wird Eugen von Brön als erster Hafenmeister eingestellt, zu einer Zeit, als dort noch Landungsversuche unternommen wurden.

1893

Der deutsche Meteorologe Dr. Dove richtet in Windhoek eine Wetterbeobachtungsstation ein und studiert im Auftrag der Colonial-Gesellschaft Wasser- und Weideverhältnisse im Khomashochland.

Mit dem Dampfer »Carl Woermann« trifft eine Verstärkung von Schutztruppen-Soldaten (Offizier Leutnant Schwabe, Truppenarzt Dr. Richter, vier Lazarettgehilfen, 21 Unteroffiziere und 189 Mannschaften) in Walvis Bay ein. Ihr Vertrag läuft über drei Jahre. Die Neuankömmlinge marschieren in zwölf Tagen zu Fuß nach Windhoek.

Hendrik Witbooi raubt 150 Pferde der Deutschen.

François greift mit seiner Truppe Witbooi in Hornkranz an und besetzt die Bergfestung.

Die ersten beiden Rot-Kreuz-Krankenschwestern kommen aus Deutschland an.

Hendrik Witbooi überfällt im *Juni* mit 200 Mann Windhoek.

Im *August* überfällt Witbooi 17 Frachtwagen von Schmerenbeck bei Diepdaal und Horibes im Swakoptal.

120 Schutztruppen-Soldaten (mit zwei Geschützen) und 40 Siedler an Bord der »Marie Woermann« landen am *23. August* in Swakopmund.

Im *Oktober* wird im Bezirk Gobabis ein weißer Händler von den Khauas ermordete

Die Witbooi-Naman überfallen am *6. November* die Schafzuchtfarm Kubub, zerstören sie völlig und rauben das Vieh. Farmleiter Ernst Hermann flieht nach Lüderitzbucht. Sachschaden: 100.000 Mark.

1894

Major Theodor Leutwein kommt am *1. Januar* aus Deutschland in Swakopmund an.

Dr. Hammacher fordert im Reichstag die Ablösung von François'.

Am *24. Februar* ziehen Major Leutwein, Leutnant von François und Leutnant von Zieten mit 100 Mann ins Gebiet des Kapitäns Andries Lambert am Nossob. Er wird wegen Beteiligung an dem Mord an dem Händler aus dem Bezirk Gobabis und wegen Ausraubens der Bechuanen-Siedlung bei Aais vor Gericht gestellt, verurteilt und hingerichtet. Sein Bruder und Nachfolger Eduard akzeptiert einen Schutzvertrag.

Auch Simon Koper, den Kapitän der Franzmann-Hottentotten in Gochas, zwingt Leutwein zum Schutzvertrag.

Durch kaiserliche Kabinettsorder erhält jetzt die Schutztruppe die amtliche Bezeichnung: Kaiserliche Schutztruppe für Deutsch-Südwestafrika.

Samuel Maharero gerät in Streit mit dem Feldhauptmann der Hereros, Riarua, und geht von Okahandja nach Osona. Er bittet Leutwein um Unterstützung. Leutwein besetzt Okahandja und gründet dort eine Militärstation. Währenddessen laufen Verhandlungen zwischen Hendrik Witbooi und Leutwein in Form von freundlichen Briefen.

Unter Führung von Hauptmann Ludwig von Estorff treffen am *18. Juni* mit der »Julia Bohlen« 200 deutsche Soldaten zum ersten Mal auf der freien Reede vor Swakopmund ein.

Der Frauenverein für Krankenpflege in deutschen Kolonien richtet in Windhoek ein Lazarett ein.

Leutwein kämpft am *27. August* in der Naukluft gegen Witbooi.

Am *3. September* wird die erste Schule in Windhoek eröffnet: Die Lehrerin, Fräulein Helene Nitze, unterrichtet elf Schüler.

Anfang *September* finden Friedensverhandlungen zwischen Major Leutwein und Namaführer Witbooi statt. Am *18. September* anerkennt Witbooi die deutsche Schutzherrschaft.

Landeshauptmann Major Curt von François verläßt Südwestafrika. Major Theodor Leutwein wird sein Nachfolger.

Der Abbau von Guano und der Robbenschlag beginnen am Kreuzkap.

Ein Bezirksamt wird in Windhoek unter Bergrat Duft und in Keetmanshoop unter Dr. Golinelli eröffnet.

Swakopmund hat 19 Einwohner.

John Ludwig baut in seinen Gartenanlagen in Klein-Windhoek als erster Wein- und Obstpflanzungen an und richtet eine eigene Weinkellerei ein.

1895

Nach dem Sieg über Hendrik Witbooi und Verträgen mit den Hereros leben die Deutschen in einer Pufferzone zwischen Naman und Hereros.

Dr. Max Rhode entwirft den ersten Bebauungsplan Swakopmunds.

100 neue Soldaten für die Schutztruppe treffen am *9. April* auf dem Dampfer »Jeanette Woermann« in Swakopmund ein.

In Windhoek wird ein Schützenverein gegründet.

Richter Dr. Friedrich von Lindequist als Vertreter Leutweins schließt im Nordwesten einen Schutz- und Freundschaftsvertrag mit den im Kaokoveld und bei Zesfontein lebenden Topnaars ab.

1896

Pfarrer Siebe gründet am *20. Januar* in Windhoek die deutsche evangelische Kirchengemeinde.

Major Leutwein verhandelt mit den Westhereros von Okahandja unter ihrem Häuptling Samuel Maharero und mit den Osthereros unter ihrem Chef Nikodemus über deren getrenntes Weideland. Nikodemus ist mit den Grenzen nicht einverstanden.

Im *März* greifen die Khauas zusammen mit Nikodemus und Kahimemua die Deutschen bei Gobabis an. Leutnant Lampe fällt mit all seinen Reitern.

Eduard Lambert, der Kapitän der Khauas, wird im Kampf getötet, Kahimemua und Nikodemus werden vor ein Kriegsgericht in Okahandja gestellt und am *13. Juni* hingerichtet.

Der Reichskanzler erläßt eine Verordnung über die Strafgerichtsbarkeit für Eingeborene in Südwestafrika.

Gustav Voigts kauft im Grenzland Otjituezu 22.000 ha Boden und nennt das Gebiet Voigtskirch.

Die Deutsche Colonial-Gesellschaft richtet bei der Spitzkoppe unter Leitung von Landwirt Carl Schlettwein einen Farmbetrieb ein.

Präfekt Nachtwey baut für die katholische Mission die ersten Stationen in Windhoek und Swakopmund.

In Swakopmund trifft im Juli ein Truppentransport mit 17 Offizieren, 407 Unteroffizieren und Reitern ein.

In Südwestafrika leben 2628 Weiße.

In Nonidas, Husab, Ururas, Grootfontein und Outjo werden Militärstationsgebäude errichtet.

Die Swartbooi-Nama planen einen Anschlag auf deutsche Reiter in Franzfontein. Bezirkshauptmann von Estorff kann sie entwaffnen. Kapitän David Swartbooi und seine Rädelsführer kommen in Windhoek und Outjo ins Gefängnis.

Wege und Straßen werden auf den folgenden Strecken gebaut oder verbessert: zwischen Groß-Barmen und Otjiseva, zwischen Okahandja und Otjisazu, Keetmanshoop und Lüderitzbucht.

Farmer C. Walser auf Ukamas baut eine Musterfarm mit einem eigenen Damm.

Bei einer Versteigerung von 3405 Rindern erzielen Kühe einen Durchschnittspreis von 30 Mark.

An der Wegstrecke Swakopmund–Windhoek werden die Brunnen in Heighamkab, Usab, Modderfontein, Quaiputs, Sneyrivier, Okapuka und Brakwater ausgebaut.

Eine Zollverordnung tritt am *1. Dezember* in Kraft.

In Windhoek leben 180 Menschen.

Am *4. Dezember* wird eine katholische Mission in Windhoek von Ordensmitgliedern der »Oblaten der Makellosen Jungfrau Maria« gegründet.

1897

Die Rinderpest bricht aus. Mit Unterstützung der Schutztruppe und den Stabsärzten Dr. Kohlstock und Dr. Kühn werden rund 80.000 Rinder durch Impfung nach der Kochschen Methode gerettet.

Während der Rinderpest kauft die Regierung in Kapstadt 1000 Pfund Saatweizen und gibt ihn zum Selbstkostenpreis an Weiße und Eingeborene ab.

Zur Rinderpest kommen noch die Pferdesterbe und die Lungenseuche hinzu. Um entsprechende Impfstoffe zu finden, wird die Rinderpest-Station Gammams zu einer bakteriologischen Versuchsstation ausgebaut.

Im Schutzgebiet gibt es jetzt zwölf Poststationen mit dem Hauptpostamt in Windhoek.

Zwischen dem *1. Juli 1896* und dem *30. Juni 1897* werden insgesamt 147.154 Briefe verschickt, 1906 Pakete und 12.681 abonnierte Zeitungen ausgeliefert.

Durch Kaiserliche Verordnung wird ab dem *30. März* im Schutzgebiet die Wehrpflicht geregelt.

Von *Dezember 1896* bis *März 1897* haben die Zolleinnahmen 221.025,30 Mark betragen.

Die Schutztruppe besteht jetzt aus 747 Mann, davon sind 31 Offiziere. Ihr stehen 907 Pferde zur Verfügung (128 sind durch die Pferdesterbe eingegangen); dazu kommen 811 Zug- und Reitochsen.

In Swakopmund landet am *10. September* das erste Eisenbahnbaukommando mit entsprechendem Baumaterial. Schon nach zwei Monaten sind die ersten zehn Kilometer Strecke bis Nonidas fertig. Dies ist der Baubeginn der Schmalspurbahn von Swakopmund nach Windhoek.

Die Colonial-Gesellschaft errichtet in Lüderitzbucht die erste Landungsbrücke an der Küste und stellt ei-

GRUNDLEGENDE URKUNDEN IN WÖRTLICHER WIEDERGABE

Schutz- und Freundschaftsvertrag zwischen dem Kaiserl. Kommissar Dr. Göring und Maharero, d. d. Okahandja, den 21. Oktober 1885.

Seine Majestät der Deutsche Kaiser, König von Preussen etc. Wilhelm I. im Namen des Deutschen Reichs, einerseits,
und
Maharero Katyamuaha, Oberhäuptling der Hereros im Damaralande, für sich selbst und seine Rechtsnachfolger,
haben den Wunsch, einen Schutz- und Freundschaftsvertrag abzuschliessen.

Zu diesem Zwecke sind der Kaiserlich Deutsche Reichskommissar für das südwestafrikanische Schutzgebiet Dr. jur. Heinrich Ernst Goering und der Pastor Karl Gotthilf Büttner, beide von Seiner Majestät dem Deutschen Kaiser in guter und gehöriger Form bevollmächtigt, mit dem Oberhäuptling Maharero Katyamuaha unter Zustimmung der mitunterzeichneten Unterhäuptlinge und Räte über nachstehende Artikel übereingekommen.

Artikel 1.

Der Oberhäuptling Maharero, von dem Wunsche geleitet, die freundschaftlichen Beziehungen, in denen er und sein Volk seit Jahren mit den Deutschen gelebt, zu befestigen, bittet Seine Majestät, den Deutschen Kaiser, die Schutzherrlichkeit über ihn und sein Volk zu übernehmen. Seine Majestät der Deutsche Kaiser nimmt dieses Gesuch an und sichert dem Maharero seinen Allerhöchsten Schutz zu.

Als äusseres Zeichen dieses Schutzverhältnisses wird die Deutsche Flagge gehisst.

Artikel 2.

Der Oberhäuptling der Hereros verpflichtet sich, sein Land oder Teile desselben nicht an eine andere Nation oder Angehörige derselben ohne Zustimmung Seiner Majestät des Deutschen Kaisers abzutreten, noch Verträge mit anderen Regierungen abzuschliessen ohne jene Zustimmung. Dagegen will Seine Majestät der Deutsche Kaiser die von anderen Nationen oder Angehörigen derselben mit Oberhäuptlingen und Häuptlingen der Hereros früher abgeschlossenen und zu Recht bestehenden Verträge respektieren.

Artikel 3.

Der Oberhäuptling sichert allen Deutschen Staatsangehörigen und Schutzgenossen für den Umfang des von ihm beherrschten Gebietes den vollständigsten Schutz der Person und des Eigentums zu, sowie das Recht und die Freiheit in seinem Lande zu reisen, daselbst Wohnsitz zu nehmen, Handel und Gewerbe zu treiben.

Die Deutschen Staatsangehörigen und Schutzgenossen sollen in dem dem Maharero gehörigen Gebiete die bestehenden Sitten und Gebräuche respektieren, nichts tun, was gegen die deutschen Strafgesetze verstossen würde und diejenigen Steuern und Abgaben entrichten, welche bisher üblich waren.

Dagegen verpflichtet sich Maharero in dieser Beziehung keinen Angehörigen einer anderen Nation grössere Rechte und Vergünstigungen zu gewähren, als den deutschen Staatsangehörigen.

Artikel 4.

Alle Rechtsstreitigkeiten zwischen Hereros unter sich sowie die von ihnen gegen einander begangenen Vergehen und Verbrechen unterliegen der Gerichtsbarkeit der Landeshäuptlinge.

Dagegen sind die im Hererolande sich aufhaltenden deutschen Staatsangehörigen und Schutzgenossen bei Rechtsstreitigkeiten unter sich sowie in Bezug auf von ihnen gegen einander begangene Vergehen und Verbrechen der deutschen Jurisdiktion unterworfen, über deren Organisation die deutsche Regierung nähere Bestimmung treffen wird.

Die Feststellung der Gerichtsbarkeit hingegen in Bezug auf Rechtsstreitigkeiten zwischen deutschen Staatsangehörigen und Schutzgenossen einerseits und Hereros andererseits sowie bei Vergehen und Verbrechen von deutschen Staatsangehörigen und Schutzgenossen gegen Hereros oder umgekehrt bleibt einer besonderen Vereinbarung zwischen der Regierung Seiner Majestät des Deutschen Kaisers und den Häuptlingen im Hererolande vorbehalten.

Bis eine solche Vereinbarung getroffen sein wird, sollen vorkommende Rechtsfälle der letzten Art von dem Kaiserlichen Kommissar oder dessen Stellvertreter unter Zuziehung eines Ratsmitglieds entschieden werden.

Artikel 5.

Der Oberhäuptling Maharero verpflichtet sich, möglichst zur Erhaltung des Friedens im Damaralande selbst und zwischen diesem und den Nachbarländern beizutragen und bei etwaigen Streitigkeiten mit seinen Unterhäuptlingen oder mit anderen Häuptlingen der Nachbarländer die Vermittlung oder Entscheidung der Kaiserlich deutschen Regierung beziehungsweise des Kaiserlichen Kommissars anzurufen.

Der vorstehende Vertrag ist im Hause des Missionars Diehl zu Okahandja am 21. Oktober 1885 in doppelter Ausfertigung von den Bevollmächtigten Seiner Majestät des Deutschen Kaisers, sowie von Maharero und den an-

GRUNDLEGENDE URKUNDEN IN WÖRTLICHER WIEDERGABE

wesenden Unterhäuptlingen, Räten und Grossen unterzeichnet resp. unterkreuzt worden, nachdem der als Dolmetscher fungierende Missionar Diehl denselben in die Landessprache wörtlich übersetzt und sämtliche anwesende Hereros erklärt hatten, alles wohl verstanden zu haben. Desgleichen haben der Dolmetscher, die nachstehenden Zeugen und der Sekretär mitunterschrieben.

gez. Dr. jur. H. E. Goering,	gez. ⨯ Handzeichen des	Maharero
Kaiserlich deutscher Kommissar des Reichs		Katyamuaha.
für das südwestafrikanische Schutzgebiet.	„ ⨯ „	„ Kaviseri,
gez. C. G. Büttner,	„ ⨯ „	„ Riarua,
Als Zeugen.	„ ⨯ „	„ Martin,
gez. Wilhelm,	„ ⨯ „	„ Nicodemus,
„ Josophat,	„ ⨯ „	„ Simuinya
„ August Lüderitz,		Samuel,
„ Ph. Diehl, als Dolmetscher,	„ ⨯ „	„ Johannes,
„ gez. Nels, Sekretär.	„ ⨯ „	„ Barnabas
		Daniel,
	„ ⨯ „	„ Mavekapo.

Die Richtigkeit der Abschrift bescheinigt

Okahandja, den 23. Oktober 1885

gez. Dr. Goering.

Erklärung des Maharero vom 24. Oktober 1885.

Ich, Maharero, Oberhäuptling der Hereros, mit Zustimmung meines Rates und Unterhäuptlingen, gebe der Deutschen Kolonial-Gesellschaft für Südwest-Afrika, vertreten durch Herrn August Lüderitz, das alleinige Recht, in den bis jetzt noch nicht vergebenen Teilen meines Reiches nach Erz zu suchen und ferner zu bearbeiten, und behalte mir das Recht vor die etwa sich findenden Minen in diesen, sowie in den andern Teilen meines Reiches

GRUNDLEGENDE URKUNDEN IN WÖRTLICHER WIEDERGABE

von mir und den Vertretern des Deutschen Reiches, nach den deutschen Berggesetzen zu behandeln oder zu regeln.

Okahandya, Oktober 24. 1885.

+ Maharero.
+ Semundya.
+ Kavezeri.
Samuel.
Daniel.

Verhandelt Okahandya, den 26. Oktober 1885.   + Martin.

Vor dem unterzeichneten Kommissar erschienen die mir von Person bekannten
1. Der Oberhäuptling der Herero Maharero.
2. Semundya
3. Kovezeri
4. Samuel   Räte
5. Martin
6. Daniel

gegen deren Verfügungsfähigkeit kein Bedenken obwaltet, legten das vorstehende Schriftstück vor und erklärten mit dem Antrage auf Beglaubigung, dass sie die darunter befindlichen Unterschriften resp. Handzeichen zum Zeichen der Genehmigung eigenhändig vollzogen haben. In Gegenwart der herbeigerufenen Zeugen
1. Missionar Phil. Diehl
2. Lehrer Wilhelm

wurde vorstehendes Protokoll den Kontrahenten vorgelesen, worauf alle, wie folgt, unterschrieben haben.

+ Maharero.
+ Semundya.
+ Kavezeri.
+ Martin.
Samuel.
Daniel.

Dass die Verhandlung so, wie sie niedergeschrieben ist, stattgefunden hat wird hier bescheinigt.

Der Kaiserlich Deutsche Kommissar
für das südwestafrikanische Schutzgebiet.
Dr. H. E. Goering.

Gebühr, Position 6 c des Tarifs 9 M.
Erhalten

(L. S.)   Nels.

nen Kondensator für die Wasserversorgung auf, der aus Salzwasser Süßwasser gewinnt.

1898

Den Witbooi-Naman wird durch kaiserliche Verordnung das Gebiet um Rietfontein und Kalkfontein mit einer Fläche von 120.000 ha als Reservat zugewiesen.

Major Leutwein wird am *22. April* zum »Kaiserlichen Gouverneur von Deutsch-Südwestafrika« ernannt.

Der Rechtsanwalt Georg Wasserfall gründet am *12. Oktober* in Windhoek die erste Zeitung unter dem Namen »Windhuker Anzeiger«.

1899

Im Januar beginnt der Bau einer Telegraphenleitung von der Küste zur Landeshauptstadt Windhoek.

In Swakopmund wird am *13. April* eine Telegraphendienststelle mit Anschluß an das internationale Unterseekabel von Kapstadt nach England in Betrieb genommen. Telegramme können jetzt aus Deutschland empfangen werden.

Otto Günther gründet in Swakopmund einen Turnverein.

347 Schutztruppler kommen am *24. Mai* nach Südwestafrika.

Am *1. Juni* findet in Windhoek die erste landwirtschaftliche Ausstellung statt.

Die Rheinische Missionskirche in Bethanien wird eingeweiht.

Im *September* wird mit dem Bau der Swakopmunder Mole begonnen.

Auf Achenib bei Kowas, östlich von Dordabis, werden am *14. Oktober* die beiden Farmer Gustav Clasen und Emil Dürr von Khauas-Hottentotten ermordet.

Das Gouvernement importiert zwanzig Kamele aus dem Sudan.

1900

In Otjituesu wird am *21. Januar* die neue Kirche der Rheinischen Mission eingeweiht.

Die Militärfestungen Namutoni und Okaukuejo werden gebaut.

Gustav Thomas gründet in Windhoek einen Turnverein.

Braumeister Jauch errichtet in Swakopmund die erste Brauerei unter dem Namen »Bavaria-Brauerei«.

Mit einem Betriebskapital von 133.000 Mark baut die in Deutschland gegründete Südwestafrikanische Schäfereigesellschaft die Farmen Orab, Narris, Dabib, Dassiesfontein, Garis, Gurus, Witvley und Nauchab.

Der Bankbetrieb und die Geldvermittlung werden erstmalig zwischen Deutschland und Südwestafrika aufgenommen.

In Gibeon wird eine deutsche Schule mit Schülerheim errichtet.

Unter Vorsitz von Geheimrat von Hansemann wird am *6. April* die Otavi-Minen- und Eisenbahn-Gesellschaft (O.M.E.G.) gegründet. Anfangskapital: Eine Million Mark. Sie wird knapp ein Jahr später, am *14. Februar 1901*, als Kolonialgesellschaft bestätigt. Laut dem in London abgeschlossenen Vertrag zwischen der Discounto-Gesellschaft, Berlin, der South West Africa Company Limited und der Exploration Company Limited, beide London, verpflichtet sich die O.M.E.G., Untersuchungen über den Umfang des Kupfererzvorkommens im Otavigebiet vorzunehmen und den Bau einer Eisenbahnstrecke von den Minen zur Küste vorzubereiten.

Von 107 entlassenen Schutztrupplern lassen sich 50 im Land nieder.

In Lüderitzbucht werden die Hafenanlagen ausgebaut.

Die Bahnstrecke von Swakopmund nach Windhoek erreicht Karibib. Der erste Zug trifft am *1. Juni* ein. Dieses Datum ist gleichzeitig der Gründungstag Karibibs.

Ende des Jahres setzt sich die Schutztruppe wie folgt zusammen: 33 Offiziere, acht Ärzte, sieben Zahlmeister, 710 Unteroffiziere und Reiter. Weiße Zivilbevölkerung: 3643.

1901

Die deutsche Reichspost legt Anfang des Jahres auf die Leitungsmasten der Eisenbahnlinie eine Dreimillimeter-Bronzedrahtleitung für den Morse- und Fernsprechdienst. Kosten: 84.497 Mark, das sind für einen Kilometer 221,80 Mark.

Swakopmund bekommt ein Bahnhofsgebäude mit Stilelementen der Renaissance.

Die Herero-Häuptlinge in der Gegend um Otjihenena beschweren sich im August in einem Brief (geschrieben von Missionar Lang) beim Gouverneur über Farmverkäufe an deutsche Farmer.

Am *1. Oktober* wird in Swakopmund das erste Ortsfernsprechnetz eingerichtet.

Rechtsanwalt Georg Wasserfall zieht im *Oktober* von Windhoek nach Swakopmund und bringt hier das Wochenblatt »Deutsch-Südwestafrikanische Zeitung« heraus. Der »Windhuker Anzeiger« hört auf zu bestehen.

Die neue Heliographenverbindung zwischen Windhoek und Keetmanshoop wird am *9. Dezember* dem Verkehr übergeben.

1902

Mit den Heliographen-Signalapparaten werden auch Verbindungen in den Norden, und zwar von Karibib aus über Omaruru, Okowakuatjivi (Kalkfeld), Etaneno bis Outjo hergestellt.

Die Katholische Mission errichtet in Aminuis eine neue Station.

Am *19. Juni* ist die Staatsbahn fertig. Der erste Personenzug aus Swakopmund trifft in Windhoek ein.

Das Gouvernement importiert 181 Angoraziegen und drei Böcke.

Swakopmund erhält ein Lazarett, das nach seiner Schirmherrin, der Frau des bayerischen Thronfolgers, Prinzessin-Rupprecht-Heim benannt wird.

In Swakopmund wird ein Leuchtturm, 11 m hoch, erbaut.

Farmer und Kaufleute gründen am *4. August* in Gibeon eine Genossenschaft, der am *8. Oktober* die Gründung einer Spar- und Darlehenskasse in Gibeon folgt.

In Okahandja wird am *22. September* eine Reichstelegraphendienststelle eröffnet.

Die amtliche Schätzung erfaßt den Viehbestand der Hereros mit 46.000 Tieren.

In Südwestafrika leben jetzt 4682 Weiße, davon 825 Schutztruppler.

Die Finnische Mission baut eine Klinik in Onayena.

In Keetmanshoop, Grootfontein und Swakopmund werden deutsche Schulen errichtet.

Am *22. Dezember* bekommt Windhoek als »Weihnachtsgeschenk« ein Ortsfernsprechnetz.

1903

Baubeginn der Otavibahn.

Die O.M.E.G. macht von ihrem Optionsrecht Gebrauch und erhöht ihr Aktienkapital auf 20 Mio. Mark. Teilhaber werden die Deutsche Bank, Privatbanken wie S. Bleichröder und Von der Heydt & Co. Berlin, die Norddeutsche Bank, Dr. Scharlach und E. Woermann in Hamburg, Sal. Oppenheimer jr. & Co., Köln, die Banque d'Autre Mer, Brüssel, Wernher Beith & Co., A. Goerz & Co. Limited und Edmund Davis, London. Von den 200.000 Anteilen zu je 100 Mark übernimmt die South West Africa Company 80.000 Anteile.

In Swakopmund wird die Mole eingeweiht.

Auf dem Gouvernementsgestüt Nauchas befinden sich *Ende März* 188 Zuchtstuten und Fohlen sowie elf Landbeschäler. Auf dem Pferdeposten Areb stehen 160 Pferde.

Die amtliche Viehzählung ergibt: 40.000 Rinder bei den Weißen, 50.000 Rinder bei den Eingeborenen, 183.000 gewöhnliche Schafe, 4200 Wollschafe, 160.000 Ziegen, 5300 Pferde, 88 Maultiere, 900 Esel, 690 Schweine und drei Kamele.

Die Rheinische Mission weiht eine neue Kirche in Windhoek ein.

Das Otjisongati-Syndikat wird zur Prospektierung des Kupferlagers bei Okahandja gegründet.

Laut Erlaß des Gouverneurs gelten die Schulden der Hereros ab dem *1. April 1903* nach einem Jahr als verjährt, um der zunehmenden Verschuldung und der damit verbundenen Landverluste seitens der Hereros entgegenzuwirken.

Die Katholische Mission gründet eine neue Station in Epukiro.

Kambazembi, der reiche Häuptling vom Waterberg, stirbt. Sein Nachfolger wird David Kaonjonga.

Dr. Paul Rohrbach kommt als Regierungskommissar für das Ansiedlungswesen nach Südwestafrika.

Die Berliner Firma Arthur Koppel beginnt im *Oktober* mit dem Bahnbau nach Tsumeb.

Karibib bekommt eine deutsche Schule.

Die Gesamtzahl der Schutztruppe beträgt 770 Mann, davon sind 270 zur Polizei abkommandiert.

Die Gesamtzahl der Hererokrieger wird auf rund 8000 Mann mit ungefähr 2500 Gewehren geschätzt.

Okahandja bekommt ein Ortsfernsprechnetz.

Die Bondelswarts widersetzen sich der Waffenverordnung, wonach jede Waffe im Besitz von Eingeborenen abgestempelt werden soll. Bei dem Versuch der Durchführung dieser Verordnung werden Bezirksamtmann Leutnant Jobst, seine Begleiter und der Bondelskapitän Willem Christian von den Bondelswarts getötet. Unter Führung von Kapitän Johannes Christian erhebt sich der Stamm gegen die Deutschen. Das Kriegsgebiet erstreckt sich vom Oranjefluß bis zu den Karasbergen.

Gouverneur Leutwein erteilt am *19. November* den im Land ansässigen Buren die Genehmigung, eigene Schulen mit holländischer Unterrichtssprache einzurichten und eigene Kirchengemeinden zu gründen.

Am *27. Dezember* Waffenstillstand zwischen Deutschen und Bondelswarts.

In ganz Südwestafrika gibt es nur 712 weiße Frauen.

1904

In Waterberg kaufen die Hereros am *11. Januar* alle Geschäfte »ohne Barzahlung« leer, besonders Sättel und Decken sind gefragt.

Unerwartet bricht am *12. Januar* der »Herero-Aufstand« aus.

Innerhalb weniger Tage töten die Hereros 123 Deutsche, plündern Farmhäuser, stecken sie in Brand und treiben die Rinder fort. Dann greifen sie die Stationen der Schutztruppe in Okahandja, Omaruru, Waterberg und Otjimbingwe an.

Gouverneur Leutwein zieht Reservisten und Landwehrleute zur Verstärkung der Schutztruppe ein, rund 230 in Windhoek.

Der Bezirksamtmann von Windhoek, Bergrat Duft, reist nach Okahandja, um mit Oberhäuptling Samuel Maharero zu verhandeln. Er ist unauffindbar.

Die Hereros besitzen über 6000 Gewehre.

Oberleutnant von Zülow reist mit rund 60 Soldaten, begleitet von dem Arzt Dr. Jakobs, dem Bezirksrichter Oswald und Oberveterinär Rieckmann, zur Verstärkung mit dem Zug nach Okahandja.

Leutnant der Landwehr Gustav Voigts fährt am *13. Januar* mit einer Gruppe von 20 Reservisten mit dem Zug in Richtung Okahandja. Er kommt nur bis Osona, wo er von den Leuten des Unterhäuptlings Kajata angegriffen wird. Bis weit nördlich Epukiros stehen bewaffnete Hereros.

Mit Hilfe von Buren besiegt Oberleutnant Volkmann am *18. Januar* angreifende Hereros bei Grootfontein.

Der Waffenstillstandsvertrag vom *27. Dezember 1903* mit Bondelswarts-Kaptein Johannes Christian wird am *27. Januar* in Kalkfontein in einen Friedensvertrag umgewandelt.

Zur Zeit des Aufstandsbeginns befand sich ein Ablösungstransport für die Schutztruppe auf Seereise. Die 231 Mann treffen am *3. Februar* mit der »Lucie Woermann« in Swakopmund ein.

Der deutsche Kaiser schickt ein zusätzliches Expeditionskorps von rund 700 Mann mit der »Darmstadt« nach Swakopmund. Ankunft: *9. Februar.*

Aus Deutschland kommen drei fahrbare Militärfunkstationen.

Partisanenführer Jakob Morenga und die Brüder Morris fliehen über den Oranje auf englisches Gebiet.

500 Owambos machen sich die Kampfschwäche der Deutschen zunutze und überfallen am *28. Februar* das Fort Namutoni, das von sieben Schutztrupplern erfolgreich verteidigt wird.

Oberst Leutwein fordert aus Berlin 800 Reiter mit Pferden an.

Bei einem Überfall durch Hereros an der Wasserstelle von Ovikokorero fällt Hauptmann Hugo von François am *13. März*.

Am *9. April* findet ein schweres Gefecht in Onganjira gegen die Ovaherero unter dem Kommando Samuel Mahareros statt.

Im *April* treffen in Swakopmund neue Truppen ein. Auch 300 Pferde sind an Bord.

Bei Ausbruch des Aufstandes ist noch die Hälfte der Gesamtfläche des Schutzgebietes, 33.600.000 ha, Stammesgebiet der Eingeborenen. An die Ansiedler sind 776.000 ha verkauft.

Oberst Leutwein stellt eine neue Hauptabteilung in Ovikokorero zusammen.

Im *Mai* landen mehrere Truppentransporte, mit ihnen über 1000 ostpreußische Pferde, Maultiere,

Esel. Aus Südafrika werden Ochsenwagen mit Zugochsen angeschafft.

Gouverneur Oberst Leutwein muß den Oberbefehl an von Trotha abgeben.

Der neue Truppenkommandeur, Generalleutnant Lothar von Trotha, kommt am *11. Juni* in Swakopmund an. Auch Oberleutnant von Lettow-Vorbeck ist an Bord.

Die Gesamtstärke der Schutztruppe beträgt im *Juni* 335 Offiziere und 7073 Unteroffiziere und Reiter mit 5216 Pferden.

In Windhoek wird unter Chefredakteur Conrad Rust eine neue Zeitung mit dem Namen »Windhuker Nachrichten« gegründet.

Nach seiner Ankunft in Okahandja übernimmt General von Trotha den Oberbefehl über die südwester Truppen. Chef des Generalstabes wird Oberstleutnant Charles de Beaulieu. Oberst Leutwein widmet sich in Windhoek nur noch den Geschäften des Gouverneurs.

Am *1. Juli* landet in Lüderitzbucht ein Transport mit 511 Soldaten, 600 Pferden und 220.000 l Trinkwasser.

General von Trotha trifft am *30. Juli* am Waterberg ein und bespricht die Einschließung der am Waterberg versammelten Ovahereros mit seinem Stab.

Es wird vom Generalstab mit der Anwesenheit von 30.000 bis 50.000 Hereros (einschließlich Frauen und Kinder) gerechnet. Sie sind mit 5000 modernen und anderen Waffen ausgerüstet. Missionar Bernsmann (seit 1872 im Lande) schätzt die Hereros auf nicht mehr als 35.000 vor dem Beginn des Aufstandes. Waterbergschlacht-Teilnehmer Farmer W. Lorang schätzt die Zahl der Hereros am Waterberg vor der Schlacht auf höchstens 30.000 und ihr Großvieh auf 10.000 bis 12.000 – wenn man Weideverhältnisse und die vorhandenen Wasserstellen in Erwägung zieht.

Die Gesamtstärke der Schutztruppe zählt 96 Offiziere, 1488 Gewehre, 30 Geschütze und zwölf Maschinengewehre. Sie rückt in sechs Abteilungen an.

Am *11. August* beginnen mit Sonnenaufgang die Kämpfe rund um den Großen und Kleinen Waterberg. Große Verluste auf beiden Seiten.

Der schwerste Kampf findet an der Wasserstelle Hamakari statt.

Die Hereros flüchten am *12. August* in das Sandveld, weiter ins britische Bechuanaland. Viele kommen in der wasserlosen Gegend um. Die Wasserstellen der Omaheke reichen für die Menschenkonzentration und großen Viehherden nicht aus.

Leutnant Schmidt begegnet am *17. August* auf einer Patrouille Hauptmann Eberhard und Leutnant Hahenfeld mit den ersten zwei Lastkraftwagen, die sie ins Land gebracht haben.

Jakob Morenga (oder Marengo) führt östlich der Karasberge mit Naman und geflüchteten Hereros gewagte Raubzüge auf Siedlungen durch.

Von Osombo-Windembe aus am Eiseb schreibt General von Trotha am *2. Oktober* seine in die Geschichte als »Schießbefehl« beziehungsweise »Vernichtungsbefehl« eingegangene Proklamation an die Hereros.

Die Witbooi-Naman Samuel Isaak und Petrus Jod überbringen Bezirksamtmann Hauptmann d. R. von Burgsdorff am *3. Oktober* einen Brief von Hendrik Witbooi, in dem der Kapitän erklärt, daß er nun aufhört, den Deutschen zu folgen.

Auf Befehl des Witbooi-Kapitäns Hendrik beginnt nun in Mariental der Nama-Aufstand. Es werden viele Weiße des Bezirkes, auch Buren, Frauen und Kinder, der Missionar Holzapfel und einer der ältesten Südwester, der Leiter der Schafzuchtfarm Nomtsas, Hermann, ermordet.

General von Trotha ernennt für kurze Zeit Oberst Leutwein zum Kommandeur des Südens.

Der deutsche Kaiser und Reichskanzler von Bülow verurteilen in Berlin von Trothas »Schießbefehl«.

Mitte des Jahres hatte der Viehbestand der Weißen einen Wert von rund 14 Mio. Mark dargestellt. Die Hereros raubten ungefähr 10 Mio. an Viehwerten.

Bis Ende 1903 hat Deutschland rund 30 Mio. Mark in seine Kolonie investiert, dazu wurden hier von der Privatwirtschaft rund 20 Mio. Mark angelegt.

Die Eisenbahnbau-Kompanie errichtet zwei Landungsbrücken in Lüderitzbucht, auch eine Telefonleitung nach Kubub wird gelegt.

Hauptmann von Burgsdorff, ein persönlicher Freund Witboois, reitet im *November* nach Rietmond. Er will Witbooi bitten, seine Kriegserklärung zurückzuziehen. Auf der Farm Mariental wird der Deutsche hinterrücks von Unterkapitänen Witboois erschossen.

Neue Truppen mit über 4000 Soldaten und 3000 Pferden treffen ein.

Gouverneur Oberst Theodor Leutwein verläßt Südwestafrika im *November*.

In Swakopmund wird eine Landungsbrücke gebaut.

Das Windhoeker Hauptpostamt und Sitz des Leiters der Postverwaltung des Schutzgebietes wird fertiggestellt.

Im *Dezember* Gefechte gegen die Witboois bei Koës, Haruchas und Naris, Rietmond, Swartfontein bei Uibis am Hudupflußbett.

1905

Missionar Dr. Heinrich Vedder gründet am *17. Januar* die Rheinische Mission in Deutsch-Südwestafrika.

Monatelange Kämpfe zwischen der Schutztruppe und den Naman.

General von Trotha richtet am *22. April* von Berseba aus einen Aufruf an alle kriegerischen Eingeborenen zur Einstellung der Feindseligkeiten.

Leutnant der Reserve Thilo von Trotha soll für seinen Onkel mit Namaführer Cornelius in Kanibes über einen Frieden verhandeln. Der Neffe des Generals wird hinterrücks von dem Bethanier Christoph Lambert erschossen.

General von Trotha überträgt im *Mai* die Geschäfte des Gouverneurs dem Regierungsrat Hintrager.

Die Schutztruppe besteht jetzt aus 14.500 Soldaten.

Cornelius vereinigt sich in den Karasbergen mit Jakob Morenga.

Am *24. August* wird die Teilstrecke Swakopmund–Omaruru der Otavibahn in Betrieb genommen.

Die Postverwaltung übernimmt am *6. September* die Telegraphenlinie Windhoek–Gobabis (236 km, von der Schutztruppe erbaut).

Eine Verordnung zum Verbot der Mischehen wird am *23. Januar* erlassen.

Kapitän Hendrik Witbooi fällt am *29. Oktober* im Kampf bei Fahlgras. Sein Sohn Isaak wird sein Nachfolger. Er zieht weiter nach Naosanabis.

Am *1. November* ist die Bahnstrecke von Lüderitzbucht nach Aus fertiggestellt.

General von Trotha erhält Befehl, nach Deutschland zurückzukehren, und reist am *19. November* von Lüderitzbucht aus ab. Mit dem gleichen Dampfer trifft von Lindequist ein.

Samuel Isaak stellt sich samt Gefolge am *20. November* in Berseba Major Märcker. Ihm folgen andere Witboois wie Hans Hendrik.

Am *28. November* wird Regierungsrat Dr. Friedrich von Lindequist zum Gouverneur von Deutsch-Südwestafrika ernannt.

Der Eisenbahnbetrieb auf der Otavilinie (Swakopmund–Usakos–Otavi–Tsumeb, 572 km) wird am *16. Dezember* auf der ganzen Linie in Betrieb genommen.

1906

Am 1. Februar bekommt Karibib ein Ortsfernsprechnetz.

In Deutschland wird die Deutsche Afrika-Bank gegründet; ihr Hauptsitz wird Swakopmund. Kapital: 1 Million Mark.

Nach Vermessung eines Stadtplanes durch den Landmesser Gustav Thomas für den Abzweigungspunkt nach Outjo und Waterberg an der Otavibahn und durch Verkäufe von Grundstücken an künftige Einwohner wird Mitte des Jahres die Ortschaft Otjiwarongo gegründet.

Am *20. Oktober* wird im Schutzgebiet durch Verordnung des Kaiserlichen Gouverneurs die allgemeine Schulpflicht eingeführt.

Bondelswartskapitän Johannes Christian schließt am *23. Dezember* mit dem deutschen Gouvernement Frieden.

In Okaukuejo wird eine Posthilfsstelle und eine Heliographen-Verbindung nach Outjo eingerichtet

In diesem Jahr werden 7429 Ferngespräche geführt.

1907

Die Rheinische Mission gründet neue Stationen in Tsumeb, Usakos und in Omatemba im Owamboland.

Das Gouvernement erläßt ein Gesetz zur Proklamation von Wildreservaten.

Im *März* stellt sich Kapitän Simon Koper mit einem Großteil seiner Leute.

Im Neubau des Gouvernements in Swakopmund werden am *30. März* eine Postmesse und Beamtenwohnungen eingerichtet.

Am *31. März* erklärt der Kaiser den Krieg in Deutsch-Südwestafrika für beendet.

Oberstleutnant von Estorff wird am *1. April* Kommandeur der Schutztruppe.

Kub bekommt eine deutsche Schule.

Pfarrer Anz von der deutschen evangelischen Gemeinde legt im *April* den Grundstein für die Christus-Kirche in Windhoek.

In Windhoek wird eine Genossenschaftsbank eröffnet. Gouverneur von Lindequist verläßt Deutsch-Südwestafrika am *4. April.*

Am *17. Mai* wird von Schuckmann zum neuen Gouverneur Deutsch-Südwestafrikas ernannt.

Baubeginn der Otavibahnstrecke von Otavi nach Grootfontein.

Jakob Morenga (Marengo) wird im *September* in der Kalahari bei Witpan (englisches Gebiet) gestellt und im Gefecht mit englischen Truppen getötet.

Der Keetmanshooper Turnverein »Gut Heil« wird gegründet.

Im *Dezember* werden die ersten Karakulschafe nach Südwestafrika verschifft.

Das Bahnnetz beträgt jetzt 1230 km.

Der Viehbestand im Land beträgt: 53.000 Rinder, 3100 Pferde, 111.000 Ziegen, 3700 Angoraziegen, 98.000 Fleischschafe, 3500 Wollschafe, 1200 Schweine und 2100 Esel.

Die Beförderungsdauer für Briefsendungen von Berlin nach Swakopmund beträgt 24 Tage, nach Lüderitzbucht 22 Tage.

In Südwestafrika leben 6215 deutsche Zivilisten, 1998 weiße Ausländer und rund 4000 Schutztruppler.

Deutsch-Südwestafrika verfügt nun über ein Reichstelegraphennetz von 2636 km Linie und 3616 km Leitung mit 34 Poststellen mit Telegraphendienst, zwölf Dienststellen mit Ortsfernsprechnetz und vier sonstigen Telegraphendienststellen.

Gebühren: Telegramme innerhalb des Schutzgebietes zehn Pfennig das Wort, Telegramme nach der Kapkolonie auf dem Landweg 30 Pfennig das Wort, auf dem Kabelweg 1,35 Mark. Telegramme nach Deutschland volle Gebühr 2,75 Mark, Wochenendtelegramme 70 Pfennig das Wort.

1908

Die Otavibahn wird im *März* in Betrieb genommen. Gesamtkosten des Bahnbaus: 2.330.000 Mark.

Unter der Schirmherrschaft der Mecklenburger Herzogin Elisabeth wird in Windhoek am *24. April* die Entbindungsklinik, das Elisabeth-Haus, eröffnet. Es bekommt im Volksmund den Namen Storchennest.

Hauptmann Friedrich von Erckert zieht im *April* in die Kalahari, um gegen den erneut kriegerischen Kapitän Simon Koper zu kämpfen. Der Schutztruppenoffizier fällt in dem Gefecht.

Simon Koper zieht ins Bechuanaland zurück. Damit hat der Krieg zwischen Eingeborenen und Schutztruppe ein Ende.

Am *20. Juni* meldet Bahnmeister August Stauch der Bergbehörde den ersten Diamantenfund östlich von Lüderitzbucht.

Die Südbahn von Lüderitzbucht nach Keetmanshoop wird am *21. Juni* eröffnet.

In Lüderitzbucht, Okahandja, Warmbad und Klein-Windhoek werden deutsche Schulen gegründet.

Das Gouvernement importiert Zuchtvieh und verkauft es an Farmer: elf Bullen, 1217 Zuchtkühe und -färsen, 234 Kälber, elf Wollschafböcke, 1218 Wollschafmuttertiere, 24 Karakulschafmuttertiere und fünf Karakulböcke, 216 afrikanische Ziegen, 243 Angoraziegen mit neun Böcken.

Dr. Johannes Dammermann beginnt in Karibib mit dem Aufbau eines Krankenhauses.

Von *Juni* bis *Dezember* werden 40.000 Karat Diamanten im Wert von 1.100.000 Mark gefördert.

Auf der Bahnstrecke Swakopmund–Tsumeb werden 37 Lokomotiven und 261 Waggons eingesetzt.

In Lüderitzbucht wird das erste Postdienstgebäude in Betrieb genommen. 14.994 Ferngespräche werden im Laufe des Jahres geführt.

In Südwestafrika leben jetzt 9394 Weiße. Die Schutztruppe ist auf 3988 Mann reduziert worden.

1909

Die Kaiserliche Verordnung »Diamanten-Regie des südwestafrikanischen Schutzgebietes« über den Handel mit Edelsteinen wird erlassen.

Die Deutsche Realschule in Windhoek wird am *19. Januar* eröffnet. Zwölf Schüler besuchen sie.

Die Schutztruppe wird auf 2700 Mann verringert.

Am *28. Januar* werden vom Reichskanzler Gemeindeverbände, Bezirksverbände und ein Landesrat zur Selbstverwaltung von Deutsch-Südwestafrika eingeführt.

In Lüderitzbucht erscheint zum ersten Mal die »Lüderitzbuchter Zeitung«.

Der Grundstein für den Bau der Turnhalle in Windhoek wird gelegt.

In Omaruru werden ein Vermessungsamt und ein Bezirksgericht eröffnet.

Aus Buchara (Persien) werden über Deutschland 23 Karakulböcke und 251 Mutterschafe nach Südwestafrika eingeführt.

Rudolf Kindt gründet in Windhoek die neue Zeitung »Südwestbote«.

Im Owamboland errichtet die Finnische Mission im Bezirk der Ukualuisi-Owambo eine neue Station.

Die Südbahn von Seeheim nach Kalkfontein wird am *6. Juni* in Betrieb genommen.

Omaruru bekommt eine deutsche Schule.

Die evangelische Christuskirche wird am *16. Oktober* in Windhoek eingeweiht.

Immer mehr Weiße wandern nach Deutsch-Südwestafrika ein: Es leben hier Ende des Jahres: 7935 Deutsche und 2709 Ausländer.

Die Schutztruppe wird auf 2291 Mann verringert.

Leutnant Paul Grätz erregt in der Landeshauptstadt Aufsehen. Er war mit dem ersten Automobil, einem Spezial-Mercedes, von Dar-es-Salaam in zwei Jahren quer durch den Kontinent nach Windhoek gereist.

1910

Die Afrika-Marmor-Kolonialgesellschaft wird am *10. April* in Hamburg gegründet. Sie will die Marmorvorkommen in Karibib abbauen.

Die O.M.E.G. verkauft am *30. März* die Otavi-Eisenbahn auf den Strecken Swakopmund–Tsumeb und Onguati–Karibib an das Gouvernement, ferner Wasserleitungsanlagen in Usakos sowie als Bevollmächtigte der South West Africa Company, London, die zwischen *Juni 1907* und *März 1908* gebaute Eisenbahnanlage zwischen Otavi und Grootfontein.

Kaufpreis 24.880.875,24 Mark. Das Gouvernement verpachtet ab dem *1. April* den soeben erworbenen Staatsbesitz an die O.M.E.G.

Der Kommandeur der Schutztruppe, Oberst Ludwig von Estorff, übergibt sein Amt am *31. März* an Major Joachim von Heydebreck.

Maltahöhe und Klippdamm bekommen deutsche Schulen.

In Swakopmund leben 1912 weiße Einwohner.

Im *April* tagt in Windhoek zum ersten Mal der Landesrat.

Der Bau der Nord-Süd-Bahn beginnt gleichzeitig in Windhoek und Keetmanshoop.

Eine Volkszählung der Eingeborenen ergibt folgenden Bericht: Berg-Damaran = 18.613, Buschleute = 4858, Naman = 13.858, Ovaherero = 19.962.

Das Regierungshospital wird in Windhoek in Betrieb genommen – mit sechs Krankenschwestern aus Deutschland.

Gouverneur von Schuckmann verläßt am *30. August* Deutsch-Südwestafrika. Sein Nachfolger wird der bisherige Gouverneur von Kamerun, Dr. Theodor Seitz.

Mit finanzieller Hilfe der deutschen Regierung werden zur Verbesserung der Viehzuchten folgende Tiere eingeführt: Holländer-, Friesen-, Simmentaler-, Pinzgauer-, Allgäuer- und Oldenburger-Bullen und -Färsen.

In Lüderitzbucht gibt es 63 Diamantengesellschaften.

1911

Die Marmorwerke Karibib nehmen ihren Betrieb auf.

Das Gouvernement Deutsch-Südwestafrikas bewilligt 1 Mio. Mark für die Entwicklung von Dammbauten.

Die erste Zeitung in englischer Sprache, der »Windhoek Advertiser«, wird herausgegeben. Sie erscheint zweimal wöchentlich.

In Aus wird eine deutsche Schule eingerichtet.

Der Swakopmunder Bankverein wird gegründet.

Die erste große Farmfernsprechleitung entsteht zwischen Okahandja und Ombirisu. Die 80 km lange Linie verursachte 16.000 Mark Kosten, wovon die Farmer 9000 Mark in Eigenleistungen und die Postverwaltung 7000 Mark übernahmen.

Die Staatsbahn Karibib–Windhoek wurde seit einem Jahr aus der Schmalspur (0,6 m) in die leistungsfähigere Kapspur (1,06 m) umgebaut und ist jetzt betriebsfertig.

Am *2. Dezember* erscheint die »Swakopmunder Zeitung« zum ersten Mal. Sie vereinigt sich ein Jahr später mit der »Deutsch-Südwestafrikanischen Zeitung«.

1912

Die Funkstation Swakopmund wird am *4. Februar* für den öffentlichen Dienst freigegeben.

Am *21. April* wird die Deutsche Bürgerschule in der Schulstraße in Windhoek eingeweiht. Sie wurde aus Spenden in Höhe von 150.000 Mark gebaut.

Die Küstenfunkstation Lüderitzbucht wird am *3. Juni* in Dienst gestellt.

In Sturmvogelbucht bei Lüderitzbucht wird von Norwegern eine Walfangstation in Betrieb genommen.

Das Johanniter-Krankenhaus in Keetmanshoop wird eröffnet.

Die Firma Schmidtsdorf baut in Karibib eine Fleischkonservenfabrik.

Die erste »Probe« von Karakulfellen wird nach Deutschland geschickt.

In Usakos wird eine deutsche Schule eröffnet.

Bei der O.M.E.G. in Tsumeb werden *1912* 42.775 t Kupfererze, Wert 6,5 Mio. Mark, gewonnen, auch Vanadium, Zinn und Blei.

Die Bodenkreditbank für Deutsch-Südwestafrika wird am *3. Dezember* gegründet.

Eine Mio. Karat Diamanten im Wert von 30,5 Mio. Mark werden ausgeführt.

Das Bahnnetz Deutsch-Südwestafrikas umfaßt jetzt 2104 km.

In den Jahren 1908 bis 1912 gibt die Reichspost für den Fernsprechliniennetz- und -leitungsbau in Deutsch-Südwestafrika 572.000 Mark, jährlich rund 114.000 Mark, aus.

1913

Auf den Farmen Okaturua und Okosombuka wird mit der Straußenzucht begonnen.

In Südwestafrika werden jetzt 1331 Farmen auf einem Gebiet von 13.39.606 ha Land von 1042 Weißen bewirtschaftet, 914 von ihnen sind Deutsche.

Durch Verfügung des Reichskanzlers erhält am *26. Juni* der Südwester Landesrat das Recht der Beschlußfassung.

Die Landwirtschaftsbank für Deutsch-Südwestafrika wird gegründet.

Mit einem Stammkapital von zehn Mio. Mark wird in Berlin die Landbank für Deutsch-Südwestafrika gegründet. Ihr Direktor in Südwestafrika wird Dr. Fresenius.

In Windhoek wird mit dem Bau eines großen Verwaltungsgebäudes begonnen. Es heißt später im Volksmund Tintenpalast.

Der Wert der Diamantenausfuhr beläuft sich auf rund 59 Mio. Mark; Kupfer wird aus Tsumeb für acht Mio. Mark exportiert.

Der Viehbestand macht 205.643 Rinder aus. Davon gehören den Europäern 183.167 Tiere, den Nicht-Europäern 22.476. Hiervon gehören den Rehobother Basters 10.957 Rinder, den Berseba und Keetmanshoop-Naman 3733 und den Berg-Damaran im Bezirk Omaruru 2515. Über 5000 Tiere sind im Besitz der Hereros und Naman.

Die Bauarbeiten am »Tintenpalast« werden im November abgeschlossen.

Die O.M.E.G. fördert Kupfererz im Wert von acht Mio. Mark.

Im *November* landet der letzte Ersatztransport der Schutztruppe in Lüderitzbucht: 320 Soldaten und 300 Pferde.

Ortsfernsprechnetze: In Swakopmund gibt es jetzt 161 Anschlüsse, in Karibib 28, Okahandja 27 und Windhoek 382 Anschlüsse. Und es wird viel telefoniert: 3.410.480 Orts- und 74.080 Ferngespräche.

1914

Das Prinzessin-Rupprecht-Heim in Swakopmund wird am *7. Januar* als Erholungsheim eingerichtet.

Die Bürgermeister von Windhoek, Swakopmund und Lüderitzbucht werden Landesratsmitglieder.

In die Windhoeker Deutsche Realschule gehen 71 Schüler. Sie werden von sieben Lehrern unterrichtet.

Der Landesrat erläßt am *11. Mai* seine erste Verordnung, das Wassergesetz.

Im Mai wird das erste Flugzeug von dem Piloten Bruno Büchner nach Südwest geflogen.

In Deutsch-Südwestafrika gibt es zwanzig Schulen mit 775 Schülern und 39 Lehrern.

In Windhoek wird ein chemisches Staatslabor eingerichtet.

Das 25jährige Bestehen der Kaiserlichen Schutztruppe wird gefeiert.

Der Bau einer Schmalspurbahn von Otjiwarongo nach Outjo wird in Angriff genommen.

Zwei Flugzeuge für die Schutztruppe treffen in Südwestafrika ein: Ein Roland-Stahl-Doppeldecker der Bitterfelder Luftfahrzeug-Gesellschaft mit Flieger Paul Fiedler geht nach Keetmanshoop; Flieger W. Trück bringt eine Maschine von der Automobil- und Aviatik-AG, Mühlhausen im Elsaß, nach Karibib.

In Omaruru wird am *4. Juli* eine Spar- und Darlehenskasse errichtet.

2. August – Ausbruch des Ersten Weltkrieges.

In der Nacht vom *4.* zum *5. August* wird in Lüderitzbucht von Lomé (Togo) das Funktelegramm über die Kriegserklärung Englands an Deutschland aufgenommen.

Die Funkstation in Windhoek meldet am *6. August* amtlich:
»Krieg mit England, Frankreich und Rußland.«

Gouverneur Dr. Theodor Seitz verfügt die Mobilmachung der Schutztruppe (5000 Mann). Er verbietet die Überschreitung der Unionsgrenze und gibt bekannt, daß die Deutschen keinen Angriffskrieg gegen die Bevölkerung Südafrikas führen werden.

In ganz Südwestafrika gibt es fünf Automobile; drei werden von den Behörden benutzt, die beiden in Privatbesitz jetzt requiriert.

Die englische Regierung drahtet am *7. August* an die Regierung der Union, daß sie die Besetzung der drahtlosen Funkstationen in Deutsch-Südwestafrika als großen Dienst für das Königreich betrachten würde.

In Deutsch-Südwestafrika werden am *8. August* die sogenannten »Seitz-Noten« in Umlauf gebracht. Die Kassenscheine im Wert von 100, 50, 20, 10 und 5 Mark sind eine Art Kriegsgeld und gelten in allen Banken und Geschäften als staatliches Zahlungsmittel. Die Verpflichtung zur Einlösung erlischt 15 Monate nach Aufhebung des Kriegszustandes.

Am *10. August* verspricht die Botha-Regierung in Südafrika die Entsendung eines Expeditionskorps nach Deutsch-Südwestafrika.

Das Unionsparlament beschließt am *12. September* den Feldzug gegen Deutsch-Südwestafrika.

Obwohl Oppositionsführer General Hertzog für militärische und politische Neutralität plädiert, schickt Premierminister General Louis Botha am *14. September* die ersten Kriegsschiffe in Richtung Südwestafrika.

Südafrikanische »Mounted Rifles« besetzen am *13. September* die deutsche Polizeistation und Telegraphenhilfsstelle in Ramansdrift und marschieren in Richtung Warmbad.

Zwei englische Hilfskreuzer beschießen Swakopmund.

Swakopmund wird geräumt, alle Bewohner reisen ins Inland.

Unions-General Beyers protestiert gegen die Angriffspolitik der Botha-Regierung und nimmt seinen Abschied als Oberbefehlshaber der Unionsstreitkräfte.

Am *19. September* landen Unionstruppen in Lüderitzbucht.

Der Burengeneral Christiaan de Wet erklärt bei einer Versammlung in Koppies (Transvaal): Die südafrikanische Regierung belegt ihre Nation mit einem Fluch, wenn sie die Grenzen eines Volkes, das ihr nichts getan hat, verletzt.

1915

Die Buren-Offiziere Kemp und Manie Maritz greifen am *24. Januar* mit dem von ihnen gebildeten Freikorps auf seiten der Deutschen Upington in der Union von Südafrika an und werden niedergeschlagen.

Die Diamantenbahn Pomona–Bogenfels wird am *7. Februar* von Briten zerstört.

Premierminister General Louis Botha trifft am *2. Februar* in Swakopmund ein und übernimmt den Oberbefehl über die Unionstruppen in Südwestafrika. Er mobilisiert rund 43.000 Mann, denen ca. 5500 Schutztruppler gegenüberstehen.

Am *12. Mai* erreicht General Louis Botha über Karibib Windhoek und besetzt die Landeshauptstadt.

Gouverneur Dr. Theodor Seitz kapituliert am *9. Juli* bei Khorab. Die Schutztruppe besteht noch aus 3497 Soldaten, 1331 sind gefallen.

Die deutsche Kolonie Südwestafrika hört auf zu bestehen.

General Beves wird am *11. Juli* zum Militär-Gouverneur ernannt.

Am *30. Oktober* wird E. H. L. Gorges zum Administrator des am *28. Oktober* proklamierten Protektorates der Union von Südafrika ernannt.

Das Rehoboth-Gebiet wird von Südafrika als Vaterland der dort siedelnden Basters anerkannt.

1916

Abbruch der Staatsbahn.

1917

Überschwemmungen des Swakop unterbrechen wiederholt den Verkehr zwischen Swakopmund und Walvis Bay.

Das Stadtbahngleis in Windhoek wird entfernt.

1918

In London erscheint im August das berüchtigte sogenannte Blaubuch: »Report on the Natives of South West Africa and their treatment by Germany«.

Dieses Buch wurde Ende *Juli 1928* im ersten Landesrat in Windhoek unter der Mandatsregierung mit allen Stimmen der burischen, englischen und deutschen Landesratsmitglieder als unrichtig und als vernichtungswürdig bezeichnet.

Eine Grippe-Epidemie »Spanish Influenza« fordert unter den Weißen 221 Tote, 2295 bei den Eingeborenen.

In Südwestafrika gibt es noch 17 deutsche Schulen.

Am *9. November* Waffenstillstand – Ende des Ersten Weltkrieges.

1919

Friedensvertrag von Versailles am *28. Juni*. Deutsch-Südwestafrika wird Mandatsgebiet des Völkerbundes.

Nach der Unterzeichnung des Friedensvertrages von Versailles werden 6374 Deutsche deportiert, darunter 1619 Schutztruppler, 1226 Beamte, 873 Polizisten, 1223 »unerwünschte Personen« und ihre Familien. 1433 lassen sich freiwillig repatriieren. Rund 6700 Deutsche bleiben im Land zurück.

Neun Diamantenproduzenten fusionieren ihre Firmen und gründen am *31. Oktober* die Anglo American Corporation of South West Africa mit der Bank J. P. Morgan & Co. als größtem Anteilseigner. Die »Consolidated Diamond Mines of South West Africa« (CDM) wird mit einem Nominal-Kapital von 3.500.000 Pfund ausgestattet.

Ex-Gouverneur Dr. Theodor Seitz verläßt Südwestafrika.

1920

Das Römisch-Holländische Recht wird in Südwestafrika eingeführt.

Am *14. Januar* wird der Landesverband der deutschen Schulvereine in Windhoek gegründet.

In Berlin wird eine »Postabwicklungsstelle für Deutsch-Südwestafrika« eingerichtet. Sie wird Mitte 1923 amtlich aufgehoben.

General Lothar von Trotha stirbt in Bonn.

Der Völkerbund überträgt der Union von Südafrika das C-Mandat (Akt. Nr. 49 von 1919) über Südwestafrika mit dem Recht, das »Territorium«, wie es von nun an heißt, von einem General-Gouverneur regieren zu lassen. Es tritt am *1. Januar 1921* in Kraft.

1921

In Südwestafrika leben 7855 Deutsche.

Landesrat und Bezirksverbände werden abgeschafft. Die deutschen Stadtverwaltungen bleiben.

Oberst Theodor Leutwein stirbt in Freiburg.

Die National Barclays Bank bezieht das Gebäude der Afrika-Bank in Swakopmund.

1922

Am *22. Juni* wird der direkte Postversand nach Deutschland eingeführt.

Beginn des Baus der Gobabisbahn.

Die Entbindungsklinik »Marie-Douglas-Heim« wird in Swakopmund eröffnet.

1923

Den Deutschen werden die gleichen Rechte und die gleichen Pflichten wie den Südafrikanern zugestanden. Deutsch darf als Sprache beibehalten werden. Sogar Briefe an Behörden dürfen in Deutsch geschrieben werden. Dort verspricht man, wenn möglich, in Deutsch zu antworten. Deutsche Übersetzungen der offiziellen Regierungs-Gazette erscheinen.

Das »Londoner Abkommen« wird zwischen Geheimrat de Haas, London, und dem Südafrikanischen Premierminister, General Jan Christiaan Smuts, in London unterzeichnet. Es empfiehlt den Deutschen, sich freiwillig einbürgern zu lassen und die (südafrikanisch-)britische Staatsangehörigkeit anzunehmen.

Dieses Abkommen bestätigt deutschen Nachkommen im Territorium, daß sie innerhalb der nächsten 30 Jahre nicht zum Militärdienst gegen das Deutsche Reich eingezogen werden.

Der Hererohäuptling Samuel Maharero stirbt am *14. März* im Bechuanaland. Seine Leiche wird im Metallsarg vom Ngamisee nach Okahandja gebracht und dort beigesetzt.

1924

Von 3489 Deutschen entscheiden sich 3228 für die (südafrikanisch-)britische Staatsangehörigkeit (»British subject«). 261 stimmen gegen die Einbürgerung.

Bernhard Petzsch und das Bankhaus Ohlthaver & List gründen die Südwestafrika-Karakul-Zentrale.

1925

Die Postnachnahme nach und von Deutschland wird wie vor dem Krieg wieder eingeführt.

Deutschland tritt dem Völkerbund bei.

Im Amtsblatt Nr. 166 vom *15. Juni* wird die Einführung der Goldwährung in Südwestafrika bekanntgegeben.

5. August – Südwestafrika erhält eine Verfassung mit Landesrat und Exekutive durch den Constitution Act of 1925. Unter den 6092 Wählern sind 3228 »naturalisierte« Deutsche. Neun Deutsche nehmen ihren Sitz im Landesrat ein. Größere administrative Autonomie wird nun den Weißen gewährt. Nach dieser südwestafrikanischen Verfassung wird das Territorium von der Union jetzt getrennt verwaltet. Sektoren wie Zoll, Verteidigung, Einwanderung, Polizei, Eisenbahn und Häfen bleiben unter südafrikanischer Verwaltung. Südafrika wird durch einen Administrator vertreten, der auch als Exekutive agiert.

Die Wissenschaftliche Gesellschaft Windhoek wird gegründet.

Das Schmalspurgleis zwischen Karibib und Onguati wird abgerissen.

1926

Die neuen (südafrikanisch-)britischen Pässe sind ungültig in Deutschland und England; deutsche Pässe sind offiziell ungültig in Süd- und Südwestafrika.

3400 Weiße leben in Windhoek.

Ein Jahr lang, zwischen 1925 und 1926, fördert die SWA-Company am Berg Aukas 1300 t hochgradigen Zinn-Erzes; zusätzlich auch Vanadium-Konzentrat.

Die Stauch-Siedlungsgesellschaft erwirbt von der Landesbank acht Farmen.

Alle ab dem 1. Juli in Südwestafrika geborenen Kinder, ob weiß, schwarz oder braun, sind durch Geburt (südafrikanisch-)britische Staatsangehörige.

1927

Die deutschen Chöre in Südwestafrika schließen sich am *18. Juni* zum Südwestafrikanischen Sängerbund zusammen.

Die neuen Hafenanlagen von Walvis Bay werden in Betrieb genommen.

Am *20. August* wird ein deutsches Konsulat in Windhoek eröffnet. Konsul ist Dr. Hans Franz.

In Walvis Bay werden 431 Wale gefangen.

1928

Das Mädchenheim der Deutschen Realschule in Windhoek wird am *1. Februar* eingeweiht.

Der deutsch-südafrikanische Handels- und Schifffahrtsvertrag wird abgeschlossen. Bisher waren die Handelsbeziehungen durch den deutsch-englischen Handelsvertrag von 1924 geregelt worden. Der neue Vertrag gilt auch im Mandatsgebiet Südwestafrika.

Die größte Garage und Reparaturwerkstatt Windhoeks gegenüber dem Obergericht ist fertig. Sie wurde von S. Cohen gebaut und bietet 50 Automobilen Platz.

Der erste Erweiterungsbau der deutschen Oberrealschule in Windhoek wird am *19. Dezember* eingeweiht.

1929

42 % der weißen Einwohner Südwestafrikas sprechen Deutsch.

In Königswusterhausen (Deutschland) soll *Ende Januar* ein Kurzwellensender in Betrieb genommen werden, über den Nachrichten in Südwestafrika aus der Heimat zu empfangen sind. Erich Weiß, Windhoek, importiert die dazu notwendigen »Vorsetzapparate«.

An der Oberrealschule Windhoek unterrichten jetzt 14 Lehrer, darunter sechs Vollakademiker.

In der Südwestafrika-Legislative nehmen die deutschen Mitglieder sieben der 18 Sitze ein. Die Deutschen fordern weiterhin Deutsch im Territorium als dritte offizielle Sprache, ferner die Änderung des Einbürgerungsgesetzes, die es ihnen erleichtern soll, sich einzubürgern, d. h. schon nach zwölf Monaten Aufenthalt im Lande, wie es für Afrikaaner und Briten üblich ist, anstatt erst nach fünf Jahren. Sie könnten somit auch schneller das Wahlrecht erhalten. Gleichzeitig möchten sie ihre deutsche Nationalität beibehalten.

Die Administration überträgt alle Museumsgegenstände der »Wissenschaftlichen Gesellschaft für Südwestafrika« mit der Auflage, das Museum wieder einzurichten, ein Landesmuseum zu eröffnen.

Der Stadtrat von Windhoek veranlaßt den Bau der ersten städtischen Kanalisation.

Der politische Verein »Deutsche Kameraden« wird mit 48 Mitgliedern in Otjiwarongo am *10. September* gegründet. Er soll dem »Deutschen Bund« und dem »Deutschen Kolonialen Kriegerbund« angeschlossen werden.

Die Allgemeine Zeitung erklärt auf drei Spalten die Benutzung des neuen Telefons mit Wählscheibe: »Falsche Anschlüsse sind, wenn der Anrufende die Finger in die richtigen Nummernlöcher steckt, ganz und gar ausgeschlossen.« Das automatische Telefonsystem wird am *28. November* eingeführt. Die Apparate kommen von Siemens & Halske. 216 neue Anschlüsse werden beantragt. Windhoek erhält somit die erste automatische Telefonzentrale des gesamten afrikanischen Kontinents.

Administrator Werth telefoniert zur Einweihung mit Windhoeks Bürgermeister, John Meinert, mit dem Vorstand der Handelskammer, Peter Müller, und mit seiner Frau.

Willy Trück, Mitinhaber der SWA-Trading Co., importiert und überführt als Pilot das erste südwester Flugzeug nach dem Krieg, die »Windhuk«, von Walvis Bay nach Windhoek. Der Klemm-Eindecker ist eine kombinierte Passagier- und Frachtmaschine für drei Passagiere und eine halbe Tonne Fracht. Es fliegt mit einer Höchstgeschwindigkeit von 165 km/Stunde in einer Maximumhöhe von 4770 m. Eine Stunde Flug kostet 5 £.

Reichspräsident von Hindenburg empfängt im *Oktober* den Vorsitzenden des »Deutschen Bundes für Südwestafrika«, Albert Voigts, in Berlin.

Die erste Abitur-Prüfung wird an der Oberrealschule am *18. November* in Windhoek abgenommen. Die drei Prüflinge Erika Hälbich, Hilde Keller und Käthe Schmidt bestehen mit »gut«.

Der Windhoeker Stadtrat beschließt den Bau des Avistal-Staudammes.

1930

Der Rat des Völkerbundes entscheidet in Genf: Die Südafrikanische Union hat keine souveränen Rechte über das Mandatsgebiet Südwestafrika.

Der Windhoeker Bürgermeister John Meinert tritt vom Landesrat zurück. Albert Voigts wird sein Nachfolger.

Die erste künstliche Vogelinsel zur Guanogewinnung wird an der Küste zwischen Swakopmund und Walvis Bay errichtet.

Im *April* findet das erste südwestafrikanische Sängerbundfest in Windhoek statt.

Nach drei Jahre langem Bemühen findet im *Mai* die erste Südwestafrikanische Ausstellung für Landwirtschaft und Gewerbe nach dem Krieg statt.

Eine neue Biersteuer wird eingeführt und eine Vergnügungssteuer beim Kinobesuch erhoben.

W. Koch, J. Meinert und J. Hebenstreit werden wieder in den Stadtrat von Windhoek gewählt.

CDM verringert die wöchentliche Schichtarbeitszeit von 144 auf 60 Stunden, dadurch sollen Entlassungen verhindert werden.

In Klein-Windhoek findet ein Winzerfest statt.

Die erste Autofahrt von Grootfontein durch den Caprivi-Zipfel nach Livingstone ist einer südwester Reisegruppe in acht Tagen gelungen.

Im Süden sterben viele Karakulschafe. Man vermutet eine Vergiftung durch Luzerne-Heu.

Die Bahnstrecke Windhoek–Gobabis wird am *6. November* in Betrieb genommen.

Der »Immorality Act«, in der Union 1927 eingeführt, soll auch in Südwestafrika übernommen werden, schlägt der Landesrat vor.

1931

Im *Januar* wird die Eisenbahnbrücke in Swakopmund durch die Swakopflut zerstört.

Die United National South West Party (Union Section) plädiert dafür, Südwestafrika als fünfte Provinz der Union von Südafrika einzuverleiben. Die deutsche Sektion des Landesrates stimmt dagegen.

Die Verwaltung für Eisenbahn und Häfen der Union erleidet für Südwestafrika im Geschäftsjahr *1930/31* einen Betriebsverlust von 153.412 £.

Der Landesrat (Niehaus/Stauch/Taljaard) nimmt ein Molkereikontrollgesetz an.

Minenkrise: Die Direktion der O.M.E.G. in Tsumeb und die Arbeitervertretung vereinbaren Notstandsarbeiten. Der Schichtlohn wird auf 10 Shilling herabgesetzt, das Angestelltengehalt um 15 % gekürzt.

Am *12. Juli* Grundsteinlegung für die Katholische Kathedrale in Windhoek.

Im *August* wird der erste südwester Flugpostverkehr über die Nordlinie und die Süd- und Küstenlinie eröffnet. Die Post wird von Windhoek nach Okahandja, Omaruru, Otjiwarongo, Tsumeb, Grootfontein, Swakopmund, Karibib, Walvis Bay, Rehoboth, Mariental und Keetmanshoop mit Junkersmaschinen befördert.

In Südwestafrika werden neue Banknoten im Wert von 10 Shilling, 1 £ und 5 £ herausgegeben.

Die Südwestafrika Persianer Verkaufsgesellschaft, Kalkfeld, verkauft in Leipzig 5500 Felle zum Durchschnittspreis von 4 $.

Gründung einer Arbeiterpartei am *25. November.*

Die Union von Südafrika erhält durch das »Westminster-Statut« volle Unabhängigkeit vom britischen Reich.

1932

An deutschen Privatschulen und in den deutschen Abteilungen der Regierungsschulen werden 1498 deutsche Kinder unterrichtet.

Die South West African Airways Ltd. stellt den Inlands-Luftpostdienst wegen Unrentabilität ein.

Südwestafrikas Schulden bei der Südafrikanischen Union betragen 1.824.715 £, das sind 36 Mio. Mark. Ein £ wird mit 20 Mark umgerechnet.

Unter Premierminister General Hertzog kommt es im *April* zum »Kapstädter Abkommen«. Es sieht die Einführung der deutschen Sprache als dritte offizielle Amtssprache in Südwestafrika vor sowie die politische Gleichberechtigung aller weißen Einwohner des Mandatsgebietes durch erneute Naturalisation wie 1924, ferner erweiterte Rechte des Landesrates. Die anglo-afrikaanse Gruppe im Landesrat lehnt 1933 die Einführung der deutschen Sprache als offizielle Landessprache ab.

Dr. David Gideon Conradie wird neuer Administrator.

1933

Per Amtsblatt Nr. 495 vom *3. Januar 1933* wird eine Untersuchungskommission für die Langustenindustrie in Südwestafrika ernannt. Vorsitz: Magistrat Thomas und der Direktor des Fischereiwesens Dr. von Bonde. Untersucht werden sollen unter anderem die Produktionskosten und die Ausdehnung der Industrie in Südwestafrika.

Das britische Silbergeld wird eingezogen. Das südafrikanische £ soll dem englischen angeglichen werden.

Adolf Hitler kommt in Deutschland an die Macht. Die nationalsozialistische Bewegung schlägt auch in Südwestafrika ihre Wurzeln.

Im *Mai* besucht die deutsche Fliegerin Elly Beinhorn mit einer Heinkel-Maschine, 85 PS, Hirth-Motor, 110 Meilen/h, glänzend rot, Südwestafrika. Ehrenball für sie im Hotel Kaiserkrone.

Die South West African Airways setzt ab *Juli* ein Kabinen-Flugzeug vom Typ Tiefdecker Junkers F.13 (300 PS) für vier Passagiere regelmäßig auf der Poststrecke Windhoek–Kimberley ein.

Am *3. August* verbietet die Legislative Nazi-Organisationen in Südwestafrika, unter anderem auch die Hitler-Jugend. Dieses Verbot wird am *21. Februar 1934* zum Gesetz.

1934

Hochwasserkatastrophe in ganz Südwestafrika. Die Eisenbahnlinie zwischen Omaruru und Otjiwarongo ist überschwemmt. Die Etoscha-Pfanne steht unter Wasser, und der Kunene ist weit über seine Ufer getreten.

Am *12. Juli* führt die Polizei eine Razzia bei der Nationalsozialistischen Parteizentrale (NSDAP) und der Hitler-Jugend durch.

Der neue deutsche Konsul, Dr. von Oelhafen, trifft am *9. November* in Windhoek ein.

Die Legislative beschließt am *29. November* mit einer Zwei-Drittel-Mehrheit in einer Resolution, das Territorium als fünfte Provinz der Union zu verwalten.

1935

Der »Deutsche Bund« richtet eine kostenlose Stellenvermittlung ein.

Im *ersten Halbjahr 1935* hat Deutschland aus der Union Handelswaren im Wert von 47,6 Mio. Reichsmark importiert. Südafrikas Einfuhr aus Deutschland beträgt 18,9 Mio. Reichsmark.

Mit Amtsblatt 624 werden neue Bestimmungen für die Ausfuhr südwester Wolle bekanntgegeben.

Die Verfassungskommission tagt in Keetmanshoop. Der Vertreter der Deutschen beschwert sich, daß die Deutschen, obwohl sie 50 % der weißen Bevölkerung ausmachen, nicht gleichberechtigt sind.

Der Verein für Schutzgebietsanleihen reicht bei Gericht eine Klage gegen die Union von Südafrika ein und fordert 2.628.577 £ als Schadensersatz für den Vertragsbruch in Hinblick auf frühere deutsche Kolonialanleihen, die in Südwestafrika angelegt sind. Die Klageschrift umfaßt 3000 Seiten.

Am *2. Dezember* wird ein Fünfte-Provinz-Konzept von der Regierung der Union von Südafrika herausgegeben.

1936

In Windhoek wird am *3. Februar* die Hedwig-Heyl-Haushaltsschule eröffnet.

Am *10. Februar* wird die erste Telefonverbindung zwischen Südwestafrika und der Union von Südafrika eingeweiht.

Die Deutsche Höhere Schule in Swakopmund wird jetzt von 273 Kindern besucht.

Südwestafrika hat 2.661.590 £ Schulden an Südafrika.

1937

Der »Deutsche Bund von Südwestafrika« wird als ausländische politische Partei deklariert.

Die Südwestafrika Persianer-Verkaufsgesellschaft in Kalkfeld verkauft auf der Auktion in Leningrad alle angebotenen Felle zu guten Preisen. Höchstpreis für ein Lot: 112.0.0 £

Die Woermann-Linie setzt im *Mai* einen neuen Luxusdampfer ihrer Afrika-Linie, die 16.662 Registertonnen große »Windhoek«, zwischen Europa und Südwestafrika ein.

Südwestafrika fängt eine Langusten-Quote von 37.000 Kisten pro Jahr.

Eine Umfrage im *Dezember* ergibt, daß die zweitstärkste Umgangssprache nach Afrikaans oder Holländisch Deutsch ist. 18.128 weiße Einwohner sprechen Afrikaans oder Holländisch, 9632 Deutsch und 2395 Englisch.

1938

Die deutschen Mitglieder der Legislative verlangen am *7. April* die Änderung des Einbürgerungsgesetzes. Eine Mandats-Staatsangehörigkeit soll die automatische britische ersetzen, und Deutsch soll offizielle Sprache werden.

Inhaber von Unions- oder britischen Pässen brauchen ab dem *1. Juli* ein Visum zur Einreise in Deutschland oder Österreich.

Die Polizeimacht Südwestafrikas besteht aus 206 Europäern und 157 Eingeborenen. 24 Planstellen sind unbesetzt.

Die Tierärzte Dr. Sigwart und Georg Kronsbein impfen am Okawango 24.000 Rinder gegen die Lungenseuche. 100.000 Tiere sollen noch im Kaokoveld und Owamboland hinzukommen.

Der Windhoeker Bürgermeister, John Meinert, legt nach mehr als zehn Jahren am *30. August* sein Amt nieder.

Am *8. September* werden die Werke eines neuen südwester Malers, Professor Adolph Jentsch, ausgestellt.

1939

Im *Januar* erscheint wieder die Wochenschrift »Südwestafrikanische Farmer«. Sie wurde 1932 aus Geldmangel eingestellt.

In Lüderitzbucht werden die Stadtgleise entfernt, die Straßen planiert.

Der Landbesitz der Liebig Co. wird an die Unionsregierung verkauft.

Generalkonsul Dr. Lierau wird neuer deutscher Konsul in Windhoek.

Eine Fliegerschule unter Leitung von Frank Kotze wird in Windhoek eingerichtet.

Smuts, jetzt Justizminister in Hertzogs Kabinett, schickt am *18. April* 350 bewaffnete Polizisten nach Windhoek zur Verstärkung der südwestafrikanischen Polizei.

Im *April* gibt das Deutsche Konsulat in Windhoek bekannt, daß Doppelstaatler für Reisen nach Deutschland deutsche Pässe und für die Wiedereinreise in Südwestafrika südafrikanische Pässe brauchen.

Die Unionsregierung unter Premierminister General J. B. M. Hertzog verleiht den europäischen (weißen) Frauen in Südwestafrika das Wahlrecht

»Die Deutsch-Südwestafrikanische Zeitung«, die »Swakopmunder Zeitung« und die »Allgemeine Zeitung« erscheinen nun vereint als eine Tageszeitung, als »Deutscher Beobachter« – Zeitung der Deutschen Südwestafrikas.

In Südwestafrika gibt es 800.000 Karakulschafe.

1. September – Kriegsbeginn zwischen England und Deutschland. Wie vor 25 Jahren entsteht in Südwestafrika erneut die Frage, ob sich die Union von Südafrika neutral verhalten oder eingreifen soll.

Premierminister Hertzog ist für Neutralität – Smuts für Eingreifen. Es kommt zum Bruch in der regierenden Partei, Hertzog wird überstimmt und tritt zurück. Smuts wird neuer Staatschef der Südafrikanischen Union. Eine große Anzahl südwestafrikanischer Deutscher, ob als britische Staatsangehörige eingebürgert oder nicht, werden in der Union interniert. Die anderen erhalten in ihren Häusern oder auf den Farmen im Territorium Hausarrest.

Am *18.* und *19. September* werden die ersten Deutschen durch die Polizei verhaftet und im Gebäude der alten deutschen Funkstation interniert. Es bekommt den Namen »Klein Danzig«.

1940

Swakopmund erlebt den höchsten Andrang von Feriengästen in den 48 Jahren seines Bestehens.

Zum ersten Mal in der Geschichte des Landesrates stellen sich keine deutschen Kandidaten für die Wahl in die Legislative auf.

Die deutschen Internierten werden am 26. Juni vom Windhoeker Lager »Klein Danzig« nach Andalusia in Südafrika verlegt. Die darauffolgenden Wochen sind von neuen Verhaftungswellen gekennzeichnet. Bis Jahresende werden 1220 südwester Deutsche in Andalusia interniert.

Im *Juli* erscheint eine »Schwarze Liste«, die laut Gazette 334 jeglichen Handel mit Deutschland verbietet.

Es wird empfohlen, Wäsche für die Internierten in Andalusia bei Frieda Voigts in Windhoek einzuliefern. Sie sorgt für die Weiterbeförderung der Pakete.

Die Eisenbahnverwaltung befördert Sendungen an Internierte frachtfrei. Fast täglich erscheinen in der Allgemeinen Zeitung in Windhoek Namen von weiteren Internierten.

Am *17. September* müssen der deutsche Generalkonsul Dr. Lierau und sein Personal Südwestafrika verlassen.

Im *November* verschifft die Südwest Persianer Verkaufsgesellschaft Kalkfeld 100.000 Felle für die Auktion in New York, die im *Januar 1941* stattfindet.

1941

In Lüderitzbucht wird am *11. März* eine neue Anlage für Meerwasser-Kondensation in Betrieb genommen.

Die Unionsregierung verbietet die Ausfuhr von Erzen und Eisenwaren aus Süd- und Südwestafrika.

Die Karakul Producers (Pty) Ltd., Omaruru, verkauft auf der New Yorker Auktion 73.944 Felle zum Durchschnittspreis von 5,56 US-$.

1942

Bei der Versteigerung in New York werden 275.000 Karakul-Felle verkauft.

Als Beitrag Südwestafrikas zu den Kriegsausgaben der Union werden im *März* im Etat 166.000 £ eingeplant.

Das Entnaturalisierungs-Gesetz wird am *20. März* vom Volksrat angenommen und setzt somit das Londoner Abkommen vom 23. Oktober 1923 außer Kraft. Die doppelte Staatsangehörigkeit für deutsche Südwester wird abgeschafft.

Im Landesrat wird am *13. April* ein Gesetzentwurf für Altersrenten für alle weißen Einwohner Südwestafrikas eingebracht. Danach sollen Männer ab 65, Frauen ab 50 in Pension gehen können.

In Windhoek werden 26 Straßen zu »Stoppstraßen« erklärt und entsprechende Schilder aufgestellt.

Nach fast zweieinhalb Jahren verstecktem Aufenthalt in der Namibwüste (Kuiseb-Canyon) kehren die beiden deutschen Geologen Dr. Henno Martin (32) und Dr. Hermann Korn (34) nach Windhoek zurück. Sie werden verhaftet. Beide werden gegen 100 £ Kaution auf freien Fuß gesetzt. Später veröffentlicht Martin über diese Robinsonade ein Buch, das ein Bestseller wird: »Wenn es Krieg gibt, gehen wir in die Wüste«.

Der Flugpostdienst zwischen Johannesburg, Kapstadt, Windhoek und Luanda wird am *30. Mai* bis auf weiteres eingestellt.

Bis zum *3. Juni* müssen sich alle entnaturalisierten Einwohner Südwestafrikas bei der Polizei als Ausländer registrieren lassen (Männer, Frauen und Kinder über 16 Jahre).

Am *1. Juli* wird die Einkommensteuer in Südwestafrika eingeführt.

Im südlichen Kaokoveld werden Zinnvorkommen entdeckt.

1943

Am *19. Juli* erfolgt ein Aufruf: Alle Söhne feindlicher Ausländer, die das 18. Lebensjahr erreicht haben, müssen sich bei den Magistraten melden. Alle, die das 16 Lebensjahr erreicht haben, müssen sich bei der Polizei melden, um sich als feindliche Ausländer registrieren zu lassen.

Wegen der ernsten Fleischknappheit in der Union von Südafrika beschließt die Unionsregierung im *August*, Südwestafrika während der kommenden drei Monate die größtmögliche Anzahl von Güterwagen für den Viehtransport zur Verfügung zu stellen.

1944

Die Regierung gibt im *August* mit Gazette Nr. 1132 bekannt: Alles bewegliche und unbewegliche Eigentum von feindlichen Staatsangehörigen geht, sobald diese das Land verlassen, an den Treuhänder des feindlichen Eigentums.

Per Amtsblatt Nr. 1141 wird die Überwachung feindlichen (deutschen) Eigentums in Südwestafrika durch den Treuhänder der Union erläutert.

Der Finanzminister der Union, Jan Hendrik Hofmeyer, bestimmt mit Regierungsbekanntmachung Nr. 1533 vom *15. September*, daß alles bewegliche und unbewegliche Eigentum von feindlichen Staatsangehörigen durch einen Treuhänder überwacht wird.

Internierte in den Lagern Andalusia und Baviaanspoort dürfen zu Weihnachten Langusten in Dosen aus Lüderitzbucht erhalten.

1945

In Windhoek erscheint zum ersten Mal seit 1938 wieder ein neues Telefonbuch.

8. Mai – Kriegsende in Europa.

36.832 Ballen Karakulwolle wurden in der Saison 1944/45 in Unionshäfen verkauft.

Durch Amtsblatt Nr. 1193 wird das Verbot des Zivilflugverkehrs in der Union und in Südwestafrika aufgehoben.

Das Internierungslager Andalusia wird am *12. August* aufgelöst, die Internierten in die Lager Koffiefontein und Baviaanspoort verlegt.

Durch Glockengeläut und heulende Sirenen wird am *15. August* in Windhoek um 11.45 Uhr das Ende des Krieges der Alliierten gegen Japan bekanntgegeben. Der 16. und 17. August werden zu öffentlichen Feiertagen erklärt. Der Weltkrieg ist zu Ende.

Im *August* wird in Otjiwarongo die modernste Molkerei Südwestafrikas und der Union von Südafrika eröffnet. Sie soll sechs Mio. Pfund Butter pro Jahr produzieren. Alfred Benz wird Hauptgeschäftsführer.

Unions-Finanzminister Hofmeyer verlangt von Südwestafrika eine Schuldenrückzahlung in Höhe von 2.570.267 £. Sie wird auf 25 bis 30 Jahre zu je 150.000 £ Abzahlung gestundet.

Ein südafrikanisches Meinungsforschungsinstitut ermittelt in einer Umfrage, daß 71 % aller Befragten für die Einverleibung Südwestafrikas als fünfte Provinz Südafrikas sind. Neun von zehn Befragten in Südwestafrika sind auch dafür.

Am *24. Oktober* wird die Organisation der Vereinten Nationen, die UNO (United Nations Organisation) gegründet.

1946

Die Unionsregierung erwägt die Deportation feindlicher Ausländer aus Südwestafrika.

Im *März* wird die Benzinrationierung aufgehoben.

Justizminister Lawrence hält weiterhin 1060 Deutsche aus Südwestafrika in Südafrika fest.

Die Postzensur in Südwestafrika wird aufgehoben.

General Smuts will Südwestafrika als fünfte Provinz Südafrika einverleiben.

Der Briefverkehr zwischen Südwestafrika und Deutschland wird wieder aufgenommen.

46 kranke und betagte Internierte werden aus dem Lager Baviaanspoort entlassen.

Der Völkerbund wird am *18. April* in Genf aufgelöst.

Die Aufhebung gewisser Beschränkungen, die die Freiheit der feindlichen Ausländer beinhalten, wird im Mai bekanntgegeben, womit Haus-, Stadt- und Farm-Internierungen sowie die regelmäßigen Meldungen bei der Polizei aufhören. Die Betroffenen dürfen jetzt Hotels und Kinos besuchen, aber keine Bars.

Der Ausländer-Gesetzentwurf (Deportierung) wird mit 65 gegen 21 Stimmen im *Juni* vom Volksrat der Union angenommen. Oppositionsführer Dr. Malan erklärt hierzu, daß bereits sieben Internierte Selbstmord begangen hätten und 29 in Irrenanstalten geschickt worden seien.

In Südwestafrika beginnt die Karakul-Kürschnerei. Die ersten Pelzmäntel und Capes werden hergestellt.

Volkszählung – In Südwestafrika leben 38.020 Weiße (1936 = 30.677) und 269.569 Schwarze und Farbige (1936 = 261.724).

In New York werden 79.851 Karakulfelle versteigert.

Der Unionsbericht über die Verwaltung Südwestafrikas wird im *Oktober* der UNO vorgelegt.

1947

Südafrika informiert die UNO, daß es Südwestafrika weiterhin als Mandats-, nicht aber als Treuhandgebiet verwalten will. Die UNO verlangt von der Union, ein Treuhänderschaftsabkommen vorzulegen.

Zwei neue Langustenfabriken werden für Lüderitzbucht geplant.

Im *Oktober* sollen 234 Männer mit Frauen und Kindern deportiert werden. Die Kontrollbehörden gestatten die Mitnahme der persönlichen Habe und 30 £ pro Person.

Die Union bestellt einen Abschätzer für den Wert der Farmen deportierter Deutscher. Die SWA-Administration bekommt ein Vorkaufsrecht.

1948

Die südwester Farmervereinigung beschließt im *April* mit 65 gegen 16 Stimmen, daß die Ausfuhr von Karakulschafen nach der Union mit Freiheitsstrafen belegt werden soll.

Die Eisenbahnverwaltung bietet für den *Mai* zwei Safaris in die Etoscha-Pfanne an.

Die Nationale Partei (NP) Südafrikas in Koalition mit der später sich der NP anschließenden Afrikaner-Partei gewinnt die Wahlen. Dr. D. F. Malan wird Premier und Außenminister.

Deportationen Deutscher aus Südwestafrika sind kein Thema mehr.

Im *September* kommen neue Bestimmungen über die »Liebesgaben-Pakete« nach Deutschland heraus: Die Auslandsvaluta darf 2,10 £ pro Person und Monat nicht überschreiten.

Südafrikas Premier und Außenminister D. F. Malan erklärt, daß sein Land es ablehnt, die UNO um Einverleibung Südwestafrikas zu ersuchen.

800 Farmer bewerben sich in Südwestafrika um 400 angebotene Farmen.

Premier Malan besucht am *18. Oktober* Südwestafrika.

Am *25. Oktober* schlägt Premierminister Malan vor, Südwestafrika soll durch eine Vertretung im Unionsparlament Mitbestimmungsrecht über gesetzgeberische und administrative Entscheidungen erhalten. Ferner: Im Augenblick keine Einverleibung Südwestafrikas in die Union.

1949

Im April stellt die Denkmalschutz-Kommission Südwestafrikas vier historische Stätten unter Denkmalschutz: Das Grab von Jonker Afrikaner in Okahandja, das alte Fort Namutoni, den Steinernen Wald im südlichen Kaokoveld und die Meteoriten im Garten des Zoos von Windhoek.

23. Mai Gründung der Bundesrepublik Deutschland.

Eine Erleichterung der Naturalisierungsbedingungen wird im *Mai* angekündigt: Personen, die 1942 entnaturalisiert wurden, können wieder die südafrikanische Unions-Staatsangehörigkeit beantragen. Sie werden damit gleichzeitig Angehörige des »British Cormmonwealth of Nations«.

Das Elektrizitäts-Werk in Keetmanshoop brennt bis auf die Grundmauern nieder.

Der Altpräses der Rheinischen Mission, Dr. Heinrich Vedder, hält am *9. Juli* einen Festgottesdienst anläßlich der Hundertjahrfeier der Rheinischen Mission in Otjimbingwe.

Die »Volkskas« gibt in Südwestafrika eigene Banknoten heraus. Sie werden in deutscher, englischer und afrikaanser Sprache gedruckt und lauten auf 1 £, 5 £ und 10 £.

Die Rückwanderung südwester Deutscher aus dem kriegszerstörten Deutschland wird erleichtert und befürwortet.

Unter Premierminister Malan stellt Südafrika die Berichterstattung über sein Mandatsgebiet Südwestafrika an die UNO ein.

1950

Ab *1. Januar* dürfen in Südwestafrika landwirtschaftliche Erzeugnisse auch in Postpaketen verschickt werden (Gazette 1472).

Der internationale Gerichtshof in Den Haag beschließt, daß Südafrika den internationalen Status von Südwestafrika nur in Übereinstimmung mit der UNO ändern darf. Die Unionsregierung behauptet: Die UNO ist nicht Nachfolgerin des Völkerbundes.

Prinz Hubertus von Preußen (40), sein Bruder Prinz Friedrich und dessen Frau Prinzessin Brigid besuchen Südwestafrika. Hubertus besitzt eine Karakulfarm bei Mariental. Nach einer Blinddarm-Operation stirbt Prinz Hubertus am Karsamstag, dem *8. April,* in Windhoek.

Geigen-Virtuose Yehudi Menuhin gibt im *März* ein Konzert im Metro-Cinema in Windhoek.

Mit einer 97%igen Wahlbeteiligung finden am *30. August* die Wahlen für den Landesrat und gleichzeitig für die sechs in das Unionsparlament zu entsendenden Abgeordneten Südwestafrikas statt.

Als südwestafrikanische Abgeordnete im SA-Volksrat werden gewählt:
Etosha: A. J. van Niekerk NP (Nationale Partei); Omaruru: R. Le Riche NP; Middelland: A. S. Webster NP; Windhoek: J. A. Visser NP; Karas: J. von Moltke NP; Namib: J. Basson NP.

1951

Südafrika schlägt vor, in Zukunft mit Frankreich, England und den USA über das Territorium (Südwestafrika) zu verhandeln und nicht mehr direkt mit der UNO.

Im *Januar* spricht zum ersten Mal in der Geschichte des südafrikanischen Parlaments ein Vertreter Südwestafrikas vor den Abgeordneten. Es ist J. von Moltke (Farmer und Schriftsteller) aus dem Wahlbezirk Karas, einer der sechs Parlamentarier für Südwestafrika.

In den Städten Grootfontein, Okahandja, Omaruru, Otavi, Otjiwarongo, Swakopmund, Tsumeb und Windhoek werden deutsche Schulabteilungen eingerichtet.

Seit dem veränderten Naturalisationsgesetz von *1949* haben bis jetzt 2300 Deutsche die Staatsbürgerschaft der Südafrikanischen Union erhalten.

Der Turnverein Windhoek und der Sportklub Fortuna 45 schließen sich zusammen und gründen im *April* den SKW, Sportklub Windhoek.

Die Einwanderung Deutscher wird erleichtert. Es ist jetzt möglich, ohne festen Arbeitsvertrag ins Land zu kommen.

1952

Die UNO-Generalversammlung verlangt zum siebten Mal eine Treuhändverwaltung des Territoriums durch Südafrika.

In Bremen verhandeln Staatsarchiv und Karl Lüderitz, der Sohn von Adolf Lüderitz, um den Nachlaß des Gründers von Lüderitzbucht. Es geht dabei auch um das Originaltagebuch Heinrich Vogelsangs über die Afrikareisen von Lüderitz, Briefe und Dokumente.

Am *1. April* sperrt die Administration ein Fünftel der Landesfläche für Prospektoren. Es dürfen keine Schürfrechte mehr beantragt werden.

Die Importausgaben belaufen sich *im Haushaltsjahr 1951/52* auf 13.132.626 £, davon 10.598.272 £ für Einfuhren aus der Union.

Staatseinnahmen werden für *1951/52* auf 5.724.450 £ geschätzt. Mit einem Überschuß von 2.194.424 £ wird gerechnet. Die Hälfte des Staatseinkommens von rund 6 Mio. £ wird vom Diamanten- und sonstigen Bergbau erwartet.

Der Haushaltsetat *1952/53* wird mit 6.733.347 £ veranschlagt.

Drei Übersee- und zwei Küstendampfer von bis zu 7200 BRT legen in einer Woche im *Juni* im Hafen Lüderitzbucht an.

Die Wiener Sängerknaben gastieren am 12. Juni in Windhoek.

Zwischen der Union von Südafrika und der Bundesrepublik Deutschland gibt es wieder einen Luftverkehr. Eine viermotorige Maschine vom Typ Constellation landet, von Johannesburg über Nairobi, Karthum und Rom kommend, in Frankfurt am Main.

Am *5. Dezember* wird in Okahandja die Friedenskirche eingeweiht. Sie war von der Rheinischen Mission für die Deutsche Gemeinde erbaut worden. Kosten: 4000 £.

1953

Am *27. Januar* stellt die Administration 60.000 £ als Hilfe für dürrebedrohte Farmer zur Verfügung.

Ein Fünf-Mächte-Sonderausschuß der UNO tagt über die Südwestafrikafrage in New York. Die fünf: Norwegen, Syrien, Thailand, Uruguay und die USA.

Im *Februar* trifft Dr. Richard Bottler als erster Konsul der Bundesrepublik Deutschland für Südwestafrika in Windhoek ein.

Der Custodian (Treuhänder für feindliches Eigentum) hat seit 1948 bis heute an deutsche Rückwanderer 500.000 £ als Erlös ihres vom Custodian veräußerten Eigentums ausgezahlt. Rund 5 Mio. £ sind noch unter Verwaltung des Custodian. Davon entfallen 2 Mio. £ auf deutsche Gesellschaften und 3 Mio. £ auf die jetzt in Deutschland lebenden Einzelpersonen.

Bis Ende des Jahres soll es 2000 Telefonleitungen in Südwestafrika geben.

Der SKW (Sportklub Windhoek) veranstaltet am *1. Mai* zum ersten Mal einen Maskenball unter dem Titel: »Karneval in Windhoek«.

Am *13. Mai* brennt das Elektrizitätswerk in Swakopmund ab.

Die Deutsche Welle ist jetzt jeden Abend von 20.00 bis 23.00 Uhr südafrikanischer Zeit auf 11.795 kHz zu empfangen.

Outjo hat 1103 weiße und 1023 schwarze Einwohner, 253 Häuser, die größte Käsefabrik Südwestafrikas und die zweitgrößte im südlichen Afrika.

Im August kehrt der südwestafrikanische Administrator Dr. A. J. R. van Rhjin in die Union zurück. Er wird dort Gesundheitsminister. Sein Nachfolger ist Lehrer und Senator D. T. Viljoen.

In Windhoek soll eine Dienststelle des Innenministeriums der Union, zuständig für Einwanderungs- und Naturalisierungsfragen, eröffnet werden.

In Windhoek werden 303 Neubauten im Wert von 859.153 £ geplant.

Im ersten Halbjahr wurden in Windhoek 317 weiße, 80 farbige und 158 schwarze Babies geboren.

1954

Dr. H. J. Stern von der Nationalen Partei spricht sich am *14. April* in Windhoek gegen eine Übernahme der Finanzhoheit Südwestafrikas durch die Union aus.

Der erste städtische Omnibusverkehr wird in Windhoek eingesetzt.

Zur Windhoeker landwirtschaftlichen Ausstellung und zur Industrieschau zwischen dem *13.* und *15. Mai* kommen 13.500 Besucher.

Am *21. Mai* wird das neue südwester Bergbaugesetz vom Landesrat verabschiedet.

Südafrikas Eingeborenen-Minister, Dr. H. Verwoerd, beantragt im Volksrat am *8. Juni* die Übertragung der Eingeborenen-Verwaltung Südwestafrikas auf das Eingeborenen-Ministerium der Union.

Eine UNO-Debatte über die Hundesteuer in Südwestafrika findet statt.

In Oranjemund wird ein Diamant von 138 Karat gefunden.

1955

Der internationale Gerichtshof beschäftigt sich weiterhin in beratender Funktion mit der Situation Südwestafrikas.

527 Bundesdeutsche wandern nach Südwestafrika aus.

10.300 Touristen besuchen die Etoscha-Pfanne.

Die ersten 26 Touristen-Bungalows werden in Swakopmund unweit vom Strand erbaut.

1956

Die Lorelei-Mine am Oranje, Besitzer Kahan, beginnt mit dem Abbau von Kupfererz.

Der erste private Telex-Verkehr mit Übersee (London) wird eingerichtet. Verbindungen mit Johannesburg, Kapstadt, Bloemfontein, Bulawayo, Salisbury sollen folgen.

Am *21. Mai* bekräftigt Premierminister J. G. Strijdom im Senat das Recht Südafrikas, sich Südwestafrika als einen Teil der Union einzuverleiben.

401 Damaras werden vom Augeigas-Reservat in das Otjihorongo-Gebiet umgesiedelt.

Die »letzte Runde« zwischen der Südafrikanischen Union und der UNO in der Südwestafrika-Frage beginnt in New York. Ein Bericht über die Zustände im Territorium wird geprüft.

Der Windhoeker Männerchor fliegt am *30. Juli* mit einer Sondermaschine der UTA zum 14. Deutschen Sänger-Bundesfest nach Stuttgart.

Die Höhere Schule in Swakopmund erhält einen Erweiterungsbau. Ein Mädchen-Schülerheim wird angegliedert.

207.000 Rinder im Wert von 55 Mio. Mark werden im laufenden Jahr nach Südafrika exportiert.

10 Mio. Pfund Butter werden produziert; 2,9 Mio. Karakulfelle, Wert ca. 60 Mio. Mark, werden ausgeführt.

Ein weiteres Komitee, bestehend aus den UNO-Mitgliedsländern Brasilien, England und den USA, wird gegründet, um mit Südafrika über Südwestafrika zu verhandeln.

Mburumba Kerina geht als Repräsentant Südwestafrikas zur UNO, gefolgt vom Baster Hans Beukes und 1959 von Jariretundu Kozonguizi. Schon 1946 hatten Nama- und Herero-Häuptlinge Petitionen gegen die südafrikanische Administration von Südwestafrika bei der UNO eingereicht.

1958

Die UNO-Mitgliedstaaten fordern einen Terminkalender für die Entwicklung von Treuhandgebieten zu selbständigen Staaten.

Der Owambo Toivo ja Toivo gründet die OPO (Owamboland People's Organisation).

Der Treuhandausschuß der UNO lehnt eine Teilung Südwestafrikas ab, wonach der Süden des Territoriums Südafrika einverleibt werden soll.

Mit 61 zu acht Stimmen bei sieben Enthaltungen beschließt die UNO-Generalversammlung, den Vermittlungsausschuß für die Südwestafrika-Frage ein Jahr länger bestehen zu lassen.

Der Goreangab-Damm wird gebaut.

Eine Teerstraße wird von Tsumeb nach Otavi gebaut.

Am *20. Dezember* wird die Martin-Luther-Kirche in Maltahöhe von Landespropst Höflich eingeweiht.

1959

In Keetmanshoop wird erstmals Karneval gefeiert.

In der neuen Eingeborenensiedlung in Katutura vor Windhoek sind schon 1400 Häuser fertig. 3000 sollen insgesamt entstehen. Der Umzug der 16.000 Menschen von der »alten Werft« nach Katutura soll im *Juni/Juli* 1960 erfolgen.

Den ersten Charterflug zwischen Angola und Südwestafrika unternimmt am *25. November* die private südwestafrikanische Fluggesellschaft »Suidwes Lugdiens«.

Der US-Botschafter in Südafrika, K. Crowe, trifft sich im *November* in Windhoek mit dem Herero-Häuptling Hosea Kutako.

Zwei Prospektoren aus Gobabis finden zwölf Meilen nördlich von Cape Cross entlang der Küste zinn- und goldhaltige Erze.

Ein deutscher Schulverein wird in Grootfontein gegründet.

Für Südwestafrika werden 115 Diesellokomotiven im Wert von 11 Mio. £ gekauft, der Dampfbetrieb wird allmählich eingestellt.

In Tsumeb wird eine Kupferschmelzanlage gebaut. Sie soll 1963 fertig sein und rund 5 Mio. £ kosten. Hier wird das Erz aus Tsumeb und anderen Kupferminen Südwestafrikas verhüttet.

Südwestafrika hat im Laufe des Jahres 310.798 Stück Großvieh exportiert.

Am *10.* und *11. Dezember* werden bei Unruhen auf der Werft der Schwarzen in Windhoek, die sich gegen eine Zwangsumsiedlung in den neuen Wohnort Katutura wehren, zehn Einwohner von der Polizei erschossen.

1960

Windhoek wird in verschiedene Stadtteile aufgeteilt.

Im *März* wird in Swakopmund ein Kulturzentrum mit neuem Museum, Bibliothek und Leseraum eröffnet – das Lebenswerk von Zahnarzt Dr. Alfons Weber († 1984).
Ein Windhoeker Bürobote und Bahnangestellter, der Owambo Sam Nujoma, gründet mit Hilfe von Mburumba Kerina die SWAPO (South West Africa People's Organisation).

Das neue Obergerichtsgebäude in Windhoek wird am *26. April* eröffnet.

Äthiopien und Liberia, zwei ehemalige Mitglieder des Völkerbundes, reichen im *Juni* beim Internationalen Gerichtshof in Den Haag Klage gegen Südafrika wegen Verletzung seiner Mandatspflicht ein.

In Windhoek wird das Staatshospital für Weiße mit 254 Betten in Betrieb genommen.

Die südwester Eisenbahnen, die bisher jährlich einen Verlust von 1 Mio. £ zu verzeichnen hatten, schließen das *2. Quartal 1960* zum ersten Mal mit einem Gewinn von 348.620 £ ab.

1961

Südafrika wird Republik mit parlamentarischer Staats- und Regierungsform.

Die Währung wird umgestellt auf eine Dezimalwährung (1 Rand = 100 Cent).

Bau des Hardap-Staudammes.

Im *Juli* bricht die Maul- und Klauenseuche im Gebiet von Omitara aus. Fast der gesamte landwirtschaftliche Export (ausgenommen Fleischkonserven) kommt zum Erliegen. 191 Farmen sind von der Maul- und Klauenseuche befallen. Vier Tage später sind es 220 Farmen. Auch alle Viehexporte aus den Gegenden um Karibib, Usakos und Omaruru werden gesperrt.

Die südwester Exekutive beschließt am *14. September* den Bau des Touristen-Camps »Halali« in der Etoscha-Pfanne. Die Administration übernimmt die Läden in Namutoni und Okaukuejo. Poststellen, Kühlkammern und Getränkedepots sollen eingerichtet werden.

Lüderitzbucht bekommt eine neue Kondensieranlage zur Meerwasserverdampfung, Kosten 180.000 Rand. Sie soll die Produktion von jetzt täglich 200 t Süßwasser auf 600 t erhöhen.

An der DHPS (Deutsche Höhere Privatschule) Windhoek wird das 13. Schuljahr eingeführt. Sein Abschluß, das Nostrifikationsexamen (gleichbedeutend dem deutschen Abitur), ermächtigt alle Abgänger, an ausländischen Universitäten ohne Zusatzprüfung zu studieren.

498 Farmen sind von der Maul- und Klauenseuche betroffen. 1,5 Mio. Stück Vieh sollen geimpft werden. 600 Meilen Wildzäune sind bis jetzt errichtet worden. Im Norden erstreckt sich der Zaun vom Brandberg-Reservat ca. 380 Meilen nach Osten. Er verläuft über die Farm Zierenberg (70) durch den Otjiwarongo-Bezirk bei Sukses vorbei zum Waterberg-Reservat und zieht sich von der Farm Hamakari-Süd an der Grenze des östlichen Eingeborenen-Reservats und des Epukiro-Reservats entlang. Der südliche Zaun, ca. 230 Meilen lang, beginnt bei der Farm Constantia (515) im Bezirk Rehoboth, biegt dann nach Süden bis zur Farm Gauchab (169) ab, verläuft in nordöstlicher und östlicher Richtung, führt schließlich nach Südosten entlang der Grenze des Gobabis-Bezirkes und verläuft dann an der südlichen Grenze des Aminuis-Reservates entlang bis zur Grenze des Bechuanalandes.

Der Südwestafrika-Ausschuß der UNO-Generalversammlung bringt am *27. Oktober* einen 109 Seiten langen Bericht heraus. Er fordert unter anderem die Unabhängigkeit Südwestafrikas und die Entwaffnung der Weißen.

1962

Südafrika verliert den von Äthiopien und Liberia angestrengten Prozeß vor dem Internationalen Gerichtshof in Den Haag in erster Instanz. Es hatte die Kompetenz des Gerichtes angezweifelt.

Die Namib-Forschungsstation Gobabeb wird errichtet.

Ein neues deutsches Schülerheim wird in Lüderitzbucht gebaut, Kosten 450.000 Rand.

Am *10. Mai* besucht Dr. Carpio, der philippinische Vorsitzende des Südwestafrika-Ausschusses bei der UNO, gemeinsam mit UNO-Diplomat Dr. Martinez de Alva Südwestafrika.

Am *17. September* wird die Odendaal*-Kommission mit einer Untersuchung der südwestafrikanischen Angelegenheiten beauftragt.

Das neue Schul- und Heimgebäude der Deutschen Privatschule in Karibib wird am *18. September* eingeweiht. 230 Kinder gehen jetzt dort zur Schule.

Dürre und Maul- und Klauenseuche haben den südwester Haushalt 13.384.716 Rand gekostet.

Südwestafrika hat im laufenden Jahr 170.121 Stück Großvieh exportiert (1959: 310.798 Tiere).

---

* Frans Hendrik Odendaal war Administrator der südafrikanischen Provinz Transvaal und Vertrauter des Premierministers Dr. H. F. Verwoerd.

1963

Außerordentlich starke Regenfälle im ganzen Land im Januar. Überschwemmungen richten schwere Schäden an zahlreichen Dämmen an. Reparaturkosten rund 100.000 Rand.

Administrator Daniel P. Viljoen eröffnet am 7. *März* in Otavi eine Fleischfabrik, die Impala Unie (SWA). Sie soll pro Tag bis zu 200 Rinder verarbeiten.

Am *16. März* wird der Hardapdamm, der viertgrößte im südlichen Afrika, bei Mariental eröffnet. Er kann 252 Mio. m³ Wasser stauen. Kosten: 9 Mio. Rand.

Die SWANU (South West African National Union) und die SWAPO (South West African People's Organisation) gründen im *Oktober* gemeinsam die »Liberation Front« und bezeichnen Südafrikas Anwesenheit in Südwestafrika als illegal. Die Liberation Front soll als Gegenpol zur »wirtschaftlichen Macht und militärischen Stärke« von Südafrikas Regierung wirken.

Clarence B. Randall, Wirtschaftsberater des US-Präsidenten John F. Kennedy, besucht im *November* Windhoek. Er schlägt vor, Südafrika noch eine zweite Chance zu geben, seinen guten Willen in der Verwaltung des Mandats zu zeigen.

Das Rechnungsjahr *1963/64* schließt mit einem Überschuß von 339.653 Rand ab.

1964

In den vergangenen zwei Jahren hat die Odendaal-Kommission im Auftrag der Regierung von Südafrika ein »Blaubuch« über Südwestafrika *(Report of the Commission of Enquiry into South West Africa Affairs 1962–1963)* erstellt.
Diese Untersuchung schlägt folgende Änderungen im Territorium vor, die später auch in die Tat umgesetzt werden:
Obwohl das Originalmandat als solches nicht mehr existiert, wird die Republik von Südafrika fortfahren, das Territorium im Geist des Originalmandats, wie in Artikel 2 festgehalten, zu verwalten, d. h. sich die volle Kontrolle durch Administration, Exekutive und Legislative über das Territorium als integralen Bestandteil von Südafrika erhalten, mit der Vollmacht, die Gesetze der Republik Südafrika im Gebiet anzuwenden mit gelegentlichen Modifikationen in bezug auf lokale Bedürfnisse.
Es sollen hier die »Homeland-Politik« Südafrikas und elf Reservate eingerichtet werden, um der Tradition, Gewohnheit, Sprache, Religion, dem Entwicklungsstand und dem sozialen, politischen und ökologischen System der heterogenen Bevölkerung im

Territorium gerecht zu werden. Die elf »Homelands« sind:

Bevölkerungsgruppe	Bevölkerungszahl	Gebietsgröße ha
Owamboland	239 363	5 607 200
Okavango	27 871	4 170 050
Kaokoveld	9 234	4 898 219
Damaraland	44 353	4 172 646
Hereroland	35 354	5 899 680
Ostcaprivi	15 840	1 153 387
Tswana	2 632	155 400
Buschmannland	11 762	2 392 671
Rehoboth-Gebiet	11 257	1 386 029
Namaland	34 806	2 167 707
Farbige	12 708	

Die Farbigen bekommen kein eigenes »Homeland«. Für sie werden vor den Städten Windhoek, Lüderitzbucht und Walvis Bay »townships« (Wohnvororte) gebaut.
Für diese Umstrukturierung werden 3.406.181 ha Privat- und Pachtland der weißen Bevölkerungsgruppe benötigt und vom Ministerium für Bantu-Administration aufgekauft. Es handelt sich hierbei vorwiegend um Farmländereien, seit Generationen aufgebaut und bewirtschaftet.
Diese »Homelands« unterstehen dem Minister für Bantu-Administration der Zentralregierung von Südafrika und sollen im Lauf der Zeit zur Selbstregierung geführt werden.
Das sogenannte weiße Gebiet sollte der Republik von Südafrika als fünfte Provinz einverleibt werden und eine enge wirtschaftliche Verflechtung eingehen.

Laut Odendaal-Plan leben 526.000 Menschen in Südwestafrika.

Das UNO-Sonderkomitee verwirft diesen Plan aufs Schärfste. Auch Clemens Kapuuo, Berater des 90jährigen Herero-Häuptlings Hosea Kutako, lehnt den Odendaal-Bericht ab.

Südwestafrika ist wieder frei von Maul- und Klauen-Seuche.

Das neue Gebäude der Gesetzgebenden Versammlung wird am *14. Mai* vom südafrikanischen Staatspräsidenten C. R. Swart in Windhoek eröffnet.

In Oranjemund wird ein Diamant von 130 Karat gefunden. Geschätzter Wert: 90.000 Rand. Die gesamte Diamantenproduktion bringt im laufenden Jahr 60,2 Mio. Rand.

Im *September* eröffnet der deutsche Konsul Strusch das Richtfest des Schülerheims für die Deutsche Schule in Lüderitzbucht. Die Bundesrepublik Deutschland finanziert den Bau mit 3,375 Mio. D-Mark.

Nach einer Unterbrechung von fünf Jahren findet im *Oktober* in der Landeshauptstadt wieder die »Windhoeker Landesausstellung« statt. Es kommen 20.000 Besucher.

Das Bauprogramm der schwarzen Vorstadt Katutura ist beendet. Es wurden 3116 Häuser gebaut, wovon noch 1221 leerstehen.

1965

Am *15. Januar* führt die SAA, South African Airways, einen täglichen Flugverkehr zwischen Johannesburg und Windhoek ein.

Bei Klein-Aub wird im *März* eine Kupfermine eröffnet.

SWAPO-Mitglied Emil Appolus reicht am *5. Oktober* bei der UNO-Generalversammlung eine Petition ein und verlangt, daß Südwestafrika nicht als Treuhand-Territorium anzusehen sei.

Kurt Dahlmann, Chefredakteur der Windhoeker Allgemeinen Zeitung, erscheint am *11. Oktober* vor dem Internationalen Gerichtshof in Den Haag und sagt im Kreuzverhör über die politischen Parteien Südwestafrikas aus.

Am *20. Oktober* ruft die SWAPO in Akkra/Ghana die OAU zu Aktionen gegen die Regierungen Südafrikas, Portugals und Rhodesiens auf.

Am *29. November* lehnt der Internationale Gerichtshof die Einladung Südafrikas ab, Südwestafrika zu besuchen, um sich an Ort und Stelle ein Bild von den Lebensbedingungen der Einwohner zu machen.

1966

In Südwestafrika gibt es jetzt fast 60.000 km Straßen und Pads. 960 km sind geteert.

Am *18. April* legt Administrator Wentzel Christoffel du Plessis den Haushaltsplan 1967 vor: 99.985.755 Rand. Davon entfallen auf Verwaltungsausgaben 34 Mio. Rand.

Im *Juni* wird der Neubau der Deutschen Höheren Privatschule, Windhoek, eingeweiht. Hier werden jetzt 700 Schüler unterrichtet.

Am *18. Juli* weist der Internationale Gerichtshof die Klage Äthiopiens und Liberias in letzter Instanz zurück. Es war das längste Verfahren in der Geschichte des Internationalen Gerichtshofes – sechs Jahre Dauer, 100 Sitzungen, Möbelwagen voller Akten.

Die erste bewaffnete Konfrontation zwischen der SWAPO (South West Africa People's Organisation) und den Sicherheitstruppen Südafrikas bei Ongulumbashe im Owamboland findet am *26. August* statt.

Die SWAPO beansprucht für sich, die »einzige authentische Stimme des Volkes«, auf einer nicht stammesgebundenen Basis aufgebaut sowie die stärkste politische Organisation im Land zu sein. Die UNO und die OAU erkennen die SWAPO als die einzige Vertreterin des südwestafrikanischen Volkes an.

Die »interne« SWAPO (die Organisation war zu keinem Zeitpunkt im Lande verboten) holt sich ihre stärkste Unterstützung im Mandatsgebiet von den Owambo-Vertragsarbeitern in den großen Städten der Weißen und auf deren Farmen, ferner im dichtbesiedelten Owambo-Gebiet selbst, bei den schwarzen Kirchen und von anderen Stammesgruppen wie den Hereros und den Damaran.

Administrator du Plessis gründet im *September* den Südwestafrikanischen Rat für Ausführende Künste (SWARAK).

Die UNO-Resolution 2145 wird am *27. Oktober* verabschiedet. Sie beinhaltet die Erklärung, daß Südafrika versäumt hat, seine Verpflichtungen gegenüber Südwestafrika zu erfüllen, und stellt das Territorium ab sofort und für die Zukunft unter UNO-Verantwortung.

Die UNO-Generalversammlung gründet ein Südwestafrika-Komitee aus vierzehn Mitgliedern. Dieses soll das Territorium verwalten und die Unabhängigkeit herbeiführen.

1967

Der Umzug schwarzer Einwohner von der Windhoeker Werft nach Katutura beginnt im Januar.

Zwischen dem *21. April* und dem *13. Juni* tagt die UNO-Generalversammlung mit dem Südwestafrika-Komitee und verhandelt über »praktische Schritte«, wie die Macht an das Volk von Südwestafrika übertragen werden kann.

Als Datum für die Unabhängigkeit wird der *Juni 1968* angesetzt.

Der UN-Sicherheitsrat wird beauftragt, »alle notwendigen Maßnahmen« zu treffen, die es der Administration von Südwestafrika ermöglichen, die Unabhängigkeit herbeizuführen.
Dies wird mit Resolution 2248 S-V am *19. Mai* beschlossen.

April - Der Bericht der Untersuchungskommission über das Fischereiwesen in Südwestafrika enthält folgende Empfehlungen:
* An der Nordküste von Südwestafrika soll ein Tiefseehafen gebaut werden (Möwebucht).
* Die Weißfischindustrie, deren Lizenzinhaber bisher kaum praktische Schritte zur Entwicklung der Industrie getan haben, soll auf einer wirtschaftlicheren Grundlage neu organisiert werden.
* Keine neuen Langustenquoten oder -Lizenzen sollen erteilt werden.
* Es soll die Möglichkeit eines internationalen Abkommens zum Schutze der südwester Fischgründe untersucht werden.
* Der Fischereihafen von Walvis Bay soll weiter ausgebaut werden.
* Die acht bestehenden und zwei neu zu gründenden Fabriken sollen je eine zusätzliche Quote von 6000 Pilchards erhalten.

Am *31. Oktober* führt die südafrikanische Regierung mit den Häuptlingen der sieben Stämme des Owambolandes Gespräche über eine Autonomie des Gebietes.

In Windhoek wird das Van-Eck-Elektrizitätswerk (mit einer zukünftigen Leistung von 90 MW) gebaut.

1968

Am *26. Januar* wird Hermann Toivo ja Toivo, Gründer OPO (Owambo People's Organisation) und Mitbegründer der SWAPO, vom Obersten Gerichtshof in Pretoria zu 20 Jahren Haft auf Robben Island verurteilt.

Die Bevölkerung von Windhoek ist seit 1961 auf 67.100 Einwohner angewachsen. Davon sind 36.000 Weiße, 4600 Farbige und 26.000 Schwarze.

Südafrika verweigert im *April* dem UN-Komitee für Südwestafrika die Einreise ins Territorium.

Am *4. Juni* legt der Landespropst Otto Milk in Otjiwarongo den Grundstein für ein Altersheim der Deutschen Evangelischen Lutherischen Landeskirche von Südwestafrika.

Am *12. Juni* erklärt der UN-Sicherheitsrat mit Resolution 2872: »Dem Wunsch der Menschen in Südwestafrika zufolge heißt das Territorium ab sofort Namibia.«

Die erste Sitzung der Gesetzgebenden Versammlung des Owambolandes findet am *17. Oktober* in Oshakati statt. Oshona Shiimi vom Kuanyama-Stamm ist Vorsitzender.

1969

Im Deutschen Konsulat in Windhoek löst Vizekonsul Ernst August Kobold seinen Amtsvorgänger Rudolf Müller ab.

UN-Sicherheitsrat ratifiziert im *März* Resolution 2145 der UNO-Generalversammlung und fordert Südafrika auf, Namibia noch vor *Oktober 1969* zu verlassen.

Die Südafrikanische Rundfunkgesellschaft, SABC, richtet in Windhoek Radio Owambo, Radio Herero und Radio Damara/Nama ein.

1970

Im *Januar* erklärt der UN-Sicherheitsrat Südafrika als illegale Besatzungsmacht Namibias.

Die neu erbaute Regierungsschule für deutschsprachige Kinder wird in Windhoek am *13. Januar* eröffnet. Sie kann bis zu 600 Schüler aufnehmen. Schulleiter ist Siegfried Wagner.

Im Nordwesten des Owambolandes beginnt der Bau eines Kanals samt Pumpstation. Er soll Wasser vom Kunene für ein Berieselungsprojekt von 3000 ha liefern. Kosten: 3 Mio. Rand.

Nach Ankündigung des südafrikanischen Wirtschaftsministeriums sollen vor Südwestafrikas Küste in diesem Jahr 144.000 t Pilchards weniger gefangen werden, um das Problem des Überfischens lösen zu helfen. In Walvis Bay gibt es acht Fischfabriken, Ein weiteres Problem stellen zur Zeit noch die beiden südafrikanischen Fabrikschiffe, die »Willem Barendsz« und die »Suiderkruis«, dar. Sie fangen auch innerhalb der 12-Meilen-Zone Pilchards (Sardinen). Daraus hat sich ein »Fischkrieg« zwischen den Fabrikschiffen und der Administration entwickelt. Fangquote 1969: 570.000 t.

In Swakopmund wird ein Hallenschwimmbad geplant; Kosten: 850.000 Rand. Ein Entwicklungsprojekt in Höhe von 3 Mio. Rand sieht außerdem den Bau von Ferienbungalows, einen Wohnwagenpark und ein zentrales Sportgelände vor.
A. H. du Plessis, Führer der NP (SWA), Nationale Partei Südwestafrikas, schlägt auf einer Wahlkundgebung in Windhoek vor, Südwestafrika als fünfte Provinz Südafrika einzuverleiben.

Der UN-Sicherheitsrat fordert im *Juli* seine Mitgliedsstaaten auf, die diplomatischen und wirtschaftlichen Beziehungen zu der Republik von Südafrika abzubrechen, um dadurch Namibia zu isolieren. Er bezieht sich dabei auf den Wortlaut der Resolution 269 vom 12. August 1969, Abs. 4:

»Der Sicherheitsrat anerkennt die Berechtigung des Kampfes des Volkes von Namibia gegen die ungesetzliche Anwesenheit südafrikanischer Behörden auf seinem Gebiet.«

Der Swakopdamm (Von-Bach-Stausee) wird in Betrieb genommen. Die Kapazität der Pumpen liegt bei 500 m³ pro Stunde.

1970 haben 185.238 Touristen Südwestafrika besucht. Einnahmen: 382.695 Rand. 46% aller Etoscha-Touristen kamen aus Südafrika, 9,4% aus dem Ausland.

1971

Clemens Kapuuo wird Nachfolger des Herero-Häuptlings Hosea Kutako.

Die ersten Landminen werden von Guerilla-Kämpfern in Südwestafrika gelegt. Auf einer Patrouille an der Grenze zwischen dem Caprivi-Zipfel und Sambia werden zwei Polizisten durch eine Explosion getötet.

Das Bergbau- und Schürfrecht der CDM im Sperrgebiet, das vom 1. Januar 1921 bis 31. Dezember 1970 gültig war, wird im *Juni* um weitere 50 Jahre bis zum 31. Dezember 2020 verlängert.

Der UN-Sicherheitsrat ruft den Internationalen Gerichtshof in Den Haag an. Dieser entscheidet am *21. Juni*: Eine weitere Präsenz Südafrikas in Südwestafrika ist illegal.

Südafrikas Premierminister B. J. Vorster und sein Außenminister Dr. Hilgard Muller verwerfen den Gerichtsentscheid in toto und bestätigen, daß ihre Regierung das Territorium weiterhin verwalten und somit die bestehende Praxis fortsetzen wird, »auf die Verwirklichung einer Selbstbestimmung durch alle Bevölkerungsgruppen« hinzuarbeiten.

Der Chef der Owambo-Exekutive, Oshona Shiimi, lehnt vor Auslandskorrespondenten die Einmischung der UNO im Owamboland ab und spricht sich für die fortgesetzte Verwaltung durch Südafrika aus.

SWAPO-Sprecher Andreas Shipanga fordert auf einer Konferenz in Addis Abeba die Verwirklichung des Rechtsgutachtens des Internationalen Gerichtshofes in Den Haag, d.h. Abzug der »illegalen südafrikanischen okkupierenden Administration« und die internationale Anerkennung der SWAPO als authentische Repräsentation des Volkes von Namibia durch die OAE. Ferner soll die UNO die Operationen der Rio-Tinto-Gruppe im Uran-Bergbauunternehmen Rössing (bei Swakopmund) für illegal erklären.

Das neue Touristen-Zentrum Ai-Ais unterhalb des Fischfluß-Canyons wird am *26. Juni* eröffnet.

Magere Fänge in der Fischindustrie. Manche Fabriken fischen 25% unter der ihnen zugeteilten Quote. Die Pilchard- und Anchovisschwärme sind schwer zu orten.

Der neue deutsche Konsul für Namibia, Leonard Kremer, trifft am *13. September* in Windhoek ein.

Clemens Kapuuo, Häuptling der Maharero-Herero, beabsichtigt, durch englische und amerikanische Gerichte und schließlich vor dem Internationalen Gerichtshof in Den Haag die Erteilung von Bergbau-Konzessionen in Südwestafrika durch Südafrika verbieten zu lassen, um einer Ausbeutung südwestafrikanischer Mineralien durch fremde Nationen Einhalt zu gebieten.

Im *Oktober* werden in Katima Mulilo, einem Grenzort im Caprivi, durch eine Explosion von Landminen ein Polizist getötet und vier schwer verletzt.

In der Landeshauptstadt Windhoek leben jetzt 65.000 Menschen, davon 36.000 Weiße. 60% sprechen afrikaans, 34% deutsch und 6% englisch.

Owamboarbeiter streiken am *13. Dezember* in Windhoek und im Owamboland.

1972

In Südwestafrika leben jetzt 749.000 Einwohner, davon sind 90.000 Weiße.

Schwere Regenfälle unterbrechen den Eisenbahnverkehr zwischen Windhoek und dem Süden. Zwischen Salzbrunn und Hardap wird der Schienenstrang durch die Niederschläge schwer beschädigt.

Die SWAPO erklärt sich für eine weitere Minenexplosion im Caprivi verantwortlich. Ein Polizist stirbt, drei werden schwer verletzt. Die SWAPO-Guerillas operieren von Sambia aus.

Die Matchless-Mine (40 km westlich von Windhoek) wird geschlossen. Das Erz ist nicht mehr abbauwürdig. Die 400 Arbeiter kommen in der Tsumeb-Mine in Tsumeb unter.

In Swakopmund wird am *8. Januar* das Hallenschwimmbad eröffnet. Kosten: 1,3 Mio. Rand, Bauzeit: 19 Monate. Es ist das erste Allwetterschwimmbad mit geheiztem Süßwasser außerhalb Europas.

Resolution 301 wird am *4. Februar* von der UNO ratifiziert. Sie stellt Namibia unter eine UNO-Verwaltung und verurteilt erneut die Anwesenheit Südafrikas im Territorium als illegal.

Das südafrikanische Fabrikschiff, die »Willem Barendsz«, wird aus den südwestafrikanischen Küstengewässern abgezogen. Als Gegenleistung erhält sein Eigner, die Walvis Bay Ltd., eine Fischquote von 55.000 t für eine landgebundene Fischfabrik, Quote vorher: 200.000 t.

Für 1972 ist eine Fangquote von 400.000 t vorgesehen. 1971 wurden 72.363 t Pilchards, 204.127 t Anchovis und 80.193 t andere Schwarmfische gefangen.

Infolge des Owambostreiks im Dezember des vergangenen Jahres werden die Owambo-Unterkünfte in Katutura renoviert. Hier sind 2000 Menschen untergebracht.

Das Land verfügt nun über 3353 km Teerstraßen, 8883 km Hauptstraßen, 19.443 km Bezirksstraßen und 25.408 km Farmwege.

UNO-Generalsekretär Dr. Kurt Waldheim besucht vom *6.* bis *10. März* Südafrika und Südwestafrika.

Missionar Dr. Dr. h. c. Heinrich Vedder stirbt am *26. April* im Alter von 96 Jahren in Okahandja.

Der griechische Reeder und Milliardär Aristoteles Onassis und Ben du Preez, südwestafrikanischer Bergwerksbesitzer, wollen im nordwestlichen Grenzgebiet nach Erdöl suchen lassen. Am *21. Juni* wurden drei Erdölkonzessionen vergeben, die sich vom Ebbewasserstand von 200 m bis 3000 m seewärts hinziehen.

Am *1. August* bittet der »UNO-Rat für Namibia« in einem Brief ausländische Unternehmer in Südwestafrika um Auskunft über die Arbeitsbedingungen ihrer Arbeiter.

Der erste Bauabschnitt des Kunene-Projektes ist fertiggestellt. Am *31. August* floß zum ersten Mal Wasser aus dem Kuneneflluß in den Auffangdamm bei Oshakati. Das Wasser kommt von Calueque in Angola. Das Projekt mit seinem hydroelektrischen Kraftwerk und einem Kanalsystem von 160 km wird insgesamt 400 Mio. Rand kosten und das Owamboland mit Wasser versorgen.

Im *September* wird das Staatskonservatorium für Musik in Windhoek eingeweiht.

Die Naute-Talsperre wird am *9. September* in Betrieb genommen. Sie soll die Keetmanshooper Wasserprobleme für mindestens 25 Jahre lösen. Die ersten Pläne des Naute-Dammes stammen aus deutscher Zeit, aus dem Jahr 1913. 3000 Gäste feiern die Eröffnung.

Die Deutsche Privatschule Lüderitzbucht schließt ihre Pforten.

UNO-Generalsekretär Dr. Kurt Waldheim nominiert den Schweizer Diplomaten Dr. Alfred Escher (66) als UN-Repräsentanten für Namibia. Dieser besucht Südafrika und Südwestafrika vom *12.* bis *29. Oktober.*

Im *Oktober* überfallen in Ohopoho im Kaokoveld im Norden junge Kaokovelder – Ovahimbas, Ovatjimbas und Hereros – dort arbeitende Owambos. Ein Owambo wird getötet, zehn Hütten niedergebrannt. Sie fordern die Owambos auf, in ihr eigenes Gebiet zurückzukehren.

1973

Der Windhoeker Kinderchor (50 Kinder) geht unter Leitung von Ernst Scherer vom *9. Dezember* bis *9. Januar* auf eine Konzerttournee durch die Bundesrepublik Deutschland. Vizekanzler und Außenminister Walter Scheel empfängt ihn in Bonn.

Administrator B. J. van der Walt läßt den ersten Computer im neuen Administrationsgebäude installieren. Monatsmiete: 8000 Rand.

Die Brandberg-West Mine im Damaraland wird im *Februar* stillgelegt. Die Zinn- und Wolfram-Preise sind auf dem Weltmarkt gefallen. Die 200 weißen und schwarzen Angestellten werden in der Berg-Aukas Mine weiterbeschäftigt.

Die Inflationsrate beträgt 7%.

Im März gründet Südafrika einen multinationalen beratenden Ausschuß für Südwestafrika. Premierminister Vorster ernennt Billy Marais zum Vorsitzenden und eröffnet am *1. März* ein Büro in Windhoek.

Die SWA-Bank (Bank von Südwestafrika), heute Commercial Bank of Namibia, wird am *2. Juli* im neuen Windhoeker Nimrod-Gebäude in der Casino-Straße eröffnet. Sie offeriert 6 Mio. Aktien zu 25 Cent mit einem Ausgabepreis von 30 Cent.

Die deutschsprachigen Südwester wollen sich organisieren. Sie gründen am *18. August* im Grand-Hotel ein Aktionskomitee, das sich aus folgenden Herren zusammensetzt: Dr. Rust, Dr. Weitzel, Dr. Budack, Stöck, von Hase, Schaary, Finkeldey, Rathke, Sydow und Wagner.

Am *25. August* wird das »French Bank Centre« (heute Gustav-Voigts-Center) im Herzen Windhoeks in der Kaiserstraße (Independence Avenue) eröffnet. Das Einkaufszentrum mit Parkgarage auf 38.000 m² bebauter Grundfläche hat 13.000 m³ Beton, 50.000 m³ Formarbeiten und 1,4 Mio. kg Stahl sowie 2,6 Mio. Rand verschlungen.

Am *18. Dezember* ernennt die UNO-Generalversammlung den Iren Sean McBride zum UN-Kommissar für Namibia.

Die UNO erkennt weiter die SWAPO (South West Africa People's Organisation) als die einzige Repräsentantin des Volkes von Namibia an und verlangt erneut von Südafrika den sofortigen Abzug aus dem Territorium.

Der SWAPO wird ein Beobachter-Status bei der UNO eingeräumt.

Die Bundesregierung in Bonn kündigt den Lehreraustausch-Vertrag mit der Administration von Südwestafrika.

1974

Die Bundesrepublik Deutschland leistet ihren ersten Beitrag zum »UNO-Fond für Namibia«: 20.000 Rand.

Die ethnischen Regierungen des Owambo- und Kavangolandes kritisieren die Bundesrepublik Deutschland, die angeblich die SWAPO mit 500.000 DM unterstützt haben soll. Dafür soll ein Erziehungs- und Gesundheitszentrum für Flüchtlinge in der Nähe von Lusaka (Sambia) gebaut werden.

SWAPO-Präsident Sam Nujoma besucht im *Februar* Liberia. Er trifft sich in Monrovia mit dem Staatspräsidenten William Tolbert. Tolbert will sich durch Gespräche mit Nujoma auf die Staatsvisite B. J. Vorsters in Liberia vorbereiten.

Die SWANUF *(South West Africa National United Front)* wird in Windhoek gegründet. Parteiführer: Theo K. Katjiuongua, sein Stellvertreter Paul Helmuth.

Nordöstlich von Windhoek entsteht die Otjihase-Mine. Probebohrungen haben ergeben, daß hier ein Vorkommen von etwa 10 Mio. metrischen t Erz mit einem Kupfergehalt von 2,3% liegt. Zink und Silber sind in geringen Mengen vorhanden. Dazu soll eine kleine Minenstadt errichtet werden: 56 Häuser für Weiße, 50 Wohnungen für Farbige, ein Wohntrakt für 2000 schwarze Bergbauarbeiter mit Kapelle, Ausbildungs- und Schulungszentrum. Die Investitionskosten für die drittgrößte Mine des Landes werden auf 3 Mio. Rand geschätzt.

Die SWAPO bezeichnet auf einer Konferenz in Dar-es-Salaam (Tansania) im *März* die Bundesrepublik Deutschland als »unfreundliches Land«, weil sie ihr keine Finanzhilfe gewährt. Sam Nujoma fordert von Bonn, die Beziehungen zu Namibia abzubrechen, sein Konsulat in Windhoek zu schließen und seine Hilfe für die deutschen Schulen aufzugeben.

Am *25. April* Putsch in Portugal. Die Regierung Dr. Marcello Caëtanos wird gestürzt. Professor Adelino da Palma Carlos wird sein Nachfolger. Der 69jährige tritt am *10. Juli* zurück. Daraufhin bildet Präsident Antonio de Spinosa eine linke Militärregierung. Neuer Ministerpräsident wird Oberst Vasco dos Santos Gonçales. Der Anfang der Auflösung des portugiesischen Kolonialreiches zeichnet sich ab.

SWAPO-Sekretär Moses Garoëb erklärt in London die Bereitschaft der SWAPO, »ihre Muskeln zu zeigen«, und zwar mit Hilfe von modernen Waffen, die sie von den osteuropäischen Blockstaaten erhalten hat. Garoëb behauptet, daß seine Partei mit genügend Geld und Waffen ausgerüstet sei, um ihr Ziel zu erreichen, und ferner, daß die Ereignisse in Portugal den Streit stimuliert hätten, der jetzt jederzeit eskalieren könne.

Drei große internationale Bergbaukonzerne nehmen im Norden, Süden und Osten von Swakopmund geologische Untersuchungen vor. Es sind Rössing Uranium, Anglo American und General Mining.

Die UNO schätzt die Zahl der in Namibia lebenden Deutschen auf 40.000.

1975

Angola soll am *11. November* unabhängig werden. Das Unabhängigkeits-Abkommen zwischen Portugals Regierung und den drei Befreiungsfronten Angolas, MPLA, FNLA und UNITA, wird am *15. Januar* in Penina an Portugals Algarve-Küste unterzeichnet.

Ein Staatshospital für Schwarze (550 Betten) wird in Katutura seiner Bestimmung übergeben. Es enthält eine Intensivstation für alle Rassen.

Seit *Mai* haben 135.000 Portugiesen Angola verlassen.

Unruhen unter den Arbeitern auf der Rössing Uranium Mine. Owambos, Xhosas, Damaran und Hereros wollen nicht in gemeinsamen Unterkünften wohnen. Etwa 1100 Owambos vertreiben rund 300 Xhosas aus den gemeinsamen Quartieren. Diese kehren nach Südafrika zurück.

Nach anhaltenden Kämpfen zwischen der FNLA (der pro-westlichen Befreiungsfront) und der MPLA (der sozialistischen Partei der Arbeit, »Movimento Popular de Libertação de Angola«) in Angola strömen weiße Flüchtlingsmassen durch Namibia in Richtung Südafrika. Bis zu 1500 Weiße werden pro Woche an der Grenze in Oshikango erwartet. Westliche Botschaften appellieren an ihre Staatsbürger, Luanda, die Hauptstadt, zu verlassen.

57 km westlich von Okahandja entsteht ein zweiter Damm an der Swakoppforte.

Angola-Flüchtlinge berichten in Windhoek, daß Sowjetrussen und Tschechoslowaken in Luanda mit Panzern in die Kämpfe eingreifen. Die UNITA (Nationalunion für totale Unabhängigkeit Angolas), unter Dr. Jonas Savimbi, hat sich bis jetzt aus dem Krieg zwischen der FNLA und der MPLA herausgehalten.

In Grootfontein sind 820 angolanische Flüchtlinge in zwei Lagern untergebracht. Südwester Bürger versorgen die Flüchtlinge mit Decken, Kleidung und Nahrung.

Clemens Kapuuo trifft sich in London mit dem englischen Verfassungsexperten Robert Guthrie, der die Verfassungen von Kenia und Bangladesh mitentworfen hat.

Filemon Elifas (43), »Chef-Minister« der Owambo-Exekutive und Häuptling des Ndonga-Stammes, wird in Ondangwa von Guerilleros ermordet.

8000 Flüchtlinge aus Angola treffen im *August* in Oshakati ein.

Windhoeks »Alte Turnhalle« ist renoviert worden. Der neue Konferenzraum faßt 136 Personen. An jedem Sessel an dem ovalen Tisch befindet sich ein Kopfhörer mit einer Schaltung für eine der sieben Konferenzsprachen: Caprivi, Kavango, Owambo, Herero, Damara, Nama, Afrikaans und Englisch. Kosten: 250.000 Rand.

Die erste Sitzung der Verfassunggebenden Versammlung (VV), die »Turnhallen-Konferenz«, findet am *1. September* statt. Alle elf ethnischen Gruppen (Caprivis, Kavangos, Owambos, Buschleute, Hereros, Damaran, Weiße, Tswana, Basters, Farbige, Naman) sind vertreten. 26% der Abgeordneten sind traditionelle Stammeshäuptlinge, 74% demokratisch gewählt, insgesamt 181 Delegierte.

Die Deutschsprachigen fordern mit einem Schreiben von Carl-Heinz M. Frey ihre Teilnahme an der staatsbildenden Kommission, der »Turnhallen-Konferenz«. Dirk Mudge, MdE (Mitglied der [weißen] Exekutive), Afrikaaner und Konferenz-Delegierter, erklärt dazu, daß er sich von den Deutschsprachigen in Südwestafrika akzeptiert glaubt und ihr Anliegen in der staatsrechtlichen Zukunft des Landes voll berücksichtigen wird.

Der Rand wird gegenüber dem US-$ um 17% abgewertet. In Deutschland wird der Rand jetzt mit 3,6555 DM gehandelt.

33 Delegierte der »Turnhallen-Konferenz« besuchen die USA, England und die Bundesrepublik Deutschland.

Am *11. November* feiert Angola den Tag seiner Unabhängigkeit. Staatspräsident wird Dr. med. Agostinho Neto (52), Außenminister José Eduardo dos Santos (33).

1976

Vom *5.* bis *8. Januar* findet in Dakar (Senegal) die »Internationale Konferenz für Namibia« und für die Menschenrechte statt. Das »Internationale Institut für Menschenrechte« in Straßburg (Frankreich) hat sie einberufen. Auch 300 Juristen aus aller Welt nehmen daran teil. Die Schließung des Deutschen Konsulats in Windhoek wird in Dakar vorgeschlagen. Die Konferenz bekennt sich zur SWAPO und billigt den bewaffneten »Befreiungskampf« gegen Südafrika.

Im Bürgerkrieg von Angola sollen jetzt nach ausländischen Berichten auf der Seite der MPLA 7000 Kubaner, 6000 Katangesen und 1000 DDR-»Militärberater« kämpfen. Die UNITA soll von südafrikanischen Söldnern angeführt werden.

Die Flucht aus Angola geht weiter. In Walvis Bay sind 2700 Flüchtlinge mit Schiffen angekommen. Sie werden ins Flüchtlingslager nach Windhoek gebracht und von hier aus nach Portugal geflogen.

Auf einer Luftbrücke von Havanna nach Luanda transportieren sowjetische Maschinen vom Typ »Iljuschin 62« täglich 200 voll ausgerüstete Kubaner nach Angola. Bis *Februar* sollen 14.000 Soldaten von der Zuckerinsel in Angola stationiert sein.

Die portugiesische Fluggesellschaft TAP richtet eine Luftbrücke von Windhoek nach Lissabon ein. 4500 Flüchtlinge aus Angola sollen repatriiert werden.

Am *15. Februar* wird die Farm Okatjiho, 20 km nordwestlich von Okahandja, von Guerilleros überfallen, der Farmer G. M. H. Walther (38) und seine Frau Elke (27) werden ermordet.

Der Verfassungsausschuß der »Turnhallen-Konferenz« legt den *31. Dezember* als Tag der Unabhängigkeitserklärung fest. Noch vor dem *30. Juni* soll eine vielrassische Interimsregierung geschaffen werden. Die Vorbereitung zur Unabhängigkeit Südwestafrikas einschließlich der allgemeinen Wahlen sollen bis zum *1. September 1978* abgeschlossen sein.

Der UNO-Kommissar für Namibia, der Ire Sean McBride, beginnt in Lusaka (Sambia) mit der Einrichtung eines »Namibia-Instituts«.

Herero-Häuptling Clemens Kapuuo legt der »Turnhallen-Konferenz« einen Verfassungsvorschlag vor, der von US-Juristen ausgearbeitet worden ist.

Südafrikas Verteidigungsminister P. W. Botha gibt am *25. März* im Parlament bekannt daß innerhalb der nächsten Tage alle südafrikanischen Truppen aus Angola abgezogen werden. Nach dem Abzug der südafrikanischen Streitmacht strömen 3000 Flüchtlinge aus Cuangar und Calai mit Einbäumen und Flößen über die Grenzflüsse ins Kavangoland.

In Swakopmund wird die Sam-Cohen-Bibliothek gebaut.

Das »UNO-Institut für Namibia« wird von Präsident Kenneth Kaunda in Lusaka eröffnet. In dem zweistöckigen Gebäude werden 34 Frauen und 66 Männer im Alter zwischen 17 und 35 Jahren für Verwaltungsposten nach einer Unabhängigkeit Südwestafrikas ausgebildet. 15 Lehrkräfte stehen zur Verfügung. Der UNO-Haushalt stellt dem Institut für die nächsten fünf Jahre 14 Mio. Rand zur Verfügung.

Die Fischereiflotte ausländischer Boote an der südwestafrikanischen Küste bei Walvis Bay ist in einer Woche auf 50 Trawler gestiegen. Es handelt sich um Sowjetrussen, Bulgaren, Polen, Angolaner und Kubaner. Die Fischindustrie Namibias hat in den letzten drei Jahren im Durchschnitt 270 Mio. Rand jährlich eingebracht und sieht sich durch die Ausländer stark bedroht.

1977

Die Botschafter der sog. »Westlichen Fünfer-Gruppe«, bestehend aus den UN-Sicherheitsrats-Mitgliedern Bundesrepublik Deutschland, England, Frankreich, Kanada und den USA, treffen sich im *April* zu einem Gespräch über die Südwestafrika-Frage mit Südafrikas Premier Vorster in Kapstadt.

Aus der katholischen Missionsschule Anamulenge, 18 km von Angolas Grenze entfernt, werden am *20. April* um ein Uhr nachts 121 schwarze Schülerinnen und Schüler sowie ein Teil des Lehrpersonals von 40 bewaffneten und uniformierten Guerilleros auf Lastwagen entführt.

Der »UNO-Rat für Namibia« nimmt als Vollmitglied an der sechsten Sitzungsperiode der Seerechtskommission der Vereinten Nationen teil.

Das Gründungskomitee der Interessengemeinschaft deutschsprachiger Südwester (IG) überreicht am

17. Juni den Vertretern der fünf Westmächte, die sich gerade in Windhoek aufhalten, ein Memorandum.

Südafrika ernennt am *6. Juli* den ersten General-Administrator für Südwestafrika. Richter M. T. Steyn soll das Gebiet während der Übergangsphase bis zur Unabhängigkeit verwalten. Steyn tritt sein Amt am *1. September* in Windhoek an.

Am *11. August* findet der Gründungskongreß der Interessengemeinschaft deutschsprachiger Südwester (IG) statt. 700 Personen werden am Gründungsabend Mitglied. Der Tierarzt und Farmer Dr. Herbert Halenke wird Vorsitzender, die Herren Bartsch, Brückner, Lilienthal, Rodenwoldt, Dr. Schneider, Staby, von Alten und Dr. Weitzel werden in den Vorstand gewählt.

Walvis Bay, der einzige Tiefseehafen an der Küste, scheidet am *1. September* aus der Windhoeker Verwaltung aus und wird von der Regierung Südafrikas der Provinzverwaltung der Kapprovinz unterstellt.

Der neue General-Administrator (GA) bietet dem in Lusaka im Exil lebenden SWAPO-Präsidenten, Sam Nujoma, an, nach Südwestafrika zurückzukehren. Er sagt ihm sicheres Geleit zu. Sam Nujoma lehnt ab.

Die SWAPO debütiert als Vertreter Namibias vor der UNO-Generalversammlung in New York. 149 Mitgliedstaaten nehmen teil.

Dirk Mudge (49), MdE, Delegierter der Verfassunggebenden Versammlung (VV) und NP-Mitglied, verläßt mit 130 Abgeordneten den 35. Partei-Kongreß der Nationalen Partei (SWA). Er gründet am *5. Oktober* die Republikanische Partei (RP).

Am *31. Oktober* schließt die Bundesrepublik endgültig ihr Konsulat in Windhoek. Es soll nach der Unabhängigkeit wieder eröffnet werden.

Am *5. November* wird die DTA (Demokratische Turnhallen-Allianz) gegründet. Sie vereinigt Mitglieder aller elf Rassen des Landes in sich. Präsident wird der Herero-Häuptling Clemens Kapuuo. Dirk Mudge wird Vorsitzender der DTA.

1978

Durch die »Fünfer-Gruppe« wird im Sicherheitsrat der UNO der *31. Dezember* als endgültiger Termin für die Unabhängigkeitserklärung bestimmt. Die Wahl zu einer Verfassunggebenden Versammlung wird für den Monat Juni geplant.

Am *27. März* wird DTA-Präsident Clemens Kapuuo (55) in Katutura ermordet. Er galt als Anwärter für das Präsidentenamt eines unabhängigen Namibia.

Am *6. April* erscheint zum ersten Mal der »Windhoek Observer«, eine englischsprachige Wochenzeitung.

Am *3. Juli* wird der Chefminister der Owamboregierung, Pastor Cornelius Ndjoba, nach dem Tode Kapuuos zum neuen Präsidenten der DTA gewählt. Vize-Präsident wird der Führer der Rehobother Baster-Vereinigung, Dr. Ben Africa. Dirk Mudge bleibt Vorsitzender. Neuer Herero-Häuptling und Führer der NUDO wird Kuaima Riruako.

Dr. Kenneth Abrahams und seine Frau Ottilie kehren nach fünfzehn Jahren Exil nach Namibia zurück. Sie gehören zu SWAPO-Dissidenten und sind Führungsmitglieder der mittlerweile in Stockholm gegründeten SWAPO-D (South West Africa People's Organisation Democratic).

Mindestens 1800 SWAPO-Dissidenten sollen im Gefangenenlager Maheba in Sambia inhaftiert sein.

Im UN-Sicherheitsrat wird die Einverleibung Walvis Bays in Namibia diskutiert.

Die Republikanische Partei (RP) setzt sich auf ihrer Jahreshauptversammlung für Deutsch als dritte Amtssprache ein.

Der UN-Sonderbeauftragte Martti Ahtisaari, ein Finne, trifft im *August* mit 50 UNO-Beratern in Namibia ein. Er soll die Ausführung von Wahlen nach dem von der UNO akzeptierten Lösungsplan der fünf Westmächte vorbereiten.

Bei einem schweren Artillerie-Angriff am *23. August* von SWAPO-Stellungen in Sambia auf die Grenzstadt Katima Mulilo im östlichen Caprivizipfel fallen neun südafrikanische Soldaten und 16 Guerilleros.

Andreas Shipanga, von 1969 bis 1974 SWAPO-Sprecher in Dar-es-Salaam, kehrt nach 15 Jahren aus dem Exil nach Namibia zurück.

Südafrika kündigt am *20. September* interne Wahlen in Namibia an.

Vom UN-Sicherheitsrat wird am *29. September* UNO-Resolution 435 verabschiedet. Sie lautet:

RESOLUTION 435 (1978)

Vom Sicherheitsrat bei seiner 2087. Sitzung am *29. September 1978* verabschiedet, unter Widerrufung seiner Resolutionen 385 (1976), 431 (1978) und 432 (1978), nach Erwägung des Berichtes, den der Generalsekretär gemäß Paragraph 2 der Resolution 431 (1978) (S/12827) vorgelegt hat, und seiner zusätzlichen Erklärung vor dem Sicherheitsrat am *29. September* 1978 (S/12869),

unter Kenntnisnahme ferner des Schreibens des Präsidenten der South West Africa People's Organisation (SWAPO) vom *8. September 1978* an den Generalsekretär (S/12841,

unter Bestätigung der legalen Verantwortung der Vereinten Nationen für Namibia,

1. Bewilligt den Bericht des Generalsekretärs (S/12827) zur Durchführung der Vorschläge zu einer Lösung der Situation Namibias (S/12636) und seine zusätzliche Erklärung (S/12869).

2. Wiederholt seine Zielsetzung, daß Südafrikas illegale Verwaltung Namibias zu entfernen und die Übertragung der Macht an die Bevölkerung Namibias unter Beistand der Vereinten Nationen entsprechend Resolution 385 (1976) zu gewährleisten ist.

3. Beschließt die Einsetzung einer UN-Übergangs-Hilfsgruppe (UNTAG – United Nations Transitional Assistance Group) unter seiner Autorität gemäß dem obengenannten Bericht des Generalsekretärs für eine Zeitspanne bis zu zwölf Monaten, um seinem Sonderbeauftragten zur Ausführung des Mandats, mit dem er nach Paragraph 1 der Resolution 431 (1978) des Sicherheitsrates betraut wurde, beizustehen, nämlich, die baldige Unabhängigkeit Namibias durch freie und faire Wahlen unter Aufsicht und Kontrolle der Vereinten Nationen zu gewährleisten.

4. Begrüßt SWAPOs Bereitschaft zur Zusammenarbeit bei der Durchführung des Berichts des Generalsekretärs, inklusive ihre Bereitschaft, die Bestimmungen des Waffenstillstandes, wie im Schreiben des Präsidenten der SWAPO vom 8. September 1978 (S/12841) bekundet, zu unterzeichnen und einzuhalten.

5. Ruft Südafrika zu sofortiger Zusammenarbeit mit dem Generalsekretär bei der Durchführung dieser Resolution auf.

6. Erklärt, daß alle einseitigen Maßnahmen, die von der illegalen Verwaltung Namibias in Sachen des Wahlvorganges ergriffen wurden, inklusive der einseitigen Registrierung von Wählern oder Übertragung von Kompetenzen, gegen die Resolution des Sicherheitsrates verstoßen und null und nichtig sind.

7. Ersucht den Generalsekretär, dem Sicherheitsrat bis zum *23. Oktober 1978* über die Durchführung dieser Resolution Bericht zu erstatten.

Die UNO rechnet mit einem Kostenaufwand von 300 Mio. US-$ für die Vorbereitung der Unabhängigkeit Namibias. Es sollen 5000 UNO-Friedenstruppen zwölf Monate in Namibia zum Einsatz kommen, 1200 zivile Verwaltungskräfte und UN-Personal für die Überwachung der Wahlen eingesetzt werden und 360 UN-Polizisten in Zivil der südafrikanischen Polizei in Namibia beistehen.

Bundesaußenminister Hans Dietrich Genscher und seine britischen und kanadischen Amtskollegen, Dr. David Owen und Den Jamieson, treffen sich am *14. Oktober* zu Gesprächen mit den Landeskirchen und internen politischen Parteien in Windhoek. Anschließend fahren sie zu Gesprächen mit US-Außenminister Cyrus Vance nach Pretoria.

Am *2. Dezember* Bombenanschläge auf zwei Geschäfte in Windhoek. Niemand wird verletzt.

Südafrika führt in Namibia vom *4.* bis *8. Dezember* landesweit freie Wahlen zur Nationalversammlung durch. 421.448 von 443.441 geschätzten Wählern registrieren sich und geben 326.264 gültige Stimmen ab, Wahlbeteiligung 81%. Die Wahl steht unter dem Motto: »Ein Mensch – eine Stimme«.
Von den 50 Mandaten erhält die gemischtrassische DTA unter Dirk Mudge und Peter Kalangula 41 Sitze. Die AKTUR (Aktion für die Aufrechterhaltung der Turnhalle-Prinzipien) unter dem Südafrikaner du Plessis stellt 6 Abgeordnete. Je einen Sitz erhalten die HNP (Herstigte Nasionale Partei), die NCDP (Christlich Demokratische Partei Namibias) und die »Befreiungsfront«. Die SWAPO hatte vorher eine Beteiligung an dieser Wahl abgelehnt, weil sie nicht den Bedingungen der UNO entspreche. Die Wahl und die daraus hervorgegangene »Nationalversammlung« findet international keine Anerkennung, sondern wird als »null und nichtig« bezeichnet.

1979

UNO-Sonderbotschafter Martti Ahtisaari reist im *Januar* wieder nach Südafrika und Namibia, um erneut den Unabhängigkeitsplan zu besprechen.

In Lusaka gibt die SWAPO-Führung bekannt, daß sie den Landbesitz in Namibia verstaatlichen will, wenn ihre Partei nach der Unabhängigkeit an die Macht kommt.

UN-Generalsekretär Dr. Kurt Waldheim setzt in einem Bericht vor der UNO-Vollversammlung 00.00 Uhr am *15. März 1979* als Stichtag für den Waffenstillstand im »Operationsgebiet« an der angolanischen Grenze fest.

200 SWAPO-Guerilleros greifen am *24. Februar* das Militärlager des 41. Bataillons Südafrikas in Nkongo an. Sieben Soldaten werden verletzt.

Am *26. März* wird der Farmer Karl Buchholz (59) auf seiner Farm Tirol im Otavibezirk von Guerilleros ermordet.

Am *1. Mai* wird der südwestafrikanische Rundfunk (SWAR) gegründet. Er soll ein eigenes Programm bekommen und vom SABC, dem südafrikanischen Rundfunk, unabhängig sein.

Am *1. Oktober* wird der Deutsche Dienst eingerichtet, ab *3. November* wird in deutscher Sprache gesendet.

Das Architekten-Institut von Südwestafrika/Namibia, die Kunstvereinigung und CDM (Consolidated Diamond Mines, Oranjemund) legen ein Stadtplanungsprojekt zur Rettung der Hafenstadt Lüderitzbucht vor. Thema: »Lüderitzbucht darf nicht sterben«.

Die Nationalversammlung (NV) wird am *21. Mai* als höchste gesetzgebende Körperschaft Namibias bestätigt.

General-Administrator M. T. Steyn bestätigt am *12. Juli* das Inkrafttreten von vier durch die Nationalversammlung verabschiedeten Gesetzen, darunter AG 64: Abschaffung der Apartheid in städtischen Wohngebieten und öffentlichen Einrichtungen.

Der erste General-Administrator Südwestafrika/Namibias, Steyn, verläßt Windhoek. Sein Nachfolger wird Prof. Gerrit N. Viljoen, Rektor der Randse Afrikaanse Universiteit und Führer des südafrikanischen »Broederbond«, eines Geheimbundes der weißen Afrikaner (Buren).

Der Vizepräsident der DTA, Herero-Häuptling Kuaima Riruako, fordert am *30. August* die NV auf, selbständig eine Verfassung für ein unabhängiges Namibia auszuarbeiten und nicht auf die UNO, die fünf Westmächte oder sonst irgend jemanden zu warten.

1980

Der Farmer Hans Georg Schlettwein (39) wird am *11. Februar* beim Überfahren einer Landmine zwischen Kamanjab und Ruacana getötet. Mit ihm Jacobus Kruger (54), Nicholas (37) und Hendrik Carl Adams (21). Der Vater Carl Adams wird schwer verletzt.

Namibia kann in Zukunft Strom aus Südafrika von der ESCOM beziehen. Eine Stromleitung soll von Aggeneys in der Kapprovinz über Keetmanshoop und Mariental nach Windhoek über rund 850 km laufen. Der südwestafrikanische Teil wird mit einem Kostenaufwand von 62 Mio. Rand gebaut. Der erste Strom soll Ende 1982 geliefert werden können. Über diese Leitung wird Südafrika auch Strom vom Kunene beziehen.

Dr. Robert Gabriel Mugabe, Führer der ZANU-PF (Zimbabwe African National Union – Patriotic Front) gewinnt im *März* die absolute Mehrheit in den rhodesischen Wahlen zur Unabhängigkeit Simbabwes.

Im *Juni* wählt die Nationalversammlung Dirk Mudge zum Vorsitzenden des neugeschaffenen regierungsähnlichen Ministerrates. Je ein Repräsentant der elf ethnischen Gruppen des Landes ist hier vertreten (die UNO und die »Fünf« erkennen diesen Ministerrat jedoch nicht an).

Am *1. Juli* wird der »Südwestafrika/Namibia-Regierungsdienst« eingeführt. Bisher übten südafrikanische Ministerien die exekutive Gewalt im Lande aus. Die neue Regierungsstruktur besteht aus 15 Verwaltungsämtern, im Volksmund auch Ministerien genannt. Sie unterstehen der »Zentralregierung«, die aus dem Generaladministrator bzw. seinem Generalbevollmächtigten besteht und dem südafrikanischen Parlament verantwortlich ist. Die 15 Verwaltungsämter bilden aber kein Kabinett und können keine parlamentarische Funktion ausüben.

Mit dem neuen Regierungsdienst und aufgrund des neuen Gesetzes AG 8 gibt es jetzt in Südwestafrika/Namibia drei Regierungsebenen:
Die »Erste Regierungsebene« ist die Zentralregierung unter dem General-Administrator,
die »Zweite Regierungsebene« sind die ethnischen Regierungen der elf Volksgruppen,
die »Dritte Regierungsebene« sind die Gemeindeverwaltungen des Landes.

Im *September* wird Danie J. H. Hough (43) zum neuen General-Administrator berufen.

Das in diesem Jahr verabschiedete Gesetz AG 8 tritt am *29. September* in Kraft. Es sieht vor, daß jede der elf Bevölkerungsgruppen eine eigene Rassenvertretung einsetzen kann, die in einer Art ethnischer Regierung legislative und exekutive Macht erhält. Der Zuständigkeitsbereich dieser Obrigkeit beruht nicht auf einer geographischen Begrenzung (wie zum Beispiel die Bundesländer Deutschlands), sondern hat Gültigkeit für alle Angehörigen der jeweiligen Bevölkerungsgruppe, wo immer sie auch im Lande ansässig sind.
AG 8 beinhaltet freie Wahlen für die Vertretungen der elf Volksgruppen. Am *29. September* wurden zum ersten Mal 335 Kandidaten für acht ethnische Wahlen im Territorium aufgestellt: Weiße, Caprivianer, Damaran, Hereros, Kavangos, Farbige, Naman, Tswanas und Owambos.

Die Baster nehmen an den Wahlen, die für *November* vorgesehen sind, nicht teil, weil für diesen »Staat im Staat« (das Rehoboth Gebiet) *1979* ein Kapitänsrat und ein Volksrat gewählt worden sind, deren Amtszeit noch nicht abgelaufen ist. Die elfte ethnische Gruppe, die untersteht direkt der Zentralregierung.

Vom *11.* bis *13. November* findet die Wahl der ethnischen Regierungen statt.

1981

Im *Januar* findet in Genf die »Namibia-Konferenz« der UNO statt. Vertreter der IG treffen am *8. Januar* in Genf unter der Führung von Konrad Lilienthal die Abordnung der Bundesrepublik, am *10. Januar* in Bonn Vizekanzler und Bundesaußenminister Hans Dietrich Genscher und am *13. Januar* den Vorsitzenden der CDU/CSU-Bundestagsfraktion, Helmut Kohl.

Die 35. UN-Generalversammlung in New York verurteilt wiederholt Südafrikas fortgesetzte illegale Besetzung Namibias« und seine Apartheid-Politik.

Der Grundstein zum neuen Brauereikomplex der South West Breweries Limited in Windhoek wird gelegt. Bebaute Fläche 30.000 m², überdachte Fläche 12 000 m².

Das beliebte Entbindungsheim Elisabeth-Haus schließt am *31. März* seine Pforten. Die private Klinik kann den Kostenaufwand nicht mehr mit eigenen Mitteln bewältigen.

Am *1. April* erhält Namibia eine »unabhängige« Polizei. Sie untersteht nun nicht mehr dem Polizeiminister in Pretoria, sondern direkt dem General-Administrator in Windhoek.

Der Hafen von Walvis Bay wird ausgebaut, um den Container-Umschlag zu ermöglichen und ihn für Hochseeschiffe bis zu einer Größe von 65.000 t zugänglich zu machen. Die 508 in lange Kaimauer wird renoviert, das Hafenbecken 13 m tief ausgebaggert. Kosten: 6 Mio. Rand.

Ein zweites Staatshospital für Weiße (550 Betten) wird in Windhoek in Betrieb genommen. Zwei Stockwerke stehen farbigen Patienten zur Verfügung.

In Namibia gibt es seit dem *1. Juni* Fernsehen. Auf einem eigenen Kanal werden per Kassette Übernahmen vom SABC (South African Broadcasting Corporation, Johannesburg) vorerst nur nach Windhoek und Oshakati gesendet.

Die seit 1977 anhaltende Dürre bedroht die Landwirtschaft des Landes. Dieser Sektor trägt 10% (1.214 Mio. Rand) zum Bruttosozialprodukt bei und erwirtschaftet 25% der Exporteinnahmen.

Der Kampf gegen SWAPO-Guerilleros auf angolanischem Gebiet eskaliert. Nach offiziellen Angaben der Regierung Angolas befinden sich 45.000 süd- und südwestafrikanische Soldaten auf angolanischem Boden. Südafrikanische Flugzeuge bombardieren angolanische Städte. Als umkämpft werden unter anderem N'Giva, Cahama, Xangongo und Gebiete um Lubango angegeben. Der Oberbefehlshaber der südafrikanischen Einheit, General Viljoen, erklärt die »Operation Protea« am *29. August* für beendet, die dem Zweck dienen sollte, Waffenlager und Stützpunkte der SWAPO zu zerstören und deren Aktionen gegen Südwestafrika/Namibia zu unterbinden. Südafrikanische Soldaten treffen überall auf sowjetisches Propagandamaterial und Waffen.

Im UN-Sicherheitsrat wird eine Resolution zur Verurteilung der Republik Südafrika durch ein Veto der USA zu Fall gebracht.

Die Nationalversammlung wird am *14. September* mit voller legislativer Gewalt ausgestattet, einschließlich der Befugnis, Gesetze des südafrikanischen Parlaments zu widerrufen oder zu ändern, um sie besser auf Südwestafrika/Namibia anwenden zu können. Sie darf jedoch keine Gesetze erlassen, die den internationalen Status des Gebietes verändern. Der General-Administrator ist weiterhin für die Gesetzgebung staats- und sicherheitsrechtlicher Art sowie für äußere Angelegenheiten zuständig.

Die fünf Westmächte setzen in New York als neues Datum für die Unabhängigkeit unter Resolution 435 den 1. Januar 1983 fest.

1982

DTA-Vorsitzender Dirk Mudge schlägt Verhandlungen mit der SWAPO vor.

Die Kontaktgruppe der fünf Westmächte einigt sich über die Prinzipien einer Verfassunggebenden Versammlung und einer Verfassung für ein unabhängiges Namibia. Sie legen das Skriptum dem UNO-Generalsekretär Javier Perez de Cuellar vor.

Nach Rücktritt des US-Außenministers, General Alexander M. Haig, soll George Shultz sein Nachfolger werden. Er fordert den Rückzug der Kubaner aus Angola.

Die Impala-Fleischfabrik in Otavi wird geschlossen. Subventionen in Höhe von 5 Mio. Rand der Zentralregierung, für den Export gewährt, sind erschöpft. Neue Subventionen werden nicht mehr geleistet.

SWANU fordert eine Nationale Gewerkschaft, den »Namibischen Arbeiterverband«.

Im Wildreservat Etoscha-Pfanne (22.270 km² Fläche) leben 2500 Elefanten. Das sind 1000 Tiere zuviel, wenn das ökologische Gleichgewicht gewahrt bleiben soll.

Die westliche Kontaktgruppe der »Fünf« trifft sich am *12. August* mit Delegierten der SWAPO und der Frontstaaten in Washington, um einen Waffenstillstand für den *15. August* zu besprechen.

Dr. Henry Kissinger, ehemaliger US-Außenminister, führt am *31. August* in Windhoek Gespräche mit dem Ministerrat, dem General-Administrator und Vertretern der internen Parteien und Kirchen.

SWAPO-Präsident Sam Nujoma wirft in Brüssel der EG vor, ihn und seine 22 Jahre alte Bewegung nicht genügend zu unterstützen, und fordert einen Wirtschafts-Boykott gegen die Republik Südafrika.

Vor der UN-Vollversammlung erklärt sich Holland bereit, Namibia beim Übergang in seine Unabhängigkeit zu helfen. Der UN-Friedensplan sieht jetzt die Entsendung von 7500 UN-Soldaten und ein paar tausend Zivilisten zur Wahlvorbereitung und -durchführung vor.

Am *7. Dezember* trifft sich Pik Botha mit einer angolanischen Regierungsdelegation auf Kap Verde, um einen eventuellen Waffenstillstand und den Rückzug der südafrikanischen Truppen zu besprechen.

Laut Statistiken des Lutherischen Weltbundes gibt es 521.000 Lutheraner in Namibia.

1983

Südafrikas Staatspräsident Marais Viljoen bezeichnet bei der Parlamentseröffnung in Kapstadt Namibia als ein noch immer schwieriges und lästiges Problem.

Diplomatische Treffen in Angola, Südafrika und auf Kap Verde und heftige Reiseaktivitäten von Delegierten aus den USA, Frankreich, Angola und Portugal befassen sich mit einer zukünftigen Unabhängigkeit Namibias.

Zwischen Katutura und Khomasdal öffnet ein städtisches Schwimmbad für alle Rassen seine Tore. Auch das Schwimmbad in der Jan-Jonker-Straße ist ab *5. Januar* für alle Bevölkerungsgruppen offen.

Dirk Mudge tritt am *18. Januar* als Vorsitzender des Ministerrates zurück. Grund: Der General-Administrator hat unter anderem die Gesetzesvorlage betreffend nationale Feiertage an die Nationalversammlung zurückverwiesen.
Am *19. Januar* löst General-Administrator Danie Hough die Nationalversammlung auf und übernimmt wieder in einer Person alle Regierungsfunktionen, einschließlich der Legislative.

Die erste multirassische Staatsschule, das Concordia College, öffnet seine Pforten. CDM hat 5 Mio. Rand für den Bau gespendet. Vorher hatten Pastoren der afrikaanssprachigen Niederdeutsch-Reformierten Kirche in Predigten Eltern dazu aufgefordert, diese Schule zu boykottieren. 190 Schüler werden eingeschrieben, darunter zehn Weiße.

SWANU-Führer Moses Katjiuongua besucht Toivo ja Toivo auf Robben Island. Er will sich für die Freilassung des 1966 inhaftierten OPO-Gründers einsetzen.

Südafrikas vierter Statthalter für Namibia, der Gynäkologe Dr. Wilhelm van Niekerk (45), kommt in Windhoek an.

Ein Verbindungskanal zwischen dem Omatako-Damm und dem Von-Bach-Damm (90 km) ist einsatzbereit.

Auf der Londoner Auktion werden 244.403 Karakulfelle (1980: 854.000) zum Verkauf angeboten.

SWAPO-D fordert die Abschaffung der Zweiten-Ebene-Regierungen, weil sie korrupt, wirkungslos und despotisch seien.

Das Obergericht bekommt am *1. März* einen neuen Präsidenten, Hans Joachim Berker.

Dem Landesrat für Weiße wird der Bericht des Ausschusses für deutsche Sprachrechte vorgelegt. Deutsch soll volle Anerkennung als Amtssprache erhalten.

Zur einen Monat lang dauernden Hundertjahrfeier werden im *April* in Lüderitzbucht 5000 Besucher erwartet. Die Stadt ist festlich geschmückt, mit einem Sonderzug reisen 200 Gäste an. »My Fair Lüderitz«, ein Musical von Irmela Erlank, hat Premiere, am Strand gibt es einen Langustengrill für die Öffentlichkeit.
Zur offiziellen Feierlichkeit anläßlich der Hundertjahrfeier Lüderitzbuchts auf der Haifischinsel am *1. Mai* schickt Bundespräsident Carl Carstens eine Grußbotschaft an die »Mutterstadt Namibias«. Die Botschafter der Bundesrepublik Deutschland, Kanadas und Frankreichs sind aus der Republik Südafrika angereist. Der erste Träger des Lüderitz-Preises für Völkerverständigung, Frankreichs Außenminister Claude Cheysson, läßt sich durch seinen Botschafter vertreten. Ihm wurde der Preis für seine Vermittlerrolle zwischen Europa und Afrika und als »Lomé-

Architekt« zuerkannt. General-Administrator van Niekerk protestiert gegen die Preisverleihung in seiner Anwesenheit und veranlaßt eine dementsprechende Protokolländerung.

Taucher vom Windhoeker Unterwasserklub fischen aus dem Otjikotosee einen deutschen Munitionswagen, der dort seit 1915 liegt.

Eine Delegation der IG reist nach Simbabwe, nach Bulawayo und Harare, um sich ein Bild vom Stand der Entwicklung nach drei Jahren Unabhängigkeit zu machen. Ein Treffen mit SWAPO-Präsident Sam Nujoma kommt zustande.

In seinem Bericht an den UN-Sicherheitsrat am *1. September* schreibt UN-Generalsekretär Perez de Cuellar, daß Südafrika wegen seiner Forderung des Abzugs der Kubaner aus Angola bis jetzt die Durchführung der UNO-Resolution 435 und somit die Unabhängigkeit Namibias verhindert hat.

Windhoek bekommt ein neues Symphonieorchester mit 50 Musikern. Dirigent ist Eugen Effenberger, Konzertmeister Heinz Czech.

30.000 Hereros und Mbanderus, die in Botswana leben, wollen nach Namibia zurück.

Am *13. November* konstituiert sich die »Vielparteienkonferenz« (VPK) aus sieben internen Parteien mit 88 Vertretern (DTA, Rehoboth Befreiungsfront, NP, SWANU, SWAPO-D und der Damararat).

Die ARD läßt in Namibia den vielumstrittenen Spielfilm »Morenga« aus der Zeit des Herero- und Nama-Aufstandes 1904 bis 1907 drehen. Grundlage ist das Buch von Uwe Timm.

1984

Die Journalistin Gwen Lister (Windhoek Observer) muß sich vor einem südafrikanischen Gericht verantworten. Sie ist angeklagt, in Südafrika verbotene Publikationen von der Pariser UNO-Konferenz mit nach Hause gebracht zu haben, darunter Dokumente der SWAPO über Uranvorkommen und USA-Investitionen. Sie wird freigesprochen.

Erik Binga (21), ein SWAPO-Mitglied, geht in Windhoek vor Gericht, um seine Wehrdienstverweigerung anerkennen zu lassen. Er sieht sich außerstande, den Dienst abzuleisten, weil er erstens als SWAPO-Mitglied nicht der von Südafrika kontrollierten Armee angehören kann, und zweitens, weil Par. 4 des damaligen Völkerbund-Mandats eingeborene Einwohner vom Wehrdienst befreit.

Herman Toivo ja Toivo, Gründer der OPO, einer Vorläuferpartei der SWAPO, kehrt am *1. März* nach 16 Jahren Haft auf Robben Island als freier Mann nach Windhoek zurück. Er nennt sich jetzt mit Vornamen Andimba.

Der farbige Poet und Soziologe Professor Adam Small eröffnet in Rehoboth die erste Bibliothek. Sie wurde mit Hilfe von TUCSIN (The University Centre for Studies in Namibia) ermöglicht.

In Lusaka findet vom *11.* bis *13. Mai* eine Unabhängigkeits-Konferenz unter Schirmherrschaft von Staatspräsident Kenneth Kaunda statt. Teilnehmer: SWAPO, die VPK, der General-Administrator und als Beobachter drei Mitglieder der Interessengemeinschaft Deutschsprachiger Südwester (IG), Dr. Herbert Halenke, Konrad Lilienthal und Klaus Becker. Zum ersten Mal sitzen Mitglieder der SWAPO mit Vertretern der internen Parteien an einem Tisch.

Der deutschsprachige Windhoeker Advokat Anton Lubowski wird Mitglied der SWAPO.

Deutsch wird am *12. Juni* zur dritten Amtssprache der Weißen Exekutive erklärt. Um dies in die Praxis umzusetzen, müssen die Gesetze AG 8 und AG 12 geändert werden.

Da keine offiziellen Zahlen vorliegen, wird die Arbeitslosenquote auf 15 bis 40%, 30.000 bis 80.000 Arbeitslose, geschätzt.

Eine IG-Delegation mit Johann Albrecht Brückner, Klaus Becker und Konrad Lilienthal reist nach Bonn, um mit Wirtschaftsverbänden, Stiftungen, Ministerien und Vertretern der Bundestagsfraktionen die Beurteilung der neuesten Entwicklung in und um Namibia abzustimmen. Am *28. Juni* empfängt sie Bundesaußenminister und Vizekanzler Hans-Dietrich Genscher.

Die Inflationsrate beträgt 12%

Auf Kap Verde treffen sich am *25. Juli* Dr. Willie van Niekerk und Sam Nujoma. Kein Gesprächsergebnis.

Der General-Administrator gibt sein Vorhaben bekannt, die Eisenbahnstrecke zwischen Lüderitzbucht und Aus zu schließen. Grund: zu hohe Verluste, pro km 16.000 Rand.

Vor 100 Jahren, am *7. August 1884,* wurden zunächst die Landerwerbungen des Kaufmanns Lüderitz und später das heute als Namibia bekannte Gebiet im Südwesten Afrikas unter deutschen Schutz gestellt. Im Gegensatz zu Togo, wo am 5. Juli 1884 Dr. Gustav Nachtigal für das Deutsche Kaiserreich einen »Schutzvertrag« unterzeichnete und im Juli 1984 eine große Jahrhundertfeier stattfindet, werden in Namibia keine Feierlichkeiten veranstaltet.

1985

Die Vereinigten Staaten verfolgen auf internationaler Ebene ihre »Verknüpfungspolitik«, die für die zukünftige Unabhängigkeit Namibias entscheidend wurde. Diese Politik setzt den Rückzug der kubanischen Truppen aus Angola voraus *(Cuban linkage)*, bevor Resolution 435 durchgeführt werden könnte, da die kubanische Anwesenheit als störend für das regionale Gleichgewicht der Kräfte angesehen wird. Die von ihren kubanischen Verbündeten unterstützte MPLA-Regierung Angolas lehnt diese Politik jedoch zunächst grundsätzlich ab.

Der südafrikanische Präsident P.W. Botha verkündet im Parlament, seine Regierung habe Vorschlägen für den Aufbau einer Interimsregierung in Namibia zugestimmt, die auf der Vielparteien-Konferenz (VPK) beruhen. Diese Übergangsregierung mit dem Namen *Transitional Government of National Union* (TGNU) übernimmt eine Reihe Funktionen vom General-Administrator und beginnt mit der Vorbereitung von Vorschlägen für die Verfassung eines unabhängigen Namibias. SWAPO und SWANU verweigern ihre Mitwirkung bei der TGNU.

Die Eltern von Namibiern im Exil finden heraus, dass einige ihrer Kinder unter erschütternden Zuständen in Sambia und Angola von SWAPO gefangen gehalten werden. Ihnen wird vorgeworfen, Spione und/oder südafrikanische Kollaborateure zu sein. Die Eltern, unter der Anführung von Frau Erica Beukes, gründen ein Eltern-Komitee für die Freilassung dieser Häftlinge. Sie werden von Pastor Siegfried Groth, Berater für südafrikanische Belange bei der Vereinten Evangelischen Mission (VEM) in Wuppertal, unterstützt. Kirchenführer innerhalb Namibias verweigern ihre Unterstützung, indem sie sich auf die Kriegszustände berufen

Der namibische Kirchenrat *(Council of Churches in Namibia, CCN)* gründet die Nationale Studenten-Organisation *(Namibia National Students' Organisation, NANSO)* und die »Stimme der Frauen Namibias« *(Namibia Women's Voice)* als Widerstand gegen die Kolonialregierung und zum Kampf für Gerechtigkeit und Freiheit. Ungefähr 97% des CCN-Jahresbudgets kommen von ausländischen Spenden über den Weltkirchenrat *(World Council of Churches)*. Die Regierung reagiert darauf mit der Einführung von zunehmend repressiven Maßnahmen gegen die CCN-Aktivitäten.

Gegen die Kirche gerichtete Vorfälle, besonders in Owambo, sind zwei Angriffe auf die Presse der Evangelisch-Lutherischen Owambo Kirche in Oniipa, die Vernichtung des Priesterseminars der Anglikanischen Kirche in Odibo und der Katholischen Kirche in Omulukila. Die CCN-Büros werden ebenfalls mit Brandsätzen beworfen. Im Norden werden oft Gottesdienste unterbrochen und die Kirchgänger von Soldaten beschimpft.

Ein Attaché der Vereinigten Staaten in Oshakati wird von einer von SWAPO-Aktivisten gelegten Bombe getötet.

Im Oktober beschließen die Nationen des Commonwealth die Nominierung der so genannten *Eminent Persons Group*, die sich aus hochrangigen Personen der Mitgliedstaaten des Commonwealth zusammensetzt, um ein Verhandlungskonzept zur Förderung von Gesprächen zwischen der Regierung Südafrikas und den schwarzen Oppositionsführern in Namibia zu entwickeln.

1986

Am *16. Februar* teilt SWAPO während einer Pressekonferenz in London mit, die Organisation halte mindestens 100 ihrer Mitglieder als südafrikanische Spione im Gefängnis. Andere Schätzungen gehen jedoch von einer Zahl von 2000 aus. Spätere Erkenntnisse lassen den Schluss zu, dass viele dieser Menschen keine Spione waren, sondern lediglich Kritiker der Führung oder Menschen, von denen man annahm, solche Kritiker zu werden.

Die Regierung Südafrikas gibt ihre Bereitschaft bekannt, mit der Durchführung von Resolution 435 am *1. August* zu beginnen, wenn zu diesem Zeitpunkt eine Einigung über den gesamten Rückzug der kubanischen Truppen aus Angola erzielt wäre.

Die Gewerkschaft der Minenarbeiter Namibia wird als Vertretung der Minenarbeiter des Landes gegründet. Sie wird noch eine wichtige Rolle in der Freiheitsbewegung spielen. Ihre Arbeit beginnt bei Consolidated Diamond Mines (CDM) in Oranjemund und Rössing Uranium außerhalb von Swakopmund und ist bald das Zentrum für die anderen gewerkschaftlich organisierten Minenarbeiter in Namibia.

Der Generalsekretär des CCN, Dr. Abisai Shejavali, initiiert die |Ai||Gams-Konferenz in Windhoek, um die Opposition zur TGNU zu koordinieren. Sie erhält von SWAPO im Exil nur halbherzige Unterstützung, dadurch wird der interne Zweig der SWAPO geschwächt. Die Nationale Studentenorganisation Namibia (NANSO) sichert der |Ai||Gams-Bewegung ihre Unterstützung zu, indem sie die sofortige Durchführung von Resolution 435 fordert.
Die TGNU bringt einen Grundrechtskatalog ein, um ihre Legitimität zu steigern und Anerkennung im Land und auf internationaler Ebene zu gewinnen.

Der CCN fordert die TGNU vor Gericht mit dem Versuch heraus, die nächtliche Ausgangssperre in den nördlichen Bereichen zu beenden. Diese stehe im Widerspruch zum Grundrechtskatalog der TGNU, insbesondere der Bewegungsfreiheit, der Religionsfreiheit, der Vereinsfreiheit und der friedlichen Versammlungsfreiheit. Der Antrag wird kostenpflichtig abgewiesen.

Der Oberste Gerichtshof entscheidet, dass gemäß den Bestimmungen des Versammlungsgesetzes von 1981 das Abhalten von öffentlichen Versammlungen für SWAPO nicht verboten sei. SWAPO hält seine seit Jahren erste öffentliche Massenversammlung in Katutura ab, an der 13.000 Menschen teilnehmen.

In Namibia werden die ersten HIV-Fälle gemeldet, vor allem in den nördlichen Landesteilen.

1987

Der in der Tsumeb-Kupfermine ausgerufene Streik führt zu einem weithin befolgten Verbraucher-Boykott.

Drei Schüler einer Schule in Owambo werden im Kreuzfeuer zwischen südafrikanischen Sicherheitskräften und SWAPO-Rebellen getötet.

Im August verkünden Kuba und Angola ihre Bereitschaft, an den Verhandlungstisch zurückzukehren, um über die Unabhängigkeit Namibias sowie den gesamten Rückzug kubanischer Truppen aus Angola innerhalb von zwei Jahren zu verhandeln mit der Bedingungen, dass die Vereinbarung von Angola, Kuba, Südafrika und SWAPO unterzeichnet wird.

SWAPO sponsert im September für interessierte Namibier ein Informationstreffen, das in Harare, Simbabwe, stattfindet. Teilnehmer sind Politiker, Unternehmer, Studenten und Repräsentanten verschiedener Gruppen in Namibia.

Im November beginnen die als Kämpfe von Cuito Cuanavale bekannt gewordenen ausgedehnten militärischen Auseinandersetzungen zwischen den Streitkräften von Südafrika/Namibia und UNITA auf der einen und den Truppen von Angola (MPLA) und Kuba auf der anderen Seite. Diese Konfrontation in Süd-Angola dauert bis August 1988, als sich die Truppen von Südafrika/Namibia aus Angola auf Grund des am Anfang jenes Monats vereinbarten Genfer Protokolls zurückziehen. In den ersten Kämpfen erzielt die südafrikanische Seite bedeutende Erfolge. Auf Grund der laufenden diplomatischen Initiative zwischen den Vereinigten Staaten, Südafrika, der Sowjetunion, Angola und Kuba zögert die militärische Führung jedoch, die Kämpfe intensiv fortzusetzen.

Fidel Castro beginnt im November mit der Entsendung von 15.000 neuen kubanischen Soldaten zur Unterstützung der angolanischen Regierungstruppen.

1988

Im Mai beginnen in London die dreiseitigen Friedensverhandlungen zwischen Angola, Südafrika und Kuba. Nach den Kämpfen von Cuito Cuanavale, die Kuba als einen überwältigenden Sieg bezeichnet, tatsächlich jedoch mit einem Patt enden, signalisiert Kuba zum ersten Mal seine Bereitschaft, die »Cuban linkage« und damit den Rückzug kubanischer Kräfte in Erwägung zu ziehen. Dies bringt die Unabhängigkeit Namibias plötzlich sehr viel näher. Hintergrund dieser Entwicklungen ist auch, dass zwischen den Supermächten USA und Sowjetunion eine weltweite Entspannung einsetzt und einige Konfliktherde, wo Stellvertreterkriege stattfinden, durch entsprechende Übereinkünfte befriedet werden sollen. Dazu zählt auch der Angola-Konflikt mit der Anwesenheit kubanischer Truppen und die daran geknüpfte Unabhängigkeit Namibias.

Diesen Friedensverhandlungen folgt in kurzer Zeit eine Serie weiterer Verhandlungen: Am *20. Juli* werden die sog. New Yorker Grundsätze von einer Delegation aus Angola/Kuba und Südafrika unterzeichnet, wobei die Durchführung von Resolution 435 zu einem vom UN-Generalsekretär zu bestimmenden Datum vereinbart wird. Am *5. August* wird das Genfer Protokoll zwischen Vertretern aus Angola/Kuba und Südafrika (in Gegenwart von Vertretern Namibias) unterzeichnet; das Protokoll bestimmt den 1. November 1988 als Stichtag für die Durchführung der UN-Sicherheitsrats-Resolution 435. Am *13. Dezember* wird das Brazzaville-Protokoll zwischen den Regierungen Angolas, Kubas und Südafrikas unterzeichnet, in dem ein neuer Stichtag, der 1. April 1989, für die Ausführung von Resolution 435 bestimmt wird. Am *22. Dezember* wird dies in New York durch die Unterzeichnung einer bilateralen Vereinbarung bestätigt, die den Unabhängigkeitsprozess für Namibia nun effektiv in Gang setzt.

Bereits im Dezember hat man eine Gemeinsame Kommission als Vertretung der drei Regierungen gebildet, und der Rückzug von kubanischen und südafrikanischen/namibischen Truppen findet zügig statt.

Eine von SWAPO-Aktivisten gelegte Bombe in der First National Bank in Oshakati fordert 35 Menschenleben aus der Zivilbevölkerung.

NANSO initiiert einen nationalen Schul-Boykott, der von März bis Mitte September anhält. Er beginnt an der Ponhofi Secondary School in der »Kriegszone« im Norden und breitet sich nach Ogongo und Ombalantu und von dort auf die übrigen schwarzen Schulen in Namibia aus. Der ursprüngliche Impuls geht vom Standort der Schulen in der Nähe von Militärlagern aus; später verlagert sich das zentrale Interesse auf eine aufständische Aktion mit dem Ziel, die Kolonialregierung zu stürzen.

Die Regierung reagiert auf den sich ausbreitenden Schul-Boykott mit der Stationierung von Polizei an den Schulen, der Verhaftung von Schülern und der Verabschiedung des »Gesetzes zur Sicherung der Grundrechte«, nach dem die Unterstützung von Streiks oder Boykotts ein Vergehen ist. Dies führt Ende Oktober zu einem neuen Massen-Exodus von ca. 5000 Schülern ins Exil. Im Dezember wird die Nationale Lehrergewerkschaft *(Namibia National Teachers' Union, NANTU)*, zur Unterstützung der NANSO-Aktivitäten gegründet.

Im Juni organisiert die Gewerkschafts-Bewegung zur Unterstützung des Schul-Boykotts einen Streik, dem ca. 70% aller Beschäftigten Namibias folgen.

Der *Internationale Bericht für 1987* von Amnesty International verweist auf Menschenrechts-Verletzungen in SWAPO-Lagern in Angola; dies gibt der Kampagne des Eltern-Komitees für eine Untersuchung der Situation, besonders in Lubango, neuen Auftrieb. UN-Generalsekretär Perez de Cuellar, der die dringenden Bitten der Eltern seit Jahren ignoriert hat, ist gezwungen, das Problem mit Sam Nujoma und den Präsidenten Dos Santos in Angola und Kenneth Kaunda in Sambia zu diskutieren. Er drängt sie, dem Internationalen Roten Kreuz sowie dem UN-Beauftragten für Flüchtlinge Zutritt zu SWAPO-Lagern zu gewähren.

Am *19. November* wird die Namibisch-Deutsche Stiftung für kulturelle Zusammenarbeit (NaDS) in Windhoek gegründet.

Am *4. Dezember* stürzt der Mukorob, der »Finger Gottes«, nach intensiven Regenfällen um und zerbricht in Tausende Stücke. Bis dahin war diese auf einem dünnen Hals stehende Sandstein-Fingerklippe in der Nähe von Asab eine der Sehenswürdigkeiten des Landes.

1989

Im *März* beschließt der Deutsche Bundestag in Bonn einstimmig, dass Namibia nach seiner Unabhängigkeit eine Sonderrolle in der politischen Zusammenarbeit spielen und ein Modellfall für deutsche Entwicklungshilfe werden soll.

Im *März* wird die »Übergangsregierung der Nationalen Einheit« TGNU aufgelöst, um den Weg für die gemeinsame Verwaltung durch den südafrikanischen Generaladministrator Louis Pienaar und den UN-Sondergesandten Martti Ahtisaari frei zu machen. Gleichzeitig kommen ein Truppenkontingent und zivile Helfer aus verschiedenen Mitgliedsstaaten der Vereinten Nationen in Namibia an, um freie und faire Wahlen im ganzen Land zu organisieren. Dieses Kontingent ist unter dem Namen *United Nations Transitional Assistance Group*, UNTAG, bekannt und bleibt bis zur Unabhängigkeit im März 1990 in Namibia.

Der *1. April* ist das offizielle Datum für den Waffenstillstand zwischen SWAPO und den Truppen Südafrikas/Namibias. Alle Südafrika/Namibia-Streitkräfte sind vereinbarungsgemäß auf ihre Stützpunkte innerhalb Namibias und die Angehörigen der SWAPO-PLAN-Kampftruppe auf ihre Lager in Süd-Angola zurückgezogen. Am *1. April* überschreiten jedoch ca. 1600 bewaffnete Angehörige der PLAN-Kampftruppe die Grenze nach Namibia. Bei der Abwehr durch die südafrikanischen/namibischen Streitkräfte auf Veranlassung der UNTAG entstehen erhebliche Verluste. Die Gründe für diesen Einfall sind bis heute nicht eindeutig.

Am *19. April* entlässt SWAPO über 200 Namibier aus ihren Verliesen in Lubango. Nach Berichten der lokalen Zeitungen zu urteilen, wurden viele dieser Häftlinge geschlagen, vergewaltigt, waren mentaler Folter und extremen Entzügen ausgesetzt. Diese Enthüllungen senden Schockwellen durch die Gesellschaft Namibias. Die erste Gruppe von 153 Menschen, die im Juli nach Namibia zurückkehrt, beschreibt in einer Pressekonferenz in Khomasdal ihre »schrecklichen Erlebnisse« und zeigt ihre Folternarben.

Bis Mitte des Jahres kehren Tausende Namibier, die freiwillig und aus Protest gegen die Kolonialherrschaft im Exil leben, mit Unterstützung des UN-Beauftragten für Flüchtlinge nach Namibia zurück. Übergangslager werden außerhalb Windhoeks und im Norden errichtet, um die Rückkehrenden wo möglich mit ihren Familien zu vereinen und sie in die Gesellschaft Namibias zu integrieren.

Im Laufe des Jahres finden eine Reihe Angriffe auf UNTAG-Angehörige und SWAPO-Anhänger statt. Zwei Menschen werden bei einem Angriff auf ein UNTAG-Büro in Outjo durch rechtsgerichtete Südafrikaner getötet. Der Rechtsanwalt Anton Lubowski, der als weißes SWAPO-Mitglied sehr bekannt ist, wird vor seinem Haus in Windhoek von unbekannten südafrikanischen Bewaffneten erschossen.

Der CCN konzentriert sich in der Übergangszeit auf Probleme außerhalb des Befreiungskampfes und richtet seine Aufmerksamkeit auf eine Strategie, die die Repatriierung Tausender Rückkehrer aus dem Exil, deren Umsiedlung und die Rekonstruierung der Gesellschaft Namibias erleichtern soll. Jedoch hat der CCN auf Grund seiner negativen Haltung zum Inhaftierten-Problem vor 1989 viel Glaubwürdigkeit eingebüßt, und seine wichtige nationale Rolle ist bald verschwunden.

Im September kehrt die Führung der SWAPO mit Sam Nujoma an der Spitze aus ihrem jahrelangen

Exil zurück. Die erste öffentliche Wahlversammlung mit Nujoma wird zu einem beeindruckenden Massenauflauf. Schon vorher hat die SWAPO für den Fall ihres wahrscheinlichen Wahlsieges eine Politik der Nationalen Versöhnung (National Reconciliation) verkündet; viele Weiße zweifeln noch daran.

Vom *7.–11. November* finden in Namibia zum ersten Mal in der Geschichte des Landes freie Wahlen statt. Die Wahlen werden von UNTAG überwacht. Die Wahlbeteiligung ist mit über 90% überwältigend. Ergebnis: SWAPO 57,3% (41 von 72 Parlamentssitzen), DTA 28,6% (21 Sitze), UDF 5,6% (4), ACN 3,5% (3), NPF 1,6% (1), FCN 1,6% (1), NNF 0,8% (1), SWAPO-D 0,5%, CDA 0,4%, NNDP 0,1%.

Am *21. November* tritt die Verfassunggebende Versammlung erstmals zusammen.

1990

Von *November 1989* bis *Anfang Februar* erarbeitet die Verfassunggebende Versammlung die Verfassung für ein unabhängiges Namibia. Dies findet im historischen Turnhalle-Gebäude in der Bahnhofstraße in Windhoek statt, wo auch das Parlament in den ersten Monaten seines Bestehens tagt. Die Verfassung beruht auf den Verfassungsprinzipien von 1982, die von SWAPO und den anderen politischen Parteien Namibias akzeptiert worden waren. Die Verfassung, die auch die festgeschriebenen fundamentalen Grundrechte und Freiheiten miteinschließt, wird am *9. Februar* einstimmig angenommen.

Am *21. Februar* wird Sam Shafiishuna Nujoma von der Verfassunggebenden Versammlung einstimmig zum ersten Präsidenten der künftigen Republik Namibia gewählt.

Namibia wird am *21. März* eine unabhängige Republik mit eigener Flagge und nationalen Symbolen. Der südafrikanische Präsident F.W. de Klerk, eine große Zahl Staatsoberhäupter, Minister und internationale Würdenträger nehmen an der Zeremonie in Windhoek teil. UN-Generalsekretär Perez de Cuellar vereidigt Sam Nujoma als ersten Präsidenten. Hage Geingob wird Premierminister. Die Unabhängigkeit der neuen Republik wird im ganzen Land mit singenden und tanzenden Menschenmengen gefeiert. Die Volkswirtschaft soll auf den Prinzipien einer Mischwirtschaft aufbauen, um wirtschaftliches Wachstum, Fortschritt und ein annehmbares Leben für alle zu fördern. Die Politik der Nationalen Versöhnung wird bekräftigt.

Harald Ganns wird Anfang *April* als erster Botschafter der Bundesrepublik Deutschland akkreditiert. Für wenige Wochen amtiert auch noch ein Botschafter der DDR, Dr. Hans-Georg Schleicher.

Namibia tritt dem Commonwealth bei.

Namibia hatte noch keine Gelegenheit, seine offizielle Wirtschaftszone vor der Küste zu proklamieren, als Fischfang-Flotten aus Spanien, Russland und Korea in der Nähe der namibischen Küste ihre Netze auswerfen. Dies hört abrupt auf, nachdem fünf spanische Fischerboote wegen illegalen Fischfangs in den Hoheitsgewässern Namibias von der namibischen Regierung aufgebracht und konfisziert werden.

Englisch wird die offizielle Sprache Namibias. So wird Englisch auch schnell als Unterrichtssprache in allen staatlichen Schulen eingeführt, wobei aber ein Anspruch auf muttersprachlichen Unterricht in den ersten Schuljahren besteht. Ein nachhaltiges Problem ist jedoch, dass Afrikaans die Lingua franca des Landes ist und dass zunächst nicht genügend Schulbücher oder entsprechend ausgebildete Lehrkräfte zu Verfügung stehen, um der neuen Situation gerecht zu werden.

Ein nationales AIDS-Kontrollprogramm wird bald nach der Unabhängigkeit erstellt, um den HI-Virus zu kontrollieren und dessen Verbreitung vorzubeugen.

Am *21./22. Juni* findet in New York eine Geber-Konferenz zur Mobilisierung internationaler Unterstützung für die Bemühungen der Regierung Namibias statt, die früheren kolonialen Verhältnisse zu einer neuen namibischen Gesellschaft umzustrukturieren. Verschiedene Länder sagen Millionen-Dollarbeträge zu, um die neue Regierung in ihren Zielen zu unterstützen.

Namibias eigene, unabhängige Zentralbank, die Bank of Namibia, wird am *16. Juli* mit einem Vermögenswert von N$ 193 Millionen eröffnet, um als Bank der Regierung und der lokalen kommerziellen Banken zu fungieren und das Währungs- und Wechselsystem zu überwachen.

Über 400 namibische Kinder, die – meist aus SWAPO-Lagern in Angola und Sambia – in den Jahren 1979 bis 1988 in die damalige DDR gebracht worden waren und dort aufwuchsen, kommen Ende *August* nach Namibia. Diese »DDR-Kinder« stehen zwischen den Kulturen und Gruppen (»wir sind innen weiß und außen schwarz«), werden von den »richtigen« Deutschen akzeptiert und schlagen Brücken.

1991

Unter der Schirmherrschaft des Premierministers findet eine nationale Konferenz über Bodenreform und Landfrage in Windhoek statt. Während dieser Konferenz wird der Beschluss gefasst, dass Land-

GRUNDLEGENDE URKUNDEN IN WÖRTLICHER WIEDERGABE

The Constitution of the Republic of Namibia

Preamble

Whereas recognition of the inherent dignity and of the equal and inalienable rights of all members of the human family is indispensable for freedom, justice and peace;

Whereas the said rights include the right of the individual to life, liberty and the pursuit of happiness, regardless of race, colour, ethnic origin, sex, religion, creed or social or economic status;

Whereas the said rights are most effectively maintained and protected in a democratic society, where the government is responsible to freely elected representatives of the people, operating under a sovereign constitution and a free and independent judiciary;

Whereas these rights have for so long been denied to the people of Namibia by colonialism, racism and apartheid;

Whereas we the people of Namibia -

> have finally emerged victorious in our struggle against colonialism, racism and apartheid;
>
> are determined to adopt a Constitution which expresses for ourselves and our children our resolve to cherish and to protect the gains of our long struggle;
>
> desire to promote amongst all of us the dignity of the individual and the unity and integrity of the Namibian nation among and in association with the nations of the world;
>
> will strive to achieve national reconciliation and to foster peace, unity and a common loyalty to a single state;
>
> committed to these principles, have resolved to constitute the Republic of Namibia as a sovereign, secular, democratic and unitary State securing to all our citizens justice, liberty, equality and fraternity,

Now therefore, we the people of Namibia accept and adopt this Constitution as the fundamental law of our Sovereign and Independent Republic.

rechte, die an Kolonial-Siedler verloren wurden, nicht in vollem Umfang wiederhergestellt werden können.

Die erste Volkszählung in einem unabhängigen Namibia wird mit Unterstützung des UN-Entwicklungsprogramms erfolgreich durchgeführt: rd. 1,4 Mio., Schätzungen reichten vorher bis zu 1,8 Mio.

Das Erziehungsministerium beschließt die Abschaffung der früheren Lehrpläne, nach denen die Gymnasien in Namibia unterrichteten, und führt statt dessen ein Programm ein, das von einer der Universität Cambridge angeschlossenen Agentur entwickelt wurde. Dies bedeutet eine große Veränderung insbesondere für das Lehrpersonal, das nicht über die Ausbildung auf dieser Ebene verfügt. Außerdem gibt es sehr wenige Lehrbücher mit Ausrichtung auf die neue Unterrichtsmethode. Am Jahresende erzielen nur 19% der Prüflinge für die Abschlussprüfung eine ausreichende Benotung in mehr als drei Fächern.

Um potentiellen Investoren Informationen über Geschäfte und Produkte in Namibia bereitzustellen und sie bei Antragsfragen etc. zu unterstützen, wird ein Investitions-Center gegründet.

Im Laufe des Jahres erfolgt die Neueinteilung des Landes in 13 Regionen und in neue Wahlkreise.

In Elizabeth Bay wird eine neue Diamantmine sowie die entsprechende Aufbereitungsanlage in Auftrag gegeben und Namco erhält die Lizenz für die Offshore Diamantproduktion.

1992

Das Ministerium für Handel und Industrie erstellt ein Weißbuch über Industrie-Entwicklung. Dies ist der erste Versuch der neuen Regierung, eine zusammenhängende Reihe von Maßnahmen für die erfolgreiche Entwicklung der Wirtschaft seit der Unabhängigkeit zu ergreifen. Das Weißbuch beschreibt eine Fünfjahres-Rahmenpolitik für die industrielle Entwicklung, da die Industrialisierung als Schlüssel für eine nachhaltige wirtschaftliche Entwicklung angesehen wird.

Am 9. Mai löst sich die Interessengemeinschaft Deutschsprechender für Namibia (IG) auf, nachdem ihre Hauptziele, die Unabhängigkeit des Landes und eine weitere Existenzmöglichkeit für die Deutschstämmigen, inzwischen eingetreten sind.

Die Universität von Namibia (UNAM) wird für Studenten des tertiären Bildungsbereiches gegründet. Sie wird auf der Basis der früheren »Akademie für den tertiären Bildungsbereich« aufgebaut, die vor der Unabhängigkeit in enger Zusammenarbeit mit der Universität von Südafrika stand.

Nora Schimming-Chase wird die erste Botschafterin der Republik Namibia in Deutschland.

Im *November* finden die ersten Regionalwahlen nach der Unabhängigkeit statt. SWAPO erhält die meisten Stimmen. Dieses Ergebnis wiederholt sich in den ersten Kommunalwahlen nach der Unabhängigkeit, die landesweit in 46 Städten stattfinden.

Der *National Council* (Nationalrat) tritt mit 26 Mitgliedern, zwei aus jeder der 13 Regionen, im März erstmals zusammen.

Namibia und Südafrika gründen die *Permanent Water Commission* am Oranje-Fluss, um sich mit den beiderseitigen Belangen hinsichtlich der Nutzung des Oranje zu befassen.

Namibia erleidet durch eine schwere Trockenheit landesweit große Verluste im Viehbestand. Die Regierung stellt Katastrophenhilfe für die Trockenheit und Hungersnot bereit; Menschenleben sind nicht zu beklagen.

Das Osire-Flüchtlingslager wird 225 km nordöstlich von Windhoek errichtet, um die zunehmende Anzahl Fremder mit Flüchtlingsstatus aufzunehmen. Das Lager beherbergt anfangs 125 Personen, die Flüchtlinge erhalten Verpflegung und Kleidung vom namibischen Kirchenrat und dem Internationalen Roten Kreuz.

Die *Namibian Stock Exchange* (Börse) wird eröffnet.

1993

Hauptsächlich aufgrund der großen Trockenheit im Jahre 1992, die enorme Verluste forderte und Menschenleben bedrohte, richtet die Regierung im Amt des Premierministers eine *Emergency Management Unit* für alle zukünftigen nationalen Notfälle ein. Ebenso wird in Zusammenarbeit mit dem Ministerium für Landwirtschaft, Wasser und Agrarentwicklung eine Arbeitsgruppe zur quartalsweisen Überwachung der Nahrungsmittelsituation eingerichtet, um zukünftigen Hungersnöten vorzubeugen.

Im *Juni* finden in Windhoek dreiseitige Gespräche zwischen Angola, Namibia und Südafrika statt mit dem Ziel, den Frieden in Angola zu fördern, wo noch immer ein Bürgerkrieg zwischen der regierenden MPLA und den UNITA-Rebellen tobt. Südafrika wird verdächtigt, UNITA materielle Unterstützung zu gewähren.

In Zusammenarbeit mit dem *National Institute for Educational Development (NIED)* werden vier pädagogische Hochschulen für die Ausbildung von Lehrkräften in Namibia gegründet.

43 Soldaten aus Namibia werden als Teil eines UN-Wahlbeobachtungsteams nach Kambodscha entsandt.

Zum Schutz des Spitzmaul-Nashorns (Black Rhino) wird ein Programm initiiert, das die Bedrohung dieser sehr seltenen Tiere durch Wilderer reduzieren soll. Namibia hat weltweit sowohl die größte Spitzmaul-Nashorn-Population, die in Nationalparks lebt, als auch die größte freilebende Population. Die Idee des Schutzprogramms ist, Nashorn-Paare auf ausgewählten Farmen zu etablieren, um die gegenwärtige Population auf mindestens 2000 zu erhöhen.

Ca. 250.000 Touristen besuchen Namibia, ein Hinweis darauf, dass der Tourismus einen wichtigen Beitrag zum Namibias leistet.

Eine allgemeine Umsatzsteuer *(General Sales Tax, GST)* wird eingeführt.

Am *15. September* erhält Namibia eine eigene Währung, den Namibia Dollar (1 N$ = 100 Cent). Damit kann Namibia zum ersten Mal beginnen, Devisenreserven aufzubauen und Möglichkeiten für entsprechende Zinssätze und eine eigene Geld- und Kreditpolitik zu verfolgen.

Dr. Hanns Heinrich Schumacher löst Harald Ganns als deutscher Botschafter in Namibia ab.

1994

Am *1. März* werden Walvis Bay und die Inseln entlang der namibischen Küste in das namibische Staatsgebiet eingegliedert. Bis zu diesem Zeitpunkt gehörten sie zu Südafrika.

Das Poytechnikum *(Polytechnic of Namibia)* wird gegründet. Es soll den Weg in die globale Welt der technischen Entwicklungen und des technologischen Wachstums ebnen.

Das Berufsausbildungsgesetz *(Vocational Training Act)* wird verkündet. Es fördert die Ausbildung im institutionellen, öffentlichen und privaten Sektor.
Das *Namibia Training and Testing Centre* (Ausbildungs- und Prüfungs-Center) wird gegründet und im Windhoeker Stadtteil Khomasdal Betrieb genommen.

Namibia, Angola und Sambia gründen die *Permanent Okavango River Basin Water Commission* zur Förderung eines nachhaltigen Managements des Okavango-Flussbeckens.

In Windhoek wird ein Geologisches Museum auf dem Gelände des Ministeriums für Bergbau und Energie eröffnet. Hier sind alle Aspekte der namibischen Geowissenschaften zu sehen, wobei vor allem die Bodenschätze Namibias und die daraus entstandene Industrie sowie die regionale Geologie und Paläontologie dargestellt werden.

Die Änderung der Sommer- und Winterzeit in Namibia *(Time Act)* wird beschlossen. Dies bedeutet, dass Namibia am ersten Sonntag im April die Zeit eine Stunde von GMT zurückstellt und am ersten Sonntag im September wieder eine Stunde vorstellt.

Im *November* wird der namibische Staat mit 50% Anteilseigner der früheren Diamond Mines (CDM). Die neue Gesellschaft wird in NamDeb umbenannt.

Ende *November* finden die ersten Parlaments- und Präsidentschaftswahlen nach der Unabhängigkeit statt. Die Wahlbeteiligung ist 76%. Die Ergebnisse: Präsidentschaftswahl: Sam Nujoma (SWAPO) 74,5%, Mishake Muyongo (DTA) 23,1%.
Parlamentswahl: SWAPO 72,7% (53 Sitze von 72), DTA 20,5% (15), UDF 2,7% (2), DCN 0,8% (1), MAG 0,8% (1).

1995

Im *Februar* unterzeichnet Namibia eine Vereinbarung mit den Vereinigten Staaten über das Räumen von Landminen und Blindgängern. Dies soll ein langfristiges Projekt werden, da Tausende von Landminen überall in den nördlichen Gebieten während des Befreiungskrieges sowohl von SWAPO als auch vom südafrikanischen Militär gelegt wurden.

Eine Konferenz am Runden Tisch für Namibia findet in Genf statt; sie wird gemeinsam vom UN-Entwicklungsfond *(United Nations Fund, UNDP)* und von der Regierung Namibias organisiert. Es handelt sich um eine Nachfolgekonferenz zur New Yorker Geber-Konferenz vom März 1990. Das den großen Geberländern vorgelegte Dokument trägt den Titel »*Towards Sustainable Development*« (Für eine nachhaltige Entwicklung) und zielt auf die Konsolidierung und Erweiterung unentbehrlicher Geber-Unterstützung. Viele Geber äußern jedoch Sorge über die Zahl der Angehörigen des öffentlichen Dienstes und den Umfang der Personalkosten im Verhältnis zu den gesamten öffentlichen Ausgaben.

Das Parlament verabschiedet das Kommerzielle Bodenreform-Gesetz, *Agricultural (Commercial) Land Reform Act*, das den in der Verfassung festgeschriebenen Grundsatz bestätigt, für alle vom Staat erworbenen gewerblichen Ländereien Entschädigung zu zahlen. Beim Verkauf von kommerziellem Farmland hat der Staat nun ein Vorkaufsrecht. Dafür wird ein Etat von 100 Mio. N$ für fünf Jahre (20 Mio. N$ p.a.) vorgesehen.

Die Regierung beschließt, den öffentlichen Dienst durch das Einstellen früherer aktiver Kriegsteilnehmer bei den namibischen Polizei- und Verteidigungskräften zu vergrößern.

Um Investitionen aus dem Ausland zu fördern, wird der *Export Processing Zone (EPZ) Act* verabschiedet, der steuerliche und andere Vorteile für exportorientierte Hersteller im Austausch für Technologie-Transfer, Kapitalzufluss, Ausbildung und Arbeitsplatzbeschaffung bietet. Die erste EPZ (Export-Sonderwirtschaftszone) entsteht in Walvis Bay.

Eine Kommission für soziale Sicherheit *(Social Security Commission)* wird gebildet, bei der alle Arbeitgeber und Arbeitnehmer anmeldepflichtig sind. Die obligatorischen Monatsbeiträge sichern Leistungen für Schwangerschaftsurlaub, im Krankheits- und Sterbefall.

Die Gründung der *Namibia Water Corporation Limited (NamWater)* ist Teil des Regierungsplanes, verschiedene staatliche Aufgaben zu kommerzialisieren. Es handelt sich um eine halbstaatliche *(parastatal)* Organisation, die für die kommerzielle Wasserversorgung in Namibia zuständig ist. Es ist geplant, den Kommunen in Zukunft Wasser auf kostendeckender Basis bereitzustellen.

Namibia unterzeichnet das *SADC Protocol on Shared Watercourses*. Das Programm legt die Richtlinien für die Nutzung gemeinsamer Wasserläufe in den SADC-Ländern fest. Da Namibia ein trockenes Land ist, ist diese Vereinbarung von besonderer Bedeutung für Namibias zukünftigen Zugang zu Wasser.

Namibia erhält die Position des Ersten Vize-Vorsitzenden der *31st Ordinary Session of the Assembly of Heads of State and Government of the Organisation of African Unity*, eine Organisation, die eng mit dem Freiheitskampf des Landes verbunden war.

Eine koordinierte Erhebung der Elefanten-Population in Botswana, Namibia und Simbabwe unterstützt Namibia bei seinen Vorschlägen, eine Ausnahmeregelung durch CITES für die Elefanten-Population zu erlangen. Namibia verfügt über große Elfenbeinvorräte und der Bestand in seinen Wildreservaten im Norden ist sehr hoch mit der Folge, dass die Elefanten in angrenzende Farmländereien einbrechen und erhebliche Ernteschäden anrichten sowie eine Gefahr für Menschen darstellen.

Im *August* stattet der deutsche Bundeskanzler Dr. Helmut Kohl Namibia einen Besuch ab, der protokollarisch als »Arbeitsbesuch« bezeichnet wird, aber von großer Bedeutung ist. Es ist der erste Besuch eines deutschen Regierungschefs überhaupt in diesem Land.

Im *September* wird mit Deutschland eine Vereinbarung über die Bereitstellung von Ausrüstungshilfe für die namibischen Streitkräfte und die Erweiterung einer militärischen Beratergruppe unterzeichnet, die namibische Offiziere und Truppen im technischen Bereich ausbilden.

1996

Mit Unterstützung des Commonwealth Sekretariats wird ein *Vendor Development Programme* eingeführt, um kleine Firmen durch Lieferverträge mit großen etablierten Unternehmen zu verbinden. Der Erfolg dieses Programms, das einen Trend unter Groß-Unternehmen auslöst, bei lokalen Herstellern einzukaufen, wird durch die Namibia Development Corporation fortgesetzt.

Namcor und Ocean Diamond Mining investieren in großem Umfang in der Offshore-Diamantabbau-Industrie Namibias.

Im *Juni* wird in der Tsumeb-Kupfermine, die zu *Goldfields Namibia* gehört, ein großer Streik ausgerufen. Der Streik dehnt sich bald auf die anderen Minen dieser Gruppe aus und dauert bis November, als die Schließung aller Minen bekanntgegeben wird und Goldfields sich aus dem Kupferbergbau in Namibia zurückzieht. Das Ergebnis ist der Verlust von 3500 Arbeitsplätzen.

Vom *17.–21. Juni* stattet Staatspräsident Sam Nujoma Deutschland den ersten offiziellen Staatsbesuch ab, der protokollarisch auf höchster Stufe stattfindet.

Hinyangerwa P. Asheeke löst im *August* Nora Schimming-Chase als namibischer Botschafter in Deutschland ab.

Eine Gruppe indischer Luftwaffen-Offiziere kommt nach Namibia, um die Ausbildung der Luftwaffenabteilung der Verteidigungskräfte zu unterstützen. Russland sagt die Bereitstellung von militärisch-technischer Kooperation zu, die hauptsächlich aus Waffen besteht.

1997

Der produzierende Sektor, ausgenommen Fischfang, Bergbau und landwirtschaftliche Produkte, trägt mit 12,3% zum BIP bei, ein Wachstum des Anteils um 2,1% seit 1990. Namibias Gesamtexport wuchs von

N$ 3.188 Mio. im Jahr 1990 auf N$ 7.954 Mio., ein Wachstum von 249%. Diese Leistung stammt hauptsächlich aus Zutritten zu den Märkten der Europäischen Union über das Lomé-Abkommen und die Diversifizierung der Exportprodukte.

Die *Economist Intelligence Unit* verleiht Namibia eine Land-Risikobewertung von 40 Punkten, die beste Bewertung für Sub-Sahara-Afrika. Der vom Harvard Universitäts-Institut für Internationale Entwicklung für das Weltwirtschafts-Forum erstellte *Africa Competitiveness Report* stellt Namibia an vierte Stelle in einer Analyse über die Wettbewerbsfähigkeit auf dem Kontinent.

In Windhoek findet die Konferenz der *Southern Africa Initiative of German Business* (Südliches Afrika Initiative der deutschen Wirtschaft, SAFRI) statt. Diese Konferenz bringt die deutsche und SADC-Geschäftswelt zusammen, um gemeinsame wirtschaftliche Interessen zu diskutieren und spezifische Bereiche für deutsche Investitionen in der Region auszuloten.

Die ersten Erhebungen per Luftaufnahmen über Großwild-Spezies werden in den nördlichen und zentralen Gebieten des Landes sowie in der gesamte südlichen Namibwüste vorgenommen.

Im *September* stoßen vor der namibischen Küste zwei Flugzeuge der deutschen und der amerikanischen Luftwaffe zusammen und stürzen ins Meer. Es gibt keine Überlebenden.

Der deutsche Botschafter Dr. Schumacher verlässt im November Namibia, um eine neue Aufgabe in Sarajewo zu übernehmen.

1998

Mehr als 53.000 HIV-Fälle werden bis zum Jahresende gemeldet, was das enorme Wachstum in der Verbreitung der Krankheit darstellt. Nach Aussage von Mitarbeitern im Gesundheitsdienst liegt die Gesamtzahl der HIV-infizierten Personen in Namibia wahrscheinlich zwei- bis dreimal höher als die gemeldete Zahl.

In Oshikango an der angolanischen Grenze wird ein EPZ-Park errichtet mit einer Startinvestition von N$ 33 Mio. in zehn Unternehmen und 233 neuen Arbeitsplätzen.

Im *Februar* tritt Harald Nestroy sein Amt als deutscher Botschafter in Namibia an.

Vom *4.–8. März* hält sich der deutsche Bundespräsident Dr. Roman Herzog zu einem offiziellen Staatsbesuch in Namibia auf. Es ist der erste Besuch eines deutschen Staatsoberhauptes in diesem Land seit Beginn der »besonderen Beziehungen« zu Deutschland 1884.

Die langersehnte Trans-Kalahari-Straße, die die Verbindung zwischen Namibia und Südafrika durch Botswana herstellt, wird im *März* eröffnet. Diese Teerstraße verkürzt die Fahrt nach Johannesburg über Gabarone um ca. 500 km und gibt Botswana Zugang zum Hafen in Walvis Bay.

Die Wirtschafts-Gipfelkonferenz des Welt-Wirtschaftsforums 1998 Südliches Afrika findet in Windhoek statt. Ca. 850 Delegierte aus Wirtschaft, Regierung und Wissenschaft nehmen an dieser Gipfelkonferenz teil, deren Bemühungen sich auf die Verbesserung der Wettbewerbsfähigkeit der Region, die Förderung von Gemeinschaftsunternehmen der öffentlichen Hände und der Privatwirtschaft, die Integration der Region in den globalen Markt und die Förderung von Investitionen in der Region konzentrieren.

Namibia ist Gastgeber des *Second Southern African International Dialogue on Smart Partnership*, an dem 360 Delegierte einschließlich Staatsoberhäupter und Vertreter der Privatwirtschaft und der Gewerkschaften teilnehmen. Der Schwerpunkt liegt auf Partnerschaften zwischen dem südlichen Afrika und der ASEAN-Wirtschaftsgemeinschaft.

Bobby-Jo Bassingthwaite durchschwimmt als erster Namibier den Ärmelkanal.

Die *German-Namibian Business Initiative* bringt Unternehmer aus zehn namibischen und sieben deutschen Firmen zusammen, um Joint Ventures auszuloten. Das Ergebnis ist die Unterzeichnung von vier Partnerschafts-Verträgen.

Im *August* beteiligt sich Namibia am Bürgerkrieg in der Demokratischen Republik Kongo (DRC) durch die Entsendung von ca. 2000 Soldaten mit Ausrüstung und Fahrzeugen zur Unterstützung der Regierung von Präsident Laurent Kabila, ebenso wie Simbabwe und Angola. Der Beschluss wird vom namibischen Kabinett gefasst, ohne das Parlament zu informieren oder zu konsultieren.

Der Beitrag der Nutzung von Wild und Wildprodukten zum BIP Namibias beträgt mehr als N$ 250 Mio. Gleichzeitig besuchen ca. 560.000 Touristen das Land. Der Tourismus leistet den dritthöchsten Beitrag zum BIP Namibias.

Namibias erste Diamantschleiferei wird im *August* in Okahandja eröffnet.

Die Aktiva der Bank of Namibia belaufen sich auf N$ 1.530 Mio.

1999

Namibia wird ein *Global Player Award* von führenden, in Afrika operierenden US-Firmen verliehen.

Ca. 9.000 frühere Angehörige der PLAN-Kampftruppe werden im öffentlichen Dienst in einem so genannten »Friedens-Projekt« eingestellt, nachdem sie militante Aufmärsche, Demonstrationen und einen vierwöchigen Sitzstreik in den Gärten der Regierungsgebäude in Windhoek veranstaltet und entweder Beschäftigung oder eine höhere Pension verlangt haben. Weiterhin führt die Regierung Sonder-Pensionen von N$ 500 pro Monat speziell für frühere PLAN-Kämpfer ein, die älter als 55 Jahre sind. Frühere Mitglieder der *South West Africa Territory Force (SWATF)* und *KOEVOET* (Polizei) sind von diesem Pensionsplan ausgeschlossen.

Die Brave Warriors, Namibias Fußball-Nationalelf, verlieren gegen Angola im Endspiel um den COSAFA-Pokal.

Drei der fünf Militär-Hubschrauber Namibias werden bei Einsätzen im Kongo abgeschossen.

Ende *Juli* wird eine neue Partei, *Congress of Democrats (CoD),* gegründet. Führender Kopf ist Ben Ulenga, früher SWAPO-Kämpfer und Mitglied im Zentralkomitee, Gewerkschaftsführer, Vizeminister und zuletzt Hochkommissar (Botschafter) in London. Er hatte seinen Botschafterposten gekündigt und war aus der SWAPO ausgetreten u.a. aus Protest gegen das Kongo-Engagement und Unzufriedenheit über mangelnde Transparenz und Diskussionsmöglichkeiten. Vor allem ausländische Beobachter geben CoD gute Chancen, bei den Wahlen am Jahresende einen größeren Stimmenanteil zu gewinnen.

Am *2. August* greifen Sezessionisten-Rebellen verschiedene Regierungsgebäude in Katima Mulilo, Hauptstadt der Region Caprivi, an, nämlich die Polizeistation, den namibischen Rundfunk und den Mpacha-Militärstützpunkt. Dieser Aufstand mit dem Versuch, Caprivi von Namibia abzuspalten, wird von Mishake Muyongo angeführt, einem früheren SWAPO-Vizepräsidenten, der vor der Unabhängigkeit zur DTA übergetreten und zu diesem Zeitpunkt deren Präsident ist. Der Aufstand wird mit massivem Einsatz von Militär und Sicherheitskräften unterdrückt, und viele der Anhänger fliehen über die Grenze nach Botswana, wo ihnen Asyl gewährt wird. Die DTA ebenso wie andere Parteien distanziert sich von den sezessionistischen Zielen und betont die Einheit Namibias in den gegebenen Grenzen.

Namibias Außenminister Theo-Ben Gurirab übernimmt im *September* für ein Jahr die Präsidentschaft der 54. Sitzung der UN-Generalversammlung.

Das namibische Kabinett vereinbart mit der Regierung Angolas, dass ihre Truppen namibisches Hoheitsgebiet im Norden zum Kampf gegen die in Süd-Angola operierenden UNITA-Rebellen nutzen können. Dieses Übereinkommen wird ohne Kenntnis des Parlaments geschlossen. Angolanische Truppen und Fahrzeuge werden auf den Straßen von Rundu in Kavango gesichtet und ein angolanischer Militärstützpunkt entsteht außerhalb der Stadt, von dem diese Operation gegen UNITA gestartet werden. Namibische Truppen beteiligen sich daran.

Der Handel mit unbearbeitetem Elfenbein mit Japan wird unter strengen internationalen Kontrollmaßnahmen während eines CITES-Meetings wieder aufgenommen.

Präsident Sam Nujoma nimmt für Namibia den »*Gifts of the Earth*«-Preis des *World Wide Fund for Nature WWF* entgegen.

Am *30.11.* und *1.12.* finden Präsidentschafts- und Parlamentswahlen statt, Wahlbeteiligung 53%.
Sam Nujoma wird mit 76,7% der abgegebenen Stimmen für eine weitere Amtszeit von fünf Jahren als Staatspräsident wiedergewählt. Diese dritte Amtszeit (die Verfassung sieht nur zwei mögliche Amtszeiten durch Direktwahl des Volkes vor) ist durch Streichung einer Übergangsbestimmung in der Verfassung zur Unabhängigkeit ermöglicht worden, so dass die erste Wahl im Februar 1990 durch die Verfassunggebende Versammlung nicht mehr als »Wahl durch das Volk« gilt.
Bei den Parlamentswahlen verteilen sich die Stimmen (und Sitze) so: SWAPO 76,3% (55 von insg.72 Sitzen), (CoD) 9,9% (7), DTA 9,4% (7), UDF 2,9% (2), MAG 0,7% (1). SWANU, DCN und FCN (zusammen 0,7%) erhalten keine Sitze. DTA und UDF bilden eine »Oppositions-Koalition«, so dass sie und nicht CoD im Parlament als »offizielle Opposition« mit einigen Sonderrechten akzeptiert werden.
Internationale Wahlbeobachter bescheinigen einen weitgehend ordnungsmäßigen Verlauf der Wahl. Im Vorfeld habe es in einigen Bereichen im Norden und bei Wahlversammlungen oppositioneller Parteien gelegentliche Einschüchterungen und Störungen gegeben, berichten Medien.

Der Internationale Gerichtshof in Den Haag in den Niederlanden entscheidet im *Dezember,* dass die umstrittenen Kasikili-Inseln im Sambesi-Fluss zu Botswana gehören und nicht zu Namibia, das seit Jahren ebenfalls Anspruch erhoben hat.

2000

Zum *1. Januar* tritt der Kooperationsvertrag zwischen der Namibisch-Deutschen Stiftung für kulturelle Zusammenarbeit (NaDS) und dem Goethe-Institut für das Goethe-Zentrum Windhoek in Kraft.

Anfang *Januar* verüben bewaffnete Banditen an der Grenze zwischen Namibia und Angola einen Anschlag auf fünf französische Touristen, drei Teenager werden getötet. Weitere Überfälle im Grenzgebiet folgen. Die Regierung Namibias macht UNITA-Rebellen für die Angriffe verantwortlich, während andere Quellen behaupten, angolanische Truppen auf der Suche nach Nahrung und Nachschub seien verantwortlich. UNITA antwortet auf die Kooperation Namibias mit der Regierung Angolas, indem sie Rebellen-Gruppen über die Grenze zum Angriff auf Dörfer und Siedlungen im Grenzgebiet schickt und Landminen legt, die im Laufe des Jahres ca. 200 Menschenleben fordern, hauptsächlich in der Zivilbevölkerung.

Der 10. Jahrestag der Unabhängigkeit am *21. März* wird unter besonders großer Teilnahme internationaler Gäste begangen, darunter auch der damalige Chef der UNTAG, Martti Ahtisaari.

In Keetmanshoop wird mit Unterstützung von Frankreich und Deutschland eine Luftfahrt-Schule eröffnet. An dieser Schule werden Piloten für die gesamte SADC-Region ausgebildet.

Namibia nimmt an der EXPO 2000 in Hannover teil, der Stand in der Afrika-Halle wird hervorragend besucht und weckt ein großes Interesse. Zum Namibia-Tag im *Juni* reist der namibische Premierminister Hage Geingob an, zum SADC-Tag im *August* Präsident Nujoma in seiner Eigenschaft als amtierender Vorsitzender der SADC.

Ausgelöst durch die Vorgänge mit teils gewaltsamen Landnahmen in Zimbabwe wird die Landfrage in Namibia im In- und Ausland zunehmend diskutiert. Premierminister Geingob macht in einer eigens einberufenen Pressekonferenz in Hannover deutlich, dass sich Namibia an Verfassung und Gesetz halten werde, demzufolge Enteignungen nur gegen Entschädigungen möglich seien, und im übrigen die Regierung am Prinzip »willing seller – willing buyer« festhalte. Dafür benötige sie aber erheblich mehr Geld als ihr zur Verfügung stehe.

Im *Juli* wird die Städtepartnerschaft zwischen Windhoek und Berlin besiegelt, vorher bestand schon eine Partnerschaft mit Trossingen/Schwarzwald.

Dem Führer des fehlgeschlagenen Caprivi-Aufstandes, Mishake Muyongo, wird politisches Asyl in Dänemark gewährt. Die meisten seiner Anhänger, die nach Botswana geflohen waren, nehmen das Amnestie-Angebot der namibischen Regierung an und kehren zurück. Ca. 110 Rebellen, die als Anführer des Aufstandes angesehen werden, bleiben bis zur Gerichtsverhandlung weiter in Haft, unter anderem wegen Hochverrats.

Das *Vendor Development Programme* kreiert 64 feste Geschäftsverbindungen mit einem Mindestauftragswert von ca. N$ 5000 und teilweise mehr als N$ 700.000. Auf Grund dieser Initiative etablieren mehrere Klein-Unternehmen aus verschiedenen Regionen dauerhafte Lieferbeziehungen mit großen Unternehmen wie z.B. Namibia Breweries, Metje & Ziegler oder Game.

Harry Simon verteidigt seinen Weltmeister-Titel der Welt-Box-Organisation erfolgreich gegen Rodney Jones.

Durch die Presse wird bekannt, dass eine Diamantmine im Kongo als Gegenleistung für die militärische Unterstützung an Namibia übereignet worden sei. Nach anfänglichem Leugnen bestätigt die Regierung den Sachverhalt. Nach unklaren und teils widersprüchlichen Aussagen heißt es schließlich, dass diese Mine gar nicht ausgebeutet werde, sondern es in erster Linie um das Schürfrecht gehe. Es bleibt unklar, wer letzten Endes von Diamanten aus dieser Mine profitieren wird. Der Sachverhalt ist auch deshalb brisant, weil Namibia kurz vorher Gastgeber einer internationalen Konferenz über so genannte »Blut-Diamanten« war und die Initiative ergriffen hatte, alle in Afrika produzierten Diamanten zu registrieren, um zu verhindern, dass sie zur Finanzierung von Aufständen gegen afrikanische Regierungen benutzt werden. In einer Untersuchung der UNO, ob sich in den Bürgerkrieg in der Demokratischen Republik Kongo involvierte Staaten an dortigen Bodenschätzen bereichern, wird Namibia im Unterschied zu anderen Ländern nicht genannt.

HIV/AIDS ist weiterhin ein ernstes sozial-ökonomisches Problem mit verheerenden Auswirkungen auf das soziale Gefüge in Namibia. Diese Krankheit verbreitet sich weiterhin in besorgniserregender Geschwindigkeit, und die zunehmende Anzahl AIDS-Kranker wird zu einer immer schwereren Belastung des Gesundheitswesens und auch der Wirtschaft im allgemeinen.

Die Verhandlungen über den Verkauf der früheren Tsumeb Corporation Kupfermine werden erfolgreich abgeschlossen. Die neue Besitzgesellschaft, Ongopolo Mining, ist ein Joint Venture zwischen der Gewerkschaft der Minenarbeiter *(Mineworkers Union)* und früheren Mitgliedern des Minenmanagements. Die Kupferproduktion wird zum Ende des Jahres wieder aufgenommen.

Im *November* tritt anstelle der General Sales Tax die *Value Added Tax,* VAT, in Kraft, die der deutschen Mehrwertsteuer gleicht.

2001

Im *Januar* bezieht die NaDS – Goethe-Zentrum ihr neues Domizil, das sie sich mit dem British Council teilt, im »Estorff-Haus« in der Windhoeker Stadtmitte.

Am *1. April* wird der *Namibia Tourism Board*, NTB, ins Leben gerufen, nachdem sich die entsprechende Gesetzgebung jahrelang hingezogen hatten.

Namibia zieht Mitte des Jahres seine Truppen aus der Demokratischen Republik Kongo zurück, nachdem sich die dortigen Verhältnisse stabilisiert haben und ein offenbar wirksames Friedensabkommen vereinbart ist.

Eine Volkszählung im *August*, die alle 10 Jahre stattfindet, ermittelt 1,82 Mio. Einwohner.

Im *September* werden die Arbeitsgemeinschaft der Deutschen Schulvereine (AGDS) und die Fördergesellschaft der Arbeitsgemeinschaft (FADS) zur »Arbeits- und Fördergemeinschaft der Deutschen Schulvereine«, kurz AGDS, zusammengeführt.

Am *24. November* feiert das Museum Swakopmund seinen 50. Geburtstag.

Ende *November* lässt Staatspräsident Nujoma nach einer Tagung des SWAPO-Zentralkomitees erklären, dass er nicht für eine etwaige weitere Amtszeit ab 2005 zur Verfügung stehe. Zuvor hatte es immer wieder Spekulationen gegeben (und auch Forderungen aus Teilen der Bevölkerung), dass mit der SWAPO-Mehrheit im Parlament die Verfassung entsprechend geändert werde für weitere Amtszeiten. Die geltende Verfassung sieht für den Staatspräsidenten nur zwei Wahlperioden durch Direktwahl des Volkes vor.

Wenige Tage später erklärt auch Premierminister Geingob, dass er nach der Wahl nicht wieder amtieren wolle.

Am *18. Dezember* werden in Swakopmund 15 Straßen umbenannt, die bisher deutsche Namen – meist noch aus den Kolonialjahren – hatten. Darunter ist auch die »Kaiser-Wilhelm-Straße«, die nun »Sam Nujoma Avenue« heißt.

2002

Ende *Februar* wird der Führer der angolanischen Rebellenbewegung UNITA, Jonas Savimbi, in einem Hinterhalt von Regierungstruppen getötet. Seither kommt das durch fast 30 Jahre Bürgerkrieg völlig zerrüttete nördliche Nachbarland langsam wieder zu einem stabilen Frieden, so dass sich neue politische und wirtschaftliche Perspektiven für die Region und auch Namibia eröffnen. Die schon vorher wieder beruhigte Lage im Caprivi-Zipfel entlang der angolanischen Grenze entspannt sich nun vollends.

Im *April* wird mit den konkreten Vorbereitungen für eine lange diskutierte Bodensteuer auf kommerzielles Farmland begonnen. Damit sollen zusätzliche Mittel für den Ankauf von Farmland zur Neuverteilung an Landlose aufgebracht werden.

Vom *12.–14. Juni* stattet der namibische Präsident mit einer hochrangigen Delegation aus Politik und Wirtschaft einen lange angestrebten offiziellen Besuch in Deutschland ab, trifft u.a. zu Gesprächen mit den führenden Repräsentanten und Politikern zusammen und nimmt an einem sehr gut besuchten Economic Forum zur Förderung der Wirtschaftsbeziehungen teil. Auslöser der Reise war die Einladung der Deutsch-Namibischen Gesellschaft (DNG) zur Feier ihres 25. Geburtstages, der am 16. Juni in Anwesenheit des Präsidenten und seiner Delegation in Berlin begangen wird.

Auf dem Parteitag der SWAPO Ende *August* wird die Regierung aufgefordert, wirtschaftlich nicht genutzte *(under-utilised)* kommerzielle Farmen, die im Eigentum nicht ansässiger Ausländer *(absentee landlords)* sind, nach Verfassung und Gesetz gegen Entschädigung zu enteignen und für eine Neuverteilung vorzusehen. Dazu wird eine Zahl von 192 Farmen genannt mit einer Fläche von ca. 1,2 Mio. ha (Gesamtfläche aller kommerziellen Farmen: ca. 36 Mio. ha). Bei dieser Gelegenheit wird die Regierung auch aufgefordert, den jährlichen Etat für den Ankauf von Farmen für Umverteilungszwecke von bisher 20 Mio. N$ auf 100 Mio. N$ und damit auf das Fünffache aufzustocken, um den Prozess der als dringend notwendig erachteten Umverteilung von Land an bisher Landlose zu beschleunigen.

Der Parteikongress bestätigt auf Vorschlag des Partei- und Staatspräsidenten Nujoma auch die Wahl des bisherigen Generalsekretärs Hifikepunye Pohamba, gleichzeitig Minister für Ländereien, zum neuen Vizepräsidenten der SWAPO. Dies wird als mögliche Weichenstellung für eine Kandidatur für das Amt des Staatspräsidenten gesehen, der Ende 2004 neu gewählt wird. Endgültig soll der Kandidat aber erst 2003 auf einem Sonderkongress bestimmt werden.

Am *26. August*, dem Gedenktag des ersten bewaffneten Widerstandes der SWAPO 1966 in Ongulumbashe, wird der »Heroes acre« in Windhoek eingeweiht, ein monumentales Denkmal für die Gefallenen des Befreiungskampfes.

Ende *August* versetzt der Staatspräsident den seit der Unabhängigkeit im März 1990 amtierenden Premierminister Hage Geingob auf einen »einfachen« Ministerposten, dies lehnt Geingob ab und tritt aus dem Regierungsdienst zurück. Der bisherige Außenminister Theo-Ben Gurirab wird neuer Premierminister.

Am *12. September* eröffnet die Präsidentin des Goethe-Instituts Inter Nationes und ehemalige Präsidentin des Bundesverfassungsgerichtes, Prof. Dr. Jutta Limbach, das Goethe-Zentrum in Windhoek.

Deutsch in Namibia hat viele Facetten

Deutsch als Fremdsprache (DaF)

Marianne Zappen-Thomson

Das Leben vieler Namibianer ist auf die eine oder andere Weise von Deutsch beeinflusst, weil Deutsch Teil der namibianischen Geschichte ist. Das alltägliche Leben weist eine erstaunlich deutsche Prägung auf, die sich von einer deutschen Tageszeitung über deutsche Warenangebote in Geschäften bis hin zu deutschen Speisekarten in Restaurants erstreckt.

Das ist in anderen afrikanischen Ländern nicht der Fall. Ndong (1993: 124) behauptet, Deutsch sei in den frankophonen Ländern Afrikas eingeführt worden, um »auch den Afrikanern die Sprache des Erzfeindes beizubringen. Kulturpolitische Überlegungen standen dem Unternehmen nicht Pate.« Er hält die Einführung des Deutschunterrichts in den genannten Ländern auch heute noch für ein »Entwicklungshilfeprojekt«.

Seit der Niederlassung der ersten Missionare in Namibia bis heute gab es stets mehr als eine offizielle Sprache. Von 1884 bis 1915 war Deutsch Amtssprache. Diesen Status verlor es an Englisch und Holländisch, später an Afrikaans, als Südafrika das Territorium als C-Mandat übernahm. Allerdings sicherte das Londoner Abkommen vom 23. Oktober 1923, welches 1942 durch das Entnaturalisierungsgesetz wieder außer Kraft gesetzt wurde, dass die deutsche Sprache im Umgang mit und von den Behörden gebraucht werden durfte. Der Generaladministrator Dr. W. van Niekerk erklärte 1984, dass »Deutsch als dritte Amtssprache von der Volksgruppenvertretung für Weiße gebilligt worden« sei (zitiert nach Hecker 1985: 141), doch auf erster Regierungsebene blieben Englisch und Afrikaans die Amtssprachen. Zu einer völligen Gleichschaltung der drei Sprachen kam es nicht.

Schon 1981, in ihren ersten Überlegungen zu einer Sprachenregelung für ein unabhängiges Namibia, favorisierte die *South West African People's Organisation* (SWAPO) Englisch als einzige Amtssprache. Sie begründete diese Entscheidung folgendermaßen:

»The aim of introducing English is to introduce an official language that will steer the people away from lingo-tribal affiliations and differences and create conditions conducive to national unity in the realm of language.« (UNIN 1981: Foreword)

Nach der Unabhängigkeit im Jahre 1990 erhob die Verfassung im Artikel 3 Englisch zur Amtssprache der Republik Namibia. Alle autochthonen Sprachen Namibias, Deutsch und Afrikaans eingeschlossen, sind seither gleichrangige Nationalsprachen.

Sprache und Kultur

Sprache und Kultur sind eng miteinander verknüpft. Im allgemeinen wird angenommen, dass alle Mitglieder einer Sprachgemeinschaft die gleiche Kultur teilen. Die Situation in Namibia zeigt jedoch, dass es auch in diesem Bereich eine Vielzahl von Möglichkeiten gibt.

In Namibia lebt eine multikulturelle Gesellschaft. Darin unterscheidet es sich nicht von anderen Ländern dieser Welt. Doch anders als in jenen Ländern, war es jahrelang strafbar, über gesetzlich festgelegte Grenzen hinweg Kontakt aufzunehmen. Nach der Unabhängigkeit müssen die Namibianer das Miteinander erst lernen. Selbstverständlich ist dies ein Prozess, der Zeit in Anspruch nimmt. Dennoch ist zu erkennen, dass sich das Leben in Namibia verändert hat.

Als Beispiel einer solchen Veränderung können die »DDR-Kinder« angeführt werden. Diese schwarzen Kinder waren ab 1979 aus SWAPO-Flüchtlingslagern zum Schutz vor südafrikanischen Angriffen in die damalige DDR gebracht worden. Sie lernten die Sprache, gingen zur Schule und verinnerlichten deutsche Kultur. Sie waren es, die nach ihrer Rückkehr zum Zeitpunkt der Wahlen 1989 dafür gesorgt haben, dass es bei der Frage nach dem Erhalt der deutschen Muttersprache zumindest zu keiner Trennung zwischen Schwarzen und Weißen gekommen ist. Ihr Los, so die DDR-Kinder, sei kein einfaches, da sie sich »innen weiß und außen schwarz« fühlten und in Namibia mehr Kontakt zu deutschsprachigen Menschen hätten (dieses und die folgenden Zitate aus Wentenschuh »Namibia und seine Deutschen«, 1995). Wie bedeutend sie aber für das kulturelle Zusammenwachsen der Namibianer sind, wird aus folgender Aussage eines Schülers ersichtlich: »Die DDR-Kinder an unserer Schule haben übrigens wesentlich zu mehr gegenseitigem Verständnis beigetragen, schon weil die Sprachbarriere wegfiel – die sprachen oft ein perfektes und besseres Deutsch als wir. Junge Schwarze mit unserer Sprache, das war eine neue Erfahrung, die Brücken baute. Man kam in Cliquen, wo auf einmal Schwarze mit drin waren, oder die kamen mit in die eigenen, und man merkte plötzlich, dass die ja gar nicht so viel anders sind, dass sie die gleichen Probleme und Bedürfnisse haben wie man selbst. Man verstand sich auf einmal gut.«

Deutschsein in Namibia umfasst die geschichtlichen und kulturellen deutschen Wurzeln, aber schließt gleichzeitig ein Namibianer-Sein mit ein. Nora Schimming-Chase, ehemalige Botschafterin der Republik Namibia in der Bundesrepublik Deutschland, drückt dies folgendermaßen aus: »Die jungen Leute akzeptieren Deutsch-Sein als Teil ihrer Kultur, verstehen sich selbst jedoch als Namibier. Sie fühlen sich als Teil der Gesellschaft, in der sie leben, und lernen ihre Mitmenschen kennen, indem sie zusammen leben.«

Auf die Frage, ob er sich als Deutscher oder als Namibianer fühle, antwortete Anton von Wietersheim, ehemaliger Landwirtschaftsminister der Republik Namibia: »Von der Kultur und Sprache her fühle ich mich als Deutscher, aber von der Zugehörigkeit und den Lebensumständen her doch als Namibier. Aber selbst auf die Kultur bezogen, ist man trotz des starken deutschen Hintergrundes durch die Kultur der Umgebung beeinflusst. Im Kontakt mit Besuchern aus Deutschland wird deutlich, dass man hier als Namibia-Deutscher in manchem anders denkt und fühlt als ein Bundesdeutscher.«

Von Veränderungen sind alle – Schwarze, Farbige und Weiße – betroffen. Folglich ist der Anteil der Kultur, den man inzwischen miteinander teilt, gewachsen. Es ist nicht mehr sinnvoll, davon auszugehen, dass alle deutschsprachigen Namibianer eine Kultur teilen, die sich von den anderen Kulturen abgrenzen ließe. Deutschsein ist in Namibia nicht mehr einfach zu definieren. Ähnliches gilt für das Afrikanersein. Die Buren, die Rehobother Baster und die Farbigen verbindet auch mehr als die Muttersprache. Vielmehr muss endlich erkannt und zugegeben werden, dass vor allem die heutige Jugend, trotz vorhandener Unterschiede durch eine Fülle von Gemeinsamkeiten miteinander verbunden ist. Die Jugendlichen, die miteinander aufwachsen, teilen eine Lebenspraxis, wenn auch nicht uneingeschränkt. Sie besuchen die gleichen Schulen, nehmen an denselben Sportveranstaltungen teil und gestalten ihre Freizeit oft gemeinsam.

Es scheint, als ob besonders für die jungen Namibianer Kultur heute ein Prozess ist, an dem sie aktiv teilnehmen und so an der sich entwickelnden namibianischen Kultur mitwirken. Im unabhängigen Namibia schränkt Kultur daher nicht mehr ein, isoliert nicht, sondern eröffnet eine Vielzahl an Lebensmustern.

Zur Entwicklung des DaF-Unterrichts

Im Schutzgebiet Deutsch-Südwestafrika fand der Unterricht generell in deutscher Sprache statt. An den Schulen, die in Windhoek, Gibeon, Keetmanshoop und 1902 in Swakopmund gegründet wurden, gab es keinen Deutsch-als-Fremdsprache-Unterricht, da Gouverneur von François festgelegt hatte, dass alle weißen Kinder auf deutsch unterrichtet werden sollten. Bisweilen nahmen mehr afrikaanssprachige als deutschsprachige Kinder am Deutschunterricht teil (vgl. Esslinger 1985: 103). Für die schwarzen Kinder an den Missionsschulen sah die Situation etwas anders aus. An den katholischen Missionsschulen wurden alle Fächer auf deutsch unterrichtet. Die SchülerInnen an den rheinischen Missionsschulen, an denen die Unterrichtssprache Otjiherero oder Nama war, hatten zweimal wöchentlich Deutsch-als-Fremdsprache-Unterricht. Auf diese Weise kam ein Großteil der Bevölkerung des Schutzgebietes auf formale Weise mit der deutschen Sprache in Berührung. Ausgeschlossen waren die Bewohner des Ovambolandes, wo die Finnische Mission in den Ovambosprachen unterrichtete.

Die Tatsache, dass Südwestafrika zum Mandatsgebiet erklärt worden war, wirkte sich auch auf den Deutschunterricht aus. Nach der Erziehungskonferenz von 1923 fiel Deutsch als Unterrichtssprache an den Missionsschulen ganz weg. Zusätzlicher Fremdsprachenunterricht war im Lehrplan bis zum achten Schuljahr für schwarze und farbige Kinder nicht vorgesehen, da sie neben ihrer Muttersprache ohnehin Afrikaans und Englisch erlernen mussten (vgl. Cohen 1994: 86). Besonders dem Afrikaans-Unterricht wurde mehr und mehr Bedeutung beigemessen (Education Department 1935: 27). In dem Bericht der Van Zyl-Kommission (Administration of South West Africa I 1958: 113) wird schließlich doch eingeräumt, dass Deutsch als Fremdsprache an schwarzen Oberschulen in Form IV und V (St. 9 und 10 – entsprach damals der 11. und 12. Klasse) eingeführt werden könne. 1953 vollendeten die ersten schwarzen SchülerInnen das zehnte Schuljahr, und 1959 wurde ein einziger schwarzer Form V-Schüler am Augustineum unterrichtet (vgl. Cohen 1994: 98).

1971 vermerkt der Jahresbericht für Bantu-Education, Deutsch werde in der Okavangoregion »algemeen gebruik en die beste begryp«. Ferner wird aus den Berichten ersichtlich, dass Deutsch als Fremdsprache nicht, wie vorgesehen, lediglich in den letzten beiden Schuljahren unterrichtet wurde, sondern schon von Form I an. Die Zahl der schwarzen Kinder, die Deutsch als Fremdsprache wählten, stieg von 1.113 (1971) auf 2.383 (1976). 1976 gehörte Deutsch als Fremdsprache zum Fächerkanon an 21 von 24 schwarzen Schulen in Südwestafrika. Während Englisch bei diesen SchülerInnen ein Problemfach war, fielen die Ergebnisse in Deutsch zufriedenstellend bis gut aus (vgl. Department of Bantu Education 1975:106; 1976: 123). Im Hinblick auf die Zahl der schwarzen SchülerInnen darf nicht übersehen werden, dass diese Kinder keiner Schulpflicht unterlagen und dass sie grundsätzlich zwei Fremdsprachen, nämlich Englisch und Afrikaans, lernen mussten.

Von 1964 bis 1971 stieg die Zahl der weißen SchülerInnen, die Deutsch als Fremdsprache wählten, von 2.927 auf 4.057. Doch die neuen Zulassungsbestimmungen der Universitäten in Südafrika und ein breiteres Fächerangebot an den Schulen waren, dem Bericht des damaligen Fachberaters für Deutsch zufolge, die Gründe, weshalb Deutsch als Fremdsprache immer seltener gewählt wurde. In den Richtlinien des *Joint Matriculation Board* (JMB) für 1971 wurde noch verlangt, dass SchülerInnen entweder Mathematik und zwei Sprachen oder aber drei Sprachen bestanden haben müssen, um Universitätszulassung zu erhalten. Diese Bedingung fiel 1972 weg. Das JMB hatte alle Prüfungsfächer in Gruppen eingeteilt. Nun wurde lediglich verlangt, dass je ein Fach aus den Gruppen I bis IV gewählt werden müsse. Doch schon 1975/1976 wurde auch dieses Prinzip widerrufen, als die Fächereinteilung in *Higher Grade* (HG) und *Standard Grade* (SG) eingeführt wurde. Deutsch als Fremdsprache *(German Third Language)* wurde nur im HG gelehrt. Hatten 1971 noch etwa 66% aller weißen SchülerInnen in Südwestafrika das Fach Deutsch als Fremdsprache gewählt, waren es 1975 noch 40% und 1976 knapp 33%.

Die Rückläufigkeit der DaF-Schülerzahlen bezog sich auf alle SchülerInnen. Während 1978 noch 596 SchülerInnen in der Okavangoregion Deutsch wählten, war der Fortbestand des Deutschunterrichts in dieser Region zehn Jahre später gefährdet. Aus dem Fächerkanon der dortigen Oberschulen war Deutsch als Fremdsprache verschwunden. Die Zukunft des gesamten Deutschunterrichts in SWA/Namibia schien aussichtslos. An einigen Schulen wurde Deutsch als Fremdsprache nur noch in der Mittelstufe angeboten. Dieser beunruhigende Tatbestand wurde im Weißbuch der *Administrasie vir Blankes* 1983 protokolliert.

Unterdessen war der Einsatz für Deutsch als Fremdsprache ein wichtiges Anliegen der Interessengemeinschaft Deutschsprachiger Südwester (IG) – ab 1988 der Namibisch-Deutschen Stiftung für Kulturelle Zusammenarbeit (NaDS) – geworden. In ihrem Bestreben, Brücken zwischen den SchülerInnen der verschiedenen Sprachgruppen zu schlagen, startete die IG 1986 einen Sprachwettbewerb für Deutsch als Fremdsprache. Bei der Zusammenarbeit mit den Schulen wurde deutlich, dass immer mehr Planstellen für Deutsch zugunsten von Afrikaans umbesetzt wurden. Um den DaF-Unterricht zu erhalten, richtete die NaDS Nachmittagsunterricht an Schulen in zwei Wohngebieten Windhoeks, nämlich Katutura und Khomasdal, ein. Diese Einrichtung wurde später auf die Diaz-Schule in Lüderitzbucht und die Schule Empelheim bei Mariental ausgedehnt.

An der 1983 gegründeten *Academy* orientierte sich der B.A.-Studiengang Mitte der achtziger Jahre an StudentInnen deutscher Muttersprache. Auch am *Windhoek Teachers' Training College* (gegründet 1979) waren nur deutschsprachige Studenten in den Kursen eingeschrieben. Doch die Zunahme an nicht-deutschsprachigen StudentInnen, die sich an der Academy immatrikulierten, bewirkte eine Akzentverschiebung im Kursangebot. Im Anfängerkurs, der überwiegend von StudentInnen gewählt wurde, die noch ein Nebenfach benötigten, wurde bis Ende 1986 ausschließlich Grammatik gelehrt. Danach wurde der Schwerpunkt auf Kommunikationsfähigkeit verlagert.

Der Status von Deutsch als Fremdsprache in Namibia wurde durch das Engagement jener Deutschen wieder etwas gehoben, die eingesehen hatten, dass ein Einsatz für die Fremdsprache im Endeffekt auch der Muttersprache Deutsch zugute kommen würde. 1989 entsandte die Bundesrepublik Deutschland einen Fachberater nach Südwestafrika/Namibia, 1990 kam eine DAAD-Dozentin an die Universität, außerdem erhielt die Universität die Genehmigung, die Zertifikatsprüfung des Goethe-Instituts abzunehmen. Dadurch wurde der Deutschunterricht weiter aufgewertet.

Laut Artikel 3 der Verfassung Namibias ist Englisch die Amtssprache, darüber hinaus hat gemäß Artikel 19 Kultur
> »...jede Person [...] das Recht auf eine Kultur, Sprache, Tradition oder Religion eigener Wahl, diese zu praktizieren, sich zu ihr zu bekennen, sie zu erhalten und zu fördern im Rahmen der Verfassung und unter der Bedingung, dass die durch diesen Artikel geschützten Rechte nicht die Rechte der anderen oder das nationale Interesse einschränken.«

Zu diesen Sprachen gehören jene, die traditionell in Namibia als Muttersprache gesprochen werden; Deutsch ist eine von ihnen. Offiziell werden sie als *National Languages* bezeichnet. In dem 1991 erschienenen *Syllabus Junior Secondary Phase National Languages* des Ministry of Education, Culture, Youth and Sport wird genau umschrieben, welche Ziele der Unterricht der Nationalsprachen verwirklichen soll. Betont wird dabei die Gleichstellung aller Sprachen und ihre jeweilige Bedeutung in der multilingualen Gesellschaft Namibias (MECYS 1991: 3ff.). Im Unterricht soll ein positives Bild der Muttersprache gefördert, gleichzeitig aber auch eine affirmative Einstellung den anderen Sprachen Namibias gegenüber entwickelt werden.

Dieser Sachverhalt ist für den Deutsch-als-Fremdsprache-Unterricht in Namibia von großer Bedeutung. Einerseits ist Deutsch eine nationale Sprache, andererseits wird sie auch als fremde Sprache unterrichtet. Deutsch als Fremdsprache verschafft den SchülerInnen zum einen Zugang zu einer fremden Welt: der Welt der Deutschen in Europa. Gleichzeitig kann im DaF-Unterricht Verständnis für das nahe Fremde, das Leben der namibianischen Deutschen, geweckt werden.

1993 wurden an allen namibianischen Schulen neue Lehrpläne eingeführt. Die Lehrpläne für Deutsch als Fremdsprache für das *International General Certificate of Secondary Education* (IGCSE) und das *Higher International General Certificate of Secondary Education* (HIGCSE) werden vom *University of Cambridge Local Examinations Syndicate International Examinations* (UCLES) aufgestellt. Beide Examina setzen die gleichen Unterrichtsziele. Die Lehrpläne entsprechen den Richtlinien des Erziehungsministeriums. Im Sinne der Versöhnungspolitik ist die Forderung nach einer positiven Einstellung anderen Sprachen und Kulturen gegenüber gekoppelt an einen angemessenen Stolz auf die eigene Sprache und Kultur. Für den Deutschunterricht bedeutet dies, dass die Schülerinnen mit der Situation in Namibia besser vertraut werden, gleichzeitig aber auch die Situation in anderen deutschsprachigen Ländern kennen lernen sollen. Deutsch erfüllt also eine Doppelfunktion.

Aufgrund der Gleichstellung aller nationalen Sprachen in Namibia ist Afrikaans an den Schulen nicht mehr Pflichtfach. Es ist daher nicht verwunderlich, dass Afrikaans sinkende Schülerzahlen zu verzeichnen hat, während die Zahlen für Deutsch als Fremdsprache wieder langsam steigen:

Abgesehen vom Fremdsprachenzweig an der Deutschen Höheren Privatschule (DHPS), sind in der Zeitspanne von 1991 bis 1997 an den ehemaligen deutschen Regierungsschulen, sowohl an den Grund- als auch an den Oberschulen in Swakopmund, Walvis Bay, Otjiwarongo und Windhoek, ebenfalls Fremdsprachenzweige eingerichtet worden. Der Fremdsprachenzweig der DIPS besteht schon seit 1978. An den Oberschulen werden die Schülerinnen im Deutschunterricht getrennt. Die einen erhalten Unterricht in Deutsch als Muttersprache, die anderen in Deutsch als Fremdsprache. Alle anderen Fächer werden in Englisch unterrichtet und von den Schülerinnen gemeinsam besucht. In der Grundschule verläuft der Unterricht differenzierter, da der gesamte Fachunterricht bis zur vierten Klasse für die einen in der Muttersprache, d.h. in Deutsch, für die anderen in Englisch angeboten wird.

Die Situation des Faches Deutsch an der *University of Namibia* (UNAM) hat sich seit der Unabhängigkeit stabilisiert. 1991 beendete die Abteilung Deutsch des *Department of Germanic and Romance Languages* ihre Zusammenarbeit mit der University of South Africa und arbeitet seither mit dem Deutschen Seminar der Universität Stellenbosch zusammen. Die Zusammenarbeit mit dem Stellenboscher Seminar, das 1981, ausgehend von einem fremdphilologisch-interkulturellen Ansatz, alle Studiengänge neu konzipiert und neue Lehr- und Forschungsschwerpunkte gesetzt hatte, wirkt sich positiv auf die Abteilung der UNAM aus. Themenorientierte Kursangebote, Lernerorientierung und Berücksichtigung der kulturellen Vielfalt prägen nun weitgehend den Unterricht.

1992 war das neue Universitätsgesetz proklamiert worden. Die DozentInnen der Abteilung Deutsch intensivierten 1993 die Planung neuer Studiengänge. Dabei wurde der Situation vor Ort Rechnung getragen. Kurse über Kolonialliteratur und über deutsch-afrikanische Beziehungen sind in das Angebot aufgenommen worden. Außerdem wurden die Kurse auf die H/IGCSE-AbsolventInnen eingestellt. Das neue B.A.-Studienprogramm ermöglicht es StudentInnen aus dem Anfängerkurs und aus dem Überbrückungskurs, ihr Studium in Deutsch im zweiten Jahr fortzusetzen. Für sie ist das Angebot »Deutsch für den Beruf« ein erstrebenswertes Ziel. Darüber hinaus haben StudentInnen erstmalig die Gelegenheit, nach Beendigung des dritten Jahres in einem *Single major course* einen Abschluss zu erhalten, der es ihnen ermöglicht, anschließend den Magister Artium abzulegen.

Am *Windhoek College of Education* existiert das Fach Deutsch nicht mehr. 1995 beendeten die letzten deutschen Lehramtskandidaten dort ihr Studium, und die Deutsche Abteilung wurde de facto geschlossen.

DaF an namibianischen Schulen

Landesweit herrscht ein akuter Mangel an Schulen, so dass in einigen Fällen in Morgen- und Nachmittagsschichten unterrichtet wird. Interessant ist, dass seit der Unabhängigkeit zehn private deutsche und afrikaanse Schulen eingerichtet wurden. Die Privatschulen und die ehemals weißen Schulen sind auch heute noch besser ausgerüstet als die anderen Schulen. Viele Eltern sind bestrebt, ihre Kinder an diese Schulen zu schicken, doch die Schulgelder an den Privatschulen sind für viele unerschwinglich. Einige Privatschulen, wie die DIPS und St. Georges, versuchen durch Schulgeldermäßigungen oder Stipendien auch denjenigen Kindern eine Ausbildung zu ermöglichen, die es sich sonst finanziell nicht leisten könnten.

Deutsch als Fremdsprache wurde 1998 an 30 Schulen landesweit unterrichtet.

DaF an den Grundschulen
Obwohl der DaF-Unterricht an den meisten Schulen in der achten Klasse beginnt, haben die konfessionellen Schulen das Erlernen einer Fremdsprache schon in der Grundschule befürwortet und daher Deutsch als Fremdsprache in der fünften Klasse eingeführt. Es ist Pflichtfach für alle SchülerInnen bis in die siebte Klasse. Dem Beispiel ist die Privatschule Karibib bei ihrer Eröffnung 1993 gefolgt und 1997 auch die Deutsche Höhere Privatschule.

Zehn Grundschulen erteilen Deutsch-als-Fremdsprache-Unterricht. In den ehemals deutschen Grundschulen wird der DaF-Unterricht inoffiziell bis in die vierte Klasse angeboten. An den anderen Schulen wird Deutsch als Fremdsprache in den Klassen 5 bis 7 erteilt, an einer von Klasse 4 bis 7. Fünf der zehn Schulen sind reine Grundschulen, die anderen fünf weiterführende Schulen. In einer der weiterführenden Schulen hört der DaF-Unterricht nach der Grundstufe auf.

DaF an den Oberschulen
Zusätzlich zu den sechs weiterführenden Schulen gibt es 19 Oberschulen mit DaF. An einer der weiterführenden Schulen findet zur Zeit der DaF-Unterricht nur in der Oberstufe statt. An zehn Oberschulen wird DaF bis Klasse 10 unterrichtet, während 14 Schulen den Unterricht bis Klasse 12 durchführen. Zur Zeit bieten acht Schulen Deutsch als Fremdsprache auf dem HIGCSE-Niveau an. Diese Zahl variiert allerdings von Jahr zu Jahr, da manche Schulen die Prüfung entsprechend den Leistungen der SchülerInnen wählen. An neun Schulen ist Deutsch als Fremdsprache in unterschiedlichen Klassen Pflichtfach. Dazu gehören die ehemaligen deutschen Schulen, an denen alle SchülerInnen entweder Deutsch als Muttersprache oder Deutsch als Fremdsprache belegen müssen.

Abgesehen vom regulären Deutschunterricht, befinden sich die SchülerInnen an der DHPS, der DSW und DOSW, der Namib High School, der Namib Primary School, der Flamingo School und der Donatus School sowohl vormittags in der Schule als auch nachmittags in Arbeitsgemeinschaften und Sportveranstaltungen in einem deutschen Umfeld. Ausgesuchte SchülerInnen der DHPS legen jährlich zusätzlich zu dem regulären Schulabschluss auch noch die »Zertifikat Deutsch als Fremdsprache«-Prüfung des Goethe-Instituts ab. An der Namib High School in Swakopmund können die SchülerInnen das Deutsche Sprachdiplom ablegen. Dieses Angebot wird vor allem von den guten FremdsprachenschülerInnen der Schule genutzt, weil sie wissen, dass sie damit ihre Studien- und Arbeitschancen verbessern. Außerdem haben besonders gute DaF-SchülerInnen die Gelegenheit, zusammen mit einigen deutschsprachigen SchülerInnen einen Fortgeschrittenenkurs zu besuchen.

Von den mehr als 30 Schulen, die Deutsch als Fremdsprache anbieten, sind 17 ehemalige weiße Schulen. Das hängt direkt mit der Verdrängung von DaF aus den farbigen und schwarzen Schulen vor der Unabhängigkeit zusammen. Sieben Schulen waren schon vor der Unabhängigkeit für alle Kinder geöffnet. Dazu gehören, neben den katholischen Schulen Convent of the Holy Cross und St Paul's, die anglikanische Schule St. Georges Diocesan School, die Deutsche Höhere Privatschule, die von Rössing Uranium unterstützte Westside High School in Swakopmund, das von CDM finanzierte Concordia College sowie die staatliche Centaurus High School. 1991 wurde die Windhoek International School gegründet, die zur Auflage hat, dass 50% aller SchülerInnen Namibianer sein müssen. Diese Schule orientiert sich nicht nur an den europäischen Ferien, sondern zunehmend auch an Lehrplänen, die an anderen internationalen Schulen gelten und von der *International Baccalaureate Organisation* festgelegt werden. Die Privatschule in Karibib wurde 1993 (wieder)eröffnet und ist die einzige Schule in Namibia, die einen Überbrückungskurs in Englisch anbietet. Dieser Kurs ist vor allem für die vielen Kinder aus Angola konzipiert, die ein Jahr lang Englisch- und Mathematikunterricht erhalten, ehe sie in reguläre Klassen integriert werden.

Die Namib High School in Swakopmund ist die einzige vormals deutsche Schule, die gleich nach der Unabhängigkeit für alle SchülerInnen geöffnet wurde. Die DOSW nahm 1993, die Flamingo School 1994 die ersten nicht deutschsprachigen SchülerInnen auf. Die Donatus School und die DSW richteten zu Beginn des Schuljahres 1997 Fremdsprachenzweige ein. Schulleitung, LehrerInnen und Eltern dieser Schulen vertreten die Ansicht, dass der deutschsprachige Charakter ihrer Schulen nur zu erhalten sei, wenn ein Fremdsprachenzweig eingerichtet werde. Deutsch als Muttersprache könne nur bestehen, wenn Deutsch als Fremdsprache auch angeboten werde. Die Behörde fordere, dass die Klassen aufgestockt werden, da zu wenig deutschsprachige Kinder an der Schule seien, und deshalb sei es gut, dass die anderssprachigen SchülerInnen die Gelegenheit hätten, an der Schule Deutsch zu lernen. Die Namib Primary School in Swakopmund ist bereit, in allen Klassen eine bestimmte Anzahl anderssprachiger Kinder aufzunehmen, doch soll vorläufig kein Fremdsprachenzweig eingerichtet werden, denn im Gegensatz zu der Donatus School befürchtet man eine Überfremdung. Der deutsche Charakter der Schule solle erhalten bleiben, so der stellvertretende Schulleiter, und das sei nur möglich, wenn sich die Schule einer allgemeinen Öffnung widersetze.

Fazit

Nationale Versöhnung wird gefördert, wenn man sich der eigenen und der fremden kulturellen Vergangenheit bewusst ist und verschiedene Lebensformen akzeptiert. Eine veränderte Einstellung anderen Kulturen gegenüber bewirkt im Fremdsprachenunterricht auch eine andere Haltung fremden Sprachen gegenüber. Das ist besonders in bezug auf Namibias Sprachenpolitik erforderlich. Die Amts- und die Nationalsprache sollten nicht als sich bedrohende Fächer betrachtet werden, sondern als Möglichkeiten, die Welt anders zu sehen und zu beschreiben.

Mehrsprachigkeit bedeutet nicht die Verdrängung der Muttersprache, sondern eine veränderte Haltung ihr und den anderen Sprachen gegenüber. Mehrsprachigkeit ist nicht nur von zunehmender Bedeutung bei zukünftigen Berufschancen, sondern hat »darüber hinaus einen hohen kulturpolitischen Wert, weil sie ganzheitliches (holistisches) Betrachten, Kreativität, Emotionalität und Toleranz« (Götze 1992: 5) fördert.

Unter den deutschsprachigen Namibianern herrscht die Auffassung vor, dass der Fachunterricht bis in die Oberstufe im Medium Deutsch stattfinden solle und dass fremde Sprachen erst gelehrt werden sollten, wenn das muttersprachliche Fundament gefestigt ist. Gogolin (1992: 190) vertritt die Meinung, dass eine so verstandene Monolingualität »Handlungsfähigkeit unter komplexen und heterogenen sprachlichen Umständen« behindert. Gerade die Flexibilität, die Fähigkeit, sprachlich vielfältige Situationen zu meistern, ist in Namibia gefordert. Das bedeutet, dass Fremdsprachen eine wichtige Rolle spielen, um den monolingualen Habitus zu durchbrechen.

Deutsch als Fremdsprache hat in Namibia einen besonderen Stellenwert. Dieser ist natürlich auf die geschichtliche Verwurzelung zurückzuführen, die mit sich gebracht hat, dass Deutsch in Namibia zu den autochthonen Sprachen gezählt wird. Von besonderer Bedeutung aber ist die gegenwärtige Rolle des Deutschen im gesellschaftlichen und geschäftlichen Bereich. Deutsch als Fremdsprache und als Zweitsprache sollte so vielen Namibianern wie möglich zugänglich gemacht werden. Das verlangt eine allgemeine Öffnung, ein Miteinander und kein Abschotten. Die deutsche Prägung des täglichen Lebens in Namibia ist eine vorteilhafte Bedingung für eine Erweiterung des DaF-Unterrichts, aber nicht nur für ihn, sondern für Deutsch in Namibia allgemein.

Die Arbeitsgemeinschaft der Deutschen Schulvereine

Margarete Kreutzberger (1984)

Fortführung: Dieter Springer

Die Geschichte der Arbeitsgemeinschaft Deutscher Schulvereine (AGDS) in Südwestafrika geht bis in das Jahr 1956 zurück, als sich die Schulvereine der drei deutschen Privatschulen von Windhoek, Lüderitzbucht und Karibib zusammentaten, um gleiche Zielsetzungen wirksamer verfolgen zu können.

Bald durch die Schulvereine von Otavi und Grootfontein und nach und nach auch durch alle anderen deutschen Elternschaften und Schulvereine erweitert, konnte die Arbeitsgemeinschaft 1975 mit Stolz von sich sagen, die Interessen aller Schulkinder der deutschen Regierungsschulen und -Abteilungen sowie der – inzwischen leider nur noch zwei – deutschen Privatschulen zu vertreten.

Das einigende Band aller Mitgliedsvereine der Arbeitsgemeinschaft ist die Erhaltung und Förderung der deutschen Sprache und der deutschen Kultur. Diese Zielsetzung hat ihre endgültige Formulierung in den Satzungen von 1979 gefunden.

Ebenda steht auch der lapidare, aber grundlegende Satz: »Bei der Durchführung dieser Aufgaben betätigt sich die Arbeitsgemeinschaft nicht als politische Organisation.« Mit Argus-Augen wacht die Arbeitsgemeinschaft darüber, nirgends auf politisches Glatteis zu geraten. Damit sind die Aufgaben abgesteckt, die Grenzen umrissen, in denen sich die Arbeit der Vereinigung zu bewegen hat.

Interessant ist ein Vergleich der Schülerzahlen einst und jetzt. Es liegt uns eine Erhebung der Elternschaft der deutschsprachigen Kinder der Orbanschule aus dem Jahre 1960 vor. Damals kam man auf rund 2750 deutschsprachige Schüler im ganzen Land.

Anfang 1984 waren durch die Mitgliedsvereine der Arbeitsgemeinschaft 2331 Schüler vertreten. Rechnet man zu dieser Zahl die Kinder hinzu, die zwar deutschsprachig sind, deren Unterrichtssprache jedoch Afrikaans oder Englisch ist, dann kommt man bei vorsichtiger Schätzung sicher auf eine Gesamtzahl von 2700–2800 deutschsprachigen Schulkindern in Südwestafrika. Diese Zahlen lassen wiederum Rückschlüsse darauf zu, wieviele Bürger deutscher Sprache in Südwestafrika leben.

Als sich ab 1975 der Eindruck vertiefte, daß die Unabhängigkeit des Landes näherrücken würde, beschloß die Arbeitsgemeinschaft 1976, eine Fördergesellschaft (F.A.D.S.) zu gründen, deren Aufgabe es sein sollte, Mittel zur Verwirklichung der Aufgaben der Arbeitsgemeinschaft zu erstellen. Diesem Beschluß lag die Überlegung zugrunde, daß die Schulpflicht damals lediglich für die weiße und braune Bevölkerung Gültigkeit hatte, daß sie aber zweifelsohne zukünftig auch die schwarzen Bewohner des Landes einschließen müsse. Dadurch wird sich die Notwendigkeit ergeben, den vorhandenen Kuchen in kleinere Stücke zu schneiden. Die Fördergesellschaft wurde gegründet, um einen Teil der Mittel bereitzustellen, die dann verständlicherweise vom Staat nicht mehr im bisherigen Umfang erwartet werden können.

»Die Aufrechterhaltung des deutschen Schulwesens bleibt unveräußerliches Anliegen der deutschen Bevölkerungsgruppe. Die Notwendigkeit größerer Eigenbeteiligung liegt zum Zeitpunkt der Unabhängigkeit klar auf der Hand.« So schreibt der damalige Vorsitzende der Fördergesellschaft, Helmut Rothkegel, in einem Spendenaufruf. »Es läßt sich nicht verheimlichen, daß die hochgesteckten Ziele und Hoffnungen, die zur Gründung der F.A.D.S. führten, nicht in dem gewünschten Umfang erreicht sind, so daß der Vorsitzende in seinem Jahresbericht 1982/83 die Frage stellte: »Warum läßt sich der deutschsprachige Südwester nicht ansprechen, wenn es um deutsches Kulturgut geht? Schließlich ist die Sprache eines Volkes der lebendige Ausdruck seiner Kultur.«

Vielleicht erschien vielen das Ziel – Gelder für den Tag X zu sammeln, an dem das deutschsprachige Schulwesen in Südwestafrika nicht mehr so großzügig von der Regierung gestützt werden kann – zu hoch gesteckt in zu weiter Ferne?

Seit einigen Jahren hat das Kuratorium sich entschlossen, schon jetzt aus dem vorhandenen Fonds

helfend einzugreifen, wo dies notwendig erscheint. So konnte die Fördergesellschaft der Arbeitsgemeinschaft in folgenden Fällen helfen:
- Ein Schülerheim erhält die Mittel, um zwei Kindern den Aufenthalt daselbst zu ermöglichen.
- Durch die Gewährung eines zinslosen Darlehens für die Transportkosten des Umzuggutes für ein Lehrerehepaar aus Deutschland hofft die Fördergesellschaft, dem betreffenden Schulverein geholfen zu haben.
- Eine südwester Studentin hat ein Stipendium erhalten, und es besteht die Absicht, auch für das Jahr 1985 die Mittel für ein weiteres Stipendium zur Verfügung zu stellen.
- Seit zwei Jahren wird einem gehörgeschädigten Kind jährlich die Reise nach Aachen und zurück finanziert, um dort eine deutsche Spezialschule zu besuchen.

Bei allen Hilfsaktionen steht die Fördergesellschaft grundsätzlich auf dem Standpunkt, daß
- nur Organisationen oder Personen, die ihrerseits die Zielsetzung und Arbeit der Fördergesellschaft der Arbeitsgemeinschaft anerkennen und unterstützen, auf finanzielle Hilfe rechnen können,
- die F.A.D.S. bei allen Maßnahmen darauf bedacht ist, daß zunächst die Eigeninitiative des zu Begünstigenden voll zum Tragen kommt.

Soviel über die spezifische Tätigkeit der Fördergesellschaft der Arbeitsgemeinschaft der Deutschen Schulvereine in Südwestafrika. Da der Vorsitzende des Kuratoriums der Fördergesellschaft stets ex officio an den Sitzungen der Arbeitsgemeinschaft teilnimmt und umgekehrt der Vorsitzende der Arbeitsgemeinschaft an denen der Fördergesellschaft, ist eine enge Zusammenarbeit der beiden Gremien gewährleistet.

Was hat die Arbeitsgemeinschaft in den vielen Jahren ihres Bestehens für die Erfüllung ihres durch die Satzungen gegebenen Auftrages getan?

Selbstverständlich drehten sich alle ihre Bemühungen immer wieder um die Erhaltung und Förderung der deutschen Sprache und Kultur. Immer wieder wurde in Wort und Schrift die verfassungsmäßig festzulegende Sicherung unserer Sprachrechte, die Einrichtung von deutschsprachigen Schulen und Schulabteilungen und Muttersprachenunterricht bis in die oberen Klassen gefordert.

Ein guter Unterricht kann nur von gut qualifizierten Lehrkräften gegeben werden, von Lehrkräften, die selbständig und verantwortungsfreudig ihre Schüler erziehen können. Die Arbeitsgemeinschaft hat immer wieder die aufwertende Hebung des Lehrerstandes durch bessere Besoldung und größere Selbständigkeit hervorgehoben und sich bei den Behörden dafür eingesetzt.

Die Arbeitsgemeinschaft hat sich außerdem gegen die Überbelastung der Lehrer durch gleichzeitigen Einsatz in den Heimen ausgesprochen und hat versucht, Verständnis dafür zu wecken, daß ein Heim für unsere Farmerkinder mehr sein muß als ein »koshuis«, nämlich ein Zuhause, welches das Elternhaus so gut wie irgend möglich ersetzen sollte.

Daher auch die unermüdlichen Bemühungen um eine Ausbildungsstätte für deutschsprachige Heimerzieherinnen. Jahrelang hat die Arbeitsgemeinschaft versucht, die staatliche Anerkennung des Karibiber Heimerzieherinnen-Seminars zu erreichen, das vom Schulverein Karibib ins Leben gerufen, mit vielen Opfern getragen und von der Arbeitsgemeinschaft finanziell unterstützt wurde. Diese Institution mußte jedoch 1983 ihre Pforten schließen.

Immer um den einen Kern kreisend, hat die Arbeitsgemeinschaft sich bei der Erziehungsbehörde der zweiten Ebene ständig für die Aufrechterhaltung der kleinen deutschen Schulabteilungen eingesetzt, auch dort, wo – rein quantitativ gesehen – eine solche Abteilung sich nicht mehr »lohnt«. Vielleicht lohnt sie sich nicht in Geld und Zahlen gerechnet, aber in jedem Fall für diese doch noch recht kleinen Menschlein, die ihre ersten Schuljahre noch im Elternhaus oder wenigstens in dessen Nähe verbringen sollten. In dankbarer Anerkennung können wir feststellen, daß unsere Behörden in dieser Frage sehr großzügig verfahren.

Jahrelang hat ein besonderer Ausschuß der Arbeitsgemeinschaft sich mit der Übersetzung hiesiger Schulbücher befaßt, bis diese Aufgabe von der Erziehungsbehörde übernommen wurde, in einer Form, die zu der Hoffnung berechtigt, in Zukunft für jedes Schulbuch auch gleich die deutsche Übersetzung zu erhalten.

Es wurde die Gleichstellung aller drei Sprachen am Lehrerkolleg gefordert und bis zu einem gewissen Maße erreicht sowie die Einführung der deutschen Sprache als Fach für die über 100 deutschsprachigen Schüler der Höheren Technischen Schule, die außerdem noch mit gutem deutschen Lesematerial versorgt wurde.

Einer Aktion, die Anfang der siebziger Jahre gestartet wurde und zu der Hoffnung Anlaß gab, auch für den Unterricht an den Staatsschulen Lehrer aus dem deutschen Sprachraum zur Verfügung zu haben, war leider nur ein einmaliger Erfolg beschieden. Alle damals vermittelten Lehrer sind wieder in den innerdeutschen Schuldienst zurückgekehrt.

Hier sind nur einige Aufgaben und Vorhaben der Arbeitsgemeinschaft gestreift worden. Manche waren erfolgreich, andere nicht. Aber auch Mißerfolge dürfen nicht entmutigen und haben es in der Vergangenheit auch nie getan.

Der langjährige, verdiente Vorsitzende der Arbeitsgemeinschaft, Kurt Böhme, dessen Tod eine tiefe Lücke in der deutschen Gemeinschaft dieses Landes hinterließ, sagte im Ausblick seines Jahresberichtes von 1979 vor der Jahreshauptversammlung der Arbeitsgemeinschaft:
»Ist man von der Richtigkeit seines Handelns überzeugt, darf es nicht mutlos machen, wenn das gesteckte Ziel nicht gleich erreicht wird!
Theodor Storm schrieb einmal:

›Der eine fragt, was kommt danach?
Der and're fragt nur: ist es recht?
Und also unterscheidet sich –
Der Freie von dem Knecht.‹

Diese Worte aus dem letzten Jahrhundert sind im übertragenen Sinn auf unsere Bemühungen in Anwendung zu bringen. Unser Maßstab kann nicht die Frage sein, ob es jedermann paßt, was wir wollen, sondern wir müssen uns selbst fragen, ob unsere Bemühungen billig sind und dem Wohl des ganzen Landes dienen.

Unserem Kampf um die Sicherung unserer Sprache kann nur Erfolg beschieden sein, wenn wir uns im Bewußtsein des Beitrages, den wir in der Zukunft leisten können, in die Gesamtentwicklung einfügen.

Der Stolz auf die überlieferten Werte und die Anerkennung dessen, was in den vergangenen 100 Jahren geleistet worden ist, müßte zum schlecht polierten Denkmal werden, wenn wir die Leistungen der Vergangenheit nicht mit dem Leben der Gegenwart füllen. Wir Heutigen müssen das Bestreben der Vergangenheit bewahren, unsere Sprache und unsere kulturellen Überlieferungen zu erhalten.«

Fortführung 2001

Die letzten Jahre vor der Unabhängigkeit

In den Jahren nach 1985 wurde schnell deutlich, dass nunmehr tiefgreifende politische Veränderungen in Namibia nicht mehr abgebremst werden konnten und mit dem Einsatz und der Durchführung der UNO Resolution 435 eine neue Epoche für dieses Land beginnen würde.

Die Mitglieder der Arbeitsgemeinschaft blickten besorgt in die Zukunft, wissend, dass auch dem staatlichen und, mit Abstrichen, dem privaten Schulwesen in Namibia unruhige Zeiten bevorstanden. Besonders nach dem überwältigenden Wahlsieg der SWAPO im Jahre 1989 sahen Beobachter nicht nur die als selbstverständlich erwarteten Änderungen bei der Verteilung der vorhandenen Finanzmittel und der personellen Ressourcen im Erziehungsbereich voraus, sondern auch tiefe Eingriffe in der Schulsprachenpolitik und bei Lehrbüchern und Lerninhalten. Dass eine solche Neuordnung vorrangig das Ende der »Staatsschulen für Weiße« und eine vollständige Öffnung dieser Schulen für alle Sprachgruppen bedeuten würde, war unumstritten. Völlig offen war zu diesem Zeitpunkt jedoch, ob und in welchem Umfange eine solche Öffnung Deutsch als Unterrichtssprache an deutschen Staatsschulen zurückdrängen und das Fach Deutsch-Muttersprache gefährden könnte.

Die Situation im Jahr 1990

Im Jahre 1990 betreute die AGDS als Dachorganisation 12 Mitglieder, d.h. Elternschaften und Schulvereine, darunter auch die einzige zu diesem Zeitpunkt existierende Privatschule, die Deutsche Höhere Privatschule in Windhoek (DHPS), die damals schon auf ein 75jähriges Bestehen zurückblicken konnte. Weitere Mitglieder waren jeweils eine staatliche Grund- und Oberschule in Windhoek und Swakopmund, sowie weitere Regierungs-Grundschulen in Tsumeb, Walfischbucht und Otjiwarongo. In Grootfontein, Otavi und Omaruru bestanden deutsche Abteilungen, angeschlossen an staatliche Grundschulen, da die geringen Zahlen deutschsprachiger Kinder in diesen Orten keine eigenständigen Schulen rechtfertigten. Angeschlossene Schülerheime ermöglichten an allen Orten, mit Ausnahme von Walfischbucht und Tsumeb, auch die Aufnahme von Farmkindern und, besonders an den weiterführenden Schulen, die Unterbringung von Schülern aus Ortschaften, an denen keine deutsche Oberschule zur Verfügung stand.
Die Jahrzehnte alte Tradition von Privatschülerheimen in Namibia wurde zu diesem Zeitpunkt immer noch in Grootfontein, Otavi, Otjiwarongo, Omaruru und bei der DHPS fortgesetzt. Inzwischen entstanden auch in Swakopmund durch die Initiative des Deutschen Schulvereins Swakopmund privat geführte Internate, die dem Heimkind Betreuung und Zuwendung in seiner Muttersprache bieten.

Die neuen Privatschulen

Innerhalb weniger Jahre, zwischen 1995 und dem Jahr 2000, wurden in Namibia fünf neue Privatschulen für deutschsprechende Kinder eröffnet, die, bis auf eine Ausnahme, Unterricht nur im Grundschulbereich bis einschließlich der siebten Klasse anbieten.

Damit änderte sich die Mitgliederstruktur innerhalb der AGDS bedeutend, da fünfzig Prozent der Mitglieder nunmehr für die besonderen Wünsche und Belange von Privatschulen eintreten mußten und die AGDS mit zusätzlichen Herausforderungen und Problemen konfrontierten.

Im Januar 1995 entschloss sich zunächst der deutsche Schulverein Omaruru, den Schritt in die Privatisierung zu wagen und stellte als erste Schule erfolgreich einen Antrag auf staatliche Anerkennung und Registrierung bei der zuständigen Behörde. Bereits ein Jahr darauf öffnete die Deutsche Privatschule Grootfontein ihre Pforten, fast zeitgleich folgte Otavi diesem Beispiel. Damit endete in diesen drei Orten jegliche Anbindung deutschsprachiger Schüler an das staatliche Schulwesen.

Zu Beginn des Schuljahres 1998 erreichte eine Elterninitiative in Swakopmund die Verwirklichung eines Wunschzieles mit der Eröffnung der »Private School Swakopmund« und im Jahre 2000 erfolgte durch besorgte und engagierte Eltern die Gründung der Privatschule Otjiwarongo. In diesen beiden Städten existieren durch diese Neugründungen heute sowohl staatliche als auch private Schulen für deutschsprechende Kinder und Jugendliche.

Die Argumente und Überlegungen, die zu diesen Neugründungen geführt haben, sind vielschichtig, aber einzelne Punkte haben in allen Fällen bedeutend zu den Entscheidungen beigetragen:

- Die offizielle Schulsprachenpolitik im staatlichen Schulwesen begrenzt den deutschsprachigen Unterricht auf drei Schuljahre, danach muß in englischer Sprache unterrichtet werden. Diese Regelung ist sehr umstritten und besonders auch Fachleute bezeichnen drei Jahre Unterricht als nicht ausreichend zur Festigung der Muttersprache und damit als Hemmschuh zur Erreichung guter Zweisprachigkeit. Da auf der anderen Seite Privatschulen die Möglichkeit eingeräumt wird, in den ersten sieben Schuljahren eine Unterrichtssprache ihrer Wahl einzusetzen, möchten Eltern wo immer möglich für ihre Kinder aus Gründen des Sprach- und Kulturerhaltes diese Möglichkeit nutzen.
- Stetig wachsende Schülerzahlen, innerhalb von zehn Jahren von etwa 350 000 auf 490 000 Schüler im staatlichen Schulwesen, damit verbunden die Verpflichtung, zusätzliche Schulen und Klassenräume zu bauen und Heime zu erweitern und einen Nachholbedarf in diesem Bereich aus vergangenen Jahrzehnten abzubauen, stellen die Erziehungsbehörden vor ernsthafte finanzielle Probleme. Auch der Mangel an ausgebildeten Lehrkräften führt zu Engpässen, die nur langsam abgebaut werden können. Diese Problematik wird allgemein mit Sorge gesehen.
- Leider wird eine Verbesserung oder Lösung dieser Probleme zur Zeit hauptsächlich durch eine generelle Umschichtung von Ressourcen gesucht, indem Finanzmittel und Personal anders und neu verteilt werden. Diese Maßnahmen gefährden die Unterrichtsqualität an staatlichen Schulen und lassen Eltern nach Alternativen in einer Privatschule suchen.
- In den kleinen Orten im Norden Namibias, Grootfontein, Otavi und Omaruru sind die Zahlen deutschsprechender Schüler in den letzten Jahren so zurückgegangen, dass die Erziehungsbehörde sich außerstande sah, weiterhin getrennte Klassen zu führen und mit Lehrkräften zu versorgen. Damit wurde eine Privatisierung aus Gründen des Spracherhaltes fast unvermeidlich.
- Die deutsche Schule und das Heim waren immer Begegnungsstätte und kulturelles Zentrum für die Gemeinschaften vor Ort und sollen auch weiterhin, nun auf privater Basis, bedeutend zur Erhaltung der Muttersprache und einer eigenständigen Kultur beitragen.

Es ist offen, ob den Trägern und Initiatoren schon bei der Gründung neuer Privatschulen die Vielzahl von Problemen und Herausforderungen, die dieser Schritt mit sich bringen würde, im Einzelnen voll bewusst war. Dass es sehr schwierig sein würde, immer qualifizierte Lehrkräfte für den Einsatz an kleinen Orten und in kleinen Schulen zu gewinnen, wurde oft unterschätzt. Die Frage von – möglichst einheitlichen – Lehrplänen und einer Unterrichtsgestaltung, die Schulabgängern den problemlosen Anschluss an andere, oft staatliche Schulen ermöglichte, musste gelöst werden. Die Warnungen vor Isolierungen und Abkapselungen solcher Schulen und ihrer Schüler gegenüber Kindern und Eltern anderer Sprachgruppen waren, schon im Rückblick auf die gerade beendete Politik der getrennten Entwicklung, ernst zu nehmen. Beim Schulsport war jeglicher Mannschaftssport gefährdet, da die Schülerzahlen nicht ausreichten. Eine weitere große Herausforderung für Eltern und Schulträger der kleinen Gemeinschaften war die Sorge um das finanzielle Überleben. Es galt nicht nur Personal- und sonstige Kosten abzudecken, sondern auch Klassen- und Büroräume zu erstellen und einzurichten.

Heute kann festgestellt werden, dass im finanziellen Bereich durch die Opferbereitschaft der Gemeinschaften und eine Vielzahl von jährlichen Veranstaltungen und Aktionen, die der Beschaffung von Mitteln dienten, sowie Hilfe von Freunden und Gönnern aus anderen Ländern die größten Sorgen überall behoben sind.

Alle Schulen bemühen sich, Kontakte, auch über den Sportbereich hinaus, zu anderen Schulen und Sprachgruppen zu halten und auszubauen.

Auf dem Personalsektor können heute, auch durch Hilfestellung der Deutschen Botschaft in Windhoek, im Notfall Kräfte aus Deutschland angeworben und als Zeitkräfte eingesetzt werden.

Durch diese Fortschritte ist eine leichte Entlastung eingetreten und die Schulen können mit mehr Zuversicht in die Zukunft schauen.

Spracherhalt und Schulpolitik

An einigen namibischen Staatsschulen war vor der Unabhängigkeit Deutsch als Sprachmedium bis einschließlich des neunten Schuljahres zugelassen. Dies änderte sich schon Anfang der neunziger Jahre, als durch Verordnung des neuen Ministeriums für Erziehung festgelegt wurde, dass ab Klasse acht, also beim Einstieg in weiterführende Schulen, nur noch Englisch als Unterrichtsmedium zugelassen wird. Diese Maßnahme wurde von der AGDS und den Deutschsprachigen Namibias mit Verständnis aufgenommen, sollte sie doch erreichen, dass Schüler verschiedener Sprachgruppen jede weiterführende Schule besuchen konnten und nicht durch eine ihnen fremde Unterrichtssprache ausgegrenzt werden. Eine drastische Verschärfung dieser Schulsprachenpolitik, vorgelegt im Jahre 1992, sah vor, dass ab 1993 der Einsatz der verschiedenen namibischen Muttersprachen im staatlichen Schuldienst pro Jahr um eine weitere Altersstufe zurückgenommen werden soll und im Jahre 1995 dann landesweit nur noch in den ersten drei Schuljahren andere Unterrichtssprachen als Englisch gestattet sind, während Privatschulen weiterhin in den ersten sieben Schuljahren ihr Unterrichtsmedium frei wählen können.

Diese Erwägungen wurde von einigen Sprachgruppen mit Enttäuschung und Unverständnis aufgenommen und vor allem Pädagogen waren sich einig, dass drei Schuljahre nicht zur Festigung der Muttersprache ausreichen und die verfrühte Einführung einer anderen Sprache den Aufbau guter Zweisprachigkeit eher verhindert. Diese Planung führte zu mehreren Eingaben der AGDS sowie zu verschiedenen Gesprächsrunden und Diskussionen mit der zuständigen Behörde.

In einem ersten Memorandum an die Adresse des Erziehungsministers, gemeinsam erarbeitet und unterstützt von allen kulturell tätigen deutschsprachigen Vereinigungen in Namibia, hat die AGDS folgende Vorschläge unterbreitet und begründet:

a) Beibehaltung des Muttersprachenunterrichts bis einschließlich der siebten Klasse
b) Beibehaltung von Deutsch Erste Sprache als Prüfungsfach bis zum Schulabschluss
c) Weiterführung der Deutschkurse für Lehrer am Windhoek College of Education und an der Universität Namibia
d) Einstellungsmöglichkeiten für deutschsprechende Lehrkräfte aus Übersee, falls keine geeigneten Personen in Namibia angeworben werden können.

Leider ist das Hauptziel dieser und auch weiterer Eingaben, nämlich mehr Flexibilität in der Frage der Unterrichtssprache zu erlangen, nicht erreicht worden.

In einer weiteren Eingabe deutschsprachiger Vereinigungen unter Federführung der AGDS, gleichlautend gerichtet an das Erziehungsministerium und die neue Deutsche Botschaft in Windhoek, wird die Einrichtung einer Deutsch-Namibischen Kulturkommission begrüßt und für eine erste Sitzung dieses Gremiums im April 1995 in Bremen auf die wichtige Rolle hingewiesen, die deutschsprachige Namibier im Bereich des deutschsprachigen Schulunterrichts, des muttersprachlichen und fremdsprachlichen Deutschunterrichts und bei einem Kulturaustausch zwischen den beiden Ländern spielen könnten. Verschiedene Vorstellungen, Wünsche und Vorschläge werden zur Sprach und Kulturarbeit vorgelegt:

a) Förderung des Unterrichts in den autochthonen Sprachen
b) Weiterentwicklung der Schulsprachenpolitik
c) Personelle und fachliche Unterstützung des deutschsprachigen Unterrichts
d) Stipendien und Fortbildungsmöglichkeiten in Deutschland für Studenten aller Fachrichtungen
e) Förderung kultureller Rahmenprogramme
f) Erhalt von kulturhistorischen Einrichtungen in Namibia
g) Bilateraler Kulturaustausch

Das Konzept eines neuen Erziehungsgesetzes wird der interessierten Öffentlichkeit vom zuständigen Ministerium vorgelegt und wirft weitere Fragen auf. Werden in Zukunft mögliche weitere Privatschulen Unterrichtserlaubnis erhalten? Wird es auch in Zukunft staatliche Unterstützung für solche Schulen und Schülerheime geben? Welche Stellung wird der von den Eltern gewählte Schulvorstand haben und welche Befugnisse werden ihm bleiben? Wird es zu einer weiteren Nivellierung des staatlichen Schulwesens kommen? Ist es wirklich notwendig, dass Schulnamen geändert werden müssen, um jeden ethnischen Bezug auf eine solche Schule zu vermeiden?

Es würde den Rahmen dieses Artikels sprengen, wollte man auf solche und weitere Fragen und Sorgen im Einzelnen eingehen. Es darf aber festgestellt werden, dass alle Anliegen der AGDS bei der Erziehungsbehörde immer ein offenes Ohr fanden und ernsthaft geprüft wurden, wenn auch in Einzelfällen keine Einigung erzielt werden konnte.

Kontakte zum deutschen Sprachraum

Die Schließung des deutschen Konsulates in Windhoek im Jahre 1977 im Zuge der Neuordnung der deutschen auswärtigen Politik für das südliche Afrika beschränkte die Verbindung der AGDS zu offiziellen deutschen Stellen auf vereinzelte Kontakte hauptsächlich über die Deutsche Höhere Privatschule in Windhoek, die nach wie vor finanziell und personell durch die Kulturabteilung des Auswärtigen Amtes unterstützt wurde.

Im Vorfeld der Unabhängigkeitsverhandlungen etablierte sich ab 1989 zunächst eine Deutsche Beobachtermission, die später durch eine volle Botschaft ersetzt wurde.

Erste Gespräche zwischen der AGDS und der neuen Botschaft und insbesondere mit dem jeweiligen Kulturreferenten dienten der Kontaktaufnahme und Überlegungen zu einer möglichen Zusammenarbeit im beiderseitigen Interesse. In dieser Anfangszeit mußte sich die Botschaft, nachdem über zwanzig Jahre lang keine diplomatischen Beziehungen zwischen der Bundesrepublik Deutschland und Südwestafrika/Namibia bestanden hatten, zunächst orientieren und Verbindungen zu, oft ebenfalls neu entstandenen, offiziellen hiesigen Stellen aufbauen. Die staatlichen deutschen Schulen in Namibia galten in vielen Augen immer noch als Apartheitsschulen, die muttersprachlich deutsche Bevölkerung als kapitalistisch, teilweise rassistisch, konservativ und Nutznießer der südafrikanischen Politik der getrennten Entwicklung. Unter diesen Vorzeichen erwies sich eine Zusammenarbeit in der Anfangsphase als schwierig. Danach setzte sich in der Botschaft die Überzeugung durch, dass neben dem gewünschten Aufbau von Deutsch als Fremdsprache auch die Förderung von Deutsch-Muttersprache an namibischen Schulen für den Erhalt und die Verbreitung von Deutsch als eine der hier gesprochenen Sprachen nicht vernachlässigt werden sollte.

Im Jahre 1995 kam der damalige Bundeskanzler Helmut Kohl mit einer großen Delegation zu einem offiziellen Besuch nach Namibia. Drei Jahre später wurde auch Bundespräsident Roman Herzog zu einem Staatsbesuch in Windhoek empfangen. Beide Amtsträger sprachen sich deutlich für den Erhalt und den Ausbau der deutschen Sprache in Namibia aus und baten die namibische Regierung, diese Bemühungen weitmöglichst zu unterstützen. Mit dem demonstrativen Besuch einer hiesigen staatlichen Oberschule mit überwiegend deutschsprachigen Schülern durch den Bundespräsidenten wurde diese Bitte weiter verdeutlicht.

Auf bilateraler Ebene wurde nach langen Verhandlungen eine Deutsch-Namibische Kulturkommission eingerichtet, deren Arbeit zu einem umfassenden Kulturabkommen zwischen Namibia und Deutschland führte. Ein Fachberater für Deutsch, der schon im Jahre 1989 entsandt wurde, war in den ersten Jahren nur für die Förderung von Deutsch als Fremdsprache zuständig und bewilligte Mittel durften nur für diesen Zweck Verwendung finden. Auch später aus Deutschland entsandte Programmlehrkräfte waren zunächst an das Fach Deutsch-Fremdsprache gebunden, sind aber heute, nach verschiedenen Eingaben und Vorstößen der AGDS, so eingesetzt, dass an staatlichen Schulen auch Deutsch-Muttersprachler Fachunterricht erhalten können. Die neu gegründeten Privatschulen erhalten aus deutschen Haushaltsmitteln eine jährliche Zuwendung zur Sprachförderung (Sprachbeihilfe). Als Unterstützung für das Bemühen der AGDS, deutschsprachigen Lehrernachwuchs in Namibia möglichst aus den eigenen Reihen zu sichern und zu fördern, stellt die Zentralstelle für das Auslandsschulwesen seit 1999 jährlich die Mittel für zwei Stipendien zur Verfügung, die Lehramtsanwärtern eine Ausbildung ermöglichen soll. Die AGDS unterstützt aus eigenen Mitteln weitere sechs Studenten. Über die Namibisch-Deutsche Stiftung (NaDS), die aus Mitteln der Bundesrepublik Deutschland finanziert wird, erhält die AGDS jährlich eine Zuwendung, die zur Kostendeckung einer Fortbildungstagung für deutschsprechende Lehrer und Erzieher eingesetzt wird. Darüber hinaus gibt die Deutsche Botschaft im Rahmen des bilateralen Kulturabkommens Hilfestellung bei der Anwerbung und Anstellung von Lehrkräften und Heimpersonal aus Deutschland, soweit solche Posten nicht durch hiesige Kräfte besetzt werden können. Bei sog. »kleinen Baumaßnahmen« konnte Privatschulen ebenfalls in Einzelfällen mit Beihilfen geholfen werden. Veranstaltungen der AGDS oder ihrer Mitgliedsvereine unterstützt die Botschaft immer wieder mit Buch- oder Sachspenden.

Die Arbeitsgemeinschaft und die Fördergesellschaft im Jahre 2001

In der Satzung der AGDS wird die Erhaltung, Pflege und Förderung der deutschen Sprache und Kultur als vorrangige Aufgabe der Vereinigung herausgestellt mit dem Zusatz, auch Mittel zu beschaffen, um dieses Ziel besser verfolgen zu können. Diese zweite Aufgabe wird von der Fördergesellschaft (FADS) wahrgenommen, die bewusst als finanzieller Arm der AGDS gegründet wurde.

Einen bedeutenden Beitrag zu den jährlichen Einnahmen der FADS leisten die siebenhundertfünfzig Einzel- und Korporativen Mitglieder durch Beitragszahlungen und Spenden. Weitere Zuwendungen kommen von Mitgliedern und Gönnern aus den deutschsprachigen Ländern sowie von Erträgen aus Kapitalanlagen. Auf der Ausgabenseite stehen ne-

ben kleineren Zuwendungen und Kosten folgende Posten:
- Stipendienvergabe an Lehramtsanwärter
- Finanzielle Unterstützung von privaten Schülerheimen
- Beihilfen zur Besoldung von privat angestellten Lehrkräften
- Genereller Zuschuss an alle Mitgliedsvereine
- Zuwendungen für Fortbildungsveranstaltungen

Diese Hilfsmaßnahmen sind in ihrer Gesamthöhe so angelegt, dass die vorhandenen Mittel der FADS nicht total erschöpft, aber alle Zuwächse ausgeschüttet werden. Dennoch bleiben diese Zuwendungen nur ein geringer Zuschuss zu den Beträgen, die von Eltern sowohl an privaten Schulen und Heimen als auch, in steigendem Umfang, an staatlichen Schulen aufgebracht werden müssen. Alle Unterstützungen zielen darauf hin, die finanzielle und personelle Situation an den Empfängerschulen zu verbessern und kommen somit allen Schülern gleichmäßig zugute, unabhängig von ihrer Sprach- und Rassenzugehörigkeit.

Auf pädagogischem Gebiet unterstützt die AGDS jährlich den Kurt-Böhme-Rednerwettbewerb für Schüler der Klassen 8 und 11. Hier soll den Teilnehmern zu mehr Sicherheit beim Auftreten vor Zuhörern und bei der Formulierung von Gedanken verholfen werden.

Im Grundschulbereich wird durch den Horst-Kreft-Vorlesewettbewerb angestrebt, im Zeitalter der technischen Medien Schülern der Klassen 3 bis 6 auch das Buch näherzubringen als eine weitere Möglichkeit, Phantasie zu entwickeln, den Wortschatz zu erweitern und die Rechtschreibung zu verbessern.

Die Fortbildungstagung für Lehrer und Erzieher eröffnet Gelegenheiten, bei Grundsatzreferaten und in Arbeitsgruppen neue Erkenntnisse zu gewinnen und wird jährlich von gut hundert Lehrkräften besucht.

In Zusammenarbeit mit dem Verein für Deutsche Auswärtige Kulturbeziehungen (VDA) betreut und organisiert die AGDS einen Schüleraustausch zwischen Deutschland und Namibia, an dem jährlich zwischen 30 und 45 Schüler teilnehmen. Dieses Angebot wird heute besonders auch von Schülern anderer Sprachgruppen genutzt, die durch Sprachunterricht Grundkenntnisse in Deutsch besitzen und trägt somit zum kulturellen Austausch und besserem Verständnis zwischen den zwei Ländern bei. Die Unterbringung bei Gasteltern ist kostenlos, der Schulbesuch ist verpflichtend. Im Gegenzug besuchen jährlich bis zu zwanzig Schüler aus Deutschland namibische Schulen.

Im Rahmen der Stipendienvergabe betreut die AGDS zur Zeit acht Lehramtsanwärter, darunter auch zwei Deutsch-Fremdsprache Studenten. Hierdurch wird das Ziel angestrebt, den Bedarf an deutschsprechenden Lehrkräften in Namibia möglichst durch hiesige Schulabgänger abzudecken.

Die guten Kontakte zu offiziellen hiesigen Stellen, insbesondere zum Erziehungsministerium und den Beamten dieser Behörde werden weiter vertieft. Mit Eingaben und durch Gespräche hat die AGDS Stellung genommen zu Änderungen und Neuentwicklungen im staatlichen Schulwesen, u.a. zum geplanten neuen Erziehungsgesetz, zu der Frage von »ethnischen« Schulnamen, zu Sprachkonferenzen, zu Fragebögen der *Presidential Commission* oder zu Besprechungspunkten der Deutsch-Namibischen Kulturkommission.

Die enge Zusammenarbeit mit anderen deutschsprachigen Kulturträgern, wie dem Deutschen Kulturrat (DKR) und der Namibisch-Deutschen Stiftung (NaDS) vermeidet Überschneidungen und führt zu besserer Aufgabenverteilung. Der DKR unterstützt zusätzlich die Arbeit der AGDS durch bedeutende finanzielle Zuwendungen. Im »Estorff-Haus« der NaDS unterhalten auch die AGDS, die FADS und der DKR ein eigenes Büro und unterstreichen damit die enge Kooperation der Vereinigungen

Die deutschsprachige Presse und das Deutsche Hörfunkprogramm der NBC sind ebenfalls wichtige Partner der AGDS und unentbehrlich als Informationsträger in alle Landesteile und für die Aufgabe des Spracherhaltes ein wichtiges Gegengewicht zu einem dominant anderssprachigen Umfeld.

Seit einigen Jahren bestehen in Namibia keine deutschen Staatsschulen mehr. Diese Entwicklung hat nichts mit den verordneten Namensänderungen zu tun, sondern mit den Umschichtungen im Erziehungsbereich und der offiziellen Schulsprachenpolitik. Die traditionell deutschen staatlichen Grundschulen werden heute auch von einer bedeutenden Anzahl anderssprachiger Schüler besucht, die in Englisch unterrichtet werden. An den weiterführenden Schulen in Windhoek, Swakopmund und Otjiwarongo kommt die Mehrheit der Schüler aus den verschiedensten Sprachgruppen des Landes.
Durch diese Veränderungen wird Deutsch an diesen Schulen auch als Umgangs- und Pausensprache gefährdet und zurückgedrängt, als Unterrichtssprache ist seit Jahren ab der vierten Klasse nur Englisch zugelassen.

Diese Situation lässt guten und intensiven Sprachunterricht noch wichtiger erscheinen und bürdet dem Elternhaus und dem Schülerheim zusätzliche Verantwortung auf, der heranwachsenden Jugend die Muttersprache zu erhalten.

In Namibia wird Deutsch nur von einer ganz kleinen Minderheit gesprochen. Dem Bemühen, Deutsch als

Fremdsprache an hiesigen Schulen auszubreiten und so eine größere Basis zu schaffen, stehen Bestrebungen entgegen, auch Französisch an hiesigen Schulen zu etablieren.

In einem Land wie Namibia mit seiner politischen Vergangenheit der getrennten Entwicklung und einer so unterschiedlichen Bevölkerungsstruktur ist die Politik der Nationalen Versöhnung ein Eckpfeiler für ein harmonisches und verständnisvolles Zusammenleben der verschiedenen Sprachgruppen. Der gemeinsame Schulbesuch an einer weiterführenden Schule kann bedeutend dazu beitragen, dass bei der heranwachsenden Jugend Vorurteile gegenüber anderen Rassen und Sprachgruppen abgebaut werden und Verständnis und Toleranz im Interesse einer gemeinsamen Zukunft gefördert werden. Diesem Ziel müssen Sprachinteressen untergeordnet werden.

Ob Deutsch als eine der hiesigen Sprachen die nächsten Jahrzehnte überleben wird, hängt maßgeblich von der politischen und wirtschaftlichen Entwicklung weltweit und im südlichen Afrika ab. Entscheidend aber wird sein, ob die Deutschsprachigen auch in Zukunft bereit sind, ihre Sprache zu pflegen, zu erhalten und dafür Opfer zu bringen. Gleichzeitig muss die Erkenntnis gepflegt werden, dass nur die aktive Teilnahme am wirtschaftlichen, sozialen und politischen Geschehen und beim Aufbau Namibias einer Isolierung vorbeugt und den Anspruch auf eigenständige Kultur- und Spracharbeit im Rahmen der Verfassung unterstützt.

Nachtrag:
Im September 2001 wurden die FADS und die bisherige AGDS zusammengeführt zu der neuen »Arbeits- und Fördergemeinschaft der Deutschen Schulvereine in Namibia«, abgekürzt AGDS. Das führt zu einer Rationalisierung, weil über die Inhalte der Arbeit und die Mittelverwendung nur noch von einem identischen Gremium entschieden wird und ein gemeinsamer einheitlicher Auftritt nach außen stattfindet.
Zum Vorsitzenden der neuen AGDS wurde Dieter Springer gewählt. *D. Red.*

Otjitambi
Die Farm der Familie Schlettwein

Sigrid Kube (1984)

Nachtrag: Anka Eichhoff, geb. Schlettwein

Es gibt wohl wenige Landstriche auf der ganzen Welt, die man als absolut wertlos bezeichnen darf, sie müssen nur in richtiger Weise nutzbar gemacht werden.
Carl Schlettwein

Auf dem breiten Farmtor verrät ein weißes Schild: *Farm Otjitambi, 5 km zum Haus.* Mit feinem, rotem Sand hat die Natur den Weg dorthin gepflastert. Dornbüsche, gelbes Gras, rote Steinblöcke aus Granit, zwischendurch zu hohen Felsen aufgetürmt, säumen ihn auf beiden Seiten bis zum fernen Horizont. Grellviolett ranken die Bougainvilleas am weißgetünchten, flachen Farmhaus empor. Hunde bellen. Braune Kälbchen springen übermütig im Kral.

Carl-August Schlettwein wird hier am 15. April 1908 geboren. Die Hebamme, die ihn ans Licht der Welt holt, reist mit dem Ochsenkarren an. Vierzehn Tage dauert die luftige Fahrt. Bis zur Geburt des Sohnes, drei Wochen nach ihrer Ankunft, hilft sie der Mutter bei der schweren Farmarbeit. Der Vater, Landesratsmitglied, ist oft politisch unterwegs.

1896 war er, Carl Schlettwein, als landwirtschaftlicher Oberinspektor der Deutschen Kolonial-Gesellschaft für Deutsch-Südwestafrika (DSWA) ins Land gekommen. Der Agrarwirtschaftsabsolvent der Universität Halle/Saale soll in Südwest die Versuchsfarm »Spitzkuppe« aufbauen, Angoraziegen, Wollschafe, Rinder, Pferde auf der Farm am Fuß des gleichnamigen Berges in der Namibwüste züchten. Erblich belastet, sein Elternhaus war das große Gut Teschendorf in Mecklenburg, macht sich der 30jährige an die Arbeit. Die Leute warnen ihn vor der regenarmen Gegend. Er spart sich ein Gespann Ochsen zusammen und läßt sich einen Wagen dazu bauen. Damit ist er schon halbwegs ein gemachter Mann. Mit diesem Ochsenwagen unternimmt er Frachtfahrten vom Schiffslandeplatz Swakopmund nach Sesfontein im Kaokoland, zur dortigen Militärstation. Er kauft sich in der Nähe eine Farm und tauft sie »Warmquelle«. Der junge Mann pflanzt Gemüse und Tabak für die Schutztruppe an, Mais und Luzerne für ihre Pferde. In der Zwischenzeit läßt er seine Braut, Anna Maria Blanck, aus Deutschland nachkommen. Zur Hochzeit, 1898, lädt der Bräutigam alle Einwohner des kleinen Hafenortes Swakopmund ein. (Hier leben dann gerade 281 Weiße, es gibt neun Geschäfte und drei Gastwirtschaften.) Er verdient gut an der deutschen Regierung. Auch sie macht mit ihm ein klares Geschäft. Für seine eigenen Farmprodukte bekommt er den Frachtpreis, die Regierung spart den Transport.

1899 kommt das erste Töchterchen, Anna-Marie, in Omaruru auf die Welt. Clara Mathilde wird 1902 in Deutschland geboren. Hella Margarethe ein Jahr später in Outjo. Susanne Ulrike vollendet 1905 das Viermäderl-Kleeblatt mit ihrer Geburt in Deutschland. Dann zieht die Familie 1906 von »Warmbad« auf die Farm »Otjitambi« im Norden von Südwestafrika. Schlettwein wird bereits 1900 Bevollmächtigter der Kaokoland- und Minengesellschaft. Das Amt soll er bis 1920 bekleiden. Auch ein Grund, warum es ihn 1906 in den Norden treibt. Weitsichtigkeit: »Südwest braucht einen Hafen, denn Swakopmund ist keine Dauerlösung«, ist seine Devise. »Ein Hafen kann nur an der Küste im Norden gebaut werden. Und dann bin ich ganz vorne und nicht ganz hinten.« Vorne ist er auch 1923. Er ist Mitglied der Deutschen Abordnung in Kapstadt, die auf Wunsch der deutschen Regierung mit General Smuts über die Naturalisation (Einbürgerung) der Deutschen in Südwestafrika verhandelt.

Auf Otjitambi, 12.000 ha groß, fängt er eine Rinderzucht an. Dafür kauft er schwarzbunte Friesen. Doch das ist nicht das richtige Rind für die karge Gegend. Die Tiere sehen oft mager und struppig aus. Aber Mutter Schlettwein macht sehr viel Käse und die Rinder sind dadurch doch noch recht gut bezahlt. Langsam stellt er die Zucht der Milchtypen auf Fleischtiere um und holt sich das englische schwarze Angusrind auf den Hof.

Und der einzige Sohn, Carl-August, wächst heran. Der lebhafte Junge mit den großen hellblauen Augen verlebt eine ungetrübte Kindheit. »Ich habe eine Schule zum ersten Mal von innen gesehen, als ich meine eigenen Kinder eingeschult habe«, lacht der 77jährige heute. Gemeinsam mit seiner Frau fährt er 30 Jahre lang abwechselnd seine sieben Kinder zur Schule. »Ich habe natürlich Hauslehrer gehabt, sonst könnte ich ja nicht lesen und schreiben. Auch meine vier älteren Schwestern. Nur die hatten zum größten Teil noch richtige Lehrer. Ich hatte nur die ersten beiden Schuljahre eine gelernte Lehrerin. Die lebte auf der Farm. Klassenraum war ihr Schlafzimmer. Dann brach der Erste Weltkrieg aus, damit war natürlich jeder Nachschub an Lehrkräften vorbei. Mein Vater nahm dann verkrachte Akademiker ins Haus. Einer war hervorragend, der andere ein Dussel. Der wollte mir hauptsächlich Französisch beibringen, was für uns auf der Farm natürlich sehr wichtig ist. Der andere war ein verfehlter Mediziner, wissenschaftlich sehr beschlagen. Der hat mein schlummerndes Interesse an der Biologie geweckt.« Was dabei herauskam, sind drei Bücher, mit eigenen, hervorragenden Fotografien illustriert, 1978 in Deutschland verlegt: »*Gefährliche Schönheit*« (ein Buch über Schlangen), »*Afrikanische Insekten*« und »*Aus der Vogelwelt Südafrikas*«.

Ab seinem neunten Lebensjahr wird der Junge schon stramm in die Farmarbeit mit eingespannt. Als der Sohn vierzehn ist, stellt der Vater einen Damara ein. Er nennt sich Anton und wird Carl-Augusts »Schatten«. »Wo ich ging und stand«, erinnert sich der Farmer, »war er bei mir, und wenn er mal nicht dabei war, war ich unzufrieden.« Anton ist der beste Jäger, den Carl-August Schlettwein je kennengelernt hat, und ein fantastischer Spurenleser. Von ihm lernt er die Sprache der Naman, Spurenlesen und daraus zu kombinieren.

Und er erzählt ein Erlebnis, daß sich ihm besonders eingeprägt hat: »Ich ging mit einem Freund auf Löwenjagd. Wir fanden Spuren und verfolgten sie. Anton war natürlich dabei. Mein Freund schoß den Löwen leider nur an. Nun ging's auf die Nachsuche. Es war ein ziemlich schwieriges Gelände und ein schlechter Schuß. Schon nach kurzer Zeit war kein Blut mehr in der Fährte zu sehen. Meinem Freund ging alles zu langsam, denn Anton mußte ab und zu mal ›seinen Geist wegschicken‹. So verloren wir die Spur. Anton hatte immer eine kleine Feldtasche umhängen. Er nahm sich seine Pfeife raus, stopfte sie, zündete sie an, sagte kein Wort. Er setzte sich auf einen Stein und rauchte. Mein Freund meinte: ›Was soll denn das? Wir wollen doch den Löwen verfolgen.‹ Ich: ›Komm, laß ihn.‹ Und Anton saß da und rauchte. Plötzlich steckte er seine Pfeife in die Tasche und murmelte: ›So, jetzt geh'n wir.‹ Ich: ›Und wohin?‹ Er: ›Weißt du noch, wo wir vor zwei Jahren bei Sonnenuntergang den Wilden Hund geschossen haben?‹ Ich: ›Ja, das war da hinten.‹ Anton: ›Da gehen wir jetzt hin, von dort können wir die Löwenspur neu verfolgen.‹ Die Löwenspur war da! – Ich habe viel darüber nachgedacht. Ich glaube, es ist nichts anderes als die genaueste Kenntnis der Landschaft plus ein Sich-in-das-Tier-Hineinversetzen und seine Reaktion berechnen.« Anton ist auf der Farm begraben.

Als Farm-Eleve im Süden des Landes, »ich sollte dort meine Nase ein bißchen in die Karakulzucht stecken«, lernt er seine Frau, Tatjana von Wildemann, kennen. 1933 ist Hochzeit. Und der dann Fünfundzwanzigjährige macht sich Gedanken um seine Zukunft: »Mein Vater war ein sehr strenger und kurz angebundener Mann. Ich war von meinem neunten Lebensjahr an sein billigster Vormann. Als ich anfing, mir selber mal ein Urteil zu erlauben, hat er das sehr schnell abgekanzelt: ›Wenn dir was nicht paßt, kannst du ja geh'n, dann bist du den Besitz los.‹ So sagte ich ihm jetzt, wo ich verheiratet war, mutig: ›Genau das möchte ich jetzt wissen, kommt für mich die Farm in Frage oder nicht? Ich muß jetzt für eine Familie sorgen und muß mich jetzt entscheiden und nicht, wenn ich alt bin; wenn du nein sagst, muß ich mir jetzt eine neue Existenz suchen.‹ Am nächsten Tag kam er dann und sagte, ich solle vergessen, was er gesagt habe, es komme natürlich nicht in Frage, daß ich gehe.« Gemeinsam bewirtschaften seine Eltern, Carl-August und seine junge Frau Otjitambi. Der erste Sohn, Claus Dirk, wird 1934 in Swakopmund geboren. Er wird nur acht Jahre alt. 1935 kommt Tochter Waltraud auf Otjitambi zur Welt, Sohn Hans-Peter 1940 in Swakopmund. Er wird vierzig Jahre später, 1980, durch eine Landmine der Guerilleros im Kaokoveld getötet.

»Ich habe dann mit meiner Familie und den Eltern hier auf dem Hof gelebt«, erzählt Carl-August Schlettwein, »nach sieben Jahren kam ein Polizist und holte mich ab ins Internierungslager. Als Weihnachtsgeschenk, am 11. Dezember 1940. Ich bin nun wirklich ein harmloser Mensch, der keinem was tat und auch nicht die Absicht hatte, irgendwem etwas zu tun, aber ich sage immer, gib dem Menschen eine Gelegenheit, seinen Mitmenschen zu drangsalieren und zu schikanieren, mit der Gewißheit, daß er dafür nicht zur Verantwortung gezogen wird: er wird es tun. Dann durfte ich nach Ausfüllen vieler Fragebögen und Vernehmungen am 27. September 1946 wieder nach Hause. Ich wurde von der Liste der Auszuweisenden gestrichen.«

Durch die Internierung hatten sich die beiden jungen Ehepartner so auseinandergelebt, daß ein Weiterführen der Ehe nicht mehr möglich war. 1948 ist Scheidung, die Kinder bleiben beim Vater. Eine Wirtschafterin und die alte Mutter führen den Farmhaushalt, betreuen die Kinder. Als Schlettwein interniert wurde, standen auf der Farm 1100 Karakulschafe, als er zurückkam, waren es nur noch 450 sehr veraltete Tiere. Carl-August Schlettwein: »Die habe ich schnell verkauft, weil ich der Meinung bin, man sollte nicht mit dem farmen, was gerade Mode ist, son-

Hinten v.l.: Carl-August, Anna Maria, Carl; vorne v.l.: Clara, Hella, Susanne, Anne-Marie

dern mit dem, was die Landschaft erfordert.« Er hat Glück, bekommt umgerechnet rund 4000 Rand. Von einem Nachbarn, einem Südafrikaner, kauft er 200 Rinder und 100 Kälber. Er beginnt mit dem Aufbau der Farm. »Ich war sehr stolz, daß ich sagen konnte, ich habe eine Herde von 800 schwarzen Rindern, da ist nicht ein weißer Tupfen drauf. Meine Herde galt als die am weitesten fortgeschrittene Herde hier. Da kam ein berühmter Professor, der schaute sich die Tiere an, schüttelte den Kopf und sagte: ›Die sind alle degeneriert.‹ Ich meinte aber, bis heute habe ich noch die besten Fleischpreise für meine Ochsen bekommen. ›Ja‹, so er, ›aber schauen Sie sich die Rücken und die langen Nasen an, das sind alles Flächen, die durch das ewige Der-Sonne-Aussetzen beeinträchtigt werden. Sie werden selbst gemerkt haben, daß die Tiere nicht mehr so frohwüchsig sind wie früher.‹ Das hatte ich allerdings bemerkt. Also habe ich gewechselt. Ich habe Schwyzer gekauft. Der Professor riet mir händeringend davon ab. Aber ich war der erste, der Anfang der fünfziger Jahre sechs Schwyzer Bullen auf dem Hof rumlaufen hatte. Ich wollte keine bunten Tiere haben. Ich wollte wieder etwas mehr Rahm und mehr Milch reinkriegen. Nach ein paar Jahren kam der Professor wieder zurück und fragte mich nach meiner Zucht. Ich sagte ihm, ich werde mir jetzt ein paar Afrikaner nehmen, denn ich will ja die Tiere nicht hochzüchten, sondern nur kreuzen. Er schaute sich die Schwyzer an, das waren ja mittlerweile schon drei Generationen, und

fragte mich, ob ich sie auf eine Ausstellung mitnehmen könne ... Da hatte er doch tatsächlich die Stirn zu sagen: ›Das ist der Rat, den ich Herrn Schlettwein vor Jahren gegeben habe.‹

Ich habe Landwirtschaft nicht studiert und finde es gut, daß ich mit keinerlei theoretischem Wissen belastet bin. So ist es in der Praxis nicht gut, in einer regenarmen Gegend mit durchschnittlich 300 mm Niederschlag pro Jahr die größten Rinder zu züchten.«

Zwei private Ereignisse verändern 1950 sein Leben. Er heiratet wieder, Fräulein Inge Kiekebusch, 1926 in Berlin geboren. Im gleichen Jahr stirbt seine Mutter auf Otjitambi im Alter von 79 Jahren, zehn Jahre nach ihrem Mann Carl.

Spannend erzählt die jung gebliebene Inge Schlettwein (59) heute ihr kurzes Leben bis zur Hochzeit damals: »Ich komme von einer Nachbarfarm, 100 km von hier entfernt, am Rande des Kaokoveldes. Mein Vater hatte die Farm 1903 als aktiver Schutztruppen-Offizier ursprünglich für Jagdzwecke gekauft. Nach dem Ersten Weltkrieg hat er seinen Abschied genommen. Doch er kam zurück. Als ehemaliger Offizier durfte er aber ohne Bürgen nicht ins Land. Als er in Walvis Bay mit dem Schiff ankam, ließ man ihn nicht aussteigen. Er ging in Mozambique an Land und hat dort als Pflanzer gearbeitet. Er blieb drei Jahre. Im ersten Jahr ist die Ernte vertrocknet, im zweiten ist sie ersoffen, und im dritten hat er Eisenbahnschwellen geschlagen. Dann ging er zurück nach Deutschland, heiratete und kehrte 1926 wieder zurück nach Südwestafrika. Diesmal durfte er zwar ins Land, aber immer noch nicht auf seine Farm, weil sie noch nicht vermessen und somit noch nicht im polizeilichen Distrikt erfaßt worden war. So hat er sich bei Omaruru eine Farm gepachtet und dort bis 1928 gelebt.«

Dann endlich durfte Hermann Kiekebusch mit seiner Familie auf seine Farm Otjondaue. Diese »Farm« war ein kahles Stück Land ohne Wasser, ohne Haus. Aus Wellblechplatten, die der Deutsche für das Dach seines zukünftigen Hauses bestellt hatte, baute er eine Hütte. In diesem Katenhaus lebt die kleine Familie mit der einjährigen Tochter und dem gerade geborenen Sohn. Kiekebusch gräbt in einem Rivier ein Loch. Zwei Eimer Wasser pro Tag werden geschöpft. Im Haus ist es entsetzlich kalt. Dann baut der Vater als erstes einen Brunnen am Rivierufer, als zweites ein »richtiges« Wohnhaus mit zwei Zimmern ohne Fußböden. Eine Bitterbusch-Veranda davor dient als Eßzimmer. Inge Schlettwein, das graue Haar kurz geschnitten, in braunen Cordjeans, burschikos und schlank wie ein junges Mädchen, fährt fort: »Dort haben wir die ersten Jahre ziemlich primitiv gehaust, es war ja auch wirtschaftlich sehr schlecht. Gelebt haben wir von der Pension meines Vaters, nicht von der Farmerei. Unser ganzer Besitz waren vier Rinder und zehn Ziegen. Im Lauf der Jahre haben wir Tiere dazugekauft und mit einer Karakulzucht angefangen. Mein späterer Mann kam damals ab und zu auf die Farm, und meine Eltern freuten sich, wieder mal einen anderen Menschen zu sehen, denn wir hatten ja kein Telefon. Einmal in der Woche fuhr mein Vater nach Kamanjab, rund 200 km entfernt, um Post zu holen.

Im Dürrejahr 1932 ist meine Mutter mit uns Kindern und dem Vieh in die Namatanga getreckt, und mein Vater baute an einer besseren Wasserstelle ein neues Wohnhaus. Am 10. Dezember 1933 fing der Regen wieder an. Wir sind auf die Farm zurückgetreckt und wurden regelrecht eingeregnet. Zwei Monate lang hatten wir keine Verbindung mehr zur Außenwelt. Wir hatten nichts mehr, nur noch Maispap und Fleisch. Es wurde nicht mehr trocken. Wir stanken alle nach Karakulschafen und Kralmist. Es war fürchterlich. Am Anfang des Jahres 1934 ging's dann mit der Malaria los. Meine Eltern und wir hatten prophylaktisch Chinin genommen. Die schwarzen Arbeiter hatten sich Pritschen in den Bäumen gezimmert, weil es dort oben nicht gar so viele Moskitos gab. Zu Weihnachten wollte mein Vater die Post für meine Mutter holen. Er blieb 14 Tage fort, weil die Wege überschwemmt waren, oft mußte er durchs Wasser waten. Er brachte als Weihnachtsgeschenk und große Delikatesse zehn Pfund halb verfaulter Kartoffeln mit. Mein späterer Mann kam immer mal wieder zu Besuch auf unsere Farm. Nach dem großen Regen 1934 ging es mit der Farm langsam aufwärts. 1936 stiegen auch die Preise für die Karakulfelle, und mein Vater konnte anfangen, in die Farm zu investieren.

Im Oktober 1937 verunglückte mein Vater tödlich. Dann ist Mutter mit uns im Juni 1938 nach Deutschland gefahren, um mit ihren Verwandten ihre Zukunft auf der Farm zu besprechen. Eigentlich wollten wir gleich wieder zurück nach Südwest. Aber mein Bruder bekam Kinderlähmung, und wir sind länger geblieben. Als dann 1939 der Zweite Weltkrieg ausbrach, sind wir zehn Jahre lang in Deutschland festgehalten worden. Ich kam ins Internat Salem am Bodensee und habe dort 1943 die Schule beendet. Ich wollte ursprünglich Hauswirtschaftslehrerin werden und habe erst einmal eine Lehre als ›ländliche Hauswirtschaftsgehilfin‹ absolviert. 1948 sind wir mit der KLM nach Johannesburg geflogen. In der Zwischenzeit waren die einlaufenden Pachtgelder von der Farm in Südwest in Pretoria eingefroren worden. Mutter bekam sie aber ohne Schwierigkeiten ausbezahlt. Dann sind wir mit der Bahn endlich nach Hause, nach Südwest, gefahren. Mein späterer Mann hat uns damals vom Bahnhof abgeholt.«

Zwei Jahre später bekommt Otjitambi eine junge Farmerfrau, bekommen Waltraut, schon fünfzehn, und Hans-Peter, gerade neun, eine neue Mutter. Im Oktober 1951 kommt Wiebke in Swakopmund auf die Welt. Die Krankengymnastin lebt heute, mit einem Frankfurter verheiratet, in Deutschland. Auch Anka wird in Swakopmund geboren, 1952. Die Lehrerin ist mit Peter Eichhoff, einem Farmer, verheiratet. Der erste Sohn aus zweiter Ehe, Carl-Hermann, kommt 1954 in Otjiwarongo auf die Welt. Der gelernte Entomologe ist seit 1975 verheiratet und ein begeisterter Karnevalist. Jedes Jahr steigt er während der närrischen Zeit unter großem Beifall in die Bütt. Nesthäkchen Jürgen-Conrad kommt 1958 auch in Otjiwarongo zur Welt. Er studierte Wirtschaftswissenschaften und hat 1983 die Farm des Vaters übernommen.

In seinem Geburtsjahr beginnt die große Dürre. Carl-August Schlettwein, ein grauer Haarkranz umrahmt sein kantiges Gesicht, hinter einer dicken, braunen Hornbrille erzählen die lebhaften Augen mit: »1959 sind wir mit dem Vieh getreckt. Wir kamen erst 1964 wieder zurück. Es ging in den hohen Norden, dort gab es die sogenannten Wochenend-Farmer. Das waren Minenarbeiter, die sich eine Farm gekauft hatten. Die verdienten sich jetzt zusätzlich Geld, indem sie ihre Weide vermieteten. Aber ich hatte damals 1000 Stück Vieh, dafür war eine Farm, eine Weide zu klein. Ich habe mir immer wieder gesagt, das Vieh mußt du behalten, nur so kannst du nach der Dürre wieder finanziell gesunden. So habe ich bei einem Farmer eine Koppel gepachtet, bei dem anderen zwei oder ein ganze Farm mit Haus, bis die Tiere untergebracht waren und genügend Weide hatten. Meine Frau blieb dort und versorgte die Tiere. Wenn es schwere Arbeiten gab, bin ich hochgefahren, um ihr zu helfen, dann wieder zurück nach Otjitambi.

Ich hatte 30 Ochsen, die noch einigermaßen gut im Futter waren und die ich verkaufen wollte. Da brach irgendwo Maul- und Klauenseuche aus, der Tierarzt machte einen Kreis auf der Karte, und ich saß mit meinen Ochsen mittendrin. Die habe ich dann später, ich glaube für 13 £ das Stück, verkauft, das war so gut wie weggeschmissen.«

Inzwischen fällt ihm das Farmhaus auf Otjitambi über dem Kopf zusammen. Die Termiten haben das 1907 vom Vater erbaute Haus zerfressen. Carl Schlettwein, der sich nicht nur politisch, sondern auch schriftstellerisch betätigte, gibt in seinem Buch *»Der Farmer in Deutsch-Südwest-Afrika«*, 1907 in Deutschland erschienen, für deutsche Auswanderer folgenden Ratschlag:

»Das für den Hausbau nötige Material, in erster Linie die Lehmziegel, wird der Farmer auf der Farm durch eingeborene Arbeiter anfertigen lassen. Die Herstellungskosten betragen 8 bis 12 Mark das Tausend. 50.000 Steine werden je nach der gewünschten Größe des Hauses genügen. Als Bedachung ist Wellblech am geeignetsten. Dieses, sowie fertige Fenster und Türen, bestellt man am vorteilhaftesten in der Heimat ... Sehr viele Farmen, besonders im Norden, werden das zum Hause nötige Bauholz aus den eigenen Holzbeständen liefern können ... Bretterfußböden werden durch die Termiten, die es im Lande überall gibt, in wenigen Monaten vollständig vernichtet sein. Man stampft deshalb trockenen oder doch wenig angefeuchteten Lehm, nach Art der heimischen Scheunentennen fest in die Zimmer ein. Nachdem der Lehm geglättet wurde und getrocknet ist, wird er einige Male mit Leinöl gestrichen. Ein solcher Fußboden wird mit der Zeit so hart wie der beste Zement ...«

Dazu sein Sohn, Carl-August: »Ich hatte viele Möglichkeiten, mir handwerkliche Kenntnisse von den Handwerkern anzueignen, die mein Vater auf der Farm hatte. Ich kann also ein bißchen tischlern, ein bißchen schmieden, ein bißchen mauern. Als Farmer muß man etwas Tierarzt sein, etwas Menschendoktor, wir müssen Krankheiten bei den Tieren erkennen und uns auch selbst helfen können. Wir können nicht bei jeder Verletzung zum Arzt rennen, der 190 km entfernt ist. Dieses Haus hier habe ich mir selbst gebaut.«

Um das salonartige Wohnzimmer mit einer 10 m langen fensterlosen Wand würde ihn mancher Kunstliebhaber beneiden. Sie enthält ein Kunstwerk, das einmalig in Südwestafrika ist, einen Fries des großen südwester Malers Fritz Krampe. Wie's dazu kam, daran erinnert sich der 77jährige noch genau: »Wir waren mit ihm befreundet. Er kam Ende 1959 hierher und besuchte uns, überraschend wie immer. Ich hatte gerade die Fundamente für das Haus angelegt. Und er sagte: ›Mensch, das gibt ja einen herrlichen Raum, wenn der fertig ist, dann sagt mir Bescheid, dann komme ich, da kommt ein Fries hin.‹ Damals waren die Kramp'schen Gemälde schon nicht mehr ganz billig. Dann standen die Mauern eines Tages, der Putz war fertig, es waren noch keine Decke, kein Boden drin. Fritz Krampe rief an: ›Sagt mal, warum höre ich gar nichts mehr von dem Haus, was ist denn los?‹ Das war an einem Freitag. Er sagte: ›Ich komme am Mittwoch, dann muß alles fertig sein.‹ Ich: ›Krampe, du bist jederzeit herzlich bei uns willkommen, aber es ist gerade die Zeit der ersten großen Dürre, ich kann dich nicht bezahlen.‹ – ›Wer hat was von Bezahlen gesagt?‹, brummte er. Er konnte ganz kurz angebunden sein. Und er kam. Dann hat er hier drei Tage gesessen und sich die Wand angeguckt. Keiner durfte hier vorbeigehen. Am vierten Tag morgens sagte ich: ›So, ich muß dich jetzt allein lassen, nach Outjo einkaufen fahren.‹ Als ich mittags zurück kam, war der Fries da. Ich hatte ihm natürlich ein Gerüst gebaut, auf dem er hin und her toben konnte. Dann saß er wieder zwei Tage davor und betrachtete sein Werk. Auf einmal sprang er mit funkelnden Augen auf, die Leiter rauf, und ich dachte, jetzt reißt er wieder alles ab. Aber er machte da ein paar Striche, dort einen neuen Farbtupfer, und plötzlich sah alles ganz anders aus.«

Der Fries ist 10 m lang und 1 m breit. Der Künstler hat ihn in verschiedenen Brauntönen in Tempera gemalt. Als Motiv wählte er eine Szene aus Ostafrika, Zamburos, die ihr Vieh auf den Markt treiben. Auch gerahmte Gemälde von Krampe hängen im Wohnzimmer, Oryxantilopen in der Etoschapfanne, wilde Hunde.

1963 beginnt das Ehepaar Schlettwein auf Otjitambi eine Gästefarm auszubauen. Ein langes flaches Gebäude, ein paar Meter vom Farmhaus entfernt, enthält acht einfache, praktisch möblierte Zimmer mit Bad. Rund 200 Gäste beherbergen sie pro Jahr. Man macht gemeinsame Ausflüge in die Etoscha-Pfanne oder in die nähere Umgebung und begleitet die Jäger auf die Jagd des farmeigenen Wildes auf dem 12.000 ha großen Gebiet. 38 Rand kostet die Vollpension inklusive vier Mahlzeiten und Bädern im eigenen Thermalbad. Glückliches Otjitambi. Auf dem Farmgebiet entspringt eine heiße Quelle, die gut für Rheuma, Kreislauf- und Hautkrankheiten sein soll. Ein kleines Badehaus neben dem mit normalem Wasser gefällten Schwimmbad wurde extra dafür gebaut. Viele Gäste kommen wegen dieser Quelle wieder. Eine Studienrätin aus Deutschland, heute 60 Jahre alt, hatte im Alter von sechs Jahren Kinderlähmung. Ihr Arzt in Deutschland hat bei ihr eine verbessernde Wirkung des Bades bestätigt.

»Diese heiße Quelle, sie kommt mit 45°C aus der Erde«, erklärt der Farmer, »bleibt immer gleich, ob Regen, Überschwemmung oder Dürre herrschen. Ihr keimfreies Wasser benützen wir zum Kochen, Trinken, Baden. Durch 600 m lange Rohre fließt das Wasser zum Haus. Die Quelle war von jeher eine zuverlässige Wasserstelle der Frachtfahrer, Schutztruppler und Reiter. Das war bestimmt mit ein Grund, warum mein Vater Otjitambi gekauft hat, denn damals gab es noch keine Bohrmaschine, keine Brunnenbauer. Leider konnte ich nie erfahren, was Otjitambi heißt. Seit 40 Jahren frage ich jeden Herero. Nicht zwei haben mir das gleiche gesagt. Einer meinte, vielleicht ›eine schöne Stelle‹. Ich habe nichts dagegen, ich finde es hier auch sehr schön. Und«, schmunzelt er, »in einem Weltatlas von 1950 steht Otjitambi dick drin unter dem Vermerk für die Bezeichnung von Ortschaften unter 20.000 Einwohnern!«

Bis zu 90 % der Gäste reisen aus Deutschland an, auch Österreicher und Schweizer kommen, alle nur durch Mundwerbung. Und viele Jäger, leidenschaftliche und gute. Das Jägerlatein blüht. »Einmal«, lacht der Farmer spitzbübisch, »kam mein jüngster Sohn vom Jagen mit einem Gast zurück und sagte: ›Pappi, ich glaube, der Jäger aus Deutschland vermutet das Herz beim Kudu zwischen den Keulen.‹ Ich fand das eigentlich ein bißchen gemein, denn ein Jäger soll nicht vermuten, er soll wissen, wo das Herz sitzt. Aber dieser Mann schoß jedes Tier auf die Keulen, und damit war für uns das beste Wildbret kaputt.«

Der Grund für den Aufbau dieses Gastbetriebes auf der eigenen Farm waren die Kinder der Schlettweins. »Wir wollten unsere Kinder weiter in die deutsche Privatschule schicken«, erklärt Ehefrau Inge, »damit sie weiterhin ein gutes Deutsch sprechen und nicht ›dreisprachig‹ werden, d.h. nicht alle drei Landessprachen, Afrikaans, Englisch und Deutsch, durcheinander in einem Satz verwenden, und auch, damit sie studieren können.« Es ist ihnen gelungen. Alle sechs haben studiert. Die Kosten für den Haushalt, die Löhne der Naman, mal ein Buch, mal eine Schallplatte können davon, unabhängig vom Ertrag der Farm, getragen werden.

Drei Damara-Mädchen und eine Bügelfrau helfen der Farmerin im Haushalt und in der Pension. »Sie arbeiten halt sehr langsam.« Zwanzig Jahre Erfahrung stehen hinter diesem Satz. »Es dauert ewig, bis sie angelernt sind. Ich muß immer wieder, jeden Tag, alles nachsehen, daß die Gästezimmer sauber sind, daß die Ecken nicht rund werden.« Sie näht ihre gesamte Hauswäsche selbst, die gekauften Laken sind zu kurz oder zu teuer, die Kopfkissen passen nicht. »Aber«, sie schüttelt ihren Kopf, »das den Mädchen auf der Tret-Nähmaschine beizubringen, das haut nicht hin. Dieses gleichmäßige Treten, das schaffen sie nicht.«

Schaffen mußte auch Carl-August Schlettwein mit Hilfe seiner Frau ein ganzes Leben lang. So ein Farmtag beginnt morgens um 6.30 Uhr. Die beiden hören im Radio die ersten Nachrichten. Fünf Schwarze, die mit ihren Familien in kleinen Steinhäusern auf dem Farmgelände leben, kommen zur Arbeit. Carl-August Schlettwein: »Ich verteile die Arbeit.« Er zählt auf: »Irgendwo müssen eine Wasserpumpe oder Zäune repariert werden, die 120 km langen Zäune abgefahren werden. Dann frühstücken wir. Ich schließe mich dann einem Arbeitstrupp an, der der Aufsicht bedarf, denn man muß sich darüber klar sein, daß, wenn man nicht dabei ist, nur ein Teil dessen erledigt wird, was man erwarten könnte, aber ich habe mir sagen lassen, daß das inzwischen eine internationale Erscheinung geworden ist. Dann kommen die Vieharbeiten. Die Kälber müssen regelmäßig nach Augenkrankheiten durchgesehen, die kleinen Hörnchen abgebrannt werden. Das ist sehr wichtig, weil einmal die viele Kraft, die in den Aufbau des Hornes geht, dann dem Körper zugute kommt und zum anderen, weil unser Markt in Südafrika ja sehr weit weg ist und sich das Vieh, wenn es verladen wird, durch die Hörner schwer verletzen kann. Oder es müssen Einzäunungspfähle gesägt oder neue Koppeln eingezäunt werden. Inzwischen sind ja auch Koppeln dazugekommen, obwohl wir da nach modernen Gesichtspunkten noch sehr weit zurück sind. Die ideale Größe einer Koppel soll heute 200 ha sein, das wären bei 12.000 ha 60 Koppeln. Jetzt muß man bedenken, daß zu jeder Koppel eine Wasserstelle gehört, eine Tränkanlage. Und nun möchte ich mal einen Wirtschaftsexperten fragen, wohin das geht, bis die Farm überkapitalisiert ist. Wir haben ja eine Jagdgästefarm, und die Abschüsse bringen uns eine ganze Menge Geld. Also muß ich meinen Wildbestand genauso pflegen wie meine Rinder. Wenn ich nun meine Farm in 200-ha-Koppeln aufteilen würde, hieße das praktisch: Vergiß dein Wild, denn das muß sich frei bewegen können.«

Auf der Farm wird alles verwertet, alles selbst gemacht. Dickmilch, Kochkäse, Butter. Sie wird auf Otjitambi noch auf primitive Art mit einem Stampfer im Holztrog produziert. Vom Wild stellt Schlettwein selbst köstliche Wurstsorten her, Kuduleberpastete, Pfefferwurst, aus den Keulen Rauchfleisch, aus dem Rücken Braten, Steaks, Rouladen. Das andere Fleisch bekommen die auf der Farm lebenden schwarzen Familien. Diese Arbeiter, sie verdienen 80 bis 150 Rand im Monat bei freier Wohnung, bekommen alle 14 Tage pro Mann rund 4 kg frisches Fleisch. Für dieses Fleisch muß der Farmer Umsatzsteuer bezahlen. Zum Wild auf seiner Farm gehören Oryxantilopen, Kudus, Springböcke, Warzenschweine und Steinböcke. Aber manchmal auch Raubtiere. »Ein Löwe war vorgestern am Hauseingang, der reißt die Rinder«, erzählt Carl-August Schlettwein. »Jürgen, der ein guter Jäger ist, hat sich auf seine Spur gesetzt und am Damm auf dem Farmgelände übernachtet. Kein Löwe, nichts passiert. Doch als er morgens aufsteht, sieht er, daß der Löwe die ganze Nacht zehn Meter hinter ihm gesessen hat. Jürgen verfolgte die Spur. Der Löwe war zum Auto gegangen.« Der Landwirt lacht: »Hat nur noch gefehlt, daß der Löwe sein Bein gehoben hätte, um seine ganze Verachtung zu zeigen.«

Zum Mittagessen um ein Uhr kehren alle vom Farmgelände zurück. Von zwei bis drei Uhr ist »heilige« Mittagsruhe. Carl-August Schlettwein mit verstecktem Humor, grinst: »Um drei Uhr wird gebimmelt, die ›Sklavenglocke‹ wird gerührt. Als die Unabhängigkeitsbewegung immer stärker wurde und die Diskriminierung der Rassen immer differenzierter, habe ich meine Naman gefragt: ›Wie ist das, soll ich euch mittags noch läuten oder wollt ihr lieber selber nach der Uhr gucken und zur Arbeit kommen?‹ – ›Nein, natürlich mußt du klingeln, Mister‹, haben sie gesagt, ›wir müssen doch hören, wann du kommst.‹« Bis fünf Uhr abends bleibt er mit seinen Leuten draußen. Nach dem »Fünfuhrtee« macht er sich an die Arbeit im Garten vorm Haus. Erdbeeren wachsen hier, Karotten, Blumenkohl, alles mit viel Mühe gehegt und gepflegt. Nach Sonnenuntergang gibt's Abendessen. Dann folgt die Korrespondenz für die Gästefarm, Rechnungen bezahlen, Einkäufe müssen vorbereitet und erledigt werden. Ein eigener Stromgenerator liefert Licht.

Seinen Hobbys, der Tierfotografie und der Schriftstellerei, kann er nur selten nachgehen: »Ich habe einen Verleger in Deutschland, aber noch kein Buch. Ich habe keine Zeit. Vielleicht geht es allen so, die ein wenig schriftstellern, ich muß mich konzentrieren können. Aber wenn dann eine ›schwarze Seele‹ kommt, die mag noch so nett sein, und dann sagt: ›Mister, ich brauch' das und das‹, ist alles wieder weg.«

Vor ein paar Jahren hat sich das Ehepaar ein Haus in Swakopmund gekauft. Aber es kann sich jetzt, obwohl der jüngste Sohn die Farm übernommen hat, noch nicht dorthin zurückziehen. Carl-August Schlettwein: »Meine Frau wird noch für die Gästefarm gebraucht, denn für einen jungen Farmer ist es heute sehr schwer, eine Frau zu finden, die auf die Farm geht. Es ist fast unmöglich, eine Frau zu bekommen, die das leistet, was meine Frau arbeitet und geleistet hat. Es laufen bestimmt irgendwo nette, tüchtige Mädchen rum, aber die haben ja kein Schild umhängen.«

Und so müssen sie noch bleiben und hoffen, daß nicht wieder so schwere Zeiten kommen wie das Jahr 1981. »Das war das schlimmste Dürrejahr, das ich in meinem ganzen Leben erlebt habe«, erinnert sich der Farmer: »Statt durchschnittlich 300 mm hatten wir keine 100 mm Regen. Und die nur in kleinen Schauern, die sofort verdunsteten. Ich habe zwar inzwischen eine ganze Menge Dämme gebaut. Die

Stehend v.l.: Carl-Hermann, Hans-Peter, Inge, Jürgen, Carl-August, Waltraud; sitzend v.l.: Anka, Wiebke

verleiten oft zur falschen Vorstellung: ›Warum bauen Sie kein Futter an, Sie haben doch Wasser?‹, fragen dann Leute. Aber die Dämme reichen nicht zum Bewässern, die sind gedacht, den unterirdischen Wasserspiegel zu halten, denn der ist im Laufe der Zeit, seit Südwest besiedelt wurde, glaube ich, um 10 m gefallen. 1981 gab es keine Notweide. Also mußte ich bei anderen Farmern regelrecht betteln gehen. Die Weidepreise waren so hoch gestiegen, daß ich es einfach nicht bezahlen konnte. Ich habe zweihundert Tiere bei Verwandten untergebracht, ein paar Milchkühe durchgefüttert und den Rest von 600 Rindern verschleudert. Meine besten Zuchtkühe sind damals im Owamboland in die Fleischfabrik gegangen. Deshalb stehe ich jetzt mit 400 Rindern auf einem absoluten Tiefstand. Ich hätte heulen können.

Die Administration schreibt für jede Gegend eine Bestockung vor. Für hier waren 10 ha für ein Rind festgelegt. Aber das war im Grunde genommen zuwenig, so wurde es auf 12 ha heraufgesetzt. Jetzt habe ich es meinem Sohn überlassen, auf 16 ha pro Rind zu erhöhen, bis sich die Farm wieder richtig erholt hat, um dann vielleicht auf 14 ha pro Tier runterzugehen. Auch das Wild hat enorm gelitten, wir haben bestimmt 200 Kudus verloren, die Wildschweine sind regelrecht verhungert. Ich schätze, daß ich noch 250 Stück Wild habe.«

Trotz der Probleme und Sorgen, die ihm seine Farm im Nordwesten des Landes und 300 km von der angolanischen Grenze entfernt bringt, zieht es den Farmer nicht einmal hinaus unter Menschen, in die Stadt: »In die Landeshauptstadt fahre ich eigentlich nie, höchstens um am Flughafen Gäste abzuholen. Das erste Mal sah ich Windhoek 1927 im Alter von 20 Jahren. Damals durfte ich das Auto meines Vaters fahren, einen Chevrolet mit Holzaufbau und furchtbar harten Reifen.« Ans Meer nach Swakopmund kam er zum ersten Mal 1932.

Zur Zukunft seiner Heimat meint der Mann, der Nama, Afrikaans, Englisch und Deutsch spricht: »Eine Unabhängigkeit für Südwestafrika kann es nach der Entwicklung der Dinge nur mit einer Mehrheitsregierung geben. Ich glaube nicht, daß ein einziger Stamm unserer Schwarzen Südwest wirtschaftlich und politisch so führen kann, wie es für dieses Land notwendig ist.«

Trockenflußbetten durchziehen die Farm, alte entwurzelte Kameldornbäume an ihren Ufern, wilde gespenstische Natur, Sand, Sand, Sand, dürre Büsche mit zentimeterlangen Dornen, gelbe Grashalme, Stille. Aufgepflanzten Bajonetten gleich glitzern die Hörner der Oryx in der ewigen Sonne. Ein Steinbock äst am Horizont. Rot schimmern die Berge aus Granit, Steine bedecken den kargen Boden. »Ich möchte nicht einen davon missen.« Carl-August Schlettwein, Farmer auf Otjitambi.

**Nachtrag 2001
von Anka Eichhoff, geb. Schlettwein:**

...und an einem dieser Granitbrocken mitten im Busch ruht Carl-August seit dem 21. April 1988 kurz nach seinem 80. Geburtstag. Die Grabstelle hatte er sich schon lange vorher ausgesucht. Er bekommt viel Besuch: Kudus, Bergzebras und Oryx ziehen auf einem Wildpfad direkt an seinem Grab vorbei. Paviane treiben auf den Felskuppen rundherum ihr Unwesen. So wollte er es gerne haben. 1988 war kein gutes Regenjahr auf Otjitambi. Die Weide für Rinder und Wild war knapp. Ist es da ein Wunder, dass am Tage nach der Beerdigung Carl-Augusts die Kränze vom Grabhügel gezogen und aufgefressen waren?

Seitdem wirtschaften Jürgen und seine Lebenspartnerin, Uschi, auf Otjitambi. Auch sie sind nicht von Magerjahren verschont geblieben und mussten durchhalten. Jürgen hat das Problem der Trockenheit versucht zu lösen, indem er der Viehwirtschaft weniger und dem Gäste- und Jagdbetrieb mehr Gewicht verlieh. Wo Carl-August und Inge die Ausnahme mit ihrem Gästebetrieb bildeten, sind Jürgen und Uschi heute ein Paar unter vielen, die durch Jagd- und Gästefarm ihr Leben fristen.

Die Konkurrenz ist groß. Spaßeshalber wird schon behauptet: In Namibia gibt es zwei Arten von Farmen, nämlich Gäste- und Jagdfarmen und verlassene Farmen. Fast stimmt es.

Jürgen ist ein ebenso passionierter Jäger, Naturfreund und -kenner und Tierfotograf wie schon Carl-August. Stolz zeigt er den Gästen die Farm. Auf selbst angelegten Wegen geht die Fahrt im Unimog über Stock und Steine, durch Schlote und Riviere, über Klippen und an Wasserlöchern vorbei. In den letzten 16 Jahren hat er einige Wasserstellen für das Wild angelegt, meist Schüsseldämme, in denen sich das Wasser nach einem guten Regen sammelt. Aus gut geschützten Ansitzen kann man das Wild beobachten, fotografieren und sich daran erfreuen.

Auch nutzte Jürgen den alten Palmenhain wieder, der von Großvater Carl angelegt worden war. Robuste luftige Häuschen, Duschen, WC. Eine Küche und ein Grill und Essplatz unter den alten Palmen am Fuße des Otjitambiberges lassen den Camper den Alltagsstress vergessen.

Die Ehrfurcht vor und die Liebe zur Natur, die Jürgen und seinen Geschwistern von Carl-August vermittelt wurde, zeigen sich in der Art, wie das Land genutzt wird, ohne viel Schaden anzurichten.

Die Liebe zu seinem Land lässt den Farmer Trockenzeiten, finanzielle Not und Entbehrungen ertragen. Sie macht ihn zu einem unverbesserlichen Optimisten, der jedes Jahr aufs Neue auf eine gute Regenzeit hofft.

Deutsch-Südwestafrika in der Kolonialliteratur

Ein Überblick

Janina Wozniak (1984)

Es wurden bereits mehrere Artikel zur südwestafrikanischen Kolonialliteratur veröffentlicht, die Ausführungen von Werner Tabel im »Afrikanischen Heimatkalender« sind besonders nennenswert.

Es muß bei der Besprechung stets daran gedacht werden, daß es sich in der literarischen Kritik nicht um Urteile über die Lebensweise jener Zeit handelt, sondern lediglich über die in der Literatur auftretende Interpretation jener Zeit. Da diese Literatur den Standpunkt der Kolonisten weitgehend richtig und ihr Leben von diesem Standpunkt aus sehr anschaulich schildert, kann man leicht dieser Verwechslung der Kategorien zum Opfer fallen.

Es ist im Rahmen dieser Übersicht sinnvoll, kurz auf die Bedeutung der Kolonien für das Deutsche Kaiserreich einzugehen.

Aus der fiktiven und narrativen Literatur und aus den Veröffentlichungen des Reichskolonialamtes scheint hervorzugehen, daß es sich bei Südwestafrika um eine Siedlungskolonie für das Volk handeln sollte, dem die Heimat »zu eng« geworden sei. Doch wenn man die heutigen Bevölkerungsziffern mit jenen um die Jahrhundertwende vergleicht, erscheint diese sogenannte »Enge« in Deutschland eher als eine gesellschaftliche Enge. Aus Dokumenten wird deutlich, daß es bestimmten Bank- und anderen kolonialen Interessen vielmehr um den materiellen Gewinn ging, den die Kolonien einbrachten. Bedenkt man Bevölkerungsziffern der Kolonien und vergleicht man Auswandererzahlen, z. B. nach Amerika, mit denen für die deutschen Kolonien, so zeigt sich deutlich die geringere Bedeutung der deutschen Kolonien als Siedlungsland im Vergleich zu Amerika, Australien, Kanada und Neuseeland.

Der Raumgedanke eignete sich jedoch gut zur Propagierung der Kolonien, und es beweist sich in der Literatur, wie sehr zumindest die Kolonisten ihn verinnerlicht haben. Das von den Nationalsozialisten später mißbrauchte Werk von Hans Grimm, *Volk ohne Raum,* beweist durch seine hohen Auflagen die Durchschlagskraft dieses Gedankens auch in Deutschland. Die Romantik des Lagerfeuers, der Einsamkeit im Busch und nicht zuletzt die Attraktion der Herausforderung durch physische Anforderungen in diesem »harten« Land verfehlten nicht ihr Ziel.

Der deutsche Auswanderer, dem es in der Heimat »zu eng« geworden war, konnte sich in der Kolonie ganz nach den »Gesetzen der Natur« verhalten und sich beweisen. Diese Ideologie berief sich auf die germanischen Vorfahren und rief den Deutschen auf, es ihnen gleichzutun. Das bedeutete einmal, daß er »zur Natur zurückkehren« mußte, nicht wie Rousseau meint, in die naive und freundliche Natur, sondern in die gefährliche, drohende Natur. Damit eng verbunden war aber die Legitimierung, andere Völker, die sich dieser Bewegung etwa in den Weg stellen wollten, rücksichtslos zu unterwerfen, »wie es schließlich auch die Germanen getan hatten«. Das rechtfertigte unter anderem die gnadenlose Haltung den afrikanischen Völkern gegenüber, die leider doch in diesem angeblich menschenleeren Land ansässig waren. Ihre Unterwerfung war eine Notwendigkeit; sie als Knechte streng, aber gerecht zu behandeln ein Vorwand, hinter dem sich Brutalitäten versteckten.

Der in sehr vielen Werken auftretende Drang zum Abenteuer bedeutet im Grunde genommen ein »Sich-Beweisen«, eine bedrohliche Situation zu meistern. Das ist im physischen Sinne zu verstehen – der Held will sich zum »Herren« über seine Umwelt machen. Es bot sich in der Kolonie für den deutschen Auswanderer oder auch »Kulturflüchtling« die Gelegenheit, natürliche und etwaige menschliche Gegner zu unterwerfen. Damit wird eine weltanschauliche Grundlage des »Herrenmenschen« sichtbar. Weil es ihm in der Heimat nicht möglich war, seinen gewohnten Lebensstandard beizubehalten, zog er in die Kolonie. Dort aber förderten die menschlichen Beziehungen eher kämpferische Verhaltensweisen. Daher mußte er die geistigen und gesellschaftlichen Werte in der Heimat ignorieren und sich physisch behaupten. Das heißt in anderen Worten, irgendeine Form von Gewalt ausüben.

Dies mag manchem ungerecht kritisch klingen und scheint ganz die Entbehrungen zu übersehen, die jene Auswanderer auf sich nahmen, um bessere Lebensumstände zu finden. Das wird nicht intendiert – der Leser soll sich nur kurz der Problematik bewußt werden, die fast durchweg in der erzählenden Literatur über die Kolonie Deutsch-Südwestafrika existiert. Erst durch den Vorteil des zeitlichen Abstands kann sie etwas klarer erkannt werden. Verschiedene Autoren, so Gustav Frenssen *(Peter Moors Fahrt nach Südwest),* Bernhard Voigt *(Die deutsche Landnahme)* und Hans Grimm *(Volk ohne Raum),* stellen diese Problematik in den Vordergrund des Erzählens und versuchen, sie auf die damals übliche Weise mit dem »Recht des Stärkeren« und der »Raumnot« der europäischen Völker zu rechtfertigen.

In sehr vielen deutschen Haushalten des Landes fand ich Werke deutscher Kolonialliteratur. Wer kennt nicht zumindest einen dieser Namen – Hermann Alverdes, Karl Angebauer, Maximilian Bayer, Clara Brockmann, Ludwig Conradt, Ada Cramer, Karl Dove, Margarethe von Eckenbrecher, Alfred Feuerstein, Gustav Frenssen, Adolf Fischer, Hans Grimm, Lene Haase, Lydia Höpker, Orla Holm, Wilhelm Mattenklodt, Paul Ritter, Kurd Schwabe, Else Sonnenberg, Julius Steinhard, Bernhard Voigt, Georg Voswinckel, P. Walter, E. Weber und die Übersetzungen zu Charles John Andersson und Francis Galton? Das sind nur wenige von denen, die Erlebnisse in »Südwest« veröffentlicht haben. Was war der Anlaß? Es ist nicht zu leugnen, daß sich Siedler, Soldaten, Handwerker und auch Besucher von der eigenartigen Schönheit des Landes gefangennehmen ließen, eine Faszination, die auch das »Südwesterlied« ausdrückt. Bei Adolf Fischer findet sich eine weitere Begründung der festen Bindung der Siedler an ihr Land (aus den Aufzeichnungen des bei Owikokorero gefallenen Otto Eggers):
»In Südwestafrika steckt eine gewaltige Energie. Sie liegt in seiner Unwirtlichkeit.«

Das impliziert, daß jene »Energie« in der Herausforderung liegt, die der Siedler in dem »trostlosen« Land empfindet; im Appell an seine physischen und landwirtschaftlichen Fähigkeiten.

In vielen Werken spiegelt sich die Freude über die aktive Teilnahme am Erschaffen der eigenen Lebensumstände. Dies ist vor allem das Hauptmerkmal der »Farmererzählungen«, wie jene von Wilhelm Frenkel *(Farm Deutschental),* Lydia Höpker *(Um Scholle und Leben),* Margarethe von Eckenbrecher *(Was Afrika mir gab und nahm),* Adolf Kaempffer *(Farm Trutzberge),* Hans Grimm *(Das deutsche Südwesterbuch),* Maria Karow *(Wo sonst der Fuß des Kriegers trat),* Friede Kraze *(Heim Neuland)* und Bernhard Voigt *(Die Farmer am Seeis-Rivier).* Die bedrohlichen Umstände werden übernommen, unter schweren Entbehrungen wird eine Existenz aufgebaut. Selbstverständlich schätzt der Eigentümer diese neue Heimat sehr hoch ein, gerade weil er so unermüdlich dafür arbeiten mußte. Dieses Schaffen ist es, was den verwöhnten Jungen »zum Mann macht«, was »etwas mehr Härte ins Blut« bringt, wie Hans Grimm es ausdrückt. Auffallend ist, daß die Frauen, welche ihre Erlebnisse aufzeichneten, sehr ähnliche Meinungen vertreten wie ihre männlichen Kollegen. Nur bei Orla Holm zeigt sich eine gefühlvollere Schilderung, die zu ihrer Zeit fast künstlich wirkte. Deshalb wirft auch G. P. J. Trümpelmann (1933) den weiblichen Autoren eine zu emotionelle Schilderung vor.

Nicht immer verläuft der »Reifeprozeß« wie vorgesehen – nicht immer besteht der Held seine Abenteuer, gewisse Charaktere scheitern. In Hans Grimms Erzählung »*Die Geschichte vom alten Blut und der ungeheuren Verlassenheit*« verläuft die Entwicklung der beiden Adligen aus Deutschland (denen in der Heimat nicht mehr geholfen werden konnte, weil Hof und Familie verschuldet waren) nicht wie vom Vater beabsichtigt. Mit zwei Damarafrauen leben sie im Kaokoveld, weitab von allen Weißen, und »verkaffern«, geraten in Abhängigkeit von den Damara-Arbeitern und werden schließlich Alkoholiker. Der eine stirbt an Alkoholvergiftung, der andere begeht endlich Selbstmord, nachdem er sich noch einmal mit seinen weißen Nachbarn zu Tisch gesetzt hat und einsieht, daß er zu schwach ist, die weite Kluft zur »zivilisierten« Lebenshaltung wieder zu überwinden.

Die Kriege gegen die afrikanischen Völker wurden in zahlreichen Werken dokumentiert, viele sind rein berichtender Art, manche jedoch auch in Romanform. Wohl das bekannteste Werk ist Gustav Frenssens »*Peter Moors Fahrt nach Südwest*«. Peter Moor kommt als »dummer Soldat« nach Südwest, in der Meinung, hier Palmen und Löwen und mit Flitzebogen bewaffnete Negerlein anzutreffen, und muß erst durch Feldzüge, Hunger, Durst, Krankheit und Verwundung gehen, bis er am Ende »Manns genug« ist, den letzten anstrengenden Vernichtungsritt gegen die Hereros in die Omaheke mitzureiten. Bei Peter Moor ist ein Reifeprozeß vorhanden. Margarethe von Eckenbrecher *(Was Afrika mir gab und nahm)* aber stellt die oft hilflose Lage der Siedler schlicht und deutlich in einem Gespräch mit ihrem Mann dar: »Da fragte er mich, ob ich erlaube, daß er, wenn die Station fiele, erst das Kind und dann mich erschösse ... Ich hatte das Gefühl, als ob mir übel würde, willigte aber sofort ein.«

Die Werke von Hermann Alverdes *(Mein Tagebuch aus Deutsch-Südwest),* Maximilian Bayer *(Ist Okowi treu?),* Helene von Falckenhausen *(Ansiedlerschicksale),* A. von Engelbrechten *(Der Krieg in Südwestafrika),* H. Belwe *(Gegen die Herero),* Fr. Henkel *(Der Kampf um Südwestafrika),* Erich von Salzmann *(Im Kampfe gegen die Herero),* Paul Rohrbach *(Aus Südwestafrikas schweren Tagen),* Kurd Schwabe *(Mit Schwert und Pflug in Deutsch-Südwestafrika)* und Werner Grumpelt *(Im Herzen von Deutsch-Südwest – Erlebnisse des Reiters Albin Freier)* sind nur ein paar der Vielzahl von Darstellungen.

Die Jagd bot viele Gelegenheiten zum Abenteuer. Es entstanden daher zahlreiche Jagdberichte und -erzählungen. Frühe Werke zeigen eine betont ausbeuterische Haltung der Wildnis gegenüber, von försterlicher Fairneß ganz zu schweigen. So schreiben Andersson und Galton von Jagden, die eigentlich eher Schlachtereien waren, und auch Voigt weist zu Anfang des Buches »Die deutsche Landnahme« auf die Schießfreudigkeit der »Buren« hin, die ziehende Springböcke unter Schnellfeuer nahmen. Dahingegen macht sich in den späteren Werken von Hans Anton Aschenborn, Adolf Fischer, Wilhelm Mattenklodt und Bernhard Voigt meist eine waidgerechtere Haltung bemerkbar, das Wild wird verfolgt, wenn es angeschossen ist, bis zur körperlichen Erschöpfung des Jägers selbst. So kritisiert auch Fischer die »großen Jäger«: »Als ich 1907 dem Pfluge eines Farmers in Chudib folgte, kamen Unmassen von Elefantenknochen ans Tageslicht. Wir waren auf eine Grabstätte aus der Zeit der alten Jäger gestoßen.«

Eine besondere Art der Tiererzählung sind jene, in denen Tiere eine mystische Funktion haben, so bei H. Grimm *(Schakale, Der Kamelhengst)*, Hans Anton Aschenborn *(Die Rache der Termiten)*, Julius Steinhardt *(Vom wehrhaften Riesen und seinem Reiche)*, Wilhelm Mattenklodt *(Die schwarze Sphinx)* und Adolf Fischer *(Menschen und Tiere in Deutsch-Südwest)*. Die Tierwelt steht oftmals für die bedrohte Wildnis: Eingriffe des weißen Menschen (das Einfangen und Aufziehen von wilden Tieren und Jungtieren) werden z. B. in Aschenborns Erzählungen kritisch kommentiert *(Hans der Kudubulle, Die beiden Rosenpapageien)*.

Auch die Gefahren der Wüste sind in vielen Erzählungen aufgezeichnet. Der Kampf mit der Trockenheit wird meist als Kontrast zum Diamantenrausch oder Goldrausch dargestellt – je näher sich der Verdurstende dem Schatz glaubt, desto schlimmer wird seine Not. So stellt Adolf Niess *(Diamanten, Dornen, Durst)* sehr treffend dar, wie ein Prospektierer im Khan mit seiner Gier kämpft: einerseits will er zum vermeintlichen Goldfund gelangen, zum anderen aber sollte er die Rückkehr antreten, weil seine Kameraden und die Reittiere am Ende ihrer Kräfte sind. Nach dem Tod mehrerer Pferde erst gibt er nach.

Nicht immer jedoch überlebt der Berauschte, oft wird er wahnsinnig und bleibt verschollen. Hans Grimms Utz Himmelreich *(Utz Himmelreichs Schlüssel)* verliert ganz den Verstand auf der Suche nach einem Schatzland in der Namib, schließt sich einem Buschmann an und stirbt endlich im heißen Sand. Ähnlich gerät der verzweifelte Rosch *(Volk ohne Raum)* in schwere Not, weil er sich in seiner Hoffnung auf Reichtum in der Wüste verläuft. Selbst landesgewohnte Schutzpolizisten können in Schwierigkeiten geraten. Das geschieht dem Wachtmeister in Grimms Erzählung *Dina,* der von seinem Pferd verletzt wird und sich von einem alten, halbirren Buschmann retten lassen muß. Seine Haushilfe, die junge Buschmannfrau Dina, muß ihm die rechte Hand abschlagen, damit er nicht an Blutvergiftung stirbt.

Letztlich sind einige Werke zu nennen, die Taten von deutschen Kolonialpionieren aufzeichnen. Ewald Banse *(Unsere großen Afrikaner)* gibt uns kurze Biographien der geistigen und politischen Urheber der deutschen Kolonien, Hans Grimm *(Das deutsche Südwesterbuch)* berichtet von einigen der ältesten Familien in Südwest, Meno Holst *(Lüderitz erkämpft Südwest)* schrieb wohl einen der letzten Nachrufe über die Kolonialzeit. Ein ausführlicher Bericht ist Theodor Leutweins »Elf Jahre Gouverneur in Deutsch-Südwestafrika«.

Abgesehen von einigen Werken, die offensichtlich zum Teil zur Belustigung und Unterhaltung der Leser verfaßt wurden (z. B. Karl Angebauer und Julius Steinhard), ist die Kolonialliteratur über »Südwest« im allgemeinen recht ernst, wirkt teilweise sogar finster. Wie G. P. J. Trümpelmann in der ersten, frühen Arbeit über das »schöngeistige Schrifttum« sagt: »Sein Kampf gegen häufige Verständnislosigkeit und Überhebung der vorgesetzten Behörde, gegen Faulheit und schlechten Willen, Hinterlist und Raublust der Eingeborenen, gegen die Unbilden der Witterung und des Klimas, die sich alle gegen ihn verschworen zu haben schienen, ließen ihn indessen auch still, hart und mißtrauisch werden. Er lernte seine Gefühle in sich verschließen, lernte mit rauhem Scherzwort über Schmerzliches hinwegzugehen und sich zu schämen zuzugeben, irgend etwas habe ihn betroffen.«
Diese Aussage faßt die allgemeine Haltung in der Kolonialliteratur recht deutlich zusammen und zeigt ebenso klar die Schwächen jener Zeit.

Sehr starkes Mitleid mit den deutschen Siedlern und die Forderung »Gebt uns unsere Kolonien wieder!« werden aus fast allen Werken laut, die nach dem Ersten Weltkrieg erschienen. Bei den vor dem Krieg erschienenen Werken ist vor allem die Überbetonung der menschlichen Werte der Deutschen und die absolute Abwertung der afrikanischen Rassen typisch, die die dunklen Völker den Tieren nahesteht und ihre Bestimmung zur dienenden Klasse als »natürlich« voraussetzt.

Die Kolonialliteratur ist noch kaum adäquat bearbeitet worden und bildet eine reiche Quelle für weitere literarische und soziologische Untersuchungen. Eben durch ihre subjektive Lebensnähe wird sie zum Dokument ihrer Zeit, welches die Charakterzüge, Stärken und Schwächen der Kolonisten in allen Feinheiten aufzeichnet.

Die weiße Dame der Hai-‖om

Ilse Schatz, ihre Buschleute und das Museum Tsumeb

Sigrid Kube (1984)

Ergänzung: Klaus A. Hess

Das junge Mädchen treibt sein Pferd an, galoppiert über den sandigen Weg. Schnell läßt sie die Farm Otjimavare-Süd am Omuramba Omatako hinter sich. Der Kerzenschein im Hartebeest-Haus ist verloschen. Es ist Vollmond. Der Wind peitscht das blonde Haar aus der Stirn. Ilses linkes Bein ist geschwollen. Die Stelle am Schienbein, wo die Schlange zugebissen hat, schmerzt. Es gibt keinen Arzt. Der Nachbar ist 15 km entfernt. – Südwestafrika im Jahre 1945.

Ilse Schatz, das sechzehnjährige Mädchen, hat den Schlangenbiß überlebt. Heute führt die temperamentvolle Frau ein Museum in Tsumeb, der ersten Minenstadt Südwestafrikas. Sie ist eine der modernen Pionierinnen dieses Landes, wenn man einen hier geborenen Menschen überhaupt als Pionier bezeichnen und dem Pionier das Attribut modern geben kann. Ilse Schatz gehört zu den Leuten, die man auf den ersten Blick mag, die durch ihre Ehrlichkeit faszinieren. Denen man stundenlang zuhören kann, wenn sie aus ihrem Leben erzählen.

1929 in Grootfontein geboren, wächst das Kind, gemeinsam mit seiner zwei Jahre älteren Schwester Hildegard, auf der Farm Schaffeld auf. Die Farm liegt in der sogenannten Palmfläche, 30 km von Grootfontein entfernt. Als sie mit vierzehn aus der Schule kommt, schicken ihre Eltern sie zu einer Familie nach Swakopmund, »damit sie Haushalt lernt«, ein Jahr lang. 1945 pachtet der Vater an der Grenze zum Herero-Reservat »Otjituo«, 22 km von Schaffeld entfernt, die Farm Otjimavare-Süd, dazu. »Dort spielten meine Schwester und ich abwechselnd im Dreimonate-Turnus Farmverwalter«. Lustig lachen ihre Augen, die Grübchen auf den Wangen schmunzeln mit. Ilse Schatz: »Wir wohnten in einem Hartebeest-Haus. Das ist aus Kuhmist. Man rammt Pfähle in den Boden, verbindet den Mörtel dazwischen mit Kuhmist, verschmiert das Ganze, kalkt es weiß. Fertig. Es gab keinen Strom, kein Radio, kein Telefon. Deswegen hatte ich immer mein Pferd bei mir. So ging ich eines Abends mit einer Kerze ins Schlafzimmer, merkte etwas Glitschiges an meinem Bein und einen seltsamen Stich. Ich war auf eine Schlange getreten. Ich läutete die Glocke. Die Farmarbeiter kamen angerannt: ›Die Missis ist von einer Schlange gebissen worden.‹ Zum Glück war's vorne am Schienbein. Ein Schwarzer hat die Stelle aufgeschnitten und ausgesaugt, ein anderer mein Pferd gesattelt. Dann bin ich 15 km zum nächsten Farmer geritten, wie eine Verrückte galoppiert. Tobias Günzel, der Nachbar, hatte auch kein Auto, um zum Arzt zu fahren und meinte, Schnaps sei das beste gegen Schlangenbiß. Am nächsten Tag hatte ich einen Kopf, der platzte fast, ich wußte nicht, ob das vom Schnaps oder vom Schlangenbiß kam. Ich blieb ein paar Tage bei Günzels, dann bin ich wieder nach Hause geritten. Da erfuhr ich, daß ein Buschmann hinter meinem Pferd hergelaufen war, bis ich bei Günzels ankam. Er wollte mich beschützen, für den Fall, daß ich es nicht schaffte. Damals lebten acht Buschleute und ihre Familien bei uns. Oft kamen die Hereros nach Otjimavare-Süd. Sie wollten ihre Rinder verkaufen, denn es gab zu jener Zeit noch keine Viehversteigerungen. Ich sah mir die Tiere an. Ich hatte keine Waage. Ich konnte genau taxieren, wieviel das Hererovieh mit den langen Hörnern wog und wert war. Unser Palaver hat manchmal stundenlang gedauert.«

Einmal im Monat kommt der Vater mit seinem alten Ford, Baujahr 1928, auf die Farm, bringt Essen und Löhne für die Arbeiter. Er verlangt viel von seinen erst 18 und 16 Jahre alten Töchtern, stammt er, Franz Meng (1897–1976), doch selbst aus einer alten Bauernfamilie in Ladenburg am Neckar. Schon als junger Mann mußte er auf dem väterlichen Hof hart zupacken. Nach dem frühen Tod seiner Mutter sind fünf Geschwister zu versorgen. Und er soll einmal den Betrieb erben. Aber es kommt anders als geplant. Schuld daran ist die Liebe. Franz lernt Marie kennen. Bald stellt er das junge Mädchen aus Hessen dem Vater als Braut vor. Der tobt, weil es keine Bauerntochter ist, schimpft: »Diese Stöckelschuhdame kommt mir nicht ins Haus.« Da beschließt Franz, nicht auf Marie, aber auf Hof und Erbe zu verzichten. Er will auswandern.

In den Zeitungen liest er Verlockendes über Südwestafrika. Dort könne man Land für eine Mark pro Hektar kaufen, Weizen und Sisal anpflanzen. Auch andere Farmprodukte ließen sich gut absetzen. Ein Freund des verliebten Franz, ein Metzger aus Handschuhsheim, schon verheiratet und wohlhabend, ist mit von der Partie. Der Freund leiht ihm Geld für die Überfahrt. Die beiden jungen Ehefrauen sollen nachkommen. Endlich in Südwestafrika an Land, fahren Freund und Franz so lange mit dem Zug quer durch die neue Heimat, bis er an der Endstation hält. Das ist Grootfontein. Sie steigen im Nordhotel ab. Und stellen mit Entsetzen fest, daß alles gar nicht so rosig ist, wie es in den deutschen Zeitungen zu lesen war. Weizenanbau gibt es gar nicht, und Sisal war gerade als nicht lohnend aufgegeben worden. Aber in der einzigen Kneipe Grootfonteins geht es hoch her. Die beiden Neulinge staunen mit offenen Augen und Ohren. Da hatte sich ein Farmer gerade einen neuen Traktor gekauft, aber keiner konnte so ein modernes Ding fahren. Franz konnte. Ein Grund, ihn gleich als Farmverwalter einzustellen. Ein Kneipenhandschlag ist sein Vertrag, der Lohn gering. Der Freund eröffnet eine Metzgerei. Er borgt Franz wieder Geld. Diesmal für die Reise von Marie. Im gleichen Jahr kommt sie, wie verabredet, mit der Metzgersfrau nach. Franz wird der beste Schlachtviehlieferant für seinen Freund und kann dadurch bald seine Schulden zurückbezahlen. Anfang der dreißiger Jahre kann er sich schon selbständig machen und eine größere Farm pachten. »Wir lebten sehr, sehr arm«, erinnert sich Ilse Schatz. »Wir hatten keine Schuhe, liefen barfuß wie unsere Buschleute. So unkompliziert wurden wir auch getauft. Es war 1933. Da kreuzte plötzlich ein evangelischer Missionar bei uns auf, Besuch war ja selten. Mutter rief: ›Kinder kommt rein, wascht Euch schön und geht auf die Veranda, ihr werdet jetzt getauft.‹« Ilse träumt weiter von ihrer Kinderzeit: »Mutter redete mit uns hessisch, Vater badisch. Doch mit den Jahren vermischten sich die beiden Dialekte. Mutter erzählte von Deutschland, beschrieb uns ihren Heimatort Langen bei Frankfurt am Main so genau, daß wir ihn uns bald im Geiste vorstellen konnten. Da gab es die alte Mühle am Bach, in der sie als Kind gewohnt hatte, den Vierröhrenbrunnen, den Lieblingsspielplatz der Langener Kinder. Den Stumpfen Turm, den Alten Kronenhof. Wir lernten die Gassen kennen, in denen sie mit Kreiseln und Murmeln gespielt hatte, Onkel, Tante, Oma und ihre Lehrer. Und weil sie kein Geld hatte, um Kinderbücher aus Deutschland kommen zu lassen, aus denen sie uns hätte vorlesen können, erzählte sie uns alle Grimms Märchen aus dem Gedächtnis, uns, den beiden Kindern barfuß im Busch von Südwestafrika. Sie lehrte uns auch schreiben, die deutsche Schrift. Für die Schule war das natürlich vollkommen nutzlos. Aber heute bin ich ihr trotzdem sehr dankbar dafür, denn so kann ich bei meinen Recherchen für die Chronik von Tsumeb die alten deutschen Dokumente lesen.«

Vom Vater erfahren die beiden Mädchen Bubenstreiche aus seiner Kindheit und zum Entsetzen der Mutter echte »Ladenburger Kraftausdrücke«. Die Mutter singt sehr schön, der Vater tanzt leidenschaftlich gern. »So kam es vor«, lacht die Tochter, »daß unsere Mutter am Herd in der Küche stand und sang und mein Vater uns in den Arm nahm und uns Walzer, Tango, Schieber oder Foxtrottschritte beibrachte.«

Ein Grund wohl auch, daß viele Jahre später, so um 1948, Ilse ihrem Vater die »Farmverwaltung kündigt« und in die Stadt zieht: Das große, schlanke Mädchen mit den langen Beinen tanzt gern. Sie schließt sich in Grootfontein der Tanzgruppe Ilse Rust an. Sie reist mit der Tanzgruppe durch den Norden, tritt in Sälen und Hotels auf. Außerdem arbeitet sie als Verkäuferin bei Otto Schmidt in Grootfontein. Und sie lernt ihren Mann Wolfgang kennen. Ein junger Farmer. Liebesbriefe gehen hin und her, denn der Bräutigam muß erst noch eine Landwirtschaftsschule in Südafrika besuchen, die er nach zwei Jahren mit einem Diplom abschließt. Am 11. Juli 1953 ist die Trauung. Als Dank für die einsamen Jahre auf Otjimavare-Süd schenkt ihr der Vater eine »große Hochzeit« in der Ausstellungshalle von Grootfontein. Und der Schwiegervater, Gustav Schatz, hatte gerade auf seiner Farm Otjiguinas zwischen dem Otjikoto- und dem Guinassee, 30 km von Tsumeb entfernt, ein neues Farmhaus gebaut. »Für damalige Verhältnisse todschick«, strahlt Ilse Schatz. »Ich kam ja aus dem Busch. Dann bin ich mit meinem Vater und meinem Bräutigam nach Windhoek gefahren. Wir haben Möbel gekauft, schwere Clubsessel, Küche, Schlaf-

Die Wohnung der Familie Schatz 1922 in Tsumeb

Das junge Ehepaar Schatz auf seiner Farm Otjiguinas

zimmer, Wäsche. Ich kam mir vor wie im Schlaraffenland. Neues Haus, neue Möbel, schicken Mann.«

Auf der neuen Farm ist nun alles st-ockst-eif. Sind ihre Eltern burschikose Süddeutsche, ist der Schwiegervater ein kühler, korrekter Schleswig-Holsteiner mit weißem Kragen auf der Farm. Als er im Alter eine Glatze bekomt, trägt er eine Mütze. Wenn er seine Schwiegertochter sieht, ob in der Küche oder beim Windelnwaschen, galant zieht er jedesmal die Mütze.

Der erste Sohn, Wilfried, wird im April 1954 geboren. Zwei Jahre später, im Mai 1956, stirbt der Kleine an Diphtherie. Im August kommt Ingrid auf die Welt. 1958 Dietmar, 1960 Jürgen, 1968 das Nesthäkchen Frank. »Das Wahrzeichen von Otjiguinas waren Windeln auf der Leine«, schmunzelt die fünffache Mutter. »Unsere Kinder mußten geplant auf die Welt kommen, wegen des Küchenowambos.« Sie erklärt: »Nach Beendigung seines Vertrages ging jeder wieder in das Owamboland zurück. Meinen Schwiegervater, der ein sehr geregeltes Leben führte, konnte ich nicht allein lassen. Also durfte ich kein Kind zur Zeit des Vertragsendes und bis zur Wiedereinstellung bekommen.« 1960 stirbt Schwiegervater Gustav Schatz. Er wird auf dem kleinen Familienfriedhof auf der Farm beerdigt. »Wenn mir einmal etwas passiert, will ich auch auf der Farm bei meinen Buschleuten beerdigt werden, nicht hier in der Stadt«, wünscht sich Ilse Schatz.

»Ihre Buschleute«, stundenlang kann sie von ihnen erzählen. Seit ihrer Kindheit lebt sie mit ihnen auf der Farm, Seite an Seite. Oft streift sie mit den kleinen flinken Männern vom Stamm der Hai-‖om durch den Busch. »Einmal sogar ohne Gewehr«, erinnert sie sich. »Der Buschmann war mit einem Assegai, einem Speer, bewaffnet. Wir liefen unter einem großen Kameldornbaum durch. Auf einmal rief er warnend: Missis, Missis! Ich stürzte zur Seite. Da sprang ein Leopard vom Baum herunter auf uns zu. Blitzschnell bohrte ihm der Buschmann seinen Speer genau durchs Herz.« Ohne Atem zu holen, fährt Ilse Schatz fort. Sie vergißt Tsumeb, ihre Umgebung, sie ist auf der Farm bei ihren Buschleuten. »Wir hatten eigentlich nur einige angestellt. Aber es zogen immer mehr dazu, ohne bei uns in Lohn zu stehen oder zu arbeiten. Es ist ja das erste Gesetz des Buschmanns, einen Angehörigen, und ist er auch nur um x Ecken verwandt, aufzunehmen, wenn er keine Arbeit hat. So wohnten zum Beispiel Familien in der Buschmann-Werft *(Siedlung)* auf unserem Farmgebiet, deren Oberhaupt beim Straßenbau arbeitete. Am Wochenende kamen sie heim, und am Monatsende brachten sie ihren Frauen das verdiente Geld. Manchmal lebten bei uns bis zu 70 Leute. Wir haben ihnen Milch für die Babys gegeben und, wenn jemand krank war, ihn verarztet. Und so habe ich auch immer alle Babys geholt, obwohl ich als Hebamme überhaupt keine Ahnung hatte. Aber sie glaubten an mich, die Missis muß dabei sitzen. Ich brachte immer Tee mit, Fencheltee. War der Tee getrunken, hieß es, Missis, jetzt geht's schon besser. Wenn dann so ein Neugeborenes auf der Welt war, mußte ich mit den Frauen um die Wette rauchen. Die bösen Geister vertreiben. Sie haben ihre Buschmannspfeifen geraucht, ich meine Zigaretten. Mutter und Kind wurden in der Hütte, in der das Baby geboren worden war, regelrecht eingenebelt.«

Und Ilse Schatz schildert eine Geburt bei den Hai-‖om-Buschleuten auf ihrer Farm, so wie es heute noch ist: »Vier Frauen sind bei der werdenden Mutter in ihrer Hütte. Sie gebärt in der Hocke. Zwei Frauen stützen den Rücken, zwei drücken ihr ins Kreuz, um die Schmerzen lindern zu helfen. Anfangs habe ich mich, wenn das Baby da war, aufgeregt und gedrängt, ihr müßt die Nabelschnur abbinden. Dann sagten sie, der Buschmanngott hat kein Stück Schnur mitgeschickt. Nach einer halben Stunde wurde sie dann durchgeschnitten mit einem alten Blech oder einer Rasierklinge, ein Knoten wurde gemacht, fertig. Das gab kein Kindbettfieber, nichts.

Dann wird ein Milchhölzchen besprochen, eine alte Frau saugt die Brust der Mutter an, der Säugling wird angelegt. Die Mutter bekommt das Milchhölzchen an einem dünnen Lederstreifen befestigt um den Hals gehängt, damit sie immer genügend Milch für ihr Baby hat. Das Neugeborene wird nicht gewaschen, sondern mit einer roten Schmiere aus Rinderfett, rotem, gemahlenem Gestein und Blättern von einem bestimmten Strauch abgerieben und eingeschmiert. Durch dieses ›Saai‹ wird das Baby dunkelrot. Das läßt man trocknen. Dann legt die Mutter das Baby zärtlich auf den harten Lehmboden der Hütte. Bei der Geburt hat das Kind eine weiße Haut. Ich hätte nie gedacht, daß ein Buschmanns-Baby so weiß ist.«

Auch von den anderen, tief im täglichen Leben des Buschmannvolkes, hier bei den Hai-ǁom, verwurzelten Traditionen berichtet Ilse Schatz aus jahrelangem, hautnahem Miterleben. Ein Buschmannmädchen wird erwachsen: »Die Buschmannkinder werden bis zur Reife gar nicht erzogen. Die Buschleute sagen, Kinder haben geschlossene Ohren, sie können nicht hören. Erst mit dem Erwachsensein, bei den Mädchen mit der ersten Menstruation, öffnen sich die Ohren. Hat nun ein Mädchen die Periode bekommen, stimmen die Frauen in ihrer Hütte ein schrilles Geschrei an, so ähnlich wie nachts ein Käuzchen im Busch. Das Mädchen wird alleine in ihrer Hütte eingesperrt. Dann werden alle Körperhaare entfernt. Die Mahlzeiten bekommt es schweigend gebracht. Alte Frauen versammeln sich bei ihm und erzählen ihm, was man im Leben zu tun und zu lassen hat. Es darf keinen Ton sagen. Tagelang. Frauen tanzen jeden Tag um die Hütte, klatschen in die Hände und singen, bis Samstag. Dann ist das große Reifefest. Eine Ziege wird getötet. Früher wurde ein Antilopenböckchen mit Pfeil und Bogen erlegt. Die Ziege, die ja aus Todesangst fürchterlich schreit, wird dann an das Ohr des Mädchens gehalten, ›damit seine Ohren aufgehen‹. Aus der toten Ziege wird geschickt das Magenfett, herausgetrennt. Es sieht fast aus wie Spitze. Das wird dem Mädchen, ehe der Tanz beginnt, über den Kopf gestülpt. Die Gallenblase, die nicht beschädigt sein darf, wird daran befestigt, so daß sie in der Mitte der Stirn hängt. Früher haben sie Straußeneierschalenperlen darum drapiert, heute nehmen sie gekaufte Ketten. Der Dickdarm wird gereinigt, aufgeblasen und als Krause um den Hals gelegt. Dann werden verschiedene Tänze zelebriert. Einmal singen und tanzen nur die Frauen. Sie dürfen dabei kein männliches Baby auf dem Rücken tragen.

Dann setzen die Gitarren ein, die Guashi. Das ist ein ausgehöhlter kleiner Baumstamm mit Saiten bespannt, die gezupft werden. Alle tanzen, springen, stampfen um das Feuer herum, die ganze Nacht hindurch. Vor dem Mädchen tanzen werbende, junge Männer. Das Mädchen selbst wendet, wiegt und schwingt sich herum, bis zum Morgengrauen, ohne einen Laut. Bei Sonnenaufgang muß es ein Bündel Holz aus dem Busch holen und einen Eimer Wasser auf dem Kopf tragen. Wenn es beides nach Hause gebracht hat, steht die Sonne voll am Himmel. Das Mädchen darf nun wieder sprechen. Jetzt ist es erwachsen und in die Gemeinschaft der Frauen aufgenommen. Dann geht es hocherhobenen Hauptes und mit schwingenden Hüften durch die Werft, zahlreiche Verehrer finden sich sogleich ein. So ein ›erwachsenes‹ Mädchen ist bildhübsch und um die elf Jahre alt.«

Als ihr Mann, Wolfgang Schatz, während der großen Dürre in den sechziger Jahren auf Pachtweiden trekken muß und sie alleine auf der Farm zurückbleibt, geht sie manchmal abends zu den Buschleuten, um die Zeremonien des Medizinmannes zu beobachten. Doch jedesmal, wenn sie sich zu ihnen gesellt, hört der alte Mann abrupt zu singen, zu tanzen, zu meditieren auf. Unerwartet bietet er ihr aber eines abends plötzlich einen Baumstumpf als Sitzgelegenheit an. Ilse Schatz, die weiße Dame, ist von den Hai-ǁom akzeptiert. »Wenn ich ihm dann Fragen gestellt habe, sagte er immer wieder: ›Missis, du bist weiß, das verstehst du nicht.‹ Eines Tages reiste eine Ethnologin aus Deutschland an. Der Medizinmann ǀGarugu ǁKhumob verweigerte ihr mit der Ausrede ›heute habe ich die Kraft nicht‹ die Teilnahme an seinen Zeremonien so lange, bis die Wissenschaftlerin wieder abfahren mußte. Sie hat mir dann ihre Fragen gegeben oder zugeschickt.

Einmal hat er von achtunddreißig Fragen sechsunddreißig beantwortet«, wundert sich die Laien-Forscherin. Fragen, wie z. B.: Sind die Monate männlich oder weiblich? »Euer Weihnachtsmonat ist die einzige Frau«, erklärt ǀGarugu ǁKhumob. »Alle anderen Monate sind männlich. Und wenn die Beeren reif sind, im April, das ist der allermännlichste Monat.« Ilse Schatz unterhält sich in Herero mit ihm. Der Medizinmann will nur mit ihr sprechen. Unter vier Augen. Und nur an seinem heiligen Feuer. »Gibt es bei euch eine Drachensage?«, will die Ethnologin wissen. ǀGarugu ǁKhumob: »Ja, unser Gamab *(Gott)* hat alle Tierhörner unseres Landes auf seinem Kopf, nur die eines Böckchens nicht, weil es so schreit, wenn man es tötet. Links neben ihm sitzt ein Leopard, rechts eine große Schlange mit drei Augen. Das Auge in der Mitte leuchtet wie ein Diamant. Manchmal kommt dieser Drachen auf die Welt und beißt böse Menschen.« Dazu Ilse Schatz: »Diese Antworten kamen nie direkt. Es dauerte stundenlang mit vielen Umschreibungen. Man kann bei einem Schwarzen nicht wie bei einem Weißen mit der Tür ins Haus fallen. Immer wieder habe ich gefragt, was nennst Du denn böse? – wochenlang. Dann kam plötzlich seine Antwort: ›Du bist böse.‹ ... Ich? Warum soll mich denn der Drache beißen? ... Er: ›Missis, ich bin der Medizinmann und mein Feuer ist heilig, Du magst die Verschmutzung nicht. Du räumst immer mit unseren Kindern die Werft auf und wirfst

Lumpen, Papier in mein heiliges Feuer.‹ Seither habe ich es nie wieder getan.«

|Garugu ‖Khumob, »mein Medizinmännchen«, wie ihn liebevoll die weiße Dame der Hai-‖om nennt, lebt zwar noch immer auf Otjiguinas, aber er arbeitet nicht mehr. Sein Alter ist unbekannt. »Vor dreißig Jahren hat er mir schon gesagt, daß er im Hereroaufstand geboren ist. Er lebt heute noch. Aus seinem schwarzen Pfefferkornhaar ist eine weiße Filzplatte geworden. Er hat mir auch verraten, daß er einmal singend sterben wird. Das ist seine Pflicht als Medizinmann. Dann will ich bei ihm sein. Ich mache das Museum zu, mag kommen, wer will. Ich frage ihn, wie merkst du, wann du sterben mußt? ... ›Wenn ich so schwach bin, daß ich meinen Becher Wasser nicht mehr heben kann, dann fange ich ganz langsam zu singen an. Ich singe immer schneller, wie ein Pferd, das zu galoppieren anfängt, schneller, schneller, schneller und dann breche ich ab und bin tot‹ ... «

Ilse Schatz hat bis heute all seine Gesänge auf Tonband aufgenommen. Während seiner Zeremonien spricht |Garugu ‖Khumob eine Sprache, die niemand versteht. Er tanzt sich in Ekstase. Jeder Muskel im Körper schwingt mit. Auch, wenn er manchmal still steht, tanzen seine Muskeln weiter. Die Frauen sitzen im Kreis um das Feuer, singen und klatschen in die Hände. Mit ihrem Gesang begleiten sie ihn auf seinem Weg zu den Göttern und Geistern, die er wohlgestimmt machen soll. Für die »Reise« schmücken sie ihn mit Perlhuhnfedern, bunten Perlenketten. Auf der nackten Brust trägt er sein »Heiligtum«. Es sieht wie eine Miniaturtrommel aus. »Medizinmann kann nur werden, wer als Kind schwer krank war und tagelang in tiefer Ohnmacht lag, oder eine Person, die vom Blitz getroffen wurde und überlebt hat«, erklärt die Laien-Buschmannforscherin. »In einer tagelangen Ohnmacht ist |Garugu ‖Khumob Kaindaus begegnet, einem weiblichen Geist. ›Ich möchte dich heiraten und Kinder von dir haben‹, hatte Kaindaus gefordert, er aber hat sich geweigert. ›Ich möchte keine Geisterkinder, ich möchte Kinder aus Fleisch und Blut, wie ich bin.‹ Daraufhin soll der Geist ihn fürchterlich zerkratzt und verprügelt haben. Als er wieder zu sich kam, hat er rings um sich herum Kinder von Kaindaus gesehen. Sein Onkel, der zu jener Zeit Medizinmann war, hat diese Geister genommen und ihre Seelen in diesen Behälter gesteckt. Das hat ihm die Kraft gegeben, selbst Medizinmann zu werden.

Einmal, als er wieder begann, sich in Ekstase zu tanzen, hat er mir einige Straußenfedern in seiner Hand gezeigt. Sie waren trocken. Es gab keinen Regen. Dann hat er getanzt. Plötzlich sprühte ein kleiner Regenschauer aus seiner Hand, daß das Feuer zischte und fast ausging.« Ilse Schatz weiter. »In der Trance geht er zu seinem Gott Gamab und fleht ihn an, einen Kranken auf der Werft gesund werden zu lassen. Je tiefer er sich in Trance befindet, je mehr schwankt

Der Medizinmann |Garugu ‖Khumob

und nießt er. Dann verschwindet er im Busch. Nach einiger Zeit schwankt er wieder zurück. Buschmänner stützen ihn, damit er nicht ins Feuer fällt, und er verrät, ob Gamab dem Kranken helfen wird oder nicht.«

Je älter |Garugu wurde, umso mehr klagte er: »Missis, ich kann nicht sterben, weil ich niemanden habe, der meinen Schmuck erben kann.« Ilse Schatz schlug vor, den Schmuck ihr zu geben. Sie dachte dabei an ihr Museum in Tsumeb. Erschreckt lehnte der Hai-‖om-Medizinmann ab: »Nein, nie Missis. Über dich würden die bösen Geister herfallen. Du würdest fürchterliche Alpträume haben. Du würdest innerlich zerfleischt werden. Du hast doch einen Mann und vier Kinder. Du kannst nicht beten wie ein Buschmann, um meine Seele zu Hilfe zu rufen.« Leidenschaftlich empört sich die Südwesterin: »Ich finde es so häßlich, daß man sagt, das sind Heiden. Wie ein Buschmann kann kein Weißer beten. Ihr Glaube versetzt bei ihnen Berge. Die zehn Gebote oder Naturgesetze sind auch bei ihnen verankert: Du sollst Vater und Mutter ehren. Du sollst nicht töten. Nur, daß ein Mann nur eine Frau haben soll, das verstehen sie nicht. Der Buschmann-Gott Gamab ist auch im Himmel. Am Elandriemen will der Medizinmann, d. h. seine Seele, einmal hoch in die Ewigkeit zu ihm steigen.«

|Garugu ‖Khumob geht nicht mehr auf die Jagd mit Pfeil und Bogen wie zu seiner Jugendzeit. Aber die Buschleute lassen den alten Mann täglich seinen Ei-

mer Wasser zur Hütte schleppen und sein Holz sammeln. Er geht gebückt und krumm, als ob er jeden Moment umfallen würde. Eine Weile beobachtete Ilse Schatz den Greis, dann schimpft sie mit ihren Buschleuten: »Warum laßt ihr das zu?« Alle aufgeregt: »Missis, willst du, daß er stirbt? Wenn er das nicht mehr tut und nur noch rumsitzt, muß er sterben...« Er muß den Tod durch Bewegung vertreiben. Ein altes Buschmann-Naturgesetz.

Während ihre eigenen Kinder im afrikaansen Internat in Tsumeb lebten, dort die deutsche Schule besuchten und in Swakopmund ihr Matrik machten, fängt Ilse Schatz auf ihrer Farm 1976 noch einmal mit der Erziehung an. Sie richtet eine Buschmannschule ein. »Das kam so«, erzählt sie. »Ich hatte einen sehr klugen Buschmannküchenjungen. Er war fünf Jahre zur Schule gegangen. Er war der geborene Lehrer.« Ilse Schatz und Gustav, so heißt der junge Hai-||om, versammeln die Kinder am Haus, zeigen ihnen Bilderbücher und die täglichen Gebrauchsgegenstände der Weißen. Gustav erklärt. Das ist ein Löffel. Das ist eine Gabel. Aber dafür gibt es gar kein Wort in der Sprache vom Hai-||om-Stamm. Unter den Buschleuten gibt es mindestens sieben verschiedene Sprachen, die sich keineswegs ähneln oder miteinander verwandt sind. Die Hai-||om-Sprache klingt wie Nama.

Frank Schatz, der Jüngste, spricht sie fließend. »Als kleiner Junge«, lacht seine Mutter, »klang das morgens, wenn er aufstand, so: Mutti, die Nacht hat mir erzählt. Das hieß, ich habe geträumt. Oder, wenn ich ihn gefragt habe, hast du den Garten bewässert? Ach, jetzt hat's der Kopf verloren. Das hieß dann, ich habe es vergessen. Einmal fragte ich ihn nach einer Begebenheit, wann war denn das? Mein Sohn: Als der Mond schien.«

Und Ilse Schatz baut. Die Schulbänke sind lange Bretter auf Steinen, für jedes Kind ein Kissen darauf. Von einem Tischler läßt sie kleine Holzbretter schneiden. Jeder Schüler legt eins als Pult auf seine Knie. Einen Bleistift und einen Radiergummi dazu. Beim Lehrer liegt der Spitzer. Jetzt können sie nach Herzenslust malen und schreiben. Zählen und lesen gehören auch zum Unterricht. Rund zwanzig Kinder jeden Alters kommen fröhlich jeden Tag angerannt. Die »Rektorin«: »Es klappte hervorragend. Die Kleinen waren so wißbegierig. Wir haben gesungen. Die ›Zehn kleinen Negerlein‹ als Theaterstück auf südwester Art umgedichtet und einstudiert. Aber dann lernte mein Buschmannlehrer ein Mädchen kennen, und die wollte bei ihrer Mutter leben. Die Liebe war stärker. So zog er mit ihr fort, zur Mutter. Ich hatte keinen Lehrer, keine Schule mehr. Es fiel auch in die Zeit, in der wir 1978 zeitweise wegen Swapo-Überfällen in die Stadt ziehen mußten.«

Wie die Buschleute auf Frank, so hatte auch Frank einen Einfluß auf sie. Als noch vor dieser Buschmannschule auf Otjiguinas evangelische und katholische Geistliche zu den Buschleuten auf die Farm kamen und ihnen sagten, eure Kinder müssen in die Schule, hatten sich die Kinder geweigert, und die Eltern antworteten, wir können nichts machen, die Kinder wollen nicht. Aber Frank mußte in die Schule und weinte bitterlich: »Warum bin ich kein Buschmann, die dürfen alle zu Hause bleiben.« Das tat seinem besten Buschmannfreund Nane sehr leid. Nane ging Frank zuliebe in die Schule und ebenso Sisi und Gaga. Jeden Freitag wurden die vier von der Schule abgeholt. Dann haben sie in den Sand gemalt, was jeder gelernt hat. Die zwei Freunde spielten auch sehr gerne Fußball miteinander. Aber nur Frank hatte Fußballschuhe. So teilten sich die beiden das Paar. Nane bekam den rechten Schuh, Frank behielt den linken. Vor ein paar Jahren wurden in Windhoek die fünfzehn besten Fußballspieler von Südwestafrika ausgesucht. Frank war darunter. Er war der Linksaußen.

1978 war's. Die ersten freien Wahlen aller ethnischen Volksgruppen finden in Südwestafrika/Namibia statt. Die Wahlvorbereitung beginnt auch für die Hai-||om-Buschleute von der Farm Otjiguinas. Ilse Schatz erinnert sich noch genau, erzählt in der ihr eigenen burschikosen, liebevollen Art:

»Ich habe ihnen gesagt, jetzt wascht euch schön, der Buschmann ist ja ›wasserscheu‹, vor allem im Winter, dann kommt mein Sohn mit der Lorry und holt euch ab zur Stadtverwaltung. Sie sahen alle sehr schick aus. Im Büro hieß es dann, bitte nehmen Sie Platz, und sie klatschten sich ganz selbstverständlich auf den gebohnerten Boden. Die Stühle übersahen sie. Könnt ihr schreiben? Nein. Also Tusche her, Daumenabdruck. Es war nichts zu sehen. Der Beamte: Die Tusche taugt nicht, bringt mal neue. Wieder nichts. Die Daumen angeguckt, voller Fett. So, gebt mal Spiritus her, wir waschen das jetzt ab. Jetzt klappte es. Ein Mordsfleck und kein Profil drauf. Jetzt wurde ihnen gesagt, sie dürfen drei Monate keine Kohle mehr anfassen, damit die Konturen auf den Daumen zu sehen sind. Dann sollten die Namen registriert werden. Wie heißt du. Aber die Schnalzlaute nimmt kein Computer auf. Dann wurde ›th‹ benutzt, oder ein ›Ausrufezeichen‹ oder ›Schrägstriche‹. Die Schnalzlaute ihrer Sprache sind ja so verschieden. Wenn man die Zunge nur ein bißchen anders dreht, rollt oder legt, hat man sofort ein neues Wort gesagt. Und das Alter! Wie alt bist du? Ich bin geboren, als die Heuschrecken kamen. Ich bin geboren, als der große Regen fiel. Ein dritter stolz: Ich weiß, wie alt ich bin. Ich weiß auch, wie alt meine Frau ist. Der Beamte: Und wie alt? Als ich sie zur Frau nahm, war sie zehn Jahre jünger als ich. Aber jetzt ist sie sieben Jahre älter als ich, weil sie sieben Kinder hat.

Dann versuchten wir, ihnen als Namenszeichen ein Kreuz beizubringen. Unser Dietmar hat mit ihnen geübt. Erst ein Schrägstrich, dann den anderen Strich quer darüber. So, X, das ist ein Kreuz. Sie machten es nach. Einen Schrägstrich. Dann wurde das Blatt um 180 Grad gedreht, ein zweiter Strich neben dem ersten gemacht. Wir haben nie herausgefunden, warum sie das Papier drehen. Es entstand nie ein Kreuz, nur Zeichen wie diese: /| oder /\ oder |\. Einige Tage später ging es zur Wahl selbst. Mister, fragten sie meinen Mann, wen sollen wir wählen? Mein Mann: Ich sage es euch nicht, sonst heißt es, der weiße Mann hat euch beeinflußt. Sie wurden zur Wahl abgeholt. Da fragte einer unserer Buschleute, Mister, was wählst du? Mein Mann sagte es ihm. Was machen sie? Sie steigen vom Wagen runter, vorneweg der Medizinmann, und alle schreien den Namen der Partei, die mein Mann wählte. Mein Mann wollte in den Erdboden versinken. Viele Zettel waren ungültig, denn sie machten zwei Striche nebeneinander, anstatt ihr Kreuzchen, wie vorgeschrieben.«

Ob mit Geburt, Wahlen oder Medizinmann, der fremden Sprache oder der Erziehung, ihrem fremden Gott oder dem täglichen Allerlei, auch mit den Gesetzen der Buschleute, nach denen sie denken, handeln und leben, wird Ilse Schatz auf ihrer Farm, bei den Behörden und in ihrem Museum konfrontiert. Sie zeigen Probleme auf, die weder durch die UNO-Resolution 435, noch durch die ersehnte Unabhängigkeit Südwestafrika/Namibias mit einem Federstrich gelöst werden können. Und nicht nur bei den Buschleuten. Aber bleiben wir bei ihnen. »Bei den Hai-||om erbt man nicht von den Eltern, man erbt von Tante und Onkel. Die geben auch dem Kind seinen Namen«, erklärt Ilse Schatz. »Damit nicht alles Geld für Alkohol auf den Kopf gehauen wird, haben wir es immer so gehalten, daß wir ihnen nur einen Teil des Lohnes auszahlen und für den Rest mit ihnen einkaufen gehen. Decken, Kleidung für die Kinder. Wir haben ihnen ein Sparbuch bei der Bank eingerichtet und gesagt, was Zinsen sind. Und wenn die endgültige Viehzählung, am Ende des Jahres, stimmte, bekam der Zähler ein Kalb geschenkt.

Viele Jahre war der Hai-||om Johannes bei uns. Er hatte die Oberaufsicht, aber weil er nicht zählen konnte, nahm er Steine. Einen kleinen für die Kälber, einen größeren für Kühe und einen dicken, großen für die Ochsen legte er für jedes Tier in kleine Blechdosen. Die Zählung stimmte immer. So bekam er im Laufe der Jahre einen schönen Viehstock zusammen. Dann verlor Johannes ein Auge. Ein Dorn zerstörte es, als er Dornbüsche kappte. Wir hatten eine Arbeitsversicherung abgeschlossen, die für den Verlust seines Auges eine bestimmte Summe bezahlte. Die legten wir für ihn auf Postsparkonto an: Dann wurde er krank. Der älteste Sohn von Onkel und Tante kam, wie es das Buschmannsgesetz vorschreibt, um ihn gesund zu pflegen. Eineinhalb Jahre lang. Johannes starb. Sein rechtmäßiger Buschmannerbe war nun dieser älteste Sohn von Onkel und Tante. Die Post hatte das Geld an den Magistrat überwiesen. Ich ging dorthin. Aber man sagte mir, wir haben das holländisch-römische Gesetz, danach erben die Kinder und nicht der älteste Sohn von Onkel und Tante. Aber der war verzweifelt, konnte es nicht verstehen.«

1978 ist ein schlimmes Jahr für die Schatzens. Das Ehepaar muß seine Farm und seine Buschleute verlassen. Sie besitzen zwar 600 prächtige, gesunde Rinder, aber sie können kein einziges Tier absetzen. Der Fleischrat verweigert seine Genehmigung zum Verladen für den Verkauf auf dem südafrikanischen Fleischmarkt. Viehspekulanten und Agenten hatten durch geschicktes Manipulieren fast alle Lieferquoten für die kontrollierten und offenen Märkte in die Hand bekommen. Doch ohne Bargeld können kein noch so guter Farmer und sein Betrieb überleben. »Wir wollten uns aber weder in hohe Bankschulden stürzen, noch unsere Farm aufgeben, geschweige denn die Buschleute entlassen. So zogen wir in die Stadt zum Arbeiten. Ich ging in ein Juweliergeschäft als Verkäuferin und kam mir vor wie ein Elefant im Porzellanladen, mein Mann fand Arbeit beim Tsumeber Bierlager der South West Breweries als Vertriebsleiter.« Dann Glück im Unglück. Nach vielen Umzügen in gemietete Wohnungen schenkte ihnen Mutter Meng ein hübsches Haus in Tsumeb, das sie nun gemeinsam bewohnen. Und am Wochenende wird gefarmt. Fünfzig Buschleute leben weiter auf Otjiguinas, einige versorgen Hof und Rinder.

Nicht erst seit 1978 ist Ilse Schatz der Minenstadt im Norden verbunden. Als das junge Farmmädchen 1953 ihren Schatz heiratet, bekommt sie einen Schwiegervater, dem Tsumeb und sein Kupferbergwerk schon seit 1907 eng vertraut sind. Fing er doch just in diesem Jahr bei der *Otavi-Minen- und Eisenbahn-Gesellschaft, der O.M.E.G.* als Büro-Assistent an. Erst 1947, das deutsche Unternehmen wird nach dem 2. Weltkrieg für umgerechnet 2.020.000 Rand an einen amerikanischen Konzern verkauft, verläßt Gustav Schatz die Mine. Auf Otjiguinas erzählt er der Schwiegertochter oft von der guten, alten südwester Zeit, zeigt ihr seine Mineralien, alte Aufzeichnungen, Briefe, seine Briefmarkensammlung, Fotoalben über den Bahnbau und, und, und.

Doch Ilse Schatz interessiert sich in dem Moment eigentlich herzlich wenig für den »alten Kram«, der in einem Postenhaus weit draußen auf dem Farmgelände verstaubt. Viele Jahre später, nach dem Tod des Schwiegervaters, fängt sie an, in dem »alten Kram« herumzuschnüffeln. Sie findet immer mehr Gefallen daran, holt die alten Sachen ins Farmhaus, reinigt, putzt, poliert, entstaubt sie. Ihr Mann freut sich, daß sie endlich sein Erbe beachtet. Als er aber einen Grenzstein im Schlafzimmer findet, schüttelt er doch den Kopf. Ihre Begeisterung ist mittlerweile so groß geworden, daß sie am liebsten ein Familienmuseum auf der Farm bauen möchte. Einziger Hinderungsgrund: kein Geld. Plötzlich bekommt sie vom Staatsarchiv in Windhoek einen Brief. Man hätte gehört, daß sie im Besitz wertvoller alter Gegenstände und Dokumente sei. Es sei doch unverantwortlich, so etwas auf der Farm herumliegen zu lassen. Man möchte ihm doch die Sachen umgehend schenken. Erst Dr. Hans-Joachim Rust, damaliger Sekretär der S.W.A. Wissenschaftlichen Gesellschaft Windhoek, ermutigt Ilse und Wolfgang Schatz, ein Museum in Tsumeb zu eröffnen. Mit dem ihr eigenen Elan macht sich die Laien-Buschmannforscherin, Mutter, Haus- und Farmerfrau an die Arbeit. Sie sucht ein Gebäude. Die alte Schule in der Hauptstraße entspricht am besten ihren Vorstellungen. Sie gehört der T.C.L. Die Mine, sie wurde 1947 in Tsumeb Corporation Limited, T.C.L., umgetauft, übernimmt die Kosten für den notwendigen Umbau. Die S.W.A. Wissenschaftliche Gesellschaft gründet am 17. November 1972 eine Zweigstelle, »Otavi-Bergland«, mit Ilse Schatz als Sekretärin, um das Museum unter ihre Ägide zu stellen, und offeriert 3000 Rand für Schauschränke, die aber im Besitz der Windhoeker Gesellschaft bleiben. Ilse Schatz läßt ihren »alten Kram« als Leihgabe an das Museum eintragen, das weder der T.C.L. noch der Wissenschaftlichen Gesellschaft gehört. Es hat keinen formellen Eigentümer. Dann veranstaltet sie am 26. Mai 1973 mit vielen ehrenamtlichen Helfern Tsumebs zugunsten des Museums auf dem Rennplatz einen Jahrmarkt. Mit Erfolg. 2.093,90 Rand kommen in die Kasse. Im Januar ist der Umbau fertig. Ilse Schatz: »Wir brachten unseren langen Tisch und die Sachen von der Farm ins Museum und sortierten unsere zukünftigen Ausstellungsstücke. Frank und ich richteten uns im hinteren Zimmer ein. Mehrere Nächte verbrachten wir im Museum. Die Fenster hängte ich erst einmal mit alten Farmgardinen zu.« Im ganzen Ort geht sie sammeln, was ein Museum auch noch braucht: Papierkörbe, Aschenbecher, Fußmatten, Schaufel, Besen, Möbelöl. Alle helfen kostenlos mit. Tsumeb ist im Museumsrausch. Vom Bilderrahmen bis zum Gästebuch, von der Alarmanlage bis zum Gewehrschrank wird alles vor der Eröffnung von Bürgern gestiftet. Auch die Stadt Tsumeb trägt ihr Scherflein bei. Sie läßt einen Sockel für eine alte Dampflokomobile im Museumsgarten bauen und einen Gehweg von der Straße zum Eingang. Und sie gewährt einen jährlichen Zuschuß von 700 Rand. Davon werden Strom, Wasser, Porto und 20 Rand Miete an die Mine bezahlt.

Am 5. April 1975 ist es endlich soweit. Das Museum wird eröffnet. Hundert geladene Gäste und viele Zaungäste tummeln sich innerhalb und außerhalb des Gartens. Der Bürgermeister hält eine Ansprache, Ilse Schatz bekommt einen Blumenstrauß. Die Gründerin des fünften Museums Südwestafrikas wird gefeiert. Nach Windhoek, Lüderitzbucht, Swakopmund und Bethanien ist Tsumeb jetzt auch in die Städte der Geschichtstempel eingereiht.

Was heute aus dem »alten Kram« ihres Schwiegervaters geworden ist, das hat sich Ilse Schatz damals sicher nicht träumen lassen. 1500 Bundesdeutsche besuchen ihr Museum jedes Jahr, von den zahllosen Südwestern, Schweizern, Österreichern, Amerikanern und Südafrikanern ganz zu schweigen. So lobt ein deutscher Kunsthistoriker nach seinem Besuch in Tsumeb bei der Wissenschaftlichen Gesellschaft: »Obwohl es sehr klein ist, ist es eines der besten Museen, das ich je gesehen habe. Sauber, gut durchdacht, keine Rumpelkammer, und die Beschriftungen in Deutsch, Englisch und Afrikaans sind kurz und sachlich.« Viel Liebe, natürliche Klugheit und Fingerspitzengefühl beweist Ilse Schatz auch hier. Ihre Augen leuchten, wenn sie in einer Mischung aus Stolz, Bescheidenheit und Temperament die ausgestellten Kostbarkeiten erklärt. Das Erbe von Gustav Schatz. Komplette Fotoalben vom gesamten Otavi-Eisenbahnbau, Großmutters Revolver, Briefmarken, Gewehre, die Granathülsen der letzten drei Schüsse aus dem 1. Weltkrieg, die morgens um sechs Uhr am 6. Juli 1915 im Gefecht bei Tsumeb noch abgefeuert wurden. »Das waren früher Blumenvasen auf der Farm«, gibt sie zum besten. Schwiegervaters Tabakschrank, seine termiten- und einbruchssichere Schutztruppenkiste, worin er im Krieg die Akten der O.M.E.G. verbuddelt hatte. Auch sie hat, wie viele Gegenstände, ihre eigene von Ilse Schatz selbst erlebte Geschichte: »Ich habe eine Woche gebraucht, um sie aufzubekommen. Sie hat drei Schlüssel, die müssen nach einem Geheimcode gedreht werden. Den kannte ich natürlich nicht. Also habe ich gefummelt und gedreht, bis sie auf war. Aber jetzt wage ich nicht mehr, sie zu schließen, denn das Schloß öffnete der Zufall. Man kann sie auch nicht aufbrechen, weil sie innen doppelt gegeneinander einrastet.« Und die Mineralsammlung. »Darunter sind auch sehr wertvolle Exemplare«, strahlt sie. »Unsere Kinder maulen. Ich weiß, das Geld zieht, aber ich finde, es sollte alles zusammenbleiben. Es wäre schade zu verteilen, die Tochter ein paar Mineralien, ein Sohn ein paar Bilder ...« Bei dem zauberhaften Anblick der in zarten Pastellfarben bis hin zum dunkelsten Lila schimmernden Mineralien aus Tsumeb fällt ihr das jüngste Erlebnis ein: »Da war doch neulich tatsächlich eine Besucherin böse mit mir. Sie fragte mich vor dem Schaukasten, sind Sie so künstlerisch begabt? Sie haben die Mineralien reizend angemalt. Und sie deutet auf einen Duftit mit drei feinen grünen Kreuzen auf schneeweiß glitzerndem Block. Da habe ich gesagt, das hat die Natur gemalt. Sie patzig: Sie wollen mich wohl auf den Arm nehmen! Ich wußte vor Schreck nicht, was ich antworten soll.« Azurit, Malachit, Cerussit, Mimetesit, Schultenit, Strankit, Kalzit, Dioptas. Wie ein Märchenland aus Samt und Seide gewebt, schweigen die Minerale hinter kühlem Glas.

Ein Stückchen Schiene vom damaligen Gleisbau, es lag immer auf Gustav Schatz' Schreibtisch als Briefbeschwerer, liegt jetzt im Museum. Gleich neben dem Eingang links steht die alte Waschmaschine von der Farm. Eine große Metall-Trommel, mit vielen Löchern versehen, darunter ein Schiebekasten, ein

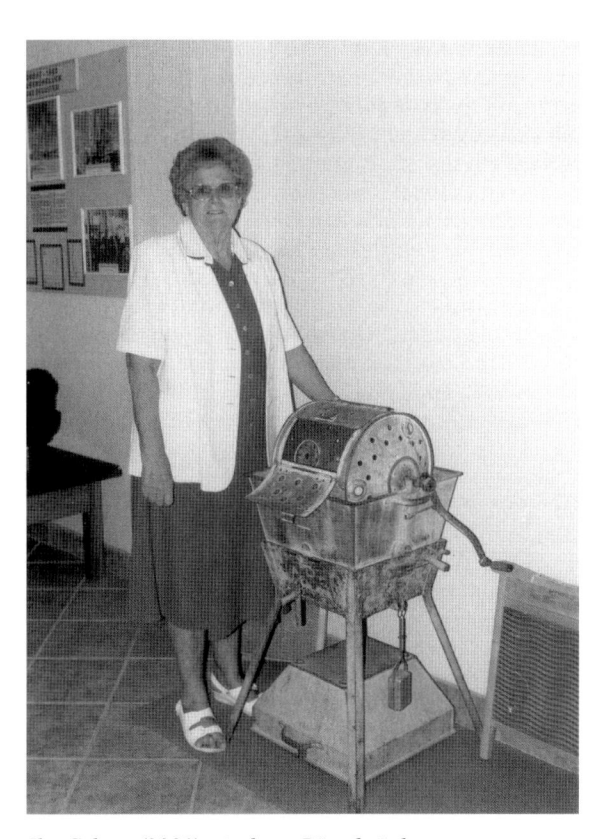

Ilse Schatz (2001) mit dem »Rätselstück«

Die Führung durchs kleine Museum macht Ilse Schatz auf Deutsch, Englisch und Afrikaans, aber auch in Herero, nach Bedarf. Viele Hereros besuchen das Museum, auch Owambos, die oft keine weiße Sprache sprechen. Sie stellen häufig Fragen. Auf einem Foto ist folgende Szene festgehalten: Ein englischer Oberst liegt verwundet auf einer Bahre, die von zwei Schwarzen getragen wird. Der Museumsgast: »Wer hat auf ihn geschossen?« Ilse Schatz: »Die Deutschen.« Er: »Wohin wird er gebracht?« Ilse Schatz: »Ins Lazarett zum Gesundpflegen.« Er: »Warum hat man dann erst auf ihn geschossen, wenn man ihn dann wieder gesund pflegt? Warum hat man ihn nicht getötet?«

Jeder Besucher bekommt einen kleinen historischen Unterricht über die Geschichte des Kupferortes im Norden Südwestafrikas, die Ende des 19. Jahrhunderts beginnt. Hier ragte damals ein Kupferhügel 12 m hoch und 150 m breit von Tambotiewäldern umgeben aus der Ebene. Kein Wasser weit und breit. Die Hereros nannten den Ort Otjisume, was in ihrer Sprache Algen heißt, denn der Kupferberg schimmerte wie grüne Algen in der See. Die Buschleute nannten die Stelle Tsomsoub, das heißt »ein Wasserloch graben, das gleich wieder einfällt«. So entstand der Name Tsumeb. Und die Buschleute bewachen den Kupferberg mit Pfeil und Bogen, aber sie schmelzen das Erz nicht an Ort und Stelle.

Die Owambos jenseits der Etosha-Pfanne, dem großen Löwengebiet, besitzen Eisen. Sie schmieden Messer, Beile, Speere. Sie haben von dem schönen roten Metall der Buschleute gehört und möchten ihre Frauen damit schmücken. Ein reger Handel beginnt. Die großen schlanken Owambos wandern zu Fuß weither von Ondongua, schleppen in Körben ihre Tauschware mit: Tabak, Salz, Töpfe, Beile, Messer, alles Dinge, die der Buschmann am Kupferberg nicht hat. Sie rasten unter einem bestimmten Baum am Otjikotosee, machen ein Feuer. Das Zeichen für die kleinen Buschleute: Die Erzkäufer sind da. Sie jagen Frauen und Kinder in den Busch, die fremden Owambomänner dürfen sie nicht sehen. Die Buschleute haben Straußeneierschalenketten, Tiersehnen und Kupfer. Der Handel geht stumm vonstatten, denn die beiden Völker sprechen nicht die gleiche Sprache. Ist der Handel perfekt, bauen die Owambos die Spitze eines Termitenhügels ab, legen glühende Holzkohle hinein, das wertvolle Erz darauf. Morgens um vier Uhr fängt das hochprozentige Kupfererz zu schmelzen an. Bei Sonnenaufgang hören sie auf. Aus Abflußrinnen läuft nun die Schmelze heraus. Mit rohen Kupferstücken ziehen die Owambos in ihr Land zurück und lassen dort von Schmieden Speerspitzen herstellen oder Kupferschmuck für ihre Frauen daraus anfertigen, wie die begehrten Fußringe, einer wiegt acht Pfund, oder Armreifen.

kleiner Schornstein dahinter. Sie ist das große Rätsel im Museum. Erztrommel, Goldwaschmaschine, Armeesirene, Erdnußölgewinnungsmaschine, Diamantensieb, Golfballwaschmaschine, Teigknetmaschine sind nur einige Dinge, die die Besucher bei Ansicht raten.

Bald wurden auch schon die ersten alten Ausstellungsstücke gebracht, dem Museum geschenkt, ausgestopfte Vögel, eine Derringer-, eine Mauserpistole, Krücken von verwundeten Schutztruppensoldaten oder fehlende Stücke gespendet. »Von einer Knappenuniform fehlte mir der Hut«, zählt Ilse Schatz auf. »Bis ein Baron aus dem Saarland kam. Den habe ich, sagte er, und schickte ihn mir zu. So fehlte mir auch von einer anderen Uniform die Hose. Ein Zahnarzt aus Deutschland ließ sie nachschneidern.« Eines Tages findet sie eine alte Dampflok total zugewachsen im Busch. T.C.L. läßt sie zum Museum transportieren, will aber nicht die Kosten für die Restaurierung übernehmen. »Da haben sie ›alle deutschen Männer‹ in ihrer Freizeit restauriert. Als der Minendirektor mich dann fragte, wer das gemacht hat, sagte ich ihm, das waren die Heinzelmännchen. Leider konnte ich das nicht auf Englisch sagen, ich weiß nicht, ob er mich verstanden hat«, zweifelt sie.

Eines Tages kommen Deutsche ins afrikanische Land. Sie gründen am 6. April 1900 die Otavi-

Minen- und Eisenbahn-Gesellschaft O.M.E.G. Sie wird von Berlin aus verwaltet. Sie erwerben von der South West Africa Company, London, ein über tausend englische Quadratmeilen großes Gebiet, das die Kupfer- und Erzvorkommen von Otavi und Tsumeb einschließt. Von September 1903 bis November 1906 läßt die O.M.E.G. für ihren Erztransport von der Firma Arthur Koppel, Berlin, eine 566 Kilometer lange Bahnstrecke von Swakopmund nach Tsumeb bauen. Im November 1905 beginnt die O.M.E.G. mit dem Abbau des Erzes, der Ort Tsumeb entsteht.

Im flackernden Schein von Kerzen, auf wackeligen Leitern steigen die ersten deutschen Bergarbeiter in die Grube am Hügel. Mit Hammer und Meißel brechen sie das Erz. Es wird nach Europa verschifft. In drei Jahren bauen die Deutschen den Kupferberg ab. Jeden Tag muß ein Ochsenwagen achtzehn Kilometer zum Otjikotosee fahren, Trinkwasser holen. Zwei Jahre lang können sich die Männer nicht richtig waschen. Es leben keine Frauen hier. Nur der erste Bergwerksdirektor, Theodor Gathemann, bringt seine Familie aus Deutschland mit. Auch der Minenarzt, Dr. Wohlgemut. Er operiert im Freien vor seinem »Hospital«, einer Bretterbude. Erst im Januar 1907 wird eine Hochdruckwasserleitung vom See nach Tsumeb gelegt, neun Monate später, am 10. September das erste Erz geschmolzen. Der Ort wächst.

Gerade der richtige Zeitpunkt für den jungen deutschen Einwanderer Gustav Schatz. Er wird 1932 kaufmännischer Direktor und rückt 1940 zum Prokuristen auf, damals eine Position, die ihn über den Direktor stellt. Nach dem 1. Weltkrieg führte er das Protokoll bei der Bahnübergabe an die britische Union von Südafrika. Doch zurück ins Jahr 1907. Tsumeb blüht. Das Minenhotel aus Wellblechplatten mit kleiner Bar, Kegelbahn und Messe entsteht und das Hotel Tsumeb mit offener Veranda. Beide Hotels haben keine Gästezimmer. Für diese sorgt Geschäftsmann Menne. Er baut in einem Schuppen fünfzehn Betten auf. Jedes Bett steht mit den vier Füßen in einer Marmeladenbüchse – mit Petroleum gefüllt gegen Ungeziefer. Über dem Bett eine Holzstange. Das ist die Garderobe. Vor dem Bett ein Ständer mit einer Waschschüssel. Die Belegschaft der Mine wird international. Ein Hospital entsteht, als nächstes das Minenbüro. Das Gebäude mit einer großen Uhr auf dem Turm sieht wie eine Kirche aus. Damals gibt es noch keine Werft. Die schwarzen Arbeiter leben zerstreut im Busch. Da sie keine Uhr kennen, erklärt man ihnen: Wenn die Zeiger der Uhr so stehen, mußt du zur Arbeit kommen, wenn so, ein anderer. Erscheinen sie pünktlich zur Schicht und arbeiten sie sie auch durch, bekommen sie zum Tagegeld noch eine extra Belohnung von fünfzig Pfennigen oder einer Mark. Ein Ausspannplatz für die Farmer wird eingerichtet, zwei »allgemeine Warengeschäfte«, eine Metzgerei, eine Bäckerei, eine Kneipe mit vier Toiletten für den ganzen Ort Tsumeb gedeihen. Die Farmer übernachten oft unter ihren Ochsenwagen. Sie kaufen auf Kredit und liefern dann Rinder zum Ausgleich ihrer Schulden. Die Geschäftsleute haben Weideland gemietet. Wenn die Mine Schlachtvieh für die Versorgung ihrer Bergleute braucht, verkaufen ihnen die Geschäftsleute Rinder. Viel Bargeld ist zu der Zeit noch nicht im Umlauf. Im 1. Weltkrieg, als gar kein Geld mehr aus Deutschland kommt, stellt die Bergwerksgesellschaft O.M.E.G.-Geld her. Es ist gleichwertig zur Reichsmark und kann in den Läden verrechnet werden. Der deutsche Bergmannsspruch

*»Es grünet die Tanne, es wachse das Erz,
Gott schenke uns allen ein fröhliches Herz,
Glück auf!«*

hängt bald im Minenhotel, eine Kopie heute im Museum. 1913 wird die katholische Kirche gebaut und nach St. Barbara, der Schutzheiligen der Bergleute benannt. Die O.M.E.G. baut auch Usakos, die Stadt der zentralen Eisenbahnwerkstätten, rund 150 Kilometer von Swakopmund entfernt, auf.

Nicht nur die Geschichte der O.M.E.G. läßt sich im »Schatz«-Museum nachvollziehen. Auch den ersten »Bergleuten« der Kupferstadt ist ein Raum gewidmet – dem Buschmann. Ein Südwester namens Jan Gaerdes hat seine umfangreiche Buschmann-Sammlung nach seinem Tod dem Museum vermacht. Kunstvoll mit Perlen aus Straußeneierschalen bestickte Lederstirnbänder zieren die Ausstellung. Oder Schmetterlingskokons. Sie werden auf Sehnen aufgereiht und mit kleinen Steinchen gefüllt und beim Tanzen um die Waden und Fußgelenke gebunden und begleiten wie Rasseln die Musik. Eine Guashi, eine Puderdose für den roten Saai-Puder, ein Knie der Giraffe, in dem Buschleute ihr Gift mischen, Giftwurzeln und -knollen, Lederkleidung, Holzquirle zum Feuermachen. Leere Straußeneier. Die füllen die Buschleute in der Regenzeit mit Wasser und vergraben sie für die Trockenzeit. Jedes Ei bekommt ein besonderes Familienzeichen. Kein anderer nimmt es weg. Ein kleiner symbolischer Pfeil mit Bogen hängt neben den üblichen für die Jagd. Er wird über der Hütte von Sippen abgeschossen, um ihnen entweder Gutes oder Böses zu wünschen. Sieht ein junger Mann ein bestimmtes Mädchen besonders gern, wird er diesen symbolischen Pfeil auf ihre Hütte abschießen. Erwidert sie seine Gefühle nicht, zerbricht sie den Pfeil und wirft ihn fort. Ein Korb aus Wurzeln ist da zu sehen, der so eng geflochten ist, daß er kein Wasser durchläßt. Eisenmesser, die die Owambos gegen Kupfer getauscht haben. Eine Herohaube, ein Kopfschmuck der Herofrauen aus Leder, der wie eine Aloe, das Wahrzeichen Südwestafrikas, aussieht. Während des Hereroaufstandes wurden sie als Tarnung von »Spioninnen« gewählt. Die Herofrau trug sie auf dem Kopf und spähte stundenlang, ohne sich zu rühren, die Bewegungen der Schutztruppe aus. Von fern konnte man nur Aloen im weiten Feld erkennen.

Ein gutes Museum. Doch Ilse Schatz rastet nicht. Energisch treibt sie die Einrichtung des nächsten Ausstellungsraumes voran. Sie hat auch schon einen Namen für ihn – Khorab-Raum. Dort wird in Zukunft die Geschichte vom Waffenstillstand zwischen Gouverneur Seitz von der deutschen Verwaltung und General Louis Botha, Befehlshaber der südafrikanischen Unionstruppen, am 9. Juli 1915 nachvollziehbar sein. Die Vorarbeiten haben schon begonnen. Eine Tür wird zu dem bisher ungenutzten Platz im alten Schulgebäude durchgebrochen. Erst am 1. Oktober 1915 konnte dort der Schulunterricht beginnen, denn während des Krieges war es als Lazarett benützt worden. Später wurde die Schule dann als viel zu klein aufgegeben.

Am 4. April 1983 beginnt die eigentliche Geschichte des Khorab-Raumes. Windhoeker Taucher holen eine deutsche Munitionskarre mit der Registrier-Nummer 1 aus dem Otjikotosee. 48 Jahre hat sie dort gelegen. Was die Windhoeker können, können wir auch, sagen sich drei mutige Hobby-Taucher aus Tsumeb. Nach Feierabend ziehen der T.C.L.-Pilot Rob de Koning, der Fallschirmspringer Oppies Oppermann und Tsumebs bester Sportler von 1982, Tulio Perreira, ihre schwarzen Taucheranzüge an und suchen nach Schätzen im See. Sie gehen dabei große Risiken ein, Tulio verliert seine rechte Hand. Und sie werden fündig. Eine Revolver-Kanone Nr. 545 mit Stahlkörper, schwenkbarem Messingrohr, Messingbeschlägen, einem Revolvergriff aus Holz, alles noch gut eingefettet. Eine Plakette verrät: Masch. K. 3,7 mm, Nr. 545, Deutsche Waffen- und Munitionsfabriken, Berlin 1903, Maxim Pat., dann eine Feldkanone, Serien-Nr. 375 mit einer Krone. Darunter Ultima Ratio Regis *(das letzte Mittel des Königs)* F. R. *(Friedrich Rex)* 1877. Die nicht automatische Kanone wurde von Krupp gebaut. Eine Protze, Maxim Patent, die die Kanonen zog, kommt ans Tageslicht, eine englische Kanone. Sie wurde von der Schutztruppe 1915 bei Sandfontein erbeutet und bei Kriegsende im Otjikotosee versenkt. Unter dem Lauf hat sie einen Messingmantel, der mit Wasser gefüllt, das Rohr beim Gefecht kühlt. Sogar die »Instructions for filling«, datiert von 1913, sind dabei. Diese Kanone, bei deren Bergung Tulio Perreira seine Hand verliert, bekommt ihm zu Ehren Tulios Namen. Alle Kanonen sind funktionsfähig und vollständig bis auf eine Spiralfeder, die gebrochen ist. Auch die Munition wurde aus dem See gefischt.

Unentgeltlich und mit viel Liebe haben der Pilot Rob de Koning und der österreichische Flugzeugmechaniker Seppl Essl diese Schätze restauriert. Auch eine Holzkiste wird zu bewundern sein. Sie wurde von der Schutztruppe auch 1915 samt Munition in den See geworfen. Das Etikett auf der Kiste ist gut zu lesen. Sie stammt aus der Munitionsfabrik in Spandau und wurde dort 1911 hergestellt.

Über einen Museumsgast aus Deutschland, er verfügt über Belege aus den Militärakten des Bundesarchives, erfährt Ilse Schatz, daß noch acht Feld- und sieben Gebirgskanonen, insgesamt 19 Objekte im Otjikotosee liegen sollen. Inzwischen hat sie an den Krupp-Konzern in Deutschland geschriebene. Sie bekam postwendend Fotos. Eine Ansicht der Fabrik von 1874, von der Herstellung und Montage der Kanonen. In Deutsch-Südwestafrika wurden sie zu Beginn des 1. Weltkrieges zerlegt auf Mauleseln transportiert. Keine Kette klimperte, kein Metall, nur das Geklapper der Hufe war zu hören.

Nicht nur über Kanonen und Kriegsmaterial wird Ilse Schatz bald im Khorab-Raum erzählen. Da gab es doch auch die Geschichte von dem einsamen Fräulein Fischer. Fünf Jahre nach der Kapitulation kommt General Botha nach Tsumeb. Er steigt im Minenhotel ab und speist dort so köstlich, daß er anschließend höchstpersönlich in die Küche geht, um sich beim Koch zu bedanken. Hier weint eine kleine Köchin, das Fräulein Fischer, bitterlich. Botha erkundigt sich nach dem Grund des Herzeleids. Ein Jahr zuvor, 1919, waren viele Deutsche repatriiert worden, darunter auch ihr Verlobter. Jetzt saß sie in Tsumeb, er in der fernen Heimat. Da schreibt der General noch in der Küche eine Einreisegenehmigung für den Heißersehnten aus.

1980 bekommt Ilse Schatz von der Minengesellschaft T.C.L. den offiziellen Auftrag, die Geschichte Tsumebs niederzuschreiben und dafür ein Fünfjahresgehalt. 1985 muß sie fertig sein, zum 80-jährigen Jubiläum des Bergbauunternehmens. Material hat sie genug. Abgesehen davon stellt die Hobby-Historikerin schon seit vielen Jahren eine reich illustrierte Familienchronik zusammen, getrennt und personenbezogen für jedes ihrer Kinder. Elf Bände sind schon geschafft. Bis 1987 will sie weiter schreiben, dann sind hundert Jahre Schatz-Chronik zusammengestellt. Schon heute fürchtet sie sich vor dem Tag, da sie mit allem fertig sein wird, dem vollausgestatteten Museum, dem Tsumebbuch. Sie hat Angst vor einer gewissen Leere. Und sie hat einen Traum:

Der neue Briefmarkenraum (2001)

Neben dem Museum ein städtisches Verkehrsbüro einzurichten. »Denn«, sie sagt es fast beschwörend, »jeder Tourist kommt sowieso zu mir, wenn er auf dem Weg in die Etosha-Pfanne ist. Man fragt mich nach der Tigerschlucht, nach dem Meteoriten, dem Affenbrotbaum, nach Straßen, Hausnummern, Freunden und Verwandten. Und die Minengesellschaft schickt ihre hohen Gäste. Fragen über Häuservermittlung bis zur Wohnungssuche, alle soll ich im Museum beantworten. Ein Verkehrsbüro nebenan wäre schön.«

Vielleicht schafft die energische, vitale Frau auch das. Was sie bisher geschafft hat, darauf wurde man sogar schon in der Bundesrepublik aufmerksam. Ihr wurde ein Orden verliehen, die Fürst Bismarck-Erinnerungs-Medaille. Der Enkel vom alten Reichskanzler hat die Urkunde unterschrieben. »Die gab es wohl noch nie für eine Frau«, lacht sie spitzbübisch, »der Text ist nur für einen ›ihn‹ als Empfänger vorgedruckt.« Sie bekam die Urkunde für den Aufbau der deutschen Geschichte im Museum.

Gäbe es eine Schatzmedaille, würde sie sie ihrem Mann Wolfgang verleihen, jeden Tag aufs neue, lebenslang. »Ohne ihn«, sagt sie dankbar, »hätte ich das alles nie erreichen können. Er hat immer meine Hobbies unterstützt, auch wenn sie auf Kosten seines Geldbeutels gingen. Durch seine stille, bescheidene Art tritt er nie in den Vordergrund. Immer stecke ich die Lorbeeren ein. Er hat im Stillen doch mitgewirkt.«

Die weiße Dame der Hai-‖om, Ilse Schatz.

Ergänzung 2001

Soweit der Bericht von Sigrid Kube aus dem Jahr 1984.

Die Geschichte von Ilse Schatz und »ihrem« Museum ging bewegt weiter.

Ihr Mann Wolfgang, dem sie so viel zu verdanken hatte, starb 1987. Seither war Fritz Kasdorf in freundschaftlicher Verbundenheit für sie eine unentbehrliche Stütze und Hilfe, schon vorher hatte er am Aufbau des Museums mitgewirkt und als »Mädchen für alles« viele handwerkliche Arbeiten gemacht bis hin zu den früheren Beschriftungen, als es noch keine Computer mit Drucker gab.

Drei Tage vor ihrem Mann übrigens war ihr Medizinmann |Garugu ‖Khumob singend auf Otjiguinas gestorben, am 13. März 1987. Er hatte vorher immerzu vergeblich nach einer geeigneten Person gesucht, der er seinen Schmuck hätte übergeben können. Ilse Schatz war an diesem Tag bei ihrem Mann im Krankenhaus. Der Schmuck lag danach immer in seiner Hütte, und alte Frauen wachten über ein Jahr lang darüber, dass keines der Kinder in die Hütte ging und damit spielte. Dann kam eines Tages eine starke Windhose über die Siedlung gefegt und riss die Hütte um. Leider waren gerade 200 Ziegen in der Nähe, die nun den Hütteninhalt schwer beschädigten und alles zertrampelten.

Ein wichtiges Ereignis für das Museum und Ilse Schatz war im Jahre 1996, als ihr die damalige TCL Minengesellschaft das Museumsgebäude samt Grundstück für einen Nominalbetrag von 1 N$ »verkaufte«, praktisch also schenkte. Zufällig war der Schreiber dieser Zeilen gerade an jenem Tag mit einer kleinen Reisegruppe im Museum, als Ilse Schatz förmlich auf einer Wolke schwebend frisch frisiert und im Festtagskleid hereinkam und freudestrahlend verkündete, dass sie leider keine Zeit habe und sofort mit einem Dollar zur Behörde müsse, um den Vertrag perfekt zu machen. Spontan zückte einer der Anwesenden eine glänzende Dollarmünze und stellte ihr den Kaufpreis zur Verfügung.

Das Glück des eigenen Hauses währte jedoch nicht lange. Denn durch die Schließung der Mine zwei Jahre später wurde die Firma TCL in einem Konkursverfahren abgewickelt, in dessen Verlauf der Kaufvertrag über 1 N$ wieder rückgängig gemacht wurde – Ilse Schatz traf dies wie ein Keulenschlag. Die Zukunft des Museums war wieder unsicher geworden.

Die Rettung bahnte sich 1999 an. Inzwischen war formell das »Tsumeb Museum« als Institution eingetragen worden, für das ein Komitee von sieben Personen verantwortlich ist. »Tsumeb Museum« konnte endlich am 13. Januar 2000 offiziell und unwiderruflich Gebäude und Grundstück erwerben. Der – diesmal allerdings marktgerecht höhere – Kaufpreis wurde durch einen privaten Gönner, den Ilse Schatz einige Zeit vorher als wildfremden Menschen rein zufällig für einige Tage beherbergt hatte, und die Bundesrepublik Deutschland bereitgestellt. Dabei habe sich auch die Namibia Wissenschaftliche Gesellschaft (früher SWA Wissenschaftliche Gesellschaft) bei der Deutschen Botschaft intensiv eingesetzt, betont Ilse Schatz. So war also das alte Glück des »eigenen Hauses« ab Anfang 2000 wieder neu hergestellt.

Sofort ging man tatkräftig wie stets daran, das immer enger werdende Gebäude zu vergrößern. Die Besucherzahlen haben sich inzwischen auf über 12.000 im Jahr erhöht, acht Mal so viel wie 1984. Mitte 2001 wurde eine Erweiterung von 150 m² eröffnet. Zu den erheblichen Kosten von über N$ 300.000 trugen wieder viele Spender bei, auch die Otavi Minen AG in Deutschland, deren Geschichte auf das Engste mit Tsumeb verknüpft ist, anlässlich ihres 100-jährigen Bestehens im Jahr 2000. Damit ergab sich die Möglichkeit, die verschiedenen Abteilungen neu zu verteilen und besonders die ethnologische Abteilung nun größer und übersichtlicher zu gestalten. Vor allem die bisherige »Buschmann-Ecke«, in der Ilse Schatz ihren Besuchern immer am meisten zu erzählen hat, war viel zu eng gewesen für eine etwas größere Zuhörerschaft. Neu ist auch ein »Briefmarkenraum«, dessen wahrlich sehenswerte Exponate von Detlef Glockmann gestiftet wurden.

Etwas völlig neues ist für Ilse Schatz seit April 2001 hinzugekommen. Denn seither kann man dienstags und donnerstags mit einem Auto durch einen Teil der Tsumeb Mine fahren, jeweils vormittags und nur max. zwei Fahrten für bis zu sechs Personen, Dauer jeweils rd. 1,5 Stunden. Ilse Schatz ist immer als »Minenführerin« dabei. Gerne hätte sie jemanden zum Abwechseln, aber mit der notwendigen Dreisprachigkeit hapert es bei immer mehr Leuten, die dafür in Frage kommen könnten: Englisch und Afrikaans können sie alle, aber das für die meisten Besucher notwendige Deutsch werde einfach zu wenig beherrscht, sagt sie.

Da der Fortbestand des Museums ganz wesentlich von den Besuchern abhängt, hofft Ilse Schatz inbrünstig, dass sich die Touristenzahlen im Norden des Landes wieder erholen, die letzthin durch die Probleme an der Grenze zu Angola beeinträchtigt waren. Das habe man sehr deutlich und schmerzhaft gespürt. Und sie wünscht sich, dass bald jemand da sein werde, eines Tages das Museum so weiter zu führen. Auf jeden Fall aber will sie möglichst bald für jedes der vier Kinder ein komplettes Exemplar der Familienchronik fertiggestellt haben, so lange sie das noch kann, sie sei ja schon über 70. Und der Besucher schaut andächtig auf etwa 20 albumähnliche Buchrücken im Regal – das ist nur einer der vier Sätze, voll mit schreibmaschinengeschriebenen Blättern und vielen Fotos. Auf dem ersten Buchrücken steht 1887, jetzt ist sie bei 2000 angekommen. Sigrid Kube hatte 1984 von Ilse Schatz' Angst vor der Leere geschrieben, wenn alles fertig sei, Chronik und Museum – von dieser damaligen Angst kann der Besucher heute nichts spüren, er hört im Gegenteil die Sorge, das alles nicht mehr schaffen zu können.

Die Beschaffung von Geldern für »ihr« Museum treibt Ilse Schatz immer noch ständig um. Eigentlich hätte sie jetzt im August für sehr gute Honorare zu einer Vortragsreise in die USA fahren können, hat aber schweren Herzens abgesagt – schweren Herzens auch, weil die Gesundheit ihres Partners der Grund ist.

Aber sie verliert nie den Mut und hat immer pfiffige Ideen zur Geldbeschaffung, über die sie gerne erzählt. So wollte unlängst eine Filmgesellschaft für einen Western, der bei Swakopmund gedreht wurde, unbedingt eine ganz bestimmte Kanone ausleihen, die es nur hier im Museum gibt. Zuerst sagte sie Nein, aber dann gab sie nach, als das Angebot »stimmte«, denn es gab noch eine zweite Kanone im Lager. So wurde eine ansehnliche Leihgebühr vereinbart – und eine Versicherung über 1 Million N$. »Um ehrlich zu sein, ich habe mir sooo gewünscht, dass die Lorrie mit der Kanone drauf umfällt«, sagt sie nach einer kleinen Pause mit spitzbübischem Gesicht, und lacht herzhaft. Dabei sind auch im fortgeschrittenen Alter wieder die Grübchen zu sehen, die schon Sigrid Kube so nett beschrieben hatte.

Der Eingang zum Museum Tsumeb

Pfade, Pads und Autobahnen

Verkehrswege erschließen ein menschenleeres Land

Klaus Dierks

Menschenleeres Steppenland mit der höchsten Straßendichte der Welt

Das Sonnenland Namibia ist ein eher flaches, von einzelnen Inselbergen und schroffen Gebirgszügen durchzogenes, trocken-heißes Steppen- und Wüstenland, das auf den ersten Blick menschenleer erscheint. Dieser Eindruck trügt. Fliegt man mit dem Flugzeug über das Land mit seiner grandiosen Weite, so wird die Eintönigkeit einer der letzten Urlandschaften unserer Erde von gelegentlichen Trockenflüssen und einer Vielzahl von endlosen, geraden Straßen unterbrochen, die oft die einzige Orientierungshilfe in dieser Wildnis darstellen.

Wahrscheinlich gibt es kein besseres Beispiel, das den Werdegang Namibias zu einem modernen Staatswesen so deutlich vor Augen führt, wie die Entwicklung seines Straßennetzes. In den letzten drei bis vier Jahrzehnten, und besonders seit dem Unabhängigkeitstag der Republik Namibia am 21. März 1990, hat Namibia große Fortschritte im Ausbau seiner physischen Infrastruktur gemacht und steht heute in vieler Hinsicht an der Spitze aller Länder des afrikanischen Kontinents. Mit rund 250 km ausgebauten und unterhaltenen Staatsstraßen pro 10.000 Einwohnern dürfte Namibia den Weltrekord an Straßendichte je Einwohner halten.

Gravelpad bei Omaruru

Gute Verkehrsverbindungen sind die unabdingbare Voraussetzung für jede wirtschaftliche Entwicklung

Seit den Anfängen der menschlichen Geschichte gilt das Axiom, dass es ohne Straßen keine Zivilisation geben kann. Die Verwirklichung der Straßeninfrastruktur stößt in diesem Lande nicht nur auf große technische und physische Widerstände, die zum Teil einzigartig und ohne Parallelen sind, sondern auch auf Probleme wie gewaltige geographische Entfernungen zwischen Erzeugern, Absatzmärkten und der namibischen Wirtschaft sowie, bis zum 21. März 1990, eine Fremdverwaltung, für die die eigenen Interessen vorrangiger waren als die des Landes. Eine weitere Schwierigkeit ist die Ungleichheit in der Entwicklung der Straßeninfrastruktur zwischen den sogenannten »entwickelteren« Regionen Namibias und den traditionellen Bedarfdeckungswirtschaftsgebieten (Subsistenzwirtschaft), die sich hauptsächlich im Norden befinden. Jede langfristige Strategie im weiteren Wachstum der Straßeninfrastruktur muß darauf ausgerichtet sein, die Ungleichheit im Interesse aller Bewohner auszubalancieren. Dabei müssen Faktoren wie Arbeitsplatzbeschaffung und Arbeitskraftausbildung als wichtige Prioritäten berücksichtigt werden. Das ist im besonderen Maße seit der Unabhängigkeit geschehen.

Namibia verfügt im Jahre 2000 über ein Straßennetz von 43.081 km (1984: 41.361 km) Fern-, Haupt- und Zubringerstraßen, von denen 5.453 km (1984: 4.175 km) bituminöse Decken haben. Im Vergleich dazu gab es Ende 1957 nur achtundzwanzig Kilometer asphaltierter Straßen. Im Jahr 2000 gibt es weiterhin 25.917 km ingenieursmäßig entworfene und gebaute Kiesstraßen, 11.227 km Erdstraßen, 219 km Salz-Kiesstraßen und 269 km *Sandspoor*-Straßen. Bis Dezember 1999 wurden 535 Brücken gebaut.

Im Haushaltsjahr 1953 wurden 2,02 Mio. Rand für den Bau und Unterhalt des Straßennetzes ausgegeben. Für das Haushaltsjahr 2000/2001 liegt die Ziffer dagegen bei 470 Mio. Namibia Dollar (ein N$ entspricht einem südafrikanischen Rand). 260 Mio. davon werden für den Erhalt des Straßennetzes und 210 Mio. für Neubauten ausgegeben. Die gesamten Ausgaben für den Straßenbau zwischen 1953 und 2001 beliefen sich auf etwa N$ 10 Mrd. (ca. 3 Mrd. DM nach Wechselkurs Mitte 2001).

Die wichtigsten Verbindungsstraßen von Norden nach Süden und von Westen nach Osten sind heute Allwetterstraßen mit festen Decken. Ein allwetterfestes Hauptstraßensystem im modernen Sektor von Namibia ist bereits vor der Unabhängigkeit im Jahre 1990 abgeschlossen worden. Große Teile dieses Gebietes sind mit einem dichten, gut unterhaltenen Netz von Zubringerstraßen zu den Hauptstraßen überzogen. Andere Teile, besonders im Ovamboland, im Kaokoland, Kavango, dem Buschmann- und Hereroland waren am Unabhängigkeitstag, trotz

Ochsenwagengespann

teilweise beachtlicher Bevölkerungsdichte, fast straßenlos.

Die wichtigste mittelfristige Priorität nach der Unabhängigkeit war, neben der Schließung dieser weißen Flecken auf Namibias Straßenkarte, die Fertigstellung einer Asphaltstraße von Rundu am Okavango nach Katima Mulilo und Ngoma im östlichen Caprivi-Zipfel mit einer Brücke über den Zambezi nach Sesheke in Zambia. Diese außerordentliche wichtige Trans-Caprivi-Fernstraße stellt die Verbindung zu unserem Nachbarland Zambia und darüber hinaus nach Tansania und Kenia dar und ist für die nunmehr mehr als zehn Jahre unabhängige Republik Namibia von unschätzbarem politischen, wirtschaftlichen und psychologischen Wert. Eine weitere Priorität nach der Unabhängigkeit war die Fertigstellung der Trans-Kalahari-Fernstraße von Windhoek nach Gaborone in Botswana. Auch der Ausbau einer durchgehenden Asphaltstraße von Goageb, westlich von Keetmanshoop, nach Aus wurde sofort nach der Unabhängigkeit in Angriff genommen und bereits 1993 fertiggestellt. Damit verfügt die Mutterstadt Namibias, Lüderitzbucht, jetzt über eine durchgehende Zubringerstraße mit fester Decke.

Eine der größten Leistungen nach der Unabhängigkeit war jedoch die konsequent durchgeführte Straßensektorreform durch das Ministerium für Öffentliche Arbeiten, Verkehr und Kommunikation der Republik Namibia, die wesentlich vom Autor als stellv. Verkehrsminister entworfen und initiiert wurde. Sie bietet die Gewähr, dass Namibias Straßensystem, einer der wichtigsten Schätze des Landes und wahrscheinlich das beste auf dem afrikanischen Kontinent, bewahrt bleibt. Die Reform basiert auf dem Grundsatz, dass der Straßenbenutzer für den ingenieursmäßig berechneten Verschleiß von Straßeninfrastruktur, je nach Fahrzeugklasse und Masse, die vollen Kosten zu tragen hat. Dies geschieht durch die Erhebung von Fahrzeugsteuern, die für den weiteren, volkswirtschaftlich gerechtfertigten Ausbau gebraucht werden. Der Straßenerhalt wird durch Kraftstoffsteuern und, für Schwerkraftfahrzeuge, eine Massen-Entfernungssteuer finanziert. Alle diese Einnahmen fließen in einen vom Staatshaushalt abgekoppelten Straßenbaufond, der von einer privatisierten Straßenfinanzierungsbehörde (*Road Fund Administration*) kontrolliert wird. Die Planung, die Überwachung und die Ausführung von Straßenbau- und -unterhaltungsmaßnahmen obliegen der privatisierten Straßenbaubehörde (*Road Authority*) und der Straßenbau-Unternehmer-Gesellschaft (*Road Contractor Company*). Dieses System dürfte einmalig in der Welt sein.

Für den Außenstehenden ist es sicher immer wieder überraschend zu erfahren, dass es in unserem trockenen Lande viele Brückenbauwerke gibt, die im Durchschnitt 25% der Gesamtkosten eines Projektes ausmachen. Im Juni 2000 verfügte Namibia über 535 größere Straßenbrücken und über etwa 10.000 kleinere Durchlass-Strukturen. Weitere 21 Brücken befinden sich im Bau oder im Planungsstadium. Zu diesen Bauwerken zählen Brücken wie etwa die Swakopbrücke bei Swakopmund, die zu den größten und kompliziertesten Straßenbrücken auf der südlichen Halbkugel gehört (sie wird gegenwärtig überholt).

Die gewaltige Ausdehnung von Namibia, die geringe Bevölkerungsdichte und viele technische Probleme, durch klimatische, geologische und physische Gegebenheiten verursacht, machen den Straßenbau schwierig und teuer.

In vielen Gebieten gibt es keine geeigneten Straßenbaumaterialien und nicht genügend Wasser. Die Straßenbrücken über die für Namibia charakteristischen Trockenflüsse, die sogenannten Riviere, die oft mit ungeahnten, plötzlichen, für aride Gebiete typischen Hochfluten fließen, sind für Abflüsse entworfen, die nur alle 50 oder 100 Jahre vorkommen. Es ist außerordentlich schwierig, Entwurfabflüsse, die ein optimales Gleichgewicht zwischen Wirtschaftlichkeit und Sicherheit gewährleisten sollen, zu bestimmen, da es bisher kaum langfristige Abfluss-Statistiken gibt.

Schwierigkeiten wie Wanderdünen, komplizierte Fundamentverhältnisse, Überschwemmungsflächen und unzugängliche, schroffe, zum Teil noch nie von einem Menschen betretene Hochgebirge stellen immer wieder neue Aufgaben und hohe Anforderungen an die Improvisationskunst des Straßen- und Brückenbauingenieurs. Der findige namibische Straßenbauer muß sich unter anderem mit Problemen auseinandersetzen wie schwierigen Gründungsverhältnissen ohne entsprechende Grundbauinstitute, Bauführern, die sich nicht an die Bewehrungspläne halten, da man den Stahl nach dem Betonieren doch nicht mehr sieht, oder Tieren, wie z. B. Elefanten, die Brückenschalungen zerstören.

Eine etwas „andere" Donkie-Karre

Für viele dieser Problembereiche gibt es nirgendwo irgendwelche Erfahrungswerte und Forschungsergebnisse: Sie mußten hier erst erarbeitet werden und können jetzt anderen Ländern Afrikas zur Hilfe gereichen.

Von Elefantenpfaden zur Autobahn

Die ersten Verkehrsverbindungen für Fahrzeuge in Namibia wurden vor etwa 200 Jahren geschaffen. Vorher war das »Alte Südwestafrika« von Menschen fast unberührt. Die Ureinwohner des Landes, die San (Buschleute), Damara und Nama, benutzten von Elefanten getrampelte Pfade von Wasserloch zu Wasserloch, die sich natürlich nicht um moderne straßenplanerische Kriterien kümmerten.

Es gab aber bereits primitive, von Menschen angelegte Pfade vor dem 12. Jahrhundert in vielen Gebieten Namibias, so in der Hungorobschlucht im Brandberg und als Zugangswege zu der einzigen bis jetzt bekannten vorkolonialen Steinstadt ǁKhauxa!nas, der »verlorenen Stadt der Kalahari«, östlich der Großen Karasberge.

Zu Beginn des 19. Jahrhunderts tauchten die ersten Ochsenwagen auf, die von schwarzen Bewohnern und den gerade eingewanderten europäischen Missionaren und Händlern gleichermaßen gebraucht wurden. Die alten Elefantenpfade waren selbst für die robusten und flexiblen Ochsenwagen wenig geeignet. Deshalb wurden die ersten, von Menschen geschaffenen, für Ochsenwagen möglichen Kunstwege angelegt. Die Baumethode für diese Ochsenwagenpads (*afrikaans* Pad = Weg) mutet archaisch an. Der erste Ochsenwagen schuf eine Spur, wobei mit »arbeitsintensiven« Handarbeiten hier und dort ein schlechtes Wegstück gangbar gemacht wurde. Der zweite Ochsenwagen folgte dieser Spur, da sich Spuren im ariden Klima Namibias lange zu halten pflegen und da er annehmen mußte, dass der erste Ochsenwagen vermutlich sein Ziel erreicht hatte.

Sir James Edward Alexander unternahm 1836/37 eine Expeditionsfahrt durch das Große Namaqua- und Damaraland. Im Januar 1837 verließ Alexander Warmbad und unternahm eine Exkursion nach »Räuber Heinrichs Platz« (Narudas 268, von Benjamin Ridsdale »Klipfontein« genannt, erwähnt auf Richters Landkarte von 1845 und wiederentdeckt 1988 vom Verfasser), das sich östlich der Großen Karasberge an einem der Quellflüsse des Gaiabflusses (Kainabfluss) befindet. Er ließ seine Ochsenwagen in Kanus zurück und erreichte die Wasserstellen von Kama Kams in der Nähe von Räuber Heinrichs Platz. Die alten Steinruinen auf einem Bergrücken am Eingang zur Narudasschlucht sind vorkolonialen Ursprungs und repräsentieren die Hauptsiedlung der ǁHawoben in den 1830er und 1840er Jahren.

Von Kama Kams kehrte Alexander am 28 Januar 1837 nach Kanus zurück und setzte seine Reise nach Bethanien fort. Alexander passierte die verlassene und teilweise zerstörte Missionsstation von Bethanien im März 1837. Jan und Hendrik Booi von den Bethanien-Orlams unterstützten ihn auf seinen weiteren Forschungsreisen in den Norden. Von Bethanien zog er durch die Konkiep- und Hasewebtäler in die Naukluftberge, welche er durch den »Bull's Mouth Pass« betrat. Von hier nahm er Kurs auf Abbabis und den Kuisebfluss. Alexander erreichte die Walfischbucht am 19. April 1837.

Von Walfischbucht reiste er nach Osten nach Ni-ais und nach Glenelg Bath, das moderne Rehoboth. Von Rehoboth ging die Reise zum Fischfluss und wieder zurück nach Bethanien. Von hier reiste Alexander über Huns und Haris zur Sendlings-Drift am Orangefluss. Alexanders Route durch das Land der »Great Namaquas, der Boschmans und der Damaras of the Hills« resultierte in der ersten brauchbaren Landkarte in der Geschichte von Namibia.

Die »Charte des Rheinischen Missionsgebietes in Süd-Afrika« (Richters Landkarte von 1845) gibt einen guten Überblick über die existierenden Ochsenwagenrouten am Anfang der 1840er im Großen Namaqualand und Kamacha-Damara, den südlichen und zentralen Teilen von Namibia. Diese Ochsenwagenwege bestanden, ehe Jonker Afrikaner einen Anfang machte, die »Bay-Straße« von Windhoek zur Walfischbucht zu bauen und ehe die Wege von Elberfeld (Windhoek) nach Schmelen's Hope (Okahandja) und nach Otjikango entstanden.

Einer der ersten Straßenbauer Namibias war der Namaführer Jonker Afrikaner. Er transportierte auf dem von ihm angelegten Bayweg (Bay = Bucht, Bayweg = Weg zur Küste) von Walfischbucht nach Windhoek durch das Khomashochland und entlang des Swakopriviers hauptsächlich Waffen und Alkohol auf seinen Ochsenwagen. Jonker Afrikaner baute auch einen Weg durch den Auaspoortpass in den Auasbergen südlich von Windhoek, um den beiden deutschen Missionaren Franz Heinrich Kleinschmidt und Carl Hugo Hahn 1842 einen gangbaren Weg zu verschaffen. Über hundert Jahre später, als 1953/54 die Trasse für eine zukünftige »Teerstraße« von Windhoek in den Süden untersucht wurde, stellte man fest, dass an Jonker Afrikaners Linienführung nichts zu verbessern sei. Für die ersten Kilometer südlich des Windhoeker Golfclubs folgt die heutige Fernstraße 1/5 der ursprünglichen Jonker-Afrikaner-Pad. Kleinschmidt berichtet am 6. Oktober 1842 folgendes über Jonkers Straßenbauarbeiten:

> »Mittags spannten wir beizeiten wieder ein, und nach einigen Stunden kamen wir auf einen ziemlich hohen Berg, welcher den Bergen beim afrikanischen Wuppertale ähnlich ist. Hier genossen wir zu unserer Freude die Frucht des lobenswerten

Pad im Khomas-Hochland, Blick aus der François-Feste

Fleißes von Jonker Afrikaner, welcher über diesen sonst nicht zu befahrenden Berg einen ziemlich guten Fahrweg hat machen lassen, und zwar über eine Stunde weit, wobei von den Arbeitern zwei Ochsen und sieben Schafe verzehrt wurden (Der Kapitän von Bethanien hat es auf dem Wege hierher an einigen Stellen auch so gemacht.).«

Der baltendeutsche Missionar Carl Hugo Hahn berichtet am 19.02.1844:

»Wir nahmen unsere Richtung ganz nördlich, um den Schwarzwald *(so nannte Hahn den höchsten Kamm des Khomas-Hochlandes, K.D.)* an einer niedrigeren Stelle zu übersteigen. Seit Sonnabend Mittag hatten wir einen guten Weg. Jonker hat durch diesen Teil, der sonst für Wagen durchaus unpassierbar war, mit großen Anstrengungen vor einigen Monaten eine Landstraße gezogen. Ich muss bekennen, dass ich selbst in der Kolonie *(Kapkolonie, K.D.)* nirgends ein derartiges Werk wahrgenommen habe. Es ist kaum glaublich, wie Leute mit den geringen Werkzeugen, oder besser, ohne diesselben solch eine Arbeit zustande gebracht haben. Große Felsblöcke sind ausgegraben, andere mit Steinen zerschmettert, Bäume und Büsche ausgerodet usw. Dieser Weg, 25 bis 30 Fuß breit, soll die Kommunikation mit Walfischbai herstellen. Als die Komagga-Damras *(Vieh-Damara, das sind die Ovaherero, K.D.)* Jonker fragten, ob er für sich diesen Weg bahnte, entgegnete er: ›Nein, den mache ich für die Knechte des Herrn, die hier vorbeikommen werden.‹ (Wir haben ihm früher gesagt, dass in Zukunft die Brüder über Walfischbai kommen würden.). ... Jonker beabsichtigt, wenn er dieses Werk beendigt habe, ein gleiches nach dem ... Berge im Damaraland zu beginnen. Das ist etwas Unerhörtes, vom Kap bis hierher.«

Der Rheinische Missionar Hans-Christian Knudsen berichtet am 06.07.1844:

»Alles macht diese Gegend einem Hochland gleich, besonders der letzte, sehr hohe Bergrücken, etwa drei Stunden Rittes von Elberfeld *(Windhoek, K.D.)*. Über diesen Auasberg hat Junker *(Jonker Afrikaner, K.D.)* einen meisterhaften Wagenweg angelegt, und er soll nach Walfischbai einen noch mühsameren zustande gebracht haben.«

Die Schließung der Matchless-Mine aus Wirtschaftsgründen im Jahre 1859 und der Ausbruch der Rinderpest 1861/62 verminderte den Ochswagenverkehr. Die aus der Walfischbucht zurückkehrenden Leerfahrzeuge nahmen jede Fracht, meistens nach Otjimbingwe, an. Außer Munition und Waffen nahm der Verkehr mit Rindern, Elfenbein und Straußenfedern zu. Das Namaland wurde aus Angra Pequeña, dem späteren Lüderitzbucht versorgt. Bereits 1835 wurde erwähnt, dass Fleisch und Tierhäute über Angra Pequeña exportiert wurden. 1856 wurde selbst Alexanderbucht für den Transport von Fracht in das Innere von Namibias Süden gebraucht. Carl Hugo Hahn berichtet über die Verkehrsmengen zwischen Walfischbucht und Windhoek im Jahre 1853, welche insgesamt 103 Fahrstunden brauchten.

Andere Wege wurden von frühen Forschern wie Charles John Andersson, ferner den ersten Missionaren in Warmbad, Bethanien und Keetmanshoop wie Schmelen und Hahn, die um 1840 die von schweren Regenfällen verursachten Schlaglöcher reparierten, den Baster, die um 1870 im Rehobothgebiet siedelten, und den Dorslandtrekkern, die 1874/75 unter Gerd Alberts und Lou du Plessis das

Teerpad mit Blick auf Usakos

Herero- und Kaokoland durchzogen, gebahnt und verbessert.

Der deutsche Missionar Johannes Samuel Hahn berichtet am 13.09.1850 von seiner Reise nach Berseba:

»Bei dem furchterregenden |Oubs-Berge *(Brukkaros-Berg, K.D.)* hatte ich meinen Wagen mit 26 der größten und stärksten Ochsen bespannt. Es datierte von 8 Uhr morgens bis Sonnenuntergang, alle vier Wagen glücklich heraufzubringen. Dieser nette Weg über die Berge ist durch meinen Kapitän *(Paul Goliath (Hobexab) von Gulbrandsdalen, K.D.)* gemacht worden und ist für diese Leute ein Meisterstück in diesem Lande.«

Auch die erste Zeit nach 1884, die von der deutschen Kolonialinitiative geprägt wurde, schuf zunächst noch keine moderne Infrastruktur. Die deutsche Schutztruppe, die weit verstreut im ganzen Land auf ihren einsamen Vorposten saß, schuf für ihre Bedürfnisse neue Verbindungswege. Diese Straßenbauaktivitäten waren natürlich im Umfang und in der Ausführung begrenzt, und die Entwurfskriterien wurden immer noch durch den Ochsenwagen bestimmt.

Eine Straßen-Verordnung vom 04. August 1888 für Frachtfahrer hat das Ziel, die Weide längs der nördlichen Baistraße zwischen Otjikango und der Swakopmündung zu schonen.

Frühe Bestrebungen, den Ochsenwagen durch modernere Straßenverkehrsmittel abzulösen, waren zunächst zum Scheitern verurteilt. So schreibt H.E. Lenssen in seiner Chronik von Deutsch-Südwestafrika über einen solchen Versuch:

»Der in der Mitte des Jahres (1894) nach Deutsch-Südwestafrika gereiste Kunstmaler Troost nahm als Leutnant der Reserve in der 2. Kompanie an der nördlichen Kampffront um die Naukluft teil. Im Laufe der kurzen Zeit seines Aufenthaltes im Lande hatte er die unbeschreiblich großen Schwierigkeiten beobachtet, die dem Transport der über See in Swakopmund angekommenen Güter ins Innere des Landes entgegentraten. Die aus dem Inneren weiter zur Küste fahrenden Ochsenwagen konnten die Transporte durch die weide-, holz- und wasserarme Namib nur mit allerschwersten Kraftanstrengungen bewältigen. Nach dem im September erfolgten Friedensschluss mit Witbooi reiste Troost nach Deutschland zurück. Er erwarb in der Maschinenfabrik Dehne in Halberstadt eine starke Dampfmaschine, die als bewegliche Lokomobile mit Holzfeuerung mittels zweier großräumiger Anhänger die Beförderung der Frachtgüter von Swakopmund aus bis Jakkalswater durchführen sollte. Diesem mit anerkennenswerten, guten Absichten begonnenen Frachtverkehr durch die sandige Namib traten jedoch auch Schwierigkeiten entgegen ... (Es) stellte sich ... bald heraus, dass es der Maschine an Kraft mangelte und den Anhängern an Raum, um zugleich Frachtgut und Brennmaterial zu befördern, eines mußte fehlen oder zurückgestellt werden ... Recht bald wurde die so schön anmutende und besonders von den Frachtfahrern höchst freudig begrüßte Sache aufgegeben und die teure Maschine in der Namib ›trostlos‹ liegengelassen. Sie war nach damaligen Begriffen in keiner Weise verwendbar und wurde durch Verrosten und Versanden ein regelrechtes Wrack. Sie wurde von den Swakopmundern ... mit dem Spottnamen ›Martin Luther‹ bedacht, nach dem bekannten Wort ›hier stehe ich, ich kann nicht anders‹.«

Der »Martin Luther« wurde später zum Nationalen Denkmal erklärt. Er wurde Namibias erster »weißer Elefant«. Weitere sollten in der Geschichte namibischen Straßenbaus folgen.

Die Entwicklung wurde durch den Ausbruch der Rinderpest 1896 nachdrücklich unterbrochen. So wurden in Otjimbingwe, am Bayweg von Walvis Bay nach Windhoek, vom 1. Juli 1896 bis zum 1. Mai 1897 während der Einschränkung des Ochsenverkehrs durch die Rinderpest, folgende Verkehrsmengen gezählt: 1924 Wagen und 50 Karren mit 45.552 Zugochsen sowie 534 Pferde. Das war der Beginn von systematischen Verkehrszählungen, die zu den komplizierten EDV-Programmen führten, die die elektronisch ermittelten Verkehrsmengen auf Namibias Straßen ein Jahrhundert später auswerten und in moderne Straßenunterhalts-Managementsysteme umsetzen sollten.

Zur Zeit der Rinderpest ahnte man noch nichts von computergesteuerten Straßenbauprogrammen. Die Fahrtdauer eines beladenen Ochsenwagens von Swakopmund bis nach Windhoek betrug damals durchschnittlich zwei Wochen, der Frachtpreis auf dieser Strecke für 50 kg Transportmasse 30 Mark. H.E. Lenssen schreibt, dass der Personenverkehr aus dem Inneren zur Küste und umgekehrt meist auf dem Rücken der Pferde vor sich ging. »Es war keine Seltenheit, dass mutige Frauen und junge Mädchen diesen fast 400 km messenden Reiseweg im Sattel zurücklegten. Mauleselkarren galten als Luxus, deren Beschaffung sich nur ganz wenige leisteten.«

Doch wurde auch damals schon am Ausbau der Straßenbauinfrastruktur gearbeitet. So steht im Jahrbuch über die Entwicklung der deutschen Schutzgebiete für das Jahr 1896/97 folgendes:

»Dem Verkehrswesen ist seitens der Landeshauptmannschaft und der Bezirksbehörden, wie früher so auch im Berichtsjahr, das größte Interesse zugewandt worden. Auf dem Baywege wird an der schlechten Wegstrecke zwischen Tsaobis und Salem tüchtig weiter gearbeitet, auf der Strecke Gross Barmen–Otjiseva wird in zwei Kolonnen mit 40 bis 50 Hereros gearbeitet. Die Aufsicht führt je ein weißer Polizist, dem ein Herero-Vormann zur Seite steht. Die Arbeit geht sehr gut vorwärts. Es ist das erste Mal, dass Hereros sich in so großer Zahl zur Arbeit haben anwerben lassen. Ferner ist die Verbesserung des Weges von Okahandja nach Otjosazu, der allmählich eine vielbefahrene Straße von Osten nach der Küste zu werden beginnt, genehmigt. Äußerst notwendig war die Verlegung des Weges nach dem Osten hinter Avis in einer Länge von 14 km. Der im schwierigen Gelände laufende Weg ist für 5.000 Mark an einen Privatunternehmer vergeben worden und zur Zufriedenheit ausgeführt. Im Süden wurde an dem Bayweg Keetmanshoop–Lüderitzbucht gearbeitet. Vor allem wurde die sehr schlechte Wegstrecke durch das Neiamsgebirge einer gründlichen Revision unterzogen. Es arbeiteten ein Wegebauer und 50 Eingeborene. Bisher ist eine Summe von 17.542 Mark auf dieselbe verwendet.«

Trotz dieser lobenswerten Aktivitäten sollte sich das Straßenwesen der Ochsenwagenzeit nicht mehr von der Rinderpest 1896/97 erholen. In der Folgezeit wurde das Straßenverkehrswesen im steigenden Maße durch ein schnell wachsendes Eisenbahnsystem ersetzt. Bis zu Beginn des Automobilzeitalters, als Leutnant Karl Schmidt am 17. August 1904 in Okasise auf die ersten zwei Lastkraftwagen, die es in Südwestafrika gab, traf, war der langsam fahrende, knarrende, mühsam von langen Ochsengespannen gezogene Ochsenwagen inhärenter Bestandteil der namibischen Landschaft.

Auch im unglückseligen Hererokrieg 1904/07, der mit der teilweisen Ausrottung der namibischen Gemeinschaften der Ovaherero und Nama in den zentralen und südlichen Teilen des Landes endete, spielte der Ochsenwagen neben der Eisenbahn und den bereits erwähnten zwei Lastkraftwagen noch die entscheidende Rolle als Transport- und Verkehrsmittel. Vom Mühsal dieser Fahrten auf Südwests Wagenpads berichtet Richard Christel in seinem Tagebuch über eine Reise von Windhoek nach Gamis über Haris und Gurumanas:

»Ich war daher erfreut, am 27. August 1905 auf Transport kommandiert zu werden. Unteroffizier Hoffmann war der Führer desselben, und sechs Mann bedeckten diesen Transport, welcher der schlechteste war, den ich je hatte und vor Unannehmlichkeiten strotzte. Er bestand aus zehn Wagen mit 200 Maultieren. Als Treiber waren uns 20 Kapboys und zwei Buren als Leiter beigegeben.

Die Tiere empfingen wir auf dem Pferde-Depot, die Geschirre auf dem Artillerie-Depot und die Wagen vom Fuhrpark. Als wir uns anschickten, die Tiere einzuspannen, liefen fast die Hälfte weg, und wir brauchten 10 Stunden, um sie zusammenzubringen. Abends 7 Uhr waren wir soweit fertig, dass wir nach dem Ausspannplatz fahren konnten, wozu wir weitere 3 Stunden brauchten. Wir waren froh, uns nachts um 12 Uhr schlafen legen zu können. Am anderen Morgen verluden wir die Fracht, doch machten die Tiere keine Miene, den Strang anzuziehen, weshalb wir an diesem Tage nur einen Kilometer weit kamen. Am folgenden Tag ging es noch schlechter, denn wir gelangten in die großen Berge (südwestlich von Windhoek), wo die Tiere selbst die leeren Wagen nicht zogen. Die Fracht mußte von den Treibern mit viel Mühe oft getragen werden, um nur ein Stück weiterzukommen. Es konnte einem wirklich die Geduld reißen, wenn man dieses Schauspiel sah. Aber im Krieg muß man Ruhe und Ausdauer haben, und die habe ich bei diesem Transport wirklich gehabt. Auf den kurz vor Ongeama liegenden Bergen, die wir am dritten Tag erreichten, mußte ich ebenfalls die Fracht von den Treibern tragen lassen, da die Tiere versagten.«

Trotz der tragischen Ereignisse vor und während des Hererokrieges gab es am Rande auch erheiternde Episoden zu berichten. Es gilt bis zum heutigen Tage, dass namibisches Pad-Leben von einem Hauch von Abenteuer und vielen schönen »Stories« und Legenden umgeben ist. Diese Legenden von Pad-Benutzern und Pad-Erbauern sollten eigentlich nicht in Vergessenheit geraten. Ein besonders köstliches Erlebnis erzählt ebenfalls Richard Christel von seinem Transport Nr. 4 von Kub nach Gochas:

»Mit drei Frachtfahrern, welche alle an einem Tage zu laden hatten, sollte die Fahrt beginnen, doch nur einer hatte sich zur festgesetzten Zeit eingefunden, während der andere keine Lust und der dritte seine Gespanne noch nicht beisammen hatte. Die Frachtkolonnen wurden in drei Abteilungen gesondert, wobei ich das Glück hatte, zu dem ersten, mit dem ganzen Proviant für die Bedeckung beladenen Wagen zu kommen. Wir warteten bis Mittag, da sie aber nun doch nicht da waren, fuhren wir mit dem ersten, mit dem Proviant beladenen Wagen ab, da an ein nochmaliges Abladen nicht zu denken war. Am anderen Tage trafen wir in Narib ein, wo die noch fehlenden Frachtfahrer entschieden auch durchfahren und ausspannen mußten, da dies die erste Wasserstelle hinter Kub war. Proviant mußten wir auf alle Fälle für die zurückgebliebenen sieben Kameraden hinterlassen, und so kam ich auf die Idee, ein großes Loch zu graben, den Proviant hinein zu versenken, dasselbe wieder grabähnlich zu verschütten und mit einem Kreuz zu versehen, welches die Inschrift hatte: ›Hier ruht U-Offz. Kindermann 1. Kol. Abt.‹. Denn dies war der Name des Führers der fehlenden Wagen. Der Sergeant billigte meinen Vorschlag, und so gruben wir das Loch an einer Stelle, an welcher die Nachzügler unbedingt vorüber fahren mußten. Als am kommenden Tage der Transport die Stelle erreichte, war U-Offz. Kindermann nicht wenig überrascht über diesen Einfall. Er begab sich sofort an die Arbeit des Ausgrabens und hatte ... genügend schwarze Zuschauer, die über die Graböffnung sehr erstaunt waren. Auf diese Weise kamen auch die Nachzügler in den Besitz ihres Proviantes.«

Ruhe und Ausdauer, die Richard Christel schon in reichlichem Maße haben mußte, waren auch noch in den nächsten Jahrzehnten auf namibischen Pads eine wichtige Voraussetzung für den reibungslosen Straßenverkehr. Auch Paul Grätz mußte wohl über diese Eigenschaft verfügt haben. Auf einer aufsehenerregenden 630-tägigen Reise von Dar-es-Salaam in Deutsch-Ostafrika nach Swakopmund brachte er im Jahre 1908 einen »Spezial-Mercedes«, den ersten Personenwagen, nach Namibia. 1909 wurde ein Daimler Benz für den Gouverneur von Deutsch-Südwestafrika importiert. Bei Ausbruch des Ersten Weltkrieges gab es ganze fünf Automobile im Lande.

Der Sieg der Truppen der Union von Südafrika, die 1915 eine Überlegenheit von 53.000:5.000 Mann über die kleine deutsche Schutztruppe hatten, brachte zwar den endgültigen Triumph des Automobils über den Ochsenwagen, aber der Zustand der Pads sollte noch auf lange Zeit geeigneter für Ochsenwagen als für moderne Kraftfahrzeuge bleiben.

Über die Straßenbauverhältnisse kurz nach der Übernahme von Deutsch-Südwestafrika durch Südafrika erzählte mir in den 60er Jahren der Farmer Friedel Krenz aus dem Bezirk Outjo folgendes:

»Eine nette Geschichte, die fast tragisch-komisch auslief, war die von der Postkutsche zwischen Outjo und Otjiwarongo. Nach der Einnahme Südwestafrikas durch die Unionstruppen wurde zwischen Outjo und Otjiwarongo eine neue der Zeit entsprechende Postverbindung eingerichtet.
Vor 1914 war es eine sechsspännige Maultierkarre, welche den Briefverkehr mit der Außenwelt aufrecht erhielt. Der Bahnbau nach Outjo war durch den Krieg nicht nur ins Stocken geraten, sondern man war sogar dabei, das aufgestapelte Baumaterial abzufahren, um irgendwo im Namaqualande eine Strecke aufzubauen.
Die sechsspännige Maultierkarre wurde auch von der Besatzungstruppe als das sicherste Verkehrsmittel angesehen – bis ein rühriger Outjoer Hotelwirt namens Joseph Stroka die Angelegenheit in die Hände nahm. Mit Berufung auf seine polnische Herkunft und durch rührige Vermittlung von Geschäften jeglicher Art und als einer der zwei Schankwirte des Ortes hatte er bald bei der Ortskommandantur einen Stein im Brett.
Auf einem der Depots mit gebrauchtem Kriegsmaterial in Otjiwarongo oder Okangande waren ihm etliche der Ausrangierung entgegensehende Stabsautos aufgefallen, und durch Vermittlung der Outjoer Kommandantur gelang es ihm, drei *Hubmobile* Modelljahr 1912 oder 1913 in die Hände zu bekommen mit der Verpflichtung, den Postverkehr zwischen Outjo und Otjiwarongo im Gang zu halten.
Joseph Stroka ließ sich die nötigen Handgriffe zur Beherrschung der *Hubmobile* zeigen. Für den zweiten Wagen engagierte er einen früheren Chauffeur, dem zu deutscher Zeit die Lizenz entzogen war, weil ihm auf der Storestraße *(Kaiserstraße, heute Independence Ave., K.D.)* Windhoeks das Missgeschick ereilte, zwei die Straße überquerende Nonnen auf die Stoßstange zu nehmen und davon die eine die ganze Storestraße heraufzuschleifen.
Der dritte Wagen wurde zuvorkommender Weise von der Militärbehörde nach Outjo geliefert. Joseph Stroka hatte sich ganz seinem neuen Status entsprechend als Gentleman-Fahrer ausstaffiert: Rohseidener Anzug, rote Fliege, Panamahut und Fahrhandschuhe und nicht zu vergessen Staubbrille. Unter den staunenden Blicken der wenigen Anwohner und den johlenden Hipp-Hurrahs der anwesenden Tommies setzte sich unser neuer Posthalter, nachdem Hugo Behr vom Hotel Laszig ihm noch einen Steigbügeltrunk verabreicht hatte, an die Spitze des ›Konvois‹.
Man ratterte, Furcht und Schrecken erregend, in Staubwolken gehüllt, dem mit 60 Kilometern nicht allzu fernen Outjo zu.
Doch wie heißt es, ›unverhofft kommt oft‹, auf der Höhe von Omatjenne gab es einen fürchterlichen Knall, und unser Stroka, welcher mit der ungewöhnlichen Geschwindigkeit von 25 Kilometern pro Stunde an der Spitze lag, befand sich mit Hub und allem am Wegesrande. »Das hätte schiefgehen können«, meinte unser besonnener Joseph. »*A veritable puncture of two tyres*«, meinte der Tommy. »A Mordsviecherei«, stellte Glöckner als dritter Fahrer fest. »Jetzt hab'n mer keine Reservereifen.« Jeder von den dreien meinte, die anderen hätten diese bitter notwendigen Gebrauchsgegenstände geladen. – Was streiten, so der Führer, was nicht da ist, kann gebracht werden.
Das *Hubmobil* wurde in den Schatten eines Busches geschoben und etwas verblendet, der Neugierde vorzubeugen, und man verteilte sich auf die übrigen zwei Autos. Dem Himmel sei Dank, das Bier war in der *(feuchten, K.D.)* Sackumhüllung noch kühl geblieben und auch Hennessy und Whisky hatten nicht gelitten.
Nach vollbrachter Stärkung setzte man sich einträchtig in Bewegung und kam gerade recht zur Kaffeestunde von Julius Göbelsmann und Frau nach Okakewa. Nachdem man sich an Kaffee und Napfkuchen Tante Idas gütlich getan hatte und Wachtmeister Göbelsmann »de Wägelche« kopfschüttelnd begutachtet hatte, stellte man sich frischen Mutes an die Anlasskurbeln, und nach einigen Fehlzündungen prusteten die »Stinkesel« von hinten und von vorne voll Lebensmut. »Schönen Dank, Ida – auf Wiedersehen, in 'ner halben Stunde haben wir die 15 km bis Outjo geschafft.« Jedoch mit des Ge-

schickes Mächten ist kein ewiger Bund zu flechten, sagte schon der Dichter, und man hatte die Kuhlen im Ugab-Rivier geschafft und bewegte sich auf die Höhe des Kalkofens Outjo zu, als der hintere Wagen nach einem Schlagloch ein sonderbares Klappern von sich gab und gleich danach sich auf eine Hinterbacke setzte und der Motor unter stinkenden Rauchwolken den Geist aufgab. Befund war: sämtliche hölzerne Speichen eines Hinterrades ausgebrochen. Was hilft Klagen, was hilft Jammern. Neue Speichen oder besser ein neues Rad irgendwo requirieren. Man verteilte alles auf den letzten gangfähigen Wagen, und um keine weiteren Risiken einzugehen, zog man mit weniger Elan, dafür aber größerer Würde dem vor ihnen liegenden Outjo zu, in Abständen das Blashorn drückend, was nicht verfehlte, das damals schon sehr belebte Outjo in Aufruhr zu bringen und alles, was Beine hatte, ob schwarz, braun oder gelb, in Bewegung zu setzen, um das lokaleigene Monstrum vor dem Hotel Stroka zu bewundern.

Während sich die Schwarzen draußen von dem Anblick des Autos nicht trennen konnten und schnatternd und lachend umstanden und das Faktotum, »Hotel-Boss« Kognak, dem die Auto-Bewachung übertragen war, seine Mühe hatte, das Befingern zu verhüten, hatte sich Joseph Stroka der Autobrille und des Staubmantels entledigt und waltete seiner Pflicht als »Hotel-Baas«. Und mit »noch ist Polen nicht verloren« gab es eine Freirunde, was natürlich bei den trinkfreudigen Outjoern Anerkennung und Nachahmung fand. Über die zwei auf der Strecke gebliebenen Autowracks wurde nicht viel geredet, das würde sich morgen finden – Outjo hatte Schlosser und Stellmacherpraktiker genug.

Wie die Geschichte weiter lehrt, kam der Stroka im Post-Express nach und nach auf volle Touren. Als zweiten Fahrer engagierte Stroka einen Mann namens Hermann Waag. Gehörte nun der erste Fahrer Glöckner zu der schlankeren und gut aussehenden Art der alpinen Rasse, so war Waag genau das Gegenteil: grobgehauen der ganze Mensch, Augenbrauen verdeckten die Augen – ein dicker Schnurrbart die Mundpartie. Hatte er einmal Anwandlungen, sich erfreut zu zeigen – sein Lächeln bewirkte genau das Gegenteil dessen, was man gemeinhin von einem Lächeln erwartet. Es wurde eine Grimasse, welche schwachen Gemütern für einen Moment das Herz stocken ließ: der sprichwörtliche Frauen- und Kinderschreck. »Der tut keiner Fliege etwas zuleide«, hieß es allgemein. Als Junge habe ich das bezweifelt.

Nun hatte mein Vater in Otjiwarongo etwas zu erledigen, und warum sollte man die Pferde strapazieren, wo es neuerdings doch die Strokaschen Eilpostkutschen gab. »Eigentlich ist der Hub gechartert von dem alten Militärarzt und seiner Frau, welche das Land verlassen will – aber für Sie, Herr Krenz, ist immer ein Platz frei. Setzen Sie sich vorne neben Waag«.

Das Hubmobil wurde mit Decken, Sack und Sächelchen des ältlichen Arztehepaares mit Namen Fox kunstgerecht verpackt. Da es schon Juli war *(Südwinter, K.D.)*, hatte man sich gut vermummt. Auf dem Deckenbündel zwischen Doktor und Mrs. Fox stand ein Picknick-Korb mit den nötigen Pad-Sandwiches samt einer bauchigen Reiseflasche mit dem heimatlichen schottischen Nationalgetränk »Old Dry«. – » *A Scotch takes his whisky neat*«, brummelte Dr. Fox, als Joseph Stroka sein beflissenes »*Have you Sodawater genough*« raderbrechte, worauf die Missis ein krächzendes Meckern hervorbrachte.

War es nun der Abschiedsschmerz, Outjo verlassen zu müssen, oder die ersehnte Freude, endlich dieses Kalknest hinter sich zu lassen, jedenfalls hatten die beiden tüchtig von der Wegestärkung zu sich genommen.

»Tschüß Joseph, und denn man tau«, meinte mein Vater, und der Wagen rollte dem fernen Otjiwarongo entgegen. Waag war ein geschickter und auch recht vorsichtiger Fahrer. Der Sonne und auch des Windes wegen hatte man das Segeldach aufgezogen. Mein Vater fragte Waag nach Outjoer Neuigkeiten, welche dieser in seiner Waldschrat-Art auch gut und gerne zu verzapfen wusste; wer, wen und wo was doch fertigbrachte – so hatte man bald die Outjoer Grenze hinter sich gelassen, und als man bei Naribis die Omatjenne-Fläche vor sich liegen sah, meinte mein Vater zu Waag: »Nun drück mal die Schenkel ran und gib ihm die Sporen, dass der Schinder zeigt, was er kann.« Na, 45 Kilometer die Stunde kann er schon, wenn man richtig draufdrückt. Also gab man dem Hubmobil »Fett«, dass die Schutzbleche wackelten.

Nun hatte es in der Paresisberg-Gegend Tage zuvor einen tüchtigen Regenhusch gegeben, und die den Weg kreuzenden Viehpads waren zu ansehnlichen Rinnen ausgespült worden. Waag, der sich hin und wieder aus einer unscheinbaren Hüft-Flasche gestärkt hatte, war der Meinung, Hindernisse müssen im Galopp genommen werden. Es gab zwei gewaltige aufeinander folgende, Hören und Sehen verblassende Aufschläge, verbunden mit Blech- und Flaschengeklirr, dem Aufkreischen einer Frauenstimme und dem Stöhnen und Fluchen einer Männerstimme. Die beiden Vorne-Sitzenden waren glimpflich davongekommen, aber das arme Ehepaar Fox hatte es im Schlafe überrascht.

Der Doktor wurde durch das mürbe Verdeck des Touringwagens gefahren und war dabei, sich daraus zu befreien. Mrs. Fox war mit der Stirn gegen die Aufhaltestange des Verdecks geflogen und stöhnte jämmerlich über die sich entwickelnde Beule. – »Da wollen wir mal gleich den Sanitäter spielen«, meinte Waag mit diabolischem Grinsen und dabei das an der Hüfte hängende große Bowiemesser ziehend und sich der den Kopf haltenden Mrs. Fox nähernd. »Dees ist nicht so schlimm und wird es hiermit ...« – auf das große Messer

weisend – »... bald wieder vorüber sein« – meinend das alte Volksmittel, Stahlklinge auf eine frische Beule gelegt, würde die Schwellung stoppen. Mrs. Fox, aufblickend in das nicht Vertrauen weckende Antlitz Waags, war mit dem Sprunge einer Gazelle, einer ihrem Alter Hohn sprechenden Leistung, aus dem Auto, dabei laut schreiend: »*Oh, my God, Jimmy help me, the Hun is going to kill me ...*«.
»No, no, this good Medizin, Missis!« Waag legte sich gleichzeitig den Stahl auf die Stirn, um die Absicht seiner Hilfsaktion zu demonstrieren. Mein Vater versuchte auf Afrikaans zu intervenieren und zu beruhigen. Half alles nichts, sie schrie wie am Spieße, bis der alte Doktor sie an die Schultern fasste und sie durchschüttelte: »*Don't be silly, they are not going to kill you, they, these Germans, they just wanted to help.*«
Waag war indessen schon wieder unter das Auto gekrochen, um das gebrochene Federblatt zu schienen. Bald war man wieder unterwegs, wenn auch nicht in rosiger Stimmung: Vorderdeck wie Achterdeck. Die Reisenden trösteten sich an den noch vorhandenen Stärkungsmitteln und waren froh, sich gegenseitig zu verabschieden, als man vor Sonnenuntergang am Hamburger Hof in Otjiwarongo stoppte. »Dat wir des Deubels, nu sind wir schon zu Kehlabschneidern avanciert. Aber solchen alten Suppenkühen sollte man beizeiten die Kehle abschneiden«, sprach Waag.«

Am 14. Juni 1912 hatte das Gouvernement in Deutsch-Südwestafrika eine neue Regierungsproklamation über öffentliche Straßen, die in Bezirks-, städtische und Verbindungsstraßen eingeteilt wurden, erlassen, die die alte Wegeordnung vom 18. Mai 1898 ersetzte. Die Ordinanz des kaiserlichen Gouvernements wurde 1923 durch eine südafrikanische Straßen-Gesetzgebung ersetzt. 1925 wurde die »astronomische« Summe von umgerechnet 766 Rand und 44 Cent für den Bau und Unterhalt des gesamten namibischen Straßennetzes ausgegeben. Daher nimmt es nicht wunder, dass die robusten ersten Autos sich kaum schneller als Ochsenwagen bewegen konnten. So erinnerte sich Dr. Herbert Halenke (namibischer Farmer und Tierarzt) an eine Frachtfahrt von Windhoek zur Farm Hohewarte:

»Unvergesslich ist mir meine erste Autofahrt im Juni 1926 mit zwei Frachtfahrern von Windhoek nach Hohewarte, eine Strecke von 46 km, die heute selbst schwerste Lastzüge über eine moderne Teerstraße in knapp einer Stunde bewältigen. Die Herren Schäfer und Kretzschmer holten mich gegen 9 Uhr mit ihren beiden 1-Tonnen-Ford-T-Lastwagen ab. Natürlich waren beide Wagen mit mindestens eineinhalb Tonnen beladen. Das machte aber gar nichts. Sogar »Blau Hoogte« (ein Pass zwischen Windhoek und der Farm Hoffnung) wurde bewältigt. Wir luden von beiden Wagen die Hälfte der Fracht ab, wendeten die Fahrzeuge sodann und fuhren im Rückwärtsgang die fast einen Kilometer lange Strecke den Berg hinauf. So wurde rückwärts die Steigung überwunden, weil das Ford-T-Modell nur zwei Vorwärtsgänge hatte, und der Rückwärtsgang über mehr Steigfähigkeit verfügte. Und weil der Motor auch noch keine Benzinpumpe hatte, wurde mit dieser unkonventionellen Fahrweise sichergestellt, dass an steilen Steigungen von dem unter dem Sitz angebrachten Benzintank noch genügend Kraftstoff den Vergaser erreichte. So erreichten wir die Höhe hinter Kapps Farm kurz vor Sonnenuntergang. Gegen 21 Uhr kamen wir dann schließlich in Hohewarte an, nach einer Zwölf-Stunden-Fahrt für 46 Kilometer. Das war wenig. Mit dem Ochsenwagen hätte es zwei Tage gedauert.«

Auch aus neuerer Zeit gibt es viele Anekdoten aus dem namibischen Pad-Leben, besonders von den oft sehr rauhen und eigenwilligen »Pad-Jaapies« (Straßenbauarbeiter) zu berichten. Folgende Geschichten mögen für die Fülle des vorliegenden Materials stellvertretend sein:

Es ist ein besonderes Kennzeichen namibischer Pad-Japies, auch in den unwahrscheinlichsten Situationen immer »einen Plan zu machen«. So hatte vor einigen Jahren der Transportfahrer Erich Halecker eine schwere Caterpillar-Straßenwalze auf einem Tieflader in die Kalahari zu bringen. Als er an seinem Ankunftsort, einem riesigen Kameldornbaum zwischen großen rot-gelben Sanddünen, ankam, stellte er fest, dass er die mobile Abladerampe in Windhoek vergessen hatte. Ein »Plan« war schnell gemacht: Die Walze, noch auf dem Tieflader, wurde mit einigen festen Ketten an den Kameldornbaum gebunden. Erich Halecker setzte sich hinter das Steuer des Tiefladers und fuhr seelenruhig los. Es gab einen fürchterlichen Krach: Die schwere Walze landete im freien Fall im Kalaharisand. Glücklicherweise wird im menschenleeren Namibia nur selten jemand von derartigen Vorkommnissen gestört. Erich Halecker machte sich also wieder auf Pad – nach Hause. Für ihn war der Fall erledigt. Zufällig kam am nächsten Tag ein Caterpillar-Vertreter des Weges – auf einer Pad, deren Verkehrsdichte nicht viel mehr als zwei Fahrzeuge pro Woche zählt. Er wunderte sich über die am Kameldornbaum festgebundene Maschine, machte ein Foto von diesem für ihn rätselhaften Bild, um es einige Tage später dem Chefingenieur für Maschinenbau, R.S. Robinson, vorzulegen. Eine Untersuchung brachte die unkonventionelle Abladnemethode Erich Haleckers ans Licht, ein gewaltiges Donnerwetter war die Folge.

Auf der Farm Schencksweder im oberen Swakoptal war ein junger *Povian* (namibischer Name für Pavian) zugelaufen, der sich bald zu einem halbzahmen Hausgenossen mauserte. Doch bald begann der junge Affe mit aggressiver Streitlust, Haus und Hof zu terrorisieren. Als es ihm einfiel, einen jungen Hahn aller Federn zu berauben und das arme Tier derartig gerupft wieder laufen zu lassen, beschloss der Familienrat, ihn in der entferntesten Ecke der Farm auszusetzen. Man transportierte den Povian in einem Käfig zur Tifter Höhe und ließ ihn dort mit einem guten Vorrat seiner Lieblingskost, einem Haufen Karotten versehen, zurück. In der Nähe dieser Stelle läuft die Zubringerstraße Nr. 2172 vorbei, wo eine Straßenhobel-Unterhaltseinheit ihren gelegentlichen Übernachtungsplatz zu haben pflegte. Der Straßenhobelfahrer war nicht schlecht erstaunt, als sich am abendlichen Lagerfeuer ein junger Povian hinzugesellte und sich sogleich am Maisbrei, dem *Miliepap*, aus dem »*Driepot*« (einem eisernen Topf auf drei Beinen) gütlich tat. Der Affe ließ sich nicht verjagen und fuhr fortan als Maskottchen beim Hobeln der Straßen auf der großen, orangefarbenen Maschine mit. Falls die neu geschaffene privatisierte Straßenbaubehörde von Namibia (seit dem Jahr 2000) nach einem Symbol für sich sucht, wäre es sicher keine schlechte Idee, den Povian auf einem Straßenhobel als Wappenzeichen zu wählen.

In den sechziger Jahren fiel die Hauptstraße 68 zwischen Okaukuejo und Namutoni noch unter die technische Kontrolle des Straßenbauamtes der SWA Administration und nicht, wie später, in den Zuständigkeitsbereich des Naturschutzamtes. Damals wurde die Straße mit Entwässerungsbauwerken und einer neuen Kiesdecke versehen. Die Baukolonne, die dafür zuständig war, stand unter der Aufsicht des Bauführers »Nak Nak« van der Merwe (Nak Nak ist auf Afrikaans ein Spitzname für jemanden, der stottert). Sie hatte ihren Lagerplatz mit Bauhütten und Wohnanhängern auf einer offenen Fläche östlich der Wasserstelle Homob aufgeschlagen. In dem Lager wohnten auch einige Frauen der Bauarbeiter. Nun wurde das Lager des öfteren von Elefanten attackiert, die es im besonderen auf die Wäscheleinen der Ehefrauen abgesehen hatten. Eine der Damen ersuchte Nak Nak van der Merwe, doch mit seinem, verbotenerweise in die Etoschapfanne mitgenommenen, Kleinkalibergewehr einen Schreckschuss auf die Elefanten abzugeben und diese so zu verjagen. Gesagt, getan, Nak Nak liegt in der nächsten Nacht auf der Lauer, schießt in die Richtung der Elefantenherde und, oh Schreck, ein Jungbulle stürzt tödlich getroffen zu Boden. Jetzt ist guter Rat teuer, denn einen Elefanten mitten in der Etoschapfanne abzuschießen ist ein undenkbares Verbrechen. Es wurden also alle Straßenbaumaschinen mobilisiert und im Scheinwerferlicht schoben zwei Bulldozer ein großes Elefantengrab auf. Das dauerte die ganze Nacht. Man fürchtete zu Recht, dass das aufgewühlte *Veld* (afrikaans: Feld) am nächsten Tage den Verdacht der patrouillierenden Naturschutzbeamten erwecken musste. Nun wüteten zu dieser Zeit größere Veldbrände in der Umgebung. Als Feuerschutzmaßnahme wurde das Elefantengrab mit größeren Mengen Dieselöl bedeckt und alle Maschinen darauf geparkt. Es gab zwar am nächsten Morgen von Seiten der Naturschutzbehörde ein gewaltiges Donnerwetter wegen der Umweltverschandelung, das Elefantengrab blieb jedoch unentdeckt. Dem Autor dieser Veröffentlichung kam die »*Storie*« als verantwortlichem Ingenieur in Otjiwarongo zu Ohren und er hatte guten Grund, seinen Mund zu halten. Jetzt, fast vierzig Jahre später, ist genug Gras auf dem Elefantengrab in der Etoschapfanne gewachsen, dass sie erzählt werden kann.

Der weitere Ausbau des namibischen Straßennetzes sollte sich unter dem Einfluß der südafrikanischen Mandatsmacht bis tief in die fünfziger Jahre hinein noch immer im Ochsenwagentempo vollziehen. Erst als sich durch den Kampf des namibischen Volkes um seine Freiheit und unter dem Druck der Weltöffentlichkeit und der Vereinten Nationen die Unabhängigkeit der letzten Kolonie Afrikas am Horizont abzuzeichnen begann, setzte das gewaltige Ausbautempo der Straßeninfrastruktur der letzten vierzig Jahre ein, das hauptsächlich durch den Odendaalplan von 1963 initiiert wurde. Aber bis dahin galt es, noch eine lange, mühselige und meist schlechte Pad zurückzulegen.

Die neue Straßenbauordinanz 15/1927 setzte in jedem Magistratsbezirk Straßenräte ein. Ferner legte sie die Ausgaben für Bau und Unterhalt der Straßen auf der Steuergrundlage von einem halben Cent pro Hektar und siebeneinhalb Cent pro Autoachse und Jahr fest. Außerdem war jeder Amtsrichter ab 1930 berechtigt, pro Jahr 50 Rand für die Reparatur von Rivierdurchfahrten auszugeben. Straßenbrücken und andere Entwässerungsbauwerke gab es damals noch nicht. Das stundenlange, oft tagelange Stehen vor laufenden *Rivieren* (Rivier: meist trockenes Flussbett, das zur Regenzeit plötzlich reißend fließen, »abkommen« kann) gehörte damals, wie zum Teil auch noch heute, zum namibischen Pad-Alltag in der Regenzeit. Mit der steigenden Zahl von errichteten Brücken in den letzten Jahren ging ein afrikanisches und für Namibia typisches soziales Kommunikationsmittel vor vollen Flussdurchfahrten verloren, wenn man nämlich gezwungenermaßen zusammen reden, essen, trinken oder sogar im Veld kampieren musste. Die Nostalgie zahlt ihren Tribut an die Entwicklung.

Zwischen 1927 und 1930 nahm der Transportdienst der südafrikanischen Eisenbahn auch den Frachtverkehr auf den Strecken Mariental–Aranos, Mariental–Maltahöhe, Windhoek–Dordabis und Windhoek–Omitara auf.

1932 gab es immer noch keine staatliche Straßenbauabteilung. Der Zustand auf den namibischen Pads wurde durch den steigenden Verkehr so schlecht, dass 1936 das Amt für Öffentliche Arbeiten der Administration von Südwestafrika die ersten zwei Lastwagen (gebraucht) und den ersten leichten, motorisierten Straßenhobel, einen *Galion*, anschaffte. Vorher gab es nur maultiergezogene, leichte *Pad-Skraper* (Straßenhobel) und *Donkiekarren* (Eselskarren) für den Ausbau und Unterhalt der Straßen. 1937 wurden weitere Maschinen für 28.000 Rand angeschafft. Eine neue Straßenbauordnung Nr. 7/37 schuf die Voraussetzung für eine systematisch durchgeführte Straßenplanung aufgrund von Empfehlungen eines zentralen Pad-Rates für ganz Südwestafrika.

1935 entstand die erste Niedrigwasserbrücke über ein kleines Rivier nördlich von Otjiwarongo und 1937 eine zweite über den Omuramba Omatako (Omuramba: breites, flaches Trockenflussbett mit sehr niedrigem Gefälle) auf der alten Hauptpad zwischen Okahandja und Otjiwarongo. 1940 gab es drei Brückenbau-, drei Straßenbau- und sechzehn Straßenreparaturkolonnen sowie zwei für den Bau von Autotoren (Stahlschienen, die Huftieren das Überqueren von Straßen erschweren).

Bis 1945 wurden zwei Hochwasser- und neun Niedrigwasserbrücken, weiterhin zwei Eisenbahnüberführungsbauwerke und zehn Betondurchfahrten durch Trockenflussbetten gebaut. Bis 1950 kamen weitere zehn Hochwasser- und vier Niedrigwasserbrücken sowie zwölf Betondurchfahrten hinzu.

Wenn man an diese frühen Jahre der ersten großen Stahlbetonbrücken in Südwestafrika zurückdenkt, muß der Name Mathias Richter, Namibias Pionier im Stahlbetonbrückenbau, genannt werden. Mathias Richter diente dem Straßenbauamt von 1934 bis 1961. Dann ging er mit achtzig Jahren in Windhoek in Pension. In Swakopmund hatte er 1914 seine Laufbahn als Bauführer für Grün & Bilfinger mit dem Bau der stählernen Landungsbrücke begonnen. Es ist heute noch ein Vergnügen, seine konservativ entworfenen und gut durchdetaillierten Brückenbaupläne zu studieren. In seinen typischen Plattenbalken- und Hohlbalkenbrücken wird Richters Name im namibischen Brückenbau fortleben.

Selbst die ersten zehn Jahre nach dem Zweiten Weltkrieg beschleunigten noch nicht maßgeblich den Ausbau des namibischen Straßennetzes. 1946 wurde der erste Straßenbauingenieur, Günther Weder, angestellt. 1950 wurden 615.440 Rand für den Bau und Unterhalt der Straßen ausgegeben. Erst mit der Gründung eines eigenständigen Straßenbauamtes am 1. Juni 1951 und der Anstellung des ersten Chefingenieurs für Straßenbau, des Südafrikaners J.M. Loopuyt am 9. Januar 1952, begann die moderne Zeit des Straßenbaus in Namibia.

Aber selbst Anfang der fünfziger Jahre tat man sich noch schwer, sich zu neuzeitlichen Straßenbaukriterien durchzuringen. Damals war es noch gar nicht sicher, ob Straßen mit festen, bituminösen Decken für namibische Verhältnisse überhaupt geeignet seien. So schrieb die Allgemeine Zeitung am 30. Juni 1953:

»Es gibt gewiss nicht viele Dinge, über die man in diesem Lande täglich so viele Ansichten und Urteile äußert, wie gerade über die Straßen – vom begeisterten Lob bis zur vernichtend-beißenden Kritik. Die Gelegenheit, nun einmal aus dem Munde unseres höchsten beamteten Sachverständigen, eines allseits anerkannten Könners, Antworten auf einen Teil der so oft gestellten Fragen zu vernehmen, war sehr zu begrüßen.

Eine dieser Fragen lautet: Wäre es nicht auf lange Sicht viel wirtschaftlicher, wenigstens die wichtigsten Straßen endlich einmal zu teeren, als immer wieder den Straßenhobel anzusetzen und doch – bei gleichbleibend fürchterlicher Staubentwicklung – immer wieder das Wellblech wachsen und gedeihen zu sehen? Muß das ewige Flickwerk an den Sand- und Schotterstraßen im Laufe der Jahre nicht viel teurer werden als die einmalige Ausgabe für eine feste Straßendecke?

Die Antwort des Herrn Loopuyt war ein klares, wohlbegründetes Nein. Die namibischen Überlandstraßen mit Teer oder Bitumen (gemeinhin auch nur Teer genannt) zu versehen, wäre keineswegs eine ›einmalige Ausgabe‹. Selbst, wenn ein Gönner käme und aus Liebe (oder welchen Motiven auch immer) die Bitumen- oder Teerstraßen schenkte, wir könnten die Gabe nicht einmal annehmen. Die laufende Unterhaltung dieser Straßen würde nicht weniger, sondern mehr kosten als das, was heute aufgewandt wird. Unsere Teerstraßen würden uns auffressen: vor allem deshalb, weil wir sie nicht genug benützen würden. Bitumen- und Teerstraßen brauchen nämlich Massage, mehr Massage, als ihnen die Kraftfahrer von Südwest angedeihen lassen könnten. Wenn sie nicht im Durchschnitt mindestens doppelt so oft befahren werden wie zur Zeit unsere verkehrsreichste Überlandstraße, so verderben sie durch Oxydation.«

1957 begann dann aber doch – zunächst wieder noch im Ochsenwagentempo – das Zeitalter von Straßen mit bituminösen Decken in Namibia. Die Klagen über den unglaublichen Zustand der Straßen in vielen Teilen des Landes sollten trotzdem noch lange nicht abreißen. Folgende Beispiele aus Presseberichten dieser Tage sollen dies beweisen:

Allgemeine Zeitung vom 19. August 1957:

»Die meistbefahrene Straße Windhoek–Okahandja nimmt sich aus wie ein Musterkoffer alles Üblen und Gefährlichen. Von Windhoek aus: Elegante Kurven in einer ›Prüfstrecke für Wüstenfahrzeuge mit Vernebelung‹. Sehr selbstsichere Fahrer benutzen sie als Rennstrecke, um zu erproben, ob andere in der Lage sind, sie in dem dicken Staub rechtzeitig zu erkennen und ihrem schleudernden Wagen zu entrinnen. Dort kann niemand ›doppelt parken‹, also ist auch kein Hüter der Ordnung dort zu sehen. Es ist auch zu staubig. Zentrifugal sich auswirkende Kurven als Dokumentierung der neuesten Erkenntnisse der Schwerkraft. Wer links über die entstehende Straße hinüber will – dort gibt es noch Menschen, Spielplätze usw. –, freut sich über das Irrgartenspiel, auf das er sich eingelassen hat. Kein Hinweisschild, nach hundert Metern aber plötzlich Sperre durch Busch – und Schluß. Bei einiger Geduld findet man einen Übergang – auch wenn es einer von denen ist, die 60 cm steil über dem Niveau des angrenzenden Geländes liegen.

Und dann kommt man auf die gute alte Pad – die arme, restlos vergessene. Sie ist nebensächlich, seit eine Teerpad vielleicht irgendwann einmal fertig sein wird. Von Wellblech und Löchern kann man schon nicht mehr reden: der Zustand ist einfach katastrophal! Die Autotore – mit wenigen Ausnahmen – sind Autofallen und Sprungbretter. Die Kanten der Zementübergänge und -brücken sind in ihrer Wirkung wie Schmiedehämmer, die die Felgen bearbeiten. Diese Strecke fahre ich wöchentlich zwei- bis viermal (zur Orientierung). Es ist nachgerade genug, was man uns zumutet!«

Allgemeine Zeitung vom 12. Juli 1958:

»Seit die neue Straße nach Tsumeb beinah bis Mariabronn, der Farm der Römisch-Katholischen Mission, früher als ›Varkfontein‹ (Schweinequelle) bekannt, fertig ist, ist der Rest der Straße geradezu lebensgefährlich. Es gibt wohl in ganz Südwest keine Hauptstraße, die in so schlechtem Zustand ist. Von einem Esel, der zwischen den Wellblechrillen auf der Straße stände, könnte man sicher nicht einmal die Ohren erblicken. (Anm. der Redaktion: Wahrscheinlich wird sich ein großer Proteststurm wegen obiger Feststellung der ›schlechtesten Hauptstraße in Südwest‹ erheben, weil ungezählte andere Gegenden ebenfalls darauf Anspruch erheben, die schlechteste Hauptstraße zu besitzen. Soeben meldet Swakopmund, dass die Ausfahrtsstraße ins Inland ›miserabel‹ ist.)«

Allgemeine Zeitung vom 3. Februar 1959:

»Ebenso wenig wie auf das Wetter hat die Stadtverwaltung (von Lüderitzbucht) Einfluß auf den Zustand der Straße zwischen Lüderitzbucht und

Auch heute noch gelegentlich eine Elefantenpad: Der Trans-Caprivi-Highway

dem Inland. Hier ist die Stadt völlig von der ›Afdeling Paaie‹ (Straßenbauamt) in Keetmanshoop oder Windhoek abhängig. Der Bau der neuen Straße schreitet sehr, sehr langsam vorwärts. Ein neues Stück ist noch nicht wieder eröffnet worden. Während der Ferienzeit ist laufend an dem Sandstück zwischen Lüderitzbucht und Haalenberg gearbeitet worden, und man hat im Dezember und Januar nicht mehr ganz so viele Klagen gehört wie vorher. Doch es ist immer noch ein Risiko, dieses Stück zu befahren, und man bleibt am besten bei dem bewährten Rezept, sich telefonisch an- und abzumelden, damit Abschlepphilfe geschickt werden kann ... «

Vorausgegangen war dieser öffentlichen Unzufriedenheit über den allgemeinen schlechten Zustand der Straßen das Zustandekommen einer neuen Kommission, der Cloete-Kommission, im Juni 1956. Sie empfahl, der südwestafrikanischen Straßenbauabteilung den gleichen Status wie den Straßenbauämtern der vier Provinzen von Südafrika mit den entsprechenden finanziellen und personellen Folgerungen zu geben. Wegen der unbefriedigenden Bauleistungen der Regierungsstraßenbaukolonnen wurden 1957 zum ersten Mal für den Ausbau der Otavi–Tsumeb und der Keetmanshoop–Tses Fernstraßen private Ingenieurs- und Baufirmen für Planung und Ausführung herangezogen.

Das proklamierte Straßennetz an Fern-, Haupt- und Zubringerstraßen wuchs allmählich von 24.788 km im Jahre 1953 auf die heutigen knapp 44.000 km und die Länge der Straßen mit festen Decken von ganzen 28 km zu Weihnachten 1957 auf die gegenwärtigen 5.500 km. Die gesetzlichen Grundlagen für die Schaffung dieses gewaltigen Straßensystems wurden durch die Straßenbauordnungen 17/53, 28/62 und 17/72 gelegt. Die Männer, die in jenen Jahren des stürmischen Aufbaus das Steuer in der Hand hielten, waren nach Loopuyt die südafrikanischen Chefingenieure P.C. Lewis (bis 1967) und H.J.M. Williamson (bis 1976).

Das heutige privatisierte Verwaltungsamt für Verkehr (*Namibia Roads Fund Administration*, *Namibia Roads Authority* und *Namibia Roads Contractor*), dessen Hauptkomponente nach wie vor der Straßenbau bildet, ist mit über zweitausend Angestellten eine der größeren staatseigenen Betriebe in der Organisation des Ministeriums für Öffentliche Arbeiten, Verkehr und Kommunikation der Republik Namibia. Wer heute auf den modernen Fernstraßen oder gar den sechsspurigen Autobahnen um Windhoek herum problemlos reist, kann sich kaum mehr vorstellen, wie mühevoll der Straßenverkehr sich noch vor vierzig Jahren, selbst auf den Hauptstraßen, abspielte. Staub, Wellblech und Kies werden allerdings noch für lange Zeit auf vielen Straßen namibischen Pad-Alltag charakterisieren. So wird neben den leider meist ungenügenden Regenfällen der Zustand unserer »Pads« beliebtes Gesprächsthema bleiben.

Die Elefantenwege der Buschmänner und die Ochsenwagen-Pads des Jonker Afrikaner sind schon lange im Dunkel der Geschichte versunken. Trotzdem sind sie noch ein lebendiger Teil der so jungen Geschichte unserer Heimat Namibia. Es bleibt nur die Hoffnung, dass weiterhin eine vernünftige Aufbaupolitik dafür sorgen wird, dass immer genug Mittel bereitstehen, den infrastrukturellen Schatz, den Namibia besitzt, nämlich sein ausgezeichnetes und mehr als adäquates Straßensystem, zu erhalten und zum Wohle seiner Bewohner weiter zu entwickeln.

Aufgaben am Unabhängigkeitstag am 21. März 1990

Um die sozioökonomischen Bedürfnisse aller Bevölkerungsgruppen Namibias zu erfüllen, darf der weitere Ausbau des Straßennetzes nicht mehr, wie in der Vergangenheit geschehen, von den Interessen hauptsächlich einer Bevölkerungsgruppe diktiert werden. Im Owamboland, wo mehr als fünfzig Prozent der namibischen Gesamtbevölkerung lebt, existierten zum Beispiel am Unabhängigkeitstage 1990 nur 9,7% aller Asphalt- und etwa 3% aller hochwertigen Kiesstraßen. Das hat sich allerdings in den elf Jahren seit der Unabhängigkeit drastisch geändert. Mehr als 1.000 km neue Asphaltstraßen und Kiesstraßen sind seitdem entstanden. Trotzdem gibt es immer noch Ungleichheiten zwischen den beiden Namibias, dem »Erste-Welt-Namibia« und dem »Dritte-Welt-Namibia«. Um dieses und andere Probleme zu lösen, muß in höherem Maße als bisher eine wissenschaftlich fundierte Prioritätenplanung und ein integriertes, namibiaorientiertes Transportsystem weiter ausgebaut werden, das Straßen-, Schienen-, Luft- und Seeverkehr einschließt.

Entwicklungen wie sozialer Wohnungsbau, Erziehungswesen, Berufsausbildung, Arbeitsbeschaffung und Wohlfahrtsfürsorge werden in der Zukunft vor dem weiteren Ausbau der physischen Infrastruktur ganz sicher Vorrang genießen. Deshalb müssen die knappen Finanzmittel für den Straßenbau – und das gilt gleichermaßen für alle anderen Infrastrukturmaßnahmen – so effektiv und wirtschaftlich wie möglich eingesetzt werden. Übertriebene »Hohe-Standard-Prestige-Projekte« oder »Weiße Elefanten«, für die es in Namibia leider eine Reihe von Beispielen gibt, müssen durch Methoden einer den Bedürfnissen Namibias angepassten Technologie und durch ein einfacheres, ingenieurmäßiges Niedrigkosten-Denken abgelöst werden. Die Straßenbauforschung, wie zum Beispiel die Entwurfsablaufbestimmung in ariden Trockenfluss-Systemen ohne entsprechende Abflussdaten oder der zweckmäßigste und wirtschaftlichste Ausbau und Unterhalt von

Erd- und Kiesstraßen, müssen, um die obigen Forderungen zu erfüllen, intensiviert werden.

Ferner kann der Straßenbau weitaus höhere Beiträge als in der Vergangenheit zur Ausbildung von einheimischen Fachkräften und zur Schaffung von arbeitsintensiven Aktivitäten liefern. Um den augenblicklichen Stand der Arbeitslosigkeit nicht noch weiter zu verschlechtern, müssen bis zum Jahre 2020 an jedem Tag in Namibia sechzig neue Arbeitsplätze geschaffen werden. Jeder einzelne von ihnen kostet im Augenblick etwa hundertfünfzigtausend Namibia Dollar. Deshalb müssen die Ausschreibungsnormen so konzipiert werden, dass namibische Kleinstbaufirmen die Möglichkeit bekommen, am weiteren Ausbau der Infrastruktur teilzunehmen. Die Bauvorschriften begünstigten – bis zur Unabhängigkeit – hauptsächlich in der Republik Südafrika ansässige Großfirmen. Auch hier musste 1990 ein schon lange überfälliger Namibisierungsprozeß einsetzen.

Alle diese Aufgaben stellten die große Zukunftsherausforderung dar, der sich der Ingenieur und Straßenbauer – zum Wohle unserer gemeinsamen Heimat Namibia – am 21. März 1990 zu stellen hatte.

Die Zukunft im neuen Millennium

Die koloniale Zeit des »Alten Südwestafrika« ging mit der Unabhängigkeit der Republik Namibia am 21. März 1990 zu Ende. Straßen haben in der Entwicklung und der Konsolidierung dieses Kolonialstatus stets eine grundlegende Rolle gespielt. Es war eine der Hauptaufgaben des Ministeriums für Öffentliche Arbeiten, Verkehr und Fernmeldewesen der unabhängigen Regierung von Namibia, diesen Status zu überwinden. Es ist aber auch Aufgabe der Regierung, die vorhandene, wenn auch zum Teil immer noch unbalancierte Straßeninfrastruktur optimal und effizient zu erhalten. Weiterhin ist es eine der Prioritäten, die mageren vorhandenen finanziellen Ressourcen durch den Einsatz von »Namibia-angepassten Niedrigkosten Straßenbau- und Straßenunterhaltssystemen« optimal zu gebrauchen, mit einer starken Betonung auf arbeitsintensiven Baumethoden.

Der Schwerpunkt der Straßenbauaktivitäten hat sich von den bisher bevorzugten Gebieten im Süden und in der Landesmitte in den vorher vernachlässigten Norden verlagert. Weitere Prioritäten waren der schnelle Ausbau und die Fertigstellung der »Trans-Kalahari-Fernstraße« von Gobabis nach Ghanzi und Gaborone in Botswana und Johannesburg in Südafrika sowie der »Trans-Caprivi-Fernstraße« von Rundu (Takwasa) nach Katima Mulilo mit einer neuen Zambezibrücke nach Zambia und Zubringerstraßen nach Ngoma und Mohembo an der Namibia-Botswanagrenze. Anfänge wurden auch gemacht, um mit namibischer Hilfe die Straßen in den Süden Angolas auszubauen. Wichtig war auch die Fertigstellung der Straße von Keetmanshoop nach Lüderitzbucht, dem einzigen Hafen, der bis zum 28. Februar 1994 de facto zur Republik Namibia gehört hat, und einer neuen asphaltierten Stichstraße nach Gibeon. Die seit der Unabhängigkeit konsequent durchgeführte Straßensektorreform sorgt dafür, dass das Straßennetz, der größte infrastrukturelle Schatz, den die Republik Namibia besitzt, auch in der Zukunft seinen Ruf behalten wird, das beste Straßensystem auf dem afrikanischen Kontinent zu sein.

So wie die Straßen in der Entwicklung des kolonialen Namibia eine wichtige und nur allzu oft den Interessen des namibischen Volkes entgegenlaufende Rolle gespielt haben, so werden Straßen in der Zukunft die Voraussetzung bilden, die Lebensqualität der Menschen zu verbessern und den Schlüssel für die weitere Entwicklung Namibias zu bilden.

»Gute Pad!«

Über den Tourismus im Sonnenland

Teil 1: Udo H. Weck

Teil 2: Dieter Glaue

Teil 1

Historische Übersicht

Heutzutage glauben manche Leute im In- und Ausland, dass Tourismus in und nach Namibia etwas ganz Neues ist, aber das stimmt in keiner Weise.

Tourismus gab es in Namibia schon, als das Land noch für einige Jahrzehnte Südwestafrika heißen sollte. Bereits Ende der 1940er Jahre fing man mit Binnentourismus an, als Herr Kallie Zimmer von der Firma Eduard Zimmer (Pty) Ltd in Zusammenarbeit mit der damals bereits bestehenden SWA Wissenschaftlichen Gesellschaft sogenannte »Fahrten« oder »Touren« per offenem Lastwagen nach Etoscha, ins Kaokoland, Damaraland sowie später in den Caprivi-Zipfel und ins »Buschmannland« anbot. Die Teilnehmer waren fast ausschließlich Einwohner der Hauptstadt Windhoek. Aus diesen Anfangsschritten wurde 1954 S.W.A. Safaris geboren, eine Firma, die noch heute unter gleichem Namen besteht und inzwischen viele Tausend von internationalen Besuchern durch das Land geführt hat. Dann fing die Busabteilung der Südafrikanischen Eisenbahn an, mit Bussen Besucher unter – wenn auch noch unqualifizierter – Führung durch das Land zu fahren, doch diese Firma konzentrierte sich hauptsächlich auf Besucher aus Südafrika. Dieses Unternehmen bestand

Immer wieder verlockend für die Touristen: Die roten Dünen am Sossusvlei

bis ins Jahr 2000, wenn auch in mehrmals geänderter Form und mit wechselnden Eigentümern, und arbeitete zuletzt unter dem Namen Trans Namibia Tours bis zur Übernahme durch einen privaten südafrikanischen Konzern. ORYX SAFARIS wurde 1969 gegründet, doch bald wegen drohendem Konkurs durch eine südafrikanische Firma übernommen und wuchs danach ziemlich schnell zu einem bedeutenden Unternehmen. Über die Jahrzehnte kamen dann etliche kleinere Reiseveranstalter dazu – einige davon gibt es nicht mehr, dafür aber andere und es werden immer mehr. In der Beherbergungsindustrie tat sich ziemlich schnell auch einiges: Hotels, Pensionen, Gästefarmen und Lodges wurden gebaut oder in solche umgebaut. Anfang der 1990er Jahre kamen dann zusätzlich viele kleinere wie »Bed & Breakfast« dazu, und laut Statistik des Ministeriums hatte Namibia per Ende 2000 etwa 50.390 Betten für Besucher des Landes. In dieser Zahl sind die noch gar nicht registrierten Bed & Breakfast-Unterkünfte nicht enthalten, und es liegen auch noch viele Anträge von anderen neuen Unterkunftsmöglichkeiten vor, die erst bearbeitet werden müssen. Es wird davon ausgegangen, dass es in Namibia per Ende 2001 zwischen 80.000 und 90.000 registrierte Betten gibt. Das bedeutet natürlich, dass Namibia zur Zeit große Überkapazitäten hat, wenn man bedenkt, dass der Tourismus im Jahr etwa 250.000 Besucher in das Land bringt.

Rolle der Obrigkeit(en) in der Förderung des Tourismus

Auch ein Staatliches Tourismusbüro gab es schon lange vor der Unabhängigkeit Namibias. Es lässt sich jedoch über den Wert dieses Büros in der Vergangenheit streiten. Es gab nur das »Hauptbüro« in Windhoek, aber keine Büros im Ausland. Mit Ausnahme des sogenannten Beherbergungsführers hatte das damalige Büro nie etwas Eigenes an Werbematerial herausgebracht! Selbst die Broschüre »Kleinod in Afrika«, die etwa 18 Jahre lang genutzt wurde, war nicht von diesem Büro erstellt worden, sondern von SATOUR, dem Südafrikanischen Verkehrsbüro. Nachdem der Text dieser Broschüre von SATOUR geschrieben worden war, landete das Manuskript auf dem Tisch des damaligen Tourismus-Direktors in Windhoek und wurde dort für drei Jahre hin und her geschoben, bevor endlich der Druck stattfand. Danach sind von dieser Broschüre immer nur Nachdrucke gemacht worden mit minimalen Text- und Bildänderungen. Die über Jahre hinweg genutzte »Touristenkarte« wurde von der Behörde für Straßenbau erstellt, und vom Tourismusbüro wurden lediglich einige Einzelheiten über Sehenswürdigkeiten und Gästefarmen und das Logo dieses Büros geliefert. Diese insgesamt drei Publikationen waren vor der Unabhängigkeit und sind auch seither die einzigen Werbemittel von staatlicher Seite, wenn man von einigen Plakaten und »Shellfolders« absieht.

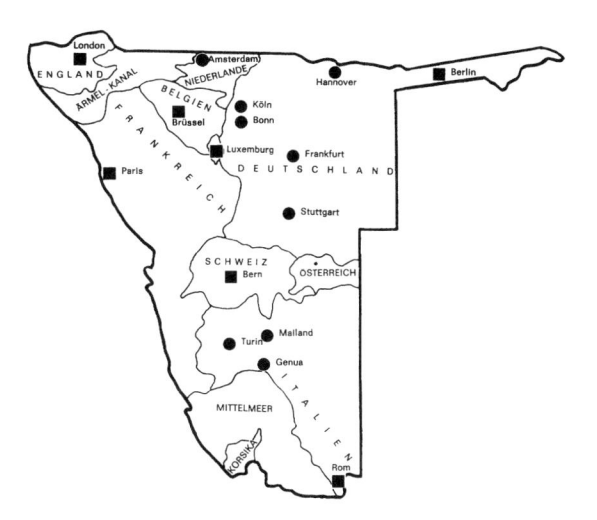

Namibias Grenzen, auf Europa projiziert, zeigen eindrucksvoll die Dimensionen des Landes

Das südafrikanische Verkehrsbüro SATOUR dagegen hatte in seinen Büros im Ausland eine ganze Menge für den Tourismus nach Südwestafrika getan, zumindest bis zur Unabhängigkeit. Der Autor dieser Zeilen war selbst bei SATOUR tätig für 12 Jahre (10 Jahre davon in Deutschland) und hat vom damaligen SATOUR-Aufsichtsratsvorsitzenden Theo Behrens persönlich die Genehmigung bekommen, in allen Werbeaktivitäten auch das damalige Südwestafrika einzuschließen. So konnten hunderte Vorträge über das Land vor interessiertem Publikum gehalten, Journalistenreisen durchgeführt und andere Werbemaßnahmen veranstaltet werden bis hin zur Teilnahme an Tourismusmessen und Vorführungen von Filmen und Tonbildschauen überall in Europa.

Trotz geringer offizieller Maßnahmen seitens der Obrigkeit(en) in Namibia ist der Tourismus nach Namibia eigentlich immer positiv verlaufen und von Jahr zu Jahr stärker geworden, selbst als die politische Situation in der Region Südliches Afrika in den 70er und 80er Jahren des letzten Jahrhunderts für den Tourismus in den Süden Afrikas nicht immer förderlich war. Genaue Tourismuszahlen für Namibia gibt es aber leider nicht, da bis zur Unabhängigkeit alle Statistiken in den großen Topf der Republik Südafrika einflossen und nicht gesondert ausgewiesen wurden.

Seit der Unabhängigkeit Namibias (21. März 1990) gibt es nun ein Ministerium für Tourismus (im Gegensatz zu sehr hoch entwickelten Ländern wie z.B. Dänemark oder selbst der Bundesrepublik Deutschland), welches sinnvoller Weise kombiniert wurde mit dem Ministerium für Naturschutz. Sinnvoll ist diese Konstellation deshalb, weil in Namibia dem Besucher eigentlich nicht viel von Menschenhand Geschaffenes geboten werden kann (außer natürlich der für Tourismus notwendigen Infrastruktur), sondern hauptsächlich das, was von der Natur oder von Gott gegeben wurde. Aus diesem Grund muss gerade dieses so geschützt werden, damit diejenigen, die nach den jetzt lebenden Generationen kommen, auch noch davon leben können. Namibia ist ein Land, in dem man fast unberührte Natur und Landschaften, Geologie und wildlebende Tiere sehen und erleben kann wie kaum anderswo auf der Welt, und das bei bestem Klima! Glücksspiel, Nachtleben, Opern, Kinos und dergleichen gibt es nur in bescheidenem Maße, und Namibia ist daher kein Reiseziel für Jedermann, sondern eher für Naturfreunde. Man kann nur hoffen, dass dieses auch in Zukunft so bleibt!

Für die ersten fünf Jahre nach der Unabhängigkeit gab es in Namibia eine sehr gute Zusammenarbeit zwischen dem öffentlichen und dem privaten Tourismusbereich – vielleicht deshalb, weil beide nicht viel Geld hatten für großartiges Marketing und schon von daher gezwungen waren, zusammenzuarbeiten. Beide Bereiche hatten und haben zusätzlich Personalschwierigkeiten, da es noch immer nicht genügend Ausbildungsmöglichkeiten gibt und keine nennenswerte Anzahl an Leuten, die außerhalb der Landesgrenzen eine Ausbildung gemacht oder Erfahrung gesammelt haben. Ausländer haben es seit geraumer Zeit leider immer schwerer, eine Arbeitsgenehmigung in Namibia zu bekommen, und zu einem noch immer großen Teil sind es daher mehr Beamte und Amateure, die im Tourismus tätig sind, wobei der öffentliche Bereich wohl noch sehr viel schlechter dasteht als der Privatsektor.

Der Privatsektor ist zumindest gut organisiert in einer Reihe von Fachverbänden, die zusammengefasst unter dem Dachverband FENATA (Federation of Namibian Tourism Associations) als Sprachrohr der organisierten Tourismusindustrie gelten.

Im November 2000 trat ein Gesetz in Kraft, mit dem der »Namibia Tourism Board« (NTB) ins Leben gerufen wurde. Im Februar 2001 wurde ein Aufsichtsrat für diese Organisation benannt, doch es dauerte etwa weitere sechs Monate, bis ein Geschäftsführer für dieses Fremdenverkehrsamt berufen wurde. Es wird wohl noch weitere Monate dauern, bis Personal gefunden und eingestellt wird, so dass es noch bis weit ins Jahr 2002 dauern dürfte, bis diese Organisation sinnvolle Arbeit leisten kann.

Touristische Vermarktung

Die wichtigste Vermarktungsschiene läuft über die guten Verbindungen zwischen den Veranstaltern in Namibia und ihren Partnern in Europa, wobei die diversen Reiseangebote der Namibier in den Katalogen der europäischen Veranstalter erscheinen und auch über Reisebüros angeboten werden. Parallel dazu werden auch Kataloge aus Namibia direkt verteilt. Hierbei spielen die diversen touristischen Messen, an denen viele Veranstalter aus Namibia teilnehmen, eine wichtige Rolle: erstens, um Beziehungen mit Veranstaltern und Reisebüros vor Ort zu knüpfen und diese von Messe zu Messe zu vertiefen, und zweitens, um Messebesucher ganz individuell zu beraten. Diese Arbeit wird durch gelegentliche »Road Shows« und persönliche Besuche ergänzt.

Eine erfolgreiche Werbung geschieht natürlich auch durch die Empfehlung zufriedener, wenn nicht gar begeisterter Besucher nach ihrer Rückkehr in Gesprächen im Freundes- und Bekanntenkreis.

Die namibischen Tourismusbüros in Frankfurt, London, Johannesburg und Kapstadt informieren gern auf Anfrage und verteilen auch Informationsblätter und Kataloge. Als Werbeträger nicht zu unterschätzen sind auch die vielen Reiseführer, Bücher, das »Namibia Magazin«, Fernsehsendungen, Videos und Reiseberichte in der Presse. In den letzten Jahren hat sich zunehmend das Internet als zuverlässiges Informations- und Werbemedium etabliert.

Wer sich über Namibia informieren möchte, hat also eine gute Auswahl an Auskunftsmöglichkeiten.

Tourismus-Fachverbände

Bereits in den 70er Jahren des letzten Jahrhunderts begann der Jagdtourismus eine Rolle zu spielen, und die Jagdfarmer organisierten sich in einem Fachverband. Aus diesem entstand dann kurz vor der Unabhängigkeit ein neuer Fachverband unter der Abkürzung NAPHA (Namibian Professional Hunters Association). Auch die Beherbergungsindustrie bildete lange vor der Unabhängigkeit einen Fachverband unter dem Namen S.W.A. Hotel Association, der später umbenannt wurde in HAN (Hospitality Association of Namibia). TASA (Tour and Safari Association) wurde 1989 als Fachverband der Reiseveranstalter gegründet, und nach der Unabhängigkeit wurden noch die Fachverbände CARAN (Car Rental Association of Namibia), TRENABA (Tourism Related Namibian Business Association) und BAR (Board of Airline Representatives) gegründet. (Da einige Mitglieder von BAR jedoch der Meinung waren, dass FENATA den Luftfahrtgesellschaften keinen Vorteil bringen könne, stornierten sie ihre Mitgliedschaft im Jahre 1995 wieder. Dafür wurde Air Namibia, die nationale Fluggesellschaft Namibias, als einzige selbstständige Firma als Mitglied aufgenommen, unter der Voraussetzung ‚dass diese Mitgliedschaft nur solange bestehen würde, bis BAR wieder teilnehmen möchte.) Als letzter Fachverband wurde NACOBTA (Namibian Community Based Tourism Association) gegründet, der sich um die Entwicklung des Tourismus in den ländlichen, sprich kommunalen Gebieten kümmert.

Im August 1990 fand in Windhoek eine vom damaligen Minister für Umweltschutz und Tourismus, Nico Bessinger, veranstaltete Tourismuskonferenz statt, an der etwa 150 Leute aus der Tourismusindustrie teilnahmen. Auf dieser Konferenz erwähnte der Minister unter anderem, dass er andauernd von den einzelnen Fachverbänden und selbst von individuellen Leistungsträgern angesprochen wird und kaum noch Zeit für seine eigentliche Arbeit findet. Er machte daher den Vorschlag, dass die gesamte Tourismusindustrie sich unter einem Dachverband zusammenschließt, dessen Vorstand jederzeit bei ihm vorsprechen könne und mit dem er auch von sich aus bestimmte Themen aufnehmen könnte, wo nötig. Dies führte zur Gründung von FENATA, wie oben erwähnt, und es muss hier deutlich gesagt werden, dass während der fünfjährigen Amtszeit des Minister Bessinger eine äußerst gute Zusammenarbeit stattgefunden hat zwischen dem öffentlichen Bereich und FENATA.

Zum Beispiel: Als Namibia unabhängig wurde, gab es natürlich noch keine namibischen Konsulate oder Botschaften im Ausland. Die namibische Regierung traf daher ein Abkommen mit der Regierung von Zambia, damit in deren Botschaften und Konsulaten auch Visa für Namibia ausgestellt werden konnten. Dieser Zustand erwies sich jedoch als problematisch, da potentielle Besucher meist nichts von diesem Abkommen wissen konnten. FENATA schlug daher dem Minister vor, im Kabinett und Parlament zu diskutieren, ob man Einwohner unserer wichtigsten »Geberländer« von der Pflicht befreien könnte, ein Visum vorab beantragen zu müssen, so dass ein Visum bei der Einreise in den Pass gestempelt wird, wie es in vielen Ländern der Welt gehandhabt wird. Der Minister war sofort Feuer und Flamme, und innerhalb von acht Tagen hatten Kabinett und Parlament den Vorschlag genehmigt und eine entsprechende Verordnung verabschiedet!

Die folgenden Fachverbände gehören auch heute als stimmberechtigte Mitglieder unter den Schirm von FENATA (in alphabetischer Reihenfolge):

AIR NAMIBIA (Nationale Fluggesellschaft)
CARAN (Fachverband der Fahrzeugverleihfirmen)
HAN (Fachverband der Beherbergungsunternehmen)
NACOBTA (Fachverband für Entwicklung in den *communal areas*)
NAPHA (Fachverband der Jagdfarmer und -farmen)
TASA (Fachverband der Reiseveranstalter)
TRENABA (Fachverband der Souvenirhändler, Juweliere und ähnlicher Bereiche)

Dem Dachverband FENATA gehören ferner auch bestimmte Institutionen an wie z. B. die namibische Polizei, das Innenministerium, das Naturschutzdirektorat im Umweltschutz-Ministerium, NATH (Namibian Academy for Tourism and Hospitality) und andere, diese haben aber nur Beobachterstatus und kein Wahlrecht. Der direkte Kontakt zwischen der Tourismusindustrie und solchen Institutionen hat jedoch viele Vorteile, weil Probleme oder Verbesserungsvorschläge unmittelbar besprochen werden können.

Natürlich wird es demnächst auch Querverbindungen mit dem Namibia Tourism Board geben müssen, doch diese müssen noch erarbeitet werden.

Hinweise für Touristen

Die Außenministerien vieler Länder dieser Welt haben inzwischen Web-Seiten erstellt, die im Internet von jedermann eingesehen werden können. Auf diesen Seiten werden Ratschläge des jeweiligen Ministeriums für Reisen in andere Länder erteilt. Als zum Beispiel im August 1999 vorübergehend eine politische Krise im Kavango/Caprivi eintrat, konnte man auf den Web-Seiten lesen, welche Sicherheitsmaßnahmen empfohlen wurden, wenn man dorthin fahren wollte, bzw. ob man es überhaupt tun sollte. Außerdem werden Hinweise über Vorsichtsmaßnahmen wegen eventueller Kriminalität, benötigter Impfungen, Verhalten auf den Straßen usw. gegeben. Wer immer heutzutage in ein anderes Land reisen will, sollte sich vorher diese Informationen des Außenministeriums seines Heimatlandes ansehen. Man kann davon ausgehen, dass keine solche Behörde dieser Welt ihren Landsleuten falsche Informationen vermittelt – im Gegenteil: meist wird sogar etwas übertrieben gewarnt.

Unterkünfte in Namibia

Es gibt eine ansehnliche Auswahl an Unterkunftsmöglichkeiten in Namibia, wobei man in den größeren Städten wie z.B. Windhoek, Swakopmund usw. und den ländlichen Gebieten unterschiedlichen Strukturen begegnet.

In den Städten findet man die größeren Hotels, die sich nicht wesentlich von denen in Europa oder anderswo unterscheiden. Darüber hinaus gibt es eine gute Auswahl an kleineren Hotel-Pensionen und Gästehäusern, die einen persönlicheren Stil haben, aber nicht alle unbedingt preisgünstiger sind. Das Angebot wird durch die vielen sogenannten B&B's (Bed and Breakfast) abgerundet, die zwischen zwei und zehn Zimmer zur Verfügung haben und eher einfach eingerichtet sind, durch die Ferienappartements mit Selbstversorgerküche und letztlich die Herbergen für Rucksackreisende, als »Backpacker Lodges« bezeichnet.
Entsprechend unterschiedlich sind auch die Preise, die am besten aktuell über die zuständige Vertretung von Namibia Tourism erfragt werden können, und stark zunehmend im Internet.

Ganz anders sind die Unterkünfte in den ländlichen Gebieten. Hier fallen zunächst die Lodges auf mit unterschiedlichen Komfort- und Preisstufen und meist in der Nähe der bekannten Sehenswürdigkeiten und entlang der Hauptrouten gelegen. Viele dieser Lodges haben sich sehr viel Mühe gegeben, ihre Architektur und einfallsreiche Bauweise der entsprechenden Landschaft anzugleichen, um sowohl umweltfreundlich als auch ästhetisch ansprechend in die Umgebung zu passen. Einige dieser Lodges bieten Unterkunft in sehr komfortablen und geräumigen Zeltbauten an, jeder mit eigener Nasszelle und Veranda. Das Preisniveau liegt teilweise sehr hoch, nicht immer spiegelt es das Preis-Leistungsverhältnis wider. Die Mehrzahl dieser Lodges verfügt über acht bis 15 Zimmer, einige bis zu 30 Zimmer, nur wenige darüber hinaus. Auch ist darauf zu achten, dass manche Lodges Übernachtung und Frühstück anbieten, andere hingegen nur Vollpension, und dass bei manchen auch sehr empfehlenswerte Aktivitäten wie Pirschfahrten mit Dämmerschoppen im Preis inbegriffen sind, das muss bei einem Vergleich und einer Bewertung berücksichtigt werden. Diese Lodges laden regelrecht dazu ein, auch länger als nur einen Tag dort zu verweilen und sich verwöhnen zu lassen.

Ganz besonderer Erwähnung bedürfen die Gästefarmen mit ihrem Namibia-eigenen Ambiente, die die Möglichkeit bieten, hiesige Menschen in ihrer täglichen Arbeit kennenzulernen. Dies sind meist laufende Farmbetriebe mit zwei bis sechs Zimmern oder Bungalows. Die Mahlzeiten werden meist gemeinsam am großen Familientisch eingenommen, wobei sich ganz ungezwungen die Gelegenheit zum persönlichen Gespräch ergibt. Auch kann man dort gut wandern oder an Farmrundfahrten teilnehmen, die einen unmittelbaren Einblick in das tägliche Farmerleben geben.

Es lohnt sich, auch zwei oder drei Tage auf einer solchen Gästefarm zu verbringen und einmal richtig durchzuatmen, anstatt von Ort zu Ort zu hasten.

Die Auswahl an Unterkunftsmöglichkeiten wird weiterhin durch die Rastlager ergänzt, die neben Bungalows auch ein Restaurant und Campingplätze anbieten. Übrigens gibt es viele Campingplätze über das ganze Land verstreut, die unter einem schattigen Baum oder neben einem Felsvorsprung Zeltmöglichkeiten neben einfachen sanitären Einrichtungen anbieten.

Neu sind auch Campingplätze und einfache Übernachtungsmöglichkeiten in den sogenannten »kommunalen Gebieten« (communal areas), die von einer einheimischen Sippe oder Gemeinschaft betrieben werden und somit Gelegenheit zum Kennenlernen der verschiedenen Volksgruppen Namibias bieten. Erschwerend ist jedoch die Planung oder Vorausbuchung, da es meist noch an der Kommunikationsinfrastruktur fehlt. Wer etwas Zeit hat, gerne improvisiert und die dazugehörige Flexibilität mitbringt, kann so aber das Namibia abseits der Touristenrouten kennenlernen.

Erwähnt sei noch, dass viele Unterkünfte einige ihrer Zimmer rollstuhlgerecht eingerichtet haben.

Lodge- und Gästefarmentwicklung

Im Jahre 1991 hatte Namibia, schon wegen des inzwischen rapide gewachsenen Jagdtourismus, rund 40 Gästefarmen. Manche dieser Farmen wurden von Jagdtouristen und von »normalen« Touristen besucht, was öfters zu Auseinandersetzungen zwi-

Die Canyon-Lodge im Abendlicht – eines von vielen Beispielen für eine der Natur angepasste Gestaltung

Tierbeobachtungen im Etoscha-Nationalpark gehören für viele Besucher zu den Höhepunkten einer Namibia-Reise

schen den Gästen führte. Die einen wollten Wild sehen und die Landschaft wie den Farmereibetrieb erleben und genießen; die anderen wollten die Jagd betreiben und sich eine oder mehrere Trophäen mit nach Hause nehmen. So gab es dann relativ schnell eine Trennung zwischen diesen beiden Bereichen, und heute (2001) gibt es knapp 400 Jagdfarmen und rund 220 registrierte Gästefarmen und etwa 155 weitere Gästefarmen, deren Registrationsanträge vorliegen, aber noch nicht bearbeitet sind. Bei dieser Gelegenheit sollte erwähnt werden, dass die Trophäenjagd, ob man nun dafür oder dagegen ist, dazu geführt hat, dass Namibia heute auf dem Farmland mehr Wild als jemals zuvor hat. Der Grund dafür ist ganz einfach: Durch die Trophäenjagd hat das Wild einen finanziellen Wert bekommen, und wo früher ziemlich wahllos geschossen wurde, kümmert sich der Jagdfarmer heute sehr intensiv um sein Wild und lässt nur Abschüsse von alten und altersschwachen Tieren zu. Diese haben ja auch die stärksten Trophäen. Der Abschuss solcher Tiere hat außerdem noch einen weiteren Aspekt, den man vergleichsweise als »human« einstufen kann: Heutzutage gibt es auf den kommerziellen Farmen kaum noch Raubwild, was zur Folge hat, dass alte Tiere nicht mehr gerissen werden, sondern elendiglich verhungern, denn die Zähne nutzen ab und die Tiere können nicht mehr kauen. Durch einen Schuss unter Aufsicht eines qualifizierten Jagdführers wird das Leiden eines solchen Tieres mit Sicherheit erheblich verkürzt.

Auf den rund 375 Gästefarmen gibt es meistens keine Jagd, dafür kann der Besucher sich mit dem Farmleben vertraut machen und sehen, was alles auf einer namibischen Farm von einem Farmer geleistet werden muss. Aufgrund der notwendigen Größe einer Farm in Namibia ist das Konzept »Gästefarm« ein ideales Konzept, nicht nur für den Farmer, sondern auch für den Besucher! Nirgendwo anders hat ein Besucher so viel Platz und so viel unmittelbare Natur um sich herum, wie in Namibia auf den Gästefarmen. Dies ist ja doch etwas ganz Anderes als auf einem Bauernhof in Europa. Zusätzlich zu den rund 220 registrierten und 155 noch nicht registrierten Gästefarmen gibt es noch eine ganze Reihe Farmen, die zwar Besucher und Touristen beherbergen, sich aber gar nicht die Mühe machen, sich registrieren zu lassen. Dies ist natürlich illegal und sollte im Interesse des Staates Namibia baldmöglichst korrigiert werden.

Was anspruchsvolle und höherwertige Lodges anbetrifft, so gibt es diese etwa seit 1990, seit Eröffnung der Mokuti Lodge. 1993 wurden Ongava Lodge, Lianshulu Lodge und Huab Lodge eröffnet, und dann kamen ziemlich schnell noch viele weitere dazu. Es gibt bisher jedoch noch immer keine amtlichen Definitionen oder Minimalanforderungen für Lodges, so dass einige von ihnen zur Zeit entweder als Hotel oder als Gästefarm beim Ministerium registriert sind. Dieser Zustand wird aber hoffentlich geändert, sobald der Namibia Tourism Board die entsprechenden Richtlinien festlegt. Die meisten der Lodges sind entweder in Privat-Naturschutzgebieten gelegen oder grenzen direkt an öffentliche Naturschutzgebiete wie Etoscha an oder sind auf Kommunalland errichtet worden.

Auch existieren noch einige ältere ländliche Hotels, die ihren eigenen gemütlichen Charme bewahrt haben und wo sich auch die Menschen der Umgebung gern abends zu einem Bier treffen: also eine gute Gelegenheit zu einem ungezwungenen Plausch und Einblick in das Alltagsleben.

»Bed and Breakfast«-Entwicklung

Bereits kurz vor der Unabhängigkeit Namibias wurden die ersten Beherbergungsunternehmen dieser Art in Namibia eröffnet. Da das bisherige Gesetz von 1973 jedoch den Begriff »Bed and Breakfast« nicht im Wortlaut hatte, konnten sich diese Unternehmen überhaupt nicht registrieren lassen. Bereits 1995 wurden Richtlinien für diese Art von Unterkünften zwischen FENATA und dem Ministerium erarbeitet, aber seitens des Ministeriums nicht in die Praxis umgesetzt. Es liegen zur Zeit jede Menge Anträge für Registration im Ministerium vor, aber sie werden wohl erst vom neuen Namibia Tourism Board bearbeitet werden, wenn dieser wirklich voll aktiv ist. Es wird davon ausgegangen, dass in Namibia zum jetzigen Zeitpunkt mehrere Hundert solcher Unternehmen existieren, die, zumindest teilweise, eine hervorragende Leistung bieten. Manche Touristiker im Land schätzen ihre Zahl auf etwa 700 bis 800. »Bed and Breakfast« ist in Namibia jedenfalls nicht mehr wegzudenken und wird auch in Zukunft eine wichtige Rolle im Leistungsangebot spielen.

Teil 2

Wirtschaftliche Bedeutung

Der Tourismus gewinnt immer mehr an wirtschaftlicher Bedeutung und ist nach dem Minenwesen und der Seefischerei/Landwirtschaft der drittgrößte Wirtschaftssektor in Namibia. Es gibt wohl kaum einen Wirtschaftszweig, der nicht vom Tourismus direkt oder indirekt profitiert. Neben den direkt involvierten Unternehmen wie Luftfahrt, Veranstalter, Gastgewerbe, Autoverleih und Reisebüro sind auch eine Vielzahl anderer Unternehmen betroffen, so dass dadurch zusätzliche Arbeitsplätze geschaffen werden. Der Tourismus braucht zum Beispiel Fahrzeuge aller Art, es wird Treibstoff benötigt, die Fahrzeuge müssen in Werkstätten gewartet und repariert werden und Ersatzteile müssen geliefert werden. Der Verwaltungsapparat braucht Büroräume, Möbel, Computer und vieles mehr. Beherbergungs- und Restaurantbetriebe brauchen Gemüse, Fleisch, Brot, Zucker, Getränke und Konsumgüter aller Art. Die Bauunternehmer bekommen Aufträge und damit profitiert der Bauhandel. Buchprüfer, Architekten, Ingenieure, Versicherungsgesellschaften, Rechtsanwälte, Makler und eine lange Liste von kleineren und größeren Lieferanten, Dienstleistungsbetrieben, Papierhändlern, Grafikern, Druckereien folgt, sie ist schier unendlich.

Der Tourismus liefert einen wesentlichen Beitrag an Deviseneinkünften und zum GDP (Gross Domestic Product, Bruttoinlandsprodukt) des Landes. Leider gibt es noch keine genauen Zahlen, aber man schätzt, dass der Anteil des Tourismus am GDP etwa 8–10% ausmacht. Wenn man die Auswirkungen in den oben genannten indirekten Bereichen mit berücksichtigt, fällt dieser Anteil wesentlich höher aus. Vergleichszahlen der jährlichen Entwicklung seit der Unabhängigkeit sind nicht vorhanden oder im besten Fall irreführend. Trotz vieler Bemühungen und EU-unterstützten statistischen Projekten tappt man noch weitgehend im Dunkeln, da es an ausgebildetem Fachpersonal zur Umsetzung und der nötigen Zusammenarbeit zwischen den verschiedenen Ministerien und deren zuständigen Direktoraten mangelt.

Auch wirkt sich der Tourismus sehr bedeutend auf die Arbeitsplatzbeschaffung aus. Nach Angaben der WTO (World Tourism Organisation) schaffen je acht Touristen einen direkten oder indirekten Arbeitsplatz. Dazu kommt, dass die notwendige Kapitalinvestition pro geschaffenem Arbeitsplatz im Tourismus wesentlich geringer ist als zum Beispiel im produzierenden Gewerbe, im Minenwesen oder in der Seefischerei. Oder andersherum gesagt: Bei gleichem Kapitaleinsatz entstehen im Tourismus mehr Arbeitsplätze. Es wird geschätzt, dass im Tourismus gegenwärtig (2001) mindestens 12.000 feste und 18.000 Gelegenheits-Arbeitsplätze bestehen.

Namibia als Reiseziel

Was ist an Namibia so einzigartig?

Im Vergleich zu vielen anderen Entwicklungsländern in Afrika hat Namibia eine gut ausgebaute und funktionierende moderne Infrastruktur und macht somit das Reisen schlechthin zum Vergnügen.
Die unendliche Weite des Landschaftsbildes jedoch, mit verhältnismäßig wenigen Menschen, abwechslungsreicher Landschaft mit hohen Gebirgszügen und den beeindruckenden Farbnuancen in der Wüste, dem klaren Sternenhimmel, der reichen Tier- und Pflanzenwelt und den vielen einheimischen Kulturen gehören zu den Erlebnissen, die Reisende immer wieder faszinieren. Ein Reiseland also, das sich eines hohen Prozentsatzes an Wiederholungsbesuchern erfreut. – Wem unsere Sonne einmal ins Herz geleuchtet hat, der kommt wieder und wieder.

Was hat Namibia zu bieten?

Zu den beliebtesten Sehenswürdigkeiten gehören:
- Der Fischflusscanyon, zweitgrößter Canyon der Welt
- Der Köcherbaumwald (Baumaloen) bei Keetmanshoop
- Die Namibwüste als älteste Wüste der Welt und daher mit einer Vielfalt an Tieren und Pflanzen, die sich eine meisterliche Überlebenskunst ange-

eignet haben, dazu die hohen Sternsanddünen um Sossusvlei
- Die Kalahari-Halbwüste mit ihren malerischen roten Dünenwellen
- Das Küstenstädtchen Swakopmund
- Die Urpflanze Welwitschia mirabilis in der Wüste mit einem Alter von bis zu 2000 Jahren
- Die Dinosaurierspuren in der Nähe von Kalkfeld
- Die Felszeichnungen und Felsgravuren von Twyfelfontein, größte prähistorische Kunstgalerie
- Die sagenumwobene Skelettküste und die Wildnis des Kaokolandes
- Die Epupafälle am Kuneneflluss und das Nomadenvolk der Himba
- Der Etoscha-Nationalpark und Waterberg-Plateau-Park, Namib-Naukluft Park und die vielen anderen staatlichen Naturschutzgebiete.
- Die großen privaten Naturschutzinitiativen wie NamibRand, Gondwana Canyon Park und Camp Eden
- Der Caprivistreifen, auch als Zugang zum Okavango-Delta in Botswana und den Victoria-Wasserfällen in Zimbabwe
- Der Hoba-Meteorit bei Grootfontein, mit seinen 52 Tonnen der größte bekannte der Welt
- Die Ugab-Terrassen und die Fingerklippe als geologische und landschaftliche Urbilder.

Darüber hinaus gibt es eine Fülle an weniger bekannten, aber ebenso faszinierenden Sehenswürdigkeiten, staatlichen und privaten Naturschutzgebieten, Landschaftsbildern, Begegnungen und Erlebnissen für Wiederholungsbesucher.

Reiseangebote

Der Besucher hat eine breite Auswahl an Angeboten oder »Reiseprodukten«, wie es im Jargon der Reisebranche auch heißt. Bei der Vermarktung bezieht man sich auf sogenannte Angebotssegmente, die wiederum in Reisebausteine aufgeteilt werden können.

Hier sind zunächst die herkömmlichen Rundreisen zu erwähnen, die in kleineren (bis zu 6 Teilnehmern), mittleren (bis zu 15 Teilnehmern) und größeren Gruppen (bis zu 40 Teilnehmern) in entsprechenden Fahrzeugen mit Reiseleitung angeboten werden.

Als nächste Stufe werden dann Themenreisen (Gruppenreisen wie oben) angeboten, wobei die Reiseleitung ein besonderes Thema beherrscht, z.B. Geologie oder Landwirtschaft oder Botanik, das schwerpunktmäßig in der Rundreise berücksichtigt wird. Weiterhin werden auch Studienreisen angeboten, die den Informationsaustausch und die Kenntnisse über Zusammenhänge vertiefen. Dieses Marktsegment der geführten Reisen macht etwa 30 % des Tourismusangebotes aus.

Die Unterbringung ist hier jeweils in Hotels, Lodges und auf Gästefarmen. Erweitert wird das Angebot der geführten Reisen noch durch Camping-Safaris, wobei große Unterschiede in der Dienstleistung bestehen. Bei den billigeren, aber deswegen nicht unbedingt minderwertigeren Safaris, bei denen der Reiseteilnehmer am Aufbau des Zeltlagers und beim Feldküchendienst mithilft, erlebt man das Land in einer ungezwungenen und hautnahen Atmosphäre. Viele Varianten gibt es hier bis zum oberen Segment, bei dem nur ab und zu gezeltet wird, der Gast von der Reiseleitung und Helfern bedient wird und zwischendurch in Lodges mit allem Komfort übernachtet wird.

Die bei weitem jedoch beliebteste Reiseart in Namibia (und das mit Recht) ist der Individualtourismus, eine maßgeschneiderte Selbstfahrertour, in die viele andere Bausteine wie z.B. Flugsafaris oder geführte Wanderpartien einbezogen werden können. Auch gehören hierzu die individuellen Campingsafaris mit den beliebten Allradfahrzeugen, den bequemen Dachzelten und allem Zubehör.

Die besondere Herausforderung einer gelungenen Reise liegt in der Gestaltung einer ausgewogenen und interessengerechten Planung der Route mit Zeit-/Streckeneinteilung, wobei die Beratung durch einen sachkundigen und erfahrenen Veranstalter vor Ort zu empfehlen ist.

Namibia ist bestimmt kein Land für Massentourismus und auch nicht für sog. »Volumentourismus« – eine Bezeichnung, mit der Masseanbieter ihr Image aufzubessern versuchen. Dazu hat Namibia viel zu viele ökologisch hochempfindliche Landschaften, und Massentourismus würde mit Sicherheit alle Bemühungen um einen nachhaltigen Tourismus in Frage stellen.

Dagegen ist Namibia ein ideales Reiseland für den anspruchsvollen, unternehmenden Individualtouristen, denn es gibt so viel zu entdecken und auf diese Weise zu erleben. Ein zunehmender Massentourismus würde auch die Grundlage für den Individualtouristen im Laufe der Zeit in Frage stellen.

Auswahl der Reisesegmente

Hier sollen die wichtigsten Reisebausteine in Namibia genannt werden. Diese treffen weitgehend auf geführte Rundreisen als auch auf Individualreisende zu.

Allgemeine Besichtigungsreisen und Rundreisen, zwischen 7 und 20 Tagen.
Tagesreisen und Exkursionen um Windhoek und Swakopmund, z.B. Gamsberg oder Goanikontes.
Themenreisen: Geographie, Geologie, Mineralogie, Botanik, Zoologie, Fotografie, Landwirtschaft,

Geschichte, Ethnologie, einheimische Kulturen, Archäologie und prähistorische Kunst, Vogelbeobachtungen, Astronomie, Wüstenökologie, Eisenbahn usw.

Aktives Reisen: Bergsteigen, Wandern, Fahrradtouren, Motorradreisen, Segelfliegen, Angeln, Tauchen, Höhlenerkundung, Wildwasserexkursionen, Jagen, Reiten (Pferde und Kamele), Jugendlager, Überlebenstraining und etliches mehr.

Abenteuerreisen: Expeditionen in abgelegene Gebiete. Ansonsten gehören viele der unter Aktives Reisen genannten Bausteine auch hierzu. Kombinationen können in verschiedenen Stufen zu »sanftem Abenteuer« gestaltet werden oder auch für den wichtigen Incentive-Markt zutreffen.

Flugsafaris: Es gibt viele gute Anbieter von Flugsafaris, häufig in 5-Sitzer Cessna-Flugzeugen. Einmal sind diese Safaris eine ideale Möglichkeit, größere Abstände zu interessanten Gegenden in kurzer Zeit zu überbrücken, z.B. Epupa-Wasserfälle, Buschmannland, Skelettküste, und zum anderen um die herrliche Aussicht von oben über das weite Land und die verschiedenen Landschaften zu genießen. Namibia hat an den meisten Tagen im Jahr hervorragende Wetter- und Sichtverhältnisse. Flugsafaris sind auch ein empfehlenswerter Baustein als Ergänzung einer Rundreise, z.B. ein zwei- bis dreistündiger Rundflug über das Dünenmeer zum Sossusvlei und über die Schiffswracks entlang der Küste, die man nicht mit dem Auto erreichen kann.

(Diese Aufstellung erhebt keinen Anspruch auf Vollständigkeit!)

Nützliche Hinweise für den Individualbesucher

Da der Selbstfahrer in Namibia solch einen hohen Stellenwert genießt, sollen hier noch einige Hinweise folgen:

Sinnvolle Reisegestaltung, oder »In der Beschränkung liegt der Meister«

Namibia ist ein sehr großes Land und die Sehenswürdigkeiten liegen zum Teil weit voneinander entfernt. Es besteht immer wieder die Versuchung, so viel wie möglich in eine begrenzte Zeit zu packen und dabei zu übersehen, dass man die überwiegende Zeit der Reise im Fahrzeug oder Reisebus sitzt und wenig Zeit für wirkliche Entdeckungen und Begegnungen übrig bleibt.

Viele Lodges und Gästefarmen bieten neben Unterkunft und Mahlzeiten auch erstklassige Kurzexkursionen auf ihrem oft wildreichen und landschaftlich faszinierenden Gelände an. Vielen Namibia-Besuchern entgeht diese einmalige Gelegenheit, da sie wegen der langen Tagesetappen zu spät ankommen und wieder zu früh abfahren müssen. Auch die Gespräche und Begegnungen mit Land und Leuten kommen dabei zu kurz. Es lohnt sich, den Rat eines Fachanbieters vor Ort einzuholen. Es ist schierer Wahnsinn, was den Reisenden bei manchen Pauschalreisen zugemutet wird, nur damit der Prospekt für wenig Geld viel anbietet und somit Kunden fängt.

Die Rolle eines Veranstalters vor Ort

Durch seine gründliche Landeskenntnis, regelmäßige Überprüfung der Strecken und Unterkünfte, genaue Kenntnis der Lage der Sehenswürdigkeiten, Beurteilung der Straßenverhältnisse und zumutbaren Routenabschnitte, kann ein versierter Veranstalter dem Reisenden nicht nur Geld sparen, sondern auch zu einer ausgewogenen Reise beitragen und Informationen vermitteln, die zu einem wirklichen Reiseerlebnis führen. Auch ist der Wert einer beständigen Betreuung mittels Vorgespräch und Telefonverbindung bei Bedarf nicht zu unterschätzen.

Die Wahl eines Veranstalters

Seriöse Veranstalter sind Mitglieder des freiwilligen Fachverbandes TASA. Eine Reihe von Voraussetzungen müssen erfüllt und werden, bevor ein Veranstalter Mitglied der TASA werden kann. Mitglieder führen das Logo der TASA auf ihren Briefköpfen und in ihrem Werbematerial, also eine Art Gütesiegel.

Neue Mitglieder machen eine Probezeit von zwei Jahren durch, bevor sie als volles Mitglied aufgenommen werden können. Auch müssen Mitglieder regelmäßig bestimmte Haftpflichtversicherungen nachweisen und für Fahrzeuge alle sechs Monate Tauglichkeitsbescheinigung vorlegen können. Weiterhin unterschreiben sie einen ausführlichen Verhaltenskodex. Bei Beanstandungen und Klagen von Kunden gegen ein Mitglied schaltet sich der TASA-Vorstand für eine Untersuchung des Sachverhaltes, Vermittlung und gegebenenfalls Entschädigung ein. Es ist also empfehlenswert, ein Mitglied der TASA als Veranstalter zu beauftragen.

Mietwagen

Es gibt sehr viele Mietwagenanbieter in Namibia, von denen nur wenige Mitglied des Fachverbandes CARAN sind. Auch dieser Fachverband bemüht sich, ähnliche Mindestvoraussetzungen durchzusetzen. Dazu gehören: Begrenzung des Alters und des Kilometerstandes eines angebotenen Fahrzeuges, einwandfreier technischer Zustand und Gewährleistung eines optimalen technischen und landesweiten Hilfsdienstes, Versicherung für Unfallrettung notfalls per Flugzeug und einiges mehr.

Bei Preisangeboten ist es besonders wichtig, die richtigen Vergleiche anzustellen und das »Kleingedruckte« des Vertrages zu studieren. Ein zunächst preisgünstig scheinendes Angebot kann letztendlich teuer werden. Achten Sie besonders auf Versicherungsbedingungen, auf die Höhe der Versicherung, den Betrag des Selbstbehaltes bei Unfall oder Schaden (sind Reifen und Windschutzscheibe ein- oder ausgeschlossen?), inwieweit Sie haftbar sind, ob die Kilometerzahl begrenzt oder unbegrenzt ist und was ggf. der zusätzliche Kilometer kostet.

Auch bei einer hiesigen so genannten »Vollkaskoversicherung« (die immer seltener und begrenzter wird) ist der Fahrer immer noch für den vollen Schaden, sprich Ersatzwert des Fahrzeuges verantwortlich, wenn unsachgemäßes und verantwortungsloses Fahrverhalten nachgewiesen werden kann. Bei Schäden ohne Fremdeinwirkung (z.B. Überschlagen auf den Schotterstraßen wegen nicht angepasster Geschwindigkeit) wird grundsätzlich zunächst ein Fahrfehler angenommen und kein Versicherungsschutz gewährt. Bei diesbezüglichen Disputen kann es zu unangenehmen Auseinandersetzungen und Verzögerungen bei der Fahrzeugrückgabe kommen oder gar zu einem Rückreiseverbot bis zur Zahlung des Schadens oder Klärung des Sachverhaltes.

Wahl des Mietwagens
Vergewissern Sie sich immer, dass Sie den geeigneten Fahrzeugtyp für Ihre geplante Reiseroute mieten. Ein billigeres und daher kleineres Fahrzeug für das Fahren auf schwierigen Straßenverhältnissen kann nicht nur unbequem und regelrecht gefährlich sein, sondern am Ende auch sehr teuer für Sie werden.

Grundsätzlich braucht man nur für die ausgefalleneren Reiserouten ein allrad-getriebenes Fahrzeug (gängig als »Four wheel drive« oder kurz »4x4« bezeichnet). Die normalen Reiserouten zwischen den überwiegenden Sehenswürdigkeiten, Unterkünften und Naturschutzgebieten sind bequem mit einem Pkw zu bereisen.

Grundsätzlich gibt es nachstehende grobe Fahrzeugkategorien im Angebot:
- Kleinere Pkw: hier sind solche zu vermeiden, die nur kleine Notersatzreifen an Bord haben. Verlangen Sie einen ordentlichen zusätzlichen Ersatzreifen! Der Wagen sollte nicht unter 1600 cm³ Hubraum haben, es sei denn, er wird hauptsächlich auf Asphaltstraßen und nur begrenzt auf guten Schotterstraßen eingesetzt.
- Größere Pkw mit mehr Luxus und höherem Leistungsvermögen, aber nicht unbedingt für schlechtere Schotterstraßen geeignet.
- Venture-/Condor-Typ: Ein robusterer 4-5 Sitzer mit größeren Reifen, mehr Bodenfreiheit, besserer Sicht. Diese neuen großräumigeren Fahrzeugtypen, die auch wahlweise in Allradversion angeboten werden, sind bestimmt keine schlechte Alternative und liegen im Preis günstiger als die klassischen Allradfahrzeuge.
- VW-Kombi: Für 6 bis 7 Personen, ein bequemer und geeigneter, vielseitig einsetzbarer Gebrauchswagen, mit annehmbarer Bodenfreiheit und guter Sicht.
- Allrad-Einzel- und Doppelkabiner mit Ladefläche. Auch mit Dachzelten und Campingzubehör zu mieten.
- Wohnmobile in verschiedenen Größen und Ausstattungen, auch in Allradausführung erhältlich.

Fahrweise
Moderne Fahrzeuge sind stark, schnell und mit Servolenkung ausgestattet, die ein Verreißen des Steuerrades leichter macht. Besonders auf Schotterstraßen kommt es immer wieder zu schweren Unfällen, die bei Beachtung der nachstehenden Hinweise meistens vermeidbar sind.

Unfallursache Nr. 1 ist überhöhte Geschwindigkeit auf Schotterpisten, wo die Höchstgeschwindigkeit 80 km/h sein sollte. Vor Kurven sollte die Geschwindigkeit um mindestens ein Drittel verringert werden. Plötzlich auftretende Wasserläufe, Vertiefungen, Felsrippen, Schlaglöcher und Ausspülungen können zum Verlust der Bodenhaftung und zu Fahrzeugschäden führen. Wild, Rinder, Ziegen, Schafe und Menschen beachten, die am Rande oder auf der Straße stehen oder laufen und deren Bewegungen unberechenbar sein können, ganz besonders in der Dämmerung und nachts bei begrenzter Sichtweite. Dämmerungs- und Nachtfahrten vermeiden, besonders wegen der Kudu-Gefahr, da diese Tiere oft versuchen, noch im letzten Moment vor dem ankommenden Fahrzeug über die Straße zu springen.

Auf staubiger oder nebliger Strasse bitte die Fahrlichter einschalten und ganz besonders vorsichtig und wachsam beim Überholen sein, da man wegen der schlechten Fernsicht leicht ein entgegen kommendes Fahrzeug übersieht. Vermeiden Sie Vollbremsung auf Schotterstraßen, da man dabei leicht die Kontrolle verliert. Beim Hinunterfahren von Bergpässen einen niedrigen Gang zur Unterstützung der Bremsen einschalten, damit sie nicht überhitzen und dabei ausfallen können. Der Reifendruck spielt bei der Bodenhaftung eine wichtige Rolle. Halten Sie sich an die Anweisungen des Fahrzeugherstellers.
Hinweis: Die Deutsche Botschaft in Windhoek hat sehr gut formulierte Informationsblätter erstellt, die von Besuchern des Landes bereits am Hosea-Kutako-Flughafen an der Gepäckausgabe kostenlos mitgenommen werden können. Es wird empfohlen, besonders das Merkblatt über Fahrverhalten in Namibia genauestens zu lesen und die darin enthaltenen Ratschläge für das Fahren auf Namibias Schotterstraßen zu berücksichtigen!

Zum Schluss:
»Gute Pad!«, wie es bei uns heißt. Gute Reise!

Vom IG-Kind zum Goethe-Zentrum

Die Namibisch-Deutsche Stiftung für kulturelle Zusammenarbeit (NaDS)

Teil 1: Imke Weitzel

Teil 2: Erika von Wietersheim

Teil 3: Stephan Mühr

Teil 1: Vom Anfang bis 1994

Die NaDS: Ein IG-Kind

Nicht jedes Kind kommt so geplant zur Welt wie dieses. Die IG-Eltern haben lange geplant, abgewogen und versucht, die bestmögliche Erziehung zu vermitteln. So konnte das Kind bald ein eigenständiges Leben führen, die Eltern tatkräftig unterstützen und nach ihrem Tod die Familientradition fortsetzen. Natürlich tat es dies in sehr veränderter Form, »zukunftsorientiert, fortschrittlich denkend und handelnd«. Einmal stand es kurz vor dem Selbstmord, bewältigte jedoch die Krise und setzte gestärkt, den neuen Zeiten angepasst, seinen Weg fort.

Die Interessengemeinschaft deutschsprachiger Südwester (IG) legte in ihrer Satzung auf dem Gründungskongress 1977 in Paragraph 2.1 fest: »Zweck der IG ist die Förderung und Vertretung gemeinsamer politischer, kultureller, sprachlicher, publizistischer und wirtschaftlicher Interessen.«

In den knapp 15 Jahren der Existenz der IG arbeitete diese auf allen Gebieten, die in Paragraph 2.1 der Satzung erwähnt wurden. Der Schwerpunkt der IG-Arbeit lag eindeutig im Bereich der Politik, die natürlich auch alle weiteren Gebiete beeinflusste. »Kultur- und Spracherhalt für Minderheiten« war z.B. gar nicht davon zu trennen.

Zur Erläuterung dieses engen Zusammenhangs stellte Dr. Helmut Halenke, der erste Präsident der IG, auf dem Gründungskongress 1977 fest: »Indem wir den Landesinteressen den Vorrang zuerkennen und diese über die deutschen kulturpolitischen und sprachlichen Interessen stellen, distanzieren wir uns von einer überspitzten Ethnizität. – Dennoch haben wir ein gutes Recht, unsere sprach- und kulturpolitischen Interessen zu vertreten, genau wie jede andere Sprach- und Volksgruppe in diesem Land.«

Kultur- und Sprachenpolitik war integraler, wesentlicher Teil der IG-Arbeit. Unter anderem beteiligte sich die IG schon im Jahr 1979 aktiv am Arbeitskreis Deutsche Sprache und Kultur, in dessen erstem Jahresbericht es unter anderem hieß:

»…die deutsche Sprache ist neben der englischen das wohl wichtigste Kommunikationsmittel zum Ausland hin. Ihr Gebrauch ist durch die geschichtliche Entwicklung des Landes SWA weitgehend verwurzelt. Das Erlernen der deutschen Sprache gewinnt in der schwarzen und farbigen Bevölkerung mehr und mehr Interesse…«

Diesem Arbeitskreis gehörten z.B. die Arbeitsgemeinschaft Deutscher Schulvereine (AGDS), die Deutsche Höhere Privatschule (DHPS), die Deutsche Schule Windhoek (DSW), die Deutsche Evangelisch-Lutherische Kirche (DELK), die Privatschule Karibib (PSK) und der Deutsche Verlag (Herausgeber der Allgemeinen Zeitung) an.

Aus der Zusammensetzung des Arbeitskreises wird verständlich, dass dieses Gremium sich in den folgenden Jahren vorwiegend auf die Erhaltung, Förderung und Erweiterung von Deutsch im muttersprachlichen Bereich konzentrierte. Obwohl das Erlernen von Deutsch als Fremdsprache (DaF) in dem ersten Jahresbericht des Arbeitskreises erwähnt wurde, fanden wesentliche Aktivitäten im DaF-Bereich nicht statt.

Diese Haltung des Arbeitskreises resultierte aus der »Sprachengeschichte« Namibias. Bis 1915 war Deutsch einzige Amtssprache und erste Fremdsprache für alle Anderssprachigen. Seit 1920, nach Erklärung des Landes als Mandatsgebiet des Völkerbundes, bemühten sich die im damaligen Südwest, heute Namibia, verbliebenen sowie die später zugezogenen Deutschen um ihre Sprachrechte. Sie waren dabei über all die Jahre recht erfolgreich, erlangten aber nie für das Deutsche den Status des Deutschen als Amtssprache. Lediglich auf der sog. Zweiten (ethnischen) Ebene der Übergangsregierung (1980–1990) erreichten sie für eine kurze Zeit (1984–1990) die Gleichstellung von Deutsch mit den Sprachen Englisch und Afrikaans. Diese Gleichstellung auf der Zweiten Ebene (in diesem Fall der Regierungsebene der Weißen) musste durch Eingaben und über teure Gutachten (»Bertelmann-Gutachten«) erstritten werden und hat den Arbeitskreis Deutsche Sprache und Kultur neben anderem bis 1984 beschäftigt. DaF wurde dabei, manchmal im echten Sinne des Wortes, vollständig draußen vor der Tür gelassen.

Erst auf dem Kongress der IG im Jahr 1987 im Bericht zu den deutschen Sprachrechten wurde nachdrücklich darauf hingewiesen, dass der Erhalt der deutschen Sprache in einem zukünftigen Namibia maßgeblich auch von der Verbreitung des Deutschen als Fremdsprache bestimmt wird. »Wir sollten uns nicht in muttersprachliche Elfenbeintürme einschließen, sondern aktive, nach außen gerichtete Fremdsprachenpolitik betreiben.«

Diese Erkenntnis kam bei der IG sicherlich auch nicht gerade sehr frühzeitig, aber doch zu einem Zeitpunkt, an dem der Tag der Unabhängigkeit noch nicht absehbar war. Die starke Förderung von DaF und die Gleichstellung von DaF und DaM (Deutsch als Muttersprache) löste bei großen Teilen der deutschsprachigen Bevölkerung Namibias heftige Kritik aus. Innerhalb des IG-Vorstandes war die Bereitschaft zur Förderung des fremdsprachlichen Sektors unumstritten. Der Vorstand wurde dabei von der Mehrheit seiner Mitglieder unterstützt. So begann die IG 1987, nach Rücksprache mit der Arbeitsgemeinschaft Deutscher Schulvereine, die für sich die Förderung des Bereiches Deutsch als Muttersprache beanspruchte, verstärkt Deutsch als Fremdsprache zu fördern. Zu diesem Zweck gründete die IG zuerst einen Sprachwettbewerbs-Ausschuss, der aus DaF-Lehrern der damaligen Akademie (heutigen Universität Namibia, UNAM), der DHPS und einem Vertreter des IG-Vorstandes bestand, und führte einen sehr erfolgreichen Sprachwettbewerb durch. Bis heute erfreut sich dieser Wettbewerb großer Beliebtheit bei den DaF-Schülern, nicht nur wegen der attraktiven Preise wie z.B. zwei Flugreisen nach Deutschland mit vier Wochen Aufenthalt in deutschen Familien, gestiftet durch die Deutsch-Namibische Gesellschaft (DNG). Zusätzlich bot die IG regelmäßige DaF-Lehrertreffen und ein Seminar für DaF-Lehrkräfte an.

Je mehr die IG das Fachgebiet DaF untersuchte, desto klarer stellte sich heraus: Die Schülerzahlen im Fach Deutsch als Fremdsprache waren stark rückläufig. Um diesem Trend entgegenzuwirken, musste viel mehr für die Verbreitung des Deutschen getan werden, als dies der staatliche schulische Sektor vermochte. Gleichzeitig musste ein namibisch-deutscher Kulturaustausch initiiert werden, der *alle* Gebiete umfasste, nicht nur die Förderung des Faches Deutsch als Fremdsprache.

1987 war der Zeitpunkt der namibischen Unabhängigkeit noch ungewiss, und die Übergangsregierung in SWA/Namibia wurde weltweit nicht anerkannt. Folglich wollte aus politischen Gründen die Bundesrepublik Deutschland auf unbestimmte Zeit in Namibia kein Goethe-Institut aufbauen. Obwohl die IG als einer der wichtigen Ansprechpartner der Bundesregierung und aller Bundestagsfraktionen in Namibia genutzt wurde, war sich der Vorstand der IG der Tatsache bewusst, dass die Interessengemeinschaft in ihrer damaligen Form und zur damaligen Zeit die Aufgaben eines Goethe-Institutes nicht erfüllen konnte. Ein wesentliches Ziel der IG war es, die Vorbehalte, die große Teile der deutschsprachigen Bevölkerung gegen das Erlangen der Unabhängigkeit mit der Durchführung der UN-Resolution 435 hatten, abzubauen. So sollte ein politisches Klima geschaffen werden, das einen friedlichen Übergang in ein unabhängiges Namibia gewährleisten und ein Verbleiben der deutschsprachigen Namibier im Land in größerer Zahl ermöglichen würde. Die IG arbeitete als eine sehr politische Vereinigung und war als solche nicht geeignet, den deutsch-namibischen Kulturaustausch so ausschließlich zu betreiben und zu fördern, wie es eigentlich notwendig wurde. Vor allem sah die deutsche Seite keine Möglichkeit, die dafür notwendige Vergabe der Mittel an die IG zu rechtfertigen.

So beschloss der Vorstand der Interessengemeinschaft Ende 1987/Anfang 1988, ein Gremium ins Leben zu rufen, das sich mit den Möglichkeiten befassen sollte, eine deutsch-namibische Kulturorganisation zu gründen. Dieses Gremium bestand aus dem Kern des Sprachwettbewerbs-Komitees: Imke Weitzel für den Vorstand der IG, Prof. Dr. Volker Gretschel und Dr. Marianne Zappen-Thomson von der Germanistikfakultät der Universität Namibia. Hinzu kam Prof. Dr. Gerhard Tötemeyer von der Universität Namibia.

Die erste Aufgabe des Gremiums bestand darin, ein Konzept und eine Satzung für eine Namibisch-Deutsche Kulturvereinigung zu erarbeiten. Im August 1988 genehmigte der 11. Jahreskongress der Interessengemeinschaft die Gründung der »Namibisch-Deutschen Stiftung für kulturelle Zusammenarbeit«, abgekürzt NaDS, unter der Trägerschaft der IG.

Man sieht, das IG-Kind NaDS war ein geplantes Kind und hatte sozusagen Mutter, Vater, Tante, Onkel und eine sehr große Familie. Einmischung von Außen in die Erziehung des Kindes war vorauszusehen. Die Eltern und Verwandten starteten, wie man aus der Satzung und Zielsetzung sehen kann, mit den besten Vorsätzen für die Erziehung des NaDS-Kindes.

PRÄMISSE

Obwohl der Schwerpunkt der Zusammenarbeit im Bereich des Kulturaustausches liegen soll, muß immer beachtet werden, daß auswärtige Kulturpolitik ein wichtiger Bestandteil der Außenpolitik ist. Kulturpolitik kann nie Mittel kurzfristiger Krisenbewältigung sein, sondern soll ein dauerhaftes Fundament für die politische und wirtschaftliche Zusammenarbeit der zusammengehörenden Welt schaffen.

Diese Funktion kann der Kulturaustausch nur auf der Grundlage gleichberechtigter Partnerschaft erfüllen, die das Selbstverständnis und die Eigenart der anderen Seite achtet.

Kulturbeziehungen - auswärtige Kulturpolitik darf nie zu einem einseitigen Prozeß degenerieren - sollten zu einer vielfältigen und fruchtbaren Zusammenarbeit der unterschiedlichen Kulturen führen.

Dazu gehört ein zeitgemäßer Kulturbegriff, der neben den Schönen Künsten die Bereiche Wissenschaft, Bildung, Sport, Gesundheit, Umwelt und Kontakte gesellschaftlicher Gruppen umfaßt.

Wollen die Kulturbeziehungen tatsächlich als »Brücke über Grenzen« zu anderen Ländern und Völkern verstanden werden, dann muß der partnerschaftlich-kulturelle Austausch Namibia als Entwicklungsland (Dritt-Welt-Land) gerecht werden. Dem kulturellen Hintergrund, der wirtschaftlichen Leistungsfähigkeit, den sozialen Verhältnissen und den von der Mehrheit der gesamten Bevölkerung definierten politischen Zielen Namibias muß sorgfältig Rechnung getragen werden. Dann kann Kulturaustausch das Wohlstandsgefälle zwischen Nord und Süd und damit Spannungsursachen abbauen und Namibia als Land der Dritten Welt helfen, die Infrastruktur auszubauen und die Eigenständigkeit zu fördern.

2. Zielsetzung

2.1 Die Stiftung verfolgt mit ihrem Programm das Ziel

- den Kulturaustausch zwischen der Bundesrepublik Deutschland und Namibia im Sinne der obigen Prämisse zu pflegen und zu fördern,
- die Zusammenarbeit zwischen den am Kulturaustausch Interessierten anzuregen, zu fördern und sich dabei mitzubeteiligen,
- Kontakte zum Kulturaustausch zwischen der Bundesrepublik Deutschland und Namibia herzustellen und diese, sowie bestehende Kontakte, zu verstärken,
- Brücken zu bauen,
- Konflikte und Barrieren zu überwinden,
- die Kommunikation zu fördern,
- ein dauerhaftes Fundament für die kulturelle Zusammenarbeit zu schaffen.

2.2 Kultur im Sinne der Prämisse umfaßt

- die Schönen Künste, die Wissenschaften, Bildung, Sport, Gesundheit, Umwelt, Kontakte zu gesellschaftlichen Gruppen und Kontakte zu Gruppen unterschiedlicher kultureller Identität.

Kultur soll besonders gepflegt werden, weil kultureller Austausch das Wohlstandsgefälle zwischen Nord und Süd und damit Spannungsursachen abbaut.

2.3 Die Ziele sollen angestrebt werden durch

- die Veranstaltung von Seminaren,
- die Förderung wissenschaftlicher Arbeiten,
- den Austausch von Dozenten, Schülern und Studenten,
- gemeinsame Forschungsprojekte,
- die Herausgabe von Publikationen über bestimmte Themen und Probleme,
- in Zusammenarbeit mit dem Germanistischen Seminar der Universität Namibia die Schaffung anerkannter Prüfungsmöglichkeiten für Deutsch als Fremdprache und
- andere Aktivitäten nach Maßgabe der Richtlinien, die durch die Mitgliederversammlung festgelegt werden.

2.4 Die Stiftung ist parteipolitisch neutral und ideologisch ungebunden. Sie verfolgt ausschließlich gemeinnützige Zwecke. Sie ist selbstlos tätig und verfolgt nicht in erster Linie eigenwirtschaftliche Zwecke.

2.5 Die Stiftung ist grundsätzlich bereit, als Treuhänder für Entwicklungshilfe im Rahmen ihrer Zielsetzung zu dienen.

Auszüge aus der Gründungs-Satzung der Namibisch-Deutschen Stiftung für kulturelle Zusammenarbeit

Außerdem nutzten sie konsequent ihre Beziehungen zu begüterten europäischen Freunden, die ihnen schon seit einer ganzen Weile zu diesem Kind geraten hatten, und baten sie, die Patenschaft zu übernehmen, um dieses Kind möglichst schnell und gut heranwachsen zu lassen. Zusätzlich boten sie dem NaDS-Kind ein schönes Heim. Dieses Kind musste ja ein Prachtkind werden!

Die IG gründete zunächst am 18.11.1988 einen Beirat der NaDS. Dieser war, laut Satzung, offen für alle Organisationen, welche die Zielsetzungen der Namibisch-Deutschen Stiftung unterstützten. Dem ersten Beirat der NaDS 1988 gehörten folgende Organisationen an: Deutsch-Namibische Gesellschaft (DNG), The University Centre for Studies in Namibia (TUCSIN), Namibian Children Book Forum (NCBF), Universität Namibia (UNAM) und die Deutsche Bühne Windhoek.

Am 19.11.1988 fand die Gründungsversammlung der Namibisch-Deutschen Stiftung für kulturelle Zusammenarbeit statt. Die NaDS wurde in den ersten Jahren ihres Bestehens durch ihre Satzung eng an die IG gekoppelt. Unter anderem war der IG-Präsident ex officio Vorstandsvorsitzender der NaDS, und bestimmte Paragraphen der Satzung konnten nur mit der Genehmigung der Trägerorganisation geändert werden.

Der erste Vorstand bestand aus: Konrad Wilfried von Marées (NaDS-Vorstandsvorsitzender und IG-Präsident), Prof. Dr. Gerhard Tötemeyer (Stellvertreter), Dr. Marianne Zappen-Thomson (Sekretärin), Prof. Dr. Volker Gretschel, W. Metzler, Dr. Beatrice Sandelowsky und Imke Weitzel als Beisitzer, außerdem Anton von Wietersheim als Beiratsvorsitzender oder Benita Herma-Herrle als stellvertretende Beiratsvorsitzende. Die anwesenden Mitglieder besprachen, änderten und verabschiedeten die Satzung und Zielsetzung der NaDS.

Ganz im Sinne dieser Zielsetzung verabschiedete dann der Gründungskongress acht Projekte, die 1989 durchgeführt werden sollten und noch Ende November bei der Kulturabteilung des Auswärtigen Amtes der Bundesrepublik Deutschland mit der Bitte um Unterstützung eingereicht wurden. Die guten Kontakte, die die IG in all den Jahren ihres Bestehens zum Auswärtigen Amt in Bonn unterhielt, halfen der neuen Stiftung, und so wurden – obwohl die Frist schon weit überschritten war – noch einige Projekte für 1989 vollständig oder teilweise genehmigt.

Die intensive Arbeit und die Recherchen der NaDS zu Nachfrage und Angebot des Faches Deutsch als Fremdsprache bewirkten, dass die Kulturabteilung des AA einen Fachberater für DaF nach Namibia entsandte, der dann an die 1990 eröffnete Botschaft der Bundesrepublik angegliedert wurde.

Durch den Sonderfonds Südliches Afrika und auch aus anderen Mitteln des Auswärtigen Amtes erhielt die NaDS 1989/90 und in den folgenden Jahren mehr als 90% ihrer Mittel. Die NaDS brachte ihrerseits vornehmlich die starke ehrenamtliche Arbeit ihrer Mitglieder, ausgezeichnete Landeskenntnis, Fachwissen in den erforderlichen Bereichen und gute Kontakte zu Angehörigen fast aller Bevölkerungsgruppen ein.

Im Jahr 1989/90 führte die NaDS Projekte unterschiedlichster Prägung durch, darunter:
- Sechs Projekte im DaF-Bereich:
  - Fortsetzung des Unterrichts in Katutura;
  - Stipendien für Studenten an der Akademie;
  - ein Seminar;
  - den Sprachwettbewerb;
  - Bildungsurlaub und
  - Zertifikatskurse;
- vier Projekte zusammen mit verschiedenen Organisationen, die dem Beirat angehörten:
  - die Stellungnahme zum Erziehungsbericht in Zusammenarbeit mit der AGDS;
  - eine Wanderausstellung deutscher Kinderbücher, begleitet von Lesungen und Workshops zweier Autoren – Miriam Pressler und Karlhans Frank – gemeinsam mit dem NCBF;
  - zusammen mit der Deutschen Bühne Windhoek »Towards a Peoples Culture«, ein Seminar zum Kulturbegriff und der Kulturdarstellung im sich wandelnden, zukünftigen unabhängigen Namibia mit Gastsprechern aus Ländern wie Zimbawbwe und Botswana und unter Teilnahme aller Vertreter namibischer Kulturorganisationen, sowohl der etablierten (z.B. SWARAK) als auch des »Grassroots Theatre« (z.B. Bricks);
  - den Ausbau des Museums in Rehoboth in Zusammenarbeit mit der dortigen Trägerorganisation.

Eines der wesentlichsten Projekte war jedoch das IG-Haus als Begegnungsstätte zwischen Deutsch-Fremdsprachlern und -Muttersprachlern. Videofilmvorführungen, Vorträge, »gemütliches Beisammensein« waren Organisationsformen, um die Begegnung zu fördern.

In seinem Jahresbericht vom 20.4.1990 wies K. W. von Marées darauf hin, dass »die Erfolge der NaDS vor allem dem Einsatz von Idealisten zu verdanken sind.« Es soll an dieser Stelle nicht unerwähnt bleiben, dass er selbst sich mit großem Engagement für die NaDS einsetzte, und Prof. Gretschel ist als einziges Gründungs-Vorstandsmitglied bis zum heutigen Tage ehrenamtlich und aktiv im Vorstand tätig – ein immenser Zeitaufwand, ohne den die DaF-Aktivitäten der NaDS nicht so herausragend wären.

In den ersten Jahren (1988 bis Mitte 1990) musste die Projektarbeit fast ausschließlich ehrenamtlich von Vorstandsmitgliedern und anderen, der NaDS gegenüber positiv eingestellten Personen ausgeführt werden. Das setzte der Projektarbeit starke Grenzen. Die IG trug durch kostenlose Bereitstellung des IG-Hauses und durch administrative Hilfe vom IG-Personal maßgeblich zum Erfolg bei. Auch die Deutsch-Namibische Gesellschaft (DNG) – hier vor allem ihr Präsident Klaus A. Hess –, Beiratsmitglied und Vertreter der NaDS in der Bundesrepublik Deutschland, sprang oft schnell und unbürokratisch als Starthelfer bei DaF-Projekten ein, bis die längerfristig zu beantragenden Gelder aus dem Referat 611 des Bonner Auswärtigen Amtes eingesetzt werden konnten.

1989 war das Jahr der Vorbereitungen und Durchführung der Wahlen gemäß UN-Resolution 435 zur Unabhängigkeit Namibias. Dieser Faktor und die gute Zusammenarbeit der Interessengemeinschaft mit dem Auswärtigen Amt spielte bei der Unterstützung der noch sehr jungen Stiftung eine wesentliche Rolle. So konnte durch eine Zuwendung des Auswärtigen Amtes die NaDS Ende 1989/Anfang 1990 das Haus in der Bismarckstraße, das die IG seit einigen Jahren gemietet hatte, kaufen.

Im Zuwendungsvertrag wies das Auswärtige Amt ausdrücklich darauf hin, dass »das Gebäude ... von der NaDS zur Durchführung von Maßnahmen zu nutzen [ist], die sowohl im Sinne der Richtlinien der Auswärtigen Kulturpolitik als auch der Zweckbestimmung des Sonderprogramms Südliches Afrika (Maßnahmen zur Förderung der nicht-weißen Bevölkerungsmehrheit, insbesondere zur Anhebung ihres Bildungs- und Ausbildungsniveaus) liegen. …Für den Fall, dass das Gebäude von einer noch zu gründenden Zweigstelle des Goethe-Instituts beansprucht wird, verpflichtet sich die NaDS, das Gebäude der Bundesrepublik Deutschland zu übereignen.«

Das Kind wuchs heran und war nun in der Lage, seinen älter werdenden Eltern nicht mehr auf der Tasche zu liegen, sondern im Gegenteil auch etwas zu deren Lebenshaltungskosten beizutragen. So ganz uneigennützig hatten die Eltern dieses Kind schließlich nicht gezeugt und großgezogen, sondern hatten, ganz in afrikanischer Tradition, dabei auch an die eigene Altersversorgung gedacht.

1987/88, während der Planung zur Gründung einer Kulturstiftung in Namibia, war die Unabhängigkeit Namibias noch nicht abzusehen. 1990, in einem nun unabhängigen Namibia, wäre der Aufbau eines Goethe-Institutes an Stelle der NaDS möglich gewesen. Zu dieser Zeit kam jedoch durch die Öffnung des Ostens Europas auf das Goethe-Institut von dort eine Welle von Anträgen auf Eröffnungen zu, so dass Namibia mit seiner geringen Bevölkerungszahl nicht vorrangig behandelt wurde.

Die schon existierende Namibisch-Deutsche Stiftung für kulturelle Zusammenarbeit erhielt jedoch beträchtliche Förderung aus den Mitteln der Kulturabteilung des Auswärtigen Amtes (Referate 601 und 611) für die diversen Projekte. So war es möglich, nach und nach Personal einzustellen. Die NaDS begann auf eigenen Füßen zu stehen und änderte ihre Satzung (30.01.1991). Die Interessengemeinschaft wurde in der neuen Satzung nur noch als Gründungsorganisation und nicht mehr als Trägerorganisation genannt. Der IG-Präsident war nicht mehr ex officio Vorsitzender der NaDS. Prof. Dr. Tötemeyer übernahm den Vorsitz.

Durch die Einstellung einer Sekretärin (Amrei Borsutzky, Mitte 1990 als Halbtagskraft) und eines Geschäftsführers (Hergen Junge, Mitte 1991) war es endlich möglich, die Projektarbeit erheblich zu erweitern.

NaDS-Vorstand und -Geschäftsführung entwickelten weiterhin alle Projekte im Sinne der oben angeführten Richtlinien des Sonderfonds Südliches Afrika (Referat 611). Die Projektanzahl nahm wesentlich zu, dadurch benötigten die Projekte weiterhin großen ehrenamtlichen Einsatz der Vorstandsmitglieder. Konsequenterweise erweiterte sich der NaDS-Vorstand um drei Mitglieder aus dem DaF-Bereich. Die Herren Gawaseb, Karamatha und Shikongo traten dem Vorstand bei. Das »IG/NaDS-Haus« wurde als Mittelpunkt aller Aktivitäten echte Begegnungsstätte zwischen Fremdsprachlern und Muttersprachlern. Namen wie Motsang, Abrahams, Chase, Volkwyn, Tjongarero, Tjingaete, Emvula, Kaiyamo, Kameeta, Katjivena, Kandetu, Nakhamela, Hoebeb und viele andere bereicherten das Gästebuch der NaDS und der IG.

Durch die Umsetzung der Resolution 435 im Jahre 1989 und den friedliche Übergang in ein unabhängiges, demokratisches Namibia, in dem das Wort Versöhnung in den ersten Jahren eine große Rolle spielte und von sehr vielen auch gelebt wurde, veränderte sich die IG. Ein Teil der Mitglieder wandte sich anderen Projekten im unabhängigen Namibia zu, um direkt oder indirekt die Deutschsprachigen jeweils in den verschiedensten Gremien, bis hin zum Kabinett der Republik Namibia, zu vertreten. Ein anderer Teil arbeitete verstärkt bei der NaDS mit. Konsequenterweise löste sich die IG im Mai 1992 auf.

Man sieht, das Kind verlor, kaum erwachsen, seine Eltern. Das Erbe war nicht beträchtlich, aber immerhin hatte das Kind eine gute Ausbildung und vor allem einen finanzkräftigen Paten erhalten. Daraus ließ sich schon etwas machen.

Im Deutsch-Namibischen Kulturabkommen, das die Bundesrepublik Deutschland mit der Republik Namibia 1991 abschloss (es trat Januar 1994 in Kraft), erhält die NaDS offiziell die Funktion eines kulturellen Mittlers »bis zur Errichtung eines Goethe-Institutes«.

Auf der Titelseite des NaDS-Mitteilungsblattes die Front des Hauses in der Bismarckstraße

Ihren Standpunkt zu ihrer Funktion und Existenzberechtigung stellte die NaDS zum damaligen Zeitpunkt dar. Sie legte unter anderem fest:
»Die Namibisch-Deutsche Stiftung für kulturelle Zusammenarbeit ist eine Organisation, deren von ihren Mitgliedern gewählter Vorstand und deren Geschäftsführungspersonal aus Namibiern und für Namibia mit Engagement eintretenden Deutschsprachigen besteht. Sie versteht sich als Teil des heutigen Namibias, will an der Formung und dem Aufbau der neuen Nation *(nation-building process)* teilnehmen und ist davon überzeugt, dass sowohl ihre Landeskenntnis als auch ihr Einsatz für Namibia gute Voraussetzungen für den Erfolg ihrer Arbeit sind. Sie ist sich auch sicher, dass ihr Wirken nicht als eine Manifestation des *cultural imperialism* missverstanden werden kann…
…Die NaDS ist erfreut, dass die Regierung der Bundesrepublik Deutschland auch im kulturellen Bereich ihre besondere Verpflichtung Namibia gegenüber betont. Die NaDS will sich dafür einsetzen, dass zwischen den von der Bevölkerungszahl her sehr ungleichen Ländern wirkliche Bilateralität entsteht, nicht jedoch eine von Deutschland ausgehende kulturelle Einbahnstraße…
…Die NaDS ist sich dabei der Tatsache bewusst, dass die Interaktion mit anderen Ländern im südli-

chen Afrika und in Afrika insgesamt für die namibische Entwicklung wichtig ist, und sieht deshalb die namibisch-deutsche Zusammenarbeit, die sie sich als Ziel gesetzt hat, nicht als bilateral im engsten Sinne dieses Begriffes…
…Die Namibisch-Deutsche Stiftung nimmt einige Aufgaben stellvertretend für das geplante Goethe-Institut wahr und leistet diesbezüglich Grundlagenarbeit. … hat sie jedoch auch andere Funktionen, die über das für Goethe-Institute übliche Maß hinausgehen.«

In diesem Sinn arbeitete die NaDS 1991–93. Dabei verstärkte sie in all den Jahren ihre Arbeit auf dem DaF-Sektor. Zusätzlich veranstaltete sie Seminare wie z.B. »Interkulturelles Lehren und Lernen«, »The Identity and Role of the German speaking Community in Namibia« und eine Historiker-Tagung, um nur einige der herausragenden zu nennen. Außerdem fanden 1991/92 u.a. Vorträge und Veranstaltungen statt mit Mvula ya Nangolo, Dr. Karin Huth, Dr. Hedda Meseke, Jan Bart Gewald, Dr. Volker Gretschel, Ama Ata Aidoo, Jenifer Ferguson und The Kafka Experience.

Für den folgenden Zeitraum bis März 1993 sind u.a. zu nennen: Dr. Tilmann Lenssen-Erz, Peter Horn, Dr. Henning Melber, Neville Alexander, Prof. Dr. Karl-Heinz Hornhues (MdB), G. Kubik, Amapoets, M. S. Qwesha, I. Dambuza, Imre Török, zwei Kunstworkshops. Selbstverständlich wurden weiterhin regelmäßig Video- und »Begegnungsabende« durchgeführt.

Dieses Programm, von nur einer Halbtagssekretärin und einem Geschäftsführer betreut, war faszinierend in Qualität, Umfang und Vielfältigkeit. Zusätzlich zu den regelmäßigen Film- und Videovorführungen und Begegnungsabenden fanden zwei Seminare, drei Sonderprojekte, zwei Projekte im Bereich Kunst und 23 Vorträge von hochkarätigen Vortragenden aus dem In- und Ausland statt. Dabei konnte die NaDS, teilweise nur durch ihre ganz persönlichen Kontakte, bekannte Autorinnen und Autoren wie Nadine Gordimer, Miriam Thlali, Gcina Mhlophe, Uwe Timm, Jürgen Leskien und viele andere den Namibiern vorstellen. Die Geschäftsführung der NaDS und einzelne Vorstandsmitglieder waren Teil fast aller »cultural committees«, die in Namibia in den ersten Jahren nach der Unabhängigkeit wie Pilze aus der Erde schossen. Ihre Beteiligung an den Gremien kam den deutschsprachigen Namibiern und damit auch »den Deutschen« allgemein zu Gute. Möglich war dies nur durch eine übermäßige Arbeitsbelastung der Geschäftsführung und der Mitglieder des Vorstandes, die immer noch ehrenamtlich tätig waren und jegliche Arbeit für die NaDS in ihrer Freizeit und ohne Vergütung durchführten.

Natürlich wären alle Projekte ohne die Gelder, die die Kulturabteilung des Auswärtigen Amtes (nach vorab von der NaDS sorgfältig aufgestellten und eingereichten Haushaltsplänen) der NaDS zukommen ließ, nicht machbar gewesen. Die Bundesrepublik bestritt noch immer über 90% des NaDS-Haushaltes. Über den Sonderfonds Südliches Afrika, der vor allem die DaF-Arbeit finanzierte, war das jedoch ab 1993 nur noch in Ausnahmefällen möglich. Außerdem erhielt das Auswärtige Amt weitere Einsparungsauflagen, die auf die Zuwendungsempfänger umgelegt werden mussten. Die Gesamteinnahmen im Haushaltsjahr 1992/93 beliefen sich auf rund N$ 500.000, die Ausgaben lagen bei ca. N$ 446.000.

NaDS-Geschäftsführung und -Vorstand waren so sehr mit der Durchführung des Programms beschäftigt, dass die Administration und Buchhaltung dadurch stark vernachlässigt wurden. Die langjährige Halbtagssekretärin, die bis dahin die Buchhaltung zur vollsten Zufriedenheit der NaDS und der Botschaft geführt hatte, musste aus persönlichen Gründen die NaDS verlassen. Die neue Kraft konnte die Buchhaltung, zusätzlich zu ihrer anderen Arbeit, nicht bewältigen. Diese Probleme konnte und wollte die Deutsche Botschaft, stellvertretend für das Auswärtige Amt, nicht übersehen. Weiterhin war die Botschaft inzwischen auch personell teilweise neu besetzt. So kam es in der Folgezeit zu sehr unterschiedlichen Auffassungen zwischen NaDS und Botschaft über die Aufgaben der NaDS, die Art der Projekte und deren Durchführung. Ganz persönliche, zwischenmenschliche Animositäten spielten dabei auch eine Rolle. Der Gründungsvorstand der NaDS hatte die Organisation unter den Voraussetzungen, die vor der Unabhängigkeit bestanden, und im Sinne der oben genannten Satzung und des Positionspapieres gegründet und geleitet. Dies alles geschah in Übereinstimmung mit den Prinzipien des Sonderfonds Südliches Afrika. Drei Jahre nach der Unabhängigkeit war dieser jedoch für Namibia nicht mehr zuständig, und die Gelder für den DaF-Unterricht, die aus dem Sonderfonds gezahlt wurden, liefen aus. Das DaF-Programm der NaDS stand dadurch kurz vor dem Ende. Die Gesamtzuwendungen wurden auf reine Projektförderung umgestellt. Von diesen Zuwendungen durften nur 8% für administrative Kosten eingesetzt werden. Die »Euphorie der Unabhängigkeit« war, zumindest für die Bundesrepublik, vorüber. Die Zielsetzungen der nun zuständigen Referate im Auswärtigen Amt der Bundesrepublik waren zwar nicht gerade konträr zu den Ansichten der NaDS-Geschäftsführung und großer Teile des Vorstandes, unterschieden sich aber in vielen Bereichen erheblich. Natürlich akzeptierte man, dass ein Geldgeber, der mehr als 90% der Arbeit finanziert, auch den Weg angibt, der beschritten werden soll. Jedoch akzeptierte man nicht, dass dieser Weg mit nur 8% der Projektgelder für administrative Kosten beschritten werden sollte. Das hätte zur Folge gehabt, dass die Bundesrepublik – die NaDS als »Ersatz-Goethe-Institut« benutzend – ihre kulturelle Außenpolitik in Namibia weitestgehend durch die ehrenamtliche Arbeit der NaDS-Vorstandsmitglieder ausführen ließ und gleichzeitig durch inhaltliche Vorgaben die Auswahl der Projekte einschränkte.

Die Vorstandsmitglieder, die mehrheitlich Gründungsmitglieder der NaDS waren und zu Beginn der NaDS vorwiegend direkt mit den zuständigen Referaten im Auswärtigen Amt verhandelten, hatten oft Mühe auf den nun vorgeschriebenen Dienstwegen über die deutschen Vertretungen (zuerst Deutsche Botschaft in Pretoria und/oder Konsulat in Kapstadt, dann Beobachtermission in Windhoek, dann Deutsche Botschaft in Windhoek).

Diese veränderte Situation konnte nur von neuen Vorstandsmitgliedern, die inhaltlich mit den Vorgaben der Kulturabteilung konform gingen und die finanziellen Bedingungen zu akzeptieren bereit waren, gelöst werden. Konsequenterweise trat Imke Weitzel, die als IG-Vorstandsmitglied 1987/88 vom IG-Vorstand mit der Gründung der NaDS beauftragt worden war, im März 1993 zurück. Der NaDS-Geschäftsführer, die verbliebenen Vorstandsmitglieder, der deutsche Botschafter sowie der Kulturattaché bemühten sich noch mehrere Monate um einen Konsens, der unlösbar schien. Es gingen Briefe und Grundsatzpapiere hin und her, Gespräche fanden statt, Anschuldigungen und Unverständnis von beiden beteiligten Seiten trugen nicht zur Lösung bei.

Der NaDS-Vorstand berief schließlich für den 15.12.1993 eine außerordentliche Mitgliederversammlung ein. Einziger Tagesordnungspunkt:

Auflösung oder Weiterführung der NaDS?

Prof. Tötemeyer, der NaDS-Vorsitzende, erklärte die problematische Situation. Die DaF-Gelder sind ausgelaufen, die zukünftigen Zuwendungen aus der Bundesrepublik werden nach geänderten Kriterien vergeben. Mit Bezug auf das verlesene Grundsatzpapier der Deutschen Botschaft stellte Tötemeyer fest: Das am 16. November eindeutig gewordene Ergebnis der im Text (Grundsatzpapier der Botschaft) angesprochenen Kursänderung sei, dass der Vorstand seinem Personal die Kündigung habe aussprechen müssen.

Ergebnis der folgenden teils kontroversen Diskussion war: Der Antrag, die NaDS aufzulösen, wurde abgelehnt. Der Antrag von Dr. Henning Melber, dass der Vorstand das Konfliktlösungsgremium stellen soll und Personen kooptieren dürfe, wurde angenommen.

Dieses Gremium arbeitete bis zur nächsten Jahreshauptversammlung am 12. März 1994. Auf dieser Jahreshauptversammlung wurde nach Berichterstattung des Übergangsgremiums erneut über eine Auflösung der NaDS abgestimmt. Mit 20 Ja- und 5 Nein-Stimmen wurde der Fortbestand der NaDS beschlossen. Da der Finanzbericht nicht angenommen wurde, konnte der alte Vorstand zunächst nicht entlastet werden. Zusätzlich musste die Versammlung, mittlerweile beschlussunfähig geworden, auf den 14. April 1994 vertagt werden. Auf dieser Fortsetzungssitzung wurden Dieter Glaue, Prof. Dr. Volker Gretschel, Hergen Junge, Dr. Henning Melber und Erika von Wietersheim in den Vorstand gewählt sowie K. R. Sievers für Finanzfragen kooptiert.

Damit war ein teilweise neues Gremium bereit, die schwierige Arbeit des »Wiederbelebens« der NaDS mit neuem Mut und Ideen, im Einklang mit den Vorgaben des Auswärtigen Amtes, zu gestalten.

Das IG Kind hat seine erste große Krise hinter sich gebracht, hat überlebt, geht gestärkt daraus hervor und setzt seinen Weg verändert, aber zielstrebig und selbstbewusst fort.

Teil 2: Kulturpolitik 1994–1998

Krise und Zwangsdiät

Anfang 1994 übernahm ein neu gewählter Vorstand die Leitung der Geschicke der NaDS. Zuvor hatte eine außerordentliche Mitgliederversammlung im Dezember 1993 für einen vorweihnachtlichen Paukenschlag gesorgt: als einziger Tagesordnungspunkt sollte die Auflösung der Stiftung diskutiert werden. Dank der Intervention einiger unverschlissener NaDS-Newcomer, die eine deutsche kulturpolitische Anlaufstelle nicht so sang- und klanglos beerdigen mochten, wurde ein erweiterter Vorstand mit dem Mandat ausgestattet, über mögliche neue Perspektiven der Kulturarbeit nachzudenken und die Ergebnisse den Mitgliedern zur weiteren Beschlussfassung vorzulegen.

Auslöser der Krise war die Kritik der deutschen Botschaft an der personellen Ausstattung der NaDS: Zweieinhalb feste Stellen schienen ihr als finanzieller Zuwendungsgeber nicht im rechten Verhältnis zur geleisteten Projektarbeit zu stehen. Man forderte die personelle Entschlackung und dafür mehr Futter für kulturelle Projekte. Übrig blieb nach dieser Zwangsdiät eine halbe Stelle und im Verhältnis dazu reichlich Mittel, die ein ehrenamtlich arbeitender Vorstand unter Verwendung reichlicher Freizeit möglichst sinnvoll auszugeben hatte. Dazu wurde ein erstes Konzept vorgelegt, das die ordentliche Jahreshauptversammlung im April 1994 nach längerer Grundsatzdiskussion akzeptierte. Dem neu gewählten Vorstand wurde ein Mandat zur Weiterarbeit mit revidiertem Kurs zugebilligt.

Neuorientierung mit Rückenwind

Dieser Vertrauensbeweis in einer Krisensituation leitete eine Phase der »Hochkonjunktur« für die NaDS ein. »Die geistigen und moralisch-politischen Normen und Grundwerte zu wahren, die von den demokratischen Gesellschaften Namibias und Deutschlands festgelegt werden« – so hieß der Auftrag der Stiftung in der vom Vorstand überarbeiteten Satzung. Mit dieser Vorgabe vor Augen und dem »wind of change« der kürzlich erworbenen namibischen Unabhängigkeit im Rücken, platzierte sich die NaDS in den Strom der neuen demokratischen und zivilgesellschaftlichen Bewegungen im südlichen Afrika.

Die aktive Zusammenarbeit mit Individuen und Gruppen, die solch eine Orientierung teilten, wurde verstärkt – die Deutsche Höhere Privat Schule (DHPS), das Katholischen Forum, das Namibian Children Book Forum, die Nationale Kunstgalerie, The University Centre for Studies in Namibia (TUCSIN), Kirchen, Politiker, Lehrer, Akademiker und Künstler wurden aktive Partner bei der Planung und Ausführung von Veranstaltungen.

Das NaDS-Haus in der Bismarckstraße wurde mit geringen Mitteln, aber vorzeigbar und einem Kulturinstitut in Namibia angemessen renoviert, ein Lesesaal mit Büchern, Zeitschriften und deutschen sowie namibischen Zeitungen wurde eingerichtet und die Videothek erweitert. Als Service-Einrichtung und Treffpunkt sollte es zunehmend auch informelle Begegnungsstätte für Namibier, Besucher und Touristen werden, in der offen, freimütig und ohne Rücksicht auf »political correctness« diskutiert werden konnte.

Die Programmarbeit wurde inhaltlich neu gestaltet und schwerpunktmäßig orientiert. Im Vorstand, in der Mitgliederversammlung und auch bei der Deutschen Botschaft wurde akzeptiert, dass die NaDS in eigener Regie und Verantwortung Projekte initiierte und organisierte. Dabei konnte ein möglichst breites Publikum Ideen und Konzepte einbringen, die entsprechend den Schwerpunkten der NaDS überprüft und von der NaDS selbst umgesetzt wurden.

Mit der Veranstaltung von Podiumsdiskussionen trat die NaDS öffentlichkeitswirksam in das Rampenlicht der Medien. Begleitet von Presse und Hörfunkprogrammen – im Einzelfall sogar vom namibischen und deutschen Fernsehen – diskutierte man im vollen Saal der NaDS über Themen wie Sinn und Unsinn einer Miss Universe-Veranstaltung in Namibia, über die 1995 bevorstehenden Wahlen (»Haben wir eine Wahl?«), über Demokratiebewegungen im südlichen Afrika, über die Umweltproblematik bei der städtischen Entwicklung Windhoeks, über den Toleranzpegel im Zeichen nationaler Versöhnung nach 5-jähriger Unabhängigkeit sowie über die Lehren des Holocaust anlässlich der von der NaDS mitfinanzierten Anne-Frank-Ausstellung in Windhoek.

Belebt wurde die NaDS durch die Einrichtung des Jugendclubs »Die Ossis«, der zur Begegnungsstätte für schwarze deutschsprachige Jugendlichen wurde, die ihre Kindheit und Jugend in der ehemaligen DDR verbracht hatten und 1990 repatriiert wurden.

Die deutsche Sprache blieb wichtiger Hebel der Kulturarbeit. In Arbeitsteilung mit der Arbeitsgemeinschaft Deutscher Schulvereine (AGDS), die vorwiegend Deutsch als Muttersprache in Namibia fördert, konzentrierte sich die NaDS auf die Belebung von Deutsch als Fremdsprache. Sie führte u.a. – in Zusammenarbeit mit der Deutsch-Namibischen Gesellschaft – den beliebten jährlichen Sprachwettbewerb weiter, der es Deutsch lernenden namibischen Schülern ermöglicht, sich einmal im Jahr zu treffen, auszutauschen und eine Reise nach Deutschland zu gewinnen.

Herausragende Veranstaltungen für die deutschsprechende Gemeinschaft in Namibia waren die Lese- und Diskussionsabende mit bekannten Schriftstellern und Journalisten wie Reiner Kunze, Sten Nadolny, Hans-Christoph Buch und dem Kinderbuchautor Helme Heine sowie die Gespräche mit Politikern und Bundestagsabgeordneten aus der Bundesrepublik Deutschland. Höhepunkt dieser Begegnungen war der Besuch des deutschen Bundespräsidenten Dr. Roman Herzog. Im März 1998 traf er im Rahmen seines Staatsbesuches und offiziellen Programms im Hause der NaDS mit Vertreterinnen und Vertretern der deutschsprachigen Bevölkerung im Lande zu einer einstündigen Gesprächsrunde zusammen.

Mit der zunehmenden Anzahl von erfolgreichen Projekten erweiterte man erneut die geschrumpfte Personalbesetzung: eine Ganztagskraft wurde angestellt und sogar ein Geschäftsführer vom Goethe-Institut in München »ausgeliehen«. Damit wurden erste Beziehungen zum Goethe-Institut in München sowie zum 1996 gegründeten Goethe-Institut Johannesburg hergestellt, die die Entwicklung der NaDS zum heutigen Goethe-Zentrum vorbereitet haben.

Zunehmende kulturelle Behäbigkeit

Mit wachsendem Erfolg und Bekanntheitsgrad verschoben sich jedoch leider die Akzente der NaDS. Anstatt eigene Projekte zu konzipieren, die innovativen kulturellen und politisch aktuellen Entwicklungen in Namibia nachspüren und sie aufgreifen, schlüpfte die NaDS zunehmend in die Rolle des finanziellen Zuwendungsträgers für Projekte, die von außen an sie herangetragen wurden. Bei der Jahreshauptversammlung im Februar 1999 warnte der engagierte Vorsitzende der NaDS, Dr. Henning Melber, noch selbstkritisch vor diesem kulturellen Gießkannenprinzip und der offensichtlich werdenden »Weihnachtsmannfunktion« der NaDS. Es wäre, so Melber, bedauerlich, wenn die NaDS ihre Chance, über Kulturarbeit den direkten Dialog zwischen Namibia und Deutschland oder zwischen Deutsch-Namibiern und anderen Namibiern zu fördern, nicht genügend nutzen würde.

Während die Franzosen in Namibia durch ihre aggressive, oft auch pompöse, und finanziell gut gepolsterte Kulturarbeit im Bewusstsein namibischer Künstler und Kulturkonsumenten stark präsent sind, sind namibische Künstler oft von dem kulturellen Engagement der Deutschen enttäuscht. »In der Vergangenheit haben wir eine Seite der Deutschen erlebt, die sehr negativ war«, so die Worte eines namibischen Kulturdirektors. »Kolonialismus und Apartheid waren für die afrikanische Gesellschaft zerstörerisch und menschenverachtend. Jetzt, seit der Unabhängigkeit, hätten die Deutschen eine Chance, ihr anderes Gesicht zu zeigen.« Namibier schätzen die finanzstarke Entwicklungshilfe der Deutschen, wünschen sich aber auch eine lebendigere kulturelle Begegnung. Dabei braucht die beschränkte finanzielle Zuwendung aus Deutschland kein Hindernis zu sein. Mangel an Geld kann auch eine mutige und fantasiereiche Kulturpolitik begründen, bei der es nicht um pompöse Veranstaltungen und große Gebäude geht. Durch Fantasie, Engagement und langfristig angelegte Projekte kann gegenseitiges Vertrauen zwischen deutschen und namibischen Partnern wachsen und könnten echte, innovative kulturelle Dialoge entstehen.

Neues Kulturprofil mit Goethe

Eine mögliche Neuorientierung der NaDS ergab sich 1998, als das Goethe-Institut an die Tür der NaDS klopfte. Es wollte die Möglichkeit einer vertraglich geregelten Partnerschaft prüfen, die der NaDS den Status eines Goethe-Zentrums verleihen würde – eine kostengünstige Miniaturausgabe eines Goethe-Instituts, die die Aufgaben eines Goethe-Instituts übernehmen, aber die Eigenständigkeit der Vertragspartner anerkennen würde. Das Goethe-Institut könnte somit trotz seiner haushaltsbedingten Sparmaßnahmen in Namibia präsent sein – so wie es die Bundesrepublik es 1990 Namibia versprochen hatte – und Namibia könnte die regionalen Angebote der Goethe-Institute in Afrika nutzen.

Teil 3:
Der Weg zum Goethe-Zentrum 1998–2002

Mit dem Jahr 1998 bahnten sich Entwicklungen an, die die NaDS bis heute nachhaltig und grundsätzlich veränderten: Während der Gespräche der deutsch-namibischen Kulturkommission im November 1998 verlangte die namibische Seite wiederholt die längst versprochene Etablierung eines Goethe-Instituts in Namibia. Die gewohnte Zurückhaltung der deutschen Delegation in diesem Punkt konnte der namibische Verhandlungsleiter schließlich damit durchbrechen, dass er anbot, die namibische Seite würde für den Fall der Einrichtung einer Zweigstelle des Goethe-Instituts in Windhoek dafür ein repräsentables Gebäude in der Innenstadt zur Verfügung stellen: Das sog. Estorff-Haus in der Peter-Müller-Straße (seit Mai 2002 Fidel-Castro-Ave.), direkt unterhalb der Christuskirche und neben dem Gebäude des Obersten Gerichtshofs in Namibia, werde bald frei, da die darin beherbergte Nationalbibliothek in einen Neubau zöge.

Obwohl die Rahmenbedingungen für diese Abmachung damals noch nicht protokolliert wurden (dies geschah erst während des Folgetreffens im August 2000), akzeptierte der deutsche Delegationsleiter Dr. Bertram, Kulturabteilung des Auswärtigen Amtes, bereits auf der Tagung im November 1998, dass das Gebäude zu einer nominellen Miete und für einen langfristigen Zeitraum der NaDS zur Verfügung gestellt werden soll, um darin eine Zweigstelle des Goethe-Instituts zu betreiben, wofür die Bundesrepublik die »notwendigen Mittel« bereitstellen würde.

Auf die Euphorie über diese zukunftsweisenden Zusagen folgte in den Jahren 1999 und 2000 eine Ernüchterung durch den Amtsschimmel beider Länder und zwar – den synergetischen Effekten entsprechend – mit kumulierenden Schwierigkeiten:

Kooperationsvertrag mit dem Goethe-Institut

Vertreter des Goethe-Instituts reisten nach Windhoek und verhandelten über einen Kooperationsvertrag, demzufolge die NaDS das »Goethe-Zentrum Windhoek« aufbauen und betreiben sollte. Im Gegenzug werde die NaDS an das internationale Netzwerk des Goethe-Instituts angeschlossen und wie alle Goethe-Institute mit Materialien und Service versorgt; das Personal erhalte Zugang zu den Fortbildungsmaßnahmen des Goethe-Instituts und die Förderzuständigkeit der NaDS solle vom Auswärtigen Amt zum Goethe-Institut wechseln. Für all diese Punkte, die ja gemäß den Richtlinien und Qualitätsbestimmungen des Goethe-Instituts geschehen sollten, versprach das Goethe-Institut fachliche, organisatorische und finanzielle Hilfestellung.

Grundlage dieser Verhandlungen war die Auffassung, dass letztlich beide Organisationen, die NaDS wie auch das Goethe-Institut, in ihren Grundsätzen und Aufgaben ähnliche Ziele verfolgen. Damit war die Basis für eine Kooperation gegeben, die die Souveränität der NaDS nicht zu gefährden brauchte und die dem Goethe-Institut als offizieller Instanz der deutschen auswärtigen Kulturpolitik einen Partner versprach, der günstig und effizient – da im Land verankert – die Arbeit eines vollwertigen Goethe-Instituts übernehmen kann.

Schließlich reagierte das Modell »Goethe-Zentrum« auf eine interne Veränderung des Goethe-Instituts, das aufgrund der zunehmenden Sparzwänge einige Institute bereits schließen musste: Das neue, delegierende Konzept der Kooperationsverträge mit lokalen Kulturgesellschaften wie der NaDS versprach eine Präsenz des Goethe-Instituts im Ausland bei gleichzeitigen Einsparungen, v.a. im Personalbereich. Außerdem folgte es dem Konzept der sog. »fördernden Kulturpolitik«.

Der Entwurf des Kooperationsvertrages wurde auf der Jahreshauptversammlung der NaDS im Februar 1999 zur Diskussion vorgelegt. Die Mitgliederversammlung ratifizierte den Vertrag und beauftragte den Vorstand, diese tiefgreifende Veränderung im Aufgabenprofil und in der Verantwortung der NaDS und die entsprechenden Folgemaßnahmen zur Leitung eines Goethe-Zentrums durch die NaDS möglichst zügig einzuführen. Nach weiteren formalen Änderungen wurde der Kooperationsvertrag am 9. Dezember 1999 unterzeichnet und trat zum 1.1.2000 in Kraft. Dennoch blieb eine Zusammenarbeit mit dem Goethe-Institut und eine organisatorische Hilfestellung durch dieses bis Ende 2001 praktisch aus.

Mietvertrag für das Estorff-Haus

Dem Versprechen der namibischen Kulturdelegation nachgehend, führte die NaDS seit Anfang 1999 Gespräche mit dem *Ministry for Works, Transport and Communication* (MWTC), das alle namibischen Regierungsgebäude verwaltet. Damit begann eine eineinhalbjährige Odyssee von Verhandlungen über einen Mietvertrag für das Estorff-Haus, welche alle nur denkbaren Hürden zu nehmen hatte: Personalveränderung im Ministerium, Zuständigkeits- und Kommunikationsschwierigkeiten zwischen MWTC und dem namibischen Kulturministerium, Hinterfragung der Abmachungen wie Miethöhe und -dauer, die Forderung nach Neuvermessung des Grundstücks, Verzögerung des Auszugs der Nationalbibliothek u.v.m. Doch der lange Atem wurde belohnt: Am 4. Oktober 2000 trat endlich ein notarieller Mietvertrag in Kraft, der beinhaltet, dass die NaDS das Estorff-Haus bis zum 3. Oktober 2025 zu einem nominellen Mietpreis von N$ 10 pro Jahr nutzen und gemäß dem bilateralen Kulturabkommen (1991) zum Betrieb einer Zweigstelle des Goethe-Instituts nutzen und ausbauen darf.

Verkauf des Anwesens in der Bismarckstraße / Renovierung des Estorff-Gebäudes

Nun musste das Estorff-Haus dafür zunächst umfangreich renoviert werden. Durch die genannten Verzögerungen wurden die Kostenvoranschläge und Berechnungen für die geplanten Renovierungskosten hinfällig; wiederholte Neuberechnungen wurden in den Gesprächen mit den Mietpartnern ständig revidiert; und schließlich sorgte die Einführung der Mehrwertsteuer (VAT) in Namibia für eine ca. 5 %ige Kostenerhöhung. Insgesamt übernahm die NaDS erhebliche Risiken, die sich aus ihrer kulturpolitischen Mittlerposition ergaben.

Ebenfalls Anfang 1999 wurde in Absprache mit dem Auswärtigen Amt das Anwesen in der Bismarckstraße öffentlich zum Kauf angeboten, um mit dem Verkaufserlös den Ausbau des Estorff-Hauses mit zu finanzieren. Obwohl bereits im März 1999 ein Kaufvertrag unterzeichnet wurde, mußte der Käufer über ein ganzes weiteres Jahr vertröstet werden, bis die NaDS die Kondition im Kaufvertrag erfüllen konnte, nämlich die Unterzeichnung des Mietvertrags für das Estorff-Haus.

Die Übertragung des Anwesens wurde schließlich im Oktober 2000 veranlaßt und trat im Januar 2001 in Kraft. Am 9. Dezember 2000 zog die NaDS endgültig aus der Bismarckstraße aus und in ihre Baustelle im Estorff-Haus in der – damals noch – Peter-Müller-Straße ein.

Untermietverträge

Im Vorfeld der Renovierungsplanung war schnell klar geworden, dass das Estorff-Haus mit einer überdachten Raumfläche von 786 qm und weitläufigen Innenhöfen selbst unter den hoffnungsvollsten Erwartungen hinsichtlich einer Ausweitung der Zusammenarbeit mit dem Goethe-Institut für die NaDS zu groß ist. Mit dem British Council Namibia fand die NaDS einen Partner und in der AGDS (s.a.a.O.) einen Untermieter für das »Estorff-Projekt«. Insbesondere die Vorgespräche mit dem British Council führten zu einem Plan für ein weltweites Modellprojekt, wie sich Goethe-Institut und British Council gemeinsam in einem Gebäude und mit gemeinsamen Ressourcen der Öffentlichkeit präsentieren. Dieser beinhaltete ein kompliziertes Programm zur gemeinsamen Finanzierung des Gebäudes und auch zur gemeinsamen Bewirtschaftung und Organisation.

Das Goethe-Zentrum Windhoek

Schließlich verfügte die NaDS durch den Mietvertrag für das Estorff-Haus zwar über ein großes Gebäude in bester Lage; sie übernahm damit aber auch die große Aufgabe, dieses Gebäude inmitten der Stadt mit einem kulturell vielfältigen Angebot zu füllen und gemäß ihrer Satzung und den Richtlinien des Goethe-Instituts in einen lebendigen Ort kultureller Zusammenarbeit umzuwandeln. Aus einer »kulturpolitischen Aktionsgruppe« sollte ein professionelles Unternehmen der kulturellen Zusammenarbeit erwachsen. Welche Schwerpunkte sollten gesetzt werden, welches Konzept sollte die NaDS verfolgen und vor allem: Wie sollte dieser Mehraufwand bewerkstelligt und finanziert werden? All diese Aufgaben konnte die NaDS nicht mehr im Rahmen ihrer bisherigen Struktur bewältigen: Ein neues Konzept zur eigenen Arbeitsweise und insbesondere zur künftigen, professionellen Leitung des »Goethe-Zentrums Windhoek« musste erarbeitet werden:

- Eine Geschäftsordnung wurde erstellt, die die Arbeit von ehrenamtlichem Vorstand, neu zu gründenden Ausschüssen und der Geschäftsführung regelt. Die hauptsächliche Arbeit wurde von der Vorstandssitzung auf Ausschüsse verlagert, die die Geschäftsführung themenbezogen und konzeptionell unterstützen. Dafür wurde die Geschäftsstelle erweitert. Dies führte zu einem verändertem Selbstverständnis des Vorstandes und entsprechend zu Veränderungen in seiner Besetzung.
- Ergänzende Richtlinien zur Organisation kultureller Programmarbeit vereinfachen die Entscheidungsprozesse und legten sie vermehrt in die Hand des Geschäftsführers.
- Das DaF-Programm (Deutsch als Fremdsprache) wird erweitert, Kurse in verschiedenen Orten des Landes werden angeboten. Die notwendigen Räumlichkeiten in Windhoek werden durch die Verzögerung des Umzuges zu einem Hindernis. Dennoch steigen die Zahlen an Deutschkurs-Teilnehmern beträchtlich.
- Dieser Umstrukturierungsprozess führte zu Frustration und auch Personalveränderungen. Die Stelle einer Medienleitung zum Aufbau der Medienabteilung für das Goethe-Zentrum muss nach einem halben Jahr wieder eingestellt werden.

Das Estorff-Haus

Erst in der zweiten Jahreshälfte 2000 begann sich die Umbruchsituation der NaDS durch die Unterzeichnung der Verträge zu entspannen. Nach Abschluß des Mietvertrages für das Estorff-Haus am 4.10.2000, des Renovierungsvertrages am 5.10.2000 (sic) und des Verkaufs der Bismarckstraße treten die Verhandlungen mit dem British Council über das gemeinsame Kulturzentrum in ihre Endphase. Der Umzug selbst findet am 9.12.2000 statt.

Die erhoffte Intensivierung der kulturellen Programmarbeit konnte ohne Unterstützung durch das Goethe-Institut nicht erreicht werden. Dennoch kann die NaDS auch für 1999 auf ein kulturell vielfältiges Programm blicken.

Höhepunkte 1999 waren:
- die Initiative zur Aufführung des Musicals HAIR mit namibischen Schauspielern und Musikern unter der Leitung von Adolf Thelen;
- ein Cartoonisten-Workshop mit Gerhard Seyfried und Ziska Riemann;
- die Lesereise mit dem ostdeutschen Schriftsteller und Afrika-Romancier Dietmar Beetz.

Höhepunkte 2000 waren:
- die Lese- und Diskussionsreihe mit Peter Schneider;
- die Durchführung des »European Spring Salad Festivals« zusammen mit anderen europäischen Kulturvertretungen in Namibia und mit dem deutschen Beitrag des Folkwang Mime Studios.

Veränderte politische Rahmenbedingungen in Namibia (die Wahlen 1999 mit Indikationen über Einschüchterung, der Caprivi-Konflikt und Kongo-Einsatz, die zunehmende Anzahl von undemokratischen und verfassungskritischen Aussagen namibischer Politiker) lassen die NaDS sich auf ihre zivilgesellschaftlichen Aufgaben besinnen: In einer zweisprachigen Veranstaltungsreihe über fünf Monate hinweg stellt die NaDS den Begriff »Zivilcourage« der namibischen Öffentlichkeit als einen demokratiefördernden, universalen Grundwert dar. Den Erfolg dieser Reihe unterstützend, beschloss die NaDS, ein solches Schwerpunktthema aus dem gesellschaftlich-ethischen Bereich künftig jedes Jahr zu setzen und die dazugehörigen Diskussionen in einer eigenen NaDS-Schriftenreihe (Ersterscheinung 2002) zu dokumentieren.

Anfang 2001 schied Dr. Henning Melber wegen Umzugs nach Schweden aus dem Amt des Vorsitzenden aus. Er hatte in den sieben Jahren seiner Tätigkeit und insbesondere in den ersten Jahren ab 1994 zusammen mit Erika von Wietersheim die Neuausrichtung der NaDS und damit das Überleben und die Basis für das Goethe-Zentrum wesentlich gestaltet. Nachfolger im Amt des Vorsitzenden wurde Hans-Erik Staby.

2001: Neubeginn zum Nulltarif

Seit Januar 2001 arbeitete die NaDS auf einer Baustelle. Durch unzureichende Finanzierung und mangelnde Unterstützung durch das Goethe-Institut wurde der Aufbau eines Goethe-Zentrums erschwert und verzögert.

Nach hartnäckigen Verhandlungen werden im März 2001 die Verträge mit dem British Council unterzeichnet, die einerseits eine Untermietsituation mit partnerschaftlicher Verantwortung für das Gebäude über 25 Jahre schafft, andererseits eine umfangreiche Mitfinanzierung an der Renovierung des Gebäudes sichert. Insgesamt beteiligt sich der British Council an den reinen Renovierungskosten mit N$ 818.000. Einen Großteil der Innenausstattung des Gebäudes inklusive der Installation von öffentlich zugänglichen Internetstationen finanziert der British Council zusätzlich und allein. Selbst Möbel, Computer und dgl. überlässt der British Council der NaDS.

Nach dem Einzug des British Council im April 2001 entfalten sich rege Aktivitäten im Gebäude, die eine neuerliche Überarbeitung der Verfahren in der täglichen Zusammenarbeit erfordern und durch das Ausbleiben der zugesagten Hilfe vom Goethe-Institut zu einer dramatischen Verschärfung der Haushalts- und Ressourcenlage führen. So trägt die NaDS zur Einstellung einer gemeinsamen Empfangsperson bei, ein Wächter und eine Raumpflegerin werden ebenfalls mit dem British Council »geteilt«.

Die Modellfunktion deutsch-britischer Zusammenarbeit in der auswärtigen Kulturpolitik, wie sie mit dem Estorff-Projekt vorgeführt werden sollte, scheint das Goethe-Institut trotz der »besonderen Verhältnisse beider Länder« zunächst nicht zu erkennen. In vielerlei Hinsicht drohte der NaDS eine Krise, die auf der Sachebene dieselbe Problematik besitzt wie 1990. Zwar kann die NaDS als Zuwendungsempfänger von ca. 85 % ihrer Ausgaben keine Autonomie beanspruchen, dennoch lässt sie sich nicht korrumpieren. So erklärt der Vorsitzende, Hans-Erik Staby, auf der Jahreshauptversammlung der NaDS am 24.03.2001: »Die NaDS wird nicht in einem Goethe-Zentrum aufgehen und auch nicht Aufgaben des Goethe-Instituts in Namibia wahrnehmen, von denen sie als namibische Stiftung nicht überzeugt ist. Auch nicht für Geld.«

Diesen schwierigen Rahmenbedingungen zum Trotz gelingt es der NaDS, in der ersten Jahreshälfte 2001 ihre kulturelle Arbeit wieder zu konsolidieren. Die Zusammenarbeit mit dem British Council beginnt sich einzuspielen (künftig können etwa Mitglieder des British Council auch Medien der NaDS ausleihen und umgekehrt); der Aufbau des internetgestützten Medien- und Informationszentrums der NaDS wird mit einer Halbtagskraft in Angriff genommen. Obwohl das beantragte Budget nur zu 70 % (2001: DM 200.000 – wie im Vorjahr) bewilligt wird, gelingt es der NaDS, durch verschiedene Spenden den Aufbau des Goethe-Zentrums trotzdem fortzusetzen. Sogar erste Erfolge in der Umsetzung der neuen Richtlinien für die Programmarbeit können erzielt werden:

- Ein Workshop mit der bekannten deutschen Illustratorin Binette Schroeder für ausgewählte namibische Nachwuchstalente.
- Eine namibisch-deutsche Theaterproduktion zum Thema Versöhnung und Verständigung mit dem deutschen Regisseur und Kindertheaterintendanten Fritz Lechner (Theater Rootslöffel, Nürnberg) erreicht ca. 2000 Zuschauer, vor allem Jugendliche.
- Die Wiederaufnahme der ehemals in Windhoek bekannten Mittagskonzerte unter dem Namen »Sjordé« bietet namibischen Künstlern ein günstiges Forum zur Selbstdarstellung, wenn sie sich an der Organisation und Vermarktung beteiligen.

2002: Das Jahr der Eröffnung

Nach zweijähriger Lobbyarbeit zeichnete sich gegen Ende 2001 eine Wende ab, insofern einerseits das AA einen Renovierungszuschuss bewilligt und andererseits das Goethe-Institut aufgrund eigener Umstrukturierungen das »Goethe-Zentrum Windhoek« auch formal in die tägliche Zusammenarbeit wie ein echtes Goethe-Institut einbindet. Selbst das Budget für das Jahr 2002 wurde auf 117.000 Euro angehoben, was angesichts der leeren deutschen Staatskassen tatsächlich eine Besonderheit darstellt.

Damit haben sich alle wesentlichen Veränderungsziele der letzten Jahre realisiert und der lange Atem gelohnt, diese Ziele über drei Jahre hinweg konsequent, nachhaltig und proaktiv zu verfolgen.

So werden die meisten Umbau- und Ausstattungsarbeiten im Estorff-Haus Mitte 2002 abgeschlossen. Am 12. September 2002 werden der British Council und das Goethe-Zentrum Windhoek im renovierten Estorff-Haus in Anwesenheit von allen Partnern in der kulturpolitischen Zusammenarbeit feierlich eröffnet. Zu diesem Anlass reist sogar die neue Präsidentin des Goethe-Instituts Inter Nationes, Prof. Jutta Limbach, auf ihrer ersten dienstlichen Auslandsreise nach Windhoek, um damit die besonderen Beziehungen und auch die Verantwortung für ein auf Versöhnung und interkulturelle Verständigung ausgerichtetes Engagement von seiten des Goethe-Instituts zu bekräftigen. Mit dieser Eröffnung ist in Windhoek eine Zentrum eingeweiht, das die Funktion eines Goethe-Instituts ausübt.

Damit geht eine schwierige dreijährige Umbruchphase zu Ende; auf die guten Wünsche und die hohen Erwartungen einzugehen, die sich mit der Eröffnung verbinden, liegt nun wieder in der Verantwortung der NaDS, die den umfangreichen Betrieb und das kulturelle Austauschprogramm des Zentrums mit Augenmaß zu lenken hat. Die wesentlichen Richtlinien der NaDS für diese Aufgaben sind:

- Die Leitung des »Goethe-Zentrums Windhoek« mit den drei Abteilungen: Deutsch als Fremdsprache, Medien- und Infozentrum, kulturelle Programmarbeit.
- Die Dezentralisierung des sprachunterrichtlichen und kulturellen Programms.
- Ein zivilgesellschaftliches kulturpolitisches Engagement in Namibia, um den Demokratisierungsprozess insofern zu unterstützen, als er zu einer partnerschaftlichen, menschenrechtlich orientierten und interkulturell sich verständigenden politischen Kultur Namibias beiträgt. Nur in einem solchen Rahmen haben die deutschsprachigen Namibier als eine Sprachenminorität eine längerfristige Daseinsperspektive.
- Aus diesem Grund beschloss die NaDS, von 2002 bis mindestens 2004 den Schwerpunkt ihrer kulturellen Arbeit auf das Thema »Nationale Versöhnung« zu legen.
- Im Rahmen der verfügbaren Ressourcen bietet die NaDS sich außerdem als namibisch-deutscher Kulturvermittler an, indem er mit Kulturstätten, Künstlern und Kulturorganisationen zusammenarbeitet. Dies sind in Namibia z.B. das Nationaltheater (NTN), die Nationalgalerie (NAGN), die Swakopmunder Kunstvereinigung, das College for the Arts und das Katutura Cultural Centre, die Medien und Hochschulen, die Deutsche Botschaft und Europäische Kommission in Namibia, die zwei Direktorate des Ministry of Basic Education, Sport and Culture (MBESC) sowie das Namibian Institute for Educational Development (NIED); in Deutschland sind es z.B. Goethe-Institut Inter Nationes (GIIN), Institut für Auslandsbeziehungen (ifa), Deutsche Welle (DW), Deutsch-Namibische Gesellschaft (DNG).

Im Jagdrevier
zwischen Kalahari und Namib

Anton von Wietersheim (1984)

Aktualisierung: Volker Grellmann

In seinem Buch »Mensch und Tier des Feldes« beschreibt Adolf Fischer 1914 den Jäger der Zukunft, den Neuen Jäger in Südwestafrika, folgendermaßen:

»Ich kenne ihn nicht, denn er ist noch nicht da. Wir waren Vorläufer. Er wird kommen und besser sein. Er wird wissen, daß ein Neuling bescheiden ist in altem Land. Er wird die heilige Erde mit Andacht treten. Der Hauch der Vergangenheit wird ihn umwehen, die große Klage wird zu ihm reden aus Steppe und Busch. Er wird gutzumachen trachten, was früher gefehlt war. Er wird geben und erst nehmen, wenn er sehr viel gelernt hat. Erst wird er sich mit dem ›Feld‹[1] befreunden, Erbarmer und Heger des Wildes sein. Dann erst wird er sich durch Jagd belohnen. Er wird sorgsame Auslese halten. Das Beste aber an ihm wird der Zwiespalt sein, der Kampf zwischen altem, ererbtem Vernichtungstrieb und dem verfeinerten Naturempfinden des Neuzeitmenschen. Immer mehr wird das Gute sich durchsetzen, der Verzicht auf den Schuß. Das Ringen mit der Steppe, die Stellung seiner selbst wird ihm mehr gelten als ein gestrecktes Stück Wild. Die Trophäe wird ihm nur die sichtbare Bestätigung sein eines Erlebnisses in Entbehrung, Größe und Kraft.«

Diese tiefsinnige und der Zukunft vertrauende Prophezeiung von 1914 beinhaltet nicht nur das damals bei einzelnen Menschen erwachende Verantwortungsbewußtsein gegenüber der Natur, sondern deutet auch auf die schmerzlichen Nachwehen der Vergangenheit in bezug auf die Jagd in Südwestafrika hin. Schon damals sprachen Leute wie Fischer von der »großen Klage«, die sich aus Busch und Steppe erhebt.

Diese Geschichte der Jagd in unserem Land soll hier beschrieben werden sowie die Geschehnisse vor der Kolonialisierung 1884 und die Entwicklung seither. Die Verwirklichung des »neuen Jägers«, der Übergang von der Jagd zur sogenannten Wildnutzung mit den Konsequenzen für den Wildbestand wird untersucht und die Zukunft des Jagdlandes Südwestafrika betrachtet.

---

[1] »Feld« wird von A. Fischer oft für das Land Südwestafrika verwendet

Der Urjäger Südwestafrikas

Zweifellos ist der Buschmann der »Urjäger« unseres Landes. »Das Wild gehört dem Jäger«, war die Auffassung der Buschleute, und es lag nur an ihrer Findigkeit und Ausdauer, ob sie es erbeuteten. Aber im Gegensatz zur späteren Entwicklung gab es in der Natur ein Gleichgewicht zwischen den Bedürfnissen des Menschen und der Tierwelt. Der Mensch nahm soviel er brauchte, gewiß nicht weniger, aber auch nicht mehr. Der Hunger sollte gestillt werden, Material für den eigenen Gebrauch erbeutet werden. Die Buschleute lebten jahrhundertelang inmitten des Reichtums, ohne ihn zu erschöpfen.

Erbeutet wurde das Wild mit Waffen und durch Methoden, die ihr Verstand ersonnen hatte. Zu den Waffen gehörten Pfeil und Bogen, Speer, Wurf- und Schlagkeule. Die Kraft dieser Waffen war gering. Mit Hilfe des Giftes, das auf die Pfeilspitzen aufgetragen wurde, reichte sie gerade noch für Giraffe und Großantilope aus, erforderte aber dichtes Anpirschen und oft tagelange Nachsuche. Weiterhin hatten die Buschleute Fallen, wie den Schwippgalgen, in denen kleines Haar- und Federwild bis zum Steinböckchen und der Trappe gefangen werden konnte; oder sie benutzten Schlagfallen, in denen Stachelschweine und Nager bis zu Hasengröße erschlagen wurden.

Fangzäune wurden aus Zweigen um vorher abgebrannte Grasflächen errichtet, mit engen Durchlässen als Zwangswechsel. Nach den ersten Regenfällen grünten diese ehemaligen Brandflächen als erste, und das Wild versuchte sie durch die engen Durchlässe zu erreichen, welche mit Fallen oder Fanggruben versehen waren.

Fanggruben wurden auf Wechseln ausgehoben, auf denen Wild zum Wasser, zum Brack, durch Engpässe oder auf Lichtungen im Dickbusch wechselte. Selbst Elefanten wurden auf diese Weise erbeutet und dann mit Speeren getötet.

Sitzpfeile, mit der Giftspitze nach oben in ein Straußengehege gesteckt, drangen dem zurückgekehrten,

Ein Springbock bei der Rast

brütenden Strauß bei Niederlegen in den Leib und töteten ihn.

Baujagd wurde auf wühlende Tiere ausgeübt, indem sie ausgeräuchert und ausgegraben wurden.

Pirsch über offenes Gelände wurde mit Hilfe von Masken ausgeübt, zum Beispiel durch einen Straußenbalg und Nachahmung der Bewegungen des Wildes, während sich der Jäger der so getäuschten Beute unter dem Wind näherte.

Hetzjagden wurden zeitweise angewandt, indem der ausdauernde Buschmann vor allem schwache, verletzte oder hochtragende Tiere bis zur Erschöpfung, oft beider Betroffenen, verfolgte und dann tötete.

Kesseltreiben fanden sehr selten statt, wenn sich manchmal befreundete Clans zusammenfanden. Bei der Feuerjagd übernahm der künstlich entfachte Steppenbrand die Rolle der Treiber. Die Jäger nahmen unter dem Wind das fliehende Wild unter Beschuß.

Die hiermit im wesentlichen vollständige Beschreibung der Buschmann-Jagdmethoden kann in der Einbildungskraft des Laien Bilder von wüster Metzelei hervorrufen – womit jedoch die Wirkung der geschilderten Jagden bei weitem überschätzt wäre.

»Gesellschaftsjagden« ebenso wie die Feuerjagd wurden äußerst selten veranstaltet und von Fischer wahrscheinlich eher der Vollständigkeit halber beschrieben. Der Ertrag der Fallen und Fangvorrichtungen wird als »ergiebig« bezeichnet, bestand aber vor allem aus Niederwild, das sich schnell und zahlreich vermehrt. Auch ist es so, daß sowohl weibliche als auch männliche Tiere zur Strecke kamen und daß auch schwache, starke, junge und alte Tiere ohne Selektion – so wie der Zufall es wollte – getötet wurden. Die Lücken, die der Mensch riß, schlossen sich wieder. Der Verbrauch hielt Schritt mit der Nachzucht. Die Natur blieb im Gleichgewicht.

Man muß jedoch beachten, daß der Buschmann nicht wie ein Tier aus Instinkt und Bedürfnisbefriedigung heraus jagte. Für ihn waren menschliche Gefühle, Gedanken und Aberglaube mit der Jagd verbunden. Der Erfolg, das Abenteuer, spielten eine wichtige Rolle. Aber der ewig umherziehende Buschmann konnte es sich nicht leisten, Trophäen oder Andenken mitzuschleppen. Er verarbeitete bestimmte Artikel seiner Beute, wie Gehörne oder Felle, zu zweckmäßigen Gebrauchsartikeln. Seine Jagderlebnisse und »Trophäen« verewigte er in Erzählungen und Tänzen am Lagerfeuer, vor allem jedoch mit Farbe und Steinmeißel in die Felswände von Wohnhöhlen und zur Verzierung der Felswände an Wasserstellen.

Völkerverschiebungen

Durch die Völkerverschiebungen im Inneren Afrikas erschienen wahrscheinlich als erster dunkelhäutiger Stamm die Damaran in Südwestafrika, die, ähnlich den Buschleuten, als Jäger und Sammler lebten. Über ihre Jagdmethoden ist wenig bekannt. Sie dürften aber denen der Buschleute ähnlich gewesen sein.

Der Wanderstrom der Naman (Hottentotten) aus dem Norden Afrikas machte am Kap halt und flutete zurück ins südliche Südwestafrika. Ihre syrischen Fettschwanzschafe trieben sie mit sich. Später erschienen auch die Bantustämme (Hereros), große, schlanke Krieger mit Herden langhorniger Rinder. Die Besetzung von Weideflächen und Wasserstellen durch fremde Menschen und fremdes Getier schritt voran. Die Ureinwohner zogen sich in die Außenwelt zurück, und die erste Unruhe machte sich bei den Wildherden bemerkbar. Vor allem die Nichtbeachtung der Tränkebedürfnisse des Wildes und der von jeher eingehaltenen »Wasserwaffenruhe« zwischen Urjäger und Wild, führte zu der neuesten Jagdart, dem Ansitz am Wasser, und auch zum Bau der Hütten und Kräle der Zugewanderten an den Wasserstellen, statt einige Kilometer davon entfernt.

Somit wurde das Wild aus der Nähe der Siedlungen der Viehzüchter und Ackerbauer vertrieben, längere Wechsel zwischen Weide und Wasserstelle entstanden. Trotzdem war noch immer genügend Raum für Wild und Mensch vorhanden, das Wildvorkommen in keiner Weise bedroht.

In der zweiten Hälfte des 18. Jahrhunderts fingen auch die Europäer an, in das Innere Südwestafrikas vorzustoßen. Abgesehen von unzureichenden Überlieferungen und Felszeichnungen bzw. Felsgravierungen der Buschleute geben uns die Berichte dieser Forscher, Abenteurer, Händler und Jäger einen Einblick in die damaligen Verhältnisse, in den immer wieder erstaunlich hohen Wildbestand und in die unglaublichen jagdlichen Ausschreitungen, die nun begannen.

1760–1884: Die Vernichtungsjagd

Unter Vernichtungsjagd ist eine wilde, grenzenlose Ausbeuterei zu verstehen, die aus verschiedenen Motiven ausgeübt wurde. Reine Tötungslust, Reiz der Gefahr, finanzieller Gewinn, Ansehen bei anderen, Neugierde oder pure Frustration. So kann man in Berichten lesen, daß man es dem Weißen Nashorn

Kudu-Weibchen im Busch bei Abendlicht

»scharf hinter die Schulter gab«, nur um es zu vergrämen oder aus Ärger über schlechten Elefantenanlauf.

Welcher Artenreichtum und welche Mengen an Wild müssen sich den ersten Besuchern geboten haben! Elefanten standen im Feld an Orten mit Wasser und Baumäsung. Das Weiße Nashorn (Breitmaulnashorn) lebte familienweise in der Nähe des Wassers, Gras äsend, träge und stumpf. Das Schwarze Nashorn (Spitzmaulnashorn) war voller Behendigkeit, Angriffslust und Mißtrauen, der Schrecken der Nacht, ein blinder Wüter am Tage. Der Kaffernbüffel lebte herdenweise in der Nähe der größeren Flüsse, damals schilfgesäumt und mit ständig gefüllten Wasserstellen, wie Swakop, Kuiseb, Auob, Nossob, Tsauchab und Tsondab. Der Schwerpunkt lag allerdings im Norden, im Okavango- und Sambesigebiet.

Flußpferde bevölkerten die fließenden Ströme Oranje, Okavango und Kunene. In der Regenzeit zogen sie oft die abkommenden Seitenflüsse entlang, tief landeinwärts, bis an den Oberlauf des Fischflusses.

Die Giraffe war in kleinen Herden über das ganze Land verbreitet. Vier »Tigerpferdearten« (Zebras) werden genannt: Das Quagga zwischen dem Oranjefluß, Gobabis im Osten und Maltahöhe im Westen, das Burchellzebra (Steppenzebra), das herdenweise auf den Flächen vorkam, das Chapmans- oder Bergzebra, das Fischer fälschlicherweise in zwei verschiedene Arten unterteilt, wahrscheinlich aufgrund der räumlichen Trennung der Hauptvorkommen, nämlich in den Randgebieten der Namib und wechselweise im westlichen Etoscha-Gebiet und im Kaokoland.

An Antilopen werden Eland und Blaugnu erwähnt. Oryxantilopen, Springböcke und Bleßböcke sollen sich mit dürrester Steppe begnügt haben. Es werden der Kudu, das Hartebeest und Pferdeantilopen genannt, weiterhin Tsessebe, Lechwe, Impala, Wasserbock und Rietbock aufgezählt. Auch Klippspringer, Ducker, Steinböckchen und Blauböckchen fehlen nicht in den Beschreibungen.

An Raubtieren war in den Beschreibungen der Löwe allgegenwärtig – im ganzen Land. Außerdem gab es Leoparden, Geparden, wilde Hunde, Hyänen und kleinere Katzenarten. Krokodile bevölkerten die nördlichen Grenzflüsse. Unter den Vögeln sei besonders das Vorkommen von Straußen, Großtrappen, Gackel- und anderen Trappen erwähnt, aber auch Perlhühner und Sandhühner (Frankoline) werden genannt.

Dr. Heinrich Vedder schreibt, daß es vornehmlich drei Anziehungspunkte gab, die die »Forscher« damaliger Zeit (vor allem diejenigen aus Südafrika) mit magnetischer Kraft nach Südwestafrika zogen: Der ungeheure Wildreichtum, die Sage von den großen Rinderherden der unbekannten Hereros und die Hoffnung auf Entdeckung großer Kupfer- und Goldlagerstätten.

Der Geschichte zufolge war der Farmer und leidenschaftliche Jäger Jacob Coetzee aus dem Kap der erste Weiße, der 1760 den Oranje überquerte, um Elefanten zu jagen. Er kam ein paar Kilometer über das heutige Warmbad hinaus und erlegte »nur« zwei Elefanten. Aber er brachte viele Neuigkeiten über das Land nördlich des Oranje mit zurück, bestätigte den Wildreichtum, die Gerüchte von einer fremdartigen Bevölkerung und von Bodenschätzen.

Von 1761–1762 ging eine große Expedition (16 Europäer, 68 Hottentotten, drei Ochsenwagen mit je zehn Zugochsen) über den Oranje. Am Löwenfluß boten »Rhinozerosse, Giraffen, Büffel, Zebras, Quagga, Kudus, Elands, Hartebeest und Gnus« überreiche Gelegenheit zur Jagd.

1791 zog Wilhelm van Reenen Richtung Norden. Zwischen Warmbad und Modderfontein (Keetmanshoop) verlor er einige Reitpferde und Zugochsen, die von Löwen angefallen und zerstreut wurden. »Zum Unterhalt der Reisegesellschaft und des Wagenpersonals« wurden zwischen Fischfluß und Leberfluß »Rhinozerosse, Giraffen und zehn Büffel erlegt«. Einige Monate später kehrte man heim – 65 Rhinozerosse und sechs Giraffen waren erbeutet worden. Was sonst noch an Wild geschossen wurde, fand der Jäger nicht erwähnenswert.

Pieter Pienaar, auch aus Südafrika, versuchte 1793 von der Küste her in das Land einzudringen. Es gelang ihm, von der Walfischbucht aus das Swakoptal zu erreichen, in welchem er 12 Tage lang landeinwärts wanderte. Er sah über 300 Rhinozerosse, viele Elefanten, Gemsböcke, Springböcke, Büffel und Löwen. Er erlegte 20 Rhinozerosse, drei Elefanten und anderes Jagdwild, das er nicht aufzählt. Auf der Rückkehr erlegte er, einen Tagesmarsch vor der Walfischbucht, noch ein Rhinozeros.

Die Zahl der Jäger, die kamen und gingen, wuchs, und der Druck auf das Wild nahm ständig zu. Weitere Einzelheiten erfährt man vor allem aus den zum Teil recht umfangreichen und detaillierten Reiseberichten der Forscher und Jäger Alexander, Galton und Andersson.

Sir James Alexander bereiste das Groß-Namaland in den Jahren 1836–1837. Fischer schreibt über ihn: »Ohne von Leidenschaft geplagt zu sein, ruhig, fleißig, sachlich prüfte der englische Kapitän die Frage, ob dieses magere Land dem Weltmarkt zu erschließen sei. Es sprach für seinen klaren Blick, daß er sie ernsthaft verneinte.«

Alexander erlebt und beschreibt noch immer eine große Fülle an Wild im Lande. Als beste Elefantenreviere nennt er den Nossob, den Fischfluß und besonders den Swakop, »der an Elefanten überreich« sei. Hauptstandorte des Weißen Nashorns waren Kuiseb und die Gegend von Rehoboth, des Schwarzen Nashorns der Schwarzrand und die Strecke bis Büllsport hinunter, Büffel begegnen ihm am Tsondab, Giraffen am Schwarzrand und bei Kub und Hartebeester (Kuhantilopen) zwischen Fischfluß und Packriem. Als roter Faden zog sich das Löwenerleben durch sein Geschick. Den Weg vom Konkiepfluß zum Oranje beschreibt er als das »gefährlichste Löwengebiet« des Namalandes.

1850 reisten der Engländer Francis Galton und der Schwede Charles John Andersson gemeinsam durch Südwestafrika mit dem ursprünglichen Ziel, den Ngami-See im Bechuanaland (Botswana) zu erreichen. Galton schreibt persönlich: »Der Beweggrund, welcher mich hauptsächlich veranlaßte, diese Reise zu unternehmen, war Liebe zu Abenteuern. Ich bin ein außerordentlicher Liebhaber von der Jagd, und dies war ein Grund noch dazu.«

Galtons Jagderlebnisse sind haarsträubend – sie erscheinen einem unwirklich in der oft naiven und stümperhaften Durchführung – und stoßen den Leser wegen ihrer Gleichgültigkeit dem Wild und der Natur gegenüber ab. Er beschreibt zum Beispiel eine Giraffentötung: »Andersson schoß nach zweien, die, als sie verwundet waren, nicht weit liefen, sondern verwirrt schienen. Er verschoß alle seine Kugeln nach ihnen, und brachte eine zum Stehen und die andere zum Langsamgehen. Sie wollten aber nicht fallen. Im sandigen Boden konnte er nur einen runden Kiesel finden, um ihn aus der Flinte statt einer Kugel auf sie zu schießen, und dieser schien ihm keine Wirkung auf das Tier zu haben; dann dachte er daran, ihnen die Knieflechsen durchzuschneiden; obgleich er aber das Fell der einen tief durchschnitt, so war es doch, weil sie mit Hörnern und Hacken um sich schlug, als er dies tat, zu gefährlich, den Versuch fortzusetzen; in Verzweiflung nahm er seinen Flintenlauf vom Schafte und warf damit nach dem Kopfe der Giraffe, wie mit einer knorrigen Keule, und endlich fiel das Tier. Am Morgen war die andere fort, und obgleich wir ihre Spur ein paar Meilen weit verfolgten, konnten wir sie doch nicht finden.«

Galton trennte sich von Andersson, nachdem sie bei Tunobis (Rietfontein) noch gemeinsam 30 Nashörner, davon acht in einer Nacht, erlegt hatten, und reiste zurück nach England.

Andersson blieb den Rest seines Lebens, mit kurzen Unterbrechungen, im Lande. Er war der erste typische südwestafrikanische Elefantenjäger, so wie Fischer ihn beschreibt: »Er öffnete das empfindsame Herz der herben Natur des Landes, lauschte der Steppe die Geheimnisse ihrer Schönheit ab und erstarrte doch, wenn die Faust die Büchse umspannte, zum erbarmungslosen Schießer, dessen Wille zur großen Strecke jede bessere Regung hinter Schloß und Riegel zwang.«

Andersson berichtete auch von Otjimbingwe. »Dort wimmelte buchstäblich die ganze Gegend von Nashörnern, Löwen, Giraffen, Zebras, Oryx und Gnus.« Es hatten sich aber hier seit einigen Jahren Hans Larssen und ein anderer entlaufener Matrose niedergelassen und »gaben sich Mühe«, mit dem Wild aufzuräumen. Um Okahandja standen Giraffen, Gnus, Oryx, Springböcke, Kudus, Impalas.

Nachdem Galton ihn verlassen hatte, trat der bereits erwähnte Hans Larssen in Anderssons Dienste. Als erster bejagte Andersson sodann die unberührten Gründe des Damaralandes und des Sandfeldes. Er jagte in Ondjinona, südlich des Ugab, einem Lieblingsplatz der Elefanten, oder in Okahandja, wo Herden von bis zu 150 Elefanten seinem nächtlichen Ansitz nahten, am Omuramba und Owambo, »einem Haupttränkeplatz der Elefanten zur Trockenzeit«, oder im Sandveld südlich des Okavango, »das von einem ungeheuren Netz von Elefantenfährten gezeichnet war.« Andersson starb 1867 im Okuanjamagebiet des Owambolandes.

Und schon um 1860 macht sich der ungezügelte Jagddruck der vielen Jäger bemerkbar. Vom Swakop und dem Oberlauf des Omatako war bald nichts mehr zu holen. Der Okavango, der Unterlauf des Omatako, die Etoscha und der Kunene wurden das Ziel der Elefantenjäger. In der Kalahari räumten die Buren auf, die sich auf ihrem großen Trek Richtung Norden bis nach Angola hinein befanden. Bis 1880 währte das Glück der Elefantenjäger im Norden Südwestafrikas. »Dann war das Riesengeschlecht besiegt« (Fischer).

Selten übte es so Rache, wie an dem Schweden Wahlberg, der zwischen der Walfischbucht und Ngami 400 Elefanten erlegt hatte, und den dann »ein junger, mutiger Elefant zermalmte« (Fischer).

Aber nicht nur die Existenz der Elefanten wurde bedroht. An der Etoschapfanne saß der alte Erikson und betätigte sich vor allem als Straußenjäger. Robert Duncan lebte in der Kalahari, verheiratet mit einer Frau vom Simon-Koper-Stamm. Jährlich zog er drei bis vier Monate lang durch die Wildnis und kehrte mit schwerbeladenen Ochsenwagen zurück. Haufen von Straußenfedern, Säcke voll Flechfleisch, Bündel von Riemen, Tonnen mit dem Feist von Löwen und Straußen, Gehörne, Löwenfelle, manchmal auch etwas Elfenbein wurden abgeladen und in Vieh und Waren umgesetzt. Duncan lebte bis in die Zeit der deutschen Schutzherrschaft hinein, er starb 1908. Er war der letzte große Straußenjäger.

Auch der einheimische schwarze oder braune Bewohner beteiligte sich an der Vernichtung des Wildes. Schon bald lernte er sich der Waffen und der Pferde zu bedienen, die die Weißen mitgebracht hatten. Die Jagd wurde für ihn bequemer, gefahrloser, für das Wild immer lärmender und tödlicher. »Es war, als habe eine schreckliche Stimme das Wild verflucht. Was die Natur an Mut und List, Wucht und Waffen ihren Geschöpfen gegeben hatte, war bedeutungslos geworden«, schildert Fischer diese Entwicklung.

1880 versank die letzte Elefantenherde (18 Tiere) der Etoscha im Sumpf von Groß-Namutoni, umringt und in Panik getrieben von einer Jägerschar, die den hilflosen Elefanten den Garaus machte.

Das Weiße Nashorn war ziemlich schnell ganz verschwunden. Das Schwarze Nashorn hielt wegen seiner Kampfeslust und Gefährlichkeit etwas länger durch.

Den Büffeln wurde ihr Herdentrieb zum Verhängnis. Den Kugeln boten sich immer wieder geschlossene Angriffsflächen, wenn versprengte, kranke und gesunde Tiere sich wieder zusammentaten. Die Büffel wurden somit im Inland völlig vernichtet.

Die Gewohnheit der Flußpferde, zum Äsen an Land zu kommen, wurde ausgenutzt, sie mit Fallen zu erlegen. Auch erschoß man sie einfach im Wasser, wenn einer der dicken Köpfe zum Luftholen an der Oberfläche erschien. Die Giraffen hatten als Vorteil nur ihre Geschwindigkeit. Man bejagte sie mit schnellen Pferden. Bereits 1830 fehlten sie in den nördlichen Oranjegegenden, etwas später im Groß-Namaland, und um 1870 waren sie auch im Damaraland ganz verschwunden.

Das Quagga wurde vollständig ausgerottet. Das Burchellzebra wurde an den Rand der Vernichtung gebracht.

So kann man die Aufzählung auch mit den Bleßböcken fortfahren, die laut Andersson »in Gesellschaft von Gnus und Springböcken in Tausenden auf den weiten, grünen Ebenen« lebten, und von denen in Südwestafrika keine Spur geblieben ist. Zusammenfassend schreibt Fischer: »1860 war Groß-Namaland, 1880 Hereroland kahlgeschossen.« Diese Aussage darf nicht verstanden werden, als wäre kein Wild mehr übrig gewesen. Versprengte Reste hatten sich in abgelegene Gebiete zurückgezogen, außer den Arten, die tatsächlich als ausgerottet angegeben werden. Ein trauriges Erbe erwartete die 1884 einsetzende deutsche Schutzherrschaft.

100 Jahre Jagd in Namibia

Nachdem Südwestafrika bisher Jägern, Händlern, Abenteurern und auch den Einheimischen frei zur Verfügung gestanden hatte und jedermann das Land und seinen Wildreichtum nach eigenem Gutdünken ausbeuten, verwüsten und benutzen konnte, stand Südwestafrika 1884 zum ersten mal unter der Aufsicht einer Obrigkeit, die schon nach wenigen Jahren Regeln und Gesetze zur Kontrolle der Jagd und des Wildbestandes aufstellte.

Offenbar erkannten die verantwortlichen Deutschen im Lande die alarmierende Situation des Wildes und die sich verbreitende Bedrohung der Gesamtanzahl und der überlebensfähigen Anzahl einzelner Arten. Es waren glücklicherweise Menschen dabei, die sich den Konsequenzen dieser Situation stellten. Menschen mit der Haltung und der Einsicht eines Adolf Fischer setzten sich aktiv für die Erhaltung und Genesung des Wildbestandes ein.

Dr. Eugene Joubert teilt die Geschichte des Naturschutzes in Südwestafrika in drei Zeitspannen ein:

- Eine »aktive« Schutzperiode während der deutschen Besetzung,
- dann eine Periode der »Stagnation«, die fast 40 Jahre anhielt,
- und eine »dynamische« Periode, die in den frühen Fünfzigern begann.

Anhand der Entwicklung der Gesetzgebung kann man die Förderung des Naturschutzes und damit auch der Jagd ab 1884 verfolgen.

Bereits 1892 wurden die ersten Jagdregeln Südwestafrikas ins Leben gerufen. Demnach durfte eine Jagd nur mit Zustimmung des Gouverneurs durchgeführt werden. Elefantenkühe und -kälber waren geschützt. Es gab eine jährliche Schonzeit für Strauße (1. August bis 31. Oktober).

Im Jahre 1902 wurde die erste Jagdverordnung veröffentlicht, unterzeichnet vom stellvertretenden Gouverneur, Major Ludwig von Estorff. Es war die »Verordnung betreffend Jagd und Ausübung der Jagd im Schutzgebiet Deutsch-Südwestafrika«. Mehrere Gegenden wurden völlig der Jagd entzogen. Es wurde gesetzlich verboten, Fallen zu stellen oder Schlingen irgendwelchen Art anzuwenden. Die entzogenen oder geschlossenen Gebiete wurden 1907 von Gouverneur Dr. Friedrich von Lindequist als »Wildschutzgebiete« proklamiert. Laut der Verordnung von 1902 hatten die verschiedenen Bezirksamtsleiter das Recht, eine Jagdzeit für ihren bestimmten Bezirk festzulegen, je nach den Umständen in der Umgebung des Bezirks.

1909 brachte man mehrere Zusätze und Veränderungen an der Verordnung von 1902 an. Eine allgemeine jährliche Schonzeit trat in Kraft (1. November bis Ende Februar). Auf folgendes Wild wurde die Jagd verboten: Elefanten, Flußpferde, Rhinozerosse, Giraffen, Zebras, Büffel, Elandkühe, Impalageißen, Kudukühe, Strauße, Geier, Sekretäre, Springhahnvögel (Weihen), Eulen, Pfeffertresser, Flamingos, Antilopen und Gazellen, bei denen das Gehörn noch nicht zum Durchbruch gekommen war. Es wurden

Der Jagdführer überreicht den Bruch für die gelungene Kudu-Jagd

weiterhin Straußen- und Perlhuhneier geschützt und das Fangen von jungen Straußen geregelt. Jagdscheine und -gebühren wurden festgelegt, Strafen für Jagdfrevel eingeführt.

Von diesem Jahr an wird auch der Ostteil des großen Tierparks an der Etoschapfanne unter die Aufsicht Adolf Fischers gestellt. Er schreibt: »Mit dem Rüstzeug einer brauchbaren Jagd- und Reservatsverordnung angetan, war das Wild gegen neue, schwere Verluste gewappnet ... Der Druck ließ nach, der es gegen die Grenzen und in Schlupfwinkel getrieben hatte. Die wunderbare Naturkraft, die es allen Ängsten und Nöten entgegengesetzt hatte, konnte von neuem wirken, schuf bessere Nachzucht, mehrte die Rudel. Langsam breitete es sich über die alten Bezirke aus, kehrte zaghaft zu dem Feld zurück, das seine Heimat ist. Von der Feste Namutoni herab sah ich die besseren Tage nahen.«

Noch 1914 beschränkt sich das Verbreitungsgebiet der Elefanten auf zwei Gegenden: Auf das Kaokofeld im Nordwesten und das Südufer des Okavango im Nordosten. Sie stehen zu der Zeit noch nicht wieder in Verbindung. Es gibt keine Elefanten im Etoschagebiet.

Um diese Zeit endete die erste »aktive« Schutz- und Hegeperiode. Wieder beunruhigt ein Krieg das Land. Die Menschen haben andere Probleme. Doch die bereits geschaffenen Bestimmungen und vor allem die Wildreservate bildeten die Grundlage, worauf sich der Wildbestand und dessen Entwicklung erholen und fortschreiten konnte.

Nach der Besetzung Deutsch-Südwestafrikas durch die südafrikanischen Truppen wurden die bestehenden Jagd- und Naturschutzverordnungen übernommen. 1926 wurde die »Wildschutzverordnung Nr. 5« veröffentlicht, wodurch die Liste des geschützten Wildes erweitert wurde und Jagdlizenzen bei dem Sekretär von Südwestafrika beantragt werden mußten. Der Handel mit Elfenbein und Rhinozeroshörnern wurde gesetzlich untersagt.

Nach dem internationalen Kongreß über die »Erhaltung afrikanischer Fauna und Flora«, der 1933 in London stattfand, wurde die »Verordnung Nr. 19 von 1937« veröffentlicht, die einige Änderungen und Zusätze beinhaltete. Jetzt wurden auch Pflanzen durch Verordnungen geschützt. Die Ausführung und Durchführung der Wildschutzgesetzgebung, die bisher der südwestafrikanischen Polizei oblag, konnte nun laut dieser Verordnung auch durch »Ehren-Wildhüter« wahrgenommen werden.

Diese Gesetzgebung wurde 1951 verbessert durch die »Verordnung Nr. 11«. Sie sah die Anstellung von Wildhütern in den Wildschutzgebieten vor und ermächtigte den Administrator, einen »Wildschutz- und Jagdrat« ins Leben zu rufen, der die Erhaltung des Wildes beaufsichtigen und dem Administrator mit Vorschlägen und Rat zur Seite stehen sollte. Dieser Rat wurde durch die »Verordnung 18 von 1958« ersetzt durch den »Parkrat« mit ähnlichen Aufgaben und Funktionen, nur spezialisiert und mit einer vorgeschriebenen Zusammensetzung.

Es ist hier zu erkennen, daß man sich intensiver mit dem Naturschutz und verwandten Themen beschäftigte als zuvor. Der Parkrat bestand nicht nur aus Naturschutzbeamten, sondern erfaßte auch Landwirtschaftsvertreter, Polizisten, Farmer und einen Vertreter des Eingeborenenkommissars. So entstand ein repräsentativer und auf vielen Gebieten koordinierender Rat. Ein großer Schritt wurde getan, als die »Abteilung für Naturschutz und Tourismus« in der »Verordnung 31 von 1967« als erste im südlichen Afrika »... dem Eigentümer oder Bewohner einer Farm volles Eigentumsrecht über all das Wild überläßt (ausgenommen geschütztes und streng geschütztes Wild), das sich gesetzmäßig auf seiner Farm befindet, solange diese Farm zweckmäßig eingezäunt ist«. Diese Verordnung sieht weiterhin vor, daß ein Farmer sein Jagdrecht verpachten darf und daß Besucher von Übersee mit Ausnahme der Monate November und Dezember, die als Setz- und Schonzeit gelten, zur Trophäenjagd zugelassen werden dürfen. Der Parkrat wurde außerdem zum »Naturschutzrat«. Zeitweilige Änderungen der Gesetzgebung regelten in immer umfassenderem Maße die Jagd und die entstehende Wildnutzung. So die Verordnung über die Trophäenjagd, über die Wildernte, die jährliche festgesetzte Jagdzeit. Mit der Verordnung von 1967 wurde eine sehr wichtige Veränderung in dem Status des Wildes und der Jagd in Südwestafrika zuwege gebracht. Praktisch hatte das folgende Konsequenzen: Das Wild war bisher von vielen Farmern, die ja inzwischen den größten Teil Südwestafrikas besiedelten, als ein überflüssiges Tier, in Weidekonkurrenz zu Rind und Schaf stehend, angesehen worden. Man hatte kein Verfügungsrecht darüber, man hatte auch keine Einnahmen daraus. Es war eine Last. Während der Jagdzeit war jeder Freund oder Bekannte willkommen, der etwas jagen wollte und somit den Wildbestand verringern half. In den frühen sechziger Jahren wurden in den Zeitungen Farmen angeboten »ohne Wild«, als sei dies ein Qualitätsprädikat. Auf Empfehlung einer Handvoll naturschutzorientierter Jäger und auch einsichtiger Grundeigentümer wurden nun die Gesetze geändert, und der Farmer wurde Eigentümer seines Wildes mit ausgedehntem Nutzungsrecht. Das Wild war dem Farmer plötzlich »etwas wert«. Es gehörte nun ihm, er durfte nach eigenem Ermessen bejagen, bejagen lassen oder verkaufen. Dazu kam, daß der Jagdtourismus durch Jäger von Übersee ständig zunahm und somit – als Folge der gesteigerten Nachfrage – das Wild um so schneller in seinem Wert stieg.

Ebenso entwickelte sich ab 1973 eine Nachfrage auf dem Wildfleischmarkt. In kürzester Zeit war aus dem vielerorts unerwünschten oder gering geschätzten Wild ein wertvoller Teil der Wirtschaft geworden.

Wildzahlen im Farmgebiet Südwestafrikas (Schätzungen der Naturschutzbehörde)

	1972	1982
Burchell-(Steppen-)Zebra	1 090	1 570
Hartmann-(Berg-)Zebra	16 400	13 000
Giraffe	2 700	2 700
Hartebeest (Kuhantilope)	12 100	18 300
Kudu	111 000	96 000
Eland	7 800	11 800
Gemsbock (Oryx)	40 500	57 700
Warzenschwein	52 700	68 700
Springbock	141 400	109 800
Ducker	62 400	51 700
Klipspringer	20 700	14 000
Steinböckchen	12 600	101 100
Blauböckchen (Dik-Dik)	1 090	1 500

Damit ist auch der Begriff der Wildnutzung angeschnitten und die Grundidee bereits erklärt, daß die Daseinsberechtigung des Wildes garantiert wird durch seinen materiellen Wert, der sich mit der Vermehrung des Wildes vergrößert und somit eine selbsterhaltende Einkommensquelle ist, ebenso wie das Rind oder das Schaf des Farmers. Ob dieser Wert durch Jagd, Fotosafari oder Fleischnutzung realisiert wird, spielt keine Rolle für den Grundsatz der Wildnutzung. Fest steht, daß heute das Überleben einer Wildart nicht durch ideelle Grundsätze allein garantiert werden kann. Andererseits darf man behaupten, daß das Überleben jeder Wildart, die sich selbst »bezahlt macht«, sichergestellt ist. Die angeführten Argumente dürfen den Leser aber nicht zu der Ansicht führen, daß von nun an keine Jagd mehr, sondern nur noch Wildnutzung betrieben wird, oder gar, daß jegliche ideellen Grundsätze und Überzeugungen überholt seien. Im Gegenteil. Immer wieder ist es der Jäger und nicht so sehr der nüchterne Ökonom, der die Anstöße und Ideen für Methoden und Überlegungen zur Festigung und Erweiterung des Wildbestandes gibt. Es ist der Jäger, der Wert legt auf die Unterscheidung zwischen Jagd und Wildnutzung. Es ist der Jäger, der auch schon vor der oben erwähnten Gesetzesänderung (1967) dem Wild einen sehr hohen ideellen Wert beigemessen hat und für den das Wild auch heute noch, nach der Gesetzesänderung, einen viel höheren als den rein wirtschaftlichen Wert hat. Der Jäger macht sich über die Jagd Gedanken, über die Ethik der Jagd, in Anbetracht all der Methoden und Hilfsmittel, die dem Menschen heute zur Verfügung stehen. Zum Beispiel äußert Volker Grellmann, Berufsjäger in Südwestafrika, folgende Gedanken: »Das Wesen der Jagd ist dort gefährdet, wo die zur Verfügung stehenden technischen Hilfsmittel den Abstand zwischen Jagendem und Gejagtem verringern, mit anderen Worten, die Chancen sich zu Lasten des Gejagten verschieben. Es ist deshalb unethisch – unwaidgerecht und keine Jagd mehr –, wenn man Tiere in der freien Wildbahn tötet, wenn diese Tiere keine Möglichkeit haben, mit ihren Reflexen und Instinkten reagieren zu können. So ist die Grenze zwischen bloßem Töten und der Jagd dort zu suchen, wo der Mensch seine Möglichkeiten, dem Tier überlegen zu sein, freiwillig begrenzt ... Diese freiwillige Beschränkung der Jagd-Überlegenheit macht es notwendig, daß der Jäger als Mensch sich wieder hineinvertieft in die Unmittelbarkeit der Natur. Solange wir eine gewisse Unruhe im Gewissen verspüren – angesichts des Todes, den wir herbeiführen –, sind wir gute Jäger. Solange wir uns den Weg zwischen dunklem Urtrieb und feinsinnigem Empfinden von unserem Herzen vorschreiben lassen, haben wir uns der Waidgerechtigkeit verpflichtet.«

Jäger, die von diesen Gedanken bewegt werden, dürfen berechtigt sein, sich mit dem Neuen Jäger, der Vision von Adolf Fischer, zu identifizieren.

In der Kombination von ökonomischer Wildnutzung und der Entwicklung von Liebe und Verantwortung durch den einzelnen Farmer, Jäger und Einwohner Südwestafrikas gegenüber der Natur liegt die einzige Möglichkeit der Erhaltung des Wildes in der heutigen Zeit und somit der Erhaltung der Jagd als Erlebnis und Abenteuer.

Heutige Wildnutzungsmöglichkeiten

Das Wild kann wie eh und je durch den waidgerechten, passionierten Jäger aufgespürt, angepirscht und erlegt werden nach den Grundsätzen der Fairneß und Jagdethik. Die Person, auf dessen Eigentum sich dieses so besagte Wild befindet, hat sodann den Nutzen daraus, sei es durch das Fleisch selbst, den Verkauf davon oder durch die Vergütung durch einen anderen Jäger, der für die Beute und für das Recht der Bejagung bezahlen muß. Ähnliches gilt für den anreisenden Trophäenjäger. Er wird von einem qualifizierten Berufsjäger oder Jagdführer begleitet, und gemeinsam führt man eine waidgerechte Jagd durch.

Das Gesetz sieht inzwischen auch eine Wildernte bei Nacht oder bei Tage vor. Diese findet unter von der Naturschutzbehörde geprüften und kontrollierten Bedingungen statt und unterscheidet sich von den anderen Methoden grundsätzlich. Hier wird nicht von der Jagd Gebrauch gemacht, um das Wild zu nutzen. Hier wird von der »Wildernte« gesprochen, da diese Art der Nutzung ein rein kommerzielles Unterfangen ist. Es werden alle technischen und wissenschaftlichen Mittel eingesetzt, um eine möglichst große Anzahl Wild in kürzester Zeit auf schonende Weise und so hygienisch wie möglich zu töten und zur Zerwirkung zu bringen. Auch hier ist der leitende Grundgedanke der des Wild- und Naturschutzes. Die heutige große Vermehrung vieler Wildarten unter den von Menschen geschaffenen sicheren und günstigen Bedingungen würde bis zur Selbstzerstörung fortschreiten, wenn der Mensch nicht eingreifen würde. Nicht nur die Anzahl würde überhand nehmen und am fehlenden Äsungsangebot eingehen, sondern auch die äsungsproduzierende Natur würde überfordert und zerstört werden. Der Jäger, wenn er sich den Grundsätzen der Waidgerechtigkeit und Jagdethik verschrieben hat, kann dieses Gleichgewicht nicht allein herstellen.

Auch der Wildfang gilt als eine wichtige Wildnutzungsmethode und kann unter Umständen dazu beitragen, das Gleichgewicht wiederherzustellen, indem man Verschiebungen von lebendem Wild vornimmt. Die Wildernte kann jedoch aus folgenden Gründen nicht durch den Wildfang ersetzt werden: Generell ist die Methode der Wildernte technisch einfacher und billiger durchzuführen. Die betroffenen Wildzahlen sind viel zu umfangreich, der Markt für lebendes Wild zu spezialisiert und klein. Außerdem wäre das Problem der Überbevölkerung damit nur kurzfristig gelöst.

Eine immer größere Rolle spielt die touristische Wildnutzung in Form von Foto- und Film-Safaris. Sie wurde durch die großen Wild- und Naturschutzflächen hervorgerufen, für die zum Teil der Grundstein bereits 1907 gelegt wurde. Namibias Tourismus ist auf Landschaften und Wild ausgerichtet und lockt jährlich viele Hunderttausend Menschen an.

Jüngste Entwicklungen bis 2001

Als die Verfassung für Namibia geschrieben wurde, zur Zeit der Unabhängigkeit 1990, wurde eine ganz besondere Klausel berücksichtigt, die bisher in keiner Verfassung anderer Länder dieser Erde zu finden ist: das Recht auf eine nachhaltige Nutzung der natürlichen Ressourcen zum Vorteile der Einwohner Namibias. Damit ist dann auch die Jagd rechtmäßig in der Verfassung verankert.

Die Grundgedanken Adolf Fischers aus seinem Buch von 1914 kommen nun zum Anfang des neuen Jahrtausends voll zum Tragen. Der Naturschutzgedanke beeinflusst alle Tätigkeiten des Wildbetriebes, und die Betonung auf Nachhaltigkeit bei der Planung jeglicher Nutzung steht im Vordergrund.

Die gute Naturschutz-Verordnung von 1975 wird jetzt durch ein durchdachtes und in enger Zusammenarbeit mit dem Privatsektor erarbeitetes, noch besseres Gesetz ersetzt. Eine Verlagerung zu mehr Selbstkontrolle der unterschiedlichen Nutzungssektoren – immer mit der Voraussetzung, dass die Nachhaltigkeit garantiert wird, findet statt.

Die Verwaltung und Verantwortung über wildlebende Tiere, aber auch für das gesamte natürliche Umfeld wird im zunehmendem Maße an Hegegemeinschaften (conservancies) übertragen, und zwar sowohl auf kommerziellem als auch kommunalem Land. Gerade für kommunale Gebiete ist dieser wichtige Beschluss zu begrüßen, dass die Verwaltung der natürlichen Ressourcen den Bewohnern obliegt. Verschiedene Modelle wurden von internationalen Organisationen implementiert, mit großer Finanzhilfe von außen, und die ersten Resultate sind vielversprechend. Damit wurde auch diese naturschutzbedingte Benachteiligung der Bewohnern in den kommunalen Gebieten aufgehoben.

Jagd- und Wildnutzungsorganisation

Schon in den dreißiger Jahren wurde der Verein »S.W.Afrika-Jäger« gegründet auf den Prinzipien der deutschen Waidgerechtigkeit. Mitglieder waren zumeist lokalen Jägern.

Der Verband S.W.A. Berufsjäger und Jagdführer (1974), nach der Unabhängigkeit als NAPHA (Namibian Professional Hunters Association) bekannt, hat sich zu einer sehr dynamischen Organisation entwickelt, in der fast alle in Namibia aktiven Berufsjäger und Jagdführer Mitglieder sind.

Für die Zukunft wird eine vollwertige Berufskammer vorgesehen. Mitglieder dieses Verbandes sind staatlich geprüft und können Gastjäger auf die Jagd in Namibia führen bzw. als Jagdführer auf der eigenen Farm, als Meister-Jagdführer auch auf zusätzlichen Farmen, als Berufsjäger in den verschiedenen Jagdgebieten Namibias oder mit den nötigen praktischen Erfahrungen auch auf Großwild in den offenen Konzessionen des Nordens.

Die Pirsch, immer wieder zur Perfektion durchgeführt, die Anwendung aller Instinkte und die Kunst des Feldes, das alles dient dem Zweck, den Gast zum erfolgreichen Schuss zu bringen, ihm ein unvergessliches Jagderlebnis zu vermitteln. Jagen und schießen vom Auto aus ist in Namibia verpönt. Der Berufsjagdverband unterhält auch ein sehr aktives Ethik-Komitee und einen Ombudsmann, bei dem Gäste eventuelle Beschwerden anbringen können. Ethische und gesetzwidrige Übertretungen werden sehr streng geahndet.

Die Wildproduzenten-Vereinigung (1976), die in den achtziger Jahren bei der Überwachung der Wildernten und Wildfleisch-Produktion auch noch eine bedeutende Rolle spielte, ist seit der Jahrhundertwende nicht mehr vertreten.

Das 1981 gegründete Wildkomitee wurde mit der Unabhängigkeit Namibias aufgelöst. Eine Neugründung einer solchen Dachorganisation ist erst jetzt wieder in Vorbereitung.

Seit 1992 haben sich die reinen Wildfarmen zur einer Organisation zusammengefunden. Ihre Mitglieder konzentrieren sich darauf, ihr überschüssiges Wild durch Wildfang oder Jagd zu nutzen, durch Austausch den Gen-Pool zu verbessern oder die Artenvielfalt durch Wiederansiedlung anderer Spezies zu vergrößern. Es wird auch darauf geachtet dass keine gebiets- bzw. habitatfremde Arten eingeführt und etabliert werden.

Aus dem Vorhergegangenen erkennt man, mit welcher Sorgfalt, Wissenschaftlichkeit und Disziplin die Jagd überdacht und durchgeführt wird. Man erkennt, wie eng das Verhältnis zwischen Naturschützer, Wildhüter und Jäger ist und wie bewusst alle auf das Ziel hinarbeiten: Ausmerzung der Anhänger der Vernichtungs- und Profitjagd, Erhaltung und Fortschritt des namibischen Wildreichtums und Erhaltung der einmaligen namibischen Natur.

Aus Namibia in die Mode

Swakara für die Welt

Raimar von Hase

März 2001, ein Frühlingstag in Deutschland. Frankfurt am Main, das Messegelände vor der Silhouette der Hochhäuser, vom Verkehr umtost. Zwischen den Ausstellungshallen buntes Blühen im satten Grün – Krokusse, Narzissen, Tulpen. Wenn sich eine Wolke vor die Sonne schiebt, folgen ihr ängstliche Blicke. Es wird doch nicht regnen? Schließlich ist Modemesse, die Fur & Fashion Frankfurt, und da tragen nicht nur die Models edle Outfits, sondern ebenso Anbieter und Besucher.

Der gleiche Tag im März etwa 10.000 Kilometer südlich. Namibia. Eine Farm vor den Dünen der Kalahari, Region Uhlenhorst, oder an der Namib zwischen Maltahöhe und Helmeringhausen. Ringsum alles endlos – die Stille, die Weite, das Abenteuer. Staubtrockener Boden, ein paar Dornenbüsche, gelbbraunes Gras. »Heu auf dem Halm«, wie die Farmer sagen. Flirrendes Sonnenlicht, doch auch Wolken am Horizont. Wird es endlich regnen? So lautet in den Dürregebieten die bange Frage.

Wie sich die Bilder gleichen. Erinnern wir uns? 1984 gab es hier einen Blick zurück auf hundert Jahre »Vom Schutzgebiet bis Namibia«, wie das Buch dazu hieß. Heute folgt Analoges, einerseits wieder die Modemesse Fur & Fashion Frankfurt, zum anderen der Besuch auf Farmen.

»Persianer aus Afrika« hieß 1984 in jenem Sammelband das Kapitel über die Zucht und Haltung von Karakulschafen, die spannende Geschichte vom Siegeszug des Swakara. Sie steht nun noch einmal auf den folgenden Seiten, unverändert, denn Zahlen und Daten wurden zwar fortgeschrieben, doch geblieben ist das Ringen um ein kostbares Bekleidungsgut aus einem immerwährenden Kampf gegen die Wüste.

Ein weiter Sprung ins Jahr 2001. Werden da Design-Trends für ein Millennium vorgezeichnet? An den Laufstegen von Milano bis Tokyo, Paris bis Montreal, New York bis Hongkong und eben auf der Fur & Fashion Frankfurt ist sie versammelt, die ganze glitzernde Modewelt – und mit ihr in Bescheidenheit ein fernes Land aus dem südwestlichen Afrika. Der Karakulrat von Namibia vergibt seine höchste Auszeichnung, den »Großen Preis für Mode in Swakara«.

Um die begehrte Trophäe haben sich die Teilnehmer am internationalen Modellwettbewerb des Kürschnerhandwerks beworben. Die Preise sowie Urkunden und Glückwünsche überbringen Sprecher der Landwirtschaft aus Windhoek – und ein Karakulfarmer. Er dankt der Pelzbranche für langjährige Kooperation, der Frankfurter Messe für ihren Exportschub und den Designern für immer neue Ideen. Damit brächten sie den Artikel Swakara aus Dürregebieten Namibias auf die Modebühnen der Welt.

Der Präsident der deutschen Kürschner betont deren Verbundenheit mit den Farmern, mit Land und Leuten. Aus Handelsbeziehungen seien häufig Freundschaften erwachsen. Die Karakul-Lammfelle kämen aus der wohl natürlichsten Tierhaltung der Welt. Sie sicherten Arbeitsplätze in Regionen, in denen der Mensch sonst kein Auskommen fände. Einem multikulturell reichen, wirtschaftlich aber armen Land verschafften sie dringend benötigte Devisen für eine friedliche Entwicklung in Unabhängigkeit.

Der Karakulrat und das Agra-Pelzzentrum in Windhoek teilen auf der Messe mit, der Artikel sei in der jüngsten Vergangenheit noch rarer und exklusiver geworden. Bei ausreichender Weide hätten die Farmer oft mehr Fleisch und Wolle von ausgewachsenen Tieren statt Felle vom Lamm gewonnen. Zur Zeit kämen nur etwa 150.000 Swakara pro Jahr in den Handel und die Mode. Ein Wiederanstieg der Quantität werde mit Augenmaß betrieben, besonders auch für Farmen auf Gemeindeland. Dafür liefen Trainingskurse und würden Zuchttiere bereitgestellt, alles zugleich mit Blick auf eine optimale Güte der Felle.

Was sich gegenüber der Berichterstattung von 1984 noch geändert hat? Die Kleintierhaltung in Namibia umfasst heute etwa 1,6 Mio. Ziegen und 2,2 Mio. Schafe, davon immer noch 290.000 reinrassige Karakuls, so dass sich die Herden wieder aufstocken lassen. Neben den genannten 100.000 bis 150.000 Lammfellen kommen fast 300.000 kg Wolle auf den Markt.

Versteigert wird der Swakara inzwischen in Kopenhagen. Dort holte sich gerade ein Spitzenbund feinster schwarzer Felle einen neuen Allzeit-Rekordzuschlag. Zur Herkunft des natürlichen Bekleidungsgutes stellte der Zoologe Prof. Dr. Hemmer aus Mainz fest: »Aufzucht und Schlachtung der Tiere in Namibia sind unter keinem Gesichtspunkt zu beanstanden. Hier kommt ein Bio-Fell vom Öko-Lamm.«

Im Design fürs Debüt des neuen Jahrtausends reüssiert der Swakara mit dem aktuellen Trend ›Pelz dran, drum und drin‹. Aus den flach gelockten Fellen mit ihren seidigen Moirés lassen sich taillierte Silhouetten ideal formen. Kleinere Pièces daraus wie blickfangende Westen, Tops, Shirts und Bustiers trägt man/frau drinnen wie draußen. Bei den Accessoires setzt das Material frische dekorative Akzente. So werden die Karakulfarmer auch in Zukunft das Publikum gewinnen – mit »Swakara Living Fashion«, einer Mode für schöneres Erleben, und mit edlen Lammfellen aus Namibia für die Welt. Dafür stand und steht die Erfolgsgeschichte aus dem Jahr 1984, die hier nun noch einmal folgt:

Frühjahr 1984 in der Bundesrepublik Deutschland. Durch den Blätterwald der Tagespresse rauscht die folgende Meldung: »Die Createure führender Modeländer haben den Swakara-Persianer aus dem südlichen Afrika zu einem Favoriten für die nächste Herbst-Winter-Saison erkoren. In Italien wird ihm ein wahres Feuerwerk brillanter Design-Ideen gewidmet. Paris läßt ihn auf der Bühne der Haute Couture und Fourrure eine Hauptrolle spielen. Deutsche Pelzgestalter präsentieren mit der neuen Swakara-Generation eine buchstäblich anziehende Mode für heutige Lebensstile und Lebenswelten.«

Blenden wir zurück: Am 24. September 1907 treffen in Swakopmund zwei Karakulböcke und zehn Karakulmutterschafe ein, die von Gouverneur von Lindequist für 200 Mark das Stück erstanden worden waren, und werden im Mai 1908 von Albert Voigts übernommen, die Grundlage zu der später berühmt und bedeutungsvoll gewordenen »Karakulzucht Voigtsgrund«.

13. Februar 1909: Der größte und wichtigste Transport von »Bucharen«, die Karakuls stammen ursprünglich aus der Buchara, unter Leitung und persönlichem Einsatz von Kommerzienrat Paul Albert Thorer, Leipzig, nach Deutschland geholt und in Hamburg zur langen Schiffsreise nach Südwestafrika verladen, wird ausgeschifft: 22 Böcke und 252 Mutterschafe. Der Rauchwarenhändler Thorer notiert dazu:

»Die Pelze mehrerer Gattungen wilder Tiere sind in steter Abnahme begriffen. Dem entstehenden Mangel abzuhelfen, ist das schöne Persianerfell in erster Linie berufen. Mögen die mit Mühen und Opfern verbundenen Bestrebungen zur Einführung und Zucht des Karakulschafes in Deutsch-Südwestafrika Erfolge haben zum Segen unseres Vaterlandes.«

Daß der Erfolg nicht ausbleibt, beweist die Bestandsaufnahme vom Jahresende 1913: 355 Reinblutböcke und 830 Reinblutmuttertiere neben etwa 21.000 Kreuzungstieren, entstanden aus der Einkreuzung mit Schwarzkopfpersern (Somali) und Afrikanerschafen (Blinkhaar). Über die zahlenmäßige weitere Entwicklung und Bedeutung mag die folgende Tabelle Auskunft geben:

Bestand an Karakulschafen und Fellexporte (nur Südwestafrika/Namibia)

Jahr	Schafbestand	Exportierte Felle	Durchschnittspreis (in Rand)
1926	106 200	26 000	1,50
1929	230 700	84 000	3,00
1935	1 225 900	514 193	1,85
1938	2 146 400	1 292 055	1,55
1943	3 138 000	2 327 653	2,30
1950	3 526 723	2 607 327	3,90
1962	3 213 810	2 345 563	5,39
1970	4 572 794	3 346 599	5,78
1976	3 450 050	2 817 582	17,82
1980	3 730 100	3 006 817	10,27
1983	1 200 000	823 522	11,96

Zwischen diesen beiden Zeitpunkten und Epochen – dem Zuchtbeginn von 1909 in der damals deutschen Kolonie und der aktuellen westeuropäischen Modeszene von 1984 – ist in Süd- und Südwestafrika mit härtester Arbeit, vielen Rückschlägen, doch auch glänzenden Erfolgen die Produktion des Swakara-Persianers aufgebaut worden. Sie bildet heute mit Exporten in Millionenwerten einen entscheidenden wirtschaftlichen Faktor, sichert die Existenz vieler Tausend Menschen in Gebieten, in denen es keine andere Arbeitsmöglichkeit gibt, und hat mit Handel, Auktionen, Transportwesen, medizinischer Tierbetreuung sowie weiteren Dienstleistungen eine komplette Infrastruktur geschaffen.

Wollte man die vollständige Geschichte des Swakara-Persianers erzählen und alle Stufen der Entwicklung in der Zucht, im Farmwesen und in der Produktion beschreiben, müßte ein eigenes, dickes Buch entstehen. Hier können dagegen nur einige bunte Steinchen zu einem Mosaik zusammengetragen werden. Zum Beispiel: Was ist das überhaupt – Swa-

Persianer Lockentyp, bis in die 1950er Jahre Zuchtideal   *Swakara-Lamm, Zuchtideal Mitte der 1980er Jahre*

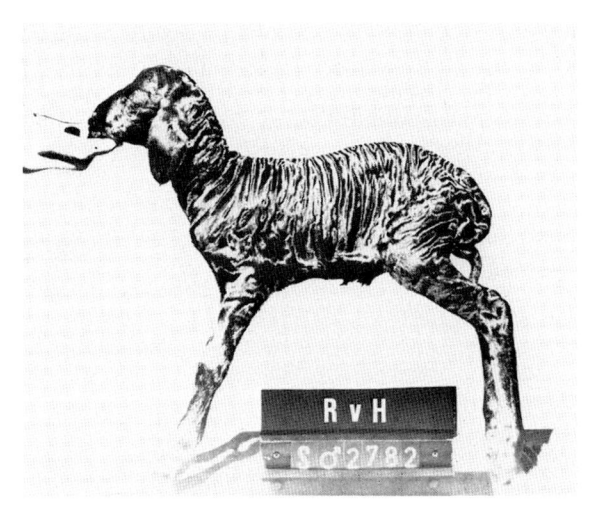

kara? Den Pelzkonsumenten in Deutschland wird es in einer Verbraucherinformation wie folgt erklärt:

»Swakara kommt wie eine aufblühende Wüstenrose aus dem süd- und südwestlichen Afrika. Das wertvolle Naturgut ist ein vielseitiges Fell für alle Fälle. Vom herkömmlichen Persianer hebt sich der Swakara durch seine zartflachen Locken und seidig schimmernden Moirés ab. Sie machen ihn zu einem einzigartigen, unverwechselbaren Pelz. Dabei ist der heutige Swakara wahrlich nicht von gestern. Aus der Zucht und der Veredlung der Felle, der Modellgestaltung und der handwerklichen Fertigung durch den Kürschner, geht er als leichter, weicher Pelz hervor, wie man ihn früher gar nicht kannte.«

Wie wird der Swakara produziert? Darüber gibt ein Dokumentarfilm Auskunft, der für Interessenten auf den Absatzmärkten gedreht wurde. Aus seinem Kommentar seien die folgenden Sätze zitiert:

»Ökologisch gesehen ist Südwestafrika ein Alptraum. Auf der einen Seite grenzt es an eine kalte, stürmische Küste, auf der anderen an eine unbarmherzige Wüste. Regen ist das Hauptproblem – vielmehr der absolute Mangel daran – zu fast jeder Zeit des Jahres. Man kann hier schon verzweifeln, ob als Ökonom, Naturschützer oder Farmer. Trotzdem haben die Einwohner gelernt, mit diesem Land und dieser Wüste zu leben. Hier helfen dem Menschen vor allem widerstandsfähige Karakulschafe. Ihre Zucht erwies sich als die perfekteste Lösung des Problems, wüstenähnliche Gebiete in produktives Land zu verwandeln, ohne das Gleichgewicht der Natur zu stören. Im Gegenteil, es wurde erhalten und sogar wiederhergestellt. Mit ihren Weidegewohnheiten regen die Karakulschafe das Wachstum der Stauden an.

Wenn die Herden Grassamen in die Erde treten, befestigen sie zugleich die oberste Bodenschicht, die der Wind sonst forttragen würde. Der Kampf mit der Wüste aber dauert an.«

April 1984, Internationale Pelzmesse Frankfurt. Auf diesem Weltmarkt Nummer eins für Fellwerk und Design wird die neue Swakara-Trendkollektion mit Modellen für alle Anlässe und Wünsche vorgeführt: kleine, taillenkurze Jacken mit Fledermausärmeln und blusigem Rücken; überdimensionierte Blousons mit eingehaltener Weite unter der Hüfte; wunderbar weiche, im edlen Material spielende Mäntel, deren loser Fall sich mit Gürtel an den Körper herannehmen läßt; schließlich Westen, Überwürfe, Capes und Ponchos. Das Fachpublikum spendet begeistert Applaus, ist sich einig in dem Urteil: So beschwingt, jung und ultramodern hat man den Swakara wohl noch nie gesehen – jedes Modell ein selbstverständlicher Pelz!

Was sich hinter der Präsentation verbirgt, welche Höhen und Tiefen die Fellgewinnung in der jüngeren Vergangenheit durchschritten hat, wird während der Frankfurter Pelzmesse in einer Pressekonferenz am Swakara-Stand mitgeteilt. Die aus Süd- und Südwestafrika angereisten Repräsentanten der Farmerschaft und des Internationalen Karakul-Sekretariats in Windhoek geben Auskunft:

»Auf unseren Karakulfarmen standen in guten Jahren über 5 Mio. Zuchttiere. Ihre Zahl ist unter der langandauernden, verheerenden Dürre auf weit weniger als die Hälfte zurückgegangen. Mit der Trockenheit der letzten Jahre fiel eine vorübergehende Vernachlässigung der flachgelockten Felle durch die Mode zusammen, was sich in sinkenden Preisen niederschlug. Auch das drückte die Produktion nach unten. In den Spitzenjahren von 1969 bis 1973 waren jeweils über 5 Mio. Swakara geerntet worden. 1983 kamen gerade noch 1,3 Mio. Felle auf den Markt. Im laufenden Jahr (1984) dürfte knapp die gleiche Menge anfallen. Viele Farmer haben aufgeben und ihre Besitzungen vorübergehend oder ganz verlassen müssen.«

Nach dieser unverblümten Darstellung schlimmster Krisenjahre mit allergrößten Sorgen können die Repräsentanten aus Südwest jedoch einen freundlicheren Ausblick geben: »Der Swakara ist von einem deutlichen Aufwind erfaßt worden. Die Nachfrage zog bereits 1983 an und setzte sich zu Beginn des laufenden Jahres (1984) mit der Gewißheit fort, daß der Artikel in marktgerechten Quantitäten stets einen festen Platz im Pelzgeschehen behaupten wird. Der wachsende Zuspruch bei schrumpfenden Mengen sorgte spontan für Preissteigerungen auf den Londoner Auktionen, über die fast alle Swakara-Felle zu den Abnehmern gelangen. Zwischen September 1983 und Juli 1984 gab es Aufschläge von rund 65 %. Für ein Fell werden zur Zeit durchschnittlich 21 Rand erlöst. Die Schwelle für rentable Zucht und Farmhaltung ist wieder erreicht.«

Aus dem fernen Frankfurt zurück nach Südwest. Hier haben Herdbuch-Züchter und Farmer nach der Regenzeit der Saison 1983/84 mit dem Wiederaufbau der drastisch reduzierten Herden begonnen. Für 1985 wird wieder ein erster Zuwachs angestrebt, der sich in der Zukunft fortsetzen soll. Selbst bei größten Anstrengungen erlauben die natürlichen Gegebenheiten jedoch keine Produktionssteigerung von mehr als 20 % im Jahr, vom erreichten Tiefstpunkt aus gerechnet. Zu dieser Beschränkung trägt auch bei, daß man in Südwest alles daransetzt, den Verkauf von Fellen aus Kreuzungen mit Fleisch- und Wollschafen für den Pelzmarkt zu verhindern und generell schlechtere Sorten nicht mehr in den Handel zu bringen. Eine Rückkehr zu den gewaltigen Quantitäten der Vergangenheit wird völlig ausgeschlossen.

Im Spitzenjahr 1975 importierte Deutschland als Hauptabnehmer 3,7 Mio. Swakara für 155 Mio. Mark. Diese Zeiten sind vorbei. Im Rezessionsjahr 1983 gingen nur mehr 0,9 Mio. Felle für 26 Mio. DM aus Süd- und Südwestafrika in die Bundesrepublik. Als Massenartikel hat der Swakara in Deutschland ausgedient. Als exklusiver Pelz in bester Güte und hochmodischer Gestaltung erhält er neue Chancen.

Sommer 1984 in Europa, Winter in Südwest. Einige Karakulfarmer haben Besuch aus Deutschland. »Auf Pad« gegangen sind ein Kürschner aus Kiel und seine Frau, die als Designerin Pelzmodelle entwirft. Sie haben in einem Wettbewerb um »die schönste Swakara-Präsentation in den Schaufenstern eines Pelzgeschäfts« den ersten Preis gewonnen, eine Reise nach und durch Südwestafrika. Begleitet werden sie von den heutigen Swakara-Repräsentanten in der Bundesrepublik, die aus Liebe zu Land und Leuten schon zum dritten Mal eingeflogen sind.

Sichtlich beeindruckt von dem »großen Abenteuer Südwestafrika«, erleben die Gäste mit, was wirklich in oder hinter einer Karakulfarm steckt. Das Hinausfahren beim ersten Morgengrauen, um die in der Nacht geworfenen Lämmer und die dazugehörigen Muttertiere hereinzuholen. Das sorgfältige Untersuchen des Haarkleides. Das penible Registrieren und Fotografieren für die Zucht. Auch das Betäuben vor dem Schlachten. Das Reinigen, Aufspannen und Trocknen der Felle. Die ständige Überwachung der Herden mit dem genau eingeteilten Überwechseln von Kamp zu Kamp (Koppel), um die Weidegebiete nicht zu überfordern. Die Hege des Wildbestandes. Das Kontrollieren der schakalsicheren und sonstigen Zäune, der Bohrlöcher, Tränken und Wasser-Pipelines. Überall Reparaturen, Erneuerungsarbeiten, weiterer Ausbau, Investitionen. Das Instandhalten des Generators, der Fahrzeuge, Maschinen und Geräte. Die wichtigen Kontakte zu Farmer- und Zuchtvereinen. Personalführung, Buchhaltung, Ein- und Verkäufe. Dazu immer wieder das Bangen um den Absatz von Wolle, Fleisch und vor allem von Fellen zu wenigstens kostendeckenden Preisen. Kurz: das mit unermüdlichem Einsatz und harter Arbeit angefüllte Farmerleben.

Zugleich werden den Besuchern aus Deutschland Zahlen genannt, zum Beispiel für eine Zuchtfarm in der Uhlenhorster Region: 10.000 ha Land, 46 km äußerer Zaun, 350 km Abgrenzung der 116 Kamps oder Weidegebiete, 38 Wasserstellen oder Tränkmöglichkeiten, 35 km Wasser-Pipelines. 4000 Schafe könnten auf dieser Farm stehen, davon 80 % produktive Muttertiere, zum Rest Böcke und Lämmer. Sie würden im Jahr etwa 3200 Felle bringen.

Mittlerer Regenfall auf der Farm: 230 mm pro Jahr. Von 1980 bis 1982 aber nur 120 mm, 1982/83 knapp 180 mm. So mußte der Bestand auf 2000 Tiere reduziert werden. Jetzt, da 1983/84 immerhin 260 mm Regen gefallen sind, können wieder 800 Lämmer aufgezogen werden. Das ist, dank intensiver Zuchtbemühungen, eine weit über dem Durchschnitt liegende Produktion grauer und weißer Felle. Trotzdem erreicht die Farm nach der Dürre noch nicht wieder die Gewinnzone. Auf der Farm arbeiten sechs Beschäftigte, zusätzlich Hausangestellte und Gelegenheitsarbeiter, auch selbständige Kleinunternehmer nach Bedarf.

Ein anderes Beispiel, aus der Region Helmeringhausen, von einer Farm vor den Sanddünen der Namib: Größe 30.200 ha, davon 8000 mit Bergen, die in der Trockenheit beweidet werden. Ein Schaf braucht hier 7 ha Land. 4300 dieser »Kleinvieh-Einheiten« wären der normale Bestand. Der Dürre mußten 1600 Tiere geopfert werden. Mehr als 200 km äußerer Umgrenzung der Farm, 43 eingezäunte Kamps. 44 Bohrlöcher waren zu setzen, um heute mit Windmotoren aus 12 Brunnen Wasser fördern und über 22 km Pipelines sowie 20 Bassins auf 39 Tränken verteilen zu können.

Erschreckende Kostensteigerungen sind in allen Farmbereichen zu verzeichnen. Früher zum Beispiel 1,10 Rand pro Fuß Brunnenbohrung, heute das Zehnfache. Regenfall: Im Mittel 140 mm, 1980 aber nur 78, 1981 lediglich 36, im Jahr danach 73 und 1983/84 wenigstens 97 mm. Einnahmen aus Wolle – 1,4 kg pro Schaf und Jahr –, Fleisch, sogenannte »Salzfelle«, Tierverkauf, etwas Wild – und in erster Linie Swakara. Diese Produktion konnte in den letzten Jahren mit harten Anstrengungen positiv verändert werden. Waren es 1972 noch 98,3 % schwarze Felle, 0,6 % grau, 0,7 % weiß, 0,4 % braun, so sind es heute 30 % schwarz, 29 % grau, 27 % weiß, 14 % braun. Trotzdem ergab das in den Jahren der Dürre nur eine überaus spärliche »Entlohnung« der voll aktiven Farmbesitzer mit Beträgen, für die in Deutschland kein Bauer die Hand rühren würde ...

Anno 1900 schrieb die Farmersfrau Helene von Falkenhausen: »Der Farmer in Südwestafrika braucht eine Frau, die ihm als treue, tatkräftige Gefährtin bei der mühevollen Ansiedlerarbeit zur Seite steht, die mit ihm ringt und hofft und an allem teil hat, was ihn bewegt ...«

Heute beobachten die Besucher aus Deutschland mit stärkster Bewunderung, was die Farmersfrauen der Gegenwart leisten: meist volle Mitarbeit in der Zucht und Fellgewinnung, Führung des gesamten Haushalts, Betreuung der Beschäftigten, Anbau von Obst und Gemüse, stets ein Auge und eine Hand für alles haben, Einkaufsplanung für die wenigen Fahrten in die Stadt, oft noch Buchhaltung, dazu oder vor allem die Erziehung der Kinder, bis das harte Los beginnt, sie zur Schule ins Internat schicken zu müssen und nur noch in den Ferien wiederzusehen, immer wieder auch ganz allein auszuharren, wenn der Mann an Sitzungen, Fortbildungskursen und Verhandlungen teilnimmt. Das alles erfüllt die Farmgäste mit der wohl größten Hochachtung vor Lebensbereichen, die ihnen in Südwestafrika begegnen.

Was die Besucher noch erkennen: Die Größen der Karakulfarmen gaukeln einen Reichtum vor, der nicht besteht, da eben ein einziges Schaf für seine Nahrung zwischen 3 und 12 ha Land braucht. Beträchtliche Unterhaltskosten kommen hinzu. Immer wieder sind teuerste Investitionen nötig, wie zum Beispiel 600 Rand für nur einen km Zaun. Angesichts dieser Tatsachen wiegen die Erfolge doppelt schwer, die in der Swakara-Zucht erzielt wurden.

1907 kamen die ersten Karakulschafe ins Land. 1924 sorgte bereits eine Versteigerung in Leipzig von 12.000 Persianerfellen aus Südwestafrika mit einem Wert von 7200 Pfund Sterling für größtes Aufsehen in der Pelzwelt, nachdem Leipzig zuvor als damaliges Pelzzentrum der Welt erklärt hatte, daß Karakulfelle aus Rußland, Afghanistan und Südwestafrika als Persianer anzusehen seien.

1925 begann die systematische Registrierung sämtlicher Zuchtmerkmale durch den 1919 auf die Initiative von R. Lossen hin gegründeten Karakulzuchtverein, dem dann 1932 durch Regierungsverordnung 11/1932 die offizielle Führung eines Karakulherdbuches auferlegt wurde. Damit war die amtliche Anerkennung gesichert. Durch den Verein wurden ausschließlich Röhrenlockenlämmer registriert, so wie die Mode es verlangte, und doch erzielten schon damals unter den Karakulfellen die sogenannten Breitschwänze, nämlich solche mit flacher Locke und seidig schimmernden Moirés, die höchsten Preise.

Der Leiter der Staatsfarm »Neudamm«, A. D. Thompson, ging daher der Züchtung eines dem Breitschwanz ähnlichen flachlockigen Felles schon in den zwanziger Jahren gezielt nach und erreichte trotz heftigster Widerstände seitens der etablierten Züchter und Kleinlichkeit seiner Arbeitgeber, ihm standen lediglich 300 bis 400 Schafe zur Verfügung, die Züchtung der heute als »Flach« und »Watersilk« bekannten Felltypen. Er begründete damit zugleich den Ruhm der flachlockigen Neudammer Zucht und räumte sämtliche Zweifel, ob es möglich sein würde, die flachlockigen Typen konstant zu züchten, beiseite.

Gegen Ende der vierziger Jahre steht die Karakulzucht im Lande als Folge der ständig dichter und enger gewordenen Röhrenlocke an einem Tiefpunkt: es schlägt die Sternstunde der »Flachzucht«. 1952 entschließt sich der Karakulzuchtverein zur Schaffung eines Grundregisters, dem heutigen Hilfsstammbuch.

Das Leistungsprinzip entscheidet jetzt über Registrierung oder nicht. Innerhalb weniger Jahre schnellen die Zahlen registrierter flachlockiger Tiere nach oben: von 3 % 1951 über 31,5 % 1957 auf 82,2 % zum Jahresende 1966.

Damit jedoch nicht genug: die Welt der Mode ist des vielen Schwarz überdrüssig, sie dürstet nach Farbe. Den Züchtern stellt sich eine neue Herausforderung.

Braun, rezessiv vererbt und schon lange eine der Farbvarianten bei Karakul, taucht immer wieder aus phänotypisch schwarzen Tieren auf, und dies führt schließlich zu einer kleinen braunen Reinblutherde in Neudamm.

1913 wird in der Regierungsstammherde ein vollkommen graues Lamm geboren, als »Farbabweicher« aber aus der Zucht ausgeschlossen. Einem 1933 geborenen grauen Bocklamm ergeht es besser: es legt den Grundstein für eine graue Zucht.

Das weiße Karakulschaf dagegen entstammt einem Kreuzungsversuch mit sogenannten »Wollpersern« in Südafrika. 1927 werden diese Kreuzungstiere von der Südwester Administration erworben und nach Neudamm gestellt. Erst in den sechziger Jahren aber gelingen entscheidende züchterische Durchbrüche. 1968 wird das erste weiße Karakul registriert. – Eine weitere Farbe ist entstanden, die als Grundlage für die Palette der heutigen Modefarben nicht mehr wegzudenken ist.

Fielen 1974 noch 93 % der »Ernte« in Schwarz an, so waren es 1983 nur mehr 71 %. Der Grauanteil stieg von 4 % auf 24 %, Weiß von 0,8 % auf 2,7 % und Braun von 0,5 % auf 2,1 %.

Ein letztes Wort und Fazit: im Hinblick auf die Umwelteinflüsse und vor allem auf die unterschiedlichsten Merkmale, die am Ende den Wert eines Felles bestimmen, ist keine andere Tierzucht so kompliziert wie die von Karakulschafen. Zugleich gibt es für diesen landwirtschaftlichen Sektor keine Alternative. Ohne den Swakara müßte es zu einer Entvölkerung weiter Regionen von Südwestafrika kommen. Was also bleibt, ist der immerwährende Kampf gegen die Wüste.

Frisch, fromm, fröhlich, frei

Der Turnverein als gesellschaftlicher Faktor in Südwestafrika

Günter F. Kesselmann

Frisch, fromm, fröhlich, frei,
»Gut Heil« der deutschen Turnerei

Wenn mehr als drei Deutsche zusammen sind, gründen sie einen Verein.

Besonders in den Kolonien, fernab der Heimat, war der Hang zur Geselligkeit und zum gemeinsamen Tun sehr ausgeprägt. Neben Krieger- und Gesangsvereinen waren die Turnvereine die ersten Interessengruppen, die gegründet wurden. Ein Turnverein beschränkte sich nicht nur auf die »Turnkunst«. Einen genau so großen Stellenwert nahmen Geselligkeit wie Feste, Ausflüge, Wanderungen und Spiele ein.

Das folgende Vorwort aus der geschichtlichen Darstellung des Turngaus Südwest-Afrika von Ernst Sievert, Schrift- und Pressewart 1929–1939, schildert deutlich die Einstellung und den Enthusiasmus gegenüber dem deutschen Turnen:

»Altturnvater Jahns Turnkunst erwachte in Berlin auf der Hasenheide, entsprungen dem Geiste eines vaterländischen Helden zur Zeit der Knechtung Deutschlands durch den genialen Schlachtenlenker Napoleon, entwickelte sich zu einem Gesundbrunnen und Wiedergeburt der deutschen Jugend, die in heller Begeisterung ihr zuströmte und in den Freiheitskriegen ihre jugendliche Kraft und Feuer unter Beweis stellte. Der Freiheitsgedanke hatte festen Fuß in Deutschland gefasst. Friedrich Ludwig Jahn schrieb: ›Deutschlands Einheit war der Traum meines erwachenden Lebens, das Morgenrot meiner Jugend, der Sonnenschein der Manneskraft, und ist nun das Abendrot, das mir zur ewigen Ruhe winkt.‹
Die Turnkunst entwickelte sich immer mehr zu einer Säule und Stütze jugendlicher Kraft und vaterländischer Gesinnung.

Als ein Kulturgut ersten Ranges folgte es den Deutschen in alle Welt. Alle Turnvereine unterhalten enge Beziehungen zu Deutschland, der angestammten Heimat, der unversiegbaren Quelle höchster Güter.
An's Vaterland, an's teure, schließ dich an, das halte fest mit deinem Herzen. Dort draußen in der weiten Welt stehst Du allein, ein schwankend Rohr, das jeder Sturm zerknickt.«

Soweit Ernst Sievert.

Auch die Kulturpioniere in »Deutsch-Südwest« brachten die Turnkunst mit, die sich schnell über die ganze Kolonie verbreitete und durch zahlreiche Wettkämpfe und Aktivitäten für viel Frohsinn und Lebensfreude sorgte.

Obwohl die offizielle Gründung des ersten Turnvereins in SWA am 4.12.1898 in Swakopmund stattfand, hatte sie ihren Ursprung schon einige Zeit vorher. Otto Günther und Hermann Voss, zwei bekannte Turner aus Deutschland, hatten sich für den Molenbau in Swakopmund beworben und bereits an Bord des Dampfers ihre Arbeitskameraden und Mitreisenden für die Turnsache interessiert. Bald reifte der Plan in ihnen, sofort nach der Landung einen Turnverein zu gründen. Damit war der Grundstein für alle weiteren Turnvereine und für den »Turngau Deutsch-Südwest-Afrika« gelegt.

Der offizielle Gründungstag des Turngaus ist der 26.12.1908 in Usakos. Folgende Vereine traten dem Turngau bei:

Verein	Gründungstag	Turngaubeitritt	Vorsitzender	Mitglieder
Männerturnverein Swakopmund	04.12.1898	26.12.1908	Otto Günther	80
Turnverein Windhoek	16.02.1900	25.09.1909	Albert Blum	180
Turnverein Gut Heil Keetmanshoop	01.05.1907	23.01.1911	Max Brandenburg	82
Männerturnverein Lüderitzbucht	26.11.1907	12.04.1925	Carl Bellstedt	170
Männerturnverein Usakos	27.02.1908	26.12.1908	H. Störmer	35
Männerturnverein Tsumeb	03.02.1918	18.07.1918	Karl Krümmel	90
Schutztruppen Turnverein Aus	20.12.1919	30.09.1917		
Turnverein Kolmanskoppe	22.11.1925	07.10.1926	Willy Lipka	75
Turnverein DV Okahandja	13.03.1927	17.04.1927	Albert Koch	25
Turnabteilung DV Omaruru	29.06.1927	22.07.1928	M. Jacob	25
TV Walfischbucht Deutscher Klub	04.08.1927	04.08.1927	Otto Ritzau	51
Turnabteilung DV Otjiwarongo Deutsche Kameraden			Julius Doll	18

In der Folgezeit fanden außer kleineren Wettkämpfen und Schauturnen regelmäßig Gauturnfeste statt:

Juni	1911	Karibib
Ostern	1913	Swakopmund
Dezember	1922	Swakopmund
Ostern	1925	Windhoek
Ostern	1927	Swakopmund
Ostern	1929	Lüderitzbucht
Ostern	1931	Tsumeb
Ostern	1933	Usakos
Ostern	1935	Windhoek
Ostern	1937	Swakopmund
Ostern	1939	Lüderitzbucht

Das letzte Landesturnfest fand Ostern 1962 in Okahandja statt.

In der eingangs genannten Gaugeschichte erscheint bei fast jedem Wett-Turnen oder Gaufest der Name Hermann Knodel als der des ersten Siegers. Sogar nach 10-jähriger Pause, im Alter von 44 Jahren, wurde er Gausieger beim Gauturnfest 1922 in Swakopmund.

Durch den Ersten Weltkrieg wurde der Turnbetrieb zwar gehemmt und viele Turnbrüder tauschten die Turnkleidung mit des Kaisers Rock, ein Teil der Bevölkerung wurde 1915 in Südafrika interniert, aber die Mandatsbehörde belegte die Turnvereine mit keinerlei Einschränkungen und das Turnen konnte sich nach Rückgabe der Turnhallen ungestört weiter entwickeln.

Anders war es im Zweiten Weltkrieg. Schon früh hatte sich die Hitler-Bewegung auf die Deutschen in SWA ausgedehnt und errichtete den »Deutschen Bund«, eine politische Vereinigung der Deutsch-Südwester. Trotz des »Maulkorbgesetzes« konnte die Regierung die Untergrundarbeit der Parteigenossen nicht ausmerzen, und fast das gesamte Vereinswesen, darunter auch die Turnvereine, wurde ein Opfer der Hitlerbewegung. Überall wehten Hakenkreuzflaggen. Nach Ausbruch des Zweiten Weltkrieges griff die Mandatsregierung energisch ein. Internierungen und Verbote folgten einander. Die Turnhallen wurden beschlagnahmt und das Turnen hörte auf, sogar für die Schuljugend.

Die deutschen Bewohner waren durch die rigorosen Maßnahmen der Regierung wie gelähmt. Die vaterländische Turnbewegung wurde an Gefährlichkeit der Hitlerbewegung gleichgestellt. Die Leiter und Führer beider Vereinigungen wurden interniert, und zwar sechs bis sieben Jahre lang im Lager Andalusia in Transvaal.

Rund 15 Jahre, von 1940 bis 1955, ruhte der Turnbetrieb. Durch den Krieg hatte die Turnfreudigkeit und auch die Einstellung zum Turnen sehr gelitten. Andere Sportarten wie Fußball, Leichtathletik, Tennis, Hockey und Schwimmen erfreuten sich größerer Beliebtheit und hatten Anschluss an die großen Sportverbände in Südafrika.

Unter der Führung alter Turnveteranen gelang es einzelnen Vereinen, denen eine Turnhalle und Geräte zur Verfügung standen, das Turnen wieder aufzunehmen. In der ersten Zeit fehlte es allerdings der Jugend an der nötigen Begeisterung, und der nationale, völkische Turngedanke war auch nicht mehr zu vermitteln. Die Zeiten hatten sich geändert.

Ende der 50er und Anfang der 60er Jahre gab es noch mal einen kleinen Aufschwung, hauptsächlich durch die Einwanderung einiger Turner aus Deutschland. Es fanden einige Wettkämpfe und sogar Ostern 1962 in Okahandja ein Landesturnfest statt. Allerdings ging der gesellschaftspolitische Charakter der Turnerei immer mehr verloren und das reine Geräteturnen verlagerte sich fast ganz in den Schulbereich. Der Turnverband, früher Turngau, war nicht mehr alleiniges deutsches Kulturgut.

Das Turnen in Namibia ist heute, wie viele andere Sportarten auch, volksgruppenübergreifend und leistungsorientiert und wird fast ausschließlich von Schülern und Jugendlichen betrieben.

Fundstücke aus Vereinsgeschichten

Männerturnverein Swakopmund

Gegründet am 04.12.1898 von Otto Günther und Heinrich Voss, beide hatten schon auf dem Dampfer für die Turnvereinsgründung geworben und in dem Regierungsbaumeister Ortloff einen begeisterten Vorsitzenden und Unterstützer gefunden. Geturnt wurde im Speisesaal des Hafenbauamts, wo auch das erste Schauturnen stattfand.

Die ersten Turngeräte wurden in Eigenarbeit von den Handwerkern des Hafenbauamtes angefertigt. Neben den Turnabenden fanden häufig Turn-, Spiel- und Singfahrten statt, 1905 ging eine Nachtwanderung zu dem »Schleynschen Anwesen« nach Nonidas und Sonntags fuhren die Turner mit der alten

Staatsbahn zum Khan, wo die höchsten Gipfel erstiegen wurden. Im Jahre 1908 erhielt der Verein seine Fahne mit dem Spruch: »Treu und deutsch in Tat und Wort, fest in Eintracht immerfort«.
Die Fahne wurde auf dem Deutschen Turnfest in Frankfurt geweiht.
Beim siebten Stiftungsfest wurde der Grundstein zu einer Turnhalle gelegt, die Halle sollte neben dem Gasthaus Gambrinus auf Schlichtings Grundstück entstehen. Ein Turnhallenfonds wurde gegründet, Gelder gesammelt, Schauturnen und Preisausschreiben veranstaltet (ein Reitpferd wurde verlost). Zwei Entwürfe kamen in die engere Wahl, später stellte sich heraus, dass beide vom gleichen Einsender, Wilh. Meyer, stammten. Der Bau konnte beginnen und wurde mit viel Eigenarbeit schnell bis zur Dachhöhe fertig gestellt, bis man feststellen musste, dass die Bedingungen, unter denen das Grundstück gestiftet worden war, nicht mehr zutrafen und es an den Geber zurückfallen musste mit allen darauf befindlichen Bauten.
Das war einer der vielen Versuche des MTV Swakopmund, eine eigene Turnhalle zu erhalten, nach wie vor wurde dann im Saal des Hotels Faber geturnt. (Erst in den 1980er Jahren erhielt Swakopmund eine Turnhalle.)

Einige Ausschnitte aus Festschriften und Jahresberichten:
Der Zögling Leicher brach sich bei Turnübungen den Arm. Die ärztliche Versorgung übernahm in der freundlichsten Weise Dr. Brenner kostenlos. Seiner uneigennützigen Tätigkeit wurde durch den Vorsitzenden gelegentlich eines Familienabends durch ein dreifaches »Gut Heil!« gedacht.
Eine Sprungtischriege turnte zu Kaisers Geburtstag.
Ein Kriegsspiel fand am 7.6.1914 auf Farm Birkenfels statt.
Man machte die erfreuliche Feststellung, dass Kriegserfahrungen gesammelt worden waren.
Wohltätigkeitsabend zum Besten der Gefangenen in Aus.
Herr Birkemeyer stiftete 60 Mark für die Gleismiete nach Nonidas.
Aus der Festfolge vom Gauturnfest: Nach Eintreffen der fahrplanmäßigen Züge geschlossener Marsch, unter Vorantritt der Eingeborenenkapelle, durch die Stadt zum Hotel Kaiserhof.

Turnverein Windhoek e.V.

Gegründet am 16.02.1900 durch Gustav Thomas, genannt »Deutsche Eiche«, der auch 18 Jahre der Erste Vorsitzende war. Seinem Enthusiasmus und Engagement verdankt der TV Windhoek unter anderem seine geschichtsträchtige Turnhalle.
Ein herrliches, schönes Bauwerk im Stil der Gründerzeit, wurde die Turnhalle 1909 eingeweiht, und schon 1911 kamen Gesellschaftszimmer, Wirtschaftsräume, Bühne und Garderoben hinzu. Die Baukosten betrugen 80.000 Mark.
Ab April 1913 wurde der Barbetrieb eröffnet, eine Flasche Bier kostete 80 Pfennige und einen Liter Fassbier bekam man für 75 Pfennige.
Mitten in die Hauptversammlung am 6.August 1914 platzte die Nachricht der Kriegserklärung. Der Turnbetrieb wurde eingestellt, da der größte Teil der männlichen Mitglieder eingezogen wurde. Der Krieg in Südwest dauerte nicht lange, und um einer Beschlagnahme der Turnhalle zu entgehen, wurde sie dem United Service Club vermietet. Die Geräte und der Platz blieben Eigentum des TV Windhoek und geturnt wurde im Saal des Hotels Kaiserkrone, später im Hotel Stadt Windhoek. Die Bitte um Rückgabe der Turnhalle wurde 1918 von Major Cormac abgelehnt.
Zwei Jahre später wurde mit Hilfe eines englischen Notars die Rückgabe der Turnhalle bewerkstelligt. Das Gebäude wurde ausgebessert, eine Lichtanlage wurde geliefert und ein Hausmeister angestellt.
Im Zweiten Weltkrieg wurde die Turnhalle von der Mandatsmacht beschlagnahmt und für verschiedene Zwecke genutzt. Später wurde das Gebäude enteignet und nach dem Kriege mit Hilfe eines Schiedsgerichts eine Entschädigungssumme von £ 18.000 festgelegt. Die Summe wurde von dem Rechtsnachfolger des Turnvereins, Sportklub Windhoek (SKW), für den Bau eines Klubgebäudes verwandt.
Die alte Turnhalle wurde noch einmal in den 70er Jahren berühmt, als sie zur Tagungsstätte der »Turnhallenkonferenz« wurde, aus der später die »Demokratische Turnhallen Allianz«, DTA, als Parteienbündnis entstand.

Im November 1918 brach die Influenzia aus, der Turnbetrieb wurde geschlossen, 17 Vereinsmitglieder wurden durch die Epidemie dahingerafft.
Dem Turnverein wird das Öffnen einer Vereinskneipe gestattet. Eine Kneipenordnung wird aufgestellt und muss streng eingehalten werden. Die Ordnung wurde zunächst befolgt, aber nachdem der Lärm der Zecher zu groß wurde, musste die Kneipe geschlossen werden.

Die Zöglinge Ahrens, Kühn und Brand wurden bezichtigt, je eine Flasche Bier gestohlen zu haben, und wurden vom Vorstand vorgeladen, wo sie tatkräftig verwarnt wurden.

Männerturnverein Usakos

Gegründet am 27.02.1907 durch den Zusammenschluss des Sportvereins Usakos und des Fußballklubs Sportlust. Der Turngau Südwestafrika wurde am 26.12.1908 in Usakos gegründet.
Anfang 1910 hatte der Verein 61 Mitglieder.
Herr Jakob von Bach stiftete anlässlich einer Deutschlandreise dem Verein eine Fahne, die Pfingsten 1910 geweiht wurde.
1911 bat der Verein die OMEG (Otavi Minen Gesellschaft) um Überlassung eines Turn und Spielplatzes. Baurat Morgenstern sorgte dafür, dass der Verein den Platz als vorläufiges Geschenk erhielt, später wurde er Eigentum des MTV Usakos.
Durch intensives Fußballspiel gelangte der Turnbetrieb beinahe auf den Nullpunkt. In den Jahren 1911–14 hatte Usakos die beste Fußball-Mannschaft in SWA, beim Gauturnfest in Swakopmund 1913 versagte der MTV völlig.
Durch eine Turnhallen-Baufonds-Lotterie sollte der Bau einer Turnhalle vorangetrieben werden. 10.000 Lose à 2 Mark wurden aufgelegt. Da der Verkauf der Lose nicht den Erwartungen entsprach, entschloss sich der Verein, die unverkauften Lose selbst zu spielen, mit dem Erfolg, dass die meisten Gewinne in Höhe von 4226 Mark auf den Turnverein fielen.
Am 11. August 1914, nach Ausbruch des Krieges, beschloss der Vorstand, den Betrag von 3000 und später nochmals 1000 Mark aus dem Turnhallen-Baufonds dem Roten Kreuz zu stiften. Der Rest des Geldes wurde bei der OMEG hinterlegt.
Der Turnbetrieb ruhte bis 1921. Bei Wiederaufnahme stellte sich heraus, dass von dem Vereinsvermögen nichts mehr vorhanden war. Die OMEG hatte das Geld bei der Afrika-Bank deponiert, und der Vorstand hatte es 1919 dem damaligen Gauvorstand Thomas übergeben zur Anlage bei der Deutschen Turnerschaft. Das Geld war in Papiermark übergeben worden und nach kurzer Zeit durch die Inflation wertlos geworden.
Da durch den Krieg sämtliche Geräte verloren gegangen waren, überließ der Männerturnverein Karibib seine Geräte Usakos zum Preis von £ 40.
Für die verlorenen Geräte wurde ein Schadensersatz von 4000 Mark eingereicht, 12.000 M wurden bewilligt, durch die Inflation reichte das Geld aber nicht einmal zur Anschaffung eines Diskus oder Schleuderballes.
Erst im Jahre 1928 blühte der Verein wieder auf, es kamen einige junge Leute nach Usakos und eine Damenriege wurde gegründet.
Die Turnhallen-Baufrage wurde wieder akut und in vorbildlicher Weise gelöst. Mit einem Startkapital von £ 97,17 wurde der Bau in Angriff genommen und ausschließlich in Eigenarbeit vorangetrieben. Usakos hatte damals gerade mal 45 Familien und einige Junggesellen. Turnwart Schenk war die treibende Kraft beim Turnhallenbau und ging unermüdlich mit gutem Beispiel voran. Am 30.10.1929 wurde die Turnhalle ihrer Bestimmung übergeben.

Turnverein »Gut Heil« Keetmanshoop

Gegründet am 01.05.1907 fanden die Turnabende bis dahin im »Schützenhaus« statt. Aus dem Protokoll der außerordentlichen Mitgliederversammlung geht hervor, dass der damalige Eigentümer beabsichtige, das Gebäude abzubrechen. Anderseits bestand aber die Notwendigkeit, das einzig geeignete Turnlokal dem Verein zu erhalten. Unter der Leitung des Vorsitzenden, Max Brandenburg, begannen die Ankaufsverhandlungen. Die Kommission konnte den Preis von £ 500 auf £ 350 herabmindern, und am 30.11.1919 wurde der Vertrag abgeschlossen.
Seit dem Jahre 1921 wurden laut Vorstandsbeschluss nach langen Debatten auch nichtdeutsche Mitglieder gutgeheißen und aufgenommen.
Die Einrichtung eines Kinos wurde besprochen, und eine Kostenanalyse ergab, dass nach Abzug aller Kosten wie Anschaffung, Verzinsung und Amortisation bei einem Besuch von 100 Gästen pro Abend ein Reingewinn von 8 Pennies per Abend erzielt werden könne. Nach längeren Debatten wurde dennoch und trotz vieler vorherzusehender Schwierigkeiten bei der Geldbeschaffung die Errichtung des Kinos beschlossen.
Aus dem Protokoll der Monatsversammlung vom 16.01.1926:
»Turnbruder S. erwähnte, dass das Dach des Saales nicht dicht hält und beim letzten Fest hätte es durchgeregnet. Der Beweis dafür wurde sofort erbracht, es fing wie auf Bestellung an zu regnen und im Saal bildete sich eine kleine Wasserstelle. Sofort wurde eine Lotterie zwecks Beschaffung der Mittel zum Umdecken des Daches veranstaltet.«
Jahresbericht 1927: Folgende Feste und Feierlichkeiten wurden veranstaltet: Stiftungsfest, Hindenburgs Geburtstag, Oktoberfest, Weihnachtsfest, Überführung der Gefallenen zum Friedhof Gibeon, Sonntägliche Turnspiele.
»Eine bedauerliche und leider durch nichts gutzumachende Erscheinung ist es, dass immer mehr Angehörige der eingesessenen deutschen Bevölkerung des Landes nach Deutschland zurückkehren.«
Der Verein durfte im vergangenen Jahre (1928) wieder bekannte deutsche Persönlichkeiten wie Schriftsteller Hans Grimm und Frau von Bredow zu seinen Gästen zählen.

Männerturnverein Lüderitzbucht

20 Jahre nach der Inbesitznahme der Lüderitzbucht durch die Kaiserliche Regierung kam durch die Zuwanderung von Truppen und 1906 durch den Baubeginn der Eisenbahn nach Keetmanshoop neues Leben in den Ort. Nachdem sich eine einigermaßen sesshafte Bevölkerung gebildet hatte, fanden sich eine Anzahl Turnfreunde, die am 26.11.1907 den »Männer-Turn-Verein Lüderitzbucht« gegründet haben.

Geturnt wurde im neugebauten Kapps Saal.
Durch die Entdeckung der Diamanten gab es einen richtigen Aufschwung und der Kappsche Saal musste allen möglichen Zwecken dienen, auch das damit verbundene Umfeld war nicht gerade geeignet, sich positiv auf den Turnbetrieb auszuwirken.
Auf der Hauptversammlung des MTV 1910 wurde der Bau einer eigenen Turnhalle beschlossen. Dem damaligen 1.Vorsitzenden Tbr. Benno Frantz und Tbr. Paetzold war es zu verdanken, dass der größte Teil der Bausumme durch eine von dem Kaiserlichen Gouvernement genehmigten Lotterie gedeckt wurde.
Während eines Bierabends im Juni 1911 hatte ein ungenannter Spender aus lauter Begeisterung für eine spontan improvisierte Pyramide den Betrag von 500 Mark für den Turnhallenbau gespendet.
Anlässlich eines Festes fiel einem Turnfreund auf, dass der Verein noch keine Fahne besaß. Eine am selben Abend veranstaltete Sammlung ergab den Betrag von 733 Mark. Die Fahne wurde in Deutschland bestellt und 1914 eingeweiht. Nach der Besetzung der Stadt 1914 durch die Unionstruppen ist die Fahne abhanden gekommen und bis heute nicht wiedergefunden worden.
Von den größeren vaterländischen Festen sei noch die Feier der 100-jährigen Wiederkehr der Völkerschlacht bei Leipzig, gedacht, ebenso der Kaisergeburtstagsfeier, die in besonderer Weise durch die Anwesenheit der beiden Kriegsschiffe »Kaiser« und »König Albert« erhielt.
Der MTV Lüderitzbucht war der erste und einzige Verein, der gleich nach der Gründung eine Kinderturnabteilung einrichtete.
Eine Unterabteilung des MTV wurde in Oranjemund gegründet und von Kmd. Kurt Eberlanz geleitet, der leider bei dem Versuch, einem Kameraden zu helfen, selbst sein junges Leben in den Fluten des Oranje lassen musste.
Der Mitgliederbestand des MTV betrug 1907 bei der Gründung 30 Personen und erreichte seinen Höchststand 1930 mit 219 Mitgliedern.

Männer-Turnverein Tsumeb

Schon 1911 wurde in Tsumeb ein Turnverein gegründet, der aber bereits nach einem Jahr wieder aufgelöst wurde. Erst nach dem Krieg wurde im Jahre 1918 der Männerturnverein Tsumeb gegründet.
Geturnt wurde im Freien. Erst 1931 konnte die neue Turnhalle eingeweiht werden. Gebaut in »Patent-Eisenkonstruktion« hatte sie eine Fläche von 700 m². Sie war der gesellschaftliche Mittelpunkt der Tsumeber Gemeinschaft.
Die Anteile vom Turnhallenbaufonds waren in wenigen Tagen überzeichnet. Die Halle wurde in Eigenarbeit erstellt und es wurde kein Pfennig für Arbeitslohn ausgegeben. Der Verein hatte 181 Mitglieder (1931).

Turnverein Kolmannskuppe

Am 22. November 1925 gründeten 20 junge Handwerker in der damaligen Messe der CDM (Consolidated Diamond Mines) den »Sport Club Kolmanskuppe«.
Auf einem alten Tennisplatz standen noch Turngeräte, die von einer früheren Turnriege stammten. Es waren ein Barren, ein Reck und zwei Sprungständer. Die Geräte waren in einem traurigen Zustand, die Barrenholme waren voller Nägel und die Reckstange krumm und verrostet.
1926 nahmen die ersten »Felderleute« an einem anlässlich der »Reichsgründungsfeier« arrangierten Fünfkampf teil.
Trotz der langen Arbeitszeit, von 7 morgens bis 10 abends, erschienen sämtliche Mitglieder vollzählig zu den Übungszeiten.
Bei schlechtem Wetter wurde in der alten Kegelbahn geturnt. Einen Schulterstand am Barren zu machen, dem einzigen Gerät, das Platz fand in dem sog. kleinen Holztempel, war aufgrund der geringen Höhe nicht möglich.
1926 wurde eine Damenriege gegründet und der Sport-Club in »Turnverein Kolmanskuppe« umbenannt.
Das Turnen im Freien und die unbeständige Witterung hatten viele Erkältungskrankheiten zur Folge und die CDM erlaubte nach Fertigstellung des neuen Messegebäudes (Casino) das Turnen in der großen Halle. Die CDM stiftete außerdem den Betrag von £ 100 für die Anschaffung neuer Geräte.
Die Halle mit den Geräten ist heute eine Touristenattraktion in der Geisterstadt Kolmannskuppe.

Ein Leben im Zeichen des Aufbaus

Karl Werner List

und die Firmengruppe Ohlthaver & List

Sven-Eric Kanzler

Als Vorstandsvorsitzender des größten Konzerns Namibias prägt er das Wirtschaftsleben des Landes wie kein Zweiter: Karl Werner List. Sein Imperium, die Firmengruppe Ohlthaver & List, umfasst u.a. zwei Brauereien, eine Gruppe von Hotels und Lodges, eine Supermarktkette und eine Immobilienfirma. Die Fäden des von ihm geknüpften Firmengeflechts laufen nach wie vor (2001) in seiner Hand zusammen.

»Noch heute beginne ich jeden Tag um 5.00 Uhr zu arbeiten. Und ich arbeite nicht, um Geld zu verdienen, sondern um aufzubauen. Aufbauen – das ist mein Lebensziel«, sagte Karl Werner List kurz vor seinem 80. Geburtstag. Der Mann ist ein Phänomen. Aus Wirtschaft, Gesellschaft und Geschichte Namibias ist sein Name nicht mehr wegzudenken. Seit fast vier Jahrzehnten führt Werner List als Vorstandsvorsitzender die von seinem Vater Carl gegründete Firmengruppe Ohlthaver & List.

Am 15. April 2001 feierte er seinen 80. Geburtstag. Doch wie ein 80-Jähriger wirkt Werner List keineswegs. Zwar hat er schneeweißes Haar, aber sein Blick ist lebhaft und unternehmungslustig. Auf seiner Lodge Midgard östlich von Okahandja sieht man List am Wochenende in seinem Wagen umherfahren, um Arbeiten zu überwachen oder Ideen für neue Projekte zu sammeln. Auch von einem Wirtschaftsmagnaten mag man ein anderes Bild haben: Beim morgendlichen Spaziergang auf seiner weitläufigen Lodge begrüßt der etwa 1,70 Meter große Mann die Gäste, die er trifft, freundlich, erkundigt sich nach ihrem Befinden und stellt sich auch dem Autor dieses Beitrags freundlich vor: »Guten Morgen, mein Name ist Werner List.« Von VIP-Gehabe oder gar Arroganz keine Spur.

Das mag vielleicht daran liegen, dass sich der Sohn des Bankkaufmanns Carl List alles in seinem Leben

Hilde und Karl Werner List 2001

hart erarbeiten musste. Am 15. April 1921 in Windhoek geboren und auf die Deutsche Oberschule (heute: Deutsche Höhere Privatschule) gegangen, legte er 1939 sein Abitur ab. »Jeden Morgen bin ich von unserem Haus mit dem Fahrrad zur Schule gefahren«, so List. Danach begann er eine Banklehre. »Eigentlich wollte ich ja studieren. Der Vater war Bänker, dann wird der Sohn auch Bänker – so war das damals.« Doch daraus wurde nichts. Denn kurz darauf brach der Zweite Weltkrieg aus. Um der Internierung durch die südafrikanische Verwaltung zu entgehen, versteckte sich der 19-Jährige auf Duwisib südwestlich von Maltahöhe. Ein Jahr später kehrte er auf die Farm Midgard zurück, die der Vater Carl 1936 gekauft hatte – »wegen der schönen Aussicht«, wie sich sein Sohn erinnert. Der Verwalter war nachträglich interniert worden, und Werner List übernahm dann die Bewirtschaftung. Da die Welle der Internierung vorüber gegangen war, blieb er nun unbehelligt. »Ich fand Gefallen an der Farmerei«, sagt List. Bis 1963 leitete er die Farm.

Im Jahr darauf ging List nach Windhoek. Die Maul- und Klauenseuche hatte den Rinderbestand auf Midgard um 400 Tiere dezimiert, und so musste eine zweite Einnahmequelle her. Während seine Frau Hilde die Farm weiter führte, stieg er in die Firma seines Vaters ein. »Ich war dort anfangs Stift, wie man so schön sagt«, erzählt Werner List. »Ich fing ganz unten an.«

Zu dem Zeitpunkt war sein Vater Carl bereits tot. Carl List hatte die Firma O & L 1923 gegründet – zusammen mit dem Geschäftsmann Herman Ohlthaver. Ins Land gekommen war der gebürtige Thüringer (13. Juni 1880 in Jennestadt) im Jahre 1906 für die Deutsche Afrika Bank in Berlin, bei der er seine Ausbildung zum Bankkaufmann absolviert hatte. Sein Auftrag: Die Filiale in Swakopmund aufzubauen. 1908, nach Entdeckung der Diamanten, ging er nach Lüderitzbucht, um dort eine weitere Filiale der Bank zu errichten. Während eines Aufenthaltes in Deutschland im Jahre 1910 lernte Carl List seine Frau Paula kennen, die er 1913 heiratete und mit der er zwei Töchter und einen Sohn bekam.

In Lüderitzbucht traf er Herman Ohlthaver, Jahrgang 1883, der von Hamburg aus direkt nach Lüderitzbucht ausgewandert war und ebenfalls in der Bank arbeitete. Die beiden Männer wurden Freunde fürs Leben – und Geschäftspartner: Nach dem Ersten Weltkrieg und dem Kollaps der Diamantindustrie 1918 zogen sie nach Windhoek und schlossen unter dem Namen »Ohlthaver & List Bank Kommission« eine Partnerschaft.

Fünf Jahre später, am 13. Mai 1923, gründeten sie die Firma Ohlthaver & List Limited. Nachdem Herman Ohlthaver bereits ein Jahr darauf nach Kapstadt ging, um sich in der südafrikanischen Bergbau-Industrie einen Namen zu machen, baute Carl List, der ohnehin die Mehrheit der Anteile hielt, das Geschäft weiter aus. Als der Geschäftsführer der Windhoeker Brauerei während einer Grippe-Epidemie starb und kein Nachfolger in Sicht war, übernahm er als einer der Hauptaktionäre dessen Posten. Zu der Zeit gab es noch drei andere Brauereien. Da Carl List der Meinung war, der Markt sei zu klein für vier Konkurrenten, kaufte er die anderen Betriebe auf und verschmolz sie zu dem Unternehmen »South West Breweries«. Im Laufe der Jahrzehnte engagierte sich O&L auch im Agrarsektor – vor allem in der Karakul-Wirtschaft. Anstoß dazu gaben Geschäftskontakte mit dem deutschen Kürschnerei-Unternehmen Thorer, das 1906 das Karakul-Schaf in der damaligen deutschen Kolonie Deutsch-Südwestafrika eingeführt hatte.

1948 erkrankte Carl List so schwer, dass er die Firma liquidieren lassen wollte. Sein Freund Herman Ohlthaver jedoch sprang ihm mit anderen Geschäftsleuten zur Seite, kaufte ihm Anteile ab und sicherte so das Überleben des Unternehmens. Carl behielt eine Minderheits-Beteiligung. 1959 starb er. Merkwürdiger Weise hatte er in seinem Sohn Werner nie seinen Nachfolger an der Spitze von O&L gesehen.

Doch der langjährige Farmer Werner List erwies sich auch auf dem Finanzparkett als trittsicher. »Nach und nach habe ich dann Anteile aufgekauft – bis ich schließlich die Mehrheit hatte«, sagt List. Und dann krempelte er die Ärmel hoch und baute den herunter gewirtschafteten Betrieb wieder auf – zum heute größten Konzern des Landes mit insgesamt mehr als 4000 Angestellten.

Ein wesentlicher Schritt auf dem Weg war Anfang der Siebziger Jahre die Mehrheitsbeteiligung an der Brauerei South West Breweries (heute: Namibia Breweries), deren Anteile vor dem Einstieg von Werner List zu einem großen Teil veräußert worden waren. List erinnert sich: »Als ich die Brauerei übernommen habe, war sie – auf gut deutsch gesagt – eigentlich bankrott.« Ähnliches galt später für die Hansa Brauerei in Swakopmund. »Viele haben mir damals gesagt, jetzt haben Sie aber Geld verschwendet. Aber wir haben beide Firmen aufgebaut. Windhoek und Swakopmund – das sind beides gute Brauereien.« In der Tat: Heute ist Namibia Breweries der große Profitbringer in der Gruppe und macht sogar dem Brauerei-Giganten South African Breweries (SAB) auf dessen eigenem Territorium Konkurrenz: Im Finanzjahr 2000, so teilte NamBrew Anfang Mai 2001 mit, habe man die Erträge um 8 Prozent gegenüber dem Vorjahr steigern können; außerdem sei es gelungen, trotz schrumpfenden Markts in Südafrika um 8,4 Prozent zuzulegen.

Ein zweites Standbein von O&L ist die Hotelgruppe Namib Sun. Dieses Bein, wenn auch noch nicht unter dem heutigen Namen, gehörte anfangs zur Brauerei. »Hotels waren unsere Art des Marketings, denn die durften nur unser Bier verkaufen«, erklärt Werner List. Die Zeiten haben sich gewandelt, mehr und mehr Namibier trinken ihr Bier zuhause und die Hotelbars sind nicht mehr die Magneten, die sie damals waren. Heutzutage zielt Ohlthaver & List mit den Hotels, darunter Thüringer Hof in Windhoek oder Hamburger Hof in Otjiwarongo, auf die Geschäftsleute.

Zugpferd in der Gruppe ist die Mokuti Lodge am Osteingang des Etoscha Nationalparks, die in den ersten Jahren der Unabhängigkeit errichtet wurde und hauptsächlich auf ausländische Touristen ausgerichtet ist. Von der Lodge aus werden Wildbeobachtungs-Fahrten in den Etoscha Park angeboten. Erreichbar auch per Flieger, der auf der nahe gelegenen Landepiste aufsetzen kann, und ausgestattet mit einem großen Raum für bis zu 160 Personen, ist Mokuti auch beliebter Veranstaltungsort von Konferenzen von Ministerien, Organisationen oder größeren Firmen. Zu Beginn des Jahres 2001 erwarb O & L auch noch die Farm Oshikoto direkt am Sagen umwobenen Oshikoto-See, um den geschichtsträchtigen Ort zu erhalten. Die deutsche Schutztruppe hat dort während des Ersten Weltkrieges Waffen versenkt, als die südafrikanischen Verbände im Lande vorrückten. Mehr auf den namibischen Gast eingerichtet ist der Familiensitz Midgard östlich von Okahandja. Doch so unterschiedlich die Lodges, Gästefarmen und Hotels auch sind, unter dem markanten Logo der Firmengruppe Namib Sun – ein Medaillon mit variierendem schwarzen Motiv vor weißer Sonne und rotem Himmel – werden sie zu einer »Corporate Identity« verschmolzen.

Weitere Zweige des Konzerns sind die Milchproduktion und die Herstellung von Molkereiprodukten auf Rietfontein bei Grootfontein und Gocheghanas bei Windhoek, eine Schlachterei, die Supermarkt-Kette Model/Pick'n'Pay, ein Fischerei-Betrieb und die Verwaltung von Immobilien (Überblick siehe Kasten). Mit dem Einkaufszentrum Wernhil Park etwa (nach Werner und Hilde benannt) hat List sich und seiner Frau schon zu Lebzeiten ein Denkmal gesetzt. Geschäftsleute kritisieren, dass der Konzern zu aufgeblasen sei und auch Betriebe mitgeschleppt würden, die wenig Profite oder gar Verluste einfahren. List gibt ihnen zum Teil Recht: »Das ist einer meiner großen Fehler – ich kann nicht verkaufen.«

Dahinter steht nicht etwa Raffgier. Im eiskalt kalkulierenden und hart arbeitenden Geschäftsmann pulsiert auch eine soziale Ader. Rietfontein etwa bringe kaum Gewinne ein, so List. »Aber wo sollen die Farmer denn ihre Milch verkaufen, wenn wir die Farm schließen?«, wirft seine Frau Hilde ein, während er zustimmend nickt. Und schließlich steckt auch viel Herzblut in dem Projekt: »Wir haben die Farm als Ruine übernommen. Selbst die Toilettenschüsseln waren zerschlagen. Dort haben wir fünf Jahre lang jeweils zwei Wochen im Monat in einem Wohncontainer gewohnt, um beim Aufbau dabei sein zu können«, erinnert sich List.

Auch zum Aufbau des Landes will der Unternehmer beitragen: »Ich arbeite für dieses Land. Ich habe kein Geld im Ausland, was eigentlich unvernünftig ist«, bekennt List. Dabei hat seine Gruppe lange Zeit viel dafür getan, dass die Swapo nicht an die Macht kommt. »Das gehörte mit zum Marketing«, so List. »Wir mussten ja unser Bier verkaufen, da konnten wir nicht die Swapo unterstützen.« Doch auch als sich 1989 die Unabhängigkeit ankündigte, zog er sich nicht zurück – im Gegenteil: Mit dem Bau des Wernhil-Einkaufszentrums in Windhoek, der Mokuti Lodge beim Etoscha Nationalpark und der Fischfabrik in Walvis Bay demonstrierte List sein Vertrauen in die Zukunft des Landes.

Zum Staatspräsidenten hat er ein besonderes Verhältnis. »Sam Nujoma ist am vierten Tag *(nach dessen Rückkehr nach Namibia, S.E.K.)* zu mir gekommen. Ich habe erst gedacht, jetzt bekomme ich eins auf den Deckel. Aber er hat gesagt: ›Vergessen Sie die Vergangenheit, lassen Sie uns zusammen arbeiten. Let's join forces‹ – das waren seine Worte.« Bei der Gelegenheit habe Nujoma auch klar die Rollen

Werner und Hilde List mit den Eltern Carl und Paula zur Hochzeit im Jahre 1957.

verteilt: »Ich mache Politik, Sie machen Wirtschaft.«

Für seinen Einsatz ist List im Juni 1994 – zusammen mit Wahlleiter Professor Gerhard Tötemeyer – vom deutschen Bundespräsidenten mit dem Bundesverdienstkreuz ausgezeichnet worden. Bei der Verleihung würdigte der damalige deutsche Botschafter in Namibia, Hanns Schumacher, den Beitrag Lists zum Aufbau des noch jungen Staates: »So funktioniert Marktwirtschaft. Gewinn und Gemeinsinn gehören zusammen in sozialer Verantwortung. Mit Ihnen möchte ich einen Vertreter der deutschsprachigen Namibier ehren, der loyal zu diesem Staate steht« (zitiert nach »Tempo« vom 21.8.1994). In seiner bodenständigen Art nahm List die Ehrung an, betonte aber gleich: »Zur Hälfte hat auch meine Frau die Auszeichnung verdient.«

In der Tat: Hilde List ist die Hilfsbereitschaft in Person. »Jedes Mal, wenn wir einen Trupp Straßenarbeiter treffen, muss ich anhalten, weil sie den Leuten etwas zu trinken geben möchte«, seufzt Werner List in gespielter Hilflosigkeit. Aber nicht nur mit diesen kleinen Taten zeigt Hilde List ihr Herz für ihre Mitmenschen. Als langjährige Schirmherrin der Krebsvereinigung ist sie auch in großem Rahmen oft auf Achse, um Kranke zu besuchen oder neue Spender zu werben. Bei Wohltätigkeits-Bällen geht sie mit leuchtendem Beispiel voran, indem sie und ihr Mann für die Gruppe O & L und für die Brauerei Tische kaufen, deren Erlös der Vereinigung zu Gute kommt. Denn die Behandlung von Krebskranken verschlingt viel Geld.

Werner und Hilde List unterstützen zudem sportliche und kulturelle Veranstaltungen. Auf Midgard gründeten sie die erste Hannoveraner-Zucht Namibias, organisierten Reitkurse mit Trainern aus Südafrika und veranstalteten Jahr für Jahr ein Vielseitigkeits-Turnier. Anstoß gab das Hobby der reitbegeisterten Tochter Christa.

Für eine Millionensumme wurde auf Midgard zudem ein Amphitheater mit 400 Sitzplätzen errichtet, das Theatergruppen und Chören als Bühne dienen soll. Auch hier war Tochter Christa inspirierende Muse, hatte sie doch in Salzburg Harfe studiert. Das bekannte Rosenau-Trio aus Baden-Baden wurde zu einer gemeinsamen Konzertreise durch Namibia eingeladen, das namibische Symphonie-Orchester kam gerne zu Arbeits-Wochenenden nach Midgard. Um die Förderung kultureller Veranstaltungen auf solide Füße zu stellen, wurde die *Werner List International Arts Foundation* gegründet. Zu den Höhepunkten zählten ein Oster-Konzert und die Aufführung der Zauberflöte 1996 mit Musikern aus Deutschland, Südafrika und Namibia.

Über sein Privatleben spricht Werner List kaum. Auch in Zeitungsartikel über ihn oder seinen Vater steht nur wenig Familiäres. Es ist halt eine private Angelegenheit, so spürt man schnell, und nicht für die Öffentlichkeit bestimmt. Werner List hat zwei ältere Schwestern, Lorle und Ursula, die in Windhoek leben. Aus erster Ehe mit Margarethe (geb. Fortmüller) hat er drei Kinder, Monika, Carl Ludwig und Sibylle; aus zweiter Ehe mit Hilde eine Tochter, Christa. Inzwischen ist List längst Großvater – und die Schar seiner Enkel auf elf angewachsen. Im Kreise seiner Familie feierte List am 15. April 2001 auf Midgard seinen 80. Geburtstag – »mit Ostereiern«, wie er schmunzelnd hinzufügt.

Seine Nachfolge, so verrät List, habe er bereits geregelt. Er hinterlasse einen Trust, in dem seine Erben vertreten sind. Aber soweit ist es noch nicht, Werner List hält die Zügel des O & L-Konzerns noch fest in der Hand. Midgard, so sagt er, habe er eigentlich als sein »Abgangszeugnis« geplant. Doch da er dort immer wieder ein neues Projekt startet – zur Zeit ist gerade ein Weinkeller im Bau –, ist noch nicht abzusehen, wann und ob dieses »Zeugnis« einmal fertig sein wird.

Wer nach Midgard kommt, hat das Gefühl, Afrika zu verlassen. Zu Recht steht an einem der Portale auf dem Weg zum Lodge-Komplex ein Schild mit der Aufschrift »Out of Africa«. Denn das Gelände gleicht mit seinen Rasenflächen, Rosenbeeten, Wandelwegen und Springbrunnen einem deutschen Kurpark; das Haus könnte genau so gut im Gebiet der Voralpen stehen, ohne stilistisch aus dem Rahmen zu fallen. Dabei hat List Deutschland mit 60 zum ersten Mal besucht. »Ich war in meinem Leben nur drei Monate in Deutschland, als meine Kinder dort in der Ausbildung waren.« Erst von der Spitze des Hausbergs aus, an dem in Form von Leuchtschlangen der Name Midgard auch im Dunkeln schimmert, ist sichtbar, dass es sich um eine grüne Insel im gelblich-braunen Tal des Swakopflusses handelt.

An Midgard zeigt sich denn doch eine sehr private Seite Werner Lists. Wer sich hier mit dem Herzen umschaut, die Spielplätze sieht, die Kegelbahn, die glöckchenbehangenen Brücken, die ausrangierten Eisenbahnwaggons, die alten Autos im Museum, der ahnt es: Im arbeitsamen, erfolgreichen Mann gibt es einen kleinen verspielten Jungen, der sich nach und nach seine Kinderträume erfüllt. Und darin liegt wohl ein guter Teil der Erklärung für das Phänomen, dass der 80-Jährige immer noch so unternehmungslustig und dynamisch ist.

Nachtrag:
Karl Werner List starb am 9. April 2002 wenige Tage vor seinem 81. Geburtstag. Eine große Trauergemeinde, darunter auch Staatspräsident Nujoma, nahm Abschied.

Das List-Imperium

Brauereien
Namibia Breweries (Windhoek),
Hansa Brauerei Swakopmund
Agrarprodukte
Namibia Dairies (Rietfontein Dairies und Bonmilk) mit Käserei auf Farm Gocheghanas (bei Windhoek)
Fischfabrik
Hangana Seafood (Walvis Bay)
Werftbetrieb
Kraatz Welding & Engineering Works und Rieck Tischlerei (Walvis Bay)
Hotelgruppe Namib Sun
Mokuti Lodge, Midgard, Strand Hotel (Swakopmund), Thüringer Hof (Windhoek), Hamburger Hof (Otjiwarongo) und Atlantic (Walvis Bay)
sowie die Gästefarmen Franken, Ghaub, Rietfontein und Otjiwa, hinzu kommt eine Lodge am Otjikoto-See nordwestlich von Tsumeb
Supermarktkette
Model/Pick'n'Pay in Windhoek, Katutura, Swakopmund, Gobabis und Oshakati
Windhoek Schlachterei
Immobilienholding WUM
mit den Einkaufszentren Wernhil Park, Kaiserkrone, Carl List Haus und Alte Brauerei (Windhoek); hinzu kommt das neue Büro- und Ladengebäude an der Poststraßenpassage.

Grenzen des Wachstums?
Die Wasserversorgung eines Wüstenlandes

Otto Wipplinger (1984)
Überarbeitung und Aktualisierung: Helge Habenicht

Mit und ohne Fernleitung

Die Praxis zeigt, dass das Weideland Namibias mit Bohrlöchern, Pumpanlagen, kleineren und größeren Wasserleitungen und Farmstaudämmen ausreichend mit Wasser zum Tränken der Viehherden versorgt werden kann – Ausnahmen bilden ungewöhnliche Dürreperioden und einige von der Natur besonders stiefmütterlich bedachte Gebiete. Nutzen die Menschen die natürlichen Ressourcen bedächtig und mit Verstand, führt dies zu einer tragfähigen Lösung in bezug auf die Wasserversorgung für die Viehwirtschaft auf Trockenweiden.

Viel schwieriger ist es, eine Lösung für die städtische Wasserversorgung zu finden. Ein Grund dafür ist, dass die namibische Bevölkerung sich in einer noch lange nicht beendeten Veränderung ihres Lebensstils befindet, wofür das Jahr 1884 als Anfang gelten kann. Seit dieser Zeit wurde die Viehwirtschaft ständig verbessert und »richtige« Ortschaften, mit allem was dazu gehört, gegründet. Anders als in den kommunalen Weidegebieten, nimmt durch die Landflucht in den städtischen Gebieten sowohl die Einwohnerzahl und mit der Steigerung des Lebensstandards auch der pro-Kopf-Wasserverbrauch und damit der Wasserbedarf ständig zu.

Die Wasservorkommen in unmittelbarer Nähe der Ortschaften sind in den meisten Fällen bereits maximal genutzt. Um den stetig steigenden Bedarf zu decken und von abseits gelegenen Vorkommen Nachschub heranzuschaffen, haben die Wasserversorger nicht nur höhere Kosten weiterzugeben, sondern auch die Aufgabe auf Jahre im voraus die Versorgungslage zu planen und zu sichern.

Die Landeshauptstadt Windhoek wurde 1890 gegründet. Bei der Ortswahl waren die für das damalige Südwestafrika ungewöhnlich günstigen Wasserverhältnisse in den Tälern dieser Gegend (Klein- und Gross-Windhoek) ausschlaggebend. Ab 1892 wurden Bewässerungssiedlungen in der Größe von je sechs preußischen Morgen auch in Klein-Windhoek vergeben. Zwölf Jahre später war das Wetteifern der Siedler im Anzapfen des Grundwassers der Klein-Windhoeker Quellen bereits so weit gegangen, dass der Bezirksamtmann von Windhoek, durch Verordnung Nr. 95 am 14. Juni 1904, das Graben von Brunnen und Tunneln und das Bohren von Bohrlöchern ohne Sondergenehmigung für gesetzwidrig erklärte. Da die Quellen nicht mehr ausreichten, begann Windhoeks Stadtverwaltung in den Kriegsjahren 1914 bis 1918 mit einem Bohrprogramm für städtische Zwecke.

1934 wurde der Bau des Avisdammes mit Filterwerk und Rohranschluß beendet. Der hydrologisch, nicht aber höhenmäßig günstiger gelegene Goreangabdamm folgte in den fünfziger Jahren, danach die Von Bach- und Swakoppoortdämme, 1984 dann der Omatakodamm.

Zum Ende der sechziger Jahre wurde in Windhoek eine Abwasseraufbereitungsanlage in Betrieb genommen, die aus Abwasser Trinkwasser gewinnt, was damals einmalig auf der Welt war. Diese Anlage ist auch heute noch in Betrieb. Eine neue, vergrößerte Anlage wird in naher Zukunft bis zu einem Drittel des Wasserbedarfs der Hauptstadt decken.

Im Zuge der Bemühungen Windhoek mit Wasser zu versorgen, wurde 1987 der 255 Kilometer lange »Eastern National Water Carrier«, ein Betonkanal zwischen Grootfontein und dem Omatakodamm fertig gestellt. Zusätzlich wurde Grundwasser im Karstgebiet im Tsumeb–Otavi–Grootfontein Dreieck zur Versorgung von Zentralnamibia erschlossen. Die Verlängerung des Fernleitungssystems bis an den Okavango, von wo eine gesicherte Wasserentnahme von einwandfreier Güte gewährleistet werden könnte, befinden sich in verschiedenen Stadien der Planung und Ausführung. Da zunächst nach preiswerteren Möglichkeiten zur Wasserversorgung der Hauptstadt gesucht wurde, steht dieses Projekt derzeit nicht mehr ganz oben auf der Prioritätenliste.

Auch im zentralen Teil Namibias gab es in jüngerer Zeit zwei erwähnenswerte Bauvorhaben: der im Weißen Nossob gelegene Otjivero Schlick- und Hauptdamm, mit einem Fassungsvolumen von 17,6 Millionen m^3, wurde im Jahre 1986 für die Wasserversorgung von Gobabis (ein Ort im Osten des Landes) in Betrieb genommen. Der Oanobdamm versorgt seit 1990 den Ort Rehoboth. Dieser Damm ist mit 55 Metern der höchste Damm in Namibia und kann eine Wassermenge von 34,5 Millionen m^3 speichern.

Die Wassersorgung der Küstenstädte

1884 lagen bereits wichtige Erfahrungen über die Wasserverhältnisse des damaligen Südwestafrikas vor. Eine frühe und sehr lehrreiche Erfahrung soll hier genannt werden: Eine blühende Missionssiedlung, Scheppmannsdorf, mit Häusern, Gärten und Feldern entstand in den 1840er Jahren im Flussbett des Kuiseb. Sie lag etwa einen Kilometer oberhalb von Rooibank und etwa 30 km entfernt von Walvis Bay. Das Grundwasser in dem bis zu 30 m tief mit Sand gefüllten Flussbett war der Schlüssel zum landwirtschaftlichen Erfolg. Aufzeichnungen von Missionaren zufolge geschah es dann 1852 zum dritten Mal in 15 Jahren, dass der Kuiseb das Meer erreichte. Er floss bei Scheppmannsdorf mit solcher Macht, dass sämtliche Wohnungen, die Kirche und die Felder der Siedlung, kurzweg die Arbeit von zehn Jahren, in einer Stunde vernichtet wurden.

Man hatte zweierlei gelernt: erstens, die Wüste birgt an günstigen Stellen wertvolle Grundwasservorkommen. Zweitens, man sollte dennoch die nötige Achtung vor den in den Trockengebieten ab und zu vorkommenden Fluten haben. Die Trockenheit einer Region schützt nicht vor Flutkatastrophen.

Die Hafenstadt Walvis Bay hatte in ihren frühen Anfängen ernste Wassersorgen. Grundwasser war wohl im angrenzenden Gebiet reichlich vorhanden, jedoch wegen des hohen Salzgehaltes unbrauchbar.

Anfang des vergangenen Jahrhunderts wurde stark brackiges Wasser für den Hausgebrauch aus Sandfontein, einem Grundwasservorkommen zwischen Dünen etwa 5 km östlich des Ortes, herangeschafft. Trinkwasser wurde jedoch auf dem Schiffsweg, zu einem Preis von drei Pfennig pro Liter, aus Kapstadt eingeführt.

In den zwanziger Jahren des vergangenen Jahrhunderts wurde ein Wasserversorgungsprojekt mit einer 30 km langen, gusseisernen Rohrleitung von 225 mm Durchmesser von dem bereits erwähnten Frischwasservorkommen bei Rooibank (früher Scheppmannsdorf) gebaut. Das Leitungssystem wurde später für die Versorgung von Walvis Bay und Swakopmund weiter ausgebaut. Abb. 1 zeigt eine von vielen flutsicheren Rohrbrunnenanlagen, durch die das Wasser in tief im Flussbett vergrabenen Rohrleitungen den Abnehmern zugeführt wird. Einige dieser Anlagen liegen in unmittelbarer Nähe des alten Scheppmannsdorfs. Je nach Ergiebigkeit und Güte der Grundwasservorkommen sind diese Anlagen über viele Kilometer im Flussbettes verteilt.

Wie bereits erwähnt, wurden auch die Küstenstadt Swakopmund sowie die Rössing Uranmine bis vor Kurzem zum Teil aus den Wasservorkommen des Kuisebs beliefert. In den siebziger Jahren wurden beachtliche Grundwasserreserven im unteren Abschnitt des Omaruru Trockenflusses entdeckt und erschlossen. Das Wasser wurde nach Henties Bay, Swakopmund und zur Rössingmine geleitet. Im Jahr 1995 wurde der Omdeldamm im Omaruru – 50 Kilometer östlich von Henties Bay gelegen – fertig gestellt. Dieser Staudamm soll hauptsächlich das Absetzen des im Flutwasser vorkommenden Schlicks

Abb. 1: Flutsichere Rohrbrunnenanlage im Kuiseb in der Nähe des alten Scheppmannsdorf.
Die Dattelpalme im Bild ist ein Sämling aus dem Palmenhain aus der Scheppmannsdorfer Zeit.

herbeiführen und zur künstlichen Anreicherung des Grundwassers des Brunnenfeldes im Omaruru dienen.

Um den steigenden Trinkwasserbedarf des zentralen Küstengebiets auch in Zukunft zu decken, ist eine Meerwasserentsalzungsanlage mit einer Kapazität von 11.000 m^3 pro Tag in Swakopmund geplant. Diese Anlage soll die zusätzliche Wasserversorgung von Swakopmund, Walvis Bay, Arandis, sowie der Rössingmine gewährleisten. Als Entsalzungsverfahren ist Umkehrosmose vorgesehen. Damit wäre die Versorgung der zentralen Küstenstädte langfristig gesichert.

Auch das Hafenstädtchen Lüderitzbucht führte in den Jahren 1884 bis 1897 ihr Trinkwasser tausend Kilometer weit auf dem Schiffsweg von Kapstadt ein. 1897 bekam die Ortschaft ihre eigene Wasserversorgung durch die Errichtung des »Lüderitz Kondensators«. Das Wasser aus dieser ersten Meerwasserentsalzungsanlage wurde zu einem Preis von 20 Mark pro m^3 verkauft!

Es folgten mit der Zeit eine Reihe immer größer werdender Anlagen, weil der Ort beständig wuchs und die Ausrüstung durch Korrosion und Schäden bei der Beseitigung von Kesselstein stark beansprucht wurde. Die fünfte Anlage wurde 1914 von den südafrikanischen Truppen auf dem Schiffsweg mitgebracht, um Trinkwasser für Soldaten und Pferdekolonnen zu gewinnen.

Diese Anlage hatte die beachtliche Maximalleistung von 150 m^3 pro Tag und versorgte die Stadt auch nach Beendigung des Feldzuges bis 1941. Die Stadtverwaltung errichtete 1954 ein Dampfkraftwerk und dazu die siebte Wasserdestillieranlage, beides wurde von den Atlaswerken (Bremen) gebaut. Der Dampf, der einer Zwischenstufe der Turbinen des Kraftwerks entzogen wurde, wurde gleichzeitig als Heizung für die Entsalzungsanlage genutzt. Die Anlage lieferte bis zu 200 m^3 pro Tag. 1962 wurde eine achte und letzte Anlage zusätzlich installiert. Auch diese Anlage, eine 24stufige mit rohrlosem Siedeverfahren (flash distillation), wurde mit Dampf aus dem Kraftwerk beheizt. Sie wurde von der schottischen Firma Weir gebaut und hatte ein Liefervermögen von 550 m^3 pro Tag. Im ganzen war die Maximalproduktion damit auf 750 m^3 pro Tag angewachsen. 1963 betrug der Wasserpreis 1,30 Rand pro m^3, etwa neunmal soviel wie der damalige Wasserpreis in Windhoek. 1967 endete die Wasserversorgung durch destilliertes Wasser mit der Inbetriebnahme eines Grundwasserprojekts.

Wegen des sinkenden Grundwasserspiegels in den Küstengebieten und des gleichzeitig steigenden Wasserbedarfs, werden Meerwasserentsalzungsanlagen in Zukunft in Namibia weiter an Bedeutung gewinnen.

Große Bewässerungsstaudämme

1895 wurde in Berlin das »Syndikat für Bewässerungsanlagen in Deutsch-Südwestafrika« gegründet, dem wichtige Amtsträger und Sachverständige angehörten. Durch die Abhandlung »Ein Vorschlag zur wirtschaftlichen Erschließung Südwest-Afrikas« gewann das Syndikat die Unterstützung der Deutschen Regierung sowie größere Spenden von verschiedenen im damaligen Südwestafrika tätigen Gesellschaften und Privatpersonen. Das Syndikat betraute anschließend Dr. T. Rehbock, einen namhaften Wasserbauingenieur, »mit der Berichterstattung über die in Rede stehenden Fragen und mit der Leitung der zur Vornahme örtlicher Besichtigungen und Untersuchungen auszuführenden Expedition.«

Nach elfmonatigem Aufenthalt im damaligen Südwestafrika, 1896 bis 1897, erschien 1898 Rehbocks Buch mit zahlreichen Abbildungen und eingelegten Entwurfszeichnungen für Dammbauten und Bewässerungsanlagen. Das Buch befasste sich mit dem gesamten Thema der Wasserentwicklung, einschließlich Grundwassergewinnung, Grundschwellen und Tränkstellenwirtschaft. Die Hauptbeiträge waren jedoch die ausführlichen Vorschläge für die unten genannten sechs großen Bewässerungsstaudämme:

1. und 2.: Staudämme bei Windhoek in den Avis- und Pokkiesdraaipforten. Dieses waren Alternativvorschläge für die Bewässerung der nördlich gelegenen tiefen Sand-Lehm-Böden im Groß-Windhoeker Tal. Diese Böden könnten noch heute für Bewässerung mit geklärtem städtischem Abwasser erwogen werden.
3. und 4.: Staudämme bei Aris und Hatsamas im Windhoeker Bezirk.
5. und 6.: Staudämme bei Naute und Osis im Süden des Landes.

Der Nautedamm im Löwenfluss war mit einem Stauvolumen von 84 Mio. m^3 bei weitem der größte und der Avisdamm mit 3,7 Mio. m^3 der kleinste der vorgeschlagenen Dämme. Nur diese beiden kamen, mit einigen wichtigen Änderungen, bis heute zur Ausführung.

Alexander Kuhn unternahm 1903 eine Expedition im Auftrag der Deutschen Kolonialgesellschaft. Auch von ihm erschien ein ausführliches Buch über die Wasserversorgung. Weder Rehbock noch Kuhn untersuchten jedoch Staumöglichkeiten im Fischfluss. Später, erst ca. 1908, wurde erstmals mit Untersuchungen begonnen und ein vorläufiger Entwurf für eine Talsperre auf der Farm Komatsas erarbeitet. Aber auch 1914 waren noch keine für eine Beschlussfindung ausreichenden Pläne vorhanden.

Der Hardapdamm, auf der an Komatsas angrenzenden Farm Hardap, wurde erst in den fünfziger Jahren geplant und 1963 fertiggestellt. Mit 295 Mio. m^3

Stauvolumen ist er jetzt der größte Damm im Land. Bis 1963 war es der Voigtsgrunddamm mit 6,8 Mio. m³, der von Albert Voigts bereits vor 1914 mit eigenen Mitteln im Tsubrivier gebaut wurde.

Die 800 m lange Talsperre des Hardapdammes besteht aus einer verhältnismäßig kurzen Betonstruktur mit Flutschleusen, die bei großem Zulauf überschüssiges Wasser durch ein Tosbecken zurück in den Flusslauf führen.

Der Damm dient einem Bewässerungsgebiet in der Marientaler Ebene und, zusammen mit Grundwasservorkommen, der städtischen Versorgung Marientals. Wie jeder Damm in den Trockengebieten, aus dem erhebliche Wassermengen entnommen werden, wird auch er ab und zu leer sein. Wegen des für Trockengebiete typischen nachteiligen Verhältnisses von Wasser- zu Schlickführung wird erwartet, dass in 100 Jahren nicht mehr viel von dem jetzigen Stauvermögen übrig sein wird.

Bewässerung der Sandböden im Norden

Das Wasserkraftwerk Ruacana im Kunene ist bereits gebaut. Aus einem ca. 40 km oberhalb gelegenen Regulierungsdamm wird – unter Nutzung eines geringen Teils der gewonnenen Energie – Wasser für Mensch, Tier und Landwirtschaft in das Kanal- und Rohrleitungssystem der Omusati, Oshana, Ohangwena und Oshikoto Regionen gepumpt. Als wichtiges Bewässerungsland wurde der Sandrücken bei Ogongo, der vom Hauptkanal ausgehend südwärts verläuft, erwogen. Andere gute Bewässerungsböden befinden sich in der Omusati Region.

Das Kraftwerk ist bis zu 300.000 kW ausbaufähig und beliefert durch ein 384-kV-Verbundnetz weit abgelegene Versorgungsgebiete wie Windhoek, Walvis Bay und Tsumeb.

Am Okavango werden Sandböden durch Pumpanlagen direkt aus dem Fluss bewässert. Bei weiterem Bedarf könnte ein Wasserkraftwerk an den Popafällen, dort wo beide Uferseiten zu Namibia gehören, gebaut werden, um weitere, größere Pumpen zu betreiben.

Die Sandböden der Omusati, Oshana, Ohangwena, Oshikoto und Okavango Regionen eignen sich gut für Bewässerung, vorausgesetzt, dass Stellen mit tiefem Boden und guten natürlichen Drainageverhältnissen ausgesucht werden, die mit Niederdruckregnern oft genug bewässert werden, um Produktionsverluste durch Bodentrockenheit zu verhindern. Für einen erfolgreichen Betrieb ist es erforderlich, dass die Dauer der täglichen Regengaben, auf Grund von Verdunstungs- und Bodenfeuchtigkeitsbeobachtungen, jeweils neu bestimmt werden.

Die Wasserwirtschaft im zentralen Norden

Viehwirtschaft und Ackerbau treibende Völker, die in den Savannen des jetzigen Kenia lebten, erlernten etwa am Anfang unserer Zeitrechnung die Kunst der Eisengewinnung und des Schmiedens eiserner Werkzeuge und Waffen. Hierdurch wurden sie überlebens- und konkurrenzfähiger. Dies führte zu Bevölkerungszuwachs und mit der Zeit zur Ausdehnung ihres Siedlungsgebietes bis in die Gebiete des heutigen Namibia und Südafrika. Zu den dadurch zugewanderten Bantuvölkern gehören auch die Owambos.

Das 10.000 km² große Oshanagebiet – im etwa 40.000 km² großen zentralen Norden des Landes, dem ehemaligen Owaboland – bot den Owambostämmen günstige Lebensbedingungen und ist heute noch ihr Hauptsiedlungsgebiet. Oshanas sind breite Trockenflüsse mit flachem Gefälle, die ein netzförmiges Schwemmland zwischen niedrigen Lehmsandrücken bilden. Dieses Gebiet befindet sich hauptsächlich zwischen dem heutigen Etakakanal und dem Oshana bei Oshigambo. Die Fluten, die etwa alle zwei Jahre vorkommen, bringen fruchtbaren Boden und sind Grundlage für die Wasserversorgung aus Kolken und Brunnen, sowie – in guten Jahren – für reiche Fischernten, für Vielfalt an Wild, Früchten und für gutes Acker- und Weideland.

Im Vergleich zu den zentralen und südlichen Teilen Namibias ist das Oshanagebiet – bis auf zwei unangenehme Naturerscheinungen – von der Natur bevorzugt. Nachteilig ist, dass alle zehn bis zwanzig Jahre große Dürren herrschen. Das Grundwasser, das in dieser Gegend etwa bei 3 bis 6 Metern unter der Erdoberfläche liegt, ist dann salzig und ungenießbar. Frischwasser ist dann nur noch in dünnen, über dem Salzwasser liegenden Linsen vorhanden und auch nur an Stellen, an denen Regenwasser versickern kann. Während lang anhaltender Dürren wurden die dünnen Frischwasserschichten aufgebraucht und bestehende Brunnen trockneten aus, sodass neue Brunnen an anderen Stellen durch den trockenen, harten Lehm und Kalklehm gegraben werden mußten. Selbst mit Eisenwerkzeugen zum Brunnenbau konnte eine ausreichende Wasserversorgung in Dürrezeiten nicht aufrecht erhalten werden.

Man nimmt an, dass das rapide Bevölkerungswachstum der Owambos bereits im neunzehnten Jahrhundert begann und unter anderem auf den Einfluss der Missionstätigkeit auf die Volksgesundheit zurückzuführen ist. Eine zuverlässige Schätzung der Bevölkerungszahl wurde jedoch erst 1921 erstellt. Der beobachtete Trend einer zunehmenden Wachstumsrate setzte sich auch nach 1921 fort. Neue Farmen wurden bei anhaltender Zunahme der Bevölkerungszahl auch in dem vorher noch freien Land zwischen den

Stammesgebieten angelegt. Überall wurde die Weide zusehends stärker beansprucht.

Es ist für erfolgreiche Viehwirtschaft unbedingt notwendig, dass Wasserwirtschaft nicht getrennt von Weidewirtschaft geplant wird, d.h. eine Beschränkung des Viehbestandes auf die (langfristige) Tragfähigkeit des Weidegebietes – hier soll jedoch nicht näher auf die Weidewirtschaft eingegangen werden.

Bis 1965 wurden östlich des Oshigambo Oshana 48 Bohrlöcher gebohrt, von denen 37 Frischwasser führten. Die zu dieser Zeit zur Verfügung stehenden Bohr- und Verrohrungstechniken waren jedoch nicht für eine dauerhafte Lösung geeignet. Die ungewöhnlich feinkörnigen Sande und Lehmsande der wasserführenden Schichten sorgten ständig für Probleme. Die durch die Bohrungen gewonnenen Kenntnisse waren jedoch eine unentbehrliche Grundlage für die Planung zukünftiger Bohrprogramme mit neuen Geräten und Methoden.

28 Speicher beziehungsweise Dämme wurden bis 1965 in den Lehmböden der Oshanas und Pfannen in den Gebieten östlich des Oshigambo Oshanas gegraben, um Regenwasser zur Überbrückung der Trockenzeiten aufzufangen. Die typische Größe dieser Dämme war 20.000 m^3 Aushub bei 6 m Tiefe. Die Wasserversorgung aus den in den Pfannen gelegenen Dämmen erwies sich als besonders zuverlässig.

32 Dämme von ähnlicher Größe wie die im Osten wurden als Viehtränken in dem 10.000 km^2 großen Oshanagebiet westlich Oshigambos ausgehoben. Dazu kamen in diesem Gebiet noch mehr als 100 kleinere, bewusst als Tränken geplante Ausgrabungen. Die ausgehobene Erde wurde für die Straßendämme bei den Oshanakreuzungen des etwa 300 km langen Hauptstraßennetzes verwendet. Wasserversorgung aus Dämmen und Ausgrabungen schont die Frischwasseroberschicht des Grundwassers, was sich wiederum günstig auf die Wasserversorgung in Trockenzeiten auswirkt.

In größeren Ortschaften, wie zum Beispiel in Oshakati, Oshikango, Ondangwa und Ongwediva, wurden zur Verbesserung der Wasserversorgung Pumpspeicher und Filteranlagen gebaut, um Trinkwasser in guter Qualität zu liefern.

Zwei Pumpspeicher, die bei der Gründung Oshakatis gebaut wurden, sind in Abb. 3 zu sehen. Zu diesem Zeitpunkt konnte mit dem Bau der Wasserversorgung aus dem Kunene noch nicht begonnen werden. Das Ufer eines flachen, durch ein niedriges Wehr im Cuvelai Oshana erzeugten künstlichen Sees, geht von links unten im Bild diagonal bis rechts oben. Der auf dem Bild sichtbare rechteckige Pumpspeicher wurde bis zum Salzwasserhorizont in 4,5 m Tiefe ausgehoben. Die Stautiefe wurde durch den Bau einer dichten, das untere Becken einschließenden Erdschüttung auf 9 m erhöht. Das gesamte Speichervolumen betrug dadurch etwa 100.000 m^3. Der ebenfalls in Abb. 3 ersichtliche Runddamm hat eine Tiefe von 6 m und ein Speichervolumen von 200.000 m^3.

Der Hardap-Damm – neben der Wasserversorgung auch ein Erholungsort

Abb. 3: Pumpspeicher bei Oshakati

Um das neue Landeskrankenhaus in Oshakati zu versorgen, wurde dieser Runddamm für die Bewässerung von Futterpflanzen für Milchvieh und für den Gemüseanbau gebaut. Bei einer Verdunstung von 2,5 m im Jahr, oder etwa 55 m^3 pro Tag, konnte dieser Runddamm – ohne zusätzliches Wasser aus dem Oshana – die Ortschaft zwei Jahre lang versorgen. In einer Krisensituation war es zudem möglich, beide Dämme nur für die Ortschaft zu nutzen und etwa 200 m^3 Wasser pro Tag zu liefern. So konnten zwei Jahre überbrückt werden, allerdings war danach keine Bewässerung mehr möglich. Als bei weiterem Ausbleiben einer Fernleitung vom Kunene Rohrleitungen von Oshakati zur Versorgung anderer Ortschaften gelegt wurden, wurde ein dritter großer Pumpspeicher in Oshakati gebaut.

Am östlichen Rand des Oshanagebiets – in Ondangwa – wurde eine Probebohrung in erhebliche Tiefe herabgebracht, um die Brauchbarkeit des Grundwassers zu erkunden. Das 289 m tiefe Bohrloch, das von oben bis unten verrohrt wurde, war artesisch, d.h. das Wasser floss über den oberen Rand des Bohrloches. Während das in den oberen Schichten vorkommende Wasser (in etwa 4,5 m Tiefe) einen Salzgehalt von 30.000 mg gelösten Salzes pro Liter aufwies, waren es bei 289 m Tiefe »nur« noch 3.100 mg pro Liter. Dies war allerdings immer noch kein brauchbares Trinkwasser, da der zulässige Salzgehalt für Trinkwasser für Menschen und Tiere bei 1.000 bzw. 2.000 mg/l liegt.

Trotz der Verbesserungen, die der Bau kleiner Dämme und Pumpspeicher den Menschen brachte, war dies keine langfristige Lösung für die Wasserversorgung des Zentralen Nordens. Aus diesem Grund wurde über viele Jahre hinweg ein Wasserversorgungsnetz, bestehend aus Boden- und Betonkanälen, Rohrleitungen, Zapfstellen, Pump- und Wasseraufbereitungsanlagen entwickelt. Dieses System, das größte in Namibia, entnimmt das Wasser aus dem Kunene (dem nördlichen Grenzfluss zu Angola) und versorgt ein Gebiet von ca. 13.000 km^2. Erweiterungen des Netzes werden bis zum heutigen Tag ständig vorgenommen.

Die Organisation der Wasserwirtschaft in der Neuzeit

Vor und nach der Unabhängigkeit (1990) war das »Department of Water Affairs«, das wiederum ein Teil des Ministeriums für Landwirtschaft, Wasserwesen und ländliche Entwicklung ist, zuständig und verantwortlich für die gesamte Wasserversorgung des Landes. Dies hatte den Nachteil, dass jedermann, ob arm oder reich, von den hohen Subventionen für Wasser profitierte. Um Abhilfe zu schaffen, d.h. Subventionen nur wirklich Bedürftigen zukommen zu lassen, beschloss die Regierung einen eigenständigen nationalen Wasserversorger zu gründen. Nachdem die entsprechende Gesetzgebung (*NamWater Act 12/97*) im Oktober des Jahres 1997 beide Häuser des Parlaments passiert hatte, ist die Verantwortung für die Wasserversorgung des Landes auf die *Namibia Water Corporation Ltd.* (NamWater) übertragen worden. NamWater wurde im Dezember 1997 offiziell registriert und hat im April 1998 die Arbeit als eigenständige Organisation aufgenommen. NamWater arbeitet nach dem Prinzip der Vollkostendeckung, darf also keine Profite erwirtschaften, subventioniert allerdings den Wassersektor auch nicht mehr. Dies bleibt anderen Organisation oder Institutionen vorbehalten.

NamWater ist verantwortlich für die Kontrolle der ober- und unterirdischen Wasservorkommen und der Wasserqualität; für die Erkundung und Nutzung von regionalen und lokalen Wasserressourcen, sowie für die überregionalen Versorgungsstrategien, einschließlich Planung, Einrichtung und Betrieb von großvolumigen Wasserversorgungen auf nationaler und regionaler Ebene.

Eine gute Wasserversorgung ist für das junge Namibia und die Gesamtentwicklung des Landes von übergeordneter strategischer Bedeutung. Ein wohlgeordneter Wassersektor, der Wasser in ausreichender Menge und guter Trinkwasserqualität bereitstellen kann, signalisiert potentiellen Investoren das Vorhandensein einer guten Basisinfrastruktur, gibt somit Investitionsanreize und trägt damit maßgeblich zur Entwicklung des Landes bei. NamWater führt damit heute fort, was vor hundert Jahren begonnen wurde.

Die große Zeit der Diamantenfunde

Lisa Kuntze (1984)

Es gibt in der Weltgeschichte so manches Beispiel für die Tatsache, daß unerwartete, größere Funde kostbarer Bodenschätze das Schicksal eines Landes und seiner Menschen völlig verändern können, zum Guten wie zum Bösen. Während Wirtschaftler wohl zumeist nur das Gute, den neuen Reichtum sehen, mögen ältere, verantwortungsbewußte Staatsführer anders empfinden, vor allem, wenn ihnen das Wohl und Weh ihres Volkes am Herzen liegt. Man denke nur an die Reaktion Paul Krugers, als ihm die Entdeckung des riesigen Goldreefs am Witwatersrand gemeldet wurde: Gold in seinem Transvaal, das er als das seinem – wie er glaubte – auserwählten Volk von Gott erkorene, gelobte Land angesehen hatte. In einer geradezu biblischen Vision ahnte er die Gefahren, die der plötzliche, erschreckende Reichtum für sein bisher nur den Worten und Gesetzen der Bibel folgendes Burenvolk bringen konnte. So sah er nun eine vordringliche Aufgabe in der Abwehr der Sünde, die durch die herbeiströmenden Glücksritter über die ihm anvertrauten Menschen kommen konnte, wobei er sich aber auch bewußt war, daß jene fremden Männer gebraucht wurden, um die ungeheuren Schätze heben und verarbeiten zu können. Doch sollte ihnen von vornherein deutlich gemacht werden, welcher Platz ihnen zugedacht war und welche Rangordnung auch weiterhin in seiner bisher heilen Welt herrschen würde.

Darum wohl begrüßte er, der Patriarch, seine Zuhörer in seiner ersten Versammlung, die er zu diesem Zwecke einberief, mit der seine Sorgen offen ausdrückenden Anrede: »Du Volk Gottes, Du altes Volk des Landes, Ihr Fremden und Neuankömmlinge, ja Ihr Diebe und Mörder ...«

So beschwörend und düster drohend klang allerdings die Ansprache noch nicht, die im Jahre 1908 der Beauftragte des Deutschen Reiches, der Staatssekretär Dernburg, an die aufgrund der großen Diamantenfunde freudetrunkenen Lüderitzbuchter richtete. Er, der erfahrene Finanzmann, hatte natürlich gleichfalls erkannt, welche weitreichenden Folgen die Tatsache haben mußte, daß aus der bisher von der

Ovambo-Arbeiter beim Aufsammeln von Diamanten

Großfinanz verachteten Sandstreubüchse Südwestafrika urplötzlich eine vielversprechende Schatzkammer geworden war.

Nur brachte er seine Warnungen erst einmal etwas diplomatischer vor, erklärte, daß das Ziel nun die finanzielle Selbständigkeit Südwestafrikas sein müsse, daß Mineralschätze keine bestimmende Bedeutung hätten, nicht das Brot seien, sondern die Butter auf dem Brot, die letzteres nur schmackhaft mache, ja daß er jedem Lüderitzbuchter ein großes Stück Brot mit viel Butter wünsche.

Nein, Herrn Dernburg ging es bestimmt nicht um das Seelenheil dieser Menschen, die seltsamerweise das »Affenland« so liebten, daß sie jahrelang dessen Kargheit, dessen Auf und Ab im Handel und Wandel auf sich genommen hatten und die sich nun sichtlich in einer gefährlichen Euphorie befanden, die es zu dämpfen galt, ehe weiterer finanzieller Schaden entstand. So sah es der Staatssekretär des Reichskolonialamtes.

Aber nur ein Teil der gerade noch begeisterten Zuhörer begann jetzt aufzuhorchen und zu ahnen, daß der soeben noch so herzlich willkommen geheißene Vertreter des Deutschen Reiches bereits plante, ihren Traum vom Glück und allgemeinen Wohlstand schnellstens zu zerstören. Die Mehrheit jubelte ihm weiter zu. Glaubte man denn nicht mit Recht, daß sie alle, die auch die schwere Zeit der Aufstände nicht entmutigt hatte, nun endlich für ihr Durchhalten belohnt würden? Wie hatten sich ihre Zukunftsaussichten verbessert, seit sich das Sandloch als Hort kostbarer Edelsteine offenbart hatte! Wie groß war deshalb der Freudentaumel gewesen, als sich die zuerst skeptisch aufgenommene Nachricht bestätigte, daß dieser Sonderling, dieser kleine Eisenbahnbeamte, mitten in der kargen Wüste, ja direkt vor ihren Toren, Diamanten gefunden hatte, richtige Diamanten!

Wie erregt war man hinausgezogen, zu Fuß, zu Esel, zu Pferd, mit schnell erworbenen Schürfscheinen, mit zusammengezimmerten Schürftafeln. Man brauchte sich nur niederzuknien, um sie aufzusammeln. Jeder konnte das, jeder durfte das, keiner bekämpfte den anderen, es war ja genug für alle da, die ganze Wüste voll: Reichtum für jeden, Reichtum für alle, für das ganze Land. Es war eine Lust zu leben!

Die große Entdeckung

Diese Geschichte, die heute jedes Kind hier kennt, berührt uns immer wieder aufs neue, denn sie gleicht einem Märchen in ihrer Einfachheit. Es war einmal... Ja, es war einmal ein junger, asthmakranker, sonnenhungriger Mann namens August Stauch. Mittellos war er in das Wüstenland gekommen, besaß aber einen festen Vertrag mit seinem deutschen Arbeitgeber, für den er bereits drüben in der alten Hei-

August Stauch

mat tätig gewesen war, für die Firma Lenz & Co, die nun hier im Rahmen der Deutschen Kolonial-Eisenbahnbau- und Betriebsgesellschaft die Eisenbahnlinie von Lüderitzbucht nach Keetmanshoop baute. Seine Aufgabe sollte es sein, einen Teil der Strecke von den unheimlich wandernden Dünen, von den durch die Stürme hochgepeitschten, feinkörnigen Sandmassen freizuhalten. Ein Vormann und mehrere farbige Arbeiter aus dem Kapland wurden ihm zur Bewältigung dieser Arbeit zugeteilt. Die mehr als bescheidene Behausung, die man ihm zuwies, stand an der Station Grasplatz. Grasplatz! Als Stauch sich dort in der wasserlosen Wüste mit seinem geringen Gepäck niederließ, hielt er vergebens nach Gras Ausschau, denn der Name stammte von der Gepflogenheit der Frachtfahrer, dort, aus dem Inland kommend und an die Küste fahrend, für die Rückreise mit ihren Ochsengespannen Gras oder Heu zu deponieren.

Ja, Wüste umgab ihn, nichts als Wüste und Sand, Wind, der zum Sandsturm werden, jede Sicht, jedes Sonnenlicht nehmen konnte. Aber seltsamerweise störten den jungen Mann weder die erschreckende Melancholie der endlos erscheinenden, starren Wüstenwelt, noch der ewig wehende Sand. Im Gegenteil:

er begann sich für dieses Element, dem ja jetzt auch seine Arbeit galt, ernsthaft zu interessieren.

Der Sand war ja nicht einfach Sand, er bestand aus Milliarden feiner Körner, die im Sonnenlicht schimmern konnten, die, so winzig sie waren, ganz verschiedene Konturen und Farben besaßen. Und da sich in der trockenen Luft seine Gesundheit bald schon merklich besserte, empfand er sein Hiersein als eine gute Fügung und beschloß, sich intensiv mit den Geheimnissen seiner Umgebung zu befassen. Er besorgte sich Bücher über Mineralien und ein, zwei Schürflizenzen.

Zudem forderte er seine farbigen Helfer auf, ihm besondere, hübsche Steine, die sie bei der Arbeit fänden, zu bringen, sie bekämen dafür ein »Present«. »Present«: das Zauberwort, das oft schon gute Wirkung gezeigt hatte und das diesmal ungeahnte, unübersehbare Folgen für den jungen Mann und das ganze Land haben sollte. August Stauch war gerade wieder einmal mit einer Draisine unterwegs, um die Böschungen eines den Sandverwehungen stark ausgesetzten Streckenteils mit Jute abzudecken, als an der Schaufel eines Arbeiters, die fettig gewesen war, ein sehr besonderer, kleiner Stein hängen blieb. Zacharias Lewala, so hieß der Farbige, besah ihn sich genau und lief damit zu seinem Vorarbeiter: »Muß ich Mister geben, ist schöne, kleine Klippe, ist miskien Demant!« Doch der Vorarbeiter sagte: »Unfug!« und steckte ihn uninteressiert in die Hosentasche. Als der Bahnmeister Stauch von seiner Fahrt zurück kam, fiel dem Vorarbeiter der beinahe vergessene Stein wieder ein und lächelnd reichte er ihn Stauch: »Könnte ein Diamant sein!« Aber das war

Das Casino in Kolmannskuppe in früheren Jahren – mit Spielbank, Ballsaal, Theaterbühne (mit Lichtorgel) und Kegelbahn

nur als Scherz gemeint, denn jeder Mensch wußte doch – oder glaubte bis zu diesem Tage zu wissen –, daß Diamanten nur im Innern Südafrikas, im sogenannten Blaugrund, in »pipes« zu finden waren.

Aber Stauch lachte nicht. Er ließ sich von Zacharias die Stelle zeigen, wo die »Klippe« an der Schaufel hängen geblieben war und suchte sich noch einige ähnliche kleine Steine zusammen, denn Stauch wußte aus seinen Büchern, daß Diamanten – im Gegensatz zu gewöhnlichen Steinen – die Eigenschaft besaßen, an fettigen Gegenständen hängen zu bleiben. Durch dies und das weitere Wissen, das er sich bereits angelesen hatte, unterschied sich Stauch so entscheidend von den anderen, die, wie uns die Geschichte lehrte, schon vor ihm sinnend die kostbaren Steine in Händen gehalten, sie dann aber wieder fortgeworfen hatten.

Die »Geisterstadt« Kolmanskuppe 1995 – in der Bildmitte das Casino

Diamantsucher-Siedlung

Wie man aus zeitgenössischen Berichten weiter erfährt, gab Stauch erst einmal Zacharias das versprochene »Present«, dann ging er in seine Behausung, zog dort seine Taschenuhr hervor und versuchte, das Glas mit dem Stein zu schneiden. Es ging!

Die Geburtsstunde des südwestafrikanischen Diamantenrausches im April 1908 hatte geschlagen! Doch Stauch jauchzte und tanzte nicht. Er blieb ganz still und überlegte, was jetzt zu tun sei. Und dann dachte er an seine junge Frau drüben in der Heimat, die er mit seinen zwei Kindern dort gelassen hatte, weil er viel zu arm gewesen war, um die Überfahrt für sie zu bezahlen. Und nun lagen Diamanten in seiner Hand, die ersten sieben Diamanten, die er eines Tages in einem einfachen Briefcouvert seiner Ida zusenden würde, als Beweis dafür, daß die Geschichte, die er ihr mitzuteilen hatte, kein Märchen, sondern wunderbare Wirklichkeit war. Und gerade seiner Familie wegen handelte er klug und überlegt.

Ja, so war es also gewesen. Und ausgerechnet zur gleichen Zeit war Bernhard Dernburg, Staatssekretär des Reichskolonialamtes, mit seinem Freund Walther Rathenau, Politiker und Finanzmann, in Südafrika eingetroffen, um dort die wirtschaftliche Situation zu erforschen und von da aus Südwestafrika zu bereisen: eine Inspektionsfahrt, um festzustellen, was man tun könnte, um das völlig unrationelle Sandloch, das nichts als eine Last für den Staatshaushalt war, auf irgendeine Weise aus den roten Zahlen zu bringen.

Welche Erregung mag sie ergriffen haben, als sie unterwegs die höchst alarmierende Kunde von den sensationellen Funden erhielten, die sie ja nun vor eine ganz neue Aufgabe stellte, denn, wenn sie zutraf, hieß es jetzt nicht mehr, die Probleme eines unwirtschaftlichen Wüsten- und Steppengebietes zu lösen, sondern vielmehr die nutzbringende Verwendung kostbarer Bodenschätze zu organisieren. So wuchs in ihnen begreiflicherweise der Wunsch, so schnell wie möglich an den Fundort zu gelangen. Doch dem stellten sich die mangelhaften Verkehrsverhältnisse hindernd entgegen. So erfährt man, daß auf ihrer Reise vom Kap nach Südwest ein von der Schutztruppe gestelltes Auto von der Gasmotorenfabrik Benz & Co., Mannheim, zwar weitgehend Verwendung fand, daß auch zuerst auf verhältnismäßig guten Wegen größere Störungen nicht vorkamen, daß jedoch, sobald die guten Straßen verlassen werden mußten, Dernburg und die Herren seines Gefolges auf ihrer dreitägigen Tour durch die Karru gezwungen waren, das Automobil im Schweiße ihres Angesichts fast ebenso lange zu schieben, wie sie in ihm gefahren waren. Ob gar die später gezeigte Ungeduld, ja Animosität des Herrn Staatssekretärs gegen Südwest und seine Menschen schon damals ihren Anfang nahm?

Wie dem auch sei, endlich konnte die Deutsch-Südwestafrikanische Zeitung ihrem erwartungsfrohen Leserpublikum bekanntgeben, daß der hohe Besucher am 14. Juli 1908 von Upington mit Karre in Ukamas eingetroffen und sofort in Eilmärschen nach

Warmbad weitergereist sei. Da heißt es wörtlich: »Die Warmbader Bevölkerung begrüßte den Staatssekretär, die Missionsschule brachte ihm ein Ständchen. Die Weiterreise nach Seeheim–Keetmanshoop erfolgte am 18. Juli zu Pferd und zu Wagen, da die sandigen Wege für die in Keetmanshoop stehenden Automobile nicht befahrbar waren.«

Aha, die vierbeinigen PS erwiesen sich also als zuverlässiger. Auch für die Mitteilung »in Eilmärschen« läßt sich Verständnis aufbringen, denn spätestens jetzt mußten Dernburg und Rathenau aus ständig neuen, euphorischen Zeitungsmeldungen erfahren haben, daß ganz Lüderitzbucht vom Diamantenrausch erfaßt war, daß sich jedermann als Schatzgräber betätigte und vor Freude ganz toll war. Schwarz auf weiß stand zu lesen: »Lüderitzbucht steht im Zeichen der Diamantenfunde. Alles hat Schürfscheine, *alles liegt im Sand und scharrt nach Diamanten*. Das Feld, wo man mit einiger Wahrscheinlichkeit auf das Vorkommen der edlen Kristalle rechnen kann, ist vollständig belegt, vergeben! Daher werden jetzt Schürfscheine auf Stellen, die besonders günstig erscheinen mit 1000 Mark das Stück gehandelt. (Bei Lösung eines Schürfscheines werden bekanntlich 60 Mark für sechs Monate im voraus bezahlt.) Trotzdem ist man der primären Lagerstätte noch nicht auf die Spur gekommen. Vermutungen gibt es viele ... vom Südpassatwinde hergeweht ... vielleicht die eigentliche Lagerstätte weiter südlich an der Küste unter den Dünen vergraben ...«

Doch es war keineswegs so, daß die zuständigen amtlichen Stellen ihre Pflichten versäumten. Die Deutsche Kolonial-Gesellschaft für Südwestafrika erteilte den Glückssuchern eine ernste Warnung: »Die Entnahme von Diamanten, die bei den Schürfarbeiten gefördert werden, ist nur zu Probe-, Versuchs- und wissenschaftlichen Zwecken gestattet. Dagegen darf nicht anderweitig, z.B. durch Schenkung oder Verkauf, darüber verfügt werden. Zuwiderhandlungen werden nach § 90 der Kaiserlichen Bergverordnung mit Geldstrafe bis zu 500 Mark oder im Unvermögen mit Haft bestraft.«

Und am 25. Juli erschien eine Nachricht »von den Diamantfeldern«: »Jeder, der Diamanten bei seiner Schürfarbeit fand, hielt sich bereits für den rechtmäßigen Eigentümer der Steine, und so war statt wirklicher Schürfarbeit ein wildes Wettsuchen nach den edlen Kristallen üblich geworden ... Es sind bis jetzt ca. 2500 Diamanten gefunden worden ... und damit haben die Finder, ohne zu wissen, daß dies nicht gestattet ist, einen flotten Handel getrieben.«

Genau an diesem Tag aber gegen 3 Uhr morgens war Dernburg mit Gefolge in Lüderitzbucht eingetroffen. Ob die Herren dann endlich ausgiebig der Ruhe frönen konnten, läßt sich nicht erkunden, doch man kann es sich nicht recht vorstellen, denn nun mußten sie ja mit eigenen Augen ansehen, was sie bisher nur durch Pressemeldungen erfahren hatten: die kleine Hafenstadt mit ihren so hart arbeitenden Handwerkern, Fischern, Kaufleuten, Soldaten und genügsamen Beamten war tatsächlich in einen wahren Taumel geraten. Die Szenen, die die Regierungsvertreter in dem kleinen Hotel beobachten konnten, müssen für die scharf rechnenden Finanzleute zur Qual geworden sein: da strömten die Kaufleute, Handwerker, Fischer, Ochsentreiber, Frachtfahrer, Seeleute, kurz alle, die über Nacht zu Glücksrittern geworden waren, zu jeder Tages- und Nachtzeit von den Diamantenfeldern herbei, schmissen Runden, luden alle restlichen Stadtbewohner dazu ein – soweit diese inzwischen nicht selbst schon zu Schatzsuchern geworden waren –, und wenn der feuchte Vorrat zu Ende war, riefen sie fröhlich: »Wirt bezahlen!« Und schon lief dieser eilfertig mit einer alten

Kolmanskuppe 1914

Die Bahnstation Kolmanskuppe

Zigarrenkiste herbei, stellte eine primitive Waage auf, griff lachend nach den Diamanten, die über die Theke rollten, wog gewissenhaft ab und sagte: »Stimmt!«

Spätestens dann wird Herr Dernburg den Entschluß gefaßt haben, sofort nach seiner Rückkehr nach Berlin drakonische Maßnahmen zu ergreifen, um diesem Treiben ein Ende zu setzen. Und am gleichen Abend noch, anläßlich jener bemerkenswerten Feier in Form eines Bierabends, mit der Bezirksamt und Bürgerschaft den hohen Gast ehren wollten, versuchte er bereits, wie schon erwähnt, der freudig herbeigeeilten Einwohnerschaft eine erste Lehre zu erteilen mit dem Hinweis, daß Mineralschätze (für sie) keine bestimmende Bedeutung hätten, nicht Brot, sondern nur die Butter auf dem Brot seien, wohinter die Warnung stand: Kehrt zurück zu euren Berufen. Bodenschätze sind Sache des Staates und nicht »des kleinen Mannes«.

Diese Reaktion eines kühl rechnenden Finanzmannes ist begreiflich. Aber nicht begreiflich ist, daß er den Bogen sofort überspannte, daß er fortan diktatorisch verfuhr mit der sich bereits ansässig fühlenden deutschen Bevölkerung, die mit Recht geglaubt hatte, eigene Wünsche äußern, eigene Vorschläge vortragen zu können, da schließlich sie die ganzen Lasten der vergangenen schweren Jahre, der Aufstände und ihrer Folgen getragen hatte. Doch der Staatssekretär sah in fast allen Südwestern, ganz gleich, ob sie erfolgreiche Kaufleute oder bekannte Farmer waren, nur kleine Leute, deren Meinung ihn nicht interessierte.

Daß dem tatsächlich so war, erfahren wir aus einer Rede des späteren Landesratsmitgliedes Gustav Voigts, in der dieser erwähnt, daß Dernburg damals, bei seinem anschließenden Besuch in Windhoek, die geachteten, zum Teil schon zwanzig Jahre in Südwestafrika lebenden und schaffenden Abgeordneten und ihre Vorschläge als »saudumm« bezeichnet und sogar erklärt hatte, daß wenn der Betreffende solches in Berlin vorbrächte, man ihm antworten würde, er sei ein Esel: sie sollten arbeiten, aber sich nicht um Politik kümmern. So wurde bereits damals – noch ehe die berühmten Dernburgschen Sperrverfügungen die Südwester in begreifliche Erregung versetzten – die Saat zu der später wachsenden, starken Opposition gegen Dernburg und seine Kolonialpolitik gelegt. Denn das, was damals in Windhoek die Abgeordneten dem Herren Staatssekretär des Reichskolonialamtes vor allem und hauptsächlich als Bitte vortrugen, war der Wunsch, ehe diktatorische Verordnungen in entscheidenden, Südwestafrika betreffenden Fragen von Berlin aus erlassen würden, auch die Meinung der Südwester anzuhören.

Übrigens waren es die Gebrüder Voigts, die bald danach ein Wort prägten, daß, wenn man es als Regierungsaufgabe im großen Stil befolgt hätte, für alle Zeiten unübersehbare, den Wohlstand fördernde Folgen für das ganze Land und seine Menschen gebracht hätte:
»Laßt uns die Diamanten in Wasser verwandeln!«
Eine grandiose Vision!

Doch wie ging die Wahrheit weiter?

Nachdem die Deutsche Kolonial-Gesellschaft, wie bereits erwähnt, nach Bekanntwerden der Diamantenfunde erste einschränkende Verordnungen erlassen hatte, ergingen nun im September 1908 von Berlin aus die eigentlichen Sperrverfügungen, die den immer noch zukunftsfrohen Lüderitzbuchtern einen grausamen Schlag versetzten. Als sie von dem Inhalt des entscheidenden Telegramms Kenntnis erhielten, bemächtigte sich ihrer eine ungeheure Erregung. Empörte Rufe gegen Dernburg wurden laut, der von nun an zum bestgehaßten Manne der Kolonie werden sollte. Aber ihr Zorn richtete sich keineswegs gegen die Regierung, gegen das Reich. Man wußte sofort zu unterscheiden. So geschah es, daß man dem zufällig in Lüderitzbucht weilenden Gouverneur von Schuckmann spontan einen Fackelzug darbrachte, denn zu ihm, dem Landesvater, hatte man Vertrauen und hoffte sogar, daß er wirkungsvoll Einspruch gegen die Mißachtung der Einwohner und ihrer Interessen erheben könnte. Er versprach auch, sein möglichstes zu tun. Aber leider zeigte sich bald, daß er machtlos gegen Dernburg und seine Maßnahmen war. Die daraus entstehenden Kontroversen zwischen ihm und dem Staatssekretär sollten später mit dazu beitragen, daß »Väterchen Schuckmann«, wie man ihn liebevoll nannte, sein hohes Amt niederlegte.

Und was geschah nun?

Das Kolonialamt sperrte das gesamte Gebiet südlich des 26. Breitengrades bis zum Oranje-Fluß in einer Breite von 100 km landeinwärts für die freie Schürftätigkeit. Zugleich wurde eine Tochtergesellschaft der Deutschen Kolonial-Gesellschaft für Südwestafrika, die Deutsche Diamanten-Gesellschaft, gegründet und ihr allein dieses Gebiet zur Auswertung zugesprochen. Außerdem gründete Dernburg die Diamanten-Regie-Gesellschaft. Alle Diamanten sollten fortan nur an diese Gesellschaft abgegeben und durch sie verkauft werden.

Dies waren, wie sich sofort erwies, sehr gründliche, sehr wohldurchdachte Maßnahmen, um von Berlin aus sogleich die Schatzkammer in Besitz zu nehmen und sie einer Teilhaberschaft der Südwester zu entziehen.

Später behauptete Dernburg, diese Maßnahmen seien notwendig gewesen, um sofort auftauchende englische Interessenten daran zu hindern, in das zu erwartende große Geschäft einzusteigen. Tatsächlich war dem Bericht, den die Deutsch-Südwestafrikanische Zeitung über den berühmtem Bierabend im Kappschen Saale gebracht hatte, zu entnehmen, daß sich unter den Gästen, die Lüderitzbucht während seines Besuches beherbergte, auch zwei Sachverständige der De Beers Corporation befanden, »die sich in sehr günstiger Weise über die bisherigen Funde und die mutmaßlichen Aussichten des späteren Abbaus äußerten. Dem Vernehmen nach bezeichneten sie unter anderem die ihnen zur Beurteilung vorgelegten Steine als *erstklassig,* eine Wertung, die gerade von der erwähnten Stelle ausgehend, für alle Beteiligten von ganz besonderem Interesse ist«.

Man erfuhr auch, daß die Leitung des Wirtschaftsgiganten in Kimberley zugegeben hatte, daß die südwestafrikanische Entdeckung für sie und die Stabilität ihres Marktes eine größere Gefahr bedeute als z.B. die Premier Mine, wodurch Dernburg die Erkenntnis gewonnen haben dürfte, daß für sein Amt ab sofort neue Dimensionen galten, daß es in seiner Hand lag, den internationalen Diamantenmarkt weiter zu gefährden oder ihn durch eigene scharfe Maßnahmen vor einer Destabilisierung zu bewahren.

Daß er jedoch glaubte, diese große Aufgabe nur lösen zu können, indem er die Südwester mit einem Federstrich enterbte, dafür aber 32 Bankhäuser, hauptsächlich in Berlin und Frankfurt, aufforderte, ein Minensyndikat zu bilden und daß dieses bereits im Verlauf des ersten Jahres 1300 % Dividende ohne jegliches Risiko, ohne jeglichen Einsatz einstreichen konnte, das brachte die von diesem horrenden Gewinn ausgeschlossenen Südwester und ihre Freunde auf die Barrikaden. Ja, die Enterbten hatten inzwischen engagierte Freunde gefunden, so den bereits 1903, also vor Dernburgs Auftreten, nach Südwest entsandten wirtschaftlichen Sachverständigen und Kommissar für Siedlungsangelegenheiten, Dr. Paul Rohrbach, sowie den Politiker Matthias Erzberger, der als Finanzexperte der Zentrumspartei und Mitglied des Reichstages die Möglichkeit fand, vor diesem Forum den Staatssekretär und seine Diamantenpolitik öffentlich anzuklagen.

Er verfaßte eine »Kampfschrift«, der er die Überschrift gab:

»MILLIONENGESCHENKE«

»Die Privilegienwirtschaft in Südwestafrika *gegen* die Verschenkung von Millionen von Staatseigentum an das Großkapital; *für* ein freies Deutsch-Südwestafrika, das dem ganzen deutschen Volke und den Kolonisten Neudeutschlands gehören soll.«

In der Schrift heißt es u. a.: »Das Auffinden von Diamanten in Südwestafrika gab den gesamten Bergrechten ein höheres Gewicht. Eine Reihe von Maßnahmen war erforderlich, um die Aufsuchung und Verwertung der Edelsteine zu sichern und zweckentsprechend zu gestalten. Was Dernburg auf diesem Gebiet leistete, verdient Anerkennung und zeugt von Geschick. Zu bekämpfen ist nur, wie er bei allen Anforderungen und Einrichtungen das Berliner Großkapital bevorzugte. Mit den Diamantenfunden setzt ganz zielbewußt die großkapitalistische Politik ein; denn immer da, wo er den Fiskus oder den südwestafrikanischen Schürfer hätte in Rechte treten lassen müssen, findet man Berliner und Frankfurter Großbanken, wie es die amtliche Diamantendenkschrift selbst sagt ...«

Gegenüber diesen Großkapitalistenkreisen, die allesamt nachweisbar nicht einen Pfennig in Südwestafrika riskierten und erst zugriffen, nachdem die hohe Ergiebigkeit der Funde feststand, sagt dann die amtliche Diamantendenkschrift von den in Südwestafrika bereits gebildeten Gesellschaften aus, daß sich unter ihnen Geschäftsführer, kleine Kaufleute, Handwerker, Eisenbahnangestellte, Juweliere, Prospektoren, Bauunternehmer, Farmer, Spediteure, Uhrmacher usw. befanden, mit der deutlichen Absicht, ihre Eignung für diese Posten anzuzweifeln.

Immerhin waren das die Menschen, die draußen in der Wüste, auf den Feldern bei Hitze und quälendem Durst Gesundheit und Leben gewagt und inzwischen praktische Erfahrungen gesammelt hatten. Ohne die harten Sperrgesetze hätte deshalb die Möglichkeit bestanden, daß sich im Laufe der Jahre der Gewinn aus den Funden über weite Bevölkerungskreise verteilt hätte.

In dem Schlußwort seiner »Kampfschrift« steigert Erzberger seine Anklagen mit einer dramatischen Warnung: »Die Dernburgsche großkapitalistische Gesellschaftspolitik ist ein *Unglück* für Südwestafrika und fördert letzten Endes nur den Ruf: ›Südwestafrika den Südwestafrikanern!‹ Von da an ist es nur ein Schritt bis zum südwestafrikanischen Staatenbund ... Die Kolonialgeschichte lehrt, daß die Lostrennung vom Mutterlande durch nichts rascher gefördert wird, als wenn Kolonialverwaltungen das kapitalistische Interesse der Heimat höher stellen als die Sorge um die zukünftige Entwicklung ihres Schutzgebietes ...«

435

Die verpaßte Sternstunde

Wir Heutigen können nicht ohne Erschütterung diese Kampfschrift lesen, denn wären damals die großen Gewinne, diese 1300 % Dividenden an unser Land zurückgegeben worden, wären sie zu einer landweiten, planmäßigen Erforschung aller unterirdischen Wasserläufe und zu großen Dammbauten verwertet worden, welchen Nutzen hätte Südwestafrika daraus gezogen, ganz im Sinne des bereits erwähnten, klugen Aufrufs:
»Laßt uns die Diamanten in Wasser verwandeln!«

Ja, damals hätte die Möglichkeit dazu bestanden.

Doch der leidenschaftliche Einsatz des ständig wachsenden Freundeskreises der Südwester fand ein immer stärkeres Echo, zumal auch August Stauch und seine Gefährten, also »die Männer der ersten Stunde« durch eigene, kluge Petitionen und geschaffene Memoranden selbst ihre Anliegen vorbrachten und zu diesem Zweck persönlich nach Berlin fuhren.

Da Dernburg jedoch alle Angriffe mißachtete und, um seine Verachtung der Einwohner zu untermauern, sogar behauptete, daß sie moralisch minderwertig seien, kam es schließlich und endlich zu einem Sturm gegen das Kolonialamt, der in der Folge zum Rücktritt Dernburgs führte.

Wurde anfangs nach dem oberflächlichen Aufsammeln noch per Hand gegraben und gesiebt, ...

Doch welche kostbare Zeit war inzwischen vertan und nicht nur das: damals waren bereits die Weichen für das große Diamantengeschäft gestellt worden, die dann durch Kriegs- und Nachkriegsjahre hindurch bis zum heutigen Tage nie wieder entscheidend verändert wurden. Denn wenn heute Juristen, Regierungsbeamte, Vertreter der allmächtigen CDM und scharfe Beobachter aus südwester Wirtschaftskreisen in gegenseitigem Angriffen klären wollen, ob unser Land in Wahrheit den ihm zustehenden, so dringend benötigten, gerechten Anteil an seinen Bo-

... kamen später elektrische Abraumbagger und maschinelle Waschanlagen zum Einsatz, um die Diamanten aus dem Sand heraus zu holen

Der morbide Charme von Kolmanskuppe als Geisterstadt, langsam von der Wüste zurückerobert – meisterlich fotografiert von Helga Kohl

denschätzen erhält, können die erfahrenen Konzernherren gelassen darauf hinweisen, daß sie ja – als in der Folge des ersten Weltkrieges auf juristisch korrektem Wege die Übernahme der deutschen Minengesellschaften und die Gründung der CDM (Consolidated Diamond Mines) erfolgte – die bereits vorhandenen deutschen Sperrverfügungen übernommen und auf ihnen aufgebaut hätten. Nur darum erschien es angebracht, die Tätigkeit des damaligen Staatssekretärs des Kolonialamtes in dieser Erinnerungsschrift so ausführlich zu beschreiben, jene Handlungsweise, die dann, wie erwähnt, als ein Unglück für Südwestafrika angeprangert wurde. Auch hilft diese Schilderung uns, besser zu verstehen, warum die wirtschaftlichen Auswirkungen der Funde auf unser Land nicht so groß waren, wie sie hätten sein können. Dr. Rohrbach faßte seine diesbezüglichen Untersuchungen in seinem hochinteressanten Buch »Dernburg und die Südwestafrikaner« wie folgt zusammen:

»Es lag auf der Hand, daß der Vorteil für das Land um so größer war, je mehr von den Diamantengewinnen *innerhalb* seiner Grenzen blieb und zur Investierung nach den verschiedenen Zweigen seines Wirtschaftslebens hingelangte. Umgekehrt mußte eine vollständige oder teilweise Monopolisierung der Gewinne an einer *außerhalb* Südwestafrikas ansässigen Stelle den Interessen Südwestafrikas schädlich sein. Es hätte natürlich sehr viel zum allgemeinen wirtschaftlichen Aufschwung der Kolonie beigetragen, wenn diejenigen Kreise der Bevölkerung, die schon seit alters ansässig geworden waren und eine Rückkehr nach Europa überhaupt nicht mehr erwogen, Gelegenheit zur Beteiligung in Lüderitzbucht erhielten. Die Kapitalsbildung in Südwestafrika hätte sich auf diese Weise auf kolonialer Grundlage kräftig emporentwickeln können.«

Hätte! Es würde sich heute [1984] kaum noch jemand für Rohrbachs Ausführungen interessieren, wenn nicht die Parallelen zwischen den damaligen Fehlern und unseren heutigen Problemen gar so augenfällig wären.

So können wir im Rückblick auf diese Geschehnisse und auf die uns daraus bis in die Jetztzeit erwachsenen wirtschaftlichen Sorgen nur schmerzlich resigniert feststellen: Es ist alles schon dagewesen, und »es geschieht nichts Neues unter der Sonne«.

Die Fehler waren gemacht worden. Um so erstaunlicher und bewunderungswürdiger ist es, daß es den Südwestern dennoch gelang, aus den Diamantenfunden bedeutenden Nutzen zu ziehen. August Stauch und seine Gefährten, die Männer also der ersten Stunde, gehörten wenigstens nicht zu den Enterbten, wenngleich auch ihnen das Arbeiten und ihre weiteren großen Planungen erschwert wurden. Doch durch den Vorsprung, den sie besaßen, hatten sie ihre ordnungsgemäß erworbenen Felder noch vor dem Inkrafttreten der Sperrverfügungen juristisch gut absichern können.

So gab es mindestens vier Gesellschaften, die ihren Betrieb vorerst fortführen konnten. Ferner waren noch etliche, gültige Schürfscheine im Umlauf, die nicht sofort für wertlos erklärt werden konnten. Und dann erwies sich auch hier – wie überall in der Welt, wo durch Entdeckung reicher Bodenschätze Fremde in großer Anzahl herbeiströmten –, daß diejenigen die Klugen sind, die verstehen, sich auf deren Bedürfnisse einzustellen, also die Kaufleute, die Gastwirte, die Versorgungsbetriebe aller Art sowie die Handwerker, Frachtenfahrer usw. Einige der heute bekannten Handelshäuser dürften damals die Grundlage zu ihrem Wohlstand gelegt haben. Auch die Infrastruktur profitierte davon, wozu August Stauch selbst in bedeutendem Maße beitrug. Ja, der einstige kleine, asthmakranke Eisenbahnangestellte war durch seinen großen Erfolg, den er der eigenen Klugheit verdankte, zu einer anerkannten Persönlichkeit geworden. Man übertrug ihm Ehrenämter und wählte ihn in den Landesrat, wo er die Anliegen der Lüderitzbuchter vertrat und leidenschaftliche Ansprachen hielt, die zu weitreichenden Resolutionen führten. Zugleich gab er anderen durch seine Handlungsweise ein hervorragendes Beispiel, wie in den Presseberichten jener Jahre besonders betont wurde, d. h. er legte einen bedeutenden Teil seiner Gewinne im Kauf von Farmen an, die er versuchte, mustergültig zu entwickeln. Zugleich ließ er die erste Diamantenfelderbahn entstehen, die zu einer der teuersten Kleinbahnen der Welt wurde, eine Bahn, die über Diamanten fuhr und mit Diamanten bezahlt wurde. Auch für den Bau des großen Lüderitzbuchter Elektrizitätswerkes, das im Jahre 1911 in Betrieb genommen werden konnte, zeichnete Stauch mitverantwortlich, wodurch er bereits für elektrischen Strom auf den Diamantenfeldern sorgte.

Aber nicht nur Lüderitzbucht, das damals die noch heute bewunderten, schönen, architektonisch interessanten Gebäude im Jugendstil erhielt, breitete sich aus, auch mitten in der Wüste, in der Nähe der Förderanlagen, entstanden kleine, aufblühende Ortschaften, in denen so ziemlich für alles gesorgt wurde, was die dort Arbeitenden und ihre Familien benötigten. Und nachdem sich durch die Abdankung Dernburgs langsam aber sicher auch die wirtschaftliche Lage der südwester Diamantenförderer und damit automatisch der ganzen Geschäftswelt weiter verbesserte, erhielt das ohnehin stets sehr muntere gesellschaftliche Leben in der Diamantenstadt neuen, belebenden Schwung, ja, einen Hauch von Eleganz und gesichertem Wohlstand.

Es wurden die glücklichsten Jahre für alle. Handel und Wandel begannen zu blühen, Arbeit und Einsatz Früchte zu tragen, bis der Krieg über das ahnungslose, ungewappnete Land hereinbrach und den großen Zielen, den großen Projekten ein urplötzliches Ende bereitete.

Der tragische Verlust

Es war begreiflich, daß die Minen erst einmal stillgelegt werden mußten, bis man sie nach der Besetzung durch die südafrikanischen Truppen auf Wunsch General Bothas in bestimmtem Ausmaß wieder eröffnete. August Stauch befand sich zu dieser Zeit in Deutschland, genauer: in dem prachtvollen Haus, das er in Berlin-Zehlendorf für seine Familie errichtet hatte. Viele bekannte Zeitgenossen aus der Welt der Literatur, der Wissenschaften und der schönen Künste waren dort gern gesehene Gäste.
Er teilte bereits seit einigen Jahren sein Leben zwischen Südwest und Deutschland auf, d. h., er verbrachte je ein halbes Jahr in seinen Minen- und Farmbetrieben und das andere bei seiner Familie in Berlin.

Selbstverständlich war auch er zum Kriegsdienst eingezogen worden, doch da ihn sein altes Asthmaleiden wieder packte, kam für ihn nur noch Heimateinsatz in Frage. Inzwischen begann sein langjähriger, bewährter Freund, Dr. Erich Lübbert, der als 1. Vorsitzender der Lüderitzbuchter Minenkammer über reiche Erfahrung verfügte, Pläne auszuarbeiten, um einer möglichen Enteignung der südwester Diamantminen vorzubeugen. Diese fanden großes Interesse auf südafrikanischer Seite, mit dem Erfolg, daß sofort nach Kriegsende die diesbezüglichen Verträge abgeschlossen werden konnten. Der bis zuletzt geheimgehaltene Interessent war die Anglo-American Corporation in Gestalt Ernest Oppenheimers. Stauch gab allerdings zuerst nur zögernd seine Zustimmung zum Verkauf, zumal er damit seine Rolle als Diamantenkönig aufgeben mußte und nun zum Nur-Aktienbesitzer der Neugründung, der Consolidated Diamond Mines (CDM) wurde.

Immerhin blieb ihm dadurch ein bedeutender Teil seines Vermögens auch noch während der Inflation erhalten. Doch was diese nicht erreicht hatte, schaffte die bald darauf folgende Weltwirtschaftskrise, die Bankhäuser in aller Welt und ganze Wirtschaftsimperien in den Konkurs trieb. Stauchs wohl allzu kühn und allzu groß errichteten anspruchsvollen Gesellschaften, die pharmazeutische Fabrik »Asta-Werke« sowie eine Landwirtschaftliche Entwicklungsgesellschaft, die im großen Stile Landkäufe für Neusiedler in Südwest getätigt hatte, sie alle brachen in einer Kettenreaktion zusammen.

Man sagt heute, daß August Stauch nicht gezwungen gewesen wäre, in die große Liquidation die noch vorhandenen Werte in Südwestafrika einzubringen, wohin er nach der deutschen Katastrophe mit seiner Familie zurückgekehrt war; denn ein Teil des Farmbesitzes war auf die Namen seiner Frau und seiner Kinder eingetragen, aber sein eiserner Grundsatz lautete: Ein deutscher Mann hat keine Schulden. Als letztes Refugium blieb ihm und den Seinen nur noch die gut ausgebaute Farm Dordabis. Als auch sie unter den Hammer kommen sollte und schon die Auktion vor dem Postamt in Windhoek angesetzt worden war, zeigte sich, daß kein Südwester gewillt war, der Familie diesen letzten Besitz zu nehmen: Es erfolgte kein einziges Angebot. So blieb wenigstens diese schöne Farm den Stauchs noch lange Jahre erhalten.

Daß der Zusammenbruch seines Reiches ihn viel Nervenkraft und seine Gesundheit gekostet hat, ist begreiflich, obwohl es seiner eigenen Frau oft erschien, als ob das äußere Drama seinen Geist nicht zu berühren vermochte. Vielleicht aus der Erkenntnis »alles ist eitel« wandte er sich jetzt mit der gleichen Energie, die er früher seinem Diamantenreich gewidmet hatte, der Welt des Geistes zu, den mathematischen und physikalischen Bereichen. Er begann einen intensiven Schriftwechsel mit Lehrern und Wissenschaftlern, lud sie in sein Haus ein, studierte bis in die Nächte, ja, beschloß schließlich, sich noch im Alter von 60 Jahren an der Breslauer Universität immatrikulieren zu lassen. Diese Reise nach Deutschland wollte er zugleich mit einer notwendig gewordenen, ärztlich verordneten Kur verbinden.

Daß ihm dann ausgerechnet die Erfüllung dieses letzten Wunsches, des Wunsches, fortan nur noch den Wissenschaften zu dienen, einen so schweren Tod brachte, einen Tod in bitterster Armut und Einsamkeit, läßt sein einst so glanzvolles, erfolgreiches Leben als Tragödie enden: Flucht von Breslau in sein eigenes, bescheidenes Geburtshaus in Thüringen, dort nur geduldet, zeitweise verhaftet von der russischen Besatzungsmacht, aller finanzieller Mittel entblößt, ohne die geringste Aussicht auf eine baldige Heimkehr zu den Seinen nach Südwest, hungernd, gepeinigt von Schmerzen, todkrank. Aufnahme in einem Krankenhaus, Diagnose: Krebs. Dort abgezehrt, bitterarm, ein Schatten seiner selbst und doch in seltsamer Abgeklärtheit im Alter von 69 Jahren sterbend.

Kann man deshalb heute noch lächelnd amüsante Geschichten über den oder die Entdecker der Diamanten erzählen? Wohl kaum: zuviel Tragisches ist in Verbindung damit bis in die Jetztzeit – auch heute immer aufs neue – geschehen.

Und doch wäre es ungerecht, einen solchen Bericht über die große Zeit der südwestafrikanischen Diamantenfunde in einem negativen Ton ausklingen zu lassen. Das lehrte mich mein letzter Besuch bei Ida Stauch – Oma Stauch, wie die Familie und ihre Freunde sie liebevoll nannten. Es war nicht lange vor ihrem Tode im August 1972 in ihrem kleinen, bescheidenen Zimmer im Susanne-Grau-Heim, dem deutschen Altersheim in Windhoek. Über ihrem Bett hingen eingerahmt zwei Photographien ihres Mannes. Die eine, die wohlbekannte, zeigte ihn, den Erfolgreichen, lächelnd auf seinen Diamantenfeldern. Die andere, die unbekannte, ließ das ernste Gesicht eines weisen alten Mannes, eines Philosophen erkennen.

Und philosophisch klangen auch die Worte der Frau, die sein erregendes Leben geteilt hatte: »Ich mag es nicht, wenn die Leute reden, als hätten Diamanten einen Selbstzweck, als sollte man sie horten. Nicht um ihres eigenen Wertes sind sie zu loben, sondern nur für das, was sie unserem Lande Gutes brachten.«

Und während sich ihre müdgewordenen Augen der aufsteigenden Silhouette der Stadt zuwandten, fügte sie hinzu: »Und wenn uns Stauchs auch nichts von ihnen blieb, so waren sie doch der *Motor,* der alles in Bewegung setzte und Südwestafrika zu dem machte, was es heute ist.«

Die Fischerei
Eine schmerzliche Entwicklungsgeschichte

Sigrid Kube (1984)

Aktualisierung: Jan Jurgens

Das Szenarium ist fast 1600 km lang, 200 Seemeilen breit. Für den Entwurf hat der Künstler die schönsten Farben gemischt. Ein immer blauer Himmel spiegelt sich in den silbrigen Wassern des Meeres. Der grellgelbe Sand am Ufer geht in ein flimmerndes Orange der nahen Dünen über. Viele Schiffe mit bunten Flaggen schwimmen auf dem Atlantik. Von ihnen werfen die Fischer ihre großen Netze aus. Sie landen Unmengen von Fischen an, so dass die Fischindustrie heute zu den vier wichtigsten Säulen der namibianischen Wirtschaft gehört.

Etwas über 500 Jahre ist es her, da entdeckte der portugiesische Seefahrer Bartolomeo Diaz 1487 die Bucht am 23. Breitengrad. Im 16. Jahrhundert taufen andere portugiesische Weltumsegler den natürlichen Hafen »Bahia des Bahleas«, die Walfischbucht, wegen der vielen Wale, die sie dort sichten. Und im 19. Jahrhundert schwärmt der Forscher James Chapman (1831–1872) – er bereist das Land zwischen 1855 und 1861 – vom Fischreichtum vor Südwestafrikas Küste: »Wir haben während unseres Aufenthaltes täglich zwei bis drei Wale beobachtet, die in der Bucht spielten. Tümmler kommen in großen Schwärmen und so nah an das Gestade, daß man sie von dort aus harpunieren könnte. Kleinere Haie erlegten wir im seichten Wasser und unmittelbar am Strand mit Speeren. Auf die gleiche Weise haben wir Rochen verschiedenster Gattungen gefangen. Auch Seezungen sind hier sehr häufig. Hin und wieder ha-

Fischereischiff in Walvis Bay

ben wir eine Robbe erjagt.« Und Chapman fährt fort: »Aus dem schwarzen Hai könnte Öl von der Qualität des Lebertrans hergestellt werden. Aus der Leber eines Tieres von 22,5 Fuß Länge sollen allein 88 Gallonen Öl gewonnen worden sein.«

Fischer, die sich vom Kap her in diese Gewässer wagten, berichteten von Riesenschwärmen kleiner Fische, die Seehechten, Seevögeln und Robben als Nahrung dienten. Angler zogen von Swakopmund bis Sandwich Harbour reiche Beute aus dem Wasser, um die man sie in der ganzen Welt beneidet hätte. Heute sind Sardinen (Pilchards) und Anschovis vom Aussterben bedroht. Die Gemüter erhitzen sich über die Ursache. Eine offene Meinung: »Es ist die Schuld der Ausländer.« Eine andere: »Es ist Überfischung.« Ein Bootseigner aus Walfischbucht: »Es gibt eine Anzahl von Phänomenen, die bei der Reduktion des Fischfangs eine Rolle spielen – die Ausländer, die südafrikanischen Fabrikboote, die Wassertemperatur, die Fische selbst.« Und ein Angestellter einer Konservenfabrik: »Die Wissenschaftler haben ihre Theorien, aber die passen nicht mit der Praxis zusammen. Die sagen, es ist überfangen worden, dann kriegen wir im Jahr darauf eine große Menge rein – wo kommt der Fisch her?«

1947 beginnt die Walvis Bay Canning Company, später Ovenstones, mit der Anschovis-Verarbeitung. Die Fänge übersteigen schon bald die Kapazität der Fabrik. Nach einer Modernisierung werden 15 t Fischmehl pro Stunde hergestellt.

Ein Jahr später, im Oktober 1948, eröffnete die West-Coast-Fishing Industries Ltd. ihre Pforten und produziert die doppelte Menge Fischmehl. Die neue Tuna Corporation of Africa Ltd. etabliert sich als dritte Fischkonserven-Fabrik auf dem Markt.

Im Juli 1949 wird ein Gesetz über die Fischverwertung verabschiedet. Die Fischfabriken und Fangboote werden lizenzpflichtig. Die zu fangende Fischmenge wird reguliert.

1950 wird der erste Meeresbiologe in Walvis Bay stationiert. J. P. Mathews übernimmt zwei Jahre später das in Lüderitzbucht gebaute Forschungsboot, die *Namib II*.

Innerhalb der nächsten fünf Jahre schießen in Walfischbucht fünf weitere Fischfabriken aus dem sandigen Boden. Die Fangergebnisse schnellen in einem Zeitraum von nur zehn Jahren von 2720 t im Jahr 1948 auf 223.740 t in 1958 hoch. Die Fischindustrie rückt nach dem Bergbau auf den zweiten Platz im Exportgeschäft Südwestafrikas. Schon 1955 werden in Walfischbucht 52.245 t Fischmehl, 11.158 t Fischöl und 1.164.461 Kartons Fischkonserven hergestellt. Auch der Langustenfang und seine Verarbeitung in Lüderitzbucht erleben in den 50er Jahren einen spürbaren Aufschwung. Doch das Zentrum der Fisch-Industrie bleibt Walvis Bay. Hier produzieren 1969 acht Fischfabriken Konserven, Fischmehl und -öl, zwei zusätzliche verarbeiten den sogenannten Weißfisch aus der getrennten Hochseefischerei zu tischfertigen Produkten.

Aus dem kleinen verträumten Hafenort mit knapp 1000 Einwohnern wird eine blühende Stadt von 18.000 Bürgern. Menschen aller Schattierungen strömen aus allen Richtungen herein, um an den silbrigen Schuppen klingende Münze zu verdienen. Schnell schwimmt das Geld in ihre Taschen, Millionen Fische ins Netz. 1.561.360 t werden 1968 gefangen, davon 1,3 Mio. t Sardinen, 161.000 t Anschovis, 2760 t Hochseefische, 2000 t Seehecht und 8600 t Langusten.

Der Fischreichtum an der südwestafrikanischen Küste und seine damals staatenlosen Gewässer locken Schiffe aus vieler Herren Länder an. »1964«, erzählt ein damaliges Fischereibeiratsmitglied im Jahre 1984, »kamen die ersten Russen mit kleinen Fangbooten, mit denen sie Experimente durchführten. Damals tummelten sich 30 Ausländer auf See, heute sind es 170 Boote. Die teilten sich ihre Quoten untereinander vom Kunene bis runter zum Oranje auf. Erst wenn wir eine international anerkannte Regierung haben, werden wir unsere 200-Meilen-Zone beantragen, bewachen und verteidigen können.«

Die International Commission for the South East Atlantic Fisheries (ICSEAF, Internationale Kommission für die Südost-Atlantik-Fischerei) wird 1971 in Madrid gegründet. Sie vergibt für Fänge an der südwestafrikanischen Küste beachtliche Quoten an Länder der nördlichen Halbkugel, wobei die UdSSR für Seehecht mit durchschnittlich rund 35% abschneidet. Obwohl sich Länder wie Polen, Rumänien, Japan, Bulgarien, die DDR, Portugal, Israel, Italien, Irak, Kuba und Taiwan samt und sonders an der Ausplünderung beteiligen, geht der Löwenanteil an die damalige Sowjetunion und an Spanien, die zu-

Das aufgerollte große Schleppnetz

sammen auf etwa 60–80% der jährlichen Seehecht-Fänge kamen. Südafrika kommt auf einen Fanganteil von etwa 10 %, darin bereits die in Walvis Bay beheimateten Betriebe enthalten. Das damalige Westdeutschland, ebenfalls ein ICSEAF-Mitglied, ist nicht unmittelbar an den Fängen beteiligt, sondern überträgt ihren jährlichen Anteil auf andere Mitglieder.

Sofort nach der Unabhängigkeit dehnt die neue namibianische Regierung die exklusive Wirtschaftszone auf 200 Seemeilen aus, und die ICSEAF stirb eines natürlichen Todes. Als eine letzte Todeszuckung hat die Kommission auch noch die Unverfrorenheit, Namibia zu einer Mitgliedschaft einzuladen!

Und da waren noch andere Plünderer, gleich aus der Nachbarschaft: Seit 1966 und 1967 setzt Südafrika zwei Fabrikschiffe, die *Willem Barendsz* und die *Suiderkruis* ein, deren Quoten über die Köpfe der warnenden Meeresbiologen hinweg hochgeschraubt werden. So erhalten die Fischfabriken z.B. 1968 eine Fangquote von 880.000 t, die zwei Fabrikboote jedoch 5.000.000 t. Dabei empfehlen die Kapstädter Meeresforscher sogar ein vorübergehendes Einstellen des Fischfanges in Südwestafrikas Gewässern.

Dazu empfahl am 27. Februar 1970 das südafrikanische Wirtschaftsministerium, in der beginnenden Saison an Südwestafrikas Küste weniger zu fangen, um das Problem des Überfischens lösen zu helfen.

Gleichzeitig schlägt die südafrikanische Regierung (als Mandatar von Südwestafrika/Namibia) der südafrikanischen Fischfabrik Sarusas Ontwikkelings Koporasie vor, ganz auf ihre Walvis Bayer Quote (9000 t) zu verzichten. Südafrika will als Ersatzleistung 4,5 Mio. Rand für einen Hafenbau an der Möwebucht, 475 km nördlich von Walfischbucht entfernt an der Skelettküste, bereitstellen.

Zur Ausführung dieser fantastischen Idee, einen eigenen Hafen an der südwester Küste zu bauen, soll es nicht kommen. Warum geht dieser Traum, den die Namibianer schon seit 100 Jahren vor sich sehen, nie in Erfüllung?

Ein Walvis Bayer Fabrikangestellter: »Die Möwebucht ist keine Bucht als solche. Erst kommen Klippen, dann wieder ein langer Strand, die Küste wechselt zwischen Felsen und Sand. Die geographischen Bedingungen sind ungünstig. Soviel ich gehört habe, laufen die Riffe verkehrt zur Brandung. Ein anderes Problem ist auch das Süßwasser. Zwar soll es dort viel Wasser geben, aber ob das ausreicht, eine Industrie zu versorgen, ist fraglich. Dazu kommen die Entfernungen, die Transportkosten, die Entwicklung einer Infrastruktur. Befürworter sagen, es gibt ja im Kaokoveld Mineralien, die gleichzeitig exploriert werden könnten. Aber«, so fährt er fort, »die Fischindustrie in Walfischbucht wird es nie zulassen, in den nördlichen Gebieten einen neuen Hafen bauen zu lassen. Das ist der Grund. Denn die wissen, daß der Hauptanteil der Fische im Norden vorkommt. Auch wenn die Regierung von Südafrika zustimmen würde, so kann sie nichts alleine gegen die Fischindustrie ausrichten, das gibt es in keinem Land der Welt.«

Viele Jahre später, nach der Unabhängigkeit, befasst sich die namibianische Regierung erneut mit dem Thema eines Hafens an der nördlichen Küste. Eine vorläufige Machbarkeitsstudie wurde erstellt, und so ganz sind die Pläne noch nicht wieder vom Tisch.

Im Jahr 1970 kommt es zu einem kleinen »Fischkrieg« zwischen der Administration für Südwestafrika und den beiden südafrikanischen Fabrikschiffen. Sie werden dabei ertappt, auch innerhalb der 12-Seemeilen-Zone Pilchards zu fangen. Ein Jahr später werden sie in ihre Heimathäfen in Südafrika zurückgezogen. Als Gegenleistung erhalten die Eigentümer der Fabrikschiffe eine Fischquote von 50.000 t für eine an Land gelegene Fischfabrik in Walvis Bay.

Ein paar fette Jahre folgen. Die Dividenden der Fischereiaktien steigen bis auf nahezu 90% des Einsatzes. Die Fangquote für Pilchards und Anschovis steigt 1974 auf 945.000 t. 11,5 Mio. Kartons à 48 Dosen, das sind 552 Mio. Fischkonserven, werden produziert. Die Hafenstadt Walvis Bay verfügt über die höchste Konzentration von Konservenfabriken auf der ganzen Welt.

Und von da an geht's bergab. Das Meer fordert seinen Tribut. Oft bleiben die Fischschwärme aus. Am 1. September 1977 scheidet Walfischbucht aus der Verwaltung Südwestafrikas aus und wird von der südafrikanischen Regierung der Verwaltung der Kapprovinz unterstellt. Im gleichen Jahr ruft der erste General-Administrator Südwestafrika/Namibias, der ehemalige südafrikanische Richter Marthinus Theunis Steyn, einen neuen südwestafrikanischen Hochseefischereibeirat ins Leben. Er soll für die Kontrolle des Fischfanges sorgen, Überfischung unterbinden und mit den Meeresbiologen zusammenarbeiten. Dazu ein Mitglied des Fischereibeirates im Jahre 1984: »Wir haben auf der einen Seite Südwestafrika und auf der anderen Seite die Republik (Südafrika). Und die Leute, die in der Wissenschaft arbeiten, sind drüben in der Republik, die haben im Augenblick auch das Sagen hier. Aber das ist zu politisch«, er bremst sich, »man kann ja überhaupt nichts sagen im Moment.« – Und was unternimmt der Hochseefischereibeirat jetzt? »Doch, er unternimmt schon was«, sagt der Walvis Bayer, »wir haben Forschungsboote, wir haben Patrouillenboote, wir haben Küstenschutzboote, die angeblich draußen rumfahren. Wir haben in der Republik die 200-Seemeilen-Zone und in Südwest nur die 12-Seemeilen-Zone. Das sind unsere eigenen Fischgründe. Alles andere darüber hinaus, gehört zu den internationalen Gewässern. Denn die 200-Seemeilen-Zone vor unserer Haustür ist noch nicht anerkannt worden, weil wir ja kein Staat sind. Südafrika wird sicher keinen Krieg machen, um die Fischgründe Südwestafrikas aufrechtzuerhalten. Was können wir gegen die Großmächte wie die Sowjetunion oder den Westen tun?«

Tatsache war, dass der südafrikanische Generaladministrator 1979 die Ausdehnung der Wirtschaftszone auf 200 Seemeilen mit Wirkung ab 1. April 1981 verkündete, doch der Rest der Welt lehnte es verständlicher Weise ab, diese südafrikanische Initiative anzuerkennen (weil die südafrikanische Verwaltung als illegal galt). Selbst Finnlands Vorschlag an den UN-Rat für Namibia (damals sozusagen die von der UNO eingesetzte »Regierung« für Namibia, deren Beschlüsse international Geltung gehabt hätten), eine 200-Seemeilen-Zone zu erklären, scheiterte am Widerstand der Sowjetunion und der SWAPO. Das war ebenso verständlich, denn einige der engagiertesten Unterstützer der SWAPO in ihrem Befreiungskampf waren ICSEAF-Mitglieder, die etwa 800.000 bis 1 Mio. t Fisch aus namibianischen Gewässern holten – umsonst!?

Schließlich brachte die Unabhängigkeit Namibias 1990 nicht nur die politische Freiheit für die Bevölkerung, sondern auch eine rechtzeitige Rettung seiner Fischbestände.

Zurück nach 1977. Jetzt liegt die Fangquote für pelagischen Fisch bei 240.000 t. Ein Jahr später. Die ersten Fischfabriken werden geschlossen bzw. fusioniert. Metal Box, eine Büchsenfabrik, macht zu. Wieder geht es um die alte Frage, warum der Fischreichtum an Südwestafrikas Küste im Meeresboden versinkt. Ist es Überfischung, rauben die ausländischen Boote das Naturprodukt, liegt es an der Strömung, der Wassertemperatur, an der Fischwanderung selbst? Ein Angestellter einer Fischfabrik: »Der Fisch beschützt sich ja selber, indem er auf einmal weg ist. Von einem Tag zum anderen. Wir haben im Jahre 1983 direkt vor Walfischbucht Anschovis in solchen Mengen gefangen, wie in manchen Jahren zusammengenommen nicht. Die Quoten waren schon fast vor Ende der Saison (15. März bis 31. August) gefangen. Und wir haben uns gesagt, wir haben ja noch vierzehn Tage, brauchen uns nicht zu beeilen. Da, plötzlich war er weg. Und die Wissenschaftler sagen, es ist überfangen worden. Dann kriegen wir im Jahre darauf Riesenmengen rein, wo kommt der Fisch her? Die Theorien der Wissenschaftler sprechen total gegen die Praxis, gegen die Art und Weise, wie sich der Fisch bewegt, gegen den Zyklus. Da kann ich nur lachen.« Der Südwester befragt und antwortet sich selbst: »Was macht der Fisch? Wenn die Boote kommen, fängt er an wegzuziehen, geht an die Küste, geht in die Brecher rein, wohin die Schiffe nicht kommen. Dann auf einmal schwimmt er wieder raus, zieht nach Süden oder nach Norden. Dort fangen die Fischer plötzlich wieder Anschovis. Die sind aber nun kleiner als die, die sie im Süden gefangen haben - also nicht derselbe Fisch, nicht aus demselben Schwarm. Denn die Anschovis werden ja nicht kleiner, wenn sie ziehen, höchstens größer. Doch die Meeresforscher sagen, der Anschovis zieht in den Süden und kommt wieder zurück. Wenn sie aber in den Süden ziehen und man größere Tiere im Süden und kleine im Norden fängt, kann das nicht stimmen. Das sind nur Tagesabstände in denen die verschiedenen Größen gefangen werden.

Die Industrie hat festgestellt, daß die Pilchards (Sardinen) hauptsächlich bei Wassertemperaturen von 14 bis 16° und darüber kommen, Anschovis unter 13°. Das Wasser war in diesem Jahr aber manchmal bis zu 23° warm. Und das sind Erfahrungen von Fischerleuten selbst, die hier groß geworden sind. Die sagen, wenn die Wassertemperatur nicht stimmt, kommt der Fisch nicht. Unser Argument ist immer«, fügt der Angestellte im mittleren Management einer Fischfabrik hinzu, »wir haben an unserer Küste nie eine Schonzeit. Obwohl wir sechs Monate stilliegen, in diesem Jahr haben wir sogar während der Saison von Mitte Juni bis Mitte Juli eine freiwillige Fangpause eingelegt, arbeiten die Ausländer zwölf Monate hindurch. Auch, wenn sie nicht unbedingt die Sardinen und Anschovis fangen, so bedeuten sie doch eine Störung, es gibt keine Ruhepause. Die Walfischbuchter Fischer können von ihren Fenstern aus die internationalen Schiffe beobachten, wie die Fangboote ihre Beute in die Transportboote umladen. Sie fahren weiter und verkaufen den Fisch gleich an die westafrikanischen Länder bis auf die Menge, die sie selbst dringend zu Hause nötig haben.«

Mit der Fusion der Fischfabriken Ende der 70er Jahre werden die Firmennamen geändert. Durch die Verlegung der Verwaltung nach Kapstadt müssen sich die neuen Eigentümer auch neu registrieren lassen – in der Republik von Südafrika. Auch die Quoten werden neu verteilt. Etwa zehn Jahre später wird die Verwaltung über die eigenen Fischressourcen von Kapstadt wieder zurück nach Windhoek gelegt, zur damaligen »Interimsregierung« von SWA/Namibia. Nach langen Verhandlungen kam man schließlich überein, dass die Interimsregierung über 86% der Quoten verfügen konnte und Südafrika über den Rest. Sogar die Finanzbehörde in Pretoria willigte ein, dass die Firmen in Walvis Bay ihre Steuern und Abgaben nach Windhoek zahlen. In einem Jahr erhöhten sich die Steuereinnahmen von den Fischereibetrieben und Fischfabriken von mageren 2 Mio. Rand auf 16 Mio.

Nach den Aussagen eines Fabrikmanagers sieht der Kollaps der Firmen von damals ab 1978 so aus: »Sie hatten immer Profit gemacht, nie Verlust. Das Schließen hat nur etwas mit unserem kapitalistischen System zu tun. Sie wollten sich nie der Gefahr aussetzen, weniger Gewinn zu machen. Warum sollen wir uns mit einer Mio. Rand Profit zufrieden geben, wenn wir zehn Mio. Rand machen können? Das hat nichts mit ökonomischem Überleben zu tun. Sie haben nur rationalisiert nach dem Motto: Halte deinen Profil so hoch wie möglich bei niedrigsten Unkosten. Wenn wir die Kapazität einer Fabrik haben, um dieselbe Arbeit zu leisten wie drei, warum nicht zwei schließen und nur mit einer arbeiten, aber die Quote von drei erhalten! Die Fabriken hatten eine Quote für Pilchards und Anschovis von 945.000 t, die ging runter auf 35.000 t. Sie haben neue Fabriken in Chile eröffnet und ihre Einrichtungen dorthin verschifft.«

Mit der Rückübertragung der Fischerei-Verwaltung von Kapstadt nach Windhoek kam auch Pieter Kruger (57) als Wirtschaftssekretär aus Südafrika nach Südwestafrika/Namibia. Damals schaut er zurück: »Als ich 1977 ins Land kam, betrug die Sardinen-Quote noch 240.000 t, 1978 220.000 t. Dann habe ich sie 1979 drastisch auf 60.000 t gesenkt, um einem Überfischen entgegenzulenken. Dafür wurde ich nicht geliebt. 1980 setzte ich sie runter auf 30.000 t, 1981 auf Null für die Konservenverarbeitung. Seit 1982 wurde sie wieder erhöht, erst auf 30.000 t, dann 1983 auf 35.000.«

Seit dem Zusammenbruch der Pilchard-Bestände, inzwischen mehr als 20 Jahre zurück, und trotz strenger Schutzmaßnahmen und einer extrem zurückhaltenden Befischungs-Strategie besteht hier auch heute, 2001, immer noch Grund zur Sorge bei jährlichen Fangquoten zwischen etwa 20.000 und 80.000 t in den letzten zehn Jahren.

In guten Zeiten zum Beispiel haben die Fänge von Pilchards und Langusten mit 80 bis 100 Mio. Rand 13% zum Bruttosozialprodukt des Landes beigetragen. Später wird ihr Ertrag gemeinsam mit der Landwirtschaft in einen Topf geworfen und vom Department of Agriculture and Fisheries in Pretoria für 1983 mit 97,4 Mio. Rand angegeben. Mit der Unabhängigkeit brachte der Zugang zu den riesigen und wertvollen Beständen an Seehecht und Pferdemakrelen in der neuen Wirtschaftszone einen unglaublichen Einnahmenschub. Der Wert der angelandeten Fänge erreicht zehn Jahre nach der Unabhängigkeit ca. 1,5 Milliarden N$, der Exportwert annähernd 2 Mrd. und der Beitrag zum Brutto-Inlandsprodukt eine Milliarde N$.

102 Fangboote aus Walvis Bay fischen vor der Unabhängigkeit unter südafrikanischer Flagge. Eine südwestafrikanische Flagge war nicht existent. Die Fänge der 49 in Lüderitzbucht stationierten Boote werden in Walvis Bay verarbeitet, Langusten aber in Lüderitzbucht.

Die Unabhängigkeit brachte nun auch eine namibianische Flagge und ein Handelsschifffahrts-Gesetz *(Merchant Shipping Act)*. Die Fischerei-Politik sorgt für eine Namibianisierung der Fischindustrie, u.a. durch bestimmte Vorteile für Fischfangschiffe mit Registrierung in Namibia. 2001 sind nicht weniger als 309 Fangschiffe bei der hiesigen Behörde registriert.

»Als ich 1966 hier anfing«, erzählt ein Walvis Bayer Bootseigner, »gab es hier soviel Fisch, wir wußten nicht, was wir damit anfangen sollten. Gerade heute (29. Juni 1984) kam ein Boot mit 47 t Fisch herein. Aber: Einer unserer Kapitäne berichtete mir, daß 30 sowjetische Schiffe an derselben Stelle gemeinsam mit ihm gefischt haben. Deren durchschnittlicher Fang liegt bei 115 t pro Tag. Die Quote für Weißfisch (Hochseefischerei) war 1983 bei 325.000 t. Davon haben die südwestafrikanischen Boote 836 t, also nicht einmal 1000 t gefangen. Aber diese Quote von 325.000, ausgegeben von der ICSEAF, ist eine fiktive Angabe. Beim letzten Treffen in Spanien hat der Portugiese eine inkorrekte Summe angegeben. Er hat das Doppelte seiner erlaubten Quoten gefangen. Die fischen von einer Sorte allein bis zu 600.000 t. Aber keiner kann kontrollieren, was und wieviel sie fangen.

Dazu kommt, daß die Fischer, besonders die Polen und die Bulgaren, nicht auf einer festen Gehaltsbasis fangen wie wir. Sie werden für die Quantität bezahlt. Ihnen ist egal, was sie fangen. Sie müssen 150 t pro Tag bringen. Wenn ich pro Tag 4 t vereitelten Fisch produzieren will, brauche ich dafür 10 t Rohmaterial. Sie fangen 150 t. Für sie gibt es keine Grenze. Wenn wir unsere 200-Meilen-Zone bekämen und die Ausländer raushalten könnten, könnte Südwestafrika in zwei bis drei Jahren eine Fischindustrie aufbauen, die einmalig in der Welt wäre. Es gibt nur einen Ozean auf der Welt, in dem alle Nationen dieser Erde fischen dürfen, seien es Iraki oder Kubaner, das ist die Südwestafrikanische See.« Und er rechnet vor: »Die südwestafrikanische Pelagic-Fischindustrie erntet nicht einmal ein Fünftel des Fischwertes aus ihren eigenen Gewässern, wenn wir vergleichen, was die Ausländer rausholen: wir schätzen rund 1,5 Mio. t pro Jahr. Wenn wir die offiziellen Zahlen der ICSEAF nehmen, haben die Ausländer im letzten Jahr Fisch im Wert von 520 Mio. Rand und wir, so glaube ich, nur für 40 Mio. Rand, gefangen. Wenn dieser Fisch in Walfischbucht gelandet und veredelt würde, könnten wir hierfür den drei- bis vierfachen Preis erzielen. Das ergäbe für tischfertigen Fisch 2,8 Milliarden Rand. Und wenn die Regierung davon 10% Steuern erhielte, wären das 280 Mio. Rand pro Jahr.«

Und wieviel Steuern erhält damals die Regierung von Südwestafrika/Namibia? Verwirrung unter den Fischerleuten von Walvis Bay, ob Beiratsmitglied, Fabrikchef oder Bootseigner. Einer meint, die Ertragssteuern gehen zur Hälfte nach Windhoek, zur anderen Hälfte nach Kapstadt. Ein anderer, wir sind doch in Südwestafrika/Namibia registriert, also gehen die Steuern nach Windhoek. Ein Dritter meint, daß es doch egal sei, wohin die Steuern gingen, denn Südafrika subventioniert die Fischindustrie. Er folgert unwissend: »Die Steuern gehen nach Südafrika und kommen als Subvention wieder nach Südwest zurück.« Kopfschütteln, Schulterzucken bei internen Kennern der Fischindustrie.

Wirtschaftssekretär Pieter Kruger in Windhoek, damals der Amtsfunktion nach einem Wirtschaftsminister eines unabhängigen Staates gleichzusetzen, löst dieses Puzzle erklärend: »In dem Moment, in dem der Fisch in Walvis Bay an Land gebracht und dort verarbeitet wird, zählt er als Produkt ›made in South Africa‹.« Logisch, denn Walvis Bay oder Walvisbaai ist ja eine südafrikanische Exklave in Südwestafrika/Namibia. Der rohe Fisch auf den Fangbooten jedoch wird von Südafrika als südwestafrikanisches Produkt angesehen. Sein Wert wird nach Quantität und Fischtyp berechnet und zu Durchschnittspreisen an die Fischfabriken in Walvis Bay auf südafrikanischem Boden verkauft. Die Ertragssteuern aus diesem Verkauf zahlen die Bootseigner nach Südafrika, denn die Boote der in Walvis Bay lebenden Eigner sind in Südafrika registriert, erhalten aber ihre Lizenz für den Fischfang aus Windhoek, was oft mit einer Registrierung verwechselt wird. Die Firmen-Umsatzsteuern aus der pelagischen Fischindustrie werden für zwei Fabriken an Südwestafrika, sprich an die Administration in Windhoek bezahlt – in Höhe von 42%. Vier Fischfabriken werden von Südafrika besteuert. Hier beläuft sich der Prozentsatz auf rund 50%. »Nein«, bestätigt der Wirtschaftssekretär, »die südwester Fischindustrie wird nicht subventioniert.«

Alle, ob Firmenchefs, Fabrikangestellte oder Bootseigentümer, schauen trotz des Puzzles, das die südafrikanische Fischindustrie in Walvis Bay darstellt, mit Zuversicht in die Zukunft. Von größeren Booten kaufen ist da die Rede und daß keine Fischfabrik mehr schließen wird. »Die stehen ja nicht allein da«, sagt einer optimistisch. »Alle gehören großen industriellen Konzernen Südafrikas. Und ihre Anteile kann jeder kaufen. Deswegen nehme ich keinem das Argument ab, die Fischindustrie macht nichts für Südwest. Wenn die Leute aus diesem Topf schöpfen wollen, sollen sie Aktien kaufen, die Dividenden sind besser als jede andere Art von Zinsen. Nur, der Mann auf der Straße denkt nicht daran. Dabei ist schon vorgekommen, daß eine 50-Cent-Aktie auf 10 Rand gestiegen ist. Ich habe volles Vertrauen in die

Die gefährliche Strömung des Benguela-Stroms längs der Küste Namibias hat schon manche Fangfahrt an der Skelettküste enden lassen

Industrie hier, obwohl wir 1980 keine einzige Dose gefüllt haben.«

In den späten 70er und frühen 80er Jahren hat Südwestafrika fast keinen Fisch mehr exportiert. Das Fischmehl wird nach Südafrika ausgeführt, dort als Futtermittel verwendet. Das Fischöl geht zu einer südafrikanischen Raffinerie zur Herstellung vitaminhaltiger Medikamente, Salben, Kosmetika. (Es werden jetzt sogar Fischkonserven, besonders aus Portugal, nach Südwestafrika importiert.) »Leider haben wir dadurch unsere Märkte in den EG-Staaten und in Amerika verloren«, ergänzt ein Walfischbuchter Fischexperte damals. »Ein Schock, denn in den Boomjahren haben wir weit über 50% exportiert.«

Auch über die Zukunft des Hafens Walvis Bay selbst scheinen sich einige Einwohner keine Sorgen zu machen. Sie lehnen kategorisch ab, daß er mit dem Ausbleiben des Fisches eine Geisterstadt werden könnte. Zwar sind durch die Schließung der vier Fischfabriken in den späten 70er und frühen 80er Jahren Tausende von schwarzen Saison-Arbeitern, hauptsächlich Owambos aus dem Norden, arbeitslos geworden, doch ziehen noch heute wieder jährlich bis zu 3000 Leute während der Fangzeit in die Hafenstadt. Nach einer Unabhängigkeit Südwestafrika/Namibias stellt man sich die südafrikanische Exklave als Freihafen oder Pachthafen vor. Doch, wenn die Stadttore geschlossen werden, wird ein Walvis Bayer pessimistisch: »Dann sind wir ja vollkommen isoliert. Wohin gehe ich dann in Ferien?« – »Dann gehen wir in die Wüste und machen Braaivleis (Grill)«, lacht ein Optimist. Das Land zwischen zwei Wüsten und einem weiten Ozean zeitigt viele Puzzles und noch mehr Individualisten, die die Rätsel auf ihre Art zu lösen suchen.

Die Zukunftsfrage für Walvis Bay wurde schließlich 1994 gelöst, als die Regierung von Südafrika die Enklave Walvis Bay und die Inseln vor der Küste an Namibia übergab. Gleichzeitig mit dem Wachstum der Fischindustrie nach der Unabhängigkeit wurde der Hafen von Walvis Bay ausgeweitet und modernisiert. Heute werden etwa 2 Mio. t Fracht im Jahr umgeschlagen, die Leistungsfähigkeit des Hafens würde das Dreifache zulassen. Ein neues Container-Terminal bietet 380 Stellplätze. Obwohl der Frischfisch per Luftfracht exportiert wird, bleibt der Hafen der Haupt-Umschlagplatz für den Fischexport.

Anstelle eines Puzzles liefert die Langusten-Industrie von Lüderitzbucht einen berechenbaren Umsatz. Damals bezeichnet Werner Gühring, General Manager des SWAFIL-SEASWAS-POOL-Konzerns die Zukunft der Lüderitzbuchter Langustenfänge als sehr rosig: »Erstens, weil sich seit Einkürzung der Fänge der Langustenbestand erholt hat und zweitens, weil wir in Japan mit seiner großen Menschenmasse einen guten Absatzmarkt haben. Unsere Schalentiere sind dort das beliebteste Langustenprodukt von allen Lieferländern, a) wegen der knallroten Farbe und b) wegen ihres einmaligen Geschmacks, den wir wohl dem kalten Benguela-Strom zu verdanken haben.«
In 1982/83 betrug der geschätzte Umsatz der Langusten-Industrie 17 Mio. Rand. Neben einer Dividende von 45 Cents pro Aktie konnten die Aktionäre auch noch einen über Jahre hinaus akkumulierten Bonus in Höhe von 2,50 Rand pro Anteil einstecken. Wenn das nicht rosig ist!

Eher schwarz sah es in der Langusten-Industrie während der 60er Jahre aus. Hundert Fangboote fischten, was es zu fischen gab. Resultat: Eine zunehmend schlechtere Ausbeute, Überfischung. Dann endlich reagieren Industrie und die Windhoeker Verwaltung für Seefischerei gemeinsam, ergreifen drastische Maßnahmen. Die Zahl der Boote wird reduziert, die Quote verringert. Bleibt zum Beispiel in der Saison 1964/65 noch jede Languste, egal wie klein oder groß, im Netz, so wird eine von der Administration eingeführte Größenbegrenzung (das heißt, Langusten unter 6,5 cm Körperlänge müssen wieder dem Meer zugeführt werden) später genau kontrolliert.

In dieser Zeit fusionieren auch die sechs Lüderitzbuchter Fischfabriken. Aus der Cap Lobster, Angra Lobster und Table-Mountain-Canning Corporation entsteht (1962) die SWAFIL (South West Africa Fishing Industries Ltd.). Die Lüderitz Bay Cannery Ltd., Luries Canning Factory Ltd. und die African Canning Co. (Südwestafrika) Ltd. schließen sich 1962 zur SEAPRODUCTS zusammen. Beide Gesellschaften bilden 1967 den SWAFIL SEASWAS POOL und werden an der Börse gehandelt. Grund der Fusion: Rationalisierung. 1964 öffnete eine neue Fischfabrik, die Angra Pequena, ihre Pforten. Sie ist die einzige Firma, die nicht nur Langusten, sondern auch pelagischen Fisch (Sardinen und Anschovis) in Lüderitzbucht fängt und verarbeitet. Später wird sie in General Development Co. of Namibia Ltd. (Gendev) umbenannt, deren Muttergesellschaft ihren Hauptsitz in Walvis Bay hat. 1976 wird die Quote der pelagischen Abteilung nach Walvis Bay übertragen, 1984 sind das 9,1349% von 235.000 t, die Langusten werden weiter in Lüderitzbucht verarbeitet.

Optimistisch verfolgen die neuen Konzerne in den frühen 80er Jahren die Verbesserung der Langustenproduktion. Werner Gühring: »Die Langusten haben auch an Größe zugenommen, ein deutlicher Fingerzeig für eine Totalerholung.«

Die Quote für den Langustenfang beträgt 1984 pro Lizenzhalter 770 t. Ihr Fang ist auf die kurze Saison vom 1. November bis zum 30. April beschränkt.

Rund 600 Fischerleute werden während dieser Zeit als Saisonarbeiter eingestellt, 62% von ihnen kommen aus dem Hafenort selbst. Hier leben 1984 nach inoffiziellen Schätzungen 400 Weiße und 4000 Farbige und Schwarze.

Aus Rentabilitätsgründen gibt es nur zwei Verarbeitungsarten für die Langusten: Ganz gekocht und eingefroren oder geschälte Schwänze roh eingefroren. Davon gehen 85 bis 90% nach Japan, der Rest wird in die USA exportiert. 1% des fertigen Produktes bleibt im Land. Früher, in den 50er Jahren, wurden Langusten auch nach Deutschland ausgeführt. Weil man sie jedoch von dort, unter Ausnützung der Währungsschwankungen, weiter nach Nordamerika verkauft und somit den südwester Preis unterboten hatte, stellten die Lüderitzbuchter den Deutschland-Export ein.

Trotz des Optimismus um 1984 herum, vor 15–20 Jahren, verringerte sich die von der Behörde genehmigte Quote ständig. Eine Umkehr gibt es erst seit wenigen Jahren mit allerdings geringen jährlichen Steigerungen. Jetzt zur Jahrhundertwende liegt die Jahresquote bei 400 t. Etwa 98,5 % der Produktion gehen in den Export, der Rest wird im Land angeboten. Von den Exporten gehen 90–95% nach Japan in Form von ganzen gekochten Langusten, der Rest als tiefgefrorene Schwänze in die USA. Der Gesamtwert liegt bei etwa 42 Mio. N$.

Der Sardinen-, Anschovis- und Weißfischfang bleibt seinerzeit weiterhin Monopol von Walvis Bay. Es gibt damals keine einzige pelagische oder hochseefischverarbeitende Fabrik in Lüderitzbucht, Südwestafrika/Namibias einzigem natürlichem Hafen. Die Fangboote in seinen Gewässern bringen die Beute nach Walvis Bay. Und Lüderitzbucht stirbt. »Nein, auf keinen Fall«, verteidigt Werner Gühring seinen Heimatort. »Ich bin überzeugt, daß über die Jahre der Langustenbestand weiter zunimmt, ein neues Potential für höhere Quoten, mehr Arbeitskräfte, mehr Boote geschaffen werden kann.« Der Firmenchef sieht sogar einen Aufschwung für die Felsenstadt am Meer, wenn das »Ausländer-Problem«, der unbegrenzte, unkontrollierte Weißfisch-Fang innerhalb der 200-Seemeilen-Zone, gelöst werden könnte: »Nach internationalen Gesetzen könnten wir uns das Recht nehmen, vorausgesetzt, unser Land bekäme die Unabhängigkeit, den Ausländern den Fang innerhalb der 200-Meilen-Zone zu erlauben, unter der Bedingung, daß sie den Fisch über Lüderitzbucht ein- und ausschiffen und pro Tonne gefangenen Fisches eine Gebühr entrichten. Die Boote müßten hier Öl, Wasser, Proviant an Bord nehmen. Sie müßten ihre Besatzung auswechseln. Das wäre der erste Schritt. Er würde am wenigsten kosten. Ein Hafenausbau wäre nicht notwendig.« Als weitere Lebenshilfe sieht Werner Gühring den Erhalt einer großen Weißfischlizenz für eine Fabrik in Lüderitzbucht: »Das könnte bis zu 2000 Arbeitsplätze schaffen.« Warum Lüderitzbuchter Boote Weißfisch, also Hochseefisch, nicht vor ihrer eigenen Haustüre fangen und nicht in ihrem eigenen Ort verarbeiten, weiß er jedoch nicht. »Das weiß die Administration«, sagt er. Sie wußte. Pieter Kruger: »Aus wirtschaftlichen Gründen.« Und erklärte es so: »Für den Hochseefischfang benötigt Lüderitzbucht relativ große Boote. Für deren Landung ist der Hafen nicht geeignet. Lüderitzbucht hat keine Kühleinrichtungen, es hat kein Hinterland. Also keine zusätzliche Fracht, die zu transportieren ist. Infolgedessen stünden die Kosten für ein Transportschiff, das den vor Lüderitzbucht gefangenen Hochseefisch allein ohne zusätzliche Fracht zu einem verarbeitenden oder Export-Markt in Südafrika und/oder Walvis Bay brächte, in keiner Relation zum Wert des Fischproduktes. Ich sehe das Problem mit sympathischer Anteilnahme, aber – eine Hochseefisch-Industrie in Lüderitzbucht ist im Moment noch ein Traum.«

Das waren die damaligen Meinungen. Heute, viele Jahre später und 11 Jahre nach der Unabhängigkeit, können wir im Rückblick sehen, wie falsch Pieter Kruger lag und dass der Voraussage von Werner Gühring Applaus gebührt. Lüderitz boomt heute mit mehreren Weißfisch-Fabriken, einem modernen und ausgebauten Hafen und Tausenden von Arbeitsmöglichkeiten.

Während ihrer 80-jährigen Entwicklung hat die namibianische Fischwirtschaft wahrhaft traumatische Zeiten durchlebt. 70 Jahre lang war sie das Opfer von kolonialen und anderen externen egoistischen Interessen. Die namibianische Bevölkerung war in einer Zuschauerrolle, die Entscheidungen trafen Andere. Im Jahr 1990 endlich, mit der Unabhängigkeit, änderte sich die Situation. Seitdem – wenngleich mit einigen »Kinderkrankheiten« – wurde die Fischwirtschaft namibianisiert (nicht nationalisiert) und eindrucksvoll zu einem modernen, angesehenen Wirtschaftszweig entwickelt, der Namibia weltweit an die vierte, zeitweise sogar dritte Stelle in der Fischproduktion pro Kopf der Bevölkerung gebracht hat. Die Fischindustrie ist derzeit Namibias zweitgrößter Exportzweig und bildet zusammen mit dem Bergbau, dem Tourismus und der Landwirtschaft die vier wichtigsten Pfeiler der namibianischen Wirtschaft.

Erklärung:

Pelagic-Fishery
Fischfang von Schwärmen mit Netz, das unmittelbar unter der Wasseroberfläche ausgelegt wird – bis zu 100 Meilen von der Küste entfernt in bis zu 100 m Tiefe.

Küstenfischerei
Bis zu 30 Meilen von der Küste entfernt und in einer Tiefe bis zu 250 m.

Hochseefischerei
Bis zu Tiefen von 500 und 600 m, auch außerhalb der 200-Seemeilen-Zone.

Von der Dampfmaschine zur Solarenergie

Die Entwicklung der Stromversorgung

Hermann Weitzel und Ralf Tobich

Lüderitzbucht und Swakopmund

Mit der Errichtung eines Elektrizitätswerkes und -netzes in Lüderitzbucht wurde im Jahre 1905 durch die Scheinwerferabteilung der kaiserlichen Schutztruppe zum ersten Mal in Südwestafrika Strom erzeugt und verteilt.

Diese Anlage diente zunächst ausschließlich zur Beleuchtung der Hauptverkehrsstraße, des Burenkamps, der Haifischinsel (Kriegsgefangenenlager) und der Gebäude der Militärverwaltung. Der Hauptzweck waren Sicherheitsgründe, bedingt durch die Zeitumstände des Nama- und Hereroaufstandes, und weniger eine Versorgung der Allgemeinheit mit Elektrizität.

Der Grundstein einer allgemeinen und wirtschaftlichen Energieversorgung in Südwestafrika wurde in Swakopmund mit der Vergabe des Versorgungsrechtes an die Privatfirma »Damara & Namaqua-Handelsgesellschaft« (später Woermann, Brock & Co.) gelegt. Die Firma baute an der Woermannstraße ein Kraftwerk, das im Februar 1907 den Betrieb aufnahm. Mit einer »Lokomobile« (Dampfmaschine) wurden 75 kW bei 220 V Gleichstrom erzeugt, laut einem Zeitungsausschnitt des DSWA (Deutsch- Südwest-Afrikaner) vom 2. Februar 1907 »... genügend für Swakopmund, um 1275 Lampen erleuchten zu lassen«. Durch einen Dynamo wurde eine Batterie von 120 Elementen geladen, die die Nachtversorgung der Stadt übernahm. Da das Swakopwasser als Kesselspeisewasser nicht brauchbar war, mußte das Wasser in einem Kondensator aufbereitet werden. Das Versorgungsnetz wurde über den ganzen Ort ausgebaut, wobei jedoch das Hafenamt mit seinen elektrischen Kränen und 1912 auch die Firma Woermann, Brock & Co. mit ihrem Kühlhaus

Ruacana: Stausee und Wasserfall

Lüderitzbucht: Blick in den Turbinenraum eines der damals größten Kraftwerke in Afrika, ca. 1911

die Hauptabnehmer waren. Während in Swakopmund wahrscheinlich die Versorgung der Allgemeinheit den Aufbau des Kraftwerkes erforderte, wurde dies in Lüderitzbucht notwendig durch den Leistungsbedarf, den der Ausbau der Aufbereitungsanlage der Kolonialen Bergbaugesellschaft m.b.H. in Kolmannskuppe erforderte. 1911 wurde das Kraftwerk errichtet, und zwar wegen des Kühlwasserbedarfs in Lüderitzbucht. Man entschied sich zum Einsatz von Gasmotoren, die mit Anthrazitkohlengas betrieben werden konnten. Für Dampfmaschinen war das Kesselspeisewasser, von dem diese sehr viel benötigten, zu teuer. Man installierte drei Motoren mit je 650 PS Leistung. Sie erzeugten eine Spannung von 3 kV (3000 Volt) Drehstrom. Ein Teil der Leistung wurde auf eine Spannung von 120/208 V heruntertransformiert, um das Stadtnetz in Lüderitzbucht zu versorgen. Der größte Teil versorgte – auf 30.000 V herauftransformiert – über eine Freileitung Kolmanskuppe, später auch Pomona, Elisabethbucht und weitere Betriebsstätten der Diamantengewinnung. Diese Freileitung war die erste und bis in die 60er Jahre auch einzige in Südwestafrika, die über die Ortsgrenze hinaus auch einen anderen Ort versorgte.

Das Lüderitzbuchter Kraftwerk von 1910 mit seiner installierten Leistung von ca. 1500 kW muß als ein seinerzeit wirklich großes und modernes Kraftwerk betrachtet werden. Es entsprach mit seiner Leistungsfähigkeit den Kraftwerken von Otjiwarongo oder Swakopmund, bis diese 1973 von SWAWEK (Südwestafrikanische Wasser- und Elektrizitätsgesellschaft) übernommen wurden. 1912 wurde die »Lüderitzbuchter Elektrizitätsgesellschaft m.b.H.« gegründet, um das Kraftwerk zu betreiben. Sie übernahm es von der Kolonialen Bergbau-Gesellschaft m.b.H., bekam das Versorgungsrecht für Lüderitzbucht und baute das städtische Netz aus.
Wie in Lüderitzbucht, so war auch in anderen Orten des Landes der Bedarf eines großen Abnehmers ausschlaggebend für den Aufbau eines Kraftwerkes, z.B. die Eisenbahnwerkstätten in Usakos und die Mine in Tsumeb.

Windhoek

Windhoek, Landeshauptstadt und Regierungssitz, verfügte über keinen Großabnehmer, der den Bau eines Kraftwerkes vorantrieb. Für die Versorgung von Beamtenwohnungen, Regierungsgebäuden, Hotels, Handel, Straßenbeleuchtungen und wenigen kleinen Werkstätten schien der Aufbau einer Zentralanlage nicht wirtschaftlich. Trotzdem arbeitete die Privatfirma Bernhard Maul – Ingenieur – schon 1907 »... ein Projekt über eine elektrische Zentrale für Windhuk aus ...« und legte dieses dem kaiserlichen Bezirksamt vor. 1910 beantragte sie bei der Gemeindeverwaltung Windhuk das Versorgungsrecht für das Stadtgebiet. Wegen der Ausweitung Windhuks erwog die Gemeinde, »... aus eigenen Mitteln eine Lichtanlage zu schaffen ...« und zu betreiben. Jedoch fehlten ihr die Mittel. Ihr Plan »... ging dahin, die Anlage, ohne Kosten für die Gemeinde, von einer deutschen Elektrizitätsgesellschaft ausführen zu lassen, die den Betrieb und die Unterhaltung für eine Reihe von Jahren auf eigene Rechnung übernimmt ...« und dann der Gemeinde übergibt. Eine solche Elektrizitätsgesellschaft wurde nicht gefunden. Auch die Koloniale Bergbau-Gesellschaft zeigte kein Interesse. Allen war das Vorhaben zu gering. In der Hoffnung auf späteren Erfolg wurde den ansässigen, kleineren Unternehmern keine Konzession erteilt. Auf Betreiben des Gemeinderates wurde dann der Ingenieur Kipfferling, der den Bau des Kraftwerkes Lüderitzbucht leitete, von den Siemens-Schuckert-Werken mit der Ausarbeitung eines Kostenvoranschlages betraut. Das Ergebnis war ein umfassend und detailliert ausgearbeiteter Vorschlag zur Errichtung eines modernen Kraftwerkes und Versorgungsnetzes, der 1912 dem Gemeinderat vorgelegt wurde. Es waren zwei Dieselmotoren von je 198 PS Leistung vorgesehen, die je einen Drehstromgenerator mit 136 kW betreiben sollten. Ein 5000 V Oberspannungskabelnetz sollte über 16 Transformatorenstationen die Stadt versorgen. Die Gebrauchsspannung sollte, wie in Lüderitzbucht, 120/208 V Drehstrom betragen. Laut Kipfferling wäre die Anlage ausreichend für »Privatbeleuchtung ca. 3400 (à 40 W) Glühlampen, Straßenbeleuchtung 180 (à 120 W) Bogenlampen und Motoren von insgesamt etwa 84 PS. – (...) Unter der Voraussetzung, daß nur 50 % der Glühlampen gleichzeitig brennen, ein Zuwachs von installierten Lampen eingerechnet ist (...), Motoren nicht oder nur zum kleinen Teil zur selben Zeit wie die Lampen betrieben werden (...). Elektrizitätswerk mit Ober- und Unterspannungsverteilern etc., Bauzins und Betriebskapital (...): Gesamtpreis M 649.760,00 (...).«

Bis Ende 1913 konnte keine deutsche Elektrizitätsgesellschaft gefunden werden, die bereit war, die Kosten zu übernehmen. So schrieb die Gemeindeverwaltung Anfang 1914 »... die Errichtung einer zentralen Kraftanlage« aus. Den Anbietern wurde freigestellt, ob sie die Versorgung mit Gas, Elektrizität oder durch Windgeneratoren vornehmen wollten. Zu der Zeit galt allgemein noch bei den kaiserlichen Behörden, dass »... sich für kleinere Ortschaften ohne natürliche Kraftquellen Gaswerke besser zu rentieren (scheinen) als Elektrizitätswerke«. Im März 1914 beschloss der Gemeinderat jedoch grundsätzlich, ein Elektrizitätswerk zu errichten. Durch den Ausbruch des Ersten Weltkrieges wurde kein Zuschlag erteilt und die Entscheidung zur Errichtung einer Elektrizitätszentrale bis nach Beendigung des Krieges verschoben. Also betrieb jeder, der elektrische Energie benötigte, sein eigenes Kraftwerk. Im allgemeinen geschah dies mit Lokomobilen. Ende 1917 wurde dem Unternehmen Howalt & Vollmer auf Widerruf die Überquerung der Kaiserstraße mit einer Freileitung zur Versorgung des Hotels Stadt Windhuk und des Hotels Victoria erteilt. Das Unternehmen musste als »Anerkennungsgebühr« für jede Überquerung eine Straßenleuchte erstellen. Dies muß als Anfang der Stromversorgung von Windhoek betrachtet werden.

Anfang 1918 breiteten sich vorwiegend zwei private Versorgungsnetze über Windhoek aus: Den Süden bis zur Poststraße versorgten Howalt & Vollmer, den Norden der Stadt versorgte G. Pinsenschaum vom Hotel Kaiserkrone aus. Im März 1918 stellte die Mandatsregierung fest, dass ihre Zustimmung zum Bau dieser Netze nicht vorliege, diese also illegal seien und bis zum 1. April abgerissen werden müßten! Da dieser stromlose Zustand 1918 jedoch auf längere Dauer nicht tragbar war und die Gemeindeverwaltung weder aus Deutschland noch aus Südafrika Maschinen und Material zur eigenen Stromerzeugung bekam, wurde ihr von der Mandatsregierung die Genehmigung zur Konzessionsvergabe erteilt. Howalt & Vollmer und G. Pinsenschaum bauten ihre Netze im alten Stil wieder auf und vergrößerten sie. Angeschlossen wurden nun auch die Administrationsgebäude, die Post und Polizei. Ferner wurden die Unternehmen wieder verpflichtet, für Straßenbeleuchtung zu sorgen. Durch die »Elektriese Kracht Proklamatie, 1922« wurden Tarife und Ausbau der Netze durch den Administrator von Südwestafrika genehmigungspflichtig gemacht. Da die Stadtverwaltung vorhatte, die Energieversorgung selbst zu übernehmen, vergab der Administrator die Versorgungsrechte immer nur für ein Jahr. Dies war ein unhaltbarer Zustand. So wurde der Bau des 1919 geplanten städtischen Kraftwerkes auf dem Gelände der Kronenbrauerei (später Feuerwache) forciert und 1924 dieses »neue« Kraftwerk, wieder mit zwei Lokomobilen zu je 100 kW, in Betrieb genommen. Das Versorgungsnetz von Howalt & Vollmer wurde 1924 und das von Pinsenschaum 1925 von der Stadt übernommen. Howalt & Vollmer betrieb sein Netz von Anfang an mit 220 V Gleichstrom, während Pinsenschaum erst 1922 sein Netz von 65 V auf 220 V Gleichstrom umstellte. Der städtische Betrieb erfolgte weiterhin mit 220 V Gleichstrom, was eine wenig zeitgemäße Versorgungsanlage im Vergleich zum Siemens-Schuckert-Angebot von 1912 darstellte.

Elektro-Lokomotive im Diamantengebiet

Weitere Entwicklung im Land

Durch die große Zunahme von elektrischen Betriebs- und Haushaltsgeräten stieg im ganzen Land der Bedarf an elektrischer Energie. Die bestehenden Kraftwerke wurden erweitert, und weitere Orte bekamen eigene Kraftwerke, z. B. Mariental und Omaruru 1939.

Nach dem Zweiten Weltkrieg wurden die privatgeführten Versorgungsanlagen in Lüderitzbucht und Swakopmund von den jeweiligen Stadtverwaltungen übernommen. Die Gleichstromnetze in Wind- hoek und Swakopmund konnten nicht mehr entsprechend dem Bedarf ausgebaut werden. So entstanden Mischnetze, die mit Wechsel- und Gleichspannung betrieben wurden. Zwischen 1948 und 1950 wurden beide Netze ausgebaut, um mit Drehstrom 220/ 380 V betrieben zu werden. Windhoek baute ein mit Kesselhaus und Dampfturbinen betriebenes, neues Kraftwerk.

Elektrizität wurde schon lange nicht mehr nur für Licht verwandt. Für Handel, Wirtschaft, Handwerk und jeden städtischen Haushalt schien sie unentbehrlich zu sein. Um den Ansprüchen gerecht zu werden, entstanden in jedem mittleren bis kleineren Ort Kraftwerke mit Dieselmotoren.

Kraftwerk	31. März 1963 kW installiert	1. April 1962 Energieverbrauch in kWh
Gobabis	623	1.160.650
Grootfontein	310	522.828
Karasburg	500	794.670
Karibib	105	171.853
Keetmanshoop	1.475	2.235.641
Mariental	536	1.003.770
Omaruru	340	507.922
Outjo	384	639.945
Tsumeb und Kombat	25.020	92.932.694
Walvis Bay	10.400	21.258.600
Windhoek und Okahandja	17.350	35.477.842
Berg Aukas	2.790	10.700.000
Brandberg West	1.060	2.500.000
Otjiwarongo	825	1.574.458
Lüderitzbucht	1.500	1.819.897
Swakopmund	1.560	3.089.484
Usakos	1.050	546.003
Uis	652	1.617.000
Oranjemund	11.690	30.000.000
Gesamt	78.160	208.553.257

Aus: Odendaal-Bericht, S. 355

Diese einzelnen Kraftwerke stellten jedoch eine Überkapazität dar und konnten wegen der nötigen Leistungsreservehaltung nicht voll genutzt werden. So wurde es wirtschaftlich notwendig, die Orte mit Freileitungen zu verbinden und von wenigen Kraftwerken versorgen zu lassen. Dies erkannte auch die Odendaal-Kommission 1962/63, die jedoch ebenfalls feststellte, dass eine zusätzliche, billigere Energiequelle gefunden werden mußte, um durch preiswerte und in hohem Maße vorhandene Energie neue Industrien zu ermöglichen. Der Odendaal-Plan empfahl als sofortige und dringende Maßnahme eine Überlandleitung vom Wasserkraftwerk Matala (Angola) nach Tsumeb, die innerhalb von zwei Jahren errichtet werden könnte.

Ferner sollte als Fünf-Jahres-Projekt der Ausbau eines 100-MW-Wasserkraftwerkes am Kunene bei Ruacana erfolgen. Ruacana und Tsumeb sollten durch eine Überlandleitung verbunden werden, im Laufe der Zeit der Verbund der städtischen Netze hergestellt werden und ihre Stromversorgung von Matala/Ruacana aus erfolgen.

SWAWEK

Während die Odendaal-Kommission vorschlug, den Betrieb und den Ausbau durch ESCOM (*Electricity Supply Commission* von Südafrika) ausführen zu lassen, wurde in Südafrika beschlossen, ein eigenes Versorgungsunternehmen für Südwestafrika zu schaffen. Am 9. Dezember 1964 wurde die Südwestafrikanische Wasser- und Elektrizitätsgesellschaft (SWAWEK) als eine aus staatlichen Mitteln finanzierte Privatgesellschaft in der Rechtsform (Pty) Ltd durch die Industrial Development Corporation – Südafrika – (IDC) ins Register eingetragen. Sie erhielt den Auftrag, das Kunene-Projekt bei Ruacana durchzuführen. Folglich wurden nun die schon 1926 einmal geführten Verhandlungen mit der portugiesischen Verwaltung Angolas wieder aufgenommen. Gleichzeitig verhandelte man mit den Ortsverwaltungen und Minen, um ein sinnvolles Verbundnetz zu errichten.

Wegen der unvermeidlichen Verzögerungen, die durch diese internationalen Verhandlungen verursacht wurden, und um eine gesicherte Versorgung zu erreichen, wurde 1967 von SWAWEK der Antrag bei der südafrikanischen Regierung eingereicht, in Windhoek ein 90-MW-Kohlekraftwerk zu errichten und das Netz erst für Windhoek, Walvis Bay und Tsumeb auszubauen. Diese Veränderungen der grundsätzlichen Auslegung wurde noch 1967 genehmigt. Das Kraftwerk benannte man später nach Dr. H. J. van Eck, SWAWEKs erstem Vorsitzenden und hauptsächlichem Motor dieser Idee.

Durch das geplante Landesnetz, das vorerst aus Windhoek versorgt werden sollte, wurden Windhoek mit Omaruru, Omaruru mit Walvis Bay und Swakopmund sowie Omaruru mit Otjiwarongo und Tsumeb durch 220-kV-Freileitungen verbunden. Das Zentrum dieses Netzes ist Omaruru, wo später dann auch das Ruacana Kraftwerk über eine 330-kV-Leitung einspeisen sollte.

Das Van-Eck-Kraftwerk und das Netz wurden 1972 in Betrieb genommen. Durch die nun billigere, in gesichertem und größerem Maße verfügbare Energie stieg der Bedarf erneut stärker an, so dass das Van-Eck-Kraftwerk und die bestehenden Kraftwerksleistungen der alten städtischen Kraftwerke (Windhoek, Tsumeb-Mine, Walvis Bay) voraussichtlich nicht mehr ausreichen würden, bis das Ruacana-Kraftwerk in Betrieb genommen werden konnte. Daher wurde 1973 die Errichtung eines Dieselkraftwerkes in Walvis Bay in Auftrag gegeben.

Schon im gleichen Jahr wurde eine Leitung, die das südwester Netz mit dem südafrikanischen Netz verbinden sollte, vorgeschlagen. Denn nach Vorausberechnung würde die verfügbare Kraftwerksleistung schon 1982 nicht mehr ausreichen, um das Land zu versorgen, wenn das Ruacana-Kraftwerk ausfallen sollte. (Damals dachte man vor allem an die periodisch auftretende Trockenheit und die dadurch geringe Wasserführung des Kunene. Dass es dann tatsächlich nach seiner Fertigstellung 1976 wegen des politischen Umschwunges in Angola nur in geringem Maße in den ersten Jahren eingesetzt werden konnte, war 1973 noch nicht vorauszusehen.)

Das Kunene-Projekt

Die Verhandlungen mit der damaligen portugiesischen Verwaltung Angolas wurden erst 1969 abgeschlossen. Man einigte sich auf folgende Entwicklungen des Kunene-Projekts:

- Ein Stausee (2.574 Mio. m^3) – Gove Damm – in der Nähe von Huambo (Nova Lisboa) zur Regulierung des Kunenewassers.
- Ein Stausee bei Calueque (500 Mio. m^3) ca. 40 Kilometer flussaufwärts von Ruacana zur weiteren Regulierung des Kunene und zur Wasserversorgung des Ovambolandes.
- Das Wasserkraftwerk bei den Ruacanafällen.

Das gesamte Projekt wurde von 1970 bis 1976 gebaut.

Der Ausbau des Verbundnetzes

Die Orte Windhoek, Okahandja, Omaruru, Usakos, Karibib, Swakopmund, Walvis Bay, Otjiwarongo, Outjo, Grootfontein, Otavi und Rehoboth und die Minen Oamites, Klein Aub, Otjihase, Matchless, Kranzberg, Uis, Rössing, Tsumeb, Berg Aukas und Kombat sowie mehrere Farmer waren 1975 an die 220-kV-SWAWEK-Leitung, über Zuleitungen auf den Spannungsebenen 66 kV und 22 kV, angeschlossen. Der südlichste Punkt der Versorgung 1975 war Klein Aub. Im übrigen erstreckte sich das Netz vom Zentrum nur nach Norden bis Tsumeb als nördlichstem Punkt.

Im Winter 1975 betrug die gemessene Lastspitze 85 MW, und die gesicherte Kraftwerksleistung waren 100 MW. Es blieb also nicht mehr viel Spielraum, besonders als in dem Jahr auch klar wurde, daß durch die neue Regierung in Angola das Kraftwerk in Ruacana nur bedingt zum Einsatz kommen würde. Die Stromerzeugungskosten stiegen in diesen Jahren durch die hohen Kosten für Kohle (75 % des Kohlepreises in Windhoek sind Transportkosten) gewaltig. Hinzu kam noch die Ölkrise, so dass Namibia sich in der Situation befand, nur übermäßig teuer elektrische Energie erzeugen zu können. Trotzdem mußten, um den Bedarf zu decken, eine weitere Turbine in das Van-Eck-Kraftwerk (neue Gesamtleistung 120 MW) installiert und der Bau der Leitung nach Südafrika forciert werden.

Zum Bau der Leitung benötigte SWAWEK einen Parlamentsbeschluss. Es mußten Finanzierungsmöglichkeiten gefunden werden. Man brauchte Daten über die Leistung, die Südafrika beim Anschlusspunkt Aggeneys abgeben könnte und wie diese am sinnvollsten nach Südwest übertragen werden sollte.

Von der ursprünglichen Idee einer 400-kV-Leitung sah man ab und plante eine Leitung mit Doppelleitern und Doppelsystemen, die auf 220 kV betrieben werden sollte. Über diese Leitung können heute 200 MW in beiden Richtungen übertragen werden, wobei 100 MW wirtschaftlich sind und 200 MW im Notfall zur Verfügung stehen. Gleichzeitig trug die Leitung zur Versorgung des Südens bei, indem bei den Orten Karasburg, Keetmannshoop und Mariental Verteilerstationen errichtet wurden.

Durch den Einfall der südafrikanischen Truppen in Angola konnte der Betrieb bei Ruacana aufgenommen werden. Er konnte jedoch nicht als gesichert betrachtet werden.

Die Leitung nach Südafrika wurde 1982 in Betrieb genommen, so dass von da an wieder ausreichende Erzeugungsreserven bestanden. Die unwirtschaftlichen Kraftwerke legte man still oder hielt sie, wie Van-Eck, für den Notfall »unter Dampf«.

Zu den 1975 angeschlossenen Orten kamen bis 1984 noch die Städte Gobabis, Mariental, Keetmanshoop, Karasburg, Oshakati und Rundu hinzu. Die Minen Berg Aukas, Kranzberg, Matchless und Oamites stellten den Betrieb ein. Die Orte und Minen Rosh Pinah, Oranjemund und Lüderitzbucht waren zu dem Zeitpunkt mit getrennten Leitungen an das südafrikanische Netz angeschlossen. Für die Versorgung von Rundu und Oshakati führte man eine weitere Spannungsebene (132 kV) ein, die Leitungen wurden jedoch aufgrund der geringen Auslastung bis in die 90er Jahre noch mit 66 kV betrieben.

Die Lastspitze des Unternehmens betrug 1984 im Winter 182 MW. Dies war weit mehr als eine Verdopplung der Leistung von 1975. Anders ausgedrückt: Es entsprach einem Zuwachs von 9% pro Jahr, deutlich über dem Weltdurchschnitt von 7%.

Die Elektrizitätswirtschaft im Wandel bis 2002

Der große Wechsel in Namibia fand 1990 statt. Das Land wurde unabhängig und mit der neuen Regierung kamen Änderungen, von denen auch die Energiewirtschaft betroffen war.

NamPower

»Solange Swapo nicht ihren Namen ändert, bleiben wir SWAWEK«, sagte der seit 1972 geschäftsführende Direktor J. P. Brand immer, wenn die Sprache auf eine Namensänderung kam. Die Namensänderung im Jahre 1994 hat Brand nicht mehr erlebt.

Nach dem Regierungswechsel in Südafrika (1994) wurden als Folge 1995 die namibischen Schulden abgeschrieben und das Aktienpaket der südafrikanischen *Industrial Development Corporation* (IDC) wurde dem namibischen Staat übergeben. SWAWEK, nun in NamPower umbenannt, wurde als kommerzialisierter Staatsbetrieb dem Ministerium für Bergbau und Energie (*Ministry for Mines and Energy* – MME) unterstellt.

Der Minister bestimmt den Aufsichtsrat von NamPower. Harold Pupkewitz, ein renommierter Geschäftsmann Namibias, wurde zum Vorsitzenden ernannt. Der erste geschäftsführende Direktor von NamPower, nach dem Tode J.P. Brands, wurde Dr. Leake Hangala aus dem MME. Dr. Hangala ist promovierter Geologe und leitet NamPower noch heute.

Neue Firmen bekommen Versorgungsrechte

Nach der Unabhängigkeit Namibias beschlossen viele Länder der Ersten Welt, den jungen Staat mit großzügigen Spenden zu unterstützen. So konnten auf dem Gebiet der Elektrizitätsversorgung gute Fortschritte gemacht und viele neue Anschlüsse geschaffen werden. Die meisten Gelder flossen über das MME, das auch für die Erweiterungen der Anlagen verantwortlich war.

Durch das 1992 geschaffene Kommunalgesetz *(Local Authorities Act of 1992)* erhielten die Kommunalverwaltungen das Versorgungsrecht und sind damit für den Betrieb und die Instandhaltung der Netze verantwortlich. Da bis 1995 jedoch nur Oshakati, als einziger Ort in den Kommunalgebieten, eine eigene Verwaltung mit Stadtverwaltung erhalten hatte, mussten die Netze in den ausgedehnten Kommunalgebieten durch das Ministerium für Kommunalverwaltung betrieben und instand gehalten werden. Diese Aufgabe war für das Ministerium nicht mehr zu bewältigen.

Als Übergangslösung wurde erst einmal für eine Dauer von fünf Jahren der Betrieb der bestehenden Netze und das Versorgungsrecht in den nördlichen Gebieten, ohne Oshakati aber inklusive der Kavangoregion, öffentlich ausgeschrieben. Mit viel Unternehmergeist und Mut wurde *Northern Electricity* als lokales Unternehmen gegründet, erhielt den Zuschlag und betrieb ab 1996 sehr erfolgreich die Netze im Norden Namibias. Allerdings ist der Vertrag 2001 nicht verlängert worden, und ein neuer *Regional Electricity Distributor* wird aufgebaut. Der Erfolg von Northern Electricity inspirierte NamPower dazu, eine Tochtergesellschaft *Premier Electric* zu gründen, um am Verteilermarkt teil zu haben.

Umstrukturierung der namibischen Elektrizitätsindustrie

Auf Grund eines Kabinettsbeschlusses gab das MME 1997 eine Studie zur Untersuchung der namibischen Elektrizitätsversorgungsindustrie (*Electricity Supply Industry* – ESI) in Auftrag. Diese Studie hatte die Maßgabe eine Struktur zu entwickeln, die der wichtigen Rolle der elektrischen Energieversorgung für die Entwicklung des Landes nachhaltig gerecht wird. Ähnliche Studien wurden kurz vorher oder zeitgleich auch in Südafrika durchgeführt.

Entsprechend der weltweiten Tendenz, die Versorgungsmärkte zu öffnen, war es auch in Namibia das Bestreben, die Monopole zu brechen und eine marktgerechte Energieversorgung zu entwickeln. Nach der festgeschriebenen Aufteilung der Elektrizitätsversorgung in drei Gruppen – Erzeuger, Übertrager und Verteiler – wird in Namibia das Modell bevorzugt, bei dem der Übertrager der alleinige Ein- und Verkäufer ist. Dadurch können mehrere Anbieter ihren Strom verkaufen, den sie aus unterschiedlichen Energieträgern erzeugen, und die Verteiler können die Energie einkaufen.

Für die Stromverteilung wurden mehrere Modelle erörtert und die folgenden Vorschläge werden zur Zeit in Arbeitsgruppen von Interessenvertretern diskutiert:

- Für den dichtbesiedelten Norden des Landes und für die zentrale westliche Erongoregion ist ein regionales Elektrizitätsversorgungsunternehmen (*Regional Electricity Distributor* – RED) vorgesehen.
- Für den weniger besiedelten Teil des Landes, das Zentrum und den Süden, soll eine neue Struktur in Phasen umgesetzt werden, damit das Ministerium für Kommunalverwaltung von seiner Rolle als Versorger entlastet wird.
- Es wird über einen Lastenausgleich diskutiert, damit die notwendigen Strukturen in den weniger besiedelten Gebieten finanziert werden können.

Elektrizitätsgesetz 2000

Unter fachlicher Anleitung und mit finanzieller Unterstützung der Norweger wurde ein neues Elektrizitätsversorgungsgesetz ausgearbeitet. Dieses Gesetz ist im Jahr 2000 in Kraft getreten und sieht im wesentlichen die Schaffung eines Elektrizitäts-Kontrollrates (*Electricity Control Board* – ECB) vor. Die Mitglieder des Kontrollrats werden auf Vorschlag von Interessenvertretern durch den Minister für Bergbau und Energie ernannt.

Dieser Rat kontrolliert die gesamte Elektrizitätsversorgungsindustrie. Er vergibt im wesentlichen Lizenzen an Erzeuger und Verteiler und hat auch die Befugnis, Lizenzen wieder zu entziehen. Er genehmigt die Tarife und beurteilt die Versorgungsqualität.

Zur Zeit sind alle bestehenden Verteiler und Versorgungsunternehmen – hauptsächlich die Stadtverwaltungen, aber auch Northern Electricity – dabei, Lizenzen für ihre Gebiete zu beantragen, da Zusammenschlüsse, die in den Arbeitsgruppen zur Strukturierung der Industrie ausgearbeitet werden sollen, noch nicht stattgefunden haben.

Ländliche Elektrifizierung

Nach der Unabhängigkeit Namibias 1990 wurde der Entwicklung der kommunalen Gebiete besondere Priorität eingeräumt. Ein erster sichtbarer Schritt sollte die Elektrifizierung sein. Dafür standen großzügige Gelder, vor allem aus Norwegen, zur Verfügung. Und auch der namibische Staat sah in seinem jeweiligen Haushalt größere Summen für diese Projekte vor.

Als erstes wurden staatliche Gebäude und Behörden elektrifiziert. So wurden in vielen Dörfern und Siedlungen elektrische Installationen in Gebäuden vorgesehen und Anschlüsse durchgeführt zur Versorgung von Schulen, Kliniken, Post, Polizei und zur Wasserversorgung.

Das ländliche Elektrifizierungsprogramm begann kurz nach der Unabhängigkeit im dichtbesiedelten Norden des Landes und wurde jährlich in andere Landesteile, Nordosten, Osten, Süden und Westen, ausgeweitet. Bis heute wurden alle kommunalen Gebiete in das Elektrifizierungsprogramm einbezogen. Die Elektrifizierung der ländlichen Gebiete in Namibia ist anderen afrikanischen Ländern weit voraus und kann sich mit Südafrika messen.

Die Elektrifizierung kommerzieller Farmen wird staatlich nicht gefördert. Die Anschlüsse werden, wie schon früher, auf wirtschaftlicher Basis vorgesehen.

NamPower kann durch Kapitalspenden für die neue 400-kV-Verbindungsleitung nach Südafrika in den nächsten 20 Jahren N$ 20 Mio. Zinsen pro Jahr sparen. NamPower hat sich verpflichtet, dieses Geld in die Entwicklung der Elektrizitätsversorgung der ländlichen kommunalen Gebiete zu investieren. Damit werden diese Gebiete nachhaltig mit entsprechender Infrastruktur versorgt.

Ferner bestand und besteht noch eine große Nachfrage, auch von Privatverbrauchern, nach Anschlüssen an die Stromversorgung. Der daraus entstandene politische Druck, wer wann an das Versorgungsnetz angeschlossen wird, wurde sehr groß. Eine Entscheidung konnte nicht allein NamPower oder einem Ministerium überlassen werden. Eine Generalplanung wurde notwendig, in der objektive Fakten zählen und woraus allgemein akzeptierte Prioritäten bestimmt werden können.

Die Generalplanung für ganz Namibia, der *Rural Electricity Distribution Master Plan for Namibia*, wurde durch NamPower, in Zusammenarbeit mit dem Ministerium, 1998 in Auftrag gegeben und von EMCON Consulting Engineers, Windhoek, durchgeführt. Im ganzen Land wurden etwa 2.500 Orte mit rund 60.000 potentiellen Verbrauchern identifiziert. Für weiter entfernte Gebiete wurden Alternativmöglichkeiten, wie z.B. Solarsysteme oder Kleinkraftwerke, vorgeschlagen. Eine Prioritätenliste, die nach Kommunaleinrichtungen, Gemeindenutzung, Anzahl der zu erwartenden Verbraucher, Netznähe und Elektrifizierungskosten erstellt wurde, kann jederzeit nach Fortschritt und veränderten Daten abgerufen werden. Dieser Generalplan ist einzigartig im südlichen Afrika und hat positives Aufsehen bei anderen afrikanischen Ländern und der Weltbank erregt.

Auch in den ländlichen Gebieten wird, nach Regierungsmaßgabe, Energie nicht kostenlos zur Verfügung gestellt. Alle Verbraucher werden über elektronische Zähler angeschlossen. Diese in Südafrika entwickelten Zähler stellen jeweils nur so viel Energie zur Verfügung, wie nach Vorauszahlung, über Code in den Zähler eingegeben ist, um Energiediebstahl zu vermeiden.

Erweiterung des Übertragungsnetzes

Die heutige Lastspitze des Landes beträgt etwa 320 MW und wächst noch immer mit einer sehr hohen Steigerungsrate. Um diesen Bedarf abzudecken, ohne die längerfristigen Projekte in Angriff nehmen zu können, wurde eine 400-kV (500 MW)-Leitung zwischen Kenhardt (in Südafrika) über Kokerboom (bei Keetmanshoop) nach Auas (östlich von Windhoek) errichtet und im November 2000 in Betrieb genommen. Wegen der zur Zeit in Südafrika bestehenden Überkapazität der Kraftwerksleistung ist ein

Ankauf der Energie aus Südafrika für Namibia noch immer günstig, und ein entsprechender Vertrag sichert diese Zufuhr bis Ende 2005. Außerdem passt die Leitung in die prinzipielle Planung des Verbundes der Staaten des Südlichen Afrika.

Da Energie, aus Südafrika geliefert, für Namibia sehr billig war und noch ist, nahm man früher bei der Planung hohe Übertragungsverluste in Kauf, um die Kapitalausgaben niedrig zu halten. Bei den bestehenden 220-kV-Leitungen waren Verluste bis zu 20% durchaus akzeptiert. Um den in den kommenden Jahren zu erwartenden Anstieg der Energiekosten auffangen zu können, muss auch Namibias Netz verlustärmer konzipiert werden. Die derzeitigen durchschnittlichen Verluste von knapp 14 % in der Stromverteilung sollen auf unter 10 % reduziert werden.

Zur Deckung der gestiegenen Last und Begrenzung der Verluste wurden in den vergangenen 15 Jahren die folgenden Leitungen gebaut:

- Eine zweite 220-kV-Leitung von Windhoek (van Eck) nach Omaruru (Omburo).
- Die Zufuhr nach Oshakati und Ondangwa wurde durch eine 132-kV-Leitung von Omatunda (bei Ruacana) über Etunda, Ongwediva (Oshakati) und Ondangwa bis Okatope verstärkt.
- Von Auas (bei Windhoek), wurde im Jahr 2000 eine 132-kV-Leitung nach Osten bis zum Omaere Umspannwerk (in der Nähe der Grenze zu Botswana) in Betrieb genommen. Von dort aus soll dann auch Ghanzi (im Westen Botswanas) versorgt werden.
- Über eine 33-kV-Verbindung von Onuno bis zur nördlichen Grenzstation Oshikango wird heute schon Strom nach Ondjiva (in Angola) geliefert.
- Katima Mulilo im nordöstlichen Caprivizipfel wird mit 66 kV über die Grenze von Zambia aus versorgt.
- Mit der Wiederinbetriebnahme der alten Diamantschürfstelle Elisabethbucht (bei Lüderitzbucht) wurde eine neue 132-kV-Zuleitung von Kokerboom nach Lüderitzbucht errichtet. Diese ersetzt nun die alte, sehr unzuverlässige 66-kV-Leitung von Rosh Pinah.
- Mit dem Ausbau der Skorpion Zinkmine (bei Rosh Pinah im Süden Namibias am Oranje) wurde im Jahr 2000 begonnen. Die Leitung zur Skorpion Zinkmine wurde, wegen der Möglichkeit diese bis Oranjemund (Diamantenabbau) verlängern zu können und dort an ein zukünftiges Kraftwerk anzuschließen, gleich als 400-kV-Leitung konzipiert, die vom Schaltwerk Kokerboom (bei Keetmanshoop) ausgeht.
- Eine direkte 220-kV-Leitung von Windhoek nach Kuiseb (bei Walfischbucht) ist geplant und wird demnächst ausgeschrieben. Die Leitung soll dann direkt über das Khomas-Hochland führen.

Ausbau der Kraftwerksleistung

Namibia hat ein großes Potential für eigene Stromerzeugung. Zum Ausbau bieten sich ein Wasserkraftwerk am Kunenefluss, das Kudu-Gasfeld (ein großes Gasfeld im Atlantik etwa 130 km westlich von Oranjemund) und die hervorragenden Wetterbedingungen für Wind- und Sonnenenergie an. Aus diesem Grund will Namibia eigene Stromerzeugung fördern und entwickeln. Im Verbund der Staaten des südlichen Afrika soll Namibia zu den Ländern mit eigener Energiebereitstellung zählen, im Gegensatz zu Botswana, das nur als Kunde gesicherter Energie auftritt.

Ruacana

Der Gove-Stausee, der im zentralen Angola gebaut wurde, soll zusammen mit dem Calueque-Stausee, der ebenfalls in Angola liegt, zur Regulierung des Kunene dienen. Beide Stauseen sind wegen der politischen Situation in Angola noch immer nicht fertig und in Betrieb. In den vergangenen 10 bis 15 Jahren, bis 1999, führte der Kunene nur sehr wenig Wasser, das zudem unreguliert ablief. Das Ruacana-Wasserkraftwerk, mit seiner installierten Turbinenleistung von 250 MW, konnte dadurch die ganzen Jahre außerhalb der Flutsaison (Januar bis Juni) nur mit einer Turbine als Spitzenkraftwerk eingesetzt werden. Die volle Nutzung des Ruacana-Kraftwerkes bleibt noch immer abhängig von den Ereignissen in Angola und der Vollendung der Regulierung des Kuneneflusses.

Epupa

Die Landesversorgung war, durch den begrenzten Betrieb des Ruacana-Kraftwerkes, kritisch geworden. So wurde die Überlegung angestellt, im Kunene ein Kraftwerk mit einer eigenen Staustufe zu betreiben, die den normalen Saisonablauf des Kunene auffangen kann. Eine Machbarkeitsstudie wurde im März 1995 in Auftrag gegeben und im November 1998 abgeschlossen. Es wurden grundsätzlich zwei Vorschläge vorgelegt:

- Eine Staustufe bei den Epupa-Wasserfällen, die über die größere Kapazität verfügen würde und mit einer Turbinenleistung von 300 MW ausgestattet wäre. Eine solche Anlage wäre unabhängig von einer Regulierung des Kunene-Abflusses zu betreiben.
- Eine Staustufe bei den Baines-Bergen mit einem 260 MW Kraftwerk. Dieses würde jedoch wegen der kleineren Staukapazität weiterhin von der Flussregulierung bei Gove und Calueque abhängig bleiben.

Beide Möglichkeiten werden mit Projektkosten von US$ 550 Mio. angegeben. Die angolanische Regierung kann sich wegen der Probleme im eigenen Land (fortdauernder Bürgerkrieg) noch nicht entscheiden, bevorzugt aber grundsätzlich die »Baines-Lösung«. Namibia bevorzugt hingegen die »Epupa-Lösung«. Zur Zeit werden noch alle Möglichkeiten abgewogen und Geldgeber für das Projekt gesucht.

Bei Bekanntgabe des Epupa-Projektes stieß Namibia auf starken Wiederstand nationaler und internationaler ökologischer Verbände und Organisationen. Auch die in der Gegend lebenden Himba wehrten sich gegen den Bau eines Stausees, da bei der Epupalösung die Wasserfälle, Notweidegebiete der Himbas und Gräber ihrer Vorfahren überflutet würden. Die Wasserfälle bei Epupa und die Palmenwälder sind eine große Touristenattraktion. Auch siedeln zur Zeit immer mehr Himbas in dem Gebiet, das zu dem geplanten Überflutungsgelände gehört. Die Probleme für eine Durchführung des Staudammbaues bei Epupa werden damit immer größer.

Kudu-Gas
Nach der Entdeckung des Kudu-Gasfeldes, ein gewaltiges Gasvorkommen im Atlantik 130 km westlich von Oranjemund, wurde dieses durch Probebohrungen bestätigt. *Shell Exploration and Production Namibia* erhielt die Gewinnungsrechte. Zusammen mit NamPower, ESKOM aus Südafrika und *National Power* aus England untersuchten sie die Verwendbarkeit des Gasvorkommens. Ein erster Bericht sah vor, dass ein 750-MW-Gaskraftwerk, an eine Gasleitung angeschlossen, bei Oranjemund gebaut werden sollte. Zu der Zeit waren die Skorpion Zinkmine mit 85 MW, eine Siliziumfabrik bei Omaruru mit 26 MW und die Erschließung des Kupfervorkommens bei Nordoewer am Oranje mit 180 MW in Planung. Allein diese Projekte bedeuten fast eine Verdoppelung der Landesspitze des elektrischen Verbrauchs. Ferner hätte durch das Gaskraftwerk die Spitzenlast des Verbundes gedeckt und Strom exportiert werden können.

Das Konsortium konnte sich jedoch über die Tarife nicht einigen, auch wurde der Ausbau der Minen verzögert und ESKOM, mit seiner noch sehr billigen Energie, zog sich zunächst aus dem Konsortium zurück. Shell hat sich nun ebenfalls zurückgezogen, so dass neue Partner gesucht werden.

Weitere Möglichkeiten wurden und werden noch immer untersucht. Dies geschieht mittlerweile unter starker Beteiligung der südafrikanischen Kapprovinz und vor allem der Stadt Kapstadt, wobei folgendes Projekt vorgesehen ist: Das Kraftwerk bei Oranjemund wird nur mit halber Kapazität gebaut und eine Gasleitung von Oranjemund über Saldanha Bay (Industriehafen und Stahlschmelze) nach Kapstadt zur Gasnutzung und dem Betrieb eines 1000-MW-Kraftwerkes gelegt.

Nach einer Einigung und der Regelung der Finanzierung könnte so ein Projekt, als vorläufige Alternative zum Aufbau eines Wasserkraftwerkes im Kunene, innerhalb von zwei bis drei Jahren durchgeführt werden.

Windkraftwerk
Lüderitzbucht, im Volksmund auch »die Ecke wo der Wind her kommt« genannt, macht mal wieder Landesgeschichte. Das Ministerium für Bergbau und Energie hat eine von der deutschen GTZ finanzierte Studie anfertigen lassen, die das Windpotential bei Lüderitzbucht und Walvis Bay untersuchte. Bei Lüderitzbucht findet man allgemein ideale Gegebenheiten für eine Windkraftanlage von 3, 10 oder sogar 20 MW Kapazität. Es müssen jedoch, um die Energie wirtschaftlich anbieten zu können, wegen des schon erwähnten sehr niedrigen Stromkaufpreises 50% der Anlagekosten mit verlorenen Zuschüssen finanziert werden. Geldgeber haben sich dafür noch nicht gefunden. So will NamPower nun ein solches Unternehmen selbst finanzieren und betreiben. Es soll erst einmal mit 3 MW klein angefangen werden, und der Baubeginn war zunächst für Ende 2001 geplant, verzögert sich aber noch; ein definitiver Beginn steht noch nicht fest. Diese »Windfarm« würde, wenn sie den Betrieb bald aufnehmen könnte, die erste in dieser Größe im südlichen Afrika werden.

Solaranlagen
Nachdem die örtlich bedingten »Kinderkrankheiten« überstanden sind, werden immer mehr Solarabsorber zur Warmwasserbereitung verwendet. Es gibt jedoch noch keine diesbezüglichen lokalen Bauvorschriften, die einen generellen Einsatz verpflichtend machen.

In ländlichen Gebieten fernab eines Netzes oder in Gebieten mit niedriger Priorität im Generalplan zur ländlichen Versorgung werden vermehrt sogenannte *Solar Home Systems* (SHS) verwendet. Diese Anlagen können jedoch nur eine geringe Strommenge liefern, ausreichend für zwei Lichtstellen, drei Stunden Fernsehen und einen kleinen Kühlschrank.

Die Bereitschaft, Solaranlagen einzusetzen, ist heute im Bewusstsein der Bevölkerung gestiegen und Photovoltaik-Anlagen werden vermehrt auf Farmen und anderswo eingesetzt. Bei Touristencamps und Lodges findet die Solaranlage stets großen Zuspruch. In den östlichen Gebieten des Landes, in denen oft nicht ausreichend Wind weht, werden vermehrt Solaranlagen an Stelle von Windmotoren und Dieselpumpen zur Wasserversorgung eingesetzt.

Die Anlagen sind noch immer sehr teuer, weil sie vollständig importiert werden müssen, und daher für den normalen Bürger – vor allem in den ländlichen Gebieten – nicht erschwinglich. Zudem ist die Netzenergie, so sie vorhanden ist, sehr preiswert. Um Photovoltaik-Anlagen billiger zu machen, wurde in Tsumeb kürzlich mit norwegischer Beteiligung eine Firma gegründet, die nur noch die photovoltaischen Elemente importieren und selbst zu Paneelen montieren will, um sie im südlichen Afrika zu vertreiben.

Schlussbemerkung

Namibia ist seit 11 Jahren unabhängig. In den ersten Jahren nach 1990 halfen viele Länder der Ersten Welt sehr großzügig durch Spendengelder beim Aufbau notwendiger Strukturen in den kommunalen Gebieten. Ermutigt durch die positiven Entwicklungen, die die ländliche Stromversorgung mit sich gebracht hat, investiert die Regierung weiterhin in Elektrifizierungsprojekte. Diese Vision wurde durch den vor kurzem erarbeiteten Generalplan zur ländlichen Stromversorgung sogar verstärkt bestätigt, und selbst sehr entlegene Gebiete werden in Zukunft von dieser Zielsetzung profitieren. Dies ist nur einer von mehreren Faktoren, aus dem sich ein verstärkter Elektrizitätsbedarf ergibt, der wiederum den Ausbau der Kraftwerksleistung erfordert.

Durch die besonderen Gegebenheiten in Namibia und die weltweiten Veränderungen ökologischer Werte sucht auch Namibia nach neuen landesspezifischen Wegen der Energieerzeugung und -verteilung. Jede Untersuchung von Möglichkeiten zur Deckung des wachsenden Strombedarfs muss außerdem Namibias Stellung in einem zukünftigen regionalen Strommarkt beachten. Wegen der günstigen Klimabedingungen in Namibia kann man davon ausgehen, dass die Nutzung von erneuerbaren Energiequellen zur Stromerzeugung in Zukunft eine größere Rolle spielen wird.

Von Angra Pequeña bis Kasikili Island

Ein Gang durch die Entstehungsgeschichte der namibischen Grenzlinien

Imre Josef Demhardt

Die nur wenig gegliederte rund 1260 km lange namibische Küste zwischen der Mündung des Kunene und derjenigen des Orange blieb aufgrund der Unzugänglichkeit und Unwirtlichkeit der Küstenwüste Namib Jahrhunderte lang außerhalb des Kolonialinteresses der europäischen Mächte. Zu einer ersten Regelung der durch die britische Übernahme der zuvor holländischen Kapkolonie im Rahmen der napoleonischen Kriege herausgeforderten jahrhundertealten Ansprüche Portugals auf diese Küstenstrecke, die es schon 1486 durch die Errichtung von Steinkreuzen am Cape Cross und bei Lüderitzbucht, der portugiesischen ›kleinen Bucht‹ (Angra Pequeña), dokumentiert hatte, kam es am Rande des Wiener Kongresses. Im Interesse einer zukünftigen guten Nachbarschaft verzichtete Großbritannien in Verträgen der Jahre 1815 und 1817 zugunsten Portugals auf alle Gebietsansprüche nördlich des auf 18° 24' südl. Breite gelegenen Kap Fria. Aber auch südlich jener Scheidelinie verwirklichte London in den folgenden Jahrzehnten – mit Ausnahme der Pinguin-Inseln und der Walfischbucht – keine Herrschaftsansprüche.

Aus dem
›Namaqua- und Hereroland‹ wird das
›Schutzgebiet Deutsch-Südwestafrika‹

»Seine Majestät der Kaiser haben mir befohlen [...] nach Angra Pequeña zu gehen«, so Kapitän zur See Herbig am 7.8.1884 zwischen den armseligen Hütten der ›kleinen Bucht‹ vor der angetretenen Schiffsbesatzung der beiden Korvetten Leipzig und Elisabeth, *»um das dem Herren Adolf Lüderitz gehörige Territorium an der Westküste von Afrika unter den direkten Schutz Seiner Majestät zu stellen. [...] Indem ich diesen Allerhöchsten Auftrag zur Ausführung bringe, hisse ich hiermit als äußeres Zeichen die kaiserliche deutsche Flagge, stelle somit das erwähnte Territorium unter den Schutz und die Oberherrlichkeit Seiner Majestät des Kaisers Wilhelm und fordere die Anwesenden auf, mit mir einzustimmen in ein dreifaches Hoch – Seine Majestät Kaiser Wilhelm I. lebe hoch!«* Es folgten 21 Kanonenschüsse Salut und die Bordkapelle spielte die Kaiserhymne *»Heil Dir im Siegerkranz, Herrscher des Vaterlands, Heil Kaiser Dir!«*

Bereits im Vorgriff hierauf hatte der Reichskanzler Fürst Otto von Bismarck im Namen des Kaisers am 24.4.1884 telegraphisch den deutschen Generalkonsul in Cape Town angewiesen, eine deutsche Schutzherrschaftserklärung über die Lüderitz'schen Erwerbungen auszusprechen, woraufhin Großbritannien das Deutsche Reich am 21.6.1884 zähneknirschend aber offiziell als seinen neuen Nachbarn im südlichen Afrika begrüßt hatte. Die feierliche Flaggenhissung der dann erst entsandten kaiserlichen Kriegsschiffe bezog sich aber nicht mehr nur auf die ursprünglichen Lüderitz'schen Besitzungen um den Hafenplatz Angra Pequeña, sondern schon raumgreifender auf die gesamte Küstenstrecke zwischen dem Orange und 26° s.B.. Durch weitere Flaggenhissungen und die Setzung von Grenzpfählen in Sandwich Harbour, Swakopmund und der Bucht beim Cape Cross erfolgte unmittelbar darauf eine Ausdehnung des deutschen Schutzgewaltanspruchs nördlich die Küste hinauf bis zum Kap Frio auf 18° 24' s.B.

Als kolonialem Kuriosum sei auch der kurzlebigen ›Republik Upingtonia‹ gedacht. Diese war am 20.10.1885 von rund zwei Dutzend aus Angola zugewanderten Dorslandtrek-Buren auf einem vom britischen Wanderhändler William Jordan vermittelten Stück Land mit Grootfontein als Mittelpunkt gegründet worden, das dieser vom Ndonga-König Kambonde erworben hatte. Als Jordan im Juni des folgenden Jahres von einem Bruder Kambondes ermordet wurde, wollte die kleine Burenrepublik *»onder de Duit-*

sche protectje«, um die sie am 2.8.1886 nachsuchte. Die kaiserliche Zustimmung erfolgte am 14.1.1887, ein Schutzbrief wurde jedoch nicht ausgestellt. Dieses in der gesamten deutschen Kolonialgeschichte einzigartige Schutzverhältnis endete aber schon am 2.6.1887, als der kaiserliche Kommissar Goering in Otjimbingwe brieflich von der Auflösung der unglücklichen Republik aufgrund innerer Spannungen unterrichtet wurde. Die Mehrheit der Burenfamilien wandte sich wieder nach Angola zurück.

Gleichzeitig mit der inneren Aufrichtung der deutschen Herrschaft erfolgte die grundsätzliche Verständigung mit den beiden kolonialen Nachbarmächten im südwestlichen Afrika, Großbritannien im Süden und Osten sowie Portugal im Norden, über die Scheidelinien der gegenseitig beanspruchten Interessensphären. Die so schon zu einem überaus frühen Zeitpunkt festgelegten Grenzen sollten der noch ungefestigten jungen deutschen Herrschaft für ihre weitere Entwicklung gleichsam als völkerrechtliches Stützkorsett dienen. Binnen nur sieben Jahren erwuchs so aus der kleinen Lüderitz'schen Privaterwerbung Angra Pequeña das riesige kaiserliche Schutzgebiet Deutsch-Südwestafrika und damit die heutige Republik Namibia.

Die schnurgeraden Grenzlinien durch die Kalahari

Bei der kolonialen Aufteilung der Welt im 19. Jahrhundert war für die Konquistadoren in der Regel die Versuchung einfach zu groß gewesen, die noch jungfräulich weiße Karte vom Inneren Afrikas mit kühnen Linealstrichen in machtpolitische Interessensphären zu gliedern. Sofern diese Grenzlinien nicht zufällig in ausdruckslosen und menschenleeren Wüsten- und Steppenlandschaften zu liegen kamen, harmonierten sie regelmäßig nicht mit den naturräumlichen oder ethnischen Gegebenheiten vor Ort. Trotzdem verteidigte noch das Deutsche Kolonial-Lexikon im Jahre 1920 diese auch für Namibia ebenso charakteristische wie verhängnisvolle Art der Grenzfestsetzung mit entwaffnender Offenheit: *»Diese Methode glich vielfach einem Lotteriespiel und hat nachträglich oft herben Tadel erfahren. Sie war aber beim besten Willen nicht zu vermeiden, da bei dem allgemeinen Wettlauf der Mächte, sich im letzten Augenblick noch ein Stück von Afrika zu sichern, eine andere Methode nicht möglich war.«*

Nach dem Überraschungscoup der Schutzherrschaftserklärung über Angra Pequeña hatte Reichskanzler Bismarck seinen Generalkonsul in Cape Town zum Jahresende 1884 angewiesen, die Ostgrenze der von Berlin beanspruchten Interessensphäre auf den 24° ö.L. zu legen, was im Anerkennungsfall durch London die gesamte westliche Hälfte des heutigen Botswana mitsamt den Okavango-Sümpfen dem Deutschen Reich zugeschlagen hätte. Darüber hinaus hätte das Reich so im äußersten Südosten dieser Interessensphäre direkten Anschluß an die damals noch bestehenden kleinen Burenrepubliken Stellaland und Goosen nördlich der britischen Kap-Kolonie erlangt, die ihrerseits die Landverbindung mit ihren anglophoben großen burischen Schwesterrepubliken, dem Oranje-Freistaat und dem Transvaal, hergestellt hätten. Die britische Kolonie wäre dadurch eingekreist und jeglicher Expansionsmöglichkeit nach Norden beraubt worden und begegnete dieser Drohung mit der im Januar erfolgten Besetzung des südlichsten Teils jenes Gebietes und der am 30.9.1885 verkündeten Proklamation zudem das nördlich anschließende Gebiet bis hinauf zum 22° s.B. und mit einer Westgrenze gegenüber der vom Reich beanspruchten Interessensphäre entlang des 20° ö.L. als *Bechuanaland Protectorate* unter britischem Schutz stehend zu beanspruchen.

Zur Beilegung dieses und weiterer afrikanischer Gebiets- und Grenzkonflikte traten Berlin und London im Jahre 1889 in umfassende Verhandlungen ein, welche am 1.7.1890 in den am 1.7.1890 in Kraft getretenen und nach seinen umstrittensten Gebietswechseln sogenannten ›Helgoland-Sansibar-Vertrag‹ mündeten. Der hier die Ostgrenze der deutschen Interessensphäre regelnde Passus lautete: *»In Südwest-Afrika wird das Gebiet, welches Deutschland zur Geltendmachung seines Einflusses vorbehalten wird, begrenzt: [...] Im Osten durch eine Linie, welche von dem vorher genannten Punkte ausgeht und dem 20. Grad östlicher Länge bis zu seinem Schnittpunkte mit dem 22. Grad südlicher Breite folgt; Die Linie läuft sodann diesen Breitengrad nach Osten entlang bis zu einem Punkt, wo er von dem 21. Grad östlicher Länge getroffen wird, dann nördlich an diesem Längengrad entlang bis zum 18. Grad südlicher Breite [...].«* Berlin verzichtete damit endgültig nun auch auf die nördliche Hälfte des Bismarck'schen Anspruchs auf den 24° ö.L., wofür ihm im Gegenzug eine nur geringe territoriale Kompensation zugestanden wurde: Die Ostgrenze der deutschen Interessensphäre nördlich des 22° s.B. wurde nicht vom 24° auf den 20°, sondern ›nur‹ auf den 21° ö.L. zurückgenommen. Durch diese Grenzziehung entstand im Bereich östlich von Gobabis ein Winkelhaken.

Im Jahre 1892 bestimmte Goerings Nachfolger, Hauptmann Curt von François, anlässlich einer Bereisung des Namalands mittels Routenaufnahme und astronomischer Beobachtungen verschiedene Plätze entlang des 20° ö.L.. Auch auf der britischen Seite dieser kolonialen Scheidemarke war man diesbezüglich aktiv. Schon im September 1891 hatte dort der Landvermesser Bosman die Westgrenze des Bechuanaland Protectorate durch die aufwendigere und genauere geodätische Triangulation vom Orange bis hinauf zum Ort Mier im Gebiet der Vilander Baster vermessen. Im Dezember 1894 besuchte dann eine

Schutztruppenpatrouille Mier und konfiszierte dort Feuerwaffen, sich dabei auf die François'schen Berechnungen berufend, der den Platz einige hundert Schritt westlich des 20° ö.L. festgestellt zu haben glaubte. Die Regierung der Cape Colony konterte in ihrem schriftlichen Protest gegen diesen vermeintlichen Übergriff deutscher Truppen auf königlich britische Untertanen mit den Bosman'schen Triangulationsgutachten, die ebenso deutlich auswiesen, dass Mier zwei Meilen östlich des Grenzlängengrads und somit klar auf britischem Territorium läge. Erschwerend trat ein bereits älterer Streit um die Zugehörigkeit zweier wertvoller Wasserlöcher bei Olifantskloof im trocken Gebiet des Winkelhakens hinzu.

Diese Streitigkeiten schwelten bis Anfang 1896, als Großbritannien eine alle Grenzunklarheiten ausräumende gemeinsame Vermessung und Demarkation der ungefähr 1230 km langen Ostgrenze vorschlug. Da der größte Teil des in die Kalahari fallenden Grenzgebiets als zu sandig und zu eben für eine durchgehende Grenzvermessung mittels der sich auf orographische Orientierungspunkte stützenden Triangulation befunden wurde, kamen Berlin und London überein, diese zunächst nur bis etwa in Höhe von Mier voranzutreiben. Dann sollte die Triangulation westlich in dafür geeigneteres Gelände in Richtung Gibeon ausweichen, um schließlich im Bereich des Winkelhakens wieder auf das eigentliche Grenzgebiet zurückzustoßen. Die astronomischen Grenzlinien durch die praktisch unbewohnten und wirtschaftlich bedeutungslosen Gebiete entlang des 20° ö.L. zwischen Mier und dem Winkelhaken sowie zwischen diesem und dem Ansatzpunkt des Caprivizipfels entlang des 21° ö.L. wurden dabei durch rein mathematische Interpolation am Kartentisch ohne Aufstellung von Grenzbaken von beiden Seiten als völlig ausreichend bestimmt angesehen. Ein mit kolonialen Grenzfestsetzungen vertrauter britischer Zeitgenosse, Colonel Holdich, bemerkte hierzu: »Die Frage, ob diese vermessene Grenzlinie eine halbe Meile in die eine oder andere Richtung abwich oder aber völlig gerade werde, ist die Ausgabe keines einzigen 10 Pfund Geldscheins wert.« Nichtsdestotrotz vereinbarten Berlin und London den Zeitaufwand der Vermessung und der Demarkation der interessanteren Grenzabschnitte auf zwei Jahre und die zu teilenden Kosten auf 6000 Pfund Sterling.

Die nach erst dem Abflauen der Rinderpest im November 1898 begonnenen Feldarbeiten gelangten aufgrund der Geländeschwierigkeiten und des zwischenzeitig ausgebrochenen Burenkriegs (1899–1902) bis zum Jahre 1901 nicht über die Durchführung einer an die britischen Vorarbeiten anknüpfende Triangulationskette von Mier im weiten Bogen über Gibeon und Gobabis nordwärts ins Gebiet des Winkelhakens. Bis 1903 schloss sich daran dann noch eine Seitentriangulation zur deutsch-britischen Grenze in Höhe von Aminuis an. Erst zum Jahresbeginn 1902 konnte daraufhin mit der eigentlichen Demarkation durch das Aufstellen von Grenzbaken begonnen werden, und zwar zunächst von Mier aus südlich bis zum Orange River. Anschließend wurde diese Arbeit entlang der durch Triangulation vermessenen Teilstücke der Ostgrenze im Bereich des Winkelhakens und bei Aminuis bis April 1903 fortgesetzt. Bis zu diesem Zeitpunkt hatten sich die Gesamtkosten des fünf- statt zweijährigen Unternehmens freilich schon auf über 30.500 Pfund Sterling summiert. Als unwillkommene Dreingabe zur hälftigen Übernahme dieser horrenden Grenzkommissionskosten bekam es die kaiserliche Regierung nun auch noch schwarz auf weiß vorgehalten, dass Mier zwar nur äußerst knapp, die beiden Wasserlöcher bei Olifantskloof aber gleich achtzehn Meilen weit auf britischem Gebiet lagen.

In der südafrikanischen Mandatszeit wurde diese lückenhafte Grenzmarkierung dann nur durch die Ziehung eines Veterinärzauns (›Rote Linie‹) zwischen den beiden Weltkriegen zum Schutz des Farmgebiets zwischen dem Orange River und dem Baken Nummer 1 knapp nördlich des Winkelhakens ergänzt. Eine letzte amtliche ›Vervollkommnung‹ erfuhr die namibische Ostgrenze schließlich im Jahre 1937, als zwischen dem Winkelhaken und dem Ansatzpunkt des Caprivizipfels ungefähr auf der Höhe von 19° 30' s.B. bei den Aha-Bergen ein einsamer einzelner Grenzbaken gesetzt wurde.

Die Flussgrenze des Orange River

Am 23.12.1847 hatte Sir Harry Smith, britischer Gouverneur in Kapstadt, letztmalig die Nordgrenze seiner Kap-Kolonie durch Proklamation nach Norden vorgeschoben und diese mit dem Mittel- und Unterlauf des Orange River zusammengelegt. Die von ihm bestimmte Grenzlinie traf den Fluss, wo der Kraai River im Nordosten der Cape Colony »*in den Orange River mündet, und dann dem Verlauf des letztgenannten Flusses entlang dessen linken Ufers folgend bis zu dessen Verströmung im südatlantischen Ozean.*« Da die unilaterale Grenzfestsetzung entlang des linken Flussufers im Jahre 1847 von britischer Seite in den folgenden Jahrzehnten niemals revidiert worden war, stellte sie fraglos zur Zeit von Bismarcks Anspruch auf die Orange-Grenze im Jahre 1884 und während der Verhandlungen über den deutsch-britischen Kolonialausgleich von 1890 die zumindest London einseitig bindende Grenze dar. Von einer ausreichend vorbereiteten und entschlossen auftretenden deutschen Verhandlungsdelegation hätte die britische Grenzproklamation von 1847 nur noch bestätigt werden müssen und der Unterlauf des Orange River, des größten Stroms im südlichen Afrika, wäre heute ein in *voller Breite* namibisches Gewässer geworden. Statt dessen ließen sich aber die kolonial noch vollkommen unerfahrenen Berliner Diplomaten von den durch zahlreiche ähnliche Grenzregulierungen rund um den Erdball ausge-

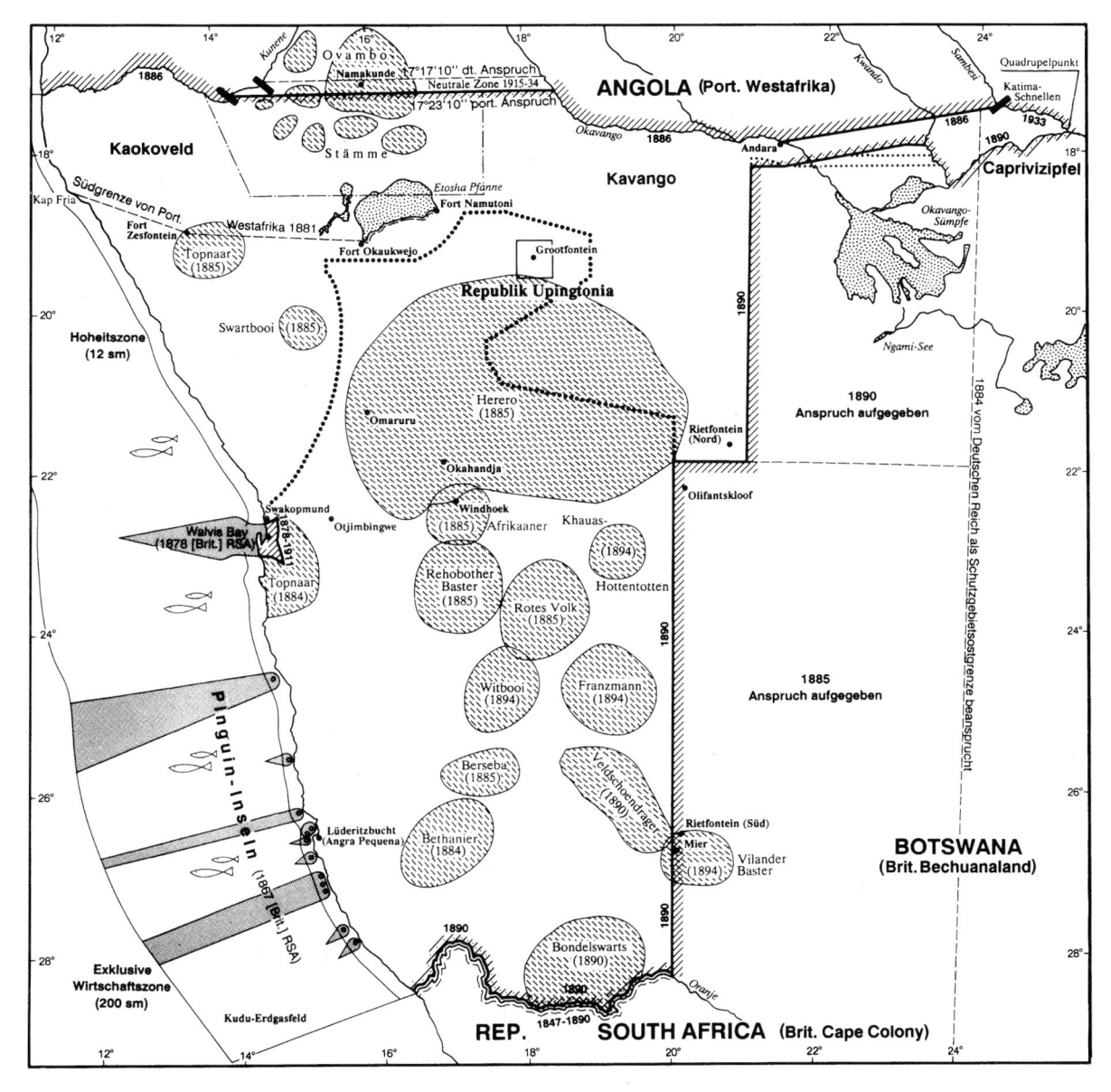

Enstehung der namibischen Grenzen 1867–1994

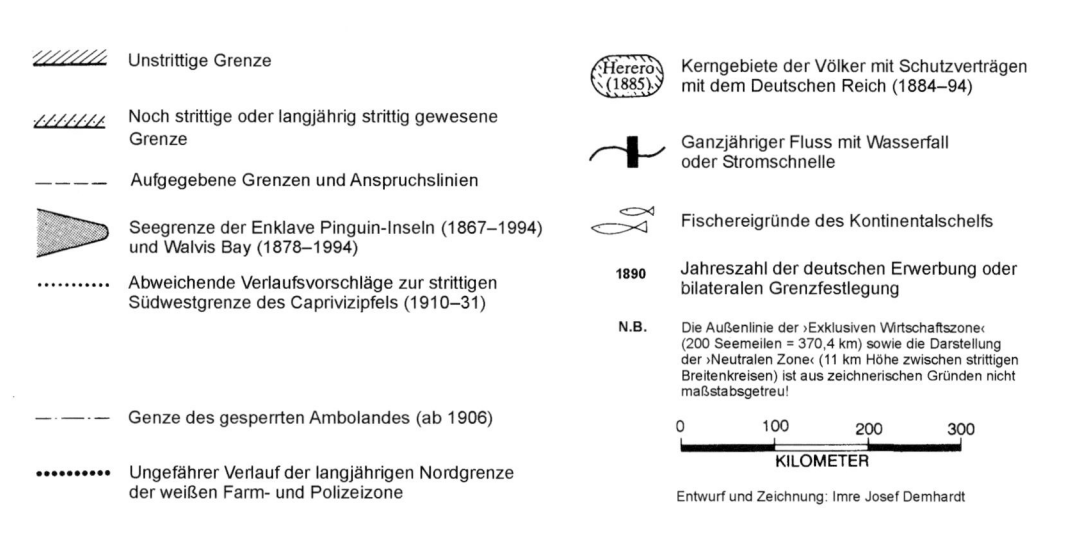

/////	Unstrittige Grenze
/////	Noch strittige oder langjährig strittig gewesene Grenze
-----	Aufgegebene Grenzen und Anspruchslinien
▶	Seegrenze der Enklave Pinguin-Inseln (1867–1994) und Walvis Bay (1878–1994)
....	Abweichende Verlaufsvorschläge zur strittigen Südwestgrenze des Caprivizipfels (1910–31)
—·—·—	Genze des gesperrten Ambolandes (ab 1906)
••••••••	Ungefährer Verlauf der langjährigen Nordgrenze der weißen Farm- und Polizeizone
(Herero) (1885)	Kerngebiete der Völker mit Schutzverträgen mit dem Deutschen Reich (1884–94)
⌐	Ganzjähriger Fluss mit Wasserfall oder Stromschnelle
⌐⊳	Fischereigründe des Kontinentalschelfs
1890	Jahreszahl der deutschen Erwerbung oder bilateralen Grenzfestlegung
N.B.	Die Außenlinie der ›Exklusiven Wirtschaftszone‹ (200 Seemeilen = 370,4 km) sowie die Darstellung der ›Neutralen Zone‹ (11 km Höhe zwischen strittigen Breitenkreisen) ist aus zeichnerischen Gründen nicht maßstabsgetreu!

Entwurf und Zeichnung: Imre Josef Demhardt

fuchsten Strategen des Colonial Office leicht über den Verhandlungstisch ziehen. Anstatt die bereits 1847 bestimmte Grenzlinie zu behaupten oder zumindest auf der sonst üblichen Mittelweg- oder Thalweglinie zu bestehen, gaben die deutschen Unterhändler sogar arglos dem britischen Verlangen nach, den Grenzverlauf an das *Nordufer* zu verlegen. Das völkerrechtlich auch die heutige namibische Regierung unverändert bindende verheerende Resultat las sich im dürren Vertragstext des deutsch-britischen Abkommens vom 1.7.1890 wie folgt: »*In Südwest-Afrika wird das Gebiet, welches Deutschland zur Geltendmachung seines Einflusses vorbehalten wird, begrenzt: [...] Im Süden durch eine Linie, welche an der Mündung des Oranje-Flusses beginnt und an dem Nordufer des Flusses bis zu dem Punkte hinaufgeht, wo derselbe vom 20. Grad östlicher Länge getroffen wird.*«

Im Laufe der Jahre gewahrte die deutsche Kolonialadministration dann aber doch noch die Leichtfertigkeit ihrer Unterschrift unter dieses Grenzdokument. Denn damit hatte sich das Reich mit einem unachtsamen Federstrich des einzig relevanten natürlichen Wasserreservoirs im ganzen südlichen Teil des Schutzgebiets begeben. Um in dieser verfahrenen Lage wenigstens noch zu retten, was zu retten war, unterhielt Berlin seit 1906 einen Auslegungsstreit mit London über den genauen Verlauf der Grenzlinie auf dem Nordufer des Orange River – ob der Niedrigwasser- oder aber der Hochwassermarke folgend. Im Jahre 1910 dann entspann sich ein weiterer deutsch-britischer Grenzdisput über den genauen Verlauf der Südwestgrenze des Caprivizipfels (siehe unten). Berlin verknüpfte nun beide Probleme geschickt zu einem Junktim und schlug London eine Entscheidung durch internationalen Schiedsspruch vor. Der Erste Weltkrieg und die anschließende Übernahme des Schutzgebiets als südafrikanisches Mandat unterband bis zur namibischen Unabhängigkeit 1990 vorerst alle Grenzdisputie, da ja nun auf beiden Fluss-Seiten südafrikanische Hoheitsträger saßen. Die nach wie vor gültige südafrikanische Rechtsposition bezüglich des genauen Verlaufs der im deutsch-britischen Abkommen von 1890 nicht hinreichend genau bestimmten Flussgrenzlinie formulierte der Justizminister der Südafrikanischen Union am 19.3.1929 als »*folgend der normalen oder durchschnittlichen Hochwasserlinie des Orange River auf seinem rechten oder nördlichen Ufer.*«

Bereits nach ersten bilateralen Grenzgesprächen auf ministerieller Ebene Mitte 1991 hatte der namibische Außenminister Theo-Ben Gurirab etwas voreilig bekannt eben, dass der von den Deutschen geerbte Streit um die genaue Lage der Grenze im Flussbett des Orange für die beiden Nachbarstaaten kein Thema mehr sei: Es müssten lediglich noch einige »*praktische und technische Details*«, geklärt werden, um die künftige einvernehmliche Grenzlinie den internationalen Gepflogenheiten gemäß in die Flussmitte zu legen. Die vereinbarte Arbeit einer gemeinsamen Kommission zur Feststellung der Verläufe verschiedener Grenzvarianten wie Median-, Thalweg-, Ufergrenzen jeweils zu verschiedenen Wasserständen im Flussbett des Orange kam in den 1990er Jahren aber nicht vom Fleck.

Im November 2000 bekräftigte dann das vom ›African National Congress‹ geführte südafrikanische Kabinett zur Überraschung Namibias nicht nur die bereits vom Apartheidsregime gehaltene Rechtsposition, dass die Grenze im Flussbett des Orange der nördlichen Hochwassermarke folge, sondern lehnte darüber noch hinausgehend jede weitere Verhandlung hierüber mit Windhoek ab. Damit rücken für Namibia aber nicht nur wie einstmals schon für das Deutsche Reich Bewässerungs- und Weiderechte für seinen sehr trockenen Süden wieder in weite Ferne, sondern auch die Südgrenze der erst zwei Jahrzehnte alten marinen ›Exklusiven Wirtschaftszone‹, welche Fischfanggründe sowie Diamanten- und Erdgasvorkommen anschneidet, wird durch den nun wieder strittigen Ansatzpunkt in der recht weiten Flussmündung des Orange unsicher.

Die Pinguin-Inseln

Dicht unter der Namibküste erstreckt sich etwa zwischen der Walfischbucht und der Mündung des Orange River auf rund 330 km die Kette der zwölf Pinguin-Inseln. Diese waren in geologisch noch junger Zeit Bestandteil des Festlands gewesen. Erst der jüngste nacheiszeitliche Meeresspiegelanstieg überspülte die alte Küstenlinie, so dass sich heute nur noch die felsigen Spitzen der höchstgelegenen Erhebungen des untergetauchten Küstenlands über die Meeresoberfläche erheben. Die zu Anfang der 1840er Jahre gemachte Entdeckung ergiebiger Guano-Lagerstätten auf diesen Felseilanden, vor allem dem überaus reichen Ichaboe Island, führte in den folgenden Jahren zu einem wahrhaften Guanoboom mit der hemmungslosen Ausbeutung des ›grauen Goldes‹ dieser Felsgestade.

Um den zukünftigen Guanoabbau in Bahnen zu lenken und vor allem fiskalisch an den daher rührenden immensen Profiten beteiligt zu sein, nahm Großbritannien am 21.6.1861 formell zunächst von Ichaboe Island Besitz. Schon wenige Wochen später, am 12.8., dehnte der Gouverneur der Cape Colony, vorbehaltlich der Allerhöchsten Bestätigung aus London, die britische Souveränität auch auf die übrigen Pinguin-Inseln aus. Queen Victoria verwarf diese Annexionen jedoch durch eine gegenteilige Proklamation vom 9.5.1864, die alle britischen Ansprüche auf die Pinguin-Inseln, einschließlich Ichaboes, wieder aufhob. Aber binnen nur zweier Jahre verkehrte sich dann die Londoner Interessenlage in ihr Gegenteil: Am 5.5.1866 nahm Charles C. Forsyth, Kapitän der Dampffregatte *Valorous*, Ichaboe und seine elf

Schwesterinseln erneut in britischen Besitz. Als angesichts der Vorgänge von 1861–64 Zweifel darüber aufkamen, ob die bloße Annexion auch volle Völkerrechtsverbindlichkeit genieße, wurde diese durch ein königliches Patent vom 27.2.1867 bekräftigt. Dieses ermächtigte zudem das Kapstädter Parlament, die Pinguin-Inseln der Kap-Kolonie einzuverleiben. Durch den ›Ichaboe and Penguin-Islands Act‹ von 1874 machte das Parlament von dieser Möglichkeit Gebrauch und inkorporierte die zwölf Inseln der Cape Colony.

Die Unabhängigwerdung der Republik Namibia am 21.3.1990 bewirkte erwartungsgemäß das Wiederaufleben jahrzehntelang unterdrückter Grenzdispute und im Falle der Pinguin-Inseln und der Enklave Walvis Bay sogar schon vor hundert Jahren endgültig beigelegt geglaubter Territorialstreitigkeiten. Artikel 1 Absatz 4 der namibischen Verfassung vom 3.2.1990 forderte nämlich zu Lasten der ehemaligen Mandatsmacht: »*The national territory of Namibia shall consist of the whole territory recognised by the international community through the organs of the United Nations as Namibia, including the enclave, harbour and port of Walvis Bay, as well as the off-shore islands [= Pinguin-Inseln] of Namibia, and its southern boundary shall extend to the middle of the Orange River.*« Ausschlaggebend für diese Gebietsansprüche waren dabei im Falle der zusammen genommen nur etwa 200 ha großen Pinguin-Inseln und der Hafenenklave Walvis Bay eindeutig wirtschaftliche Beweggründe: Verfügt Walvis Bay über den einzigen leistungsfähigen Hafen der gesamten südwestafrikanischen Küste, so perforiert es gemeinsam mit den zusammen nur knapp 200 ha großen Pinguin-Inseln aufgrund der UN-Seerechtskonvention von 1982 in völliger Disproportionalität von Küstenlänge und Fläche die Fischfanggründe sowie Diamanten- und Erdgaslagerstätten der namibischen ›Exklusiven Wirtschaftszone‹ zugunsten der Republik Südafrika um etwa 14–16%.

Der durch Verhandlungen erfolgende schrittweise Übergang von der Apartheid zum heutigen demokratischen Südafrika zu Beginn der 1990er Jahre ließ zu Gunsten der jungen Nachbarrepublik Namibia den so selten spürbaren ›Mantel der Geschichte‹ durch die Außenpolitik des südlichen Afrika wehen, auf welchen die Berliner Reichsregierung über Jahrzehnte vergeblich gewartet hatte: Wohl aus Dankbarkeit gegenüber ihrem alten Verbündeten SWAPO drückte in den vorbereitenden Verhandlungen zur ersten freien und gleichen Wahl in Südafrika im Jahre 1994 der dortige schwarze ›African National Congress‹ gegen eine nurmehr schwache von der ›National Party‹ geführte weiße Regierung durch, dass sowohl die Pinguin-Inseln als auch die wichtige Hafenenklave Walvis Bay zunächst unter gemeinsame südafrikanisch-namibische Verwaltung gestellt und am 1.3.1994 sogar vollständig an Windhoek übergeben wurden.

Was ist ein Plateau ? – Grenzstreit um die ehemalige Enklave Walvis Bay

Neben und bedeutungsmäßig noch vor der peripher gelegenen Lüderitzbucht stellt die Walfischbucht den einzigen natürlichen Hafenplatz an der gesamten südwestafrikanischen Küste dar. Vor dem Hintergrund der daraus resultierenden strategischen Überlegungen erhielt der Kapitän des britischen Kriegsschiffs *Industry*, Richard C. Dyer, den Befehl, die kleine Handelsniederlassung und Walfangstation samt deren unmittelbaren Umgebung für Ihre Britannische Majestät in Besitz zu nehmen. Am 12.3.1878 unterstellte Dyer daraufhin die ›Walvis Bay‹ britischer Herrschaft und bestimmte deren landseitige Grenzen mit lakonischer Kürze: »*Im Süden durch eine Linie von der Küste 15 Meilen südlich des Pelican Point nach Scheppmansdorf; im Osten durch eine Linie von Scheppmansdorf nach der Rooibank, einschließlich des Plateaus, und dann weiter bis zu einem Punkt im Swakop River 10 Meilen landeinwärts von dessen Mündung; im Norden entlang der letzten 10 Meilen des Verlaufs des besagten Swakop River.*« Das solchermaßen in seiner räumlichen Ausdehnung definierte Walvis Bay wurde daraufhin am 8.8.1884, am Tag nach der deutschen Schutzherrschaftserklärung über die Lüderitz'schen Erwerbungen in Angra Pequeña, der Cape Colony einverleibt.

Die Notwendigkeit einer präziseren Grenzfestsetzung, vor allem in der südöstlichen Ecke der Enklave, wurde im September 1884 offenbar, als die gesamte umgebende südwestafrikanische Küstenstrecke mitsamt des Hinterlands unter die deutsche Schutzherrschaft gestellt worden war. In Anerkennung der älteren Rechte Großbritanniens schloss der kaiserliche Schutzbrief ausdrücklich das Gebiet von Walvis Bay aus. Was war aber nun genau das Gebiet der Walvis Bay? Zur Klärung dieser Frage setzten London und Berlin eine Kommission ein, die aus dem Richter Shippard vom Obergericht der Cape Colony und Dr. Bieber, dem deutschen Generalkonsul in Kapstadt, bestand.

Als die beiden sich nun getrennt daran machten, den genauen Grenzverlauf zu klären, glaubte Shippard bald festzustellen, dass Dyer bei der Abfassung der Inbesitznahmeerklärung offenbar ein Fehler unterlaufen sei. Die alte Rheinische Missionsstation Scheppmansdorf und der Ort Rooibank liegen beide im Bett des Kuiseb Rivers nur eine Steinwurfweite auseinander, so dass nach Shippards Auffassung Dyers Grenzproklamation nur Scheppmansdorf *oder* Rooibank meinen könne. Das ›irrtümliche‹ Rooibank der Proklamation identifizierte der Richter dagegen mit dem Rooikop, einem auffallenden Inselberg im nördlich davon gelegenen Küstenhinterland. Außerdem kam Shippard zu dem Schluss, dass das auf den ersten Blick am angegebenen Ort nicht zu findende ›Plateau‹ keine herausgehobene Vereb-

463

nungsfläche meine, sondern vielmehr das dichtbewachsene weite Bett des Kuiseb zwischen Scheppmansdorf und dem südöstlich gelegenen Platz Ururas. Bei Rooibank springt nämlich eine rote Gneisbank in das Flussbett vor und bildet somit eine natürliche Grundschwelle. Hier drückt das Grundwasser nach oben und steht das ganze Jahr über in offenen Tümpeln. Es ist zwar ungenießbar brackig und bitter, jedoch ein untrüglicher Anzeiger süßen Grundwassers oberhalb der Grundschwelle – ein Umstand, der dem Schiffskapitän Dyer bei der Grenzfestsetzung für das süßwasserlose Walvis Bay inmitten der staubtrockenen Dünennamib sicher nicht entgangen war. Mit einem entsprechenden Bericht munitioniert, entsandte der Gouverneur der Cape Colony 1885 den Landvermesser Philipp Wrey, der die von Shippard ›berichtigte‹ Grenzlinie vermaß und auch gleich mit Baken markierte.

Nachdem die britische Seite damit zunächst einmal Tatsachen geschaffen hatte, protestierte der durch seine Amtsgeschäfte in Kapstadt überlastete deutsche Kommissionär Dr. Bieber erst im Juni 1886 (!) gegen das Vorgehen Shippards und Wreys, indem er darauf hinwies, dass zum einen in Dyers Proklamation Ururas mit keinem Wort erwähnt worden sei und zum anderen der Begriff Plateau eindeutig keinen tiefgelegenen Teil eines Flussbetts meinen könne.

Wie in solchen Staatsaffären üblich, stellten sich sowohl die deutsche als auch die britische Regierung beharrlich hinter die Findungen ihrer eigenen Kommissionäre und brachten im Laufe der Jahre immer spitzfindigere Interpretationen des dürren Dyer-Textes auf. Kaum verwunderlich scheiterten vor diesem Hintergrund in den folgenden zwei Jahrzehnten noch drei weitere Grenzkommissionen an der unlösbaren Kernfrage, was denn nun das gemeinte ›Plateau‹ sei, bevor beide Regierungen, offenbar des Dauerstreits überdrüssig, sich im Januar 1909 endlich dahingehend verständigten, den spanischen König Alfons XIII. als Schiedsrichter anzurufen und dessen Spruch als verbindlich zu akzeptieren.

Der im Mai 1911 ergangene Schiedsspruch gab zwar einerseits der deutschen Seite recht, dass sie durch die einseitige Vermessung und Demarkation der umstrittenen Grenzlinie durch Großbritannien nicht gebunden sei, anerkannte aber andererseits die geographische Aufnahme Wreys als korrekt und zog diese deshalb auch als eine Entscheidungsgrundlage heran. Wenn auch der Begriff Plateau im Regelfall nur für höhergelegene Flächen Verwendung finde, so könne diese Hochlage dennoch nicht als unverzichtbar für die Benennung eines Gebietes als Plateau beansprucht werden. Das von Shippard im Kuiseb-Bett identifizierte Dyer'sche Plateau stelle darüber hinaus die für eine Aufnahme in die Grenzproklamation einzig wirtschaftlich interessante Verebnungsfläche dar und sei somit für den Schiedsrichter hinreichend schlüssig angesprochen. Die Reichsregierung bemühte sich nun, die auf ganzer Linie verlorene Streitsache herunter zu spielen. Das amtliche »Deutsche Kolonialblatt« stellte deshalb in einem Kommentar zum Schiedsspruch beschwichtigend fest: *»Der Grenzteil hatte nur eine prinzipielle Bedeutung, materiell ist der Verlust des strittigen Gebietes, das etwa 85 qkm umfasst, für das Schutzgebiet von geringer Bedeutung.«* Erst mit dem Rückzug der Südafrikaner zum 1.3.1994 gelangte das einstmals strittige ›Plateau‹ mit der gesamten Enklave in den Besitz von Namibia.

Die ›Wasserfall-Frage‹ und der jahrzehntelange Streit um die Nordgrenze

In den im Januar 1886 aufgenommenen Verhandlungen über die gegenseitige Abgrenzung der portugiesischen Kolonie Angola und des deutschen Schutzgebiets trat reichsseitig sogleich die Verfolgung einer weitgesteckten Arrondierungspolitik hervor. Berlin focht die 1815/17 zwischen Portugal und Großbritannien festgelegte Südgrenze Angolas in Höhe des Kap Fria als das Reich nicht bindend an. Der deutsche Staatssekretär im Auswärtigen Amt, Herbert von Bismarck, ein Sohn des Reichskanzlers, wies den deutschen Gesandten in Lissabon im März 1886 telegraphisch an, *»ohne weitere Prüfung der Rechtsfrage [!]«* und ohne sich auf *»theoretische Erörterungen mit der portugiesischen Regierung einzulassen«*, auf der Abtretung des Küstenstrichs von Kap Fria bis hinauf zur natürlichen Grenzmarke des Kunene zu bestehen. Der deutsche Anspruch auf den Kunene erschien zwar schwach fundiert und wenigstens zunächst widerstand der portugiesische Außenminister dem Drängen Berlins. Trotzdem zeichnete sich für den Lissabonner Verhandlungsführer schon bald ab, dass das schmerzliche Zugeständnis der Grenze am Kunene von deutscher Seite zur *conditio sine qua non* gemacht wurde für die von Portugal dringend benötigte diplomatische Unterstützung bei der Verfolgung seines übergeordneten kolonialpolitischen Ziels: Die schließlich doch vergeblich erstrebte Durchsetzung des Anspruchs auf die zentralafrikanische Landbrücke zwischen seinen angolanischen und moçambiquanischen Küstenbesitzungen gegen die rivalisierenden Ansprüche des übermächtigen Großbritannien.

Hauptanliegen dieser deutschen Machtdemonstration war nach einer Richtlinie des Auswärtigen Amts vom August 1886, *»die Erweiterung unseres südwestafrikanischen Schutzgebietes gerade nach den fruchtbaren Gebieten Zentralafrikas«* sicherzustellen. Denn allein diese konnte die rasche Enttäuschung der deutschen Öffentlichkeit über das von Lüderitz so verheißungsvoll gepriesene Angra Pequeña, das im Reichstag schon 1885 als »ödes Sandloch« geschmäht worden war, noch besänftigen. *»Auch erscheint es für die Zukunft erwünscht«*, so das Außenamt weiter, *»daß wir [...] bis an den Sam-*

besifluß, der wichtigsten Verkehrsader im Innern Südafrikas, vorrücken.« Ende November war Lissabon dann von der deutschen Diplomatie erfolgreich mürbe gemacht worden und gab dem Berliner Verlangen auf den Kunene und der Öffnung des Schutzgebiets zum Sambesi hin resignierend nach. In lakonischer Kürze regelte der daraufhin am 30.12.1886 in Lissabon unterzeichnete Grenzvertrag in bis heute gültiger Weise die gesamte Nordgrenze Namibias vom Atlantischen Ozean bis zum Ufer des Sambesi: *»Die Grenzlinie, welche in Südwestafrika die Deutschen und die Portugiesischen Besitzungen scheiden soll, folgt dem Laufe des Kunene Flusses von seiner Mündung bis zu denjenigen Wasserfällen, welche südlich von Humbe durch die Sierra Cana gebildet werden. Von diesem Punkte ab läuft die Linie auf dem Breitenparallel bis zum Kubango [= Okavango], dann im Lauf dieses Flusses entlang bis zu dem Orte Andara, welcher der Deutschen Interessensphäre überlassen bleibt, und von da in gerader Richtung östlich bis zu den Stromschnellen von Catima am Zambese.«*

Als man sich aber später an Ort und Stelle von der genauen Lage der benutzten Landmarken überzeugen wollte, stellte es sich jedoch heraus, dass dort, wo die ›Sierra Cana‹ vertraglich angenommen war, sich nur zwei niedrige Erhebungen aufwölbten, denen die Bezeichnung Gebirge in keiner Weise zukam. Des weiteren fanden die entsandten Rekognoszierungsexpeditionen anstelle der scheinbar unmissverständlich deutlich beschriebenen ›Wasserfälle südlich Humbe‹ unterhalb Ericksonsdrift einen außerordentlich langen Gebirgsdurchbruch des Kunene vor. Dieser schnitt sich hier auf 38 km Länge vermittels sechs Stromschnellen rückwärts in den Granit-Gneis-Untergrund ein, um abschließend noch über den insgesamt etwa 130 m hohen Wasserfall Ruacana in die Schlucht seines Unterlaufs zu stürzen. Natürlich nahmen nun die Portugiesen den großen Wasserfall Ruacana (17° 23' 10") am südwestlichen Ende der Kataraktserie als die vertraglichen ›Wasserfälle‹ an, während die Deutschen in der die Kataraktserie im Nordosten eröffnenden obersten Flussschnelle (Kazambue-Schnellen auf 17° 17' 10" südl. Breite) diese zu erblicken glaubten. Die Beantwortung diese ›Wasserfall‹-Frage war aber von entscheidender Bedeutung für den an die Lokalität dies Punktes vertraglich gekoppelten ostwärtigen Verlauf der daran ansetzenden breitengradparallelen Grenze mitten durch das Ovamboland zum Okavango.

Durch die widerstreitenden Grenzinterpretationen entstand ein strittiges Gebiet von nur rund 11 km Höhe zwischen den geographischen Breiten der beiden in Anspruch genommen Wasserfälle, welches sich aber auch über eine Breite von rund 480 km zwischen den beiden Flüssen Kunene und Okavango erstreckte. Daraus ergab sich ein insgesamt strittiges Gebiet von ungefähr 5300 km², in dem einige Tausend Ovambo ansässig waren – für das weithin nur spärlich besiedelte Schutzgebiet mithin wertvollstes Kolonialland. Auf dem Verhandlungsweg konnte trotz mehrmaliger Anläufe infolge des beiderseitigen Beharrens auf den einmal eingenommenen Rechtspositionen keine gütliche Einigung erzielt werden. Wichtigster Grund für die im wesentlichen von Berlin zu verantwortende dauernde Offenhaltung des eigentlich allseitig nur störenden Grenzstreits war in stetig wachsender Bedeutung der möglichst ungehinderte Zustrom von Ovambo-Wanderarbeitern auch aus dem portugiesisch beanspruchten Teil des Ovambolands in das Farmgebiet und zu den Bergbaustandorten des Schutzgebiets.

Nachdem Berlin und Lissabon über zwei Jahrzehnte hinweg an der Lösung der ›Wasserfall‹-Frage gescheitert waren, schuf die Niederlage der Schutztruppe im Juli 1915 und der damit verbundene zunächst noch vorläufige Übergang der Schutzgebietsherrschaft auf die Südafrikanische Union eine neue Ausgangslage. Bereits im August 1915 wurde Major zu den Häuptlingen des südlichen Ovambolands entsandt, um den weiteren Zufluss von Wanderarbeitern auch unter der neuen südafrikanischen Gebietsherrschaft sicherzustellen. In den ersten eine wirkliche Einigung beabsichtigenden Grenzgesprächen mit portugiesischen Vertretern seit dem Jahre 1886 gelang Pritchard überdies am 11.9.1915 der Abschluss eines Grenzübereinkommens, welches das strittige Grenzgebiet ›vorläufig‹ unter gemeinsamer Verwaltung neutralisierte. In den Besatzungsjahren des Ersten Weltkriegs, der eine definitive völkerrechtliche Beilegung dieses Grenzstreits nicht zugelassen hatte, wurden sich auch die Südafrikaner der mit der Grenzregelung eng verbundenen Wasser- und Elektrizitätsfrage am Kunene River klar. Schließlich hatte die Unterzeichnung des Versailler Friedensvertrags durch das Deutsche Reich am 28.6.1919 den künftigen völkerrechtlichen Status des Schutzgebiets zugunsten der britischen Südafrikanischen Union geklärt. Deshalb benannten Portugal und Großbritannien Ende 1919 eine gemeinsame Grenzkommission, die das strittige Gebiet besuchen und vor Ort Vorschläge zur endgültigen Beilegung des Streits über den genauen Grenzverlauf erarbeiten sollte.

Nach Voruntersuchungen der beiden Delegationen traf die Kommission am 30.6.1920 bei Ruacana zusammen und begann Grenzgespräche, in welchen praktisch die portugiesische Grenzinterpretation anerkannt wurde, dafür aber Zugeständnisse hinsichtlich der Ableitung von Bewässerungswasser aus dem Kunene für das südliche Ovamboland und die Wasserversorgung eines hydroelektrischen Kraftwerks auf der südwestafrikanischen Seite von Ruacana in das Gesprächsprotokoll aufgenommen wurden. Nach mehrjährigen Verschleppungen regelte auf dieser Grundlage das am 22.6.1926 in Cape Town unterzeichnete ›*Agreement [...] in Relation to*

the Boundary between the Mandated Territory of South-West Africa and Angola‹:
1. Die im deutsch-portugiesischen Grenzvertrag von 1886 genannten Wasserfälle südlich von Humbe meinen die Ruacana-Fälle.
2. Als Flußgrenze im Kunene von der Mündung bis zum Scheitel der Ruacana-Fälle gilt die Mittelweglinie bis zur Höhe des bereits im Juni 1920 von der damaligen Grenzkommission gesetzten Grenzbakens, dessen Position noch einmal ausdrücklich bestätigt wird.
3. Von diesem Baken verläuft die Grenzlinie breitengradparallel ungefähr auf 17° 23' südl. Breite bis zu ihrem Schnittpunkt mit der Mittelweglinie des Okavango.
4. Die 1915 eingerichtete Neutrale Zone wird als solche weiter unterhalten und behandelt, bis die in diesem Übereinkommen erzielte Grenzlinie zwischen den beiden Grenzflüssen vollständig demarkiert worden ist.

Nach dieser abschließenden völkerrechtlichen Klärung der Verhältnisse der heutigen namibischen Nordgrenze wurde nach Maßgabe der Vertragsbestimmungen eine gemeinsame ›South-West Africa - Angola Boundary Delimitation Commission‹ gebildet. Diese vermaß die vertraglich festgelegte Grenzlinie zwischen den Flüssen Kunene und Okavango, räumte diese frei und stellte Grenzbaken auf. Die vereinbarte Durchführung der Grenzaufräumungsarbeiten im Gebiet der ›Neutralen Zone‹ zog sich aber unvermuteter Weise dann doch noch einige Jahre hin. Aufgrund der nur wenigen feuchten Monate konnte nämlich jeweils nur 3–4 Monate im Jahr im wegelosen Grenzgebiet gearbeitet werden, weshalb erst zum Jahresende 1934 die nun auch schon bald zwanzigjährige Neutrale Zone aufhören konnte zu bestehen und fast vollständig an das portugiesische Angola fiel.

Der Caprivizipfel und seine Grenzprobleme

Während der deutsch-britischen Verhandlungen über die große afrikanische Flurbereinigung 1889–90 hatte das Colonial Office, dessen Hauptbestreben die möglichst weiträumige Sicherung der Region um den Ngami-See und die Okavangosümpfe war, hartnäckig den 21° ö.L. als Ostgrenze des Schutzgebiets nördlich des Winkelhakens durchzusetzen gesucht. Als Südgrenze des im Gegenzug von Berlin ungewöhnlich standhaft verteidigten Korridors zum Sambesi einigte man sich bald grundsätzlich auf den 18° s.B., an dessen Stelle im östlichen Teil der Grenzlinie der etwa auf gleicher Höhe liegende Unterlauf des Kwando trat, welcher hier auch Chobe oder Linyanti genannt wird. Gerade noch rechtzeitig vor der Unterzeichnung einlaufende Berichte alarmierten die Unterhändler dann aber, dass durch die so gedachte Grenzlinie der Ort Andara, welcher im deutsch-portugiesischen Grenzvertrag vier Jahre zuvor ausdrücklich als der deutschen Interessensphäre zugeschlagener wichtiger Eckpunkt genannt worden war, knapp südlich des 18° s.B. lag. Bei unbeirrtem Festhalten an dem bereits ausgehandelten Vertragstext wäre es somit zum einen unweigerlich zu einem Konflikt mit Portugal wegen der Überlappung der beiden Grenzlinien gekommen und zum anderen wäre der Korridorcharakter des nordöstlichen ›Auswuchses‹ des Schutzgebiets durch die dann zwangsläufige Inselstellung ad absurdum geführt worden. Also überarbeiteten die Unterhändler die Grenzbestimmung in diesem Teilabschnitt nochmals und schrieben, der neuen Lage Rechnung tragend, eine diesen Korridor sichernde Wendung in den Vertragstext hinein, an welcher bald die spöttische Bezeichnung ›Caprivizipfel‹ hängen blieb: *»Es ist Einverständnis darüber vorhanden, daß Deutschland durch diese Bestimmung von seinem Schutzgebiete aus freien Zugang zum Zambese mittelst eines Landstreifens erhalten soll, welcher an keiner Stelle weniger als 20 englische Meilen [= 32km] breit ist.«*

Erst ein im Jahre 1907 in Berlin vorgetragener britischer Vorschlag, den Caprivizipfel doch gegen einen Teil der Kalahari einzutauschen und dadurch die Ostgrenze des Schutzgebiets völlig zu begradigen, schreckte die Reichsregierung aus ihrer Vernachlässigung dieses Wurmfortsatzes auf. Hastig erging an das Windhoeker Gouvernement die Weisung, diesen entlegensten Teil des Schutzgebiets amtlich erforschen zu lassen und auch eine symbolische Repräsentanz durch die Entsendung des Hauptmanns Streitwolf als kaiserlichen Residenten einzurichten. Im Januar 1909 langte der Hauptmann nach beschwerlicher Anreise im Zipfel an, um schon in einem seiner ersten Berichte dem Windhoeker Gouvernement mitzuteilen, dass der Zipfel, entgegen den britischen Einflüsterungen, durchaus nicht kolonisatorisch uninteressant sei. Wenn überhaupt, dann solle er nicht für ein weiteres Stück der Kalahari, sondern nur gegen die wichtige Hafenenklave Walvis Bay oder sonstiges wirklich gutes Land, etwa in Togo, eingetauscht werden.

Diese verspätete Wertrealisierung des Caprivizipfels liegt auch dem im Jahre 1910 ausgebrochenen zweiten Auslegungsstreit über das deutsch-britische Abkommen von 1890 zugrunde. Das Deutsche Reich vertrat nun nämlich die Ansicht, dass die Südgrenze des westlichen Zipfels genau 20 englische Meilen, d.h. 32 Kilometer, südlich von Andara die vom Winkelhaken entlang des 21° östl. Länge hochkommende Grenzlinie rechtwinklig verlasse und in *schnurgerader Breitengradparallele* bis zum Auftreffen auf den Chobe verlaufe. Großbritannien dagegen interpretierte den einschlägigen Vertragspassus dahingehend, dass die Südwestgrenze in einer *durchgehende Grenzparallele* – und nicht nur an ihrem Ausgangspunkt – von genau 20 englischen Meilen südlicher Versetzung der deutsch-portugiesischen Grenze folgt; jedenfalls dort, wo die vorrangig gedachte Grenzorientierung entlang des 18° s.B. nach Einschränkung der 20 Meilen-Klausel nicht zu verwirklichen war. Auch in dieser Angelegenheit unterbrach der Erste Weltkrieg alle Weiterungen, so dass es erst 1930 zu einer Wiederaufnahme dieser Grenzfrage kam. In diesem Jahr unterbreitete die südafrikanische Mandatsmacht dem ebenfalls britischer Oberhoheit unterstehenden *Bechuanaland Protectorate* ein von diesem schließlich grundsätzlich angenommenes Memorandum über den endgültigen Verlauf der Südwestgrenze des Caprivizipfels zwischen dem 21° ö.L. und dem Chobe auf der Grundlage der britischen Grenzinterpretation von 1910. Im Jahre 1934 schließlich drückte die völkerrechtlich die Oberaufsicht ausübende ›Permant Mandates Commission‹ die Ansicht aus, dass *alle* Grenzen des Mandatsgebiets South West Africa hinreichend festgelegt seien. Damit hatte sich die britische Grenzauffassung zwar nicht durch vertragliche Vereinbarung und anschließende Demarkation, sondern durch stillschweigende nunmehr bald siebzigjährige Übung auf allen amtlichen Karten als ›offizielle‹ Südwestgrenze des Caprivizipfels durchgesetzt.

Eine weitere völkerrechtliche Denkwürdigkeit des Caprivizipfels bildete über mehrere Jahrzehnte dessen durch den Sambesi River geformte Nordostgrenze. Während der deutsch-portugiesische Grenzvertrag von 1886 die Trennlinie zwischen den beiden kolonialen Interessensphären bis zu den Katima-Schnellen am Sambesi River festlegte, führte das deutsch-britische Ausgleichsabkommen von 1890 die Grenzlinie bis zum Chobe und *»dann im Thalweg des Hauptlaufes dieses Flusses bis zu dessen Mündung in den Zambese fort.«* Völlig unbeachtet war dabei aber anscheinend geblieben, dass so die Schutzgebietsgrenze mit dem britischen Nordrhodesien entlang des Sambesi auch weiterhin noch völlig offen war. Ein seltener und eigentlich unhaltbarer Zustand, der aber nichtsdestotrotz über vier Jahrzehnte Bestand haben sollte! Erst anlässlich des Streits um die Südwestgrenze des Caprivizipfels wandte sich 1910 eine irritierte deutsche Note des dieses Problem offenbar nun erst entdeckenden Auswärtigen Amts an London, in der Berlin ›annahm‹, dass die britische Regierung einer Thalweg-Grenze im Sambesi zustimme. Da über eine britische Antwortnote nichts bekannt ist, muss angenommen werden, dass die Grenze im Sambesi bis zur endlichen Regelung weiterhin im Zustand vollkommener Unklarheit verharrte. Erst dreiundzwanzig (!) Jahre später bestätigte ein am 4.7. und 25.7.1933 erfolgter Notenwechsel zwischen der Südafrikanischen Union und Nordrhodesien einen von einer gemeinsamen Grenzkommission im Frühjahr erstellten Bericht, welcher auf der Grundlage einer Luftbildauswertung vorschlug, als Grenzlinie *»den ›Thalweg‹ oder Hauptkanal zu bestimmen«*.

Als jüngstes Grenzproblem des entwickelte sich bald nach der namibischen Unabhängigkeit im sumpfigen und mäanderreichen Unterlauf des Chobe seit dem Jahre 1992 ein sich immer weiter zuspitzender Streit mit Botswana um die Souveränität über die nur etwa 3½ km² große und seit Jahrzehnten nicht mehr dauernd bewohnte Flussinsel Kasikili. Nach der Besetzung dieser regenzeitlich teilweise überfluteten Sandbank durch botswanisches Militär wurde der Streitfall zur Vermeidung handgreiflicher Auseinandersetzungen zwischen den Nachbarstaaten im Jahre 1996 dem Internationalen Gerichtshof in Den Haag zur für beide Seiten verbindlichen Klärung vorgelegt. Der Kern des Grenzdisputs drehte sich dabei um die Frage, ob der Thalweg des Chobe und damit die in der Verbindungslinie der tiefsten Punkte des Hauptflussarms festgelegte Grenze nun in dem nach namibischer Ansicht südlich um die Insel fließenden Flussarm oder aber in dem nach botswanischer Ansicht nördlich um die Insel fließenden Flussarm zu suchen sei. Ähnlich dem Misserfolg der Reichsregierung im Jahre 1911 im Schiedsspruch um die strittige Südostgrenze der südafrikanischen Enklave Walvis Bay bekam es Windhoek in dem am 13.12.1999 verkündeten Den Haager Schiedsspruch trotz der Ausgaben von mehreren Millionen Namibia-Dollar schriftlich, dass die Insel Kasikili südlich des Thalwegs des Chobe und damit in botswanischem Hoheitsgebiet liege. Seit dem März 2000 beschäftigt sich eine namibisch-botswanische Grenzkommission mit der Feststellung der genauen Lage des Thalwegs in der etwa 350 km langen gemeinsamen Flussgrenze im Südosten des Caprivizipfels, um die Wiederholung eines solchen Grenzdisputs in der Zukunft möglichst auszuschließen.

Der Anschluss an die Welt

Die Geschichte der Post und Telekommunikation 1888–2005

Sigrid Kube (1984)

Aktualisierung und Dokumentation: Gunter E. von Schumann

Das waren noch Zeiten ... als der Postagent, Hugo von Goldammer, in Otjimbingwe das Zepter, pardon, die Briefe schwang. Er war als Beamter des Kaiserlichen Gouvernements mit Dienstgeschäften stark belastet. Nicht nur gegenwärtig, sondern auch schon um die Jahrhundertwende war es ein schwieriges Unterfangen, die Post zu sortieren – obwohl Hugo von Goldammer bereits seit Juli 1888 in Südwest als Postmeister fungierte und eigentlich darin Übung hätte haben müssen, aber Beamte üben halt nicht, sie amtieren.

So kam es, daß ihm Freunde gelegentlich nach Ankunft von langersehnten Briefen aus dem fernen Deutschland beim Verteilen halfen, um schleunigst an ihre Post zu kommen. Freudig erregt wollten sie sich dann zum Lesen aus der Amtsstube entfernen, doch der Postangestellte wollte ja schließlich walten (seines Amtes) und hatte inzwischen die Postbegleitpapiere mit einer Aufstellung über die Postgebühren gelesen Und weil in seiner »Porto-Kasse« die gleiche Dürre wie in der Wüste herrschte, kommandierte er die Freunde, verschloß aber vorher noch schnell die Tür: »Her mit 45 Mark Porto in bar. Ihr müßt das Geld unter euch repartieren. Sonst kommt ihr hier nicht heraus!« Da blieb den freundlichen Posthelfern nichts anderes übrig, als das Porto zu bezahlen, um aus der Sicherungshaft des Oberpostillions und gleichzeitigem Polizeimeisters des Protektorates zu entkommen.

Doch dieser Herr Postagent war nicht nur präzise mit der doppelten Buchführung, auch Einschreibebriefe hatten es ihm angetan. Weil aber ein Postbeamter auch schon anno 1900 keine Überstunden machte, ließ er für seine nachfragenden Kunden ab und zu mal ein Postschiff aus Europa oder einen Segler vom Kap in der stürmischen See einfach untergehen. Er stapelte die Einschreibebriefe fein säuberlich in seiner Wohnung und dem Postraum zur Sortierung zu

Ein Postläufer benötigte um 1900 für die Strecke Walvis Bay–Windhoek zwölf Tage

dem Zeitpunkt, wenn ihm dies das anstrengende Amtsgeschäft erlauben würde. Und Mensch ist Mensch und Beamter ist Beamter, so kannten die Menschen den Beamten und durchsuchten in seiner Abwesenheit gründlich die ehrwürdige Amts- und Wohnstube. Die Einschreibebriefe erreichten dann, wenn auch sehr verspätet, den Besitzer höchstpersönlich, wie sich das für Einschreibebriefe gehört.

Bevor das Briefgeheimnis in Südwestafrika sicher gewahrt werden konnte, mußte natürlich erst einmal auf dem offiziellen Weg ein Postamt in der jungen deutschen Kolonie beantragt werden. Das geschah anhand eines Berichtes des Reichskommissars Dr. Heinrich Göring (1838–1913) an das Auswärtige Amt in Berlin, indem er sich dringend für die Einrichtung einer Postagentur in seinem Amtssitz Otjimbingwe aussprach. Auswärtiges Amt und Reichspostamt waren einverstanden. Anfang April 1888

Vor der Kaiserlichen Postagentur in Karibib, v.l.n.r.: Hugo von Goldammer, Polizeiwachtmeister und erster amtlicher Postagent in Otjimbingwe, Bezirksstabsarzt Kuhn mit Gattin und kamelberittener Postbote

benachrichtigte das Reichspostamt das General Post Office in London (ob per Post, ist nicht überliefert), das die Postangelegenheiten der Kapkolonie regelte, daß in Otjimbingwe eine Postagentur eingerichtet werden würde. Das Segelschiff »Louis Alfred« würde die Post alle zwei Monate von Kapstadt nach Walvis Bay und zurück befördern. Schon am 1. Juli wird Deutsch-Südwestafrika dem Weltpostverein angegliedert und die Postgebühren mit 20 Pfennig für je 15 g eines Briefes und mit zehn Pfennig für eine Postkarte festgelegt. Schneller als die Polizei erlaubt, wurde der gewichtige Polizeimeister Hugo von Goldammer (1856–1905) zum Generalpostmeister befördert und eröffnete am 16. Juli 1888 in Otjimbingwe die erste Postagentur in Deutsch-Südwestafrika.

Wegen Unruhen unter der eingeborenen Bevölkerung wurde Otjimbingwe im November 1888 als Sitz des Reichskommissariats vorübergehend aufgegeben. Zur persönlichen Sicherheit bevorzugte es von Goldammer pflichtbewußt, vorübergehend ins benachbarte britische Walvis Bay zu übersiedeln. Die freundlichen englischen Beamten störte es nicht, daß von Goldammer als kaiserlicher Untertan seine postalischen Pflichten gewissenhaft mit dem Stempel von Otjimbingwe auf königlichem Hoheitsgebiet unter dem Dach des amtierenden britischen Magistrats ausübte.

Im Oktober 1891 verlegte Landeshauptmann Curt von François (1852–1931) die Postagentur nach Windhoek. Die Leitung wurde dem stellvertretenden Postagenten Wilhelm Junker anvertraut. Hoch auf dem gelben Kamelrücken schaukelten nun die Postsäcke von Walvis Bay nach Windhoek. Landeshauptmann von François hatte noch im gleichen Jahr für die Schutztruppe zehn Dromedare aus Teneriffa angekauft. Im 4-km-Tempo dauerte diese Postbeförderung 13 Tage. 250 Pfund Briefe wurden dem Einhöcker zugemutet. Auch die Reitochsen legten keinen schnelleren Trab vor. Pünktlicher dagegen und einen Tag früher, kam die Post mit dem Postboten an. Leichten Fußes marschierte er, ob Regen oder Dürre, auf dem »alten Baiweg« von der Küste ins Landesinnere. Abgesehen von dem rund 17 kg schweren Postsack führte er seine Ration Fleisch, Reis, Zucker, Kaffee, Tabak und Streichhölzer bei sich. Der Umgang mit den Dromedaren durch lokale Kräfte bereitete diverse Probleme, und so wurden sie 1893 für die Postbeförderung wieder abgeschafft.

In Deutschland nahm man doch regen Anteil an der Postbeförderung in Südwest. So schrieb die Kölnische Zeitung am 26. Januar 1895: »... Als Kuriosum erwähnen wir, daß sich an der Beförderung dieses Briefes, den wir aus Südwestafrika erhalten haben, viele Rassen von verschiedenster Färbung beteiligten. Er wurde überbracht von Grootfontein nach Gaub durch einen Bergdama (schwarz), von dort nach Waterberg durch einen Nama (gelb) und einen Buschmann (rotgelb), nach Omaruru durch zwei Hereros (schokoladenbraun), von dort nach der Bai (Walfischbai) durch zwei Owambos (braun) und endlich durch einen Stephansboten (weiß) an den Adressaten in Deutschland ...«

In der Zwischenzeit hatte sich auch schon viel getan. 1895 schickte die Reichspostverwaltung Oberpostsekretär Alfred Sachs (1862–1897) als Fachbeamten ins Schutzgebiet. Gleich zehn Postagenturen wurden innerhalb von zwei Jahren errichtet. In Swakopmund am 30. Mai 1895, in Omaruru am 1. August, in Okahandja am 12. August, in Gibeon am 1. Oktober, in Keetmanshoop am 15. Oktober und am 12. November in Lüderitzbucht. Die ehemalige alte Postagentur in Otjimbingwe wurde am 1. Juli wieder eröffnet. Es folgten am 2. Januar 1896 Warmbad, am 30. Januar Uhabis, am 16. März das Kreuzkap und am 14. Dezember Rehoboth. Somit waren die Hauptorte im Lande alle postalisch verbunden.

Das Windhoeker »Postamt« avancierte am 1. Mai 1886 zur Hauptpostagentur und Oberpostsekretär Alfred Sachs zum ersten Leiter des Postwesen im Schutzgebiet.

Als 1897 landesweit die verheerende Rinderpest ausbrach, wurde dadurch auch die Postbeförderung stark in Mitleidenschaft gezogen. Durch die hohen Viehverluste kamen fast alle Postverbindungen zwischen dem Landesinneren und Swakopmund zum Stillstand, für die mittlerweile, neben den Fuß-Postboten, ein geregelter Transport mit Ochsenwagen eingerichtet worden war. Gouverneur Theodor Leutwein (1849–1921) erreichte daraufhin beim Reichstag die Genehmigung für den Bau einer Eisenbahnlinie von Swakopmund nach Windhoek.

Mit Unterstützung von Kolonial-Direktor Baron Oswald von Richthofen (1847–1906) und dem Kom-

Postagentur in Arahoab, 1908–1915

Heliograph und Teleskop in einem Feldlager

Groß-Barmen: Ankunft der Postkarre

mandeur der Eisenbahnbrigade in Berlin, Generalleutnant Nonus von Rössing, wurde das Bahnbauprojekt schleunigst in die Wege geleitet. Schon am 10. August landeten die Offiziere Franz Kecker (1868–1904) und Monokel-Schultze mit zehn Mann in Swakopmund. Der Bau der 600 mm breiten Feldspurbahn konnte beginnen.

An der jeweiligen Eisenbahnbauspitze wurde eine »fliegende« Postagentur eingerichtet. Von hier wurde über die fertiggestellte Bahnstrecke beförderte Post auf die Postochsenwagen nach Windhoek, und die mit der Wagenpost an der Bahnbauspitze eintreffenden Sendungen auf die Bahn zur Weiterleitung nach der Küste umgeladen. Bald gab es entlang der neuen Bahnlinie feste Postagenturen, so ab dem 1. Mai 1899 in Jakkalswater, ab dem 6. April 1900 in Hasis (später Kubas), ab dem 1. Juli in Karibib und ab dem 10. Oktober 1901 in Waldau. Am 19. Juni 1902 rollte der erste Personenzug um halb zwei Uhr mittags in Windhoek ein, gerade rechtzeitig zur zweiten Landwirtschaftsausstellung.

Und weil die Deutschen so besonders gut im Organisieren sind, schlägt man ihnen ab und zu doch gerne mal ein Schnippchen und wenn's nur ein kleiner Postraub anno 1905 in Südwestafrika ist. Nein, nicht die rosa Liebesbriefe, die witzigen Postkarten oder schwarzumrandeten Todesanzeigen aus Deutschland hatten es den acht italienischen Bahnarbeitern angetan. Im Zug wurden auch Lebensmittel, die Rationen für die Arbeiter an der Bahnstrecke, in Postsäcken transportiert. So warfen sie aus dem im Blümchenpflücken-Tempo fahrenden Zug die Säcke zwischen Swakopmund und Jakkalswater aus dem Waggon. Die Idee war, von Jakkalswater zurückzulaufen, die Beute einzusammeln und auf Nimmerwiedersehen im Sande zu verschwinden. Bei dieser schweren, unbezahlten Arbeit wurden sie von der Schutztruppe gestört und verhaftet. Was dabei aber dem Postgewaltigen Goldammer so gar nicht gefiel, war die Tatsache, daß die Posträuber die Postsäcke bei der Nahrungssuche aufgeschlitzt hatten und alle Briefe vom Winde verweht in die Wüste flatterten. Noch wochenlang stiefelten die Postillions auf der Suche nach den Briefen durch den Sand – hätten sie doch schon damals Diamanten gefunden!

Durch den Bahnbau konnte 1897 in Swakopmund auch mit dem Bau einer Bahntelegraphenlinie begonnen werden, die am 13. August 1901 Windhoek erreichte und bis zum 27. Oktober 1902 auch für private Telegraphennachrichten benutzt werden durfte. Anfang 1901 ließ die Deutsche Reichspost über die Masten der Eisenbahntelegraphenlinie eine Bronzedrahtleitung erstellen, über die von Postassistent Birnbaum und Leitungsaufseher Wolter ein Morse- und Fernsprechdienst eingerichtet wurde.

Ein bißchen umständlich war es zu jener Zeit aber immer noch, ein Telegramm nach Deutschland zu senden, um der Liebsten daheim ewige Treue zu schwören oder sonstige wichtige Meldungen schnell loswerden zu können. So gingen zum Beispiel Telegramme des Gouvernements durch Boten nach Walvis Bay, von dort mit dem nächsten Schiff nach Kapstadt zum deutschen Generalkonsul, der es beim britischen Telegraphenamt zur geflissentlichen Weitersendung abliefern ließ. Das kostete Zeit und Geld.

So entschloß sich die deutsche Regierung am 16. Januar 1899, mit der Eastern and South African Telegraph Company in London einen Vertrag auf zwanzig Jahre abzuschließen, wonach von dem Hauptkabel von Mossamedes/Angola nach Kapstadt eine Verbindung nach Swakopmund hergestellt werden sollte. Für die Kabelmiete kam die Reichskolonialbehörde in Berlin auf. Bereits am 13. April wurde die erste Telegraphendienststelle für die internationale Übermittlung in Swakopmund eröffnet. Entgegen Deutschen Wünschen kam der Kabelanschluß bei »Cabelsiding« in der Britischen Enklave Walvis Bay zustande.

Die erste Depesche ging natürlich an den Kaiser: »Euer Majestät entbieten die Deutschen der Kolonie bei der Eröffnung des Kabelverkehrs mit dem Mutterlande allerehrerbietigsten Gruß mit der Versicherung unwandelbarer Treue. Gouverneur Leutwein.« Weitere Telegraphenämter folgten am 9. August 1901 in Karibib, am 22. September 1902 in Okahandja und am 27. Oktober in Windhoek. In Swakopmund wurde auch als erstem Ort in Südwestafrika am 1. Oktober 1901 ein Ortsfernsprechnetz mit 28 Anschlüssen eingerichtet. Windhoek, Okahandja und Karibib folgten bis Februar 1902.

Aus militärischen Gründen errichtete Oberleutnant Woerner bis Dezember 1901 eine heliographische Verbindung nach dem Süden, die im Lauf der Zeit weiter ausgebaut wurde. Am 1. August 1902 wurde die neue Heliographenlinie über Omaruru und Kalkfeld nach Outjo im Norden eröffnet. Auf den Heliographenlinien brauchte die Übermittlung eines Telegramms auf einer Entfernung von 300 km durchschnittlich drei Stunden. Bis Ende 1902 beförderte die Windhoek–Gibeon Heliographenlinie 448 Heliogramme, wovon 221 an Privatadressen gingen.

Bedingt durch die Truppenverstärkung aus Deutschland während des Hereroaufstandes richtete das Reichspostamt im Schutzgebiet einen Feldpostdienst ein. Aus strategischen Gründen wurde am 19. Januar 1905 mit dem Bau einer 492 km langen Reichstelegraphenleitung von Windhoek über Rehoboth, Tsumis, Gibeon nach Keetmanshoop unter Aufsicht von Postassistent Oskar Hoffmann begonnen. Das junge Baupersonal aus Deutschland hatte aber unter den ungewohnten klimatischen Bedingungen schwer zu leiden, viele mußten abgelöst werden. Am 26. Mai 1906 wurde die fünfte Reichstelegraphenstelle in Keetmanshop eingerichtet. Zusätzlich benutzte die Reichspost die 366 km lange Bahntelegraphenlinie von Lüderitzbucht nach Keetmanshoop, indem sie eine Doppelleitung hinzufügte. Im Anschluß wurde dann noch eine Postleitung von Brakwater nach Bethanien gebaut.

Ende 1907 war es möglich geworden, durch Zusammenschließung der Leitungen (1300 km) Gespräche zwischen Swakopmund, Windhoek, Keetmanshoop

Das Postamt in Swakopmund, bis Heiligabend 1915 deutsche Poststelle

Polizei- und Postagentur in Prinzenbucht, ca. 1910

Feldtelefon

und Lüderitzbucht zu führen. Durch den Bahnbau Swakopmund–Tsumeb konnte schon im darauffolgenden Jahr (1906) das Reichstelegraphennetz zum Norden hin zwischen Usakos und Otavi erweitert werden.

Die Bahnzweiglinie Otavi–Grootfontein (91 km) wurde am 24. Dezember 1908 in Betrieb gesetzt,

471

und zugleich wurde eine Telegraphendienststelle eröffnet. Die Entwicklung neuer Telekommunikationsmittel fordert heutzutage Millionenbeträge, doch war es damals in dieser Hinsicht nicht anders. Die Telegraphenroute von Keetmanshoop über Warmbad, Kalkfontein und Ramansdrift (260 km) war auch eine kostspielige Angelegenheit. Wegen hoher Transportkosten verschlang der Bau 1100 Mark pro Kilometer. Diese Kosten veranlaßten Herrn Erzberger im Deutschen Reichstag zu hitzigen Debatten.

Abgesehen von dem hervorragenden Ausbau des Eisenbahnsystems im ganzen Lande wurde von 1901 bis 1907 ein umfangreiches Reichstelegraphennetz mit Leitungen von einer Länge von 3616 km geschaffen. 34 Post- und Telegraphendienststellen wurden eröffnet, davon zwölf mit einem Ortsfernsprechnetz.

Schritten auch die technischen Einrichtungen in dem jungen, unbekannten Land mit »rasender« Geschwindigkeit voran, so haperte es an Diensträumen für den zu damaliger Zeit fast perfekten Postdienst. In der Regel war zu Beginn das Wohnzimmer des Postagenten gleichzeitig seine Amtsstube, später fanden sich Unternehmer, die nach Wünschen der Postverwaltung des Schutzgebietes Gebäude bauten und an sie vermieteten. Schließlich ließ das Gouvernement Postdienst- und Wohnungsgebäude errichten, die gegen eine Miete von rund 10 % der Baukosten an die Post übergeben wurden. So entstand 1904 das erste Postamt in der Landeshauptstadt. 1911 wurde es vergrößert und mit Telegraphen- und Fernsprecheinrichtungen versehen. Es sollte noch bis 1953 seinen Dienst verrichten. Hier wurden auch zum ersten Mal in der Landesgeschichte Postfächer für die Einwohner Windhoeks zur Verfügung gestellt.

Das zweite amtliche Postgebäude im Schutzgebiet wurde am 1. April 1907 in Swakopmund in Dienst genommen. Dort war auch die Station der englischen Kabelgesellschaft untergebracht, die den Telegraphendienst mit Europa vermittelte. Nach den Diamantenfunden wurde 1908 auch in Lüderitzbucht ein Postgebäude gebaut. Im Verkehrsknotenpunkt des Südens, in Keetmanshoop, kam 1909 ein Neubau hinzu. In vielen Orten wie Okahandja, Karibib, Omaruru, Usakos, Tsumeb und Grootfontein mietete man von der Eisenbahnverwaltung Räume für den Postdienst. Ab 1909 wurden allmählich weitere Postgebäude in diesen kleineren Orten errichtet.

Von 1908 bis 1914 wurde der Ausbau des Telegraphennetzes beträchtlich vorangetrieben. Durch die Diamantenentdeckung und -förderung wurden Telegraphenleitungen von Lüderitzbucht aus zu verschiedenen Diamantenfeldern wie Angras Juntas, Prinzenbucht, Elisabethbucht, Pomonapforte oder Bogenfels gebaut. In den letzten drei wurden sogar Ortsfernsprechnetze eingerichtet, ansonsten zwei öffentliche Fernsprechstellen zur Verfügung gestellt. Es ist nicht geschichtlich überliefert, ob die Telegramme und Telefonate mit Diamanten bezahlt wurden, sicher ist jedoch, daß die Wirte in Lüderitzbucht anstatt mit Wechselgeld mit einer kleinen Karatwaage an den Tisch zum Kassieren kamen. Und weil die harten Männer von den reichen Diamantenfeldern aus regen Sprechverkehr mit Windhoek und Swakopmund unterhielten, mußten die Leitungen bald verdoppelt und verdreifacht werden. Landesweit kamen neue Telegraphenrouten hinzu, bis zu Stolzenfels am Oranje. Schon damals waren die Südwester sehr mitteilsam.

Im April 1910 wurde die Kapkolonie über Steinkopf bei Ramansdrift dem Südwester Telegraphennetz angeschlossen. Der Vorteil war, daß Südafrika nun bei Störungen auf dem Unterseekabel nicht mehr völlig von Deutschland und damit Europa abgeschnitten war, da sie nun über Windhoek und Swakopmund mit dem Telegraphennetz einen alternativen Anschluß hatten.

Und so blühte nun die fortschrittliche Kommunikation in Südwest, das boshafte Stimmen zu jener Zeit liebevoll als »Wild-West« bezeichneten, wenn man ihnen abnimmt, was da so vor 1900 in Swakopmund gelaufen sein soll. Dort war ein gewisser Otto Erhard Postagent. Kam der Postdampfer, so dauerte es ein Stündchen oder ein halbes, bis das Häuflein Post für Swakopmund sortiert war. Das zeigte dann der Herr Postagent dem Örtchen mit einem Pistolenschuß an. Man eilte hin, holte sich am Ladentisch im »Store« seine Post ab, traf sich dort mit dem gesamten übrigen Swakopmund und trank einen guten Cognac nach dem anderen ...

Nun fehlten eigentlich nur noch Telefonverbindungen mit den entlegenen Farmen. 1909 wurden hiermit die ersten Erfahrungen gemacht, als die Militärtelegraphenlinie Gibeon–Maltahöhe in den Reichsdienst übernommen und über große Farmen wie

Ein »Kabelesel«

Keinuchas (August Stauch) und Voigtsgrund (Albert Voigts) geführt wurde. Aber Fernsprechleitungen wie in den Orten zu bauen, war hier im weiten Land viel zu teuer. Da erklärten sich einige Farmer bereit, sich an den Kosten zu beteiligen. Die erste Farmfernsprechleitung entstand Anfang 1912 zwischen Okahandja und Ombirisu. Diese 80 km lange Leitung verschlang 16.000 Mark, von denen die Farmer 9000 Mark (zahlbar in Naturalien) und die Postverwaltung 7000 Mark übernahmen. Schon im ersten Jahr wurden so viele Ferngespräche geführt und Telegramme verschickt, daß die Postverwaltung Bau- und Betriebskosten damit decken konnte.

Auch das Funkwesen für den Schiffsverkehr wurde in Südwestafrika rapide ausgebaut. Ausschlaggebend war vermutlich der Untergang des englischen 11.000-t-Dampfers »Waratah« unmittelbar vor Südafrikas Küste. Er hatte keine Funkeinrichtung an Bord. So wurde Anfang 1910 in Durban die erste Funkstation im Südlichen Afrika nach dem Marconi-System erbaut. Sie hatte eine Reichweite von 400 Seemeilen (rund 740 km). Im gleichen Jahr meldete der deutsche Konsul in Lourenço Marques, daß dort der erste deutsche Dampfer »Adolph Woermann III« mit Bordfunkstation angelaufen sei. Bald darauf begann 1911 der Bau einer Telefunken-Küstenfunkstation bei Swakopmund. Sie wurde am 4. Februar 1912 eingeweiht und konnte vom Dampfer bei Tag 2600 km, bei Nacht sogar 3100 km entfernt erreicht werden. Am 3. Juni übernahm die Funkstation in Lüderitzbucht ihren Dienst. Auch sie erzielte eine größere Reichweite als die englischen Marconi-Stationen.

Noch in Friedenszeiten wurde es in Deutschland als ein auf die Dauer unhaltbarer Zustand empfunden, daß alle überseeischen Nachrichten, seien sie politischer oder wirtschaftlicher Natur, über ausländische Kabel laufen mußten und daher Manipulationen freien Raum gaben. Deutschland plante, sich durch ein deutsches Weltfunknetz unabhängig zu machen. So wurde 1913 die Großfunkstation in Windhoek gebaut, um von Nauen über Kamina/Togo nach Windhoek mit drahtloser Telegraphie arbeiten zu können. Der Abstand zwischen Nauen und Kamina betrug 5200 km, zwischen Kamina und Windhoek 3700 km.

Zwischen dem 10. und 27. Juni 1913 funkten die ersten Probetelegramme zwischen Kamina und Windhoek zur Zufriedenheit aller. In der Nacht vom 4. zum 5. August 1914 wurde der Funkverkehr mit Kamina offiziell aufgenommen. Anstatt feierlicher Eröffnungsgrüße enthielt das erste Funktelegramm eine Kriegserklärung. Gouverneur Dr. Theodor Seitz (1863–1949) ließ an die Küstenfunkstation von Dar-es-Saalam senden: »An Gouverneur Daressalam. England hat am 4. August an Deutschland den Krieg erklärt.« Bereits eine Stunde später lief die Nachricht in Deutsch-Ostafrika durch alle Telegraphenleitungen. Nach der Zerstörung von Kamina/Togo am 26. August 1914 war es in Windhoek hin und wieder gelungen, Texte von Nauen unmittelbar aufzunehmen. Der Empfang wurde oft durch heftige atmosphärische Störungen unmöglich gemacht. Zwei weitere Türme wurden noch eiligst in Usakos aufgestellt, ohne eine Empfangsverbesserung erreichen zu können.

Als Windhoek Ende April 1915 von der Schutztruppe militärisch aufgegeben wurde, wurde die Funkstation durch die Entfernung wichtiger Teile unbrauchbar gemacht. Diese Teile wurden zusätzlich bei der neuen Landesfunkstation in Tsumeb verwendet. Am 14. September 1914 war auch der Funkverkehr in Lüderitzbucht und Swakopmund endgültig eingestellt worden, weil englische Kreuzer Swakopmund angriffen. Die Lüderitzbuchter Funkausrüstung wurde nach Aus verlegt und dort einen Tag später, am 15. September, in Betrieb genommen. Postinspektor Ventzke leitete die Anlage gemeinsam mit dem Telegraphenassistenten Wuttke bis zu ihrer Zerstörung am 27. März 1915. Die Funkstation in Tsumeb, die bereits am 24. November 1914 ihren beschränkten Dienst aufnahm, wurde am 6. Juli 1915 den Engländern unzerstört übergeben.

Dann ist erst einmal »Funkstille« in Südwestafrika und im Rest der Welt. Die Romantik des »Wild-West« ist nicht mehr, Postagenten heißen nun Personal. Und so steht in den Postakten von 1926/27: Personal: 132, Gesamtausgaben einschließlich Gehälter: 73.500 Pfund Sterling. Neue Projekte sind nicht aufgeführt. 1929 bekommt die Landeshauptstadt die erste automatische Telefonzentrale.

1938/39: Einige Dörfer werden dem Telefonnetz angeschlossen, neue Farmleitungen entstehen. In den folgenden Jahren, bis 1945, sind in Folge des Zweiten Weltkrieges keine neuen Projekte durchgeführt worden. Es ist schwierig, Einsicht in die Akten zu bekommen. Einfacher ist es vielleicht, aus oben Genanntem zu erkennen, wie langsam die Entwicklung des Post- und Fernmeldewesens von Südwestafrika nach 1915 im Vergleich zur »deutschen Zeit« vorangeschritten ist.

Im Dezember 1949 wird die automatische Telefonzentrale in Windhoek auf 2000 Anschlüsse erweitert. 1950 gibt es landesweit 62 Vermittlungszentralen mit insgesamt 1033 Privat- und 2467 Geschäftsanschlüssen, ferner 134 öffentliche Telefonzellen und 451 Farmleitungen. Zehn Jahre später verfügt Südwestafrika über 11.163 Telefonanschlüsse, davon fallen 2413 auf die entlegenen Farmen. Und die Südwester telefonieren gern. Im Jahre 1960 werden 17.325.067 Anrufe gezählt.

Am 25. November 1972 wird das Telekommunikationsnetz Namibias dem Südafrikas mit Direktwahl angeschlossen und später durch ein Mikrowellen-Richtfunk-System zwischen Windhoek, Keet-

Philatelistisches

Postbote aus dem 19. Jahrhundert. Abgebildet auf der 3-Cent-Marke, die am 18. Oktober 1965 zur 75-Jahr-Feier Windhoeks ausgegeben wurde

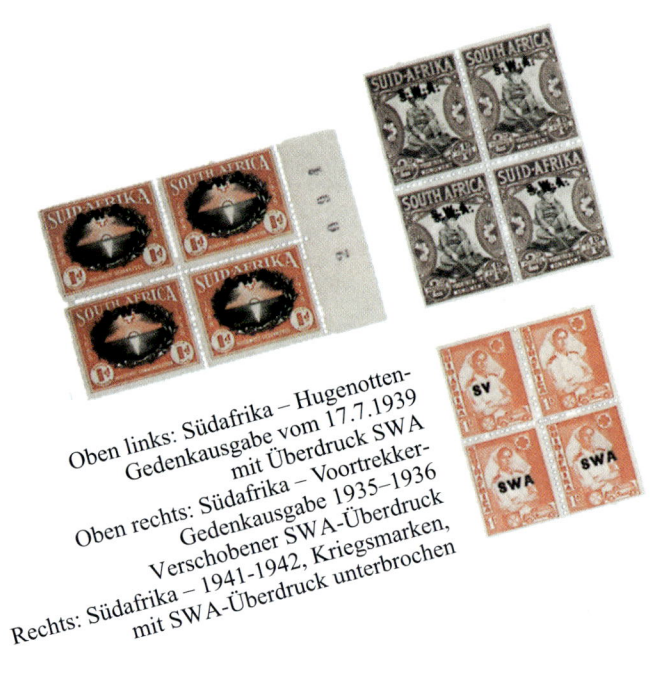

Hausschild der Postagenturen unter anderem in Südwestafrika

Oben links: Südafrika – Hugenotten-Gedenkausgabe vom 17.7.1939 mit Überdruck SWA
Oben rechts: Südafrika – Voortrekker-Gedenkausgabe 1935–1936 Verschobener SWA-Überdruck
Rechts: Südafrika – 1941-1942, Kriegsmarken, mit SWA-Überdruck unterbrochen

Rechts oben:
Ein Unionsbrief und Marken, am 11.8.1917 in Ukamas abgeschickt.

Rechts: Während des Ersten Weltkrieges wurde die Südwester Post zensiert. Nr. 99 und C 14 sind die Nummern des Zensurbüros in Kapstadt. Dieser Brief wurde am 13. März 1916 in Omaruru abgeschickt. Rückstempel: Windhoek 15.3.1916; Kapstadt, 12.4.1916; Genève 10.5.1916

Eine Postkarte mit dem vollen Satz SWA-Briefmarken, die die Kaiser-Wilhelm-Yacht »SMS Hohenzollern« abbilden. Dieser Satz Marken kam im November 1900 in Umlauf und war bis zur Übergabe 1915 gültig

Auf dem ersten Flug nach dem Ersten Weltkrieg von Windhoek nach Walvis Bay wurde unplanmäßig in Karibib am 11.8.1931 zwischengelandet. Bisher sind nur sechs dieser ersten Flugpost-Exemplare aus Karibib unter Sammlern bekannt

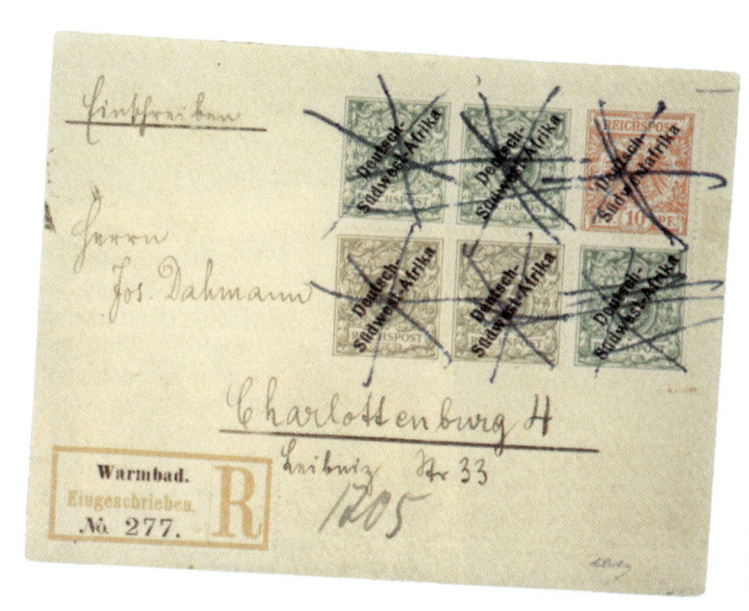

Handentwerteter Brief von Dezember 1899 aus Warmbad, der über Kapstadt nach (Berlin-)Charlottenburg befördert wurde.
Rückstempel Kapstadt Januar 1900 und Berlin 18.2.1900. Die erste Markenserie mit Überdruck Deutsch-Südwest-Afrika kam im Mai 1897 in Südwest in Umlauf

475

manshoop und Upington (Republik Südafrika) ergänzt. Die Fernmeldezentralen werden von 99 auf 467 erweitert, Gesamtkosten 4,3 Mio. Rand. 1980 sind Auslandsgespräche durch Direktwahl nach 33 Ländern möglich. Telefonverbindungen mit dem Owamboland, zum Kaokofeld, dem Caprivi und dort nach den Orten Opuwo, Katima Mulilo, Rundu werden Anfang der 80er Jahre fertiggestellt. Nach Katima Mulilo gelangen Gespräche per Funktelefon. Eine Telefonleitung gibt es seit 1986. Die Fernmeldeinfrastruktur sieht 1980 im Vergleich zu anderen afrikanischen Ländern wie folgt aus: Je tausend Einwohner entfallen auf Namibia 53,9 Telefone, auf Kenia 7,2, Ghana 5,5, Sambia 12,6 oder zwei auf Äthiopien. Auf dem gesamten afrikanischen Kontinent hat nur Südafrika ein noch besseres Telefonnetz.

Ab 1960 wird die Entwicklung der Fernsprechverbindungen mit den weit im Land verstreuten Farmen besonders vorangetrieben. Ende 1972 gibt es 5400 Farmlinien mit einer Gesamtstrecke von 46.466 km. Die Farmlinie ist eine Fernmeldeleitung, an der eine Zentrale und mehrere Privatanschlüsse hängen. Unterschiedliche Klingelzeichen zeigen dem jeweiligen Farmer an, ob das Gespräch für ihn ist. Telefoniert ein Teilnehmer, so ist die Leitung für alle anderen blockiert – aber jeder kann mithören, ein Sport, der in Südwest sehr beliebt ist. Und es kann passieren, daß bei besonders (für den Farmnachbarn) interessanten Gesprächen vom anonymen Mithörer plötzlich aufgeregt Kommentare eingeworfen werden.

Farmlinien – Südwestafrikas »Buschtrommeln« des 20. Jahrhunderts. Will jemand etwas publik machen, er braucht es nur als »großes Geheimnis« einem Bekannten mit der Bitte um strengstes Stillschweigen übers Farmtelefon anzuvertrauen, er kann sicher sein, daß es ein Freund in Deutschland oder eine Tante in Amerika schneller erfahren als die Zeitung in Windhoek. Das »Busch-Telefon« bringt das Palaver in alle Welt – es funktioniert. Das muß nicht immer störend sein, es kann auch helfen.

Die weiteren politischen Entwicklungen ließen 1989 eine neue Periode mit veränderten sozialen Strukturen in Namibia beginnen. 1989 ist das sogenannte »UNTAG«-Jahr (UNTAG = United Nations Transition Assistance Group), in dem auch die Postgeschichte im Lande tiefgreifende Änderungen erfuhr. Kurz zusammengefaßt kamen folgende Einheiten unter dem Banner der UNO nach Namibia: Militäreinheiten und Beobachter, die 4277 Mann (am 2. Januar 1990) zählten, aus 21 Ländern; zivile Polizeibeobachter aus 25 Ländern; die zivile Komponente (Beamte, Hilfspersonal) kam aus 80 verschiedenen Ländern. Bis zur Unabhängigkeit am 21. März 1990 sollen über 8000 Personen der UNO dienstlich in Namibia gewesen sein. Viele waren nur als Wahlbeobachter für kurze Zeit im Lande.

Die Post der UNTAG-Angehörigen wurde in zwei Abteilungen verwaltet, der zivilen und der militärischen Post. Die zivile Post stand unter der Leitung von G. Andal im Philip-Troskie-Haus. Abgesehen von kleinen Mengen Schreibwaren aus New York wurden die verschiedenen Briefumschläge, Briefbögen etc. lokal für die verschiedenen Gruppen gedruckt. Die Abwicklung der aus- und eingehenden Post stand unter alleiniger Kontrolle der UNO-Beamten. So konnten die Absender auch die von der UNO gedruckten Namibia-Marken verwenden. Alle Briefe jedoch, die über den normalen namibischen Postweg versandt wurden, mußten nach den amtlichen Tarifen mit lokalen Briefmarken frankiert werden.

Für die militärische Post war das Dänische Kontingent zuständig, das eine eigene Postverwaltung unter Leitung von Borge Knudsen einrichtete. Diese Post wurde in der ehemaligen »Suiderhof«-Militärbasis für die verschiedenen Regionen sortiert. Im Juni 1989 hatte diese Einheit zum Beispiel 6.759 kg an Post zu bewältigen. Post für den Norden und Süden wurde in der Regel von den Spanischen Casa und den Schweizer ärztlichen Luftfahrteinheiten mitgenommen. Alle anderen Ortschaften wurden vom einheimischen Transportdienst »Cross Country Carriers« bedient. So hatte man 1989 bis März 1990 mit der UNTAG und der staatlichen Post zwei verschiedene Postbetriebe im Land, die trotzdem glatt nebeneinander funktionierten.

Nach der Unabhängigkeit blieb es auch nicht aus, daß verschiedene Änderungen in der staatlichen Postverwaltung durchgeführt wurden, um die Post in ein Geschäftsunternehmen um zu strukturieren.

Großzügige Entwicklungshilfe machte sich nach der Unabhängigkeit Namibias seit 1990 auch bei der Telekommunikation bemerkbar. Vorzügliche neue technische Entwicklungen auf diesem Sektor brachten weltweit einen revolutionären Umschwung, von dem auch Namibia profitiert. In einer neuen Entwicklungsstrategie wollte man sich noch unabhängiger von Südafrika machen und vor allem auch den ländlichen Gebieten Anschluß an alle Kommunikationskanäle gewähren. Als erster großer Schritt wurde die Post vom fernmeldetechnischen Sektor getrennt, und im August 1992 entstanden die Namibia Post (kurz »NamPost« bezeichnet) und die Telekom Namibia als zwei unabhängig operierende Organisationen. Nach einer internen Umstrukturierung im Jahre 1993 können wir nun etliche große lobenswerte technische Entwicklungen im Lande verzeichnen.

Im Jahre 1994 erfolgte das erste große sog. »Rurtel Project«, durch das 22 Orte im Norden des Landes automatische Telefonanschlüsse erhielten. Touristen stehen jetzt z.B. in der Etoschapfanne durch Direktwahl mit ihren Verwandten und Bekannten in Verbindung. Zur gleichen Zeit blickte man auch in die Welt, und somit wurde es 1995 mit ausländischer Hilfe ermöglicht, eine große Satelliten-Station für die internationale Telefonzentrale in Windhoek in Dienst zu stellen, die direkte Sprach- und Datenverbindungen mit 200 internationalen Gegenstellen ermöglicht. 1996 und 1997 konzentrierte man sich wieder mehr auf interne Verbesserungen, indem digitale Sprach- und Datenverbindungen installiert und die sog. »Customer Care Centres« in Windhoek, Keetmannshoop und Grootfontein für eine bessere Kundenberatung eröffnet wurden. Inzwischen sind solche Kundendienst-Zentren auch für kleinere Orte da.

Betrachtet man, in wieweit der beeindruckende *National Development Plan Phase 1* von 1995 bis 2000 Namibia kommunikationstechnisch an den Standard führender Industrieländer heran geführt hat, wird einem erst bewußt, daß Millionen Dollar in so einer kurzen Zeitspanne investiert werden mußten. Am beachtlichsten ist die totale Automatisierung der Telefonanschlüsse in allen Orten des Landes. Die Orte Koës und Aroab waren die letzten beiden Außenstellen, bei denen unlängst die Automatisierung abgeschlossen wurde. Zur Verbesserung der Verbindungen wurden alleine über 6000 Kilometer Glasfaserkabel vom Norden bis in den Süden des Landes verlegt. Die direkten Telefonanschlüsse vermehrten sich von 73.038 in 1995 auf 105.166 im Jahre 2000. Dies bedeutet eine Wachstumsrate von 8% pro Jahr. Zunehmend steht auch die ISDN-Technologie zur Verfügung.

Eine ganz neue Entwicklung finden wir 1995 im Lande mit der Gründung der »Mobile Telecommunications Ltd«, ein Unternehmen, an dem Telekom Namibia 51% Anteile hat und zwei schwedische Firmen 49%. Genauso wie in anderen Ländern haben die Mobiltelefone (auch Cell phone oder Handy genannt) einen enormen Zuspruch unter der Bevölkerung gefunden. Innerhalb von fünf Jahren konnten landesweit etwa 60.000 Nutzer registriert werden. Die Anwendung des internationalen GSM-Standards bedeutet auch, daß z.B. Besucher aus Deutschland problemlos mit ihren Handys in Namibia telefonieren können (»Roaming«), wenn sie eine D-Netz-Karte haben – und umgekehrt können Namibier mit ihrem cell phone in anderen Ländern mit GSM-Standard telefonieren. Die Funkversorgung kann naturgemäß in Namibia nicht flächendeckend sein, doch in allen Städten und größeren Orten (auch im Norden), entlang einiger der Haupt-Verbindungsstraßen und in einigen Tourismus-Zentren (wie z.B. den Rastlagern im Etoscha-Park) ist das GSM-Netz verfügbar. Im Juni 2000 stimmte die Regierung zu, daß sich ein zweites Mobilfunk-Unternehmen in Namibia unter bestimmten Voraussetzungen etablieren darf.

Satellitenverbindungen werden auf nationaler und internationaler Ebene betrieben. Zusätzlich steht die Seekabelverbindung über Kapstadt als alternativer internationaler Kommunikationsweg zur Verfügung. Beides trägt dazu bei, daß Namibia heute auf das Modernste an das weltweite Telekommunikationsnetz angeschlossen ist, einschließlich Internet. Die Anzahl der Internet-Nutzer umgerechnet auf die Bevölkerungszahl ist eine der höchsten in ganz Afrika. Selbst auf manchen Farmen und in entlegensten Ortschaften mit direktem Telefonanschluß kann heute im Internet gesurft, per e-mail kommuniziert, online eingekauft werden. Noch vor wenigen Jahren wäre das nicht vorstellbar gewesen.

Zur Zeit ist Namibias internationaler Kommunikationsverkehr noch zu gering, als daß sich eine eigene Seekabelverbindung von Swakopmund aus mit Europa rechtfertigen würde.

Doch auch auf den Farmleitungen gibt es eine Verbesserung, indem man heute zusätzlich ein Faxgerät betreiben kann. Allerdings wirken sich die in der Regenzeit häufig auftretenden starken Gewitter nachteilig auf die neuen elektronischen Farmverbindungen aus, weil sie oft über Tage unterbrochen werden.
Für die nächsten fünf Jahre (2000–2005) stehen weitere Entwicklungen mit einem Investitionsvolumen von 117 Millionen N$ auf dem Programm. Nicht nur abgelegene Orte wie Gam, Möwebucht oder Tsumkwe werden berücksichtigt, sondern technologisch sind auf dem Feld der Telekommunikation noch einige wesentliche Entwicklungen zu erwarten, um den wirtschaftlichen Anforderungen der großen Firmen, Industrie, Transportunternehmen, Häfen etc. gerecht zu werden.

Vom Schutzgebiet bis Namibia, vom Postagenten bis Namibia Post, vom Seekabel zum Satelliten. Angefangen hat es 1806 mit dem Missionspostläufer zwischen Warmbad und Pella, und nun hat man sich zum Ziel gesetzt, bis zum Jahre 2005 die Infrastruktur Namibias auf dem Telekommunikationssektor auf den ersten Platz in Afrika zu entwickeln.

Ein eingeschriebener Brief
aus Gobabis vom 6.10.1905
mit den Schiffsmarken.
Rückenstempel: Erfurt 13.11.1905

Während des Herero- und Nama-
Aufstandes zogen verschiedene
Feldpoststationen mit den Truppen
im Felde umher. Wie auf diesem
Stück zu sehen ist, wurde das
volle Porto von 30 Pf gezahlt.

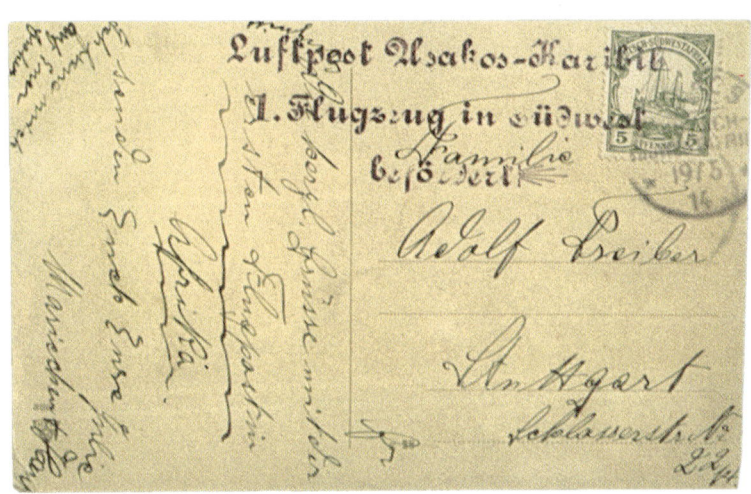

Zum Anlass der Windhoeker Ausstellung vom 29. Mai bis 4. Juni 1914
wurde Pilot Bruno Büchner mit einem Pfalz-Doppeldecker-Flugzeug
nach Südwestafrika geschickt.
Er flog am 18. Mai in Swakopmund
ab und erreichte mit fünf Zwischenlandungen am 27. Mai Windhoek.
Diese ersten Flugpoststücke sind
ganz große Raritäten, und nur wenige
glückliche Sammler besitzen
ein Original.

Einige Beispiele für die oft künstlerisch gestalteten Briefmarken Namibias nach der Unabhängigkeit

Der »Schießbefehl«

Hans-Joachim Rust (1984)

Der Historiker muß sich in das Innere der Personen und Epochen, mit denen er zu tun hat, hineinversetzen, wenn er mehr als eine zusammenhanglose Aufzählung äußerer Ereignisse bieten will.
      Wilhelm von Humboldt

Die Frage nach einer befriedigenden Antwort auf den *Schießbefehl* des Generals Lothar von Trotha ist noch immer aktuell. Schon damals, am 2. Oktober 1904, distanzierten sich Offiziere und Reiter von der Schutztruppe mit dem Hinweis, daß es sich um keinen Befehl an die Soldaten, sondern um eine warnende Proklamation an das Volk der Herero gehandelt habe. Nachfolgend wird der Versuch unternommen, eine Erklärung für diese Proklamation zu geben.

In einer Besprechung der geschichtlichen Studie »Die Herero-Opstand« (Der Herero-Aufstand, Haum, Kapstadt/Pretoria 1979) behandelt ihr Autor, Gerhardus Pool, Stellenbosch, früher Südwestafrika, die zum Politikum gewordene Frage mit der Fairneß des um Objektivität bemühten Historikers offensichtlich auch in dem richtigen Verständnis, daß das Problem, dem sich der General gegenübergestellt sah, nicht eigentlich ein moralisches war, sondern sich aus einer weltpolitischen militärischen Situation erklären läßt, deren geschichtliche Bedeutung uns heute sehr wohl bewußt sein sollte, wenn man gewillt ist, geschichtliches Geschehen nicht als Vergangenheit abzutun, sondern als den Pflanzboden geschichtlicher Weiterentwicklung zu begreifen. Zudem erhellt der *Schießbefehl* im besonderen die Situation im damaligen Südwestafrika, das als erhoffte »Siedlungskolonie« vor Problemen stand, die in Nordamerika und Südafrika längst gelöst und vergessen schienen.

Es ist aber völlig abwegig, die Meinung zu vertreten, daß von Trotha als »ein in der Tradition der preußischen Armee erzogener Offizier« den Vernichtungsbefehl ausgeführt habe, zumal er doch »kein Völkerkundler« gewesen sei und nicht bedacht habe, daß

Generalleutnant von Trotha, Oberbefehlshaber der Schutztruppe, 1904

die Hereros, die die Morde und Schändungen an Zivilisten und Soldaten verübt hätten und die von Trotha »an der Elle des Ehrenkodex des europäischen Kriegsrechts« gemessen habe, noch nie in einen europäischen Krieg verwickelt gewesen seien. Unrichtig ist auch die Behauptung, der Befehl sei erst erlassen worden, »als das Drama bereits über die Bühne gegangen war und es keinen Feind mehr gab, den man hätte vernichten können«.

Dazu ist zu sagen: Des »Dramas« erster Akt, die geplante Einkesselung von der Südseite des Waterberges, mißlang (11.8.1904). Dagegen gelang den Hereros der Ausbruch aus dem Kessel genau an der Stelle und in der Richtung, nach Südosten, wohin – nach des Generals Meinung – ein »Abzug des Feindes wenig wahrscheinlich« sein würde. Über den nun folgenden zweiten Akt urteilt das deutsche Generalstabswerk: *Der Feldzug gegen die Hereros*, Berlin 1906: »Wie die kommenden Ereignisse indessen lehren sollten, wurde gerade dieser fluchtartige Abzug der Hereros nach Südosten in die zu dieser Zeit wasserlose Omaheke ihr Verhängnis. Die Natur ihres Landes sollte ihnen ein vernichtenderes Schicksal bereiten, als es je die deutschen Waffen selbst durch eine noch so blutige und verlustreiche Schlacht hätten tun können.«

Literarische Beschreibungen grauenvoller Bilder am Fluchtweg erinnern an Schilderungen der Rückzugstraße der »großen französischen Armee« nach der Katastrophe an der Beresina mitten im russischen Winter (1812). Wieviel Vieh, wie viele Männer, Frauen, Kinder in der Omaheke verdursteten, ist unbekannt. Keiner hat sie gezählt. Aber, daß Grauen übertreibt, weiß, wer Grauen erlebte.

Am 2. Oktober 1904, nach sieben Wochen der Verfolgung des Feindes, begann der Schlußakt des Dramas, im Generalstabswerk überschrieben mit: »Die Absperrung der Omaheke und das Ende der Hereros.« Das Generalstabswerk betont, daß dieser Schlußakt nach Meinung von Trothas notwendig war, denn seine Auffassung im Gegensatz zu Oberst Leutwein und anderen, die Reste des Volkes durch Verhandlungen zur Unterwerfung zu veranlassen, war eindeutig. Er wollte den Kampf weiterführen, solange überhaupt die Möglichkeit einer Widerstandskraft der Hereros bestand, soweit diese nicht ins Betschuanaland, ins Owamboland und Kaokoveld entkommen waren, sondern in Gruppen zerstreut, noch an Vleys und in Omuramben, wo Wasser stand oder zu ergraben war, ihr Leben fristeten.

Diese Schlußaktion leitete der General am 2. Oktober 1904 von Osombo-Windembe aus am Eiseb mit einer Proklamation an das Hererovolk ein, die als der »Schießbefehl« in die Geschichte einging. Die Proklamation erinnert die Hereros an ihre Mord- und Schandtaten im Verlauf des Aufstandes, verspricht denen, die ihre Häuptlinge ausliefern, Geldbelohnungen und verweist alle des Landes, da sie ihre Untertanenschaft verwirkt haben. Wörtlich schreibt von Trotha:

»Ich, der große General der deutschen Soldaten, sende diesen Brief an das Volk der Hereros. Die Hereros sind nicht mehr deutsche Untertanen. Sie haben gemordet und gestohlen, haben verwundeten Soldaten Ohren und Nasen und andere Körperteile abgeschnitten, und wollen jetzt aus Feigheit nicht mehr kämpfen. Ich sage dem Volk: Jeder, der einen Kapitän abliefert, erhält 1000 Mark, wer Samuel bringt, erhält 5000 Mark. Das Volk der Hereros muß jedoch das Land verlassen. Wenn das Volk dies nicht tut, so werde ich es mit dem Groot Rohr dazu zwingen. Innerhalb der deutschen Grenzen wird jeder Herero mit oder ohne Gewehr, mit oder ohne Vieh, erschossen. Ich nehme keine Weiber, Kinder mehr auf, treibe sie zu ihrem Volk zurück oder lasse auch auf sie schießen.
Dies sind meine Worte an das Volk der Hereros. Der große General des mächtigen deutschen Kaisers von Trotha.«

Diese Proklamation wurde durch freigelassene Gefangene unter den Hereros im Busch verbreitet. Ein Befehl an die Truppe vom gleichen Tag erläuterte die Proklamation.

Von Trotha: *»Dieser Erlaß ist bei den Appells den Truppen mitzuteilen mit dem Hinzufügen, daß auch der Truppe, die einen Kaptein fängt, die entsprechende Belohnung zuteil wird, und das Schießen auf Weiber und Kinder so zu verstehen ist, daß über sie hinweggeschossen wird, um sie zum Laufen zu zwingen. Ich nehme mit Bestimmtheit an, daß dieser Erlaß dazu führen wird, keine männlichen Gefangenen zu machen, aber nicht zu Greueltaten gegen Weiber und Kinder ausartet. Diese werden schon fortlaufen, wenn zweimal über sie hinweggeschossen wird. Die Truppe wird sich des guten Rufes des deutschen Soldaten bewußt bleiben.«*

Im Generalstabswerk (S. 209) wurde festgehalten: »Der etwa 250 km lange Absperrungsgürtel reichte

Samuel Maharero, Oberhäuptling der Herero

481

von Otjimanangombe am Epukiro über Epata–Otjosondjou–Osondema bis Otjituo am Omuramba Omatako. In diesem Gürtel waren fast alle Wasserstellen besetzt.« Die Absperrungstruppen unterstanden dem Oberbefehl von Major von Mühlenfels.

General von Trotha begab sich mit allen freiwerdenden Einheiten nach Windhoek zwecks Übernahme des Oberbefehls im Süden, wo es seit dem 3. Oktober 1904 zum Aufstand der Hottentottenstämme – wie die Naman damals genannt wurden – gekommen war.

Das Ergebnis des von Mühlenfelsschen Schlußaktes waren »810 Gefangene«, davon zwei Drittel Frauen und Kinder. Am 1. Mai 1906 befanden sich »14.769 Hereros, davon 4137 Männer, unter Aufsicht der deutschen Behörden« (Generalstabswerk, S. 213).

Der »Schießbefehl« wurde nach Rückkehr des Generals von Trotha nach Deutschland und Einsetzen des Dr. Friedrich von Lindequist als erstem Zivilgouverneur in Südwestafrika (beides November 1905) durch Erlaß des deutschen Kaisers aufgehoben (wörtlich in Otto von Weber, *Geschichte des deutschen Schutzgebietes Deutsch-Südwestafrika*). Statt dessen wurde die Rheinische Mission ermächtigt, eine friedliche Sammelaktion von den noch im Veld (Buschsteppe) streifenden Herrerobanden durchzuführen. Die Aufhebung des Kriegszustandes erfolgte durch Kaiserliche Kabinettsorder am 6. März 1907, womit der »Herero-Aufstand« sein amtliches Ende fand.

In Beantwortung der Frage, ob General von Trotha beabsichtigt habe, das Herrerovolk zu vernichten, sich also nicht damit zu begnügen, nur den letzten militärischen Widerstand gnadenlos zu brechen, sondern das Gesamtvolk – Männer, Frauen, Kinder – auszurotten, kann kein Zweifel bestehen, daß gerade dies von Trothas Absicht war, die sich das Oberkommando der Schutztruppe in Berlin zu eigen machte, als die Frage gestellt wurde, »wie mit den doch noch etwa im Sandveld sitzenden ... oder im Lande zerstreuten Hereros verfahren werden sollte«. Das Oberkommando verwarf den Gedanken, »die Reste des Volkes durch Verhandlungen zur Unterwerfung zu veranlassen«, denn General von Trotha hielt »die Annahme einer mehr oder minder freiwilligen Unterwerfung, die die Möglichkeit eines Wiederaufbaus der alten Stammesorganisation geboten hätte, für den größten politischen Fehler, der sich über kurz oder lang wieder blutig rächen würde. Er sah in der ganzen Aufstandsbewegung im deutschen Schutzgebiet das erste Anzeichen eines Rassenkampfes, mit dem alle am afrikanischen Kolonialbesitz beteiligten europäischen Mächte zu rechnen hätten. Bei dieser Sachlage mußte jede Nachgiebigkeit auf deutscher Seite dem Gedanken, daß Afrika seinen schwarzen Bewohnern allein gehörte, der sogenannten äthiopischen Bewegung, neue Anhänger zuführen... Der Kampf mußte also weitergeführt werden...« (Generalstabswerk, S. 208).

Der General, Lothar von Trotha, hatte seine Auffassung als Kommandeur der Schutztruppe in Ostafrika »während des gefährlichen Wahehe-Aufstandes sowie mehrere Jahre später als Brigadekommandeur während der Wirren in China« gewonnen. Der hetzerische Einfluß des sich bereits mehrere Monate bei Hendrik Witbooi aufhaltenden Wanderapostels Stürmann der äthiopischen Kirche im Betschuanaland wird im deutschen Generalstabswerk (s. o.) erwähnt.

Über die Ziele dieser Kirche (gleichzeitig über die Gefahren einer fremdfeindlichen Begegnung im Islam) äußerte sich der durch Reisen in Amerika und Asien erfahrene H. Schröder-Stranz *(Südwest Kriegs- und Jagdfahrten,* Berlin 1910, S. 267): »... alle Weißen (sollen) sterben, oder sie fliehen aus dem Land, das dann dem schwarzen Mann, als von dem ›Gott der Schwarzen‹ selbst geschenkt, auf immer gehören wird.«

Nehmen wir von Trothas Teilnahme an der Gemeinschaftsstrafexpedition der europäisch-amerikanischen Kolonialmächte (einschließlich Rußland) gegen die chinesischen »Boxer« (1900) hinzu, deren Aufstand gegen die weißen und christlichen Fremden im Land – wie in Südwest – mit Morden begann, dann erkennen wir den weltpolitischen Hintergrund, vor dem der General in illusionsloser Zukunftsschau Entschlüsse durchsetzte, die in ihrer Härte und Unerbittlichkeit der drohenden Gefahr und den Selbstverständlichkeiten der Kriegführung eingeborener Stämme untereinander nicht nachstanden.

Des Generals Aufgabe als Soldat war gewiß die schnellst- und bestmögliche Beendigung eines Krieges, der mehr und mehr Menschenleben und materielle Werte kostete, aber auch die Schaffung eines Zustandes, der den Auswanderungswilligen des deutschen Volkes für sich und ihre nachfolgenden Generationen die versprochene neue deutsche Heimat sicherte. Herr zu sein, zu werden, zu bleiben auf eigenem Boden war wohl zu allen Zeiten die elementarste, bewegendste Kraft im Leben der Völker, war immer ein Kampf um Sein oder Nichtsein, um Freiheit oder Knechtschaft. Im Dürreland Südwest war dieser Lebenskampf schon unter Hereros und Hottentotten ein Kampf um Wasser und Weide gewesen, nach denen dann die deutschen Siedler die Hand ausstreckten.

Am Waterberg entschied dann der »weiße Gott« gegen die Hereros. In der Omaheke wählte das Volk seine Selbstvernichtung: Die Menschen starben zu Tausenden. Und mit den verdurstenden Rinderherden fiel die kulturelle Lebenssubstanz dieses Nomadenvolkes der Vernichtung anheim. Die Überlebenden in der Fremde löschten die heiligen Feuer – und die, die in die Gefangenschaft gingen, wurden im

Dienst der Deutschen auf verlorenem, eigenen Grund Arbeiter.

Daß Deutsch-Südwestafrika Heimatland deutscher Siedlergenerationen werden sollte, war auch Leutweins Absicht als Gouverneur. Die Vorstellung von Südwestafrika als Siedlungskolonie des weißen Mannes wurde später sogar die Voraussetzung für ihre Graduierung als C-Mandat im Versailler Vertrag, woraus die damalige Union von Südafrika sofort für sich siedlungspolitische Konsequenzen zog. Leutwein hatte in seiner Doppelfunktion als Gouverneur, zuständig für die zivilen Belange im Land, und als oberster Befehlshaber der südwester Schutztruppe in elfjähriger Landes- und Eingeborenenerfahrung (1894–1905) eine auch seinem Charakter entsprechende Praxis in der Lösung von Verwaltungs- und militärischen Problemen entwickelt. Die lief allerdings der Einsicht des Nur-Soldaten und nur mit einem militärischen Zweck beauftragten land- und eingeborenenfremden von Trotha zuwider. Leutweins Überlegungen orientierten sich ganz nüchtern nur an seinem Auftrag, das Schutzgebiet des Deutschen Reiches als Siedlungskolonie deutscher Auswanderer zu entwickeln. Er sah daher in der Vernichtung der Eingeborenen im von Trothaschen Sinn eine gefährliche Schädigung, in ihrer Erhaltung aber einen notwendigen Nutzen für das Land.

In dieser Auffassung stimmte Leutwein mit Dr. Paul Rohrbach überein, der als beamteter »Ansiedlungskommissar« aus wirtschaftlichen Gründen für die Erhaltung der Eingeborenen als Arbeitskraft beim Aufbau der Siedlungskolonie eintrat, für deren Ausbreitung nach der Flucht des Hererovolkes nun Boden reichlich zur Verfügung stand. Im fernen Deutschland fanden diese praktischen Überlegungen, als sich weltanschauliche Kreise der furchtbaren Konsequenz *des »Schießbefehls«* bewußt wurden und in ihm politische Oppositionsparteien ein willkommenes Argument gegen die Regierung erkannten, auch ihre moralische Unterstützung. Der Aufruf des Kaisers, dessen pietistischem Zirkel am Hof auch Kolonialoffiziere wie Oberst von Estorff angehört haben sollen, zur Durchführung der friedlichen Sammelaktion unter dem Schutz der Rheinischen Mission kam noch gerade zurecht, die äußerste Katastrophe in der Omaheke zu verhüten.

Seither sind fast 80 Jahre vergangen. Sie bestätigen, daß Weltgeschichte keine moralische Veranstaltung ist. In zwei selbstmörderischen Kriegen wurde die europäisch-amerikanische Kriegführung »zivilisierter« Völker und Staaten untereinander zu nicht weniger skrupulosen Methoden entwickelt, wie sie Kriegen in den Kolonien nicht nur Weißer gegen Nichtweiße, sondern auch Weißer untereinander (amerikanischer Bürgerkrieg, Burenkrieg), zu deren endlicher Beendigung sowohl von Trotha nach Deutsch-Südwestafrika als auch Lord Kitchener nach Südafrika befohlen wurden, nachgesagt werden.

Die um die Weltherrschaft ringenden Mächte kennen in ihrer »modernen« Kriegführung, die ebenso total wie technisch geworden ist, keinen Unterschied mehr zwischen Kriegführenden und Nicht-Kriegführenden. Die Piloten von Hiroshima und Dresden hatten nicht Weisung, vor Abwurf der Bomben erst Warnbomben zu werfen, um Frauen und Kindern Zeit zur Flucht vor dem Verderben zu geben. Diese Vernichtungspiloten wurden nicht ermahnt, ihrer Soldatenehre eingedenk, ihr grausames Tun nicht zu Greueltaten gegen Weiber und Kinder ausarten zu lassen. Die Mord- und Schändungsbefehle der russischen Führung an ihre Soldaten, die über die deutschen Grenzen eindrangen, sind bekannt. Der moderne Krieg ist zum gezielten Völkermord geworden, und nur die Angst vor der wirksameren Mordwaffe des Gegners erhält einen labilen »Friedenszustand«, den zu brechen jene Macht jederzeit bereit ist, deren nukleare Überlegenheit die Chance des Sieges verspricht.

Bei einer gerechten Beurteilung des »Schießbefehls« von General von Trotha sollten auch diese Fakten Berücksichtigung finden.

Inzwischen gibt es wieder ein Volk der Hereros in Südwestafrika: Die Ahnenfeuer brennen wieder in den Hütten, die Frauen sind wieder kinderfreudig. *»Vernichtungsbefehle«* bringen niemals Endlösungen weltgeschichtlicher Probleme, auch Selbstaufgabe bringt sie nicht. Aber wie am Waterberg stehen noch heute hinter den aktuellen, örtlichen Problemen die politischen Probleme von weltweiter und weltgeschichtlicher Bedeutung. Um die Beantwortung der brennenden Frage des Zusammenlebens in irdischer Raumenge von Völkern und Staaten verschiedenster Rassen und Kulturen wird noch immer gerungen. Um für Südwestafrika eine friedliche Lösung zu finden, sind nun Weiß und Nichtweiß zu einer Schicksalsgemeinschaft zusammengerückt, für die die Tragödie vom Waterberg eine Lehre sein sollte.

Eine Frau steht ihren Mann

Die Zeit der Internierung und danach

Marga Vaatz (1984)

Denkst du noch daran?

Wenn unsere Männer zusammensitzen und Kamperinnerungen austauschen, denkst auch du manchmal zurück an die Zeiten, längst vergangen?

»Krieg!« schrie es auf allen Radiowellen der Welt, und dir stockte das Herz. Du sahst viele Freunde aus der Schulzeit, aus der Landsmannschaft in Uniformen und, wie von einem Scheinwerfer angeleuchtet, tauchten Kindheitserinnerungen auf von einem beinlosen Krüppel mit hagerem Gesicht hinter einem Zeitungsstand oder von einem blinden Bettler, hingehockt an irgendeiner grauen Mauer der Großstadt. Würden auch sie eines Tages so zurückkehren?

Eine Woche nach Kriegsausbruch marschierten die deutschen Truppen in Warschau ein, und die schnellen Siege prägten den neuen Ausdruck »Blitzkrieg« mit all seiner Verführung, Es würde kein jahrelanges, zermürbendes Ringen wieder geben, in dem Haß geschürt und Greuelpropaganda ausgesät werden mußte, damit die Kräfte nicht erlahmten.

Krieg! Aber noch hatte er dich nicht angerührt, du sahst ihm zu wie einem fremden Schauspiel, in dem du, dein Leben, dein Lieben, dein Kreislauf der Dinge keine Rolle zugeteilt bekommen hatten.

Noch nicht, ja – noch nicht!

In Tanganjika saßen bereits die wehrfähigen deutschen Männer hinter Stacheldraht – würde die starke, Opposition von Hertzog, Pirow und Havenga in Südafrika verhindern können, daß das gleiche Schicksal uns blühte? Aber schon bald wurden die ersten abgeholt, und täglich wurden es mehr. In langen Kolonnen marschierten sie abends hinter dem Stacheldraht auf und schrieen ihre Ohnmacht, ihren Stolz, ihren Trotz und auch ihren Übermut in den abendlichen Himmel, und wir Frauen standen vor dem Draht, die Kinder auf dem Arm oder an der Hand, und sahen ihnen mit brennenden Augen zu. Der Glaube an den Blitzkrieg umgab uns mit schützender Hülle. Nach dem Polenfeldzug mußte es ja zu einer Verständigung kommen, nach wenigen Monaten schon würden unsere Männer, unsere Väter und

Sechs Jahre hinter Stacheldraht!

Brüder ja zurückkommen. Und dann sollten sie stolz auf uns sein.

Du nahmst die Zügel in die Hände. Anfänglich mit leisem Bangen, aber jede überwundene Schwierigkeit verstärkt das Selbstvertrauen. Du mußt, du würdest es auch können, das wäre gelacht! *Denkst du noch manchmal daran?* An den ersten Morgen im Schafkral, als du die Herden auszähltest und schon nach wenigen Minuten rettungslos verbiestert warst? Wie zum Himmel sollte man richtig zählen können, wenn die Schafe mal allein und ganz langsam und dann plötzlich in dicken Trauben durch das Tor drängten?

Denkst du an deine erste Geburtshilfe und das schwesterliche Gefühl für das stöhnende Tier, das aus irgendwelchen Gründen das Lamm nicht zur Welt bringen konnte? An die Abende, wo du allein bei der Petroleumlampe saßest, das Haus so groß und still und dunkel um dich herum, und du im »Boere Hulpboek« und »Des Landwirts Ratgeber« mit gesammelter Aufmerksamkeit die Kapitel über Viehhaltung und Schafzucht, Zufutter und Krankheiten studiertest? An den ersten Ochsenkauf, der trotz der erfeilschten zehn Schillinge eher das dumme Gefühl hinterließ, daß dich der Händler übers Ohr gehauen hatte und dein Mann bestimmt mehr bekommen hätte? Erinnerst du dich noch an den Kampf um die nötigen Coupons für das ewig verdreckte Benzin, das knapp für die Frachtfahrten zur Stadt reichte? Mit dem ständig verstopften Vergaser standest du »du auf du«. *Denkst du noch daran,* wie du dich zum ersten Mal nach langen Jahren wieder aufs Pferd schwangst, um die Einzäunung abzureiten, um nachzusehen, ob die Weide reichte und die Dämme noch Wasser hatten? An die restlose körperliche Erschöpfung nach dem langen Ritt, daß selbst die Dickmilch nicht mehr schmeckte. Und dann kam die Nacht, die Stille, die Dunkelheit und die Einsamkeit. Im Bette deines Mannes schlief ein kleiner Junge, und oft gingst du gleich nach dem Abendessen mit ihm zu Bett, weil der kleine, atmende, warme Körper in deinen Armen das Alleinsein vergessen ließ und alle Brunnen der Zärtlichkeit in deinem Herzen zum Überfließen brachte. Nie hattest du weniger Zeit für deine Kinder, und nie wurden sie zärtlicher geliebt als in jenen Jahren.

Denn die Monate reihten sich aneinander zu Jahren. Der Traum von Blitzkrieg war ausgeträumt, aber die Hoffnung war geblieben. Noch! Noch glaubtest du jedem Gerücht, das ein baldiges Ende voraussagte, noch an die Geheimwaffe, noch an die Traumdeutungen und an die Prophezeiungen des Nostradamus, die bei den seltenen, aber meistens sehr vergnügten Sundownern mit den anderen Frauen die Runde machten. Du wolltest glauben. Du mußtest dich der Vernunft und allen nüchternen Überlegungen verschließen. Du trautest dir immer zu, mit den nächsten Tagen noch fertig zu werden, auch noch mit Wochen und – auch – noch mit Monaten, aber vor Jahren machten die Gedanken böse Bocksprünge. Galt es doch nicht nur, sich selbst die Kraft zum Aushalten zu bewahren, du mußtest dich in eine genügend starke Überzeugung hineinsteigern, damit das Leitthema »Haltet aus, es dauert nur noch kurze Zeit« auch in den Briefen nach Andalusia einigermaßen echt klang.

Überhaupt die Briefe. *Denkst du noch daran manchmal?* Du schriebst dir die Finger wund und das Herz leer und doch blieb manches Wesentliche ungesagt. Du warst in den Briefen immer tapferer und zuversichtlicher, als es in Wirklichkeit der Fall war. Du wurdest in den Briefen immer mit allem fertig – warum das andere erwähnen, wo er dir doch nicht helfen konnte und du ihm nur das Herz schwermachen würdest? Du beteuertest deine Liebe, auch wenn in dir nur die große Leere war und eine uferlose Müdigkeit. Du beschworst Bilder für die Zukunft: »Einmal wird es wieder so wie früher sein«, und wußtest, daß sie nur blasse blutleere Schemen der Vergangenheit waren. Du lebtest zwei Leben, das des Tages mit seinen Aufgaben, seinem Einsatz und dem beglückenden Gefühl erfüllter Pflicht und wachsender Leistung und das des Abends vor dem Briefblock, wo die Sehnsucht und die Not des Herzens das Bewußtsein weckten, daß du das Leben einer geschlechtslosen Arbeitsbiene führtest. Du hattest so einen Hunger nach Liebe und Anerkennung. In den Briefen warst du immer die liebende Frau und vollwertige Stellvertreterin deines Mannes. Du schriebst nicht von dunklen Stunden, wo du den Kopf auf die Arme legtest, tränenlos, und einfach keine Lust mehr hattest, zu nichts und gar nichts und nie wieder!
Du schlossest deine Briefe »mit zärtlichem Kuß« und hattest doch seit Jahren nur den Mund deines Kindes gefühlt und seine dünnen Ärmchen um deinen Hals und mußtest vergessen, wie köstlich es war, von einem Mann geliebt, bewundert und begehrt zu werden.

Denkst du noch daran, manchmal? An die Fahrten nach Andalusia, an die langen Tage in den von Soldaten überfüllten Zügen, an die drei Stunden Wartezeit in Kimberley, die man irgendwie totschlug, an das verlauste Hotel in Border? Wie hast du dich »schön gemacht« für die kurze Besuchszeit, wie ungeduldig sauste dein Herz dem Taxi voraus. Und dann standest du mit den anderen Frauen am Zaun und gabst dich forsch und spähtest zum Lager hinüber, wo sich unerkennbare Männer am Draht aufreihten und zu uns hersahen. Und du hobst deinen Jungen auf den Arm: »Einer von denen ist Vati!« Dann warst du mit drei anderen in der Besucherbaracke, und die Augen hingen an der Tür jenseits des doppelten Maschendrahtes und das Ohr lauschte auf die herankommenden Schritte. Die Tür flog auf, und der Soldat mit aufgepflanztem Bajonett ließ mit ausdruckslosem Gesicht die Männer an sich vorbeigehen. Wenn du sie kanntest, flog ein Grüßen hin und

Bilder aus Andalusia

Buden leer zum Großreinemachen!

»Mens sana in corpore sano«
Ein Faustballspiel

Im Laufschritt durch die Budengasse

her, aber das war so ganz schnell hingesprochen, nur keine Zeit verlieren, nur dreißig Minuten, und der Strom der Gefühle, der Gedanken, der Sinne nur dem einen zugewandt. Da stand er, nur wenig mehr als einen Meter von dir entfernt, und doch unerreichbar. Das war kein Schemen mehr aus papiernen Briefen, da waren seine Stimme, seine Augen, sein Lachen, seine typischen Bewegungen. Wollten die Augen feucht werden vor innerer Bewegung? Fast wie eine Panik der Gedanke: Nur jetzt nicht, nur dreißig Minuten. Unbewußt hattest du dich mit beiden Händen in den Draht gekrallt und preßtest dagegen. Alles, was du ihm sagen wolltest, war plötzlich nicht mehr so wichtig vor der Erschütterung seiner plötzlichen, lebendigen, unmittelbaren Gegenwart. Und dann die leidenschaftslose Stimme des Soldaten: »Time is up«, und das zögernde Sich-Lösen, und die Ohnmacht des Sich-Fügens und Gehenlassen-Müssens.

Denkst du noch daran?

Und dann schwiegen die Waffen in Europa. Das graue Elend hing über Deutschland, und für dich nahm das Wort »Repatriierung« alle Schrecken des Vertriebenwerdens und der Heimatlosigkeit an. Wochen – Monate der Angst, des Sichbereithaltens, des inneren Abschiednehmens von der Erde, in die man alle Wurzeln des Lebens gesenkt hatte. Da war die Sorge deine nächste Vertraute. Wohl waren ein großer Teil der Männer, der Väter, der Brüder nach Südwest zurückgekehrt, wo sie besuchsweise geduldet waren, aber eine einfache Liste stempelte 220 zu Unerwünschten. Jeden Tag konnten sie aufgerufen werden, jeder Tag konnte das Abschiednehmen bringen von Familie und Heimat. *Denkst du noch daran – manchmal?*

Denkst du noch daran, wie durch den unverhofften Sieg der Nationalen Partei in der Union alle Eisenklammern der Angst und der Sorge von der Stirn und Brust sprangen? Plötzlich und über Nacht war ein Wunder geschehen. Du warst nicht länger ein unerwünschtes, nur widerwillig geduldetes, feindliches Subjekt. Eine große strömende Glückseligkeit berauschte dich: Alles war dir neu geschenkt: der Himmel, die Sonne, dein Haus, deine Kinder, dein Mann! Vorbei – vorbei!

Aber manchmal denkst du noch daran ...

40 Jahre danach ...

Die Erinnerung tastet zurück, Jahrzehnt um Jahrzehnt. Das erste Jahrzehnt nach 1947 erscheint dir heute wie eine glückliche, unbeschwerte, heitere Zeit. Die männerlosen Jahre waren vorbei. Die Farmbetriebe, Geschäfte und Unternehmungen wurden in die Hände der zurückgekehrten Männer übergeben – nicht immer nur mit einem Seufzer der Erleichterung. Du hattest in der Erfüllung der zunächst ungewohnten Pflichten ein neues Selbstbewußtsein gewonnen. Sollte jetzt der Horizont schrumpfen auf Heim, Küche und Kinder?

Als junge Frau hattest du es nicht immer leicht, von den schwarzen Farmarbeitern als weiblicher »Baas« anerkannt zu werden, besonders, wenn es geradezu ins Auge sprang, daß du von Tuten und Blasen keine Ahnung hattest, als da war: Kälber brennen und kastrieren, Einzäunungspfähle setzen, Pferde zureiten, Bohrlöcher ausbauen ...

Eine ältere Frau schlüpfte leichter in die Schuhe ihres abwesenden Mannes. Auch kam ihr die Ehrerbietung, die die Schwarzen dem älteren Menschen, egal welcher Hautfarbe, entgegenbringen, zugute. Ich war damals 27 Jahre alt, noch nicht ganz trocken hinter den Ohren, und zeitlebens eine gehorsame Tochter meiner energischen Mutter gewesen. Nach Vaters Tod und Mutters Schlaganfall lagen plötzlich die Zügel in meinen Händen. Gehorchen war leichter als befehlen und Verantwortung übernehmen. Es ging mehr schlecht als recht. Ich habe nur ein einziges Mal in aufbrausender Wut einem Schwarzen die Reitgerte über Kopf und Schulter gezogen. Mit einem »Aai, Missis!!!« schützte er mit emporgeworfenem Arm seine Augen, und darunter bebten seine Schultern vor unterdrücktem Lachen! Das war offensichtlich nicht die richtige Tour, um sich Autorität zu verschaffen. Von Stund an galt es, Selbstbeherrschung in allen Lebenslagen zu üben. Obwohl alle anderen Farmarbeiter an diesem Tag demonstrativ meinen Befehlen beschleunigt nachkamen, spürte ich das mühsam unterdrückte Schmunzeln bei allen. Aber es hatte sich etwas geändert: Die Hackordnung war demonstriert und akzeptiert worden!

1947 strömten unsere Männer und Brüder zurück nach Südwest. Tatendurstig krempelten sie die Ärmel auf und packten an: neue Dämme, neue Pads, neue Einzäunungen, ein neues Haus – und nicht selten eine neue Frau. Wolltest du diesen Schritt in die Scheidung vermeiden, mußte die freiwillige Beschränkung auf Heim, Küche und Kinder sein. Der Übergang fiel leicht. Du mußtest anerkennen, daß du Bestehendes nur erhalten hattest, während dein Mann neue Probleme anpackte. Und du wurdest schwanger, selig bei dem Gedanken, in neun Monaten wieder ein kleines, süßes, liebebedürftiges Kind in den Armen zu halten. Sein Wohl und Weh und das seiner Brüder und Schwestern erfüllte dich ganz. Du durftest wieder Frau und Mutter sein!

Wie grausam schnell vergingen die sechs Jahre, an deren Ende die Ablieferung deiner Kinder in das Heim und die Schule dir fast das Herz brach und du zurückkehrtest in ein kinderloses Haus. Wie ein Tiger wandertest du in den ersten Tagen durch die leeren Zimmer deines Hauses. Dann stürztest du dich

Bilder aus Andalusia

»Plauderstündchen«

Freizeit-Schürfarbeiten

Nicht den Humor verlieren!

auf Blumenpflanzen, Spargelzucht, Hühnerfarm, Aufzucht von mutterlosen Kälbchen – alles, alles Ersatz.

Dein Mann gab dir einen langen Zügel. Das Verhältnis zueinander hatte sich in den langen Jahren der Trennung geändert. Du warst nicht mehr »seine kleine Frau«, – du standest neben ihm als gleichwertiger Mensch! In den bitteren Jahren hinter Stacheldraht hatten die Männer erkennen müssen: Es ging auch ohne sie! Vielleicht anders, vielleicht nicht so gut, aber die Betriebe, die Farmen, die Unternehmen wurden unter den erschwerten Bedingungen einer Kriegswirtschaft weitergeführt, und zwar erfolgreich weitergeführt von ihren »kleinen Frauen«. Manche Männer haben in den folgenden Jahrzehnten versucht, diese Erkenntnis zu verdrängen, um das biblische Verhältnis »Er soll dein Herr sein« wiederherzustellen. Die Ehe wurde zu einem Nebeneinander anstelle eines Miteinanders. Selbstbewußte Männer haben die Tatsache akzeptiert, daß ihre Frauen gleichberechtigte Menschen auf dem gemeinsamen Lebensweg geworden waren. Die Kampjahre waren zu einem festbindenden Zement geworden für das Fundament der Ehe. – Die Söhne, heute so alt wie ihre Väter damals in den Kriegsjahren, finden sich schwerer mit ihren selbstbewußten Müttern ab.

Wir feierten wieder Feste, private und öffentliche, und was für Feste! Wir sprühten vor Lebenslust nach den sechs Jahren der Enthaltsamkeit! Wir lachten, tanzten, flirteten bis in die frühen Morgenstunden. Das Leben war doch eins der schönsten! Nur am Rande wurde zur Kenntnis genommen, daß aus dem übrigen Afrika ein fernes, dumpfes Grollen aufstieg: Mau-Mau in Kenia, das Morden im Kongo, Weiße begannen den Staub Afrikas von den Schuhen zu schütteln. Aber Kenia und der Kongo waren ja weit weg! Unseren Owambos gelang der erste erfolgreiche landesweite Streik in Afrika! Auf der »alten Werft« wurde nach 45 Friedensjahren zum ersten Mal auf Menschen geschossen – heute eine tägliche Nachricht in den Zeitungen. Aus Kapstadt und Pretoria kamen starke Töne, Südwest sei de facto fünfte Provinz von Südafrika und würde es auch bleiben. »Ons sal nie buk nie!« Die Hetze in der UNO gegen Südafrika und seine verhaßte Apartheidspolitik verschärfte sich. Südwestafrika war der Eckpfeiler, den die immer größere Mehrheit der sogenannten Dritten Welt aus dem Herrschaftsbereich Südafrikas herausbrechen wollte.

Dann kam der Schlag mit dem Holzhammer auf die Köpfe der Farmer: In Südwestafrika war die Maul- und Klauenseuche ausgebrochen. Von Stund an – und keiner wußte, wie lange es dauern würde, bis man diese gefürchtete Seuche in den Griff bekam – gab es überhaupt keine Einnahmen mehr, nur Ausgaben. Mit einem Paukenschlag waren für dich die unbeschwerten Jahre vorbei.

Leise meldete sich zu den wirtschaftlichen Sorgen das Nachdenken über die Zukunft. Hatten wir eine? Hatten unsere Kinder eine? Die Pessimisten predigten: verkaufen und abhauen. Das kam für dich nicht in Frage. Aber dein Mann und du setzten klare Prioritäten: Was war wichtig? Was kam an zweiter Stelle? An erster Stelle stand die Pflicht der schulischen und fachlichen Ausbildung der Kinder. Dafür wanderte jeder gesparte Rand auf die hohe Kante. Die Jagd- und Gästefarm, in der Maul- und Klauenseuchenzeit aus der Taufe gehoben, wurde weitergeführt, die kleine Heimindustrie »Dama Handarbeit« ermöglichte ein kleines, legales Konto in Deutschland, wo das Geld für die dort verkauften, auf Bestellung angefertigten Hardangerdecken eingezahlt werden durfte.

Inzwischen rückte das unterirdische Erdbeben immer näher an das südliche Afrika. In Rhodesien verschärfte sich der Buschkrieg gegen die »Befreiungsarmeen« Mugabes und Nkomos. Ian Smith gab eine einseitige Unabhängigkeitserklärung ab, von keinem Staat der Welt anerkannt. Aus dem Kongo fiel eine »Befreiungsarmee« unter Holden Roberto in Angola ein und richtete ein bestialisches Blutbad unter Weißen und Schwarzen an. Portugal verstärkte seine Armeen in Mozambique und Angola. Zu spät. Anfang 1975 wurde Mozambique, ein halbes Jahr später Angola unabhängig.

Zum ersten Mal sahst du mit eigenen Augen kilometerlange Flüchtlingszüge auf unseren Straßen. Und die bange Frage »droht uns das auch?« ließ sich nicht länger verdrängen. SWAPO mit Sam Nujoma an der Spitze hatte sich in allen Großstädten der Welt eingeigelt und führte einen sich stetig verschärfenden Propagandakrieg gegen Südafrika, finanziell großzügig von West- und Ostmächten unterstützt. Im Schlepptau der Republik Südafrika waren auch wir harmlosen Südwester zum Stinktier der ganzen Welt geworden.

Die Entwicklungen zwangen zu einer Korrektur alter vorgefaßter Überzeugungen, nicht nur bei den schwarzen Politikern, sondern auch bei den Westmächten und Südafrika.

Die wirtschaftliche Not zwang die Staaten des südlichen Afrikas an den Verhandlungstisch. Dort fanden Südafrika, Mozambique und Angola gemeinsame Interessen. Die friedliche Koexistenz war wichtiger als die Freiheit, die aus den Läufen der Gewehre blüht!

Wieder treibt das geschwächte Pflänzlein Hoffnung Blüten.

Werden sie zur süßen Frucht einer friedlichen Zukunft ausreifen?

Anpassung und Bewahrung

Deutsche Regierungsschulen in Namibia

Dieter Esslinger

Wozu deutschsprachiger Unterricht in Afrika?

Die Anfänge des deutschprachigen Schulwesens im damaligen Gebiet Südwestafrika, dem heutigen Namibia, gehen auf die Anwesenheit von deutschen Missionaren, Kaufleuten, Siedlern, Beamten, Handwerkern, Angehörigen der Schutztruppe, der Polizei, Eisenbahn und Postverwaltung usw. zurück. Insofern diese Menschen nicht allein stehend waren und vor allem insofern sie ihre Anwesenheit in Afrika als länger dauernd oder sogar permanent betrachteten, musste Vorsorge getroffen werden für soziale und kulturelle Einrichtungen wie Schulen, Kirchengemeinden, Sportvereine und andere gesellschaftliche Institutionen. Die Siedler brachten aus ihrer Heimat alles Notwendige mit und setzten es in der Kolonie ein (im Unterschied zu Flüchtlingen oder Auswanderern, die nur das Persönliche mitnehmen können und sich dem neuen Heimatland weitgehend anpassen müssen). Dieses Kennzeichen der Kolonisierung prägt Namibia wie viele andere ehemals kolonialisierte Länder bis auf den heutigen Tag, zumal die damals eingewanderte Bevölkerung im Lande verblieben ist. Als die herrschende Kolonialmacht der Zeit bis 1915 hat das Deutsche Reich auch das Schulwesen in Südwestafrika wesentlich bestimmt.

Nach dem ersten Weltkrieg übernahm die Südafrikanische Union, später die Republik Südafrika, diese Funktion. Der Machtwechsel führte nicht zu der permanenten Rücksiedlung der deutschen Einwohner des Landes, und die Mandatsregierung erlaubte den Deutschsprachigen, ihre besondere Schulerziehung in begrenztem Umfang zu erhalten. Mit dem Ende des Zweiten Weltkrieges änderte sich die Lage der Deutschsprachigen: Vorübergehend war kein deutschsprachiger Unterricht an staatlichen Schulen möglich. Vertreter der deutschsprachigen Einwohner betrieben jedoch zielstrebig und erfolgreich die Wiedereinführung des Deutschunterrichts und des deutschsprachigen Unterrichts, und in den siebziger und achtziger Jahren des vorigen Jahrhunderts bestand ein fast flächendeckendes deutsches staatliches Schulwesen.

Diese Entwicklung wurde durch die unter den weißen Einwohnern vorherrschende Auffassung begründet, dass Schulerziehung in der Muttersprache eine Voraussetzung für die Entwicklung eines Menschen sei und dass die Erhaltung der Muttersprache und der überlieferten Kultur nur mittels eines entsprechenden Schulunterrichts möglich sei. Begünstigt wurde diese Einstellung durch die Ideologie der Apartheid, die in verschiedenen Ausprägungen auch das Schulwesen des Landes bestimmte; die Förderung des deutschsprachigen Schulwesens war eine interne Form der getrennten Entwicklung innerhalb der Gruppe der weißen Einwohner und bedeutete zugleich eine Anerkennung der Unterstützung, die die afrikaanssprachigen Machthaber durch die Deutschen erfuhren, dies galt vor allem für die letzten Jahre der ideologischen und militärischen Auseinandersetzung vor der Unabhängigkeit Namibias.

Mit der Unabhängigkeit Namibias am 21. März 1990 änderte sich auch die Lage der Deutschsprachigen. Die Privilegien galten nicht mehr, das Fach Deutsch und der muttersprachliche Deutschunterricht wurden nach denselben Bestimmungen durchgeführt, die für alle anderen Sprachen galten; immerhin wurde Deutsch als namibische Nationalsprache anerkannt. Es folgte eine Phase der Anpassung und Umstrukturierung, die noch nicht abgeschlossen ist.

Unverändert ist die demographisch-kulturelle Voraussetzung: In Namibia leben Menschen, die Deutsch sprechen und auf den Erhalt der deutschen Sprache Wert legen, die zu diesem Zweck den Schulunterricht einsetzen wollen und die bereit sind, dafür finanzielle Opfer zu bringen. Sprache ist für diese Menschen immer mehr als ein Kommunikationsmittel und immer ein Kulturträger. Die oben skizzierte Entwicklung soll im nachfolgenden erläutert werden.

Unter deutscher Flagge – Anfänge und Entwicklungen bis zum Ersten Weltkrieg

Die Besiedlung Südwestafrikas geht zugleich auf private Initiative als auch auf die amtliche kaiserliche Politik zurück. Bis die deutsche Verwaltung sich im Lande etabliert hatte, waren die Siedler und Fachleute auf eigene Initiativen angewiesen. So unterrichtete Missionar Bernsmann in Otjimbingwe erstmals im Jahre 1876 die Kinder der dortigen Missionskolonie. 1894 wurde mit staatlicher Unterstützung in Windhoek die »Schule für Weiße« eingerichtet, sie wurde wegen fehlender Schüler 1899 wieder geschlossen. Es folgten weitere Schulgründungen, 1907 bestand die Schule in Windhoek aus drei Klassen. Am 20. Oktober 1906 trat die erste Erziehungsverordnung in Kraft, und vom 1. Januar 1912 an galt die allgemeine achtjährige Schulpflicht in allen von Deutschen dichter besiedelten Bezirken. Die folgenden Schulen wurden gegründet: Gibeon (1900), Keetmanshoop (1901), Grootfontein (1901), Swakopmund (1901), Karibib (1903), Kub (1907), Lüderitzbucht (1908), Warmbad (1908), Okahandja (1908), Klein-Windhoek (1908), Omaruru (1909), Klipdamm (1910), Maltahöhe (1910), Aus (1911), Usakos (1912).

1909 besuchten zwölf Schüler die Sexta in Windhoek. 1914 gab es im Schutzgebiet zwanzig Schulen mit 775 Schülern und 39 Lehrern. Keine dieser Schulen führte zum Abitur, weil die Lehrer der Meinung waren, dass europäische Kultur nur durch die Anschauung in Europa vermittelt werden könne; wer eine weiterführende Schule besuchen wollte, wurde nach Deutschland geschickt. (Diese Tendenz hat sich bis in die Gegenwart fortgesetzt, wobei Oberschulen in Südafrika wie die Deutsche Schule Hermannsburg oder das Paul Roos Gymnasium in Stellenbosch oft als Stellvertreter diese Rolle erfüllten.)

Die genannten Schulen wurden vom Staat unterstützt, welche die Lehrer anstellte und Beihilfen gewährt. Die Gemeinden und Bezirksverbände waren für die Verwaltung, Gebäude und Lehrmittel verantwortlich. Nur die 1909 gegründete Höhere Schule in Swakopmund und die von der katholischen Mission betriebene Höhere Mädchenschule in Windhoek (das heutige Convent of the Holy Cross) galten als Privatschulen.

1911 wurde Bernhard Voigt mit der Aufgabe betraut, im Nebenamt als Schulinspektor zu fungieren. Die Lehrpläne entsprachen weitgehend denen in Deutschland. Das humanistische Erziehungsideal galt als richtungsweisend. Die Schule war nicht »bloß Erzieherin, wie daheim, sondern (sie) erfüllt eine politische Mission. Sie ist in dem jungen, im Werden begriffenen Lande die Trägerin deutscher Kultur und in Grenzgebieten mit ihrem starken Einschlag fremder Bevölkerung die Stütze des Deutschtums.« Ein solches Grenzgebiet stellten die holländisch-afrikaanssprechenden Buren dar, die per Vertrag vom 13. November 1902 verpflichtet wurden, ihre Kinder wenigstens zwei Jahre lang an eine deutsche Schule zu schicken, was zur Folge hatte, dass die deutschen Schüler an den Schulen in Gibeon, Keetmanshoop und Grootfontein Minderheiten bildeten. 1903 erlaubte das Gouvernement dann die Gründung von Privatschulen mit holländischem Unterricht. Ein weiteres Grenzgebiet waren die Missionsschulen für die einheimischen Kinder, die den Missionaren unterstellt waren und zu denen es keine formalen Kontakte gab. So war die Gründung von Schülerheimen eine Notwendigkeit. Als Eigenheit des Landes erwiesen sich schon zu Beginn die großen Entfernungen von den Elternhäusern der Farmkinder zu den Schulen. Für Farmkinder galt zeitweilig nur eine vierjährige Schulpflicht, auch konnten sie ein Jahr später eingeschult werden.

Als die deutsche Kolonialzeit durch den Ersten Weltkrieg beendet wurde, bestand ein weitgehend ausgebautes Schulwesen für deutsche Kinder, durchgeführt nach deutschem Muster, aber ohne die Möglichkeit eines höheren Schulabschlusses. Die Schulen trugen wesentlich dazu bei, dass die Deutschsprachigen im Schutzgebiet sesshaft wurden und dass die Verbindung zu Deutschland als der Heimat erhalten blieb.

Zwischen den Kriegen: Unter südafrikanischer Verwaltung

Mit dem Ende der deutschen Verwaltung begann auch für das deutschsprachige Schulwesen eine wechselhafte Zeit der Auseinandersetzung mit den neuen Machthabern und der Anpassung an unabänderliche Gegebenheiten. Nach dem Frieden von Khorab (9. Juli 1915) änderte sich vorerst nicht viel, die südafrikanische Verwaltung musste sich etablieren. Bald entstanden Engpässe, etwa bei der Beschaffung von Schulbüchern. Aus der Sicht der inzwischen gegründeten Schulvereine waren die Schulen und Schülerheime Privateigentum. Die neue Administration sah das anders: Die mit öffentlichen Mitteln erbauten Schulen waren Staatseigentum, die deutschen Schulvereine sollten ausgeschaltet werden, der Unterricht durfte nur in den ersten vier Schuljahren auf Deutsch erfolgen, danach sollte Deutsch nur als Fremdsprache unterrichtet werden, Englisch oder Holländisch sollte vom ersten Schuljahr an unterrichtet werden, die im deutschen Regierungsdienst stehenden Lehrer sollten repatriiert werden, die anderen Lehrer könnten in den südafrikanischen Staatsdienst eintreten; diese Maßnahmen sollten zum 1. April 1920 in Kraft treten, und sie hätten das Ende der deutschen Schulerziehung in Südwestafrika bedeutet. Der 1920 gegründete Landesverband der deutschen Schulvereine beschloss, in den »rücksichtslosen Kampf« um die deutschen Schulen einzutreten und »bei aller Loyalität gegen die neue Regierung unserer Jugend ihr Deutschtum unter allen Umständen (zu) erhalten und in der Erreichung dieses Zieles sich durch nichts irre machen zu lassen.« Der Landesverband wurde aus Deutschland vor allem durch die Deutsche Kolonialgesellschaft unterstützt, diese Unterstützung war verständlicherweise nicht sehr wirkungsvoll. Appelle an die Verantwortlichen in Windhoek, Pretoria und Kapstadt waren aber erfolgreich, und die Maßnahmen wurden zurückgestellt. Dieser Erfolg ging vor allem auf die Sympathien der Buren unter General Hertzog zurück. Die Deutschen in Südwestafrika wehrten sich nicht gegen die Übernahme der deutschen Schulen durch den Staat, sondern gegen die Begrenzung von Deutsch als Unterrichtssprache und als Schulfach. Man wusste sehr wohl, dass die Gründung und der Erhalt von Privatschulen die finanziellen Mittel der Eltern in Zeiten des politischen und wirtschaftlichen Umbruchs überfordern könnten. Statt der staatlich angeordneten Maßnahmen forderte der Landesverband einen ausgedehnten muttersprachlichen Unterricht, die Anwerbung von Lehrkräften aus Deutschland und die Einführung der ersten Fremdsprache (Englisch oder Holländisch) erst zu Beginn des dritten Schuljahres. Als Premierminister Smuts 1920 Südwestafrika besuchte, traten die gegensätzlichen Auffassungen deutlich zutage: Die südafrikanische Regierung wollte zwar nicht die deutsche Sprache und Kultur unterdrücken, hielt aber die Beherrschung der südafrikanischen Amtssprachen für unabdingbar und konnte nicht zulassen, dass zwei Schulsysteme gefördert wurden; es war die erklärte Politik der südafrikanischen Regierung, aus den Südwestafrika-Deutschen und den Südafrikanern ein Volk zu machen. Die Deutschen hingegen wollten die Forderung, ihre Sprache und Kultur zu erhalten, nicht von der Schulerziehung trennen.

Die Deutschen befanden sich nun in derselben Lage wie die Buren zur Zeit der deutschen Verwaltung: Wie konnten die Ansprüche der Politik mit den pädagogischen Erkenntnissen in Einklang gebracht werden? Nach dem Zweiten Weltkrieg und nach der Unabhängigkeit Namibias standen dieselben Fragen wieder zur Diskussion: Anpassung an die politischen und wirtschaftlichen Notwendigkeiten und Loyalität gegenüber dem Heimatland einerseits und die Erhaltung der eigenen Sprache und Kultur andererseits.

Ein Zehn-Punkte-Programm des neuen Administrators Hofmeyr wurde 1920 nach langen Verhandlungen und unter dem Druck der finanziellen Lage der Schulvereine angenommen: Deutsch sollte bis zum achten Schuljahr die Unterrichtssprache sein und danach als Fremdsprache unterrichtet werden, Englisch oder Holländisch wurde vom vierten Schuljahr an als Fach und vom neunten Schuljahr an als Unterrichtssprache gelehrt. Die Lehrer wurden in den Staatsdienst übernommen. Im Mathematik-, Erdkunde-, Geschichts-, Gesangs- und Religionsunterricht wurde Deutschland bzw. die deutsche Kultur besonders berücksichtigt. Privatschulen durften weiterhin betrieben werden, erhielten aber vorerst keine staatliche Unterstützung. Deutsch als Unterrichtssprache in der Mittel- und Oberstufe wurde nicht genehmigt. Diesem Kompromiss stimmte der Landesverband zu, er legte aber Wert auf die Beschäftigung von Lehrern »die wirklich Deutsch als ihre Muttersprache in jeder Beziehung einwandfrei beherrschen und außerdem tüchtige Fachmänner seien«. Auch diese Forderung wurde immer wieder erhoben.

Zum Schuljahresbeginn 1922 wurden an folgenden Orten deutsche staatliche Grundschulen eingerichtet beziehungsweise die deutschen Schulen einer bestehenden staatlichen Schule als deutsche Abteilung angegliedert: Gobabis, Grootfontein, Keetmanshoop, Klein-Windhoek, Okahandja, Otjiwarongo, Outjo, Windhoek, Omaruru, Aus, Gibeon, Maltahöhe, Usakos. Als Privatschulen blieben bestehen die Grundschulen in Karibib, Lüderitzbucht und Tsumeb, die Pro-Realschule in Swakopmund und die Realschule in Windhoek. Von den insgesamt 803 Schülern an deutschen Schulen besuchten 367 die staatlichen Einrichtungen, an denen 17 Lehrer tätig waren; nur drei dieser Schulen behielten ihre Selbständigkeit, die meisten (10) wurden deutsche Abteilungen. Diese Mehrschichtigkeit hat sich erhalten: Den wenigen größeren deutschen Schulen stehen eine Reihe von kleinen deutschen Abteilungen gegenüber, ohne die ein flächendeckendes deutsches Schulwesen nicht möglich wäre. Mit der Übernahme von fünf Schülerheimen mit 128 Kindern und der Anstellung von Dr. K. Frey als Schulinspektor (1923) war ein funktionierendes deutsches Schulwesen geschaffen worden, das zwar als Teil der Administration verwaltet wurde, aber doch inhaltlich eine begrenzte Eigenständigkeit praktizieren konnte. 1939 besuchten 63% der deutschsprachigen Schüler die staatlichen deutschen Schulen, da viele Eltern

Knabenheim der deutschen Schule in Swakopmund, um 1912

die Kosten der Privatschulen nicht aufbringen konnten. So wurde 1931 die Privatschule in Tsumeb vom Staat übernommen, und die 1935 in Otavi gegründete Privatschule wurde 1939 verstaatlicht.

Der Regierungswechsel in Südafrika (1924 kam Hertzog, der Führer der burisch dominierten Nationalen Partei, an die Macht), erleichterte den Druck auf die Deutschen in Südwestafrika. Die Erziehungsproklamation 16/1926 verfügte unter anderem, dass Deutsch bis zum 8. Schuljahr als einzige und in allen höheren Klassen als hauptsächliche Unterrichtssprache gebraucht werden konnte, aber es gab keine staatliche deutsche Schule oder Schulabteilung mit einer Mittel- und Oberstufe. Deshalb wurde 1927 an der Windhoek High School ein deutscher Zweig eingerichtet, und die Abschlussprüfung des Joint Matriculation Board in Südafrika konnte nun in den meisten Fächern auf Deutsch abgenommen werden. Da Swakopmund im Londoner Abkommen vom 23. Oktober 1923 ein besonderer Status als Schul- und Erholungsort zugebilligt wurde, erhielt die seit 1930 staatlich verwaltete Höhere Deutsche Regierungsschule in Swakopmund das Recht, den Unterricht weitgehend nach deutschen Lehrplänen und mit deutscher Unterrichtssprache bis zum südafrikanischen Matrik und (finanziert durch den Elternbeirat) zum deutschen Abitur durchzuführen. Die Oberprima wurde 1937 auf Beschluss der Elternschaft abgeschafft, weil in Deutschland die Schulzeit bis zur Reifeprüfung auf zwölf Jahre verkürzt worden war und den Schülern nicht zugemutet werden konnte, sich gleichzeitig auf das Matrik und das Abitur vorzubereiten. Die Prüfungsbehörde führte dafür das Fach Deutsch Erste Sprache ein.

Widersprüchlich erscheint die Tatsache, dass die Deutschen ab 1921 eine Minderheit unter der weißen Bevölkerung bildeten (41% der weißen Bevölkerung sprach Deutsch, 42% Afrikaans und der Rest Englisch), ebenso waren ab 1929 die Deutschen im Landesrat eine Minderheit und eigentlich unterrepräsentiert. Im Widerspruch dazu stand der hohe Anteil Deutschsprachiger im Geschäftsleben und in gehobenen Berufen: 1922 waren 11 der 18 Ärzte im Lande Deutsche, ebenso 7 der 8 Apotheker und alle 4 Zahnärzte. Folglich wurde die Deutschsprachigkeit des Landes von Besuchern intensiver empfunden, als es wirklich der Fall war; dieser Eindruck besteht bis heute, und das Land profitiert davon, etwa auf dem Tourismussektor.

Die Anbindung an Deutschland als die »alte Heimat« hatte immer auch kulturpolitische Konsequenzen. So wurde der Einfluss aus dem nationalsozialistischen Deutschland seit 1933 durch behördliche Maßnahmen eingeschränkt, indem die Anstellung aller Lehrer genehmigungspflichtig war und allen Lehrern verboten wurde, sich politisch zu betätigen oder einer politischen Partei anzugehören. Manche Deutsche empfanden diese Auflagen als Repressalien einer fremden, sogar als feindlich betrachteten Administration. Die Einschränkung des Einflusses aus Deutschland hat aber dazu beigetragen, dass Inhalte und Materialien weitgehend statt aus dem nationalsozialistischen Deutschland aus dem eigenen Land für den Unterricht herangezogen werden mussten. Die Grundlagen für ein eigenes Selbstverständnis der Deutschen wurden gelegt.

Bei Ausbruch des Zweiten Weltkrieges gab es wieder ein gut funktionierendes deutsches Schulwesen. 1939 besuchten 880 deutsche Schüler deutsche Regierungsschulen und 512 die vier großen Privatschulen (einschließlich des Convent of the Holy Cross in Windhoek). Günstige politische Voraussetzungen, die Notwendigkeit und die Einsicht, sich in das staatliche Schulsystem einzuordnen und der Einsatz der Eltern und der Lehrkräfte haben diese Entwicklung gewährleistet. Dann brach der Krieg aus und das staatliche deutsche Schulwesen in Südwestafrika befand sich bald wieder auf dem Nullpunkt.

Aufbruch vom Nullpunkt – Neubeginn nach 1945

Mit der Proklamation Nr. 36/1945 wurde der deutschsprachige Unterricht an den staatlichen Schulen und Schulabteilungen (Tsumeb, Grootfontein, Otavi, Otjiwarongo, Omaruru, Swakopmund, Windhoek, Gobabis und Keetmanshoop) zu Beginn des Schuljahres 1946 beendet. Schon während des Krieges hatten die deutschen Schulen und Abteilungen ihre Lehrpläne den südafrikanischen angeglichen. Nun bestand kein deutsches staatliches Schulwesen mehr, übrig blieben die Privatschulen in Windhoek, Karibib und Lüderitzbucht, die ganz auf die Finanzierung durch die Eltern angewiesen waren, da keine Unterstützung seitens der Administration geleistet wurde oder aus Deutschland möglich war. Auch die deutschen privaten Schülerheime mussten sich nun verstärkt um die Erhaltung der Muttersprache bemühen. Die Erstklässler wie die Zwölftklässler mussten sich auf eine ihnen oftmals unbekannte Unterrichtssprache umstellen, einige Schulleiter verboten den Kindern sogar, Deutsch zu sprechen oder in ihrer Muttersprache an ihre Mütter zu schreiben. Viele Väter waren in Südafrika interniert worden, darunter auch Lehrer. Viele deutschsprachige Lehrer wurden entlassen. Der Gebrauch von Deutsch als Unterrichtssprache an den Privatschulen wurde durch neue Prüfungsvorschriften weitgehend eingeschränkt, die Privatschulen konnten ohnehin den Verlust an deutschsprachigen staatlichen Schulen nicht auffangen. Um das deutschsprachige Schulwesen war es schlechter bestellt als je zuvor. An verschiedenen Orten erteilten die noch im Dienst stehenden deutschen Lehrer außerhalb des regulären Unterrichts zusätzlichen Deutschunterricht, so Fritz Gerdes in Okahandja und Erich Peter in Omaruru.

Im Mai 1948 gewann die oppositionelle Nationale Partei in Südafrika die Parlamentswahlen. Die deutschfreundliche Nationale Partei in Südwestafrika gewann am 30.8.1950 die allgemeinen Wahlen, und schon am 28.9.1950 beriet der Landesrat über eine Eingabe mit der dringlichsten Forderung zur Abänderung der »erziehungs- und bildungsmäßig unhaltbaren Zustände.« Diese Eingabe war auf Veranlassung von Landespropst K. F. Höflich von dem ehemaligen Schulinspektor Dr. K. Frey verfasst worden, der sich auf das »Geburtsrecht jedes Kindes auf Unterricht in der Muttersprache« berief und die Wiedereinführung deutscher Abteilungen an den Regierungsschulen, die Zulassung von Deutsch als Unterrichtssprache bis mindestens zum 6. Schuljahr und gleiche Zuschüsse für die deutschen wie für andere Privatschulen forderte.

Ein Mitglied des Exekutivkomitees des Landesrates, J. G. H. van der Wath, unterstützte die Eingabe und forderte, dass der Grundsatz des Muttersprachenunterrichts für alle Schüler gelten sollte (bisher waren an den afrikaansen und englischen Schulen in der siebten Klasse einige Schulfächer in der jeweils anderen Amtssprache Afrikaans oder Englisch unterrichtet worden). Am selben Tag setzte der Landesrat eine Schulkommission ein, der auch zwei deutsche Vertreter angehörten.

Die Exekutive nahm die Empfehlungen der Kommission Ende Oktober an, und schon zum Schuljahresbeginn 1951 wurden in Grootfontein, Okahandja, Omaruru, Otavi, Otjiwarongo, Swakopmund, Tsumeb und Windhoek deutsche Abteilungen mit deutscher Unterrichtssprache bis zur 6. Klasse eingeführt. Bis 1957 wurden auch in Outjo, Walvis Bay und Gobabis deutsche Abteilungen gegründet, da die Mindestzahl von 15 Kindern gewährleistet war, dabei wurden verschiedene Jahrgänge in eine Klasse zusammengelegt, so wurden in Keetmanshoop 1972 15 Schüler aus 8 Jahrgängen von einer Lehrkraft unterrichtet.

Bezeichnend für diese rasche Entwicklung ist neben den günstigen ideologisch-parteipolitischen Voraussetzungen die Tatsache, dass die Wortführer der Deutschen nicht aus bürgerlichen Kreisen kamen, sondern Geistliche waren. Mit der Kapitulation Deutschlands war jede politische Tätigkeit Deutschsprachiger im Ausland suspekt geworden, und die Vertretung der Deutschen nach außen wurde vorerst von Pastoren wahrgenommen, was durch die volkskirchlich ausgerichtete kirchliche Tradition naheliegend war. Als der südafrikanische Premierminister Malan im Oktober 1948 Windhoek besuchte, überreichte ihm eine Abordnung deutscher Einwohner unter der Führung des Präses der Rheinischen Missionsgesellschaft, Dr. Heinrich Vedder, eine Erklärung, in der die deutschen Einwohner der Unionsregierung gegenüber ihre Loyalität versicherten, sich als heimischen, unabtrennbaren Teil der südafrikanischen Bevölkerung bezeichneten, den Bemühungen um eine engere Verbindung zwischen Südwestafrika und der südafrikanischen Union ihre Unterstützung zusagten und den Wunsch äußerten, nicht mehr als Ausländer und feindliche Staatsangehörige behandelt zu werden. Die Deutsche Evangelische Synode behandelte 1948 und 1950 die Schulfrage. Die im Landesrat am 28.9.1950 vorgelegte Eingabe war am 25.9.1950 als Bittschrift in der Allgemeinen Zeitung in Windhoek erschienen und von einem Ausschuss deutscher Pädagogen, den Leitern der evangelischen und der katholischen Kirche und Vertretern von sieben deutschen Vereinen unterschrieben worden.

Die Deutschen mussten sich in doppelter Hinsicht neu orientieren: Einmal war jeder Anspruch auf eine Wiederherstellung des Kolonialstatus von Südwestafrika hinfällig, das Londoner Abkommen von 1923 galt nicht mehr, die Deutschen waren nicht mehr eine unfreiwillige Minderheit in Übersee (Fernminderheit). Zum anderen sahen sich die Deutschen in Südwestafrika einer neuen herrschenden Gruppe gegenübergestellt, nämlich den durch Zuzug aus Südafrika zahlenmäßig ihnen überlegenen Afrikanern (Buren). Das bisher recht negative Urteil über die Afrikaner (Buren) änderte sich zu deren Gunsten teils durch die positiven Erfahrungen der aus der Internierung Entlassenen, vor allem durch die sprachlich-kulturellen Ähnlichkeiten und aufgrund ideologischer Nähe. An die Stelle der deutschen Schutzmacht trat das von Afrikanern dominierte Südafrika.

Am 2. Mai 1955 wurde von der Exekutive eine Sprachrechtskommission eingesetzt, der zwei Deutsche, Landespropst K. F. Höflich und E. Sibold angehörten. Die Kommission hatte zu untersuchen, welche Sprachrechte und Vergünstigungen die Deutschen vor dem Zweiten Weltkrieg besessen und beansprucht hatten und unter welchen Voraussetzungen der Status vor 1939 wiederhergestellt werden könnte; die deutsche Bevölkerungsgruppe sollte dazu angehört werden (wovon in 40 Denkschriften und mündlichen Anhörungen an 25 Ortschaften Gebrauch gemacht wurde). Grundlage und Maßstab für die Untersuchung war das seit 1951 nicht mehr gültige Londoner Abkommen. Der Bericht der Kommission wurde März 1957 dem Landesrat vorgelegt. Darin kam deutlich zum Ausdruck, dass die deutschsprachige Bevölkerung eine grundsätzliche Gleichstellung mit den anderen beiden Sprachgruppen wünschte und dass sie von dem noch vorhandenem »Gefühl der Minderberechtigung« befreit werden wollte, dieses sollte durch gesetzliche Verankerung ihrer Rechte erfolgen. Als Begründung für die Forderung nach Muttersprachenunterricht wurde dieser als »das natürliche Grundrecht des Menschen« bezeichnet; dieses, so wurde argumentiert, sei auf die in Südwestafrika wohnenden Deutschsprachigen aufgrund ihres Heimatrechtes und der unzweifelhaften Loyalität der Sprachgruppe zutreffend.

Ein Sonderausschuss der regierenden Nationalen Partei wurde eingesetzt, um eine Grundsatzerklärung vorzulegen, diese wurde, nachdem sie von dem südafrikanischen Premierminister Strydom genehmigt worden war, dem Jahreskongress der Nationalen Partei im September 1957 vorgelegt als unabänderlich anzunehmender oder abzulehnender Antrag des Parteivorstandes. Nach langer Beratung unter Ausschluss der Öffentlichkeit wurde der Antrag einstimmig angenommen. Der Beschluss ging nicht über die Bestimmungen des Londoner Abkommens hinaus. Die deutsche Sprache wurde nicht, wie gefordert, den beiden Amtssprachen Afrikaans und Englisch gleichgestellt. Zudem wurde die Neuregelung nicht durch ein Gesetz festgeschrieben, sondern nur durch eine Resolution des Landesrates eingeführt, dies geschah am 27. März 1958, ohne die Stimmen der Opposition. Deutsch erhielt den Status einer Landes- oder Nationalsprache, aber nicht Amtssprache. Für das deutschsprachige Schulwesen wurde festgelegt, dass der muttersprachliche Unterricht bis zum Ende der Primarstufe, also bis Klasse 7, durchgeführt werden konnte. Die deutschen Privatschulen in Windhoek, Lüderitzbucht und Karibib erhielten aber volle Subventionen für den muttersprachlichen Unterricht in den Klassen 8 bis 10.

Während die Sprachenfrage im öffentlichen Leben nur auf der Ebene einer Resolution des Landesrates festgelegt worden war, wurde die Schulsprachenfrage durch zwei Verordnungen neu geregelt, nämlich die Erziehungsverordnung 27/1962 und die Verordnung 19/1969. Erstere legte fest, dass an Schulen, die von wenigstens 15 deutschen Kindern besucht wurden, auf Antrag der Eltern Parallelklassen mit deutscher Unterrichtssprache eingeführt werden konnte. Englisch und Afrikaans sollten ab der 3. bzw. der 5. Klasse als Fach unterrichtet werden. Mit der Verordnung 19/1969 wurde Abschnitt 70 der Erziehungsverordnung dahingehend abgeändert, dass der deutschsprachige Unterricht an staatlichen Schulen bis Klasse 10, d.h. bis zum Junior Certificate, durchgeführt werden konnte. (Seit 1961 konnte die Prüfung zum Junior Certificate auf Deutsch geschrieben werden.) Eine Umfrage unter den deutschen Eltern hatte ergeben, dass eine große Mehrheit für diesen Schritt plädierte (846 gegenüber 48 Ablehnungen). Diese und weitere Vergünstigungen galten bis zur Unabhängigkeit Namibias 1990. Allerdings wurde der deutschsprachige Unterricht bis zur 10. Klasse an staatlichen Schulen nie verwirklicht, weil die Neugliederung des Schulsystems das Ende der Ersten Sekundarstufe auf die 9. Klasse festlegte.

Die fachliche und politische Diskussion, die dieses Änderungen vorbereitete und begleitete, war nicht ohne Kontroversen. Einmal äußerte schon die Schulkommission 1958 Bedenken, dass deutsche Schüler in den für die Schulabschlussprüfung verpflichteten Fächern Afrikaans und Englisch keine ausreichenden Leistungen erzielen könnten, wenn nur in den letzten drei Schuljahren diese Sprachen als Unterrichtssprachen gelehrt würden. Die Praxis allerdings bestätigte die Auffassung, »dass über das muttersprachliche Medium ein besseres Erlernen der anderen Sprachen und ein tieferes Verständnis für sie erreicht wird«.

Kontrovers war auch die Diskussion auf politischer Ebene. Die englisch orientierte, oppositionelle VNSWP hatte kein Verständnis dafür, dass in Südwestafrika Sonderrechte für die in zwei Weltkriegen besiegten Deutschen gewährt werden sollten, die Deutschen sollten sich voll in die englisch-afrikaans geprägte Gesellschaft eingliedern. Man sah die Deutschen als Auswanderer, nicht als Siedler. Die burisch orientierte, regierende Nationale Partei hingegen hatte viel Sympathien mit den Deutschen und erkannte in den Forderungen der Deutschen Parallelen zum eigenen Kampf um Sprache und Kultur. Allerdings waren auch sie noch nicht bereit, den Deutschen volle Gleichberechtigung zu gewähren, das geschah erst nach 1980. Als die Parteienlandschaft sich änderte, die VNSWP aufgelöst wurde und die politische Diskussion sich mit Rassen- und Ideologiefragen beschäftigte, verschwanden auch die Vorbehalte gegen die Deutschen. Das Hegemoniebestreben der Afrikaner aber wirkte trotz aller sprachlichen und kulturellen Nähe zwischen Deutschen und Afrikanern noch lange nach und wurde erst nach der Unabhängigkeit Namibias durch die politische Vormachtstellung der schwarzen Bevölkerung Namibias abgelöst. Die Deutschen erlangten das Wohlwollen der herrschenden Gruppe indessen nicht durch Berufung auf ihre früheren Rechte, etwa durch die Berufung auf das Londoner Abkommen, sondern durch ihre Loyalitätsbezeugungen der neuen Regierung gegenüber.

Ein weiterer (und letzter) Schritt auf dem Wege der Anerkennung von Deutsch im Schulunterricht und darüber hinaus war die vom Landesrat für Weiße eingesetzte Deutsche Sprachkommission. Aufgrund der in einem Bericht gemachten Empfehlungen beschloss die Exekutive des Landesrates am 26. Januar 1983, Deutsch als dritte Amtssprache neben Afrikaans und Englisch für den Verantwortungsbereich der Administration für Weiße anzuerkennen. Für den Schulunterricht hatte dieser Beschluss keine Konsequenzen.

Neben den Schulen waren die Schülerheime für etwa ein Drittel aller Schüler prägende Institutionen im Hinblick auf Sprachförderung, Sozialisierung, Einübung in Bräuche und Traditionen, Vermittlung von Werten und Normen und andere gesellschaftlich relevante menschliche Tätigkeiten. Dies galt seit je für die meisten Farmkinder. In der Zeit, als kein deutschsprachiger Unterricht an staatlichen Schulen erlaubt war, mussten die privaten deutschen Schülerheime, die es an vielen Orten gab, die Aufgabe wahrnehmen, deutsche Sprache und Kultur zu pflegen. In den staatlichen Schülerheimen sollte laut der Landesratsresolution von 1958 deutsches Aufsichtspersonal eingestellt werden.

Aufgrund der genannten Verordnungen wurde der deutschsprachige Unterricht an den staatlichen Schulen in Swakopmund und später in Windhoek bis zur 9. Klasse ausgebaut. In der Diskussion sowohl in Landesrat als auch in der Presse wurde erörtert, ob diese Entwicklung an staatlichen Schulen nicht dazu führen würde, dass den Privatschulen die Zuschüsse gestrichen würden (die im Falle der Höheren Privatschule in Windhoek 15% des Etats ausmachten), dadurch wären die Eltern dieser Schulen finanziell überfordert. Zudem wurden Befürchtungen laut, dass der Ausbau des staatlichen Schulwesens für Deutschsprachige die Assimilierung der Deutschen bezwecken könnte.

Letztgenannter Vorwurf kann durch die Feststellung entkräftet werden, dass ab 1964 selbständige deutsche staatliche Schulen gegründet wurden: 1964 die Glück-auf-Schule in Tsumeb, 1966 die Deutsche Schule Otjiwarongo, 1970 die Deutsche Schule Windhoek, 1972 die Deutsche Schule Walvis Bay und 1976 die Deutsche Schule Swakopmund. In Windhoek (1974), Otjiwarongo (1976) und Swakopmund wurde der muttersprachliche Unterricht in deutscher Sprache bis zur neunten Klasse erweitert, in Windhoek (1975) und Swakopmund (1981) wurden die Sekundarstufen zu selbständigen Schulen ausgebaut, die bis zur zwölften Klasse führten, allerdings war die Unterrichtssprache in den letzten drei Schuljahren wahlweise Afrikaans oder Englisch, da das südafrikanische Matrik nicht (wie bis 1945) auf Deutsch geschrieben werden konnte. All die genannten Schulen erhielten neue oder neu renovierte Schulgebäude, in Windhoek und Swakopmund auch eigene Schülerheime. In Grootfontein, Otavi, Otjiwarongo, Okahandja und Omaruru (bis 1981) verwalteten die örtlichen Schulvereine eigene private Schülerheime, die zum Teil vom Staat subventioniert wurden.

All diese Entwicklungen hatten personelle Konsequenzen. Deutschsprachige Lehrkräfte, Schulleiter und ein Fachberater (Referent) für Deutsch wurden eingestellt, letzterer ab 1963. Die Nachfrage in deutschen Lehrern überstieg lange Zeit das Angebot, so wurden bei der Einrichtung von deutschen Abteilungen ab 1951 eine Reihe aus Deutschland abgewanderter Lehrer eingestellt. Wenige bodenständige Schulabgänger wählten den Lehrerberuf. Das änderte sich in den sechziger Jahren und vor allem nach Gründung des Windhoeker Lehrerseminars (1979), an dem das Fach Deutsch als Muttersprache (einschließlich Muttersprachendidaktik) gelehrt wurde. Lehramtsanwärter für die Sekundarschule konnten an der Randse Afrikaanse Universiteit einen Sonderkurs in Muttersprachendidaktik bis zur 12. Klasse belegen.

Umstritten war die Frage, ob ein bodenständiger Lehrer, der in Windhoek oder in Südafrika studiert hatte, die deutsche Sprache einwandfrei und differenziert beherrschen kann, dieses galt vor allem für Deutschlehrer. Durch die Vermittlung der Arbeitsgemeinschaft Deutscher Schulvereine (AGDS) Ende der fünfziger Jahre war die Regierung der Bundesrepublik bereit, bis zu 18 Lehrer an staatliche Schulen in Südwestafrika zu vermitteln (ebenso wie an die deutschen Privatschulen). Die volle Quote wurde aber nie ausgenutzt. 1973 kündigte die Bundesregierung diese Vereinbarung kurzfristig aus politischen Gründen (der Beitritt der Bundesrepublik Deutschland zur UNO stand ins Haus). Dadurch entstand ein Notstand in zahlenmäßiger und in fachlicher Hinsicht. 1975 reiste eine Zwei-Mann-Kommission nach Deutschland, um Lehrer anzuwerben, sie konnte aus über 400 Interessenten neun Lehrkräfte an staatliche Schulen in Südwestafrika verpflichten, allerdings kehrten alle bis auf einen nach Ablauf der dreijährigen Vertragszeit oder vorzeitig zurück. Die Möglichkeit, sich aus dem deutschen Schuldienst zu beurlauben und auf eigene Kosten in das Land zu kommen, wurde 1984 von drei Lehrkräften genutzt.

Für bodenständige deutschstämmige Lehrkräfte besteht bis heute die Möglichkeit, an einer einjährigen Fortbildung über den Pädagogischen Austauschdienst teilzunehmen. Das Goethe-Institut ermöglicht Lehrkräften, die Deutsch als Fremdsprache unterrichten, verschiedene Fortbildungskurse. Beide Möglichkeiten wurden von einer Reihe von Pädagogen genutzt.

Zwischen den Deutschsprachigen und den Afrikaanssprachigen bestanden seit eh trotz aller kultureller und sprachlicher Nähe unterschiedliche Auffassungen über die Schulerziehung. Diese Unterschiede gehen auf die religiösen und kulturellen Grundwerte zurück: Die Afrikaner (Buren) sind calvinistisch geprägt, sie legen großen Wert auf Disziplin und äußere Ordnung und zeigen innerhalb der eigenen Gruppe wenig Toleranz gegenüber anderen Auffassungen. Die Deutschen, vor allem die aus Deutschland kommenden und die mit Deutschland eng verbundenen Menschen, wehrten sich gegen jede Form der Reglementierung. So entstanden an den Schulen mit deutschen Abteilungen oft Spannungen und Kontroversen wegen oftmals nebensächlicher Dinge wie: Muss ein Schüler aufstehen, wenn er antwortet? Müssen Schüler in Reihen antreten, bevor sie die Klasse betreten? Muss hinter einer Überschrift oder dem Datum am Anfang einer Aufgabe ein Punkt stehen? Die Gründung von selbständigen deutschen Schulen war für alle, die sich von den dominierenden Afrikanern bevormundet fühlten, eine gute Entwicklung, andere bevorzugten das Miteinander der Sprachgruppen und blieben an den gemischten Schulen.

Bei der Heimerziehung zeigte sich am deutlichsten, welche unterschiedlichen Auffassungen zwischen deutschen Eltern und ihrer Vertretung, der AGDS, einerseits, und der Behörde auf der anderen Seite bestanden. Letztere nannten Schülerheime »koshuise«, also Kosthäuser, wo die Schüler, deren Eltern vom Schulort entfernt wohnten, verpflegt wurden, schlafen konnten und nach den allgemein gültigen Normen erzogen wurden. Persönliche Betreuung, Förderung der Individualität durch kreatives Lernen waren nicht gefragt, eher Einordnung, Gleichschaltung. Als Aufsichtspersonal wurden Lehrer/innen eingesetzt, die diese Aufgaben zusätzlich zu einem vollen Lehrauftrag wahrnehmen müssen (diese Regelung gilt für staatliche Schülerheime bis heute). Die Erziehungsverantwortung der Eltern durfte nicht beschnitten werden. In vielen Verhandlungen argumentierten die Vertreter der AGDS, dass Heimerziehung den Einsatz qualifizierter und eigens dafür angestellter Pädagogen erfordert. Im Heimerzieherinnenseminar, das der Privatschule Karibib angeschlossen war, wurden bis Mitte der siebziger Jahre eine Reihe von Heimerzieherinnen ausgebildet, die an privaten und staatlichen Schülerheimen eingestellt wurden. Der Staat kam diesen Bestrebungen entgegen, indem Planstellen für sogenannte »Junior Matrons« geschaffen wurden, diese Damen waren aber nur für Heimschüler der ersten drei Schulklassen verantwortlich. Bis etwa 1978 bestand in Windhoek eine ähnliche staatliche Institution wie das Heimerzieherinnenseminar in Karibib. Aus Mangel an Interesse wurde es geschlossen. Als Heimerzieherinnen qualifizierte Junior Matrons wurden nämlich nicht besser besoldet als ihre ungeschulten Kolleginnen, weil es in Südafrika auch nicht so etwas gab wie Heimerziehung an staatlichen Schulen.

Im Bereich der Vorschulerziehung profitierten die deutschen staatlichen Schulen von der Politik, Vorschulklassen einzurichten. Schon in den fünfziger Jahren richteten vor allem einige evangelische Kirchengemeinden Kindergärten ein, weil man klar erkannte, dass das Elternhaus nicht mehr in der Lage ist, ein Kleinkind auf die Schule vorzubereiten und weil in vielen Familien beide Elternteile arbeiteten. Einige dieser Kindergärten mussten aus finanziellen Gründen geschlossen werden, und in Tsumeb, Otjiwarongo, Swakopmund und Windhoek wurden den staatlichen Primarschulen Kindergärten angegliedert, die voll vom Staat finanziert wurden.

Ein anderes schwieriges Thema war die Beschaffung von Schulbüchern für den nach staatlichen Lehrplänen erteilten deutschsprachigen Unterricht. In den zwanziger und dreißiger Jahren erschienen wenige deutsche Schulbücher. Nach 1951 behalfen sich die Lehrkräfte mit Unterrichtsmaterialien, die sie selber erstellten. In den sechziger Jahren gaben der Kreis-Verlag und der Verlag Maskew Miller einige deutsche Übersetzungen von Lehrbüchern heraus. Um 1970 erschienen deutsche Übersetzungen von neuen Lehrbüchern im Nasou-Verlag. Danach wurden aus Kostengründen die deutschen Übersetzungen in maschinengeschriebener Form von der Erziehungsabteilung vervielfältigt, was die Qualität stark beeinträchtigte. Seit 1980 erschienen im Gamsberg-Verlag gedruckte deutsche Übersetzungen von Lehrbüchern, diese blieben bis nach 1990 in Gebrauch.

Das deutschsprachige staatliche Schulwesen stellte sich Ende der achtziger Jahre als ein recht gut funktionierendes System dar. Es bestanden selbständige deutsche Schulen in Windhoek und Swakopmund, wo es jeweils eine Primarschule und eine Sekundarschule gab. Die Deutsche Schule Otjiwarongo führte bis zur neunten Klasse, die deutsche Schule Walvis Bay und die Glück-auf-Schule in Tsumeb bis zur 6. Klasse. Deutsche Abteilungen, die bis zur 3. bzw. 6. Klasse führten, gab es in Okahandja, Omaruru, Otavi und Grootfontein. Wegen der sinkenden Schülerzahlen mussten an den deutschen Abteilungen Klassen zusammengelegt werden, auch sanken die Schülerzahlen Ende der achtziger Jahre, so dass in Grootfontein und Otavi je zwei und in Omaruru und Okahandja je eine Unterrichtsgruppe bestanden. Die deutschen Abteilungen in Gobabis, Keetmanshoop und Okahandja mussten geschlossen werden. Anfang 1984 besuchten 139 Kinder den Vorschulunterricht an deutschen Staatsschulen, 765 Schüler wurden in dem Primarschulklassen 1-6 unterrichtet und 566 in den Sekundarschulklassen 7-12. Alle Schüler erhielten Unterricht im Fach Deutsch Muttersprache, zusätzlich wurde dieses Fach auch an zwei anderen Oberschulen (Tsumeb und Otjiwarongo) für 118 Schüler unterrichtet. 93 deutsche und 20 nichtdeutschsprachige Lehrer unterrichteten an den staatlichen deutschen Schulen. Ab Klasse 10 war die Unterrichtssprache wahlweise Afrikaans oder Englisch.

Die Lehrpläne für Deutsch Muttersprache in der Primarstufe wurden im Lande selbst aufgestellt, die Lehrpläne für die Sekundarstufe wurden unter Beteiligung namibischer Germanisten in Südafrika aufgestellt, die von der Erziehungsbehörde der Kapprovinz abgenommene Prüfung für das Senior Certificate wurde von namibischen Germanisten aufgestellt und korrigiert. Die Ausstattung der deutschen Schulen war gut, einmal durch die Mittel des Staates, aber auch dank der Unterstützung der Eltern. Die Anstellung von Lehrkräften und die Bereitstellung von Unterrichtsmaterialien war nicht immer zufriedenstellend, aber auch nicht schlechter als an anderen staatlichen Schulen. Die deutschen Schulen hatten einen guten Ruf, wie sich nach der Öffnung der Schulen für Schüler jeglicher Herkunft herausstellte. Die Zusammenarbeit der einzelnen Schulen, einschließlich der Privatschulen, war gut und wurde übergreifend von der AGDS und auf dienstlicher Ebene von dem Fachberater von Deutsch betrieben. Neben der deutschen Sprache sollte auch deutsche Kultur unterrichtet werden und sollte den Schülern eine adäquate Werteordnung vermittelt werden, letzteres geschah gezielt auf den als Schulungswochen bekannten Kursen für Schüler der 5. (6.) und 9. Klasse. Das deutschsprachige Schulwesen war ein integrierter Teil des Direktorats für Schulerziehung der Administration für Weiße, die aufgrund der Proklamation AG 8 im Jahre 1980 die Verantwortung für alle von Weißen besuchten staatlichen Schulen übernahm. Daraus entstand einerseits die Nähe zu den afrikaans- und englischsprachigen Schulen, andererseits wurde die bestehende Entfernung zu den Schulen der Nationalen Erziehungsbehörde und der anderen durch AG 8 zustande gekommenen Erziehungsdirektorate für die Nama, Damara, Herero, Baster, Farbigen, Ovambo, Kavango und Caprivianer beibehalten. Im Schulsport etwa gab es einmal die Ligen der Weißen, und erst auf nationaler Ebene wetteiferten die Besten aller Bevölkerungsgruppen gegeneinander. Für die bei den deutschen Schülern beliebten Sportarten, Fußball und Hockey, war diese Regelung nicht praktikabel, da die Wettbewerbsmöglichkeiten innerhalb der Gruppe der deutschen Schulen sehr begrenzt waren. Schon bald ignorierten die Verantwortlichen diese Reglementierung und nahmen an Spielen innerhalb und außerhalb des Landes gegen und zusammen mit anderen Schulen teil (letzteres als Landesvertretung bei Spielen in Südafrika). Ein Versuch, die Schulerziehung zu vereinheitlichen, scheiterte vor allem am Widerstand der Weißen, die fürchteten, am ehesten zu verlieren.

Die Zulassungsbestimmungen für Schulen der Administration für Weiße erlaubten nur als Weiße klassifizierten Schülern, diese Schulen zu besuchen. Der Fall Seemüller erregte 1980 die Gemüter auf beiden Seiten: Der farbige Adoptivsohn der Pfarrers Seemüller aus Otjiwarongo durfte die dortige staatliche Schule nicht besuchen, obwohl viele Eltern und die Lehrer nichts dagegen einzuwenden hatten. Die Privatschulen hatten inzwischen die Grenzen überschritten, im Falle der DHPS war die Entscheidung der Jahreshauptversammlung 1978, auch schwarze und farbige Schüler zuzulassen und die Einführung des Fremdsprachenzweiges über Jahre kontrovers geblieben.

So stellte sich das staatliche deutsche Schulwesen dar, als Namibia 1990 unabhängig wurde: ein gut ausgebautes, fast flächendeckendes System, das gut ausgestattet war und gute bis sehr gute Ergebnisse erzielte, das ein für die Deutschsprachigen angemessenes Erziehungs- und Bildungsziel anstrebte und in enger Verbindung mit den afrikaans- und englischsprachigen Weißen operierte. Die deutschen Schulen waren, wie zuvor, ein Spiegelbild der deutschsprachigen Bevölkerung Namibias: gut organisiert und strukturiert, ergebnisorientiert und erfolgreich, auf das eigene Wohl bedacht und im Hinblick auf Zulassung von Schülern, Anstellung von Lehrern, Einbeziehung von Lerninhalten und Materialien ganz oder teils isoliert. Die Unabhängigkeit Namibias und der Machtwechsel in der Regierung traf diese Schulen zwar nicht unerwartet, aber unvorbereitet.

Anpassung und Wandlung: Deutschsprachiger Unterricht im unabhängigen Namibia

Die Unabhängigkeit traf die Deutschnamibier nicht unerwartet, doch unvorbereitet, unvorbereitet deshalb, weil niemand genau wusste, was auf das Schulwesen zukommen würde. Der allgemeine Kurs der neuen Regierung, war bekannt: gleiche Rechte für alle, Aufhebung aller Formen von Trennung und Privilegien, Angleichung der historischen Unterschiede.

Die Erziehungslandschaft zur Zeit der Unabhängigkeit war komplex. Der politischen Struktur laut AG 8 entsprechend, gab es 1989 11 Erziehungsbehörden mit jeweils der folgenden Anzahl Schulen: Tswana 2, Damara 23, Farbige 35, Nama 38, Rehobother 39, Herero 42, Weiße 65, Caprivianer 74, Nationale Erziehungsbehörde 104, Kavango 239 und Ovambo 510. Fast die Hälfte der Schüler besuchte die erste Primarstufe (Klassen 1–3), nämlich 44%, in den Klassen 4–6 waren 32% aller Schüler, in der Ersten Sekundarstufe saßen 17% der Schüler, und die Klassen 10–12 besuchten 6% aller Schüler, d.h. nur einer von 17 Schülern erreichte einen höheren Schulabschluss. Von den insgesamt 12885 Lehrern hatten 7995 keinen höheren Schulabschluss (einige hatten wohl eine ein- bis dreijährige Lehrerausbildung erhalten), nur 2579 waren voll qualifiziert als Lehrer.

Zur Unabhängigkeit bot sich auch ein Bild gravierender Unterschiede im Schulwesen. Die Ovambo-Administration investierte im Schnitt R95 pro Schüler pro Jahr, während die Administration für Weiße R1760 für jeden Schüler bereitstellte; der Richtsatz lag bei R225. Das Lehrer-Schülerverhältnis lag bei der Ovambo-Administration bei 39:1, während die Weißen im Schnitt 13 Schüler pro Lehrer hatten.

In der sprachlichen Zusammenstellung der namibischen Bevölkerung zeigte sich eine ähnliche Vielfalt, wie ersichtlich an den Statistiken zur Muttersprache: Es sprachen 1989 1492 Schüler Ju|'hoan (eine Buschmannsprache), 1932 Tswana, 2036 Englisch, 2760 Deutsch, 22289 Lozi und andere Caprivisprachen, 38744 Afrikaans, 40645 Khoekhoegowab (Damara/Nama), 29658 Otjiherero, 33389 Kavangosprachen und 195450 Owambosprachen.

In dieser Landschaft besetzen die Deutschen als Minderheit innerhalb einer Minderheit (nämlich der Administration für Weiße) eine günstige Position, Dank ihrer übernommenen und geschaffenen Ressourcen, die sie mit großem Aufwand zu erhalten bestrebt waren. Diese in der Geschichte der Deutschnamibier dritte existentielle Gefährdung trug andere Charakterzüge als die beiden vorigen: Nach dem Ersten Weltkrieg ging es darum, die ihnen aufgrund einer internationalen Vereinbarung zugestandenen Rechte von der ihnen kritisch gesonnenen Obrigkeit einzufordern; der Rückhalt aus Deutschland war nach 1933 ihrem Bestreben nicht zuträglich. Nach dem Zusammenbruch des Deutschen Reiches 1945 war die Lage der Deutschen ähnlich aussichtslos wie die ihrer Landsleute in Deutschland, allerdings nicht in materieller Hinsicht, wohl aber im Hinblick auf ihr Selbstverständnis und auf die Erhaltung ihrer gesellschaftlichen (kollektiven) Identität. Der Wahlsieg der burischen Weißen ermöglichte es ihnen, sich neu zu formieren und einen Erziehungsstand zu erreichen, der dem vor 1945 insgesamt gleichwertig war. Der entscheidende Faktor, der die Zugeständnisse der Regierung ermöglichte, war die Identifizierung der Deutschsprachigen mit ihrer Heimat. Die Südwester verstanden sich als Siedler und nicht als Einwanderer, und ihre Loyalität galt zuerst dem Land Südwestafrika und dann Deutschland.

Mit der Unabhängigkeit Namibias änderten sich die Rahmenbedingungen grundlegend. Die Befreiungsbewegung SWAPO stand ideologisch weit entfernt von den kapitalistisch und konservativ orientierten Deutschen. Für die Deutschnamibier war die Erziehung ihrer Kinder innerhalb der deutschen Sprach- und Kulturgruppe unveräußerlich. Wie alle Auslandsdeutschen sind sie eher konservativ als progressiv eingestellt und auch kritisch gegenüber Entwicklungen in Deutschland. Neueingewanderte und vorübergehend im Land lebende Deutsche vertraten oftmals liberalere Ansichten als die alteingesessenen Südwester. Letztere offenbarten nach wie vor eine zwiespältige Haltung gegenüber Deutschland: einerseits verurteilten viele die neuen Erscheinungen in der deutschen Gesellschaft als dekadent, andererseits beriefen sie sich auf den Botschafter der Bundesrepublik Deutschland wie auf ihren Schirmherren, wenn sie ihre Interessen gefährdet sahen.

Zur Beurteilung der neuen Lage ist es wichtig, die neuen Rahmenbedingungen, also die Policy der Regierung zu beschreiben. Auf einer Konferenz im Juli 1989 in Windhoek zum Thema »Erziehung für die Zukunft« (Education towards the Future) wurden die Mängel des Erziehungssystems aufgelistet. Die folgenden Defizite betrafen auch die deutschen Staatsschulen:
- das fragmentierte Erziehungssystem
- die nicht zutreffenden Lehrpläne
- die ungleiche Verteilung von Ressourcen.

Die anderen etwa 15 Mängel trafen nicht auf deutsche Schulen zu, etwa
- unqualifizierte Lehrer
- Mangel an Beratung von Schülern
- Mangel an Planung
- mangelhafte Beteiligung der Eltern
- hohe Ausfallquote bei Schülern
- hohe Versagerquote
- mangelhafte Motivation der Schüler.

Es war durchaus so, dass die deutschen Schulen (ebenso wie eine Reihe anderer Schulen) organisatorisch den Anforderungen eines modernen Erziehungswesens entsprachen. Die Schulerziehung wurde von der neuen Regierung als wichtiges Instrument des Staatsaufbaus betrachtet (»Nation Building«), mit dem spezifischen, von der Befreiungsbewegung SWAPO im Exil formulierten Ziel, »Erziehung zur Befreiung« (»Education for Liberation«) zu verwirklichen. Die sich aus dieser aufgeklärten Erziehungsphilosophie ergebenden Grundrechte der Schüler waren zum Teil in den Schulen der Administration für Weiße praktiziert worden, wie allgemeine Schulpflicht bis zum 16. Lebensjahr, kostenloser Unterricht in der Primarschule und die Gründung von Privatschulen. Neu für diese Schulen war das Recht des Schülers, gegen Diskriminierung aufgrund seiner Rasse, Hautfarbe oder seines Glaubens geschützt zu sein. Ungleichheiten sollten durch »korrigierende Maßnahmen« (»Affirmative Action«) beseitigt werden. Diese Grundsätze waren in der namibischen Verfassung festgeschrieben worden, vor allem in den Artikeln 19, 20 und 21. Nach der Aufhebung der Isolation Namibias legten die Politiker Wert darauf, den Anschluss an internationale Entwicklungen zu finden. So knüpfte der erste Erziehungsminister Nahas Angula an die Erklärung der Weltkonferenz über Erziehung, die vom 5. bis 9. März 1990 in Jomtien, Thailand, stattfand, an. Darin wurde festgestellt, dass es zu den Grundbedürfnissen des Menschen gehört, sein kulturelles, sprachliches und geistiges Erbe zu erhalten, soziale Gerechtigkeit zu fördern, Toleranz zu praktizieren und um des internationalen Friedens willen die menschlichen Werte und die Menschenrechte einzuhalten. Während die Schulerziehung vor der Unabhängigkeit auf einer Philosophie des Kulturerhalts gründete, wurde nun auf die Universalität des Menschen Wert gelegt.

Mit der Unabhängigkeit Namibias am 21. März 1990 trat die Verfassung in Kraft, die jede Form der Diskriminierung verbietet. Als Folge konnten nun Schüler anderer Hautfarbe die deutschen Schulen besuchen. Im Nachvollzug dieser Maßnahme wurde das Fach Deutsch als Fremdsprache neben Deutsch Muttersprache an den deutschen Oberschulen eingeführt. An der Deutschen Oberschule Windhoek und an der Deutschen Schule Otjiwarongo ist Deutsch entweder als Muttersprache oder als Fremdsprache ein Pflichtfach. Diese Möglichkeit wurde von vielen Schülern genutzt, deren Eltern sich die Beiträge zum Schulfonds leisten konnten. Die Schulen galten als gute Schulen, die Schülerzahlen stiegen, das Schüler-Lehrer Verhältnis wuchs von etwa 25:1 auf 32:1. Die sog. »DDR-Kinder« – das sind aus der ehemaligen DDR zurückgekehrte Kinder und Angehörige von Exilanten, etwa 400 an der Zahl – wurden vorzugsweise an deutsche staatliche Schulen geschickt.

Sie bildeten eine Brücke zwischen den Bevölkerungsgruppen in Namibia und zwischen Deutschland und Namibia, beherrschten doch diese in Deutschland aufgewachsenen Kinder oftmals die deutsche Sprache besser als die Südwester, einer schaffte es zum Klassenbesten im Fach Deutsch Muttersprache, andere wurden auf dem Kurt-Böhme-Rednerwettbewerb prämiert. Die Integrierung dieser jungen Menschen in die ihnen unbekannte Heimat und die Neuorientierung ihrer Werteordnung angesichts des Niedergangs der ihnen vermittelten marxistischen Ideologie und die damit verbundenen menschlichen Probleme wurde mit großem Aufwand von Privatpersonen, Lehrkräften und Fachleuten im Auftrage der deutschen Bundesregierung und Pastoren betrieben.

Neben der Öffnung der Schulen mit den sich daraus ergebenden pädagogischen und logistischen Konsequenzen betraf die zweite Neuerung die Unterrichtssprache. Ab 1990 wurde Englisch als Unterrichtssprache in den Klassen 4 bis 7 und 8 und 9 schrittweise eingeführt. Deutsch als Unterrichtssprache war nur in den ersten drei Schuljahren erlaubt. (Für Privatschulen sah die Schulsprachenpolitik einige Zugeständnisse vor.) Als Unterrichtsfach war Deutsch-Muttersprache in allen Klassen vorgesehen. Diese Regelung traf die deutschen Schulen an einem kritischen Punkt. Ironischerweise wurden die Deutsch-Namibier nun zum ersten Mal mit allen anderen Sprachgruppen gleichgestellt, denn dieselben Vorschriften galten auch für die afrikaanssprachigen Namibier, so dass es keinen Unterschied zwischen ihnen mehr gab: Deutsch und Afrikaans waren Nationalsprachen Namibias, ebenso wie die autochtonen einheimischen Sprachen. Nur Englisch wurde als Landessprache (official language) bevorzugt behandelt, weil Englisch die Unterrichtssprache ab der 4. Klasse in allen Fächern wurde und weil Englisch als Fach ab der ersten Klasse Pflichtfach war, allerdings auf Zweitsprachenebene (DaZ) (second language level) für fast alle Schüler. In der ersten Phase bewirkte die Schulsprachenpolitik vor allem, dass Englisch einen sehr hohen Stellenwert erhielt. Viele Schulen beschlossen, ab dem ersten Schuljahr Englisch als Unterrichtssprache einzuführen, was für die große Mehrzahl der Schüler, deren Muttersprache nicht Englisch war, katastrophale Folgen hatte: Sie mussten sich die Grundfertigkeiten Lesen, Schreiben und Rechnen in einer ihnen unbekannten Sprache aneignen, sie mussten zugleich eine Sprache erlernen und diese Sprache auf neues Wissen und neue Fertigkeiten anwenden. Keine deutsche Schule folgte diesem Trend.

Die Schulsprachenfrage in Namibia ist ein kontroverses Thema: Einerseits soll Englisch als die offizielle Landessprache auch die nationale Umgangssprache werden und Afrikaans aus der Rolle der lingua franca verdrängen, andererseits sollen die einheimischen Sprachen erhalten und gefördert werden, ohne dass dabei eine Trennung von Menschen im Sinne der Apartheid betrieben wird. Diese Zielvorgaben stellen hohe Ansprüche an die Ressourcen in personeller, finanzieller und logistischer Hinsicht. Andererseits wird von Schülern (und Eltern) erwartet, dass sie den Spagat zwischen dem ihnen oft nicht geläufigen Englisch und der von vielen als minderwertig beurteilten Muttersprache aushalten, denn in der Erinnerung an die Vergangenheit war der Muttersprachenunterricht ein wesentliches Instrument, die Menschen zu trennen und ihnen den Zugang zu internationalen Welt zu verschließen, und das sollte anders werden.

Für die Deutsch-Namibier bot die Umstellung auf Englisch keine großen Probleme und kaum Vorteile. Die Schüler hatten in der Vergangenheit bewiesen, dass sie im Fach Englisch und in der Unterrichtssprache Englisch ausreichende Leistungen erzielen konnten. Für den deutschsprachigen Unterricht gab es genügend Materialien und in der Vergangenheit genügend Lehrkräfte, die Unterrichtsbücher hätten allerdings übersetzt werden müssen, was schon in der Vergangenheit kostspielig und schwierig war. Mit der Umstellung auf Englisch in der Sekundarschule hatte man sich abgefunden, aber die überwiegende Meinung war, dass der deutschsprachige Unterricht wenigstens bis Klasse sechs durchgeführt werden sollte; möglicherweise könnten einzelne Fächer in der fünften Klasse schon auf Englisch unterrichtet werden. Ende 2000 wurde erstmalig in den Fächern Englisch, Mathematik, Naturwissenschaft und Geschichte/Erdkunde eine zentral aufgestellte aber von den Lehrern bewertete Abschlussprüfung zum Ende der Primarschule auf Englisch durchgeführt, diese ins Deutsche zu übersetzen, hätte die Ressourcen des Ministeriums überfordert. Außerdem galt der Grundsatz: Was für die anderen namibischen Sprachen nicht möglich oder nicht wünschenswert ist, kann auch nicht für die Sprachen, die es gern wollen, durchgeführt werden (letzteres gilt für Afrikaans und Deutsch). Die Umkehrung dieser Einschränkung besagt, dass Deutsch als vollwertige namibische Sprache anerkannt wird.

Die AGDS bemühte sich in vielen Vorlagen und Gesprächen darum, das Prinzip des Muttersprachenunterrichts zur vollen Anerkennung zu verhelfen, auch wenn es nicht von allen Gruppen in Namibia genutzt werden würde. Das Ministerium beharrte bei seiner Haltung, dass jegliche Form der Bevorzugung nicht geduldet würde. Dabei muss anerkannt werden, dass das Prinzip des offenen Zugangs für alle Schüler an allen Schulen nicht nur durch Transportprobleme (auch innerhalb Windhoeks) und wegen der Auflagen der besser ausgestatteten Schulen (Beteiligung der Eltern an zusätzlichen Ausgaben, an Schulveranstaltungen, regelmäßiger und pünktlicher Schulbesuch) erschwert wird, sondern auch durch den Sprachenunterricht; dies gilt für alle Schulen landesweit. Wer an eine von Hererosprachigen besuchte Schule

Bundespräsident Roman Herzog und seine Frau besuchen im März 1998 während des Staatsbesuches auch die Delta Oberschule Windhoek, hier in der Bildmitte umringt von vielen Schülern. Ganz vorne links der damalige Minister für Handel und Industrie, Hidipo Hamutenya, als Ehrenbegleiter des Bundespräsidenten, vorne v.r. Dieter Esslinger, Schuldirektor Ernst Hashagen und der Direktor der Schulbehörde

gehen will, muss Otjiherero als Fach wählen, dasselbe gilt für die deutschen Schulen. Das Bestreben, Deutsch als Zweitsprache oder als Fremdsprache an den deutschen Primarschulen einzuführen, scheiterte an dem Mangel an Strukturen; an einigen Schulen wird den nichtdeutschsprachigen Schülern ein Fremdsprachenunterricht ohne offizielle Sanktionierung und Unterstützung angeboten.

An den Sekundarschulen hat sich das Nebeneinander von Deutsch als Muttersprache und Deutsch Fremdsprache als sehr fruchtbar erwiesen. Die Fremdsprachenschüler profitieren von dem muttersprachlichen Umfeld, und für die Deutschsprachigen sind die Nicht-Deutschsprachigen eine Gelegenheit zur Kommunikation nach außen, ein Garant gegen die Isolation. So sind vor allem die deutschen Oberschulen echte Begegnungsschulen geworden. Die Primarschulen hingegen haben den spezifisch deutschen Erziehungsstil weitgehend beibehalten.

Eine weitere wesentliche Neuerung nach der Unabhängigkeit war die Einführung neuer Lehrpläne. Es war eine sowohl politische als auch pädagogische Entscheidung, dass die südafrikanischen Lehrpläne und das südafrikanische Senior Secondary Certificate (im Volksmund Matrik genannt) durch die vom University of Cambridge Local Examination Syndicate aufgestellten Lehrpläne und Prüfungen ersetzt wurden. Ziel war, eine international anerkannte Prüfung abzulegen und den Unterricht nach modernen didaktischen und methodischen Richtlinien durchzuführen. An Stelle des abfragbaren Wissens sollten Fertigkeiten vermittelt werden, die Bewertungskriterien waren entsprechend auf Fertigkeiten ausgerichtet und nicht auf die Menge an auswendig gelerntem Wissen. Die Einstufung des Schülers sollte auf qualitativer und nicht auf quantitativer Grundlage erfolgen. Dieser didaktische Ansatz entsprach eher den in Deutschland geläufigen Bewertungsmaßstäben als den oft kritisierten südafrikanischen Prüfungen, und er bereitete den deutschsprachigen Lehrern keine Schwierigkeiten.

Die Umstellung auf Englisch als Muttersprache, die Einführung neuer Lehrpläne, die Öffnung der Schulen für alle Schüler, dies alles stellte hohe Anforderungen an die Lehrer und an die Schulvorstände. Die gesamte Schulverwaltung wurde neu organisiert und strukturiert, es waren nicht nur neue Programme und Strukturen, sondern auch neue Gesichter, mit denen

Lehrkräfte und Elternvertreter zu tun bekamen; Vertrauen musste geschaffen werden, Verfahren mussten entwickelt werden. Um der Schüler willen ist von Lehrkräften und Eltern Erstaunliches geleistet worden. Dieser Einsatz hat dazu beigetragen, dass weder der Leistungsstand der Schüler noch der erzieherische Ertrag gelitten hat, trotz vieler Widrigkeiten. Denn es standen weitere Änderungen ins Haus.

Ab 1995 wurden die Vorschulklassen an staatlichen Schulen aufgelöst, wiederum aufgrund des Prinzips, dass der Staat nicht finanzieren könne, was nur wenigen Schülern zugute kommen kann. Die Räumlichkeiten der Vorschulklassen konnten von den privatisierten Kindergärten zu günstigen Sätzen gemietet werden, soweit sie nicht für den Schulunterricht gebraucht wurden. Kurz darauf wurden die Schulvorstände darüber informiert, dass laut Kabinettsbeschluss alle öffentlichen Einrichtungen nur so benannt werden dürfen, dass in dem Namen kein Hinweis auf eine Sprachgruppe enthalten ist. Das Wort Deutsch musste also aus den Namen der Schulen verschwinden. Die beiden Windhoeker Schulen ersetzten Deutsch mit Delta, um die Kurzformen DSW und DOSW behalten zu können. Aus der Deutschen Schule Otjiwarongo wurde in gleicher Weise die Donatus Schule Otjiwarongo. Die Swakopmunder wählten statt dessen die geographische Bezeichnung Namib, und die Deutsche Schule Walvis Bay wurde in Flamingo Primary School umbenannt. Diese befohlenen Neuerungen stießen bei den Eltern auf wenig Verständnis.

Zur gleichen Zeit, d.h. ab 1994, setzte eine Welle der Privatisierung nicht nur der deutschen, sondern auch der afrikaansen Schulen ein. Die ersten Neugründungen folgten dem Zwang der Notwendigkeit: geringe Schülerzahlen und eine ungünstigere Planstellenzuteilung entzogen den kleinen deutschen Abteilungen in Omaruru, Otavi und Grootfontein die Existenzgrundlage; als Privatschule konnte man indessen ungezwungener operieren. Der Staat erteilte die Genehmigung zur Gründung dieser Privatschulen, allerdings mit dem Hinweis, dass keine Zuschüsse gewährt werden könnten.

Die Glück-auf-Schule in Tsumeb wurde Ende 1991 geschlossen und als deutsche Abteilung an die afrikaanssprachige Primarschule übertragen. 1995 wurde die Deutsche Schule Omaruru (mit Schülerheim) gegründet. Anfang 1996 wurde die Deutsche Privatschule Grootfontein gegründet, zuerst mit den Klassen 4–7, ab 1998 auch mit den Klassen 1–3. Die Bemühungen des Vorsitzenden der AGDS, Dieter Springer, die Eltern in Grootfontein, Otavi und Omaruru davon zu überzeugen, dass es sinnvoller sei, ihre Kinder an die staatliche Schule und in das private Schülerheim nach Otjiwarongo zu schicken statt kleine und in ihrer Existenz gefährdete Schulen zu erhalten, waren nicht erfolgreich. Es zeigte sich wieder einmal, dass Krisen Menschen vorerst eher auseinander- als zusammentreiben.

Während die genannten Privatschulgründungen verständlich und akzeptabel waren, auch für die staatlichen Aufsichtsbehörden, waren zwei weitere Privatisierungen sehr umstritten und für das staatliche deutsche Schulwesen existenzgefährdend. 1998 wurde die Deutsche Privatschule Swakopmund und 2000 wurde die Deutsche Privatschule Otjiwarongo gegründet. Für die Eltern dieser Privatschulen war es eine erwiesene Sache, dass die staatlichen Schulen weder das Unterrichtsniveau noch den deutschen Charakter der Schulen gewährleisten könnten. Dem hielten die an den staatlichen Schulen verbleibenden Eltern entgegen, dass die Lehrer durchaus in der Lage sind, ein hohes Niveau zu gewährleisten und dass die Begegnung mit anderen Schülern ein wichtiger Lernfaktor ist, zudem konnten sich viele Eltern die Kosten der Privatschulen nicht leisten. In der Auseinandersetzung wurden nicht nur schulbezogene, sondern auch persönliche Argumente gebracht. Die Deutschsprachigen in Swakopmund und in Otjiwarongo spalteten sich in zwei Lager: einmal die weniger betuchten, die ohne Aufgabe ihrer deutschen Sprache und Traditionen den Kontakt mit anderssprachigen Namibiern suchten, dann die Deutschen, die die Erziehung ihrer Kinder in einem nur von ihnen gestalteten (und finanzierten) Umfeld praktizieren wollten.

Die Spaltung der deutschen Elternschaften in Swakopmund und Otjiwarongo hat bewirkt, dass die vorhandenen Mittel für jeweils zwei Institutionen ausreichen müssen: die Finanzen der Gemeinschaft, die Zeit, die Spendenwilligkeit, das Interesse. Vor allem im Hinblick auf die verfügbaren Lehrkräfte könnte diese Entwicklung schwerwiegende Folgen haben: Die auf ihr Gehalt, auf Krankenkasse und Pension angewiesenen deutschen Lehrer verbleiben an den staatlichen Schulen, aber sie stehen nur noch in begrenztem Umfang deutschsprachigen Schülern zur Verfügung. Wer nicht auf die Vergütung durch den Staat angewiesen ist, etwa eine Ehefrau, kann einen Wechsel riskieren. Die Privatschulen können nur begrenzte Mittel für Gehälter bereitstellen, vor allem wenn die Schulen gut ausgestattet und die Klassenstärken klein sein sollen. Die staatlichen Schulen stellen ohnehin aus Elternmitteln zusätzliche Lehrkräfte ein.

Seit 1990 hat die Zahl der deutschsprachigen Lehramtsanwärter abgenommen, einmal weil die Lehrgänge an dem Windhoeker Lehrerseminar umstrukturiert wurden. Der Kurs für das neu eingeführte BETD (Basic Education Teachers Diploma) dauert nur drei Jahre, setzt nur eine durchschnittliche Leistung in der Schulabschlussprüfung voraus und bereitet die angehenden Lehrer vor allem im methodischen und nicht im inhaltlichen Bereich auf ihre Aufgaben vor. Zudem ist der Kurs für Deutsch Muttersprache gestrichen worden. Die Deutschabteilung der Universität Namibia, die ein hohes Niveau sowohl im fachlichen als auch im methodischen Bereich gewährleistet, kann keine Kurse für die Primarschule anbieten, da dies Sache des Lehrerseminars ist. Ein Studium in Südafrika ist für Namibier nicht möglich, wenn dieselben Kurse auch in Namibia angeboten werden. Schließlich müssen junge, männliche Deutschnamibier damit rechnen, in ihrer Berufslaufbahn beim Staat wegen der Affirmative Action-Politik (ausgleichende Maßnahmen) nicht Karriere machen zu können. Die heutige Lage der Deutschsprachigen in Namibia ähnelt der Situation nach 1945 mit dem Unterschied, dass der deutschsprachige Unterricht und der Deutschunterricht zwar in begrenztem Umfang erhalten blieb, aber nicht ausbaufähig ist.

Nach der Unabhängigkeit fielen die zuvor praktizierten Sanktionen der Bundesregierung gegenüber dem nur für Weiße zugänglichen staatlichen Schulwesen weg. Die Förderung des fremdsprachlichen Deutschunterrichts war vorerst eine Priorität der zuständigen deutschen Stellen. Schon 1989 wurde ein Fachberater für Deutsch entsandt, der sich ausschließlich um das Fach Deutsch als Fremdsprache kümmerte. Dem Fachberater stehen Mittel für die Lehrerfortbildung und Lehrmittelbeschaffung zur Verfügung, allerdings beeinträchtigte die mangelnde Koordination mit den staatlichen Stellen die Effizienz dieser Fachkräfte.

Vom 4. bis 8. März 1998 stattete Bundespräsident Prof. Roman Herzog Namibia einen Staatsbesuch ab. Nachdem Bundeskanzler Helmut Kohl während seiner offiziellen Visite 1995 die Deutsche Höhere Privatschule besucht hatte, war für den Bundespräsidenten ein Besuch an der Delta Oberschule Windhoek, der staatlichen ehemaligen Deutschen Oberschule Windhoek vorgesehen. Dadurch sollte ein Zeichen gesetzt und der Deutschunterricht an staatlichen Schulen in Namibia in den Vordergrund gerückt werden. Der Besuch an der DOSW war ein voller Erfolg. Während eines Treffens der beiden Präsidenten Nujoma und Herzog und auf den beiden Banketts wurde auch die Frage der Unterrichtssprache behandelt. Eine Äußerung des Bundespräsidenten stieß wegen der ungeschickten Formulierung eines Übersetzers auf Kritik seitens einiger Personen und Kreise, insbesondere unter Studenten und Gewerkschaftlern. Auch Präsident Nujoma reagierte mit einer Erklärung zur Schulsprachenpolitik. Der Bundespräsident wiederum rückte auf einer Pressekonferenz seine Aussage in das von ihm beabsichtigte Licht. Die Irritationen auf namibischer Seite rühren von dem Eindruck, dass die Deutschnamibier zur Durchsetzung ihrer Wünsche und Ziele auf Schützenhilfe aus Deutschland angewiesen seien, dies wurde als unpatriotisch empfunden.

Die aus Deutschland entsandten Programmlehrkräfte waren laut Übereinkommen mit der namibischen Regierung für Deutsch als Fremdsprache vorgesehen. Auf Betreiben der AGDS wurden ab 1998 auch Programmlehrkräfte an staatliche Primarschulen entsandt. Die neu gegründeten Privatschulen erhalten begrenzte Zuwendungen aus deutschen Haushaltsmitteln und werden von privaten Spendern in Deutschland unterstützt. Die beiden Sitzungen der gemischten Namibisch-Deutschen Kulturkommission in Bremen (1995) und in Windhoek (1999) legten Zeugnis ab von vielfältigen und oft aufwendigen Programmen und Projekten, die von der deutschen Bundesregierung finanziert werden. Die nachhaltige Auswirkung dieser Programme auf den fremdsprachlichen und den muttersprachlichen Deutschunterricht war nicht sichtbar, etwa im Hinblick auf die Schülerzahlen bei Erstgenanntem angesichts der Aktivitäten der Franzosen, die eine geradezu aggressive Sprachen- und Kulturpolitik in Namibia betreiben. Auch die Pläne der deutschen Botschaft, in Swakopmund ein Unterrichtsmodell mit Deutsch als Zweitsprache einzurichten, stieß bei den Behörden auf Unverständnis.

Hat das deutschsprachige staatliche Schulwesen in Namibia eine Zukunft?

Formal gesehen, gibt es in Namibia keine staatlichen deutschen Schulen. Keine Schule trägt die Bezeichnung Deutsch in ihrem Namen. Die Unterrichtssprache ab dem 4. Schuljahr ist Englisch. Jede Schule ist allen Schülern zugänglich. An den staatlichen Primarschulen (d.h. an der Delta Schule Windhoek, der Namib Primary Schule in Swakopmund, der Flamingo Schule in Walvis Bay und der Donatus Schule Otjiwarongo) besteht seit 1997 neben dem deutschsprachigen Zug in den Klassen 1–3 auch ein englischsprachiger Zug. Das zweite Sprachfach an diesen Schulen ist Deutsch, aber der Status des Faches Deutsch als Zweitsprache ist ungeklärt; die nichtdeutschsprachigen Schüler können auch einen einsprachigen Lehrgang (d.h. nur mit dem Sprachfach Englisch) wählen, falls das möglich ist. Die deutschen Eltern bilden die Mehrheit an diesen Schulen (außer an der Flamingo Schule), und die Erziehungskultur dieser Schulen ist deutsch, d.h. Deutsch überwiegt als Umgangssprache, deutsche Festtage werden gefeiert (Ostern und Advent) bei kulturellen Veranstaltungen überwiegen deutsche Lieder, Orff-Instrumente, Märchenspiele usw. Die Lehrerschaft ist mehrheitlich deutschsprachig. In Swakopmund und in Otjiwarongo kann es geschehen, dass der deutsche Anteil an den staatlichen Schulen schrumpft, wenn die Eltern ihre Kinder auf die örtlichen Privatschulen umschulen oder nach Windhoek schicken.

Im Sekundarbereich tragen die ehemaligen deutschen staatlichen Schulen noch traditionell einen deutschen Charakter, was bei Schulfeiern und auf den jährlichen Basaren deutlich wird. Die Muttersprachen der Schüler widerspiegeln die namibische Gesellschaft, am Beispiel der Namib High School sei dies dargestellt (die Angaben gelten für 2000): Deutsch 30%, Afrikaans 28%, Englisch 12%, Khoekhoegowab (Damara/Nama) 11%, Oshivambo 11%, Otjiherero 5%, andere 3%. Die Deutschsprachigen bilden noch die stärkste Gruppe, aber keine Mehrheit. Deutsch (Muttersprache oder Fremdsprache) ist dort Pflichtfach in den Klassen 8-10, aber nicht in den Klassen 11 und 12. Anders ist es an der Delta Secondary School in Windhoek und an der Donatus Schule in Otjiwarongo, wo Deutsch ein Pflichtfach in den Klassen 8–12 bzw. 8–10 ist. Die Mehrzahl der Lehrer an allen Schulen ist deutschsprachig, die Umgangssprachen sind vorwiegend Deutsch und Englisch.

Die multikulturelle Schülerschaft dieser Schulen entspricht im Prinzip den Absichten der namibischen Regierung und wird von vielen Eltern als notwendige Vorbereitung auf das Berufsleben ihrer Kinder gesehen. Viele Eltern von Primarschülern erwarten hingegen, dass die Schulerziehung einen ausgeprägt deutschen Charakter haben soll. Die Spannung zwischen der Angleichung an die Gegebenheiten des Landes einerseits, an die Sprachen, Kulturen, Gepflogenheiten, an die offiziellen Programme der Regierungen, und andererseits die Erhaltung ihrer spezifisch deutschen Traditionen, Bräuche, Werte (die ja auch im deutschsprachigen Europa nicht statisch sind, sondern sich fortwährend entwickeln und wandeln), diese Spannung hat die deutsche Gemeinschaft seit eh geprägt. Manche Deutschnamibier haben sich Methoden angeeignet, um mit andersartigen Menschen umgehen zu können. Interkulturelles Lernen, interkulturelle Kommunikation und Interkulturalität als Lebensprinzip sind Fertigkeiten, die bisher nur an einigen Institutionen (etwa in der Deutschabteilung an der Universität Namibia) gelehrt werden und praktiziert werden; sie sollten zum Kernstudium aller Lehrer gehören.

Im Oktober 1999 legte die *Presidential Commission on Education, Culture and Training* ihren Bericht vor. Diese Kommission erledigte ihre Aufgabe in denkbar kurzer Zeit (sie begann ihre Arbeit in März 1999) und lud Interessenten ein, schriftliche und mündliche Eingaben vorzulegen. Von dieser Möglichkeit machten sechs Organisationen Gebrauch, die sich unmittelbar oder indirekt mit der Schulerziehung deutscher Kinder befassen, auch einige Einzelpersonen legten Eingaben vor. Der Bericht wurde Anfang 2001 veröffentlicht. Er entwirft ein umfassendes Bild des namibischen Schul- und Ausbildungswesens und enthält einige entscheidende Empfehlungen. Das Thema Sprache wurde von den Teilnehmern der Arbeitsgruppen an die 7. Stelle (aus 12 Themen) platziert. Die Arbeitsgruppen zum Thema Sprache haben alle möglichen Ansichten protokolliert, vom englischsprachigen Unterricht ab der 1. Klasse bis zur Forderung, den Muttersprachenunterricht bis Klasse 7 durchzuführen. Die Empfehlungen der Kommission befassen sich zu Recht mit der Forderung, dass die Lehrkräfte imstande sein müssen, Englisch einwandfrei zu beherrschen. Auch die Förderung des Muttersprachenunterrichts wird erwähnt. Die derzeitige Schulsprachenpolitik wird aber nicht in Frage gestellt. Das Dilemma einer multilingualen Schule wird zwar angesprochen, aber es wird keine Lösung angeboten. Interkulturelles Lernen wird nicht erwähnt.

In der Vergangenheit hat sich gezeigt, dass die deutsche Minderheit in Namibia nur dann ihre sprachliche und kulturelle Identität erhalten kann, wenn sie, bei aller Betonung ihrer Eigenarten, sich nicht aus dem nationalen Geschehen zurückzieht. Als Siedler sind die Deutschnamibier permanente Bürger des Landes, die ihre Herkunft nicht aufgeben wollen. Der Wille, ihre Sprache und Kultur zu erhalten, muss in Strategien umgesetzt werden, die den Rahmenbedingungen entsprechen, diese mögen heute anders aussehen als vor 40 Jahren. Den deutschen Sprachunterricht und die Deutschsprachigkeit an staatlichen Schulen sollten sie nicht aufgeben, wenn die Schülerzahlen einen solchen Unterricht erlauben. Der Gewinn an Erfahrungen im Kontakt mit Schülern anderer Muttersprachen sollte nicht unterschätzt werden. So verlockend der Rückzug in den eigenen Bereich auch erscheinen mag, auf lange Sicht wirkt sich Isolation immer fatal aus, weil sie entwicklungshemmend ist. Ebensowenig wäre es richtig, wenn die Eltern und Lehrer keinen Wert mehr auf ihre eigene Sprache und Kultur legen würden. Die Spannung zwischen Eigenem und Allgemeinem durchzuhalten und zu gestalten, ist Aufgabe der Deutschnamibier wie aller Namibier. Es ist schlechthin eine große Herausforderung für die Menschheit weltweit.

Kommunalverwaltung in Namibia

Von der deutschen Kolonialzeit bis zur Gegenwart

Gerhard Tötemeyer

Die deutsche Kolonialzeit

Zum Hintergrund
Vor der Kolonialisierung Namibias waren es die Stammesführungen, die die Befugnisse und Verantwortungen politischer und administrativer Entscheidungsträger innehatten, auch wenn diese Funktionen oftmals auf rudimentäre und einfache Weise umgesetzt wurden. Das gesamte politische, administrative, wirtschaftliche, soziale, militärische und religiöse Sagen hatte die Stammesführung. Eine Trennung der Gewalten gab es nicht.

Unter deutscher Kolonialherrschaft wurde das damalige Südwestafrika in drei Verwaltungsbezirke unterteilt: der nördliche Bereich jenseits der »Roten Linie« und außerhalb der Polizeizone, die Polizeizone und der östliche Caprivizipfel. Die Verwaltung wurde direkt in der Polizeizone ausgeübt, der Norden fiel unter die direkte deutsche Herrschaft. Eine Ausnahme bildete das Kaokoveld, wo die Ausübung der Herrschaft nur begrenzt möglich war. Der östliche Caprivizipfel fiel unter die indirekte Verwaltung und Kontrolle, an der ab 1910 traditionelle Stammeshäuptlinge beteiligt wurden. Da diese Region von Windhoek weit entfernt und nur schwer erreichbar war, war die deutsche Herrschaft in dieser Region beschränkt.

Die Polizeizone umfasste den Süden und die Landesmitte. In diesem Bereich wurden einige Gebiete der einheimischen schwarzen Bevölkerung zugeteilt, wie z. B den Damaras, den Hereros, den Rehobother Bastern und einigen Nama sprechenden Gemeinschaften. Die Rote Linie grenzte den Norden, den Nordwesten und den Nordosten Namibias vom Rest des Landes ab. Im Norden, Nordosten und Nordwesten blieb die traditionelle Stammesführung generell erhalten, wohingegen sie im restlichen Namibia von den ständigen Kriegen zwischen den deutschen Kolonialherren und den einheimischen Gruppen stark beeinträchtigt wurde.

Kommunalregierung
Während der deutschen Kolonialzeit befasste sich die Kommunalverwaltung für Weiße vorwiegend mit den zentralen und südlichen Teilen des Territoriums. Die erste relativ wirksame Kommunalregierung entstand wohl erst im Jahre 1904.

Die verspätete Einführung einer Kommunalverwaltung ist vermutlich auf die ständigen Kriege zwischen der deutschen Schutztruppe und den Hereros und Namas zurückzuführen. Die Kämpfe beeinflussten die Verwaltung des Landes negativ. Du Pisani (1986: 23–24) fügt dem das schwache Wirtschaftsklima, die enorme Abhängigkeit der Kolonie von ausländischem Kapital und Investitionen, die Weiträumigkeit des Landes und den Widerstand der Schwarzen gegen die deutsche Kolonialherrschaft hinzu.

1904 wurden Vertreter der verschiedenen Gruppen der deutschen Bevölkerung in einen Beratungsausschuss gewählt, der den Gouverneur in der Verwaltung der Kolonie, insbesondere auf Kommunalebene, beraten sollte. Die Arbeit des Beratungsausschusses und die Beteiligung der weißen Bevölkerung an der Verwaltung des Landes wurden anfangs stark durch die Nama- und Hereroaufstände beeinflusst. Du Pisani (1986:24) beschreibt die Zeit von 1902 bis 1907 als eine Zeit der Militarisierung der Kommunalbürokratie, d.h. der verstärkten Beteiligung des Militärs in der Bürokratie.

Obwohl der Beratungsausschuss von 1904 bis 1908 weiter bestand, wurde erst im Jahre 1908 durch die Verordnung vom 28. Januar 1909 eine solide Grundlage für eine effizientere Art der Kommunalregierung und -verwaltung für Weiße geschaffen.

Es entstanden zwei Ebenen der subterritorialen Regierung und Verwaltung. Auf unterster Ebene wurden Kommunalverbände gebildet, die für den Bau und die Instandhaltung öffentlicher Straßen und Parks, die Wasserversorgung und ihre Kontrolle, Straßenbeleuchtung und Märkte innerhalb der Grenzen des jeweiligen Kommunalverbandes zuständig waren (Goldblatt, 1971:187). Die Kommunalbehörden nahmen damit eine Gestalt an, die man heute als Gemeinden bezeichnen würde.

Die zweite Ebene der Verwaltung bestand aus Bezirksverbänden. Diese setzten sich aus Vertretern der Kommunalverbände der verschiedenen Bezirke und Einwohnern dieser Bezirke, die jedoch außerhalb der Grenzen der Kommunalverwaltung wohnten, zusammen. Du Pisani (1986:24) behauptet diesbezüglich, dass die Aufgaben der Bezirksverbände im Wesentlichen denen der

*Die deutsche Kolonialzeit 1884–1915:
Der Landesrat 1910*

Kommunalverbände entsprachen, wobei der Aufgabenbereich der Bezirksverbände umfassender war. So waren diese z.B. für Angelegenheiten außerhalb des Verantwortungsbereiches und der geographischen Zuständigkeit der Kommunalverbände verantwortlich. Eine zusätzliche Aufgabe der Bezirksverbände war die Wahl der Vertreter für den Landesrat, das höchste territoriale Gremium, dem der Gouverneur zusätzlich die gleiche Anzahl von Mitgliedern seiner Wahl hinzufügte.

Es ist wohl zutreffend, dass im Jahre 1909 ein gewisses Maß an eigenständiger weißer Regierung und Verwaltung erreicht worden war. Für die deutsche Regierung war es einfacher und kostengünstiger, die Kolonie mit Vertretern der Siedler anstatt mit Entsandten aus Deutschland zu verwalten. Die deutsche Regierung und ihre Vertreter in der Kolonie mussten auch dem Druck weißer Einwohner nachgeben, an der Verwaltung des Territoriums auf allen Regierungse77benen beteiligt zu sein. Die Teilnahme Schwarzer war jedoch absolut ausgeschlossen.

Das südafrikanische Regime

Zum Hintergrund

Alle Städte und Dörfer, die während der deutschen Kolonialzeit gegründet wurden, lagen innerhalb der Polizeizone. Dies blieb unverändert, auch als Südafrika die Verwaltung Namibias übernahm. Einige Veränderungen gab es in den 1960er Jahren, als die sog. »Homelands« für die verschiedenen ethnischen und/oder stammeszugehörigen Gruppen gegründet und Verwaltungszentren in diesen Gebieten errichtet wurden.

Die Kommunalverwaltung blieb nach wie vor ein Privileg der innerhalb der Polizeizone wohnhaften Weißen. Die schwarze Bevölkerung wurde nicht nur gezwungen, in getrennten Wohngebieten am Stadtrand weißer Wohngegenden zu leben, ihr wurde auch die Teilnahme an den Kommunalverwaltungen komplett vorenthalten. Außerdem wurden verschiedene einschränkende und unterdrü-

ckende gesetzliche Bestimmungen verabschiedet, wie z.B. die *Verordnung über Landstreicherei Nr. 25, 1920*, die *Verordnung über das Verhältnis von Dienstherren und Bediensteten Nr. 34, 1920*, und die *Proklamation über die Verwaltung der Eingeborenen Nr. 11, 1922*, die auch als die »Passgesetzverordnung« bezeichnet wurde.

Unter der südafrikanischen Verwaltung Namibias wurde die getrennte, parallele Verwaltung weißer und schwarzer Bürger formalisiert. Diese wurde dann 1928 in der Verordnung zur Verwaltung Einheimischer verkündet und schließlich nach der Annahme der Empfehlungen der Odendaal-Kommission ab 1964 umgesetzt. Die Kommission empfahl das sog. »Bantustan«- oder »Homeland«-System für Einheimische, ein rechtliches und administratives Konzept, das das Land an Hand ethnischer Zugehörigkeit bzw. Stammeszugehörigkeit in verschiedene Verwaltungsbezirke aufteilte. Dadurch wurde die Trennung nach Rassen und Ethnien legalisiert.

Kommunalverwaltungen in Namibia

Stadtverwaltungen

Stadtverwaltungen als eine Form der Kommunalverwaltung wurden an bestimmten Orten gegründet, wo sich bereits eine größere Anzahl Menschen angesiedelt hatte. Befugnisse und Aufgaben waren gesetzlich festgelegt. Die Stadtverwaltungen wurden gemäß der *Verordnung für Stadtverwaltungen Südwestafrikas Nr. 13, 1963*, mit Änderungen, von Gemeinderäten geführt. Diese Verordnung traf im Wesentlichen auf die »weißen« und »farbigen« Teile städtischer Gebiete zu. Die Gemeinderäte setzten sich ausschließlich aus gewählten weißen Abgeordneten zusammen. Je nach Größe der Gemeinde und ihrer Einwohnerzahl waren dies zwischen sieben und zwölf. Nur Weißen war es möglich, an Gemeindewahlen teilzunehmen. Die Wähler mussten bestimmten Voraussetzungen bezüglich Wohnsitz und Eigentum entsprechen.

Die innerhalb der Gemeindebezirke gelegenen Wohngebiete für Schwarze, die sog. »Townships« (oder auch

»Locations« genannt), wurden von den Gemeinderäten mit verwaltet. In diesem Falle traten sie als Vertreter der Zentralregierung gemäß der *Verordnung über städtische Gebiete Nr. 56, 1951,* sowie anderer Statuten auf. Die Kommunalverwaltung musste den ethnischen und rassischen Kriterien der südafrikanischen Politik der getrennten Entwicklung entsprechen. Folglich hatte jede Gemeinde getrennte Wohngebiete für Weiße, Farbige und Schwarze.

Die von Weißen geführten Gemeinderäte wurden von »gewählten« Schwarzen der Beratungsausschüsse (nach der *Verordnung über städtische Gebiete Nr. 56, 1951*) und, wo dies notwendig erschien, auch von eingesetzten Beiräten Farbiger beraten. Letztere setzten sich nach der *Verordnung über die Einrichtung von Kommunalverwaltungen in Wohngebieten Farbiger Nr. 34, 1965,* und den *Bestimmungen für Beratungsgremien der Wohngebiete Farbiger, Regierungsbekanntmachung Nr. 15, 1966,* zusammen. Diese beiden Körperschaften konnten dem Gemeinderat einer Stadt jedoch nur mit beratender Stimme zur Seite stehen, und zwar hinsichtlich der Haushaltsplanentwürfe, bestimmter Beschlüsse, der Straßen, des Wohnungsbaus, der sozialen Fürsorge und der allgemeinen Entwicklung der jeweiligen Gebiete. Da jedoch dem weißen Gemeinderat die letztendliche Verantwortung und die finanzielle Entscheidungsgewalt zufielen, blieben diese zwei beratenden Körperschaften machtlos. Sie konnten dem Exekutivausschuss der Gemeinden lediglich unverbindliche Empfehlungen geben. Diese durften jedoch in keinem Falle im Widerspruch zu den Interessen des Gemeinderates stehen. Folglich waren diese Beratungsgremien in den Augen der schwarzen und farbigen Bevölkerung lediglich Lakaien weißer Interessen.

Erst nach der Einsetzung einer nicht repräsentativen nationalen Übergangsregierung im Jahre 1978 wurden einige der Apartheidsbestimmungen überflüssig. Trotz der theoretischen Öffnung der Wohngebiete und der damit verbundenen rechtlichen Änderungen bestand weiterhin ein hohes Maß an faktischer Rassentrennung. In allen Gemeindebezirken bestanden nach wie vor getrennte Körperschaften für die verschiedenen ethnischen Gruppen. Status und Befugnisse dieser Körperschaften blieben unverändert. Die von Weißen gebildeten Gemeinderäte behielten die Macht für sich.

Dorfverwaltungsräte
Dorfverwaltungsräte wurden südlich der Roten Linie gegründet. Sie unterlagen der *Verordnung für Dorfverwaltungsräte Nr. 14, 1963.* Jeder Bezirk außerhalb eines Gemeindebezirks konnte zu einem Dorfverwaltungsbezirk erklärt werden, der dann einem Rat unterstand, der von der zentralen Regierung eingesetzt wurde. Die Rechte und Pflichten der Dorfverwaltungsräte entsprachen generell denen der Gemeinden. Aus verschiedenen Gründen (z.B. mangelnde Finanzen, Mitarbeiter, Effizienz) wurden alle Dorfverwaltungsräte schließlich vom »Entwicklungsausschuss für städtische Großsiedlungsräume« übernommen.

Üblicherweise bestand ein solcher Rat laut Verordnung aus dem Bezirksrichter (Magistrat) ex officio, der als Vorsitzender und Schatzmeister amtierte, und aus mindestens zwei und höchstens vier anderen Mitgliedern, die früher vom Administrator und später von den Zentralbehörden bestimmt wurden.

Die Dorfverwaltungsräte waren für Recht und Ordnung in der Verwaltung wie auch für Gesundheit, Wohlergehen, Schutz und Sicherheit der Einwohner zuständig. Die Dorfverwaltungsräte ebenso wie die Gemeinden unterlagen bei der Einstellung verantwortlicher Beamter, der Aufstellung erwarteter Jahresausgaben, dem Erstellen von Bestimmungen und dem Kauf, Erwerb oder der Miete von Immobilien den Bestimmungen der Zentralregierung.

Entwicklungsausschuss für halbstädtische Siedlungsräume
Der Entwicklungsausschuss für halbstädtische Siedlungsräume *(Peri Urban Board)* wurde gemäß der *Verordnung für den Entwicklungsausschuss für halbstädtische Siedlungsräume Nr. 19, 1970,* gegründet. Er bestand aus einem Rat mit sieben Mitgliedern, die von der Landesregierung für eine Amtszeit von fünf Jahren berufen wurden. Der Rat konnte seine eigenen Grundsätze bestimmen und verfügte über bestimmte Exekutivbefugnisse.

In den meisten der erklärten halbstädtischen Gebiete wurden die Beratungsausschüsse lokal gewählt. Die Berufung der auf diese Weise gewählten Personen musste jedoch von der nationalen Exekutive bestätigt werden. Zweck und Aufgabe der Ratsgremien war es, den Entwicklungsausschuss für halbstädtische Siedlungsräume in allen Angelegenheiten der Geschäftsführung und der Verwaltung der jeweiligen Gebiete zu beraten.

Die Aufgaben des Rates variierten zwischen dem gesamten städtischen Dienstleistungsspektrum bis hin zur einfachsten Wasserversorgung und schlossen die vorher den Dorfverwaltungsräten zugefallenen Aufgaben mit ein.

In einigen Bereichen wurden die Beratungsausschüsse von weiteren Gremien unterstützt, die die Interessen der Schwarzen und die der sog. Farbigen vertraten.

Kommunalregierung in den »Homelands«
In den sog. »Homelands« (nach ethnischen Gruppierungen oder Stämmen festgelegte Kommunalgebiete) Namibias gab es keine Kommunalverwaltung, und demzufolge wurde fast siebzig Prozent der gesamten Bevölkerung das Recht vorenthalten, sich an der Kommunalverwaltung zu beteiligen. Vor allem im Norden entwickelten sich im Laufe der Zeit einige städtische Siedlungen, denen jedoch kein Dorf- oder Stadtstatus und folglich kein formales System der Kommunalverwaltung gewährt wurde. Die zweite Stufe der ethnischen bzw. stammesbezogenen Regierungen in den »Homelands« war stellvertretend für die Zentralregierung für die Verwaltung der städtischen Gebiete innerhalb der »Homelands« verantwortlich. Da diese »städtischen« Gebiete nicht offiziell als Dörfer oder Städte anerkannt wurden und Grundbesitz in privater Hand nicht möglich war, konnte keine offizielle Gemeindeverwaltung eingesetzt werden oder wurde dies einfach als praktisch nicht durchführbar bezeichnet.

Die Verantwortung für die Aufgaben auf dritter Stufe in den »Homelands« teilten sich die Zentralregierung und die zweite Stufe der ethnischen Stammesregierung. Erst seit der Unabhängigkeit 1990 und der Abschaffung der zweiten Stufe der ethnischen Stammesregierung hat die Zentralregierung die volle Verantwortung für die Verwaltung der ehemaligen »Homelands« auf allen Regierungsebenen übernommen.

Kommunalregierung seit der Unabhängigkeit

Artikel 102 der Verfassung besagt, dass Namibia zum Zwecke der Regional- und Kommunalregierung in Regionen und Kommunen unterteilt wird, die von gewählten Räten zu regieren sind. Die Kommunalbehörden schließen sowohl absolut unabhängige und autonome Behörden ein als auch solche, die völlig von der Unterstützung der Zentralregierung abhängen. Die Verfassung enthält keine Angaben zum Maß der Unabhängigkeit oder der den Kommunalbehörden übertragenen Befugnisse. Diese sind im Kommunalbehördengesetz geregelt.

Die Verabschiedung des Kommunalbehördengesetzes (Nr. 23, 1992) war der Ausgangspunkt für die offizielle Gründung von Dörfern und Städten im ganzen Land. Dieses Gesetz regelt die Gründung von Kommunalbehörden und bestimmt ihre Aufgaben, Befugnisse und Pflichten.

Die Hauptverantwortungsbereiche der Zentralregierung gegenüber den Kommunalbehörden sind folgende:
- Unterstützung der Kommunalbehörden, damit sie ihre Pflichten und Aufgaben effizient ausüben können, z.B. durch Bereitstellung der nötigen Mittel und der erforderlichen Ausbildung,
- Formulierung, Bestimmung und Koordinierung der übergreifenden nationalen Politik,
- Aufsicht der Städteplanung und Landvermessung für die Gründung von Städten,
- Entwurf und Erstellung der nationalen Strategie zur Entwicklung von Städten,
- Gründung von Kommunalbehörden zu ermöglichen und deren Verwaltungsarbeit zu beaufsichtigen.

Obwohl Kommunalbehörden unabhängige Körperschaften sind, können bestimmte Entscheidungen nur in Absprache mit dem Ministerium für Regional- und Kommunalverwaltung und Wohnungsbau getroffen werden, z.B. Haushaltspläne, Verordnungen und Grund- und Bodensteuern.

Das Kommunalbehördengesetz unterscheidet zwischen Städten und Dörfern.
Städte sind die höchste Ebene der Kommunalbehörden und werden wie folgt unterteilt:
- Teil I Städte (größere Städte, einschließlich der Hauptstadt Windhoek)
- Teil II Kleinstädte.

Den Städten (Teil I) stehen mehr Autonomie und mehr Mitglieder im Gemeinderat (bis zu 15) zu als den Kleinstädten gemäß Teil II (höchstens sieben). Dorfgemeinden haben zur Zeit sieben Mitglieder im Gemeinderat, doch soll diese Zahl ab den nächsten Kommunalwahlen Anfang 2003 auf fünf beschränkt werden.

Großstadt

Eine Großstadt (Teil I) vertritt eine rechtliche Körperschaft mit eigenen Vermögenswerten und eigenem Grund und Boden. Sie bestehen aus förmlich festgelegten städtebaulichen Entwicklungsbereichen einschließlich aller Stadterweiterungen mit Stadtgrenzen. In der Regel verfügen sie über Grundbesitz für zukünftige Erweiterungen.

Eine Großstadt ist laut Gesetz eine anerkannte Stadtgemeinde. Der Stadtrat als regierende Körperschaft kann die ihm rechtlich übertragenen Befugnisse und Pflichten ausüben. Die dadurch entstehenden Kosten sind durch seine Einnahmen zu decken. Eine Stadtverwaltung ist für alle entstandenen Verpflichtungen und Verbindlichkeiten selbst verantwortlich. Obwohl sie im Prinzip von der regionalen und zentralen Regierung unabhängig ist, gewährt die Zentralregierung Darlehen für Entwicklungsprojekte und Zuschüsse für Straßenbau, Verkehrsnetz und Feuerwehr. Zuschüsse werden erteilt, wenn solche Stadtgemeinden Aufgaben der Zentralregierung übernehmen.

Alle Großstadtgemeinden sind in den besser entwickelten Regionen Namibias gelegen und sind, wie bereits beschrieben, ein Erbe der kolonialen Vergangenheit. Namibia ist durch eine völlig verzerrte Entwicklung der Kommunalbehörden gekennzeichnet, die in der Vergangenheit nur den besser gestellten Weißen in den entwickelten und wirtschaftlich erschlossenen Gegenden Namibias zum Vorteil diente. Erst im Jahre 1992, bei den ersten fünf Kommunal- und Regionalwahlen, konnte die gesamte Bevölkerung ihre Vertreter wählen. Seitdem hat die Entwicklung der Kommunalbehörden und die Gründung neuer Städte und Dörfer beachtliche Fortschritte gemacht.

Ein Stadtrat wählt aus den Reihen seiner Mitglieder einen geschäftsführenden Ausschuss, der sich mit den täglichen Entscheidungen befasst. Die Größe eines solchen Ausschusses ist vom Status der Stadt abhängig. Er kann höchstens sieben und muss mindestens fünf Mitglieder haben, einschließlich des Bürgermeisters und seines Stellvertreters.

Der Leiter der Stadtkanzlei steht an oberster Stelle der Gemeinde- oder Stadtverwaltung und wird auch als »Chief Executive Officer« bezeichnet.

Kleinstadt

Das Kommunalbehördengesetz definiert als eine Kleinstadt ein Gebiet mit anerkannter Stadtgemeinde, wo ein Stadtrat die Pflichten und Aufgaben nach diesem Gesetz ausüben darf. Die Kleinstadt hat die in der Ausführung ihrer Befugnisse, Pflichten und Aufgaben entstehenden Kosten selbst zu tragen, unabhängig davon ob finanzielle oder sonstige Unterstützungen der Zentralregierung oder einer Regionalverwaltung zur Verfügung stehen. Ferner ist eine Kleinstadt auch für alle anderen dadurch entstandenen Verpflichtungen und Verbindlichkeiten zuständig.

Dem Ministerium für Regional- und Kommunalverwaltung und Wohnungsbau wird empfohlen, für die Gründung von Städten die beratende Instanz, den Namibischen Planungsberatungsausschuss, einzuschalten. Dieser hat dem Kabinett dann eine Vorlage zuzuleiten, ob eine geplante Stadt erwünscht und notwendig ist. Danach wird der Vorgang dem Rat für Stadtgemeinden für eine Empfehlung vorgelegt.

Absatz 9 der *Verordnung über Stadtgemeinden- und Landeinteilung, 1963,* mit Änderungen, besagt, dass der Präsident nach der Annahme der Empfehlung des Rates für Stadtgemeinden durch das Kabinett die Genehmigung für die Gründung der vorgeschlagenen Stadt erteilen kann. Danach ist der vom Generalinspektor akzeptierte Plan dem Registerführer des Grundbuchs gemäß Absatz 11(1) der Verordnung zu übergeben. Der Registerführer legt ein Register für die vorgeschlagene Stadt an, und daraufhin erklärt der Präsident das Gebiet zum festgelegten städtebaulichen Entwicklungsbereich. Zur Zeit werden Entscheidungen bei Bedarf für den jeweiligen Einzelfall getroffen. Ein neues Gesetz zur Städteplanung und Gründung neuer Städte wird bearbeitet und 2002 als Gesetzesvorlage im Parlament eingebracht.

Dörfer

Ein Dorf stellt das Anfangsstadium einer Kommunalverwaltung dar. Seine Infrastruktur ist begrenzt, es ist nur für eine kleine Anzahl von Einwohnern zuständig. Dem Kommunalbehördengesetz gemäß ist ein Dorf ein Gebiet, das nach Auffassung des Präsidenten der Dienstleistungen bedarf, die nach dem Gesetz von einer gewählten Dorfverwaltung geleistet werden sollen und können. Nach Auffassung des Präsidenten kann die Dorfverwaltung dann mit oder ohne Unterstützung der Zentral- oder Regionalregierung oder anderer Kommunalverwaltungen die Befugnisse, Pflichten und Aufgaben als Dorfverwaltung dem Gesetz entsprechend ausüben. Geschäftsführende Ausschüsse innerhalb der Dorfverwaltungen wurden abgeschafft. Leiter der Dorfverwaltung ist der Dorfsekretär.

Siedlungsgebiete

Das Regionalratsgesetz (Nr. 22, 1992) sieht eine nicht formelle Stufe der Kommunalverwaltung vor, nämlich die der Siedlungen. Eine Siedlung ist im Prinzip die Vorstufe eines Dorfes. Meist besteht sie aus einigen informellen Wohnplätzen, gelegentlich auch aus ordnungsgemäß errichteten Gebäuden, wie zum Beispiel Kliniken, Geschäften und Schulen. Eine regelrechte Infrastruktur besteht nicht und ist mit der Unterstützung der jeweiligen Regionalverwaltung zu errichten.

Der Regionalrat hat die Initiative zu ergreifen, solche Siedlungsgebiete zu definieren, zu verwalten und zu beaufsichtigen. Der Rat und sein Verwaltungsapparat haben die Interessen dieser informellen Siedlungen zu vertreten. In Zusammenarbeit mit dem Regionalrat können Siedlungen Interessenvertreter aus ihren Reihen benennen.

Werden solche Siedlungsgebiete von den Regionalräten betreut, fallen alle Vermögenswerte der Siedlungen und alle damit verbundenen Rechte, Verpflichtungen und Verbindlichkeiten den Regionalräten zu. Der Regionalrat betreut eine Siedlung in derselben Weise, wie sich eine Dorfverwaltung der Aufgaben des Dorfes annimmt.

Stammesbehörden

Das traditionelle Stammesrecht als aktuelles oder inoffizielles Recht der Bevölkerung wurde in die Verfassung Namibias aufgenommen. Artikel 66 besagt ausdrücklich, dass sowohl das herkömmliche Stammesrecht als auch das allgemeine Recht vom Tag der Unabhängigkeit (21. März 1990) an ihre Gültigkeit behalten, sofern sie nicht im Widerspruch zur Verfassung oder zum Gesetzesrecht stehen.

Von der Einrichtung der regionalen und kommunalen Verwaltungsbehörden wurde auch der politische und verwaltungsbezogene Status der Stammesführungen beeinflusst. Ihre Hauptaufgabe ist es nun, als Treuhänder für das kulturelle und traditionelle Erbe aufzutreten. Ihre Verwaltungsaufgaben wurden beschränkt und politische Aufgaben auf ein Mindestmaß reduziert. Treten traditionelle Stammesführer in politische Ämter im Rahmen der Verfassung ein, müssen sie ihr Amt als Stammesführer – zumindest vorübergehend – niederlegen. Stammesführer der verschiedenen Stämme sind in einem Rat vertreten, dem Nationalen Rat der Stammesführer, dessen Aufgabe es ist, den Präsidenten bei der Verwaltung und Nutzung des Landes ihrer Stämme und bei anderen ihnen vom Präsidenten aufgetragenen Aufgaben zu beraten. Die Befugnisse, Pflichten und Aufgaben der Stammesführer sind im *Gesetz über den Rat der Stammesführer (Nr. 13, 1997)* niedergelegt.

Die Rolle der Stammesführer im Hinblick auf die Regierungsstrukturen ist auf eine beratende und unterstützende Funktion beschränkt. Dies steht im Einklang mit der Kernaussage der Verfassung (Artikel 1(2)), in der es heißt, dass die Macht vom Volke Namibias ausgeht, das seine Souveränität durch die demokratischen Strukturen des Staates ausübt. Dieser Artikel besagt eindeutig, dass die Macht in der Verwaltung und Politik nicht einem bestimmten Stamm oder den Stammesführungen zufällt.
Den Stammesführungen steht nicht die Aufgabe der Kommunalverwaltung zu. Sie stehen nicht im Wettbewerb mit den kommunalen oder regionalen Regierungsbehörden. Das Stammesbehördengesetz von 1995, abgeändert 1997 und 2000 (Nr. 25, 2000), besagt, dass eine Stammesführung die Organe der Zentral-, Regional- und Kommunalregierung in der Ausführung ihrer Politik unterstützen kann, indem sie die traditionelle Gesellschaft über Entwicklungsprojekte in den jeweiligen Gebieten informiert. Eine Stammesführung hat die Politik aller Regierungsstufen zu unterstützen und hat alle Handlungen zu unterlassen, die die Autorität der Strukturen der Zentral-, Regional- und Kommunalregierung in Frage stellen.

Obgleich eine Stammesführung in ihren Funktionen eingeschränkt ist, spielt sie im Wesentlichen die Rolle einer informellen Körperschaft der Kommunalbehörden. Sie verteilt z.B. Land – eine Praxis, die immer noch ausgeübt wird, obwohl sie im Widerspruch zur Verfassung steht. Regional- und Kommunalbehörden in Kommunalgebieten sind in hohem Maße auf die Unterstützung der Stammesführungen angewiesen, wenn es um Entwicklungspläne und -projekte des Gebietes geht. Es ist allgemein bekannt, dass institutionalisierte traditionelle Strukturen im Dezentralisierungsprozess hinderlich sein können, sobald widersprüchliche Interessen bestehen. Das herkömmliche Stammesrecht muss folglich in den Dezentralisierungsprozess eingebunden werden. Ziel ist es, eine Symbiose zwischen traditionellen Systemen und der modernen Regierungsform zu erreichen. Auch geht es darum, Verantwortungsbereiche abzustimmen. Dies soll sich darin widerspiegeln, dass Stammesführungen nun sowohl in den Entwicklungsausschüssen der Regionalbehörden, der Wahlbezirke und in bestimmten Fällen auch auf Kommunalebene einbezogen werden sollen wie auch in den zukünftigen regionalen »Land Boards«, die mit der Aufgabe der Landzuteilung und Landnutzung im kommunalen Gebiet beauftragt werden. Ein Gesetzesentwurf zu traditionellen Stammesgerichtsformen ist 2001 dem Parlament vorgelegt worden, in dem die rechtlichen Befugnisse der Stammesbehörden festgelegt und erweitert werden sollen.

Entwicklung der Kommunalbehörden

Seit der Unabhängigkeit haben signifikante Änderungen in der Verwaltung und Finanzierung der regionalen und kommunalen Regierungsstrukturen stattgefunden. Seit dem Erlass des Kommunalbehördengesetzes und des Regionalratsgesetzes im Jahre 1992 wurden Vertreterkörperschaften in 45 Kommunalbezirken und in 102 regionalen Wahlbezirken gewählt.

Nach Artikel 129 der namibischen Verfassung ist die Nationale Planungskommission (NPK) für die Planung der Prioritäten und der allgemeinen Richtlinien der nationalen Entwicklung zuständig. Das Sekretariat der NPK setzt sich aus dem Direktorat für Entwicklungsplanung, der Abteilung für regionale und strategische Planung, der Unterabteilung für Regionalplanung und dem Zentralen Statistikbüro zusammen. Die Hauptaufgaben des Direktorats für Entwicklungsplanung sind die Umsetzung der makroökonomischen Planung, die Integration der Planungen für die verschiedenen Sektoren und die Pflege einer besonderen Daten- und Managementdatenbank. Die NPK ist also für die Entwicklung und die Koordination der Entwicklung auf nationaler Ebene zuständig und stützt sich dabei auf die von den unteren Regierungsstufen erstellten Pläne. Die NPK hat jedoch ausschließlich beratende Funktion und berät somit das Ministerium für Regional- und Kommunalverwaltung und Wohnungsbau und die Regionalräte hinsichtlich der Regionalplanung in Namibia.

Die Regierung befasst sich mit einer Vielzahl von Entwicklungsprojekten, wie zum Beispiel der Stromversorgung in ländlichen Gegenden in Zusammenarbeit mit NAMPOWER (halbstaatlich) und Northern Electricity (privat). Durch das Ministerium für Regional- und Kommunalverwaltung und Wohnungsbau entwickelt die Regierung die Infrastruktur der Städte, Dörfer und Siedlungsgebiete einschließlich aller Stadtplanungs-, Vermessungs- und Versorgungsarbeiten. Die Gründung von Städten, Dörfern und Siedlungsgebieten wird vom Ministerium in die Regionalplanung eingebunden, um somit eine bessere Abstimmung zwischen Kommunen, Regional- und Nationalregierung zu ermöglichen. Bereits abgeschlossene Projekte beinhalten sowohl neue Dienstleistungen als auch Verbesserungen vorhandener, wie z.B. Wasserversorgung, Abwasser, Stromversorgung.

Große Fortschritte sind in der Weiterbildung der regionalen und kommunalen Gemeinderatsabgeordneten und Verwaltungsmitarbeiter zu verzeichnen. Mit Hilfe verschiedener Entwicklungspartner waren sowohl Fortbildung am Arbeitsplatz als auch formelle Ausbildung möglich. Wesentliche Inhalte dieser Aus- und Fortbildung waren ein klares Verständnis der Befugnisse, Pflichten und Aufgaben, der Finanzplanung und -verwaltung, Datenermittlung, Entwicklungsplanung, Erstellung und Umsetzung politischer Grundsätze, Verfahrensweisen, Kontrolle, Kundenbetreuung, die Rolle der Gemeinderatsabgeordneten und die Beteiligung der Gesellschaft an Kommunal- und Regionalangelegenheiten. Betont wurde dabei stets die Erweiterung bereits bestehender Fähigkeiten.

In Zusammenarbeit mit dem Ministerium für Regional- und Kommunalverwaltung und Wohnungsbau und der NPK beabsichtigt die Regierung, eine Beschleunigung der Gründung von Städten, Dörfern und Siedlungsgebieten zu erreichen. Die Regierung folgt dabei einem Grundsatz der Städteplanung, der den städtischen Gebieten bei zunehmender Landflucht die nötige Unterstützung gibt, indem sie vermehrt Arbeitsplätze schafft und die wirtschaftliche Entwicklung vorantreibt. Verstädterung und Landflucht sind eng mit den Veränderungen auf sozialer Ebene verbunden. Die Regierung betrachtet es als absolut notwendig, Dienstleistungen in Städten, Dörfern und Siedlungsgebieten zu schaffen oder zu verbessern, und zwar auf der Grundlage einer umfassenden Bedarfseinschätzung. Neue Erschließungsgebiete werden projektiert und nach einer positiven Bedarfseinschätzung als solche erklärt. Dabei wird darauf geachtet, dass kleinere Parzellen entstehen, damit einer größeren Zahl von Einwohnern eigenen Grundbesitz haben können. Die Infrastruktur und der Anschluss an städtische Netze werden vor Beginn der Bauaktivitäten geschaffen.

Am Problem der finanziellen Unabhängigkeit, die zur Zeit stark eingeschränkt ist, wird gearbeitet. Das Erbe der hinterlassenen Kolonialverwaltungsstrukturen zeigt sich in einer ungleichen Verteilung der Ressourcen. Gemeinden, die in der Vergangenheit enorme Reserven erwirtschaften konnten, stehen die neuen Kommunalverwaltungen mit mangelnden Finanzen gegenüber. Eine Umverteilung der Ressourcen zur Normalisierung der aus der Vergangenheit stammenden Ungleichgewichte ist bereits gesetzlich festgelegt.

Auf Kommunalebene werden bewusstseinsbildende Kampagnen durchgeführt, die den Verbrauchern verdeutlichen sollen, dass sie für beanspruchte Dienstleistungen auch bezahlen müssen. Den Kommunalbehörden sind bisher enorme Schulden entstanden, weil viele Bürger für Grunddienstleistungen wie Strom und Wasser nicht zahlen wollen oder können. Das Ministerium für Regional- und Kommunalverwaltung und Wohnungsbau entwickelt ein Konzept, nach dem die Dienstleistungen auf einen angemessenen Standard gehoben werden sollen, indem die Zentralregierung den Kommunalbehörden Darlehen bis zur Hälfte der dadurch entstehenden Kosten gewährt. Ein Kartensystem mit Vorauszahlung für Strom- und Wasserverbrauch wird zur Zeit in allen Gemeinden eingeführt.

Regionalisierung – Eine Fallstudie zur begrenzten Dezentralisierung in einem Einheitsstaat

Kurz nach der Unabhängigkeit wurde eine Abgrenzungskommission von der Regierung ins Leben gerufen, die der Bantustan-Politik des Kolonialregimes ein Ende setzen sollte. In ihrem Bericht des Jahres 1991 machte diese Kommission die Empfehlung, Namibia auf Grund geographischer und wirtschaftlicher Faktoren in 13 Regionen zu unterteilen. In der Verordnung, die die Kommission einsetzte, ist klar enthalten, dass Rassen- und Stammeskriterien bei der regionalen Unterteilung Namibias nicht als Maßstab zu verwenden seien. Die regionale Regierung wurde neu geschaffen und stellt die zweite Ebene der Regierungshierarchie dar. Die sub-nationale Regierungsführung umfasst sowohl kommunale als auch regionale Regierung und Verwaltung.

Artikel 102 der Verfassung Namibias befasst sich mit den Strukturen regionaler und kommunaler Verwaltung. Dieser Artikel besagt unter anderem, dass Namibia zur Erleichterung der regionalen und kommunalen Regierung in regionale und kommunale Einheiten zu unterteilen sei, die sich aus den in den parlamentarischen Gesetzen enthaltenen und definierten regionalen und kommunalen Behörden zusammensetzen. Die Dezentralisierung wurde von Namibia als Staatspolitik angenommen.

Die Verfassung besagt ferner, dass jedes Organ der regionalen und kommunalen Regierung einen frei gewählten Rat als regierende Körperschaft hat, wie es in der Verfassung und den darauf begründeten parlamentarischen Gesetzen enthalten ist. Einer solchen Körperschaft stehen dann die exekutiven und administrativen Befugnisse zu, die für die rechtmäßige Erlangung von Beschlüssen und politischen Grundsätzen des jeweiligen Rates erforderlich sein mögen, wie in der Verfassung oder anderen zutreffenden Gesetzen enthalten.

Artikel 105 bestimmt die Zusammensetzung der Regionalräte, Artikel 106 deren Wahl. Jede Region ist in Wahlbezirke zu unterteilen, die von der Abgrenzungskommission festgelegt werden, mindestens sechs und höchstens zwölf Wahlbezirke in einer Region. Jeder Wahlbezirk bestimmt ein Mitglied für den Regionalrat seiner Region.

Artikel 108 regelt die Befugnisse der Regionalratsabgeordneten. Im Wesentlichen bestehen diese aus der Wahl der Mitglieder des Nationalrates und der Ausübung der Exekutivgewalt und Erfüllung der Pflichten, wie sie ihnen durch parlamentarische Gesetze oder den Präsidenten zugeteilt werden.

Prinzipiell können Regionalräte auch Finanzressourcen haben oder gemäß der parlamentarischen Gesetze an den von der Zentralregierung für die jeweilige Region erhobenen Mittel teilhaben.

Nach Artikel 109 werden Geschäftsführende Ausschüsse der Regionen eingerichtet, die von den Mitgliedern des jeweiligen Rates gewählt werden. Diese Ausschüsse haben im Gesetz verankerte Exekutivbefugnisse. Der Vorsitzende eines Geschäftsführenden Ausschusses wird von den Mitgliedern des Regionalrates im Rahmen der Wahl des Ausschusses gewählt.

Die Hauptaufgaben des Geschäftsführenden Ausschusses sind:
- die Aufsicht über die Durchführung der Entscheidungen des Regionalrates,
- dem Regionalrat auf Anfrage beratend zur Seite zu stehen,
- den Haushaltsplan des Regionalrates aufzustellen und
- dem Regionalrat über seine Tätigkeit Bericht zu erstatten.

Mit einigen Ausnahmen darf ein Regionalrat seinem Geschäftsführenden Ausschuss, seinen regionalen Beamten oder einem seiner Mitarbeiter schriftlich seine Befugnisse übertragen. Auch kann ein Regionalrat eigene Aufgaben schriftlich an seinen Geschäftsführenden Ausschuss delegieren.

Artikel 110 bestimmt die Verwaltung und allgemeine Arbeitsweise der Regionalräte.

Die ersten Regionalratswahlen fanden 1992 statt. Die dreizehn gewählten Räte stehen unter dem Vorsitz eines Gouverneurs, der aus ihren Reihen für eine Amtszeit von drei Jahren gewählt wird. Ein Gouverneur kann sich nach Ablauf einer Amtsperiode für eine weitere Periode von drei Jahren zur Wiederwahl stellen. Hier stehen jedoch in absehbarer Zukunft Änderungen an. Dem Parlament soll im Jahre 2001 eine Gesetzesvorlage zugehen, die den Posten eines Gouverneurs zu einer getrennten und festen Berufung für fünf Jahre aufwertet. Gouverneure werden

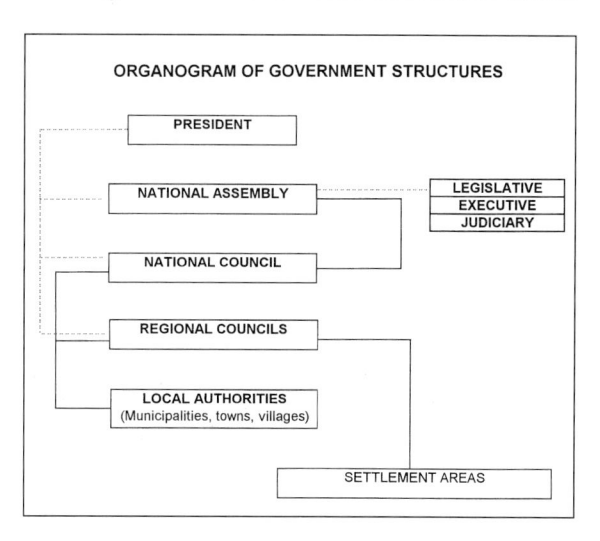

ORGANOGRAM OF GOVERNMENT STRUCTURES

- PRESIDENT
- NATIONAL ASSEMBLY
- NATIONAL COUNCIL
- REGIONAL COUNCILS
- LOCAL AUTHORITIES (Municipalities, towns, villages)
- SETTLEMENT AREAS

LEGISLATIVE
EXECUTIVE
JUDICIARY

dann folglich nicht mehr Vertreter eines Wahlbezirks sein, sondern werden von den Wählern der Region im Rahmen der Regionalratswahlen getrennt gewählt. In absehbarer Zukunft werden Regionalräte, Regionalgouverneure und Kommunalverwaltungen am selben Tag für eine Amtszeit von fünf Jahren gewählt. Dadurch werden auch die Geschäftsführenden Ausschüsse für die gesamte Amtszeit von fünf Jahren gewählt. Der Gouverneur wird dann sowohl dem Regionalrat als auch dem Geschäftsführenden Ausschuss vorsitzen.

Der oberste geschäftsführende Beamte der Regionalverwaltung wird vom Ministerium für Regional- und Kommunalverwaltung und Wohnungsbau ernannt.

Ein Regionalrat als die wichtigste regierende Körperschaft einer Region hat sowohl Exekutiv- als auch Administrativbefugnisse zur Ausführung rechtmäßiger Beschlüsse und Grundsätze des Rates, sofern diese im Einklang mit der Verfassung oder anderen Gesetzen stehen.

Da die Regionalräte dem Ministerium für Regional- und Kommunalverwaltung und Wohnungsbau untergeordnet sind, sind sie ihm gegenüber für ihre Arbeit verantwortlich.

Bei Planungsvorschlägen einer Region tritt das Ministerium als Vertreter auf, der diese Vorschläge den zuständigen Ministerien und/oder der Nationalen Planungskommission unterbreitet. Alle Vorschläge zur regionalen Planung bedürfen der Genehmigung des Ministeriums für Regional- und Kommunalverwaltung und Wohnungsbau. Es ist folglich für die Förderung der engen Zusammenarbeit zwischen den regionalen und kommunalen Regierungsinstanzen zuständig und hat zu diesem Zweck die erforderliche Unterstützung zu leisten.

Aufgaben der Regionalräte
Die Regionalräte sind im Auftrag der Zentralregierung für alle Belange und Entwicklungen zuständig, die außerhalb der bestehenden Gemeinden, Städte und Dörfer entstehen. Trotz ihrer beschränkten Befugnisse spielen Regionalräte eine wichtige Vermittlerrolle zwischen der Regierung und den Kommunalbehörden. Die wichtigs-

Die Municipality in Usakos

Rathaus und Stadtverwaltung in Windhoek – davor das Denkmal des Stadtgründers Curt von François

ten Aufgaben der Regionalräte sind sozialwirtschaftliche Planung, die Verbesserung der Lebensbedingungen der Einwohner und die Aufforderung der Einwohner, sich auf unterster Kommunalregierungsebene, z.B. in Siedlungen und Dörfern, aktiv an der Verwaltung und Entwicklung bestimmter Gebiete innerhalb einer Region zu beteiligen.
Gerade die Kommunalgebiete wurden in der Vergangenheit in Verwaltung und Wirtschaft oft vernachlässigt. Die Umstrukturierung dieser Gebiete und ihre Eingliederung in die Gesamtwirtschaft Namibias ist eine Aufgabe, die volles Engagement bedarf. Hierfür sind insbesondere die Regionalräte verantwortlich.

Bei ihren Planungen haben die Regionalräte unter Berücksichtigung der Zuständigkeiten der Nationalen Planungskommission (Artikel 129 der Verfassung) besonders zu beachten:
- die sozialen und wirtschaftlichen Gegebenheiten ihrer Region und, sofern eine benachbarte Region einen eventuellen Einfluss auf die Entwicklung haben könnte, auch deren Gegebenheiten;
- Verteilung, Wachstum und Mobilität der Bevölkerung und die Verstädterung;
- die natürlichen und anderen Ressourcen und das wirtschaftliche Entwicklungspotential;
- die bestehende und geplante Infrastruktur, wie Wasser, Strom, Kommunikationsnetze und Verkehrsnetz;
- die Art und Form der Landnutzung; und
- die gegebenen Umweltbedingungen.

Eine weitere wichtige Aufgabe der Regionalräte ist es, die Entwicklung und effiziente Arbeitsweise der Kommunalverwaltungen der Region zu beaufsichtigen. Sie haben dafür Sorge zu tragen, dass Entscheidungen der Städte und Dörfer im Interesse der jeweiligen Region getroffen werden. Sie haben in ihrer Zusammenarbeit mit den Kommunalverwaltungen folglich die Aufgaben der Aufsicht, Anregung, Koordination und Umsetzung.

Entwicklung beinhaltet nicht nur mehr Wohnungsbau, Kliniken, Rente, genügend Schulen, Alphabetisierung und gesunde Infrastruktur, sondern erstreckt sich bis hin zur Motivation der Einwohner, ihre vorhandenen Fähigkeiten und Möglichkeiten zur Verbesserung ihrer Lebensbedingungen zu nutzen und zu fördern. Das bedeutet aktive Beteiligung der Einwohner an den Gestaltungsprozessen des täglichen Lebens.

Obwohl sich Namibia dem Prinzip der Demokratie und damit der Mitbestimmung verschrieben hat, kann eine solche Demokratie unter Bedingungen absoluter Armut kaum zur Entfaltung kommen. Deshalb muss ein Umfeld geschaffen werden, das die Möglichkeiten der Teilnahme an der Demokratie auf regionaler und kommunaler Ebene schafft. Die Demokratisierung in einem von Armut und wirtschaftlich schwachen Umständen geprägten Umfeld ist keine leichte Aufgabe. Regionalräte sind dabei von außerordentlicher Bedeutung. Sie können auf Anfrage jede Kommunalverwaltung in der Ausführung ihrer Aufgaben unterstützen und dem Ministerium in jeder gesetzlich möglichen Hinsicht Empfehlungen machen. Auch kann ein Regionalrat z.B. den Präsidenten oder einen Minister in einer vom Präsidenten oder Minister aufgetragenen Angelegenheit beraten. Regionalräte haben für die Erstellung des jährlichen Haushaltsplanes (Steueraufkommen, andere Einnahmen und Ausgaben) dem Finanzminister bezüglich ihrer Region Empfehlungen zu machen. Ein Regionalrat kann mit anderen Regionalräten, Kommunalbehörden oder der Zentralregierung Vereinbarungen zur möglichen Zusammenarbeit eingehen für eigene Aufgaben oder der Kommunalbehörden oder der Zentralregierung. Dabei steht es einem Regionalrat frei, die Aufgaben anderer Regionalräte, Kommunalbehörden oder der Zentralregierung zu übernehmen oder diesen einige der eigenen Aufgaben zu übertragen. Er kann sogar ein »Joint-Venture« mit anderen Regionalräten, einer Kommunalbehörde oder der Zentralregierung eingehen.

Führt er Aufgaben der Zentralregierung aus, hat diese die erforderlichen finanziellen Mittel bereit zu stellen. Zur Zeit sind Regionalräte stark auf Regierungszuschüsse angewiesen, insbesondere dort, wo sie die ihnen zustehende 5%ige Grundsteuer für Grundstücke in Gebieten von Kommunalbehörden nicht einfordern können. Den meisten Regionalräten in ländlichen Gegenden fehlen diese Mittel mangels finanzkräftiger Gemeindeverwaltungen.

Die Regionalräte sind für ihre Tätigkeit und ihre Ausgaben der Zentralregierung gegenüber verantwortlich.

Regionalräte und ihre Verwaltungsbeamten sehen sich schweren Aufgaben gegenüber. Sie sollen sich aktiv an der Entwicklung Namibias beteiligen. Ihre Qualitäten und Fähigkeiten werden in der Umbildung und Umstrukturierung der namibischen Gesellschaft eine entscheidende Rolle spielen. Als völlig neue Gebilde in der verfassungsrechtlichen Landschaft Namibias können Regionalräte größtenteils selbst bestimmen, wie bedeutend ihr Beitrag zur Regierung und Verwaltung des Staates ist.

Dezentralisierung im Kontext Namibias

Im November 1996 wurde vom Ministerium für Regional- und Kommunalverwaltung und Wohnungsbau ein Grundsatzpapier zur Dezentralisierung, Entwicklung und Demokratie herausgegeben. Dieses Dokument wurde vom Kabinett in seiner 37. Sitzung am 11. Dezember 1996 genehmigt. März 1998 war der offizielle Beginn des Dezentralisierungsprogramms Namibias. Ein Kabinettsmemorandum zur Umsetzung der Dezentralisierungsstrategie wurde am 9. Juni 1998 erstellt. In diesem Schriftstück betonte die Regierung noch einmal ihre Unterstützung der Dezentralisierung. Regionalräte und Kommunalbehörden wurden als die wichtigsten Stützpunkte für das Delegieren der Aufgaben und Dienstleistungen unter richtungsweisender Aufsicht des Zentrums hervorgehoben (durch die Schlüsselministerien der jeweiligen Sektoren mit delegierten Aufgaben/Dienstleistungen), wobei die Zentralregierung in erster Linie für die Festlegung der Grundsätze und die Finanzierung der jeweiligen Projekte zuständig ist. Die Regierung betonte wiederholt, dass die letztendliche Verantwortung für die Aufsicht der Dezentralisierungspolitik dem Büro des Premierministers zufällt.

Die rechtlichen Grundlagen der namibischen Dezentralisierungspolitik sind die Verfassung, das Regionalratsgesetz (1992), das Kommunalbehördengesetz (1992) und das Stammesbehördengesetz (1995). Das Regionalratsgesetz und das Kommunalbehördengesetz wurden inzwischen abgeändert, damit sie der Umsetzung der Dezentralisierung Raum gewähren. Das Dezentralisierungs-Ermächtigungsgesetz (2000) beinhaltet einen kontinuierlichen Prozess der Dezentralisierung, durch den die Aufgaben, Befugnisse und Verantwortungen auf koordinierte Weise von der Zentralregierung auf regionale und kommunale Ebene verschoben werden, damit Regierungsentscheidungen den davon Betroffenen so nahe wie möglich gebracht werden.

Kernelemente der Dezentralisierungspolitik

Kurz nach Einsetzung der Regierung wurde entschieden, im Einheitsstaat Namibia die Verantwortungen, Vertretungsbefugnisse und Ressourcen bzw. die Grundlagen der Ressourcen zu dezentralisieren, und zwar entsprechend den Kriterien der zu dezentralisierenden Aufgaben, des geeigneten Zeitpunkts und der erforderlichen Zeit.

Tempo und Umfang einer solchen Übertragung sind sowohl von der politischen und technischen Tragfähigkeit, den Kapazitäten des Systems und aller Beteiligten, dem nationalen makro-ökonomischen und fiskalpolitischen Klima als auch von der öffentlichen Hand und den wirtschaftlichen Reformen und sonstigen Ereignissen im Land abhängig.

Für die erfolgreiche Umsetzung der Dezentralisierung sieht die Regierung auf nationaler, regionaler und kommunaler Ebene organisatorische und strukturelle Änderungen vor. Ferner sollen Aufgaben und vorhandene Fähigkeiten auf persönlicher, organisatorischer, struktureller und systembezogener Ebene erkannt und soll auch auf eventuelle Defizite in diesen Bereichen hingewiesen werden. Zusätzlich sollen legislative und andere rationalisierende Maßnahmen durchgeführt werden, damit die jeweiligen Gesetze der Dezentralisierungspolitik angeglichen werden.

Das Kabinettsmemorandum vom 9. Juni 1998 besagt, dass alle delegierten Aufgaben und Dienstleistungen von den Regionalräten und Kommunalbehörden treuhänderisch verwaltet werden sollen und diese auch volle Verantwortung dafür zu übernehmen haben. Das Memorandum weist ferner darauf hin, dass die übergeordnete und letztendliche Verantwortung für die delegierten Aufgaben und Dienstleistungen nach wie vor dem Schlüsselministerium des jeweiligen Sektors zufällt.

Hier sei im übrigen kurz zusammengefasst, dass die Umsetzung der Dezentralisierung ein umfangreiches Bündel an Maßnahmen beinhaltet, die von einer Neustrukturierung des Verwaltungsaufbaus einschließlich Personalplanung über die Delegation von Dienstleistungen einschließlich Qualifizierungsmaßnahmen, Aus- und Weiterbildung, Finanzplanung und Budgetierung der nachgeordneten Ebenen bis hin zur Koordination dieser komplexen Vorgänge reichen.

Im Ergebnis wird erwartet, dass sich die Dezentralisierung wirtschaftlich trägt, sobald die Bürger selbst die Verantwortung für ihre eigenen Ressourcen übernehmen und das Verhältnis zwischen Steuereinnahmen, Ausgaben und Dienstleistungen direkter ist. Da sich die technischen Fachleute zur Erfüllung der Dienstleistungen vor Ort befinden werden und dies auch die Dezentralisierung des Personals mit sich bringen wird, sollten die Dienstleistungspreise fallen und folglich die Bereitwilligkeit der Einwohner steigen, ihre Steuern zu bezahlen. Sollte sich diese Annahme als unrealistisch erweisen, so wäre ein weiterer Vorteil auf jeden Fall, dass das Volk die vor Ort generierten finanziellen Mittel selbst verwalten und ausgeben kann. Die Regierung ist der Überzeugung, dass die Dezentralisierung langfristig wirtschaftlicher ist als das Erbringen der Dienstleistungen vom Zentrum aus.

Für die Ermächtigung der Regionalräte zur Erhebung von Steuern und anderen Einnahmen ist noch eine Änderung des Steuergesetzes erforderlich, die eine Dezentralisierung oder Delegierung der Fiskalbefugnisse auf die Ebene der Regionalräte ermöglicht. Dasselbe gilt für die Kommunalbehörden, hier steht eine Änderung des Regionalratsgesetzes an, um dem Artikel 108(c) der Verfassung gerecht zu werden, der besagt, dass Steuereinkommen (nur) auf die Zentralregierung und Regionalräte zu verteilen seien. Grundsätzlich soll gelten, dass die finanziellen Ressourcen oder steuerlichen Einnahmen einer bestimmten Aufgabe mit der Dezentralisierung der entsprechenden Aufgabe ebenfalls dezentralisiert werden sollen.

Die Regierung hält daran fest, trotz des Einspruchs einiger Kommunalbehörden die 5%ige Grundsteuer in einen gemeinsamen Fonds einzuzahlen und dann den Regionalräten je nach Bedarf Mittel daraus zur Verfügung zu stellen. Dadurch soll die geschichtlich bedingte Ungleichheit zwischen den Regionen, von denen einige noch nie Kommunalbehörden hatten, abgebaut werden. Das Kabinett genehmigte die Einrichtung eines solchen Fonds für Regionalentwicklung und Schaffung von Gleichheit, der im Dezember 2000 formal gebildet wurde.

Ursprünglich beabsichtigte die Regierung, die Dezentralisierungspolitik bis zum Jahr 2000 umgesetzt zu haben, aber es zeigte sich, dass eine solche Umsetzung von kurz-, mittel- und langfristigen Zielen abhängig ist. Die Umsetzung und ihr Ablauf sind nun die wichtigsten Anliegen. Für eine effiziente Umsetzung der Dezentralisierungspolitik soll die Teilnahme der Einwohner durch neue lokale Gremien intensiviert werden.

Abschließende Bemerkungen

Die Ziele wurden gesteckt, die Dezentralisierungspolitik wurde offiziell genehmigt; nun gilt es nur noch, diesen Prozess konsequent umzusetzen. Dieser sollte als eine Erweiterung der Dienstleistungen und Strukturen der Regierung betrachtet werden.

Die Dezentralisierung wird leiden und schließlich versagen, wenn die politische und administrative Ermächtigung auf Regional- und Kommunalebene nicht der wirtschaftlichen Entwicklung dieser Ebenen entspricht. Die Dezentralisierung ist eng mit einer wirtschaftlichen (Um)verteilung verknüpft. Das Delegieren administrativer und politischer Kompetenzen bleibt sinnlos, wenn es nicht durch eine entsprechende Ressourcenverteilung unterstützt wird, die wiederum direkt zur sozioökonomischen Entwicklung beitragen kann. Schließlich geht es um eine kooperative Regierungsführung. Dezentralisierung sollte in einem einzigen Wirtschaftsraum durchgeführt werden. Wirtschaftliche Einheit ist mit administrativer und politischer Einheit verbunden; sie sind komplementär.

Es obliegt dem Staat, ein für die Dezentralisierung optimales Umfeld zu schaffen. Ein positiver Beitrag wird dann erlangt, wenn Dezentralisierung zu Stabilität und Entwicklung, zu transparenter Regierungsführung, zu Selbstbestimmung, zu Autonomie, zu Selbständigkeit und zu Verantwortungsbereitschaft führt.

Der Hauptzweck einer Dezentralisierungspolitik ist es, die Regierung dem Volk näher zu bringen, das Volk zu ermächtigen, demokratische Werte innerhalb der Gesellschaft zu stärken und zur sozialen und wirtschaftlichen Entwicklung beizutragen. Schließlich bestimmt dies die Tragfähigkeit der Demokratie, ihre Glaubwürdigkeit und Funktionsfähigkeit.

Und wie geht es weiter?

Jugendliche über Heute und Morgen

Antworten aus dem Jahr 2001 von Windhoeker Schülern zu Fragen über die persönliche Zukunft, welches die aktuellen Probleme des Landes sind, was ihre Heimat ist und welche Veränderungen seit der Unabhängigkeit sie sehen

Martin Wilhelm
19 Jahre alt, Klasse 13 der DHPS
Muttersprache Deutsch

Ich habe vor, nach dem Abitur mit einem Jurastudium, kombiniert mit den Schwerpunkten Geschichte und Politik, an der Universität in Kapstadt zu beginnen. Dieses Studium soll mir helfen, mich später aktiv an der namibischen Politik zu beteiligen. Da ich ein Optimist bin, schaue ich der Zukunft Namibias zuversichtlich entgegen und hoffe auch, persönlich einen positiven Beitrag zur Verbesserung der momentan unstabilen politischen und wirtschaftlichen Lage Namibias beizutragen.

Die Landreform ist, gerade angesichts der desolaten Lage in Zimbabwe als Folge der dort begonnenen Landreform, auch für Namibia ein dringendes und unvermeidbares Problem geworden. Hinzu kommen die hohe HIV-Infektionsrate und die auf mangelnde medizinische Ausstattung zurückzuführende, immer größer werdende Anzahl der Malaria-Todesfälle. Aber auch die jüngsten Menschenrechtsverletzungen, z.B. gegen Homosexuelle, sind besorgniserregend.

Meine Heimat ist ganz eindeutig Namibia, da ich hier aufgewachsen bin und mich zu Hause fühle. Es ist das Land, nach dem ich mich sehne, wenn ich es verlasse. Sprache und Menschen sind mir vertraut, da kann ich mich mit der Kultur identifizieren.

Mit der Souveränität Namibias war das Land zum ersten Mal weitgehend auf sich selbst angewiesen. Die euphorische Stimmung kurz nach der Unabhängigkeit wurde schnell durch einen trüben Alltag ersetzt. Obwohl man sich bemüht hat, die abgelegenen Regionen zu fördern, indem man z.B. Ausbildungsmöglichkeiten schuf, konnte der Föderalismus noch nicht voll realisiert werden. Wirtschaftlich hat sich wenig getan und politisch hat die regierende Partei SWAPO einige radikale Positionen bezogen. So wurde die Pressefreiheit eingeschränkt, es wurden die Homosexuellen bedroht und gegen »ausländische Feinde« gehetzt. Auch im sportlichen und kulturellen Bereich haben Veränderungen stattgefunden. Namibia war seit der Unabhängigkeit auf mehreren internationalen Wettkämpfen vertreten und konnte auch schon erste Erfolge verzeichnen. So gewann z.B. Frankie Fredericks zwei Silbermedaillen bei den Olympischen Spielen. Die kulturellen Veranstaltungen z.B. im Warehouse oder im National Theater of Namibia konnten dazu beitragen, die verschiedenen Kulturen Namibias einander näher zu bringen.

Melvin Ekandjo
17 Jahre alt, Klasse 12 der DHPS
Muttersprache Oshiherero

Nach der Schule möchte ich gern studieren, ich werde nach Südafrika gehen und dort Ingenieurswesen studieren. Ich gestalte mir meine eigene Zukunft, indem ich mich gut ausbilden lasse.

Wegen der weitverbreiteten Arbeitslosigkeit ist die Armut das Hauptproblem Namibias. Viele Menschen können sich eine bessere Ausbildung nicht leisten und deswegen ihren Lebensstandard auch nicht verbessern.

Weiterhin sehe ich mit großer Sorge die anwachsende Zahl von HIV-Infizierten und die zunehmende Intoleranz gegenüber anderen Meinungen.

Für mich ist Katutura, der Stadtteil Windhoeks, in dem die meisten Schwarzen leben, meine Heimat. Hier kommt alles zusammen: wärmende Sonne, frische Luft und freundliche Menschen auf den Straßen.

Veränderungen seit der Unabhängigkeit kann ich persönlich nicht richtig feststellen, weil ich vor der Unabhängigkeit noch viel zu jung war. Ich weiß aber, dass es vor der Unabhängigkeit für schwarze Leute kaum möglich war, eine gute Ausbildung zu bekommen. Heutzutage gibt es mehr Schulen und Krankenhäuser. Namibia ist ein demokratisches Land geworden, in dem die Menschen ihr Schicksal selbst bestimmen können.

Shelly Kaufmann
18 Jahre, Klasse 12 der Delta Secondary School
Muttersprache Englisch

I'm eighteen years old, my mother's family has lived in Namibia all their lives. My father's parents immigrated from Germany. I enjoy being with my family and hanging out with my friends, I also enjoy listening to music.

Although Namibia has always been my home, I have never travelled out of Africa, this is all I know. I however feel that there isn't very much of a future for me in Namibia. I will be leaving Namibia next year and going overseas, hopefully to find something better for myself. Times have changed and I feel I should change along with them.

For me your homeland is where you grew up, where your family is and ultimately where your heart lies. It is something that you will always come back to, and when you are away, miss it terribly.

Our country's independence was naturally the best thing that could have happened. Through it, although I never experienced it, the suppression of many people came to an end and they found new hope in the future. I feel that it also opened new doors for Namibia as people were finally willing to work together to improve the situation for the country as a whole. Although we still have many things to learn.

I think that the greatest problem which plagues our country, and which is a very sensitive subject, is the issue of racism. Many people, I feel, have not been able to let go of the feelings of hate and contempt. I think it is one which we all have to address because it is still such a sensitive topic. The second greatest problem we have, is the one of unemployment, which I think is a phase every country goes through and once we enter the next stage of development, will sort itself out.

Inka Heiser
18 Jahre, Klasse 12 der Delta Secondary School
Muttersprache Deutsch

Ich bin das, was man ein Farmkind nennt. Meine Eltern haben zwei Farmen im Osten Namibias und betreiben dort Rinderzucht. Da mein Vater die zweite Farm gekauft hatte und die erste Farm von Grund auf neu aufgebaut werden musste, betreibt er auch andere Geschäfte nebenbei. Zwei jüngere Brüder ergänzen unser Familienbild. Der ältere Bruder soll vielleicht eines Tages die Farm übernehmen, wenn mein Vater keine Lust mehr hat an ihr, aber auch mein kleinerer Bruder und ich könnten eines Tages stolze Besitzer von ein oder zwei Farmen sein. Seit dem ersten Schuljahr lebe ich Jahre ein Jahr aus im Internat und bin somit abhängig von Freunden und Verwandten, da meine Eltern zu weit weg sind (200 km). Um nicht auf dumme Gedanken zu kommen, betreibe ich mit Vergnügen Sport, bin aber leider nicht sehr erfolgreich. Mein Hobby ist eine Bokkiezucht auf der Farm meiner Eltern. Da ich gerade erst vor kurzem angefangen habe und nur mit einer Ziege, habe ich noch nicht viel vorzuweisen.

Sobald ich fertig bin mit der Schule, möchte ich vielleicht in Südafrika studieren. Eine andere Möglichkeit wäre, ein Jahr nach Europa zu reisen und die Welt kennen zu lernen.
Problemfelder? Massenhysterie; da einige Morde auf Farmen stattfinden, fühlen sich Farmer unsicher und verkaufen ihre Farmen und ziehen in die Stadt oder aus dem Land. Dadurch werden die Farmen manchmal an inkompetente Leute verkauft, die die Farmen zugrunde richten und somit eine Einkommensquelle für das Land zerstören.
Noch ein Problem ist, dass die Weißen in diesem Land an Schuldgefühlen leiden und somit Diebstahl, Mord und vor allem Korruption erdulden. Sie regen sich zwar auf, jedoch unternehmen sie nichts, was dazu führt, dass die Kriminalität zunimmt. Noch dazu kommt, dass wir zum Teil unqualifizierte Polizeibeamte haben, die korrupt sind.

Heimat ist für mich die Farm meiner Eltern, auf der wir leben, das Land, in dem die Sonne fast das ganze Jahr über scheint, und der Kontinent, auf dem ich aufgewachsen bin.

Seit der Unabhängigkeit hat die Kriminalität zugenommen, unter den Schwarzen und unter den Weißen. Positiv ist, dass man heute mit gutem Gewissen und ohne Angst vor Verfolgung mit Angehörigen anderer Kulturen befreundet sein kann.

Gisela Böhme
18 Jahre alt, Klasse 13 der DHPS
Muttersprache Deutsch

Wegen meiner weißen Hautfarbe sehe ich wenig Chancen hier in Namibia und besonders keine Aufstiegsmöglichkeiten. Aber mit besonderem Blick auf eine alternative Lebensführung (im Gegensatz zu Europa) und einen individuellen Lebensstil, verbunden mit einer besseren Lebensqualität, sehe ich in diesem Land dennoch eine Zukunft. In einem so großen Land wie Namibia mit einer derartig geringen Bevölkerungsdichte gibt es weitaus mehr Möglichkeiten für jeden als z.B. in europäischen Ländern. Deswegen sehe ich, was meine Berufskarriere angeht, hier keine Zukunftschancen, eher aber für die Lebensführung.

Die größten Problemfelder des Landes sehe ich im mangelnden Demokratieverständnis. Die Judikative wird von der Mehrheitspartei angegriffen, die Verfassung wird geändert und Minderheiten werden diffamiert. Hinzu kommen weitere Probleme wie AIDS, die hohe Rate an Analphabeten oder die fehlende Leistungsbereitschaft eines Großteils der Bevölkerung. Das Stammesdenken der verschiedenen schwarzen ethnischen Gruppen kann zu Konflikten führen.

Meine Heimat ist zunächst mein Elternhaus. Auf ein Land bezogen ist Heimat der Ort, wo ich geboren und aufgewachsen bin und somit die meiste Zeit meines Lebens verbracht habe. Es ist der Ort, der mir am meisten vertraut ist, den ich kenne und von dem ich mehr weiß als von anderen Orten. Es ist der Ort, wohin ich gehöre und zu dem ich mich hingezogen fühle, und das ist Windhoek, das ist Namibia.

Seit der Unabhängigkeit hat sich in Namibia zwar die Tourismusindustrie stark entwickelt, aber dafür ist vieles schlechter geworden:

Der Arbeitsmarkt für Weiße hat sich reduziert, die Kriminalität ist stark angestiegen, die Armut hat sich verschlimmert und die Kluft zwischen Arm und Reich hat sich noch verbreitert. Es wurde keine gesunde Mittelschicht geschaffen und die Lebenshaltungskosten haben sich erhöht. Und auch die verschiedenen Bevölkerungsgruppen wurden durch die Politik der SWAPO als Mehrheitspartei in der Regierung nicht zu einer Nation zusammengeführt, sondern eher auseinander dividiert.

Katusha Persendt
17 Jahre alt, Klasse 12 der DHPS
Muttersprache Afrikaans

Ich werde wahrscheinlich in Südafrika Buchhaltung oder Informationstechnologie studieren und dann später in Namibia arbeiten, weil es hier entsprechende Firmen mit internationalen Beziehungen auf diesen Gebieten gibt. Nach dem Studium möchte ich ein bisschen reisen, nicht nur nach Deutschland, wo ich schon war, sondern in viele andere Länder. Natürlich will ich später auch mal heiraten und Kinder kriegen, aber dann will ich meine Arbeit nicht aufgeben, auch wenn ich immer für meine Familie da sein will.

Dieses Land hat viele Probleme. Eines ist z.B. die Arbeitslosigkeit. Es gibt nicht genug Schulen im Land, darum können nicht alle Menschen eine gute Erziehung bekommen, und ohne eine gute Ausbildung bekommt man keine gut bezahlte Arbeit. Die Ökonomie des Landes entwickelt sich mit dem Ausbildungsstand seiner Bevölkerung. Ein weiteres Problem ist die hohe AIDS-Rate, das betrifft gerade Menschen zwischen 25 und 40, und das sind gerade die »Arbeiter« im Land. Auch hier ist wieder die Wirtschaft getroffen. Die öffentliche Armut führt z.B. auch dazu, dass sich der Sport nicht richtig entwickeln kann. Namibia hat sehr gute Sportler und Sportlerinnen, aber es gibt zu wenig Fördermittel, so dass Namibia international kaum eine Rolle spielt. Wenn Namibia sich auf diesem Gebiet entwickeln könnte, gäbe es mehr Sportler, die international für unser Land werben könnten.

Für mich ist Heimat da, wo ich mich wohl und zu Hause fühle, wo meine Freunde sind. Dazu gehören auch Sonnenschein und frische Luft, so dass man die Sterne am Himmel sehen kann. Für mich ist das, was ich morgens beim Aufwachen rieche, meine Heimat und auch das, was meine Mutter kocht. Nichts schmeckt zum Beispiel besser als »Braavleis« (gegrilltes Fleisch) und »Roosterbrood« (gegrilltes Brot).

Seit der Unabhängigkeit Namibias 1990 hat sich hier so einiges verändert. Es gibt z.B. mehr Krankenhäuser im ehemals stark vernachlässigten Norden. Es gibt auch mehr Schulen, wenn auch nicht genug. Natürlich gibt es keine Apartheid mehr, auch wenn es immer noch Menschen gibt, die sich diese Zeiten zurückwünschen. Namibia als eigener Staat hat seine eigene Fahne, seine eigene Nationalhymne, seine eigene Währung. Es hat mit allen anderen Staaten Kontakt. Auch wenn wir das Land und die Regierung oft kritisieren, sollten wir stolz darauf sein, dass es besser dasteht als viele andere Staaten in Afrika.

Marvel Tjombonde
17 Jahre, Klasse 10 der Delta Secondary School
Muttersprache Oshiherero

Leider habe ich mir noch kein Bild über meine Zukunft gemacht, aber ich will, dass Namibia neue Technologien entwickelt und viele neue Schulen baut.

Ein Problem ist, dass Namibia zu wenig Schulen hat und viele Kinder können nicht lesen und schreiben. Es gibt zu viele Straßenkinder. Viele junge Frauen und Männer, die schon die Schule abgeschlossen haben, sind arbeitslos. Die namibische Regierung gibt die ganzen Stellen den Ausländern.

Für mich ist Heimat das Land, wo meine Urgroßeltern, Großeltern und Eltern geboren sind. Heimat ist das Land, wo eine Person aufgewachsen ist und wo sie her stammt.

Durch die Unabhängigkeit wurde es den verschiedenen Kulturen in Namibia erlaubt, zusammen zu leben und alles zusammen zu machen. Alle Geschäfte dürfen von schwarzen und weißen Menschen betreten werden. Die verschiedenen Kulturen dürfen zusammen in die Schule gehen und im gleichen Klassenraum sitzen. Neue Technologie wurde in Namibia angewendet. Alle Menschen in Namibia haben Rechte.

Gero Harck
17 Jahre, Klasse 12 der Delta Secondary School
Muttersprache Deutsch

Nach Abschluß der Schule, werde ich mein 13. Schuljahr absolvieren. Danach würde ich gerne in der RSA oder in Deutschland Journalistik studieren. Das kann man natürlich auch hier machen, aber ich habe es ins Auge gefasst später im Ausland zu leben, weil mir Namibia einfach zu abgeschieden scheint.

Erst seit kurzem leben wir in Unabhängigkeit und natürlich haben wir, wie alle anderen Länder auch, Probleme, die es zu bewältigen gilt: Im Norden eine stetig ansteigende und erschreckende Sterberate, für die Aids verantwortlich ist; Trockenheit, finanzielle Probleme. Einige wenige, die eine Arbeit haben, müssen den Rest der Nation durchfüttern. Dies sind Probleme, die unserem Land langsam über den Kopf wachsen. Reale Lösungsmöglichkeiten sind noch nicht in Sicht.

Ich bin zwar hier geboren und aufgewachsen, trotzdem fühle ich mich nicht besonders verbunden mit diesem Land. Ich glaube auch, dass es weniger darauf ankommt, wo man geboren bzw. aufgewachsen ist. Eine Heimat kann man auch ›annehmen‹.

Wir haben unser eigenes Regierungssystem. Wir sind nicht mehr abhängig von Südafrika, obwohl wir noch vieles einführen müssen. Unser Land kann sich noch nicht selbst versorgen.

Quellen- und Literaturverzeichnis

Die in der Reihenfolge des Inhaltsverzeichnisses gebrachten Aufstellungen sind wort- und formgetreu aus den Manuskripten übernommen. Artikel, zu denen hier nichts angegeben ist, wurden ohne solche Angaben geliefert oder enthalten in Einzelfällen Hinweise im Text. Quellenangaben aus dem Vorläuferbuch sind nicht mitübernommen und können bei Bedarf beim Verlag eingeholt werden.

Hanno Rumpf
Entwicklungsprioritäten der namibischen Regierung

NDP 1, Vol. I (1995/1996 – 1999/2000)
NDP 2, Vol. I (2001/2002 – 2005/2006)
Summary Records of Negotiations and Consultations between the Governments
UNDP document on »German Development Assistance to Namibia.«
»Current status of Germany's Development Co-operation with Namibia« – German Embassy in Windhoek
Compendium of selected donor's aid policies, guidelines and practices – S. Kameri, Consultant
Namibia – Wirtschaft, Politik, Gesellschaft nach 10 Jahren Unabhängigkeit – A. J. Halbach
Briefings to the Permanent Secretary – S. Pieterse, Deputy Director, NPC
Speech by the German Minister of Foreign Affairs at the South African Institute for International Affairs, 31 March 2000

Klaus Dierks
Schmalspurbahnen erschließen Afrikas letzte Wildnis

Bravenboer, Brenda und Rusch, Walter (1997). The First 100 Years of State Railways in Namibia. TransNamib Museum, Windhoek
Dierks, Klaus (2000). Chronologie der namibischen Geschichte – Von der vorgeschichtlichen Zeit zur Unabhängigkeit. Namibia Wissenschaftliche Gesellschaft, Windhoek
Dierks, Klaus (1993). Namibia's Railway System: Future Link to Africa – with Special Reference to the Trans-Kalahari Railway. Windhoek: Ministry of Works, Transport and Communication.

Henning Melber
Die Swapo als Regierungspartei

Michael Bratton/Robert Mattes, How People View Democracy. Africans' Surprising Universalism. In: Journal of Democracy, 12.1 (2001), S. 107–121
Lauren Dobell, SWAPOs Struggle for Namibia, 1960–1991: War By Other Means. Basel: P. Schlettwein 1998
Susan K. Glover, Namibia's Recent Elections: Something New or Same Old Story? In: South African Journal of International Affairs, 7.2 (2000), S. 141–148
R.W. Johnson, Six countries in search of democracy. In: Focus no. 9, January 1998
Norma J. Kriger, Zimbabwe's Guerilla War. Peasant Voices. Cambridge: Cambridge University Press 1992
Colin Leys/John Saul, Namibia's Liberation Struggle: The Two-Edged Sword. London: James Currey 1994
Henning Melber, The Culture of Politics. In: Ders. (Hg.), Namibia: A Decade of Independence 1990–2000. Windhoek: NEPRU 2000, S. 165–190
Henning Melber, Musterbeispiel oder Normalfall. Ein Jahrzehnt nachkolonialer politischer Herrschaft in Namibia. In: Vereinte Nationen, 48.5 (2000), S. 168–172
John Saul, Liberation Without Democracy? Rethinking the Experiences of the Southern African Liberation Movements. In: Jonathan Hyslop (Hg.), African Democracy in the Era of Globalisation. Johannesburg: Witwatersrand Univerity Press 1999, S. 167–178

Henning Melber
Im Schatten des Nachbarn

Axel J. Halbach, Namibia – Wirtschaft, Politik, Gesellschaft nach zehn Jahren Unabhängigkeit. Windhoek: Namibia Wissenschaftliche Gesellschaft 2000
Peter Manning, Review of the Distributive Aspects of Namibia's Fishing Policy. Windhoek: NEPRU 2001
Dirk Hansohm, Macro-Economic Framework. In: Henning Melber (Hg.), Namibia: A Decade of Independence 1990–2000. Windhoek: NEPRU 2000, S. 19–27
Henning Melber, Public Sector and Fiscal Policy. In: Ders. (Hg.), Namibia: A Decade of Independence 1990–2000. Windhoek: NEPRU 2000, S. 87–108
Henning Melber, Development and Aid. In: Ders. (Hg.), Namibia: A Decade of Independence 1990–2000. Windhoek: NEPRU 2000, S. 145–162
Ministry of Trade and Industry. In: Republic of Namibia, Namibia – A Decade of Peace, Democracy and Prosperity 1990–2000. Windhoek: Office of the Prime Minister 2000, S. 137–167
Namibian Economic Policy Research Unit (NEPRU), Quarterly Economic Review (vierteljährlich seit 1996). Windhoek: NEPRU
Namibian Economic Policy Research Unit (NEPRU), Namibia: Economic Review and Prospects (jährlich seit 1997/98). Windhoek: NEPRU
Klaus Schade, Poverty. In: Henning Melber (Hg.), Namibia: A Decade of Independence 1990–2000. Windhoek: NEPRU 2000, S. 111–124
United Nations Development Programme (UNDP), Human Development Report Namibia (jährlich seit 1996). Windhoek: UNDP
Wolfgang Werner, Die Landfrage in Namibia: Eine Bilanz nach zehn Jahren Unabhängigkeit. In: Afrikanischer Heimatkalender 2000. Windhoek: Deutsche Evangelisch-Lutherische Kirche 1999, S. 39–46

Johann W. F. van Rooyen
Affirmative Action

Affirmative Action (Employment) Act, Act 29 of 1998.
Constitution of the Republic of Namibia, 1990.
Diescho, J.: The Namibian Constitution in Perspective. Windhoek, Gamsberg Macmillan Verlag, 1994.
Employment Equity Commission: The Employers' Guidelines to the Affirmative Action (Employment) Act. Windhoek, 1999.
Employment Equity Commission: Annual Report 2000–2001. Windhoek, 2001.
Greene, K.W.: Affirmative Action and Principles of Justice. New York, Greenwood Press, 1989.
Labour Act, Act 6 of 1992.
Loden, M.: Implementing Diversity. Chicago, Irwin Verlag, 1996.
Van Rooyen, J.W.F.: Portfolio of Partnership – An Analysis of Labour Relations in a Transitional Society, Namibia. Windhoek, Gamsberg Macmillan Verlag, 1996.
Van Rooyen, J.W.F.: Implementing Affirmative Action in Namibia (3rd Edition). Windhoek, Namibia Institute for Democracy, 2000.
Windhoek Observer, 14. Juli 2001.

Klaus Dierks
‖Khauxa!nas und der zehnjährige Krieg mit den Nama

Die Kämpfe der deutschen Truppen in Südwestafrika. Berlin (1906): Ernst Siegfried Mittler und Sohn.
Dierks, Klaus (2000). Chronologie der namibischen Geschichte – Von der vorgeschichtlichen Zeit zur Unabhängigkeit: Namibia Wissenschaftliche Gesellschaft, Windhoek.
Dierks, Klaus (1992). ‖Khauxa!nas, Growing to Nationhood, Windhoek: Longman.
Dierks, Klaus (1995). ‖Khauxa!nas – The Great Namibian Settlement. Windhoek: Longman.
Dierks, Klaus (1987). ‖Khauxa!nas – Schans Vlakte: Oldest Urban Settlement in Namibia? A Symbol for Independence, InFormation No. 1, Windhoek

Uwe Jäschke
Namibia im Kartenbild

Böhme, Rolf (1991): Inventory of world topographic mapping. London & New York 1991, Vol. 2, S.414–418.
Demhardt, Imre (2000): Die Entschleierung Afrikas. Gotha 2000.
Directorate of Survey and Mapping of Namibia [Hrsg.] (1998): Map updating and Geographical Information Systems for Okavango (Namibia). Plakat, mit der Kartenblatt Rundu 1:50.000.
Dierks, Klaus (1991). Die Straßen Namibias. In: Lamping, Heinrich & Jäschke, Uwe [Hrsg.,]: Aktuelle Fragen der Namibia Forschung. Frankfurter Wirtschafts- und Sozialgeographische Schriften, Heft 56.
Dierks, Klaus (1992). Namibian Roads in History. Frankfurter Wirtschafts- und Sozialgeographische Schriften, Heft 60.
Finsterwalder, Richard & Hueber, Ernst (1943): Vermessungswesen und Kartographie in Afrika. Berlin 1943.
Leser, Hartmut (1982): Namibia-Südwestafrika: Kartographische Probleme der neuen topographischen Karten 1:50.000 und 1:250.000 und ihre Perspektiven für die Landesentwicklung. Mitteilungen der Baseler Afrika-Bibliographien. Basel 1982, Heft 26.
Van der Merwe, J.H. [Hrsg.] (1983): National Atlas of South West Africa / Namibia. Goodwood 1983.
Vedder, Heinrich (1991). Das alte Südwestafrika. Windhoek 1991.

Wolfgang Werner
Landreform und Landrechte in Namibia

Adams, M.; Sibanda, S. and Turner, S. 1999 ›Land Tenure Reform and Rural Livelihoods in Southern Africa‹. Natural Resources Perspectives. Number 39. London: Overseas Development Institute
Agribank of Namibia (1996) Annual Report 1996. Windhoek
Agribank of Namibia (1997) Annual Report 1997. Windhoek
Brown, C. ›Land as a Factor in Rural Poverty Alleviation in Namibia. Environmental Considerations‹ in Republic of Namibia, Ministry of Lands, Resettlement and Rehabilitation, Land as a Factor in Poverty Alleviation in Namibia. Windhoek
Harring, S.L. 2000 ›The »Stolen Lands« under the Constitution of Namibia: Land Reform under the Rule of Law‹. Paper presented at the Round-table Discussion on ›Land Reform and Aboriginal Title in Namibia‹ organised by the Legal Assistance Centre, Windhoek
International Development Consultants 2000 Assessment and Development of Communal Areas in Namibia. Draft Final Report. Windhoek: Ministry of Lands, Resettlement and Rehabilitation
Pohamba, H. 2001 Budget Speech delivered Honourable Hifikepunye Pohamba, MP, Minister of Lands, Resettlement and Rehabilitation on 23r April 2001. Windhoek: Ministry of Lands, Resettlement and Rehabilitation
Republic of Namibia 2001 Annual Report 1999/2000. Windhoek: Ministry of Lands, Resettlement and Rehabilitation
Republic of Namibia 1999 Annual Report 1998/1999. Windhoek: Ministry of Lands, Resettlement and Rehabilitation
Republic of Namibia 1998 National Land Policy. Windhoek: Ministry of Lands, Resettlement and Rehabilitation
Republic of Namibia 19996/97-1997/98 Annual Report. Windhoek: Ministry of Lands, Resettlement and Rehabilitation
Republic of Namibia 1997 White Paper on Resettlement Policy. Windhoek: Ministry of Lands, Resettlement and Rehabilitation
Republic of Namibia 1995 Agricultural (Commercial) Land Reform Act, 1995. Windhoek: Office of the Prime Minister
Republic of Namibia 1991 National Conference on Land Reform and the Land Question. Conference Brief. Windhoek: Office of the Prime Minister
Republic of Namibia 1991b National Conference on Land Reform and the Land Question, Vol.1. Windhoek: Office of the Prime Minister
Seely, M. 1991 Namibia. Drought and Desertification. Windhoek
Werner, W. 2001 ›The Land Question in Namibia‹ in I. Diener and O. Graefe (eds.) Contemporary Namibia. The First Landmarks of a Post-Apartheid Society. Windhoek: Gamsberg Macmillan Publishers/IFPRA
Werner, Wolfgang and Vigne, Piers (2000) Resettlement Co-operatives in Namibia: Past and Future. Windhoek: Division of Co-operative Development (MAWRD)
Werner, W. 1999 ›An Overview of Land Reform in Namibia‹ Agrekon, Vol.38 (Special issue)
Werner, W. 1997 Land Reform in Namibia: The First Seven years. NEPRU Working Paper No. 61. Windhoek: Namibian Economic Policy Research Unit
Werner, W. 1993 ›A brief history of land dispossession in Namibia‹, Journal of Southern African Studies, 19, 1

Andreas Vogt
Denk mal, ein Denkmal

Anon.: Die Monumente van SWA, in: SWA Annual 1951, S.67–71.
Gaerdes, F.: Nature Conservation and the works of the Monuments Commission in SWA, in: *SWA Annual* 1957, S.41–47.
Ders.: Zwanzig Jahre Natur- und Denkmalschutz in SWA, in: *Namib und Meer*, Heft 3, Swakopmund 1972.
Ders.: Erinnerungen an die alte Denkmalskommission von SWA, in: *SWA Annual* 1974, S. 49–55.
Huse, N. (Hrsg.): Denkmalpflege. Deutsche Texte aus drei Jahrhunderten, München 1984.
Peters, W.: Baukunst in SWA 1884–1915, Windhoek 1981.
Vogt, A.: National Monuments in Namibia, M.A.-Thesis (unpubl.), Univ. Stellenbosch 1995.
Vogt, A.: Von Tsaobis bis Namutoni – Die Wehrbauten der deutschen Schutztruppe in Südwestafrika 1884–1915, Göttingen/Windhoek 2002.

Marianne Zappen-Thomson
Deutsch als Fremdsprache

Administrasie van Suidwes-Afrika (1971–1976): Witboek oor die werksaamhede van die verskillende afdelings, 1971; 1974; 1975; 1976.
Administrasie vir Blankes (1980–1987): Witboek oor die werksaamhede van die verskillende afdelings 1980, 1981, 1982, 1983, 1985, 1986, 1987.
Administrasie vir Kavango (1978): Jaarverslag.
Administration for Whites (1983): Report and Recommendations of the Committee on German Language Rights. Windhoek.
Administration of South West Africa (1958): Report of the Commission of Inquiry into Non-European Education in South West Africa (The Van Zyl Commission) Part I: Native Education. Windhoek: Windhoek Government Printer.
Administration of South West Africa (1958): Report of the Commission of Inquiry into Non-European Education in South West Africa (The Van Zyl Commission) Part II: Coloured Education. Windhoek: Windhoek Government Printer.

Cohen, Cynthia (1994): Administering Education in Namibia: the colonial period to the present. Windhoek: Namibia Scientific Society.
Department of Bantu Education. Republic of South Africa (1971–1976): Annual Report for the Calendar Year 1970, 1971, 1972, 1973, 1975, 1976.
Departement van Onderwys SWA (1958–1975: Jaarverslae.
Education Department (1934–1952): Annual reports 1934, 1935, 1936, 1939, 1947, 1951, 1952. (Ab 1938 sind die Berichte in Afrikaans geschrieben.)
Esslinger, Dieter (1985): »Deutsche Regierungsschulen im Wechsel der Zeit.« In: Interessengemeinschaft deutschsprachiger Südwester (Hrsg.)(1985): 1884–1984. Vom Schutzgebiet bis Namibia. Windhoek: 102–109.
Gogolin, Ingrid (1992): »Interkulturelles sprachliches Lernen. Überlegungen zu einer Neuorientierung der allgemeinen sprachlichen Bildung.« In: Deutsch lernen 2, 1992: 183–197.
Götze, Lutz (1992): »Interkulturelles Lernen und ›Interkulturelle Germanistik‹ – Konzepte und Probleme.« In: Deutsch als Fremdsprache 29: 3–9.
Hecker, Jürgen (1985): » ›Was du ererbt von deinen Vätern …‹ Über das Schicksal und die Bedeutung der deutschen Sprache in Namibia.« In: Interessengemeinschaft deutschsprachiger Südwester (Hrsg.) (1985): 1884–1984. Vom Schutzgebiet bis Namibia. Windhoek: 138–143.
Interessengemeinschaft deutschsprachiger Südwester (Hrsg.) (1985): 1884–1984. Vom Schutzgebiet bis Namibia. Windhoek.
Joint Matriculation Board (1971): Regulations. Fotocopies: attachment to letter Lötter 1997.
Joint Matriculation Board (1972): Regulations. Fotocopies: attachment to letter Lötter 1997.
Kussler, Rainer (1990): »Deutschabteilungen stellen sich vor (I): Deutsches Seminar Universität Stellenbosch.« In: Deutschunterricht in Südafrika 21,1: 31–50.
Lötter (1997): Letter dated 3 November 1997 addressed to M. Zappen-Thomson. »Re: Requirements for Recognition of German as a Foreign Language.«
Ministry of Education, Culture, Youth and Sport (MECYS) (1991): Syllabus Junior Secondary Phase – NATIONAL LANGUAGES Grades 8,9,10.
Ndong, Norbert (1993): »Afrikanische Germanistik: Ein Entwicklungshilfeprojekt oder eine interkulturelle Literaturwissenschaft?« In: Janota, Johannes (Hrsg.)(1993): Vorträge des Augsburger Germanistentags 1991, Band 4, Germanistik, Deutschunterricht und Kulturpolitik. Tübingen: Niemeyer: 119–128.
SWA, STATISTICS OF SCHOOLS (1985–1989): Report 02–01,02,03,04,05. Windhoek: Department of Economic Affairs.
Trümpelmann, Martin H. (1991): The Joint Matriculation Board. Seventy Five Years. Achievement in Perspective. Goodwood: National Book Printers.
UCLES, University of Cambridge Local Examinations Syndicate International Examinations (1994): Foreign Language Syllabus.
UNIN (1981): Toward a language policy for Namibia. Lusaka: United Nations Institute for Namibia.
Weitzel, Wilhelm (1972): »Deutschunterricht in Südwestafrika.« In: Allgemeine Zeitung, 25. Mai 1972: 6,7.
Wentenschuh, Walter (1995): Namibia und seine Deutschen. Geschichte und Gegenwart der deutschen Sprachgruppe im Südwesten Afrikas. Göttingen: Hess.

Klaus Dierks
Pfade, Pads und Autobahnen

Dierks, Klaus (1992). Namibian Roads in History: From 13th Century till Today. Frankfurt: Johann Wolfgang Goethe-Universität.
Dierks, Klaus (1992). Technical Aspects of Low-volume Roads in Namibia. Inaugural-Dissertation für den Dr.-Ing. Berlin: Technische Universität.
Dierks, Klaus (1995). A Case for Namibian Roads Consevation: Agenda for Reform. Ministry of Works, Transport and Communication, Windhoek.
Dierks, Klaus (2000). Chronologie der namibischen Geschichte – Von der vorgeschichtlichen Zeit bis zur Unabhängigkeit: Namibia Wissenschaftliche Gesellschaft, Windhoek.

Imke Weitzel
Vom IG-Kind zum Goethe-Zentrum – Teil 1

IG Notizen 3, 6, 7, 8, 9
Broschüre »10 Jahre IG«
NaDS Satzung 1988
Rede des NaDS-Vorsitzenden K.W. von Marées auf der ersten NaDS Jahreshauptversammlung 1989
Kaufvertrag NaDS-Haus
Zuwendungsvertrag zum Hauskauf
NaDS-Grundsatzpapier 1991
NaDS-Nachrichten 90/91, 91/92 und 92/93
Grundsatzpapier der Botschaft der Bundesrepublik Deutschland 1993
Korrespondenz NaDS/Auswärtiges Amt/Deutsche Botschaft
Protokolle verschiedener Jahreshauptversammlungen und Vorstandssitzungen

Gunter E. von Schumann
Der Anschluss an die Welt

Oberprieler, Holger: An Overview of Products, Services, Technologies and Plans. 2000 Pages 1–10.
Oberprieler, Holger: Telecommunications. Review NDP1 for Period 1995–2000 and New Projects 2000–2005. Pages 1–4.
Reiner, Peter: UNTAG mail in SWA: A current Survey. S.A.Philatelist 1989. Pages 242–245.
Reiner, Peter: UNTAG. A Postal History. 1990. Pages 140.
State Archive: ADM Files, Secretary of South West Africa Annual Post Office Budgets. 1925–1939.
Schumann, G.E.von: The Submarine Telegraph Cable Link at Swakopmund. 1899–1914. SWA Annual 1986. Seiten 145–153
Schumann, G.E.von: Die Anfänge des Postverkehrs in Südwestafrika. SWA Annual. 1982. Seiten 133–138.
Telecom Namibia: Recalling some great Moments. 1997. Pages 17.
Telecom Namibia: Annual Report 1998/99. Pages 33.
Thomas, Ernst: Die Post in Deutschsüdwestafrika. 1939. Seiten 95.
United Nations: UNTAG (United Nations Transition Assistance Group) 1990

Gerhard Tötemeyer
Kommunalverwaltung

Du Pisani, A. 1986. SWA/Namibia – The Politics of Continuity and change. Johannesburg. Jonathan Ball Publishers
Goldblatt. 1971. History of South West Africa from the beginning to the 19th century. Cape Town, Juta & Co.
Government of the Republic of Namibia. 1990. The Constitution of the Republic of Namibia. Windhoek
Government of the Republic of Namibia. 1991. Report by the First Delimitation Commission of Namibia on the determination of regions, constituencies and local authorities. Windhoek: Office of the Prime Minister.
Government of the Republic of Namibia. 1992. Regional Councils Act, Act 1992 (No. 22 of 1992). Windhoek: Ministry of Justice.
Government of the Republic of Namibia. 1992. Local Authorities Act, 1992 (No. 23 of 1992). Windhoek: Ministry of Justice.
Government of the Republic of Namibia. 1994. National development planning and the regions of Namibia. Windhoek. National Planning Commission.
Government of the Republic of Namibia. 1996a. Policy statement on decentralisation, development and democracy. Windhoek. Ministry of Regional and Local Government and Housing
Government of the Republic of Namibia. 1996b. Decentralisation, development and democracy: Decentralisation policy for Namibia. Windhoek. Ministry of Regional and Local Government and Housing.

Government of the Republic of Namibia. 1997. Regional planning and development policy. Windhoek: Ministry of Regional and Local Government and Housing.
Government of the Republic of Namibia. 1998a. Decentralisation in Namibia: The policy, its development and implementation. Windhoek: Ministry of Regional and Local Government and Housing.
Government of the Republic of Namibia. 1998b. Situation analysis. Windhoek: Ministry of Regional and Local Government and Housing.
Government of the Republic of Namibia. 2000. Local Authorities Amendment Act 2000 (No. 24 of 2000) Windhoek: Ministry of Justice.
Government of the Republic of Namibia 2000. Decentralisation Enabling Act 2000 (No 33 of 2000) Windhoek: Ministry of Justice.
Government of the Republic of Namibia 2000. Trust Fund for Regional and Equity Provision Act (No 22 of 2000). Windhoek: Ministry of Justice.
Government of the Republic of Namibia 2000. Traditional Authorities Act 2000 (No 25 of 2000). Windhoek: Ministry of Justice.
The Urban Trust of Namibia. 1998. Research report – Local Authorities in Namibia: A comparative study: Windhoek: The Urban Trust of Namibia
Tötemeyer, G. 1992. »The dialogue between rural institutions and administrative structures in Namibia«. Conference paper, University of Namibia, Windhoek.
Tötemeyer, G. 1992 The reconstruction of the Namibian national, regional and local State. Windhoek: Namibian Institute for Social and Economic Research.
Tötemeyer, G. 1995 »Government by the people: Regional Councils in Namibia – an appraisal«. In NID (Eds.). The Association of Regional Councils in Namibia: Launching Congress 1995. Windhoek: Namibia Institute for Democracy. Pp 59–83.
Tötemeyer, G 1996. »Regional councils and the decentralisation process«. In NID (Eds.). The Association of Regional Councils Consultative Conference. Windhoek: NID. Pp. 24–36.
Tötemeyer, G. 1997. »Democratic empowerment through centralization or decentralization? The Namibian case«. Paper presented to the University of Namibia, Windhoek
Tötemeyer, G. 2000. »Decentralisation for empowerment of local units of governance«. In Regional Development Dialogue. Vol. 21(1), pp 96 – 118, Nagoya, UNCRD
Tötemeyer, G. 2000. »Decentralisation and State Building at the Local Level«. In Keulder, C (Ed.) State, Society and Democracy – A Reader in Namibian Politics. Windhoek. Gamsberg Macmillan, pp 108 – 149
Tötemeyer, G. 2000. »Ethics and Decentralisation«. In Namibia Institute for Democracy. Ethics and Good Governance in Namibia. Windhoek, NID, pp 45 – 52.
Vosloo, W B, Kotzé, D. A., Jeppe, W J O. 1974. Local Government in Southern Africa. Pretoria: Academia.

Bildnachweis

Angegeben ist die Seitenzahl.
Genannt sind die Personen bzw. Institutionen, die uns die Bilder bereit gestellt haben oder die bereits im Vorgängerbuch genannt waren, soweit wir daraus Bilder übernommen haben.

Becker, Johannes 58, 61

Dierks, Klaus 180, 181, 182, 185

Forster, Norbert 177 (außer o.l.)

Hase, Raimar von 409 r.

Heinrich, Dirk 423

Hennes, Peter 448

Herma-Herrle, Benita 64

Hess, Klaus 36, 44, 48, 108, 109, 110, 112, 141, 149, 156, 177 o.l., 192, 207, 225, 233, 354, 356, 358, 359, 363, 374, 378, 379, 392, 398, 400, 427, 512

Hofmann, Eberhard 159

Jäschke, Uwe 440, 441

Kanzler, Sven-Erik 419

Kesselmann, Günter 413, 415

Kohl, Helga 431, 437, sowie Aufnahmen der Kunstabb.

Lilienthal, Adelheid 15, 19, 20

List, Hilde 421

Lohmeyer 40, 111, 237

Namibia Breweries 227, 229, 232

Namibia Wissenschaftliche Gesellschaft 248, 249

National Archive 53, 204, 506

Ortel, Kai 125

Peter's Antiques 449, 492

Peters, Walter 240, 241 o., 242 u., 243, 244, 245 u., 246, 247

Postarchiv 469, 470, 471

Sam-Cohen-Bibliothek 32, 35, 43, 51, 118, 123, 166, 234, 235, 236, 238, 239, 241 u., 242 o., 245 o., 360, 361, 429, 430, 431 o., 432, 433, 434, 435, 450, 468, 472, 481, 486, 488

Schatz, Ilse 347, 348, 350

Schleicher, Hans-Georg 94, 95, 96, 99

Schlettwein, Familie 337, 341

Schneider, Gabi 80

Schreiber, Irmgard 100, 103, 104, 135

Schumann, Gunter von 474, 475, 478, 479

Schütze, Martin und Sabine 371

Voigts, Albert 409 l.

Vogt, Andreas 251, 252, 253, 254, 255, 256, 445

Weitzel, Imke 22, 211, 215

Wietersheim, Anton von 403

Wilke-Launer, Renate 102

Wipplinger, Otto 424, 428

Zwiebel, Erhard 484

Autorenprofile

In alfabetischer Reihenfolge Kurzprofile der Autoren. Die Profile sind aus den Angaben der Autoren erstellt. Die Jahreszahl 1984 in Klammern bedeutet, dass es sich um Angaben aus dem früheren Buch handelt, die in einigen Fällen lediglich kursiv ergänzt sind.

Eberhard von Alten (1984)

Geboren 1914. Beruf Farmer.

Joseph Baumann, Dr. (1984)

Geboren am 16.7.1912 in Werther/Westfalen.
Nach der Schulausbildung und Soldatenzeit Abschluß als Theologe in Münster. Dann erster Pastor in Bielefeld. Anfang 1953 nach Südwestafrika entsandt; zunächst in Lüderitzbucht und dann neun Jahre in Okahandja. Dort wirkte er nicht nur als Missionar, sondern auch als Pfarrer der deutschen Gemeinde. Unter Dr. H. Vedder promoviert er mit einer Dissertation über: »Mission und Ökumene in Südwestafrika, dargestellt am Lebensbild von Dr. Vedder«. Von 1964 bis 1967 Leiter des Literaturbüros der Rheinischen Mission in Karibib. 1967 nach Deutschland zurückgekehrt und 14 Jahre als Pfarrer in Halle gewirkt. Heute im aktiven Ruhestand.

Friedrich Wilhelm Becker (1984)

Am 3. September 1913 in Port Elizabeth, Südafrika, geboren. Schulausbildung: Gymnasium und Oberrealschule, in Rheydt und Bad Kreuznach. Verkürzte kaufmännische Lehre in Mainz bis Ende 1932. Danach Rückkehr nach Südafrika. Angestellter im elterlichen Geschäft bis 1939. Ab 1940 als leitender Angestellter in Port Elizabeth tätig. 1941 Umsiedlung nach Südwestafrika. Berufswechsel in die Karakulindustrie. Gründung einer eigenen Exportfirma für Südwester Persianerfelle am 1. Juli 1946. Die Firma ging ein Jahr später in der Firma Eastwood & Holt (Pty) Ltd. auf, die ihrerseits am 1. Juli 1955 von der landwirtschaftlichen Genossenschaft Boere-Saamwerk Beperk übernommen wurde. Bis zu seiner Pensionierung am 30. September 1976 Geschäftsführer dieses Unternehmens. Heute Inhaber eines Spezialgeschäftes in der Kaiserstraße.
Verheiratet mit Frau Hildegard, geb. Halenke. Zwillingssöhne und eine Tochter.

Klaus Jürgen Becker

Geboren am 21. Januar 1944, in Birstein, Kreis Gelnhausen, Hessen, als zweitältester Sohn von Eckhard Becker und seiner Frau Ursula, geb. Weller, als Enkel von Missionar Gustav Becker, der 1900 bis 1924 in Südwestafrika tätig war, und als Urenkel von Missionar Tobias Fenchel, der von 1877 bis 1910 in Keetmanshoop, Südwestafrika, wirkte. 1949 mit den Eltern nach Südafrika ausgewandert. Schulbesuch an der Deutschen Schule Lüderitzbucht, Studium in Johannesburg und Kapstadt mit MBA (Master of Business Administration)-Abschluss. Seit 1980 in Windhoek wohnhaft. Verheiratet mit Frau Hildegard, geb. Hofmeister. Drei Kinder, Tochter Renata und Söhne Hanno und Frowin. Seit 1992 als Leiter der Logistik Mitglied der Geschäftsführung der Namibia Breweries Ltd. Leitender Redakteur des 1985 von der Interessengemeinschaft deutschsprachiger Südwester herausgegebenen Buches: »1884 – 1984 Vom Schutzgebiet bis Namibia«.

Crispin Clay

Geboren am 15.11.1944 in Lusaka in Zambia (damals Nord-Rhodesien). Schulbesuch in der Peterhouse School in Zimbabwe. 1963–1967 Englisch-Studium am St. Davids Universitätscollege, Lampeter, Wales. Englischlehrer an der Centaurus Schule in Windhoek, Namibia bis 1973. Seit Oktober 1973 bis heute in Lüderitzbucht als Geschäftsmann.
Seit 1978 aktiv in der Bürgerinitiative, die sich für das Überleben der Hafenstadt einsetzte. Vorsitzender des Hundertjahrfeier-Komitees der Lüderitzbucht-Stiftung und Vorsitzender des Diaz-500-Festkomitees der Stiftung. Viele Jahre Leiter der Lüderitzbucht-Stiftung, fast zwanzig Jahre engagierter Einsatz für die Zukunft der Mutterstadt Namibias.
Verheiratet mit Frau Ottilie, ein Sohn.

Rolf Crüsemann-Brockmann

Geboren am 2.1.1949 in Timmendorfer Strand/Ostsee, verheiratet, zwei Kinder.
Studium der Fächer Deutsch, Geographie und Deutsch als Fremdsprache für das Lehrfach an der Christian Albrecht Universität Kiel. Von 1986–1990 Lehrer an der Deutschen Schule Lagos/Nigeria, von 1994–2001 Leiter der Neuen Sekundarstufe an der Deutschen Höheren Privatschule (DHPS) in Windhoek/Namibia. Seither Schulleiter in Lübeck/Deutschland.
Autor mehrerer Afrika-Bücher und eines Fernsehfilms.

Imre Josef Demhardt, Dr.

Geboren am 28.3.1962 in Wiesbaden.
Studium der Geschichte (Magister) und Geographie (Diplom und Promotion) in Frankfurt am Main und Stellenbosch.
Durch seine Forschungsschwerpunkte überseeische Strukturforschung und deutsche Geschichte im 19. und 20. Jahrhundert wurde Namibia neben anderen subsaharischen Räumen eines der regionalen Arbeitsfelder. Im Rahmen eines anderthalbjährigen Forschungsaufenthaltes bereiste er Namibia erstmals 1988–89, auch in dessen schwer zugänglichen Randgebieten.
Schwerpunkte seiner zwei Dutzend Publikationen über Namibia sind die geographische Landeskunde, besonders die politische Geographie, die Entwicklung der Kartographie und des Tourismus, sowie die Geschichte der deutschen Kolonialepoche. Derzeit habilitiert er sich am Geographischen Institut der TU Darmstadt über den Tourismus in der Republik Südafrika.

Klaus Dierks, Dr.-Ing.

Geboren am 19. Februar 1936 in Berlin-Dahlem. Verheiratet mit Karen von Bremen, Nachfahrin von Carl Hugo Hahn, des baltendeutschen Missionars in SWA im 19. Jahrhundert. Vier Kinder.
Schulzeit in Zeuthen in der Mark, Schulpforta in Sachsen, Eichwalde bei Berlin (Abitur der DDR 1955) und Berlin-Schöneberg (Abitur der Bundesrepublik Deutschland 1956). Er studierte Bauingenieurwesen und Geschichte an der Technischen Universität in Berlin (Humanistisches Examen in Geschichte 1962; Diplom-Ingenieur 1965 und Dr.-Ing. 1992).
Als Ingenieur im namibischen Straßenbauamt (seit 1965) lernte er in mehr als 35 Jahren alle Teile Namibias gründlich kennen, im besonderen Maße das Straßennetz, das er wesentlich mitgestaltet hat. Während der Feldarbeit für seine Doktorarbeit (Entwicklung eines optimierten Straßensystems im unabhängigen Namibia) entdeckte er die vorkolonialen und Jahrhunderte alten Ruinen der Siedlung ǁKhauxa!nas. Zahlreiche Veröffentlichungen im Ingenieursbereich, hauptsächlich auf dem Gebiet des Verkehrswesens und der Telekommunikation. Aufgrund seiner politischen Teilnahme am Kampf um die Unabhängigkeit an der Seite SWAPOs (Mitglied seit 1982) und im besonderen Maße für ein »Südafrika-unabhängiges Verkehrssystem« wurde er von der Interimsregierung (1985–1989), die von Südafrika eingesetzt wurde, nach 22 Dienstjahren als Ingenieur aus dem Staatsdienst entlassen. Gründung eines eigenen Ingenieurbüros Namibia Consult Inc., das sich hauptsächlich mit der Entwicklung von »Namibia-Angepassten Technologien« für die nach-koloniale Zeit befasste. Mit der Unabhängigkeit am 21. März 1990 wurde er zum ersten Vizeminister für Öffentliche Arbeiten, Verkehr und Telekommunikation in das Kabinett der Republik Namibia berufen und gehörte der ersten National-Versammlung an mit Wiederwahl auch für die zweite Amtsperiode bis zum 20. März 2000. Bis zum Mai 1997 gewähltes Mitglied des SWAPO-Zentralkomitees. Im März 1999 Wechsel als Vizeminister in das Ministerium für Bergbau und Energie. Für eine dritte Amtsperiode stand er nicht mehr zur Verfügung. Im März 2000 Berufung durch die Regierung zum Aufsichtsratsvorsitzenden für den neu geschaffenen Electricity Control Board of Namibia (Energie-Regulierungsbehörde), seit Jahren nationaler Vorsitzender des World Energy Council. Im April 2002 Ernennung durch die Regierung zum Direktor im Aufsichtsrat der TransNamib Holdings Ltd., Wahl zum Aufsichtsratvorsitzenden der namibischen Eisenbahngesellschaft mit der Aufgabe, die namibischen Eisenbahnen umzustrukturieren und kundenfreundlicher sowie gewinnbringend zu betreiben.

Klaus Dieter Düxmann

Geboren 30. Juni 1949 in Köln.
Nach dem Abitur Grundwehrdienst in der Bundeswehr, Studium der Rechtswissenschaften in Köln und Erstes Staatsexamen 1975, Zweites Staatsexamen 1978, Tätigkeit als Rechtsanwalt. 1980 Eintritt in den Auswärtigen Dienst, Auslandsverwendungen in Addis Abeba, Brüssel (Ständige Vertretung bei der EU), Harare, New York. Im Auswärtigen Amt Tätigkeit in der Zentral- und Rechtsabteilung. Seit September 1999 Ständiger Vertreter an der Deutschen Botschaft Windhuk.

Irmela Erlank-Rethemeyer

stammt aus Mecklenburg, bestand 1949 ihre Dolmetscherprüfung in Hamburg und wanderte 1952 nach Swakopmund aus. Heirat 1955 mit Gustav Erlank, drei Söhne, die heute in Kapstadt, Singapur und Oldenburg leben. Nach dem Tod ihres Mannes zweite Heirat mit Gotthardt Rethemeyer.
Neben ihrer Berufstätigkeit war sie langjähriges Vorstandsmitglied der Kunstvereinigung Swakopmund, leitete deren Theatergruppe und inszenierte etwa 30 Produktionen. Zu mehreren Musicals und Kabarettaufführungen schrieb sie die Texte.
Sie ist zweimalige Gewinnerin im Kurzgeschichtenwettbewerb des Deutschen Kulturrats und wurde auch für einige ihrer Gedichte ausgezeichnet.

Dieter Ernst Esslinger

Geboren am 22.12.1940 in Swakopmund.
Schullaufbahn in Okahandja, Omaruru, Dillenburg (Deutschland) und Swakopmund. Studium der Germanistik und der afrikaansen Sprache und Literatur in Stellenbosch und an der Universität von Südafrika (Fernstudium). Deutschlehrer in Swakopmund und Windhoek. Fortbildungsjahr an der Wilhelmschule in Kassel (1966/67). Ernennung zum Fachberater für Deutsch in der Schulbehörde in Windhoek (1972). Anwerbung von Lehrern in Deutschland in Zusammenarbeit mit der Arbeitsgemeinschaft deutscher Schulvereine in Südwestafrika (1975). Teilnahme an einem Fortbildungskurs des Goethe-Instituts in München und Berlin (1978). Ernennung zum Leiter der Abteilung für europäische Sprachen im National Institute for Education Development (NIED) (1991). Mitglied der namibischen Delegation der ersten und der zweiten Sitzung der Gemischten Namibisch-Deutschen Kulturkommission in Bremen (1995) und in Windhoek (1999). Ernennung zum Stellv. Direktor im Dienstaufsichtsbereich Windhoek des Ministry of Basic Education, Sport and Culture (1994). Mitglied (zeitweilig Vorsitzender) des Studienkomitees für Deutsch. Examinator/Moderator für die Schulabschlussprüfung in Deutsch Muttersprache seit 1972. Seit 2001 im altersbedingten Ruhestand. Derzeit Berater der Hanns-Seidel-Stiftung für Schulmanagementtraining. Mitglied des Vorstandes der Arbeits- und Fördergemeinschaft der Deutschen Schulvereine in Namibia. Mitglied der Synode der Evangelisch-Lutherischen Kirche in Namibia (DELK) seit 1968 und deren Vorsitzender (1981–1997) und Vorsitzender der Generalsynode der Vereinigten Evangelisch-Lutherischen Kirche im Südlichen Afrika (seit 1998), Mitglied der jeweiligen Kirchenleitungen. Laienprediger der ELKIN (DELK). Mitherausgeber des Afrikanischen Heimatkalenders. Verheiratet, drei erwachsene Kinder

Norbert Forster, Dr. med.

Am 30.8.1960 in Tsumeb, als Sohn des Kaufmanns Paul Forster und seiner Frau Ilse, geb. Oechslin geboren. Aufgewachsen in Tsumeb und Grundschulgang an der »Glück Auf« Schule. Besuch der Deutschen Höheren Privat Schule (DHPS) in Windhoek bis zum Matrik 1978. Auslandsabitur an der Unversittä Hamburg 1980. Medizinstudium in Pretoria, Südafrika, mit MBChB Abschluss 1986. Internship/Arzt im Praktikum 1987 und Medical Officer bis 1989 am Windhoek Hospital Complex. 1989 bis 1992 Medical Superintendent am Opuwo Hospital, Kaokoland. 1993 Stipendium der Weltgesundheitsorganisation (WHO) und MSc (Econ) Studium an der Universität London mit den Schwerpunkten Gesundheitspolitik, strategische Planung (London School of Hygiene and Tropical Medicine) und Volkswirtschaftslehre (London School of Economics). 1994 bis 2000 Leiter der Planungsabteilung, seit 2001 Unterstaatssekretär für Grundsatzfragen und Ressourcen-Management im Gesundheitsministerium in Namibia. Verheiratet mit Margo, geb. Timm; eine Tochter.

Gisela Friede, Dr. med.

Geboren 1934 als Pfarrerstochter in Swakopmund.
Nach dem Schulabschluss am französischen Lycée Charles Lepierre in Lissabon erfolgte das Medizinstudium an verschiedenen deutschen Universitäten und danach ein Jahr ärztliche Tätigkeit an einem südindischen Hospital. 1969 Heirat und Rückkehr nach SWA, Tätigkeit als Lehrer-/Heimärztin-Ehepaar an der Privatschule Karibib.
1973 Umzug nach Windhoek. Dort übernahm ihr Mann die Leitung des gerade entstandenen Christlichen Zentrums, Vorläufer des heutigen CCN. Wegen Ablehnung der Apartheidspolitik erfolgte 1975 die Ausweisung aus Südwestafrika.
1978–1982 Arbeit für »Dienste in Übersee« in Liuli am Nyassasee in Tanzania, wo im St. Anne's Hospital ein Arzt und ein Verwalter benötigt wurden.
Nach Beendigung des DÜ-Vertrages 1982 Umzug nach Zimbabwe, Übernahme eines im Krieg zerstörten und im Aufbau begriffenen Landhospitals im Süden des Landes.
1984 Umzug nach Bulawayo.
1990 mit Namibias Unabhängigkeit wurde die Rückkehr aus dem Exil möglich. Zunächst war sie als Regierungsärztin in Opuwo, dann in Okakarara tätig. Aus Verdruss über die hierzulande damals noch praktizierte teure und unangepasste Erste-Welt-Kurativmedizin und um dem Hobby Vogelbeobachtung nachgehen zu können, ging sie 1992 in den vorgezogenen Ruhestand und lebt seit 1999 ständig in Swakopmund.

Harald Ganns

Geboren am 13. August 1935 in Bonn, verheiratet, vier Kinder.
Studium der Germanistik, Anglistik und Geschichte in Heidelberg, Berlin, Bristol/England und Freiburg, 1960 Wissenschaftliche Prüfung für das Lehramt an Gymnasien. 1960–1963 Deutsches Komitee des World University Service, ab 1962 Generalsekretär. 1963–1965 Überseevertreter des Verbandes Deutscher Studentenschaften für Westafrika in Dakar/Senegal.
1965–1968 Vorbereitungsdienst für den Höheren Auswärtigen Dienst, 1968 Botschaft Lomé, 1972 Botschaft Madrid, 1974–1980 Auswärtiges Amt Pressereferat, ab 1978 als stellvertretender Sprecher.
1980 Botschafter in Niamey/Niger, 1983 Botschafter in Jaunde/Kamerun, doppelakkreditiert in Äquatorial-Guinea. 1986 Auswärtiges Amt Referatsleiter West- und Zentralafrika, 1990–1993 Botschafter in Windhuk/Namibia, 1993 Auswärtiges Amt Beauftragter für Afrikapolitik,
1998–2000 Botschafter in Pretoria/Südafrika, doppelakkreditiert in Lesotho.
Seit 01.09.2000 im Ruhestand, tätig als Consultant für afrikanische Fragen. Seit 15.06.2001 Sonderbeauftragter für die Angelegenheiten der VN-Organisationen mit Sitz in Bonn.

Dieter Glaue

Gebürtiger Namibianer, Jahrgang 37, Schulabschluss Windhoek, Studium B.Sc.(Batchelor of Science) in Stellenbosch 1961. Marketing Diploma Technicon Kapstadt 1965, Project Management Diploma Technicon Kapstadt 1967.
Nach verschiedenen Forschungstätigkeiten (Biologie/Chemie/Landwirtschaft) und Management-Positionen in Südafrika 1993 Rückkehr in sein Heimatland Namibia und Tätigkeiten im Tourismus. Acht Jahre im Vorstand der TASA (Tour and Safari Association of Namibia), davon vier Jahre als Vorsitzender. Gründungsvorsitzender der NATH (Namibian Academy for Tourism and Hospitality). Von 1995 bis 2000 Geschäftsführer eines großen Touristikunternehmens, seither freiberuflich für Safarifirmen tätig. Über die eigene Firma »Giraffari Consulting« Angebot von Seminaren und Kursen über touristische Themen, die der allgemeinen Fortbildung auf diesem Sektor dienen.

Volker Grellmann

Geboren am 19. Juni 1942 in Wittenberg/Thüringen. Verheiratet, zwei Kinder.
Lebt seit 1952 in Namibia, Matrik in Windhoek, drei Jahre Studium in München (Design und Werbung). 1968 Beginn der jagdlichen Aktivitäten in Namibia zunächst als Berater und 1970 mit der Firma ANVO Hunting Safaris, gleichzeitig Gründung der Eagle Rock Hunting School. Er ist staatlich registrierter Berufsjäger mit allen Lizenzen und gehört einer Vielzahl von nationalen und internationalen Jagd- und Jägerverbänden an, u.a. Vizepräsident und Mitglied auf Lebenszeit der International Professional Hunters Association (IPHA) und Gründer, Präsident und Ehrenmitglied der Namibian Professional Hunters Association (NAPHA). Er erhielt mehrere internationale Auszeichnungen. Daneben ist er auch in verschiedenen anderen Bereichen der Umwelt- und Naturschutzplanung, Tourismusentwicklung, Ausbildung und der Förderung der Bevölkerung in den Kommunalgebieten tätig, u.a. als Berater des Kxoe Chiefs Council im West-Caprivi.

Barbara Gühring

Seit November 1963 in SWA/Namibia. Als Mitarbeiterin der IG (Interessengemeinschaft Deutschsprachiger Südwester) und Vorstandsmitglied der Lüderitzbucht-Stiftung 1982 Organisation der Jahrhundertfeier der Stadt Lüderitz. Seit 1991 wieder wohnhaft in Windhoek, seit 1992 Mitarbeit im Verlagskomitee der Namibia Wissenschaftlichen Gesellschaft (NWG), dessen Leitung sie seit 1995 zusammen mit der Anzeigenredaktion übernommen hat. Ab 1993 Vorstandsmitglied der NWG, von 1994 bis 1999 Vizepräsidentin, jetzt Präsidentin.

Helge Habenicht

Geboren am 14.11.1958 in Braunschweig.
Nach Schule und Studium der Agrarwissenschaften 1984 Abschluss Dipl. Ing. agr., mehrere Jahre Tätigkeit in und mit der deutschen Entwicklungszusammenarbeit bei einer internationalen Beratungsfirma. Dies führte ihn in verschiedene Länder Afrikas und Asiens. 1990 Abschluss eines Aufbaustudium mit »Master of Business Administration«. Danach mehrere Jahre Tätigkeit in einer Managementberatungsfirma, hauptsächlich Einführung von Con-

trollingsystemen und Reorganisation von Einrichtungen der öffentlichen Hand (Bandbreite von A bis Z, von Armee bis Zoo).
1996 kam er nach Namibia, um die Wasserabteilung des Landwirtschaftsministeriums in eine eigenständige, nach kommerziellen Prinzipien arbeitende Gesellschaft zu überführen. 1998 Gründung der namibischen nationalen Wasserversorger, die Namibia Water Corporation (oder NamWater, wie die Firma im Volksmund heißt). Nach der Gründung übernahm er die Leitung von NamWater als Vorstandsvorsitzender, um den Aufbau der Firma weiter voranzutreiben. Nach Auslaufen seines Vertrages bei NamWater Ende 2002 will er weiter in Namibia bleiben und eine Spezialberatung für Unternehmensstrukturierung betreiben.

Raimar von Hase

Geboren 1948 in Windhoek, Schulausbildung in der Farmschule Jena, an der Deutschen Höheren Privatschule Windhoek und dem Staatlichen Internatsgymnasium Schloss Plön mit Abiturabschluss. Wehrdienst. Studium der Agrarökonomie Universität Pretoria bis zum B.Sc.Agric. Nach anschließendem Studienaufenthalt an der Oregon State University, USA, Übernahme der Farm Jena und seit 1975 selbständiger Farmer mit Schwerpunkt Karakul. Verheiratet, vier Töchter. Zwischen 1976 und 1995 Mitglied des Karakulrates von Namibia, des Internationalen Karakulsekreteriats, des Direktoriums der Genossenschaft AGRA, Mitglieds des Direktoriums der German Namibian Development Company, Vorsitzender des Uhlenhorster Farmervereins und der Marketingfirma IMCO. Bedingt durch starke Einbußen auf dem Karakulmarkt seit 1992 Schwerpunktverschiebung auf Lammfleischproduktion und Tourismus mit Gästefarm Anib Lodge, seit 1998 nach deutlicher Wiederbelebung des internationalen Pelzmarktes auch wieder verstärkte Karakulproduktion. Seit 1986 starkes Engagement für die sozialen Belange der Einwohner von Hoachanas vor allem im Bereich Erziehung und Bildung. Ebenfalls seit 1986 mit Ehefrau Heidi Aufbau des Textilbetriebes Anin, Fachbetrieb für handbestickte Heimtextilien.

Jürgen Hecker (1984)

Geboren am 12. November 1952 in Pretoria. Schulbesuch in Windhoek (DHPS), 1971 Abitur, anschließend Wehrdienst in der südafrikanischen Marine. 1973 bis 1978 Studium der Psychologie und der Germanistik in Südafrika und der Bundesrepublik Deutschland, Abschluß MA (Germanistik). 1979 Deutschlehrer in Swakopmund, 1980 Diplomatenausbildung beim südafrikanischen AA in Pretoria. 1981 Dozent für Germanistik am Windhoeker Lehrerkolleg, 1982–1984 Leiter des deutschen Hörfunkprogramms des Südwestafrikanischen Rundfunks.
Er verzog kurz darauf dauerhaft ins Ausland, u.a.. in die USA und nach Neuseeland.

Benita Herma-Herrle

Jahrgang 1960, Abitur an der DHPS, Studium der Theaterwissenschaften in Johannesburg. Danach Mitarbeiterin beim deutschen Programm des Rundfunks in Windhoek (SWAR und NBC), zuletzt als Chefsprecherin. Seit Anfang der 90er Jahre selbständige Juwelierin in Windhoek. Mitbegründerin und 1994–2001 Vorsitzende der »Hörerinitiative«. Derzeit stellv. Vorsitzende der Federation of Namibian Tourism Associations (FENATA) und stellv. Vorsitzende des Namibia Tourism Board (NTB).

Klaus Alexander Hess

Geboren 13.10.1948 in Detmold.
Nach altsprachlichem Abitur 1967 vier Jahre Zeitoffizier bei der Bundesluftwaffe, während und nach der Dienstzeit Managementausbildungen. 1972 zehn Monate Aufenthalt in Namibia und Reisen durch Südafrika, Botswana und das damalige Rhodesien, heute Zimbabwe. 1973–1995 in der Geschäftsführung von Wirtschaftsverbänden und einer Handelskooperation des Baustoffhandels in West- und Norddeutschland tätig, berufsbegleitend Studium der Wirtschaftswissenschaften. Ab 1990 nebengewerblich, seit 1995 hauptberuflich Verleger mit Schwerpunkt Namibia. 1977 Mitbegründer und Vorstandsmitglied der heutigen Deutsch-Namibischen Gesellschaft (DNG), seit 1982 deren Präsident. In diesem Zusammenhang häufige Aufenthalte in Namibia und intensive Kontakte zum Land.

Eberhard Albin Hofmann

Am 4.4.1944 als Bauernsohn in Breitenau, Deutschland, geboren.
Im Mai 1953 Flucht der Familie aus der DDR über Berlin nach Hamburg. Im Januar 1954 folgt die Ausreise ins damalige Südwestafrika, wo der Vater vor dem Krieg schon einmal in der Landwirtschaft und im Bergbau tätig war. Schulbesuch in Tsumeb und Swakopmund, danach Studium der Sprachen, Philosophie und Pädagogik in Kapstadt und Hamburg. Nach dem Universitätsabschluss 1968 Eintritt in den Lehrdienst an Oberschulen in Otjiwarongo, Windhoek, Wetzlar (Deutschland) und Swakopmund. 1971 verheiratet mit der Lehrerin Ilse Maasdorp; zwei Töchter, ein Sohn. 1975 Wechsel zur Presse, zuerst zur »Allgemeinen Zeitung« und dann zum »Republikein«. Ab Dezember 1982 bis zur Unabhängigkeit Namibias 1990 Pressereferent bei der Zentralverwaltung der Übergangsregierung, danach tätig als Direktor im neuen Ministerium für Information und Rundfunk. Ab Januar 1996 Chefredakteur der »Allgemeinen Zeitung« in Windhoek.

Uwe Ulrich Jäschke, Prof. Dr.

Geboren 12. Juli 1955 in Frankfurt am Main, verheiratet, zwei Kinder.
1974 Abitur am Gymnasium in Hofheim/Taunus. 1976 Beendigung der Dienstzeit bei der Bundeswehr als Leutnant d. Res., nach mehreren Wehrübungen inzwischen Major d. Res. im Militärgeographischen Dienst.
1976–1980 Studium an der Fachhochschule München, Fachrichtung Vermessungswesen, Studiengang Kartographie mit Abschluss Dipl.-Ing. (FH) für Kartographie.
1980–1986 Zweitstudium an der Johann Wolfgang Goethe-Universität Frankfurt am Main, Fachbereich Geographie mit den Nebenfächern Botanik/ Bodenkunde und Statistik, Abschluss Diplom-Geograph. 1990–2001 Doktorarbeit zum Thema »Die polyzentrische Infrastruktur Namibias – Entstehung und Entwicklung in der deutschen Verwaltungsperiode 1884 bis 1914/15«.
Neben dem Geographiestudium Gründung der »Kartographischen Werkstatt Hattersheim« und 1986–1994 Institutskartograph am Institut für Wirtschafts- und Sozialgeographie der Johann Wolfgang Goethe-Universität Frankfurt.

Seit 1994 Professor für Thematische Kartographie und Geographie im Fachbereich Vermessungswesen/Kartographie an der Hochschule für Technik und Wirtschaft Dresden (FH). Im Rahmen dieser Tätigkeit zahlreiche Exkursionen nach Namibia.

Jan David Jurgens, Dr.

Geboren am 31. August 1936 in Windhoek.
Vorfahren wanderten 1734 von Pilsen/Böhmen nach Kapstadt aus und siedelten 1885 im heutigen Namibia.
Schulbesuch in Leonardville, Windhoek, Stampriet, Paarl/Südafrika. Studium der Zoologie in Stellenbosch (BSc; MSc cum laude), Promotion. Deutsches Sprachdiplom (Goethe Institut) und Studien an der Christian Albrechts Universität in Kiel.
1961–1983 Dozent an den Universitäten Western Cape und Stellenbosch. 1983–1994 Direktor der Fischereibehörde in Namibia, 1994–97 Staatssekretär im Ministry of Fisheries and Marine Resources. In seiner 14-jährigen Dienstzeit in Namibia war er maßgeblich beteiligt an der Entwicklung der Fischindustrie und dem Aufbau der zuständigen staatlichen Behörde von einer ursprünglichen Einrichtung mit drei Personen zu dem, was das heutige Ministerium darstellt. Die heutige Fischereipolitik Namibias hat er geprägt. Seit Eintritt in den Ruhestand Farmer und Berater.
Mitglied von wissenschaftlichen Gesellschaften in Namibia, Südafrika und Deutschland. 1972/73 Jury-Mitglied bei »Jugend forscht« in Mainz. Leiter vieler Delegationen Namibias auf internationaler Ebene, u.a. Welt-Ernährungskonferenz in Kyoto, Japan.

Sven-Eric Kanzler

Geboren am 28. Januar 1963, in Hamburg aufgewachsen.
Als 15-Jähriger bereits Redakteur und Anzeigenakquisiteur in einer Schülerzeitung. Nach dem Abitur 1982 leistete er den Grundwehrdienst und begann im Januar 1984 eine Ausbildung zum Kaufmann im Groß- und Außenhandel, die er im Februar 1986 erfolgreich abschloss. Über Kontakte seiner Ausbildungsfirma kam er nach Namibia. Im November 1986 wechselte er zum Wunschberuf seiner Jugend: In der deutschsprachigen Abteilung der »South West Africa Broadcasting Corporation« (SWABC, heute »Namibian Broadcasting Corporation« NBC) arbeitete er drei Jahre lang als Redakteur (Text, Musik), Produzent und Übersetzer. 1989 kehrte er nach Deutschland zurück. Neben dem Studium der Politikwissenschaft und Germanistik in Stuttgart war er acht Jahre lang als Nachrichtenredakteur und -sprecher für einen Regionalsender tätig. Ein halbes Jahr nach dem Abschluss (Magister Artium) trat er im Juni 1998 bei der Allgemeinen Zeitung in Windhoek eine Stelle als Redakteur an und war maßgeblich an der Modernisierung der Zeitung (Inhaltsstruktur, Layout, Organisation) beteiligt. Im April 2001 hat er in Windhoek unter dem Namen »Bush Telegraph« sein eigenes Redaktionsbüro gegründet, das sich auf Reisereportagen und -meldungen aus Namibia konzentriert.

Reinhard Keding

Geboren 5.9.1948 in Salzhausen/Niedersachsen.
Mit sieben Geschwistern in einer Pastorenfamilie aufgewachsen, nach dem Abitur 1967 Theologiestudium am Missionsseminar in Hermannsburg (Lüneburger Heide) mit Erstem theol. Examen 1974. Vikariat in Soltau und Toronto/Kanada, Zweites theol. Examen 1977. Im gleichen Jahr Ausreise nach Südafrika zur Mitarbeit in der ELCSA-NT, bis 1982 Gemeindepastor in Verden-Dundee und Ladysmith. Anschließend bis 1989 Schulpastor an der Deutschen Schule in Hermannsburg/Natal und ab 1986 auch Gemeindepastor dort.
1989 Rückkehr nach Deutschland, Leiter des Bildungsreferates im Evang.-Luth. Missionswerk in Hermannsburg.
!993 erneut Ausreise, diesmal nach Namibia als Landespropst (seit 2000 Bischof) der DELK.
Verwitwet, fünf Kinder.

Günter F. Kesselmann

Geboren 26.05.1938 in Gescher/Westfalen. Verheiratet mit Frau Antje, zwei Kinder.
Ausbildung zum Werbekaufmann. Erfolgreicher Juniorenturner in Deutschland, Sportoffizier bei der Bundeswehr, Jugendleiter, Vereinssportwart.
Auswanderung als Werbeleiter nach SWA 1961. Zehnkampfmeister und Vorstand SWA Turnverband, Gründungsmitglied Deutscher Turn- und Sportverein (DTS).
1963–76 eigene Werbeagentur. Teilnahme an Segelweltmeisterschaften und Admirals's Cup. 1976–90 Fachleiter für Sport an der DHPS. Initiator der »Sportolympiade der deutschen Schulen im südlichen Afrika«. Gründer der NISSA (Namibia Interracial School Soccer Association). Vorstand und Mitglied im Namibia National Symphony Orchestra. Vorstandsmitglied der Swakopmunder Kunstvereinigung..

Carol Kotze, Dr.

Promotion (D Litt et Phil) in namibischer Geschichte. Sieben Jahre war sie Dozentin für Geschichte an der University of Namibia und drei Jahre Chefrdakteurin des »Windhoek Advertiser« bis 1996. Zwei Jahre war sie tätig als Redenschreiberin und wissenschaftliche Mitarbeitern für die Offizielle Oppositionspartei im namibischen Parlament, die DTA. In ihrer Freizeit hat sie auch eine Anzahl von Schul-Geschichtsbüchern geschrieben.

Margarete Kreutzberger (1984)

In Berlin geboren, in der Mark Brandenburg die Kinderjahre verlebt.
Nach einigen Jahren auf der Insel Föhr und bestandenem Abitur nach Südwest ausgewandert. Beinahe fünf Jahre Hauslehrerin auf einer Farm, dann Erzieherin im Schülerheim der H.P.S., Heirat, Farmersfrau. Durch die Dürre von 1959 mit der Familie zum Stadtleben gezwungen, über Vermessungsamt und andere Ämter seit 16 Jahren bei der Stadtverwaltung Windhoek angestellt.
Seit 1960 ehrenamtlich im Vorstand des Deutschen Schulvereins Windhoek tätig und jetzt auch im Vorstand der Arbeitsgemeinschaft der Deutschen Schulvereine von Südwestafrika.
Inzwischen lebt sie – über 80-jährig – schon lange im Ruhestand in Swakopmund und arbeitet noch immer in der Sam-Cohen-Bibliothek mit.

Sigrid Kube (1984)

Verbrachte ihre Kindheit in Bayern und besuchte in Deggendorf/Ndb. die Oberrealschule und in Straubing/ Ndb. die Private Wirtschaftsschule Pindl. Nach Sprachstudien in England und Frankreich und einem Hotelpraktikum in der Seine-Metropole heiratete sie in Paris. Dann leitete sie mit ihrem Mann ein Hotel in Cochem an der Mosel. Nach einem kurzen Volontariat in Public Relations (»Zeitungsmache« und texten in Frankfurt am Main), schrieb die Journalistin als freie Mitarbeiterin für die Frankfurter Rundschau, Flugrevue International, Diners Club Magazin, die Reporter GmbH in Frankfurt. Dann ging Sigrid Kube als Redakteurin zum Axel Springer Verlag, Hamburg, für den sie in den Redaktionen der Bild-Zeitung in Frankfurt, München und Stuttgart arbeitete. Auf vielen Reisen durch den Schwarzen Kontinent, den sie von Tunesien aus über Algerien, die Sahara, Niger, Nigeria, Mali, Senegal, Benin (Dahomé), Togo, Burkina Fasso (Obervolta) bis zur Elfenbeinküste durchquerte, lernte sie Afrika kennen. Ihre neue Liebe wurde Afrika. Sie trennte sich 1982 von Europa und lebte einige Zeit in Cameroun, gab dort Französischunterricht. 1983 ging sie nach SWA/Namibia als Redakteurin für Politik und Kultur zur Allgemeinen Zeitung in Windhoek, bis im April 1984 ihre Mitarbeit an diesem Buch begann. Seit Januar 1985 ist Sigrid Kube Redakteurin bei der neuen deutschen Wochenzeitung »Namibia Nachrichten« in Windhoek.
Sigrid Kube verstarb plötzlich Mitte der 90er Jahre.

Lisa Kuntze (1984)

Geboren am 16. Dezember 1909 in Dresden als Tochter des technischen Direktors der Sächsischen Staatsoper, Max Hasait.
An der Wiege gesungen hat man es ihr bestimmt nicht, daß sie eines Tages ihre musikerfüllte Geburtsstadt Dresden, ihr kunstliebendes Elternhaus, mit dem kargen Steppenland Südwestafrika, mit einer Farm im Busch vertauschen würde. Der Grund: sie hatte bei Ausbruch des Krieges den gebürtigen Südwestafrikaner Eberhard Kuntze kennengelernt, sie heirateten, bekamen einen kleinen Sohn, und nach der furchtbaren Zerstörung Dresdens und ihres Elternhauses war sie dankbar, auf der Farm, auf der ihr Mann geboren war, mit ihm und den Kindern eine neue Heimat zu finden. Zu schreiben war ihr Wunsch von Kind an gewesen. Eine gute Schulbildung, Sprachstudien in England und Frankreich und erste Versuche journalistischer Arbeit bildeten den Hintergrund. So begann sie auch hier sehr bald für Presse und Rundfunk zu schreiben, veröffentlichte inzwischen drei erfolgreiche Bücher und hat noch viele weitere Pläne. Sie liebt das herbe Land, das auch ihren Kindern und Enkeln zur Heimat wurde, und in dem sie hofft, bis zu ihrem Lebensende an der Seite ihres Mannes wirken zu können.
Lisa Kuntze ist Anfang 2001 verstorben.

Adelheid Lilienthal

In Windhoek geboren, in Swakopmund zur Schule gegangen. Nach dem Matrik 1960 zum Studium nach Deutschland. Studium der Malerei, Grafik und Kunstgeschichte an der Akademie der Bildenden Künste in Stuttgart. 1965 Abschluss als Gebrauchsgrafikerin. 1966 Erstes Staatsexamen. Referendarzeit in Flensburg/Schleswig-Holstein. Zweites Staatsexamen 1969. September 1970 Abreise nach Namibia. Dezember 1970 Eheschließung mit Konrad Lilienthal in Swakopmund.
Seit 1976 wohnhaft in Windhoek, von 1976 bis 1980 als Studienrätin für das Fach Kunst an der DHPS tätig. Nebenher beschäftigt mit Malerei, Buchillustrationen, Bühnendekoration, Grafikaufträgen. Seit 1982 im Vorstand der Kunstvereinigung Namibias, der heutigen Arts Association. Schriftstellerische Tätigkeit: die Kulturseite für die Wochenzeitung »Namibia Nachrichten«, Beiträge zum Thema Kunst in Zeitschriften, Katalogen und im Deutschen Rundfunk. 1992 Herausgabe ihres Buches mit Karikaturen und Text »Hart wie Kameldornholz«, 1997 des Buches »Art in Namibia«. Vorstandsmitglied der Namibisch-deutschen Stiftung (NaDS) – Goethe-Zentrum und mitverantwortlich für das Ressort und Theater. Vorstandsmitglied in der Nationalen Kunstgalerie und im Board of Trustees for the National Art Gallery.

Ursula Massmann (1984)

Geboren am 21.10.1911 in Windhoek.
Nach dem frühen Tod der Mutter in Deutschland erzogen, nach Schulabschluß Koloniale Frauenschule Rendsburg. In Südwest in verschiedenen Berufen tätig gewesen – langjährige Tätigkeit in der Karakulindustrie. Jetzt Archivarin der Sam-Cohen-Bibliothek in Swakopmund.
Ursula Massmann ist 1986 verstorben.

Henning Melber, Dr. habil.

beendete seine Schulbildung 1970 mit dem Abitur an der HPS Windhoek. Nach einjähriger Fachausbildung zum Journalisten in München arbeitete er 1972 kurzzeitig bei der »Allgemeine Zeitung« in Windhoek. Ein Studium der Politischen Wissenschaften und der Soziologie an der Freien Universität Berlin schloss er 1977 als Diplom-Politologe ab. 1974 trat er der Befreiungsbewegung SWAPO of Namibia bei. 1980 promovierte er zum Dr. rer. pol. an der Universität Bremen. Als wissenschaftlicher Mitarbeiter war er von 1980 bis 1982 am Max-Planck-Institut für Bildungsforschung in (West-)Berlin, von 1982 bis 1992 am Schwerpunkt Internationale Politik und Intergesellschaftliche Beziehungen des Fachbereiches Gesellschaftswissenschaften der Gesamthochschule in Kassel tätig. 1993 habilitierte er sich an der Universität Bremen mit der venia legendi Entwicklungssoziologie. Von 1992 bis 2000 war er Direktor der Namibian Economic Policy Research Unit (NEPRU) in Windhoek. Zwischen 1994 und 2000 amtierte er als Vorsitzender der Namibisch-Deutschen Stiftung für kulturelle Zusammenarbeit (NaDS). Er ist derzeit Forschungsdirektor am Nordic Africa Institute in Uppsala/Schweden.

Stephan Mühr, Dr.

Geboren 1967 in Windhoek. Verheiratet, ein Kind.
1986 Abitur an der DHPS Windhoek, Studium der Germanistik, Biologie und Erziehungswissenschaften in Freiburg/Br. und Hamburg. 1994 Erstes Staatsexamen, 1996/97 Gastdozentur (Max Gade Fellow) an der Colgate University in New York, 2000 Promotion (Dr. phil.) über interkulturelle Verstehenskonzepte am Beispiel des europäischen Naturverständnisses.
Seit 1998 wieder in Namibia als Geschäftsführer der Namibisch-deutschen Stiftung für kulturelle Zusammenarbeit (NaDS).

Herbert Nöckler (1984)

Geboren 1906 in Bloemfontein (Oranje Freistaat). 1916 nach Jena in Thüringen. Gymnasium bis Obertertia. 1920 zurück nach Vrede (O.F.S.), wo der Vater eine Farm gekauft hatte. 1925 Matrik, 1926–1929 Bloemfontein Universität. 1928 B. A. (Deutsch, Englisch, Latein), 1929 Higher Teachers Diploma. 1931 M. A. (Deutsch). 1932 Heirat mit Gertrud Schulte. Drei Töchter. 1930 bis 1946 Lehrer an der Deutschen Höheren Schule Swakopmund. Ein Jahr Kaufmann. Ab Mitte 1947 Leiter der Privatschule Lüderitzbucht – Aufbau Standard 7 und 8. 1952 bis 1956 Leiter der Deutschen Privatschule Johannesburg. Zwei Jahre Reisebüro Windhoek. 1959 bis 1962 Leiter der Höheren Privatschule Windhoek. 1963–1971: Fachberater für Deutsch im Südwestafrikanischen Erziehungsdepartement. Bücher: Sprachmischung in SWA; Tägliches Deutsch, Aufsatzhilfe. *Herbert Nöckler ist vor wenigen Jahren hochbetagt in Windhoek verstorben.*

Kai Ortel

geboren 1974 in Berlin-Steglitz, nach Abitur und Zivildienst in Berlin-Spandau Ausbildung zum Buchhändler in der Berliner Universitätsbuchhandlung.
Seit 1992 Veröffentlichungen zum Thema Passagierschiffahrt in diversen Fachzeitschriften. 1998 erschien das Buch »Fährschiffahrt der Welt« (zusammen mit Horst-Dieter Foerster) in Koehlers Verlagsgesellschaft. 1999 mehrmonatiger Namibia-Aufenthalt mit ausgedehnten Reisen in Namibia, Südafrika und Botswana.

Walter Hermann Peters, Prof. Dr. (1984)

Geboren wurde ich am 10. Juni 1948 als ältester Sohn des Chemikers Max Peters und seiner Ehefrau Anneliese, in Durban, Südafrika. Von 1953 bis 1965 besuchte ich die deutschen Schulen zu Neu Hannover und Hermannsburg, Südafrika. Abschlußprüfung: Natal Senior Certificate. Im Jahre 1967 schrieb ich mich an der University of Natal, Durban, als Architekturstudent ein. Von dieser Universität erhielt ich im Jahre 1972 den Grad Bachelor of Architecture. Von 1973 bis 1974 studierte ich an der Heriot Watt University, Edinburgh, wo ich die Master of Science Prüfung in Environmental Conservation ablegte. Seit 1975 bin ich Dozent an der University of Natal in der Fakultät Architecture and Allied Disciplines. Als Stipendiat des Deutschen Akademischen Austauschdienstes ließ mich an der Universität Hannover im Oktober 1979 immatrikulieren. Hier entstand die Dissertation, die unter dem Titel »Baukunst in Südwestafrika 1884 bis 1914« im Jahre 1981 vom Vorstand der SWA Wissenschaftlichen Gesellschaft herausgegeben wurde.

Johann W. Friedrich van Rooyen, Dr. litt. et phil.

Geboren am 2. Juni 1947 in Swakopmund. Eltern Elfriede (geb. Hirsch) und Joe van Rooyen, Bankier.
Schulbesuch East London (Grundstufe) und Swakopmund (Matrik). Ausbildung in Sozialwissenschaften an den Universitäten Kapstadt, Rhodes, UNISA und RAU (Johannesburg). 1996 Doktorgrad der Arbeitssoziologie: historische Analyse der Arbeitsverhältnisse in Namibia von der Vorkolonialzeit bis zur Gegenwart. Schwerpunkt u.a. Arbeitsgesetzgebung in der deutschen, südafrikanischen und unabhängigen Epoche. Buch zu diesem Thema »Portfolio of Partnership«, Gamsberg MacMillan Verlag, 1996.
1970–1994 Regierungsbeamter, zuletzt als »Director of Labour«, Windhoek. Seit Juli 1994 Arbeitsberater in Privattätigkeit. Vorsitzender des namibischen Arbeitgeberverbandes »Namibian Employers' Federation« (NEF). Zahlreiche Besuche in Europa und afrikanischen Ländern u.a. als Delegierter bei der Internationalen Arbeitsorganisation (ILO).
Verheiratet mit Laetitia, Vizeschulleiterin; drei Kinder.

Hanno Burkhard Rumpf

Geboren 15. September 1958 in Windhoek.
Schulbesuch in Swakopmund, Studium an der Rand Afrikaans University in Johannesburg und der Rhodes University in Grahamstown, Südafrika.
1984 Gang ins politische Exil, Tätigkeit als wissenschaftlicher Assistent an der Universität Bremen und Qualifikationen als Übersetzer und Dolmetscher. 1986 weitere Studien an der London School of Economics und Forschungstätigkeit im Namibia Communication Centre in London. Ab 1987 Informationsbeauftragter für Westdeutschland und Österreich im SWAPO-Büro in Bonn.
1989 Rückkehr aus dem Exil als Mitglied des SWAPO-Wahlkampfteams und Mitglied der wirtschaftlichen Beratergruppe von Hage Geingob, Namibias erstem Ministerpräsidenten nach der Unabhängigkeit. Mit der Unabhängigkeit wurde er Staatssekretär für Naturschutz und Tourismus und später für Wirtschaft. Seit 1999 Staatssekretär der Nationalen Planungskommission im Büro des Staatspräsidenten.
Er gehört zahlreichen Aufsichts- und Beiräten an, u.a. in den Bereichen Wirtschaft und Naturschutz, sowie staatlichen Planungs- und Steuerungsgremien und vertritt Namibia auf verschiedenen Ebenen auch im Ausland.
1998 Verleihung des Bundesverdienstkreuzes Erster Klasse.

Christian Hans-Joachim Rust, Dr. phil. (1984)

Geboren 1900, Berlin.
Offizierslaufbahn durch verlorenen Ersten Weltkrieg unterbunden; Wanderjahre auf Suche nach neuer sozialer, geistiger, materieller Lebensgrundlage und einem neuen Deutschland, kreuz und quer durch das zerstörte Europa und die brüchige Hochschulwelt technischer und geistiger Wissenschaften: Bergbau, Philologie (besonders Geschichte), Staatswissenschaften, Geographie, Geopolitik (Schriftleitung Zeitschrift für Geopolitik), Spezialgebiet Afrika; 1932/33 Besuch Südwests; anschließend planmäßig Assistent Staatswissenschaftliches Seminar, Marburg, dann dort Beauftragter der Reichsarbeitsgemeinschaft für Raumforschung; Berufsziel: Habilitierung in Kolonialwissenschaften; Stipendium des Reichsforschungsrates für Ostafrika ungenutzt. Zweiter Weltkrieg (u. a. Einsatz in Nordafrika). 1951 arbeitslos mit Familie nach Südwest: Karakulhandel. Beamter auf Zeit bei der Administration (Wasserwirtschaft). 19 Jahre amtierender Sekretär (Stipendium von Dr. E. Lübbert) der SWA Wissenschaftlichen Gesellschaft Windhoek. Ab dem 78. Lebensjahr im Ruhestand.

Hans-Georg Schleicher, Dr.

Geboren 1943 in Törpin/Vorpommern. Verheiratet, zwei Kinder. Studium der Geschichte und Geografie an der Martin-Luther-Universität Halle-Wittenberg. Diplomhistoriker, Promotion zur Zeitgeschichte (Afrika). 1969–1990 im diplomatischen Dienst der DDR, vor allem im Bereich Afrika tätig. Auslandseinsätze in Äquatorial-Guinea, Sambia, New York (Vereinte Nationen), Botschafter in Simbabwe und Leiter der Diplomatischen Beobachtermission 1989/90 in Namibia. Seit 1990 Forschungen und zahlreiche Publikationen insbesondere zum südlichen Afrika sowie zur deutschen Afrikapolitik. Konsultantentätigkeit für das Auswärtige Amt, die GTZ, verschiedene Stiftungen und die Wirtschaft.

Gabi Schneider, Dr.

Geboren 1956 in Frankfurt/Main.
Studium der Geologie und Mineralogie in Frankfurt mit Diplom-Abschluss, 1981–1983 Tätigkeit am Institut für Geochemie der Universität. Promotion 1984 mit einer Arbeit über die Mineralogie und Genese der Urucum Manganerz-Lagerstätte in Brasilien.
Seit 1985 in Namibia ansässig und beim Geologischen Landesamt (Geological Survey) tätig, heute als Direktorin.

Herbert Schneider, Dr. med.vet.

Geboren 1942, studierte Tiermedizin an der Universität Pretoria, Südafrika (1965) und Universität Edinburgh, Schottland (1973) und promovierte 1977 an der Universität Gießen.
Von 1965 bis 1990 war er in der Verwaltung Namibias als Kreistierarzt (12 Jahre), als Direktor der Veterinärbehörde (7 Jahre) und als Beamteter Staatssekretär für Landwirtschaft, Naturschutz, Veterinärwesen und Hochseefischerei (6 Jahre) tätig. Seit 1991 ist er Inhaber und Leiter einer Beratungsgruppe für Landwirtschaft und Veterinärmedizin. Er farmt ferner mit Rindern und Schafen auf der Familienfarm im Bezirk Karibib.

Irmgard Schreiber

Geboren am 5.9.1969 in Windhoek, als Tochter von Friedrich und Gisela Schreiber, geb. von Schütz. Schulausbildung und Abitur an der DHPS in Windhoek. Studium der Allgemeinen und Vergleichenden Literaturwissenschaft (Komparatistik) an der Ludwig Maximilians Universität München mit Abschluss Magister. Drei Jahre Lektoratstätigkeit beim Eugen Diederichs Verlag und Heinrich Hugendubel Verlag in München. 1999 Rückkehr nach Namibia, ein Jahr Redakteurin und Radiomoderatorin beim Deutschen Hörfunkprogramm der Namibian Broadcasting Corporation (NBC), seit Oktober 2000 Redakteurin der Allgemeinen Zeitung, Schwerpunkt Kultur.

Gunter von Schumann

Geboren am 20.4.1939 in Omaruru. Grundschule in Rustenburg und Omaruru besucht, Höhere Schule in Swakopmund. Schulabschluss Technische Hochschule Johannesburg/Südafrika. Lehrzeit als Feinmechaniker bei der Post, weitere Ausbildung bei der Siemens AG und Technischen Hochschule München. Ab 1970 im Aufbau von Datenverarbeitung und Fernschreibwesen tätig. Nebenberuflich das Britische Marine Archäologie Diplom erworben. Seit 1990 Mitglied des Nationalen Denkmalschutzrates und des Museumsrates von Namibia. 1992 für die Namibia Post eine Philatelieabteilung aufgebaut. Seit der Pensionierung 1997 Bibliothekar bei der Namibia Wissenschaftlichen Gesellschaft.
Verheiratet mit Julia, geb. Arendt. Zwei Söhne.

Dieter Springer

Geboren am 24.4.1933 in Stuttgart. Verheiratet, drei Kinder.
Schulbesuch (Volks- und Realschule) in Esslingen. 1947 Beginn einer Konditorlehre, nach Abschluss und Tätigkeiten in Süddeutschland folgte er Anfang der 1950er Jahre einem Angebot ins Strand Café nach Swakopmund. Ab 1955 in Windhoek, 1958 Gründung einer eigenen Schokoladenherstellung, die im Laufe der Zeit und über manche Hürden zu einem großen Betrieb mit über 60 Mitarbeitern aufgebaut wurde. Vor wenigen Jahren Übergang in den beruflichen Ruhestand durch Verkauf der Firma.
Seit 1972 übernahm er eine Anzahl ehrenamtlicher Tätigkeiten, darunter ab 1982 im Vorstand des Deutschen Schulvereins (DHPS), ab 1983 in der Arbeitsgemeinschaft der Deutschen Schulvereine (AGDS) und seit 1990 als Vorsitzender der AGDS.
1995 Verleihung des Bundesverdienstkreuzes.

Ralf Tobich

Geboren in Windhoek im Jahre 1963 als Sohn des Elektrikers Helmut Tobich. Schulausbildung an der Deutschen Höheren Privatschule Windhoek, Abitur 1982. Verheiratet, vier Kinder. Wohnsitz Windhoek.
Elektrotechnikstudium an der Universität Kapstadt, 1983–1986, Weiterbildung am Energy Research Institute der Universität Kapstadt mit Abschluss MSc Energy Studies 1989, Praktikum bei der Rössing Uranmine.
Berufstätigkeit als Elektrotechniker und Energieberater, Mitbegründer des Ingenieurbüros EMCON Consulting Engineers im Jahre 1992, Geschäftsführer seit 1998.
1992–1997 Pionierarbeit zur ländlichen Elektrifizierung in Namibia, 1994–2001 Projektleiter bei der Kommerzialisierung der Stromversorgung im Norden des Landes (Resultat war die Gründung und Etablierung des ersten privaten Stromversorgungsunternehmens im südlichen Afrika – Northern Electricity), 1997–2001 aktive Mitarbeit im Bereich Eletrizitätsindustrieentwicklung, 1997 Mitarbeit an der Projektstudie für den Lüderitzer Windpark, 1998–2001 mehrere Projektstudien im Bereich erneuerbare Energietechnik, 1994–1998 Beitrag zur Entwicklung des Namibischen Stromversorgungsgesetzes von 2000.
1999–2000 Projektleiter der Generalplanung für ländliche Elektrifizierung in Namibia (Rural Electricity Distribution Masterplan for Namibia), 2001 Projektleiter der Nationalen Elektrizitätstarifstudie für Namibia, Elektrifizierungsstudie für Lesotho, Elektrifizierungsstudie für Mozambique.

Gerhard Tötemeyer, Prof. Dr.

emeritierter Professor in Politischer und Verwaltungwissenschaft. Abgeordneter des namibischen Parlaments und Vize-Minister für Regionale und Kommunale Verwaltung und Wohnungsbau (seit 2000). Geboren in Namibia. Studium in Stellenbosch und Freiburg i.Br. Lehrte an den Universitäten Stellenbosch, Transkei, Kapstadt und Namibia. Gastprofessor an der Johann Wolfgang Goethe-Universität Frankfurt a.M. 1992–1998 Wahlleiter in Namibia. Hauptsächliche Forschungs- und Publikationsgebiete: Politische und Verwaltungswissenschaft, Wahlfragen und Pädagogik.

Marga Vaatz (1984)

Am 21. Juli 1913 wurde sie als jüngste Tochter des Kaufmanns Johannes Kock geboren, Schule Windhoek und Swakopmund, Universität Kapstadt, dann Deutschlandaufenthalt und Beitrag zum Aufbau der Südwester Landsmannschaft. 1939 heiratet sie den Bergbau-Diplomingenieur Edgar Vaatz. Während der Kriegsjahre Farmerin, dann aktive Teilnahme am öffentlichen Leben in Südwestafrika, Schulvorstand, Karneval, Mitbegründerin der ersten Unabhängigkeitspartei, der SWA-Partei. Mit ihrem Artikel »Was kostet ein Kudu« zeigt sie den Weg zum ökonomischen Nutzen des Wildes. 1960 gründet sie die erste offizielle Jagd- und Gästefarm, gleichzeitig zeigt sie mit dem Projekt »Dama-Handarbeiten«, daß die einfachsten Farmmädchen Hardanger Handarbeiten höchster Qualität produzieren können. Schriftstellerisch tätig Autorin von 2 Büchern über das Leben in Südwestafrika.

Andreas Vogt, Dr. phil.

geboren am 26.7.1962 in Windhoek, unverheiratet, besuchte Grund- und Höhere Schulen in Windhoek, Namibia. Wehrpflicht 1981–82, Studium der Geisteswissenschaften (Politische Philosophie, Philosophie, Staatswissenschaften, Sprachen) an der Universität Stellenbosch/Südafrika in den Jahren 1983–88 mit den Abschlüssen B.A. und Hons.-B.A. Ab 1989 tätig beim National Monuments Council, der Nationalen Denkmalsbehörde Namibias, mit Sitz in Windhoek. 1993–94 Stipendiat des Deutschen Akademischen Austauschdienstes (DAAD) für das Aufbaustudium Denkmalpflege an der Otto-Friedrich-Universität Bamberg/ Deutschland. 1995 Magister Artium (M.A.) im Fach Afrikaanse Kulturgeschichte, Universität Stellenbosch/Südafrika. Promotion 1997–2000 an der Otto-Friedrich-Universität Bamberg, erneut als Stipendiat des DAAD, Betreuer Prof. Dr. Achim Hubel. In leitender Funktion an mehreren erfolgreichen Denkmalpflegeprojekten in Namibia beteiligt, Verfasser einer Reihe von Artikeln über die Nationalen Denkmäler und andere kulturhistorische Themen Namibias. 2001 aus dem Staatsdienst ausgeschieden und seither privat tätig.

Udo H. Weck

1943 geboren, Namibier in der dritten Generation. Nach der Schule mit Matrikabschluss in Swakopmund machte er in Windhoek erst eine Bankausbildung und dann eine Ausbildung in der Versicherungsbranche. 1973 übernahm er die Geschäftsführung von Shield Insurance Co. in Windhoek und auch der Schwesterfirma Oryx Safaris, damals ein noch sehr kleines Unternehmen. Auf diese Weise kam er in die Tourismusindustrie. 1977 wurde ihm ein Posten bei SATOUR (südafrikanisches Fremdenverkehrsbüro) angetragen und er war in leitender Funktion etwa zehn Jahre in Deutschland und weitere zwei Jahre in Pretoria tätig. 1989 ging er zurück nach Namibia und übernahm seinen alten Posten bei Oryx Safaris (inzwischen namentlich verändert in Springbok Atlas Safaris und später in Oryx Tours). 1992 gründete er zusammen mit Jan van de Reep die Huab Lodge, wo er sechs Jahre verbrachte. Danach kehrte er für kurze Zeit nach Windhoek zurück und ist seit Ende 2001 Geschäftsführer der Vingerklip Lodge.

1989 Gründungsmitglied von TASA und ab 1991 Vorstandsmitglied. Ab 1991 einer von zwei Vertretern des Privatsektors, die vom Minister für Umweltschutz und Tourismus als »Steering Committee« zusammen mit zwei Vertretern aus dem öffentlichen Sektor eingesetzt wurden. 1992/3 Vize-Vorstandsvorsitzender, 1993–1995 Vorstandsvorsitzender von TASA.
Nach der Gründung der Huab Lodge trat er dem Fachverband HAN bei und war ab 1993 Vorstandsmitglied, 1997–1999 Vorstandsvorsitzender. Juli 1995 bis Februar 2000 Präsident des Namibischen Dachverbandes FENATA und dadurch gleichzeitig verschiedenen anderen Vorständen vertreten. Er ist seit Gründung des President's Economic Advisory Council (Wirtschaftsbeirat des namibischen Präsidenten), PEAC, dessen Mitglied und »Deputy Rapporteur-General« der Tourismus-Arbeitsgruppe.
Seit Juni 1999 im Vorstand von NATH (Namibische Reiseleiterschule) und seit Juni 2000 Vorstandsvorsitzender dieser Ausbildungsinstitution.

Hermann Weitzel

Geboren 3.12.1938 in Windhoek.
Schulbesuch von 1946 bis 1956 in Swakopmund, Abschluss Matrik. Studium der Elektrotechnik an der Universität Braunschweig. Erste Anstellung bei der Studiengesellschaft für Hochspannungsanlagen in Mannheim. 1971 Rückkehr nach Namibia. Erste Tätigkeit bei der Windhoeker Stadtverwaltung (Elektrizitätsabteilung), danach bei SWAWEK. Ab 1974 selbständig als beratender Ingenieur im Lande tätig. Lebt seit 2000 im Ruhestand in Swakopmund.
Verheiratet, drei Kinder.

Imke Weitzel

geboren Dezember l945 in Peine (Niedersachsen), dort aufgewachsen. Abitur 1966, danach Studium an der Staatlichen Hochschule für bildende Künste in Braunschweig. Lebt seit 1971 in Namibia, verheiratet, drei Kinder. Von 1985 bis 1989 im Vorstand der Interessengemeinschaft deutschsprachiger Südwester/Namibier (IG), Gründungs- und von 1987 bis 1993 Vorstandsmitglied der Namibisch-deutschen Stiftung für kulturelle Zusammenarbeit (NaDS). Seit Gründung 1989 bis heute Vorstandsmitglied der Association for Children with Language, Speech and Hearing Impairments (CLaSH).

Wolfgang Werner, Dr.

ist am 28. April 1955 in Outjo, Namibia geboren. Nach seiner Schulausbildung studierte er Sozialwissenschaften an der Universität Kapstadt und ländliche Entwicklung an der Universität Reading, England. 1989 promovierte er an der Universität Kapstadt mit einer Dissertation über die Sozial- und Wirtschaftsgeschichte der Herero. Von 1990 bis 1995 war er Direktor für Landfragen (Director of Lands) im Namibischen Staatsdienst und somit direkt am Landreformprozess beteiligt. Seit 1995 ist er Senior Researcher bei der Namibian Economic Policy Research Unit (NEPRU) in Windhoek: Landpolitik, Landreform, Bodenrecht und Bodenordnung (land tenure) bilden den Schwerpunkt seiner Forschungstätigkeit. Voraussichtlich ab Dezember 2002 wird er als Associate Researcher bei der Desert Research Foundation of Namibia (DRFN) und als freischaffender Consultant tätig werden.

Anton von Wietersheim (1984)

Geboren am 10. Juni 1951 in Windhoek, als Sohn des Kurt Friedrich-Paul von Wietersheim und seiner Frau Anna-Luise, geh. Gusinde (dritte Generation im Lande). Aufgewachsen auf der Familienfarm »Gras« am Fischfluß, später im Internat der DHPS in Windhoek. Schulabschluß 1969 Matrik; 1970 Abitur. 1971 Wehrdienst im 1. Fallschirmbataillon, Infanterieschule und Militärakademie. 1972–1975 Besuch der Kapstädter und Stellenboscher Universitäten; Abschluß mit B. Agric. Admin. (Diplom der Landwirtschaftlichen Verwaltung). 1977 Qualifikation als Jagdführer. Registration der Farm »Gras« als Jagdfarm. 1980 Gründung der Grundschule Gras. Karakulfarmer und Jagdführer auf Farm »Gras«. Mitglied der Exekutive der Südwestafrikanischen Landwirtschaftsunion; Vorsitzender der Wildproduzentenvereinigung von SWA/Namibia; Vorsitzender des Direktoriums der Wildproduzentengenossenschaft von SWA/Namibia; Vizevorsitzender des Nationalen Wildkomitees von SWA/Namibia; Vizevorsitzender des Verbandes Südwestafrikanischer Berufsjäger und Jagdführer.

Anton von Wietersheim engagierte sich ab 1986 zunehmend in der Politik, wurde 1989 auf der Liste der SWAPO in die Verfassunggebende Versammlung gewählt und gehörte dem ersten Parlament an. Er wurde 1991 zum Vizeminister für Wirtschaft und 1992 zum Landwirtschaftsminister ernannt, dann aber vom Präsidenten wegen unterschiedlicher Auffassungen entlassen. Inzwischen ist die Farm Gras verkauft, sind die politischen, farmerischen und jagdlichen Aktivitäten eingestellt, und er hat sich als Buchhändler in Swakopmund neu orientiert.

Erika von Wietersheim

geb. 23.8.1952 in Lüderitzbucht, Namibia. Ausbildung an der Universität Kapstadt (Germanistik, Sozialanthropologie und Mathematik). 1976 Heirat mit Anton von Wietersheim, 1978 Gründung der Farmschule Gras und diverser Ausbildungsstätten auf der Farm. Anfang der 90er Jahre Umzug nach Windhoek, seit 1994 Schulbuchautorin (Social Studies und Geschichte) für namibische Lehrpläne, heute freie Journalistin u. a. für die Tourismusbeilage der Allgemeinen Zeitung, Namibia, und für das Feuilleton der Neuen Zürcher Zeitung, Schweiz.

Otto Wipplinger, Prof. Dr. Sc. Ing. (1984)

Geboren 1914, Britstown, Südafrika.
Grundschule Britstown und Kassel. Oberschule Stellenbosch. B Sc. und M Sc. Ing. Universität Kapstadt. Dr. Sc. Ing. Universität Stellenbosch. Ingenieur im Straßenbau, Transvaal und Kapprovinz 1935–1938. Wasserbauingenieur Südwestafrika 1938–1951. Direktor für öffentliche Arbeiten und Wasserbau, Vorsitzender des Südwester Wasserrates, Vizevorsitzender des Südwester Bodenerhaltungsrates 1952–1966. Professor im Zivilingenieurwesen, Richtung Wasserbau, und Vorsitzender der Abteilung Zivilingenieurwesen an der Universität Stellenbosch 1967–1979. Ab 1980 im Ruhestand mit eigenem Forschungsprogramm auf dem Gebiet der Bewässerung von Sand.

Bernhard Alfons Wolf

Geboren 1932 in Münsterberg, Schlesien.
1954 Abitur in Borken, Westfalen. Eintritt in die Missionarische Kongregation der Oblaten, Noviziat. 1955–1961 philosophischtheologisches Studium in der Ordenshochschule der Oblaten in Hünfeld, bei Fulda. 1960 Priesterweihe, 1961 Kaplanszeit in Ottawa, Kanada. 1963 Präfekt am Gymnasium St. Bernhard in Willich/Krefeld. 1965–1980 Auslandsseelsorger der deutschsprachigen St. Bonifatiusgemeinde der Diözese Johannesburg, Südafrika. 1981–1983 Afrikareferent beim Päpstlichen Hilfswerk der Deutschen Bischofskonferenz Missio in Aachen. 1984 Studien- und Sabbatjahr. Seit 1985 Missionar in Namibia.

Janina Wozniak (1984)

Geboren am 20.12.1959 in Hannover.
Schulausbildung in Deutschland und Indien (Grundschule) und in Johannesburg an der Deutschen Schule Johannesburg. 1976 Matrik. 1977–1979 Universität Pretoria: Studium der Anglistik und der Germanistik; BA. 1980 Universität Pretoria: Studium der Germanistik; BA (Hons.). Seit März 1981 an der Universität Kapstadt (UCT) für einen MA-Grad (Germanistik) immatrikuliert; während dieses Studiums nebenberuflich tätig in Windhoek und Kapstadt als Übersetzerin, Bibliothekarin und in Stellenbosch als Forschungsassistentin. Daneben zweimonatige Lehrtätigkeit an der University of the Western Cape in Bellville.

Marianne Zappen-Thomson, Dr.

Geboren am 13.11.1956 in Grootfontein.
Schulausbildung in Otavi und Windhoek; 1976 J.M.B.-Matrik am Convent of the Holy Cross und anschließend Abitur an der Deutschen Höheren Privatschule. Verheiratet und eine Tochter, Maren.
1977–1979 University of Stellenbosch, South Africa, B.A. German III (with distinction), Philosophy III, English II, Psychology I, Political Philosophy I. 1980 B.A.(Hons) German – cum laude. 1985 M.A. German: Liedertexte im fremdkulturellen Literaturunterricht. 1999 D.Litt German: Interkulturelles Lehren und Lernen in einer multikulturellen Gesellschaft – Deutsch als Fremdsprache in Namibia. Vorstandsmitglied im Germanistenverband im Südlichen Afrika. 1981/1982 Dozentin an den Universitäten Stellenbosch, Western Cape und Grahamstown. 1983 Rückkehr nach Namibia, zunächst zwei Jahre Deutschlehrerin an der Ella du Plessis High School in Windhoek und seit 1985 als Dozentin im Department Germanic and Romance Languages, University of Namibia (UNAM).

Edition Namibia
Die anspruchsvolle Reihe hochwertiger Bücher

Klaus Hüser, Helga Besler, Wolf Dieter Blümel, Klaus Heine, Hartmut Leser, Uwe Rust
Namibia – Eine Landschaftskunde in Bildern
2001, 24 x 30 cm, 272 Seiten mit 245 Farbbildern (darunter 93 im Großformat 20 x 20 cm), 67 s/w-Abb., Grafiken und Tabellen.
ISBN 3-933117-14-3, EUR 39,80. Edition Namibia, Band 5

Auch Wissenschaftler können sich in das Land verlieben. Sechs bekannte Hochschullehrer, seit Jahren ein „Namibia-Freundeskreis", haben ihr jeweiliges geographisches Fachwissen in dieses einzigartige Buch eingebracht. Bewusst auch für den Laien verständlich geschrieben und dargestellt und mit informativen und schönen Bildern illustriert, erschließt es dem Landeskenner ebenso wie dem Besucher die Fülle der Eigenschaften, Besonderheiten und Reize der vielfältigen namibianischen Landschaften.
Anhand von 93 Großfotos werden, jeweils auf einer Doppelseite, typische Merkmale der verschiedenen Themen in der Landschaft vom jeweiligen Experten des Autorenteams ausführlich erläutert – Landschaftskunde anhand eindrucksvoller Bildbeschreibungen.
Das Buch ist für lange Zeit ein neues Standardwerk.

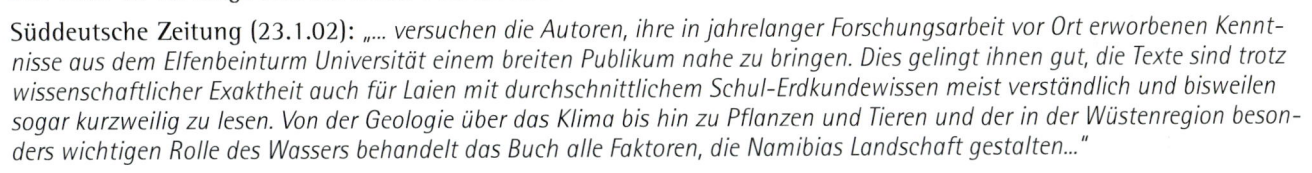

Süddeutsche Zeitung (23.1.02): „... versuchen die Autoren, ihre in jahrelanger Forschungsarbeit vor Ort erworbenen Kenntnisse aus dem Elfenbeinturm Universität einem breiten Publikum nahe zu bringen. Dies gelingt ihnen gut, die Texte sind trotz wissenschaftlicher Exaktheit auch für Laien mit durchschnittlichem Schul-Erdkundewissen meist verständlich und bisweilen sogar kurzweilig zu lesen. Von der Geologie über das Klima bis hin zu Pflanzen und Tieren und der in der Wüstenregion besonders wichtigen Rolle des Wassers behandelt das Buch alle Faktoren, die Namibias Landschaft gestalten..."

Nationalpark: „Das Buch setzt neue Maßstäbe für Länder-Bildbände."
Eine Leserin: „... sollte Pflichtlektüre für jeden Besucher vor der Reise sein!"

Rolf Frei, Tonio Passlick, Oliver Mayerle
Buschmänner – Eine Reise zur Urbevölkerung Namibias
2001, 24 x 30 cm, 144 Seiten mit 137 teils großformatigen Farbbildern
ISBN 3-933117-21-6, EUR 38,50. Edition Namibia, Band 6

Über 26.000 Jahre alte Felsgravierungen in Namibia und Südafrika gehören zu den ältesten künstlerischen Zeugnissen auf der Erde. Die Vorfahren der heutigen Buschmänner im südlichen Afrika haben damals schon Lebensweisen und rituelle Vorstellungen dokumentiert, die im vergleichsweise kurzen Zeitraum der letzten zweihundert Jahre fast verschwunden sind. Als Nomaden haben die San über Jahrtausende faszinierende Überlebensstrategien in der Dornbuschsteppe und in den Wüstengebieten der Kalahari entwickelt.
Heute sind sie im Vielvölkerstaat Namibia die kleinste Minderheit, zurückgedrängt in unwirtliche Savannen- und Bergregionen. Gemeinsam mit dem namibischen Buschmann-Experten Reinhard Friederich haben der Schweizer Fotograf Rolf Frei, der Autor Tonio Passlick und der Kommunikationsdesigner Oliver Mayerle abgelegene Lebensräume der San in der Kalahari und im Norden Namibias durchstreift.
Eindrucksvolle, berührende Porträts der „kleinen Jäger", Aufnahmen von Siedlungen, Alltagssituationen, Jagdszenen, Musikern und Märchenerzählern, von der Herstellung von Giftpfeilen und Schmuck aus Eierschalen sowie fotografische Exkursionen bei Stiftungen, Schulen im Busch und Entwicklungsprojekten zeichnen ein Bild des Übergangs. Mit dem Blick für die abwechslungsreichen Naturlandschaften zwischen der Wüste Namib und der Etoscha-Pfanne und die individuelle Sicht der Buschmänner beschreibt der Bildband eine dramatische Entwicklung.
Wissenschaftlich fundierte Detailschilderungen (der Wahrnehmungsfähigkeiten, der komplexen Sprache mit Schnalzlauten und starken Dialektunterschieden, der Jagdtechniken u.a.) und persönlich gefärbte Reise-Reportagen verdeutlichen den Wandel einer archaisch geprägten Kultur und die Perspektiven der San im 21. Jahrhundert.
Seit vielen Jahren ist dieses Buch das erste wirklich aktuelle über die Buschleute und ihre heutige Situation in Namibia – kein neuer Aufguss alter Bilder und Texte des vorigen Jahrhunderts, sondern erlebte Realität 2001.

Edition Namibia
Die anspruchsvolle Reihe hochwertiger Bücher

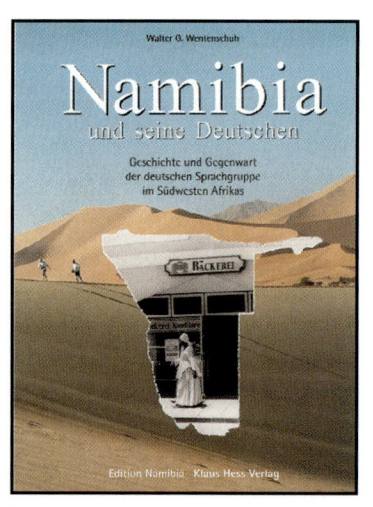

Walter G. Wentenschuh
Namibia und seine Deutschen
Geschichte und Gegenwart der deutschen Sprachgruppe im Südwesten Afrikas. 1995.
21 x 28 cm, 272 S., 136 s/w. und 16 Farbbilder, mit Schutzumschlag.
ISBN 3-9804518-0-1, EUR 25,00, Edition Namibia, Band 1

Für die einen waren die Deutschen böse Kolonialisten, für die anderen haben sie das Land überhaupt erst aufgebaut. Für die einen gibt es noch rassistische Tendenzen unter ihnen, für die anderen tragen sie auch nach der Unabhängigkeit wertvoll zur Zukunft bei. W. G. Wentenschuh hat neue Wege beschritten, um die sonst meist „trockene" Geschichte anschaulich und informativ darzustellen.

„... sind in einem ungewöhnlich gestalteten Buch ... dokumentiert. Ein wichtiges Buch zum Verständnis der Rolle, die diese Gruppe in Namibia spielt." (MERIAN)

„... Es ist ein Geschichtsbuch, denn die Historie dieses Gebietes ... wird anschaulich beschrieben. Dabei fällt auf, daß der Autor mit erstaunlich wenig Text auskommt. Dennoch gelingt es ihm, so entscheidende Stichworte wie die Missionierung, die deutsche Kolonisierung, die südafrikanische Verwaltungszeit und die Unabhängigkeits-Periode verständlich und gut strukturiert darzustellen. Das Buch ist gleichzeitig ein Fotoband, denn Wentenschuh hat eine ganze Reihe historischer und eigener Fotografien in sein Buch aufgenommen. ... vor allem seine eigenen Ablichtungen, die mitunter mehr sagen ... als tausend Worte." (Deutschlandfunk)

Eberhard von Koenen
Heil-, Gift- und essbare Pflanzen in Namibia
Mit einem Geleitwort von Dr. M. Glöckler, Dornach/Schweiz. 1996. **2. Auflage 2001**
21 x 29 cm, 320 S., 117 künstlerische Pflanzenzeichnungen, 10 Zeichnungen, Leineneinband.
ISBN 3-9804518-2-8, EUR 47,00, Edition Namibia, Band 2

Wer mit der Natur lebt, wird mit diesem Buch einen unvergleichlichen Fundus an Wissen in der Hand halten – ein Wissen, das sonst verloren zu gehen droht. Das Buch beschreibt 600 Pflanzen, von denen 117 zusätzlich in wunderbaren künstlerischen Detailzeichnungen dargestellt sind, in ihren Eigenschaften und Wirkungen. Der Autor ist Wissenschaftler und Künstler zugleich. 25 Jahre Forschung – eingeschlossen das Wissen einer Anzahl traditioneller Heiler – sind hier dokumentiert.
Umfangreiche Auflistungen der Pflanzenfamilien, der einheimischen Namen, der medizinischen Wirkungen, Texte über die Biotope und über Traditionelle Heiler usw. runden das zeitlose Werk ab und machen es unvergleichlich wertvoll.
Restexemplare der limitierten Sammler-Edition in Ledereinband, Goldprägung und mit nummeriertem/signiertem Sonderdruck – Unikate – auf Anfrage beim Verlag lieferbar!
Auch in Englisch lieferbar: **Medicinal, Poisonous, and Edible Plants in Namibia**, ISBN 3-9804518-7-9, EUR 47,00

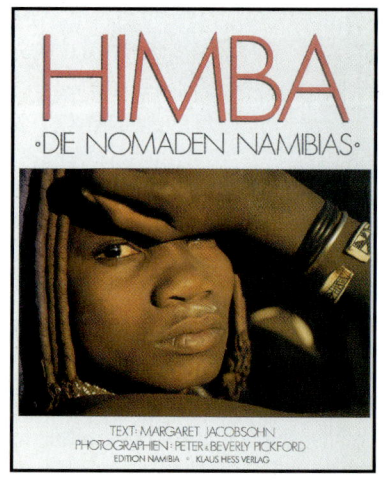

HIMBA - Die Nomaden Namibias
Text: Margaret Jacobsohn
Fotos: Peter & Beverly Pickford
1998. 144 S., 25 x 31 cm, 108 farb. Abb., mit Schutzumschlag, geb.
ISBN 3-9804518-3-6, EUR 34,80, Edition Namibia, Band 3

Die Himba sind halbnomadische Hirten, die im Kaokoland im Nordwesten Namibias leben. Ihre Lebensweise ist noch heute von traditionellen Riten und Werten bestimmt. Margaret Jacobsohn hat zwei Jahre mit den Himba gelebt und wurde von zwei Familien adoptiert, hatte also ganz persönlichen Zugang zu den Menschen. Ihre Beschreibungen verbinden bezaubernde Geschichten und tatsächliche Begebenheiten, sie schildert die Vergangenheit und die Gegenwart.
Atemberaubend schöne Fotos von Peter und Beverly Pickford illustrieren dieses herrliche Buch und ergeben zusammen mit den Texten eine einzigartige Darstellung der „Ockermenschen der trockenen Flussbetten."

Nicole Grünert
Namibias faszinierende Geologie - Ein Reisehandbuch
3. Aufl. 2002. 15 x 21 cm, 208 S., mit ausklappbarem Umschlag, 61 s/w + 16 farb. Fotos, 35 Grafiken, 7 Karten, Pb. ISBN 3-933117-12-7, EUR 16,50

Für geologische Wissenschaftler und Kenner war Namibia schon immer ein Land von besonderem Interesse. Die Vielfalt und „Offensichtlichkeit" geologischer Strukturen ist groß, die Erdgeschichte dieser Region liegt wie ein offenes Buch vor jedem Besucher. Dieses Reisehandbuch wurde geschrieben und gestaltet, um die Eigenschaften und Besonderheiten der Geologie Namibias und die Faszination, die davon ausgehen kann, auch dem normalen Besucher und „interessierten Laien" zugänglich zu machen. Die Autorin ist Diplom Geologin und hat das Buch vor dem Hintergrund ihrer Erfahrungen als Leiterin vieler Geo-Safaris mit interessierten Nicht-Wissenschaftlern verfasst.

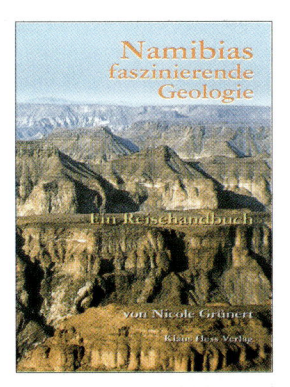

Johan S. Malan
Die Völker Namibias
1998. 15 x 21 cm, 160 S., 27 s/w-Abb., Kt. ISBN 3-933117-10-0, EUR 12,50   **2. Auflage 2000**

Ein Charakteristikum Namibias ist die Vielfalt seiner Bevölkerung: sie stammt aus verschiedenen Teilen Afrikas und aus Europa. Namibia ist ein multikulturelles Land. Das Buch beschreibt in kompetenter und gut verständlicher Weise die Herkunft, Traditionen und Gebräuche, religiösen Vorstellungen, Sozialstrukturen und herkömmlichen wirtschaftlichen Lebensformen der wesentlichen Bevölkerungsgruppen Namibias: Owambo, Herero, Himba, Nama, Damara, San, Kavango-Stämme, Fwe und Subia (Caprivi) sowie einige weitere wie Rehobother Baster, Tswana und Mischlinge. Damit trägt es ganz wesentlich zum nötigen Verständnis für Land und Leute bei, auch in ihrer Verschiedenheit und manchen daraus resultierenden Gegebenheiten (und Problemen). Dieses Buch ist ein Standardwerk und „Muß" für jeden, der sich für Namibia und seine Bevölkerung interessiert.

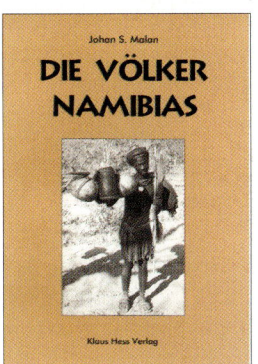

Rudolf G. Britz - Hartmut Lang - Cornelia Limpricht
Kurze Geschichte der Rehobother Baster bis 1990
Mit den Gesetzen der Baster als Anhang
1999. 14,8 x 21 cm, 88 S., Pb, 21 s/w-Abb. und 2 Karten. ISBN 3-9804518-5-2, EUR 10,00

1870 siedelte eine Gruppe Baster mitten im damaligen Südwestafrika im Ort Rehoboth und dem umliegenden „Rehoboth-Gebiet". Unter der Führung von Hermanus van Wyk und begleitet vom deutschen Missionar Heidmann waren sie aus der südafrikanischen Kapkolonie nach Norden gezogen. Fortan verstanden sie sich als eine eigene Gruppe, die Rehobother Baster.
Dieses Buch ist die erste zusammenhängende geschichtliche Darstellung über die Rehobother Baster bis 1990 und die erste geschlossene Dokumentation der traditionellen Baster-Gesetze. Mit R.G. Britz, Schulinspektor und Lehrer, hat ein Rehobother an dem Buch mitgearbeitet.
Auch in Englisch (ISBN 3-9804518-6-0) und Afrikaans lieferbar!

Daisy Hackländer
Heute heisst dieses Land Namibia
Erinnerungen an die Pionierzeit in Südwestafrika – Eine Autobiografie
2000. 14,8 x 21 cm, 120 S., Pb, 13 s/w-Abb. ISBN 3-933117-16-X, EUR 12,00

Ihr Herz und das Abenteuer lockten Daisy Hackländer als junge Frau 1912 in das ferne Südwestafrika, um dort mit ihrem Lebensgefährten eine Farm aufzubauen. In klarer, schnörkelloser Sprache beschreibt sie ihre Erlebnisse und die Lebensverhältnisse in der damaligen Kolonie. Es waren bewegte und durch die Auswirkungen des Ersten Weltkriegs auch schwere Zeiten, das Leben war einfach und hart, besonders für Frauen. Daisy Hackländer meisterte dennoch diese Zeit mit ihrem starken Lebenswillen und auch Humor und vor allem durch ihre Liebe zu ihrem Mann und den Kindern. Anfang der zwanziger Jahre mussten die Hackländer ihre Farm Lichtenau aufgeben und gingen nach Deutschland zurück. Das Buch ist mit Original-Bildern illustriert, die größtenteils bisher unveröffentlicht waren und von hervorragend erhaltenen Glasplatten stammen.

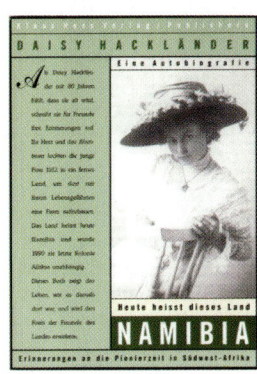

Michael Schnurr
Lockruf der Wüste
Ernst Karlowa und sein abenteuerliches Leben an der Skelettküste von Namibia
1998. 14,8 x 21 cm, 80 S., br., 30 s-w Fotos und 1 Karte. 2. Auflage 2000 ISBN 3-9804518-4-4, EUR 10,00

Für viele in Namibia ist er eine Legende: Ernst Karlowa. Sein Name ist untrennbar mit der rauen, entlegenen und menschenleeren Skelettküste im Nordwesten des Landes verbunden, der zahllose Skelette gestrandeter Schiffe und Wale den Namen gab. Rund 20 Jahre seines Lebens verbrachte Karlowa in diesem abgeschiedenen Gebiet, das er wie kein Zweiter kannte. Viele Menschen verdanken dieser Kenntnis ihr Leben.
Der Journalist Michael Schnurr hat das Leben von Ernst Karlowa eindrucksvoll aufgezeichnet. Viele Originalfotos und spätere Bilder von Orten, die es heute gar nicht mehr gibt, illustrieren das Buch, ein historisches Zeitdokument, spannend geschrieben. – Ernst Karlowa starb 77-jährig im November 1999.

Hermann Korn – Zwiegespräch in der Wüste
Briefe und Aquarelle aus dem Exil 1935 bis 1946.
Mit einer Lebensbeschreibung herausgegeben von
Peter v. Egan-Krieger.
1996. 15 x 21 cm, 220 S., kart., 26 Farb- und 24 s/w-Abb.,
2. Auflage 2001, ISBN 3-9804518-9-5, EUR 16,50

Hermann Korn und Henno Martin, zwei junge deutsche Geologen, emigrierten 1935 aus Deutschland nach Südwestafrika, dem heutigen Namibia. Um nicht im Zweiten Weltkrieg interniert zu werden, lebten sie von 1940-42 unentdeckt in der Namib-Wüste. Henno Martins bekanntes Buch „Wenn es Krieg gibt, gehen wir in die Wüste" hat diese ganz außergewöhnliche Robinsonade eindringlich beschrieben. Hermann Korn starb 1946 durch einen Autounfall in Windhoek. Er war eine vielseitige und vielschichtige Person, ausgezeichneter Geologe, hochbegabter Musiker und Aquarellist. Mit einer einfühlsamen Lebensbeschreibung werden zahlreiche Briefe aus dem Exil ediert, darunter ein langer „Wüstenbrief" mit der Schilderung seiner Eindrücke der Robinsonade, und alle 26 erhaltenen sehenswerten Aquarelle sind erstmals farbig wiedergegeben.

Andreas Vogt
Von Tsaobis bis Namutoni
Die Wehrbauten der deutschen Schutztruppe in
Deutsch-Südwestafrika von 1884–1915
2002. 21 x 29 cm, 294 S., Pb, 250 s/w-Abb.
ISBN 3-933117-25-9, EUR 36,00

Eine umfasse Darstellung, der die Dissertation des Autors (jahrelanger Mitarbeiter der namibischen Denkmalskommission) zugrunde liegt. Alle Wehrbauten der damaligen Zeit sind beschrieben und mit Bildern und Plänen dokumentiert. Ein Teil ist heute nur noch als Ruine, schwache Geländespur oder gar nicht mehr erkennbar. Einige Bauten sind mehr oder weniger erhalten und zu neuem Nutzen umgebaut oder in andere Gebäude einbezogen, wenige sind restauriert und werden z.B. als Touristenlager oder Museum genutzt.

Constance Kenna (Hsg.)
Die „DDR-Kinder" von Namibia –
Heimkehrer in ein fremdes Land
1999. 15x21 cm, 216 S., Pb, 89 s/w, 2 farb. Abb., 2 Karten,
ISBN 3-933117-11-9, EUR 16,50

Ende der 70er Jahre begann die namibische Befreiungsbewegung SWAPO, kleine Kinder aus Flüchtlingslagern in Angola und Sambia in die damalige DDR zu schicken. 1990 wurden alle in das gerade unabhängig gewordene Namibia gebracht. Die Amerikanerin Constance Kenna hat sich über zwei Jahre lang mit der Geschichte und Situation dieser DDR-Kinder („Ossis") beschäftigt. Dieses Buch ist das Ergebnis ihrer umfangreichen Arbeit. Neben einer exakten Dokumentation enthält es viele zum Teil sehr persönliche Beiträge der „Kinder" über Erlebnisse in der DDR und nach der Rückkehr, sowie von Betreuungspersonen aus der DDR und in Namibia. Eine differenzierte Betrachtung des deutschen sozialen Umfeldes in Namibia, in das diese jungen „schwarzen Deutschen" gekommen sind, rundet das Buch ab.
Ein sehr umfassendes, sachliches wie persönliches Zeugnis.

Paul Hermann
Wie ich Südwestafrika sah
Reisetagebücher eines deutschen Geologen 1906–1908
2002. 15 x 21 cm, 148 S., Pb, Abb. und Karten
ISBN 3-933117-20-8, EUR 12,50

Der frühere Regierungsgeologe Dr. Hermann hat in den 20er Jahren aus seinem Tagebuch ein Manuskript erstellt, wie er seine Zeit in Südwestafrika erlebte – bewusst im Unterschied zu damals aufkommenden kolonialromantischen Darstellungen. Er beschreibt in interessanter Weise Land und Leute und seine oft abenteuerlichen Reisen in der Zeit kurz vor den ersten Diamantenfunden. Einige Briefe seines Onkels Ernst Hermann, der 1886 als einer der ersten Siedlerins Land gekommen war, später auf Kubub und Nomtsas farmte und 1904 beim Nama-Aufstand ums Leben kam, ergänzen das Bild.

In Vorbereitung:

Eberhard und Heidi von Koenen: Das alte Kaokoland
In den 50er Jahren konnte Ehepaar von Koenen mehrmals ausgiebig ins abgelegene und abgesperrte Kaokoland im Nordwesten Namibias reisen. Ein historischer Dokumentarfilm entstand. Neben den Erlebnissen und Begegnungen mit Menschen, die zu Freunden wurden, werden viele damals beobachtete Sitten und Gebräuche von Himba und Herero in diesem Buch festgehalten, außerdem eine wohl einmalige genealogische Übersichtstafel von Herero-Familien. Zusätzlich ist der Dokumentarfilm als Video erhältlich.
ISBN 3-933117-24-0, ca. 150 S., 21 x 29 cm, viele teils farb. Abb. Edition Namibia.

Amy Schoeman, Helga Kohl: Kolmanskuppe - Einst und jetzt
„Die große Zeit der Diamantenfunde" ist ja in diesem Sammelband beschrieben. Kolmanskuppe: Heute eine Geisterstadt, vor 80 Jahren ein prall blühender Diamantenort. Die bekannte namibische Autorin Amy Schoeman hat die Geschichte des Ortes detailliert nachgezeichnet, und die ebenfalls bekannte und ausgezeichnete Architektur-Fotografin Helga Kohl hat in den letzten 15 Jahren eine Fülle eindrucksvoller künstlerischer Fotos in der zerfallenden Geisterstadt gemacht, 60 ausgewählte Bilder zeigt der zweite Teil des Buches.
ISBN 3-933117-17-8, ca. 120 S., 80 Abb. Edition Namibia.

Günter A. Pape: Lorang - Ich, die Seefahrt, der Krieg am Waterberg und meine Farm in Südwestafrika
Wilhelm Lorang, Farmer am Kleinen Waterberg – Lorang suchte schon in jungen Jahren das Abenteuer und die weite Welt, indem er aus der Nähe von Berlin ausriss und zur See fuhr: Australien, Südamerika, Afrika. 1900 kam er erstmals nach Südwestafrika: Bau der Mole Swakopmund, später Kampf gegen die Herero. Er kaufte sich eine Farm am Kleinen Waterberg, wo er 1964 seinem außergewöhnlich abenteuerlichen Leben ein Ende setzte. Seinen Grabstein schuf er selbst mit der Inschrift: „Wein, Weib und Gesang liebte er ein Leben lang." Günter Pape hat das Leben von Wilhelm Lorang sorgfältig recherchiert und in autobiografischer Form spannend nachgezeichnet.
ISBN 3-933117-19-4, ca. 300 S., 15 x 21 cm, Abbildungen.

Gunhild von Oertzen: ABC aus Afrika - Ein Tieralfabet in Reimen
Ein richtig afrikanisches Kinderbuch mit Reimen, die von Wilhelm Busch stammen könnten, und wunderschönen bunten kindgerechten Tierbildern, von der Grafikdesignerin Suse Zippel liebevoll aus namibischen Stickarbeiten gestaltet.
ISBN 3-933117-26-7, 32 S., 29 x 21 cm, durchgehend farbig.

www.k-hess-verlag.de   mail@k-hess-verlag.de